LAROUSSE
DE BOLSO

DICIONÁRIO
PORTUGUÊS-INGLÊS
INGLÊS-PORTUGUÊS

LAROUSSE

Realizado por / Produced by

LAROUSSE

© **Larousse-Bordas, 1998**

Todos os direitos reservados. Esta obra não pode ser reproduzida, no
todo ou em parte, por fotocópia ou qualquer outro processo, sem prévia
autorização da Editora.

All rights reserved. No part of this publication may be reproduced or
transmitted in any form or by any means, or stored in a retrieval system,
without the prior written permission of Larousse.

ISBN   85-85722-88-6
Macmillan do Brasil

Dados Internacionais de Catalogação na Publicação (CIP)
(Câmara Brasileira do Livro, SP, Brasil)

Larousse : dicionário de iniciação : inglês-português,
português-inglês : para uma boa aprendizagem do
inglês. – São Paulo : Macmillan, 1998.

Vários editores.
ISBN 85-85722-88-6

1. Inglês – Dicionários – Português
2. Português – Dicionários – Inglês

98-1960	CDD–423.69
	–469.32

Índices para catálogo sistemático:
1. Inglês : Dicionários : Português 423.69
2. Português : Dicionários : Inglês 469.32

ISBN 2-03-420702-5
Distribuição/Sales Larousse Kingfisher Chambers Inc., New York

Library of Congress Catalog Card Number
98-066276

Printed in Great Britain

LAROUSSE
POCKET

PORTUGUESE-ENGLISH
ENGLISH-PORTUGUESE

DICTIONARY

LAROUSSE

OS COMPOSTOS EM INGLÊS

Em inglês os compostos são vocábulos com um só significado, mas formados por mais de uma palavra; por exemplo **point of view**, **kiss of life**, **virtual reality** ou **West Indies**. Uma das características deste dicionário é o fato de os compostos terem uma entrada própria e seguirem rigorosamente a ordem alfabética. Assim, **blood poisoning** figura depois de **bloodhound** que por seu lado surge depois de **blood donor**.

ENGLISH COMPOUNDS

A compound is a word or expression which has a single meaning but is made up of more than one word, e.g. **point of view**, **kiss of life**, **virtual reality** and **West Indies**. It is a feature of this dictionary that English compounds appear in the A–Z list in strict alphabetical order. The compound **blood poisoning** will therefore come after **bloodhound** which itself follows **blood donor**.

MARCAS REGISTRADAS

O símbolo ® indica que a palavra em questão é uma marca registrada. Este símbolo, ou a sua eventual ausência, não afeta, no entanto, a situação legal da marca.

TRADEMARKS

Words considered to be trademarks have been designated in this dictionary by the symbol ®. However, neither the presence nor the absence of such designation should be regarded as affecting the legal status of any trademark.

AO LEITOR

Este dicionário é ideal para atender às necessidades do estudante de inglês, seja aprendendo a língua na escola ou em casa, seja em viagens ao exterior.

É um referência prática criada para fornecer respostas claras e precisas para os inúmeros problemas encontrados no estudo da língua inglesa. Com 40 000 palavras e expressões e 55 000 traduções, incluindo abreviaturas e substantivos próprios, o dicionário permite ao usuário entender e apreciar uma grande variedade de textos.

Graças a uma cobertura detalhada do vocabulário básico da língua inglesa e a indicadores de sentido que possibilitam uma tradução acurada, escrever em inglês corretamente e com segurança deixou de ser um problema.

Não hesite em enviar-nos as suas sugestões ou dúvidas, pois elas poderão ser muito úteis e ajudar a tornar este dicionário ainda melhor.

A EDITORA

TO OUR READERS

This dictionary is ideal for all your language needs, from language learning at school and at home to traveling abroad.

This handy reference is designed to provide fast and clear solutions to the various problems encountered when studying present-day Portuguese. With 40,000 references and 55,000 translations, including many common abbreviations and proper names, it enables the user to understand and enjoy a wide range of reading material.

Writing idiomatic Portuguese with confidence is no longer a problem thanks to the dictionary's detailed coverage of essential vocabulary and helpful sense-markers which guide the user to the most appropriate translation.

Send us your comments or queries – you will be helping to make this dictionary an even better book.

THE PUBLISHER

ABREVIATURAS		ABBREVIATIONS
abreviatura	*abrev/abbr*	abbreviation
adjetivo	*adj*	adjective
adjetivo feminino	*adj f*	feminine adjective
adjetivo masculino	*adj m*	masculine adjective
advérbio	*adv*	adverb
inglês americano	*Am*	American English
anatomia	*ANAT*	anatomy
automóvel	*AUT*	automobile, cars
auxiliar	*aux*	auxiliary
português do Brasil	*Br*	Brazilian Portuguese
inglês britânico	*Brit*	British English
comércio	*COM(M)*	commerce, business
comparativo	*comp(ar)*	comparative
informática	*COMPUT*	computers
conjunção	*conj*	conjunction
contínuo	*cont*	continuous
culinária	*CULIN*	culinary, cooking
economia	*ECON*	economics
educação, escola	*EDUC*	school, education
esporte	*ESP*	sport
interjeição	*excl*	exclamation
substantivo feminino	*f*	feminine noun`
familiar	*fam*	informal
figurado	*fig*	figurative
finanças	*FIN*	finance, financial
formal	*fml*	formal
inseparável	*fus*	inseparable

– indica que o "phrasal verb" (verbo + preposição ou advérbio) não pode ser separado, colocando-se o objeto entre o verbo e a segunda partícula da locução, p. ex. com **look after** diz-se *I looked after him* mas não *I looked him after*

– shows that a phrasal verb is "fused", i.e. inseparable, e.g. **look after** where the object cannot come between the verb and the particle, e.g. *I looked after him* but not *I looked him after*

geralmente	*gen*	generally
gramática	*GRAM(M)*	grammar
familiar	*inf*	informal
informática	*INFORM*	computers
interjeição	*interj*	exclamation
invariável	*inv*	invariable
jurídico	*JUR*	juridical, legal
substantivo masculino	*m*	masculine noun
matemática	*MAT(H)*	mathematics

medicina	MED	medicine
substantivo masculino e feminino	mf	masculine and feminine noun
substantivo masculino com desinência feminina	m, f	masculine noun with a feminine inflection
termos militares	MIL	military
música	MÚS/MUS	music
substantivo	n	noun
termos náuticos	NÁUT/NAUT	nautical, maritime
numeral	num	numeral
	o.s.	oneself
pejorativo	pej	pejorative
plural	pl	plural
política	POL	politics
português de Portugal	Port	European Portuguese
particípio passado	pp	past participle
preposição	prep	preposition
pronome	pron	pronoun
passado	pt	past tense
marca registrada	®	registered trademark
religião	RELIG	religion
substantivo	s	noun
alguém	sb	somebody
educação, escola	SCH	school, education
inglês escocês	Scot	Scottish English
separável	sep	separable
– indica que o "phrasal verb" (verbo + preposição ou advérbio) pode ser separado, colocando-se o objeto entre o verbo e a segunda partícula da locução, p. ex. com **let in** diz-se *I let her in*		– shows that a phrasal verb is separable, e.g. **let in**, where the object can come between the verb and the particle, *I let her in*
singular	sg	singular
algo	sthg	something
sujeito	suj/subj	subject
superlativo	sup(erl)	superlative
termos técnicos	TEC(H)	technology
televisão	TV	television
verbo	v/vb	verb
verbo intransitivo	vi	intransitive verb
verbo impessoal	v impess / v impers	impersonal verb
verbo pronominal	vp	pronominal verb
verbo transitivo	vt	transitive verb
vulgar	vulg	vulgar
equivalente cultural	≃	cultural equivalent

TRANSCRIÇÃO FONÉTICA	**PHONETIC TRANSCRIPTION**

Vogais portuguesas / English vowels

[a]	pá, amar	[ɪ]	pit, big, rid
[ɛ]	sé, seta, hera	[e]	pet, tend
[e]	ler, mês	[æ]	pat, bag, mad
[i]	ir, sino, nave	[ʌ]	run, cut
[ɔ]	nota, pó	[ɒ]	pot, log
[o]	corvo, avô	[ʊ]	put, full
[u]	azul, tribo	[ə]	mother, suppose
		[iː]	bean, weed
		[ɑː]	barn, car, laugh
		[ɔː]	born, lawn
		[uː]	loop, loose
		[ɜː]	burn, learn, bird

Ditongos portugueses / English diphthongs

[aj]	faixa, mais	[eɪ]	bay, late, great
[ej]	leite, rei	[aɪ]	buy, light, aisle
[ɛj]	hotéis, pastéis	[ɔɪ]	boy, foil
[ɔj]	herói, bóia	[əʊ]	no, road, blow
[oj]	coisa, noite	[aʊ]	now, shout, town
[uj]	azuis, fui	[ɪə]	peer, fierce, idea
[aw]	nau, jaula	[eə]	pair, bear, share
[ɛw]	céu, véu	[ʊə]	poor, sure, tour
[ew]	deus, seu		
[iw]	riu, viu		

Vogais nasais / Nasal vowels

[ã]	maçã, santo
[ẽ]	lençol, sempre
[ĩ]	fim, patim
[õ]	onde, com, honra
[ũ]	jejum, nunca

Ditongos nasais / Nasal diphthongs

[ãj]	cãibra, mãe
[ãw]	betão, cão
[ẽj]	bem, quem
[õj]	cordões, leões

Semivogais / Semi-vowels

sereia, maio	[j]	you, spaniel
luar, quadro, poema	[w]	wet, why, twin

Consoantes

beijo, abrir	[b]	bottle, bib	
casa, dique	[k]	come, kitchen	
dama, prenda	[d]	dog, did	
dia, bonde	[dʒ]	jet, fridge	
fado, afinal	[f]	fib, physical	
grande, agora	[g]	gag, great	
gelo, cisne, anjo	[ʒ]	usual, measure	
	[h]	how, perhaps	
lata, feliz, cola	[l]	little, help	
folha, ilha	[ʎ]		
mel, amigo	[m]	metal, comb	
novo, mina	[n]	night, dinner	
linha, sonho	[ɲ]		
anca, inglês	[ŋ]	sung, parking	
pão, gripe	[p]	pop, people	
cura, era	[r]	right, carry	
rádio, terra	[x]	loch	
cima, desse, caça	[s]	seal, peace	
noż, bis, caixa, chá	[ʃ]	sheep, machine	
tema, lata, porta	[t]	train, tip	
tio, infantil	[tʃ]	chain, wretched	
	[θ]	think, fifth	
	[ð]	this, with	
vela, ave	[v]	vine, livid	
zelo, brisa	[z]	zip, his	

Consonants

[ʳ] só se pronuncia quando é seguido de uma palavra que começa por vogal.

[ʳ] is pronounced only when followed by a word beginning with a vowel.

O símbolo fonético [(x)] em português indica que o 'r' no final da palavra é quase sempre levemente pronunciado, exceto ao ser seguido por uma vogal, quando então é pronunciado [r].

The symbol [(x)] in Portuguese phonetics indicates that final 'r' is often barely sounded unless it is followed by a word beginning with a vowel, in which case it is pronounced [r].

O símbolo ['] indica a sílaba tônica, onde recai o acento principal; [‚] indica a sílaba subtônica, onde recai o acento secundário.

The symbol ['] indicates that the following syllable carries primary stress and [‚] that the following syllable carries secondary stress.

No lado português as regras de pronúncia seguidas são as do português falado no Rio de Janeiro, exceto nos verbetes seguidos pela abreviatura *Port* que correspondem ao português europeu e cuja pronúncia é a de Lisboa.

Portuguese phonetics reflect the language as spoken in Rio de Janeiro, except for entries marked *Port*, which relate specifically to European Portuguese and where the pronunciation given is that of Lisbon.

Conjugações

Chave: A = presente do indicativo, B = pretérito imperfeito do indicativo, C = pretérito perfeito do indicativo, D = pretérito mais-que-perfeito do indicativo, E = futuro do indicativo, F = condicional, G = presente do subjuntivo, H = futuro do subjuntivo, I = pretérito imperfeito do subjuntivo, J = imperativo, K = gerúndio, L = infinitivo pessoal, M = particípio passado.

ANDAR: A ando, andas, anda, andamos, andais, andam, B andava, andavas, andava, andávamos, andáveis, andavam, C andei, andaste, andou, andamos, andastes, andaram, D andara, andaras, andara, andáramos, andáreis, andaram, E andarei, andarás, andará, andaremos, andareis, andarão, F andaria, andarias, andaria, andaríamos, andaríeis, andariam, G ande, andes, ande, andemos, andeis, andem, H andar, andares, andar, andarmos, andardes, andarem, I andasse, andasses, andasse, andássemos, andásseis, andassem, J anda, ande, andemos, andai, andem, K andando, L andar, andares, andar, andarmos, andardes, andarem, M andado.

chover: A chove, B chovia, C choveu, G chova, H chover, I chovesse, M chovido.

COMER: A como, comes, come, comemos, comeis, comem, B comia, comias, comia, comíamos, comíeis, comiam, C comi, comeste, comeu, comemos, comestes, comeram, D comera, comeras, comera, comêramos, comêreis, comeram, E comerei, comerás, comerá, comeremos, comereis, comerão, F comeria, comerias, comeria, comeríamos, comeríeis, comeriam, G coma, comas, coma, comamos, comais, comam, H comer, comeres, comer, comermos, comerdes, comerem, I comesse, comesses, comesse, comêssemos, comêsseis, comessem, J come, coma, comamos, comei, comam, K comendo, L comer, comeres, comer, comermos, comerdes, comerem, M comido.

conduzir: A conduzo, conduzes, conduz, etc., B conduzia, etc., C conduzi, conduziste, etc., G conduza, etc., I conduzisse, etc., J conduz, conduza, etc., M conduzido.

conhecer: A conheço, conheces, etc., B conhecia, etc., C conheci, conheceste, etc., D conhecera, etc., I conhecesse, conhecesses, etc., J conhece, conheça, etc., M conhecido.

conseguir: A consigo, consegues, consegue, etc., C consegui, conseguiste, etc., D conseguira, conseguiras, etc., E conseguirei, conseguirás, etc., J consegue, consiga, consigamos, consegui, consigam.

dar: A dou, dás, dá, damos, dais, dão, B dava, etc., C dei, deste, deu, demos, destes, deram, D dera, deras, etc., E darei, darás, etc., F daria, etc., G dê, dês, dê, dêmos, deis, dêem, H der, deres, etc., I desse, desses, etc., J dá, dê, dêmos, dai, dêem, K dando, L dar, dares, dar, darmos, dardes, darem, M dado.

dizer: A digo, dizes, diz, dizemos, dizeis, dizem ; B dizia, dizias, etc., C disse, disseste, disse, dissemos, dissestes, disseram, D dissera, disseras, etc., E direi, dirás, dirá, etc., F diria, dirias, etc., G diga, digas, etc., H disser, disseres, disser, dissermos, disserdes, disserem, I dissesse, dissesses, etc., J diz, diga, etc., K dizendo, L dizer, dizeres, dizer, dizermos, dizerdes, dizerem, M dito.

dormir: A durmo, dormes, dorme, dormimos, dormis, dormem, B dormia, dormias, etc., C dormi, dormiste, etc., H dormir, dormires, etc., J dorme, durma, durmamos, dormi, durmam, M dormido.

escrever: A escrevo, escreves, etc., B escrevia, escrevias, etc., C escrevi, escreveste, escreveu, etc., D escrevera, escreveras, etc., I escrevesse, escrevesses, etc., J escreve, escreva, etc., M escrito.

ESTAR: A estou, estás, está, estamos, estais, estão, B estava, estavas, estava, estávamos, estáveis, estavam, C estive, estiveste, esteve, estivemos, estivestes, estiveram, D estivera, estiveras, estivera, estivéramos, estivéreis, estiveram, E estarei, estarás, estará, estaremos, estareis, estarão, F estaria, estarias, estaria, estaríamos, estaríeis, estariam, G esteja, estejas, esteja, estejamos, estejais, estejam, H estiver, estiveres, estiver, estivermos, estiverdes, estiverem, I estivesse, estivesses, estivesse, estivéssemos, estivésseis, estivessem, J está, esteja, estejamos, estai, estejam, K estando, L estar, estares, estar, estarmos, estardes, estarem, M estado.

fazer: A faço, fazes, faz, etc., B fazia, fazias, etc., C fiz, fizeste, fez, fizemos, fizestes, fizeram, D fizera, fizeras, etc., E farei, farás, etc., F faria, farias, etc., G faça, faças, etc.; H fizer, fizeres, etc., I fizesse, fizesses, etc., J faz, faça, façamos, fazei, façam, M feito.

ir: A vou, vais, vai, vamos, ides, vão, B ia, ias, íamos, etc., C fui, foste, foi, fomos, fostes, foram, D fora, foras, fora, fôramos, fôreis, foram, E irei, irás, irá, iremos, ireis, irão, F iria, irias, iríamos, etc., G vá, vás, vá, vamos, vades, vão, H for, fores, for, formos, fordes, forem, I fosse, fosses, fosse, fôssemos, fôsseis, fossem, J vai, vá, vamos, ide, vão, K indo, L ir, ires, ir, irmos, irdes, irem, M ido.

ler: A leio, lês, lê, lemos, ledes, lêem, B lia, lias, etc., C li, leste, leu, etc., G leia, leias, etc., M lido.

nascer: A nasço, nasces, etc., B nascia, etc., C nasci, nasceste, nasceu, etc., D nascera, etc., G nasça, nasças, etc., H nascer, nasceres, etc., I nascesse, etc., M nascido.

negociar: A negoc(e)io, negoc(e)ias, negoc(e)ia, negociamos, negociais, negoc(e)iam, B negociava, etc., C negociei, negociaste, etc., G negoc(e)ie, negoc(e)ies, negoc(e)ie, negociemos, negocieis, negoc(e)iem, J negoc(e)ia, negoc(e)ie, negociemos, negociai, negoc(e)iem, M negociado.

oferecer: A ofereço, ofereces, etc., B oferecia, etc., C ofereci, ofereceste, ofereceu, etc., D oferecera, etc., G ofereça, ofereças, etc., I oferecesse, etc., J oferece, ofereça, ofereçamos, oferecei, ofereçam, M oferecido.

ouvir: A ouço, ouves, ouve, etc., B ouvia, etc., C ouvi, ouviste, ouviu, etc., D ouvira, etc., G ouça, ouças, etc., H ouvir, ouvires, etc., I ouvisse, ouvisses, etc., J ouve, ouça, ouçamos, ouvi, ouçam, M ouvido.

parecer: A pareço, pareces, parece, etc., B parecia, etc., C pareci, pareceste, etc., D parecera, etc., G pareça, pareças, etc., H parecer, pareceres, etc., I parecesse, parecesses, etc., M parecido.

PARTIR: A parto, partes, parte, partimos, partis, partem, **B** partia, partias, partia, partíamos, partíeis, partiam, **C** parti, partiste, partiu, partimos, partistes, partiram, **D** partira, partiras, partira, partíramos, partíreis, partiram, **G** parta, partas, parta, partamos, partais, partam, **H** partir, partires, partir, partirmos, partirdes, partirem, **I** partisse, partisses, partisse, partíssemos, partísseis, partissem, **J** parte, parta, partamos, parti, partam, **K** partindo, **L** partir, partires, partir, partirmos, partirdes, partirem, **M** partido.

passear: A passeio, passeias, passeia, passeamos, passeais, passeiam, **B** passeava, passeavas, etc., **C** passeei, passeaste, etc., **E** passearei, passearás, etc., **G** passeie, passeies, etc., **J** passeia, passeie, passeemos, passeai, passeiem, **M** passeado.

pedir: A peço, pedes, pede, etc., **C** pedi, pediste, pediu, etc., **G** peça, peças, etc., **J** pede, peça, peçamos, pedi, peçam, **M** pedido.

perder: A perco, perdes, perde, perdemos, perdeis, perdem, **C** perdi, perdeste, perdeu, etc., **F** perderia, perderias, etc., **G** perca, percas, perca, etc., **H** perder, perderes, etc., **I** perdesse, perdesses, etc., **J** perde, perca, percamos, perdei, percam, **M** perdido.

poder: A posso, podes, pode, podemos, podeis, podem, **B** podia, podias, etc., **C** pude, pudeste, pôde, pudemos, pudestes, puderam, **G** possa, possamos, etc., **H** puder, puderes, puder, etc., **I** pudesse, pudéssemos, etc.

pôr: A ponho, pões, põe, pomos, pondes, põem, **B** punha, púnhamos, etc., **C** pus, puseste, pôs, pusemos, pusestes, puseram, **D** pusera, puséramos, etc., **E** porei, porás, etc., **F** poria, porias, etc., **G** ponha, ponhas, etc., **H** puser, pusermos, etc., **I** pusesse, puséssemos, etc., **J** põe, ponha, ponhamos, ponde, ponham, **K** pondo, **L** pôr, pores, pôr, pormos, pordes, porem, **M** posto.

querer: A quero, queres, quer, queremos, quereis, querem, **C** quis, quiseste, quis, quisemos, quisestes, quiseram, **D** quisera, quiséramos, etc., **G** queira, queiramos, etc., **H** quiser, quisermos, etc., **I** quisesse, quiséssemos, etc., **J** quer, queira, queiramos, querei, queiram, **K** querendo, **L** querer, quereres, querer, querermos, quererdes, quererem, **M** querido.

rir: A rio, ris, ri, rimos, rides, riem, **B** ria, ríamos, etc., **C** ri, riste, riu, rimos, ristes, riram, **D** rira, ríramos, etc., **G** ria, rias, etc., **H** rir, rires, etc., **I** risse, ríssemos, etc., **J** ri, ria, riamos, ride, riam, **K** rindo, **M** rido.

saber: A sei, sabes, sabe, sabemos, sabeis, sabem, **B** sabia, sabíamos, etc., **C** soube, soubeste, soube, soubemos, soubestes, souberam, **D** soubera, soubéramos, etc., **G** saiba, saibas, saiba, saibamos, saibais, saibam, **H** souber, souberes, etc., **I** soubesse, soubesses, etc., **J** sabe, saiba, saibamos, sabei, saibam, **M** sabido.

sair: A saio, sais, sai, saímos, saís, saem, **B** saía, saías, etc., **C** saí, saíste, saiu, etc., **D** saíra, saíras, etc., **G** saia, saias, saia, saiamos, saiais, saiam, **H** sair, saíres, sair, etc., **I** saísse, saísses, etc., **J** sai, saia, saiamos, saí, saiam, **K** saindo, **M** saído.

SENTAR-SE: A sento-me, sentas-te, senta-se, sentamo-nos, sentais-vos, sentam-se, **B** sentava-me, sentavas-te, sentava-se, sentávamo-nos, sentáveis-vos, sentavam-se, **C** sentei-me, sentaste-te, sentou-se, sentámo-nos, sentastes-vos, sentaram-se, **D** sentara-me, sentaras-te, sentara-se, sentáramo-nos, sentáreis-vos, sentaram-se, **E** sentar-me-ei, sentar-te-ás, sentar-se-á, sentar-nos-emos, sentar-vos-eis, sentar-se-ão, **F** sentar-me-ia, sentar-te-ias, sentar-se-ia, sentar-nos-íamos, sentar-vos-íeis, sentar-se-iam, **G** me sente, te sentes, se sente, nos sentemos, vos senteis, se sentem, **H** me sentar, te sentares, se sentar, nos sentarmos, vos sentardes, se sentarem, **I** me sentasse, te sentasses, se sentasse, nos sentássemos, vos sentásseis, se sentassem, **J** senta-te, sente-se, sentemo-nos, sentai-vos, sentem-se, **K** sentando-se, **L** sentar-me, sentares-te, sentar-se, sentarmo-nos, sentardes-vos, sentarem-se, **M** sentado.

sentir: **A** sinto, sentes, sente, sentimos, sentis, sentem, **B** sentia, sentias, etc., **C** senti, sentiste, sentiu, etc., **D** sentira, etc., **G** sinta, sintas, etc., **I** sentisse, sentisses, etc., **H** sentir, sentires, etc., **J** sente, sinta, sintamos, senti, sintam, **M** sentido.

SER: **A** sou, és, é, somos, sois, são, **B** era, eras, era, éramos, éreis, eram, **C** fui, foste, foi, fomos, fostes, foram, **D** fora, foras, fora, fôramos, fôreis, foram, **F** seria, serias, seria, seríamos, seríeis, seriam, **G** seja, sejas, seja, sejamos, sejais, sejam, **H** for, fores, for, formos, fordes, forem, **I** fosse, fosses, fosse, fôssemos, fôsseis, fossem, **J** sê, seja, sejamos, sede, sejam, **K** sendo, **L** ser, seres, ser, sermos, serdes, serem, **M** sido.

TER: **A** tenho, tens, tem, temos, tendes, têm, **B** tinha, tinhas, tinha, tínhamos, tínheis, tinham, **C** tive, tiveste, teve, tivemos, tivestes, tiveram, **D** tivera, tiveras, tivera, tivéramos, tivéreis, tiveram, **E** terei, terás, terá, teremos, tereis, terão, **F** teria, terias, teria, teríamos, teríeis, teriam, **G** tenha, tenhas, tenha, tenhamos, tenhais, tenham, **H** tiver, tiveres, tiver, tivermos, tiverdes, tiverem, **I** tivesse, tivesses, tivesse, tivéssemos, tivésseis, tivessem, **J** tem, tenha, tenhamos, tende, tenham, **K** tendo, **L** ter, teres, ter, termos, terdes, terem, **M** tido.

trazer: **A** trago, trazes, traz, trazemos, trazeis, trazem, **B** trazia, trazias, etc., **C** trouxe, trouxeste, trouxe, trouxemos, trouxestes, trouxeram, **D** trouxera, trouxeras, etc., **E** trarei, trarás, trará, traremos, trareis, trarão, **F** traria, trarias, etc., **G** traga, tragas, etc., **H** trouxer, trouxeres, etc., **I** trouxesse, trouxesses, etc., **J** traz, traga, tragamos, trazei, tragam, **K** trazendo, **L** trazer, trazeres, trazer, trazermos, trazerdes, trazerem, **M** trazido.

ver: **A** vejo, vês, vê, vemos, vedes, vêem, **B** via, vias, etc., **C** vi, viste, viu, vimos, vistes, viram, **D** vira, viras, etc., **E** verei, verás, etc., **G** veja, vejas, veja, etc., **H** vir, vires, vir, virmos, virdes, virem, **I** visse, visses, visse, etc., **J** vê, veja, vejamos, vede, vejam, **K** vendo, **L** ver, veres, ver, vermos, verdes, verem, **M** visto.

vir: **A** venho, vens, vem, vimos, vindes, vêm, **B** vinha, vinhas, etc., **C** vim, vieste, veio, viemos, viestes, vieram, **D** viera, vieras, etc., **E** virei, virás, etc., **G** venha, venhas, etc., **H** vier, vieres, vier, etc., **I** viesse, viesses, etc., **J** vem, venha, venhamos, vinde, venham, **K** vindo, **L** vir, vires, vir, virmos, virdes, virem, **M** vindo.

viver: **A** vivo, vives, etc., **B** vivia, vivias, etc., **C** vivi, viveste, viveu, etc., **G** viva, vivas, etc., **I** vivesse, vivesses, etc., **J** vive, viva, vivamos, vivei, vivam, **M** vivido.

ENGLISH IRREGULAR VERBS

Infinitive	Past Tense	Past Participle
arise	arose	arisen
awake	awoke	awoken
be	was/were	been
bear	bore	born(e)
beat	beat	beaten
begin	began	begun
bend	bent	bent
bet	bet/betted	bet/betted
bid	bid	bid
bind	bound	bound
bite	bit	bitten
bleed	bled	bled
blow	blew	blown
break	broke	broken
breed	bred	bred
bring	brought	brought
build	built	built
burn	burnt/burned	burnt/burned
burst	burst	burst
buy	bought	bought
can	could	–
cast	cast	cast
catch	caught	caught
choose	chose	chosen
come	came	come
cost	cost	cost
creep	crept	crept
cut	cut	cut
deal	dealt	dealt
dig	dug	dug
do	did	done
draw	drew	drawn
dream	dreamed/dreamt	dreamed/dreamt
drink	drank	drunk
drive	drove	driven
eat	ate	eaten
fall	fell	fallen
feed	fed	fed
feel	felt	felt
fight	fought	fought
find	found	found
fling	flung	flung
fly	flew	flown
forget	forgot	forgotten
freeze	froze	frozen
get	got	got (*Am* gotten)
give	gave	given
go	went	gone
grind	ground	ground
grow	grew	grown

Infinitive	Past Tense	Past Participle
hang	hung /hanged	hung /hanged
have	had	had
hear	heard	heard
hide	hid	hidden
hit	hit	hit
hold	held	held
hurt	hurt	hurt
keep	kept	kept
kneel	knelt /kneeled	knelt /kneeled
know	knew	known
lay	laid	laid
lead	led	led
lean	leant /leaned	leant /leaned
leap	leapt /leaped	leapt /leaped
learn	learnt /learned	learnt /learned
leave	left	left
lend	lent	lent
let	let	let
lie	lay	lain
light	lit /lighted	lit /lighted
lose	lost	lost
make	made	made
may	might	–
mean	meant	meant
meet	met	met
mow	mowed	mown /mowed
pay	paid	paid
put	put	put
quit	quit /quitted	quit /quitted
read	read	read
rid	rid	rid
ride	rode	ridden
ring	rang	rung
rise	rose	risen
run	ran	run
saw	sawed	sawn
say	said	said
see	saw	seen
seek	sought	sought
sell	sold	sold
send	sent	sent
set	set	set
shake	shook	shaken
shall	should	–
shed	shed	shed
shine	shone	shone
shoot	shot	shot
show	showed	shown
shrink	shrank	shrunk

Infinitive	Past Tense	Past Participle
shut	shut	shut
sing	sang	sung
sink	sank	sunk
sit	sat	sat
sleep	slept	slept
slide	slid	slid
sling	slung	slung
smell	smelt /smelled	smelt /smelled
sow	sowed	sown /sowed
speak	spoke	spoken
speed	sped /speeded	sped /speeded
spell	spelt /spelled	spelt /spelled
spend	spent	spent
spill	spilt /spilled	spilt /spilled
spin	spun	spun
spit	spat	spat
split	split	split
spoil	spoiled /spoilt	spoiled /spoilt
spread	spread	spread
spring	sprang	sprung
stand	stood	stood
steal	stole	stolen
stick	stuck	stuck
sting	stung	stung
stink	stank	stunk
strike	struck	struck /stricken
swear	swore	sworn
sweep	swept	swept
swell	swelled	swollen /swelled
swim	swam	swum
swing	swung	swung
take	took	taken
teach	taught	taught
tear	tore	torn
tell	told	told
think	thought	thought
throw	threw	thrown
tread	trod	trodden
wake	woke /waked	woken /waked
wear	wore	worn
weave	wove /weaved	woven /weaved
weep	wept	wept
win	won	won
wind	wound	wound
wring	wrung	wrung
write	wrote	written

a [a] *artigo definido* → **o** ◆ *prep* **1.** *(introduz um complemento indireto)* to; **mostrar algo a alguém** to show sthg to sb; **diga ao Zé para vir** tell Zé to come; **pede o chapéu ao Paulo** ask Paulo for the hat.
2. *(relativo a direção)* to; **fomos à praia** we went to the beach; **vamos ao cinema** we're going to the cinema; **cheguei a Salvador ontem** I arrived in Salvador yesterday.
3. *(relativo a posição, lugar, distância)*: **é à esquerda/direita** it's on the left/right; **fica a 10 quilômetros** it's 10 kilometres away.
4. *(relativo a quantidade, medida, preço)*: **aos centos/às dezenas** by the hundred/dozen; **a quanto estão as peras?** how much are the pears?; **vender algo a metro** to sell sthg by the metre.
5. *(indica modo, maneira)*: **feito à mão** handmade; **bater à máquina** to type; **sal a gosto** salt to taste.
6. *(relativo a velocidade)*: **dirigir a 60 km/h** to drive at 60 km/h; **ela ia a 100 por hora** she was going at 100 kilometres an hour.
7. *(indica freqüência)*: **três vezes ao dia** three times a day; **estou lá às terças e quintas** I'm there on Tuesdays and Thursdays.
8. *(introduz complemento de tempo)*: **as lojas abrem às 9 horas** the shops open at 9 (o'clock); **chegam daqui a 2 horas** they're arriving in 2 hours' time; **fica a dez minutos daqui** it's ten minutes from here; **à noite** at night.
9. *(indica série)*: **de ... a** from ... to; **façam os exercícios de um a dez** do exercises one to ten.
10. *(seguido de infinitivo para exprimir momento)*: **ele começou a falar** he started speaking; **ele tropeçou ao subir no ônibus** he tripped over as he was getting on the bus.
11. *(seguido de infinitivo indicando duas ações)*: **ela sentou-se a ler** she sat down and started to read.

à [a] = **a + a**, → **a**.

aba ['aba] *f (de chapéu)* brim; *(corte de carne)* side.

abacate [aba'katʃi] *m* avocado.

abacaxi [abaka'ʃi] *m* pineapple.

abadia [aba'dʒia] *f* abbey.

abafado, -da [aba'fadu, -da] *adj (ar)* stuffy; *(tempo)* close.

abafar [aba'fa(x)] *vt (ruído)* to muffle ◆ *vi (sufocar)* to stifle.

abaixar [abaj'ʃa(x)] *vt* to lower.
❏ **abaixar-se** *vp* to stoop.

abaixo [a'bajʃu] *adv* down; **jogar ~** *(árvore)* to cut down; **mais ~** further down; **~ de** below; **~ o governo!** down with the government!

abaixo-assinado [aˌbajʃuasi'nadu] *(pl* **abaixo-assinados** [aˌbajʃuasi'naduʃ]*) m* petition.

abajur [aba'ʒu(x)] *(pl* **-res** [-riʃ]*) m* lampshade.

abalar [aba'la(x)] *vt (estremecer)* to shake.

abalo [a'balu] *m*: **~ (sísmico** OU **de terra)** earth tremor.

abanar [aba'na(x)] *vt (cabeça)* to shake; *(rabo)* to wag.

abandonado, -da [abãndo'nadu, -da] *adj (lugar)* deserted; *(cão, carro)* abandoned.

abandonar [abãndo'na(x)] *vt* to abandon.

abandono [abãn'donu] *m* abandonment; **ao ~** abandoned; **~ do lar** desertion.

abarcar [abax'ka(x)] *vt* to cover.

abarrotado, -da [abaxo'tadu, -da] *adj* packed.

abarrotar [abaxo'ta(x)] *vi* to be full up ♦ *vt* to pack; **a ~ de** packed with.

abastecer [abaʃte'se(x)] *vt* to supply. ❑ **abastecer-se** *vp* to stock up.

abastecimento [abaʃtesi'mẽntu] *m* supply.

abater [aba'te(x)] *vt* *(baixar)* to reduce; *(avião)* to shoot down; *(árvore)* to fell; *(animal)* to slaughter.

abatimento [abatʃi'mẽntu] *m* *(desconto)* reduction; *(fraqueza)* weakness.

abcesso [ab'sesu] *m* abscess.

abdicar [abdʒi'ka(x)] *vi* to abdicate.

abdómen [ab'dɔmɛn] *m* (*Port*) = **abdômen**.

abdômen [ab'domẽ] *m* (*Br*) abdomen.

abdominal [abdomi'naw] (*pl* **-ais** [-ajʃ]) *adj* abdominal. ❑ **abdominais** *mpl*: **fazer abdominais** to do sit-ups.

á-bê-cê [abe'se] *m* abc.

abecedário [abese'darju] *m* alphabet.

abeirar-se [abej'raxsi] : **abeirar-se de** *vp* + *prep* to draw near to.

abelha [a'beʎa] *f* bee.

abelhudo, -da [abe'ʎudu, -da] *adj* nosy.

aberração [abexa'sãw] (*pl* **-ões** [-õjʃ]) *f* aberration.

aberto, -ta [a'bɛxtu, -ta] *pp* → **abrir** ♦ *adj* open.

abertura [abex'tura] *f* opening; *(MÚS)* overture; **"~ fácil"** "easy to open".

abeto [a'betu] *m* fir tree.

ABI *f* (*abrev de Associação Brasileira de Imprensa*) Brazilian press association which also functions as a political pressure group.

abismo [a'biʒmu] *m* abyss.

abóbada [a'bɔbada] *f* vault.

abóbora [a'bɔbora] *f* pumpkin.

abóbora-menina [a,bɔborame'nina] (*pl* **abóboras-meninas** [a,bɔboraʒme'ninaʃ]) *f* sweet pumpkin.

abobrinha [abo'briɲa] *f* (*Br*) courgette (*Brit*), zucchini (*Am*).

abolir [abo'li(x)] *vt* to abolish.

abominar [abomi'na(x)] *vt* to loathe.

abono [a'bonu] *m*: **~ de família** (*Port*) child benefit.

abordagem [abox'daʒẽ] (*pl* **-ns** [-ʃ]) *f* (*de tema, situação*) handling, treatment.

abordar [abox'da(x)] *vt* (*pessoa*) to approach; (*assunto*) to broach.

aborígene [abo'riʒeni] *mf* aborigine.

aborrecer [aboxe'se(x)] *vt* (*irritar*) to annoy; (*entediar*) to bore. ❑ **aborrecer-se** *vp* (*irritar-se*) to get annoyed; (*entediar-se*) to get bored.

aborrecido, -da [aboxe'sidu, -da] *adj* (*chato*) tedious; (*zangado*) annoyed.

aborrecimento [aboxesi'mẽntu] *m* (*tédio*) boredom; (*contrariedade*) annoyance.

abortar [abox'ta(x)] *vi* (*MED*) (*espontaneamente*) to have a miscarriage; (*intencionalmente*) to have an abortion.

aborto [a'boxtu] *m* (*MED*) (*espontâneo*) miscarriage; (*intencional*) abortion.

abotoar [abo'twa(x)] *vt* to button (up).

abraçar [abra'sa(x)] *vt* to hug. ❑ **abraçar-se** *vp* to hug each other.

abraço [a'brasu] *m* hug; **um ~** (*em carta, postal*) best wishes.

abrandar [abrãn'da(x)] *vt* (*dor*) to ease ♦ *vi* (*vento*) to drop; (*chuva*) to ease off.

abranger [abrã'ʒe(x)] *vt* to include.

abre-latas [,abre'lataʃ] *m inv* (*Port*) tin opener (*Brit*), can opener (*Am*).

abreviação [abrevja'sãw] (*pl* **-ões** [-õjʃ]) *f* abbreviation.

abreviatura [abrevja'tura] *f* abbreviation.

abridor [abri'do(x)] (*pl* **-res** [-riʃ]) *m* (*Br*): **~ de garrafa** bottle opener; **~ de lata** tin opener (*Brit*), can opener (*Am*).

abrigar [abri'ga(x)] *vt* to shelter. ❑ **abrigar-se** *vp* to take cover.

abrigo [a'brigu] *m* shelter; **ao ~ de** under cover of.

abril [a'briw] *m* April, → **setembro**.

abrir [a'bri(x)] *vt & vi* to open; **~ o apetite** to whet one's appetite; **~ a boca** (*bocejar*) to yawn; **~ uma exceção** to make an exception; **~ mão de algo** (*fig*) to forego sthg; **~ os olhos** (*fig*) to open one's eyes. ❑ **abrir-se** *vp*: **~-se com alguém** to confide in sb.

absinto [ab'sĩntu] *m* absinthe.

absolutamente [abso,luta'mẽntʃi] *adv* absolutely.

absoluto, -ta [abso'lutu, -ta] *adj* absolute.

absolver [absow've(x)] *vt (perdoar)* to absolve; *(JUR)* to acquit.

absorção [absox'sãw] *f* absorption.

absorvente [absox'vēntʃi] *adj* absorbent.

❑ **absorventes** *mpl*: **~s diários** panty liners.

absorver [absɔr've(x)] *vt* to absorb.

abstémio, -mia [abʃ'tɛmju, -mja] *m, f (Port)* = **abstêmio**.

abstêmio, -mia [abʃ'temju, -mja] *m, f (Br)* teetotaller.

abstracto, -ta [abʃ'tratu, -ta] *adj (Port)* = **abstrato**.

abstrato, -ta [abʃ'tratu, -ta] *adj (Br)* abstract.

absurdo, -da [ab'suxdu, -da] *adj* absurd ♦ *m* nonsense.

abundância [abũn'dãsja] *f* abundance.

abundante [abũn'dãntʃi] *adj* abundant.

abusado, -da [abu'zadu, -da] *adj (Br: atrevido)* forward.

abusar [abu'za(x)] *vi* to overdo things; **~ de alguém** to abuse sb; **~ da bebida/do tabaco** to drink/smoke too much.

abuso [a'buzu] *m (de álcool, droga)* abuse; *(JUR)* indecent assault.

a.C. *(abrev de antes de Cristo)* BC.

a/c *(abrev de aos cuidados de)* c/o.

acabamento [akaba'mēntu] *m* finish.

acabar [aka'ba(x)] *vt* to finish ♦ *vi (tempo, programa, filme)* to finish, to end; *(água, pão, leite)* to run out; **~ com algo** to put an end to sthg; **~ com alguém** *(matar)* to kill sb; **~ de fazer algo** to have just done sthg; **~ bem** to end well; **~ por fazer algo** to end up doing sthg.

❑ **acabar-se** *vp* to run out; **acabou-se!** that's enough!

acácia [a'kasja] *f* acacia.

academia [akade'mia] *f* academy; **~ de belas-artes** Academy of Fine Arts; **~ de ginástica** gymnasium.

açafrão [asa'frãw] *m* saffron.

acalmar [akaw'ma(x)] *vt* to calm ♦ *vi (vento, dor)* to abate.

❑ **acalmar-se** *vp* to calm down.

acampamento [akãmpa'mēntu] *m* camp.

acampar [akãm'pa(x)] *vi* to camp.

acanhado, -da [aka'ɲadu, -da] *adj* shy.

acanhar-se [aka'ɲaxsi] *vp* to be shy.

ação [a'sãw] *(pl* **-ões** [-õjʃ]) *f (Br)* action; *(título de crédito)* share; *(de poema, peça teatral)* plot; **entrar em ~** to take action.

acarajé [akara'ʒe] *m (CULIN)* beancake fried in palm oil and served with a spicy sauce.

acariciar [akari'sja(x)] *vt* to caress.

acaso [a'kazu] *m* chance, accident; **ao ~** at random; **por ~** by chance OU accident.

acastanhado, -da [akaʃta'ɲadu, -da] *adj* brownish.

acatar [aka'ta(x)] *vt (ordem, lei)* to obey.

acção [a'sãw] *(pl* **-ões** [-õjʃ]) *f (Port)* = **ação**.

accionar [asju'nar] *vt (Port)* = **acionar**.

accionista [asju'niʃta] *mf (Port)* = **acionista**.

acções → **acção**.

aceder [ase'de(x)] *vi* to consent.

aceitar [asej'ta(x)] *vt* to accept.

aceito, -ta [a'sejtu, -ta] *pp* → **aceitar**.

acelerador [aselera'do(x)] *(pl* **-res** [-riʃ]) *m (AUT)* accelerator *(Brit)*, gas pedal *(Am)*.

acelerar [asele'ra(x)] *vt* to speed up ♦ *vi* to accelerate.

acenar [ase'na(x)] *vi (com braço)* to wave; *(com cabeça)* to nod.

acender [asēn'de(x)] *vt (cigarro, vela, lareira)* to light; *(lâmpada, candeeiro)* to switch OU turn on.

aceno [a'senu] *m (with arm)* gesture; **um ~ de cabeça** a nod.

acento [a'sēntu] *m (sinal gráfico)* accent; *(inflexão)* stress; **~ agudo/grave** acute/grave accent; **~ circunflexo** circumflex.

acepção [asep'sãw] *(pl* **-ões** [-õjʃ]) *f* sense.

acerca [a'sexka] : **acerca de** *prep* about, concerning.

acerola [ase'rɔla] *f* small bitter red fruit commonly used in juice and ice cream.

acertar [asex'ta(x)] *vt (relógio)* to set ♦ *vi*: **~ em** *(em alvo)* to hit; *(em resposta)* to get right; **~ com** *(com lugar, local)* to find; **acertou!** *(adivinhaste)* you got it right!

acervo [a'sexvu] *m (de museu, fundação)* collection.

aceso, -sa [a'sezu, -za] *pp* → **acender** ♦ *adj (luz, lume)* on; *(discussão)* heated.

acessível [ase'sivɛw] *(pl* **-eis** [-ejʃ]) *adj* accessible; *(preço)* affordable; *(pessoa)* approachable.

acesso [a'sɛsu] *m* access; *(de raiva, histeria)* fit; **de fácil ~** easy to get to.

acessório [ase'sɔrju] *m* accessory.

acetona [ase'tona] *f* nail varnish remover.

achado [a'ʃadu] *m (descoberta)* find; *(pechincha)* bargain.

achar [a'ʃa(x)] *vt* to find; **~ que** to think (that); **acho que não** I don't think so; **acho que sim** I think so.

acidentado, -da [asidēn'tadu, -da] *adj (terreno)* rough; *(viagem, férias)* eventful ♦ *m, f* injured person.

acidental [asidēn'taw] *(pl* **-ais** [-ajʃ]) *adj* accidental.

acidentalmente [asidēntaw'mēntʃi] *adv* accidentally.

acidente [asi'dēntʃi] *m* accident; *(de terreno)* bump.

acidez [asi'deʒ] *f* acidity.

ácido, -da ['asidu, -da] *adj (sabor)* sour ♦ *m* acid; **~ cítrico/sulfúrico** citric/sulphuric acid.

acima [a'sima] *adv* up; **mais ~** higher up; **~ de** above; **~ de tudo** above all.

acionar [asjo'na(x)] *vt (Br)* to set in motion.

acionista [asjo'niʃta] *mf (Br)* shareholder.

acne ['akni] *f* acne.

aço ['asu] *m* steel; **~ inoxidável** stainless steel.

acocorar-se [akoko'raxsi] *vp* to squat (down).

ações → **ação**.

acolhimento [akoʎi'mēntu] *m* welcome.

acompanhamento [akōmpaɲa-'mēntu] *m (de evolução, situação)* following; *(de prato de carne, peixe)* side dish, side order; *(MÚS)* accompaniment.

acompanhante [akōmpa'ɲāntʃi] *mf* companion; *(MÚS)* accompanist.

acompanhar [akōmpa'ɲa(x)] *vt* to accompany; *(programa, situação)* to follow.

aconchegador, -ra [akōʃega'do(x), -ra] *(mpl* **-res** [-riʃ], *fpl* **-s** [-ʃ]) *adj* cosy.

aconselhar [akōse'ʎa(x)] *vt* to advise. ❏ **aconselhar-se** *vp* to get advice.

aconselhável [akōse'ʎavɛw] *(pl* **-eis**

[-ejʃ]) *adj* advisable; **pouco ~** inadvisable.

acontecer [akōnte'se(x)] *vi* to happen; **(mas) acontece que ...** but as it happens ...; **aconteça o que ~** come what may.

acontecimento [akōntesi'mēntu] *m* event.

acordar [akox'da(x)] *vt & vi* to wake up.

acorde [a'kɔxdʒi] *m (MÚS)* chord.

acordeão [akox'dʒjāw] *(pl* **-ões** [-õjʃ]) *m* accordion.

acordo [a'koxdu] *m* agreement; *(JUR)* accord; **de ~!** all right!; **estar de ~ com** to agree with; **de ~ com** in accordance with.

acorrentar [akoxēn'ta(x)] *vt* to chain (up).

acostamento [akoʃta'mēntu] *m (Br)* hard shoulder *(Brit)*, shoulder *(Am)*.

acostumado, -da [akoʃtu'madu, -da] *adj:* **estar ~ a algo** to be used to sthg.

acostumar-se [akoʃtu'maxsi] *vp:* **~ com algo** to get used to sthg; **~ a fazer algo** to get used to doing sthg.

açougue [a'sogi] *m (Br)* butcher's (shop).

açougueiro, -ra [aso'gejru, -ra] *m, f (Br)* butcher.

A.C.P. *(abrev de Automóvel Clube de Portugal)* ≃ AA *(Brit)*, ≃ AAA *(Am)*.

acre ['akri] *adj (sabor)* bitter; *(cheiro)* acrid.

acreditar [akredʒi'ta(x)] *vi* to believe; **~ em** to believe in.

acrescentar [akresēn'ta(x)] *vt* to add.

acréscimo [a'kresimu] *m* increase.

acrílica [a'krilika] *adj f* → **fibra**.

acrobata [akro'bata] *mf* acrobat.

activo, -va [a'tivu, -va] *adj (Port)* = **ativo**.

acto ['atu] *m (Port)* = **ato**.

actor, -triz [a'tor, -triʃ] *(mpl* **-res** [-reʃ], *fpl* **-zes** [-zeʃ]) *m, f (Port)* = **ator**.

actual [a'twal] *(pl* **-ais** [-ajʃ]) *adj (Port)* = **atual**.

actuar [a'twar] *vi (Port)* = **atuar**.

açúcar [a'suka(x)] *m* sugar; **~ preto/branco** brown/white sugar; **~ em cubos** sugar cubes *(pl)*; **~ mascavo** muscovado sugar; **~ em pó** caster sugar.

açucareiro [asuka'rejru] *m* sugar bowl.

acumulação [akumula'sāw] *(pl* **-ões** [-õjʃ]) *f* accumulation.

acumular [akumuˈla(x)] *vt* to accumulate.

acupunctura [akupũnˈtura] *f* acupuncture.

acusação [akuzaˈsãw] (*pl* **-ões** [-õjʃ]) *f (denúncia)* accusation; *(queixa)* complaint; *(JUR: declaração)* charge; *(JUR: acusador)* plaintiff.

acusar [akuˈza(x)] *vt* to accuse; *(revelar)* to reveal.

A.D. *(abrev de Anno Domini)* AD.

adaptação [adaptaˈsãw] (*pl* **-ões** [-õjʃ]) *f* adaptation.

adaptado, -da [adapˈtadu, -da] *adj (adequado)* appropriate.

adaptador [adaptaˈdo(x)] (*pl* **-res** [-riʃ]) *m* adaptor.

adaptar [adapˈta(x)] *vt* to adapt.
  ❏ **adaptar-se** *vp*: **~-se a** to adapt to.

adega [aˈdɛga] *f* wine cellar; **~ cooperativa** wine cellar run by a cooperative.

adepto, -ta [aˈdɛptu, -ta] *m, f* supporter.

adequado, -da [adeˈkwadu, -da] *adj* appropriate.

adereço [adeˈresu] *m (em teatro, espetáculo)* prop.

aderente [adeˈrẽntʃi] *adj (pneu)* nonskid ◆ *mf (partidário)* supporter.

aderir [adeˈri(x)] *vi* to stick; **~ a algo** *(fig: a idéia, partido)* to support sthg.

adesão [adeˈzãw] (*pl* **-ões** [-õjʃ]) *f (a idéia, partido)* support.

adesivo, -va [adeˈzivu, -va] *adj* adhesive ◆ *m* adhesive tape.

adesões → adesão.

adeus [aˈdewʃ] *m* goodbye ◆ *interj* goodbye!; **dizer ~** to say goodbye.

adiamento [adʒjaˈmẽntu] *m* postponement.

adiantado, -da [adʒjãnˈtadu, -da] *adj (no tempo)* ahead of schedule; *(no espaço)* advanced ◆ *adv*: **chegar ~** to arrive early; **estar ~** *(relógio)* to be fast; **pagar ~** to pay in advance.

adiantar [adʒjãnˈta(x)] *vt (relógio)* to put forward; *(dinheiro)* to advance; *(trabalho)* to get ahead with ◆ *v impess*: **não adianta gritar** there's no point in shouting.
  ❏ **adiantar-se** *vp (no espaço)* to get ahead.

adiante [aˈdʒjãntʃi] *adv* ahead ◆ *interj* forward!; **mais ~** further on; **passar ~** to overlook; **e por aí ~** and so forth.

adiar [aˈdʒja(x)] *vt* to postpone.

adição [adʒiˈsãw] (*pl* **-ões** [-õjʃ]) *f* addition.

adicionar [adʒisjoˈna(x)] *vt (acrescentar)* to add; *(somar)* to add up.

adições → adição.

adivinha [adʒiˈviɲa] *f* riddle.

adivinhar [adʒiviˈɲa(x)] *vt (futuro)* to guess; *(futuro)* to predict; *(decifrar)* to solve.

adjectivo [adʒɛˈtivu] *m (Port)* = **adjetivo**.

adjetivo [adʒɛˈʃivu] *m (Br)* adjective.

adjunto, -ta [adˈʒũntu, -ta] *m, f* assistant ◆ *adj* assistant *(antes de s)*.

administração [adʒiminiʃtraˈsãw] *f* administration; *(os administradores)* management; *(local)* administrative office.

administrador, -ra [adʒiminiʃtraˈdo(x), -ra] (*mpl* **-res** [-riʃ], *fpl* **-s** [-ʃ]) *m, f* administrator.

administrar [adʒiminiʃˈtra(x)] *vt* to administer.

admiração [adʒimiraˈsãw] *f (espanto)* amazement; *(respeito, estima)* admiration.

admirador, -ra [adʒimiraˈdo(x), -ra] (*mpl* **-res** [-riʃ], *fpl* **-s** [-ʃ]) *m, f* admirer.

admirar [adʒimiˈra(x)] *vt (contemplar)* to admire; *(espantar)* to amaze.
  ❏ **admirar-se** *vp* to be surprised.

admirável [adʒimiˈravɛw] (*pl* **-eis** [-ejʃ]) *adj (incrível)* amazing; *(digno de respeito)* admirable.

admissão [adʒimiˈsãw] (*pl* **-ões** [-õjʃ]) *f* admission.

admitir [adʒimiˈtʃi(x)] *vt (permitir)* to allow; *(deixar entrar)* to admit.

adoçante [adoˈsãntʃi] *m* sweetener.

adoção [adoˈsãw] (*pl* **-ões** [-õjʃ]) *f (Br)* adoption.

adoçar [adoˈsa(x)] *vt* to sweeten.

adoecer [adoeˈse(x)] *vi* to fall ill.

adolescência [adoleˈsẽsja] *f* adolescence.

adolescente [adoleˈsẽntʃi] *mf* adolescent.

adopção [adoˈsãw] (*pl* **-ões** [-õjʃ]) *f (Port)* = **adoção**.

adorar [adoˈra(x)] *vt* to adore, to love.

adorável [adoˈravɛw] (*pl* **-eis** [-ejʃ]) *adj* adorable.

adormecer [adoxmeˈse(x)] *vt* to send to sleep ◆ *vi* to fall asleep.

adornar [adoxˈna(x)] *vt* to adorn.

adotado, -da [adoˈtadu, -da] *adj* adopted.

adotar [ado'ta(x)] *vt* to adopt; *(livro)* to choose.

adquirir [adʒiki'ri(x)] *vt* to acquire.

adrenalina [adrena'lina] *f* adrenalin.

adulterar [aduwte'ra(x)] *vt* to adulterate.

adultério [aduw'tɛrju] *m* adultery.

adulto, -ta [a'duwtu, -ta] *adj & m, f* adult.

advérbio [ad'vɛxbju] *m* adverb.

adversário, -ria [adʒivex'sarju, -rja] *adj* opposing ◆ *m, f* opponent.

advertência [adʒivex'tẽsja] *f* warning.

advogado, -da [adʒivo'gadu, -da] *m, f* lawyer *(Brit)*, attorney *(Am)*.

á-é-i-ó-u [aɛjɔu] *m*: **aprender o ~** *(as vogais)* to learn to spell; *(o essencial de algo)* to learn the basics.

aéreo, -rea [a'ɛrju, -rja] *adj* air *(antes de s)*; *(fig: distraído)* absentminded.

aerobarco [aero'baxku] *m (Br)* hovercraft.

aerodinâmico, -ca [aerodʒi'namiku, -ka] *adj* aerodynamic.

aeródromo [aɛ'rɔdromu] *m* airfield.

aeromoça [aero'mosa] *f (Br)* air hostess.

aeromodelismo [a,eromode'liʒmu] *m* model aeroplane making.

aeronáutica [aero'nawtʃika] *f (Br)* airforce.

aeroporto [aero'poxtu] *m* airport.

aerossol [aero'sɔw] *(pl* **-óis** [-ɔjʃ]) *m* aerosol.

afagar [afa'ga(x)] *vt* to stroke.

afastado, -da [afaʃ'tadu, -da] *adj* *(distante)* remote; *(retirado)* isolated.

afastar [afaʃ'ta(x)] *vt (desviar)* to move away; *(apartar)* to separate.

❏ **afastar-se** *vp (desviar-se)* to move away; *(distanciar-se)* to distance o.s.

afável [a'favɛw] *(pl* **-eis** [-ejʃ]) *adj* friendly.

afecto [a'fɛtu] *m (Port)* = **afeto.**

afeição [afej'sãw] *f (afecto)* affection; *(inclinação)* liking.

afetar [afe'ta(x)] *vt* to affect.

afetivo, -va [afe'tʃivu, -va] *adj (pessoa)* affectionate; *(carência, problema, vida)* emotional.

afeto [a'fɛtu] *m (Br)* affection.

afetuoso, -osa [afe'tuozu, -ɔza] *adj* affectionate.

afiadeira [afja'dejra] *f (Port)* pencil sharpener.

afiado, -da [a'fjadu, -da] *adj* sharp.

afiambrado [afjãm'bradu] *m* chopped pork slices *(pl)*.

afiar [a'fja(x)] *vt* to sharpen.

aficionado, -da [afisjo'nadu, -da] *m, f* enthusiast.

afilhado, -da [afi'ʎadu, -da] *m, f* godson *(f* goddaughter).

afim [a'fĩ] *(pl* **-ns** [-ʃ]) *adj* related ◆ *m (parente)* relative, relation.

afinado, -da [afi'nadu, -da] *adj (instrumento musical)* in tune; *(motor)* tuned.

afinal [afi'naw] *adv:* **~ (de contas)** after all.

afinar [afi'na(x)] *vt (instrumento, motor, travões)* to tune.

afinidade [afini'dadʒi] *f* affinity.

afins → **afim.**

afirmação [afixma'sãw] *(pl* **-ões** [-õjʃ]) *f* statement.

afirmar [afix'ma(x)] *vt* to state.

afirmativo, -va [afixma'tʃivu, -va] *adj* affirmative.

afixar [afik'sa(x)] *vt (cartaz, aviso)* to put up.

aflição [afli'sãw] *(pl* **-ões** [-õjʃ]) *f* distress.

afligir [afli'ʒi(x)] *vt* to distress.

❏ **afligir-se** *vp* to distress o.s.; **~-se com** to worry about.

aflito, -ta [a'flitu, -ta] *pp* → **afligir.**

aflorar [aflo'ra(x)] *vt (assunto, tema)* to touch on ◆ *vi* to surface.

afluência [aflu'ẽsja] *f* stream.

afluente [aflu'ẽtʃi] *m* tributary.

afobado, -da [afo'badu, -da] *adj (Br)* *(apressado)* rushed; *(atrapalhado)* flustered.

afogado, -da [afo'gadu, -da] *adj (pessoa)* drowned; *(motor)* flooded ◆ *m, f* drowned person.

afogador [afoga'do(x)] *(pl* **-res** [-riʃ]) *m (Br)* choke.

afogamento [afoga'mẽtu] *m* drowning.

afogar [afo'ga(x)] *vt* to drown.

❏ **afogar-se** *vp* to drown.

afónico, -ca [a'fɔniku, -ka] *adj (Port)* = **afônico.**

afônico, -ca [a'foniku, -ka] *adj (Br):* **estar ~** to have lost one's voice.

afortunado, -da [afoxtu'nadu, -da]

adj lucky, fortunate.

afresco [a'freʃku] *m (Br)* fresco.

África ['afrika] *f*: **a ~** Africa; **a ~ do Sul** South Africa.

africano, -na [afri'kanu, -na] *adj & m, f* African.

afro-brasileiro, -ra [afrobrazi'lejru, -ra] *adj* Afro-Brazilian ◆ *m, f* Brazilian person of African extraction.

afronta [a'frõnta] *f* insult.

afrouxar [afro'ʃa(x)] *vt (cinto, laço de sapato)* to loosen.

afta ['afta] *f* mouth ulcer.

afugentar [afugẽn'ta(x)] *vt* to drive away.

afundar [afũn'da(x)] *vt* to sink.
❑ **afundar-se** *vp* to sink.

agachar-se [aga'ʃaxsi] *vp* to squat.

agarrar [aga'xa(x)] *vt (apanhar, segurar)* to grab; *(alcançar, apanhar no ar)* to catch.
❑ **agarrar-se** *vp*: **~-se a** *(segurar-se a)* to grab hold of; *(pegar-se a)* to stick to; *(dedicar-se a)* to get stuck into; **~-se aos livros** *(fam)* to study hard.

agasalhar-se [agaza'ʎaxsi] *vp* to wrap up warm.

agasalho [aga'zaʎu] *m (casaco)* coat; *(pulôver)* jumper.

ágeis → ágil.

agência [a'ʒẽsja] *f* office; **~ bancária** branch *(of a bank)*; **~ de câmbio** bureau de change; **~ de correio** *(Br)* post office; **~ funerária** funeral director's; **~ imobiliária** estate agent's *(Brit)*, real estate office *(Am)*; **~ de viagens** travel agent's.

agenda [a'ʒẽnda] *f (livro)* diary; *(plano de reunião)* agenda.

agente [a'ʒẽntʃi] *mf (de polícia)* policeman *(f* policewoman*); (de vendas)* sales representative; **"~ autorizado"** *authorized agent for the sale of lottery tickets and football coupons*; **~ secreto** secret agent.

ágil ['aʒiw] *(pl* **ágeis** ['aʒejʃ]*) adj* agile.

agilidade [aʒili'dadʒi] *f* agility.

ágio ['aʒju] *m* premium.

agir [a'ʒi(x)] *vi* to act.

agitação [aʒita'sãw] *f* agitation.

agitado, -da [aʒi'tadu, -da] *adj (pessoa)* agitated; *(mar)* rough; *(tempo)* unsettled.

agitar [aʒi'ta(x)] *vt (líquido)* to shake; **"agite antes de abrir"** "shake well before opening".

❑ **agitar-se** *vp* to get agitated.

aglomeração [aglomera'sãw] *(pl* **-ões** [-õjʃ]*) f (de pessoas)* crowd; *(de detritos)* pile.

aglomerar [aglome'ra(x)] *vt* to pile up.

agonia [ago'nia] *f (angústia)* agony; *(náusea)* nausea; *(antes da morte)* death throes *(pl)*.

agora [a'gɔra] *adv* now; **é ~ ou nunca** it's now or never; **só ~!** at last!; **só ~ é que cheguei** I've only just arrived; **~ mesmo** right now; **~ que** now that; **essa ~!** whatever next!; **por ~** for the time being.

agosto [a'goʃtu] *m (Br)* August, → **setembro**.

agradar [agra'da(x)] *vi*: **~ a alguém** to please sb.

agradável [agra'davɛw] *(pl* **-eis** [-ejʃ]*) adj* pleasant.

agradecer [agrade'se(x)] *vt* to thank ◆ *vi*: **~ a alguém algo, ~ algo a alguém** to thank sb for sthg.

agradecido, -da [agrade'sidu, -da] *adj* grateful; **mal ~** ungrateful; **muito ~!** many thanks!.

agradecimento [agradesi'mẽntu] *m* thanks *(pl)*.

agrafador [agrafa'dor] *(pl* **-res** [-reʃ]*) m (Port)* stapler.

agrafo [a'grafu] *m (Port)* staple.

agravamento [agrava'mẽntu] *m* worsening.

agravante [agra'vãntʃi] *adj* aggravating ◆ *f* aggravating circumstance.

agravar [agra'va(x)] *vt* to make worse.

agredir [agre'dʒi(x)] *vt* to attack.

agregado [agre'gadu] *m*: **~ familiar** household.

agressão [agre'sãw] *(pl* **-ões** [-õjʃ]*) f (ataque)* attack.

agressivo, -va [agre'sivu, -va] *adj* aggressive.

agressões → agressão.

agreste [a'grɛʃtʃi] *adj (paisagem)* wild; *(tempo)* stormy.

agrião [agri'ãw] *(pl* **-ões** [-õjʃ]*) m* watercress.

agrícola [a'grikola] *adj* agricultural.

agricultor, -ra [agrikuw'to(x), -ra] *(mpl* **-res** [-riʃ], *fpl* **-s** [-ʃ]*) m, f* farmer.

agricultura [agrikuw'tura] *f* agriculture.

agridoce [agri'dosi] *adj* sweet-and-sour.

agriões → **agrião**.

agronomia [agrono'mia] f agronomy.

agrupar [agru'pa(x)] vt to group together.

água ['agwa] f water; ~ **doce/salgada** fresh/salt water; ~ **benta** holy water; ~ **corrente** running water; ~ **destilada** distilled water; ~ **mineral com gás** OU **gaseificada** fizzy OU sparkling mineral water; ~ **mineral sem gás** still mineral water; ~ **potável** drinking water; ~ **sanitária** (Br) household bleach; ~ **tônica** tonic water; **de dar ~ na boca** mouthwatering.

aguaceiro [agwa'sejru] m downpour.

água-de-colônia [ˌagwadʒiko'lonja] f eau de cologne.

aguado, -da [a'gwadu, -da] adj watery.

água-oxigenada [ˌagw(a)ɔksiʒe'nada] f hydrogen peroxide.

aguardar [agwar'da(x)] vt to wait for.

aguardente [agwax'dẽntʃi] f spirit (Brit), liquor (Am); ~ **de cana** rum; ~ **de pêra** pear brandy; ~ **velha** brandy.

aguarela [agwa'rɛla] f (Port) water-colour.

aguarrás [agwa'xaʃ] f turpentine.

água-viva [agwa'viva] (pl **águas-vivas** [ˌagwaʒ'vivaʃ]) f jellyfish.

aguçado, -da [agu'sadu, -da] adj sharp.

aguçar [agu'sa(x)] vt to sharpen.

agudo, -da [a'gudu, -da] adj (dor) sharp; (som, voz) shrill; (doença) acute.

aguentar [agwẽn'tar] vt (Port) = **agüentar**.

agüentar [agwẽn'ta(x)] vt (Br) to stand.

❏ **agüentar com** v + prep (Br) (peso) to support.

águia ['agja] f eagle.

agulha [a'guʎa] f needle.

agulheta [agu'ʎeta] f nozzle.

aí [a'i] adv there; (então) then; **por ~** (direção) that way; (em lugar indeterminado) over there; **tem alguém por ~ assaltando turistas** someone is going around mugging tourists.

ai [ˌaj] interj ouch!

AIDS [ajdʒs] f (Br) AIDS.

ainda [a'ĩnda] adv still; ~ **agora** only just; ~ **assim** even so; ~ **bem!** thank goodness!; ~ **bem que** thank goodness; ~ **não** not yet; ~ **por cima** to cap

it all; ~ **que** even though.

aipim [aj'pĩ] (pl **-ns** [-ʃ]) m cassava, manioc.

aipo ['ajpu] m celery.

ajeitar [aʒej'ta(x)] vt (cabelo) to tidy up; (gravata, saia) to straighten.

❏ **ajeitar-se** vp (acomodar-se) to make o.s. comfortable; ~**-se com algo** (saber lidar com) to get to grips with sthg.

ajoelhar-se [aʒwe'ʎaxsi] vp to kneel down.

ajuda [a'ʒuda] f help.

ajudante [aʒu'dãntʃi] mf helper.

ajudar [aʒu'da(x)] vt to help.

ajuste [a'ʒuʃtʃi] m: ~ **de contas** revenge.

Al. (abrev de alameda) Ave.

ala ['ala] f (fileira) row; (de edifício) wing.

alambique [alãm'biki] m still.

alameda [ala'meda] f avenue.

alargar [alax'ga(x)] vt (estrada) to widen; (peça de roupa) to let out; (em tempo, influência) to extend; (negócio) to expand ◆ vi (pulôver, luvas, etc) to stretch.

alarido [ala'ridu] m uproar.

alarmante [alax'mãntʃi] adj alarming.

alarme [a'laxmi] m alarm; **falso ~**, ~ **falso** false alarm.

alastrar [alaʃ'tra(x)] vt to spread.

❏ **alastrar-se** vp to spread.

alavanca [ala'vãŋka] f lever.

albergue [aw'bɛxgi] m hostel.

albufeira [awbu'fejra] f lagoon.

álbum ['awbũ] (pl **-ns** [-ʃ]) m album.

alça ['awsa] f (de vestido, combinação, arma) strap; (de bolsa, mala) handle.

alcachofra [awka'ʃofra] f artichoke.

alcançar [awkã'sa(x)] vt to reach; (apanhar) to catch up; (obter) to get; (compreender) to grasp.

alcance [aw'kãsi] m (de mão) reach; (de vista, projéctil) range; **ao ~ de** (de mão) within reach of; (de vista, projéctil) within range of; **fora do ~ de** (de mão) out of reach of; (de vista, projéctil) out of range of.

alçapão [awsa'pãw] (pl **-ões** [-õjʃ]) m trapdoor.

alcaparras [awka'paxaʃ] fpl capers.

alçapões → **alçapão**.

alcateia [awka'teja] f pack.

alcatifa [awka'tʃifa] f carpet.

alcatra [aw'katra] f rump.

alcatrão [awka'trãw] m tar.

álcool ['awk(w)ɔw] m (bebidas alcoólicas) alcohol; (étano) ethanol; ~ etílico ethyl alcohol.

alcoólatra [aw'kɔlatra] m, f alcoholic.

alcoólico, -ca [aw'kwɔliku, -ka] adj & m, f alcoholic.

Alcorão [awko'rãw] m Koran.

alcunha [aw'kuɲa] f nickname.

aldeia [aw'deja] f village.

alecrim [ale'krĩ] m rosemary.

alegação [alega'sãw] (pl -ões [-õjʃ]) f (acusação) allegation; (explicação) explanation; (JUR: defesa) stated defence.

alegar [ale'ga(x)] vt to state; (explicar) to claim.

alegoria [alego'ria] f allegory.

alegórico [ale'gɔriku] adj m → carro.

alegrar [ale'gra(x)] vt (pessoa) to cheer up; (ambiente, casa) to brighten up; (festa) to liven up.

❏ **alegrar-se** vp to cheer up.

alegre [a'lɛgri] adj (dia, cor) bright; (pessoa) cheerful; (fig: bêbado) merry.

alegria [ale'gria] f joy.

aleijado, -da [alej'ʒadu, -da] adj crippled.

aleijar [alej'ʒa(x)] vt (Br: mutilar) to cripple; (Port: machucar) to hurt.

além [a'lẽj] adv over there ◆ m: o ~ the hereafter; ~ disso besides; mais ~ further on.

alemã → alemão.

alemães → alemão.

Alemanha [ale'maɲa] f: a ~ Germany.

alemão, -mã [ale'mãw, -mã] (mpl -ães [-ãjʃ], fpl -s [-ʃ]) adj & m, f German ◆ m (língua) German.

além-mar [alẽj'ma(x)] adv & m overseas.

alentejano, -na [alẽnte'ʒanu, -na] adj of/relating to the Alentejo ◆ m, f native/inhabitant of the Alentejo.

alergia [alex'ʒia] f allergy; (fig: a trabalho, estudo) aversion.

alérgico, -ca [a'lɛxʒiku, -ka] adj allergic.

alerta [a'lɛxta] adv on the alert ◆ m alert.

alfa ['awfa] m → comboio.

alfabético, -ca [awfa'bɛtʃiku, -ka] adj alphabetical.

alfabeto [awfa'bɛtu] m alphabet.

alface [aw'fasi] f lettuce.

alfacinha [awfa'siɲa] mf (fam) colloquial term for a native or inhabitant of Lisbon.

alfaiate [awfa'jatʃi] m tailor.

alfândega [aw'fãndega] f customs (pl).

alfazema [awfa'zema] f lavender.

alfinete [awfi'netʃi] m pin; (jóia) brooch; ~ de gravata tie pin; ~ de segurança safety pin.

alforreca [awfo'xɛka] f jellyfish.

alga ['awga] f seaweed.

algarismo [awga'riʒmu] m numeral.

algazarra [awga'zaxa] f racket.

álgebra ['awʒebra] f algebra.

algemas [aw'ʒemaʃ] fpl handcuffs.

algibeira [awʒi'bejra] f pocket.

algo ['awgu] pron something.

algodão [awgo'dãw] m cotton; ~ doce candy floss (Brit), cotton candy (Am); ~ hidrófilo cotton wool.

alguém [aw'gẽj] pron (em afirmações) somebody, someone; (em perguntas) anybody, anyone; ser ~ (ser importante) to be somebody.

algum, -ma [aw'gũ, -ma] (mpl -ns [-ʃ], fpl -s [-ʃ]) adj (indeterminado) some; (em interrogativas, negativas) any ◆ pron (indicando pessoa) somebody; (indicando coisa) one; (em interrogativas: pessoa) anybody; (em interrogativas: coisa) any; ~ dia one OU some day; alguma coisa something, anything; alguma vez sometime; não há melhora alguma there's no improvement.

❏ **alguma** f (evento, feito) something.

❏ **alguns, algumas** pron pl some.

algures [aw'guriʃ] adv somewhere.

alheio, alheia [a'ʎeju, a'ʎeja] adj (de outrem) someone else's; (desconhecido) foreign; (distraído) distracted; ~ a (sem consciência de) oblivious to.

alho ['aʎu] m garlic; ~ francês (Port) leek.

alho-poró [aʎupo'rɔ] (pl alhos-porós [aʎuʃpo'rɔjʃ]) m (Br) leek.

alho-porro [aʎu'poxu] (pl alhos-porros [ˌaʎuʃ'poxuʃ]) m wild leek.

ali [a'li] adv there; aqui e ~ here and there; até ~ up until then; logo ~ just there; por ~ (algures) around there (somewhere); ele foi por ~ he went that way.

aliado, -da [a'ljadu, -da] *adj* allied
◆ *m, f* ally.

aliança [a'ljãsa] *f* alliance; *(anel)* wedding ring.

aliar [a'lja(x)] *vt* to ally.

❏ **aliar-se** *vp* to form an alliance.

aliás [a'ljajʃ] *adv (a propósito)* as a matter of fact; *(além disso)* moreover.

álibi ['alibi] *m* alibi.

alicate [ali'katʃi] *m* pliers *(pl)*.

alice [a'lisi] *f (Br)* anchovies *(pl)*.

alicerce [ali'sɛxsi] *m* foundation.

aliciante [ali'sjãntʃi] *adj* enticing ◆ *m* enticement.

aliciar [ali'sja(x)] *vt* to entice.

alienado, -da [alje'nadu, -da] *adj (pessoa)* alienated; *(bem)* transferred.

alimentação [alimēnta'sãw] *f (alimentos)* food; *(acto)* feeding; *(dieta alimentar)* diet; *(de máquina)* supply.

alimentar [alimēn'ta(x)] *(pl* **-res** [-riʃ]) *adj* food *(antes de s)* ◆ *vt (pessoa, animal)* to feed; *(máquina)* to fuel.

❏ **alimentar-se** *vp* to eat.

alimentício, -cia [alimēn'tʃisju, -sja] *adj* nutritious.

alimento [ali'mēntu] *m (comida)* food; *(nutrição)* nutriment.

❏ **alimentos** *mpl (Port: JUR)* alimony *(sg)*.

alinhado, -da [ali'nadu, -da] *adj (em linha)* aligned; *(pessoa)* elegant.

alinhamento [alina'mēntu] *m (IN-FORM)* justification.

alinhar [ali'na(x)] *vt (pôr em linha)* to align; *(INFORM: texto)* to justify.

alinhavar [alina'va(x)] *vt* to tack.

alisar [ali'za(x)] *vt* to smooth.

alistar [aliʃ'ta(x)] *vt* to recruit.

❏ **alistar-se** *vp (em exército)* to enlist; *(em partido)* to join.

aliviar [ali'vja(x)] *vt (dor)* to relieve; *(peso)* to lighten.

alívio [a'livju] *m* relief; *(de peso)* lightening.

alma ['awma] *f* soul.

almoçar [awmo'sa(x)] *vi* to have lunch ◆ *vt* to have for lunch.

almoço [aw'mosu] *m* lunch.

almofada [awmo'fada] *f (de cama)* pillow; *(de sofá)* cushion; *(de carimbo)* inkpad.

almôndega [aw'mõndega] *f* meatball.

alô [a'lo] *interj (Br)* hello!

alojamento [aloʒa'mēntu] *m (acto)* housing; *(lugar)* accommodation *(Brit)*, accommodations *(pl) (Am)*.

alojar [alo'ʒa(x)] *vt* to put up.

❏ **alojar-se** *vp* to stay.

alpendre [aw'pēndri] *m* porch.

alpercata [awpex'kata] *f* sandal.

alperce [aw'pexsi] *m* apricot.

Alpes ['awpiʃ] *mpl:* **os ~** the Alps.

alpinismo [awpi'niʒmu] *m* mountaineering; **fazer ~** to go climbing.

alpinista [awpi'niʃta] *mf* mountaineer.

alta ['awta] *f (de preço, valor)* rise; *(de cidade)* geographically higher and generally more wealthy part of a city; **dar ~ a** *(doente)* to discharge; **ter ~** *(de hospital)* to be discharged.

altar [aw'ta(x)] *(pl* **-res** [-riʃ]) *m* altar.

alteração [awtera'sãw] *(pl* **-ões** [-õjʃ]) *f* alteration; **sem ~** unaltered.

alterar [awte'ra(x)] *vt* to alter.

alternar [awtex'na(x)] *vt* to alternate.

alternativa [awtexna'tʃiva] *f* alternative.

altifalante [altifa'lãnte] *m (Port)* = **alto-falante.**

altitude [awtʃi'tudʒi] *f* altitude.

altivez [awtʃi'veʒ] *f (orgulho)* pride; *(arrogância)* haughtiness.

altivo, -va [aw'tʃivu, -va] *adj (orgulhoso)* proud; *(arrogante)* haughty.

alto, -ta ['awtu, -ta] *adj* high; *(pessoa, árvore, edifício)* tall; *(som, voz)* loud ◆ *interj* stop! ◆ *m (cume)* top; *(céu)* heaven ◆ *adv (falar, rir)* loud; *(relativo a posição)* high; **alta costura** haute couture; **ao ~** upright; **do ~ de** from the top of; **por ~** *(fig)* superficially; **o mais ~/a mais alta** *(pessoa)* the tallest; *(objeto)* the highest.

alto-falante ['awtofa'lãtʃi] *m (Br)* loudspeaker.

altura [aw'tura] *f (de pessoa, objecto)* height; *(de som)* level; *(altitude)* altitude; *(ocasião, época)* time; *(momento)* moment; **o muro tem um metro de ~** the wall is a metre high; **a certa** OU **dada ~** at a given moment; **nessa ~** at that time; **por ~ de** around; **estar à ~ da situação** to be equal to the task.

alucinação [alusina'sãw] *(pl* **-ões** [-õjʃ]) *f* hallucination.

alucinante [alusi'nãntʃi] *adj* amazing.

aludir [alu'di(x)] **: aludir a** *v + prep* to allude to.

alugar [alu'ga(x)] *vt (casa)* to rent;

(carro) to hire *(Brit)*, to rent *(Am)*.

❏ **alugar-se** *vp*: **"aluga-se"** "to let" *(Brit)*, "for rent" *(Am)*; **"alugam-se quartos"** "rooms to let".

aluguel [aluˈgɛw] *(pl* **-éis** [-ɛjʃ]*) m (Br) (de carro)* hire *(Brit)*, rental *(Am)*.

aluguer [aluˈgɛr] *(pl* **-res** [-reʃ]*) m (Port)* = **aluguel**.

aluir [aˈlwi(x)] *vi* to collapse.

alumiar [aluˈmja(x)] *vt* to light up.

alumínio [aluˈminju] *m* aluminium.

aluno, -na [aˈlunu, -na] *m, f (de escola)* pupil; *(de universidade)* student.

alusão [aluˈzãw] *(pl* **-ões** [-õjʃ]*) f* allusion; **fazer ~ a** to allude to.

alvejar [awveˈʒa(x)] *vt* to shoot.

alvo [ˈawvu] *m* target.

alvorada [awvoˈrada] *f* dawn.

alvoroço [awvoˈrosu] *m (gritaria)* uproar; *(excitação)* commotion.

amabilidade [amabiliˈdadʒi] *f* kindness.

amaciador [amasjaˈdor] *(pl* **-res** [-riʃ]*) m (Port) (de cabelo)* conditioner; *(para roupa)* fabric softener.

amaciante [amaˈsjãntʃi] *f (Br)*: **~ (de roupa)** fabric softener.

amador, -ra [amaˈdo(x), -ra] *(mpl* **-res** [-riʃ], *fpl* **-s** [-ʃ]*) adj & m, f* amateur.

amadurecer [amadureˈse(x)] *vi (fruta)* to ripen; *(pessoa)* to mature; *(fig: idéia)* to develop.

âmago [ˈamagu] *m* heart.

amainar [amajˈna(x)] *vt (vela)* to lower ◆ *vi (fig: vento, chuva)* to abate..

amaldiçoar [amawdiˈswa(x)] *vt* to curse.

amálgama [aˈmawgama] *f* amalgam.

amalgamar [amawgaˈma(x)] *vt* to amalgamate.

amamentar [amamẽnˈta(x)] *vt* to breastfeed.

amanhã [amaˈɲã] *adv & m* tomorrow; **~ de manhã** tomorrow morning; **~ à noite/tarde** tomorrow evening/afternoon; **depois de ~** the day after tomorrow; **o ~** the future.

amanhecer [amaɲeˈse(x)] *m* dawn ◆ *v impess*: **já amanheceu** dawn has broken.

amansar [amãˈsa(x)] *vt* to tame.

amante [aˈmãntʃi] *mf* lover; **ser ~ de** to be a lover of.

amanteigado, -da [amãntejˈgadu, -da] *adj (molho)* buttery; *(queijo)* creamy.

amar [aˈma(x)] *vt* to love.

amarelado, -da [amareˈladu, -da] *adj* yellowish.

amarelinha [amareˈliɲa] *f (Br: jogo)* hopscotch.

amarelo, -la [amaˈrɛlu, -la] *adj & m* yellow.

amargar [amaxˈga(x)] *vi* to taste bitter ◆ *vt (desilusão)* to suffer.

amargo, -ga [aˈmaxgu, -ga] *adj* bitter; *(fig: vida)* hard.

amarrar [amaˈxa(x)] *vt (barco)* to moor; *(pessoa, animal)* to tie up.

amarrotado, -da [amaxoˈtadu, -da] *adj (papel)* crumpled; *(roupa)* creased.

amarrotar [amaxoˈta(x)] *vt (papel)* to crumple (up); *(roupa)* to crease.

amassar [amaˈsa(x)] *vt (cimento)* to mix; *(pão)* to knead; *(carro)* to smash up.

amável [aˈmavɛw] *(pl* **-eis** [-ejʃ]*) adj* kind.

Amazonas [amaˈzonaʃ] *m*: **o ~** the Amazon.

Amazônia [amaˈzonja] *f*: **a ~** the Amazon region.

âmbar [ˈãmba(x)] *m* amber.

ambição [ãmbiˈsãw] *(pl* **-ões** [-õjʃ]*) f* ambition.

ambientador [ãmbjẽntaˈdor] *(pl* **-res** [-reʃ]*) m (Port)*: **~ do ar** air freshener.

ambiental [ãmbjẽnˈtaw] *(pl* **-ais** [-ajʃ]*) adj* environmental.

ambiente [ãmˈbjẽntʃi] *m (natural)* environment; *(ar)* atmosphere.

ambigüidade [ãmbigwiˈdadʒi] *f* ambiguity.

ambíguo, -gua [ãmˈbigwu, -gwa] *adj* ambiguous.

âmbito [ˈãmbitu] *m* sphere.

ambos, -bas [ˈãmbuʃ, -baʃ] *adj pl* both ◆ *pron pl* both (of them).

ambrosia [ãmbroˈzia] *f sweet custard pudding made with eggs and milk.*

ambulância [ãmbuˈlãsja] *f* ambulance.

ambulante [ãmbuˈlãntʃi] *adj* travelling.

ambulatório [ãmbulaˈtɔrju] *m (Br) (de hospital)* outpatients' (department); *(de escola, fábrica)* medical room.

ameaça [ameˈasa] *f* threat; **sob ~** under threat.

ameaçar [ameaˈsa(x)] *vt* to threaten; **ameaça chover** it looks like rain.

amedrontar [amedrõnˈta(x)] *vt* to frighten.

ameixa [a'mejʃa] f plum.

amêndoa [a'mẽndwa] f almond; ~ **amarga** almond liqueur, served chilled.

amendoeira [amẽn'dwejra] f almond tree.

amendoim [amẽn'dwĩ] (pl **-ns** [-ʃ]) m peanut; ~ **torrado** roasted peanuts (pl).

ameno, -na [a'menu, -na] adj (temperatura, clima) mild.

América [a'mɛrika] f: **a** ~ America; **a** ~ **Central** Central America; **a** ~ **Latina** Latin America; **a** ~ **do Norte** North America; **a** ~ **do Sul** South America.

americano, -na [ameri'kanu, -na] adj & m, f American.

ametista [ame'tʃiʃta] f amethyst.

amianto [a'mjãntu] m asbestos.

amido [a'midu] m starch; ~ **de milho** cornflour (Brit), cornstarch (Am).

amigável [ami'gavɛw] (pl **-eis** [-ejʃ]) adj friendly.

amígdalas [a'migdalaʃ] fpl tonsils.

amigdalite [amigda'litʃi] f tonsillitis.

amigo, -ga [a'migu, -ga] m, f friend ♦ adj friendly.

amistoso, -osa [amiʃ'tozu, -ɔza] adj friendly.

amizade [ami'zadʒi] f friendship.

amnésia [am'nɛzja] f amnesia.

amnistia [amneʃ'tia] f (Port) = **anistia**.

amolação [amola'sãw] (pl **-ões** [-õjʃ]) f (Br: chateação) nuisance.

amolar [amo'la(x)] vt (afiar) to sharpen; (Br: aborrecer) to bother.

amolecer [amole'se(x)] vt to soften.

amoníaco [amo'niaku] m ammonia.

amontoar [amõn'twa(x)] vt to pile up; (dinheiro, riquezas) to amass.

❏ **amontoar-se** vp to pile up.

amor [a'mo(x)] (pl **-res** [-riʃ]) m love; **fazer** ~ to make love.

amora [a'mɔra] f (de silva) blackberry; (de amoreira) mulberry.

amordaçar [amoxda'sa(x)] vt to gag.

amoroso, -osa [amo'rozu, -ɔza] adj affectionate.

amor-perfeito [a,moxpex'fejtu] (pl **amores-perfeitos** [a,moriʃpex'fejtuʃ]) m pansy.

amor-próprio [a,mox'prɔpriu] m self-esteem.

amortecedor [amoxtese'do(x)] (pl **-res** [-riʃ]) m shock absorber.

amortização [amoxtiza'sãw] (pl **-ões** [-õjʃ]) f repayment by instalments.

amortizar [amoxti'za(x)] vt to repay by instalments.

amostra [a'mɔʃtra] f sample; (prova) show; ~ **grátis** free sample.

amparar [ãmpa'ra(x)] vt to support.

amparo [ãm'paru] m support.

ampliação [ãmplia'sãw] (pl **-ões** [-õjʃ]) f (de fotografia) enlargement.

ampliar [ãmpli'a(x)] vt (fotografia) to enlarge.

amplificador [ãmplifika'do(x)] (pl **-res** [-riʃ]) m (de som) amplifier.

amplificar [ãmplifi'ka(x)] vt (som) to amplify.

amplitude [ãmpli'tudʒi] f extent.

amplo, -pla ['ãmplu, -pla] adj (quarto, cama) spacious; (estrada) wide; (conhecimento) extensive.

ampola [ãm'pola] f phial.

amputar [ãmpu'ta(x)] vt to amputate.

amuado, -da [a'mwadu, -da] adj sulky.

amuar [a'mwa(x)] vi (criança) to sulk.

anã → **anão**.

anacronismo [anakro'niʒmu] m anachronism.

anagrama [ana'grama] m anagram.

analfabeto, -ta [anawfa'bɛtu, -ta] m, f & adj illiterate.

analgésico [anaw'ʒɛziku] m painkiller.

analisar [anali'za(x)] vt to analyse.

análise [a'nalizi] f analysis; (Port: a sangue, urina) test; **em última** ~ in the final analysis.

analista [ana'liʃta] mf analyst.

analogia [analo'ʒia] f analogy.

ananás [ana'naʃ] (pl **-ases** [-azeʃ]) m pineapple.

anão, anã [a'nãw, a'nã] (mpl **-ões** [-õjʃ], fpl **-s** [-ʃ]) m, f dwarf.

anarquia [anax'kia] f anarchy.

anatomia [anato'mia] f anatomy.

anca ['ãŋka] f hip.

anchovas [ã'ʃovaʃ] fpl anchovies.

ancinho [ã'siɲu] m rake.

âncora ['ãŋkora] f anchor.

andaime [ãn'dajmi] m scaffold.

andamento [ãnda'mẽntu] m (velocidade) speed; (rumo) direction; (MÚS) tempo; **em** ~ (em progresso) in progress.

andar [ãn'da(x)] (pl **-res** [-riʃ]) vi to

walk ◆ *vt (distância, tempo)* to walk for ◆ *m (de edifício)* floor; *(maneira de caminhar)* walk; **ele anda um pouco deprimido ultimamente** he has been a bit depressed lately; **gosto de ~ a cavalo** I like horse-riding; **~ de avião** to fly; **~ de bicicleta** to cycle; **~ a pé** to walk; **o ~ de baixo** *(de casa)* downstairs; **o ~ de cima** *(de casa)* upstairs.

Andes [ˈãndiʃ] *mpl*: **os ~** the Andes.

andorinha [ãndoˈrina] *f* swallow.

Andorra [ãnˈdoxa] *s* Andorra.

anedota [aneˈdɔta] *f* joke.

anel [aˈnɛw] *(pl* **-éis** [-ɛjʃ]*) m* ring; *(de cabelo)* ringlet; *(de corrente)* link; **~ de noivado** engagement ring.

anemia [aneˈmia] *f* anaemia.

anestesia [aneʃteˈzia] *f* anaesthetic; **~ geral/local** general/local anaesthetic.

anestesiar [aneʃteˈzja(x)] *vt* to anaesthetize.

anexar [anekˈsa(x)] *vt* to attach; **~ algo a algo** to attach sthg to sthg.

anexo, -xa [aˈnɛksu, -ksa] *adj* attached.

anfiteatro [ãfiˈtʒjatru] *m* amphitheatre; *(sala de aula)* lecture theatre.

angariar [ãngaˈrja(x)] *vt (dinheiro)* to raise.

angina [ãˈʒina] *f*: **~ de peito** angina (pectoris).

❏ **anginas** *fpl* tonsillitis *(sg)*.

anglicano, -na [ãngliˈkanu, -na] *adj* Anglican.

Angola [ãnˈgɔla] *s* Angola.

angolano, -na [ãngoˈlanu, -na] *adj & m, f* Angolan.

angra [ˈãngra] *f* inlet.

angu [ãnˈgu] *m a gruel made with cornflour or cassava.*

ângulo [ˈãngulu] *m* angle.

angústia [ãnˈguʃtʒja] *f* anguish.

animação [animaˈsãw] *f (alegria)* liveliness; *(entusiasmo)* enthusiasm; *(movimento)* bustle.

animado, -da [aniˈmadu, -da] *adj (alegre)* lively; *(entusiasmado)* enthusiastic; *(movimentado)* bustling.

animador, -ra [animaˈdo(x), -ra] *(mpl* **-res** [-riʃ], *fpl* **-s** [-ʃ]*) adj (que alegra)* cheering; *(que encoraja)* encouraging.

animal [aniˈmaw] *(pl* **-ais** [-ajʃ]*) m* animal; **~ doméstico** pet; **~ selvagem** wild animal.

animar [aniˈma(x)] *vt (alegrar)* to cheer up.

❏ **animar-se** *vp (alegrar-se)* to cheer up.

ânimo [ˈanimu] *m* courage.

aniquilar [anikiˈla(x)] *vt* to annihilate.

anis [aˈniʃ] *(pl* **-ses** [-zeʃ]*) m (licor)* anisette; *(planta)* aniseed.

anistia [aniʃˈtʃia] *f (Br)* amnesty.

aniversário [anivexˈsarju] *m (de pessoa)* birthday; *(de acontecimento)* anniversary; **feliz ~!** Happy Birthday!

anjo [ˈãʒu] *m* angel.

ano [ˈanu] *m* year; **quantos ~s você tem?** how old are you?; **faço ~s amanhã** it's my birthday tomorrow; **~ bissexto** leap year; **~ letivo** academic year; **Ano Novo** New Year, Hogmanay *(Scot)*; **~ após ~** year after year.

anões → anão.

anoitecer [anojteˈse(x)] *m* dusk, nightfall ◆ *v impess* to get dark.

anomalia [anomaˈlia] *f* anomaly.

anoraque [anoˈraki] *m* anorak.

anorexia [anorɛkˈsia] *f* anorexia.

anormal [anoxˈmaw] *(pl* **-ais** [-ajʃ]*) adj* abnormal; *(idiota)* stupid; *(incomum)* unusual ◆ *m, f (idiota)* moron.

anormalidade [anoxmaliˈdadʒi] *f* abnormality.

anotação [anotaˈsãw] *(pl* **-ões** [-õjʃ]*) f* note.

anotar [anoˈta(x)] *vt* to note down.

ânsia [ˈãsja] *f* anxiety.

ansiar [ãˈsja(x)] : **ansiar por** *v + prep* to long for.

ansiedade [ãsjeˈdadʒi] *f* anxiety.

ansioso, -osa [ãˈsjozu, -ɔza] *adj* anxious.

antebraço [ãntʃiˈbrasu] *m* forearm.

antecedência [ãnteseˈdẽsja] *f*: **com ~** in advance.

antecedente [ãnteseˈdẽntʃi] *adj* preceding.

❏ **antecedentes** *mpl (médicos)* records; *(criminais)* record *(sg)*.

antecipação [ãntesipaˈsãw] *(pl* **-ões** [-õjʃ]*) f* anticipation.

antecipadamente [ãntesi,padaˈmẽntʃi] *adv* in advance, beforehand.

antecipar [ãntesiˈpa(x)] *vt* to anticipate.

❏ **antecipar-se** *vp* to get there first.

antemão [ãnteˈmãw] : **de antemão** *adv* beforehand.

antena [ãnˈtena] *f* aerial; **~ parabólica** satellite dish.

anteontem [ãntʃiˈõntẽ] *adv* the day before yesterday.

antepassado [ãntʃipaˈsadu] *m* ancestor.

anterior [ãnteˈrjo(x)] (*pl* -**res** [-riʃ]) *adj* previous.

antes [ˈãntiʃ] *adv* before; *(primeiramente)* first; ~ **assim** (it's) just as well; ~ **de** before; ~ **de mais (nada)** first of all; **o quanto** ~ as soon as possible.

antever [ãnteˈve(x)] *vt* to foresee.

antiaderente [ãntʃiadeˈrẽntʃi] *adj* nonstick.

antibiótico [ãntʃiˈbjɔtʃiku] *m* antibiotic.

anticaspa [ãntʃiˈkaʃpa] *adj inv* antidandruff.

anticoncepcional [ãntʃikõsɛpsjuˈnaw] (*pl* -**ais** [-ajʃ]) *adj* contraceptive.

anticonceptivo [ãntʃikõsɛpˈtʃivu] *m* contraceptive.

anticongelante [ãntʃikõʒeˈlãntʃi] *m* antifreeze.

anticorpo [ãntʃiˈkoxpu] *m* antibody.

antidepressivo [ãntʃidepreˈsivu] *m* antidepressant.

antídoto [ãnˈtʃidotu] *m* antidote.

antigamente [ãntʃigaˈmẽntʃi] *adv* (*antes*) formerly; *(no passado)* in the old days.

antigo, -ga [ãnˈtʃigu, -ga] *adj* (*livro, objeto*) old; *(costume, era)* ancient; *(objeto valioso)* antique.

antiguidade [ãntʃigwiˈdadʒi] *f* antiquity; *(em emprego)* seniority; **a Antiguidade** Antiquity.
❏ **antiguidades** *fpl* antiques.

antipatia [ãntʃipaˈtʃia] *f* dislike.

antipático, -ca [ãntʃiˈpatʃiku, -ka] *adj* unfriendly.

antipatizar [ãntʃipatʃiˈza(x)] *vi*: ~ **com alguém** to dislike sb.

antiquado, -da [ãntʃiˈkwadu, -da] *adj* old-fashioned.

antiquário [ãntʃiˈkwarju] *m* antique dealer.

anti-séptico, -ca [ãntʃiˈsɛptʃiku, -ka] *adj* antiseptic.

antologia [ãntoloˈʒia] *f* anthology.

anual [aˈnwaw] (*pl* -**ais** [-ajʃ]) *adj* annual.

anuir [aˈnwi(x)] *vi* to agree.

anulação [anulaˈsãw] (*pl* -**ões** [-õjʃ]) *f* cancellation.

anular [anuˈla(x)] *vt* to cancel ◆ *m* ring finger.

anunciar [anũˈsja(x)] *vt* to announce; *(produto)* to advertise.

anúncio [aˈnũsju] *m* *(de produto)* advert; *(aviso)* announcement.

ânus [ˈanuʃ] *m* anus.

anzol [ãˈzɔw] (*pl* -**óis** [-ɔjʃ]) *m* fish-hook.

ao [aw] = **a** + **o**, → **a**.

aonde [aˈõndʒi] *adv* where; ~ **quer que** ... wherever ....

aos [awʃ] = **a** + **os**, → **a**.

apagado, -da [apaˈgadu, -da] *adj* (*luz, lume*) out; *(televisão, rádio)* off; *(escrita, desenho)* faint; *(pessoa)* dull.

apagar [apaˈga(x)] *vt* (*fogo*) to put out; *(televisão, rádio, luz)* to turn ou switch off; *(escrita, desenho)* to rub out.

apaixonado, -da [apajʃoˈnadu, -da] *adj* in love; *(exaltado)* passionate; **estar** ~ **por** to be in love with.

apaixonante [apajʃoˈnãntʃi] *adj* fascinating.

apaixonar [apajʃoˈna(x)] *vt*: **o futebol apaixona as massas** football thrills the masses.
❏ **apaixonar-se** *vp* to fall in love; ~**-se por** to fall in love with.

apalermado, -da [apalexˈmadu, -da] *adj* silly.

apalpar [apawˈpa(x)] *vt* to touch; ~ **o terreno** (*fig*) to see how the land lies.

apanhar [apaˈɲa(x)] *vt* to catch; *(levantar do chão)* to pick up; ~ **chuva** to get wet; ~ **sol** to sunbathe.

aparador [aparaˈdo(x)] (*pl* -**res** [-riʃ]) *m* sideboard.

apara-lápis [aˌparaˈlapiʃ] *m inv* (*Port*) pencil sharpener.

aparar [apaˈra(x)] *vt* (*barba*) to trim; *(sebe, arbusto)* to prune; *(segurar)* to catch; *(lápis)* to sharpen.

aparecer [apareˈse(x)] *vi* (*surgir*) to appear; *(apresentar-se)* to show up; *(algo perdido)* to turn up.

aparelhagem [apareˈʎaʒẽ] (*pl* -**ns** [-ʃ]) *f*: ~ **(de som)** sound system, stereo.

aparelho [apaˈreʎu] *m* appliance; ~ **digestivo** digestive system; ~ **para os dentes** brace.

aparência [apaˈrẽsja] *f* appearance.

aparentar [aparẽˈta(x)] *vt* to look like; **aparenta ter uns 40 anos** he looks about 40.

aparente [apaˈrẽntʃi] *adj* apparent.

Apart. *abrev* = **apartamento**.

apartado [aparˈtadu] *m (Port)* P.O. Box.

apartamento [apaxtaˈmẽntu] *m* flat *(Brit)*, apartment *(Am)*.

apatia [apaˈtʃia] *f* apathy.

apavorado, -da [apavoˈradu, -da] *adj* terrified.

apear-se [aˈpjaxsi] *vp*: ~ **de** to get off.

apelar [apeˈla(x)] *vi*: ~ **para** to appeal to.

apelido [apeˈlidu] *m (Br:* alcunha) nickname; *(Port: nome de família)* surname.

apelo [aˈpelu] *m* appeal; **fazer um ~ a** to appeal to.

apenas [aˈpenaʃ] *adv* only ♦ *conj* as soon as; **quero ~ um copo de água** all I want is a glass of water.

apêndice [aˈpẽndʒisi] *m* appendix.

apendicite [apẽndʒiˈsitʃi] *f* appendicitis.

aperceber-se [apexseˈbexsi] *vp*: ~ **de algo** to realize; ~ **de que** *(verificar)* to realize (that).

aperfeiçoamento [apexfejswaˈmẽntu] *m* improvement.

aperfeiçoar [apexfejˈswa(x)] *vt* to improve.

aperitivo [aperiˈtʃivu] *m (vinho)* aperitif; *(tira-gosto)* appetizer.

apertado, -da [apexˈtadu, -da] *adj* tight; *(estrada)* narrow.

apertar [apexˈta(x)] *vt (comprimir)* to squeeze; *(botão, interruptor)* to press; *(cinto de segurança)* to fasten; *(parafuso, porca)* to tighten *(casaco, vestido)* to take in.

aperto [aˈpextu] *m (de parafuso)* tightening; *(aglomeração)* crush; *(fig: dificuldade)* tight corner; ~ **de mão** handshake.

apesar [apeˈza(x)] : **apesar de** *prep* despite, in spite of.

apetecer [apeteˈse(x)] *vi*: **apetece-me um bolo** I feel like (having) a cake; **apetece-me sair** I feel like going out.

apetite [apeˈtʃitʃi] *m* appetite; **bom ~!** enjoy your meal!

apetitoso, -osa [apetʃiˈtozu, -ɔza] *adj* appetizing.

apetrecho [apeˈtreʃu] *m* tool; **~s de pesca** fishing tackle *(sg).*

apimentado, -da [apimẽnˈtadu, -da] *adj (com pimenta)* peppery; *(picante)* spicy.

apinhado, -da [apiˈɲadu, -da] *adj*: ~ **de** packed with.

apitar [apiˈta(x)] *vi (trem, chaleira)* to whistle; *(árbitro)* to blow the whistle.

apito [aˈpitu] *m* whistle.

aplaudir [aplawˈdi(x)] *vt & vi* to applaud.

aplauso [aˈplawzu] *m* applause.

aplicação [aplikaˈsãw] *(pl* **-ões** [-õjʃ]) *f (em estudo, trabalho)* diligence; *(acessório)* appliqué; *(de dinheiro)* investment.

aplicado, -da [apliˈkadu, -da] *adj (aluno)* diligent; *(matemática, lingüística)* applied.

aplicar [apliˈka(x)] *vt* to apply; *(curativo, injeção)* to administer.

apoderar-se [apodeˈraxsi] : **apoderar-se de** *vp + prep* to take control of.

apodrecer [apodreˈse(x)] *vt & vi* to rot.

apoiar [apoˈja(x)] *vt* to support; ~ **algo em algo** to rest sthg on OU against sthg.

❏ **apoiar-se** *vp* to hold on; **~-se em** OU **a** to lean on OU against.

apoio [aˈpoju] *m* support.

apólice [aˈpɔlisi] *f*: ~ **(de seguro)** (insurance) policy.

apontador [apõntaˈdo(x)] *(pl* **-res** [-riʃ]) *m (Br: de lápis)* pencil sharpener.

apontamento [apõntaˈmẽntu] *m* note.

apontar [apõnˈta(x)] *vt (arma)* to aim; *(erro, falha)* to point out; *(tomar nota de)* to note down; *(razões, argumentos)* to put forward ♦ *vi*: ~ **para algo** to point to sthg.

aporrinhação [apoxiɲaˈsãw] *(pl* **-ões** [-õjʃ]) *f (Br: fam: aborrecimento)* annoyance.

após [aˈpɔjʃ] *prep* after ♦ *adv* afterwards.

após-barba [apɔjʒˈbaxba] *adj (Br)* → **loção.**

aposentado, -da [apozẽnˈtadu, -da] *adj (Br)* retired ♦ *m, f (Br)* pensioner.

aposentadoria [apozẽntadoˈria] *f (Br) (fato)* retirement; *(dinheiro)* pension.

aposento [apoˈzẽntu] *m* room.

aposta [aˈpɔʃta] *f* bet.

apostar [apoʃˈta(x)] *vt* to bet.

apostila [apoʃ'tʃila] *f (Br)* lecture notes *(pl)*.

apóstrofo [a'pɔʃtrofu] *m* apostrophe.

aprazível [apra'zivew] *(pl* **-eis** [-ejʃ]) *adj* pleasant.

apreciação [apresja'sãw] *(pl* **-ões** [-õjʃ]) *f (avaliação)* assessment.

apreciar [apre'sja(x)] *vt (gostar)* to like; *(avaliar)* to judge, to assess; *(paisagem, vista)* to admire.

apreender [apriẽn'de(x)] *vt (confiscar)* to seize; *(assimilar)* to grasp.

apreensão [apriẽ'sãw] *(pl* **-ões** [-õjʃ]) *f (de bens, produtos)* seizure; *(de novos conhecimentos)* grasp; *(preocupação)* apprehension.

apreensivo, -va [apriẽ'sivu, -va] *adj* apprehensive.

aprender [aprẽn'de(x)] *vi & vt* to learn; ~ **a fazer algo** to learn to do sthg.

aprendiz [aprẽn'dʒiʒ] *(pl* **-zes** [-ziʃ]) *m (de ofício)* apprentice; *(principiante)* beginner.

aprendizagem [aprẽndʒi'zaʒẽ] *f* learning.

aprendizes → **aprendiz**.

apresentação [aprezẽnta'sãw] *(pl* **-ões** [-õjʃ]) *f* presentation; *(aspecto)* appearance; **a ~ do programa estará a cargo do Herman José** the programme will be presented by Herman José.

apresentador, -ra [aprezẽnta'do(x), -ra] *(mpl* **-res** [-riʃ], *fpl* **-s** [-ʃ]) *m, f* presenter.

apresentar [aprezẽn'ta(x)] *vt (espetáculo)* to present; *(pessoa)* to introduce; *(exibir)* to show.

❑ **apresentar-se** *vp (comparecer)* to report; **~-se a alguém** *(a desconhecido)* to introduce o.s. to sb.

apressado, -da [apre'sadu, -da] *adj (pessoa)* rushed; *(decisão)* hasty ◆ *adv*: **sair/entrar ~** to rush in/out.

apressar-se [apre'saxsi] *vp* to hurry up.

aprofundar [aprofũn'da(x)] *vt (fig: assunto)* to study in depth.

aprovação [aprova'sãw] *(pl* **-ões** [-õjʃ]) *f* approval; *(em exame)* pass.

aprovado, -da [apro'vadu, -da] *adj*: **ser ~** *(EDUC)* to pass.

aprovar [apru'va(x)] *vt* to approve; *(em exame)* to pass.

aproveitador, -ra [aprovejta'do(x), -ra] *(mpl* **-res** [-riʃ], *fpl* **-s** [-ʃ]) *adj & m, f*

(oportunista) opportunist.

aproveitamento [aprovejta'mẽntu] *m (uso)* use; *(EDUC)* progress.

❑ **aproveitamentos** *mpl* leftovers.

aproveitar [aprovej'ta(x)] *vt (a ocasião)* to take advantage of; *(férias)* to make the most of; *(utilizar)* to make use of.

❑ **aproveitar-se** *vp*: **~-se de** to take advantage of.

aproximadamente [aprosi,mada-'mẽntʃi] *adv* approximately.

aproximado, -da [aprosi'madu, -da] *adj* approximate.

aproximar [aprosi'ma(x)] *vt (objetos)* to bring closer; *(pessoas)* to bring together.

❑ **aproximar-se** *vp* to come closer; **~-se de** to approach; **aproxima-se uma pessoa/um carro** someone/a car is coming.

aptidão [aptʃi'dãw] *(pl* **-ões** [-õjʃ]) *f* aptitude; *(vocação)* talent.

apto, -ta ['aptu, -ta] *adj* capable.

Apto. *abrev (Br)* = **apartamento**.

apunhalar [apuɲa'la(x)] *vt* to stab.

apuração [apura'sãw] *(pl* **-ões** [-õjʃ]) *f* selection.

apurado, -da [apu'radu, -da] *adj* selected; *(sabor)* distinctive; *(visão, olfato)* keen.

apurar [apu'ra(x)] *vt (selecionar)* to pick; *(averiguar)* to find out; *(sabor)* to bring out.

apuro [a'puru] *m (dificuldade)* fix; **estar em ~s** to be in a fix; **meter-se em ~s** to get into trouble.

aquarela [akwa'rɛla] *f (Br)* water-colour.

aquário [a'kwarju] *m* aquarium.

❑ **Aquário** *m* Aquarius.

aquático, -ca [a'kwatʃiku, -ka] *adj* aquatic; *(ESP)* water *(antes de s)*.

aquecedor [akese'do(x)] *(pl* **-res** [-riʃ]) *m* heater.

aquecer [ake'se(x)] *vt & vi* to heat up.

❑ **aquecer-se** *vp* to warm o.s. up.

aquecimento [akesi'mẽntu] *m* heating; **~ central** central heating.

aqueduto [ake'dutu] *m* aqueduct.

àquela ['akɛla] = **a + aquela**, → **aquele**.

aquele, aquela [a'keli, a'kɛla] *adj* that, those *(pl)* ◆ *pron* that (one); **~ ali** that one there; **~ que** *(relativo a pessoa)* the one who, those who *(pl)*; *(relativo* *a objeto)* the one which; **peça àquele homem/àquela mulher** ask that man/woman.

àquele ['akeli] = a + **aquele**, → **aquele**.

aqui [a'ki] *adv* here; **até ~** *(relativo a tempo)* up until now; **logo ~** right here; **por ~** this way; **por ~ em algum canto** somewhere around here.

aquilo [a'kilu] *pron* that; **você chama ~ de carro!** you call that a car!

àquilo ['akilu] = a + **aquilo**, → **aqui-lo**.

aquisição [akizi'sãw] *(pl* **-ões** [-õjʃ]) *f* acquisition.

ar [a(x)] *(pl* **ares** [ariʃ]) *m* air; *(brisa)* breeze; **dar ~es de** to pretend to be; **dar-se ~es de importante** to put on airs (and graces); **ir ao/sair do ~** *(em rádio, TV)* to go on/off the air; **ir pelos ~es** *(explodir)* to blow up; **ter ~ de** to look OU seem like; **~ condicionado** air conditioning; **ao ~** *(lançar, atirar)* into the air; **ao ~ livre** in the open air.

árabe ['arabi] *adj & mf* Arab ◆ *m* *(língua)* Arabic.

aragem [a'raʒē] *(pl* **-ns** [-ʃ]) *f* breeze.

arame [a'rami] *m* wire; **~ farpado** barbed wire.

aranha [a'raɲa] *f* spider.

arara [a'rara] *f* cockatoo.

arbitragem [axbi'traʒē] *(pl* **-ns** [-ʃ]) *f* *(de jogo)* refereeing; *(de litígio)* arbitration.

arbitrar [axbi'tra(x)] *vt* *(jogo)* to referee.

árbitro ['axbitru] *m* *(de jogo)* referee.

arborizado, -da [axbori'zadu, -da] *adj* wooded.

arbusto [ax'buʃtu] *m* bush.

arca ['axka] *f* trunk.

arcaico, -ca [ax'kajku, -ka] *adj* archaic.

archote [ax'ʃotʃi] *m* torch.

arco ['axku] *m* *(de edifício, construção)* arch; *(curva)* arc; *(de flechas)* bow; *(brinquedo)* hoop.

arco-íris [ax'kwiriʃ] *(pl* **arcos-íris** [axku'ziriʃ])* *m* rainbow.

ardência [ax'dēnsja] *f (Br)* *(de pele)* stinging; *(de estômago)* heartburn.

ardente [ax'dēntʃi] *adj* *(fig: amor, paixão)* passionate.

arder [ax'de(x)] *vi* to burn; *(pele)* to sting.

ardor [ax'do(x)] *(pl* **-res** [-riʃ]) *m (de*

pele) stinging; **com ~** ardently.

ardósia [ax'dɔzja] *f* slate.

árduo, -dua ['axdwu, -dwa] *adj* arduous.

área ['arja] *f* area; *(fig: campo de ação)* field; **~ de serviço** *(em apartamento)* utility area; **grande ~** *(em futebol)* penalty area.

areal [a'reaw] *(pl* **-ais** [-ajʃ]) *m* beach.

areia [a'reja] *f* sand; **~s movediças** quicksand *(sg)*.

arejar [are'ʒa(x)] *vt* to air ◆ *vi (fig: sair)* to get some air.

arena [a'rena] *f* *(de circo)* ring; *(de praça de touros)* bullring.

arenoso, -osa [are'nozu, -ɔza] *adj* sandy.

arenque [a'rēŋki] *m* herring.

ares → **ar**.

Argentina [axʒēn'tʃina] *f:* **a ~** Argentina.

argila [ax'ʒila] *f* clay.

argola [ax'gɔla] *f (anel)* ring; *(de porta)* knocker.

❏ **argolas** *fpl (ESP)* rings; *(brincos)* hoop earrings.

argumentação [axgumēnta'sãw] *(pl* **-ões** [-õjʃ]) *f* argument.

argumentar [axgumēn'ta(x)] *vt & vi* to argue.

argumento [axgu'mēntu] *m* argument; *(de filme)* plot.

ária ['arja] *f* aria.

árido, -da ['aridu, -da] *adj* arid.

Áries ['ariʃ] *m (Br)* Aries.

arma ['axma] *f* weapon; **~ branca** knife; **~ de fogo** firearm.

armação [axma'sãw] *(pl* **-ões** [-õjʃ]) *f* frame; *(de animal)* horns *(pl)*; *(de barco)* rigging; *(de óculos)* frames *(pl)*.

armadilha [axma'diʎa] *f* trap.

armado, -da [ax'madu, -da] *adj* armed.

armadura [axma'dura] *f* suit of armour; *(de edifício)* framework.

armamento [axma'mēntu] *m* armaments *(pl)*; *(de navio)* equipment.

armar [ax'ma(x)] *vt* to arm; *(tenda)* to put up.

armário [ax'marju] *m* cupboard; *(de roupa)* wardrobe.

armazém [axma'zē] *(pl* **-ns** [-ʃ]) *m* warehouse; **grande ~** *(loja)* department store.

aro ['aru] *m (de roda)* rim; *(de janela)* frame.

aroma [aˈroma] m aroma; *(em iogurte, bebida)* flavour; **com ~ de morango** strawberry flavour.

arpão [axˈpãw] *(pl -ões* [-õjʃ]*)* m harpoon.

arqueologia [axkjoloˈʒia] f archeology.

arquibancada [axkibãŋˈkada] f *(Br)* grandstand.

arquipélago [axkiˈpɛlagu] m archipelago.

arquitecto, -ta [arkiˈtɛtu, -ta] m, f *(Port)* = **arquiteto**.

arquitectura [arkiteˈtura] f *(Port)* = **arquitetura**.

arquiteto, -ta [axkiˈtɛtu, -ta] m, f *(Br)* architect.

arquitetura [axkiˈtɛtura] f *(Br)* architecture.

arquivo [axˈkivu] m archive; *(móvel)* filing cabinet; *(cartório)* registry office; *(Br: INFORM)* file.

arraial [axaˈjaw] *(pl -ais* [-ajʃ]*)* m = fete.

arrancar [axãŋˈka(x)] vt *(árvore, batatas)* to dig up; *(folhas, pêlos)* to pull out; *(dente)* to extract ◆ vi *(partir)* to set off; **~ algo das mãos de alguém** to snatch sthg from sb.

arranha-céus [aˌxaɲaˈsɛwʃ] m inv skyscraper.

arranhão [axaˈɲãw] *(pl -ões* [-õjʃ]*)* m scratch.

arranhar [axaˈɲa(x)] vt to scratch; *(parede, carro)* to scrape; **~ um pouco de algo** to get by in sthg.
❏ **arranhar-se** vp to scratch o.s.

arranhões → **arranhão**.

arranjar [axãˈʒa(x)] vt *(reparar)* to fix, to repair; *(adquirir)* to get; **~ problemas** to get into trouble.

arranque [aˈxãŋki] m → **motor**..

arrasar [axaˈza(x)] vt to devastate.

arrastar [axaʃˈta(x)] vt to drag (along OU away).

arrecadar [axekaˈda(x)] vt *(objeto)* to store away; *(dinheiro)* to collect.

arredondado, -da [axedõnˈdadu, -da] adj *(forma)* round, rounded; *(fig: valor)* rounded up.

arredondar [axedõnˈda(x)] vt *(forma)* to make round; *(fig: valor)* to round up.

arredores [axeˈdɔriʃ] mpl outskirts.

arrefecer [axefeˈse(x)] vi *(tempo, ar)* to cool down; *(comida)* to get cold;

(fig: entusiasmo) to cool.

arregaçar [axegaˈsa(x)] vt *(mangas, calças)* to roll up.

arreios [aˈxejuʃ] mpl *(de cavalo)* harness *(sg)*.

arremedar [axemeˈda(x)] vt *(imitar)* to ape.

arremessar [axemeˈsa(x)] vt *(pedra, flecha)* to hurl.

arrendamento [axẽndaˈmẽntu] m *(de casa)* rent.

arrendar [axẽnˈda(x)] vt *(casa)* to rent; **~ uma casa a alguém** to rent (out) a house to sb.

arrendatário, -ria [axẽndaˈtarju, -rja] m, f *(de casa)* tenant.

arrepender-se [axepẽnˈdexsi] vp: **~ de (ter feito) algo** to regret (doing) sthg.

arrepiar [axeˈpja(x)] vt *(pêlo, cabelo)* to make stand on end.
❏ **arrepiar-se** vp *(de frio)* to shiver; *(de medo)* to shudder.

arrepio [axeˈpiu] m *(de frio)* shiver; *(de medo)* shudder.

arriscado, -da [axiʃˈkadu, -da] adj *(perigoso)* risky; *(corajoso)* daring.

arriscar [axiʃˈka(x)] vt *(pôr em risco)* to risk.
❏ **arriscar-se** vp to take a risk.

arrogância [axoˈgãsja] f *(presunção)* arrogance.

arrogante [axoˈgãntʃi] adj *(presumido)* arrogant.

arrombar [axõmˈba(x)] vt *(porta, janela, cofre)* to force (open).

arrotar [axoˈta(x)] vi to burp, to belch.

arroto [aˈxotu] m burp, belch.

arroz [aˈxoʒ] m rice; **~ de forno** baked dish containing rice, chicken and/or prawns, vegetables and olives.

arroz-doce [axoʒˈdosi] m rice pudding.

arruaça [aˈxwasa] f street riot.

arruaceiro, -ra [axwaˈsejru, -ra] adj riotous ◆ m, f rioter.

arrumado, -da [axuˈmadu, -da] adj *(casa, secretária, gaveta)* tidy; *(mala)* packed *(fig: resolvido)* sorted (out).

arrumar [axuˈma(x)] vt *(casa, secretária, gaveta)* to tidy up; *(mala)* to pack.

arte [ˈaxtʃi] f art; **~s marciais** martial arts; **a sétima ~** cinema *(Brit)*, the movies *(pl)* *(Am)*.

artéria [ax'tɛrja] *f* artery.
arterial [axte'rjaw] (*pl* **-ais** [-ajʃ]) *adj* → **pressão, tensão**.
artesanato [axteza'natu] *m* craftwork, handicraft.
articulação [axtʃikula'sãw] (*pl* **-ões** [-õjʃ]) *f* (*de ossos*) joint; (*de palavras*) articulation.
artificial [axtʃifi'sjaw] (*pl* **-ais** [-ajʃ]) *adj* artificial.
artigo [ax'tʃigu] *m* article; (*produto*) item; **"~s a declarar"** "goods to declare"; **~s de primeira necessidade** essential goods.
artista [ax'tʃiʃta] *mf* artist.
artístico, -ca [ax'tʃiʃtʃiku, -ka] *adj* artistic.
artrite [ax'tritʃi] *f* arthritis.
árvore ['axvori] *f* tree.
as [aʃ] → **a**.
ás ['ajʃ] (*pl* **ases** ['azeʃ]) *m* ace; **ser um ~** to be a whizz.
às [ajʃ] = **a + as**, → **a**.
asa ['aza] *f* wing; (*de utensílio*) handle.
asa-delta [aza'dɛwta] (*pl* **asas-delta** [azaʒ'dɛwta]) *f* hang-glider.
ascensor [aʃsẽ'so(x)] (*pl* **-res** [-riʃ]) *m* (*em prédio*) lift (*Brit*), elevator (*Am*); (*em rua, encosta*) funicular.
asco ['aʃku] *m* disgust.
ases → **ás**.
asfalto [aʃ'fawtu] *m* asphalt.
asfixia [aʃfik'sia] *f* asphyxia, suffocation.
Ásia ['azja] *f*: **a ~** Asia.
asiático, -ca [a'zjatʃiku, -ka] *adj & m, f* Asian.
asma ['aʒma] *f* asthma.
asmático, -ca [aʒ'matʃiku, -ka] *adj & m, f* asthmatic.
asneira [aʒ'nejra] *f* (*tolice*) nonsense; (*obscenidade*) swear word.
asno ['aʒnu] *m* donkey; (*fig: estúpido*) ass.
aspargo [aʃ'paxgu] *m* (*Br*) asparagus.
aspecto [aʃ'pektu] *m* appearance; (*ponto de vista*) aspect.
áspero, -ra ['aʃperu, -ra] *adj* rough; (*voz*) harsh.
aspirador [aʃpira'do(x)] (*pl* **-res** [-riʃ]) *m* vacuum cleaner, Hoover®.
aspirar [aʃpi'ra(x)] *vt* to vacuum, to hoover.
❏ **aspirar a** *v + prep* (*desejar*) to aspire to.

aspirina® [aʃpi'rina] *f* aspirin; **~ efervescente** soluble aspirin.
asqueroso, -osa [aʃke'rozu, -ɔza] *adj* disgusting, revolting.
assado, -da [a'sadu, -da] *adj & m* (*CULIN*) roast.
assadura [asa'dura] *f* (*de carne*) roast; (*em bebê*) nappy rash.
assalariado, -da [asala'rjadu, -da] *m, f* (salaried) employee.
assaltante [asaw'tãntʃi] *mf* burglar.
assaltar [asaw'ta(x)] *vt* (*pessoa*) to mug; (*casa*) to burgle; (*banco*) to rob.
assalto [a'sawtu] *m* (*a pessoa*) mugging; (*a casa*) burglery; (*a banco*) robbery; (*em boxe*) round; **~ à mão armada** armed robbery.
assar [a'sa(x)] *vt* to roast.
assassinar [asasi'na(x)] *vt* to murder.
assassínio [asa'sinju] *m* murder.
assassino, -na [asa'sinu, -na] *m, f* murderer.
assediar [ase'dʒja(x)] *vt* (*importunar*) to pester; (*sexualmente*) to harass.
assédio [a'sɛdʒju] *m* harassment; **~ sexual** sexual harassment.
assegurar [asegu'ra(x)] *vt* to assure.
❏ **assegurar-se** *vp*: **~-se de que** to make sure (that).
asseio [a'seju] *m* (*limpeza*) cleanliness.
assembléia [asẽm'blɛja] *f* assembly; (*reunião*) meeting; **~ geral** annual general meeting; **a Assembléia da República** *Portuguese houses of parliament*.
assemelhar-se [aseme'ʎaxsi] : **assemelhar-se a** *vp + prep* to look like.
assento [a'sẽntu] *m* seat.
assim [a'sĩ] *adv* (*do mesmo modo*) like this; (*deste modo*) therefore; **~, sim!** that's better!; **como ~?** I'm sorry?; **~ mesmo** just so; **~, ~ so-so**; **~ que** as soon as.
assimilar [asimi'la(x)] *vt* to assimilate.
assinar [asi'na(x)] *vt* to sign; (*revista*) to subscribe to.
assinatura [asina'tura] *f* signature; (*de revista*) subscription; (*de trem*) season ticket.
assistência [asiʃ'tẽsja] *f* (*auxílio*) help; (*público*) audience; **~ médica** medical aid.
assistir [asiʃ'tʃi(x)] *vt* (*ajudar*) to help.
❏ **assistir a** *v + prep* (*a espetáculo*) to

attend; *(a programa)* to watch; *(a acidente, acontecimento)* to witness.

assoalho [a'soaʎu] *m (Br: de casa)* floor.

assoar [a'swa(x)] *vt* to blow.

❏ **assoar-se** *vp* to blow one's nose.

assobiar [aso'bja(x)] *vi* to whistle.

assobio [aso'biu] *m* whistle.

associação [asosja'sãw] *(pl -ões* [-õjʃ]) *f* association.

assombrado, -da [asõm'bradu, -da] *adj (fig: casa, local)* haunted.

assombro [a'sõmbru] *m* amazement.

assunto [a'sũntu] *m* subject; **~ encerrado!** subject closed!

assustador, -ra [asuʃta'do(x), -ra] *(mpl -res* [-riʃ], *fpl -s* [-ʃ]) *adj* frightening.

assustar [asuʃ'ta(x)] *vt* to frighten.

❏ **assustar-se** *vp* to be frightened.

asterisco [aʃte'riʃku] *m* asterisk.

astral [aʃ'traw] *(pl -ais* [-ajʃ]) *m (Br: fam: humor)*: **hoje estou com baixo ~** I'm feeling out of sorts today.

astro ['aʃtru] *m* star.

astrologia [aʃtrolo'ʒia] *f* astrology.

astronauta [aʃtro'nawta] *mf* astronaut.

astronomia [aʃtrono'mia] *f* astronomy.

astúcia [aʃ'tusja] *f* astuteness.

atacadista [ataka'diʃta] *mf* wholesaler.

atacado [ata'kadu] *m*: **comprar por ~** to buy wholesale.

atacador [ataka'dor] *(pl -res* [-reʃ]) *m (Port: de sapatos)* shoelace.

atacante [ata'kãntʃi] *adj (ESP)* attacking ♦ *mf (ESP)* forward.

atacar [ata'ka(x)] *vt* to attack.

atadura [ata'dura] *f (Br)* bandage.

atalho [a'taʎu] *m* short cut.

ataque [a'taki] *m* attack; **~ cardíaco** heart attack.

atar [a'ta(x)] *vt (sapatos)* to lace ou do up; *(saco)* to do up; *(corda, cordão, fio)* to tie.

atarracado, -da [ataxa'kadu, -da] *adj* stocky.

até [a'tɛ] *prep (limite no espaço)* as far as; *(limite no tempo)* until ♦ *adv* even; **~ agora** so far; **~ amanhã!** see you tomorrow!; **~ logo!** see you later!; **~ mais!** *(em conversa)* speak to you soon!; **~ que enfim!** at (long) last!; **~ porque** because.

atear [ate'a(x)] *vt (incendiar)* to set fire to; *(avivar)* to rekindle.

atéia → **ateu**.

ateliê [ate'lje] *m (Br)* = **atelier**.

atelier [ate'lje] *m (Port)* studio.

atemorizar [atemori'za(x)] *vt* to terrify.

atenção [atẽ'sãw] *(pl -ões* [-õjʃ]) *f* attention; *(cuidado)* care; *(cortesia)* courtesy ♦ *interj* watch ou look out!; **chamar a ~ de alguém para algo** to draw sb's attention to sthg; **prestar ~** to pay attention.

atender [atẽn'de(x)] *vt (telefone)* to answer; *(em loja)* to serve; *(em hospital)* to see.

atendimento [atẽndʒi'mẽntu] *m (de telefone)* answering; *(em loja, hospital)* service.

atentado [atẽn'tadu] *m* attempt *(on sb's life)*.

atenuante [ate'nwãntʃi] *f* extenuating circumstance.

atenuar [ate'nwa(x)] *vt* to soften.

aterragem [ate'xaʒẽj] *(pl -ns* [-ʃ]) *f (Port)* = **aterrissagem**.

aterrar [ate'xar] *vi (Port)* = **aterrissar**.

aterrissagem [atexi'saʒẽj] *(pl -ns* [-ʃ]) *f (Br)* landing.

aterrissar [atexi'sa(x)] *vi (Br)* to land ♦ *vt (aterrorizar)* to terrify.

aterro [a'texu] *m* landfill.

aterrorizar [atexori'za(x)] *vt* to terrify.

atestado [ateʃ'tadu] *m* certificate; **~ médico** doctor's certificate; **~ de óbito** death certificate.

ateu, atéia [a'tew, a'teja] *m, f* atheist.

atiçar [atʃi'sa(x)] *vt (lume)* to poke.

atingir [atʃĩ'ʒi(x)] *vt* to reach; *(ferir, afetar)* to hit; *(objetivo)* to achieve; *(compreender)* to grasp; *(abranger)* to cover.

atirar [atʃi'ra(x)] *vt* to throw ♦ *vi (com arma)* to shoot.

atitude [atʃi'tudʒi] *f* attitude.

atividade [atʃivi'dadʒi] *f* activity.

ativo, -va [a'tʃivu, -va] *adj (Br)* active.

Atlântico [at'lãntʃiku] *m*: **o ~** the Atlantic.

atlas ['atlaʃ] *m inv* atlas.

atleta [at'leta] *mf* athlete.

atletismo [atle'tʃiʒmu] *m* athletics *(sg)*.

atmosfera [atmoʃˈfera] *f* atmosphere.

ato [ˈatu] *m (Br) (acção)* action; *(de peça de teatro)* act.

atômico, -ca [aˈtomiku, -ka] *adj* atomic.

ator, atriz [aˈto(x), atriʒ] *(mpl -res* [-riʃ], *fpl -zes* [-ziʃ]) *m, f (Br)* actor *(f* actress).

atordoado, -da [atoxˈdwadu, -da] *adj* stunned.

atores → ator.

atormentado, -da [atoxmẽnˈtadu, -da] *adj* troubled.

atração [atraˈsãw] *(pl -ões* [-õjʃ]) *f (Br)* attraction; *(de pessoa)* attractiveness.

atracção [atraˈsãw] *(pl -ões* [-õjʃ]) *f (Port)* = atração.

atrações → atração.

atractivo, -va [atraˈtivu, -va] *adj (Port)* = atrativo.

atraente [atraˈẽntʃi] *adj* attractive.

atraiçoar [atrajˈswa(x)] *vt* to betray.
❏ **atraiçoar-se** *vp* to give o.s. away.

atrair [atraˈi(x)] *vt* to attract.

atrapalhar [atrapaˈʎa(x)] *vt (perturbar)* to confuse; *(dificultar)* to get in the way of.
❏ **atrapalhar-se** *vp* to get all confused.

atrás [aˈtrajʃ] *adv (detrás)* behind; *(para trás)* back there; **há dias ~** a few days ago; **~ de** *(no espaço)* behind; *(no tempo)* after; **ficar com pé ~** *(fig)* to be on one's guard.

atrasado, -da [atraˈzadu, -da] *adj (pessoa)* late; *(país, região)* backward; **chegar ~** to arrive late; **estar ~** to be late.

atrasar [atraˈza(x)] *vi (trem, ônibus)* to be delayed ◆ *vt (trabalho)* to delay; *(fig: prejudicar)* to hinder.
❏ **atrasar-se** *vp* to be late.

atraso [aˈtrazu] *m* delay; *(de país)* backwardness.

atrativo, -va [atraˈtʃivu, -va] *adj (Br)* attractive ◆ *m (Br)* attraction.

através [atraˈvejʃ] : **através de** *prep (pelo meio de)* through; *(por meio de)* by.

atravessar [atraveˈsa(x)] *vt (rua, rio)* to cross; *(pôr ao través)* to put across; *(fig: situação, fase)* to go through.

atrelado [atreˈladu] *m* trailer.

atrever-se [atreˈvexsi] : **atrever-se** *vp (ousar)* to dare; **~ a fazer algo** to

dare to do sthg.

atrevido, -da [atreˈvidu, -da] *adj (malcriado)* cheeky; *(audaz)* daring.

atrevimento [atreviˈmẽntu] *m (audácia)* daring; **que ~!** what a cheek!

atribuir [atriˈbwi(x)] *vt* to attribute; *(cargo)* to give.

atributo [atriˈbutu] *m* attribute.

átrio [ˈatriu] *m (de edifício)* hall.

atrito [aˈtritu] *m* friction.
❏ **atritos** *mpl* disagreements.

atriz → ator.

atropelamento [atropelaˈmẽntu] *m* road accident *(involving a pedestrian being run over)*.

atropelar [atropeˈla(x)] *vt* to run over.

atuação [atwaˈsãw] *(pl -ões* [-õjʃ]) *f (procedimento)* behaviour; *(em espetáculo)* acting; *(espetáculo)* performance.

atual [aˈtwaw] *(pl -ais* [-ajʃ]) *adj (Br) (presente)* current; *(moderno)* modern.

atualizar [atwaliˈza(x)] *vt (tornar atual)* to modernize; *(INFORM: ficheiro)* to update.

atualmente [atwawˈmẽntʃi] *adv* currently.

atuar [aˈtwa(x)] *vi (Br)* to act.

atum [aˈtũ] *m* tuna.

aturdido, -da [aturˈdʒidu, -da] *adj* stunned.

audácia [awˈdasja] *f* audacity.

audição [awdʒiˈsãw] *(pl -ões* [-õjʃ]) *f* hearing; *(de peça musical, concerto)* recital.

audiência [awˈdʒjẽsja] *f (JUR)* hearing.

audiovisual [awdʒjɔviˈzwaw] *(pl -ais* [-ajʃ]) *adj* audiovisual.

auditório [awdʒiˈtɔrju] *m* auditorium; *(público ouvinte)* audience.

auge [ˈawʒi] *m* peak.

aula [ˈawla] *f* class, lesson.

aumentar [awmẽnˈta(x)] *vt & vi* to increase.

aumento [awˈmẽntu] *m* increase; *(de ordenado)* rise *(Brit)*, raise *(Am)*.

auréola [awˈrɛwla] *f* halo.

aurora [awˈrɔra] *f* dawn; **~ boreal** northern lights *(pl)*.

auscultador [awʃkuwtaˈdo(x)] *(pl -res* [-riʃ]) *m* receiver.
❏ **auscultadores** *mpl* headphones.

ausência [awˈzẽsja] *f* absence.

ausentar-se [awzẽnˈtaxsi] *vp*: **~ de**

(de país, sala) to leave.
ausente [aw'zẽntʃi] *adj* absent.
Austrália [awʃ'tralja] *f*: **a ~** Australia.
australiano, -na [awʃtra'ljanu, -na] *adj & m, f* Australian.
Áustria ['awʃtria] *f*: **a ~** Austria.
austríaco, -ca [awʃ'triaku, -ka] *adj & m, f* Austrian.
autenticar [awtẽntʃi'ka(x)] *vt (JUR: documento, assinatura)* to authenticate.
autêntico, -ca [aw'tẽntʃiku, -ka] *adj (verdadeiro)* real; *(JUR)* authenticated.
autocarro [ˌawto'kaxu] *m* bus; *(entre cidades)* coach; **apanhar o ~** to catch the bus.
autoclismo [ˌawto'kliʒmu] *m (Port)* flush; **puxar o ~** to flush the toilet.
autocolante [ˌawtoko'lãntʃi] *adj* self-adhesive ◆ *m* sticker.
autodomínio [ˌawtodo'minju] *m* self-control.
autódromo [aw'tɔdromu] *m* race track.
auto-escola [ˌawtɔiʃ'kɔla] *f* driving school.
auto-estima [ˌawtɔeʃ'tʃima] *f* self-esteem.
auto-estrada [ˌawtɔʃ'trada] *f* motorway *(Brit)*, freeway *(Am)*.
autografar [awtogra'fa(x)] *vt* to autograph.
autógrafo [aw'tɔgrafu] *m* autograph.
autolocadora [ˌawtoloka'dora] *f (Br)* car rental.
automático, -ca [awto'matʃiku, -ka] *adj* automatic.
automatização [awtomatʃiza'sãw] *(pl -ões* [-õjʃ]) *f* automation.
automobilismo [awtomobi'liʒmu] *m* motor racing.
automobilista [awtomobi'liʃta] *mf* motorist.
automotora [ˌawtomo'tora] *f* diesel train.
automóvel [awto'mɔvɛw] *(pl -eis* [-ejʃ]) *m* motorcar *(Brit)*, automobile *(Am)*.
autópsia [aw'tɔpsja] *f (MED)* autopsy.
autor, -ra [aw'to(x), -ra] *(mpl -res* [-riʃ], *fpl -s* [-ʃ]) *m, f* author; *(de idéia)* originator; *(de brincadeira)* instigator; *(JUR: de crime)* perpetrator.
auto-retrato [ˌawtoxe'tratu] *m* self-portrait.
autoridade [awtori'dadʒi] *f* authority.

autorização [awtoriza'sãw] *(pl -ões* [-õjʃ]) *f* authorization.
autorizar [awtori'za(x)] *vt* to authorize.
auxiliar [awsi'lja(x)] *(pl -res* [-riʃ]) *adj* auxiliary ◆ *mf* assistant ◆ *vt* to assist.
auxílio [aw'silju] *m* help.
auxílio-desemprego [aw'silju-dʒizẽm'pregu] *(pl* **auxílios-desemprego** [aw'siljuʒdʒizẽm'pregu]) *m (Br)* unemployment benefit.
Av. *(abrev de avenida)* Ave.
avalanche [ava'lãʃi] *f* avalanche.
avaliação [avalja'sãw] *(pl -ões* [-õjʃ]) *f* assessment; *(JUR)* valuation.
avaliar [ava'lja(x)] *vt* to assess; *(gastos)* to estimate; *(valor de objeto)* to value; **a ~ por** judging by.
avançado, -da [avã'sadu, -da] *adj* advanced; *(pessoa)* progressive ◆ *m, f (ESP)* forward ◆ *m (de caravana)* awning.
avançar [avã'sa(x)] *vi* to advance.
avarento, -ta [ava'rẽntu, -ta] *adj* miserly.
avaria [ava'ria] *f* breakdown.
avariado, -da [ava'rjadu, -da] *adj* out of order; *(carro)* broken down.
ave ['avi] *f* bird.
aveia [a'veja] *f* oats *(pl)*.
avelã [ave'lã] *f* hazelnut.
avenca [avẽŋka] *f* maidenhair fern.
avenida [ave'nida] *f* avenue.
avental [avẽn'taw] *(pl -ais* [-ajʃ]) *m* apron.
aventura [avẽn'tura] *f* adventure; *(amorosa)* affair; **partir para a ~** to set out on an adventure.
aventureiro, -ra [avẽntu'rejru, -ra] *m, f* adventurer.
averiguação [averigwa'sãw] *(pl -ões* [-õjʃ]) *f* investigation.
averiguar [averi'gwa(x)] *vt* to investigate; *(verdade)* to find out.
avesso [a'vesu] *m (de casaco, saco)* reverse; *(contrário)* opposite ◆ *adj*: **~ a** averse to; **pelo ~** inside out.
avestruz [aveʃ'truʃ] *(pl -zes* [-ziʃ]) *f* ostrich.
avião [a'vjãw] *(pl -ões* [-õjʃ]) *m* plane; **"por ~"** "by airmail".
ávido, -da ['avidu, -da] *adj*: **~ de** greedy for.
aviões → avião.
avisar [avi'za(x)] *vt* to warn; *(notificar)* to inform.

aviso [aˈvizu] *m (advertência)* warning; *(sinal, letreiro, notificação)* notice; ~ **de recepção** acknowledgement of receipt.

avistar [aviʃˈta(x)] *vt* to see.

avô, avó [aˈvo, aˈvɔ] *m, f* grandfather (*f* grandmother).

avós [aˈvɔʃ] *mpl* grandparents.

avulso, -sa [aˈvuwsu, -sa] *adj* separate ◆ *adv* separately.

axila [akˈsila] *f* armpit.

azar [aˈza(x)] (*pl* **-res** [-riʃ]) *m (falta de sorte)* bad luck; *(acaso)* chance; **estar com ~** to be out of luck; **por ~** as luck would have it.

azarado, -da [azaˈradu, -da] *m, f* unlucky person.

azares → **azar**.

azedar [azeˈda(x)] *vi* to turn sour.

azedo, -da [aˈzedu, -da] *adj* sour.

azeite [aˈzejtʃi] *m* olive oil.

azeitona [azejˈtona] *f* olive; ~**s pretas** black olives; ~**s recheadas** stuffed olives.

azevinho [azeˈviɲu] *m* holly.

azinheira [aziˈɲejra] *f* holm·oak.

azul [aˈzuw] (*pl* **azuis** [aˈzujʃ]) *adj & m* blue.

azul-claro, azul-clara [aˌzuwˈklaru, aˌzuwˈklara] (*mpl* **azul-claros** [aˌzuwˈklaruʃ], *fpl* **azul-claras** [aˌzuwˈklaraʃ]) *adj* pale blue.

azulejo [azuˈleʒu] *m* glazed tile.

azul-escuro, azul-escura [aˌzuweʃˈkuru, aˌzuweʃˈkura] (*mpl* **azul-escuros** [aˌzuweʃˈkuruʃ], *fpl* **azul-escuras** [aˌzuweʃˈkuraʃ]) *adj* dark blue.

azul-marinho [aˌzuwmaˈriɲu] *adj inv* navy (blue).

azul-turquesa [aˌzuwtuxˈkeza] *adj inv* turquoise.

B

baba [ˈbaba] f dribble.

babá [baˈba] f (Br) nanny.

babar-se [baˈbaxsi] vp to dribble.

baby-sitter [ˌbejbiˈsitɛ(x)] f baby-sitter.

bacalhau [bakaˈʎaw] m (peixe) cod; (em culinária) salt cod; ~ **assado (na brasa)** barbecued salt cod seasoned with olive oil and garlic, served with roast potatoes; ~ **à Brás** salt cod fried with onions and garlic then mixed with eggs, finely cut chips and olives; ~ **cru desfiado** raw pieces of salt cod seasoned with olive oil and garlic; ~ **à Gomes de Sá** pieces of salt cod, onion and potato baked with olive oil, eggs and olives.

bacia [baˈsia] f basin; (ANAT) pelvis.

baço, -ça [ˈbasu, -sa] adj (metal, espelho) tarnished; (tinta, cor) matt ♦ m (ANAT) spleen.

bacon [ˈbejkõ] m bacon.

bactéria [bakˈtɛrja] f bacterium.

badejo [baˈdeʒu] m pollack.

badminton [badˈmĩtõ] m badminton.

bafo [ˈbafu] m breath.

bafômetro [baˈfometru] m (Br) Breathalyser®.

baforada [bafoˈrada] f puff.

bagaço [baˈgasu] m (Port) strong spirit similar to brandy.

bagageira [bagaˈʒejra] f (Port) (de carro) boot (Brit), trunk (Am); (de ônibus) luggage rack.

bagageiro [bagaˈʒejru] m porter.

bagagem [baˈgaʒẽ] (pl **-ns** [-ʃ]) f luggage (Brit), baggage (Am); **despachar/depositar a** ~ to check in/leave one's luggage.

bagatela [bagaˈtɛla] f trifle.

bago [ˈbagu] m (de uva) grape; (de trigo) grain.

bagunça [baˈgũsa] f (Br) mess.

Bahia [baˈia] f (Br) Bahia.

baía [baˈia] f bay.

❑ **Baía** f (Port) = **Bahia**.

bailado [bajˈladu] m (ballet) ballet; (dança) dance.

bailarino, -na [bajlaˈrinu, -na] m, f ballet dancer.

baile [ˈbajli] m ball.

bainha [baˈiɲa] f (de calças, saia, etc) hem; (de espada) scabbard.

bairro [ˈbajxu] m neighbourhood; (divisão administrativa) district; ~ **de lata** (Port) shanty town.

baixa [ˈbajʃa] f (em quantidade) decrease; (de preço) reduction; (Br: médica) discharge; (em guerra) casualty.

baixar [bajˈʃa(x)] vt to lower ♦ vi (preço, valor) to come down.

❑ **baixar-se** vp to bend down.

baixo, -xa [ˈbajʃu, -ʃa] adj low; (pessoa) short; (qualidade) poor; (profundidade) shallow; (fig: desprezível) mean ♦ adv (falar, rir) quietly; (relativo a posição) low ♦ m (instrumento) bass; **o mais ~/a mais baixa** (pessoa) the shortest; (objeto, preço) the lowest; **para** ~ down; **por** ~ **de** under(neath); **estar em** ~ (Port: estar abatido) to be out of sorts.

bala [ˈbala] f bullet; (Br: doce) sweet; **à prova de** ~ bullet-proof.

balança [baˈlãsa] f scales (pl).

❑ **Balança** f (Port: signo do zodíaco) Libra.

balançar [balãˈsa(x)] vt (balanço) to swing; (barco) to rock ♦ vi (balanço) to swing; (barco) to rock.

balanço [baˈlãsu] m (de criança) swing; (ação) swinging.

balão [baˈlãw] (pl **-ões** [-õjʃ]) m balloon; (de transporte) hot-air balloon.

balbuciar [bawbuˈsja(x)] vt & vi to mumble.

balbúrdia [balˈbuxdʒja] f (desordem) shambles (sg); (barulho) racket.

balcão [bawˈkãw] (pl -ões [-õjʃ]) m (de bar, loja) counter; (de teatro) circle; (de casa) balcony; ~ nobre/simples (Br: de teatro) dress/upper circle.

balde [ˈbawdʒi] m bucket.

baldeação [bawdʒjaˈsãw] (pl -ões [-õjʃ]) f (Br) change; **fazer** ~ to change.

balé [baˈlɛ] m (Br) ballet.

baleia [baˈleja] f whale.

baliza [baˈliza] f (ESP) goal.

ballet [baˈlɛ] m (Port) = **balé**.

balneário [bawˈnjarju] m changing room.

balões → balão.

balofo, -fa [baˈlofu, -fa] adj (pessoa) flabby.

baloiço [baˈlojsu] m (Port) swing.

bálsamo [ˈbawsamu] m balsam, balm; (fig: alívio) comfort.

bambu [bãmˈbu] m bamboo.

banal [baˈnaw] (pl -ais [-ajʃ]) adj banal.

banana [baˈnana] f banana.

bananada [banaˈnada] f dessert made with banana puree.

bananeira [banaˈnejra] f banana tree.

banca [ˈbãŋka] f (Br): ~ de jornais newsstand.

bancada [bãŋˈkada] f (de cozinha) worktop; (de trabalho) bench; (Port: de estádio) grandstand.

bancário, -ria [bãŋˈkarju, -rja] adj banking (antes de s) ◆ m, f bank clerk.

banco [ˈbãŋku] m (de cozinha) stool; (de carro) seat; (FIN) bank; (de hospital) casualty (Brit), emergency room (Am); ~ **de areia** sandbank; ~ **de dados** (INFORM) database; ~ **de jardim** (park) bench.

banda [ˈbãnda] f side; (filarmônica) brass band; (de rock) band; **de** ~ (de lado) sideways; **pôr de** ~ (fig: pessoa) to shun.

bandarilha [bãndaˈriʎa] f barbed dart thrust into a bull's back.

bandeira [bãnˈdejra] f flag; (em transporte público) destination screen; **dar** ~ (Br: fam) to give the game away.

bandeja [bãnˈdeʒa] f tray.

bandejão [bãndeˈʒãw] (pl -ões [-õjʃ]) f (Br) canteen meal.

bandido, -da [bãnˈdʒidu, -da] m, f bandit.

bando [ˈbãndu] m (de aves) flock; (de

criminosos) gang.

bandolim [bãndoˈlĩ] (pl -ns [-ʃ]) m mandolin.

bangaló [bãŋgaˈlɔ] m (Port) = **bangalô**.

bangalô [bãŋgaˈlo] m (Br) bungalow.

banha [ˈbaɲa] f: ~ (de porco) lard.

banheira [baˈɲejra] f bathtub.

banheiro [baˈɲejru] m (Br: quarto de banho) bathroom; (Port: de praia, piscina) lifeguard.

banhista [baˈɲiʃta] mf bather.

banho [ˈbaɲu] m (em banheira) bath; (em piscina, mar) swim; **tomar** ~ (em banheira) to have a bath; (em chuveiro) to have a shower; (em piscina, mar) to have a swim; **tomar um** ~/~**s de sol** to sunbathe.

banho-maria [baɲumaˈria] m: **cozinhar algo em** ~ to cook sthg in a bainmarie.

banir [baˈni(x)] vt (proibir) to ban; (expulsar) to banish.

banjo [ˈbaʒu] m banjo.

banquete [bãŋˈketʃi] m banquet.

baptismo [baˈtiʒmu] m (Port) = **batismo**.

baptizado [batiˈzadu] m (Port) = **batizado**.

bar [ˈba(x)] (pl -res [-riʃ]) m bar.

baralhar [baraˈʎa(x)] vt (cartas de jogar) to shuffle; (confundir) to confuse. ❑ **baralhar-se** vp to get confused.

baralho [baˈraʎu] m: ~ (de cartas) pack (of cards) (Brit), deck of cards (Am).

barão [baˈrãw] (pl -ões [-õjʃ]) m baron.

barata [baˈrata] f cockroach.

barato, -ta [baˈratu, -ta] adj cheap ◆ adv cheaply ◆ m (Br: fam) fun; **mais** ~ cheaper; **o mais** ~ the cheapest; **foi o maior** ~! (Br) it was great!

barba [ˈbaxba] f beard; **fazer a** ~ to shave.

barbante [baxˈbãntʃi] m (Br) string.

barbatana [baxbaˈtana] f (de peixe) fin; (de nadador) flipper.

barbeador [baxbjaˈdo(x)] (pl -res [-riʃ]) m: ~ (elétrico) (electric) shaver.

barbear-se [baxˈbjaxsi] vp to shave.

barbeiro [baxˈbejru] m barber's (shop).

barca [ˈbaxka] f (Br) ferry.

barco [ˈbaxku] m boat; ~ **a motor** speedboat; ~ **a remo** rowing boat; ~ **à**

vela sailing boat.

bares → **bar**.

barman ['baxmãn] (*pl* **-s** [-ʃ]) *m* barman.

barões → **barão**.

baronesa [baro'neza] *f* baroness.

barra ['baxa] *f* bar; *(Br: foz)* river-mouth; *(Br: fam: situação)* situation.

barraca [ba'xaka] *f (de feira)* stall; *(Br: de camping)* tent.

barraco [ba'xaku] *m (Br)* shack.

barragem [ba'xaʒẽ] (*pl* **-ns** [-ʃ]) *f* dam.

barranco [ba'xãŋku] *m* ravine.

barrar [ba'xa(x)] *vt* to bar.

barreira [ba'xejra] *f (de rio, estrada)* embankment; *(ESP)* hurdle; *(fig: obstáculo)* obstacle.

barrento, -ta [ba'xẽtu, -ta] *adj* clayey.

barrete [ba'xetʃi] *m* hat; *(Port: fam: decepção)* flop.

barriga [ba'xiga] *f* belly; **minha ~ está roncando** my stomach's rumbling; **~ da perna** calf; **de ~ para cima/para baixo** face up/down.

barril [ba'xiw] (*pl* **-is** [-iʃ]) *m* barrel.

barro ['baxu] *m* clay.

barroco, -ca [ba'xoku, -ka] *adj & m* baroque.

barulhento, -ta [baru'ʎẽtu, -ta] *adj* noisy.

barulho [ba'ruʎu] *m (ruído)* noise; *(confusão)* commotion; **pouco ~!** quieten down!

base ['bazi] *f* base; *(de maquilhagem)* foundation; *(fundamento)* basis.

basebol [bejze'bɔw] *m* baseball.

básico, -ca ['baziku, -ka] *adj* basic.

basílica [ba'zilika] *f* basilica.

basquete ['baʃketʃi] *m* = **basquetebol**.

basquetebol [ˌbaʃketʃi'bɔw] *m* basketball.

basta ['baʃta] *interj* that's enough!

bastante [baʃ'tãtʃi] *adv (muito)* a lot; *(suficiente)* enough ◆ *adj (muito)* a lot of; *(suficiente)* enough; **ele é ~ feio** he is quite ugly.

bastar [baʃ'ta(x)] *vi* to be enough.

bastidores [baʃtʃi'doreʃ] *mpl* wings.

bata ['bata] *f (para senhora)* pinafore; *(para médico)* (white) coat.

batalha [ba'taʎa] *f* battle; **~ naval** *(jogo)* battleships *(sg)*.

batata [ba'tata] *f* potato; **~ doce** sweet potato; **~ palha** *very finely cut chips*; **~s assadas/cozidas** roast/boiled potatoes; **~s fritas** chips *(Brit)*, French fries *(Am)*; **~s fritas (de pacote)** crisps *(Brit)*, chips *(Am)*.

batedeira [bate'dejra] *f*: **~ (eléctrica)** mixer.

bátega ['batega] *f* downpour.

batente [ba'tẽtʃi] *m (meia-porta)* door *(of double doors)*; *(aldraba)* door-knocker.

bate-papo [ˌbatʃi'papu] (*pl* **bate-papos** [ˌbatʃi'papuʃ]) *m (Br)* chat.

bater [ba'te(x)] *vt* to beat; *(asas)* to flap; *(roupa)* to scrub ◆ *vi (coração)* to beat; *(porta, janela)* to bang; **ela estava batendo queixo** her teeth were chattering because of the cold; **~ a** *(porta, janela)* to knock at; **~ com algo contra** OU **em algo** to crash sthg into sthg; **~ em** to hit; **~ à máquina** *(Br)* to type; **~ papo** *(Br)* to chat; **~ o pé** *(teimar)* to put one's foot down; **~ com o pé** to stamp one's foot; **~ com a porta** to slam the door; **bateu a bota** *(fam: morrer)* he popped his clogs; **ela não bate bem** she's off her head.

bateria [bate'ria] *f (de carro, motor)* battery; *(MÚS)* drums *(pl)*.

baterista [bate'riʃta] *mf* drummer.

batida [ba'tʃida] *f (Br) (de veículo)* crash; *(de polícia)* raid; *(bebida)* blended drink containing "cachaça", sugar and fruit .

batido [ba'tʃidu] *m (Port)* milkshake.

batismo [ba'tʃiʒmu] *m (Br)* baptism.

batizado [batʃi'zadu] *m (Br)* christening.

batom [ba'tõ] (*pl* **-ns** [-ʃ]) *m* lipstick; **~ para o cieiro** *(Port)* chapstick.

batota [ba'tɔta] *f (Port)* cheating; **fazer ~** to cheat.

batuque [ba'tuki] *m (Br: MÚS)* Afro-Brazilian dance.

baú [ba'u] *m* trunk.

baunilha [baw'niʎa] *f* vanilla.

bazar [ba'za(x)] (*pl* **-res** [-riʃ]) *m* bazaar.

BB *m (abrev de Banco do Brasil)* Bank of Brazil.

BCG *m (clínica)* tuberculosis clinic; *(vacina)* BCG.

bêbado, -da ['bebadu, -da] *adj & m, f* drunk.

bebé [bɛ'bɛ] *m (Port)* = **bebê**.

bebê [be'be] *m (Br)* baby; **"~ a bordo"** "baby on board".

bebedeira [bebe'dejra] *f* drunkenness; **tomar uma ~** to get drunk.

beber [be'be(x)] *vt & vi* to drink.

bebida [be'bida] *f* drink.

beça ['besa] : **à beça** *adv (Br: fam)* a lot ◆ *adj (Br: fam)* loads of, a lot of; **o concerto foi bom à ~** the concert was really good.

beco ['beku] *m* alley; **~ sem saída** dead end.

bege ['beʒi] *adj inv* beige.

begónia [be'gɔnja] *f (Port)* = **begônia.**

begônia [be'gonja] *f (Br)* begonia.

beija-flor [ˌbejʒa'flo(x)] *(pl* **beija-flores** [ˌbejʒa'floriʃ]) *m* hummingbird.

beijar [bej'ʒa(x)] *vt* to kiss.

❑ **beijar-se** *vp* to kiss.

beijo ['bejʒu] *m* kiss.

beira ['bejra] *f (de estrada)* side; *(de rio)* bank; *(de precipício)* edge; **à ~ de** *(junto de)* beside; *(fig: no limiar de)* on the verge of.

beira-mar [ˌbejra'ma(x)] *f* seaside; **à ~** by the sea.

beira-rio [bejra'xiu] *f* riverside; **à ~** by the river.

belas-artes [bɛla'zaxtʃiʃ] *fpl* fine arts.

beldade [bew'dadʒi] *f* beauty.

beleza [be'leza] *f* beauty; **que ~!** how wonderful!

belga ['bewga] *adj & mf* Belgian.

Bélgica ['bɛwʒika] *f*: **a ~** Belgium.

beliche [be'liʃi] *m* bunk.

beliscão [beliʃ'kãw] *(pl* **-ões** [-õjʃ]) *m* pinch.

beliscar [beliʃ'ka(x)] *vt* to pinch.

beliscões → **beliscão.**

belo, -la ['bɛlu, -la] *adj* beautiful; *(homem)* handsome; *(momento)* wonderful; *(dia, sentimento, livro)* fine.

bem ['bẽj] *adv* **1.** *(de forma satisfatória, correta)* well; **fala ~ inglês** she speaks English well; **fez ~!** you did the right thing!

2. *(exprime opinião favorável)*: **estar ~** *(de saúde)* to be well; *(de aspecto)* to look good; *(relativo a comodidade)* to be comfortable; **cheirar/saber ~** to smell/taste good.

3. *(suficiente)*: **estar ~** to be enough.

4. *(muito)* very; **queria o bife ~ passado** I'd like my steak well-done; **queria uma bebida ~ gelada** I'd like an

ice-cold drink.

5. *(bastante)* quite; **é um carro ~ espaçoso** it's quite a spacious car; **é um lugar ~ bonito** it's quite a pretty spot.

6. *(exatamente)* right; **não é ~ assim** it isn't quite like that; **não é ~ aqui é mais abaixo** it isn't here exactly, it's further down.

7. *(em locuções)*: **eu ~ que lhe avisei** I told you so; **eu ~ que ajudava mas não posso** I'd be glad to help but I can't; **~ como** as well as; **~ feito!** it serves you right!; **está ~!** OK!, all right!; **muito ~!** very good!; **ou ~ que ... ou ~ que ...** either ...or ...; **você vai ter que ir por ~ ou por mal** you'll have to go whether you like it or not; **se ~ que** although, even though.

◆ *m* **1.** *(o que é bom)* good.

2. *(bem-estar, proveito)* good; **praticar o ~** to do good; **é para o seu ~** it's for your own good.

◆ *adj inv (pej)*: **gente ~** the well-heeled; **menino ~** rich kid.

❑ **bens** *mpl (posses)* property *(sg)*; *(produtos)* goods; **bens imóveis** OU **de raiz** real estate *(sg)*; **bens de consumo** consumer goods.

bem-disposto, -osta [bẽjdʒiʃ'poʃtu, -ɔʃta] *adj (bem humorado)* good-humoured.

bem-estar [bẽjʃ'ta(x)] *m* wellbeing.

bem-vindo, -da [bẽj'vĩndu, -da] *adj* welcome.

bendizer [bẽndʒi'ze(x)] *vt* to praise.

beneficência [benefi'sẽsja] *f* charity.

beneficiar [benefi'sja(x)] *vt* to benefit.

benefício [bene'fisju] *m* benefit.

benéfico, -ca [be'nɛfiku, -ka] *adj* beneficial.

benevolência [benevo'lẽsja] *f* benevolence.

bengala [bẽŋ'gala] *f* walking stick.

bengaleiro [bẽŋga'lejru] *m (em casa de espetáculos)* cloakroom; *(cabide)* coat stand.

benigno, -gna [be'nignu, -gna] *adj* benign.

bens → **bem.**

benzer [bẽ'ze(x)] *vt* to bless.

❑ **benzer-se** *vp* to cross o.s.

berbequim [berbe'kĩ] *(pl* **-ns** [-ʃ]) *m (Port)* drill.

berbigão [bexbi'gãw] *(pl* **-ões** [-õjʃ]) *m* cockle.

berço ['bexsu] *m* cot *(Brit)*, crib *(Am)*.

berlinde [ber'lindɛ] *m (Port)* marble.

beringela [berĩ'ʒela] *f (Port)* = **berinjela**.

berinjela [berĩ'ʒela] *f (Br)* aubergine *(Brit)*, eggplant *(Am)*.

berloque [bex'lɔki] *m* pendant.

bermuda [bex'muda] *f (Br)* Bermuda shorts.

besouro [be'zoru] *m* beetle.

besta ['beʃta] *f (cavalgadura)* mount.

besteira [beʃ'tejra] *f (Br) (fam) (asneira)* nonsense; *(insignificância)* trifle.

bestial [beʃ'tjal] *(pl -ais* [-ajʃ]*) adj (Port: fam)* brilliant.

besugo [be'zugu] *m* sea bream.

besuntar [bezũn'ta(x)] *vt* to grease.

betão [be'tãw] *m (Port)* concrete.

beterraba [bete'xaba] *f* beetroot.

betoneira [beto'nejra] *f* cement mixer.

bétula ['bɛtula] *f* birch.

bexiga [be'ʃiga] *f* bladder; **~s doidas** *(fam: varicela)* chickenpox *(sg)*.

bezerro [be'zexu] *m* calf.

BI *m (Port: abrev de Bilhete de Identidade)* ID card.

biberão [bibe'rãw] *(pl -ões* [-õjʃ]*) m (Port)* (baby's) bottle.

Bíblia ['biblia] *f* Bible.

biblioteca [bibljo'tɛka] *f* library; **~ itinerante** mobile library.

bibliotecário, -ria [bibljote'karju, -rja] *m, f* librarian.

bica ['bika] *f (de água)* tap; *(Port: café)* espresso; **suar em ~(s)** to drip with sweat.

bicar [bi'ka(x)] *vt & vi* to peck.

bicha ['biʃa] *f (lombriga)* worm; *(Br: pej: homossexual)* queer; *(Port: fila)* queue.

bicho ['biʃu] *m (animal)* animal; *(inseto)* bug.

bicho-da-seda [biʃuda'seda] *(pl bichos-da-seda)* [biʃuʃda'seda] *m* silkworm.

bicicleta [besi'klɛta] *f* bicycle.

bico ['biku] *m (de sapato)* toe; *(de ave)* beak; *(de fogão)* burner; *(de seio)* nipple; *(Br: fam: trabalho)* odd job.

bidé [bi'dɛ] *m (Port)* = **bidê**.

bidê [bi'de] *m (Br)* bidet.

bife ['bifi] *m* steak.

bifurcação [bifuxka'sãw] *(pl -ões* [-õjʃ]*) f* fork.

bigode [bi'gɔdʒi] *m* moustache.

bijutaria [biʒuta'ria] *f (Port)* = **bijuteria**.

bijuteria [biʒute'ria] *f (Br)* costume jewellery.

bilha ['biʎa] *f (de água)* (earthenware) pot; *(de gás)* gas bottle.

bilhão [bi'ʎãw] *(pl -ões* [-õjʃ]*) num (Br: mil milhões)* thousand million *(Brit)*, billion *(Am); (Port)* = **bilião**.

bilhar [bi'ʎa(x)] *(pl -res* [-riʃ]*) m (jogo)* billiards *(sg); (mesa)* billiard table; **jogar ~** to play billiards.

bilhete [bi'ʎetʃi] *m* ticket; **~ de** *(Port)* single (ticket) *(Brit)*, one-way ticket *(Am)*; **~ de ida e volta** return (ticket) *(Brit)*, round-trip ticket *(Am)*; **~ de identidade** *(Port)* identity card; **~ simples** *(em metrô)* single (ticket).

bilheteira [biʎe'tejra] *f (Port)* = **bilheteria**.

bilheteria [biʎete'ria] *f (Br) (de teatro, cinema)* box office.

bilhões → bilhão.

bilião [bi'ljãw] *(pl -ões* [-õjʃ]*) num (Port: milhão de milhões)* billion *(Brit)*, trillion *(Am); (Br)* = **bilhão**.

bilingue [bi'lĩge] *adj (Port)* = **bilíngüe**.

bilíngüe [bi'lĩngwi] *adj (Br)* bilingual.

biliões → bilião.

bílis ['biliʃ] *f* bile.

bingo ['bĩngu] *m* bingo.

binóculo [bi'nɔkulu] *m* binoculars *(pl)*.

biografia [bjogra'fia] *f* biography.

biologia [bjolo'ʒia] *f* biology.

biólogo, -ga ['bjɔlogu, -ga] *m, f* biologist.

biombo ['bjõmbu] *m* screen.

biopsia [bjɔp'sia] *f* biopsy.

biqueira [bi'kejra] *f (de sapato)* toe.

biquíni [bi'kini] *m* bikini.

birra ['bixa] *f* tantrum; **fazer ~** to throw a tantrum.

bis ['biʃ] *interj* encore!

bisavô, -vó [biza'vo, -'vɔ] *m, f* great-grandfather *(f* greatgrandmother*)*.

bisavós [biza'vɔʃ] *mpl* great-grandparents.

biscoito [biʃ'kojtu] *m* biscuit *(Brit)*, cookie *(Am)*.

bisnaga [biʒ'naga] *f (tubo)* tube; *(Br: de pão)* French stick.

bisneto, -ta [biʒ'nɛtu, -ta] *m, f* great-grandson (*f* great-granddaughter).

bispo ['biʃpu] *m* bishop.

bissexto [bi'sejʃtu] *adj m* → **ano**.

bisteca [biʃ'tɛka] *f (Br)* steak.

bisturi [biʃtu'ri] *m* scalpel.

bit ['bitʃi] *m* bit.

bizarro, -a [bi'zaxu, -a] *adj* bizarre.

blasfemar [blaʃfe'ma(x)] *vi* to blaspheme.

blasfémia [blaʃ'fɛmja] *f (Port)* = **blasfêmia**.

blasfêmia [blaʃ'fɛmja] *f (Br)* blasphemy.

blazer ['blejzɛ(x)] (*pl* **-res** [-riʃ]) *m* blazer.

bloco ['blɔku] *m (de folhas)* writing pad; *(de apontamentos, notas)* notepad; *(de apartamentos, concreto)* block.

bloquear [blo'kja(x)] *vt* to block.

blusa ['bluza] *f* blouse.

blusão [blu'zãw] (*pl* **-ões** [-õjʃ]) *m* jacket.

boa¹ → **bom**.

boa² ['boa] *f* boa constrictor.

boas-festas [boaʒ'fɛʃtaʃ] *fpl*: **dar as ~ a alguém** to wish sb a Merry Christmas.

boas-vindas [,boaʒ'vĩndaʃ] *fpl*: **dar as ~ a alguém** to welcome sb.

boate ['bwatʃi] *f (Br)* nightclub.

boato ['bwatu] *m* rumour.

bobagem [bo'baʒẽ] (*pl* **-ns** [-ʃ]) *f (Br)* nonsense *(sg)*.

bobina [bɔ'bina] *f (de circuito elétrico)* coil; *(de fio, corda)* reel.

bobo, -ba ['bobu, -ba] *adj* silly.

boca ['boka] *f* mouth; *(de rua, túnel)* entrance; *(de fogão)* ring; *(Port: fam: dito provocatório)* gibe.

bocado [bo'kadu] *m (de pão, bolo, queijo)* piece.

bocal [bo'kaw] (*pl* **-ais** [-ajʃ]) *m (de castiçal)* mouth; *(de instrumento musical)* mouthpiece.

bocejar [bose'ʒa(x)] *vi* to yawn.

bochecha [bu'ʃeʃa] *f* cheek.

bochechar [boʃe'ʃa(x)] *vi* to gargle.

boda ['boda] *f* wedding; **~s de ouro/prata** golden/silver wedding *(sg)*.

bode ['bɔdʒi] *m* billy goat; **~ expiatório** scapegoat.

bofetada [bofe'tada] *f* slap.

boi ['boj] *m* ox.

bóia ['bɔja] *f* float; *(de barco)* life buoy.

boiada [bo'jada] *f (Br)* herd of cattle.

boiar [bo'ja(x)] *vi* to float.

boina ['bɔjna] *f* flat cap.

bola ['bɔla] *f* ball; *(fam: cabeça)* head; **dar ~ para** *(Br: fam: flertar com)* to flirt with; **não ser certo da ~** *(Br: fam)* to be away with the fairies.

bolacha [bo'laʃa] *f (Port)* biscuit; **~ de água e sal** water biscuit.

bolbo ['bowbu] *m* bulb.

boleia [bo'leja] *f* lift (*Brit*), ride (*Am*); **apanhar ~** to hitch a lift; **dar ~ a alguém** to give sb a lift; **pedir ~** *(Port)* to hitchhike.

boletim [bole'tʃĩ] (*pl* **-ns** [-ʃ]) *m (de notícias)* bulletin; *(revista)* newsletter; *(EDUC)* report; **~ meteorológico** weather forecast.

bolha ['boʎa] *f (em pele)* blister; *(em líquido)* bubble.

Bolívia [bo'livja] *f*: **a ~** Bolivia.

bolo ['bolu] *m* cake; **~ inglês** fruit cake; **dar o ~ em alguém** to stand sb up.

bolor [bo'lo(x)] *m* mould.

bolota [bo'lɔta] *f* acorn.

bolsa ['bowsa] *f (mala)* bag; *(para dinheiro)* purse; **~ de estudos** student grant; **~ de valores** stock exchange.

bolso ['bowsu] *m* pocket.

bom, boa ['bõ, 'boa] (*mpl* **bons** ['bõʃ], *fpl* **boas** ['boaʃ]) *adj* good; *(bondoso)* kind, nice; *(são)* well; *(adequado)* suitable; **tudo ~?** *(Br: fam)* how's it going?, how are you doing?

bomba ['bõmba] *f (de ar, água)* pump; *(explosivo)* bomb; **~ atômica** atomic bomb; **~ de chocolate** = chocolate éclair; **~ de gasolina** petrol station (*Brit*), filling station (*Am*); **levar ~** *(fam)* to fail.

bombardear [bõmbax'dʒja(x)] *vt* to bomb.

bombazina [bõmba'zina] *f (Port)* corduroy.

bombeiro [bõm'bejru] *m* firefighter; *(Br: encanador)* plumber; **os ~s (voluntários)** fire brigade (*Brit*), fire department (*Am*).

bombo ['bõmbu] *m* bass drum.

bombom [bõm'bõ] (*pl* **-ns** [-ʃ]) *m* chocolate.

bondade [bõn'dadʒi] *f* goodness.

bonde ['bõndʒi] *m (Br)* tram (*Brit*), streetcar (*Am*); **ir de ~** to take the tram.

bondoso, -osa [bõn'dozu, -ɔza] *adj* kind.

boné [bɔ'nɛ] *m* cap.

boneca [bo'nɛka] *f* doll; ~ **de trapos** rag doll.

boneco [bo'nɛku] *m (brinquedo)* doll; *(desenho)* matchstick figure; ~ **de neve** snowman.

bonito, -ta [bo'nitu, -ta] *adj* pretty; *(homem)* good-looking; *(momento)* wonderful; *(gesto, atitude, sentimento)* kind; *(dia)* nice.

bons → **bom**.

bónus [bɔnuʃ] *m inv (Port)* = **bônus**.

bônus [bonuʃ] *m inv (Br) (de empresa)* bonus; *(de loja)* voucher.

borboleta [boxbo'leta] *f* butterfly.

borbulha [box'buʎa] *f (em pele)* pimple; *(de suco, água, champanhe)* bubble.

borbulhar [boxbu'ʎa(x)] *vi (líquido)* to bubble.

borda ['bɔxda] *f* edge; *(de estrada, rio)* side; **à ~ d'água** at the water's edge.

bordado, -da [box'dadu, -da] *adj* embroidered ♦ *m* embroidery.

bordar [box'da(x)] *vt & vi* to embroider.

bordel [box'dɛw] *(pl* -**éis** [-ɛjʃ]) *m* brothel.

bordo ['boxdu] *m (de navio, passeio)* side; **a ~** on board.

borra ['boxa] *f (de café)* grounds *(pl)*; *(de vinho)* dregs *(pl)*.

borracha [bo'xaʃa] *f* rubber *(Brit)*, eraser *(Am)*; *(material)* rubber.

borracheiro [boxa'ʃejru] *m (Br) person who repairs and sells tyres at a garage.*

borrão [bo'xãw] *(pl* -**ões** [-õjʃ]) *m* blot.

borrasca [bo'xaʃka] *f* storm.

borrego [bo'xegu] *m (Port)* lamb.

borrifar [boxi'fa(x)] *vt:* ~ **algo com algo** to sprinkle sthg with sthg.

borrões → **borrão**.

bosque ['bɔʃki] *m* wood.

bossa ['bɔsa] *f* hump; ~ **nova** Brazilian musical movement from the 1960s.

bota ['bɔta] *f* boot.

botânica [bo'tanika] *f* botany, → **botânico**.

botânico, -ca [bo'taniku, -ka] *m, f* botanist ♦ *adj m* → **jardim**.

botão [bo'tãw] *(pl* -**ões** [-õjʃ]) *m (de vestuário, aparelho)* button; *(de flor)* bud; ~ **de punho** cuff link.

botar [bo'ta(x)] *vt* to put; *(vestir,*

calçar) to put on; *(suj: ave)* to lay; *(defeito)* to find; ~ **algo em dia** to update sthg; ~ **algo fora** to throw sthg away.

bote ['bɔtʃi] *m* boat; ~ **salva-vidas** lifeboat.

botequim [botʃi'kĩ] *(pl* -**ns** [-ʃ]) *m (Br)* cafe.

botija [bo'tiʒa] *f (Port: de gás)* bottle.

botijão [botʃi'ʒãw] *(pl* -**ões** [-õjʃ]) *m (Br: de gás)* bottle.

botões → **botão**.

boutique [bu'tike] *f (Port)* = **butique**.

boxe ['bɔksi] *m* boxing.

braçadeira [brasa'dejra] *f (para natação)* armband; *(de cano, mangueira)* bracket; *(de cortina)* tie-back.

bracelete [brase'lɛtʃi] *m ou f* bracelet.

braço ['brasu] *m* arm; *(de viola, violino, violoncelo)* neck; *(de rio)* branch; *(de mar)* inlet; **não dar o ~ torcer** not to give in; **meter o ~ em alguém** *(Br: fam)* to hit sb; **de ~ dado** arm in arm.

bradar [bra'da(x)] *vt* to cry out ♦ *vi* to clamour.

braguilha [bra'giʎa] *f* flies *(pl)*.

branco, -ca ['brãnku, -ka] *adj & m* white ♦ *m, f (pessoa)* white man *(f* white woman); **em ~** *(folha, cheque)* blank.

brandir [brãn'dʒi(x)] *vt* to brandish.

brando, -da ['brãndu, -da] *adj* gentle; **cozinhar em fogo ~** to simmer.

brasa ['braza] *f* ember.

brasão [bra'zãw] *(pl* -**ões** [-õjʃ]) *m* coat of arms.

Brasil [bra'ziw] *m:* **o ~** Brazil.

brasileiro, -ra [brazi'lejru, -ra] *adj & m, f* Brazilian.

Brasília [bra'zilja] *s* Brasília.

brasões → **brasão**.

bravio, -via [bra'viu, -'via] *adj* wild.

bravo, -va ['bravu, -va] *adj (valente)* brave; *(selvagem)* wild; *(tempestuoso)* rough; *(Br: fig: furioso)* angry ♦ *interj* bravo!

brejo ['breʒu] *m (Br)* swamp.

breve ['brɛvi] *adj* short; **em ~** soon; **até ~!** see you soon!

brevemente [,brɛvi'mẽntʃi] *adv* shortly.

briga ['briga] *f* fight.

brigada [bri'gada] *f (de trânsito)* patrol; *(de trabalhadores)* band.

brilhante [bri'ʎãntʃi] *adj (cabelo, metal)* shiny; *(olhos)* bright; *(fig: exce-*

lente) brilliant ◆ *m* diamond.

brilhar [bri'ʎa(x)] *vi* to shine.

brilho [ˈbriʎu] *m (de cabelo, metal)* shine; *(de olhos, sol)* brightness.

brincadeira [brĩŋkaˈdejra] *f (jogo)* game; *(gracejo)* joke.

brincalhão, -lhona [brĩŋkaˈʎãw, -ˈʎona] *(mpl* **-ões** [-õjʃ]*, fpl* **-s** [-ʃ]*) adj* playful ◆ *m, f* joker.

brincar [brĩŋˈka(x)] *vi (criança)* to play; *(gracejar)* to joke.

brinco [ˈbrĩŋku] *m* earring.

brincos-de-princesa [brĩŋkuʒdʒiprĩˈseza] *mpl* fuchsia *(sg).*

brindar [brĩnˈda(x)] *vi (fazer um brinde)* to drink a toast ◆ *vt (presentear);* ~ **alguém com algo** to give sthg as a present to sb; ~ **à saúde de alguém** to drink to sb.

brinde [ˈbrĩdʒi] *m (presente)* present; **fazer um** ~ to propose a toast.

brinquedo [brĩŋˈkedu] *m* toy.

brisa [ˈbriza] *f* breeze.

britânico, -ca [briˈtaniku, -ka] *adj* British ◆ *m, f* British person; **os** ~**s** the British.

broca [ˈbrɔka] *f* drill.

broche [ˈbrɔʃi] *m* brooch.

brochura [broˈʃura] *f* brochure.

brócolis [ˈbrɔkoliʃ] *mpl (Br)* broccoli *(sg).*

brócolos [ˈbrɔkoluʃ] *mpl (Port)* = **brócolis.**

bronca [ˈbrõŋka] *f (fam) (confusão)* fuss; *(Br: repreensão)* telling-off.

bronquite [brõŋˈkitʃi] *f* bronchitis.

bronze [ˈbrõzi] *m* bronze.

bronzeado, -da [brõˈzeadu, -da] *adj* tanned ◆ *m* (sun)tan.

bronzeador [brõzeaˈdo(x)] *(pl* **-res** [-riʃ]*) m* suntan cream OU lotion.

bronzear-se [brõˈzjaxsi] *vp* to get a (sun)tan.

brotar [broˈta(x)] *vi (água)* to well up; *(flor, planta)* to sprout ◆ *vt (líquido)* to spurt.

bruços [ˈbrusuʃ] *mpl (estilo de natação)* breaststroke *(sg);* **de** ~ *(posição)* face down.

bruma [ˈbruma] *f* mist.

brusco, -ca [ˈbruʃku, -ka] *adj (pessoa)* brusque; *(gesto, movimento)* sudden.

brushing [ˈbraʃĩŋ] *m* blow-dry.

brutal [bruˈtaw] *(pl* **-ais** [-ajʃ]*) adj* brutal.

bruto, -ta [ˈbrutu, -ta] *adj* rough; *(peso)* gross; **à bruta** heavy-handedly; **em** ~ raw.

bruxa [ˈbruʃa] *f* witch.

bucho [ˈbuʃu] *m (fam: ventre)* gut.

búfalo [ˈbufalu] *m* buffalo.

bufê [buˈfe] *m (Br) (de sala de jantar)* sideboard; *(de festas)* buffet.

bufete [buˈfete] *m (Port)* = **bufê.**

bugigangas [buʒiˈgaŋgaʃ] *fpl* knick-knacks.

bula [ˈbula] *f (de remédio)* instruction leaflet.

bule [ˈbuli] *m (para chá)* teapot; *(para café)* coffee pot.

Bulgária [buwˈgarja] *f:* **a** ~ Bulgaria.

búlgaro, -ra [ˈbuwgaru, -ra] *adj & m, f* Bulgarian ◆ *m (língua)* Bulgarian.

bulldozer [buwˈdɔze(x)] *(pl* **-res** [-riʃ]*) m* bulldozer.

bunda [ˈbũda] *f (Br: fam)* bottom.

buraco [buˈraku] *m* hole.

burla [ˈburla] *f* fraud.

burlão, -lona [burˈlãw, -lona] *(mpl* **-ões** [-õjʃ]*, fpl* **-s** [-ʃ]*) m, f* fraudster.

burocracia [burokraˈsia] *f* bureaucracy.

burro, -a [ˈbuxu, -a] *m, f* donkey ◆ *adj (estúpido)* stupid.

busca [ˈbuʃka] *f* search; **em** ~ **de** in search of.

buscar [buʃˈka(x)] *vt* to search for, to look for; **ir** ~ to pick up.

bússola [ˈbusola] *f* compass.

bustiê [buʃˈtʃie] *m (Br)* boob tube.

busto [ˈbuʃtu] *m* bust.

butique [buˈtʃiki] *f (Br)* boutique.

buzina [buˈzina] *f* horn.

buzinar [buziˈna(x)] *vi* to sound the horn.

búzio [ˈbuzju] *m* conch.

B.V. *abrev* = **Bombeiros Voluntários.**

C

c/ *(abrev de conta de banco)* a/c.

cá ['ka] *adv* here; **venha ~, por favor** come here, please.

C.ª *(abrev de Companhia)* Co.

cabana [ka'bana] *f* hut.

cabeça [ka'besa] *f* head; *(de alho)* bulb; **por ~** per head; **à ~** *(à frente)* at the front; **de ~ para baixo** upside down; **fazer a ~ de alguém** to talk sb round; **não ter pé nem ~** to make no sense; **perder a ~** to lose one's head.

cabeçada [kabe'sada] *f (pancada com a cabeça)* head butt; *(em futebol)* header.

cabeçalho [kabe'saʎu] *m* masthead.

cabeceira [kabe'sejra] *f* head.

cabeçudo, -da [kabe'sudu, -da] *adj (teimoso)* stubborn.

cabedal [kabe'daw] *(pl* **-ais** [-ajʃ]*) m* leather.

cabeleira [kabe'lejra] *f (verdadeira)* head of hair; *(postiça)* wig.

cabeleireiro, -ra [kabelej'rejru, -ra] *m, f (profissão)* hairdresser ◆ *m (local)* hairdresser's (salon).

cabelo [ka'belu] *m* hair; **ir cortar o ~** to get one's hair cut.

caber [ka'be(x)] *vi* to fit in.

❑ **caber a** *v* + *prep:* **~ a alguém fazer algo** to be up to sb to do sthg.

cabide [ka'bidʒi] *m (de chapéu)* hat stand; *(de roupa)* (clothes) hanger.

cabine [ka'bini] *f (telefónica)* telephone box; *(de navio, avião)* cabin; *(de trem)* compartment.

cabisbaixo, -xa [kabiʒ'bajʃu, -ʃa] *adj (fig: triste)* downcast.

cabo ['kabu] *m* cable; *(de utensílio)* handle; *(de terra)* cape; *(de exército)* corporal; **até o ~** to the end; **ao ~ de** after; **de ~ a rabo** from beginning to end; **dar ~ de algo** *(fam)* to wreck sthg.

Cabo-Verde [ˌkabu'vexdʒi] *s* Cape Verde.

cabo-verdiano, -na [ˌkabuvex-'dʒjanu, -na] *adj* relating to Cape Verde ◆ *m, f* native/inhabitant of Cape Verde.

cabra ['kabra] *f* goat.

cabrito [ka'britu] *m* kid (goat); **~ assado** *kid seasoned with garlic, bay leaves, "piripiri" and herbs, baked and served with potatoes.*

caça ['kasa] *f (ação)* hunting; *(animal caçado)* game ◆ *m (avião)* fighter plane; **~ submarina** underwater fishing.

caçador, -ra [kasa'do(x), -ra] *(mpl* **-res** [-riʃ]*, fpl* **-s** [-ʃ]*) m, f* hunter.

cação [ka'sãw] *m* dogfish.

caçar [ka'sa(x)] *vt* to hunt.

caçarola [kasa'rɔla] *f (de barro)* earthenware pot; *(panela)* saucepan.

cacau [ka'kaw] *m* cocoa.

cacetada [kase'tada] *f* blow.

cacete [ka'setʃi] *m (pau)* stick; **ela é chata para ~** she's a real bore!

cachaça [ka'ʃasa] *f* white rum.

caché [ka'ʃe] *m (Port)* = **cachê.**

cachê [ka'ʃe] *m (Br)* fee.

cachecol [kaʃe'kɔw] *(pl* **-óis** [-ɔjʃ]*) m* scarf.

cachimbo [ka'ʃĩmbu] *m* pipe.

cacho ['kaʃu] *m (de uvas, flores)* bunch; *(de cabelo)* lock.

cachorro [ka'ʃoxu] *m (Port: cão pequeno)* puppy; *(Br: qualquer cão)* dog; **~ (quente)** hot dog.

cacifo [ka'sifu] *m (cofre)* safe; *(armário)* locker.

cacto ['katu] *m* cactus.

cada ['kada] *adj (um)* each; *(todos)* every; **~ duas semanas** every two weeks; **~ qual** each one; **~ um/uma** each (one); **um/uma de ~ vez** one at a time; **~ vez mais** more and more; **~**

vez que every time; **aqui é ~ um por si** everyone looks out for themselves here.

cadarço [ka'daxsu] *m (Br)* shoelace.

cadastro [ka'daʃtru] *m* criminal record.

cadáver [ka'davɛ(x)] (*pl* **-res** [-riʃ]) *m* corpse.

cadê [ka'de] *adv (Br: fam):* **~ ...?** where's ...?, where are ...? (*pl*).

cadeado [ka'dʒjadu] *m* padlock.

cadeia [ka'deja] *f (fila)* chain; *(prisão)* prison.

cadeira [ka'dejra] *f (assento)* chair; *(disciplina)* subject; **~ de rodas** wheelchair.

cadela [ka'dɛla] *f* bitch.

cadência [ka'dēsja] *f* rhythm.

caderno [ka'dɛrnu] *m* notebook.

caducar [kadu'ka(x)] *vi* to expire.

caduco, -ca [ka'duku, -ka] *adj (pessoa)* senile.

cães → cão.

café [ka'fɛ] *m* coffee; *(local)* cafe; **~ com leite** white coffee; **~ da manhã** *(Br)* breakfast; **~ moído/solúvel** ground/instant coffee.

cafeína [kafe'ina] *f* caffeine.

cafeteira [kafe'tejra] *f* coffee pot.

cafezinho [kafe'ziɲu] *m (Br)* espresso.

cágado ['kagadu] *m* terrapin.

caiar [ka'ja(x)] *vt* to whitewash.

caibo ['kajbu] → **caber.**

cãibra ['kãjmbra] *f* cramp.

caipira [kaj'pira] *adj (Br)* provincial ◆ *mf (Br)* yokel.

caipirinha [kajpi'riɲa] *f* cocktail made of "cachaça", lime juice, sugar and crushed ice.

cair [ka'i(x)] *vi* to fall; *(luz)* to shine; **~ bem/mal** *(comida)* to go down well/badly; **~ na realidade** OU **em si** to come to one's senses; **nessa não caio eu!** I won't fall for that!

cais ['kajʃ] *m inv (de rio, mar)* harbour; **~ de embarque** quay.

caixa ['kajʃa] *f* box; *(seção de banco, loja)* counter; *(em supermercado)* checkout; *(banco)* savings bank; *(segurança social)* social security; *(de arma)* chamber ◆ *mf (profissão)* cashier; **~ alta/baixa** upper/lower case; **~ automático** cashpoint; **~ de mudanças** *(Br)* gearbox; **~ craniana**

cranium; **~ de crédito** bank; **~ do correio** *(em Portugal)* letterbox; *(no Brasil)* postbox; **~ de fósforos** matchbox; **~ de pagamento** *(em estacionamento)* cashier's desk; **~ registadora** cash register; **~ toráxica** thorax; **~ de velocidades** *(Port)* gearbox.

caixão [kaj'ʃãw] (*pl* **-ões** [-õjʃ]) *m* coffin *(Brit)*, casket *(Am)*.

caixeiro [kaj'ʃejru] *m:* **~ viajante** travelling salesman.

caixilho [kaj'ʃiʎu] *m* frame.

caixões → caixão.

caixote [kaj'ʃɔtʃi] *m* box; **~ do lixo** *(Port)* bin.

caju [ka'ʒu] *m* cashew nut.

cal ['kaw] *f* lime.

calado, -da [ka'ladu, -da] *adj* quiet; **fique ~!** shut up!, be quiet!

calafrio [kala'friu] *m* shiver.

calamidade [kalami'dadʒi] *f* calamity.

calão [ka'lãw] *m (Port)* slang.

calar-se [ka'laxsi] *vp* to fall silent; **cale-se!** shut up!

calça ['kawsa] *f (Br)* trousers *(pl)*.

calçada [kaw'sada] *f* pavement; *(Port: rua)* cobbled street.

calçadeira [kawsa'dejra] *f* shoehorn.

calçado, -da [kaw'sadu, -da] *adj (rua)* cobbled ◆ *m* footwear.

calcanhar [kawka'ɲa(x)] (*pl* **-res** [-riʃ]) *m* heel.

calção [kaw'sãw] (*pl* **-ões** [-õjʃ]) *m (Br)* shorts *(pl)*; **~ de banho** swimming trunks *(pl)*.

calcar [kaw'ka(x)] *vt (pisar)* to stand on; *(comprimir)* to press down.

calçar [kaw'sa(x)] *vt (sapatos, meias, luvas)* to put on; *(rua, passeio)* to pave; **que número você calça?** what size (shoe) do you take?; **calço 37** I'm a (size) 37.

calcário [kaw'karju] *m* limestone.

calças ['kalsaʃ] *fpl (Port)* = **calça.**

calcinha [kaw'siɲa] *f (Br)* knickers *(pl)*.

cálcio ['kawsju] *m* calcium.

calço ['kawsu] *m* wedge; **~ de freio** brake pad.

calções [kal'sõjʃ] *mpl (Port)* = **calção.**

calculadora [kawkula'dora] *f* calculator; **~ de bolso** pocket calculator.

calcular [kawku'la(x)] *vt (número, valor)* to calculate; *(conjecturar)* to reckon.

cálculo ['kawkulu] *m (aritmético, algébrico)* calculation; *(disciplina)* calculus; **pelos meus ~s estaremos lá em uma hora** I reckon we'll be there in an hour.

calda ['kawda] *f* syrup.

caldeira [kaw'dejra] *f* boiler.

caldeirada [kawdej'rada] *f (CULIN)* fish stew cooked in a tomato and herb sauce with potatoes.

caldo ['kawdu] *m (sopa)* broth; *(de carne, sopa, vegetais)* stock; *(Br: suco de fruto, planta)* juice; **~ de cana** *(Br)* thick juice made from sugarcane pulp; **~ verde** spring green soup served with "chouriço", a drop of olive oil and maize bread.

calendário [kalēn'darju] *m* calendar.

calhamaço [kaʎa'masu] *m (fam: livro)* tome.

calhar [ka'ʎa(x)] *vi (vir a propósito)*: **calhou eu estar lá** I happened to be there; **ela calhou de telefonar** she happened to ring; **~ bem/mal** to be convenient/inconvenient; **se ~** *(Port)* perhaps, maybe; **vir a ~** to come at just the right time.

calhau [ka'ʎaw] *m* stone.

calibragem [kali'braʒē] *(pl -ns* [-ʃ]*) f*: **~ (dos pneus)** tyre pressure.

calibre [ka'libri] *m* calibre.

cálice ['kalisi] *m (copo)* port OU liqueur glass; *(sagrado)* chalice.

calista [ka'liʃta] *mf* chiropodist *(Brit)*, podiatrist *(Am)*.

calma ['kawma] *f* calm ◆ *interj* take it easy!, calm down!; **ter ~** to keep calm.

calmante [kaw'mãntʃi] *m* tranquillizer ◆ *adj* soothing.

calmo, -ma ['kawmu, -ma] *adj* calm; *(lugar)* quiet.

calo ['kalu] *m* callus; *(de pé)* corn.

caloiro, -ra [ka'lojru, -ra] *m, f* fresher *(Brit)*, freshman *(Am)*.

calor [ka'lo(x)] *m* heat; **estar com ~** to be hot.

caloria [kalo'ria] *f* calorie.

calorífero, -ra [kalo'riferu, -ra] *adj* calorific ◆ *m* heater.

calúnia [ka'lunja] *f* slander.

calvo, -va ['kawvu, -va] *adj* bald.

cama ['kama] *f* bed; **~ de campismo** camp bed; **~ de casal** double bed; **~ de solteiro** single bed; **estar de ~** to be bedridden.

camada [ka'mada] *f* layer; *(de tinta, verniz)* coat; **a ~ do ozônio** the ozone layer.

camaleão [kama'ljãw] *(pl -ões* [-õjʃ]*) m* chameleon.

câmara ['kamara] *f*: **~ fotográfica** camera; **~ municipal** *(elementos)* town council; *(Port: edifício)* town hall *(Brit)*, city hall *(Am)*; **~ de vídeo** camcorder; **em ~ lenta** in slow motion.

camarada [kama'rada] *mf (de partido)* comrade; *(fam: forma de tratamento)* mate, pal ◆ *adj (preço)* good.

câmara-de-ar [kamara'dʒia(x)] *(pl câmaras-de-ar* [kamaraʒ'dʒia(x)]*) f* inner tube.

camarão [kama'rãw] *(pl -ões* [-õjʃ]*) m* shrimp.

camarata [kama'rata] *f* dormitory.

camarim [kama'rĩ] *(pl -ns* [-ʃ]*) m* dressing room.

camarões → camarão.

camarote [kama'rɔtʃi] *m (de navio)* cabin; *(de teatro)* box.

cambalear [kãmba'lja(x)] *vi* to stagger.

cambalhota [kãmba'ʎɔta] *f* somersault; *(trambolhão)* tumble.

câmbio ['kãmbju] *m (troca de valores)* exchange; *(preço de transação)* exchange rate; *(Br: de veículo)* gear lever.

cambraia [kãm'braja] *f* cambric.

camelo [ka'melu] *m* camel.

camelô [kame'lo] *m (Br)* street pedlar.

camião [ka'mjãw] *(pl -ões* [-õjʃ]*) m (Port)* = **caminhão**.

caminhada [kami'ɲada] *f* walk.

caminhão [kami'ɲãw] *(pl -ões* [-õjʃ]*) m (Br)* lorry *(Brit)*, truck *(Am)*.

caminhar [kami'ɲa(x)] *vi* to walk.

caminho [ka'miɲu] *m* way; *(via)* path; **estou a ~** I'm on my way; **a ~ de** on the way to; **pelo ~** on the way; **cortar ~** to take a short cut.

caminho-de-ferro [ka,miɲude'fexu] *(pl caminhos-de-ferro* [ka,miɲuʒde-'fexu]*) m (Port)* railway *(Brit)*, railroad *(Am)*.

caminhões → caminhão.

caminhoneiro, -ra [kamiɲo'nejru, -ra] *m, f (Br)* lorry driver *(Brit)*, truck driver *(Am)*.

caminhonete [kamjo'nɛta] f (Br) (para passageiros) minibus; (para mercadorias) van.

camiões → camião.

camioneta [kamju'nɛta] f (Port) = caminhonete.

camionista [kamju'niʃta] mf (Port) = caminhoneiro.

camisa [ka'miza] f shirt.

camisa-de-forças [ka,mizadʒi'foxsaʃ] (pl **camisas-de-forças** [ka,mizadʒi'foxsaʃ]) f straitjacket.

camiseta [kami'zeta] f (Br) T-shirt.

camisinha [kami'ziɲa] f (Br: fam: preservativo) condom.

camisola [kami'zɔla] f (Port: de lã, algodão) sweater; (Br: de dormir) nightdress; ~ **de gola alta** (Port) polo neck (Brit), turtleneck (Am); ~ **interior** (Port) vest; ~ **de manga curta** (Port) T-shirt.

camomila [kamo'mila] f camomile.

campainha [kãmpa'iɲa] f bell.

campanário [kãmpa'narju] m belfry.

campanha [kãm'paɲa] f campaign; ~ **eleitoral** election campaign; ~ **de verão/inverno** summer/winter season.

campeão, -peã [kãm'pjãw, -pjã] (mpl -ões [-õjʃ], fpl -s [-ʃ]) m, f champion.

campeonato [kãmpjo'natu] m championship.

campestre [kãm'pɛʃtri] adj country (antes de s).

camping [kãm'pĩŋ] m (Br) camping; (local) campsite.

campismo [kãm'piʒmu] m camping.

campista [kãm'piʃta] mf camper.

campo [kãmpu] m country(side); (de esporte) pitch; (terreno) field; ~ **de futebol** football pitch; ~ **de golfe** golf course; ~ **de jogos** playing field; ~ **de squash/ténis** (Port) squash/tennis court; ~ **de tiro** firing range.

camponês, -esa ['kãmpo'neʃ, -eza] (mpl -eses [-eziʃ], fpl -s [-ʃ]) m, f peasant.

camuflagem [kamu'flaʒẽ] (pl -ns [-ʃ]) f camouflage.

camuflar [kamu'fla(x)] vt to camouflage.

camurça [ka'muxsa] f suede.

cana ['kana] f (planta) bamboo; (material) cane; (bengala) walking stick; (Br: cana-de-açúcar) sugarcane; **ir em ~** (Br: fam) to be arrested; ~ **de pesca** (Port) fishing rod.

Canadá [kana'da] m: **o ~** Canada.

cana-de-açúcar [,kanadʒia'suka(x)] (pl **canas-de-açúcar** [,kanaʒdʒia'suka(x)]) f sugarcane.

canadense [kana'dẽsi] adj & mf (Br) Canadian.

canadiano, -na [kana'djanu, -na] adj & m, f (Port) = **canadense**.

canal [ka'naw] (pl -ais [-ajʃ]) m channel; (de navegação) canal; **o Canal da Mancha** the (English) Channel.

canalha [ka'naʎa] f (Port: fam: crianças) kids (pl) ♦ mf (patife) good-for-nothing.

canalização [kanaliza'sãw] (pl -ões [-õjʃ]) f (de água) plumbing; (de gás) piping.

canalizador, -ra [kanaliza'dor, -ra] (mpl -res [-reʃ], fpl -s [-ʃ]) m, f (Port) plumber.

canalizar [kanali'za(x)] vt (água, gás) to lay pipes for; (fig: esforços, fundos) to channel.

canapé [kana'pɛ] m sofa.

canapê [kana'pe] m (Br) canapé.

canário [ka'narju] m canary.

canastra [ka'naʃtra] f large basket.

canção [kã'sãw] (pl -ões [-õjʃ]) f song.

cancela [kã'sɛla] f (de casa, jardim) gate; (de passagem de nível) barrier.

cancelamento [kãsela'mẽtu] m cancellation.

cancelar [kãse'la(x)] vt to cancel.

câncer ['kãse(x)] (pl -res [-riʃ]) m (Br) cancer.

❏ **Câncer** m (Br) Cancer.

cancerígeno, -na [kãse'riʒenu, -na] adj carcinogenic.

canções → canção.

cancro ['kãŋkru] m (Port) = **câncer**.

candeeiro [kãn'djejru] m (Br: a petróleo) oil lamp; (Port: a eletricidade) lamp.

candelabro [kãnde'labru] m (lustre) chandelier; (castiçal) candelabra.

candidato, -ta [kãndʒi'datu, -ta] m, f: ~ **(a)** candidate (for).

candomblé [kãndõm'blɛ] m Afro-Brazilian religion centred around musical rituals and dance.

caneca [ka'nɛka] f mug; (medida de cerveja) half-litre measure of beer.

canela [ka'nɛla] f (condimento) cinnamon; (de perna) shin; **esticar a ~** (fig: morrer) to kick the bucket.

caneta [ka'neta] f pen; ~ **de feltro**

felt-tip (pen); **~ de tinta permanente** fountain pen.

cangaceiro [kãŋga'sejru] *m (Br)* bandit.

canguru [kãŋgu'ru] *m* kangaroo.

canhão [ka'nãw] (*pl* **-ões** [-õjʃ]) *m (arma)* cannon; *(vale)* canyon.

canhoto, -ota [ka'notu, -ɔta] *adj* left-handed ◆ *m, f* left-handed person.

canibal [kani'baw] (*pl* **-ais** [-ajʃ]) *mf* cannibal.

caniço [ka'nisu] *m* reed.

canil [ka'niw] (*pl* **-is** [-iʃ]) *m* kennel.

caninha [ka'nina] *f (Br: cachaça)* rum.

canis → **canil**.

canivete [kani'vɛtʃi] *m* penknife.

canja ['kãʒa] *f*: **~ (de galinha)** chicken broth; **é ~!** it's a piece of cake!

cano ['kanu] *m* pipe; *(de arma)* barrel; **~ de esgoto** drainpipe.

canoa [ka'noa] *f* canoe.

canoagem [ka'nwaʒẽ] *f* canoeing; **fazer ~** to go canoeing.

cansaço [kã'sasu] *m* tiredness.

cansado, -da [kã'sadu, -da] *adj*: **estar ~** to be tired.

cansar [kã'sa(x)] *vt* to tire out.

❏ **cansar-se** *vp* to get tired.

cansativo, -va [kãsa'tʃivu, -va] *adj (fatigante)* tiring; *(maçante)* tedious.

cantar [kãn'ta(x)] *vi & vt* to sing.

cantarolar [kãntaro'la(x)] *vi & vt* to hum.

cantiga [kãn'tʃiga] *f (canção)* ballad.

cantil [kãn'tʃiw] (*pl* **-is** [-iʃ]) *m* flask.

cantina [kãn'tʃina] *f* canteen; *(de instituição de caridade)* soup kitchen.

cantis → **cantil**.

canto ['kãntu] *m* corner; *(forma de cantar)* singing; *(de galo)* crowing; **estou aprendendo ~** I'm having singing lessons.

cantor, -ra [kãn'to(x), -ra] (*mpl* **-res** [-riʃ], *fpl* **-s** [-ʃ]) *m, f* singer.

canudo [ka'nudu] *m* tube; *(Br: para bebida)* straw; *(fam: diploma de curso)* degree certificate.

cão ['kãw] (*pl* **cães** ['kãjʃ]) *m* dog; **~ de guarda** guard dog.

caos ['kawʃ] *m* chaos.

caótico, -ca [ka'ɔtiku, -ka] *adj* chaotic.

capa ['kapa] *f (dossier, pasta)* folder; *(peça de vestuário)* cape; *(de livro, caderno)* cover; **~ impermeável** rain cape.

capacete [kapa'setʃi] *m (de moto)* crash helmet; *(de proteção)* hard hat.

capacidade [kapasi'dadʒi] *f* capacity; *(fig: talento)* ability.

capar [ka'pa(x)] *vt* to castrate; *(animal de estimação)* to neuter; *(cavalo)* to geld.

capaz [ka'paʃ] (*pl* **-zes** [-ziʃ]) *adj* capable; **ser ~ de fazer algo** to be able to do sthg; **é ~ de chover** it might rain.

capela [ka'pɛla] *f* chapel.

capitã → **capitão**.

capitães → **capitão**.

capital [kapi'taw] (*pl* **-ais** [-ajʃ]) *f & m* capital.

capitalismo [kapita'liʒmu] *m* capitalism.

capitalista [kapita'liʃta] *adj & mf* capitalist.

capitão, -tã [kapi'tãw, -tã] (*mpl* **-ães** [-ãjʃ], *fpl* **-s** [-ʃ]) *m, f* captain.

capítulo [ka'pitulu] *m* chapter.

capô [ka'po] *m (de carro)* bonnet *(Brit)*, hood *(Am)*.

capoeira [ka'pwejra] *f* coop; *(prática esportiva)* Brazilian fighting dance.

capota [ka'pɔta] *f (de carro)* bonnet *(Brit)*, hood *(Am)*.

capotar [kapo'ta(x)] *vi* to overturn.

capote [ka'pɔtʃi] *m* overcoat.

cappuccino [kapu'tʃinu] *m* cappuccino.

capricho [ka'priʃu] *m* whim.

Capricórnio [kapri'kɔrnju] *m* Capricorn.

cápsula ['kapsula] *f* capsule.

captar [kap'ta(x)] *vt (água)* to collect; *(sinal, onda)* to receive; *(atenção)* to attract.

capuz [ka'puʃ] (*pl* **-zes** [-ziʃ]) *m* hood.

caqui [ka'ki] *m* khaki.

cara ['kara] *f* face; *(aspecto)* appearance ◆ *m (Br: fam)* guy; **~s ou coroas?** heads or tails?; **~ a ~** face to face; **dar de ~ com** *(fig)* to come face to face with; **não vou com a ~ dele** I don't like the look of him; **ter ~ de poucos amigos** to look like a hard nut.

carabina [kara'bina] *f* rifle.

caracol [kara'kɔw] (*pl* **-óis** [-ɔjʃ]) *m*

(animal) snail; *(de cabelo)* curl.

carácter [ka'ratɛr] *(pl* **caracteres** [kara'tɛrɛʃ]) *m (Port)* = **caráter.**

característica [karate'riʃʃika] *f* characteristic.

característico, -ca [karate'riʃtʃiku, -ka] *adj* characteristic.

carambola [karãm'bɔla] *f* star fruit.

caramelo [kara'mɛlu] *m* toffee.

caranguejo [karãn'geʒu] *m* crab.

❏ **Caranguejo** *m (Port)* Cancer.

caratê [kara'te] *m (Br)* karate.

caráter [ka'ratɛ(x)] *(pl* **-res** [-riʃ]) *m (Br)* character; *(tipo)* type.

caravana [kara'vana] *f (Port: viatura)* caravan *(Brit)*, trailer *(Am)*; *(de gente)* caravan.

carbonizado, -da [kaxboni'zadu, -da] *adj* charred.

carbono [kax'bonu] *m* carbon.

carburador [kaxbura'do(x)] *(pl* **-res** [-riʃ]) *m* carburettor.

cardápio [kax'dapju] *m (Br)* menu.

cardíaco, -ca [kax'dʒiaku, -ka] *adj* cardiac.

cardo ['kaxdu] *m* thistle.

cardume [kax'dumi] *m* shoal.

careca [ka'rɛka] *adj* bald ♦ *f* bald patch.

carecer [kare'se(x)] **: carecer de** *v +* *prep (ter falta de)* to lack; *(precisar de)* to need.

carência [ka'rẽsja] *f (falta)* lack; *(necessidade)* need.

careta [ka'reta] *f* grimace; **fazer ~s** to pull faces.

carga ['kaxga] *f (de barco, avião)* cargo; *(de trem, caminhão)* freight; *(de pessoa, animal)* load; *(de projétil)* charge; **~ máxima** maximum load.

cargo ['kaxgu] *m (função)* post; *(responsabilidade)* responsibility; **deixar a ~ de** to leave in charge of; **estar a ~ de** to be the responsibility of; **ter a ~** to be in charge of.

cariado, -da [ka'rjadu, -da] *adj* decayed.

caricatura [karika'tura] *f* caricature.

carícia [ka'risja] *f* caress.

caridade [kari'dadʒi] *f* charity.

cárie ['kari] *f* tooth decay.

caril [ka'riw] *m* curry powder.

carimbar [karĩm'ba(x)] *vt* to stamp.

carimbo [ka'rĩmbu] *m* stamp; *(em carta)* postmark.

carinho [ka'riɲu] *m* affection.

carinhoso, -osa [kari'ɲozu, -ɔza] *adj* affectionate.

carioca [ka'rjɔka] *mf (pessoa)* native/inhabitant of Rio de Janeiro ♦ *m (Port: café)* weak espresso; **~ de limão** *(Port)* fresh lemon infusion.

carisma [ka'riʒma] *m* charisma.

carnal [kax'naw] *(pl* **-ais** [-ajʃ]) *adj* carnal.

Carnaval [kaxna'vaw] *m* Carnival.

carne ['kaxni] *f (de comer)* meat; *(tecido muscular)* flesh; **~ de carneiro** lamb;; **~ picada** mince *(Brit)*, mincemeat *(Am)*; **~ de porco** pork; **~ de vaca** beef; **em ~ e osso** in the flesh.

carnê [kax'ne] *m (Br) (caderno)* notebook; *(de pagamentos)* payment book.

carneiro [kax'nejru] *m (animal)* sheep; *(reprodutor)* ram; *(carne)* mutton.

❏ **Carneiro** *m (Port)* Aries.

carniceiro [karni'sejru] *m (Port)* butcher.

carnudo, -da [kax'nudu, -da] *adj (lábios)* full; *(fruto)* fleshy.

caro, -ra ['karu, -ra] *adj (de preço elevado)* expensive, dear; *(querido)* dear.

carochinha [karo'ʃiɲa] *f* → **história.**

caroço [ka'rosu] *m (de fruto)* stone; *(em corpo)* lump.

carona [ka'rona] *f (Br)* lift *(Brit)*, ride *(Am)*; **pegar uma ~** to hitch a lift; **dar uma ~ a alguém** to give sb a lift; **pedir ~** to hitchhike.

carpete [kax'pɛtʃi] *f* carpet.

carpinteiro [kaxpĩ'tejru] *m* carpenter.

carraça [ka'xasa] *f* tick.

carrapicho [kaxa'piʃu] *m* topknot.

carregado, -da [kaxe'gadu, -da] *adj (cor)* dark; *(tempo)* muggy; **estar ~ de** to be loaded down with.

carregador [kaxega'do(x)] *(pl* **-res** [-riʃ]) *m (em estação, hotel)* porter.

carregar [kaxe'ga(x)] *vt* to load; *(transportar)* to carry; *(pilha, bateria)* to charge ♦ *vi (pesar)* to be heavy; **~ em algo** *(exagerar)* to overdo sthg; *(Port: apertar)* to press sthg.

carreira [ka'xejra] *f (profissão)* career; *(fileira)* row; *(de transportes coletivos)* route; *(pequena corrida)* race.

carrinha [ka'xiɲa] *f (Port) (para pas-*

sageiros) minibus; *(para mercadorias)* van.

carrinho [ka'xiɲu] *m*: ~ **de bebê** pushchair *(Brit)*, stroller *(Am)*; ~ **de mão** wheelbarrow; ~ **de supermercado** trolley *(Brit)*, cart *(Am)*.

carro ['kaxu] *m* car; ~ **alegórico** carnival float; ~ **de aluguel** hire car; ~ **de corrida** racing car; ~ **de passeio** *(Br)* saloon (car) *(Brit)*, sedan *(Am)*; ~ **de praça** taxi.

carro-chefe [ˌkaxũ'ʃefi] (*pl* **carros-chefes** [ˌkaxuʃ'ʃefiʃ]) *f (Br) (coisa mais importante)* flagship; *(de desfile)* main float.

carroça [ka'xɔsa] *f* cart.

carroçaria [kaxosa'ria] *f* bodywork.

carro-leito [ˌkaxu'lejtu] (*pl* **carros-leitos** [ˌkaxuʃ'lejtuʃ]) *f (Br)* sleeping car.

carro-restaurante [ˌkaxuxeʃtaw'rantʃi] (*pl* **carros-restaurantes** [ˌkaxuʃxeʃtaw'rantʃiʃ]) *f (Br)* dining car.

carrossel [kaxɔ'sɛw] (*pl* **-éis** [-ɛjʃ]) *m* merry-go-round *(Brit)*, carousel *(Am)*.

carruagem [ka'xwaʒẽ] (*pl* **-ns** [-ʃ]) *f (Port: vagão)* carriage *(Brit)*, car *(Am)*.

carruagem-cama [kaˌxwaʒẽ'kama] (*pl* **carruagens-cama** [kaˌxwaʒẽʃ'kama]) *f (Port)* sleeping car.

carruagem-restaurante [kaˌxwaʒẽxeʃtaw'rãnte] (*pl* **carruagens-restaurante** [kaˌxwaʒẽʃxeʃtaw'rãnte]) *f (Port)* dining car.

carta ['kaxta] *f* letter; *(mapa)* map; *(de baralho)* card; ~ **de apresentação** covering letter; ~ **de condução** *(Port)* driving licence *(Brit)*, driver's license *(Am)*; ~ **registrada** registered letter.

cartão [kax'tãw] (*pl* **-ões** [-õjʃ]) *m* card; *(papelão)* cardboard; ~ **bancário** bank card; ~ **de crédito** credit card; ~ **de embarque/desembarque** boarding/landing card; ~ **jovem** young person's discount card; ~ **multibanco** *(Port)* cashpoint card; ~ **postal** *(Br)* postcard.

cartão-de-visita [kaxˌtãwdʒivi'zita] (*pl* **cartões-de-visita** [karˌtõjʒdʒivi'zita]) *m* business card.

cartaz [kax'taʃ] (*pl* **-zes** [-ziʃ]) *m* poster.

carteira [kax'tejra] *f (de dinheiro)* wallet; *(mala de senhora)* handbag; *(de sala de aula)* desk; ~ **de identidade** *(Br)*

identity card; ~ **de motorista** *(Br)* driving licence *(Brit)*, driver's license *(Am)*.

carteiro [kax'tejru] *m* postman *(Brit)*, mailman *(Am)*.

cartões → **cartão**.

cartolina [kaxto'lina] *f* card.

cartório [kax'tɔrju] *m* registry office; ~ **notarial** notary's office.

cartucho [kax'tuʃu] *m (para mercadoria)* paper bag; *(munição)* cartridge; *(embrulho)* packet.

caruru [karu'ru] *m* mashed okra or green amaranth leaves with shrimps, fish and palm oil.

carvalho [kax'vaʎu] *m* oak.

carvão [kax'vãw] *m* coal; ~ **de lenha** charcoal.

casa ['kaza] *f* house; *(lar)* home; *(de botão)* buttonhole; **em** ~ at home; **ir para** ~ to go home; ~ **de banho** *(Port)* bathroom; ~ **de câmbio** *(Br)* bureau de change; ~ **de saúde** private hospital; **faça como se estivesse em sua** ~! make yourself at home!

casaco [ka'zaku] *m* jacket; ~ **comprido** coat; ~ **de malha** cardigan.

casado, -da [ka'zadu, -da] *adj* married.

casal [ka'zaw] (*pl* **-ais** [-ajʃ]) *m* couple.

casamento [kaza'mẽntu] *m* marriage; *(cerimônia)* wedding.

casar [ka'za(x)] *vt* to marry ♦ *vi* to get married.

❏ **casar-se** *vp* to get married.

casca ['kaʃka] *f (de ovo, noz, etc)* shell; *(de laranja, maçã, etc)* peel.

cascalho [kaʃ'kaʎu] *m* rubble.

cascata [kaʃ'kata] *f* waterfall.

cascavel [kaʃka'vɛw] (*pl* **-éis** [-ɛjʃ]) *f* rattlesnake.

casco ['kaʃku] *m (de vinho)* cask; *(de navio)* hull; *(de cavalo, boi, ovelha, etc)* hoof.

caseiro, -ra [ka'zejru, -ra] *adj* homemade; *(pessoa)* home-loving ♦ *m, f* estate worker *(provided with free accommodation for self and family)*.

casino [ka'zinu] *m (Port)* = **cassino**.

caso ['kazu] *m (circunstância)* case; *(acontecimento)* affair ♦ *conj* in case; **no** ~ **de** in the event of; **"em** ~ **de emergência ..."** "in an emergency ..."; **"em** ~ **de incêndio ..."** "in case of fire ..."; **em todo o** ~ in any case;

em último ~ as a last resort; **não fazer** ~ **de algo/alguém** to ignore sthg/sb.

caspa ['kaʃpa] f dandruff.

casquilho [kaʃ'kiʎu] m socket.

casquinha [kaʃ'kiɲa] f (de prata, ouro) leaf; (Br: de sorvete) cone.

cassete [ka'setʃi] f cassette, tape; ~ **(de vídeo)** (video)tape.

cassetete [kase'tetʃi] m truncheon.

cassino [ka'sinu] m (Br) casino.

castanha [kaʃ'taɲa] f (fruto do castanheiro) chestnut; (fruto do cajueiro) cashew nut; **~s assadas** roast chestnuts.

castanheiro [kaʃta'ɲejru] m chestnut tree.

castanho, -nha [kaʃ'taɲu, -ɲa] adj brown ◆ m (madeira) chestnut.

castelo [kaʃ'tɛlu] m castle.

castiçal [kaʃtʃi'saw] (pl -ais [-ajʃ]) m candlestick.

castidade [kaʃtʃi'dadʒi] f chastity.

castigar [kaʃtʃi'ga(x)] vt to punish.

castigo [kaʃ'tʃigu] m punishment.

casto, -ta ['kaʃtu, -ta] adj chaste.

castor [kaʃ'to(x)] (pl -res [-riʃ]) m beaver.

castrar [kaʃ'tra(x)] vt to castrate.

casual [ka'zwaw] (pl -ais [-ajʃ]) adj chance (antes de s).

casualidade [kazwali'dadʒi] f chance; **por** ~ by chance.

casulo [ka'zulu] m cocoon.

catacumbas [kata'kũbaʃ] fpl catacombs.

catálogo [ka'talogu] m catalogue.

catamarã [katama'rã] m catamaran.

catarata [kata'rata] f waterfall; (MED) cataract; **as ~s do Iguaçu** the Iguaçu Falls.

catarro [ka'taxu] m catarrh.

catástrofe [ka'taʃtrofi] f catastrophe.

catatua [kata'tua] f cockatoo.

cata-vento [kata'vẽtu] (pl cata-ventos [kata'vẽtuʃ]) m weather vane.

catedral [kate'draw] (pl -ais [-ajʃ]) f cathedral.

categoria [katego'ria] f category; (posição) position; (qualidade) class; **de** ~ first-rate.

cativar [katʃi'va(x)] vt to captivate.

cativeiro [katʃi'vejru] m: **em** ~ in captivity.

católico, -ca [ka'tɔliku, -ka] adj & m, f Catholic.

catorze [ka'toxzi] num fourteen, → **seis**.

caução [kaw'sãw] (pl -ões [-õjʃ]) f (JUR) bail; **pagar** ~ to pay bail.

cauda ['kawda] f (de animal) tail; (de manto, vestido) train.

caudal [kaw'daw] (pl -ais [-ajʃ]) m flow.

caule ['kawli] m stem.

causa ['kawza] f (motivo) reason; (de acidente, doença) cause; (JUR: acção judicial) case; **por** ~ **de** because of.

causar [kaw'za(x)] vt to cause; ~ **danos a** to damage.

cautela [kaw'tɛla] f caution; (de loteria) part-share of a lottery ticket; **ter** ~ **com** to be careful with; **com** ~ cautiously; **à** OU **por** ~ as a safeguard.

cauteloso, -osa [kawte'lozu, -ɔza] adj cautious.

cavala [ka'vala] f mackerel.

cavalaria [kavala'ria] f cavalry.

cavaleiro [kava'lejru] m rider; (em tourada) bullfighter on horseback; (medieval) knight.

cavalete [kava'letʃi] m easel.

cavalgar [kavaw'ga(x)] vi to ride ◆ vt (égua, ginete) to ride; (obstáculo, barreira) to jump.

cavalheiro [kava'ʎejru] m gentleman.

cavalinho-de-pau [kava,liɲudʒi'paw] (pl cavalinhos-de-pau [kava,liɲuʒdʒi'paw]) m hobbyhorse.

cavalo [ka'valu] m horse.

cavanhaque [kava'ɲaki] m goatee (beard).

cavaquinho [kava'kiɲu] m small four-stringed guitar.

cavar [ka'va(x)] vt (terra) to dig; (decote) to lower.

cave ['kavi] f (de vinho) wine cellar; (Port: de casa) basement.

caveira [ka'vejra] f skull.

caverna [ka'vɛxna] f cave.

caviar [ka'vja(x)] m caviar.

cavidade [kavi'dadʒi] f cavity.

caxemira [kaʃe'mira] f cashmere.

caxumba [ka'ʃũba] f (Br) mumps (sg).

c/c (abrev de conta corrente) a/c.

CD m (abrev de compact disc) CD.

CD-i m (abrev de compact disc-

interativo) CDI.
CD-ROM [sede'rɔmi] *m* CD-ROM.
CE *f (abrev de Comunidade Europeia)* EC.
cear ['sja(x)] *vi* to have dinner ♦ *vt* to have for dinner.
cebola [se'bola] *f* onion.
cebolada [sebo'lada] *f fried onion sauce.*
cebolinha [sebo'liɲa] *f (de conserva)* pickled onions *(pl)*; *(Br: erva comestível)* chives *(pl)*.
cebolinho [sebo'liɲu] *m (Port)* chives *(pl)*.
ceder [se'de(x)] *vt (lugar)* to give up; *(objeto)* to lend ♦ *vi (dar-se por vencido)* to give in; *(ponte)* to give way; *(corda, nó)* to slacken; *(chuva)* to ease up; *(vento)* to drop; **"~ a passagem"** "give way".
cedilha [se'diʎa] *f* cedilla. ·
cedo ['sedu] *adv* early; *(depressa)* soon; **muito ~** very early; **desde muito ~** *(desde criança)* from an early age; **mais ~ ou mais tarde** sooner or later.
cedro ['sedru] *m* cedar.
cegar [se'ga(x)] *vt* to blind ♦ *vi* to go blind.
cego, -ga ['sɛgu, -ga] *adj (pessoa)* blind; *(faca)* blunt ♦ *m, f* blind man *(f blind woman)*; **às cegas** blindly.
cegonha [se'goɲa] *f* stork.
ceia ['seja] *f* supper.
cela ['sɛla] *f* cell.
celebração [selebra'sãw] *(pl -ões* [-õjʃ]) *f* celebration.
celebrar [sele'bra(x)] *vt* to celebrate; *(casamento)* to hold; *(contrato)* to sign.
célebre ['sɛlebri] *adj* famous.
celebridade [selebri'dadʒi] *f* celebrity.
celeiro [se'lejru] *m* granary.
celibatário, -ria [seliba'tarju, -rja] *m, f* bachelor *(f single woman)*.
celibato [seli'batu] *m* celibacy.
celofane [sɛlo'fani] *m* Cellophane®.
célula ['sɛlula] *f* cell.
celular [selu'la(x)] *m (Br: telefone)* mobile phone.
cem ['sẽ] *num* one OU a hundred; **~ mil** a hundred thousand, → **seis**.
cemitério [semi'tɛrju] *m* cemetery.
cena ['sena] *f* scene; *(palco)* stage; **entrar em ~** *(fig)* to come on the

scene; **fazer uma ~** *(fig)* to to make a scene.
cenário [se'narju] *m* scenery; *(de programa televisivo)* set.
cenoura [se'nora] *f* carrot.
censo ['sẽsu] *f* census.
censura [sẽ'sura] *f (crítica)* criticism; *(de Estado, autoridade)* censorship.
centavo [sẽ'tavu] *m old coin equivalent to a tenth of a real.*
centeio [sẽ'teju] *m* rye.
centelha [sẽ'teʎa] *f* spark.
centena [sẽ'tena] *f* hundred; **uma ~ de pessoas** a hundred people.
centenário [sẽte'narju] *m* centenary.
centésimo, -ma [sẽ'tɛzimu, -ma] *num* hundredth, → **sexto**.
centígrado [sẽ'tʃigradu] *adj m* → **grau**.
centímetro [sẽ'tʃimetru] *m* centimetre.
cento ['sẽtu] *m* hundred; **~ e vinte** a hundred and twenty; **por ~** percent.
centopeia [sẽto'peja] *f* centipede.
central [sẽ'traw] *(pl -ais* [-ajʃ]) *adj* central ♦ *f (de instituição, organização)* head office; *(de eletricidade, energia atômica)* power station; **~ elétrica** power station; **~ nuclear** nuclear power station; **~ telefônica** telephone exchange.
centrar [sẽ'tra(x)] *vt (atenção, esforço)* to focus; *(texto, página)* to centre.
centro ['sẽtru] *m* centre; **~ da cidade** city centre; **~ comercial** shopping centre *(Brit)*, shopping mall *(Am)*; **~ de saúde** health clinic.
centroavante [ˌsẽtroa'vãntʃi] *m (Br: em futebol)* centre forward.
CEP *m (Br: abrev de Código de Endereçamento Postal)* postcode *(Brit)*, zip code *(Am)*.
céptico, -ca ['sɛ(p)tiku, -ka] *adj (Port)* = **cético**.
cera ['sera] *f* wax; **~ depilatória** hair-removing OU depilatory wax.
cerâmica [se'ramika] *f (objeto)* piece of pottery; *(atividade)* ceramics *(sg)*.
ceramista [sera'miʃta] *mf* potter.
cerca ['sexka] *f* fence ♦ *adv*: **~ de** about; **há ~ de uma semana** nearly a week ago.
cercar [sex'ka(x)] *vt* to surround.
cereal [se'rjal] *(pl -ais* [-ajʃ]) *m* cereal.

cérebro [ˈsɛrebru] *m* brain.

cereja [seˈreʒa] *f* cherry.

cerimónia [seriˈmɔnja] *f (Port)* = cerimônia.

cerimônia [seriˈmonja] *f (Br) (religiosa)* ceremony; *(festa)* party; *(etiqueta)* formality.

cerrado, -da [seˈxadu, -da] *adj (nevoeiro)* thick.

certeza [sexˈteza] *f* certainty; **dar a ~** to confirm; **ter a ~ de que** to be sure (that); **você pode ter a ~ que vou** I'm definitely going; **com ~ (sem dúvida)** of course; *(provavelmente)* probably; **com ~!** of course!; **de ~** definitely.

certidão [sextʃiˈdãw] *(pl -ões* [-õjʃ]*) f* certificate.

certificado [sextʃifiˈkadu] *m* certificate.

certificar-se [sextʃifiˈkaxsi] *vp* to check; **~ de algo** to check sthg.

certo, -ta [ˈsɛxtu, -ta] *adj (exacto)* right; *(infalível)* certain ◆ *adv* correctly; **certas pessoas** certain people; **a conta não bate ~** the bill isn't quite right; **dar ~** to work out; **o ~ é ele não vir** I'm sure he won't come; **ao ~ (exatamente)** exactly; *(provavelmente)* probably.

cerveja [sexˈveʒa] *f* beer; **~ imperial** draught beer; **~ preta** stout.

cervejaria [sexveʒaˈria] *f* bar.

cervical [sexviˈkaw] *(pl -ais* [-ajʃ]*) adj* cervical.

cessar [seˈsa(x)] *vi & vt* to cease.

cesta [ˈseʃta] *f* small basket.

cesto [ˈseʃtu] *m* basket; **~ de vime** wicker basket.

cético, -ca [ˈsɛtʃiku, -ka] *adj (Br)* sceptical ◆ *m, f (Br)* sceptic.

cetim [seˈtʃĩ] *m* satin.

céu [ˈsɛw] *m* sky; *(RELIG)* heaven; **a ~ aberto** *(fig: à vista de todos)* in broad daylight.

céu-da-boca [ˈsɛwdaˌbɔka] *m* roof of the mouth

cevada [seˈvada] *f* barley; *(bebida)* barley coffee.

chá [ˈʃa] *m* tea; **~ dançante** tea dance; **~ com limão** tea with lemon; **~ de limão** lemon tea.

chacal [ʃaˈkaw] *(pl -ais* [-ajʃ]*) m* jackal.

chacota [ʃaˈkɔta] *f* mockery.

chafariz [ʃafaˈriʃ] *(pl -zes* [-ziʃ]*) m* fountain.

chafurdar [ʃafuxˈda(x)] *vi* to wallow.

chaga [ˈʃaga] *f* open wound, sore.

chalé [ʃaˈlɛ] *m* chalet.

chaleira [ʃaˈlejra] *f* kettle.

chama [ˈʃama] *f* flame.

chamada [ʃaˈmada] *f (de telefone)* call; *(de exame)* sitting; **fazer a ~ (EDUC)** to call the register; **~ a cobrar (no destinatário)** reverse charge call *(Brit)*, collect call *(Am)*; **~ interurbana/local** long-distance/local call.

chamar [ʃaˈma(x)] *vt* to call ◆ *vi (telefone)* to ring.

❑ **chamar-se** *vp* to be called; **como é que você se chama?** what's your name?; **eu me chamo Carlos** my name is Carlos.

chaminé [ʃamiˈnɛ] *f* chimney; *(de lareira)* chimney-piece; *(de fábrica)* chimney stack.

champanhe [ʃãmˈpaɲi] *m* champagne.

champô [ʃãmˈpo] *(Port) m* = xampu.

chamuscar [ʃamuʃˈka(x)] *vt* to singe.

chance [ˈʃãsi] *f* chance.

chantagear [ʃãtaˈʒja(x)] *vt* to blackmail.

chantagem [ʃãˈtaʒẽ] *(pl -ns* [-ʃ]*) f* blackmail.

chantilly [ʃãtʃiˈli] *m* whipped cream.

chão [ˈʃãw] *m (solo)* ground; *(pavimento)* floor; **cair no ~** to fall over.

chapa [ˈʃapa] *f (Br: matrícula, placa)* numberplate *(Brit)*, license plate *(Am)*; *(Port: carroçaria)* bodywork.

chapéu [ʃaˈpɛw] *m* hat; *(de sol, chuva)* umbrella; **ser de tirar o ~** to be superb.

chapéu-de-sol [ʃaˌpɛwdʒiˈsɔw] *(pl* **chapéus-de-sol** [ʃaˌpɛwʒdʒiˈsɔw]*) m* parasol.

charco [ˈʃaxku] *m* puddle.

charcutaria [ʃaxkutaˈria] *f* = delicatessen.

charme [ˈʃaxmi] *m* charm.

charneca [ʃaxˈneka] *f* moor.

charrete [ʃaˈxɛtʃi] *f* chariot.

charter [ˈʃaxtɛ(x)] *(pl -res* [-riʃ]*) m*: **(voo) ~** charter flight.

charuto [ʃaˈrutu] *m* cigar.

chassis [ʃaˈsi] *m inv* chassis.

chatear [ʃaˈtʃja(x)] *vt* to annoy.

chatice [ʃaˈtʃisi] *f (fam: tédio)* drag.

chato, -ta [ˈʃatu, -ta] *adj (fam: tedioso)*

boring; *(pé)* flat.
chauvinista [ʃoviˈniʃta] *m, f* chauvinist.

chave [ˈʃavi] *f* key.

chave-de-fendas [ˌʃavidʒiˈfẽndaʃ] *(pl* **chaves-de-fendas** [ˌʃaviʒdʒiˈfẽndaʃ]*) f* screwdriver.

chave-de-ignição [ˌʃavidʒigniˈsãw] *(pl* **chaves-de-ignição** [ˌʃaviʒdʒigniˈsãw]*) f* ignition key.

chave-inglesa [ˌʃavĩˈgleza] *(pl* **chaves-inglesas** [ˌʃavizĩˈglezaʃ]*) f* monkey wrench.

chaveiro [ʃaˈvejru] *m* keyring.

chávena [ˈʃavena] *f (Port)* cup.

check-in [tʃɛˈkini] *(pl* **check-ins** [ʃɛˈkineʃ]*) m* check-in; **fazer o ~** to check in.

check-up [tʃɛˈkapi] *(pl* **check-ups** [tʃɛˈkapiʃ]*) m* check-up.

chefe [ˈʃɛfi] *mf (de trabalhadores)* boss; *(de partido)* leader; *(de empresa)* head; *(de tribo, organização)* chief.

chefe-de-estação [ˌʃɛfidʒiestaˈsãw] *(pl* **chefes-de-estação** [ˌʃɛfiʒdʒiestaˈsãw]*) mf* stationmaster.

chegada [ʃeˈgada] *f* arrival; **"chegadas"** "arrivals"; **"~s domésticas"** "domestic arrivals"; **"~s internacionais"** "international arrivals".

chegado, -da [ʃeˈgadu, -da] *adj* close.

chegar [ʃeˈga(x)] *vi* to arrive; *(momento, altura, hora)* to come; *(ser suficiente)* to be enough; **~ bem** to arrive safely; **~ ao fim** to come to an end.

❏ **chegar-se** *vp (aproximar-se)* to come closer; *(afastar-se)* to move over; **~-se a** to come closer to.

cheia [ˈʃeja] *f* flood.

cheio, cheia [ˈʃeju, ˈʃeja] *adj* full; **~ de** full of; **estar ~** to have had enough.

cheirar [ʃejˈra(x)] *vt & vi* to smell; **~ bem/mal** to smell good/awful.

cheiro [ˈʃejru] *m* smell.

cheque [ˈʃɛki] *m* cheque; *(em xadrez)* check; **~ em branco** blank cheque; **~ sem fundos** OU **sem provisão** uncovered cheque; **~ pré-datado** pre-dated cheque; **~ de viagem** traveller's cheque; **~ visado** authorized cheque.

cheque-mate [ˌʃɛkiˈmatʃi] *(pl* **cheque-mates** [ˌʃɛkiˈmatiʃ]*) m* checkmate.

cherne [ˈʃɛxni] *m* grouper.

chiar [ˈʃja(x)] *vi* to squeak; *(porco)* to squeal; *(pneu)* to screech.

chiclete [ʃiˈklɛtʃi] *m (Br)* chewing gum.

chicória [ʃiˈkɔrja] *f* chicory.

chicote [ʃiˈkɔtʃi] *m* whip.

chifre [ˈʃifri] *m* horn.

Chile [ˈʃili] *m*: **o ~** Chile.

chimarrão [ʃimaˈxãw] *m* unsweetened *maté tea.*

chimpanzé [ʃĩmpãˈze] *m* chimpanzee.

China [ˈʃina] *f*: **a ~** China.

chinelos [ʃiˈneluʃ] *mpl* flip-flops *(Brit),* thongs *(Am);* **~ (de quarto)** slippers.

chinês, -esa [ʃiˈneʃ, -eza] *(mpl* **-eses** [-eziʃ]*, fpl* **-s** [-ʃ]*) adj & m, f* Chinese ✦ *m (língua)* Chinese; **isso para mim é ~** it's all double-Dutch to me!

chinó [ʃiˈnɔ] *m* toupee.

chique [ˈʃiki] *adj* chic.

chispe [ˈʃiʃpi] *m* pig's trotter.

chita [ˈʃita] *f* cotton print.

chiu [ˈʃiu] *interj* shush!

chocalhar [ʃokaˈʎa(x)] *vt (líquido)* to shake ✦ *vi (tilintar)* to jingle.

chocalho [ʃoˈkaʎu] *m* bell.

chocante [ʃoˈkãntʃi] *adj* shocking.

chocar [ʃoˈka(x)] *vi (veículos)* to crash; *(galinha)* to brood; ✦ *vt (indignar)* to shock; *(ovos)* to hatch; **~ com** *(pessoa)* to bump into; *(veículo)* to crash into.

chocho, -cha [ˈʃoʃu, -ʃa] *adj (noz)* empty; *(festa)* dull.

chocolate [ʃokoˈlatʃi] *m* chocolate; *(bebida)* chocolate drink; **~ amargo** OU **negro** plain chocolate; **~ branco** white chocolate; **~ de leite** milk chocolate; **~ em pó** cocoa.

chofer [ʃoˈfɛ(x)] *(pl* **-res** [-riʃ]*) m* driver.

chope [ˈʃopi] *m (Br)* draught beer.

choque [ˈʃɔki] *m (colisão)* crash; *(comoção)* shock.

choramingar [ʃoramĩˈga(x)] *vi* to snivel.

chorão, -rona [ʃoˈrãw, -ˈrona] *(mpl* **-ões** [- õjʃ]*, fpl* **-s** [-ʃ]*) adj* tearful ✦ *m (árvore)* weeping willow; *(brinquedo)* baby doll that cries.

chorar [ʃoˈra(x)] *vi & vt (verter lágrimas)* to cry; **~ de rir** to cry with laughter.

chorinho [ʃoˈriɲu] *m (Br: MÚS)* type of melancholy Brazilian music.

choro [ˈʃoru] *m* crying.

chorões → **chorão.**

choupo [ˈʃopu] *m* poplar.

chouriço [ʃoˈrisu] *m (no Brasil)* black pudding; *(em Portugal) spiced, smoked pork sausage.*

chover [ʃoˈve(x)] *v impess* to rain; **~ a cântaros** to pour with rain.

chuchu [ʃuˈʃu] *m* chayote; **pra ~** *(Br: fam: muito)* loads.

chulé [ʃuˈlɛ] *m (fam)* foot odour.

chulo, -la [ˈʃulu, -la] *adj (Br)* vulgar ◆ *m (Port: fam)* pimp.

chumaço [ʃuˈmasu] *m* shoulder pad.

chumbar [ʃũmˈba(x)] *vt (soldar)* to solder; *(atirar em)* to fire at ◆ *vi (Port: fam: reprovar)* to flunk.

chumbo [ˈʃũmbu] *m* lead; *(tiro)* gunshot; **a caixa está um ~** the box weighs a ton.

chupa-chupa [ˈʃupaˈʃupa] *(pl* **chupachupas** [ˈʃupaˈʃupaʃ]*) m (Port)* lollipop.

chupar [ʃuˈpa(x)] *vt* to suck.

chupeta [ʃuˈpeta] *f* dummy *(Brit)*, pacifier *(Am).*

churrascaria [ʃuxaʃkaˈria] *f* restaurant serving barbecued meat and poultry.

churrasco [ʃuˈxaʃku] *m* barbecue.

churrasquinho [ʃuxaʃˈkiɲu] *m (Br)* kebab.

churro [ˈʃuxu] *m* fried twist of batter covered in sugar.

chutar [ʃuˈta(x)] *vt & vi* to kick.

chuteira [ʃuˈtejra] *f* football boot.

chuva [ˈʃuva] *f* rain.

chuveiro [ʃuˈvejru] *m* shower.

chuviscar [ʃuviʃˈka(x)] *vi* to drizzle.

chuvoso, -osa [ʃuˈvozu, -ɔza] *adj* rainy.

C.ia *(abrev de Companhia)* Co.

ciberespaço [ˌsibereʃˈpasu] *m* cyberspace.

cibernética [sibexˈnetʃika] *f* cybernetics *(sg).*

cibernético [sibexˈnetʃiku] *adj m* → **espaço**

cicatriz [sikaˈtriʃ] *(pl* **-zes** [-ziʃ]*) f* scar.

cicatrizar [sikatriˈza(x)] *vi (ferida)* to heal (up).

cicatrizes → **cicatriz**.

cicerone [siseˈrɔni] *m* guide.

ciclismo [siˈkliʒmu] *m* cycling; **fazer ~** to go cycling.

ciclista [siˈkliʃta] *mf* cyclist.

ciclo [ˈsiklu] *m* cycle; *(de conferências)* series.

ciclomotor [ˌsiklomoˈto(x)] *(pl* **-es**

[-iʃ]*) m* moped.

ciclone [siˈklɔni] *m* cyclone; *(região de baixas pressões)* depression.

cidadã → **cidadão**.

cidadania [sidadaˈnia] *f* citizenship.

cidadão, -dã [sidaˈdãw, -dã] *(mpl* **-ãos** [-ãwʃ], *fpl* **-s** [-ʃ]*) m, f* citizen.

cidade [siˈdadʒi] *f* city; **~ universitária** campus.

cieiro [ˈsjejru] *m (Port) chapping caused by cold, windy weather.*

ciência [ˈsjẽsja] *f* science; **~s físico-químicas** physical sciences; **~s naturais** natural sciences.

ciente [ˈsjẽtʃi] *adj* aware; **estar ~ de** to be aware of.

científico, -ca [sjẽtʃˈifiku, -ka] *adj* scientific.

cientista [sjẽtʃˈiʃta] *mf* scientist.

cifra [ˈsifra] *f* sum; *(número)* figure.

cigano, -na [siˈganu, -na] *m, f* gypsy.

cigarra [siˈgaxa] *f* cicada.

cigarreira [sigaˈxejra] *f* cigarette case.

cigarrilha [sigaˈxiʎa] *f* cigarillo.

cigarro [siˈgaxu] *m* cigarette; **~s com filtro** filter-tipped cigarettes; **~s sem filtro** untipped cigarettes; **~s mentolados** menthol cigarettes.

cilada [siˈlada] *f* trap; **caiu na ~** he fell for it.

cilindro [siˈlĩdru] *m* cylinder; *(rolo)* roller; *(de aquecimento de água)* boiler.

cílio [ˈsilju] *m* eyelash.

cima [ˈsima] *f:* **de ~** from above; **de ~ abaixo** from top to bottom; **de ~** off; **em ~** above; **em ~ de** on top of; **para ~** up; **para ~ de** over; **por ~ de** over.

cimeira [siˈmejra] *f* summit.

cimentar [sĩmẽˈta(x)] *vt* to cement.

cimento [siˈmẽtu] *m* cement.

cimo [ˈsimu] *m* top.

cinco [ˈsĩŋku] *num* five, → **seis**.

cineasta [siˈnjaʃta] *mf* film director.

cinema [siˈnema] *m (local)* cinema *(Brit)*, movie theater *(Am)*; *(arte)* cinema.

cinemateca [sinemaˈteka] *f (local)* filmhouse; *(coleção de filmes)* film library.

cinematográfico, -ca [sinemaˈtɔgrafiku, -ka] *adj* film *(antes de s).*

cine-teatro [ˌsineˈteatru] *m* filmhouse.

cínico, -ca ['siniku, -ka] *adj (hipócrita)* hypocritical.

cinismo [si'niʒmu] *m (hipocrisia)* hypocrisy.

cinquenta [sĩŋ'kwẽnta] *num* fifty, → seis.

cinta ['sĩnta] *f (cintura)* waist; *(faixa de pano)* sash; *(roupa interior)* girdle.

cintilar [sĩntʃi'la(x)] *vi* to twinkle.

cinto ['sĩntu] *m* belt; ~ **de segurança** seatbelt.

cintura [sĩn'tura] *f* waist.

cinturão [sĩntu'rãw] *(mpl* -ões [-õjʃ]) *m (Br)* belt; ~ **industrial** industrial belt; ~ **verde** green belt.

cinza ['sĩza] *f* ash ♦ *adj & m (Br)* grey. ❏ **cinzas** *fpl (restos mortais)* ashes.

cinzeiro [sĩ'zejru] *m* ashtray.

cinzel [sĩ'zɛw] *(pl* -éis [-ɛjʃ]) *m* chisel.

cinzento, -ta [sĩ'zẽntu, -ta] *adj & m* grey.

cio ['siu] *m*: **estar no** ~ *(fêmeas)* to be on heat; *(machos)* to be in rut.

cipreste [si'prɛʃtʃi] *m* cypress.

circo ['sixku] *m* circus.

circuito [six'kwitu] *m* circuit; ~ **elétrico** electric circuit; ~ **turístico** tourist trail.

circulação [sixkula'sãw] *f* circulation; *(de veículos)* traffic.

circular [sixku'la(x)] *(pl* -res [-riʃ]) *vi* to circulate; *(pedestre)* to walk about; *(carro)* to drive ♦ *adj & f* circular.

círculo ['sixkulu] *m* circle; ~ **polar** polar circle.

circunferência [sixkũfe'rẽsja] *f* circumference.

circunflexo [sixkũ'flɛksu] *adj m* → **acento**.

circunstância [sixkũʃ'tãsja] *f* circumstance; **nas** ~**s** under the circumstances.

círio ['sirju] *m* large candle.

cirurgia [sirux'ʒia] *f* surgery; ~ **plástica** plastic surgery.

cirurgião, -giã [sirux'ʒjãw, -ʒjã] *(mpl* -ões [-õjʃ], *fpl* -s [-ʃ]) *m, f* surgeon.

cirúrgico, -ca [si'ruxʒiku, -ka] *adj* surgical.

cirurgiões → **cirurgião**.

cisco ['siʃku] *m* speck.

cisma ['siʒma] *f* fixation.

cisne ['siʒni] *m* swan.

cisterna [siʃ'tɛxna] *f* tank.

cistite [siʃtʃitʃi] *f* cystitis.

citação [sita'sãw] *(pl* -ões [-õjʃ]) *f* quotation.

citar [si'ta(x)] *vt* to quote.

cítrico ['sitriku] *adj m* → **ácido**.

citrinos [si'trinuʃ] *mpl* citrus fruit *(sg)*.

ciúme ['sjumi] *m* jealousy; **ter** ~**s de alguém** to be jealous of sb.

ciumento, -ta [sju'mẽntu, -ta] *adj* jealous.

cívico, -ca ['siviku, -ka] *adj* civic.

civil [si'viw] *(pl* -is [-iʃ]) *adj* civil.

civilização [siviliza'sãw] *(pl* -ões [-õjʃ]) *f* civilization.

civilizar [sivili'za(x)] *vt* to civilize.

civis → **civil**.

cl. *(abrev de centilitro)* cl.

clamar [kla'ma(x)] *vi* to cry out.

clamor [kla'mo(x)] *(pl* -res [-riʃ]) *m* outcry.

clandestino, -na [klãnde'ʃtʃinu, -na] *adj* clandestine ♦ *m, f* stowaway.

clara ['klara] *f* white.

clarabóia [klara'bɔja] *f* skylight.

clarão [kla'rãw] *(pl* -ões [-õjʃ]) *m* flash.

clarear [kla'rja(x)] *vi* to brighten up.

clarete [kla'retʃi] *m* rosé.

clareza [kla'reza] *f*: **falar com** ~ to speak clearly.

claridade [klari'dadʒi] *f* brightness.

clarinete [klari'netʃi] *m* clarinet.

claro, -ra ['klaru, -ra] *adj (com luz)* bright; *(cor)* light; *(preciso, sincero)* clear ♦ *adv* clearly; ~ **que sim!** of course!; **é** ~**!** of course!; **passar a noite em** ~ to have a sleepless night.

clarões → **clarão**.

classe ['klasi] *f* class; **ter** ~ to have class; **de primeira/segunda** ~ first/second class; ~ **social** social class; ~ **turística** tourist class.

clássico, -ca ['klasiku, -ka] *adj* classic; *(música)* classical.

classificação [klasifika'sãw] *(pl* -ões [-õjʃ]) *f* results *(pl)*.

classificados [klasefi'kaduʃ] *mpl* classified ads.

classificar [klasifi'ka(x)] *vt (EDUC: aluno)* to appraise; *(ordenar)* to classify. ❏ **classificar-se** *vp (em competição)* to qualify.

claustro ['klawʃtru] *m* cloister.

cláusula ['klawzula] *f* clause.

clave ['klavi] *f* clef; ~ **de sol** treble clef.

clavícula [kla'vikula] *f* collarbone.

clemência [kle'mẽsja] *f* clemency.

clero ['klɛru] *m* clergy.

cliché [kli'ʃɛ] *m* (Port) = **clichê**.

clichê [kli'ʃe] *m* (Br) cliché.

cliente [kli'ẽtʃi] *mf* client.

clientela [kliẽn'tɛla] *f* customers (pl).

clima ['klima] *m* climate; (fig: ambiente) atmosphere.

clímax ['klimaks] *m inv* climax; **atingir o ~** to reach a climax.

clínica ['klinika] *f* clinic; **~ dentária** dental practice; **~ geral** general practice.

clínico ['kliniku] *m* clinician; **~ geral** GP.

clipe ['klipi] *m* paper clip.

cloro ['klɔru] *m* chlorine.

clube ['klubi] *m* club; **~ de futebol/vídeo** football/video club.

cm. (abrev de centímetro) cm.

coador [kwa'do(x)] (pl -res [-riʃ]) *m* strainer.

coagir [kwa'ʒi(x)] *vt* to coerce.

coagular [kwagu'la(x)] *vt & vi* to clot.

coágulo ['kwagulu] *m* clot.

coalhar [kwa'ʎa(x)] *vt & vi* to curdle.

coar ['kwa(x)] *vt* to strain.

cobaia [ko'baja] *f* guinea pig.

cobarde [ko'baxdʒi] *adj & mf* = **covarde**.

coberta [ko'bɛxta] *f* (de cama) bedspread; (de navio) deck.

coberto, -ta [ko'bɛxtu, -ta] *adj* covered ◆ *m* shelter.

cobertor [kobex'to(x)] (pl -res [-riʃ]) *m* blanket.

cobertura [kobex'tura] *f* (tecto) roof; (Br: apartamento) penthouse; (de acontecimento, situação) coverage; **o cheque foi recusado por falta de ~** the cheque bounced due to lack of funds.

cobiça [ko'bisa] *f* (avidez) greed; (inveja) envy.

cobiçar [kobi'sa(x)] *vt* (ambicionar) to covet; (invejar) to envy.

cobra ['kɔbra] *f* snake.

cobrador, -ra [kobra'do(x), -ra] (mpl -res [-riʃ], fpl -s [-ʃ]) *m, f* (em trem, ônibus) conductor (f conductress); (de água, luz) meter reader.

cobrança [ko'brãsa] *f* (ação de cobrar) charging.

cobrar [ko'bra(x)] *vt* to charge; (imposto, dívida) to collect.

cobre ['kɔbri] *m* copper.

cobrir [ko'bri(x)] *vt* to cover.

cocada [ko'kada] *f* dessert made with dessicated coconut and milk.

coçado, -da [ko'sadu, -da] *adj* worn.

cocaína [koka'ina] *f* cocaine.

coçar [ko'sa(x)] *vt* to scratch.

❑ **coçar-se** *vp* to scratch o.s.

cóccix ['kɔksis] *m* coccyx.

cócegas ['kɔsigaʃ] *fpl*: **fazer ~** to tickle; **ter ~** to be ticklish.

coceira [ko'sejra] *f* itch.

cochichar [koʃi'ʃa(x)] *vt & vi* to whisper.

cochilo [ko'ʃilu] *m* (Br) nap; **tirar um ~** (Br) to take a nap.

coco ['koku] *m* coconut.

cócoras ['kɔkoraʃ] *fpl*: **pôr-se de ~** to squat.

côdea ['kodʒja] *f* crust.

código ['kɔdʒigu] *m* code; **~ de barras** bar code; **~ civil** civil law; **~ de trânsito** highway code; **~ postal** postcode.

codorniz [kodox'niʃ] (pl -zes [-ziʃ]) *f* quail.

coelho ['kweʎu] *m* rabbit; **~ à caçadora** rabbit cooked slowly in a white wine, onion and herb sauce which is then thickened with the rabbit's blood.

coentro ['koẽtru] *m* coriander.

coerência [koe'rẽsja] *f* coherence.

coerente [koe'rẽtʃi] *adj* coherent.

cofre ['kɔfri] *m* safe.

cofre-forte [kɔfri'fɔxti] (pl cofres-fortes [kɔfriʃ'fɔxtiʃ]) *m* safe.

cofre-noturno [kɔfrino'tuxnu] (pl cofres-noturnos [kɔfriʒno'tuxnuʃ]) *m* night safe.

cogitar [koʒi'ta(x)] *vt* to think (up) ◆ *vi* (pensar) to think.

cogumelo [kogu'melu] *m* mushroom.

coice ['kojsi] *m* kick; (de arma) recoil.

coincidência [koĩsi'dẽsja] *f* coincidence; **por ~** as it happens.

coincidir [kwĩsi'di(x)] *vi* to coincide.

❑ **coincidir com** *v + prep* to coincide with; (opinião) to agree with.

coisa ['kojza] *f* thing; **(deseja) mais alguma ~?** would you like anything else?; **não comprei ~ nenhuma** I didn't buy anything, I bought nothing; **alguma ~** something; **~ de** roughly; **a ~ está preta!** things are bleak!; **não ser grande ~** to be nothing special.

coitado, -da [koj'tadu, -da] *adj* poor, unfortunate ◆ *interj* poor thing!
cola ['kɔla] *f* glue.
colaborar [kolabu'ra(x)] *vi* to collaborate.
colapso [ko'lapsu] *m* collapse.
colar [ko'la(x)] *(pl* -res [-riʃ]) *vt* to glue, to stick ◆ *vi* to stick ◆ *m* necklace.
❑ **colar de** *v* + *prep (Br: fam)* to crib from.
colarinho [kola'riɲu] *m* collar.
colcha ['kowʃa] *f* bedspread.
colchão [kow'ʃãw] *(pl* -ões [-õjʃ]) *m* mattress; **~ de molas/palha** spring/straw mattress.
colcheia [kow'ʃeja] *f* crotchet *(Brit)*, quarter note *(Am)*.
colchete [kow'ʃetʃi] *m (de vestuário)* hook; *(sinal de pontuação)* square bracket.
colchões → colchão.
coleção [kole'sãw] *(pl* -ões [-õjʃ]) *f (Br)* collection; **fazer ~ de algo** to collect sthg; **~ de selos** stamp collection.
colecção [kule'sãw] *(pl* -ões [-õjʃ]) *f (Port)* = coleção.
colecionador, -ra [kolesjona'do(x), -ra] *(mpl* -res [-riʃ], *fpl* -s [-ʃ]) *m, f* collector.
coleccionar [kulesju'nar] *vt (Port)* = colecionar.
colecções → colecção.
colecionar [kolesjo'na(x)] *vt (Br)* to collect.
coleções → coleção.
colectivo, -va [kule'tivu, -va] *adj (Port)* = coletivo.
colega [ko'lega] *mf* colleague; **~ de carteira** person you sit next to at school; **~ de trabalho** (work) colleague; **~ de turma** classmate.
colégio [ko'lɛʒju] *m* school; **~ interno** boarding school.
coleira [ko'lejra] *f* collar.
cólera ['kɔlera] *f* fury; *(MED)* cholera.
colérico, -ca [ko'lɛriku, -ka] *adj* furious.
colesterol [koleʃte'rɔw] *m* cholesterol.
colete [ko'letʃi] *m* waistcoat; **~ salva-vidas** life jacket.
coletivo, -va [kole'tʃivu, -va] *adj (Br) (decisão)* collective; *(reunião)* general; *(transporte)* public.
colheita [ko'ʎejta] *f* harvest.
colher¹ [ko'ʎe(x)] *vt (fruto, vegetal, flo-*

res) to pick; *(cereais)* to harvest.
colher² [ko'ʎɛ(x)] *(pl* -res [-riʃ]) *f (utensílio)* spoon; *(quantidade)* spoonful; **~ de café** *(utensílio)* coffee spoon; *(quantidade)* = half teaspoon; **~ de chá** teaspoon; **~ de pau** wooden spoon; **~ de sopa** *(utensílio)* soup spoon; *(quantidade)* = tablespoon.
colibri [koli'bri] *m* hummingbird.
cólica ['kɔlika] *f* colic.
colidir [koli'dʒi(x)] *vi* to collide; **~ com** to collide with.
coligação [koliga'sãw] *(pl* -ões [-õjʃ]) *f* coalition.
colina [ko'lina] *f* hill.
colisão [koli'zãw] *(pl* -ões [-õjʃ]) *f* collision.
collants [ko'lãʃ] *mpl* tights *(Brit)*, panty hose *(sg) (Am)*.
colmeia [kow'meja] *f* beehive.
colo ['kɔlu] *m* lap; **levar uma criança no ~** to carry a child.
colocação [koloka'sãw] *(pl* -ões [-õjʃ]) *f* placing; *(de roda, vidro)* fitting; *(emprego)* post, job.
colocar [kolo'ka(x)] *vt* to place; *(roda, vidro)* to fit; *(cortina)* to put up; *(empregar)* to employ; *(problema)* to pose.
Colômbia [ko'lõmbja] *f*: **a ~** Colombia.
cólon ['kɔlõ] *m* colon.
colónia [ku'lɔnja] *f (Port)* = colônia.
colônia [ko'lonja] *f (Br)* colony; *(perfume)* cologne; **~ de férias** summer camp.
coloquial [kolo'kjaw] *(pl* -ais [-ajʃ]) *adj* colloquial.
colóquio [ko'lɔkju] *m* conference.
colorante [kolo'rãtʃi] *m* colouring.
colorau [kolo'raw] *m* paprika.
colorido, -da [kolo'ridu, -da] *adj* coloured; *(com muitas cores)* colourful.
colorir [kolo'ri(x)] *vt* to colour in.
coluna [ko'luna] *f* column; *(de rádio, hi-fi)* speaker; **~ vertebral** spinal column.
com [kõ] *prep* with; *(indica causa)* because of; **só ~ muito esforço é que ele conseguiu** he only managed it through a lot of hard work; **estar ~ dor de cabeça** to have a headache; **estar ~ fome** to be hungry; **estar ~ pressa** to be in a hurry.
coma ['koma] *m ou f (MED)* coma.
comandante [komãn'dãntʃi] *m (de*

navio, polícia) commander; *(de exército)* major.

comandar [komãn'da(x)] *vt* to command, to be in charge of.

comando [ko'mãndu] *m* command; *(de máquina, sistema)* control; **estar no ~ de algo** to be in charge of sthg.

combate [kõm'batʃi] *m (luta)* fight; *(batalha)* fighting.

combater [kõmba'te(x)] *vi* to fight.

combinação [kõmbina'sãw] *(pl -ões* [-õjʃ]) *f* combination; *(acordo)* agreement; *(plano)* arrangement; *(peça de vestuário)* slip.

combinar [kõmbi'na(x)] *vt* to combine; *(planejar)* to plan ◆ *vi (cores, roupas)* to go together; **está combinado!** it's a deal!; **~ com** to go with; **~ algo com alguém** to arrange sthg with sb.

comboio [kõm'boju] *m (Port)* train; **apanhar/perder o ~** to catch/miss the train.

combustível [kõmbuʃ'tʃivɛw] *(pl -eis* [-ejʃ]) *m* fuel.

começar [kome'sa(x)] *vt & vi* to start, to begin; **~ a fazer algo** to start OU begin to do sthg; **~ de/por** to start from/with; **~ por fazer algo** to start by doing sthg; **para ~** to start (with).

começo [ko'mesu] *m* start, beginning.

comédia [ko'mɛdʒja] *f* comedy.

comediante [kome'dʒjãntʃi] *mf* comic actor *(f* actress).

comemorar [komemo'ra(x)] *vt* to commemorate.

comentar [komẽn'ta(x)] *vt (mencionar)* to mention; *(analisar)* to comment on; *(criticar maliciosamente)* to make comments about.

comentário [komẽn'tarju] *m* comment; *(de evento esportivo)* commentary.

comer [ko'me(x)] *(pl -res* [-riʃ]) *vt* to eat; *(em xadrez, damas)* to take ◆ *vi (alimentar-se)* to eat ◆ *m (alimento)* food; *(refeição)* meal.

comercial [komex'sjaw] *(pl -ais* [-ajʃ]) *adj* commercial.

comercialização [komexsjaliza'sãw] *f* sale.

comercializar [komexsjali'za(x)] *vt* to sell.

comerciante [komex'sjãntʃi] *mf* shopkeeper.

comércio [ko'mɛxsju] *m* commerce; *(lojas)* shops *(pl)*.

comeres → **comer**.

comestível [komeʃ'tʃivɛw] *(pl -eis* [-ejʃ]) *adj* edible.

cometer [kome'te(x)] *vt (delito)* to commit; *(erro)* to make.

comichão [komi'ʃãw] *(pl -ões* [-õjʃ]) *f* itch; **fazer ~** to itch.

comício [ko'misju] *m* rally.

cómico, -ca ['kɔmiku, -ka] *adj (Port)* = **cômico.**

cômico, -ca ['komiku, -ka] *adj (Br) (actor)* comic; *(engraçado)* funny, comical.

comida [ko'mida] *f* food; *(refeição)* meal; **~ para bebê** baby food; **~ congelada** frozen food.

comigo [ko'migu] *pron* with me; **estava falando ~ mesmo** I was talking to myself.

comilão, -lona [komi'lãw, -lona] *(mpl -ões* [-õjʃ], *fpl -s* [-ʃ]) *m, f (fam)* glutton.

cominho [ko'miɲu] *m* cumin.

comissão [komi'sãw] *(pl -ões* [-õjʃ]) *f* commission.

comissário [komi'sarju] *m (de polícia)* superintendent; *(de navio)* purser; **~ de bordo** air steward.

comissões → **comissão.**

comité [komi'tɛ] *m (Port)* = **comitê.**

comitê [komi'te] *m (Br)* committee.

como ['komu] *adv* **1.** *(comparativo)* like; **não é ~ o outro** it's not like the other one; **~ quem não quer nada** casually; **~ se nada estivesse acontecendo** as if nothing was going on.
2. *(de que maneira)* how; **~?** *(o que disse)* I'm sorry?, pardon?
3. *(marca intensidade)*: **~ ele é inteligente!** he's so clever!, how clever he is!; **~ é difícil arranjar lugar para estacionar!** it's so difficult to find a parking space!; **~ você se engana!** how wrong you are!
◆ *conj* **1.** *(introduz comparação)* like; **é bonita, ~ a mãe** she's pretty, (just) like her mother.
2. *(da forma que)* as; **~ queira!** as you wish!; **seja ~ for** in any case.
3. *(por exemplo)* like, such as; **as cidades grandes ~ São Paulo** big cities like São Paulo
4. *(na qualidade de)* as; **~ mãe fiquei muito preocupada** as a mother I felt very concerned; **~ prêmio ela ganhou um carro** she won a car for a prize.
5. *(visto que)* as, since; **~ estávamos**

atrasados fomos de táxi we took a taxi as we were running late; **~ não atenderam pensamos que não estavam** we thought you weren't in as there was no answer.
6. *(em locuções)*: **~ deve ser** *adv (corretamente)* properly.
♦ *adj (próprio)* suitable.

comoção [komo'sãw] *(pl* **-ões** [-õjʃ]) *f (emoção)* emotion; *(agitação)* commotion.

cómoda ['kɔmuda] *f (Port)* = **cômoda**.

cômoda ['komoda] *f (Br)* chest of drawers.

comodidade [komodʒi'dadʒi] *f* comfort.

comodismo [komo'dʒiʒmu] *m* complacency.

comodista [komo'dʒiʃta] *mf* complacent person.

cómodo, -da ['kɔmudu, -da] *adj (Port)* = **cômodo**.

cômodo, -da ['komodu, -da] *adj (Br)* comfortable.

comovedor, -ra [komove'do(x), -ra] *(mpl* **-res** [-riʃ], *fpl* **-s** [-ʃ]) *adj* moving.

comovente [komo'vẽntʃi] *adj* touching.

comover [komo've(x)] *vt* to move.
❑ **comover-se** *vp* to be moved.

comovido, -da [komo'vidu, -da] *adj* moved.

compacto, -ta [kõm'paktu, -ta] *adj* compact; *(denso)* thick; *(sólido)* hard ♦ *m (CD)* compact disc, CD; *(Br: disco de vinil)* record.

compaixão [kõmpaj'ʃãw] *f* compassion.

companheiro, -ra [kõmpa'ɲejru, -ra] *m, f (acompanhante)* companion; *(de turma)* classmate; *(em casal)* partner.

companhia [kõmpa'ɲia] *f* company; **fazer ~ a alguém** to keep sb company; **~ de aviação** airline; **~ de navegação** shipping line; **~ de seguros** insurance company; **em ~ de alguém** with sb.

comparação [kõmpara'sãw] *(pl* **-ões** [-õjʃ]) *f* comparison; **não ter ~ com** to bear no comparison with; **em ~ com** in comparison with.

comparar [kõmpa'ra(x)] *vt* to compare; **~ algo a** OU **com algo** to compare sthg to OU with sthg.

comparecer [kõmpare'se(x)] *vi* to ap-

pear, to attend; **~ a algo** to attend sthg.

compartilhar [kõmpaxtʃi'ʎa(x)] *vt* to share; **~ algo com alguém** to share sthg with sb.

compartimento [kõmpaxtʃi'mẽntu] *m* compartment; *(de casa)* room.

compartir [kõmpax'tʃi(x)] *vt* to share.

compasso [kõm'pasu] *m* compasses *(pl)*; *(MÚS)* time.

compatível [kõmpa'tʃivɛw] *(pl* **-eis** [-ejʃ]) *adj* compatible; **~ com** compatible with.

compatriota [kõmpatrj'ɔta] *mf* compatriot.

compensação [kõmpẽsa'sãw] *(pl* **-ões** [-õjʃ]) *f* compensation; *(vantagem)* advantage.

compensar [kõmpẽ'sa(x)] *vt* to compensate; *(recompensar)* to make up for; **não compensa o esforço** it isn't worth the effort.

competência [kõmpe'tẽsja] *f* competence; *(responsabilidade)* responsibility.

competente [kõmpe'tẽntʃi] *adj* competent.

competição [kõmpetʃi'sãw] *(pl* **-ões** [-õjʃ]) *f* competition.

competir [kõmpe'tʃi(x)] *vi* to compete; **~ com** *(rivalizar com)* to compete with.

competitivo, -va [kõmpetʃi'tʃivu, -va] *adj* competitive.

compilar [kõmpi'la(x)] *vt* to compile.

complacente [kõmpla'sẽntʃi] *adj* indulgent.

complementar [kõmplemẽn'ta(x)] *(pl* **-res** [-riʃ]) *adj* complementary.

complemento [kõmple'mẽntu] *m* complement; *(em trem)* supplement.

completamente [kõm,pleta'mẽntʃi] *adv* completely.

completar [kõmple'ta(x)] *vt (preencher)* to fill in; *(terminar)* to complete.

completo, -ta [kõm'plɛtu, -ta] *adj* completed; *(cheio)* full; *(inteiro)* complete.

complexo, -xa [kõm'plɛksu, -ksa] *adj & m* complex.

complicação [kõmplika'sãw] *(pl* **-ões** [-õjʃ]) *f* complication.

complicado, -da [kõmpli'kadu, -da] *adj* complicated.

complicar [kõmpli'ka(x)] *vt* to complicate.

❑ **complicar-se** *vp* to become OU get complicated.

componente [kõmpo'nẽntʃi] *mf* component.

compor [kõm'po(x)] *vt (música, poema)* to compose; *(consertar)* to repair; *(arrumar)* to tidy; *(fazer parte de)* to make up.

❑ **compor-se** *vp (arranjar-se)* to tidy o.s. up.

❑ **compor-se de** *vp + prep (ser formado por)* to be made up of.

comporta [kõm'pɔxta] *f* sluice gate.

comportamento [kõmpoxta'mẽntu] *m* behaviour.

comportar [kõmpox'ta(x)] *vt (conter em si)* to hold; *(admitir)* to permit.

❑ **comportar-se** *vp* to behave.

composição [kõmpozi'sãw] *(pl* -ões [-õjʃ]) *f* composition; *(EDUC)* essay.

compositor, -ra [kõmpozi'to(x), -ra] *(mpl* -res [-riʃ], *fpl* -s [-ʃ]) *m, f (MÚS)* composer.

composto, -osta [kõm'poʃtu, -ɔʃta] *m (GRAM)* compound ◆ *adj*: **ser ~ por** to be composed of.

compostura [kõmpoʃ'tura] *f* composure; *(boa educação)* manners *(pl)*.

compota [kõm'pɔta] *f* preserve.

compra ['kõmpra] *f* purchase; **ir às** OU **fazer ~s** to go shopping.

comprar [kõm'pra(x)] *vt* to buy.

compreender [kõmprjẽn'de(x)] *vt* to understand; *(incluir)* to comprise.

compreensão [kõmprjẽ'sãw] *f* understanding.

compreensivo, -va [kõmprjẽ'sivu, -va] *adj* understanding.

compressa [kõm'prɛsa] *f* compress; **~ esterilizada** sterile dressing.

comprido, -da [kõm'pridu, -da] *adj* long; **deitar-se ao ~** to lie down flat.

comprimento [kõmpri'mẽntu] *m* length; **tem 5 metros de ~** it's 5 metres long.

comprimido, -da [kõmpri'midu, -da] *adj* compressed ◆ *m* pill; **~ para dormir** sleeping pill; **~ para a dor** painkiller; **~ para o enjôo** travel sickness pill.

comprimir [kõmpri'mi(x)] *vt (apertar)* to squeeze; *(reduzir de volume)* to compress.

comprometer [kõmprome'te(x)] *vt* to compromise.

❑ **comprometer-se** *vp* to compro-

mise o.s.; **~-se a fazer algo** to commit o.s. to doing sthg.

compromisso [kõmpru'misu] *m (obrigação)* commitment; *(acordo)* agreement; **tenho um ~** I've got a prior engagement.

comprovação [kõmprova'sãw] *(pl* -ões [-õjʃ]) *f* proof.

comprovar [kõmpro'va(x)] *vt* to prove.

computador [kõmputa'do(x)] *(pl* -res [-riʃ]) *m* computer; **~ pessoal** personal computer.

comum [ko'mũ] *(pl* -ns [-ʃ]) *adj (frequente)* common; *(vulgar)* ordinary; *(partilhado)* shared.

comunhão [komu'ɲãw] *(pl* -ões [-õjʃ]) *f (RELIG)* Communion; **~ de bens** joint ownership *(in marriage)*.

comunicação [komunika'sãw] *(pl* -ões [-õjʃ]) *f* communication; *(comunicado)* announcement.

comunicado [komuni'kadu] *m* communiqué.

comunicar [komuni'ka(x)] *vt* to communicate; *(mensagem)* to pass on ◆ *vi* to communicate; **~ algo a alguém** to inform sb of sthg; **~ com** to communicate with.

comunidade [komuni'dadʒi] *f* community; **a Comunidade Européia** the European Community.

comunismo [komu'niʒmu] *m* communism.

comunista [komu'niʃta] *adj & mf* communist.

comuns → **comum**.

comutar [komu'ta(x)] *vt (pena)* to commute.

conceber [kõse'be(x)] *vt (filho)* to conceive; *(plano, sistema)* to think up.

conceder [kõse'de(x)] *vt (dar)* to give; *(prêmio, bolsa)* to award.

conceito [kõ'sejtu] *m* concept.

conceituado, -da [kõsej'twadu, -da] *adj* respected.

concelho [kõ'seʎu] *m* = municipality.

concentração [kõsẽntra'sãw] *(pl* -ões [-õjʃ]) *f* concentration; *(de pessoas)* gathering.

concentrado, -da [kõsẽn'tradu, -da] *adj (atento)* intent; *(produto, suco)* concentrated ◆ *m*: **~ de tomate** tomato puree.

concentrar [kõsẽn'tra(x)] *vt (atenção, esforços)* to concentrate; *(reunir)* to

bring together.
❑ **concentrar-se** *vp* to concentrate; **~-se em** *(estudo, trabalho)* to concentrate on; *(lugar)* to group together in.
concepção [kõsep'sãw] *(pl* **-ões** [-õjʃ]) *f* concept; *(de filho)* conception.
concerto [kõ'sextu] *m* concert.
concessão [kõse'sãw] *(pl* **-ões** [-õjʃ]) *f (de prêmio)* awarding; *(de bolsa)* granting; *(de desconto)* concession.
concessionária [kõsesjo'narja] *f (Br)* licensed dealer; **~ automóvel** car dealer.
concessionário [kõsesju'narju] *m (Port) =* **concessionária**.
concessões → concessão.
concha [ˈkõʃa] *f* shell; *(de sopa)* ladle.
conciliação [kõsilja'sãw] *(pl* **-ões** [-õjʃ]) *f* reconciliation.
conciliar [kõsi'lja(x)] *vt* to reconcile.
concluir [kõŋklu'i(x)] *vt* to conclude; *(acabar)* to finish.
conclusão [kõŋklu'zãw] *(pl* **-ões** [-õjʃ]) *f* conclusion; **em ~** in conclusion.
concordância [kõŋkox'dãsja] *f* agreement; **em ~ com** in accordance with.
concordar [kõŋkox'da(x)] *vi* to agree; **~ com** to agree with; **~ em fazer algo** to agree to do sthg.
concorrência [kõŋko'xẽsja] *f* competition.
concorrente [kõŋko'xẽntʃi] *adj (equipe)* opposing; *(produto, empresa)* rival ◆ *mf (em concurso, competição)* contestant; *(em disputa)* rival.
concorrer [kõŋko'xe(x)] *vi* to compete; **~ a algo** *(emprego, posição)* to apply for sthg.
concretizar [kõŋkreti'za(x)] *vt* to realize.
concreto, -ta [kõŋ'krɛtu, -ta] *adj & m* concrete.
concurso [kõŋ'kuxsu] *m (de televisão)* game show; *(de rádio)* contest; *(de música, literatura)* competition; *(para emprego)* open competition.
conde [ˈkõdʒi] *m* count.
condenação [kõndena'sãw] *(pl* **-ões** [-õjʃ]) *f* condemnation; *(JUR: sentença)* sentence.
condenar [kõnde'na(x)] *vt* to condemn; *(JUR: sentenciar)* to sentence.
condensação [kõndẽsa'sãw] *f* condensation.

condensado [kõndẽ'sadu] *adj m →* **leite**.
condensar [kõndẽ'sa(x)] *vt* to condense.
condescendência [kõndesẽn'dẽsja] *f* compliance.
condescendente [kõndesẽn'dẽntʃi] *adj* compliant.
condescender [kõndesẽn'de(x)] *vi* to agree; **~ em fazer algo** to agree to do sthg.
condessa [kõn'desa] *f* countess.
condição [kõndʒi'sãw] *(pl* **-ões** [-õjʃ]) *f* condition; *(classe social)* status; **estar em boas/más condições** to be in good/bad condition.
condicionado, -da [kõndʒisjo'nadu, -da] *adj* restricted.
condicional [kõndʒisjo'naw] *m*: **o ~** the conditional.
condicionar [kõndʒisjo'na(x)] *vt* to restrict.
condições → condição.
condimentar [kõndʒimẽn'ta(x)] *vt* to season.
condimento [kõndʒi'mẽntu] *m* seasoning.
condizer [kõndʒi'ze(x)] *vi* to go together; **~ com** to go with.
condolências [kõndo'lẽsjaʃ] *fpl* condolences; **as minhas ~** my condolences.
condomínio [kõndo'minju] *m* maintenance fee.
condómino [kõn'dɔminu] *m (Port) =* **condômino**.
condômino [kõn'dominu] *m (Br)* proprietor *(in a block of flats)*.
condor [kõn'do(x)] *(pl* **-res** [-riʃ]) *m* condor.
condução [kõndu'sãw] *f (de governo)* running; *(Br: transporte)* transport; *(Port: de veículo)* driving.
conduta [kõn'duta] *f (tubo, cano)* chute; *(comportamento)* behaviour; **~ de gás** gas piping.
condutor, -ra [kõndu'to(x), -ra] *(mpl* **-res** [-riʃ], *fpl* **-s** [-ʃ]) *m, f* driver ◆ *adj* conductive.
conduzir [kõndu'zi(x)] *vt (administrar)* to run; *(Port: dirigir)* to drive ◆ *vi (Port: dirigir)* to drive; **~ a** to lead to.
cone [ˈkɔni] *m* cone.
conexão [konek'sãw] *(pl* **-ões** [-õjʃ]) *f* connection.
confecção [kõfɛk'sãw] *(pl* **-ões** [-õjʃ])

f (de peça de vestuário) making; *(de prato culinário)* preparation.

confeccionar [kõfeksjo'na(x)] *vt* to make.

confecções → confecção.

confeitaria [kõfejta'ria] *f* sweet shop *(Brit)*, candy store *(Am)*.

conferência [kõfe'rẽsja] *f* conference.

conferir [kõfe'ri(x)] *vt* to check ♦ *vi (estar exato)* to be correct.

confessar [kõfe'sa(x)] *vt* to confess.

❑ **confessar-se** *vp* to confess.

confessionário [kõfesjo'narju] *m* confessional.

confiança [kõ'fjãsa] *f (fé)* trust; *(segurança)* confidence; *(familiaridade)* familiarity; **ter ~ em** to trust; **ser de ~** to be reliable.

confiar [kõ'fja(x)] *vt:* **~ algo a alguém** *(segredo)* to tell sb sthg in confidence; **~ alguém a alguém** to leave sb in sb's care.

❑ **confiar em** *v + prep (pessoa)* to trust; *(futuro, resultado)* to have faith in.

confidência [kõfi'dẽsja] *f* confidence.

confidencial [kõfidẽ'sjaw] *(pl* -ais [-ajʃ]) *adj* confidential.

confirmação [kõfixma'sãw] *(pl* -ões [-õjʃ]) *f* confirmation.

confirmar [kõfix'ma(x)] *vt* to confirm.

❑ **confirmar-se** *vp* to come true.

confiscar [kõfiʃ'ka(x)] *vt* to confiscate.

confissão [kõfi'sãw] *(pl* -ões [-õjʃ]) *f* confession.

conflito [kõ'flitu] *m* conflict; *(desavença)* argument.

conformar-se [kõfox'maxsi] *vp (resignar-se)* to resign o.s.; **~ com** to resign o.s. to.

conforme [kõ'foxmi] *conj* as ♦ *prep (dependendo de como)* depending on; *(de acordo com)* according to.

conformidade [kõfoxmi'dadʒi] *f* conformity; **em ~ com** in accordance with.

confortar [kõfox'ta(x)] *vt* to comfort.

confortável [kõfox'tavew] *(pl* -eis [-ejʃ]) *adj* comfortable.

conforto [kõ'foxtu] *m* comfort.

confraternizar [kõfratexni'za(x)] *vi* to fraternize; **~ com** to fraternize with.

confrontação [kõfrõnta'sãw] *(pl* -ões [-õjʃ]) *f* confrontation.

confrontar [kõfrõn'ta(x)] *vt* to confront; *(comparar)* to compare.

❑ **confrontar-se** *vp* to come face to face; **~-se com** *(deparar com)* to be confronted with.

confronto [kõ'frõntu] *m* confrontation; *(comparação)* comparison.

confundir [kõfũn'di(x)] *vt (pessoa)* to confuse; *(rua, significado)* to mistake; *(números)* to mix up.

❑ **confundir-se** *vp (enganar-se)* to make a mistake; **~-se com** *(ser muito parecido a)* to be taken for.

confusão [kõfu'zãw] *(pl* -ões [-õjʃ]) *f* confusion; *(tumulto)* commotion; **armar ~** to cause trouble; **fazer ~** to get mixed up.

confuso, -sa [kõ'fuzu, -za] *adj (desordenado)* mixed up; *(obscuro)* confusing; *(confundido)* confused.

confusões → confusão.

congelado, -da [kõʒe'ladu, -da] *adj* frozen.

congelador [kõʒela'dor] *(pl* -res [-riʃ]) *m (Port)* freezer.

congelar [kõʒe'la(x)] *vt & vi* to freeze.

congestão [kõʒeʃ'tãw] *(pl* -ões [-õjʃ]) *f* congestion.

congestionado, -da [kõʒeʃtʃjo'nadu, -da] *adj* congested.

congestionamento [kõʒeʃtʃjona'mẽntu] *m (de trânsito)* congestion.

congestionar [kõʒeʃtʃjo'na(x)] *vt (trânsito)* to block.

congestões → congestão.

congratular [kõŋgratu'la(x)] *vt* to congratulate.

congresso [kõŋ'grɛsu] *m* congress.

conhaque [ko'ɲaki] *m* cognac.

conhecedor, -ra [koɲese'do(x), -ra] *(mpl* -res [-riʃ], *fpl* -s [-ʃ]) *m, f:* **ser ~ de** to be an authority on.

conhecer [koɲe'se(x)] *vt* to know; *(ser apresentado a)* to meet; *(reconhecer)* to recognize.

conhecido, -da [koɲe'sidu, -da] *adj* well-known ♦ *m, f* acquaintance.

conhecimento [koɲesi'mẽntu] *m* knowledge; *(experiência)* experience; **dar ~ de algo a alguém** to inform sb of sthg; **tomar ~ de algo** to find out about sthg; **é do ~ de todos** it is common knowledge.

◻ **conhecimentos** *mpl* contacts; *(cultura)* knowledge *(sg)*; **(ele) é uma pessoa com ~s** he is a knowledgeable OU cultured person.

conjugado [kõʒu'gadu] *m (Br)* studio flat.

cônjuge [ˈkõʒuʒi] *mf* spouse.

conjunção [kõʒũ'sãw] *(pl -ões* [-õjʃ]) *f (GRAM)* conjunction; *(união)* union.

conjuntiva [kõʒũn'tʃiva] *f* conjunctiva.

conjuntivite [kõʒũntʃi'vitʃi] *f* conjunctivitis.

conjunto [kõ'ʒũntu] *m* set; *(de rock)* band; *(de roupa)* outfit.

connosco [kõ'noʃku] *pron (Port)* = **conosco**.

conosco [ko'noʃku] *pron (Br)* with us.

conquanto [kõŋ'kwãntu] *conj* even though.

conquista [kõŋ'kiʃta] *f* conquest.

conquistar [kõŋkiʃ'ta(x)] *vt* to conquer; *(posição, trabalho)* to get; *(seduzir)* to win over.

consciência [kõʃ'sjẽsja] *f* conscience; *(conhecimento)* awareness; **ter ~ de algo** to be aware of sthg; **ter a ~ pesada** to have a guilty conscience; **tomar ~ de algo** to become aware of sthg.

consciente [kõʃ'sjẽntʃi] *adj (acordado)* conscious; *(responsável)* aware ♦ *m*: **o ~** the conscious mind.

consecutivo, -va [kõseku'tʃivu, -va] *adj* consecutive.

conseguinte [kõse'gĩntʃi] : **por conseguinte** *adv* consequently.

conseguir [kõse'gi(x)] *vt* to get; **~ fazer algo** to manage to do sthg.

conselho [kõ'seʎu] *m* piece of advice; *(órgão coletivo)* council; **dar ~s** to give advice; **Conselho de Ministros** Cabinet.

consenso [kõ'sẽsu] *m* consensus.

consentimento [kõsẽntʃi'mẽntu] *m* consent.

consentir [kõsẽn'ti(x)] *vt* to consent to.

consequência [kõse'kwẽsja] *pron (Port)* = **conseqüência**.

conseqüência [kõse'kwẽsja] *f (Br)* consequence; **em OU como ~** as a consequence.

consertar [kõsex'ta(x)] *vt* to repair, to fix.

conserto [kõ'sextu] *m* repair.

conserva [kõ'serva] *f*: **de ~** canned, tinned.

◻ **conservas** *fpl* tinned OU canned food *(sg)*.

conservação [kõsexva'sãw] *f* conservation; *(de alimento)* preservation.

conservar [kõsex'va(x)] *vt* to preserve.

conservatório [kõsexva'tɔrju] *m* conservatoire *(Brit)*, conservatory *(Am)*.

consideração [kõsidera'sãw] *(pl -ões* [-õjʃ]) *f* consideration; *(crítica)* point; **ter algo em ~** to take sthg into consideration.

considerar [kõside'ra(x)] *vt* to consider; **~ que** to consider (that).

◻ **considerar-se** *vp*: **ele considera-se o maior** he thinks he's the best.

considerável [kõside'ravɛw] *(pl -eis* [-ejʃ]) *adj* considerable; *(feito, conquista)* significant.

consigo [kõ'sigu] *pron (com ele)* with him; *(com ela)* with her; *(com você)* with you; *(com eles, elas)* with them; *(relativo a coisa, animal)* with it; **ela estava a falar ~ própria** she was talking to herself.

consistência [kõsiʃ'tẽsja] *f* consistency; *(de objeto, madeira)* solidity.

consistente [kõsiʃ'tẽntʃi] *adj (coerente)* consistent; *(espesso)* thick; *(sólido)* solid.

consistir [kõsiʃ'ti(x)] : **consistir em** *v + prep (ser composto por)* to consist of; *(basear-se em)* to consist in.

consoada [kõ'swada] *f* meal eaten late on Christmas Eve which traditionally consists of boiled salt cod with boiled potatoes, cabbage and boiled eggs.

consoante [kõ'swãntʃi] *f* consonant ♦ *prep (dependendo de)* depending on; *(conforme)* according to.

consolar [kõso'la(x)] *vt* to console.

◻ **consolar-se** *vp* to console o.s.

consomé [kõsɔ'mɛ] *m (Port)* = **consomê**.

consomê [kõso'me] *m (Br)* consommé.

conspícuo, -cua [kõʃ'pikwu, -kwa] *adj* conspicuous.

conspiração [kõʃpira'sãw] *(pl -ões* [-õjʃ]) *f* conspiracy.

constante [kõʃ'tãntʃi] *adj* constant.

constar [kõʃ'ta(x)] *v impess*: **consta que ...** it is said that ....

❏ **constar de** v + prep (consistir em) to consist of; (figurar em) to appear in.

constatar [kõʃta'ta(x)] vt: ~ **que** (notar que) to realize (that).

consternado, -da [kõʃter'nadu, -da] adj distraught.

constipação [kõʃtʃipa'sãw] (pl -ões [-õjʃ]) f (Br: prisão de ventre) constipation; (Port: resfriado) cold.

constipado, -da [kõʃtʃi'padu, -da] adj: **estar** ~ (Br: ter prisão de ventre) to be constipated; (Port: estar resfriado) to have a cold.

constipar-se [kõʃti'parse] vp (Port) to catch a cold.

constituição [kõʃtʃitwi'sãw] (pl -ões [-õjʃ]) f constitution.

constituir [kõʃtʃitwi'(x)] vt (formar) to set up; (representar) to constitute.

constranger [kõʃtrã'ʒe(x)] vt (embaraçar) to embarrass; (obrigar) to force.

❏ **constranger-se** vp (embaraçar-se) to be embarrassed.

constrangimento [kõʃtrãʒi'mẽntu] m (embaraço) embarrassment; (obrigação) constraint.

construção [kõʃtru'sãw] (pl -ões [-õjʃ]) f construction.

construir [kõʃtru'i(x)] vt to build; (frase) to construct.

construtivo, -va [kõʃtru'tivu, -va] adj constructive.

construtor, -ra [kõʃtru'to(x), -ra] (mpl -es [-iʃ], fpl -s [-ʃ]) m, f builder.

cônsul [kõsuw] (pl -es [-iʃ]) mf consul.

consulado [kõsu'ladu] m consulate.

cônsules → cônsul.

consulta [kõ'suwta] f (com médico) appointment; (de texto, dicionário) consultation.

consultar [kõsuw'ta(x)] vi (médico) to hold a surgery ◆ vt to consult.

consultório [kõsuw'tɔrju] m (de médico) surgery.

consumidor, -ra [kõsumi'do(x), -ra] (mpl -res [-riʃ], fpl -s [-ʃ]) m, f consumer.

consumir [kõsu'mi(x)] vt & vi to consume.

consumo [kõ'sumu] m consumption.

conta ['kõnta] f (de restaurante, café, etc) bill; (de banco) account; (de colar) bead; **a ~, por favor** could I have the bill, please?; **o jantar é por minha ~** dinner's on me; **abrir uma ~** to open an account; **dar-se ~ de que** to realize

(that); **fazer de** ~ **que** to pretend (that); **ter em** ~ to take into account; **tomar** ~ **de** to look after; ~ **bancária** bank account; ~ **corrente** current account; ~ **à ordem** deposit account; **vezes sem** ~ countless times.

contabilidade [kõntabeli'dadʒi] f accountancy; (departamento) accounts department.

contabilista [kõntabe'liʃta] mf (Port) accountant.

contacto [kõn'ta(k)tu] m (Port) = contato.

contador [kõnta'do(x)] (pl -res [-riʃ]) m (Br: profissional) accountant; (medidor) meter; ~ **de estórias** storyteller.

contagem [kõn'taʒẽ] (pl -ns [-ʃ]) f (de gasto de água, de luz, etc) meter-reading; (de votos, bilhetes, etc) counting.

contagiar [kõnta'ʒja(x)] vt to infect.

contágio [kõn'taʒju] m infection, contagion.

contagioso, -osa [kõnta'ʒjozu, -ɔza] adj contagious, infectious.

conta-gotas [,kõnta'gotaʃ] m inv dropper.

contaminação [kõntamina'sãw] (pl -ões [-õjʃ]) f contamination.

contaminar -[kõntami'na(x)] vt to contaminate.

conta-quilómetros [,kõntaki-'lɔmetruʃ] m inv (Port) speedometer.

contar [kõn'ta(x)] vt to count; (narrar, explicar) to tell ◆ vi (calcular) to count; ~ **algo a alguém** to tell sb sthg; ~ **fazer algo** (tencionar) to expect to do sthg; ~ **com** to count on.

contatar [kõnta'ta(x)] vt to contact.

contato [kõn'tatu] m (Br) contact; (de motor) ignition; **entrar em** ~ **com** (contatar) to get in touch with.

contemplar [kõntẽm'pla(x)] vt to contemplate; ~ **alguém com algo** to give sb sthg.

contemporâneo, -nea [kõntẽm-po'ranju, -nja] adj & m, f contemporary.

contentamento [kõntẽnta'mẽntu] m contentment.

contentar [kõntẽn'ta(x)] vt to keep happy.

❏ **contentar a** v + prep to please.

❏ **contentar-se com** vp + prep to content o.s. with.

contente [kõn'tẽntʃi] adj happy.

contentor [kõntẽn'to(x)] (pl -es [-iʃ])

m container; ~ **do lixo** large bin.

conter [kõn'te(x)] *vt (ter)* to contain; *(refrear)* to hold back.

❑ **conter-se** *vp* to restrain o.s.

conterrâneo, -nea [kõnte'xanju, -nja] *m, f* compatriot.

contestação [kõnteʃta'sãw] *(pl -ões* [-õjʃ]) *f (resposta)* answer; *(polêmica)* controversy.

contestar [kõnteʃ'ta(x)] *vt (refutar)* to dispute; *(replicar)* to answer.

conteúdo [kõn'tʃudu] *m (de recipiente)* contents *(pl); (de carta, texto)* content.

contexto [kõn'teʃtu] *m* context.

contigo [kõn'tigu] *pron* with you.

continente [kõntʃi'nẽntʃi] *m* continent.

continuação [kõntʃinwa'sãw] *(pl -ões* [-õjʃ]) *f* continuation.

continuamente [kõntʃinwa'mẽntʃi] *adv (sem interrupção)* continuously; *(repetidamente)* continually.

continuar [kõntʃi'nwa(x)] *vt* to continue ◆ *vi* to carry on; ~ **a fazer algo** to continue doing sthg; ~ **com algo** to carry on with sthg.

contínuo, -nua [kõn'tʃinwu, -nwa] *adj (sem interrupção)* continuous; *(repetido)* continual ◆ *m, f* caretaker.

conto ['kõntu] *m (Port: mil escudos)* thousand escudos; *(história)* story.

contornar [kõntox'na(x)] *vt (edifício, muro, etc)* to go round; *(problema, situação)* to get round.

contra ['kõntra] *prep* against ◆ *m*: **pesar** OU **ver os prós e os ~s** to weigh up the pros and the cons.

contra-ataque [kõntra'taki] *m* counterattack.

contrabaixo [kõntra'bajʃu] *m* double bass.

contrabando [kõntra'bãndu] *m (de mercadorias)* smuggling; *(mercadoria)* contraband.

contracepção [kõntrasep'sãw] *f* contraception.

contraceptivo, -va [kõntrasep'tʃivu, -va] *adj & m* contraceptive.

contradição [kõntradʒi'sãw] *(pl -ões* [-õjʃ]) *f* contradiction.

contradizer [kõntradʒi'ze(x)] *vt* to contradict.

contrafilé [kõntrafi'lɛ] *m (Br)* rump steak.

contra-indicação [kõntraĩndʒika-'sãw] *(pl -ões* [-õjʃ]) *f (de medicamento)* contraindication.

contrair [kõntra'i(x)] *vt (doença)* to catch, to contract; *(dívida)* to run up; *(vício, hábito)* to acquire; ~ **matrimônio** to get married.

contramão [kõntra'mãw] *f (de rua, estrada)* the other side of the road; **ir pela ~** to drive on the wrong side of the road.

contrapartida [kõntrapar'tʃida] *f* compensation; **em ~** on the other hand.

contrariar [kõntra'rja(x)] *vt (contradizer)* to contradict; *(aborrecer)* to annoy.

contrariedade [kõntrarje'dadʒi] *f (aborrecimento)* annoyance.

contrário, -ria [kõn'trarju, -rja] *adj (oposto)* opposite; *(adversário)* opposing ◆ *m*: **o ~** the opposite; **ser ~ a algo** to be against sthg; **de ~** otherwise; **pelo ~** (quite) the contrary; **em sentido ~** in the opposite direction.

contra-senso [kõntra'sẽsu] *m (absurdo)* nonsense; *(em tradução)* mistranslation.

contrastar [kõntraʃ'ta(x)] *vt & vi* to contrast; ~ **com** to contrast with.

contraste [kõn'traʃtʃi] *m* contrast; **em ~ com** in contrast with.

contratar [kõntra'ta(x)] *vt* to hire.

contratempo [kõntra'tẽmpu] *m* setback.

contrato [kõn'tratu] *m* contract.

contribuinte [kõntri'bwĩntʃi] *mf* taxpayer.

contribuir [kõntri'bwi(x)] *vi* to contribute; ~ **com algo** to contribute sthg; ~ **para algo** to contribute towards sthg.

controlar [kõntro'la(x)] *vt* to control.

❑ **controlar-se** *vp* to control o.s.

controle [kõn'troli] *m (Br)* control; ~ **remoto** remote control.

controlo [kõn'trolu] *m (Port)* = **controle**.

controvérsia [kõntro'versja] *f* controversy.

controverso, -sa [kõntro'versu, -sa] *adj* controversial.

contudo [kõn'tudu] *conj* however.

contusão [kõntu'zãw] *(pl -ões* [-õjʃ]) *f* bruise.

convalescença [kõvaleʃ'sẽsa] *f* convalescence.

convenção [kõvẽ'sãw] *(pl -ões* [-õjʃ])

f convention.

convencer [kõveˈse(x)] *vt* to convince; ~ **alguém a fazer algo** to persuade sb to do sthg; ~ **alguém de algo** to convince sb of sthg; ~ **alguém de que** to convince sb (that).

❑ **convencer-se** *vp* to be convinced; ~**-se de que** to become convinced (that).

convencido, -da [kõveˈsidu, -da] *adj* conceited.

convencional [kõvesjoˈnaw] (*pl* **-ais** [-ajʃ]) *adj* conventional.

convenções → convenção.

conveniente [kõveˈnjẽtʃi] *adj* convenient.

convento [kõˈvẽtu] *m* convent.

conversa [kõˈvexsa] *f* conversation; ~ **fiada** chitchat; **não ir na** ~ not to be taken in.

conversar [kõvexˈsa(x)] *vi* to talk; ~ **com** to talk to.

conversível [kõvexˈsivew] (*pl* **-eis** [-ejʃ]) *m* (*Br: carro*) convertible.

converter [kõvexˈte(x)] *vt* (*transformar*): ~ **algo/alguém em** to convert sthg/sb into.

❑ **converter-se** *vp* to convert; ~**-se a** to convert to; ~**-se em** to turn into.

convés [kõˈvɛʃ] (*pl* **-eses** [-ɛziʃ]) *m* deck.

convidado, -da [kõviˈdadu, -da] *adj* guest (*antes de s*) ◆ *m, f* guest.

convidar [kõviˈda(x)] *vt* to invite.

convir [kõˈvi(x)] *vi* (*ser útil*) to be a good idea; (*ser adequado*) to be suitable; **é de** ~ **que** admittedly.

convite [kõˈvitʃi] *m* invitation.

convivência [kõviˈvẽsja] *f* (*vida em comum*) living together; (*familiaridade*) familiarity.

conviver [kõviˈve(x)] **: conviver com** *v + prep* (*ter convivência com*) to live with; (*amigos, colegas*) to socialize with.

convívio [kõˈvivju] *m* (*convivência*) contact; (*festa*) social gathering.

convocar [kõvoˈka(x)] *vt* to summon; ~ **alguém para algo** to summon sb to sthg.

convosco [kõˈvoʃku] *pron* with you.

convulsão [kõvuwˈsãw] (*pl* **-ões** [-õjʃ]) *f* (*física*) convulsion; (*social*) upheaval.

cooperação [kwoperaˈsãw] (*pl* **-ões** [-õjʃ]) *f* cooperation.

cooperar [kwopeˈra(x)] *vi* to cooperate.

cooperativa [kwoperaˈtiva] *f* cooperative.

coordenar [kwordeˈna(x)] *vt* to coordinate.

copa [ˈkɔpa] *f* (*divisão de casa*) pantry; (*de árvore*) top; (*de chapéu*) crown; (*Br: torneio esportivo*) cup.

❑ **copas** *fpl* (*naipe de cartas*) hearts.

cópia [ˈkɔpja] *f* copy.

copiar [koˈpja(x)] *vt* to copy ◆ *vi* (*Port: em exame, teste*) to cheat.

copo [ˈkɔpu] *m* glass; **tomar** OU **beber um** ~ to have a drink; **ser um bom** ~ (*fam*) to be able to hold one's drink.

copo-d'água [ˌkɔpudˈagwa] (*pl* **copos-d'água** [ˌkɔpuʒdˈagwa]) *m* (*Port*) reception.

coqueiro [koˈkejru] *m* coconut palm.

coquetel [kokeˈtɛw] (*pl* **-éis** [-ɛiʃ]) *m* cocktail.

cor¹ [ˈkɔ(x)] **: de cor** *adv*: **aprender/ saber algo de** ~ to learn/know sthg by heart; **saber algo de** ~ **e salteado** to know sthg backwards.

cor² [ˈko(x)] (*pl* **-res** [-riʃ]) *f* colour; **mudar de** ~ to change colour; **perder a** ~ to fade; **de** ~ (*pessoa*) coloured.

coração [koraˈsãw] (*pl* **-ões** [-õjʃ]) *m* heart; **ter bom** ~ to be kind-hearted.

corado, -da [koˈradu, -da] *adj* (*pessoa*) red, flushed; (*frango, assado, etc*) brown.

coragem [koˈraʒẽ] *f* courage ◆ *interj* chin up!

corais → coral.

corajoso, -osa [koraˈʒozu, -ɔza] *adj* courageous.

coral [koˈraw] (*pl* **-ais** [-ajʃ]) *m* coral.

corante [koˈrãtʃi] *m* colouring; **"sem ~s nem conservantes"** "contains no colouring or preservatives".

corar [koˈra(x)] *vi* to blush ◆ *vt* (*frango, assado, etc*) to brown.

Corcovado [koxkoˈvadu] *m*: **o** ~ the Corcovado mountain in Rio de Janeiro.

corda [ˈkɔrda] *f* rope; (*de instrumento musical*) string; (*de relógio, brinquedo*) clockwork; **dar** ~ **a** (*relógio, brinquedo*) to wind up; ~ **de saltar** skipping rope; ~**s vocais** vocal cords.

cordão [korˈdãw] (*pl* **-ões** [-õjʃ]) *m* (*Port: de sapatos*) shoelace; (*jóia*) gold chain; ~ **umbilical** umbilical cord.

cordeiro [kor'dejru] *m* lamb.
cordel [kor'dɛw] (*pl* **-éis** [-ɛiʃ]) *m* string.
cor-de-laranja [ˌkordʒila'raʒa] *adj inv* orange.
cor-de-rosa [ˌkordʒi'xɔza] *adj inv* pink.
cordial [kor'dʒjaw] (*pl* **-ais** [-ajʃ]) *adj* cordial.
cordilheira [kordʒi'ʎejra] *f* mountain range.
cordões → cordão.
cores → cor².
coreto [ko'retu] *m* bandstand.
corinto [ko'rĩntu] *m* currant.
córnea [ˈkɔxnja] *f* cornea.
corneta [kox'neta] *f* cornet.
cornflakes® [koxni'flejkiʃ] *mpl* Cornflakes®.
coro [ˈkoru] *m* choir; *(de música)* chorus; **em ~** in unison.
coroa [ko'roa] *f* crown; *(de enterro)* wreath.
corpo [ˈkoxpu] *m* body; *(cadáver)* corpse; **~ de bombeiros** fire brigade.
corporal [koxpo'raw] (*pl* **-ais** [-ajʃ]) *adj* → odor.
correção [koxe'sãw] (*pl* **-ões** [-õjʃ]) *f* *(Br)* correctness; *(de exame, teste)* correction.
correcção [kuxe'sãw] (*pl* **-ões** [-õjʃ]) *f* *(Port)* = correção.
correções → correção.
corredor, -ra [koxe'do(x), -ra] (*mpl* **-res** [-riʃ], *fpl* **-s** [-ʃ]) *m, f* runner ◆ *m (de casa)* corridor.
correia [ko'xeja] *f (tira de couro)* strap; **~ da ventoinha** fan belt.
correio [ko'xeju] *m* post, mail; *(pessoa)* postman *(f* postwoman) *(Brit)*, mailman *(f* mailwoman) *(Am)*; *(local)* post office; **~ azul** *(Port)* fast mail service, = firstclass mail *(Brit)*; **~ eletrônico** e-mail, electronic mail; **~ expresso** express mail; **~ de voz** voice mail; **pelo ~** by post.
corrente [ko'xẽntʃi] *adj* current; *(água)* running ◆ *f* current; *(de bicicleta)* chain; **~ alternada** alternating current; **~ de ar** draught.
correr [ko'xe(x)] *vi* to run; *(tempo)* to pass; *(notícia, rumor)* to go around ◆ *vt* to run; **~ as cortinas** to draw the curtains; **~ com alguém** to get rid of sb; **~ perigo** to be in danger; **fazer algo correndo** to do sthg in a rush.

correspondência [koxeʃpõn'dẽsja] *f* correspondence.
correspondente [koxeʃpõn'dẽntʃi] *adj* corresponding ◆ *mf* correspondent.
corresponder [koxeʃpõn'de(x)] *vi* to correspond; *(retribuir)* to reciprocate; **~ a** to correspond with.
❏ **corresponder-se** *vp (escrever-se)* to write to each other; **~-se com alguém** to correspond with sb.
corretamente [koˌxɛta'mẽntʃi] *adv* correctly.
correto [ko'xɛtu] *adj* correct.
corretor, -ra [koxe'to(x), -ra] (*mpl* **-res** [-riʃ], *fpl* **-s** [-ʃ]) *m, f* broker ◆ *m*: *(fluido)* correction fluid; **~ de imóveis** estate agent *(Brit)*, real estate agent *(Am)*; **~ da Bolsa** stockbroker.
corrida [ko'xida] *f (de velocidade)* race; *(tourada)* bullfight; *(de táxi)* fare; **~ de automóveis** rally; **~ de cavalos** horse race; **~ à Portuguesa** Portuguese bullfight.
corrigir [koxi'ʒi(x)] *vt* to correct.
❏ **corrigir-se** *vp* to mend one's ways.
corrimão [koxi'mãw] (*pl* **-s** [-ʃ] OU **-ões** [-õjʃ]) *m (de escada)* handrail, banister; *(de varanda)* railing.
corrimento [koxi'mẽntu] *m (de vagina)* discharge.
corrimões → corrimão.
corroborar [koxobo'ra(x)] *vt* to corroborate.
corromper [koxõm'pe(x)] *vt* to corrupt; *(subornar)* to bribe.
corrupção [koxup'sãw] (*pl* **-ões** [-õjʃ]) *f* corruption; **~ de menores** *(JUR)* corruption of minors.
corrupto, -ta [ko'xuptu, -ta] *adj* corrupt.
cortar [kox'ta(x)] *vt* to cut; *(carne assada)* to carve; *(gás, eletricidade)* to cut off; *(rua, estrada)* to block off ◆ *vi* to be sharp; **~ em algo** to cut back on sthg; **~ relações (com alguém)** to break up (with sb).
❏ **cortar-se** *vp* to cut o.s.
corte [ˈkɔxtʃi] *m* cut; **~ de cabelo** haircut.
cortejo [kox'teʒu] *m* procession; **~ fúnebre** funeral procession.
cortesia [koxte'zia] *f* courtesy.
cortiça [kox'tʃisa] *f* cork.
cortiço [kox'tʃisu] *m* slum tenement.
cortina [kox'tʃina] *f* curtain.

cortinados [koxtʃiˈnaduʃ] *mpl* curtains.

coruja [koˈruʒa] *f* owl.

corvina [koxˈvina] *f* black bream.

corvo [ˈkoxvu] *m* crow.

cós [ˈkɔʃ] *m inv* waistband.

coser [koˈze(x)] *vt & vi* to sew.

cosmético [koʒˈmɛtʃiku] *m* cosmetic.

cosmopolita [koʒmopoˈlita] *mf & adj* cosmopolitan.

costa [ˈkɔʃta] *f* coast; *(de montanha)* slope; **dar à ~** to wash ashore.
◻ **costas** *fpl* back *(sg)*.

costela [koʃˈtɛla] *f* rib.

costeleta [koʃteˈleta] *f (de porco, carneiro)* chop; *(de vitela)* cutlet.

costumar [koʃtuˈma(x)] *vt*: **~ fazer algo** to usually do sthg; **ela costuma chegar na hora** she usually arrives on time ◆ *v impess*: **costuma chover muito** it tends to rain a lot.

costume [koʃˈtumi] *m (hábito)* habit; *(uso social)* custom; **como de ~** as usual; **por ~** usually.

costura [koʃˈtura] *f (atividade)* sewing; *(de operação cirúrgica)* scar.

costurar [koʃtuˈra(x)] *vt (roupa)* to sew (up); *(ferida, corte)* to stitch up.

cotação [kotaˈsãw] *(pl -ões* [-õjʃ]*) f (de mercadoria, título)* quoted price; **~ bancária** bank rate.

cotidiano [kotʃiˈdʒjanu] *adj (Br)* daily ◆ *m* everyday life.

cotonetes [kotoˈnɛtʃ] *mpl* cotton buds.

cotovelada [kotoveˈlada] *f* poke with the elbow; **dar uma ~ em alguém** to elbow sb.

cotovelo [kotoˈvelu] *m* elbow.

cotovia [kotoˈvia] *f* lark.

coube [ˈkobi] → **caber**.

couchette [koˈʃetʃi] *f* couchette.

couraça [koˈrasa] *f (de tartaruga, cágado)* shell.

courgette [kurˈʒete] *f (Port)* courgette *(Brit)*, zucchini *(Am)*.

couro [ˈkoru] *m* leather; **~ cabeludo** scalp.

couve [ˈkovi] *f* cabbage; **~ lombarda** savoy cabbage; **~ à mineira** *chopped spring greens lightly fried in butter and garlic*; **~ portuguesa** kale; **~ roxa** red cabbage.

couve-de-Bruxelas [ˌkovidʒibruˈʃelaʃ] *(pl* **couves-de-Bruxelas** [ˌkoviʒdʒibruˈʃelaʃ]*) f* brussels sprout.

couve-flor [koveˈflo(x)] *(pl* **couves-flores** [ˌkoveʃˈfloreʃ]*) f* cauliflower.

couve-galega [ˌkovigaˈlega] *(pl* **couves-galegas** [ˌkoviʒgaˈlegaʃ]*) f* kale.

couvert [koˈvɛ(x)] *m* cover charge.

cova [ˈkɔva] *f* pit; *(sepultura)* grave.

covarde [koˈvaxdʒi] *adj* cowardly ◆ *m* coward.

covardia [kovaxˈdʒia] *f* coward.

coveiro [koˈvejru] *m* gravedigger.

coxa [ˈkoʃa] *f* thigh; **~ de galinha** chicken rissole.

coxia [koˈʃia] *f* aisle.

coxo, -xa [ˈkoʃu, -ʃa] *adj* lame.

cozer [koˈze(x)] *vt* to boil; *(bolo, torta, empada)* to bake.

cozido, -da [koˈzidu, -da] *adj* boiled; *(bolo, torta, empada)* baked ◆ *m*: **~ (à portuguesa)** *a mixture of boiled meats including chicken, beef, pig's ear, "chouriço", black pudding and vegetables, served with rice.*

cozinha [koˈziɲa] *f* kitchen; *(arte)* cookery.

cozinhar [koziˈɲa(x)] *vt & vi* to cook.

cozinheiro, -ra [koziˈɲejru, -ra] *m, f* cook.

crachá [kraˈʃa] *m* badge.

crânio [ˈkranju] *m* skull.

craque [ˈkraki] *mf (fam)* expert.

cratera [kraˈtɛra] *f* crater.

cravar [kraˈva(x)] *vt*: **~ algo em algo** *(unhas)* to dig sthg into sthg; *(dentes, faca)* to sink sthg into sthg; **~ os olhos em** to stare at.

cravinho [kraˈviɲu] *m (Port)* clove.

cravo [ˈkravu] *m (flor)* carnation; *(instrumento)* harpsichord; *(Br: em rosto)* blackhead; *(Br: especiaria)* clove; *(Port: verruga)* wart.

creche [ˈkrɛʃi] *f* crèche.

credencial [kredẽsiˈaw] *(pl -ais* [-ajʃ]*) f (médica)* letter of referral from a GP to a specialist.

crediário [kreˈdʒjarju] *m (Br)* hire purchase *(Brit)*, installment plan *(Am)*.

crédito [ˈkrɛdʒitu] *m* credit; **comprar/vender a ~** to buy/sell on credit.

credor, -ra [kreˈdo(x), -ra] *(mpl -res* [-riʃ]*, fpl -s* [-ʃ]*) m, f* creditor.

crédulo, -la [ˈkrɛdulu, -wa] *adj* gullible.

cremar [kreˈma(x)] *vt* to cremate.

crematório [kremaˈtɔrju] *m* crematorium.

creme [ˈkrɛmi] *m* cream; *(licor)* cream

liqueur; **~ de barba** shaving cream; **~ hidratante** moisturizer; **~ de leite** *(Br)* single cream; **~ de limpeza** cleanser; **~ de noite** cold cream; **~ rinse** *(Br)* conditioner.

cremoso, -osa [kreˈmozu, -ɔza] *adj* creamy.

crença [ˈkrẽsa] *f* belief.

crente [ˈkrẽntʃi] *mf* believer.

crepe [ˈkrɛpi] *m* crepe.

crepúsculo [kreˈpuʃkulu] *m (de manhã)* daybreak; *(à noite)* twilight.

crer [ˈkre(x)] *vi* to believe; *(supor)* to suppose ♦ *vt:* **~ que** *(acreditar)* to believe (that); *(supor)* to suppose (that); **ver para ~** seeing is believing.

crescente [kreˈsẽntʃi] *adj* growing ♦ *m (fase da lua)* crescent.

crescer [kreˈse(x)] *vi* to grow; *(aumentar)* to rise; *(sobejar)* to be left (over).

crespo, -pa [ˈkreʃpu, -pa] *adj (cabelo)* very curly; *(rugoso)* rough.

cretino, -na [kreˈtinu, -na] *m, f* idiot.

cria [ˈkria] *f* young.

criado, -da [kriˈadu, -da] *m, f* servant.

criador, -ra [kriaˈdo(x), -ra] *(mpl* **-res** [-riʃ], *fpl* **-s** [-ʃ]) *m, f* creator; *(de animais)* breeder.

criança [kriˈãsa] *f* child; **~ de colo** infant; **quando ~** as a child; **ser ~** to be childish.

criar [kriˈa(x)] *vt* to create; *(filhos)* to bring up; *(animais)* to raise; **~ caso** to make trouble.

❏ **criar-se** *vp (produzir-se)* to form; *(pessoa)* to grow up.

criatividade [kriatʃiviˈdadʒi] *f* creativity.

criativo, -va [kriaˈtʃivu, -va] *adj* creative.

criatura [kriaˈtura] *f* creature.

crime [ˈkrimi] *m* crime.

criminalidade [kriminaliˈdadʒi] *f* crime.

criminoso, -osa [krimiˈnozu, -ɔza] *m, f* criminal.

crina [ˈkrina] *f* mane.

crisântemo [kriˈzãntemu] *m* chrysanthemum.

crise [ˈkrizi] *f* crisis; *(em doença)* attack; *(de nervos, histeria)* fit.

crista [ˈkriʃta] *f (de ave)* crest; *(de montanha)* ridge; **estar na ~ da onda** to be all the rage.

cristã → **cristão**.

cristal [kriʃˈtaw] *(pl* **-ais** [-ajʃ]) *m* crystal.

cristaleira [kriʃtaˈlejra] *f* china cabinet.

cristão, -tã [kriʃˈtãw, -tã] *adj & m, f* Christian.

critério [kriˈtɛrju] *m* criterion.

crítica [ˈkritika] *f (de obra, peça, filme)* review; *(censura)* criticism.

criticar [kritiˈka(x)] *vt (obra)* to review; *(pessoa, atitude)* to criticize.

crivo [ˈkrivu] *m* sieve; *(de regador)* rose.

crocante [krɔˈkãntʃi] *adj* crunchy.

croché [krɔˈʃɛ] *m (Port)* = **crochê**.

crochê [kroˈʃe] *m (Br)* crochet.

crocodilo [krokoˈdilu] *m* crocodile.

cromo [ˈkrɔmu] *m* sticker.

crónica [ˈkrɔnika] *f (Port)* = **crônica**.

crônica [ˈkronika] *f (Br) (de jornal)* (newspaper) column; *(conto)* short story.

crónico, -ca [ˈkrɔniku, -ka] *adj (Port)* = **crônico**.

crônico, -ca *adj* [ˈkroniku, -ka] *(Br) (doença)* chronic.

cronológico, -ca [kronoˈlɔʒiku, -ka] *adj* chronological.

cronometrar [kronomeˈtra(x)] *vt* to time.

cronómetro [kruˈnɔmetru] *m (Port)* = **cronômetro**.

cronômetro [kroˈnometru] *m (Br)* stopwatch.

croquete [kroˈkɛtʃi] *m* croquette.

crosta [ˈkrɔʃta] *f (de ferida)* scab; *(da Terra)* crust.

cru, crua [ˈkru, ˈkrua] *adj (comida)* raw; *(tecido)* unbleached; *(realidade)* harsh.

crucial [kruˈsjaw] *(pl* **-ais** [-ajʃ]) *adj* crucial.

crucifixo [kruseˈfiksu] *m* crucifix.

cruel [kruˈɛw] *(pl* **-éis** [-ˈɛiʃ]) *adj* cruel.

cruz [ˈkruʃ] *(pl* **-zes** [-ziʃ]) *f* cross; **a Cruz Vermelha** the Red Cross.

cruzamento [kruzaˈmẽntu] *m (em estrada)* crossroads *(sg)*; *(de raças)* crossbreed.

cruzar [kruˈza(x)] *vt* to cross; *(braços)* to fold.

❏ **cruzar-se** *vp (interceptar-se)* to cross; **~-se com alguém** to bump into sb.

cruzeiro [kruˈzejru] *m* cruise; *(antiga unidade monetária)* cruzeiro.

cu [ˈku] *m (vulg)* arse *(Brit)*, ass *(Am)*.

Cuba libre [ˌkubaˈlibri] *f* rum and cola.

cúbico, -ca [ˈkubiku. -ka] *adj* cubic.

cubículo [kuˈbikulu] *m* cubicle.

cubo [ˈkubu] *m* cube; ~ **de gelo** ice cube.

cuco [ˈkuku] *m* cuckoo.

cueca [ˈkwɛka] *f* briefs (*pl*).

cuidado, -da [kuiˈdadu, -da] *adj (casa, jardim, etc)* well looked after ♦ *m* care ♦ *interj* (be) careful!; **ter** ~ **to** take care, to be careful; **aos** ~**s de alguém** care of sb; **com** ~ carefully, with care.

cuidar [kuiˈda(x)] : **cuidar de** *v* + *prep* to take care of.

❏ **cuidar-se** *vp* to look after o.s.

cujo, -ja [ˈkuʒu. -ʒa] *pron (de quem)* whose; *(de que)* of which.

culinária [kuliˈnarja] *f* cookery.

culminar [kuwmiˈna(x)] : **culminar em** *v* + *prep* to culminate in.

culpa [ˈkuwpa] *f* fault; **ter** ~ **de algo** to be to blame for sthg; **por** ~ **de** due to.

culpado, -da [kuwˈpadu, -da] *adj* guilty.

cultivar [kuwtiˈva(x)] *vt* to cultivate.

❏ **cultivar-se** *vp* to educate o.s.

culto, -ta [ˈkuwtu, -ta] *adj* well-educated ♦ *m* cult.

cultura [kuwˈtura] *f* culture; *(agrícola)* crop; *(conhecimentos)* knowledge.

cultural [kuwtuˈraw] (*pl* **-ais** [-ajʃ]) *adj* cultural.

cume [ˈkumi] *m* summit.

cúmplice [ˈkũmplisi] *mf* accomplice.

cumplicidade [kũmplisiˈdadʒi] *f* complicity.

cumprimentar [kũmprimẽnˈta(x)] *vt* to greet.

cumprimento [kũmpriˈmẽntu] *m* greeting.

❏ **cumprimentos** *mpl* regards; **Com os melhores** ~**s** Yours sincerely; ~**s a ...** give my regards to ....

cumprir [kũmˈpri(x)] *vt (tarefa, ordem, missão)* to carry out; *(promessa)* to keep; *(pena, sentença)* to serve; *(lei)* to obey ♦ *v impess:* ~ **a alguém fazer algo** *(caber a)* to be sb's turn to do sthg; *(ser o dever de)* to be sb's responsibility to do sthg.

cúmulo [ˈkumulu] *m* height; **é o** ~! that's the limit!

cunha [ˈkuɲa] *f* wedge.

cunhado, -da [kuˈɲadu, -da] *m, f* brother-in-law *(f* sister-in-law*)*.

cunhar [kuˈɲa(x)] *vt (moeda)* to mint.

cupão [kuˈpãw] (*pl* **-ões** [-õjʃ]) *m (Port)* = cupom.

cupom [kuˈpõ] (*pl* **-ns** [-ʃ]) *m (Br)* voucher.

cúpula [ˈkupula] *f* dome.

cura [ˈkura] *f* cure; *(de queijo, presunto, etc)* curing.

curar [kuˈra(x)] *vt* to cure ♦ *vi (sarar)* to heal.

❏ **curar-se** *vp* to recover.

curativo [kuraˈtʃivu] *m* dressing.

curinga [kuˈrĩŋga] *m (de jogo de cartas)* joker; *(Br:* em futebol*)* substitute.

curiosidade [kurjuziˈdadʒi] *f* curiosity.

curioso, -osa [kuˈrjozu, -ɔza] *adj* curious ♦ *m, f (bisbilhoteiro)* busybody; *(espectador)* onlooker; *(amador)* amateur.

curral [kuˈxaw] (*pl* **-ais** [-ajʃ]) *m* pen.

currículo [kuˈxikulu] *m* curriculum vitae, CV.

curso [ˈkursu] *m* course; *(de universidade)* degree course; *(alunos de um curso)* year; **ter um** ~ **de algo** *(universitário)* to have a degree in sthg; ~ **intensivo** intensive course; ~ **superior** (university) degree; **em** ~ *(ano, semana, etc)* current; *(em funcionamento)* in operation; *(em andamento)* in progress.

cursor [kuxˈso(x)] (*pl* **-res** [-riʃ]) *m (INFORM)* cursor.

curtir [kuxˈtʃi(x)] *vt (peles, couros)* to tan; *(fam: desfrutar)* to enjoy.

curto, -ta [ˈkuxtu, -ta] *adj* short; **a** ~ **prazo** in the short term.

curto-circuito [ˌkuxtusixˈkwitu] (*pl* **curtos-circuitos** [ˌkuxtuʃsixˈkwituʃ]) *m* short circuit.

curva [ˈkuxva] *f (de estrada, caminho, etc)* bend; *(de corpo)* curve.

curvar [kuxˈva(x)] *vt* to bend; *(cabeça)* to bow.

❏ **curvar-se** *vp (inclinar-se)* to bend over; *(fig: humilhar-se)* to lower o.s.

cuscuz [kuʃˈkuʃ] *m* couscous; *(prato árabe)* couscous served with vegetables and spicy lamb; *(prato brasileiro)* steamed seafood, eggs and peas served on couscous.

cuspir [kuʃ'pi(x)] *vi & vt* to spit.

cuspe ['kuʃpi] *m (Br)* spit.

cuspo ['kuʃpu] *m (Port)* = **cuspe**.

custa ['kuʃta] **: à custa de** *prep* at the expense of.

❏ **custas** *fpl (JUR)* costs.

custar [kuʃ'ta(x)] *vt & vi (valer)* to cost; **custa muito a fazer** it's hard to do; **quanto custa?** how much is it?;

custe o que ~ at all costs, at any cost.

custo ['kuʃtu] *m (preço, despesa)* cost; *(fig: dificuldade)* difficulty; ~ **de vida** cost of living; **a** ~ with difficulty.

cutia [ku'tʃia] *f* agouti.

cutícula [ku'tʃikula] *f* cuticle.

c.v. *m (abrev de curriculum vitae)* C.V.

c/v *abrev* = **cave**.

D

da [da] = de + a, → **de**.

dá ['da] → **dar**.

dactilografar [da(k)tilogra'far] *vt* (*Port*) = **datilografar**.

dádiva ['dadiva] *f* donation.

dado, -da ['dadu, -da] *adj* (*sociável*) sociable; (*determinado*) given ◆ *m* (*de jogar*) dice; (*de problema, cálculo*) factor; (*informação*) fact; **~ que** (*visto que*) given that.

❏ **dados** *mpl* (*jogo*) dice; (*INFORM*) data (*sg*); **jogar ~s** to play dice.

daí [da'i] *adv* = **de** + **aí**; (*relativo a espaço*) from there; (*relativo a tempo*): **~ a um mês/um ano/dez minutos** a month/a year/ten minutes later; **~ em OU por diante** from then on; **e ~?** so what?; **sai ~!** get out of there!

dali [da'li] *adv* = **de** + **ali**; (*relativo a espaço*) from there; (*relativo a tempo*): **~ a uma semana/um mês/uma hora** a week/a month/an hour later; **~ em OU por diante** from then on.

daltónico, -ca [dal'tɔniku, -ka] *adj & m, f* (*Port*) = **daltônico**.

daltônico, -ca [daw'toniku, -ka] *adj* (*Br*) colour-blind ◆ *m, f* (*Br*) colour-blind person.

dama ['dama] *f* (*senhora*) lady; (*de jogo de damas*) draught (*Brit*), checker (*Am*); (*de baralho de cartas*) queen; **~ de honor** (*Port*) bridesmaid; **~ de honra** (*Br*) bridesmaid.

❏ **damas** *fpl* draughts (*sg*) (*Brit*), checkers (*sg*) (*Am*); **jogar ~s** to play draughts.

damasco [da'maʃku] *m* apricot.

dança ['dãsa] *f* dance; **~s folclóricas** country dancing (*sg*).

dançar [dã'sa(x)] *vi* to dance; (*oscilar*) to sway ◆ *vt* to dance.

danceteria [dãsete'ria] *f* (*Br*) disco.

danificar [danifi'ka(x)] *vt* to damage.

dano ['danu] *m* damage.

dantes ['dãntiʃ] *adv* in the old days.

dão ['dãw] → **dar**.

Dão ['dãw] *m* Portuguese wine-producing area.

daquela [da'kɛla] = **de** + **aquela**, → **de**.

daquele [da'keli] = **de** + **aquele**, → **de**.

daqui [da'ki] *adv* = **de** + **aqui**; (*deste lugar*) from here; (*deste momento*): **~ a um ano/mês** in a year/month; **ele saiu ~ às nove** he left here at nine; **~ a pouco** in a little while; **~ em OU por diante** from now on.

daquilo [da'kilu] = **de** + **aquilo**, → **aquilo**.

dar ['da(x)] *vt* **1.** (*entregar, presentear*) to give; **~ algo a alguém** to give sb sthg, to give sthg to sb.

2. (*produzir*) to produce.

3. (*causar, provocar*) to give; **dá-me sono/pena** it makes me sleepy/sad; **isto vai ~ muito que fazer** this is going to be a lot of work; **só dá problemas** it's nothing but trouble.

4. (*filme, programa*): **deu no noticiário hoje** it was on the news today.

5. (*exprime ação*) to give; **~ um berro** to give a cry; **~ um pontapé em alguém** to kick sb; **~ um passeio** to go for a walk.

6. (*festa, concerto*) to hold; **vão ~ uma festa** they're going to have OU throw a party.

7. (*dizer*) to say; **ele me deu boa-noite** he said good night to me.

8. (*ensinar*) to teach; **o que é que você está dando nas suas aulas?** what are you teaching (at the moment)?; **ela dá aula numa escola** she teaches at a school; **gostaria de ~ aulas de Inglês** I would like to teach English.

9. (*aprender, estudar*) to do; **o que é que estão dando em Inglês?** what are you doing in English (at the moment)?; **estamos dando o verbo "to be"** we're doing the verb "to be".

♦ *vi* **1.** *(horas):* **já deram cinco horas** the clock has struck five. **2.** *(condizer):* ~ **com** to go with; **as cores não dão umas com as outras** the colours clash. **3.** *(proporcionar):* ~ **de beber a alguém** to give sb something to drink; ~ **de comer a alguém** to feed sb. **4.** *(em locuções):* **dá igual** OU **no mesmo** it doesn't matter.

❏ **dar com** *v + prep (encontrar, descobrir)* to meet; **dei com ele no cinema** I met him at the cinema.

❏ **dar em** *v + prep (resultar):* **a discussão não vai ~ em nada** the discussion will come to nothing.

❏ **dar para** *v + prep (servir para, ser útil para)* to be good for; *(suj: varanda, janela)* to look onto; *(suj: porta)* to lead to; *(ser suficiente para)* to be enough for; *(ser possível)* to be possible; **dá para você fazer isso hoje?** could you do it today?; **dá para ir a pé?** is it within walking distance?; **não vai ~ para eu chegar a horas** I won't be able to get there on time.

❏ **dar por** *v + prep (aperceber-se de)* to notice.

❏ **dar-se** *vp:* **~-se bem/mal com alguém** to get on well/badly with sb; **não me dou bem com condimentos** spices don't agree with me; **deu-se mal com a brincadeira** his plan backfired; **~-se por vencido** to give in.

dardo ['daxdu] *m (arma)* spear; *(ESP)* javelin.

❏ **dardos** *mpl* darts *(sg);* **jogar ~s** to play darts.

das [daʃ] = **de** + **as**, → **de**.

data ['data] *f* date; ~ **de nascimento** date of birth.

datilografar [datʃilograˈfa(x)] *vt (Br)* to type.

datilógrafo, -fa [datʃiˈlɔgrafu, -fa] *m, f (Br)* typist.

d.C. *(abrev de depois de Cristo)* AD.

de [dʒi] *prep* **1.** *(indica posse)* of; **o lápis do Mário** Mário's pencil; **o carro daquele homem** that man's car; **a recepção do hotel** the hotel reception; **a casa é dela** it's her house. **2.** *(indica matéria)* (made) of; **um bolo ~ chocolate** a chocolate cake; **um reló-**

gio ~ **ouro** a gold watch. **3.** *(indica conteúdo)* of; **um copo ~ água** a glass of water. **4.** *(usado em descrições, determinações):* **uma camisola ~ manga curta** a short-sleeved T-shirt; **uma nota ~ 50 reais** a 50-real note; **o senhor ~ preto** the man in black. **5.** *(indica assunto)* about; **fale da viagem** tell me about the trip; **um livro ~ informática** a book about OU on computers; **um livro ~ geografia** a geography book. **6.** *(indica origem)* from; **sou ~ Coimbra** I'm from Coimbra; **os habitantes do bairro** the locals; **um produto do Brasil** a Brazilian product. **7.** *(indica tempo):* **o jornal das nove** the nine o'clock news; **partimos às três da tarde** we left at three in the afternoon; **trabalho das nove às cinco** I work from nine to five. **8.** *(indica uso):* **a sala ~ espera** the waiting room; **uma máquina ~ calcular** a calculator; **a porta ~ entrada** the front door. **9.** *(usado em denominações, nomes)* of. **10.** *(indica causa, modo):* **chorar ~ alegria** to cry with joy; **está tudo ~ pernas para o ar** everything is upside down; **morrer ~ frio** to freeze to death; **viajou ~ carro** he travelled by car. **11.** *(indica autor)* by; **um filme ~ Cacá Diegues** a film by Cacá Diegues; **o último livro ~ Érico Veríssimo** Érico Veríssimo's latest book. **12.** *(introduz um complemento):* **cheio ~ gente** full of people; **desconfiar ~ alguém** to distrust sb; **difícil ~ esquecer** hard to forget; **gostar ~ algo/alguém** to like sthg/sb. **13.** *(em comparações):* **do que** than; **é mais rápido do que este** it's faster than this one. **14.** *(em superlativos)* of; **o melhor ~ todos** the best of all. **15.** *(dentre)* of; **uma daquelas cadeiras** one of those chairs; **um dia destes** one of these days; **um desses hotéis serve** any one of those hotels will do. **16.** *(indica série):* ~ **dois em dois dias** every two days; ~ **quinze em quinze minutos** every fifteen minutes; ~ **três em três metros** every three metres.

debaixo [de'bajʃu] *adv* underneath; ~ **de** under.

debate [de'batʃi] *m* debate.

debater [deba'te(x)] *vt* to debate.

❑ **debater-se** *vp* to struggle.

débil ['dɛbiw] (*pl* **-beis** [-bejʃ]) *adj* weak ♦ *mf:* ~ **mental** mentally handicapped person.

debitar [debi'ta(x)] *vt* to debit.

débito ['dɛbitu] *m* debit; *(de rio)* volume.

debruçar-se [debru'saxsi] *vp* to lean over; ~ **sobre algo** *(problema, questão)* to look into sthg.

década ['dɛkada] *f* decade; **na ~ de oitenta/noventa** in the 80s/90s.

decadência [deka'dẽsja] *f* decadence.

decadente [deka'dẽntʃi] *adj* decadent.

decapitar [dekapi'ta(x)] *vt* to behead.

decência [de'sẽsja] *f* decency.

decente [de'sẽntʃi] *adj* decent.

decepar [dese'pa(x)] *vt* to cut off.

decepção [dese'sãw] (*pl* **-ões** [-õjʃ]) *f* disappointment.

decidido, -da [desi'dʒidu, -da] *adj* *(pessoa)* determined; *(resolvido)* settled.

decidir [desi'dʒi(x)] *vt* to decide; ~ **fazer algo** to decide to do sthg.

❑ **decidir-se** *vp* to make up one's mind; **~-se a fazer algo** to make up one's mind to do sthg.

decifrar [desi'fra(x)] *vt* to decipher.

decimal [desi'maw] (*pl* **-ais** [-ajʃ]) *adj* decimal.

décimo, -ma ['dɛsimu, -ma] *num* tenth ♦ *m* *(em loteria)* tenth share of a lottery ticket, → **sexto**.

decisão [desi'zãw] (*pl* **-ões** [-õjʃ]) *f* *(resolução)* decision.

declamar [dekla'ma(x)] *vt* & *vi* to recite.

declaração [deklara'sãw] (*pl* **-ões** [-õjʃ]) *f* statement; *(de amor)* declaration; ~ **amigável (de acidente automóvel)** *jointly agreed insurance statement made by drivers after an accident.*

declarar [dekla'ra(x)] *vt* to declare; **"nada a ~"** "nothing to declare".

❑ **declarar-se** *vp* *(confessar sentimentos)* to declare one's love; *(manifestar-se)* to express an opinion.

declínio [de'klinju] *m* decline.

declive [de'klivi] *m* slope.

decolagem [deko'laʒẽ] *f* *(Br)* *(de avião)* takeoff.

decomposição [dekõmpozi'sãw] (*pl* **-ões** [-õjʃ]) *f* decomposition.

decoração [dekora'sãw] (*pl* **-ões** [-õjʃ]) *f* decoration.

decorar [deko'ra(x)] *vt* *(ornamentar)* to decorate; *(memorizar)* to memorize.

decorativo, -va [dekora'tʃivu, -va] *adj* decorative.

decorrente [deko'xẽntʃi] *adj* resulting; ~ **de** resulting from.

decote [de'kɔtʃi] *m* neckline; ~ **em bico** OU **em V** V-neck; ~ **redondo** round neck.

decrescer [dekre'se(x)] *vi* to decrease.

decretar [dekre'ta(x)] *vt* to decree.

decreto [de'kretu] *m* decree.

decreto-lei [de,kretu'lej] (*pl* **decretos-lei** [de,kretuʒ'lej]) *m* *law issued by the Government which overrules any existing legislation.*

decurso [de'kursu] *m:* **no ~ de** in the course of.

dedal [de'daw] (*pl* **-ais** [-ajʃ]) *m* thimble.

dedão [de'dãw] (*pl* **-ões** [-õjʃ]) *m* *(Br)* *(de mão)* thumb; *(de pé)* big toe.

dedicação [dedʒika'sãw] (*pl* **-ões** [-õjʃ]) *f* dedication.

dedicar [dedʒi'ka(x)] *vt* *(livro, música, obra)* to dedicate; *(tempo, atenção, energias)* to devote.

❑ **dedicar-se a** *vp + prep* to devote o.s. to; **a que se dedica?** what do you do?

dedo ['dedu] *m* *(de mão)* finger; *(de pé)* toe; *(medida)* inch; **levantar o ~** to put one's hand up.

dedões → **dedão**.

dedução [dedu'sãw] (*pl* **-ões** [-õjʃ]) *f* deduction.

deduzir [dedu'zi(x)] *vt* *(descontar)* to deduct; *(concluir)* to deduce.

defeito [de'fejtu] *m* defect.

defeituoso, -osa [defej'twozu, -ɔza] *adj* *(produto)* defective.

defender [defẽ'de(x)] *vt* to defend.

❑ **defender-se** *vp* to defend o.s.; **~-se de** to defend o.s. against.

defensor, -ra [defẽ'so(x), -ra] (*mpl* **-res** [-riʃ], *fpl* **-s** [-ʃ]) *m, f* defender.

deferimento [deferi'mẽntu] *m* approval; **"pede ~"** *expression used at the end of any formal letter of request sent to an institution or government office asking them to grant a request.*

defesa [de'feza] *f* defence; *(de tese)* viva voce *(oral exam taken to support one's thesis at university)*.

défice ['defisi] *m* deficit.

deficiência [defi'sjēsja] *f* deficiency; *(física)* handicap.

deficiente [defi'sjēntʃi] *adj* deficient ♦ *mf* handicapped person; ~ **físico** physically handicapped person; ~ **mental** mentally handicapped person; ~ **motor** *person with a motor neurone disease*.

definição [defini'sãw] *(pl -ões* [-õjʃ]) *f* definition.

definir [defi'ni(x)] *vt (palavra, sentido)* to define; *(estratégia, plano, regras)* to set out.

❑ **definir-se** *vp* to make one's mind up.

definitivamente [defini,tʃiva'mēntʃi] *adv (para sempre)* for good; *(sem dúvida)* definitely.

definitivo, -va [defini'tʃivu, -va] *adj (decisão, resposta)* final; *(separação, mudança)* permanent.

deformação [defoxma'sãw] *(pl -ões* [-õjʃ]) *f (de corpo)* deformity; *(de forma, realidade)* distortion.

deformar [defox'ma(x)] *vt (corpo)* to deform; *(forma, imagem, realidade)* to distort.

defrontar [defrõn'ta(x)] *vt* to confront.

defronte [de'frõntʃi] *adv* opposite; ~ **de** opposite.

defumado, -da [defu'madu, -da] *adj* smoked.

defumar [defu'ma(x)] *vt* to smoke.

degelo [de'ʒelu] *m* thaw.

degolar [dego'la(x)] *vt* to behead.

degradante [degra'dãntʃi] *adj* degrading.

degradar [degra'da(x)] *vt* to degrade.

❑ **degradar-se** *vp (saúde, relações)* to deteriorate; *(humilhar-se)* to demean o.s.

degrau [de'graw] *m* step.

degustação [deguʃta'sãw] *f* tasting.

degustar [deguʃ'ta(x)] *vt* to taste.

dei ['dej] → **dar**.

deitar [dej'ta(x)] *vt (estender)* to lay (down); *(em cama)* to put to bed; ~ **abaixo** to knock down; ~ **fora** *algo (Port: pôr no lixo)* to throw sthg away OU out; ~ **fora** *(Port) (verter)* to spill over; *(vomitar)* to throw up.

❑ **deitar-se** *vp (na cama)* to go to bed; *(no chão)* to lie down.

deixa ['dejʃa] *f* cue.

deixar [dej'ʃa(x)] *vt* leave; *(permitir)* to allow, to let; *(vício, estudos)* to give up ♦ *vi*: ~ **de fazer algo** to stop doing sthg; **não** ~ **de fazer algo** to be sure to do sthg; **deixa que eu acabe isto** let me finish this; **você deixou a cama por fazer** you didn't make the bed; ~ **alguém fazer algo** to let sb do sthg; ~ **algo para** to leave sthg for; ~ **algo de lado** to put sthg aside; ~ **algo/alguém em paz** to leave sthg/sb alone; ~ **algo/alguém para trás** to leave sthg/sb behind; ~ **cair** to drop.

❑ **deixar-se** *vp*: ~**-se levar por** to get carried away with; **deixa de brincadeiras!** stop fooling around!; **ela não se deixou enganar** she wasn't to be fooled; ~ **de fazer algo** to stop doing sthg.

dela ['dɛla] = **de** + **ela**, → **de**.

dele ['deli] = **de** + **ele**, → **de**.

delegacia [delega'sia] *f (Br)* police station.

delegado, -da [dele'gadu, -da] *m, f (Br: de polícia)* police superintendent *(Brit)*, police captain *(Am)*; *(de turma)* form captain; *(de país, governo, instituição)* delegate.

deleitar [delej'ta(x)] *vt* to delight.

❑ **deleitar-se com** *vp + prep* to delight in.

delgado, -da [dɛw'gadu, -da] *adj (pessoa)* slim; *(fio, corda, pau, barra)* thin.

deliberação [delibera'sãw] *(pl -ões* [-õjʃ]) *f* decision.

deliberar [delibe'ra(x)] *vt* to decide on ♦ *vi* to deliberate.

delicadeza [delika'deza] *f* delicacy; *(cortesia)* courtesy; *(cuidado)* care.

delícia [de'lisja] *f (sensação)* pleasure; *(manjar)* delicacy; **que ~!** how lovely!

delicioso, -osa [deli'sjozu, -ɔza] *adj* delicious.

delinear [deli'nja(x)] *vt* to outline.

delinquência [delīŋ'kwēsja] *f (Port)* = **delinqüência**.

delinqüência [delīŋ'kwēsja] *f (Br)* delinquency; ~ **juvenil** juvenile delinquency.

delinqüente [delīŋ'kwēntʃi] *mf* delinquent.

delirante [deli'rãntʃi] *adj (fig: incrível)* amazing.

delirar [deli'ra(x)] *vi* to be delirious.

delírio [de'lirju] *m (MED)* delirium; *(fig: excitação)* excitement.

delito [de'litu] *m* crime.

demais [de'majʃ] *adv (com verbos)* too much; *(com adjectivos)* too ◆ *pron*: **os/as ~** the rest; **isto já é ~!** this really is too much!; **ser ~** *(ser o máximo)* to be brilliant.

demasia [dema'zia] : **em demasia** *adv* too much.

demasiado, -da [dema'zjadu, -da] *adj (com substantivos singulares)* too much; *(com substantivos plurais)* too many ◆ *adv (com verbos)* too much; *(com adjetivos)* too.

demência [de'mẽsja] *f* dementia.

demente [de'mẽntʃi] *adj* insane.

demissão [demi'sãw] *(pl* -ões [-õjʃ]*)* f *(involuntária)* dismissal; *(voluntária)* resignation; **pedir ~** to resign.

demitir [demi'tʃi(x)] *vt* to dismiss. ❑ **demitir-se** *vp* to resign.

democracia [demokra'sia] *f* democracy.

democrata [demo'krata] *mf* democrat ◆ *adj* democratic.

democrático, -ca [demo'kratʃiku, -ka] *adj* democratic.

demolição [demoli'sãw] *(pl* -ões [-õjʃ]*)* f demolition.

demolir [demo'li(x)] *vt* to demolish.

demónio [de'mɔnju] *m (Port)* = **demônio**.

demônio [de'monju] *m (Br)* devil.

demonstração [demõʃtra'sãw] *(pl* -ões [-õjʃ]*)* f demonstration; *(prova)* display.

demonstrar [demõʃ'tra(x)] *vt* to demonstrate; *(revelar)* to show.

demora [de'mɔra] *f* delay; **sem ~** without delay.

demorado, -da [demo'radu, -da] *adj (longo)* lengthy; *(lento)* slow.

demorar [demo'ra(x)] *vi* to take time ◆ *vt (tardar)* to take; *(atrasar)* to detain; **vai ~ muito?** will it take long? ❑ **demorar-se** *vp* to take too long; **demorei-me por causa do trânsito** I got held up in the traffic.

dendê [dẽn'de] *m* palm oil.

denegrir [dene'gri(x)] *vt (fig: manchar)* to blacken.

dengue ['dẽngi] *f* dengue fever; **~ hemorrágica** chronic dengue fever.

denominação [denomina'sãw] *(pl* -ões [-õjʃ]*)* f denomination.

denotar [deno'ta(x)] *vt* to show.

densidade [dẽsi'dadʒi] *f* density.

denso, -sa ['dẽsu, -sa] *adj* dense.

dentada [dẽn'tada] *f* bite.

dentadura [dẽnta'dura] *f (natural)* teeth *(pl)*; *(postiça)* dentures *(pl)*.

dente ['dẽntʃi] *m* tooth; *(de elefante, elefante marinho)* tusk; *(de garfo, ancinho)* prong; **~ de alho** clove of garlic; **~ do siso** wisdom tooth; **~s postiços** false teeth.

dentífrico, -ca [dẽn'tʃifriku, -ka] *adj* tooth *(antes de s)* ◆ *m* toothpaste.

dentista [dẽn'tʃiʃta] *mf* dentist.

dentre ['dẽntri] = **de** + **entre**, → **entre**.

dentro ['dẽntru] *adv (no interior)* in, inside; **~ de** *(relativo a espaço físico)* in, inside; *(relativo a espaço temporal)* in, within; **~ em pouco** OU **em breve** soon; **aqui ~** in here; **lá ~** inside; **por ~ inside**; **por ~ de** on the inside of; **estar por ~ de algo** to be in the know about sthg.

denúncia [de'nũsja] *f (revelação)* exposure; *(acusação)* accusation.

denunciar [denũ'sja(x)] *vt* to report.

deparar [depa'ra(x)] : **deparar com** *v* + *prep (encontrar)* to come across; *(enfrentar)* to come up against. ❑ **deparar-se** *vp (surgir)* to arise.

departamento [departa'mẽntu] *m* department.

dependência [depẽn'dẽsja] *f (de casa)* room; *(de vício, droga)* dependency; *(de chefe, pai, mãe)* dependence.

dependente [depẽn'dẽntʃi] *adj* dependent.

depender [depẽn'de(x)] *vi*: **depende ... it depends ....** ❑ **depender de** *v* + *prep (de droga, pai, mãe)* to be dependent on; *(de circunstâncias, tempo, dinheiro)* to depend on.

depilar [depi'la(x)] *vt* to remove hair from; *(com cera)* to wax.

depilatório, -ria [depila'tɔrju, -rja] *adj* hair-removing ◆ *m* depilatory.

depoimento [depoj'mẽntu] *m (em esquadra)* statement; **prestar ~** to give evidence.

depois [de'pojʃ] *adv (relativo a espaço)* after; *(relativo a tempo)* afterwards; **~ se vê!** we'll see!; **e ~?** so?; **a sobremesa fica para ~** we'll leave the dessert

for later; **deixar algo para** ~ to leave
sthg for later; **dias/semanas/anos** ~
days/weeks/years later; ~ **de amanhã**
the day after tomorrow; ~ **de** after; ~
que since; **logo** ~ straight afterwards.
depor [de'po(x)] *vi (JUR)* to give evidence ◆ *vt (governo, ministro)* to overthrow.
depositar [depozi'ta(x)] *vt* to pay in;
~ **confiança em alguém** to place one's
trust in sb.
❑ **depositar-se** *vp* to settle.
depósito [de'pozitu] *m (em banco)*
deposit; *(armazém)* warehouse; *(reservatório)* tank; *(sedimento)* sediment; ; ~
de bagagens *(Br)* left-luggage office
(Brit), baggage room *(Am)*; ~ **de gasolina** *(Port: de veículo)* petrol tank.
depravação [deprava'sãw] *(pl* -ões
[-õjʃ]) *f* depravity.
depreciação [depresja'sãw] *(pl* -ões
[-õjʃ]) *f* depreciation.
depressa [de'prɛsa] *adv* quickly
◆ *interj* hurry up!; **anda** ~ **com isso!**
hurry up with that!
depressão [depre'sãw] *(pl* -ões [-õjʃ])
f depression; ~ **econômica** (economic)
depression.
deprimente [depri'mẽntʃi] *adj*
depressing.
deprimir [depri'mi(x)] *vt* to depress.
deputado, -da [depu'tadu, -da] *m, f*
deputy.
deriva [de'riva] *f*: **ir à** ~ to drift; **estar
à** ~ to be adrift.
derivar [deri'va(x)] *vi* to drift.
❑ **derivar de** *v* + *prep (palavra, termo)*
to derive from; *(produto)* to be made
from; *(problema)* to stem from.
dermatologista [dexmatolo'ʒiʃta] *mf*
dermatologist.
derramamento [dexama'mẽntu] *m
(de líquido)* spillage; *(de lágrimas,
sangue)* shedding.
derramar [dexa'ma(x)] *vt (líquido)* to
spill; *(lágrimas, sangue)* to shed; *(farinha, feijão)* to drop.
derrame [de'xami] *m (MED)* hemorrhage.
derrapagem [dexa'paʒẽ] *(pl* -ns [-ʃ]) *f*
skid.
derrapar [dexa'pa(x)] *vi* to skid.
derreter [dexe'te(x)] *vt* to melt.
❑ **derreter-se** *vp* to melt.
derrota [de'xɔta] *f* defeat.
derrotar [dexo'ta(x)] *vt* to defeat.

derrubar [dexu'ba(x)] *vt (objecto, pessoa)* to knock over; *(casa)* to knock
down; *(árvore)* to cut down; *(fig: governo, sistema)* to overthrow.
desabafar [dʒizaba'fa(x)] *vi* to get it
off one's chest.
desabamento [dʒizaba'mẽntu] *m (de
terra, pedras)* landslide; *(de edifício)* collapse.
desabar [dʒiza'ba(x)] *vi* to collapse.
desabitado, -da [dʒizabi'tadu, -da]
adj unoccupied.
desabotoar [dʒizabo'twa(x)] *vt* to
unbutton.
desabrigado, -da [dʒizabri'gadu,
-da] *adj (sem casa, lar)* homeless;
(exposto ao tempo) exposed.
desabrochar [dʒizabro'ʃa(x)] *vi* to
open.
desacompanhado, -da [dʒiza-
kõmpa'nadu, -da] *adj* unaccompanied.
desaconselhar [dʒizakõse'ʎa(x)] *vt*:
~ **algo (a alguém)** to advise (sb)
against sthg.
desaconselhável [dʒizakõse'ʎavɛw]
(pl -eis [-ejʃ]) *adj* inadvisable.
desacordado, -da [dʒizakor'dadu,
-da] *adj* unconscious.
desacostumado, -da [dʒizakoʃtu-
'madu, -da] *adj* unaccustomed.
desacreditar [dʒizakredi'ta(x)] *vt* to
discredit.
❑ **desacreditar-se** *vp* to be discredit-
ed.
desactualizado, -da [dezatwali-
'zadu, -da] *adj (Port)* = **desatualizado**.
desafinado, -da [dʒizafi'nadu, -da]
adj (instrumento) out of tune; *(voz)*
tuneless.
desafinar [dʒizafi'na(x)] *vi* to be out
of tune.
desafio [dʒiza'fiu] *m* challenge; *(Port:
de futebol, basquetebol, etc)* match.
desafortunado, -da [dʒiza-
foxtu'nadu, -da] *adj* unlucky.
desagradar [dʒizagra'da(x)] : **desagradar a** *v* + *prep* to displease.
desaguar [dʒiza'gwa(x)] *vi*: ~ **em** to
flow into.
desajeitado, -da [dʒizaʒej'tadu, -da]
adj clumsy.
desalinhado, -da [dʒizali'nadu, -da]
adj untidy.
desalinho [dʒiza'liɲu] *m (em forma de
vestir)* sloppiness; *(desordem)* untidi-

ness; **em ~** in disarray.

desalojar [dʒizalo'ʒa(x)] vt to evict.

desamarrar [dʒizama'xa(x)] vt to untie.

desamparado, -da [dezãmpa'radu, -da] adj abandoned.

desamparar [dʒizãmpa'ra(x)] vt to abandon.

desanimado, -da [dʒizani'madu, -da] adj down.

desanimar [dʒizani'ma(x)] vt to discourage ♦ vi to lose heart.

desânimo [dʒi'zanimu] m dejection.

desanuviar [dʒizanu'vja(x)] vt (fig) (cabeça) to clear; (espírito) to lift ♦ vi (céu) to clear; (fig: espairecer) to unwind.

desaparafusar [dʒizaparafu'za(x)] vt to unscrew.

desaparecer [dʒizapare'se(x)] vi to disappear.

desaparecido, -da [dʒizapare'sidu, -da] adj missing ♦ m, f missing person.

desaparecimento [dʒizaparesi'mẽntu] m disappearance.

desapertar [dʒizaper'ta(x)] vt to undo.

desapontado, -da [dʒizapõn'tadu, -da] adj disappointed.

desapontamento [dʒizapõnta'mẽntu] m disappointment.

desapontar [dʒizapõn'ta(x)] vt to disappoint.

desarmamento [dʒizaxma'mẽntu] m disarmament.

desarmar [dʒizax'ma(x)] vt to disarm; (barraca, cama, estante) to dismantle.

desarranjado, -da [dʒizaxã'ʒadu, -da] adj dishevelled.

desarranjar [dʒizaxã'ʒa(x)] vt to mess up.

desarrumado, -da [dʒizaxu'madu, -da] adj untidy.

desarrumar [dʒizaxu'ma(x)] vt to mess up.

desarticulado, -da [dʒizaxtʃiku'ladu, -da] adj dislocated.

desassossego [dʒizaso'segu] m disquiet.

desastrado, -da [dʒizaʃ'tradu, -da] adj clumsy.

desastre [dʒi'zaʃtri] m (de automóvel) accident, crash; (desgraça) disaster.

desatar [dʒiza'ta(x)] vt to untie ♦ vi: **~ a fazer algo** to start doing sthg; **~ a**

rir/chorar to burst out laughing/crying.

desatento, -ta [dʒiza'tẽntu, -ta] adj distracted.

desatino [dʒiza'tinu] m (fam: chatice) hassle.

desatualizado, -da [dʒizatwali'zadu, -da] adj (Br) (máquina, livro, sistema) outdated; (pessoa) out of touch.

desavença [dʒiza'vẽsa] f quarrel.

desavergonhado, -da [dʒizavexgo'ɲadu, -da] adj cheeky ♦ m, f shameless person.

desbaratar [dʒiʒbara'ta(x)] vt to squander.

desbastar [dʒiʒbaʃ'ta(x)] vt (cabelo) to thin (out).

desbotado, -da [dʒiʒbo'tadu, -da] adj faded.

desbotar [dʒiʒbo'ta(x)] vt & vi to fade.

desbravar [dʒiʒbra'va(x)] vt to clear.

descabido, -da [dʒiʃka'bidu, -da] adj inappropriate.

descafeinado, -da [dʒiʃkafej'nadu, -da] adj decaffeinated ♦ m decaffeinated coffee.

descalçar [dʒiʃkaw'sa(x)] vt to take off.

descalço, -ça [dʒiʃ'kawsu, -sa] pp → **descalçar** ♦ adj barefoot.

descampado, -da [dʒiʃkãm'padu, -da] adj exposed ♦ m open ground.

descansado, -da [dʒiʃkã'sadu, -da] adj carefree; **fique ~!** don't worry!

descansar [dʒiʃkã'sa(x)] vi to rest.

descanso [dʒiʃ'kãsu] m rest; (Br: para prato) place mat.

descapotável [deʃkapo'tavel] (pl -eis [-ejʃ]) adj (Port: carro) convertible.

descarado, -da [dʒiʃka'radu, -da] adj cheeky.

descaramento [dʒiʃkara'mẽntu] m cheek(iness).

descarga [dʒiʃ'kaxga] f (descarregamento) unloading; (de arma) shot; (Br: de vaso sanitário) flush; **dar a ~** (Br) to flush the toilet; **~ elétrica** electrical discharge.

descarregar [dʒiʃkaxe'ga(x)] vt (carga) to unload; (arma) to fire; (fig: raiva, frustração) to vent.

❏ **descarregar-se** vp (bateria, pilha) to go flat.

descarrilamento [dʒiʃkaxila'mẽntu] m derailment.

descarrilar [dʒiʃkaxiˈla(x)] *vi* to be derailed.

descartar-se [dʒiʃkaxˈtaxsi] : **descartar-se de** *vp* + *prep* to get rid of.

descartável [dʒiʃkaxˈtavɛw] (*pl* **-eis**) *adj* disposable.

descascar [dʒiʃkaʃˈka(x)] *vt (fruta, batatas)* to peel; *(nozes)* to shell.

descendência [desẽnˈdẽsja] *f* descendants *(pl)*.

descendente [desẽnˈdẽntʃi] *mf* descendant.

descender [desẽnˈde(x)] : **descender de** *v* + *prep* to descend from.

descentralizar [dʒiʃsẽntraliˈza(x)] *vt* to decentralize.

descer [deˈse(x)] *vt (escadas, rua, montanha)* to go/come down; *(estore)* to lower ◆ *vi (temperatura, preço)* to go down; **~ (de)** *(de muro, escada, mesa)* to go/come down (from); *(de cavalo)* to dismount (from); *(de carro)* to get out (of); *(de ônibus, trem)* to get off.

descida [deˈsida] *f (de rua, estrada)* slope; *(de avião)* descent; *(de preço, valor)* fall; **"~ perigosa"** "steep descent".

descoberta [dʒiʃkoˈbexta] *f (descobrimento)* discovery; *(invento)* invention.

descobrimento [dʒiʃkobriˈmẽntu] *m* discovery.

❏ **Descobrimentos** *mpl*: **os Descobrimentos** the Discoveries.

descobrir [dʒiʃkoˈbri(x)] *vt* to discover; *(destapar, desvendar)* to uncover.

descolagem [deʃkuˈlaʒẽ] (*pl* **-ns** [-ʃ]) *f (Port)* = **decolagem**.

descolar [deʃkuˈlar] *vt (selo, fita-cola, adesivo)* to remove.

descoloração [dʒiʃkoloraˈsãw] (*pl* **-ões** [-õjʃ]) *f* discoloration; **fazer uma ~** to have one's hair bleached.

descompor [dʒiʃkõmˈpo(x)] *vt* to reprimand.

descompostura [dʒiʃkõmpoʃˈtura] *f* reprimand; **passar uma ~ a alguém** to give sb a good talking to.

descomunal [dʒiʃkomuˈnaw] (*pl* **-ais** [-ajʃ]) *adj* huge.

desconcentrar [dʒiʃkõsẽnˈtra(x)] *vt* to distract.

desconfiar [dʒiʃkõˈfja(x)] *vt*: **~ que** to suspect (that).

❏ **desconfiar de** *v* + *prep (não ter confiança em)* to distrust; *(suspeitar de)* to suspect.

desconfortável [dʒiʃkõforˈtavɛw] (*pl* **-eis** [-ejʃ]) *adj* uncomfortable.

desconforto [dʒiʃkõˈfortu] *m* discomfort.

descongelar [dʒiʃkõʒeˈla(x)] *vt* to defrost.

desconhecer [dʒiʃkoɲeˈse(x)] *vt*: **desconheço a resposta** I don't know the answer; **desconheço o seu paradeiro** I don't know where he is.

desconhecido, -da [dʒiʃkoɲeˈsidu, -da] *adj* unknown ◆ *m, f* stranger.

desconsolado, -da [dʒiʃkõsoˈladu, -da] *adj (triste)* disheartened; *(insípido)* insipid.

descontar [dʒiʃkõnˈta(x)] *vt (deduzir)* to deduct; *(cheque)* to debit.

descontentamento [dʒiʃkõntẽntaˈmẽntu] *m* discontent.

desconto [dʒiʃˈkõntu] *m* discount.

descontraído, -da [dʒiʃkõntraˈidu, -da] *adj* relaxed.

descontrair [dʒiʃkõntraˈi(x)] *vt* to relax.

❏ **descontrair-se** *vp* to relax.

descontrolado, -da [dʒiʃkõntroˈladu, -da] *adj (pessoa)* hysterical; *(máquina)* out of control.

descontrolar-se [deʃkõntruˈlaxsi] *vp* to lose control.

desconversar [dʒiʃkõvexˈsa(x)] *vi* to change the subject.

descortinar [dʒiʃkoxtʃiˈna(x)] *vt* to discover.

descoser [dʒiʃkoˈze(x)] *vt* to unstitch.

❏ **descoser-se** *vp* to come apart at the seams.

descrever [dʒiʃkreˈve(x)] *vt* to describe.

descrição [dʒiʃkriˈsãw] (*pl* **-ões** [-õjʃ]) *f* description.

descuidado, -da [dʒiʃkuiˈdadu, -da] *adj* untidy.

descuidar [dʒiʃkuiˈda(x)] *vt* to neglect.

❏ **descuidar-se** *vp (não ter cuidado)* to be careless.

descuido [dʒiʃˈkuidu] *m (imprudência)* carelessness.

desculpa [dʒiʃˈkuwpa] *f* excuse; **pedir ~ a alguém por algo** to apologize to sb for sthg.

desculpar [dʒiʃkuwˈpa(x)] *vt* to excuse; **desculpe! machuquei-o?** I'm sorry!; did I hurt you?; **desculpe, pode me dizer as horas?** excuse me, do you have the time?

❑ **desculpar-se** *vp (pedir desculpa)* to apologize; *(justificar-se)* to justify o.s.; **~-se com algo** to use sthg as an excuse.

desde ['deʒʒi] *prep (relativamente a espaço, variedade)* from; *(relativamente a tempo)* since; **~ aí** since then; **~ que** *(relativo a tempo)* since; *(indica condição)* if.

desdém [deʒ'dẽ] *m* contempt.

desdenhar [deʒde'ɲa(x)] *vt* to scorn ◆ *vi:* **~ de** to scoff at.

desdentado, -da [dʒiʒdẽ'tadu, -da] *adj* toothless.

desdizer [dʒiʒdi'ze(x)] *vt* to contradict.

❑ **desdizer-se** *vp* to go back on one's word.

desdobrar [dʒiʒdo'bra(x)] *vt (jornal, roupa, tecido)* to unfold; *(subdividir)* to divide up.

desejar [deze'ʒa(x)] *vt* to want; **o que é que você deseja?** what would you like?; **deseja mais alguma coisa?** would you like anything else?; **desejo-lhe boa sorte!** I wish you (good) luck!

desejo [de'zeʒu] *m (vontade)* wish; *(anseio)* desire.

deselegante [dʒizele'gãntʃi] *adj* inelegant.

desembaciar [dʒizẽba'sja(x)] *vt* to clean.

desembaraçado, -da [dʒizẽbara-'sadu, -da] *adj (desenrascado)* resourceful; *(expedito)* prompt.

desembaraçar [dʒizẽbara'sa(x)] *vt* to untangle.

❑ **desembaraçar-se** *vp* to hurry up; **~-se de algo** to rid o.s. of sthg.

desembaraço [dʒizẽmba'rasu] *m* ease.

desembarcar [dʒizẽbax'ka(x)] *vt (carga)* to unload ◆ *vi* to disembark.

desembarque [dʒizẽm'baxki] *m (de carga)* unloading; *(de passageiros)* disembarkation; **"desembarque"** *(Br: em aeroporto)* "arrivals".

desembocar [dʒizẽbo'ka(x)] *vi:* **~ em** *(rio)* to flow into; *(rua, caminho)* to lead into.

desembolsar [dʒizẽbow'sa(x)] *vt (fam: pagar)* to cough up.

desembrulhar [dʒizẽbru'ʎa(x)] *vt*

to unwrap, to open.

desempatar [dezẽmpa'ta(x)] *vt* to decide (the winner of).

desempenhar [dʒizẽmpe'ɲa(x)] *vt* to carry out; *(papel em peça, filme)* to play.

desempenho [dʒizẽm'peɲu] *m* performance; *(de obrigação)* fulfilment.

desemperrar [dʒizẽmpe'xa(x)] *vt* to loosen.

desempregado, -da [dʒizẽmpre-'gadu, -da] *m, f* unemployed person.

desemprego [dʒizẽm'pregu] *m* unemployment; **estar no ~** to be unemployed.

desencadear [dʒizẽɲka'dʒja(x)] *vt* to give rise to.

❑ **desencadear-se** *v impess (tempestade)* to break.

desencaixar [dʒizẽɲkaj'ʃa(x)] *vt* to dislodge.

❑ **desencaixar-se** *vp* to come apart.

desencaixotar [dʒizẽɲkajʃu'ta(x)] *vt* to unpack.

desencantar [dʒizẽɲkãn'ta(x)] *vt (fam: achar)* to unearth; *(desiludir)* to disillusion.

desencontrar-se [dʒizẽɲkõn'traxsi] *vp* to miss each other.

desencorajar [dʒizẽɲkora'ʒa(x)] *vt* to discourage.

desencostar [dʒizẽɲkoʃ'ta(x)] *vt* to move away.

❑ **desencostar-se** *vp:* **~-se de** to move away from.

desenferrujar [dʒizẽfexu'ʒa(x)] *vt* to remove the rust from; *(fig: língua)* to brush up; *(fig: pernas)* to stretch.

desenfreado, -da [dʒizẽfri'adu, -da] *adj* unbridled.

desenganado, -da [dʒizẽga'nadu, -da] *adj (doente)* incurable.

desenganar [dʒizẽga'na(x)] *vt (doente)* to give no hope of recovery to; *(tirar as ilusões a)* to disillusion.

desengonçado, -da [dʒizẽgõ'sadu, -da] *adj (pessoa)* supple; *(objeto)* loose.

desenhar [deze'ɲa(x)] *vt* to draw.

❑ **desenhar-se** *vp (aparecer)* to appear; *(esboçar-se)* to take shape.

desenho [de'zeɲu] *m* drawing; **~s animados** cartoons.

desenlace [dʒizẽ'lasi] *m (de filme, história)* ending; *(de evento)* outcome.

desenrolar [dʒizẽxo'la(x)] *vt* to unroll.

❑ **desenrolar-se** *vp (ocorrer)* to take place.

desentendido, -da [dʒizẽntẽn'dʒidu, -da] *adj*: **fazer-se de ~** to feign ignorance.

desenterrar [dʒizẽnte'xa(x)] *vt* to dig up.

desentupir [dʒizẽntu'pi(x)] *vt* to unblock.

desenvolver [dʒizẽvow've(x)] *vt* to develop.

❑ **desenvolver-se** *vp* to develop.

desenvolvido, -da [dʒizẽvow'vidu, -da] *adj* developed.

desenvolvimento [dʒizẽvowvi'mẽntu] *m* development; *(progresso)* progress; *(crescimento)* growth.

desequilibrar-se [dʒizekili'braxsi] *vp* to lose one's balance.

deserto, -ta [de'zɛxtu, -ta] *adj* deserted ◆ *m* desert.

desesperado, -da [dʒizeʃpe'radu, -da] *adj* desperate.

desesperar [dʒizeʃpe'ra(x)] *vt (levar ao desespero)* to drive to despair; *(encolerizar)* to infuriate ◆ *vi* to despair.

desfalecer [dʒiʃfale'se(x)] *vi* to faint.

desfavorável [dʒiʃfavo'ravew] *(pl -eis* [-ejʃ]*) adj* unfavourable.

desfazer [dʒiʃfa'ze(x)] *vt (costura, alinhavo, nó)* to undo; *(dúvida, engano)* to dispel; *(grupo)* to disperse; *(noivado)* to break off; *(contrato)* to dissolve; *(reduzir a polpa)* to mash (up).

❑ **desfazer-se** *vp* to disintegrate; **o vidro desfez-se em mil pedaços** the glass broke into a thousand pieces.

❑ **desfazer-se de** *vp + prep* to get rid of.

desfecho [dʒiʃ'feʃu] *m* outcome.

desfeita [dʒiʃ'fejta] *f* insult.

desfeito, -ta [dʒiʃ'fejtu, -ta] *adj (em polpa)* mashed; *(cama)* unmade; *(puzzle)* in pieces; *(fig: desfigurado)* disfigured; *(acordo, casamento)* broken.

desfiar [dʒiʃ'fja(x)] *vt (bacalhau)* to shred.

❑ **desfiar-se** *vp (tecido, camisola)* to fray.

desfigurar [dʒiʃfigu'ra(x)] *vt (feições de pessoa)* to disfigure; *(fig: verdade)* to distort.

desfiladeiro [dʒiʃfila'dejru] *m* gorge.

desfilar [dʒiʃfi'la(x)] *vi* to parade.

desfile [dʒiʃ'fili] *m* parade; **~ de moda** fashion show.

desforra [dʒiʃ'fɔxa] *f* revenge.

desfrutar [dʒiʃfru'ta(x)] : **desfrutar de** *v + prep (possuir)* to have; *(tirar proveito de)* to enjoy.

desgastante [dʒiʒgaʃ'tãntʃi] *adj* exhausting.

desgastar [dʒiʒgaʃ'ta(x)] *vt (gastar)* to wear away, to erode; *(fig: cansar)* to wear out.

❑ **desgastar-se** *vp (gastar-se)* to wear down.

desgostar [dʒiʒgoʃ'ta(x)] *vt* to upset.

❑ **desgostar a** *v + prep* to displease.

desgosto [dʒiʒ'goʃtu] *m (infelicidade)* misfortune; *(mágoa)* sorrow.

desgraça [dʒiʒ'grasa] *f* misfortune.

desgrenhado, -da [dʒiʒgre'ɲadu, -da] *adj* dishevelled.

desidratação [deʒizidrata'sãw] *(pl -ões* [-õjʃ]*) f* dehydration.

desidratado, -da [dʒizidra'tadu, -da] *adj* dehydrated.

desidratar [dʒizidra'ta(x)] *vt* to dehydrate.

❑ **desidratar-se** *vp* to become dehydrated.

design [de'zajni] *m* design.

designação [dezigna'sãw] *(pl -ões* [-õjʃ]*) f* designation.

designar [dezig'na(x)] *vt* to designate.

designer [de'zajne(x)] *mf* designer.

desiludir [dʒizilu'di(x)] *vt* to let down.

❑ **desiludir-se com** *vp + prep* to become disillusioned with.

desilusão [dʒizilu'zãw] *(pl -ões* [-õjʃ]*) f* disillusion.

desimpedido, -da [dʒizĩmpe'dʒidu, -da] *adj (linha de telefone)* free; *(rua, trânsito)* clear.

desimpedir [dʒizĩmpe'dʒi(x)] *vt* to clear.

desinchar [dʒizĩ'ʃa(x)] *vi* to go down.

desinfetante [dʒizĩfe'tãntʃi] *adj & m* disinfectant; **~ para a boca** mouthwash.

desinfectar [dezĩfe'tar] *vt (Port)* = **desinfetar**.

desinfetar [dʒizĩfe'ta(x)] *vt (Br)* to disinfect.

desinibido, -da [dʒizini'bidu, -da] *adj* uninhibited.

desintegrar-se [dʒizĩnte'graxsi] *vp* to disintegrate.

desinteressado, -da [dʒizĩntere-

'sadu, -da] *adj* uninterested; *(altruísta)* unselfish.

desinteressar-se [dʒizĩntere'saxsi] : **desinteressar-se de** *vp* + *prep* to lose interest in.

desinteresse [dʒizĩnte'resi] *m* lack of interest; *(abnegação)* unselfishness.

desistência [dʒiʃ'tẽsja] *f* cancellation.

desistir [deziʃ'tʃi(x)] *vi* to give up; ~ **de algo** *(de reserva, vôo)* to cancel sthg; ~ **de fazer algo** *(de fumar, correr, trabalhar)* to give up doing sthg.

desleal [dʒiʒ'ljaw] *(pl -ais* [-ajʃ]) *adj* disloyal.

desleixado, -da [dʒiʒlej'ʃadu, -da] *adj* slovenly.

desleixo [dʒiʒ'lejʃu] *m* carelessness.

desligado, -da [dʒiʒli'gadu, -da] *adj (aparelho)* switched off; *(telefone)* off the hook; *(fam: aéreo)* absent-minded.

desligar [dʒiʒli'ga(x)] *vt (rádio, TV)* to switch off; *(telefone)* to put down.

deslizar [dʒiʒli'za(x)] *vi* to slide.

deslize [dʒiʒ'lizi] *m (fig: lapso)* slip.

deslocado, -da [dʒiʒlo'kadu, -da] *adj* dislocated; *(desambientado)* out of place.

deslocar [dʒiʒlo'ka(x)] *vt* to dislocate.
❑ **deslocar-se** *vp* to be put out of joint; **~-se para** to go to; **~-se com** to move with; **~-se de** to go from.

deslumbrante [dʒiʒlũm'brãntʃi] *adj* amazing.

deslumbrar [dʒiʒlũm'bra(x)] *vt* to dazzle.

desmaiado, -da [dʒiʒma'jadu, -da] *adj (desfalecido)* unconscious; *(desbotado)* faded.

desmaiar [dʒiʒma'ja(x)] *vi* to faint.

desmaio [dʒiʒ'maju] *m* faint.

desmamar [dʒiʒma'ma(x)] *vt* to wean.

desmancha-prazeres [dʒiʒˌmãʃa-pra'zeriʃ] *mf inv* killjoy.

desmanchar [dʒiʒmã'ʃa(x)] *vt (desmontar)* to take apart; *(renda, costura)* to undo; *(noivado)* to break (off).
❑ **desmanchar-se** *vp* to come apart.

desmarcar [dʒiʒmax'ka(x)] *vt (consulta, reserva)* to cancel.

desmedido, -da [dʒiʒme'dʒidu, -da] *adj* excessive.

desmentido [dʒiʒmẽn'tʃidu] *m* denial.

desmentir [dʒiʒmẽn'tʃi(x)] *vt (negar)* to deny; *(contradizer)* to contradict.

desmesurado, -da [dʒiʒmezu'radu, -da] *adj* excessive.

desmontar [dʒiʒmõn'ta(x)] *vt (máquina)* to dismantle; *(construção)* to take down; *(fig: intriga, combinação)* to uncover.

desmoralizar [dʒiʒmorali'za(x)] *vt (desanimar)* to demoralize; *(tirar o bom nome de)* to disparage.

desmoronamento [dʒiʒmorona-'mẽntu] *m (de casa)* collapse; *(de terra)* landslide.

desmoronar [dʒiʒmoro'na(x)] *vt* to demolish.
❑ **desmoronar-se** *vp* to collapse.

desnatado [dʒiʒna'tadu] *adj m* → **leite**.

desnecessário, -ria [dʒiʒnese'sarju, -rja] *adj* unnecessary.

desnível [dʒiʒ'nivew] *(pl -eis* [-ejʃ]) *m (de terreno)* unevenness; *(de valor)* gap.

desobedecer [dʒizobede'se(x)] : **desobedecer a** *v* + *prep* to disobey.

desobediência [dʒizobe'dʒjẽsja] *f* disobedience.

desobediente [dʒizobe'dʒjẽntʃi] *adj* disobedient.

desobstruir [dʒizobʃ'tru'i(x)] *vt* to unblock.

desocupado, -da [dʒizoku'padu, -da] *adj* free; *(casa, apartamento)* unoccupied.

desocupar [dʒizoku'pa(x)] *vt* to vacate.

desodorante [dʒizodo'rãtʃi] *adj (Br)* deodorant *(antes de s)* ◆ *m (Br)* deodorant.

desodorizante [dezoduri'zãnte] *adj & m (Port)* = **desodorante**.

desonesto, -ta [dʒizo'neʃtu, -ta] *adj* dishonest.

desordem [dʒi'zoxdẽ] *f* disorder; **em ~** *(quarto, papéis)* untidy.

desorganizado, -da [dʒizoxgani-'zadu, -da] *adj* disorganized.

desorientação [dʒizorjẽnta'sãw] *f* disorientation.

desorientado, -da [dʒizorjẽn'tadu, -da] *adj* disorientated.

despachar [dʒiʃpa'ʃa(x)] *vt (bagagem, mercadorias, encomenda)* to send off.
❑ **despachar-se** *vp (apressar-se)* to hurry (up).

despedida [dʒiʃpe'dʒida] *f* farewell.

despedir [dʒiʃpe'dʒi(x)] *vt* to fire.
❑ **despedir-se** *vp (dizer adeus)* to say

goodbye; *(demitir-se)* to resign.

despejar [dʒiʃpe'ʒa(x)] *vt (líquido)* to empty (out); *(lixo)* to throw out; *(de casa, apartamento)* to evict.

despejo [dʒiʃ'peʒu] *m (de casa, apartamento)* eviction.

❏ **despejos** *mpl (lixo)* rubbish *(sg) (Brit)*, garbage *(sg) (Am)*.

despensa [dʒiʃ'pẽsa] *f* larder.

despenteado, -da [dʒiʃpẽn't3jadu, -da] *adj* dishevelled.

despentear [dʒiʃpẽn't3ja(x)] *vt* to mess up.

❏ **despentear-se** *vp* to mess up one's hair.

despercebido, -da [dʒiʃpexse'bidu, -da] *adj* unnoticed; **fazer-se de ~** to pretend not to know; **passar ~** to go unnoticed.

desperdiçar [dʒiʃpexdʒi'sa(x)] *vt* to waste.

desperdício [dʒiʃpex'dʒisju] *m* waste.

❏ **desperdícios** *mpl* scraps.

despertador [dʒiʃpexta'do(x)] *(pl* **-res** [-riʃ]) *m* alarm clock.

despertar [dʒiʃpexta'ta(x)] *vt* to wake up; *(fig: estimular)* to arouse; *(fig: dar origem a)* to give rise to ◆ *vi (acordar)* to wake up.

despesa [dʒiʃ'peza] *f* expense.

❏ **despesas** *fpl (de empresa, organismo)* expenses.

despido, -da [dʒiʃ'pidu, -da] *adj* naked.

despir [dʒiʃ'pi(x)] *vt* to undress.

❏ **despir-se** *vp* to get undressed.

desportista [deʃpur'tiʃta] *mf (Port)* = **esportista**.

desportivo, -va [deʃpur'tivu, -va] *adj (Port)* = **esportivo**.

desporto [deʃ'portu] *m (Port)* = **esporte**.

despregar [dʒiʃpre'ga(x)] *vt* to remove.

❏ **despregar-se** *vp (soltar-se)* to come loose.

desprender [dʒiʃprẽn'de(x)] *vt* to unfasten.

❏ **desprender-se** *vp* to come unfastened.

despreocupado, -da [dʒiʃprioku'padu, -da] *adj* carefree.

desprevenido, -da [dʒiʃpreve'nidu, -da] *adj* unprepared.

desprezar [dʒiʃpre'za(x)] *vt* to scorn.

desproporcionado, -da [dʒiʃpropoxsjo'nadu, -da] *adj* disproportionate.

desqualificar [dʒiʃkwalifi'ka(x)] *vt* to disqualify.

desquitado, -da [dʒiʃki'tadu, -da] *adj (Br)* separated.

dessa ['desa] = **de** + **essa**, → **de**.

desse ['desi] = **de** + **esse**, → **de**.

desta ['dɛʃta] = **de** + **esta**, → **de**.

destacar [dʒiʃta'ka(x)] *vt (separar)* to detach; *(enfatizar)* to emphasize.

❏ **destacar-se** *vp (distinguir-se)* to stand out.

destacável [dʒiʃta'kavew] *(pl* **-eis** [-ejʃ]) *adj* detachable ◆ *m (de formulário)* tear-off slip; *(de revista, jornal)* supplement.

destapar [dʒiʃta'pa(x)] *vt* to uncover.

destaque [dʒiʃ'taki] *m* prominence; **em ~** in focus.

deste ['deʃtʃi] = **de** + **este**, → **de**.

destemido, -da [deʃte'midu, -da] *adj* fearless.

destilada [deʃtʃi'lada] *adj f* → **água**.

destilar [deʃtʃi'la(x)] *vt* to distil.

destinar [deʃtʃi'na(x)] *vt*: **~ algo para** to earmark sthg for.

❏ **destinar-se a** *vp + prep (ter por fim)* to be aimed at; *(ser endereçado a)* to be addressed to.

destinatário, -ria [deʃtʃina'tarju, -rja] *m, f (de carta)* addressee; *(de mensagem)* recipient.

destino [deʃ'tʃinu] *m (de viagem)* destination; **o ~** *(fado)* destiny; **com ~ a Londres** *(vôo, trem)* to London.

destituir [deʃtʃi'twi(x)] *vt (demitir)* to dismiss.

destrancar [dʒiʃtrãŋ'ka(x)] *vt* to unlock.

destreza [deʃ'treza] *f (agilidade)* deftness; *(habilidade)* dexterity.

destro, -tra ['deʃtru, -tra] *adj (right-handed);* *(ágil)* deft; *(hábil)* skilled.

destroços [dʒiʃ'trɔsuʃ] *mpl* wreckage *(sg)*.

destruição [dʒiʃtrui'sãw] *f* destruction.

destruir [dʒiʃtru'i(x)] *vt* to destroy.

desuso [dʒi'zuzu] *m*: **cair em ~** to fall into disuse.

desvalorização [dʒiʒvaloriza'sãw] *(pl* **-ões** [-õjʃ]) *f* devaluation.

desvalorizar [dʒiʃvalori'za(x)] *vt* to devalue.

❏ **desvalorizar-se** *vp* to depreciate.

desvantagem [dʒiʒvãn'taʒẽ] (pl -ns [-ʃ]) f disadvantage.

desviar [dʒiʒ'vja(x)] vt to move; (dinheiro) to embezzle; (trânsito) to divert.

❏ **desviar-se** vp to get out of the way; **~-se de algo** to move out of the way of sthg.

desvio [dʒiʒ'viu] m (estrada secundária) turn-off; (de caminho) diversion; (de dinheiro) embezzlement.

detalhe [de'taʎi] m detail.

detectar [dete'ta(x)] vt to detect.

detector [dete'to(x)] (pl -res [-riʃ]) m detector; **~ de incêndios** smoke alarm; **~ de radiações** Geiger counter.

detenção [detẽ'sãw] (pl -ões [-õjʃ]) f detention; (prisão) arrest.

deter [de'te(x)] vt (parar) to stop; (prender) to detain.

❏ **deter-se** vp (parar) to stop; (conter-se) to restrain o.s.

detergente [detex'ʒẽtʃi] m (para louça) washing-up liquid; (para roupa) detergent.

deterioração [deterjora'sãw] f deterioration.

deteriorar [deterjo'ra(x)] vt (danificar) to damage.

❏ **deteriorar-se** vp (estragar-se) to deteriorate.

determinação [determina'sãw] (pl -ões [-õjʃ]) f (força de vontade) determination; (cálculo) calculation; (resolução) decision; (ordem) order.

determinar [determi'na(x)] vt (calcular, decidir) to determine; (ordenar) to order.

detestar [deteʃ'ta(x)] vt to detest.

detrás [de'trajʃ] adv (relativo a espaço) behind; (relativo a tempo) afterwards; **~ de** (relativo a tempo) after; **(por) ~ de** (pela retaguarda de) behind.

detritos [de'trituʃ] mpl debris (sg).

deturpar [detux'pa(x)] vt to distort.

deu ['dew] → **dar**.

deus, -sa ['dewʃ, -za] (pl -ses [-ziʃ], fpl -s [-ʃ]) m, f god (f goddess).

❏ **Deus** m God.

devagar [dʒiva'ga(x)] adv slowly.

dever [de've(x)] (pl -res [-riʃ]) m duty
♦ vt: **~ algo a alguém** to owe sb sthg; **você deve lavar os dentes todos os dias** you should brush your teeth every day; **o trem deve estar atrasado** the train must be late; **~ cívico** civic duty.

❏ **deveres** mpl (trabalho de casa) homework (sg).

devidamente [de,vida'mẽtʃi] adv properly.

devido, -da [de'vidu, -da] adj (correto) proper; **~ a** due to.

devolução [devulu'sãw] (pl -ões [-õjʃ]) f (de dinheiro, cheque) refund; (de objeto emprestado, compra) return.

devolver [devow've(x)] vt (dinheiro, cheque) to refund; (objeto emprestado, compra) to return.

devorar [devo'ra(x)] vt to devour.

dez ['dɛʒ] num ten, → **seis**.

dezanove [deza'nɔve] num (Port) = **dezenove**.

dezasseis [deza'sejʃ] num (Port) = **dezesseis**.

dezassete [deza'sɛte] num (Port) = **dezessete**.

dezembro [de'zẽbru] m December, → **setembro**.

dezena [de'zena] f (set of) ten.

dezenove [deze'nɔvi] num (Br) nineteen, → **seis**.

dezesseis [deze'sejʃ] num (Br) sixteen, → **seis**.

dezessete [deze'sɛtʃi] num (Br) seventeen, → **seis**.

dezoito [de'zɔitu] num eighteen, → **seis**.

DF abrev (Br) = **Distrito Federal**.

dia ['dʒia] m day; **bom ~!** good morning!; **já é de ~** it's morning already; **do ~** of the day; **qualquer ~** any day; **no ~ seguinte** the day after; **no ~ vinte** on the twentieth; **por (cada) ~** per day; **todos os ~s** every day; **um ~ destes** one of these days; **estar em ~** to be up-to-date; **pôr-se em ~** to bring o.s. up-to-date; **pôr algo em ~** to update sthg; **~ de anos** (Port) birthday; **o ~ a ~** daily life; **~ de folga** day off; **~ Santo** religious holiday; **~ de semana** weekday; **~ de Todos-os-Santos** All Saints' Day; **~ útil** weekday.

diabetes [dʒia'bɛtʃiʃ] m diabetes.

diabético, -ca [dʒia'bɛtʃiku, -ka] adj & m, f diabetic.

diabo ['dʒiabu] m devil; **porque ~ ...?** (fam) why the hell ...?

diafragma [dʒia'fragma] m diaphragm.

diagnóstico [dʒiag'nɔʃtʃiku] m diagnosis.

dialecto [dja'lɛtu] *m (Port)* = **dialeto**.

dialeto [dʒja'lɛtu] *m (Br)* dialect.

dialogar [dʒjalo'ga(x)] *vi* to talk.

diálogo ['dʒjalogu] *m* dialogue.

diamante [dʒja'mãntʃi] *m* diamond.

diâmetro ['dʒjãmetru] *m* diameter.

diante ['dʒjãntʃi] : **diante de** *prep (relativo a tempo)* before; *(relativo a espaço)* in front of; *(perante)* in the face of.

dianteira [dʒjãn'tejra] *f (frente)* front; *(liderança)* lead.

diapositivo [dʒjapozi'tivu] *m* slide.

diária ['dʒjarja] *f (de pensão, hotel)* daily rate.

diariamente [,dʒjarja'mẽntʃi] *adv* daily, every day.

diário, -ria ['dʒjarju, -rja] *adj* daily ◆ *m* diary.

diarreia [dja'xaja] *f (Port)* = **diarréia**.

diarréia [dʒja'xeja] *f (Br)* diarrhoea.

dica ['dʒika] *f (fam)* hint.

dicionário [dʒisjo'narju] *m* dictionary; **~ de bolso** pocket dictionary.

didáctico, -ca [di'datiku, -ka] *adj (Port)* = **didático**.

didático, -ca [dʒi'datʃiku, -ka] *adj (Br)* educational.

diesel ['dʒizew] *adj inv* diesel.

dieta ['dʒjeta] *f* diet.

dietético, -ca [dʒje'tɛtʃiku, -ka] *adj (produto)* dietetic.

difamar [dʒifa'ma(x)] *vt (verbalmente)* to slander; *(por escrito)* to libel.

diferença [dʒife'rẽsa] *f* difference.

diferenciar [dʒiferẽ'sja(x)] *vt* to differentiate.

diferente [dʒife'rẽntʃi] *adj* different.

difícil [di'fisiw] *(pl* **-ceis** [-sejʃ]) *adj* difficult.

dificuldade [dʒefikuw'dadʒi] *f* difficulty.

dificultar [dʒifikuw'ta(x)] *vt* to make difficult; *(funcionamento, progresso)* to hinder.

difundir [dʒifũn'di(x)] *vt (informação, notícia)* to spread; *(calor, luz)* to give off; *(programa de rádio)* to broadcast.

difusão [dʒifu'zãw] *f (de informação, notícia)* dissemination; *(de luz, calor)* diffusion; *(por televisão, rádio)* broadcasting.

digerir [dʒiʒe'ri(x)] *vt* to digest.

digestão [dʒiʒeʃ'tãw] *f* digestion.

digestivo, -va [dʒiʒeʃ'tʃivu, -va] *adj*

digestive ◆ *m* after-dinner drink.

digital [dʒiʒi'taw] *(pl* **-ais** [-ajʃ]) *adj* digital.

digitalizador [dʒiʒitaliza'do(x)] *(pl* **-res** [-riʃ]) *m* scanner.

digitar [dʒiʒi'ta(x)] *vt* to key in.

dígito ['dʒiʒitu] *m* digit.

dignidade [dʒigni'dadʒi] *f* dignity.

dilatar [dʒila'ta(x)] *vt* to expand; *(prazo)* to extend.

❑ **dilatar-se** *vp* to expand.

dilema [dʒi'lema] *m* dilemma.

diluir [dʒi'lwi(x)] *vt* to dilute.

dimensão [dʒimẽ'sãw] *(pl* **-ões** [-õjʃ]) *f* dimension.

diminuir [dʒimi'nwi(x)] *vi (em preço, número, força)* to decrease; *(em volume, quantidade)* to diminish ◆ *vt (reduzir)* to reduce.

diminutivo [dʒiminu'tʃivu] *m* diminutive.

Dinamarca [dʒina'marka] *f:* **a ~** Denmark.

dinamarquês, -esa [dʒinamar'keʃ, -eza] *(mpl* **-eses** [-eziʃ], *fpl* **-s** [-ʃ]) *adj & m* Danish ◆ *m, f* Dane.

dinâmico, -ca [dʒi'namiku, -ka] *adj* dynamic.

dinamismo [dʒina'miʒmu] *m* dynamism.

dinamite [dʒina'mitʃi] *f* dynamite.

dínamo ['dʒinamu] *m* dynamo.

dinastia [dʒinaʃ'tʃia] *f* dynasty.

dinheiro [dʒi'nejru] *m* money; **ter ~** to have money; **~ miúdo** loose change; **~ trocado** change.

dinossauro [dʒino'sawru] *m* dinosaur.

dióspiro ['dʒjɔʃpiru] *m* sharon fruit.

diploma [dʒi'plɔma] *m* diploma.

dique ['dʒiki] *m* dike.

direção [dʒire'sãw] *(pl* **-ões** [-õjʃ]) *f (Br) (endereço)* address; *(de veículo)* steering; *(rumo)* direction; *(de empresa)* management.

direcção [dire'sãw] *(pl* **-ões** [-õjʃ]) *f (Port)* = **direção**.

direções → **direção**.

directo, -ta [di'rɛtu, -ta] *adj (Port)* = **direto**.

direita [dʒi'rejta] *f:* **a ~** *(mão)* one's right hand; *(lado)* the right hand side; *(em política)* the Right; **conduza pela ~** drive on the right; **siga pela ~** keep right; **à ~ (de)** on the right (of); **virar à ~** to turn right; **ser de ~** *(POL)* to be right-wing.

direito, -ta [dʒiˈrejtu, -ta] *adj (mão, perna, lado)* right; *(corte, linha)* straight; *(pessoa)* honest; *(justo)* fair ◆ *m (privilégio)* right; *(leis, curso)* law; *(taxa, imposto)* duty ◆ *adv (Br: correctamente)* properly; **ir ~ a** to go straight to; **ir ~ ao assunto** to get straight to the point; **pôr-se ~** to stand up straight; **sempre a ~** straight ahead; **os ~s humanos** human rights; **não há ~!** it's not fair!

direto, -ta [dʒiˈrɛtu, -ta] *adj (Br)* direct; *(transmissão)* live.

diretor, -ra [dʒireˈto(x), -ra] *(mpl -res [-riʃ], fpl -s [-ʃ])* m, f *(de escola)* head; *(de empresa)* director.

dirigente [dʒiriˈʒẽntʃi] *mf* leader.

dirigir [dʒiriˈʒi(x)] *vt (empresa)* to run; *(filme, peça de teatro)* to direct; *(orquestra)* to conduct; *(projeto, equipe)* to head; *(Br: veículo)* to drive ◆ *vi (Br)* to drive; **~ algo a alguém** to address sthg to sb; **~ algo para algo** to point sthg towards sthg.
❏ **dirigir-se a** *vp + prep (pessoa)* to talk to; *(público, ouvintes)* to address; *(local)* to head for; **"este aviso dirige-se a todos os usuários"** "this is a public announcement".
❏ **dirigir-se para** *vp + prep* to head towards.

dirigível [dʒiriˈʒivɛw] *(pl -eis [-ejʃ])* m airship.

discar [dʒiʃˈka(x)] *vt & vi* to dial.

disciplina [dʒisiˈplina] *f* discipline; *(EDUC: cadeira)* subject.

disco-jóquei [dʒiskoˈʒɔkej] *(pl disco-jóqueis* [dʒiskoˈʒɔkejʃ]) *mf* disc jockey.

disco [ˈdʒiʃku] *m* record; *(INFORM)* disk; *(de telefone)* dial; *(em atletismo)* discus; **~ compacto** compact disc; **~ rígido** hard disk; **~ voador** flying saucer; **~s de algodão** cotton wool pads.

discordar [dʒiʃkoxˈda(x)] *vi* to disagree; **~ de alguém em algo** to disagree with sb about sthg.

discórdia [dʒiʃˈkɔrdʒia] *f* dissent; **semear a ~** to sow the seeds of dissent.

discoteca [dʒiʃkoˈtɛka] *f (para dançar)* (night)club; *(loja)* record shop *(Brit)*, record store *(Am)*; *(coleção)* record collection.

discreto, -ta [dʒiʃˈkretu, -ta] *adj (pessoa)* discreet; *(roupa)* sensible.

discriminação [dʒiʃkriminaˈsãw] *f*

discrimination.

discriminar [dʒiʃkrimiˈna(x)] *vt* to discriminate against.

discurso [dʒiʃˈkuxsu] *m* speech; **~ direto/indireto** direct/indirect speech.

discussão [dʒiʃkuˈsãw] *(pl -ões [-õjʃ])* f *(debate)* discussion; *(briga)* argument.

discutir [dʒiʃkuˈti(x)] *vt (idéia, assunto)* to discuss ◆ *vi (brigar)* to argue.

disenteria [dʒizẽteˈria] *f* dysentery.

disfarçar [dʒiʃfaxˈsa(x)] *vt* to disguise ◆ *vi* to pretend.
❏ **disfarçar-se** *vp* to disguise o.s.; **~-se de** to dress up as.

disfarce [dʒiʃˈfaxsi] *m* disguise.

dislexia [dʒiʃlɛkˈsia] *f* dyslexia.

disléxico, -ca [dʒiʃˈlɛksiku, -ka] *adj & m, f* dyslexic.

disparador [dʒiʃparaˈdo(x)] *(pl -res [-riʃ])* m *(de máquina fotográfica)* shutter release.

disparar [dʒiʃpaˈra(x)] *vt (arma, bala)* to shoot ◆ *vi (arma, máquina fotográfica)* to go off.

disparatado, -da [dʒiʃparaˈtadu, -da] *adj* foolish.

disparate [dʒiʃpaˈratʃi] *m* nonsense.

dispensar [dʒiʃpẽˈsa(x)] *vt* to do without; **~ alguém de algo** to excuse sb from sthg; **~ algo a alguém** to lend sthg to sb.

dispersar [dʒiʃpexˈsa(x)] *vt* to scatter ◆ *vi* to disperse.
❏ **dispersar-se** *vp* to disperse.

disperso, -sa [dʒiʃˈpɛrsu, -sa] *pp →* **dispersar**.

disponível [dʒiʃpoˈnivɛw] *(pl -eis [-ejʃ])* adj available.

dispor [dʒiʃˈpo(x)] *vt (colocar)* to arrange.
❏ **dispor de** *v + prep* to have; *(de posição)* to hold.
❏ **dispor-se a** *vp + prep*: **~-se a fazer algo** to offer to do sthg.

dispositivo [dʒiʃpoziˈtivu] *m* device.

disposto, -osta [dʒiʃˈpoʃtu, -ɔʃta] *adj* ready; **estar ~ a fazer algo** to be prepared to do sthg; **estar bem ~** *(de bom humor)* to be in a good mood.

disputa [dʒiʃˈputa] *f (competição)* competition; *(discussão)* dispute.

disputar [dʒiʃpuˈta(x)] *vt (troféu, lugar)* to compete for.

disquete [dʒiʃˈkɛtʃi] *f* diskette.

dissimular [dʒisimuˈla(x)] *vt (fingir)* to hide; *(encobrir)* to cover up.

dissipar [dʒisiˈpa(x)] *vt (cheiro, fumo)* to get rid of; *(mal-entendido, confusão)* to clear up.

❑ **dissipar-se** *vp* to disappear.

disso [ˈdʒisu] = **de** + **isso, → isso**.

dissolver [dʒisowˈve(x)] *vt* to dissolve.

❑ **dissolver-se** *vp* to dissolve.

dissuadir [dʒiswaˈdi(x)] *vt* to dissuade.

distância [dʒiʃˈtãsja] *f* distance; **a que ~ fica?** how far (away) is it?; **fica a um quilômetro de ~** it's one kilometre away; **à ~** from a distance.

distanciar [dʒiʃtãˈsja(x)] *vt (em espaço, tempo)* to distance; *(pessoas)* to drive apart.

❑ **distanciar-se** *vp (em espaço)* to move away; *(pessoas)* to grow apart; **~-se de** *(em espaço)* to move away from; *(em idéias, atitudes, etc)* to differ from.

distante [dʒiʃˈtãntʃi] *adj* distant.

distinção [dʒiʃtĩˈsãw] *(pl -ões* [-õjʃ]) *f* distinction.

distinguir [dʒiʃtĩˈgi(x)] *vt (ver)* to make out; *(diferenciar)* to distinguish.

❑ **distinguir-se** *vp (diferenciar-se)* to differ; *(em exame, trabalho, estudos)* to excel o.s.

distinto, -ta [dʒiʃˈtʃĩntu, -ta] *adj (diferente)* different; *(ruído, som)* distinct; *(pessoa)* distinguished.

disto [ˈdʒiʃtu] = **de** + **isto, → isto**.

distorção [dʒiʃtoxˈsãw] *(pl -ões* [-õjʃ]) *f* distortion.

distração [dʒiʃtraˈsãw] *(pl -ões* [-õjʃ]) *f (Br) (falta de atenção)* absent-mindedness; *(esquecimento, diversão)* distraction; *(descuido)* oversight.

distracção [diʃtraˈsãw] *(pl -ões* [-õjʃ]) *f (Port)* = **distração**.

distrações → distração.

distraído, -da [dʒiʃtraˈidu, -da] *adj* absent-minded.

distrair [dʒiʃtraˈi(x)] *vt (entreter)* to amuse; *(fazer perder atenção)* to distract.

❑ **distrair-se** *vp (divertir-se)* to enjoy o.s.; *(descuidar-se)* to get distracted.

distribuição [dʒiʃtribwiˈsãw] *(pl -ões* [-õjʃ]) *f (de correspondência postal)* delivery; *(AUT)* timing; *(de trabalho, comida)* distribution.

distribuidor, -ra [dʒiʃtribwiˈdo(x), -ra] *(mpl -res* [-riʃ], *fpl -s* [-ʃ]) *m, f (de produto)* distributor ◆ *m (AUT)* distributor.

distrito [dʒiʃˈtritu] *m* district; **Distrito Federal** *term for Brasília, home of Brazil's federal government.*

distúrbio [dʒiʃˈtuxbju] *m* disturbance; *(Br: MED)* disorder.

ditado [dʒiˈtadu] *m (de texto, frase)* dictation; *(provérbio)* saying.

ditador, -ra [dʒitaˈdo(x), -ra] *(mpl -res* [-riʃ], *fpl -s* [-ʃ]) *m, f* dictator.

ditadura [dʒitaˈdura] *f* dictatorship.

ditafone® [dʒiktaˈfoni] *m* Dictaphone®.

ditar [dʒiˈta(x)] *vt* to dictate.

dito, -ta [ˈdʒitu, -ta] *pp* → **dizer**.

ditongo [dʒiˈtõŋgu] *m* diphthong.

diurno, -na [ˈdʒjuxnu, -na] *adj* daytime.

divã [dʒiˈvã] *m* divan.

divagar [dʒivaˈga(x)] *vi (afastar-se de assunto)* to digress; *(devanear)* to daydream; *(caminhar ao acaso)* to wander.

diversão [dʒivexˈsãw] *(pl -ões* [-õjʃ]) *f (distração)* amusement.

diverso, -sa [dʒiˈvɛxsu, -sa] *adj (variado)* diverse.

❑ **diversos, -sas** *adj pl (muitos)* various.

diversões → diversão.

divertido, -da [dʒivexˈtʃidu, -da] *adj* amusing.

divertimento [dʒivextʃiˈmẽntu] *m* amusement.

divertir [dʒivexˈtʃi(x)] *vt* to amuse.

❑ **divertir-se** *vp* to enjoy o.s.

dívida [ˈdʒivida] *f* debt.

dividendos [dʒiviˈdẽnduʃ] *mpl* dividends.

dividir [dʒiviˈdi(x)] *vt (repartir)* to share out; *(separar)* to separate; *(MAT)* to divide ◆ *vi (MAT)* to divide.

❑ **dividir-se** *vp (separar-se)* to split up; *(ramificar-se)* to divide.

divino, -na [dʒiˈvinu, -na] *adj* divine.

divisão [dʒiviˈzãw] *(pl -ões* [-õjʃ]) *f* division; *(de casa)* room.

divisas [dʒiˈvizaʃ] *fpl (COM)* foreign currency *(sg).*

divisões → divisão.

divorciado, -da [dʒivoxˈsjadu, -da] *adj* divorced.

divorciar-se [dʒivoxˈsjaxsi] *vp* to get divorced; **~-se de alguém** to divorce sb.

divórcio [dʒiˈvɔxsju] *m* divorce.

divulgar [dʒivuwˈga(x)] *vt (informação,*

idéia) to disseminate; *(produto, serviço)* to market.

dizer [dʒiˈze(x)] *vt* to say; ~ **algo a alguém** to tell sb sthg; ~ **a alguém que faça algo** to tell sb to do sthg; **como se diz ...?** how do you say ...?

DJ [diˈʒej] *mf (abrev de disc-jóquei)* DJ.

do [du] = **de** + **o**, → **o**.

doação [dwaˈsãw] *(pl* -ões [-õjʃ]) *f* donation.

doar [ˈdwa(x)] *vt* to donate.

dobra [ˈdɔbra] *f* fold; *(de calças)* turn-up *(Brit)*, cuff *(Am)*.

dobradiça [dobraˈdisa] *f* hinge.

dobrado, -da [doˈbradu, -da] *adj* folded; *(Port: filme, programa de TV)* dubbed.

dobrar [doˈbra(x)] *vt (jornal, lençol, roupa)* to fold; *(joelho, costas)* to bend; *(Port: filme, programa de TV)* to dub ♦ *vi (duplicar)* to double; ~ **a esquina** to turn the corner.

❏ **dobrar-se** *vp (curvar-se)* to bend over.

dobro [ˈdobru] *m*: **o** ~ double.

doca [ˈdɔka] *f* dock.

doce [ˈdosi] *adj (bebida, comida)* sweet; *(pessoa)* gentle ♦ *m (sobremesa)* sweet; *(geléia, compota)* jam; ~ **de ovos** egg yolks and sugar blended and cooked, used as a filling in cakes, sweets and pastries.

dóceis → **dócil**.

docente [doˈsẽntʃi] *adj* teaching ♦ *mf* teacher.

dócil [ˈdɔsiw] *(pl* -ceis [-sejʃ]) *adj* docile.

documentação [dokumẽntaˈsãw] *f (documentos)* papers *(pl)*.

documentário [dokumẽnˈtarju] *m* documentary.

documento [dokuˈmẽntu] *m* document.

doçura [doˈsura] *f (fig)* gentleness.

doença [ˈdwẽsa] *f* disease; ~ **venérea** venereal disease.

doente [ˈdwẽntʃi] *adj* ill ♦ *mf* sick person; ~ **mental** psychiatric patient.

doentio, -tia [dwẽnˈtʃiu, -ˈtʃia] *adj (lugar, atmosfera)* unwholesome; *(pessoa)* sickly.

doer [ˈdwe(x)] *vi* to hurt.

doido, -da [ˈdojdu, -da] *adj* mad ♦ *m, f* madman *(f* madwoman); **ser** ~ **por** to be mad about; ~ **varrido** *(fam)* complete nutter.

dois, duas [ˈdojʃ, ˈduaʃ] *num* two; ~ **a** ~ **in twos**, → **seis**.

dólar [ˈdɔla(x)] *(pl* -res [-riʃ]) *m* dollar.

doleiro [doˈlejru] *m (Br) black market money dealer (usually in US dollars)*.

dolorido, -da [doloˈridu, -da] *adj* sore.

doloroso, -osa [doloˈrozu, -ɔza] *adj* painful.

dom [ˈdõ] *(pl* -ns [-ʃ]) *m* gift.

domador, -ra [domaˈdo(x), -ra] *(mpl* -res [-riʃ], *fpl* -s [-ʃ]) *m, f* tamer.

doméstica [doˈmɛʃtʃika] *f* housewife.

domesticado, -da [domeʃtʃiˈkadu, -da] *adj* tame.

domesticar [domeʃtʃiˈka(x)] *vt* to tame.

doméstico, -ca [doˈmɛʃtʃiku, -ka] *adj* domestic.

domicílio [domiˈsilju] *m* residence.

dominar [domiˈna(x)] *vt* to control; *(país)* to rule; *(situação)* to be in control of; *(língua)* to be fluent in; *(incêndio)* to bring under control.

❏ **dominar-se** *vp (conter-se)* to control o.s.

domingo [doˈmĩŋgu] *m* Sunday, → **sexta-feira**.

domínio [doˈminju] *m (controle)* control; *(autoridade)* authority; *(sector, campo)* field; *(território)* domain; *(de língua)* command.

dominó [domiˈnɔ] *m (jogo)* dominoes *(sg)*; **jogar** ~ to play dominoes.

dona [ˈdona] *f (título)* Mrs; ~ **de casa** housewife, → **dono**.

donde [ˈdõnde] *adv (Port)*: ~ **veio?** where did it come from?

dono, -na [ˈdonu, -na] *m, f* owner.

dons → **dom**.

dopar [doˈpa(x)] *vt* to drug.

dor [ˈdo(x)] *(pl* -res [-riʃ]) *f (física)* pain; *(moral)* grief; ~ **de barriga** stomachache; ~ **de cabeça** headache; ~ **de dente** toothache; ~ **de estômago** stomachache; ~ **de garganta** sore throat; ~ **lombar** backache; ~ **de ouvido** earache; ~**es menstruais** period pains; ~ **de cotovelo** *(fig)* jealousy.

dormente [dorˈmẽntʃi] *adj* numb.

dormida [dorˈmida] *f* sleep; **dar uma** ~ to have a sleep.

dormir [dorˈmi(x)] *vi* to sleep ♦ *vt* to sleep (for).

dormitório [dormiˈtɔrju] *m* dormitory.

dosagem [du'zaʒãj] (*pl* **-ns** [-ʃ]) *f* dosage.

dose ['dɔzi] *f* (*de medicamento*) dose; (*de bebida*) measure; (*em restaurante*) portion.

dossiê [do'sje] *m* (*Br*) (*de documentação, processo*) file; ~ (**escolar**) folder.

dossier [dɔ'sje] *m* (*Port*) = **dossiê**.

dotado, -da [do'tadu, -da] *adj* (*talentoso*) gifted.

dou ['do] → **dar**.

dourado, -da [do'radu, -da] *adj* golden.

doutor, -ra [do'to(x), -ra] (*mpl* **-res** [-riʃ], *fpl* **-s** [-ʃ]) *m, f* (*médico, pessoa doutorada*) doctor.

Doutor, -ra [do'to(x), -ra] *m, f title attributed to anyone with a university degree.*

doutrina [do'trina] *f* doctrine.

doze ['dozi] *num* twelve, → **seis**.

Dr. (*abrev de Doutor*) Dr.

Dra. (*abrev de Doutora*) Dr.

dragão [dra'gãw] (*pl* **-ões** [-õjʃ]) *m* dragon.

dragar [dra'ga(x)] *vt* (*rio, lago*) to dredge.

drágea ['draʒja] *f* (*Br*) tablet.

drageia [dra'ʒaja] *f* (*Port*) = **drágea**.

dragões → **dragão**.

drama ['drama] *m* drama.

dramatizar [dramatʃi'za(x)] *vt* (*fig*) to dramatize.

dramaturgo, -ga [drama'turgu, -ga] *m, f* playwright.

drástico, -ca ['draʃtʃiku, -ka] *adj* drastic.

drenar [dre'na(x)] *vt* to drain.

dreno ['drenu] *m* (*MED*) drainage tube.

driblar [dri'bla(x)] *vi & vt* to dribble.

drinque ['drĩŋki] *m* (*Br*) drink.

drive ['drajvi] *f* (*INFORM*) drive.

droga ['drɔga] *f* drug; (*coisa de má qualidade*) rubbish ◆ *interj* blast!

drogado, -da [dro'gadu, -da] *m, f* drug addict.

drogar [dro'ga(x)] *vt* to drug.

❏ **drogar-se** *vp* to take drugs.

drogaria [droga'ria] *f* chemist's (*Brit*), drugstore (*Am*).

dto. *abrev* = **direito**.

duas → **dois**.

dublar [du'blax] *vt* (*Br: filme, programa de TV*) to dub.

duche ['duʃe] *m* (*Port*) shower; **tomar uma** ~ to have a shower.

duende ['dwẽndʒi] *m* goblin.

dum [dũ] = **de** + **um**, → **um**.

duma ['duma] = **de** + **uma**, → **um**.

duna ['duna] *f* dune.

duns [dũʃ] = **de** + **uns**, → **um**.

dupla ['dupla] *f* (*par*) duo, pair; (*Br: em esporte*) doubles (*sg*).

dúplex ['duplɛks] *m inv* maisonette (*Brit*), duplex (*Am*).

duplicado [dupli'kadu] *m* duplicate; **em** ~ in duplicate.

duplicar [dupli'ka(x)] *vt & vi* to double.

duplo, -pla ['duplu, -pla] *adj* double ◆ *m*: **o** ~ double.

duração [dura'sãw] *f* (*de férias, concerto, curso*) length; (*de produto deteriorável*) shelf life.

duradouro, -ra [dura'doru, -ra] *adj* lasting.

durante [du'rãntʃi] *prep* during; ~ **3 horas** for three hours.

durar [du'ra(x)] *vi* to last.

durex® [du'rɛks] *adj* (*Br*) → **fita**.

dureza [du'reza] *f* (*de objeto, substância*) hardness; (*de caráter*) harshness.

durmo ['durmu] → **dormir**.

duro, -ra ['duru, -ra] *adj* hard; (*pão*) stale; (*carne*) tough.

dúvida ['duvida] *f* doubt; **estou em** ~ I'm not sure; **pôr em** ~ to doubt; **sem** ~! absolutely!; **tirar** ~**s** to sort queries out.

duvidoso, -osa [duvi'dozu, -ɔza] *adj* dubious.

duzentos, -tas [du'zẽntuʃ, -taʃ] *num* two hundred, → **seis**.

dúzia ['duzja] *f* dozen; **uma** ~ **de ovos** a dozen eggs; **vender à** ~ to sell by the dozen; **meia** ~ half a dozen.

E

e [i] *conj* and.

é ['ɛ] → **ser**.

E. *(abrev de Este)* E.

ébano ['ɛbanu] *m* ebony.

ébrio, ébria ['ɛbriu, 'ɛbria] *adj* inebriated.

ebulição [ibuli'sãw] *f (fervura)* boiling.

écharpe [e'ʃarpi] *f* scarf.

eclipse [e'klipsi] *m* eclipse.

eco ['ɛku] *m* echo.

ecoar [e'kwa(x)] *vi* to echo.

ecografia [ekogra'fia] *f* ultrasound.

ecologia [ekolo'ʒia] *f* ecology.

ecológico, -ca [eko'lɔʒiku, -ka] *adj* ecological.

economia [ekono'mia] *f (ciência)* economics *(sg)*; *(de país)* economy; *(poupança)* saving.

❏ **economias** *fpl* savings.

económico, -ca [iku'nɔmiku, -ka] *adj (Port)* = **econômico**.

econômico, -ca [eko'nomiku, -ka] *adj (Br) (pessoa)* frugal; *(barato)* cheap; *(carro, motor, dispositivo)* economical; *(situação, crise)* economic.

economista [ekono'miʃta] *mf* economist.

economizar [ekonomi'za(x)] *vt* to save ◆ *vi* to economize.

ecoturismo [ekotu'riʒmu] *m* ecotourism.

ecrã ['ɛkrã] *m* screen.

ECT *f (abrev de Empresa Brasileira de Correios e Telégrafos) Brazilian postal services.*

ECU ['ɛku] *m* ECU.

eczema [ek'zema] *m* eczema.

edição [edʒi'sãw] *(pl* -ões [-õjʃ]) *f (exemplares)* edition; *(publicação)* publishing.

edifício [edʒi'fisju] *m* building.

edifício-garagem [edʒifisjuga'raʒē] *(pl* **edifícios-garagens** [edʒifisjuʒga-

'raʒē]) *m (Br)* multistorey car park *(Brit)*, multistory parking lot *(Am)*.

editar [edʒi'ta(x)] *vt (livro, revista)* to publish; *(disco)* to release; *(programa, matéria)* to edit.

editor, -ra [edʒi'to(x), -ra] *(mpl* -res [-riʃ], *fpl* -s [-ʃ]) *m, f (que publica)* publisher; *(que edita)* editor.

editora [edʒi'tora] *f (empresa, estabelecimento)* publishing house, → **editor**.

editores → **editor**.

edredão [edre'dãw] *(pl* -ões [-õjʃ]) *m (Port)* = **edredom**.

edredom [edre'dõ] *(pl* -ns [-ʃ]) *m (Br)* duvet.

educação [eduka'sãw] *f* education; *(cortesia)* manners *(pl)*.

educado, -da [edu'kadu, -da] *adj* polite.

educar [edu'ka(x)] *vt (filhos)* to bring up; *(alunos)* to educate.

efectivo, -va [efɛ'tivu, -va] *adj (Port)* = **efetivo**.

efectuar [efɛ'twar] *vt (Port)* = **efetuar**.

efeito [e'fejtu] *m* effect; **com ~** *(realmente)* really, indeed; **sem ~** invalid.

efervescente [iferveʃ'sēntʃi] *adj* → **aspirina**.

efetivamente [efɛ,tʃiva'mēntʃi] *adv* indeed.

efetivo, -va [efɛ'tʃivu, -va] *adj (Br) (real)* genuine; *(funcionário, empregado)* permanent.

efetuar [efe'twa(x)] *vt (Br) (realizar)* to carry out; *(compra, pagamento, viagem)* to make.

eficácia [efi'kasja] *f (de plano, solução, sistema)* effectiveness; *(de pessoa)* efficiency.

eficaz [efi'kaʃ] *(pl* -zes [-ziʃ]) *adj (plano, solução, sistema)* effective; *(pessoa)* efficient.

eficiência [efi'sjẽsja] *f (de plano, método, sistema)* effectiveness; *(de pessoa)* efficiency.

eficiente [efi'sjẽntʃi] *adj (plano, método, sistema)* effective; *(pessoa)* efficient.

efusivo, -va [efu'zivu, -va] *adj* effusive.

egoísmo [e'gwiʒmu] *m* selfishness.

egoísta [e'gwiʃta] *adj* selfish ♦ *mf* selfish person.

égua ['ɛgwa] *f* mare.

eis ['ejʃ] *adv* here is/are; **~ senão quando** when all of a sudden.

eixo ['ejʃu] *m (de roda)* axle; *(de máquina)* shaft; *(em geometria)* axis.

ejaculação [eʒakula'sãw] *(pl -ões* [-õjʃ]) *f* ejaculation.

ejacular [eʒaku'la(x)] *vt & vi* to ejaculate.

ela ['ɛla] *pron (pessoa)* she; *(coisa, animal)* it; *(com preposição: pessoa)* her; *(com preposição: coisa)* it; **e ~?** what about her?; **é ~** it's her; **~ mesma** OU **própria** (she) herself.

❑ **elas** *pron pl* they; *(com preposição)* them.

elaboração [elabora'sãw] *f (de plano, sistema)* working out, development; *(de trabalho escrito)* writing.

elaborar [elabo'ra(x)] *vt (trabalho, texto)* to work on; *(plano, lista)* to draw up.

elasticidade [elaʃtisi'dadʒi] *f* elasticity.

elástico, -ca [e'laʃtʃiku, -ka] *adj* elastic ♦ *m (material)* elastic; *(para segurar papel)* rubber band.

ele ['eli] *pron (pessoa)* he; *(coisa, animal)* it; *(com preposição: pessoa)* him; *(com preposição: coisa, animal)* it; **e ~?** what about him?; **é ~** it's him; **~ mesmo** OU **próprio** (he) himself.

❑ **eles** *pron pl* they; *(com preposição)* them.

eléctrico, -ca [i'lɛtriku, -ka] *adj (Port)* = **elétrico** ♦ *m (Port)* tram *(Brit)*, streetcar *(Am)*.

electrónica [ilɛ'trɔnika] *f (Port)* = **eletrônica**.

elefante [ele'fãntʃi] *m* elephant.

elegância [ele'gãsja] *f* elegance; *(de modos)* refinement.

elegante [ele'gãntʃi] *adj (esbelto)* slim; *(bem vestido)* elegant.

eleger [ele'ʒe(x)] *vt (ministro, presi-*

dente, deputado) to elect; *(sistema, método, manual)* to choose.

eleição [elej'sãw] *(pl -ões* [-õjʃ]) *f (de ministro, presidente, deputado)* election; *(de sistema, método, manual)* choice.

❑ **eleições** *fpl* elections.

eleito, -ta [e'lejtu, -ta] *pp →* **eleger** ♦ *adj (presidente, ministro, deputado)* elected.

eleitor, -ra [elej'to(x), -ra] *(mpl -res* [-riʃ], *fpl -s* [-ʃ]) *m, f* voter.

elementar [elemẽn'ta(x)] *(pl -es* [-iʃ]) *adj (fundamental)* basic; *(primário)* elementary.

elemento [ele'mẽntu] *m* element; *(de equipa, grupo)* member; *(informação)* factor.

❑ **elementos** *mpl* data *(sg)*; **os ~s** the elements.

eletricidade [eletrisi'dadʒi] *f* electricity.

eletricista [eletri'siʃta] *mf* electrician.

elétrico, -ca [e'lɛtriku, -ka] *adj (Br)* electric .

eletrizar [eletri'za(x)] *vt (fig: entusiasmar)* to electrify.

eletrodoméstico [e,letrodo'mɛʃtʃiku] *m* electric household appliance.

eletrônica [ele'tronika] *f (Br)* electronics.

eletrônico, -ca [ele'troniku, -ka] *adj* electronic.

elevação [eleva'sãw] *(pl -ões* [-õjʃ]) *f* area of high ground.

elevado, -da [ele'vadu, -da] *adj* high.

elevador [eleva'do(x)] *(pl -res* [-riʃ]) *m* lift *(Brit)*, elevator *(Am)*.

elevar [ele'va(x)] *vt* to raise; *(promover)* to elevate.

❑ **elevar-se** *vp* to rise.

eliminar [elemi'na(x)] *vt* to eliminate.

elite [e'litʃi] *f* elite.

elo ['ɛlu] *m (de cadeia)* link; **~ de ligação** *(fig)* link.

elogiar [elo'ʒja(x)] *vt* to praise.

elogio [elo'ʒiu] *m* praise.

eloqüência [elo'kwẽsja] *f* eloquence.

eloquente [ilu'kwẽnte] *adj (Port)* = **eloqüente**.

eloqüente [elo'kwẽntʃi] *adj (Br)* eloquent.

em [ẽ] *prep* **1.** *(no interior de)* in; **os papéis estão naquela gaveta** the papers are in that drawer; **vivo no**

norte I live in the north.
2. *(sobre)* on; **coloca uma jarra nesta mesa** put a vase on this table.
3. *(em certo ponto de)* in; **ela está na sala** she's in the living room; **estar ~ casa/no trabalho** to be at home/at work.
4. *(relativo a cidade, país)* in; **~ Londres/Paris** in London/Paris; **~ Portugal/França** in Portugal/France; **no Brasil** in Brazil; **nos Estados Unidos** in the (United) States.
5. *(indica tempo)* in; *(dia)* on; *(época)* at; **faço isso num dia** I can do that in a day; **ela nasceu ~ 1970/num sábado** she was born in 1970/on a Saturday; **vou de férias no Verão/Natal** I'm going on holiday in the summer/at Christmas; **vou lá nas férias** I'm going there during the holidays.
6. *(indica modo)* in; **paguei ~ reais** I paid in reals; **respondi-lhe ~ português** I answered him in Portuguese; **ela gastou tudo em cigarros** she spent it all on cigarettes.
7. *(indica assunto)*: **ele é um perito ~ economia** he's an expert in economics; **nisso de computador, a Carlota é a melhor** when it comes to computers, Carlota is the best; **sou licenciada ~ Letras/Direito** I'm an arts/law graduate.
8. *(indica estado)* in; **~ boas condições** in good condition; **não descer com o trem ~ movimento** passengers should not alight until the train has stopped.
9. *(introduz complemento)*: **a palavra caiu ~ desuso** the word is no longer used; **não acredito nele** I don't believe him; **não penses nele** don't think about him.
emagrecer [emagre'se(x)] *vi* to lose weight.
emancipado, -da [emãsi'padu, -da] *adj* emancipated.
emaranhado, -da [emara'nadu, -da] *adj* tangled.
embaciado, -da [ẽmba'sjadu, -da] *adj* steamed up.
embaciar [ẽmba'sja(x)] *vt* to steam up.
embaixada [ẽmbaj'ʃada] *f* embassy.
embaixador, -ra [ẽmbajʃa'do(x), -ra] *(mpl* **-res** [-riʃ], *fpl* **-s** [-ʃ]) *m*, *f* ambassador.
embaixatriz [ẽmbajʃa'triʃ] *(pl* **-zes** [-ziʃ]) *f* ambassadress.

embaixo [ẽm'bajʃu] *adv (Br) (em espaço)* downstairs; *(em lista)* at the bottom; **~ de** under(neath).
embalagem [ẽmba'laʒẽ] *(pl* **-ns** [-ʃ]) *f* packaging; *(pacote)* packet.
embalar [ẽmba'la(x)] *vt (produto)* to package; *(bebê)* to rock.
embaraçar [ẽmbara'sa(x)] *vt (desconcertar)* to embarrass; *(estorvar)* to hinder.
❏ **embaraçar-se** *vp (atrapalhar-se)* to get flustered.
embaraço [ẽmba'rasu] *m (vergonha)* embarrassment; *(estorvo)* hindrance.
embarcação [ẽmbaxka'sãw] *(pl* **-ões** [-õjʃ]) *f* vessel.
embarcar [ẽmbax'ka(x)] *vi* to board; **~ em** *(navio, avião, comboio)* to board; *(aventura, negócio)* to embark on.
embarque [ẽm'baxki] *m* boarding; **zona** OU **local de ~** boarding point.
embebedar-se [ẽmbebe'daxsi] *vp* to get drunk.
embeber [ẽmbe'be(x)] *vt* to soak; **~ algo em algo** to soak sthg in sthg.
embelezar [ẽmbele'za(x)] *vt* to embellish.
emblema [ẽm'blema] *m* emblem.
embora [ẽm'bɔra] *conj* even though
♦ *adv*: **ir(-se) ~** to leave; **vai ~!** go away!
emboscada [ẽmboʃ'kada] *f* ambush.
embraiagem [ẽmbra'jaʒẽ] *(pl* **-ns** [-ʃ]) *f (Port)* = **embreagem.**
EMBRATUR [ẽmbra'tu(x)] *f (abrev de Empresa Brasileira de Turismo)* Brazilian tourist board.
embreagem [ẽmbre'aʒẽ] *(pl* **-ns** [-ʃ]) *f (Br)* clutch.
embriagar-se [ẽmbria'gaxsi] *vp* to get drunk.
embrulhar [ẽmbru'ʎa(x)] *vt* to wrap up; *(misturar)* to muddle up.
embrulho [ẽm'bruʎu] *m* package.
embutido, -da [ẽmbu'tʃidu, -da] *adj* fitted.
emendar [emẽ'da(x)] *vt* to correct.
❏ **emendar-se** *vp* to mend one's ways.
ementa [e'mẽta] *f (Port)* menu; **~ turística** set menu.
emergência [emex'ʒẽsja] *f* emergency.
emigração [emigra'sãw] *f* emigration.
emigrante [emi'grãtʃi] *mf* emigrant.
emigrar [emi'gra(x)] *vi* to emigrate; **~**

para to emigrate to.

emissão [emi'sãw] (*pl -ões* [-õjʃ]) *f (de programa)* broadcast; *(de calor, gases)* emission.

emissor, -ra [emi'so(x), -ra] (*mpl -res* [-riʃ], *fpl -s* [-ʃ]) *adj* broadcasting ♦ *m (rádio)* transmitter; *(de mensagem)* sender.

emissora [emi'sora] *f (de rádio)* radio station.

emissores → emissor.

emitir [emi'tʃi(x)] *vt (calor, luz, som)* to emit; *(moeda)* to issue; *(programa)* to broadcast.

emoção [emo'sãw] (*pl -ões* [-õjʃ]) *f (comoção)* emotion; *(excitação)* excitement.

emoldurar [emowdu'ra(x)] *vt* to frame.

emotivo, -va [emo'tʃivu, -va] *adj* emotional.

empacotar [ẽmpako'ta(x)] *vt* to pack up.

empada [ẽm'pada] *f* pasty; **~ de galinha** chicken pasty.

empadão [ẽmpa'dãw] (*pl -ões* [-õjʃ]) *m* pie *(made with mashed potato)*.

empadinha [ẽmpa'dʒiɲa] *f (Br)* pasty; **~ de camarão** prawn pasty; **~ de palmito** palm-heart pasty; **~ de queijo** cheese pasty.

empadões → empadão.

empalhar [ẽmpa'ʎa(x)] *vt* to stuff.

empanturrar [ẽmpãntu'xa(x)] *vt*: **~ alguém com algo** *(fam)* to stuff sb full of sthg.

❑ **empanturrar-se** *vp (fam)* to stuff o.s.

empatar [ẽmpa'ta(x)] *vi* to draw ♦ *vt (dinheiro)* to tie up; **~ alguém** *(estorvar a)* to get in sb's way.

empate [ẽm'patʃi] *m* draw, tie.

empenado, -da [ẽmpe'nadu, -da] *adj* warped.

empenhar [ẽmpe'ɲa(x)] *vt* to pawn.

❑ **empenhar-se** *vp (esforçar-se)* to do one's utmost; *(endividar-se)* to get into debt; **~-se em algo** to do one's utmost to do sthg.

empestar [ẽmpeʃ'ta(x)] *vt* to stink out.

empilhar [ẽmpi'ʎa(x)] *vt* to pile up.

empinar [ẽmpi'na(x)] *vt (bicicleta, moto)* to do a wheelie on.

❑ **empinar-se** *vp (cavalo)* to rear (up); *(bicicleta, moto)* to do a wheelie.

emplastro [ẽm'plaʃtru] *m* plaster.

empobrecer [ẽmpobre'se(x)] *vt (pessoa, país)* to impoverish; *(terreno)* to deplete ♦ *vi (pessoa, país)* to become poor; *(terreno)* to become depleted.

empolgante [ẽmpow'gãntʃi] *adj* gripping.

empreender [ẽmpriẽn'de(x)] *vt (negócio, trabalho)* to start.

empreendimento [ẽmpriẽndʒi-'mẽntu] *m (investimento)* venture; *(empenho)* investment.

empregado, -da [ẽmpre'gadu, -da] *m, f (em empresa)* employee; **~ de balcão** sales assistant; **~ de bar** barman *(f* barmaid); **~ (doméstico)** domestic servant; **~ (de mesa)** waiter *(f* waitress).

empregar [ẽmpre'ga(x)] *vt (pessoa, método, técnica)* to employ; *(dinheiro, tempo)* to spend; *(objeto, ferramenta)* to use.

❑ **empregar-se** *vp (arranjar emprego)* to get a job; *(utilizar-se)* to be used.

emprego [ẽm'pregu] *m (trabalho, ocupação)* job; *(uso)* use; **o ~** *(em geral)* employment.

empregue [ẽm'pregi] *pp* → empregar.

empresa [ẽm'preza] *f* firm.

emprestado, -da [ẽmpreʃ'tadu, -da] *adj* borrowed; **pedir algo ~** to borrow sthg.

emprestar [ẽmpreʃ'ta(x)] *vt*: **~ algo a alguém** to lend sthg to sb.

empréstimo [ẽm'preʃtʃimu] *m* loan.

empunhar [ẽmpu'ɲa(x)] *vt* to hold.

empurrão [ẽmpu'xãw] (*pl -ões* [-õjʃ]) *m* shove.

empurrar [ẽmpu'xa(x)] *vt* to push; "empurre" "push".

empurrões → empurrão.

encabeçar [ẽŋkabe'sa(x)] *vt* to head.

encadernação [ẽŋkadexna'sãw] (*pl -ões* [-õjʃ]) *f (capa)* cover; *(ato)* binding.

encaixar [ẽŋkaj'ʃa(x)] *vt* to fit; *(fig: meter na cabeça)* to get into one's head.

❑ **encaixar-se** *vp* to fit in.

encaixe [ẽŋ'kajʃi] *m* slot; **~ do flash** fitting *(for camera flash)*.

encaixotar [ẽŋkajʃo'ta(x)] *vt* to box.

encalhar [ẽŋka'ʎa(x)] *vt & vi* to run aground.

encaminhar [ẽŋkami'ɲa(x)] *vt (aconselhar)* to provide guidance for OU to; **~ algo/alguém para** to refer sthg/sb to.

❑ **encaminhar-se para** *vp + prep* to head towards.

encanador, -ra [ēŋkana'dox, -ra] (*mpl* **-res** [-riʃ], *fpl* **-s** [-ʃ]) *m, f (Br)* plumber.

encantador, -ra [ēŋkānta'do(x), -ra] (*mpl* **-res** [-riʃ], *fpl* **-s** [-ʃ]) *adj* delightful.

encantar [ēŋkān'ta(x)] *vt* to delight.

encaracolado, -da [ēŋkarako'ladu, -da] *adj* curly.

encarar [ēŋka'ra(x)] *vt* to face.

❏ **encarar com** *v* + *prep* to come face to face with.

encardido, -da [ēŋkar'dʒidu, -da] *adj* grubby.

encarnado, -da [ēŋkar'nadu, -da] *adj* scarlet, red.

encarregado, -da [ēŋkaxe'gadu, -da] *m, f* person in charge; *(de operários)* foreman (*f* forewoman).

encarregar [ēŋkaxe'ga(x)] *vt*: ~ **alguém de fazer algo** to put sb in charge of doing sthg.

encastrado, -da [ēŋkaʃ'tradu, -da] *adj* fitted; *(pedra em jóia)* set.

encenação [ēsena'sãw] (*pl* **-ões** [-õjʃ]) *f (de peça teatral)* staging.

encenar [ēse'na(x)] *vt (peça teatral)* to stage, to put on.

encerar [ēse'ra(x)] *vt* to wax.

encerrado, -da [ēse'xadu, -da] *adj* closed.

encerramento [ēsexa'mēntu] *m (de concerto, espetáculo)* end; *(de loja)* closure.

encerrar [ēse'xa(x)] *vt* to close; *(concerto, espetáculo)* to end.

encharcar [ēʃar'ka(x)] *vt* to soak.

❏ **encharcar-se** *vp* to get soaked.

enchente [ē'ʃēntʃi] *f* flood.

enchova [ē'ʃova] *f (peixe)* snapper; *(Br: alice)* anchovy.

encoberto, -ta [ēŋko'bɛxtu, -ta] *adj (céu, tempo)* overcast; *(oculto)* hidden.

encolher [ēŋko'ʎe(x)] *vt (ombros)* to shrug; *(pernas)* to bend; *(barriga)* to pull in ◆ *vi* to shrink.

❏ **encolher-se** *vp* to huddle.

encomenda [ēŋko'mēnda] *f* order; **feito por** ~ made to order; ~ **postal** mail order.

encomendar [ēŋkomēn'da(x)] *vt* to order; ~ **algo a alguém** *(comprar)* to order sthg from sb; *(obra, escultura, pintura)* to commission sthg from sb.

encontrar [ēŋkōn'tra(x)] *vt* to find; *(pessoa por acaso)* to bump into.

❏ **encontrar-se** *vp (ter encontro)* to meet; *(estar)* to be; ~**-se com alguém** to meet up with sb.

encontro [ēŋ'kōntru] *m (profissional)* appointment; *(amoroso)* date.

encorajar [ēŋkora'ʒa(x)] *vt* to encourage.

encorpado, -da [ēŋkor'padu, -da] *adj (pessoa)* burly; *(vinho)* full-bodied.

encosta [ēŋ'kɔʃta] *f* slope.

encostar [ēŋkoʃ'ta(x)] *vt (carro)* to park; *(porta)* to leave ajar; *(cabeça)* to lay down; ~ **algo em algo** *(mesa, cadeira)* to put sthg against sthg; *(escada, vara)* to lean sthg against sthg.

❏ **encostar-se** *vp*: ~**-se a** *(parede, carro, poste)* to lean against.

encosto [ēŋ'kɔʃtu] *m (de assento)* back.

encruzilhada [ēŋkruzi'ʎada] *f* crossroads *(sg)*.

endereço [ēnde'resu] *m* address.

endireitar [ēndirej'ta(x)] *vt* to straighten; *(objeto caído)* to put upright.

❏ **endireitar-se** *vp (pôr-se direito)* to stand up straight.

endívia [ēn'dʒivja] *f* endive.

endoidecer [ēndojde'se(x)] *vt* to drive mad ◆ *vi* to go mad.

endossar [ēndo'sa(x)] *vt* to endorse.

endurecer [ēndure'se(x)] *vt & vi* to harden.

energia [enɛx'ʒia] *f* energy; ~ **eólica/nuclear/solar** wind/nuclear/solar power.

enevoado, -da [ene'vwadu, -da] *adj* cloudy.

enfarte [ē'faxtʃi] *m*: ~ **(do miocárdio)** heart attack.

ênfase [ēfazi] *f* emphasis.

enfatizar [ēfatʃi'za(x)] *vt* to emphasize.

enfeitiçar [ēfejtʃi'sa(x)] *vt* to bewitch.

enfermagem [ēfex'maʒē] *f* nursing.

enfermaria [ēfexma'ria] *f* ward.

enfermeiro, -ra [ēfex'mejru, -ra] *m, f* nurse.

enferrujar [ēfexu'ʒa(x)] *vt & vi* to rust.

enfiar [ē'fja(x)] *vt (calça, mangas, camisola)* to pull OU put on; ~ **algo em algo** to put sthg in sthg.

enfim [ē'fĩ] *adv (finalmente)* at last ◆ *interj* oh well!

enforcar [ẽfox'ka(x)] vt to hang.
❏ **enforcar-se** vp to hang o.s.
enfraquecer [ẽfrake'se(x)] vt & vi to weaken.
enfrentar [ẽfrẽ'ta(x)] vt to confront.
enfurecer [ẽfure'se(x)] vt to infuriate.
❏ **enfurecer-se** vp to get angry.
enganado, -da [ẽŋga'nadu, -da] adj: **estar** ~ to be wrong; **ser** ~ (ser ludibriado) to be deceived; (por cônjuge) to be cheated on.
enganar [ẽŋga'na(x)] vt to deceive; (cônjuge) to cheat on.
❏ **enganar-se** vp (estar errado) to be wrong; (errar) to make a mistake.
engano [ẽŋ'ganu] m mistake; **é** ~ (em conversa telefônica) you've got the wrong number.
engarrafado, -da [ẽŋgaxa'fadu, -da] adj (líquido) bottled; (trânsito) blocked.
engarrafamento [ẽŋgaxafa'mẽntu] m (de trânsito) traffic jam; (de líquido) bottling.
engasgar-se [ẽŋgaʒ'gaxsi] vp to choke.
engenharia [ẽʒeɲa'ria] f engineering.
engenheiro, -ra [ẽʒe'ɲejru, -ra] m, f engineer.
engenhoso, -osa [ẽʒe'ɲozu, -ɔza] adj ingenious.
engessar [ẽʒe'sa(x)] vt to set in a plaster cast.
englobar [ẽŋglo'ba(x)] vt to encompass.
engodo [ẽŋ'godu] m bait.
engolir [ẽŋgo'li(x)] vt to swallow.
engomar [ẽŋgo'ma(x)] vt (passar a ferro) to iron; (com goma) to starch.
engordar [ẽŋgor'da(x)] vi (pessoa) to put on weight; (alimento) to be fattening ♦ vt (animal) to fatten up.
engordurado, -da [ẽŋgordu'radu, -da] adj greasy.
engraçado, -da [ẽŋgra'sadu, -da] adj funny.
engravidar [ẽŋgravi'da(x)] vi to get pregnant ♦ vt: ~ **alguém** to get sb pregnant.
engraxar [ẽŋgra'ʃa(x)] vt to polish; (Port: fam: professor, chefe, etc) to butter up.
engraxate [ẽŋgra'ʃatʃi] m (Br) shoe shiner.
engrenagem [ẽŋgre'naʒẽ] (pl -ns [-ʃ]) f mechanism.

engrossar [ẽŋgro'sa(x)] vt & vi to thicken.
enguia [ẽŋ'gia] f eel.
enguiçar [ẽŋgi'sa(x)] vi (motor, máquina) to play up.
enigma [e'nigma] m (adivinha) riddle; (mistério) enigma.
enjoado, -da [ẽ'ʒwadu, -da] adj sick; (em carro, barco) travelsick.
enjoar [ẽ'ʒwa(x)] vi to get travelsick ♦ vt to get sick of.
enjoo [ẽ'ʒou] m (Port) = **enjôo**.
enjôo [ẽ'ʒou] m (Br) (náusea) sickness; (em barco, avião, ônibus) travel sickness.
enlatado, -da [ẽla'tadu, -da] adj (comida) tinned (Brit), canned (Am); (cultura, filme) imported.
❏ **enlatados** mpl tinned foods (Brit), canned foods (Am).
enlouquecer [ẽloke'se(x)] vt to drive mad ♦ vi to go mad.
enorme [e'nɔrmi] adj huge, enormous.
enquanto [ẽŋ'kwantu] conj while; ~ **(que)** whereas; **por** ~ for the time being.
enraivecer [ẽxajve'se(x)] vt to enrage.
enraivecido, -da [ẽxajve'sidu, -da] adj enraged.
enredo [ẽ'xedu] m plot.
enriquecer [ẽxike'se(x)] vt to make rich; (melhorar) to enrich ♦ vi to get rich.
enrolar [ẽxo'la(x)] vt (papel, tapete, fio) to roll up; (cabelo) to curl; (cigarro) to roll; (fam: enganar) to take for a ride.
enroscar [ẽxoʃ'ka(x)] vt (tampa) to screw on; (parafuso) to screw in.
❏ **enroscar-se** vp (cobra) to coil up; (gato, cão) to curl up; (emaranhar-se) to get tangled up.
enrugar [ẽxo'ga(x)] vt (roupa, papel) to crease; (pele) to wrinkle ♦ vi (pele) to wrinkle.
ensaiar [ẽsa'ja(x)] vt (peça, dança) to rehearse; (sistema) to test.
ensaio [ẽ'saju] m (de peça, dança) rehearsal; (de sistema) test; (texto literário) essay.
enseada [ẽ'sjada] f cove.
ensinamento [ẽsina'mẽntu] m (lição) teaching; (preceito) saying.
ensinar [ẽsi'na(x)] vt (em escola, universidade) to teach; (caminho, direção)

to show; **~ alguém a fazer algo** to teach sb how to do sthg; **~ algo a alguém** *(língua, método)* to teach sb sthg; *(caminho)* to show sb sthg.

ensino [ẽ'sinu] *m (actividade)* teaching; *(método, sistema)* education; **~ superior** higher education.

ensolarado, -da [ẽsola'radu, -da] *adj* sunny.

ensopado [ẽso'padu] *m* stew.

ensopar [ẽso'pa(x)] *vt* to soak.

❏ **ensopar-se** *vp* to get soaked.

ensurdecedor, -ra [ẽsurdese'do(x), -ra] *(mpl* **-res** [-riʃ], *fpl* **-s** [-ʃ]) *adj* deafening.

ensurdecer [ẽsurde'se(x)] *vt* to deafen ◆ *vi (ficar surdo)* to go deaf.

entalar [ẽta'la(x)] *vt (dedo, pé)* to trap; *(peça de roupa)* to tuck in.

entanto [ẽ'tãntu] **: no entanto** *conj* however.

então [ẽ'tãw] *adv* then ◆ *interj* so!; **desde ~** since then.

enteado, -da [ẽ'tʒjadu, -da] *m, f* stepson *(f* stepdaughter).

entender [ẽntẽn'de(x)] *vt (perceber)* to understand ◆ *vi (compreender)* to understand; **dar a ~ que** to give the impression (that); **~ que** to think (that).

❏ **entender de** *v + prep* to know about.

❏ **entender-se** *vp* to get along; **não me entendo com isto** I can't get the hang of this; **~-se com alguém** *(chegar a acordo com)* to come to an agreement with sb.

enternecedor, -ra [ẽnternese'do(x), -ra] *(mpl* **-res** [-riʃ], *fpl* **-s** [-ʃ]) *adj* touching.

enternecer [ẽnterne'se(x)] *vt* to touch.

enterrar [ẽte'xa(x)] *vt* to bury.

❏ **enterrar-se** *vp* to sink.

enterro [ẽ'texu] *m* funeral.

entonação [ẽntona'sãw] *(pl* **-ões** [-õjʃ]) *f* intonation.

entornar [ẽntor'na(x)] *vt* to spill.

entorse [ẽn'tɔxsi] *f* sprain.

entortar [ẽntor'ta(x)] *vt* to bend.

entrada [ẽn'trada] *f* entrance; *(vestíbulo)* hall; *(prato)* starter; *(bilhete para espetáculo)* ticket; *(de dicionário)* entry; *(pagamento inicial)* down payment, deposit; **como ~, o que deseja?** what would you like as a starter?;

"entrada" "way in"; **"~ livre"** "free admission"; **"~ proibida"** "no entry".

entranhas [ẽn'traɲaʃ] *fpl* entrails.

entrar [ẽn'tra(x)] *vi* to enter, to go/come in; *(encaixar)* to go in; **~ com algo** to contribute sthg; **~ em algo** *(penetrar, ingressar em)* to enter sthg; *(participar em)* to take part in sthg; **entro em férias amanhã** my holidays start tomorrow; **não entremos em discussões** let's not start arguing; **~ em algo** *(carro)* to get in sthg; *(ônibus, trem)* to get on sthg; *(equipe, grupo)* to join sthg.

entre [ẽntri] *prep* between; *(no meio de muitos)* among(st); *(cerca de)* about; **aqui ~ nós** between you and me; **~ si** amongst themselves.

entreaberto, -ta [ẽntria'bextu, -ta] *adj (janela)* half-open; *(porta)* ajar.

entreajuda [ẽntrea'ʒuda] *f* teamwork.

entrecosto [ẽntre'koʃtu] *m* spare ribs *(pl)*.

entrega [ẽn'trega] *f (de encomenda, mercadoria, carta)* delivery; *(rendição)* surrender; **~ a domicílio** home delivery.

entregar [ẽntre'ga(x)] *vt*: **~ algo a alguém** *(dar)* to give sthg to sb; *(encomenda, carta)* to deliver sthg to sb.

❏ **entregar-se** *vp (render-se)* to surrender; **~-se a** *(abandonar-se a)* to abandon o.s. to; *(dedicar-se a)* to dedicate o.s. to.

entrelinha [ẽntre'liɲa] *f* line space.

entremeado, -da [ẽntri'mjadu, -da] *adj (toucinho)* streaky.

entretanto [ẽntri'tãntu] *adv* meanwhile, in the meantime ◆ *conj (Br: todavia)* however.

entreter [ẽntre'te(x)] *vt* to entertain.

❏ **entreter-se** *vp* to amuse o.s.

entrevado, -da [ẽn'trevadu, -da] *adj* paralysed.

entrevista [ẽntre'viʃta] *f* interview.

entrevistador, -ra [ẽntre'viʃtado(x), -ra] *(mpl* **-res** [-riʃ], *fpl* **-s** [-ʃ]) *m, f* interviewer.

entristecer [ẽntriʃte'se(x)] *vt* to sadden ◆ *vi* to grow sad.

entroncamento [ẽntrõŋka'mẽntu] *m* junction.

entupido, -da [ẽntu'pidu, -da] *adj* blocked.

entupir [ẽntu'pi(x)] *vt* to block.

❏ **entupir-se** *vp* to become blocked.
entusiasmar [ĕntuzjaʒ'ma(x)] *vt* to excite.
❏ **entusiasmar-se** *vp* to get excited.
entusiasmo [ĕntu'zjaʒmu] *m* enthusiasm.
entusiasta [ĕntu'zjaʃta] *mf* enthusiast.
enumeração [enumera'sãw] (*pl* **-ões** [-õjʃ]) *f* enumeration.
enumerar [enume'ra(x)] *vt* to list.
enunciado [enū'sjadu] *m* (*de teste, exame*) (exam) paper.
enunciar [enū'sja(x)] *vt* to express.
envelhecer [ĕveʎe'se(x)] *vt* to age
♦ *vi* to grow old.
envelope [ĕve'lɔpi] *m* envelope.
envenenamento [ĕvenena'mĕntu] *m* poisoning.
envenenar [ĕvene'na(x)] *vt* to poison.
❏ **envenenar-se** *vp* to poison o.s.
enveredar [ĕvere'da(x)] : **enveredar por** *v* + *prep* (*fig*) to take up.
envergonhado, -da [ĕvergo'ɲadu, -da] *adj* shy.
envergonhar [ĕvergo'ɲa(x)] *vt* to embarrass.
❏ **envergonhar-se** *vp* (*ter vergonha*) to be embarrassed.
envernizar [ĕverni'za(x)] *vt* to varnish.
enviar [ĕ'vja(x)] *vt* to send.
envidraçado, -da [ĕvidra'sadu, -da] *adj* glazed.
envio [ĕ'viu] *m* sending.
enviuvar [ĕvju'va(x)] *vi* to be widowed.
envolver [ĕvow've(x)] *vt* (*incluir*) to involve; (*embrulhar*) to wrap up; (*misturar*) to mix up.
❏ **envolver-se em** *vp* + *prep* (*imiscuir-se em*) to get involved in.
enxada [ĕ'ʃada] *f* hoe.
enxaguar [ĕʃa'gwa(x)] *vt* to rinse.
enxame [ĕ'ʃami] *m* swarm.
enxaqueca [ĕʃa'kɛka] *f* migraine.
enxergar [ĕʃex'ga(x)] *vt* (*descortinar*) to see; (*avistar*) to make out.
enxerto [ĕ'ʃextu] *m* (*de planta*) cutting; (*MED*: *de pele*) graft.
enxofre [ĕ'ʃofri] *m* sulphur.
enxotar [ĕʃo'ta(x)] *vt* to chase away.
enxugar [ĕʃu'ga(x)] *vt & vi* to dry.
enxurrada [ĕʃu'xada] *f* torrent.
enxuto, -ta [ĕ'ʃutu, -ta] *adj* dry.

enzima [ĕ'zima] *f* enzyme.
eólica [e'ɔlika] *adj f* → **energia**.
epicentro [epi'sĕntru] *m* epicentre.
epidemia [epide'mia] *f* epidemic.
epilepsia [epilɛp'sia] *f* epilepsy.
epílogo [e'pilugu] *m* epilogue.
episódio [epi'zɔdju] *m* episode.
epitáfio eipi'tafju] *m* epitaph.
época ['ɛpoka] *f* (*período*) era, period; (*estação*) season; ~ **alta/baixa** (*de turismo*) high/low season.
equação [ekwa'sãw] (*pl* **-ões** [-õjʃ]) *f* equation.
Equador [ekwa'do(x)] *m*: **o** ~ Ecuador.
equilibrar [ekili'bra(x)] *vt* to balance.
❏ **equilibrar-se** *vp* to balance.
equilíbrio [eki'libriu] *m* balance.
equipa [i'kipa] *f (Port)* = **equipe**.
equipamento eikipa'mĕntu] *m* (*esportivo*) kit; (*de empresa, fábrica*) equipment.
equipar [eki'pa(x)] *vt* to equip.
❏ **equipar-se** *vp* to kit o.s. out.
equiparar [ekipa'ra(x)] *vt* to compare.
❏ **equiparar-se** *vp* to be equal; ~**-se a** to equal.
equipe [e'kipi] *f (Br)* team.
equitação [ekita'sãw] *f* (horse) riding.
equivalente [ekiva'lĕntʃi] *adj & m* equivalent.
equivocar-se [ekivo'kaxsi] *vp* to make a mistake.
equívoco [e'kivoku] *m* mistake.
era[1] ['era] → **ser**.
era[2] ['era] *f* era.
erecto, -ta [i'rɛktu, -ta] *adj (Port)* = **ereto**.
ereto, -ta [e'rɛtu, -ta] *adj (Br)* (*em pé*) upright; (*direito*) erect.
erguer [ex'ge(x)] *vt* (*levantar*) to lift up; (*criar*) to put up.
❏ **erguer-se** *vp* to get up.
eriçado, -da [eri'sadu, -da] *adj* (*cabelo, pêlo*) on end.
erigir [eri'ʒi(x)] *vt* (*monumento*) to erect; (*fundação*) to set up.
erosão [ero'zãw] *f* erosion.
erótico, -ca [i'rɔtiku, -ka] *adj* erotic.
erotismo [ero'tiʒmu] *m* eroticism.
erradicar [exadʒi'ka(x)] *vt* to eradicate.
errado, -da [e'xadu, -da] *adj* wrong.

errar [eˈxa(x)] vt to get wrong ◆ vi (enganar-se) to make a mistake; (vaguear) to wander.

erro [ˈexu] m mistake.

erróneo, -nea [iˈxɔnju, -nja] adj (Port) = **errôneo**.

errôneo, -nea [eˈxonju, -nja] adj (Br) wrong.

erudição [erudʒiˈsãw] f erudition.

erudito, -ta [eruˈdʒitu, -ta] adj erudite.

erupção [erupˈsãw] (pl -ões [-õjʃ]) f (em pele) rash; (vulcânica) eruption.

erva [ˈexva] f grass; ~ **daninha** weed.

erva-cidreira [ˌexvaˈsidrejra] f lemon verbena.

erva-doce [ˌexvaˈdosi] f aniseed.

erva-mate [ˌexvaˈmatʃi] f maté, herbal infusion drunk out of a gourd.

ervanário [exvaˈnarju] m herbalist.

ervilha [exˈviʎa] f pea.

ervilhas-de-cheiro [exˌviʎaʒdʒiˈʃejru] fpl sweet peas.

és [ˈɛʃ] → **ser**.

esbaforido, -da [iʒbafuˈridu, -da] adj breathless.

esbanjar [iʒbãˈʒa(x)] vt (dinheiro) to squander.

esbarrar [iʒbaˈxa(x)] vi: ~ **com** OU **contra** to bump into; ~ **em algo** (chocar com) to bump into sthg; (deparar com) to come up against sthg.

esbelto, -ta [iʒˈbɛwtu, -ta] adj slim.

esboço [iʒˈbosu] m sketch.

esbofetear [iʒbofeˈtʒja(x)] vt to slap.

esburacar [iʒburaˈka(x)] vt to make holes in.

❑ **esburacar-se** vp to fall apart.

escabeche [iʃkaˈbɛʃi] m (molho) sauce made from olive oil, garlic, onion and herbs, used to preserve cooked fish.

escada [iʃˈkada] f (de casa, edifício) stairs (pl); (portátil) ladder; ~ **de caracol** spiral staircase; ~ **rolante** escalator.

escadote [iʃkaˈdɔtʃi] m stepladder.

escala [iʃˈkala] f scale; (de avião, navio) stopover (Brit), layover (Am); **fazer** ~ (avião) to stop over; **em grande** ~ on a grand scale.

escalada [iʃkaˈlada] f (de conflito) escalation.

escalão [iʃkaˈlãw] (pl -ões [-õjʃ]) m grade.

escalar [iʃkaˈla(x)] vt (montanha) to climb.

escaldar [iʃkawˈda(x)] vt (alimento) to blanch ◆ vi (estar muito quente) to be scalding hot.

❑ **escaldar-se** vp (queimar-se) to scald o.s.

escalfado, -da [iʃkawˈfadu, -da] adj (Port) poached.

escalfar [iʃkawˈfa(x)] vt (Port) to poach.

escalões → **escalão**.

escalope [iʃkaˈlɔpi] m escalope.

escama [iʃˈkama] f (de peixe) scale.

escamar [iʃkaˈma(x)] vt (peixe) to scale.

escandalizar [iʃkãdaliˈza(x)] vt to scandalize.

❑ **escandalizar-se** vp to be scandalized.

escândalo [iʃˈkãdalu] m scandal; **dar** ~ to cause a scene.

escangalhar [iʃkãŋgaˈʎa(x)] vt to ruin.

❑ **escangalhar-se** vp to fall apart.

escaninho [iʃkaˈniɲu] m pigeonhole.

escanteio [iʃkãˈteju] m (Br: em futebol) corner.

escapar [iʃkaˈpa(x)] vi to escape; ~ **de** to escape from.

❑ **escapar-se** vp (escoar-se) to leak; (fugir) to escape.

escape [iʃˈkapi] m exhaust.

escapulir-se [iʃkapuˈlixsi] vp (Port: fugir) to run away.

escaravelho [iʃkaraˈveʎu] m beetle.

escarlate [eʃkarˈlatʃi] adj scarlet.

escarlatina [iʃkarlaˈtina] f scarlet fever.

escárnio [iʃˈkarnju] m mockery.

escarpado, -da [iʃkarˈpadu, -da] adj steep.

escarrar [iʃkaˈxa(x)] vi to hawk.

escassez [iʃkaˈseʒ] f scarcity.

escasso, -a [iʃˈkasu, -a] adj scarce.

escavação [iʃkavaˈsãw] (pl -ões [-õjʃ]) f dig, excavation.

escavar [iʃkaˈva(x)] vt to excavate.

esclarecer [iʃklareˈse(x)] vt to clarify.

esclarecimento [iʃklaresiˈmẽntu] m (informação) information; (explicação) explanation.

escoar [iʃˈkwa(x)] vt to drain away.

❑ **escoar-se** vp to drain away.

escocês, -esa [iʃkoˈseʃ, -eza] (mpl -eses [-eziʃ], fpl -s [-ʃ]) adj Scottish ◆ m, f Scot, Scotsman (f Scotswoman);

os escoceses the Scottish, the Scots.
Escócia [iʃˈkɔsja] f: **a ~** Scotland.
escola [iʃˈkɔla] f school; **~ politécnica** *college of higher education offering vocational degrees and training for jobs in industry*; **~ primária/secundária** primary/secondary school; **~ pública** state school; **~ de samba** *group organized to put on dance pageants during Carnival parades.*
escolar [iʃkoˈla(x)] (*pl* **-res** [-riʃ]) *adj (livro, equipamento)* school (*antes de s*).
escolha [iʃˈkoʎa] f choice; **você tem vários livros à ~** you have several books to choose from.
escolher [iʃkoˈʎe(x)] *vt & vi* to choose.
escombros [iʃˈkõmbruʃ] *mpl* ruins.
esconder [iʃkõnˈde(x)] *vt* to hide.
❑ **esconder-se** *vp* to hide.
esconderijo [iʃkõndeˈriʒu] *m* hideaway, hiding place.
escondidas [iʃkõnˈdʒidaʃ] **: às escondidas** *adv* in secret.
escondido, -da [iʃkõnˈdʒidu, -da] *adj* hidden.
escorar [iʃkɔˈra(x)] *vt (edifício, muro)* to shore up; *(árvore)* to prop up.
escorpião [iʃkoxˈpjãw] (*pl* **-ões** [-õjʃ]) *m* scorpion.
❑ **Escorpião** *m* Scorpio.
escorrega [iʃkoˈxega] *m* slide.
escorregadio, -dia [iʃkoxegaˈdʒiu, -dʒia] *adj* slippery.
escorregar [iʃkoxeˈga(x)] *vi (involuntariamente)* to slip; *(deslizar)* to slide.
escorrer [iʃkoˈxe(x)] *vt* to drain ◆ *vi (pingar)* to drip.
escoteiro, -ra [iʃkõˈtejru, -ra] *m, f (Br) (depois dos 11 anos)* Scout (f Guide); *(entre os 7 e 11 anos)* Cub (f Brownie).
escotilha [iʃkoˈtiʎa] f hatch.
escova [iʃˈkova] f brush; **~ de dentes** toothbrush; **~ de unhas** nailbrush.
escovar [iʃkoˈva(x)] *vt (cabelo, dentes, roupa)* to brush; *(cão, gato)* to groom.
escravatura [iʃkravaˈtura] f slavery.
escravo, -va [iʃˈkravu, -va] *m, f* slave.
escrever [iʃkreˈve(x)] *vt & vi* to write; **~ à máquina** *(Port)* to type.
❑ **escrever-se** *vp* to write to one another; **como é que se escreve ...?** how do you spell ...?
escrevinhar [iʃkreviˈɲa(x)] *vt* to scribble.

escrita [iʃˈkrita] f *(caligrafia)* handwriting.
escrito, -ta [iʃˈkritu, -ta] *pp* → **escrever** ◆ *adj* written; **por ~** in writing.
escritor, -ra [iʃkriˈto(x), -ra] (*mpl* **-res** [-riʃ], *fpl* **-s** [-ʃ]) *m, f* writer.
escritório [iʃkriˈtɔrju] *m (de casa)* study; *(de advogado, empresa)* office.
escritura [iʃkriˈtura] f deed.
escrivaninha [iʃkrivaˈniɲa] f writing desk.
escrúpulo [iʃˈkrupulu] *m* scruple; **não ter ~s** to have no scruples.
escudo [iʃˈkudu] *m (unidade monetária)* escudo; *(arma)* shield.
esculpir [iʃkuwˈpi(x)] *vt* to sculpt.
escultor, -ra [iʃkuwˈto(x), -ra] (*mpl* **-res** [-riʃ], *fpl* **-s** [-ʃ]) *m, f* sculptor (f sculptress).
escultura [iʃkuwˈtura] f sculpture.
escuras [iʃˈkuraʃ] **: às escuras** *adv* in the dark; **ficou tudo às ~** everything went dark.
escurecer [iʃkureˈse(x)] *vi (céu, noite)* to get dark ◆ *vt (tinta, água)* to darken.
escuridão [iʃkuriˈdãw] f darkness.
escuro, -ra [iʃˈkuru, -ra] *adj* dark ◆ *m* darkness.
escutar [iʃkuˈta(x)] *vt* to listen to ◆ *vi* to listen.
escuteiro, -ra [iʃkuˈtejru, -ra] *m, f (Port)* = escoteiro.
esfaquear [iʃfaˈkja(x)] *vt* to stab.
esfarelar [iʃfareˈla(x)] *vt* to crumble.
❑ **esfarelar-se** *vp* to crumble.
esfarrapado, -da [iʃfaxaˈpadu, -da] *adj* tattered.
esfera [iʃˈfɛra] f sphere.
esférico, -ca [iʃˈfɛriku, -ka] *adj* spherical ◆ *m (Port: bola de futebol)* football.
esferográfica [iʃfɛrɔˈgrafika] f Biro®.
esferovite [iʃfɛrɔˈvitʃi] *m* polystyrene.
esfoladela [iʃfolaˈdɛla] f graze.
esfolar [iʃfoˈla(x)] *vt* to skin.
esfomeado, -da [iʃfoˈmjadu, -da] *adj* starving.
esforçado, -da [iʃfoxˈsadu, -da] *adj* hard-working.
esforçar-se [iʃfoxˈsaxsi] *vp* to work hard.
esfregão [iʃfreˈgãw] (*pl* **-ões** [-õjʃ]) *m (de louça)* scourer; *(de chão)* mop.
esfregar [iʃfreˈga(x)] *vt (friccionar)* to

rub; *(roupa)* to scrub; *(louça)* to scour.
esfregões → esfregão.
esfriar [iʃfri'a(x)] *vi* to cool (down); *(tempo)* to get cold.
esfuziante [iʃfu'zjãntʃi] *adj (deslumbrante)* dazzling; *(ruidoso)* buzzing.
esganar [iʒga'na(x)] *vt* to strangle.
esganiçado, -da [iʒgani'sadu, -da] *adj* shrill.
esgotado, -da [iʒgo'tadu, -da] *adj (produto)* sold out; *(cansado)* exhausted.
esgotamento [iʒgota'mẽntu] *m* exhaustion; *(mental, nervoso)* breakdown.
esgotar [iʒgo'ta(x)] *vt* to use up .
❑ **esgotar-se** *vp (produto)* to sell out; *(extenuar-se)* to exhaust o.s.
esgoto [iʒ'gotu] *m (de casa)* drain; *(de rua, cidade)* sewer.
esgrima [iʒ'grima] *f* fencing; **praticar ~** to fence.
esgueirar-se [iʒgej'raxsi] *vp* to sneak off.
esguichar [iʒgi'ʃa(x)] *vt & vi* to squirt.
esguicho [iʒ'giʃu] *m (jato de água)* squirt; *(repuxo)* sprinkler; *(de mangueira)* nozzle.
esguio, -guia [iʒ'giu, -'gia] *adj* slender.
eslavo, -va [iʒ'lavu, -va] *adj* Slavonic ♦ *m, f* Slav.
esmagador, -ra [iʒmaga'do(x), -ra] *(mpl* **-res** [-riʃ], *fpl* **-s** [-ʃ]) *adj (vitória, maioria)* overwhelming; *(peso)* crushing.
esmagar [iʒma'ga(x)] *vt* to crush.
esmalte [iʒ'mawtʃi] *m* enamel; *(de unhas)* nail varnish.
esmeralda [iʒme'rawda] *f* emerald.
esmerar-se [iʒme'raxsi] *vp* to take great pains.
esmigalhar [iʒmiga'ʎa(x)] *vt (pão, broa, bolo)* to crumble; *(vidro, porcelana)* to shatter.
❑ **esmigalhar-se** *vp (pão, broa, bolo)* to crumble; *(vidro, porcelana)* to shatter.
esmola [iʒ'mɔla] *f*: **pedir ~** to beg.
esmurrar [iʒmu'xa(x)] *vt (dar murros em)* to punch.
espaçar [iʃpa'sa(x)] *vt* to space out.
espacial [iʃpa'sjaw] *(pl* **-ais** [-ajʃ]) *adj* space *(antes de s)*.
espaço [iʃ'pasu] *m* space; **o ~** (outer) space; **há ~ para muitas pessoas**

there's room for lots of people; **~ cibernético** cyberspace.
espaçoso, -osa [iʃpa'sozu, -ɔza] *adj* spacious.
espada [iʃ'pada] *f* sword.
❑ **espadas** *fpl (naipe de cartas)* spades.
espadarte [iʃpa'daxtʃi] *m* garfish.
espaguete [iʃpa'getʃi] *m (Br)* spaghetti.
espairecer [iʃpajre'se(x)] *vi* to relax.
espalhar [iʃpa'ʎa(x)] *vt (dispersar)* to scatter; *(notícia, boato)* to spread.
❑ **espalhar-se** *vp (dispersar-se)* to scatter; *(estatelar-se)* to fall over; *(notícia, boato)* to spread.
espanador [iʃpana'do(x)] *(pl* **-res** [-riʃ]) *m* feather duster.
espancar [iʃpãŋ'ka(x)] *vt* to beat (up).
Espanha [iʃ'paɲa] *f*: **a ~** Spain.
espanhol, -la [iʃpa'ɲɔw, -la] *(mpl* **-óis** [-ɔjʃ], *fpl* **-s** [-ʃ]) *adj & m* Spanish ♦ *m, f (pessoa)* Spaniard; **os espanhóis** the Spanish.
espantalho [iʃpãn'taʎu] *m* scarecrow.
espantar [iʃpãn'ta(x)] *vt* to astonish, to astound; *(afugentar)* to scare off; **tome um café para ~ o sono** have a coffee to keep you awake.
❑ **espantar-se** *vp (admirar-se)* to be astonished; *(fugir)* to run off.
espanto [iʃ'pãntu] *m (admiração)* astonishment; *(medo)* fright.
esparadrapo [iʃpara'drapu] *m (Br)* (sticking) plaster *(Brit)*, Bandaid® *(Am)*.
espargo [eʃ'pargu] *m (Port)* asparagus.
esparguete [eʃpar'getɛ] *m (Port)* = **espaguete**.
espartilho [iʃpax'tiʎu] *m* corset.
espasmo [iʃ'paʒmu] *m* spasm.
espátula [iʃ'patula] *f* spatula.
especial [iʃpe'sjaw] *(pl* **-ais** [-ajʃ]) *adj* special; **em ~** especially; **~ para** especially for.
especialidade [iʃpesjali'dadʒi] *f* speciality.
especialista [iʃpesja'liʃta] *m, f (perito)* expert; *(médico especializado)* specialist ♦ *adj* specialist.
especiarias [iʃpesja'riaʃ] *fpl* spices.
espécie [iʃ'pɛsji] *f (tipo)* kind, sort; *(de seres vivos)* species *(sg)*; **a ~ humana** the human race; **uma ~ de** a kind of sort of; **~ em vias de extinção** endangered species.
especificar [iʃpesifi'ka(x)] *vt* to specify.

espécime [iʃˈpesimi] *m* specimen.

espectáculo [eʃpeˈtakulu] *m (Port)* = espetáculo.

espectador, -ra [iʃpɛktaˈdo(x), -ra] *(mpl* **-res** [-riʃ], *fpl* **-s** [-ʃ]) *m, f (de programa televisivo)* viewer; *(de evento esportivo)* spectator; *(de espetáculo de circo, teatro, etc)* member of the audience.

espectro [iʃˈpɛktru] *m (fantasma)* spectre.

especulação [iʃpɛkulaˈsaw] *(pl* **-ões** [- õjʃ]) *f* speculation.

especular [iʃpɛkuˈla(x)] *vi* to speculate; **~ sobre algo** to speculate on OU about sthg.

espelho [iʃˈpeʎu] *m* mirror; **~ retrovisor** rear-view mirror.

espera [iʃˈpera] *f* wait; **estar à ~ de** to be waiting for.

esperança [iʃpeˈrãsa] *f* hope.

esperar [iʃpeˈra(x)] *vt (aguardar)* to wait for; *(ter esperança em)* to expect ♦ *vi (aguardar)* to wait; **~ que** to hope (that); **fazer alguém ~** to keep sb waiting; **ir ~ alguém** to meet sb; **como era de ~** as was to be expected.

esperma [iʃˈpɛxma] *m* sperm.

espertalhão, -lhona [iʃpɛxtaˈʎãw, -ʎona] *(mpl* **-ões** [-õjʃ], *fpl* **-s** [-ʃ]) *m, f* smart aleck.

esperteza [iʃpɛxˈteza] *f* cunning.

esperto, -ta [iʃˈpɛxtu, -ta] *adj (astuto)* cunning; *(activo)* lively.

espesso, -a [iʃˈpesu, -a] *adj* thick.

espessura [iʃpeˈsura] *f* thickness.

espetacular [iʃpɛtakuˈla(x)] *(pl* **-es** [-iʃ]) *adj* spectacular.

espetáculo [iʃpeˈtakulu] *m (Br) (de circo, teatro)* show; **~ de luzes e som** concert and firework display, often the finale of a festival; **~ de variedades** variety show.

espetada [eʃpeˈtada] *f (Port)* shish kebab; **~ mista** shish kebab with both meat and vegetable pieces.

espetar [iʃpeˈta(x)] *vt* to pierce.
❑ **espetar-se** *vp* to prick o.s.

espeto [iʃˈpetu] *m (de ferro)* spit; *(de pau)* stake.

espevitado, -da [iʃpeviˈtadu, -da] *adj* lively.

espezinhar [iʃpeziˈɲa(x)] *vt* to trample on; *(sujar)* to dirty.

espia [iʃˈpia] *f (cabo)* cable, → **espião.**

espião, -pia [iʃˈpjãw, -ˈpia] *(mpl* **-ões**

[-õjʃ], *fpl* **-s** [-ʃ]) *m, f* spy.

espiar [iʃˈpja(x)] *vt* to spy on.

espiga [iʃˈpiga] *f* ear.

espinafre [iʃpiˈnafri] *m* spinach.

espingarda [iʃpĩˈgarda] *f* shotgun.

espinha [iʃˈpiɲa] *f (de peixe)* bone; *(em pele)* spot; **~ (dorsal)** backbone, spine.

espinho [iʃˈpiɲu] *m (de rosa, silva)* thorn; *(de porco-espinho)* quill.

espiões → **espião.**

espiral [iʃpiˈraw] *(pl* **-ais** [-ajʃ]) *f* spiral; **em ~** spiral.

espírito [iʃˈpiritu] *m* spirit.

espiritual [iʃpiriˈtwaw] *(pl* **-ais** [-ajʃ]) *adj* spiritual.

espirrar [iʃpiˈxa(x)] *vi (dar espirros)* to sneeze; *(esguichar)* to spit.

esplanada [iʃplaˈnada] *f* esplanade.

esplêndido, -da [iʃˈplẽdidu, -da] *adj* splendid.

esplendor [iʃplẽˈdo(x)] *m (luxo)* splendour; *(brilho)* brilliance.

espoleta [iʃpoˈleta] *f* fuse.

esponja [iʃˈpõʒa] *f* sponge; **passar uma ~ sobre o assunto** *(fig: esquecer)* to wipe the slate clean.

espontaneidade [iʃpõtaneiˈdadʒi] *f* spontaneity.

espontâneo, -nea [iʃpõˈtanju, -nja] *adj* spontaneous.

espora [iʃˈpora] *f* spur.

esporádico, -ca [iʃpoˈradʒiku, -ka] *adj* sporadic.

esporte [iʃˈpɔxtʃi] *m (Br)* sport.

esportista [iʃpɔxˈtʃiʃta] *mf (Br)* sportsman (*f* sportswoman).

esportivo, -va [iʃpɔxˈtʃivu, -va] *adj (Br)* sports *(antes de s)*.

esposo, -sa [iʃˈpozu, -za] *m, f* husband (*f* wife).

espreguiçar-se [iʃpregiˈsaxsi] *vp* to stretch.

espreita [iʃˈprejta] **: à espreita** *adv* on the lookout.

espreitar [iʃprejˈta(x)] *vt* to peep at.

espremedor [iʃpremeˈdo(x)] *(pl* **-res** [-riʃ]) *m (juice)* squeezer.

espremer [iʃpreˈme(x)] *vt* to squeeze.

espuma [iʃˈpuma] *f (de mar)* surf; *(de sabão)* lather; *(de banho)* foam.

espumante [iʃpuˈmãtʃi] *adj* sparkling ♦ *m* sparkling wine.

espumoso, -osa [iʃpuˈmozu, -ɔza]

adj & m = **espumante**.

Esq. *(abrev de esquerdo)* L.

esquadra [eʃˈkwadra] *f* fleet; *(Port: delegacia)* police station.

esquadro [iʃˈkwadru] *m* set square.

esquecer [iʃkeˈse(x)] *vt* to forget.

❑ **esquecer-se** *vp* to forget; **~-se de algo/de fazer algo** to forget sthg/to do sthg.

esquecido, -da [iʃkeˈsidu, -da] *adj* absent-minded, forgetful ♦ *m, f* absent-minded person.

esquecimento [iʃkesiˈmẽntu] *m* forgetfulness.

esqueleto [iʃkeˈletu] *m* skeleton.

esquema [iʃˈkema] *m (diagrama)* diagram; *(sistema)* scheme.

esquentador [iʃkẽntaˈdo(x)] *(pl* **-res** [-riʃ]) *m (de água)* immersion heater; *(aquecedor)* heater.

esquentar [iʃkẽnˈta(x)] *vt* to heat up.

esquerda [iʃˈkexda] *f*: **a ~** *(mão)* one's left hand; *(lado)* the left-hand side; *(em política)* the Left; **dirija pela ~** drive on the left; **mantenha ~** keep left; **à ~ (de)** on the left (of); **virar à ~** to turn left; **ser de ~** *(POL)* to be left-wing.

esquerdo, -da [iʃˈkexdu, -da] *adj (mão, perna, lado)* left; *(canhoto)* left-handed.

esqui [iʃˈki] *m (utensílio)* ski; *(esporte)* skiing; **~ aquático** water-skiing.

esquiar [iʃˈkja(x)] *vi* to ski.

esquilo [iʃˈkilu] *m* squirrel.

esquina [iʃˈkina] *f* corner.

esquisito, -ta [iʃkiˈzitu, -ta] *adj (estranho)* strange, weird; *(picuinhas)* fussy.

esquivar-se [iʃkiˈvaxsi] *vp* to escape; **~ a fazer algo** to get out of doing sthg.

esquivo, -va [iʃˈkivu, -va] *adj (arisco)* shy.

esse, essa [ˈesi, ˈɛsa] *adj* that, those *(pl)* ♦ *pron* that (one), those (ones) *(pl)*; **essa é boa!** you must be joking!; **só faltava mais essa!** that's the final straw!

essência [eˈsẽsja] *f* essence.

essencial [esẽˈsjaw] *(pl* **-ais** [-ajʃ]) *adj* essential ♦ *m*: **o ~** *(o indispensável)* the bare essentials *(pl)*; *(o importante)* the important thing.

esta → **este²**.

está [iʃˈta] → **estar**.

estabelecer [iʃtableˈse(x)] *vt* to establish.

❑ **estabelecer-se** *vp* to establish o.s.

estabelecimento [iʃtabelesiˈmẽntu] *m (casa comercial)* business; *(instituição)* establishment; **~ de ensino** school.

estabilidade [iʃtabliˈdadʒi] *f* stability.

estabilizador [iʃtabilizaˈdo(x)] *(pl* **-res** [-riʃ]) *m*: **~ (de corrente)** stabilizer.

estábulo [iʃˈtabulu] *m* stable.

estaca [iʃˈtaka] *f* stake.

estação [iʃtaˈsãw] *(pl* **-ões** [-õjʃ]) *f (de trem, ônibus)* station; *(do ano, turismo, vendas)* season; **~ de águas** *(Br)* spa; **~ de rádio** radio station.

estacionamento [iʃtasjonaˈmẽntu] *m (acto)* parking; *(lugar)* parking space; **"~ privativo"** "private parking"; **"~ proibido"** "no parking".

estacionar [iʃtasjoˈna(x)] *vt & vi* to park.

estações → **estação**.

estada [iʃˈtada] *f* stay.

estadia [iʃtaˈdʒia] *f* = **estada**.

estádio [iʃˈtadʒju] *m (de futebol, atletismo)* stadium; *(fase)* phase.

estadista [iʃtaˈdʒiʃta] *mf* statesman *(f* stateswoman).

estado [iʃˈtadu] *m* state; **em bom/mau ~** *(objeto)* in good/bad condition; **~ civil** marital status; **~ físico** level of fitness.

❑ **Estado** *m*: **o Estado** the State; **os Estados Unidos** the United States.

estalagem [iʃtaˈlaʒẽ] *(pl* **-ns** [-ʃ]) *f* inn.

estalar [iʃtaˈla(x)] *vi (porcelana, vidro, osso)* to crack; *(lenha)* to crackle ♦ *vt*: **~ a língua** to click one's tongue; **~ os dedos** to snap one's fingers.

estalido [iʃtaˈlidu] *m (estalo)* crack; *(crepitação)* crackle.

estalo [iʃˈtalu] *m (ruído)* crack; **me deu um ~** *(fig)* the penny dropped.

estampado, -da [iʃtãmˈpadu, -da] *adj* printed.

estancar [iʃtãŋˈka(x)] *vt (líquido)* to stop; *(sangue)* to staunch ♦ *vi (sangue)* to stop.

estância [iʃˈtãsja] *f (Br: quinta)* ranch; **~ balneária** bathing resort; **~ de férias** holiday resort; **~ hidromineral** *(Br)* spa; **~ termal** spa.

estanho [iʃˈtaɲu] *m* tin.

estante [iʃˈtãntʃi] *f* bookcase.

estão [iʃˈtãw] → **estar**.

estapafúrdio, -dia [iʃtapaˈfurdʒju, -dʒja] *adj (excêntrico)* outrageous; *(esquisito)* peculiar.

estar [iʃˈta(x)] *vi* 1. *(com lugar)* to be; *(em casa)* to be at home, to be in; **ela estará lá à hora certa** she'll be there on time; **estarei no emprego às dez** I'll be at work at ten; **está? está lá?** *(Port: ao telefone)* hello? hello? 2. *(exprime estado)* to be; **está quebrado** it's out of order; **~ bem/mal de saúde** to be well/unwell; **está muito calor/frio** it's very hot/cold. 3. *(manter-se)* to be; **estive em casa toda a tarde** I was at home all afternoon; **estive esperando uma hora** I waited for an hour; **estive fora três anos** I lived abroad for three years. 4. *(em locuções)*: **está bem** OU **certo!** OK!, all right!

❏ **estar a** *v + prep (relativo a preço)* to cost, to be; *(Port: seguido de infinitivo)*: **ele está a estudar** he's studying; **o camarão está a 25 reais o quilo** prawns cost OU are 25 reals a kilo.

❏ **estar de** *v + prep*: **~ de baixa/férias** to be on sick leave/holiday; **~ de saia** to be wearing a skirt; **~ de vigia** to keep watch.

❏ **estar para** *v + prep*: **~ para fazer algo** to be about to do sthg; **estou para sair** I'm about to go out, I'm just going out; **ele está para chegar** he'll be here any minute now; **não estou para brincadeiras** I'm not in the mood for silly games.

❏ **estar perante** *v + prep (frente a)* to be facing; **você está perante um gênio** you're in the presence of a genius.

❏ **estar por** *v + prep (apoiar)* to support; *(por realizar)*: **a cama está por fazer** the bed hasn't been made yet; **a limpeza está por fazer** the cleaning hasn't been done yet.

❏ **estar sem** *v + prep*: **estou sem tempo** I haven't got the time; **estou sem dinheiro** I haven't got any cash; **ele está sem comer há dois dias** he hasn't eaten for two days.

estardalhaço [iʃtaxdaˈʎasu] *m* racket.

estarrecer [iʃtaxeˈse(x)] *vt* to terrify.

estatal [iʃtaˈtaw] *(pl* **-ais** [-ajʃ]) *adj* state *(antes de s)*.

estático, -ca [iʃˈtatʃiku, -ka] *adj* static.

estátua [iʃˈtatwa] *f* statue.

estatura [iʃtaˈtura] *f* stature.

estatuto [iʃtaˈtutu] *m (regulamento)* statute; *(de pessoa)* status.

este[1] [ˈɛʃtʃi] *m* east; **a** OU **no ~** in the east; **a ~ de** east of.

este[2], **esta** [ˈeʃtʃi, ˈɛʃta] *adj* this, these *(pl)* ♦ *pron* this (one), these (ones) *(pl)*; **~ mês (que vem) vou de férias** I'm going on holiday next month; **não o vi esta semana** I haven't seen him this week.

esteira [iʃˈtejra] *f (de chão)* mat; *(de praia)* beach mat.

estendal [eʃtẽnˈdal] *(pl* **-ais** [-ajʃ]) *m (Port)* washing line.

estender [iʃtẽnˈde(x)] *vt (braços, pernas)* to stretch (out); *(jornal)* to spread out; *(roupa no varal)* to hang out; *(prazo, estadia)* to extend.

❏ **estender-se** *vp (no espaço)* to stretch out; *(no tempo)* to go on.

estenografia [iʃtenograˈfia] *f* shorthand.

estepe [iʃˈtɛpi] *f* steppes *(pl)*.

estéreis → estéril.

estereofônico, -ca [eʃterjoˈfoniku, -ka] *adj (Port)* = **estereofônico.**

estereofônico, -ca [iʃterjoˈfoniku, -ka] *adj (Br)* stereo(phonic).

estéril [iʃˈtɛriw] *(pl* **-reis** [-rejʃ]) *adj* infertile.

esterilizar [iʃteriliˈza(x)] *vt* to sterilize.

estética [iʃˈtɛtika] *f* aesthetics *(sg)*.

estetoscópio [iʃtetoʃˈkɔpju] *m* stethoscope.

esteve [iʃˈtevi] **→ estar.**

estiar [iʃˈtʃja(x)] *vi* to stop raining.

estibordo [iʃtʃiˈbɔxdu] *m* starboard.

esticar [iʃtʃiˈka(x)] *vt* to stretch.

❏ **esticar-se** *vp* to stretch out.

estigma [iʃˈtʃigma] *m* stigma.

estilhaçar [iʃtʃiʎaˈsa(x)] *vt* to shatter.

❏ **estilhaçar-se** *vp* to shatter.

estilhaço [iʃtʃiˈʎasu] *m* splinter.

estilo [iʃˈtʃilu] *m* style.

estima [iʃˈtʃima] *f* esteem.

estimar [iʃtʃiˈma(x)] *vt* to cherish.

estimativa [iʃʃtimatʃiva] *f* estimate.

estimulante [iʃtʃimuˈlãntʃi] *adj* stimulating ♦ *m* stimulant.

estimular [iʃtʃimuˈla(x)] *vt* to stimulate.

estipular [eʃtipuˈla(x)] *vt* to stipulate.

estivador, -ra [iʃtʃivaˈdo(x), -ra] *(mpl* **-res** [-riʃ], *fpl* **-s** [-ʃ]) *m, f* docker *(Brit)*, stevedore *(Am)*.

estive [iʃˈtʃivi] → **estar**.

estofo [iʃˈtofu] *m* stuffing.

estojo [iʃˈtoʒu] *m* set; ~ **(de lápis)** pencil case; ~ **de primeiros-socorros** first-aid kit.

estômago [iʃˈtomagu] *m* stomach.

estontear [iʃtõnˈtʃja(x)] *vt* to bewilder.

estore [iʃˈtɔri] *m* blind.

estorninho [iʃtoxˈniɲu] *m* starling.

estou [iʃˈto] → **estar**.

estourado, -da [iʃtoˈradu, -da] *adj (fam: cansado)* knackered.

estourar [iʃtoˈra(x)] *vt (balão, bola)* to burst; *(fam: dinheiro)* to blow ◆ *vi (balão, bola)* to burst; *(pneu)* to blow out; *(bomba, explosivo)* to explode.

estouro [iʃˈtoru] *m (de balão, bola, pneu)* bursting; *(ruído)* bang; **dar o ~** *(fam: zangar-se)* to blow a fuse.

estrábico, -ca [iʃˈtrabiku, -ka] *adj* cross-eyed ◆ *m, f* cross-eyed person.

estrabismo [iʃtraˈbiʒmu] *m* squint.

estrada [iʃˈtrada] *f* road; ~ **de via dupla** dual carriageway; ~ **de ferro** *(Br)* railway *(Brit)*, railroad *(Am)*; ~ **secundária** minor road.

estrado [iʃˈtradu] *m* platform.

estragado, -da [iʃtraˈgadu, -da] *adj (leite, comida)* off; *(pão)* stale; *(aparelho, máquina)* out of order.

estragão [iʃtraˈgãw] *m* tarragon.

estragar [iʃtraˈga(x)] *vt (aparelho, máquina)* to break; *(desperdiçar)* to waste.

❏ **estragar-se** *vp (comida, leite)* to go off.

estrangeiro, -ra [iʃtrãˈʒejru, -ra] *adj (cidade, país, língua)* foreign ◆ *m, f (pessoa)* foreigner ◆ *m:* **o ~** foreign countries *(pl)*; **ir para o ~** to go abroad; **viver no ~** to live abroad.

estrangular [iʃtrãguˈla(x)] *vt* to strangle.

estranhar [iʃtraˈɲa(x)] *vt* to find odd.

estranho, -nha [iʃˈtraɲu, -ɲa] *adj* odd ◆ *m, f* stranger.

estratégia [iʃtraˈtɛʒja] *f* strategy.

estrear [iʃtreˈa(x)] *vt (roupa, sapatos)* to wear for the first time ◆ *vi (peça teatral)* to open; *(filme)* to premiere.

estreia [eʃˈtraja] *f (Port)* = **estréia**.

estréia [iʃˈtreja] *f (Br) (de ator)* debut; *(de peça teatral)* opening night; *(de filme)* premiere.

estreitar [iʃtrejˈta(x)] *vt (roupa)* to take in ◆ *vi (estrada, caminho)* to narrow.

estreito, -ta [iʃˈtrejtu, -ta] *adj* narrow; *(roupa)* tight ◆ *m (canal)* strait.

estrela [iʃˈtrela] *f* star; ~ **cadente** shooting star; **ver ~s** *(fig: ter dor violenta)* to see stars.

estremecer [iʃtremeˈse(x)] *vt* to shake ◆ *vi (tremer)* to shake; *(assustar-se)* to be shaken.

estria [iʃˈtria] *f (em coxas, quadris, seios)* stretchmark; *(em superfície)* groove.

estribo [iʃˈtribu] *m* stirrup.

estridente [iʃtriˈdẽntʃi] *adj* strident.

estrofe [iʃˈtrɔfi] *f* stanza.

estrondo [iʃˈtrõndu] *m (som)* bang; *(fig: pompa)* ostentation.

estropiar [iʃtroˈpja(x)] *vt* to maim.

estrume [iʃˈtrumi] *m* manure.

estrutura [iʃtruˈtura] *f* structure.

estuário [iʃˈtwarju] *m* estuary.

estudante [iʃtuˈdãntʃi] *mf* student.

estudar [iʃtuˈda(x)] *vt & vi* to study.

estúdio [iʃˈtudʒju] *m* studio; *(apartamento)* studio flat.

estudioso, -osa [iʃtuˈdʒjozu, -ɔza] *adj* studious.

estudo [iʃˈtudu] *m* study; **em ~** under consideration.

estufa [iʃˈtufa] *f (de jardim)* greenhouse; *(de fogão)* plate warmer; *(tipo de fogão)* heater.

estupefação [eʃtupefaˈsãw] *f (Br)* astonishment.

estupefacção [iʃtupefaˈsãw] *f (Port)* = **estupefação**.

estupefaciente [iʃtupefaˈsjẽntʃi] *m* drug.

estupefacto, -ta [eʃtupeˈfa(k)tu, -ta] *adj (Port)* = **estupefato**.

estupefato, -ta [iʃtupeˈfatu, -ta] *adj (Br)* astounded.

estupendo, -da [iʃtuˈpẽndu, -da] *adj (extraordinário)* remarkable; *(ótimo)* great.

estupidez [iʃtupiˈdeʃ] *f* stupidity.

estúpido, -da [iʃˈtupidu, -da] *m, f* idiot.

estupro [iʃˈtupru] *m* rape.

estuque [iʃˈtuki] *m* plaster.

esvaziar [iʒvaˈzja(x)] *vt* to empty.

esvoaçar [iʒvwa'sa(x)] *vi (ave)* to flutter.

etapa [i'tapa] *f* stage; **fazer algo por ~s** to do sthg by ou in stages.

éter ['ɛtɛ(x)] *m* ether.

eternidade [etexni'dadʒi] *f* eternity; **demorar/esperar uma ~** to take/wait ages.

eterno, -na [e'tɛxnu, -na] *adj* eternal.

ética ['ɛtʃika] *f* ethics *(pl)*.

ético, -ca ['ɛtʃiku, -ka] *adj* ethical.

etílico [e'tʃiliku] *adj m* → **álcool**.

etiqueta [etʃi'keta] *f (rótulo)* label, tag; *(social)* etiquette.

étnico, -ca ['ɛtniku, -ka] *adj* ethnic.

eu ['ew] *pron (sujeito)* I; **e ~?** what about me?; **sou ~** it's me; **~ mesmo** ou **próprio** (I) myself.

E.U.A. *mpl (abrev de Estados Unidos da América)* USA.

eucalipto [ewka'liptu] *m* eucalyptus.

eufemismo [ewfe'miʒmu] *m* euphemism.

euforia [ewfo'ria] *f* euphoria.

Eurocheque® [ewro'ʃɛki] *m* Eurocheque®.

Europa [ew'rɔpa] *f*: **a ~** Europe.

europeu, -péia [ewru'pew, -pɛja] *adj & m, f* European.

evacuação [evakwa'sãw] *(pl -ões* [-õjʃ]) *f* evacuation.

evacuar [eva'kwa(x)] *vt* to evacuate.

evadir-se [eva'dixsi] *vp* to escape.

Evangelho [evã'ʒɛʎu] *m*: **o ~** the Gospel.

evaporar [evapo'ra(x)] *vt* to evaporate.

❏ **evaporar-se** *vp (líquido)* to evaporate; *(fig: desaparecer)* to vanish.

evasão [eva'zãw] *(pl -ões* [-õjʃ]) *f (de prisão, rotina)* escape; *(evasiva)* evasion.

evasiva [eva'ziva] *f* evasion.

evasivo, -va [eva'zivu, -va] *adj* evasive.

evasões → **evasão**.

evento [e'vẽntu] *m* event.

eventual [evẽn'twaw] *(pl -ais* [-ajʃ]) *adj (possível)* possible.

evidência [evi'dẽsja] *f* evidence.

evidenciar [evidẽ'sja(x)] *vt* to show.

❏ **evidenciar-se** *vp* to draw attention to o.s.

evidente [evi'dẽntʃi] *adj* evident, obvious; **como é ~** obviously.

evitar [evi'ta(x)] *vt* to avoid; **~ que algo aconteça** to avoid sthg happening.

evocar [evo'ka(x)] *vt* to evoke.

evolução [evolu'sãw] *f* evolution.

evoluir [evo'lwi(x)] *vi* to evolve.

exacto, -ta [e'zatu, -ta] *adj (Port)* = **exato**.

exagerar [ezaʒe'ra(x)] *vt* to exaggerate.

exagero [eza'ʒeru] *m* exaggeration, overstatement; **é um ~!** it's too much!; **sem ~** seriously.

exalar [eza'la(x)] *vt* to give off.

exaltado, -da [ezaw'tadu, -da] *adj* exasperated.

exaltar [ezaw'ta(x)] *vt (elogiar)* to exalt; *(irritar)* to exasperate.

❏ **exaltar-se** *vp (irritar-se)* to lose one's temper.

exame [e'zami] *m (escolar, universitário)* exam; *(médico)* examination; **~ de aptidão física** medical.

examinar [ezami'na(x)] *vt* to examine.

exatamente [e,zata'mẽntʃi] *adv* exactly ♦ *interj* exactly!

exatidão [ezatʃi'dãw] *f (precisão)* precision; *(rigor)* accuracy; **com ~** exactly.

exato, -ta [e'zatu, -ta] *adj (Br) (preciso)* precise; *(rigoroso)* accurate; *(correto)* correct.

exaustão [ezawʃ'tãw] *f* exhaustion.

exausto, -ta [e'zawʃtu, -ta] *adj* exhausted.

exaustor [ezawʃ'to(x)] *(pl -res* [-riʃ]) *m* extractor fan.

exceção [e(ʃ)se'sãw] *(pl -ões* [-õjʃ]) *f (Br)* exception; **à** ou **com a ~ de** except for; **fora de ~** out of the ordinary; **sem ~** without exception.

excedente [ese'dẽntʃi] *m* surplus; **~s de leite/manteiga** milk/butter mountain *(sg)*.

exceder [ese'de(x)] *vt* to exceed.

❏ **exceder-se** *vp (exagerar)* to go too far; *(enfurecer-se)* to lose one's temper; **~-se em** to overdo.

excelente [ese'lẽntʃi] *adj* excellent.

excelentíssimo, -ma [eselẽn'tʃisimu, -ma] *superl formal term of address used in correspondence*.

excêntrico, -ca [e'sẽntriku, -ka] *adj* eccentric.

excepção [eʃse'sãw] *(pl -ões* [-õjʃ]) *f (Port)* = **exceção**.

excepcional [esɛsju'naw] (*pl* -ais [-ajʃ]) *adj* exceptional.

excepções → excepção.

excepto [e'sɛtu] *prep* (*Port*) = exceto.

excerto [e'sextu] *m* excerpt.

excessivo, -va [ese'sivu, -va] *adj* excessive.

excesso [e'sɛsu] *m* excess; **em** ~ too much; ~ **de peso** (*relativo a bagagem*) excess baggage; (*relativo a pessoa*) excess weight; ~ **de velocidade** speeding.

exceto [e'sɛtu] *prep* (*Br*) except, apart from.

excitação [esita'sãw] *f* (*entusiasmo*) excitement; (*irritação*) agitation.

excitado, -da [esi'tadu, -da] *adj* (*entusiasmado*) excited; (*irritado*) agitated.

excitante [esi'tãntʃi] *adj* exciting.

exclamação [iʃklama'sãw] (*pl* -ões [-õjʃ]) *f* exclamation.

exclamar [iʃkla'ma(x)] *vi* to exclaim.

excluir [iʃklu'i(x)] *vt* to exclude.

exclusivo, -va [iʃklu'zivu, -va] *adj & m* exclusive; **ter o** ~ **de** to corner the market in.

excursão [iʃkux'sãw] (*pl* -ões [-õjʃ]) *f* (*de ônibus*) (coach) trip.

execução [ezeku'sãw] *f* (*de objeto*) production; (*de trabalho, plano, projeto*) execution; (*de prato culinário*) preparation; **pôr algo em** ~ to put sthg into practice.

executar [ezeku'ta(x)] *vt* (*música, cena teatral*) to perform; (*desenho, pintura*) to produce; (*ordem, plano, trabalho*) to carry out; (*matar*) to execute.

executivo, -va [ezeku'tivu, -va] *m, f* executive.

exemplar [ezẽm'pla(x)] (*pl* -es [-iʃ]) *adj* exemplary ♦ *m* (*de espécie, raça*) specimen; (*de livro, revista*) copy.

exemplo [e'zẽmplu] *m* example; **por** ~ for example; **a título de** ~ as an example.

exercer [ezex'se(x)] *vt* (*profissão*) to practise; (*função*) to fulfil; (*influência*) to exercise ♦ *vi* to practise; **ela exerceu o cargo de presidente vários anos** she was the president for several years.

exercício [ezex'sisju] *m* exercise; (*de profissão, atividade*) practice.

exercitar [ezexsi'ta(x)] *vt* to exercise.

❏ **exercitar-se** *vp* to take exercise.

exército [e'zɛxsitu] *m* army.

exibição [ezebi'sãw] (*pl* -ões [-õjʃ]) *f* show; (*de peça teatral, filme*) showing; (*Port*: *de quadros, esculturas*) exhibition; **em** ~ (*peça teatral, filme*) showing.

exibir [ezi'bi(x)] *vt* to show; (*quadro, escultura*) to exhibit.

❏ **exibir-se** *vp* to show off.

exigência [ezi'ʒẽsja] *f* demand.

exigir [ezi'ʒi(x)] *vt* to demand.

existência [eziʃ'tẽsja] *f* existence.

existir [eziʃ'ti(x)] *vi* to exist.

êxito ['ezitu] *m* success; **ter** ~ to be successful.

Exma. *abrev* = excelentíssima.

Exmo. *abrev* = excelentíssimo.

exorcismo [ezox'siʒmu] *m* exorcism.

exorcista [ezox'siʃta] *mf* exorcist.

exortação [ezoxta'sãw] (*pl* -ões [-õjʃ]) *f* exhortation.

exótico, -ca [e'zɔtʃiku, -ka] *adj* exotic.

expansão [iʃpã'sãw] (*pl* -ões [-õjʃ]) *f* (*progresso*) expansion; (*alegria*) expansiveness.

expansivo, -va [iʃpã'sivu, -va] *adj* expansive.

expansões → expansão.

expectativa [iʃpekta'tʃiva] *f* expectation; **ficar na** ~ **de** to expect.

expediente [iʃpe'dʒjẽntʃi] *m* (*de repartição, estabelecimento comercial*) business hours (*pl*).

expedir [iʃpe'dʒi(x)] *vt* to dispatch.

experiência [iʃpe'rjẽsja] *f* (*ensaio*) experiment; (*conhecimento*) experience; **com** ~ experienced.

experiente [iʃpe'rjẽntʃi] *adj* experienced.

experimentar [iʃperimẽn'ta(x)] *vt* (*máquina*) to test; (*carro*) to test-drive; (*peça de roupa, calçado*) to try on; (*comida, bebida*) to try; (*sensação, emoção*) to experience.

expirar [iʃpi'ra(x)] *vt* to exhale ♦ *vi* (*prazo*) to expire.

explicação [iʃplika'sãw] (*pl* -ões [-õjʃ]) *f* explanation; (*aula particular*) private lesson.

explicar [iʃpli'ka(x)] *vt* to explain.

❏ **explicar-se** *vp* to explain o.s.

explícito, -ta [iʃ'plisitu, -ta] *adj* explicit.

explodir [iʃplo'di(x)] *vi* to explode.

exploração [iʃplora'sãw] *f* (*investigação*) exploration; (*abuso*) exploitation.

explorar [iʃploˈra(x)] *vt (investigar)* to explore; *(abusar de)* to exploit.

explosão [iʃploˈzãw] *(pl* **-ões** [-õjʃ])* *f* explosion.

expor [iʃˈpo(x)] *vt (ideia)* to put forward; *(situação)* to explain; *(exibir)* to exhibit; *(produtos)* to display.

❑ **expor-se a** *vp + prep* to expose o.s. to.

exportação [iʃpoxtaˈsãw] *(pl* **-ões** [-õjʃ])* *f* export.

exportar [iʃpoxˈta(x)] *vt* to export.

exposição [iʃpoziˈsãw] *(pl* **-ões** [-õjʃ])* *f (de pintura, fotografia)* exhibition; *(em fotografia)* exposure; *(de produtos)* display; *(narração)* account; **em ~** on show.

exposto, -osta [iʃˈpoʃtu, -ɔʃta] *adj (em exposição)* on show; *(produtos)* on display.

expressão [iʃpreˈsãw] *(pl* **-ões** [-õjʃ])* *f* expression; **~ escrita** literacy; **~ oral** oral expression.

expressar [iʃpreˈsa(x)] *vt* to express. ❑ **expressar-se** *vp* to express o.s.

expressivo, -va [iʃpreˈsivu, -va] *adj* expressive.

expresso, -a [iʃˈprɛsu, -a] *adj & m* express.

expressões → **expressão**.

exprimir [iʃpriˈmi(x)] *vt* to express. ❑ **exprimir-se** *vp* to express o.s.

expropriar [iʃpropriˈa(x)] *vt* to expropriate.

expulsar [iʃpuwˈsa(x)] *vt* to expel.

expulso, -sa [iʃˈpuwsu, -sa] *pp* → **expulsar** ◆ *adj* expelled.

extensão [iʃtẽˈsãw] *(pl* **-ões** [-õjʃ])* *f* extension; *(dimensão espacial)* extent; *(dimensão temporal)* duration.

extenso, -sa [iʃˈtẽsu, -sa] *adj* long; *(vasto)* extensive; **escrever algo por ~** to write sthg out in full.

extensões → **extensão**.

extenuado, -da [iʃteˈnwadu, -da] *adj* worn-out.

extenuante [iʃteˈnwãntʃi] *adj* tiring.

exterior [iʃteˈrjo(x)] *(pl* **-es** [-iʃ])* *adj* outside; *(calma, aparência)* outward; *(Br: política, comércio)* foreign ◆ *m (parte exterior)* exterior; *(aparência)* outside; **o ~** *(Br: o estrangeiro)* foreign countries *(pl)*; **para o/no ~** *(Br)* abroad.

externo, -na [iʃˈtɛxnu, -na] *adj* external; *(Port: política, comércio)* foreign.

extinção [iʃtĩˈsãw] *f* extinction.

extinguir [iʃtĩŋˈgi(x)] *vt (fogo)* to extinguish, to put out; *(lei, norma)* to abolish.

❑ **extinguir-se** *vp (apagar-se)* to go out; *(desaparecer)* to become extinct, to die out.

extinto, -ta [iʃˈtʃĩntu, -ta] *pp* → **extinguir** ◆ *adj (espécie animal, vegetal)* extinct; *(fogo)* extinguished; *(lei, norma)* defunct.

extintor [iʃtĩnˈto(x)] *(pl* **-es** [-iʃ])* *m* fire extinguisher.

extra [ˈejʃtra] *adj* extra ◆ *m (de automóvel)* spare part; *(em despesa)* extras *(pl)*; *(em emprego)* perk.

extração [iʃtraˈsãw] *(pl* **-ões** [-õjʃ])* *f (Br)* extraction; *(de órgão)* removal; *(de loteria)* draw.

extracção [eʃtraˈsãw] *(pl* **-ões** [-õjʃ])* *f (Port)* = **extração**.

extrações → **extração**.

extracto [eʃˈtratu] *m (Port)* = **extrato**.

extraditar [iʃtradʒiˈta(x)] *vt* to extradite.

extrair [iʃtraˈi(x)] *vt* to extract; *(número de loteria)* to draw; **~ algo de algo** to extract sthg from sthg.

extraordinário, -ria [iʃtraordʒiˈnarju, -rja] *adj* extraordinary.

extrato [iʃˈtratu] *m (Br)* extract; *(de conta bancária)* statement.

extravagância [iʃtravaˈgãsja] *f* extravagance.

extraviado, -da [iʃtraˈvjadu, -da] *adj* lost.

extraviar [iʃtraˈvja(x)] *vt* to lose. ❑ **extraviar-se** *vp* to get lost.

extremidade [iʃtremiˈdadʒi] *f* extremity.

extremo, -ma [iʃˈtremu, -ma] *adj (decisão, medida)* drastic; *(temperatura, condição)* extreme ◆ *m* extreme; **em caso ~** if the worst comes to the worst; **ir de um ~ ao outro** *(fig)* to go from one extreme to the other; **chegar ao ~** to go to extremes.

extrovertido, -da [iʃtrɔvexˈtʃidu, -da] *adj* outgoing.

exuberante [ezubeˈrãntʃi] *adj (pessoa)* exuberant; *(roupa)* garish; *(vegetação)* lush.

exumar [ezuˈma(x)] *vt* to exhume.

ex-voto [ɛksˈvɔtu] *m* ex-voto.

F

fábrica ['fabrika] f factory.

fabricante [fabri'kãntʃi] m manufacturer.

fabricar [fabri'ka(x)] vt to make, to manufacture.

fabrico [fa'briku] m manufacture.

fabuloso, -osa [fabu'lozu, -ɔza] adj fabulous.

faca ['faka] f knife.

face ['fasi] f face; **fazer ~ a** to face up to; **em ~** opposite; **em ~ de** in view of; **~ a ~** face to face.

fáceis → **fácil**.

fachada [fa'ʃada] f facade.

fácil ['fasiw] (pl -ceis [-sejʃ]) adj easy.

facilidade [fasili'dadʒi] f (destreza) ease; (aptidão) aptitude; **com ~** with ease.

facilitar [fasili'ta(x)] vt to facilitate; **ele facilitou-nos o uso do seu equipamento** he let us use his equipment.

faço ['fasu] → **fazer**.

facto ['fa(k)tu] m (Port) = **fato**.

factor [fa(k)'tor] (mpl -res [-reʃ]) m (Port) = **fator**.

factual [fa'twal] (pl -ais [-ajʃ]) adj (Port) = **fatual**.

factura [fa'tura] f (Port) = **fatura**.

faculdade [fakuw'dadʒi] f faculty.

facultativo, -va [fakuwta'tʃivu, -va] adj optional.

fada ['fada] f fairy.

fadiga [fa'dʒiga] f fatigue.

fadista [fa'dʒiʃta] mf "fado" singer.

fado ['fadu] m (destino) destiny, fate; (música) a type of melancholy Portuguese folk song set to music.

fagulha [fa'guʎa] f spark.

faia ['faja] f beech.

faiança [fa'jãsa] f glazed ceramics (pl).

faisão [faj'zãw] (pl -ões [-õjʃ]) m pheasant.

faísca [fa'iʃka] f spark.

faisões → **faisão**.

faixa ['fajʃa] f (em estrada) lane; (para cintura) cummerbund; (ligadura) bandage; **~ (de pedestres)** (Br) pedestrian crossing; **~ de rodagem** lane.

fala ['fala] f (dom de falar) speech; **ser de poucas ~s** to be the silent type.

falador, -deira [fala'do(x), -dejra] (mpl -res [-riʃ], fpl -s [-ʃ]) adj talkative ♦ m, f chatterbox.

falar [fa'la(x)] vi to talk, to speak ♦ vt (idioma) to speak; **~ com alguém** to speak to sb; **~ de** to talk about; **para ~ a verdade** to tell the truth; **sem ~ em** not to mention; **~ claro** to speak clearly; **~ pelos cotovelos** to talk the hind legs off a donkey; **~ a sério** to be serious.

falcão [faw'kãw] (pl -ões [-õjʃ]) m falcon.

falecer [fale'se(x)] vi to pass away.

falecido, -da [fale'sidu, -da] m, f deceased.

falecimento [falesi'mẽntu] m death.

falência [fa'lẽsja] f bankruptcy; **ir à ~** to go bankrupt.

falha ['faʎa] f (lacuna) omission; (em terreno, sistema) fault.

falhar [fa'ʎa(x)] vt to miss ♦ vi (não acertar) to miss; (não funcionar) to fail; **ela falhou na primeira (tentativa)** she failed at her first attempt.

falido, -da [fa'lidu, -da] adj bankrupt.

falir [fa'li(x)] vi to go bankrupt.

falsário, -ria [faw'sarju, -rja] m, f forger.

falsidade [fawsi'dadʒi] f falseness.

falsificar [fawsifi'ka(x)] vt to forge.

falso, -sa ['fawsu, -sa] adj false; (documento, passaporte) forged; (dinheiro) counterfeit; (jóia, pele) fake ♦ adv: **jurar ~** to commit perjury.

falta ['fawta] f fault; *(carência)* lack; *(em futebol)* foul; *(infração)* offence; **este aluno tem muitas ~s** this pupil has a very poor attendance record; **sinto muita ~ de um relógio** I really need a watch; **sentir ~ de** to miss; **ter ~ de algo** to be short of sthg; **à ~ de melhor** for want of anything better; **fazer algo sem ~** to do sthg without fail; **por ~ de** for lack of.

faltar [faw'ta(x)] vi *(não haver)* to be missing; *(estar ausente)* to be absent; **falta muito para as férias** the holidays are a long way off; **falta pouco para o trem chegar** the train will arrive soon; **falta sal na comida** the food needs salt; **faltam 5 km para chegarmos lá** we've got 5 km to go before we get there; **era só o que faltava!** that's all we needed!; **~ às aulas** to play truant; **~ ao trabalho** not to turn up to work.

fama ['fama] f *(reputação)* reputation; *(notoriedade)* fame; **ter ~ de ser bom/mau** *(lugar)* to have a good/bad reputation.

família [fa'milja] f family; **em ~** among friends.

familiar [fami'lja(x)] *(pl* **-es** [-iʃ]) adj *(ambiente, atmosfera)* informal; *(da família)* family *(antes de s)* ♦ m relative.

faminto, -ta [fa'mĩntu, -ta] adj starving.

famoso, -osa [fa'mozu, -ɔza] adj famous.

fanático, -ca [fa'natʃiku, -ka] adj fanatical ♦ m, f fanatic.

fantasia [fãnta'zia] f *(capricho)* fantasy; *(imaginação)* imagination; *(disfarce)* fancy dress.

fantasiar [fãnta'zja(x)] vi to fantasize.

❑ **fantasiar-se** vp to dress up (in fancy dress); **~-se de** to dress up as.

fantasma [fãn'taʒma] m ghost.

fantástico, -ca [fãn'taʃtʃiku, -ka] adj fantastic ♦ interj fantastic!

fantoche [fãn'tɔʃi] m puppet.

farda ['faxda] f uniform.

farei [fa'rej] → **fazer**.

farelo [fa'rɛlu] m bran.

faringe [fa'rĩʒi] f pharynx.

farinha [fa'riɲa] f flour; **~ de centeio** rye flour; **~ integral** wholemeal flour; **~ de milho** cornflour *(Brit)*, cornstarch *(Am)*; **~ de rosca** *(Br)* breadcrumbs *(pl)*; **~ de trigo** plain flour.

farmacêutico, -ca [farma'sewtiku, -ka] adj pharmaceutical ♦ m, f pharmacist.

farmácia [fax'masja] f *(estabelecimento)* chemist's (shop) *(Brit)*, pharmacy *(Am)*; *(ciência)* pharmacy.

faro ['faru] m sense of smell.

farofa [fa'rɔfa] f cassava flour fried with onion, bacon, eggs or olives, often served with "feijoada" in Brazil.

farol [fa'rɔw] *(pl* **-óis** [-ɔjʃ]) m *(de veículo)* headlight; *(torre)* lighthouse; **~ alto** *(Br)* full beam *(Brit)*, high beam *(Am)*; **~ baixo** *(Br)* dipped beam *(Brit)*, low beam *(Am)*.

farpa ['faxpa] f *(de agulha)* hook; *(em tourada)* banderilla; *(em pele)* splinter.

farpado [fax'padu] adj m → **arame**.

farra ['faxa] f: **vamos cair na ~!** let's go paint the town red!

farrapo [fa'xapu] m rag.

farsa ['faxsa] f farce.

fartar-se [fax'taxsi] vp *(saciar-se)* to stuff o.s.; *(cansar-se)* to get fed up; **~-se de** *(comida)* to stuff o.s. with; *(trabalho, pessoa)* to get fed up with; **me fartei de tanto rir** I laughed my head off

farto, -ta ['faxtu, -ta] adj *(saciado)* full; **estar ~ (de)** *(cansado de)* to be fed up (with).

fartura [fax'tura] f abundance.

fascinante [fasi'nãntʃi] adj fascinating.

fascinar [fasi'na(x)] vt to fascinate.

fascismo [fa'siʒmu] m fascism.

fascista [fa'siʃta] adj & mf fascist.

fase ['fazi] f phase.

fastidioso, -osa [faʃtʃi'dʒjozu, -ɔza] adj tedious.

fatal [fa'taw] *(pl* **-ais** [-ajʃ]) adj fatal.

fatalidade [fatali'dadʒi] f misfortune.

fatia [fa'tʃia] f slice.

fatigante [fati'gãntʃi] adj exhausting.

fato ['fatu] m fact; *(Port: terno)* suit; **ser ~ consumado** to be a fait accompli; **de ~** indeed; **pelo ~ de** because, due to the fact that; **~ de banho** *(Port)* swimsuit.

fato-macaco [fatuma'kaku] *(pl* **fatos-macacos** [fatuʒma'kakuʃ]) m *(Port)* boiler suit *(Brit)*, overall *(Am)*.

fator [fa'to(x)] *(mpl* **-res** [-riʃ]) m *(Br)* factor.

fatual [fa'twaw] *(pl* **-ais** [-ajʃ]) adj *(Br)* factual.

fatura [fa'tura] *f (Br)* invoice.

fauna ['fawna] *f* fauna.

favas ['favaʃ] *fpl* broad beans; **~ à portuguesa** *rich broad bean stew cooked with bacon, "chouriço", onion, garlic, coriander and bay leaves.*

favela [fa'vɛla] *f (Br)* shantytown, slum.

favor [fa'vo(x)] *(pl* **-res** [-riʃ]*) m* favour; **"é ~ fechar a porta"** "please close the door"; **faça ~ de entrar** do come in; **faz ~** *(para chamar a atenção)* excuse me; **fazer um ~ a alguém** to do sb a favour; **ser a ~ de** to be in favour of; **faz ~** please; **por ~** please.

favorável [favo'ravɛw] *(pl* **-eis** [-ejʃ]*) adj* favourable; **o resultado nos foi ~** the result was in our favour; **ser ~ a algo** to be in favour of sthg.

favores → **favor**.

favorito, -ta [favo'ritu, -ta] *adj* favourite.

fax ['faksi] *(pl* **-es** [-iʃ]*) m* fax; **~ modem** fax modem; **enviar** OU **mandar um ~** to send a fax.

faz ['faʃ]→ **fazer**.

fazenda [fa'zẽnda] *f (Br: quinta)* ranch; *(tecido)* cloth.

fazendeiro, -ra [fazẽn'deiru, -ra] *m, f (Br)* landowner.

fazer [fa'ze(x)] *vt* 1. *(produzir)* to make; **~ muito barulho** to make a lot of noise; **~ planos/um vestido** to make plans/a dress; **~ uma pergunta** to ask a question.

2. *(comida)* to make.

3. *(gerar)* to produce; **o chocolate faz borbulhas** chocolate gives you spots.

4. *(realizar)*: **estou fazendo um curso de computadores** I'm doing a computer course; **vamos ~ uma festa** we're having a party.

5. *(praticar)* to do; **você devia ~ mais exercício** you should exercise more; **faço jogging todas as manhãs** I go jogging every morning.

6. *(cama)* to make.

7. *(transformar)* to make; **~ alguém feliz** to make sb happy.

8. *(anos)*: **faço anos amanhã** it's my birthday tomorrow; **fazemos cinco anos de casados** we've been married (for) five years.

9. *(obrigar)* to make; **~ alguém fazer algo** to make sb do sthg; **~ alguém rir/chorar** to make sb laugh/cry.

10. *(cálculo, conta)* to do; **faz a conta para ver quanto é** work out the bill to see what it comes to.

◆ *vi* 1. *(em teatro, cinema)*: **~ de** to play (the part of), to be.

2. *(aparentar)*: **~ como se** to act as if.

3. *(causar)*: **~ bem/mal a algo** to be good/bad for sthg; **~ bem/mal a alguém** *(suj: coisa)* to be good/bad for sb; **~ mal a alguém** *(suj: pessoa)* to hurt sb.

4. *(obrigar)*: **faça (com) que ele venha** make him come.

◆ *v impess* 1. *(Br)*: **faz frio/calor** it's cold/hot.

2. *(tempo)*: **faz um ano que não o vejo** it's a year since I last saw him; **faz tempo que estou à espera** I've been waiting for a while; **o Sérgio partiu faz três meses** Sérgio left three months ago.

3. *(importar)*: **não faz mal se está quebrado** it doesn't matter if it's broken; **tanto faz** it doesn't matter.

❏ **fazer-se** *vp (preparar-se)* to be made; *(ser correto)*: **é assim que se faz** that's the way to do it; **~-se com** *(ser preparado com)* to be made with.

❏ **fazer-se de** *vp + prep (pretender ser)*: **ele gosta de ~-se de importante** he likes to act important; **~-se de tolo** to act stupid; **~-se de desentendido** to feign ignorance.

fé ['fɛ] *f* faith; **de boa/má ~** in good/bad faith.

febre ['fɛbri] *f (MED)* fever; **estar com ~** to have a temperature.

febre-do-feno [fɛbridu'fenu] *f* hay fever.

fechado, -da [fe'ʃadu, -da] *adj* shut, closed; *(torneira)* turned off; *(luz)* switched off; *(flor)* unopened; *(fig: reservado)* private; **"~ para balanço"** "closed for stocktaking"; **"~ para férias"** "closed for holidays"; **"~ para obras"** "closed for refurbishment".

fechadura [feʃa'dura] *f* lock.

fechar [fe'ʃa(x)] *vt (porta, janela)* to shut, to close; *(carro)* to lock; *(torneira)* to turn off; *(luz)* to switch off; *(negócio)* to close; *(loja, estabelecimento, fábrica)* to close down ◆ *vi (ferida)* to heal; *(estabelecimento)* to shut, to close; **~ algo à chave** to lock sthg.

❏ **fechar-se** *vp (encerrar-se)* to shut o.s

up OU away; *(calar-se)* to withdraw (into o.s.).

fecho [ˈfeʃu] *m (de peça de vestuário)* zip *(Brit)*, zipper *(Am)*; *(de porta, janela)* lock; *(de espectáculo, acontecimento)* end; *(de colar, pulseira)* fastener; ~ **éclair** zip *(Brit)*, zipper *(Am)*.

fécula [ˈfɛkula] *f* starch; ~ **de batata** potato starch.

fecundar [fekũnˈda(x)] *vt* to fertilize.

feder [feˈde(x)] *vi* to stink.

federação [federaˈsãw] *(pl* -**ões** [-õjʃ]) *f* federation.

fedor [feˈdo(x)] *m* stench.

feijão [fejˈʒãw] *(pl* -**ões** [-õjʃ]) *m* bean.

feijão-fradinho [fejʒãwfraˈdʒinu] *(pl* **feijões-fradinhos** [fejʒõjʃfraˈdʒinuʃ]) *m* black-eyed bean *(Brit)*, black-eyed pea *(Am)*.

feijão-mulatinho [fejʒãwmulaˈtʃinu] *(pl* **feijões-mulatinhos** [fejʒõjʒmulaˈtʃinuʃ]) *m* red bean similar to the kidney bean.

feijão-preto [fejʒãwˈpretu] *(pl* **feijões-pretos** [fejʒõjʒˈpretuʃ]) *m* black bean.

feijão-verde [fejʒãwˈvexdʒi] *(pl* **feijões-verdes** [fejʒõjʒˈvexdʒiʃ]) *m* green bean.

feijoada [fejˈʒwada] *f* bean stew; ~ **brasileira** *black bean stew cooked with salt beef and various cuts of pork, served with "farofa", spring greens, rice and an orange;* ~ **à trasmontana** *bean stew cooked with cuts of pork and "chouriço", cabbage, carrot and herbs, served with rice.*

feijões → feijão.

feio, feia [ˈfeju, ˈfeja] *adj* ugly; *(atitude, situação)* nasty.

feira [ˈfejra] *f* market; ~ **da ladra** *(Port)* flea market; ~ **livre** *(Br)* street market; ~ **do livro** book fair; **fazer a** ~ to go to the market.

feitiçaria [fejtʃisaˈria] *f* witchcraft.

feiticeira [fejtʃiˈsejra] *f* enchantress.

feiticeiro [fejtʃiˈsejru] *m* wizard.

feitiço [fejˈtʃisu] *m* spell.

feitio [fejˈtʃiu] *m (forma)* shape; *(caráter)* temper; *(de peça de vestuário)* cut; **ter bom** ~ *(pessoa)* to be good-natured.

feito, -ta [ˈfejtu, -ta] *pp* → fazer ◆ *adj (adulto)* mature; *(realizado)* finished, done ◆ *m (façanha)* deed; ~ **à mão** handmade; ~ **sob medida** made-to-measure; ~ **de** made of; **dito e** ~ no sooner said than done.

feixe [ˈfejʃi] *m (de palha, lenha)* bundle; *(Br: de luz)* beam.

fel [ˈfɛw] *m* bile.

felicidade [felisiˈdadʒi] *f (contentamento)* happiness; *(boa sorte)* luck; ~**s!** all the best!

felicitar [felisiˈta(x)] *vt* to congratulate; ~ **alguém por algo** to congratulate sb on sthg.

felino, -na [feˈlinu, -na] *adj* feline ◆ *m* cat.

feliz [feˈliʒ] *(pl* -**zes** [-ziʃ]) *adj* happy; *(afortunado)* lucky; *(bem executado)* successful; **Feliz Ano Novo!** Happy New Year!

felizmente [feliʒˈmẽntʃi] *adv* fortunately.

felpudo, -da [fɛwˈpudu, -da] *adj* fluffy.

feltro [ˈfewtru] *m* felt.

fêmea [ˈfemja] *f* female.

feminino, -na [femiˈninu, -na] *adj & m* feminine.

feminismo [femeˈniʒmu] *m* feminism.

feminista [femiˈniʃta] *mf* feminist.

fenda [ˈfẽnda] *f* crack.

fender [fẽnˈde(x)] *vt* to crack.
❑ **fender-se** *vp* to crack.

feno [ˈfenu] *m* hay.

fenomenal [fenomeˈnaw] *(pl* -**ais** [-ajʃ]) *adj* phenomenal.

fenómeno [feˈnɔmenu] *m (Port)* = fenômeno.

fenômeno [feˈnomenu] *m (Br)* phenomenon.

fera [ˈfɛra] *f* wild animal.

feriado [feˈrjadu] *m* public holiday; ~ **nacional** public holiday.

férias [ˈfɛrjaʃ] *fpl* holiday *(sg)*; **estar de** OU **em** ~ to be on holiday; **ir de** ~ to go on holiday.

ferida [feˈrida] *f (ferimento)* wound, → ferido.

ferido, -da [feˈridu, -da] *adj (em acidente, queda)* injured; *(em combate)* wounded; *(fig: ofendido)* hurt ◆ *m, f*: **houve 20** ~**s** 20 people were injured.

ferimento [feriˈmẽntu] *m (de queda, acidente)* injury; *(de arma)* wound.

ferir [feˈri(x)] *vt* to hurt; *(com arma)* to wound.
❑ **ferir-se** *vp (em queda, acidente)* to hurt o.s.

fermentar [fexmẽnˈta(x)] *vi* to ferment.

fermento [fexˈmẽntu] *m* yeast.

feroz [fe'rɔʃ] (pl **-zes** [-ziʃ]) adj fierce.

ferradura [fexa'dura] f horseshoe.

ferragens [fe'xaʒãjʃ] fpl → **loja**.

ferramenta [fexa'mẽta] f (instrumento individual) tool; (conjunto de instrumentos) tools (pl).

ferrão [fe'xãw] (pl **-ões** [-õjʃ]) m sting.

ferreiro [fe'xejru] m blacksmith.

ferro ['fexu] m iron.

ferrões → **ferrão**.

ferrolho [fe'xoʎu] m bolt.

ferro-velho [,fexu'veʎu] (pl **ferros-velhos** [,fexuʒ'veʎuʃ]) m scrapyard.

ferrovia [fexo'via] f (Br) train track.

ferrugem [fe'xuʒẽ] f (de metal) rust; (de chaminé) soot.

ferry-boat [,fexi'bowt] (pl **ferry-boats** [,fexi'bowtʃ]) m ferry.

fértil ['fɛxtiw] (pl **-teis** [-tejʃ]) adj fertile.

fertilidade [fextʃili'dadʒi] f fertility.

fertilizante [fextʃili'zãntʃi] m fertilizer.

ferver [fex've(x)] vt to boil ◆ vi (leite, água) to boil; (vinho) to ferment; (fig: de raiva, indignação) to seethe.

fervor [fex'vo(x)] m fervour.

fervura [fex'vura] f: **cozer algo até levantar ~** to bring sthg to the boil.

festa ['fɛʃta] f party; **boas ~s!** Merry Christmas and a Happy New Year!; **~s juninas** Brazilian religious festivals held in June in honour of the Saints; **~s dos Santos Populares** Portuguese religious festivals held in June in honour of St John, St Peter and St Anthony.
❑ **festas** fpl (carícias) caresses; **fazer ~s a** (a pessoa) to caress; (a animal) to stroke.

festejar [feʃte'ʒa(x)] vt to celebrate.

festim [feʃ'tʃi] (pl **-ns** [-ʃ]) m party.

festival [feʃtʃi'vaw] (pl **-ais** [-ajʃ]) m (de música, cinema) festival; (de canção) contest.

fétido, -da ['fɛtʃidu, -da] adj fetid.

feto ['fɛtu] m (planta) fern; (embrião) foetus.

fevereiro [feve'reiru] m (Br) February, → **setembro**.

fez ['fɛʒ] → **fazer**.

fezes ['fɛziʃ] fpl faeces.

fiação [fja'sãw] (pl **-ões** [-õjʃ]) f (fábrica) textile mill.

fiambre ['fjãmbri] m ham.

fiar ['fja(x)] vt (linho, lã) to spin ◆ vi (vender a crédito) to sell on credit.
❑ **fiar-se em** vp + prep to trust.

fiasco ['fjaʃku] m fiasco.

fibra ['fibra] f fibre; (fig: coragem) courage; **~ (acrílica)** acrylic.

ficar [fi'ka(x)] vi to be; (permanecer) to stay; (restar) to be left (over); (rico, gordo) to get; **ele ficou todo corado** he went bright red; **essa roupa não lhe fica bem** those clothes don't suit you; **fiquei trabalhando até tarde** I worked late; **~ bem** to look good; **~ mal** not to look good; **~ com algo** to take sthg; **~ de fazer algo** to promise to do sthg; **~ em primeiro lugar** to come first; **~ por (custar)** to come to; **~ sem algo** to be left without sthg.

ficção [fik'sãw] f fiction.

ficha ['fiʃa] f (dentária, médica) records (pl); (EDUC: teste) test; (formulário) form; (Port: elétrica) plug; **~ dupla/tripla** (Port) double/triple socket adaptor.

fichário [fi'ʃarju] m (caixa) index card holder; (fichas) index cards (pl).

fictício, -cia [fik'tʃisju, -sja] adj fictional.

fidelidade [fideli'dadʒi] f fidelity; **~ (conjugal)** faithfulness (to one's partner).

fiel ['fjɛw] (pl **-éis** [-ɛiʃ]) adj faithful ◆ m believer.

fígado ['figadu] m liver.

figa ['figaʃ] fpl: **fazer ~** = to cross one's fingers.

figo ['figu] m fig; **~s secos** dried figs.

figueira [fi'gejra] f fig tree.

figura [fi'gura] f figure; **fazer boa/má ~** to come across well/badly.

figurante [figu'rãntʃi] mf extra.

figurar [figu'ra(x)]: **figurar em** v + prep to appear in.

figurino [figu'rinu] m (de moda) fashion plate.

fila ['fila] f queue (Brit), line (Am); **em ~ (indiana)** in line.

filarmónica [filar'mɔnika] f (Port) = **filarmônica**.

filarmônica [filax'monika] f (Br) philharmonic (orchestra).

filatelia [filate'lia] f stamp collecting, philately.

filé [fi'lɛ] m (Br) fillet.

fileira [fi'lejra] f row.

filete [fi'lete] m (Port) fillet; **~s (de pescada)** hake fillets.

filho, -lha ['fiʎu, -ʎa] *m, f* son (*f* daughter); **os nossos ~s** our children; **~ da puta** (*vulg*) bastard (*Brit*), son of a bitch (*Am*).

filhote [fi'ʎɔtʃi] *m* (*de cadela*) puppy; (*de raposa, urso, etc*) cub; **a mãe olhava pelos ~s** the mother looked after her young.

filial [fi'ljaw] (*pl* **-ais** [-ajʃ]) *f* branch.

filigrana [fili'grana] *f* filigree.

filmadora [fiwma'dora] *f* (*Br*): **~ (de vídeo)** video camera.

filmar [fiw'ma(x)] *vt* to film, to shoot.

filme ['fiwmi] *m* (*de cinema*) film (*Brit*), movie (*Am*); (*de máquina fotográfica*) film.

filosofia [filozo'fia] *f* philosophy.

filósofo, -fa [fi'lɔzofu, -fa] *m, f* philosopher.

filtrar [fiw'tra(x)] *vt* to filter.

filtro ['fiwtru] *m* filter.

fim ['fĩ] (*pl* **-ns** [-ʃ]) *m* end; (*objetivo*) aim; **ter por ~ fazer algo** to aim to do sthg; **ter um ~ em vista** to have an end in mind; **o ~ do mundo** (*lugar distante*) the back of beyond; (*desgraça total*) the end of the world; **a ~ de** in order to; **no ~** in the end; **ao ~ e ao cabo** at the end of the day; **estar a ~ de** (*Br*) to fancy.

fim-de-semana [ˌfĩdʒise'mana] (*pl* **fins-de-semana** [ˌfĩdʒise'mana]) *m* weekend.

Finados [fi'naduʃ] *mpl*: **os ~** All Souls' Day (*sg*).

final [fi'naw] (*pl* **-ais** [-ajʃ]) *adj & f* (*último*) final ♦ *m* end.

finalidade [finali'dadʒi] *f* (*objetivo*) aim, purpose; (*de máquina*) application.

finalista [fina'liʃta] *mf* (*em competição*) finalist; (*de curso*) finalyear student.

finanças [fi'nãsaʃ] *fpl* finances.

fingir [fĩ'ʒi(x)] *vt* to pretend.

finlandês, -esa [fĩlãn'deʃ, -eza] (*mpl* **-eses** [-eziʃ], *fpl* **-s** [-ʃ]) *adj & m* Finnish ♦ *m, f* Finn.

Finlândia [fĩ'lãndʒja] *f*: **a ~** Finland.

fino, -na ['finu, -na] *adj* (*fio, cabelo*) fine; (*roupa*) smart; (*hotel, restaurante*) exclusive; (*pessoa*) refined; (*bebida*) fortified; (*Br: fam: bom*): **ele é gente fina** he's a good sort.

fins → **fim**.

fio ['fiu] *m* (*de matéria têxtil*) thread; (*elétrico*) wire; (*de líquido*) trickle; **~ dental** dental floss; **~s de ovos** *sweet*

threads of egg yolk and sugar poured over cakes, puddings and pastries; **perder o ~ à meada** to lose one's thread.

firma ['fixma] *f* (*Br: empresa*) firm.

firme ['fixmi] *adj* firm.

firmeza [fix'meza] *f* (*solidez*) firmness; (*estabilidade*) stability; (*fig: perseverança*) resolve.

fiscal [fiʃ'kaw] (*pl* **-ais** [-ajʃ]) *adj* fiscal ♦ *mf* (*tax*) inspector.

fisco ['fiʃku] *m* (*instituição*) = the Inland Revenue (*Brit*), = the Internal Revenue (*Am*).

física ['fizika] *f* (*ciência*) physics (*sg*), → **físico**.

físico, -ca ['fiziku, -ka] *adj* physical ♦ *m* (*de pessoa*) physique ♦ *m, f* (*profissão*) physicist.

fisionomia [fizjono'mia] *f* features (*pl*).

fisioterapia [ˌfizjoteɾa'pia] *f* physiotherapy.

fita ['fita] *f* (*de tecido*) ribbon; (*fingimento*) pretence; (*filme*) film; **~ adesiva** (*Port*) adhesive tape; **~ (de cabelo)** hairband; **~ durex®** (*Br*) = Sellotape® (*Brit*), = Scotch tape® (*Am*); **~ isoladora** (*Port*) insulating tape; **~ (para máquina de escrever)** typewriter ribbon; **~ métrica** tape measure; **~ de vídeo** (*Br*) video cassette OU tape; **fazer ~** (*fingir*) to put on an act.

fita-cola [ˌfita'kɔla] *f inv* (*Port*) Sellotape® (*Brit*), Scotch tape® (*Am*).

fitar [fi'ta(x)] *vt* to stare at.

fivela [fi'vɛla] *f* buckle.

fixador [fiksa'do(x)] (*pl* **-res** [-riʃ]) *m* (*de cabelo*) hairspray; (*em fotografia, desenho*) fixative.

fixar [fik'sa(x)] *vt* to fix; (*aprender de cor*) to memorize.

❏ **fixar-se** *vp* (*estabelecer-se*) to establish o.s.

fixo, -xa ['fiksu, -ksa] *pp* → **fixar** ♦ *adj* fixed; (*cor*) fast.

fiz ['fiʒ] → **fazer**.

flamengo [fla'mẽŋgu] *adj m* → **queijo**.

flamingo [fla'mĩŋgu] *m* flamingo.

flanco ['flãŋku] *m* flank.

flanela [fla'nɛla] *f* flannel.

flash ['flaʃi] *m* flash.

flauta ['flawta] *f* flute; **~ de bisel** recorder; **~ de pã** panpipes (*pl*).

flecha ['flɛʃa] *f* arrow.

fleuma ['flewma] *f* phlegm.

flexível [flɛk'sivɛw] (*pl* **-eis** [-ejʃ]) *adj* flexible.

flippers [flipɛrs] *mpl* pinball *(sg)*; **jogar** ~ to play pinball.

floco ['flɔku] *m (de pêlo, lã)* fluff *(Brit)*, fuzz *(Am)*; ~ **de neve** snowflake; ~**s de aveia** porridge *(sg)*; ~**s de milho** cornflakes.

flor ['flɔ(x)] *(pl* **-res** [-riʃ]) *f* flower; **em** ~ in bloom; **ter os nervos à** ~ **da pele** to be highly strung; **estar na** ~ **da idade** to be in one's prime.

floresta [flo'rɛʃta] *f* forest.

florido, -da [flo'ridu, -da] *adj (árvore, campo, jardim)* full of flowers; *(tecido, papel)* flowery.

florista [flo'riʃta] *mf* florist ♦ *f* florist's (shop).

fluência [flu'ẽsja] *f* fluency.

fluentemente [flu,ẽntʃi'mẽntʃi] *adv* fluently.

fluido, -da [flu'idu, -da] *adj* fluid ♦ *m (líquido)* fluid; *(fam: força misteriosa)* vibes *(pl)*.

fluminense [flumi'nẽsi] *adj* of/relating to Rio de Janeiro State.

flúor ['flu:ɔ(x)] *m* fluoride.

fluorescente [flureʃ'sẽntʃi] *adj* fluorescent.

flutuante [flu'twãntʃi] *adj (objeto)* floating; *(preço, inflação, temperatura)* fluctuating.

flutuar [flu'twa(x)] *vi* to float.

fluvial [flu'vjaw] *(pl* **-ais** [-ajʃ]) *adj* river *(antes de s)*.

fluxo ['fluksu] *m* flow.

fobia [fo'bia] *f* phobia.

focinho [fo'siɲu] *m* snout.

foco ['fɔku] *m (de luz, lâmpada)* beam; *(de atenção)* focus; *(de doença)* centre.

fofo, -fa ['fofu, -fa] *adj* soft; *(bolo)* light.

fofoca [fo'fɔka] *f (Br: mexerico)* piece of gossip.

fogão [fo'gãw] *(pl* **-ões** [-õjʃ]) *m* cooker *(Brit)*, stove *(Am)*.

foge ['fɔʒi] → **fugir**.

fogem ['fɔʒẽ] → **fugir**.

fogo ['fogu] *(pl* **fogos** ['fɔguʒ]) *m* fire; ~ **posto** arson.

fogo-de-artifício [,fogudʒiaxtʃi'fisju] *(pl* **fogos-de-artifício** [,foguʒ-dʒiaxtʃi'fisju]) *m (foguetes)* fireworks *(pl)*; *(espectáculo)* firework display.

fogões → **fogão**.

fogueira [fo'gejra] *f* fire.

foguetão [foge'tãw] *(pl* **-ões** [-õjʃ]) *m* rocket.

foguete [fo'getʃi] *m* rocket.

foguetões → **foguetão**.

foi [foj]→ **ser, ir**.

foice ['fojsi] *f (pequena)* sickle; *(grande)* scythe.

folclore [fow'klɔri] *m (música)* folk music; *(dança)* folk-dancing.

folclórico, -ca [fow'klɔriku, -ka] *adj (música, dança)* folk *(antes de s)*; *(fig: berrante)* garish.

fôlego ['folegu] *m* breath; **tomar** ~ to get one's breath back.

folga ['fowga] *f (de trabalho)* day off; *(espaço livre)* gap; **estar de** ~ to be on one's day off.

folha ['foʎa] *f (de planta, árvore)* leaf; *(de jornal, livro, revista)* page; ~ **de alumínio** tinfoil; ~ **de cálculo** spreadsheet; ~ **(de papel)** sheet of paper; ~ **lisa/quadriculada** plain/squared paper; ~ **pautada** lined paper.

folha-de-flandres [,foʎadʒi'flãndriʃ] *(pl* **folhas-de-flandres** [,foʎaʒdʒi-'flãndriʃ]) *f* corrugated iron.

folhado, -da [fo'ʎadu, -da] *adj (massa)* puff *(antes de s)*; *(bolo)* made with puff pastry ♦ *m (CULIN)* pastry.

folhagem [fo'ʎaʒẽ] *f* foliage.

folhear [fo'ʎja(x)] *vt* to leaf through.

folheto [fo'ʎetu] *m* leaflet.

folia [fo'lia] *f* revelry.

folião, -liona [fo'ʎjãw, -ljona] *(mpl* **-ões** [-õjʃ], *fpl* **-s** [-ʃ]) *m, f* reveller.

fome ['fɔmi] *f* hunger; **estar com** OU **ter** ~ to be hungry; **passar** ~ to go hungry.

fone ['fɔni] *m (Br: de telefone)* receiver, handset.

fonética [fo'nɛtʃika] *f* phonetics *(sg)*.

fonte ['fõntʃi] *f (chafariz)* fountain; *(de cabeça)* temple; *(fig: de texto, trabalho, informação)* source.

fora ['fɔra] *adv (no exterior)* out; *(no estrangeiro)* abroad ♦ *prep* apart from ♦ *interj* get out!; ~ **de série** extraordinary; **"~ de serviço"** "out of order"; **estar/ficar** ~ **de si** to be beside o.s.; **ficar de** ~ not to join in; ~ **de mão** *(dirigir)* on the wrong side of the road; **lá** ~ *(no estrangeiro)* abroad; *(no exterior)* outside; **por esse país** ~ throughout the country; **dar um** ~ **em alguém** *(Br)* to chuck sb.

foram [fo'rãw] → **ser, ir**.

força ['foxsa] *f (energia)* strength; *(mi-*

litar, policial) force; **~ de vontade** will power; **as ~s armadas** the armed forces; **à ~** by force; **por ~** by force; **não cheguei a horas por razões de ~ maior** I didn't arrive on time for reasons beyond my control.

forçar [fox'sa(x)] *vt* to force.

forjar [fox'ʒa(x)] *vt* to forge.

forma¹ ['fɔxma] *f* shape; *(maneira)* way; **de ~ que** therefore; **de qualquer ~** anyway; **em ~ de** in the shape of; **em ~ de estrela** star-shaped; **estar em ~** to be in shape.

forma² ['fɔrma] *f (Port)* = **fôrma**.

fôrma ['foxma] *f (Br) (de bolos)* cake tin; *(de sapato)* shoe tree.

formação [foxma'sãw] *(pl* **-ões** [-õjʃ]) *f* formation; *(treino)* training.

formal [fox'maw] *(pl* **-ais** [-ajʃ]) *adj* formal.

formalidade [foxmali'dadʒi] *f* formality.

formar [fox'ma(x)] *vt* to form; *(educar)* to train.

❑ **formar-se** *vp (terminar curso universitário)* to graduate.

formatar [foxma'ta(x)] *vt* to format.

formidável [foxmi'davɛw] *(pl* **-eis** [-ejʃ]) *adj* fantastic.

formiga [fox'miga] *f* ant.

formoso, -osa [fox'mozu, -ɔza] *adj* beautiful; *(homem)* handsome.

fórmula ['fɔxmula] *f* formula; **Fórmula 1** Formula 1.

formular [foxmu'la(x)] *vt (palavra, frase)* to formulate; *(desejo)* to express.

formulário [foxmu'larju] *m* form.

fornecedor, -ra [foxnese'do(x), -ra] *(mpl* **-res** [-riʃ], *fpl* **-s** [-ʃ]) *m, f (de estabelecimento)* supplier; *(fam: de droga)* dealer.

fornecer [foxne'se(x)] *vt* to supply; **~ alguém com algo** to supply sb with sthg.

❑ **fornecer-se** *vp* to stock up.

fornecimento [foxnesi'mẽntu] *m* supply.

forno ['foxnu] *m* oven.

forquilha [fox'kiʎa] *f* fork *(Brit)*, pitchfork *(Am)*.

forrar [fo'xa(x)] *vt* to line; *(livro)* to cover.

forró [fo'xɔ] *m (Br)* party.

fortalecer [foxtale'se(x)] *vt* to strengthen.

fortaleza [foxta'leza] *f* fortress.

forte ['fɔxtʃi] *adj* strong; *(calor, dor)* intense; *(chuva)* heavy; *(voz, som)* loud; *(comida)* filling; *(golpe, choque)* hefty; *(bebida)* stiff ◆ *m* fort; **essa é ~!** pull the other one!

fortuna [fox'tuna] *f* fortune.

fósforo ['fɔʃforu] *m (de acender)* match.

fossa ['fɔsa] *f* septic tank; **estar na ~** *(fig: deprimido)* to be down in the dumps.

fóssil ['fɔsiw] *(pl* **-eis** [-ejʃ]) *m* fossil.

fosso ['fosu] *m* moat.

foste [foʃtʃi]→ **ser, ir**.

foto ['fɔtu] *f* photo.

fotocópia [foto'kɔpja] *f* photocopy.

fotografar [fotogra'fa(x)] *vt* to photograph.

fotografia [fotogra'fia] *f (arte)* photography; *(objeto)* photograph; **~ para passaporte** passport photo.

fotógrafo, -fa [fo'tɔgrafu, -fa] *m, f* photographer.

fotómetro [fo'tɔmetru] *m* light meter.

foz ['fɔʃ] *f* river mouth.

fração [fra'sãw] *(pl* **-ões** [-õjʃ]) *f (Br)* fraction.

fracasso [fra'kasu] *m* failure.

fracção [fra'sãw] *(pl* **-ões** [-õjʃ]) *f (Port)* = **fração**.

fraco, -ca ['fraku, -ka] *adj* weak; *(dor)* slight; *(chuva, vento)* light; *(voz, som)* faint; *(qualidade)* poor; **ter um ~ por alguém** *(fig: paixão)* to have a crush on sb.

frações → **fração**.

fractura [fra'tura] *f (Port)* = **fratura**.

frade ['fradʒi] *m* friar.

frágil ['fraʒiw] *(pl* **-geis** [-ʒejʃ]) *adj* fragile.

fragmento [frag'mẽntu] *m* fragment; *(de obra literária, manuscrito)* extract.

fragrância [fra'grãsja] *f* fragrance.

fralda ['frawda] *f* nappy *(Brit)*, diaper *(Am)*; **~s descartáveis** disposable nappies.

framboesa [frãm'bweza] *f* raspberry.

França ['frãsa] *f:* **a ~** France.

francamente [frãŋka'mẽntʃi] *adv* frankly ◆ *interj* honestly!

francês, -esa [frã'seʃ, -eza] *(mpl* **-eses** [-eziʃ], *fpl* **-s** [-ʃ]) *adj & m* French ◆ *m, f (pessoa)* Frenchman *(f* Frenchwoman*)*; **os franceses** the French.

franco, -ca ['frãŋku, -ka] *adj* frank; **para ser ~ ...** to be quite honest ....

frango [ˈfrãŋgu] m chicken; (em futebol) sitter; ~ **assado** roast chicken; ~ **churrasco** barbecued chicken in a spicy sauce; ~ **na púcara** chicken stewed with tomatoes, onions, smoked ham, garlic, port, brandy, white wine and raisins.

franja [ˈfrãʒa] f (de toalha, cortina, sofá) fringe; (de cabelo) fringe (Brit), bangs (pl) (Am).

franqueza [frãŋˈkeza] f frankness; **com** ~ frankly.

franquia [frãŋˈkia] f (COM) franchise; (selo postal) postage; (isenção) exemption.

franzino, -na [frãˈzinu, -na] adj frail.

fraqueza [fraˈkeza] f weakness; (fome) hunger; (cansaço) exhaustion.

frasco [ˈfraʃku] m jar.

frase [ˈfrazi] f sentence.

fratura [fraˈtura] f (Br) fracture.

fraude [ˈfrawdʒi] f fraud.

frear [freˈa(x)] vi (Br) to brake.

freguês, -esa [freˈgeʃ, -eza] (mpl -eses [-eziʃ], fpl -s [-ʃ]) m, f customer.

freio [ˈfraju] m (de veículo) brake; (de cavalo) bit.

freixo [ˈfrejʃu] m ash.

frenético, -ca [freˈnɛtʃiku, -ka] adj frenetic.

frente [ˈfrẽtʃi] f front; **olha-me de** ~! look me in the face!; **dar de** ~ **com** (encontrar) to bump into; **fazer** ~ **a** to stand up to, to confront; **ir para a** ~ **com** to go ahead with; ~ **fria/quente** cold/warm front; **à** ~ ahead; **à** ~ **de** (na dianteira de) in front of; (chegar, ir, partir) ahead of; **em** ~ (defronte) opposite; **em** ~ **de**, **à** ~ **a** opposite; ~ **a** ~ face to face.

frequência [freˈkwẽsja] f (Port) = **freqüência**.

freqüência [freˈkwẽsia] f (Br) frequency; **com** ~ frequently.

freqüentar [frekwẽˈta(x)] vt (casa de alguém) to visit frequently; (curso) to attend; (local) to frequent.

freqüentemente [fre,kwẽtʃiˈmẽtʃi] adv frequently.

frescão [freʃˈkãw] (pl -ões [-õjʃ]) m (Br: ônibus) air-conditioned coach.

fresco, -ca [ˈfreʃku, -ka] adj fresh; (tempo, bebida, roupa) cool; (muito exigente) fussy; (fam:efeminado) camp ◆ m (Port: pintura) fresco.

frescobol [freʃkoˈbɔw] m (Br) racquetball (played at the beach).

frescões → **frescão**.

frescura [freʃˈkura] f freshness; (em relação a temperatura) coolness.

fressura [freˈsura] f offal.

frete [ˈfretʃi] m (de ônibus) fee (for hire of both bus and driver); (de táxi) fare.

frevo [ˈfrevu] m Brazilian carnival dance.

fricção [frikˈsãw] (pl -ões [-õjʃ]) f (esfregação) rubbing; (atrito) friction.

frieira [friˈejra] f chilblain.

frieza [friˈeza] f coldness.

frigideira [friʒiˈdejra] f frying pan.

frigorífico [frigoˈrifiku] m fridge.

frio, fria [ˈfriu, ˈfria] adj & m cold; **está** ~ it's cold; **estar com** OU **ter** ~ to be cold; **estava um** ~ **de rachar** (fam) it was absolutely freezing.

❑ **frios** mpl (Br: CULIN) cold meats.

frisar [friˈza(x)] vt (cabelo) to curl; (fig: enfatizar) to highlight.

fritar [friˈta(x)] vt (em pouco óleo) to fry; (em muito óleo) to deep-fry.

frito, -ta [ˈfritu, -ta] adj fried; **estar** ~ (fam) to be done for.

fritura [friˈtura] f (alimento frito) fried food.

frízer [ˈfrizex] (pl -res [-riʃ]) m (Br) (de geladeira) freezer; (congelador) deep freeze.

fronha [ˈfroɲa] f pillowcase.

fronte [ˈfrõtʃi] f (testa) forehead.

fronteira [frõˈtejra] f border; **além** ~**s** abroad.

frota [ˈfrɔta] f fleet.

frustrado, -da [fruʃˈtradu, -da] adj frustrated.

frustrante [fruʃˈtrãtʃi] adj frustrating.

fruta [ˈfruta] f fruit; ~ **em calda** fruit in syrup; ~ **da época** fruit in season.

fruta-do-conde [ˌfrutaduˈkõdʒi] (pl **frutas-do-conde** [ˌfrutaʒduˈkõdʒi]) f custard apple.

frutaria [frutaˈria] f fruit shop.

fruto [ˈfrutu] m fruit; ~**s secos** dried fruits.

fubá [fuˈba] m cornmeal.

fuga [ˈfuga] f (de gás, água) leak; (evasão) escape; **pôr-se em** ~ to run away; **em** ~ on the run.

fugir [fuˈʒi(x)] vi to run away; ~ **a** OU **de** to run away from.

fugitivo, -va [fuʒiˈtʃivu, -va] adj fleeting ◆ m, f fugitive.

fui [fuï] → ser, ir.

fulano, -na [fu'lanu, -na] *m, f* what's-his-name (*f* what's-her-name); **era um ~ qualquer** it was just some guy.

fuligem [fu'liʒẽ] *f* soot.

fulo, -la ['fulu, -la] *adj* furious; **~ da vida** fuming.

fumaça [fu'masa] *f* smoke.

fumador, -ra [fuma'dor, -ra] (*mpl* **-es** [-eʃ], *fpl* **-s** [-ʃ]) *m, f (Port)* smoker.

fumante [fu'mãntʃi] *mf (Br)* smoker.

fumar [fu'ma(x)] *vt & vi* to smoke.

fumo ['fumu] *m* smoke.

função [fũ'sãw] (*pl* **-ões** [-õjʃ]) *f (de pessoa)* role; *(de máquina)* function; **exercer a ~ de** to act as; **~ pública** civil service.

funcho ['fũʃu] *m* fennel.

funcionamento [fũsjona'mẽntu] *m* operation; **em ~** in operation; **tenho o motor em ~** I've got the engine running.

funcionar [fũsjo'na(x)] *vi (máquina)* to work; *(estabelecimento)* to be open.

funcionário, -ria [fũsjo'narju, -rja] *m, f* employee; **~ público** civil servant.

funções → **função**.

fundação [fũnda'sãw] (*pl* **-ões** [-õjʃ]) *f* foundation.

fundamental [fũndamẽn'taw] (*pl* **-ais** [-ajʃ]) *adj* fundamental.

fundamento [fũnda'mẽntu] *m (motivo)* grounds (*pl*); *(justificação)* basis; **sem ~** unfounded.

fundar [fũn'da(x)] *vt* to found; **~ algo em algo** *(basear)* to base sthg on sthg.

fundido, -da [fũn'dʒidu, -da] *adj (metal)* molten; *(queijo)* melted.

fundir [fũn'dʒi(x)] *vt* to melt.

❑ **fundir-se** *vp* to melt.

fundo, -da ['fũndu, -da] *adj* deep ♦ *m (de rio, piscina, poço)* bottom; *(em economia)* fund; **ir ao ~ da questão** to get to the bottom of the matter; **sem ~** bottomless.

fúnebre ['funebri] *adj (fig: lúgubre)* funereal.

funeral [fune'raw] (*pl* **-ais** [-ajʃ]) *m* funeral.

fungo ['fũngu] *m* fungus.

funil [fu'niw] (*pl* **-is** [-iʃ]) *m* funnel.

furacão [fura'kãw] (*pl* **-ões** [-õjʃ]) *m* hurricane.

furadeira [fura'dejra] *f (Br)* drill.

furado, -da [fu'radu, -da] *adj (pneu)* flat; *(orelha)* pierced.

furador [fura'do(x)] (*pl* **-res** [-riʃ]) *m* hole punch.

furar [fu'ra(x)] *vt (folha)* to punch holes in; *(saco)* to make a hole in; *(pneu)* to puncture; *(orelha)* to pierce; *(fig: fila)* to jump.

furgão [fux'gãw] (*pl* **-ões** [-õjʃ]) *m (veículo)* van.

fúria ['furja] *f* fury.

furnas ['fuxnaʃ] *fpl* hot ou thermal springs.

furo ['furu] *m (em pneu)* puncture; *(em saco, orelha)* hole.

furtar [fux'ta(x)] *vt* to steal.

❑ **furtar-se a** *vp + prep* to avoid.

furúnculo [fu'rũŋkulu] *m* boil.

fusão [fu'zãw] (*pl* **-ões** [-õjʃ]) *f* fusion; *(de empresas)* merger.

fusível [fu'zivεw] (*pl* **-eis** [-ejʃ]) *m* fuse.

fuso ['fuzu] *m*: **~ horário** time zone.

fusões → **fusão**.

futebol [futʃi'bɔw] *m* football *(Brit)*, soccer *(Am)*.

fútil ['futʃiw] (*pl* **-teis** [-tejʃ]) *adj (frívolo)* frivolous; *(insignificante)* trivial; *(vão)* futile.

futilidade [futʃili'dadʒi] *f (frivolidade)* frivolity; *(coisa inútil)* triviality; *(inutilidade)* futility.

futuro, -ra [fu'turu, -ra] *adj & m* future; **o ~** *(GRAM)* the future (tense); **de ~** in future; **no ~** in the future; **para o ~** for the future; **ter ~** to have a future.

fuzil [fu'ziw] (*pl* **-is** [-iʃ]) *m* rifle.

fuzileiro [fuzi'lejru] *m* fusilier.

fuzis → **fuzil**.

G

gabar [ga'ba(x)] *vt* to praise.
❑ **gabar-se** *vp* to boast; **~-se de algo** to boast about sthg.

gabardine [gabax'dʒini] *f* raincoat.

gabinete [gabi'netʃi] *m (compartimento)* booth; *(escritório)* office.

gado ['gadu] *m* cattle.

gaélico [ga'ɛliku] *m* Gaelic.

gafanhoto [gafa'ɲotu] *m* grasshopper.

gafe ['gafi] *f* gaffe.

gagueira [ga'gejra] *f (Br)* stammer.

gaguejar [gage'ʒa(x)] *vi* to stutter, to stammer.

gaguez [ga'geʃ] *f (Port)* = **gagueira**.

gaiato, -ta [ga'jatu, -ta] *adj (Br)* funny.

gaio ['gaju] *m* jay.

gaiola [ga'jɔla] *f* cage.

gaita ['gajta] *f* pipe ♦ *interj* damn!

gaita-de-foles [gajtadʒi'fɔliʃ] *(pl* **gaitas-de-foles** [gajtaʒdʒi'fɔliʃ]) *f* bagpipes *(pl)*.

gaivota [gaj'vɔta] *f* seagull.

gajo, -ja ['gaʒu, -ʒa] *m, f (Port: fam)* guy *(f* girl).

gala ['gala] *f* gala.

galão [ga'lãw] *(pl* **-ões** [-õjʃ]) *m (bebida)* tall glass of milky coffee; *(medida)* gallon.

galáxia [ga'laksja] *f* galaxy.

galera [ga'lɛra] *f (Br: fam: turma)* gang.

galeria [gale'ria] *f* gallery; *(corredor, ala)* corridor; *(local para compras)* arcade; **~ de arte** art gallery.

galês, -esa [ga'leʃ, -eza] *(mpl* **-eses** [-eziʃ], *fpl* **-s** [-ʃ]) *adj & m* Welsh ♦ *m, f* Welshman *(f* Welshwoman); **os galeses** the Welsh.

galeto [ga'letu] *m (Br)* poussin *(Brit)*, spring chicken *(Am)*.

galgo ['gawgu] *m* greyhound.

galho ['gaʎu] *m (de árvore)* branch;

(de veado) antler.

galinha [ga'liɲa] *f* hen.

galinheiro [gali'ɲejru] *m* henhouse.

galo ['galu] *m* rooster, cock; *(fam: na testa)* bump.

galochas [ga'lɔʃaʃ] *fpl* wellington boots *(Brit)*, rubber boots *(Am)*.

galões → **galão**.

galopar [galo'pa(x)] *vi* to gallop.

gama ['gama] *f* range.

gambas ['gãbaʃ] *fpl (Port)* king prawns.

gamela [ga'mɛla] *f* trough.

gamo ['gamu] *m* fallow deer.

gana ['gana] *f (fam) (ódio)* hatred; **ter ~s de** to feel like; **ter ~s a alguém** to hate sb.

ganância [ga'nãsja] *f* greed.

ganancioso, -osa [ganã'sjozu, -ɔza] *adj* greedy.

gancho ['gãʃu] *m (peça curva)* hook; *(Port: de cabelo)* hairgrip *(Brit)*, bobby pin *(Am)*.

ganga ['gãga] *f (Port)* denim.

gangorra [gã'goxa] *f (Br)* seesaw.

gangrena [gã'grena] *f* gangrene.

gangue ['gãgi] *f (Br: fam: turma)* gang.

ganhar [ga'ɲa(x)] *vt* to win; *(dinheiro, respeito)* to earn; *(peso)* to put on; *(velocidade)* to pick up ♦ *vi (vencer)* to win; **~ de alguém** to beat sb; **~ com algo** to benefit from sthg; **~ a vida** OU **o pão** to earn a living

ganho ['gaɲu] *m* gain.

ganir [ga'ni(x)] *vi* to whine.

ganso ['gãsu] *m* goose.

garagem [ga'raʒẽ] *(pl* **-ns** [-ʃ]) *f* garage.

garanhão [gara'ɲãw] *(pl* **-ões** [-õjʃ]) *m* stallion.

garantia [garãn'tʃia] *f* guarantee.

garantir [garãn'tʃi(x)] *vt* to vouch for;

~ que to guarantee (that); **eu garanto que está certo** I can assure you that it's correct.

garça ['gaxsa] f heron.

garçom [gax'sõ] (pl **-ns** [-ʃ]) m (Br) waiter.

garçon [gar'sõ] m (Port) = **garçom**.

garçonete [garso'netʃi] f (Br) waitress.

garçons → **garçom**.

gare ['gari] f platform.

garfo ['gaxfu] m (utensílio) fork; (de bicicleta) forks (pl); **ser um bom ~** to enjoy one's food.

gargalhada [gaxga'ʎada] f shriek of laughter; **dar uma ~** to laugh; **desatar às ~s** to burst out laughing.

gargalo [gax'galu] m neck (of a bottle).

garganta [gax'gãnta] f throat.

gargarejar [gaxgare'ʒa(x)] vi to gargle.

gari [ga'ri] m (Br) road sweeper.

garoto, -ta [ga'rotu, -ta] m, f (miúdo) boy (f girl), kid; (Br: namorado) boyfriend (f girlfriend) ♦ m (Port: bebida) espresso coffee with a drop of milk.

garoupa [ga'ropa] f grouper.

garra ['gaxa] f (de animal) claw; (fig: talento, genica) flair; **ter ~** (talento) to show great talent.

garrafa [ga'xafa] f bottle; **~ térmica** Thermos® (flask).

garrafão [gaxa'fãw] (pl **-ões** [-õjʃ]) m (utensílio) flagon; (em estrada) bottleneck.

garrote [ga'xɔtʃe] m (MED) tourniquet.

garupa [ga'rupa] f (de cavalo) hindquarters (pl).

gás ['gajʃ] (pl **gases** ['gaziʃ]) m gas; **~ butano** butane (gas); **~ lacrimogêneo** tear gas.

❏ **gases** mpl (intestinais) wind (sg).

gaseificada [gazeifi'kada] adj f → **água**.

gases → **gás**.

gasóleo [ga'zɔlju] m diesel (oil).

gasolina [gazo'lina] f petrol (Brit), gas (Am); **~ sem chumbo** unleaded petrol; **~ normal/super** two-star/four-star petrol.

gasosa [ga'zɔza] f soda.

gastar [gaʃ'ta(x)] vt to use; (desperdiçar) to waste; (sola de sapato) to wear down; **~ tempo/dinheiro** (usar) to spend time/money; (desperdiçar) to

waste time/money.

❏ **gastar-se** vp (consumir-se) to be used; (desperdiçar-se) to be wasted; (desgastar-se) to wear down.

gasto, -ta ['gaʃtu, -ta] pp → **gastar** ♦ adj (dinheiro) spent; (água, eletricidade) used; (usado) worn ♦ m expense.

gástrico, -ca ['gaʃtriku, -ka] adj gastric.

gastrite [gaʃ'tritʃi] f gastritis.

gastrónomo, -ma [gaʃ'trɔnumu, -ma] m, f (Port) = **gastrônomo**.

gastrônomo, -ma [gaʃ'tronomu, -ma] m, f (Br) gourmet.

gatilho [ga'tʃiʎu] m trigger.

gatinhar [gatʃi'ɲa(x)] vi to crawl.

gato, -ta ['gatu, -ta] m, f cat; (Br: fam: homem, mulher bonita) dish (f babe).

gatuno, -na [ga'tunu, -na] m, f thief.

gaveta [ga'veta] f drawer.

gaze ['gazi] f gauze.

gazela [ga'zɛla] f gazelle.

gazeta [ga'zeta] f gazette; **fazer ~** (fam) to play truant (Brit), to play hooky (Am).

geada ['ʒjada] f frost.

geladeira [ʒela'deira] f (Br) fridge.

gelado, -da [ʒe'ladu, -da] adj frozen ♦ m (Port) ice cream.

gelar [ʒe'la(x)] vt & vi to freeze.

gelataria [ʒelata'ria] f (Port) ice-cream parlour.

gelatina [ʒela'tʃina] f (de animal) gelatine; (de frutas) jelly (Brit), Jello® (Am).

geleia [ʒe'laja] f (Port) = **geléia**.

geléia [ʒe'lɛja] f (Br) jam (Brit), jelly (Am).

gelo ['ʒelu] m ice; **quebrar o ~** (fig) to break the ice.

gema ['ʒema] f yolk; **da ~** (genuíno) real.

gémeo, -mea ['ʒɛmju, -mja] adj & m, f (Port) = **gêmeo**.

gêmeo, -mea ['ʒemju, -mja] adj (Br) twin ♦ m, f: **os ~s** the twins; **o meu irmão ~** my twin brother.

❏ **Gêmeos** m inv (Br) Gemini (sg).

gemer [ʒe'me(x)] vi to groan.

gemido [ʒe'midu] m groan.

gene ['ʒɛni] m gene.

general [ʒene'raw] (pl **-ais** [-ajʃ]) m general.

generalizar [ʒenerali'za(x)] vt to make widespread ♦ vi to generalize.

❏ **generalizar-se** *vp* to become widespread.

género ['ʒɛneru] *m (Port)* = gênero.

gênero ['ʒeneru] *m (Br) (tipo)* kind, type; *(espécie)* genus; *(GRAM)* gender; *(em literatura, pintura)* genre; **o ~ humano** the human race.

❏ **gêneros** *mpl (Br) (mercadoria)* goods; **~s alimentícios** foodstuffs.

generosidade [ʒenerozi'dadʒi] *f* generosity.

generoso, -osa [ʒene'rozu, -ɔza] *adj* generous; *(vinho)* full-bodied.

genética [ʒe'nɛtʃika] *f* genetics *(sg)*.

gengibre [ʒẽ'ʒibri] *m* ginger.

gengiva [ʒẽ'ʒiva] *f* gum.

genial [ʒe'njaw] *(pl -ais* [-ajʃ]) *adj* brilliant.

génio ['ʒɛnju] *m (Port)* = gênio.

gênio ['ʒenju] *m (Br) (pessoa)* genius; *(irascibilidade)* temper; **ter mau ~** to have a short temper.

genital [ʒeni'taw] *(pl -ais* [-ajʃ]) *adj* genital.

genro ['ʒɛxu] *m* son-in-law.

gente ['ʒẽtʃi] *f (pessoas)* people *(pl)*; *(fam: família)* family; **a ~ (nós)** we; *(com preposição)* us; **toda a ~** everyone.

❏ **gentes** *fpl:* **as ~s** the peoples.

gentil [ʒẽ'tʃiw] *(pl -is* [-iʃ]) *adj (amável)* kind; *(bem-educado)* polite.

genuíno, -na [ʒe'nwinu, -na] *adj* genuine.

geografia [ʒjogra'fia] *f* geography.

geologia [ʒjolo'ʒia] *f* geology.

geometria [ʒjome'tria] *f* geometry; ◆ **descritiva** *subject studied at secondary school by those wanting to go into architecture or engineering.*

geração [ʒera'sãw] *(pl -ões* [-õjʃ]) *f* generation.

gerador [ʒera'do(x)] *(pl -res* [-riʃ]) *m* generator.

geral [ʒe'raw] *(pl -ais* [-ajʃ]) *adj* general ◆ *f (em teatro) cheapest seats at the theatre;* **de um modo ~** generally speaking; **em ~** generally; **no ~** in general.

geralmente [ʒeraw'mẽtʃi] *adv* generally.

gerânio [ʒe'ranju] *m* geranium.

gerar [ʒe'ra(x)] *vt* to create.

❏ **gerar-se** *vp* to form.

gerência [ʒe'rẽsja] *f* management.

gerente [ʒe'rẽtʃi] *mf* manager *(f* manageress).

gerir [ʒe'ri(x)] *vt* to manage.

germe ['ʒɛxmi] *m* germ.

gesso ['ʒesu] *m (MED)* plaster cast.

gesticular [ʒeʃtʃiku'la(x)] *vi* to gesticulate.

gesto ['ʒɛʃtu] *m* gesture.

gibi [ʒi'bi] *m (Br: revista)* comic.

gigante [ʒi'gãtʃi] *adj & m* giant.

gilete [ʒi'letʃi] *f (Port)* razor.

gim ['ʒĩ] *(pl -ns* [-ʃ]) *m* gin; **um ~ tônico** a gin and tonic.

ginásio [ʒi'nazju] *m* gym.

ginasta [ʒi'naʃta] *mf* gymnast.

ginástica [ʒi'naʃtʃika] *f* gymnastics *(sg);* **fazer ~** to exercise.

gincana [ʒĩ'kana] *f fun obstacle race or rally held during local festivals.*

ginecologia [ʒinɛkolo'ʒia] *f* gynaecology.

ginecologista [ʒinɛkulu'ʒiʃta] *mf* gynaecologist.

ginja ['ʒĩʒa] *f* morello cherry.

gins → gim.

gira-discos [ʒira'diʃkuʃ] *m inv (Port)* record player.

girafa [ʒi'rafa] *f* giraffe.

girar [ʒi'ra(x)] *vi & vt* to turn.

girassol [ʒira'sɔw] *(pl -óis* [-ɔjʃ]) *m* sunflower.

gíria ['ʒirja] *f (calão)* slang; *(médica, académica)* jargon.

giro, -ra ['ʒiru, -ra] *adj (Port: fam: bonito)* good-looking ◆ *m (passeio)* stroll; *(de polícia)* beat; *(de vigilante)* rounds *(pl);* **dar um ~** to go for a stroll.

giz ['ʒiʒ] *m* chalk.

glacial [gla'sjaw] *(pl -ais* [-ajʃ]) *adj (frio)* freezing; *(área)* glacial; *(fig: olhar, ambiente)* frosty.

gladíolo [gla'dʒiolu] *m* gladiolus.

glândula ['glãndula] *f* gland.

glaucoma [glaw'koma] *m* glaucoma.

glicerina [glise'rina] *f* glycerine.

global [glo'baw] *(pl -ais* [-ajʃ]) *adj* global.

globo ['globu] *m* globe; *(de lâmpada)* lampshade.

glóbulo ['glɔbulu] *m* corpuscle.

glória ['glɔrja] *f* glory.

glossário [glo'sarju] *m* glossary.

glutão, -tona [glu'tãw, -tona] *(mpl -ões* [-õjʃ], *fpl -s* [-ʃ]) *m, f* glutton.

Goa ['goa] *s* Goa.

goela ['gwɛla] *f* gullet.

goiaba [go'jaba] *f* guava.

goiabada [goja'bada] *f* guava jelly.

gol ['gow] (*pl* **goles** ['goliʃ]) *m* (*Br*) goal.

gola ['gɔla] *f* collar.

gole ['gɔli] *m* (*pequeno*) sip; (*grande*) swig.

goleiro [go'leiru] *m* (*Br*) goalkeeper.

goles → **gol**.

golfe ['gowfi] *m* golf.

golfinho [gow'fiɲu] *m* dolphin.

golfo ['gowfu] *m* gulf.

golo ['golu] *m* (*Port*) = **gol**.

golpe ['gɔwpi] *m* cut; (*pancada, choque*) blow; ~ **de Estado** coup (d'état); ~ **de mestre** masterstroke.

goma ['goma] *f* starch.

gomo ['gomu] *m* segment.

gôndola ['gõdula] *f* gondola.

gongo ['gõgu] *m* gong.

gordo, -da ['gordu, -da] *adj* (*pessoa, animal*) fat; (*leite*) full-fat; (*alimento*) fatty; (*substância*) oily.

gordura [gox'dura] *f* (*substância*) fat.

gorduroso, -osa [goxdu'rozu, -ɔza] *adj* greasy.

gorila [go'rila] *m* gorilla.

gorjeta [gox'ʒeta] *f* tip.

gorro ['goxu] *m* woolly hat.

gostar [guʃ'ta(x)] : **gostar de** *v* + *prep* to like; ~ **de fazer algo** to like doing sthg.

gosto ['goʃtu] *m* taste; **com todo o** ~! with pleasure!; **dá** ~ **ver** it's a joy to behold; **faço** ~ **em ...** it gives me great pleasure to ...; **ter** ~ **de** (*Br: saber a*) to taste like; **tomar o** ~ **a algo** to take a liking to sthg; **bom/mau** ~ good/bad taste; ~ **não se discute** there's no accounting for taste.

gota ['gota] *f* (*pingo*) drop; (*MED*) gout; ~ **a** ~ drop by drop.

goteira [go'tejra] *f* (*cano*) gutter; (*fenda*) leak.

gotejar [gote'ʒa(x)] *vi* to drip.

governo [go'vexnu] *m* government; ~ **civil** = local government office.

gozar [go'za(x)] *vt* to enjoy ◆ *vi* (*fam: brincar*) to joke; ~ **com** (*fam: troçar de*) to make fun of; ~ **de** (*desfrutar de*) to enjoy.

gr. (*abrev de grama*) g.

Grã-Bretanha [grãmbre'taɲa] *f*: **a** ~ Great Britain.

graça ['grasa] *f* (*gracejo*) joke; (*humor*) humour; (*elegância*) grace; (*atração*) charm; **achar** ~ **em alguém/algo** to find sb/sthg amusing; **ter** ~ to be funny; ~**s a** thanks to; **de** ~ free (of charge);

sem ~ (*desconcertado*) embarrassed.

gracejar [grase'ʒa(x)] *vi* to joke.

gracejo [gra'seʒu] *m* (*piada*) joke; (*galanteio*) flirtatious remark.

gracioso, -osa [gra'sjozu, -ɔza] *adj* graceful.

grade ['gradʒi] *f* (*vedação*) bars (*pl*); (*Port: de cerveja, Coca-Cola®*) crate. ❏ **grades** *fpl* (*fam: cadeia*) jail; **estar atrás das** ~**s** to be behind bars.

graduação [gradwa'sãw] (*pl* **-ões** [-õjʃ]) *f* graduation; (*de bebida*) alcohol content.

graduado, -da [gra'dwadu, -da] *adj* graduated ◆ *m, f* graduate.

gradual [gra'dwaw] (*pl* **-ais** [-ajʃ]) *adj* gradual.

graduar-se [gra'dwaxsi] *vp* to graduate.

grafia [gra'fia] *f* (*maneira de escrever*) handwriting; (*ortografia*) spelling.

gráfico ['grafiku] *m* graph.

gralha ['graʎa] *f* (*ave*) magpie; (*erro tipográfico*) typo.

grama¹ ['grama] *m* gram.

grama² ['grama] *f* (*Br: relva*) grass.

gramado [gra'madu] *m* (*Br*) (*terreno*) lawn; (*de campo de futebol*) pitch.

gramar [gra'ma(x)] *vt* (*Port: fam: gostar de*) to like; (*fam: aguentar*) to stand.

gramática [gra'matʃika] *f* grammar.

gramofone [gramo'fɔni] *m* gramophone.

grampeador [grãmpja'dox] (*pl* **-res** [-riʃ]) *m* (*Br*) stapler.

grampear [grãm'pja(x)] *vt* (*Br*) (*folhas, papéis*) to staple; (*telefone*) to tap.

grampo ['grãmpu] *m* (*Br*) (*de cabelo*) hairgrip (*Brit*), bobby pin (*Am*); (*para grampeador*) staple; (*em ligação telefônica*) tap.

granada [gra'nada] *f* grenade.

grande ['grãdʒi] *adj* big; (*em altura*) tall; (*em comprimento*) long; (*em importância*) great; (*em gravidade*) serious; ~ **penalidade** (*em futebol*) penalty.

granito [gra'nitu] *m* granite.

granizo [gra'nizu] *m* hailstones (*pl*), hail.

granulado, -da [granu'ladu, -da] *adj* granulated.

grão ['grãw] *m* grain; (*de café*) bean; (*grão-de-bico*) chickpeas (*pl*).

grão-de-bico [grãwdʒi'biku] *m* chickpeas (*pl*).

grasnar [graʒ'na(x)] *vi* (*corvo*) to caw;

(pato) to quack; *(ganso)* to honk.

gratidão [gratʃi'dãw] *f* gratitude.

gratificação [gratʃifika'sãw] *(pl* **-ões** [-õjʃ]) *f (gorjeta)* tip; *(remuneração)* payment.

gratificante [gratʃifi'kãntʃi] *adj* gratifying.

gratificar [gratʃifi'ka(x)] *vt (dar gorjeta a)* to tip; *(recompensar)* to reward.

gratinado, -da [gratʃi'nadu, -da] *adj* au gratin.

gratinar [gratʃi'na(x)] *vi:* **pôr algo para ~** to cook sthg au gratin.

grátis [gratʃiʃ] *adv & adj inv* free.

grato, -ta [gratu, -ta] *adj* grateful.

grau ['graw] *m* degree; **~s centígrados** degrees centigrade; **primeiro/segundo ~** *(Br)* primary/secondary school.

gravação [grava'sãw] *(pl* **-ões** [-õjʃ]) *f* recording.

gravador [grava'do(x)] *(pl* **-res** [-riʃ]) *m* tape recorder.

gravar [gra'va(x)] *vt (música, conversa)* to record; *(em metal, jóia)* to engrave.

gravata [gra'vata] *f* tie.

grave ['gravi] *adj (sério)* serious; *(voz)* deep; *(tom)* low; *(GRAM: acento)* grave.

grávida ['gravida] *adj f* pregnant.

gravidade [gravi'dadʒi] *f* gravity.

gravidez [gravi'deʒ] *f* pregnancy.

gravura [gra'vura] *f (imagem)* picture.

graxa ['graʃa] *f* shoe polish.

Grécia ['grɛsja] *f:* **a ~** Greece.

grego, -ga ['gregu, -ga] *adj & m, f* Greek ♦ *m (língua)* Greek.

grelha ['greʎa] *f* grill; **bife na ~** grilled steak.

grelhado, -da [gre'ʎadu, -da] *adj* grilled ♦ *m* grilled dish; **~ misto** mixed grill.

grelhador [greʎa'do(x)] *(pl* **-res** [-riʃ]) *m* barbecue; *(de fogão)* grill.

grelhar [gre'ʎa(x)] *vt* to grill.

grená [gre'na] *adj* dark red.

greta ['greta] *f* crack.

gretado, -da [greta'du, -da] *adj* chapped, cracked.

greve ['grɛvi] *f* strike; **fazer ~** to go on strike; **em ~** on strike; **~ de fome** hunger strike.

grilo ['grilu] *m* cricket.

grinalda [gri'nawda] *f (em funeral)* wreath; *(para cabelo)* garland.

gripe ['gripi] *f* flu; **estar com ~** to have the flu.

grisalho, -lha [gri'zaʎu, -ʎa] *adj* grey.

gritar [gri'ta(x)] *vi & vt* to shout; **~ com alguém** to shout at sb.

grito ['gritu] *m* shout; **de ~s** *(Port: fam: hilariante)* hilarious.

groselha [gro'zeʎa] *f* redcurrant.

grosseiro, -ra [gro'sejru, -ra] *adj* crude; *(tecido)* coarse.

grosso, grossa ['grosu, 'grɔsa] *adj* thick; *(Br: mal educado)* rude; *(voz)* deep; *(Port: fam: embriagado)* sloshed.

grotesco, -ca [gro'teʃku, -ka] *adj* grotesque.

grua ['grua] *f* crane.

grunhido [gru'ɲidu] *m* grunt.

grunhir [gru'ɲi(x)] *vi* to grunt.

grupo ['grupu] *m* group; **em ~** as a group; **~ de risco** risk group; **~ sanguíneo** blood group.

gruta ['gruta] *f* cave.

guache ['gwaʃi] *m* gouache.

guaraná [gwara'na] *m fizzy drink made from guarana seeds;* **~ em pó** powdered guarana seeds.

guarda ['gwaxda] *mf (polícia)* policeman *(f* policewoman) ♦ *f (vigilância)* guard.

guarda-chuva [.gwaxda'ʃuva] *(pl* **guarda-chuvas** [.gwarda'ʃuvaʃ]) *m* umbrella.

guarda-costas [gwaxda'kɔʃtaʃ] *mf inv* bodyguard.

guarda-fatos [gwarda'fatuʃ] *m inv (Port)* wardrobe.

guarda-fiscal [.gwardafiʃ'kal] *(pl* **guardas-fiscais** [.gwardaʃfiʃ'kajʃ]) *mf (Port)* customs and excise officer.

guarda-florestal [.gwaxdaflorɛʃ'taw] *(pl* **guardas-florestais** [.gwaxdaʃflorɛʃ'tajʃ]) *mf* forest ranger.

guarda-jóias [gwarda'ʒɔjaʃ] *m inv (Port)* jewellery box.

guarda-lamas [gwarda'lamaʃ] *m inv (Port)* mudguard.

guarda-louça [gwaxda'losa] *(pl* **guarda-louças** [.gwarda'losaʃ]) *m* cupboard.

guardanapo [gwaxda'napu] *m* napkin; **~s de papel** paper napkins.

guarda-noturno [.gwaxdano'tuxnu] *(pl* **guardas-noturnos** [.gwaxdaʒno'tuxnuʃ]) *m* night-watchman.

guardar [gwax'da(x)] *vt (vigiar)* to look after; *(arrecadar)* to put away; *(reservar)* to keep.

guarda-redes [ˌgwardaˈxedeʃ] *m inv (Port)* goalkeeper.

guarda-roupa [ˌgwaxdaˈxopa] (*pl* **guarda-roupas** [ˌgwaxdaˈxopaʃ]) *m* wardrobe.

guarda-sol [ˌgwaxdaˈsɔw] (*pl* **guarda-sóis** [ˌgwaxdaˈsɔjʃ]) *m* parasol.

guarda-vassouras [ˌgwardavaˈsoraʃ] *m inv (Port)* skirting board *(Brit)*, baseboard *(Am)*.

guarda-vestidos [ˌgwardaveʃˈtiduʃ] *m inv (Port)* wardrobe.

guarnecido, -da [gwaxneˈsidu, -da] *adj*: ~ **com** garnished with.

guarnição [gwaxniˈsãw] (*pl* **-ões** [-õjʃ]) *f* garnish.

Guatemala [gwateˈmala] *f*: **a ~** Guatemala.

gude [ˈgudʒi] *m (Br)* marbles *(sg)*.

guelra [ˈgɛwxa] *f* gill.

guerra [ˈgɛxa] *f* war; **fazer ~ a** to wage war against OU on; **estar em pé de ~** to be at war.

guia [ˈgia] *mf (profissão)* guide ◆ *m (livro, folheto)* guide; ~ **intérprete** tour guide *(fluent in foreign languages)*; ~ **turístico** tourist guide.

guiador [gjaˈdor] (*pl* **-res** [-reʃ]) *m (Port)* = **guidom**.

guiar [ˈgja(x)] *vt* to guide; *(automóvel, ônibus)* to drive ◆ *vi (dirigir)* to drive.

guiché [giˈʃɛ] *m (Port)* = **guichê**.

guichê [giˈʃe] *m (Br)* counter.

guidom [giˈdõ] (*pl* **-ns** [-ʃ]) *m (Br) (de automóvel)* steering wheel; *(de bicicleta)* handlebars *(pl)*.

guilhotina [giʎoˈtʃina] *f* guillotine.

guincho [ˈgĩʃu] *m (som)* squeal; *(máquina)* winch.

guindaste [gĩˈdaʃtʃi] *m* crane.

Guiné-Bissau [giˌnɛbiˈsaw] *f*: **a ~** Guinea-Bissau.

guineense [giˈnjẽsi] *adj & mf* Guinean.

guisado, -da [giˈzadu, -da] *adj* stewed ◆ *m* stew.

guisar [giˈza(x)] *vt (CULIN)* to stew.

guitarra [giˈtaxa] *f* guitar.

guitarrista [gitaˈxiʃta] *mf* guitarist.

guizo [ˈgizu] *m* bell.

gula [ˈgula] *f* gluttony.

guloseima [guloˈzejma] *f* sweet *(Brit)*, candy *(Am)*.

guloso, -osa [guˈlozu, -ɔza] *adj* greedy ◆ *m, f* glutton; **ser ~** to have a sweet tooth.

gume [ˈgumi] *m* (cutting) edge.

guri, -ria [guˈri, -ˈria] *m, f (Br)* kid.

H

h. *(abrev de hora)* h, hr.

há ['a] → **haver.**

hábil ['abiw] *(pl* **-beis** [-bejʃ]*) adj (capaz)* skilful; *(astuto)* clever.

habilidade [abili'dadʒi] *f (capacidade)* ability; *(argúcia)* cleverness; *(talento)* skill.

❏ **habilidades** *fpl (malabarismos)* juggling *(sg)*.

habilitação [abilita'sãw] *f* competence.

❏ **habilitações** *fpl* qualifications.

habitação [abita'sãw] *(pl* **-ões** [-õjʃ]*) f* residence.

habitante [abi'tãntʃi] *mf (de bairro)* resident; *(de país, região)* inhabitant.

habitar [abi'ta(x)] *vt* to live in ◆ *vi* to live; **~ em** to live in.

hábito ['abitu] *m* habit; **como é ~** as usual; **ter o ~ de fazer algo** to have a habit of doing sthg; **por ~** as a rule.

habitual [abi'twaw] *(pl* **-ais** [-ajʃ]*) adj (rotineiro)* regular; *(freqüente)* common.

habitualmente [abitwaw'mēntʃi] *adv* usually.

habituar [abi'twa(x)] *vt:* **~ alguém a algo/a fazer algo** to accustom sb to sthg/to doing sthg.

❏ **habituar-se** *vp:* **~-se a** to get used to.

hálito ['alitu] *m* breath; **mau ~** bad breath.

hall ['ɔw] *m (de casa)* hall; *(de teatro, hotel)* foyer; **~ (da entrada)** *(entrance)* hall.

haltere [aw'tɛri] *m* dumbbell.

halterofilia [awterofi'lia] *f* weightlifting.

hambúrguer [ãm'buxgɛ(x)] *(pl* **-es** [-iʃ]*) m* hamburger.

hangar [ãŋ'ga(x)] *(pl* **-res** [-riʃ]*) m* hangar.

hardware [ax'dwɛri] *m* hardware.

harmonia [axmo'nia] *f* harmony.

harmónica [ar'mɔnika] *f (Port)* = **harmônica.**

harmônica [ax'monika] *f (Br)* harmonica.

harpa ['axpa] *f* harp.

haste ['aʃtʃi] *f (de bandeira)* pole; *(de árvore)* branch.

haver [a've(x)] *v impess* **1.** *(existir, estar, ter lugar):* **há** there is, there are *(pl)*; **havia** there was, there were *(pl)*; **há um café muito bom ao fim da rua** there's a very good café at the end of the street; **não há nada aqui** there's nothing here; **não há correio amanhã** there's no post tomorrow.

2. *(exprime tempo):* **estou esperando há dez minutos** I've been waiting for ten minutes; **há séculos que não vou lá** I haven't been there for ages; **há três dias que não o vejo** I haven't seen him for three days.

3. *(exprime obrigação):* **há que esperar três dias** you'll have to wait for three days.

4. *(em locuções):* **haja o que houver** come what may; **não há de quê!** don't mention it!

◆ *v aux (em tempos compostos)* to have; **ele havia chegado há pouco** he had just arrived; **como não havia comido estava com fome** I was hungry as I hadn't eaten; **havíamos reservado com antecedência** we'd booked in advance.

❏ **haver de** *v + prep (dever)* to have; *(exprime intenção):* **hei-de conseguir** *(Port)* I'll make it; **hei de ir** *(Br)* I'll go.

❏ **haver-se com** *vp + prep:* **~-se com alguém** *(prestar contas a)* to answer to sb.

❏ **haveres** *mpl (pertences)* belongings; *(bens)* assets.

haxixe [a'ʃiʃi] *m* hashish.

hectare [ɛk'tari] *m* hectare.
hélice [ˈɛlisi] *f* propeller.
helicóptero [eliˈkɔpteru] *m* helicopter.
hélio [ˈɛlju] *m* helium.
hematoma [emaˈtoma] *m* large bruise.
hemofílico, -ca [ɛmoˈfiliku, -ka] *m, f* hemophiliac.
hemorragia [emoxaˈʒia] *f* hemorrhage; **~ cerebral** brain hemorrhage; **~ nasal** nosebleed.
hemorróidas [emoˈxɔidaʃ] *fpl* piles, hemorrhoids.
hepatite [epaˈtʃitʃi] *f* hepatitis.
hera [ˈɛra] *f* ivy.
herança [eˈrãsa] *f* inheritance.
herbicida [exbiˈsida] *m* herbicide.
herdar [exˈda(x)] *vt* to inherit.
herdeiro, -ra [exˈdejru, -ra] *m, f* heir (*f* heiress).
hermético, -ca [exˈmɛtʃiku, -ka] *adj* airtight.
hérnia [ˈɛxnja] *f* hernia.
herói [eˈrɔi] *m* hero.
heroína [eˈrwina] *f* (*pessoa*) heroine; (*estupefaciente*) heroin.
hesitação [ezitaˈsãw] (*pl* **-ões** [-õjʃ]) *f* hesitation.
hesitar [eziˈta(x)] *vi* to hesitate.
heterossexual [eterosekˈswaw] (*pl* **-ais** [-ajʃ]) *adj & mf* heterosexual.
hibernar [ibexˈna(x)] *vi* to hibernate.
híbrido, -da [ˈibridu, -da] *adj* hybrid.
hidratante [idraˈtãtʃi] *adj* moisturizing.
hidroavião [idroaˈvjãw] (*pl* **-ões** [-õjʃ]) *m* seaplane.
hidrófilo [iˈdrɔfilu] *adj m* → **algodão**.
hidrogénio [idrɔˈʒenju] *m* (*Port*) = **hidrogênio**.
hidrogênio [idroˈʒenju] *m* (*Br*) hydrogen.
hierarquia [jerarˈkia] *f* hierarchy.
hífen [ˈifɛn] (*pl* **-es** [-iʃ]) *m* hyphen.
hifenização [ifenizaˈsãw] *f* hyphenation.
hi-fi [ajˈfaj] *m* hi-fi.
higiene [iˈʒjɛni] *f* hygiene.
hilariante [ilaˈrjãtʃi] *adj* hilarious.
hino [ˈinu] *m* (*de país*) anthem; (*de igreja*) hymn.
hipermercado [ˌipexmexˈkadu] *m* hypermarket.
hipertensão [ˌipextẽˈsãw] *f* high blood pressure.

hípico, -ca [ˈipiku, -ka] *adj* (*centro*) riding (*antes de s*); (*concurso*) show-jumping (*antes de s*).
hipismo [iˈpiʒmu] *m* (*equitação*) horse riding; (*competição*) show jumping.
hipnotismo [ipnɔˈtʃiʒmu] *m* hypnotism.
hipocondríaco, -ca [ˌipɔkõnˈdriaku, -ka] *m, f* hypochondriac.
hipocrisia [ipokreˈzia] *f* hypocrisy.
hipócrita [iˈpɔkrita] *mf* hypocrite.
hipódromo [iˈpɔdrumu] *m* racecourse.
hipopótamo [ipoˈpɔtamu] *m* hippopotamus.
hipoteca [ipoˈtɛka] *f* mortgage.
hipótese [iˈpɔtezi] *f* (*suposição*) hypothesis; (*possibilidade*) chance; **em ~ alguma** on no account; **na melhor das ~s** at best; **na pior das ~s** at worst.
histeria [iʃteˈria] *f* hysteria.
histérico, -ca [iʃˈtɛriku, -ka] *adj* hysterical.
história [iʃˈtɔrja] *f* (*de país, mundo, época*) history; (*narrativa*) story; **~ da Arte** history of art; **~ da carochinha** fairy tale; **~s em quadrinhos** comic strips.
hobby [ˈɔbi] (*pl* **hobbies** [ˈɔbiʃ]) *m* hobby.
hoje [ˈoʒi] *adv* today; **~ em dia** nowadays; **queria o jornal de ~** I would like today's paper; **de ~ a oito/quinze dias** a week/a fortnight today; **de ~ em diante** from now on; **por ~ é só** that's all for today.
Holanda [oˈlãnda] *f*: **a ~** Holland.
holandês, -esa [olãnˈdeʃ, -eza] (*mpl* **-eses** [-eziʃ], *fpl* **-s** [-ʃ]) *adj* Dutch ◆ *m, f* Dutchman (*f* Dutchwoman); **os holandeses** the Dutch.
holofote [oloˈfotʃi] *m* floodlight.
homem [ˈɔmẽ] (*pl* **-ns** [-ʃ]) *m* man; **"homens"** "gentlemen".
homenagear [omenaˈʒja(x)] *vt* to pay tribute to.
homenagem [omeˈnaʒẽ] (*pl* **-ns** [-ʃ]) *f* tribute.
homens → **homem**.
homicida [omiˈsida] *mf* murderer.
homicídio [omiˈsidʒju] *m* murder; **~ involuntário** manslaughter.
homossexual [omosekˈswaw] (*pl* **-ais** [-ajʃ]) *mf* homosexual.
honestidade [oneʃtʃiˈdadʒi] *f* honesty.

honesto, -ta [oˈnɛʃtu, -ta] *adj* honest.
honorário [onoˈrarju] *adj* honorary.
❑ **honorários** *mpl* fees.
honra [ˈõxa] *f* honour; **ter a ~ de
fazer algo** to have the honour of doing
sthg; **em ~ de** in honour of.
honrado, -da [õˈxadu, -da] *adj* honest.
honrar [õˈxa(x)] *vt (dívida)* to honour.
❑ **honrar-se de** *vp + prep* to be proud
of.
honroso, -osa [õˈxozu, -ɔza] *adj* honourable.
hóquei [ˈɔkej] *m (ESP)* hockey (Brit),
field hockey *(Am)*; **~ sobre gelo** ice
hockey; **~ em patins** roller hockey.
hora [ˈɔra] *f (período de tempo)* hour;
(momento determinado) time; **que ~s são?**
what time is it?; **são cinco ~s** it's five
o'clock; **a que ~s é ...?** what time is
...?; **é ~ de partir** it's time to leave; **esta
na ~ do almoço** it's time for lunch; **na ~
H** in the nick of time; **~ de ponta** *(Port)*
rush hour; **~s extraordinárias** overtime
(sg); **~s vagas** free OU spare time *(sg)*; **de
~ em ~** every hour; **na ~** on time; **~s e
~s** for hours; **chegar a ~s** to arrive on
time; **chegar em cima da ~** to arrive just
in time; **à última ~** at the last minute.
horário [oˈrarju] *m (de trem, ônibus,
escola)* timetable; *(de estabelecimento)*
opening hours *(pl)*; **~ de atendimento**
OU **funcionamento** opening hours *(pl)*;
~ nobre prime time.
horizontal [orizõˈtaw] *(pl* -**ais** [-ajʃ])
adj horizontal.
horizonte [oriˈzõtʃi] *m* horizon.
horóscopo [oˈrɔʃkopu] *m* horoscope,
stars *(pl)*.
horrendo, -da [oˈxẽdu, -da] *adj
(feio)* hideous; *(chocante)* horrific.
horripilante [oxipiˈlãtʃi] *adj* horri-
fying.
horrível [oˈxivɛw] *(pl* -**eis** [-ejʃ]) *adj*
horrible.
horror [oˈxo(x)] *(pl* -**res** [-riʃ]) *m* horror; **que ~!** how awful!; **ter ~ a algo** to
have a horror of sthg; **um ~ de** *(fam)* a
vast number of sthg; **dizer ~es de alguém**
to say horrible things about sb.
horta [ˈɔxta] *f* vegetable garden.
hortaliça [oxtaˈlisa] *f* greens *(pl)*.
hortelã [oxteˈlã] *f* mint.
hortelã-pimenta [oxteˌlãpiˈmẽta] *f*
peppermint.
hortênsia [oxˈtẽsja] *f* hydrangea.

horticultor, -ra [oxtʃikuwˈto(x), -ra]
(mpl -**res** [-riʃ]*, fpl* -**s** [-ʃ]) *m, f* market
gardener *(Brit)*, truck farmer *(Am)*.
hortigranjeiros [oxtʃigrãˈʒeiruʃ] *mpl*
(Br) vegetables.
hospedagem [oʃpeˈdaʒẽ] *f* accommodation.
hospedar [oʃpeˈda(x)] *vt* to put up.
❑ **hospedar-se** *vp*: **~-se em** to stay at.
hóspede [ˈɔʃpedʒi] *mf* guest.
hospedeira [oʃpeˈdejra] *f (Port)*: **~
(de bordo)** air hostess.
hospício [oʃˈpisju] *m* home.
hospital [oʃpiˈtaw] *(pl* -**ais** [-ajʃ]) *m*
hospital.
hospitaleiro, -ra [oʃpitaˈlejru, -ra]
adj hospitable.
hospitalidade [oʃpitaliˈdadʒi] *f* hospitality.
hostil [oʃˈtiw] *(pl* -**is** [-iʃ]) *adj (gente,
ar, comportamento)* hostile; *(vento, frio)*
biting.
hotel [oˈtɛw] *(pl* -**éis** [-ɛiʃ]) *m* hotel.
houve [ˈovi] → **haver**.
hovercraft [ˌovexˈkraft] *m* hovercraft.
humanidade [umaniˈdadʒi] *f* human-
ity.
❑ **humanidades** *fpl* humanities.
humanitário, -ria [umaniˈtarju, -rja]
adj humanitarian.
humano, -na [uˈmanu, -na] *adj*
human; *(compassivo)* humane ◆ *m*
human (being).
humidade [umiˈdade] *f (Port)* = **umidade**.
húmido, -da [ˈumidu, -da] *adj (Port)* =
úmido.
humildade [umiwˈdadʒi] *f* humility.
humilde [uˈmiwdʒi] *adj (pobre)* poor;
(modesto) humble.
humilhação [umiʎaˈsãw] *(pl* -**ões**
[-õjʃ]) *f* humiliation.
humilhante [umiˈʎãtʃi] *adj* humiliating.
humilhar [umiˈʎa(x)] *vt* to humiliate.
❑ **humilhar-se** *vp* to humble o.s.
humor [uˈmo(x)] *m* humour; **estar de
bom/mau ~** to be in a good/bad mood.
humorista [umoˈriʃta] *mf* comedian
(f comedienne).
húngaro, -ra [ˈũgaru, -ra] *adj & m, f*
Hungarian ◆ *m (língua)* Hungarian.
Hungria [ũˈgria] *f*: **a ~** Hungary.
hurra [ˈuxa] *interj* hurrah!

I

ia ['ia] → **ir**.

iate ['jatʃi] *m* yacht.

ibérico, -ca [i'bɛriku, -ka] *adj* Iberian.

ibero-americano, -na [i,bɛrwameri'kanu, -na] *adj & m, f* Latin American.

içar [i'sa(x)] *vt* to hoist.

ICM/S *m* (*Br: abrev de Imposto sobre a circulação de Mercadorias e Serviços*) = VAT (*Brit*), = sales tax (*Am*).

ícone ['ikɔni] *m* icon.

icterícia [ikte'risja] *f* jaundice.

ida ['ida] *f* (*partida*) departure; (*jornada*) outward journey.

idade [i'dadʒi] *f* age; **de ~** elderly; **de meia ~** middle-aged; **oito anos de ~** eight years of age.

ideal [i'dʒjaw] (*pl* -ais [-ajʃ]) *adj & m* ideal.

idealista [idʒja'liʃta] *adj* idealistic ♦ *mf* idealist.

ideia [i'daja] *f* (*Port*) = idéia.

idéia [i'dʒeja] *f* (*Br*) idea; **que ~!** you must be joking!; **mudar de ~** to change one's mind; **não fazer ~** not to have a clue.

idêntico, -ca [i'dʒẽntʃiku, -ka] *adj* identical.

identidade [idʒẽntʃi'dadʒi] *f* identity.

identificação [idʒẽntʃifika'sãw] *f* identification.

identificar [idʒẽntʃifi'ka(x)] *vt* to identify.
❑ **identificar-se** *vp* to identify o.s.

ideologia [idʒjolo'ʒia] *f* ideology.

idílico, -ca [i'dʒiliku, -ka] *adj* idyllic.

idioma [i'dʒjoma] *m* language.

idiota [i'dʒjɔta] *adj* idiotic ♦ *mf* idiot.

ídolo [idulu] *m* idol.

idóneo, -nea [i'dɔnju, -nja] *adj* (*Port*) = idôneo.

idôneo, -nea [i'dɔnju, -nja] *adj* (*Br*) reliable.

idoso, -osa [i'dozu, -ɔza] *adj* elderly ♦ *m, f* old man (*f* old woman); **os ~s** the elderly.

Iemanjá [jemã'ʒa] *f goddess of the sea in Afro-Brazilian religion*.

igarapé [igara'pɛ] *m* (*Br*) narrow river.

ignição [igni'sãw] *f* ignition.

ignorado, -da [igno'radu, -da] *adj* unknown.

ignorância [igno'rãsja] *f* ignorance.

ignorante [igno'rãntʃi] *mf* ignoramus.

ignorar [igno'ra(x)] *vt*: **~ algo** not to know sthg; **~ alguém** to ignore sb.

igreja [i'greʒa] *f* church.

igual [i'gwaw] (*pl* -ais [-ajʃ]) *adj* the same; (*parecido*) similar ♦ *m* (*pessoa*) equal; (*sinal*) equals sign; **os dois são iguais** they are (both) the same; **ser ~ a** to be the same as; **12 e 12 ~ a 24** 12 and 12 equals ou is 24; **sem ~** unrivalled.

igualar [igwa'la(x)] *vt* to make equal.
❑ **igualar-se** *vp*: **~-se a alguém** to be sb's equal; **~-se a algo** to be comparable with sthg.

igualdade [igwaw'dadʒi] *f* equality.

igualmente [igwaw'mẽntʃi] *adv* equally ♦ *interj* likewise!

ilegal [ile'gaw] (*pl* -ais [-ajʃ]) *adj* illegal.

ilegalidade [ilegali'dadʒi] *f* crime.

ilegítimo, -ma [ile'ʒitʃimu, -ma] *adj* (*filho*) illegitimate; (*ato*) illegal.

ilegível [ile'ʒivɛw] (*pl* -eis [-ejʃ]) *adj* illegible.

ileso, -sa [i'lezu, -za] *adj* unharmed.

ilha [iʎa] *f* island.

ilícito, -ta [i'lisitu, -ta] *adj* illicit.

ilimitado, -da [ilemi'tadu, -da] *adj* unlimited.

Ilma. *abrev* = **Ilustríssima**.
Ilmo. *abrev* = **Ilustríssimo**.

ilógico, -ca [ilɔʒiku, -ka] *adj* illogical.

iludir [iluˈdi(x)] *vt* to deceive.
❏ **iludir-se** *vp* to delude o.s.

iluminação [iluminaˈsãw] *f* lighting.

iluminado, -da [ilumiˈnadu, -da] *adj* illuminated, lit up.

iluminar [ilumiˈna(x)] *vt* to illuminate, to light up.

ilusão [iluˈzãw] *(pl* **-ões** [-õjʃ]) *f* illusion; **não ter ilusões** to have no illusions; **perder as ilusões** to become disillusioned; **~ ótica** optical illusion.

ilustração [iluʃtraˈsãw] *(pl* **-ões** [-õjʃ]) *f* illustration.

ilustrado, -da [iluʃˈtradu, -da] *adj* illustrated.

ilustrar [iluʃˈtra(x)] *vt (exemplificar)* to illustrate.

ilustre [iˈluʃtri] *adj* illustrious.

ilustríssimo, -ma [iluʃˈtrisimu, -ma] *superl (em carta)* very formal term of address used in correspondence.

imã [ˈimã] *m (Br)* magnet.

imaculado, -da [imakuˈladu, -da] *adj* immaculate.

imagem [iˈmaʒẽ] *(pl* **-ns** [-ʃ]) *f* picture; *(pessoal)* image.

imaginação [imaʒinaˈsãw] *f* imagination.

imaginar [imaʒiˈna(x)] *vt (inventar)* to think up; *(supor)* to imagine.
❏ **imaginar-se** *vp*: **ele se imagina um Adônis** he thinks he's God's gift to women.

imaginativo, -va [imaʒinaˈtʃivu, -va] *adj* imaginative.

íman [ˈiman] *(pl* **-es** [-eʃ]) *m (Port)* = **imã**.

imaturo, -ra [imaˈturu, -ra] *adj* immature.

imbatível [ĩmbaˈtʃivɛw] *(pl* **-eis** [-ejʃ]) *adj* unbeatable.

imbecil [ĩmbeˈsiw] *(pl* **-is** [-iʃ]) *adj* stupid ◆ *mf* idiot.

imediações [imedʒjaˈsõiʃ] *fpl* surrounding area *(sg)*; **nas ~ de** in the vicinity of.

imediatamente [ime‚dʒjataˈmẽntʃi] *adv* immediately.

imediato, -ta [imeˈdʒjatu, -ta] *adj* immediate; **de ~** immediately.

imenso, -sa [iˈmẽsu, -sa] *adj* huge ◆ *adv* a lot; **está um calor ~** it's boil-

ing (hot); **está um frio ~** it's freezing (cold).

imergir [imexˈʒi(x)] *vt (mergulhar)* to immerse.

imigração [imigraˈsãw] *f* immigration.

imigrante [imiˈgrãntʃi] *mf* immigrant.

imigrar [imiˈgra(x)] *vi* to immigrate.

iminente [imiˈnẽntʃi] *adj* imminent.

imitação [imitaˈsãw] *(pl* **-ões** [-õjʃ]) *f (de produto)* imitation; *(de pessoa)* impersonation.

imitar [imiˈta(x)] *vt (produto)* to copy; *(comportamento)* to imitate; *(pessoa)* to impersonate.

imobiliária [imobiˈljarja] *f* estate agent's *(Brit)*, realtor's *(Am)*.

imobilizar [imobiliˈza(x)] *vt* to immobilize.
❏ **imobilizar-se** *vp* to come to a standstill.

imoral [imoˈraw] *(pl* **-ais** [-ajʃ]) *adj* immoral.

imóvel [iˈmɔvɛw] *(pl* **-eis** [-ejʃ]) *adj* motionless ◆ *m (prédio)* building; *(valor imóvel)* property.

impaciência [ĩmpaˈsjẽsja] *f* impatience.

impaciente [ĩmpaˈsjẽntʃi] *adj* impatient.

impacto [ĩmˈpaktu] *m* impact.

ímpar [ˈĩmpa(x)] *(pl* **-res** [-riʃ]) *adj (número)* odd; *(objeto)* unique; *(ação)* unequalled.

imparcial [ĩmpaxˈsjaw] *(pl* **-ais** [-ajʃ]) *adj* impartial.

ímpares → **ímpar**.

impasse [ĩmˈpasi] *m* impasse.

impecável [ĩmpeˈkavɛw] *(pl* **-eis** [-ejʃ]) *adj (trabalho, roupa, limpeza)* impeccable; *(fam: pessoa)* great.

impedido, -da [ĩmpeˈdʒidu, -da] *adj (caminho, estrada)* blocked; *(linha)* engaged *(Brit)*, busy *(Am)*.

impedimento [ĩmpedʒiˈmẽntu] *m* obstacle.

impedir [ĩmpeˈdʒi(x)] *vt (trânsito, circulação)* to block; **~ alguém de fazer algo** to prevent sb from doing sthg.

impelir [ĩmpeˈli(x)] *vt* to push.

impenetrável [ĩmpeneˈtravɛw] *(pl* **-eis** [-ejʃ]) *adj* impenetrable.

impensável [ĩmpẽˈsavɛw] *(pl* **-eis** [-ejʃ]) *adj* unthinkable.

imperador [ĩmperaˈdo(x)] *(pl* **-res** [-riʃ]) *m* emperor.

imperativo, -va [ĩmperaˈtʃivu, -va]

adj & m imperative.

imperatriz [ĩmpera'triʃ] (pl **-zes** [-zeʃ]) f empress.

imperdoável [ĩmpex'dwavɛw] (pl **-eis** [-ejʃ]) adj unforgivable.

imperfeição [ĩmpexfej'sãw] (pl **-ões** [-õjʃ]) f (defeito) defect.

imperfeito, -ta [ĩmpex'fejtu, -ta] adj faulty ◆ m (GRAM) imperfect.

imperial [ĩmpe'rjaw] (pl **-ais** [-ajʃ]) f (Port: copo de cerveja) glass of draught beer.

impermeável [ĩmpex'mjavɛw] (pl **-eis** [-ejʃ]) m thin anorak ◆ adj waterproof.

impertinente [ĩmpextʃi'nẽntʃi] adj impertinent.

imperturbável [ĩmpextux'bavɛw] (pl **-eis** [-ejʃ]) adj serene.

impessoal [ĩmpe'swaw] (pl **-ais** [-ajʃ]) adj impersonal.

impetuoso, -osa [ĩmpe'twozu, -ɔza] adj impetuous.

impiedade [ĩmpje'dadʒi] f irreverence.

implacável [ĩmpla'kavɛw] (pl **-eis** [-ejʃ]) adj ruthless; (vento, chuva, frio) relentless.

implantação [ĩmplãnta'sãw] f introduction.

implementar [ĩmplemẽn'ta(x)] vt to implement.

implicar [ĩmpli'ka(x)] vt (envolver) to implicate; (acarretar) to involve.

❑ **implicar com** v + prep to have a go at.

implícito, -ta [ĩm'plisitu, -ta] adj implicit.

implorar [ĩmplo'ra(x)] vt to implore.

imponente [ĩmpo'nẽntʃi] adj (grandioso) imposing; (altivo) arrogant.

impopular [ĩmpopu'la(x)] (pl **-es** [-iʃ]) adj unpopular.

impor [ĩm'po(x)] vt (respeito, silêncio) to command; (ordem) to impose; ~ **algo a alguém** to impose sthg on sb.

❑ **impor-se** vp to command respect.

importação [ĩmpoxta'sãw] (pl **-ões** [-õjʃ]) f import.

importado, -da [ĩmpox'tadu, -da] adj imported.

importância [ĩmpox'tãsja] f (valor) importance; (quantia monetária) amount.

importante [ĩmpox'tãntʃi] adj important ◆ m: **o ~ é** ... the important thing is ....

importar [ĩmpox'ta(x)] vt (mercadoria, produto, idéia) to import ◆ vi (ter importância) to matter.

❑ **importar-se** vp (fazer caso) to mind; **você se importa de fechar a porta?** would you mind closing the door?

imposição [ĩmpozi'sãw] (pl **-ões** [-õjʃ]) f condition.

impossibilitar [ĩmposibili'ta(x)] vt to prevent.

impossível [ĩmpo'sivɛw] (pl **-eis** [-ejʃ]) adj & m impossible ◆ m: **querer o ~** to ask the impossible.

imposto [ĩm'poʃtu] m tax; ~ **de renda** (Br) income tax; ~ **sobre o rendimento** (Port) income tax; ~ **sobre o valor acrescentado** (Port) value added tax (Brit), sales tax (Am).

impostor, -ra [ĩmpoʃ'to(x), -ra] (mpl **-res** [-riʃ], fpl **-s** [-ʃ]) m, f impostor.

impotente [ĩmpo'tẽntʃi] adj impotent.

impraticável [ĩmpratʃi'kavɛw] (pl **-eis** [-ejʃ]) adj (estrada, caminho) impassable.

impreciso, -sa [ĩmpre'sizu, -za] adj vague.

impregnar [ĩmpreg'na(x)] vt to impregnate.

❑ **impregnar-se de** vp + prep to become impregnated with.

imprensa [ĩm'prẽsa] f press.

imprescindível [ĩmpreʃĩn'dʒivɛw] (pl **-eis** [-ejʃ]) adj indispensable.

impressão [ĩmpre'sãw] (pl **-ões** [-õjʃ]) f (sensação) impression; (de jornal, livro) printing; **ter a ~ de que** to get the impression (that); **tenho a ~ que vai chover** I think it's going to rain; ~ **digital** fingerprint; **causar boa ~** to make a good impression.

impressionante [ĩmpresju'nãntʃi] adj (incrível) amazing; (comovente) moving.

impressionar [ĩmpresju'na(x)] vt (causar admiração a) to amaze; (comover) to move.

impresso, -a [ĩm'prɛsu, -a] adj printed ◆ m form.

impressões → impressão.

impressora [ĩmpre'sora] f printer.

imprestável [ĩmpreʃ'tavɛw] (pl **-eis** [-ejʃ]) adj (não prestativo) unhelpful; (inútil) useless.

imprevisível [ĩmprevi'zivɛw] (pl **-eis**

imprevisto, -ta [ĩmpreˈviʃtu, -ta] *adj* unpredictable.

imprevisto, -ta [ĩmpreˈviʃtu, -ta] *adj* unexpected ♦ *m* unexpected event.

imprimir [ĩmpriˈmi(x)] *vt* to print.

impróprio, -pria [ĩmˈprɔpriu, -pria] *adj*: ~ **para** unsuitable for; ~ **para consumo** unfit for human consumption.

improvável [ĩmproˈvavɛw] (*pl* -**eis** [-ejʃ]) *adj* unlikely.

improvisar [ĩmproviˈza(x)] *vt & vi* to improvise.

improviso [ĩmproˈvizu] *m* improvisation; **de** ~ impromptu; **fazer um discurso de** ~ to make an impromptu speech.

imprudente [ĩmpruˈdẽntʃi] *adj* rash.

impulsionar [ĩmpuwsjuˈna(x)] *vt* to push forward.

impulsivo, -va [ĩmpuwˈsivu, -va] *adj* impulsive.

impulso [ĩmˈpuwsu] *m (incitamento)* impulse; *(de ligação telefônica)* unit.

impune [ĩmˈpuni] *adj* unpunished.

impureza [ĩmpuˈreza] *f* impurity.

impuro, -ra [ĩmˈpuru, -ra] *adj* impure.

imundície [imũnˈdʒisji] *f (sujeira)* dirt; *(lixo)* rubbish.

imune [iˈmuni] *adj (isento)*: ~ **a** immune to.

inábil [iˈnabiw] (*pl* -**beis** [-bejʃ]) *adj* incompetent.

inabitado, -da [inabiˈtadu, -da] *adj* uninhabited.

inacabado, -da [inakaˈbadu, -da] *adj* unfinished.

inaceitável [inasejˈtavɛw] (*pl* -**eis** [-ejʃ]) *adj* unacceptable.

inacessível [inaseˈsivɛw] (*pl* -**eis** [-ejʃ]) *adj* inaccessible.

inacreditável [inakredʒiˈtavɛw] (*pl* -**eis** [-ejʃ]) *adj* unbelievable.

inactividade [inateviˈdade] *f (Port)* = **inatividade**.

inadequado, -da [inadeˈkwadu, -da] *adj* inadequate.

inadiável [inaˈdjavɛw] (*pl* -**eis** [-ejʃ]) *adj (encontro, reunião, problema)* pressing.

inadvertido, -da [inadverˈtʃidu, -da] *adj* unnoticed.

inalador [inalaˈdo(x)] (*pl* -**res** [-riʃ]) *m* inhaler.

inalar [inaˈla(x)] *vt* to inhale.

inalcançável [inawkãˈsavɛw] (*pl* -**eis** [-ejʃ]) *adj* unattainable.

inanimado, -da [inaniˈmadu, -da] *adj* inanimate.

inaptidão [inaptʃiˈdãw] *f* unsuitability.

inapto, -pta [iˈnaptu, -pta] *adj* unsuitable.

inarticulado, -da [inaxtʃikuˈladu, -da] *adj* inarticulate.

inatingível [inatʃiˈʒivɛw] (*pl* -**eis** [-ejʃ]) *adj* unattainable.

inatividade [inatʃiviˈdadʒi] *f (Br)* inactivity; **na** ~ *(pessoa)* out of work.

inativo, -va [inaˈtʃivu, -va] *adj* inactive; *(pessoa)* out of work.

inato, -ta [iˈnatu, -ta] *adj* innate.

inauguração [inawguraˈsãw] (*pl* -**ões** [-õjʃ]) *f* inauguration.

inaugurar [inawguˈra(x)] *vt* to inaugurate.

incansável [ĩŋkãˈsavɛw] (*pl* -**eis** [-ejʃ]) *adj* tireless.

incapacidade [ĩŋkapasiˈdadʒi] *f* inability.

incapaz [ĩŋkaˈpaʃ] (*pl* -**zes** [-ziʃ]) *adj* incapable.

incendiar [ĩsẽnˈdʒja(x)] *vt* to set fire to.

❑ **incendiar-se** *vp* to catch fire.

incêndio [ĩˈsẽndʒju] *m* fire.

incenso [ĩˈsẽsu] *m* incense.

incentivar [ĩsẽntʃiˈva(x)] *vt* to motivate.

incentivo [ĩsẽnˈtʃivu] *m* incentive.

incerteza [ĩsexˈteza] *f* doubt, uncertainty; **ficar na** ~ to be left in doubt.

incerto, -ta [ĩˈsextu, -ta] *adj* uncertain.

incesto [ĩˈseʃtu] *m* incest.

inchação [ĩʃaˈsãw] (*pl* -**ões** [-õjʃ]) *m (Br)* swelling.

inchaço [ĩˈʃasu] *m* swelling.

inchado, -da [ĩˈʃadu, -da] *adj (entumescido)* swollen; *(fig: envaidecido)* puffed up (with pride).

inchar [ĩˈʃa(x)] *vi* to swell.

incidência [ĩsiˈdẽsja] *f* incidence.

incidente [ĩsiˈdẽntʃi] *m* incident.

incineração [ĩsineraˈsãw] (*pl* -**ões** [-õjʃ]) *f* incineration.

incisivo, -va [ĩsiˈzivu, -va] *adj (fig: penetrante)* incisive ♦ *m (dente)* incisor.

incitar [ĩsiˈta(x)] *vt* to incite.

inclemente [ĩŋkleˈmẽntʃi] *adj* merciless.

inclinação [ĩŋklinaˈsãw] (*pl* -**ões**

[-õjʃ]) f inclination.
inclinado, -da [ĩŋkli'nadu, -da] adj slanting.
inclinar [ĩŋkli'na(x)] vt to tilt.
❑ **inclinar-se** vp to lean.
incluir [ĩŋklu'i(x)] vt to include; (inserir) to enclose.
inclusive [ĩŋklu'zivɛ] adv even; **de 11 a 20, ~** from 11 to 20 inclusive.
incoerente [ĩŋkwe'rẽntʃi] adj incoherent.
incógnita [ĩŋ'kɔgnita] f enigma, mystery.
incógnito, -ta [ĩ'kɔgnitu, -ta] adj unknown.
incolor [ĩŋko'lo(x)] (pl -res [-riʃ]) adj colourless.
incomodar [ĩŋkomo'da(x)] vt to bother; **"favor não ~"** "do not disturb".
❑ **incomodar-se** vp to bother; **você se incomoda se eu fumar?** do you mind if I smoke?
incómodo, -da [ĩŋ'kɔmudu, -da] adj & m (Port) = **incômodo**.
incômodo, -da [ĩŋ'komodu, -da] adj (Br) uncomfortable ◆ m (Br) nuisance; (menstruação) period.
incomparável [ĩŋkõmpa'ravɛw] (pl -eis [-ejʃ]) adj incomparable.
incompatível [ĩŋkõmpa'tʃivɛw] (pl -eis [-ejʃ]) adj incompatible.
incompetente [ĩŋkõmpe'tẽntʃi] adj & mf incompetent.
incompleto, -ta [ĩŋkõm'plɛtu, -ta] adj unfinished.
incomum [ĩŋko'mũ] (pl -ns [-ʃ]) adj uncommon.
incomunicável [ĩŋkomuni'kavɛw] (pl -eis [-ejʃ]) adj (isolado) isolated; (bens) non-transferable.
incomuns → **incomun**.
inconcebível [ĩŋkõse'bivɛw] (pl -eis [-ejʃ]) adj inconceivable.
incondicional [ĩŋkõndʒisjo'naw] (pl -ais [-ajʃ]) adj unconditional.
inconformado, -da [ĩŋkõfox'madu, -da] adj unresigned.
inconfundível [ĩŋkõfũn'dʒivɛw] (pl -eis [-ejʃ]) adj unmistakable.
inconsciência [ĩŋkõʃ'sjẽsja] f thoughtlessness.
inconsciente [ĩŋkõʃ'sjẽntʃi] adj (MED) unconscious; (irresponsável) thoughtless ◆ m unconscious.
incontestável [ĩŋkõnteʃ'tavɛw] (pl -eis [-ejʃ]) adj indisputable.

inconveniência [ĩŋkõve'njẽsja] f inconvenience.
inconveniente [ĩŋkõve'njẽntʃi] adj (pessoa) tactless; (assunto) awkward ◆ m (problema) problem; (desvantagem) disadvantage.
incorporar [ĩŋkoxpo'ra(x)] vt to incorporate.
incorrecto, -ta [ĩŋku'xɛtu, -ta] adj (Port) = **incorreto**.
incorreto, -ta [ĩŋko'xɛtu, -ta] adj (Br) (errado) incorrect; (malcriado) rude.
incorrigível [ĩŋkoxi'ʒivɛw] (pl -eis [-ejʃ]) adj incorrigible.
incrédulo, -la [ĩŋ'krɛdulu, -la] adj incredulous.
incrível [ĩŋ'krivɛw] (pl -eis [-ejʃ]) adj incredible.
incubadora [ĩŋkuba'dora] f incubator.
inculto, -ta [ĩŋ'kuwtu, -ta] adj (pessoa) uneducated; (terreno) uncultivated.
incumbir [ĩŋkũm'bi(x)] vt to put in charge; **~ alguém de fazer algo** to ask sb to do sthg.
❑ **incumbir a** v + prep: **~ a alguém fazer algo** to be sb's turn to do sthg.
❑ **incumbir-se de** vp + prep: **~-se de fazer algo** to take it upon o.s. to do sthg.
incurável [ĩŋku'ravɛw] (pl -eis [-ejʃ]) adj incurable.
indagar [ĩnda'ga(x)] vi to inquire.
indecente [ĩnde'sẽntʃi] adj indecent.
indecisão [ĩndesi'zãw] (pl -ões [-õjʃ]) f indecision, indecisiveness.
indeciso, -sa [ĩnde'sizu, -za] adj (futuro, situação) uncertain; (pessoa) indecisive; **estar ~** to be undecided.
indecisões → **indecisão**.
indecoroso, -osa [ĩndeku'rozo, -ɔza] adj improper.
indefeso, -sa [ĩnde'fezu, -za] adj defenceless.
indefinido, -da [ĩndefi'nidu, -da] adj indefinite.
indelicado, -da [ĩndeli'kadu, -da] adj offhand.
indemnizar [ĩndemni'zar] vt (Port) = **indenizar**.
indenização [ĩndeniza'sãw] (pl -ões [-õjʃ]) f compensation.
indenizar [ĩndeni'za(x)] vt (Br) to compensate.
independência [ĩndepẽn'dẽsja] f

independence.
independente [ĩdepēn'dēntʃi] *adj*
independent.
independentemente [ĩdepēn-
‚dēntʃi'mēntʃi] : **independentemente
de** *prep* independently of.
indescritível [ĩdeʃkri'tʃivεw] (*pl* -eis
[-ejʃ]) *adj* indescribable.
indesejável [ĩdeze'ʒavεw] (*pl* -eis
[-ejʃ]) *adj* undesirable.
indestrutível [ĩdeʃtru'tʃivεw] (*pl*
-eis [-ejʃ]) *adj* indestructible; *(fig: argumento)* watertight.
indeterminado, -da [ĩdetεxmi-
'nadu, -da] *adj* indeterminate.
indevido, -da [ĩde'vidu, -da] *adj*
inappropriate.
Índia ['ĩdʒja] *f*: **a ~** India.
indiano, -na [ĩ'dʒjanu, -na] *adj &
m, f* Indian.
indicação [ĩdʒika'sãw] (*pl* -ões
[-õjʃ]) *f (de caminho, direção)* directions
(pl); (sinal) mark; *(instrução)* indication.
indicador [ĩdʒika'do(x)] (*pl* -res
[-riʃ]) *m (dedo)* index finger; *(de temperatura, velocímetro)* indicator.
indicar [ĩdʒi'ka(x)] *vt* to show.
indicativo, -va [ĩdʒika'tʃivu, -va]
adj indicative ◆ *m (de telefone)* dialling
code *(Brit)*, area code *(Am); (GRAM)*
indicative.
índice ['ĩdʒisi] *m (em livro)* index;
(nível) rate; **~ de inflação** inflation rate.
indiferença [ĩdʒife'rēsa] *f* indifference.
indiferente [ĩdʒife'rēntʃi] *adj* indifferent; **para mim é ~** I don't care.
indígena [ĩ'dʒiʒena] *adj & mf (nativo)*
native; *(índio)* Indian.
indigestão [ĩdʒiʒeʃ'tãw] *f* indigestion.
indigesto, -ta [ĩdʒi'ʒeʃtu, -ta] *adj*
indigestible.
indignação [ĩdʒigna'sãw] (*pl* -ões
[-õjʃ]) *f* indignation.
indigno, -gna [ĩ'dʒignu, -gna] *adj
(pessoa)* unworthy; *(situação)* degrading.
índio, -dia ['ĩdʒju, -dja] *adj & m, f*
Indian.
indirecto, -ta [ĩdi'rεtu, -ta] *adj
(Port)* = **indireto**.
indireta [ĩdʒi'rεta] *f (fig: comentário)*
dig.
indireto, -ta [ĩdʒi'rεtu, -ta] *adj (Br)*
indirect.

indisciplinado, -da [ĩdʒiʃsipli-
'nadu, -da] *adj* undisciplined.
indiscreto, -ta [ĩdʒiʃ'krεtu, -ta] *adj*
indiscreet.
indiscutível [ĩdʒiʃku'tʃivεw] (*pl* -eis
[-ejʃ]) *adj* indisputable.
indispensável [ĩdʒiʃpē'savεw] (*pl*
-eis [-ejʃ]) *adj* indispensable ◆ *m*: **o ~**
the bare essentials *(pl)*.
indisposição [ĩdʒiʃpozi'sãw] (*pl*
-ões [-õjʃ]) *f* stomach upset.
indisposto, -osta [ĩdʒiʃ'poʃtu,
-ɔʃta] *adj* unwell.
indistinto, -ta [ĩdʒiʃ'tʃĩtu, -ta] *adj
(pouco visível)* vague; *(forma, som)* faint.
individual [ĩdʒivi'dwaw] (*pl* -ais
[-ajʃ]) *adj* individual; *(quarto, tarefa)*
single; *(mesa)* for one.
indivíduo [ĩde'vidwu] *m* individual;
(fam: homem) guy.
índole ['ĩdoli] *f* nature.
indolor [ĩdo'lo(x)] (*pl* -res [-riʃ]) *adj*
painless.
Indonésia [ĩdo'nεʒja] *f*: **a ~** Indonesia.
indulgência [ĩduw'ʒēsja] *f* leniency.
indulgente [ĩduw'ʒēntʃi] *adj* lenient.
indumentária [ĩdumēn'tarja] *f
(traje)* costume; *(pej: farrapo)* rag.
indústria [ĩ'duʃtria] *f* industry.
induzir [ĩdu'zi(x)] *vt*: **~ alguém a
fazer algo** to persuade sb to do sthg; **~
alguém em erro** to mislead sb.
inédito, -ta [i'nedʒitu, -ta] *adj (livro)*
unpublished; *(original)* unique; *(acontecimento)* unprecedented.
ineficaz [inefi'kaʃ] (*pl* -zes [-ziʃ]) *adj*
ineffective.
inegável [ine'gavεw] (*pl* -eis [-ejʃ]) *adj*
undeniable.
inércia [i'nεxsja] *f* inertia.
inerte [i'nεxtʃi] *adj* inert.
inesgotável [ineʒgo'tavεw] (*pl* -eis
[-ejʃ]) *adj* inexhaustible.
inesperado, -da [ineʃpe'radu, -da]
adj unexpected.
inesquecível [ineʃke'sivεw] (*pl* -eis
[-ejʃ]) *adj* unforgettable.
inestimável [ineʃtʃi'mavεw] (*pl* -eis
[-ejʃ]) *adj* invaluable; **de valor ~** priceless.
inevitável [inevi'tavεw] (*pl* -eis [-ejʃ])
adj inevitable.
inexequível [ineze'kwivεw] (*pl* -eis
[-ejʃ]) *adj* impracticable.

inexistência [inezif'tẽsja] *f*: ~ **de** lack of.

inexperiência [inefpe'rjẽsja] *f* inexperience.

inexperiente [inefpe'rjẽntfi] *adj* inexperienced; *(fig: inocente)* innocent.

infalível [ĩfa'livew] *(pl* **-eis** [-ejf]) *adj (método, sistema, plano)* infallible; *(inevitável)* certain.

infâmia [ĩ'famja] *f* slander.

infância [ĩ'fãsja] *f* childhood.

infantário [ĩfãn'tarju] *m (Port)* nursery school.

infantil [ĩfãn'tiw] *(pl* **-is** [-if]) *adj (literatura, programa)* children's *(antes de s)*; *(pej: imaturo)* childish.

infecção [ĩfɛ'sãw] *(pl* **-ões** [-õjf]) *f (MED)* infection.

infeccioso, -osa [ĩfɛ'sjozu, -ɔza] *adj* infectious.

infecções → **infecção**.

infectado, -da [ĩfɛ'tadu, -da] *adj* infected.

infectar [ĩfɛ'ta(x)] *vi* to get infected ◆ *vt* to infect.

infelicidade [ĩfelisi'dadʒi] *f (tristeza)* unhappiness; *(desgraça)* misfortune; **mas que ~!** what a shame!; **tive a ~ de ...** I had the misfortune of ....

infeliz [ĩfe'liʒ] *(pl* **-zes** [-ziʃ]) *adj (acontecimento, notícia)* sad; *(comentário, resposta)* inappropriate ◆ *mf* wretch; **ser ~** to be unhappy.

infelizmente [ĩfeliʒ'mẽntʃi] *adv* unfortunately.

inferior [ĩfe'rjo(x)] *(pl* **-res** [-rif]) *adj* lower; *(em valor, qualidade)* inferior; **andar ~** downstairs.

inferno [ĩ'fɛxnu] *m*: **o Inferno** Hell; **isto é um ~!** what a nightmare!; **vá para o ~!** *(fam)* go to hell!

infertilidade [ĩfextʃili'dadʒi] *f* infertility.

infestar [ĩfeʃ'ta(x)] *vt* to infest.

infiel [ĩ'fjew] *(pl* **-éis** [-ɛiʃ]) *adj (marido, esposa)* unfaithful; *(amigo)* disloyal.

infiltrar-se [ĩfiw'traxsi] *vp (água, chuva)* to seep in.

ínfimo, -ma [ĩ'fimu, -ma] *adj* minute; *(fig: sem importância)* pointless.

infindável [ĩfĩ'davew] *(pl* **-eis** [-ejf]) *adj* endless.

infinidade [ĩfini'dadʒi] *f* infinity.

infinitivo [ĩfini'tʃivu] *m*: **o ~** *(GRAM)* the infinitive.

infinito, -ta [ĩfi'nitu, -ta] *adj & m* infinite.

inflação [ĩfla'sãw] *f* inflation.

inflamação [ĩflama'sãw] *(pl* **-ões** [-õjf]) *f* inflammation.

inflamado, -da [ĩfla'madu, -da] *adj* inflamed.

inflamar [ĩfla'ma(x)] *vt (incendiar)* to set on fire, to set alight; *(fig: entusiasmar)* to inflame.

inflamável [ĩfla'mavew] *(pl* **-eis** [-ejf]) *adj* inflammable *(Brit)*, flammable *(Am)*.

inflexível [ĩflɛk'sivew] *(pl* **-eis** [-ejf]) *adj* inflexible; *(fig: implacável, rigoroso)* unbending.

influência [ĩflu'ẽsja] *f* influence; **ter ~** to be influential.

influente [ĩflu'ẽntʃi] *adj* influential.

influir [ĩflu'i(x)] : **influir em** *v + prep* to influence.

informação [ĩfoxma'sãw] *(pl* **-ões** [-õjf]) *f* information; *(notícia)* news *(sg)*; **ele não me deu informação nenhuma** he didn't give me any information. ❑ **informações** *fpl (serviço telefônico)* directory enquiries *(Brit)*, directory assistance *(sg) (Am)*; **"informações"** "enquiries".

informal [ĩfox'maw] *(pl* **-ais** [-ajf]) *adj* informal.

informalidade [ĩfoxmali'dadʒi] *f* informality.

informar [ĩfox'ma(x)] *vt* to inform; **~ alguém de** OU **sobre algo** to inform sb of sthg. ❑ **informar-se** *vp* to find out.

informática [ĩfox'matʃika] *f* information technology, computing.

informativo, -va [ĩfoxma'tʃivu, -va] *adj* informative.

informatizar [ĩfurmati'za(x)] *vt* to computerize.

infortúnio [ĩfox'tunju] *m* misfortune.

infração [ĩfra'sãw] *(pl* **-ões** [-õjf]) *f (Br) (de lei)* offence; *(de norma, regra)* breach.

infracção [ĩfra'sãw] *(pl* **-ões** [-õjf]) *f (Port)* = **infração**.

infrações → **infração**.

infractor, -ra [ĩfra'tor, -ra] *(mpl* **-res** [-reʃ], *fpl* **-s** [-ʃ]) *m, f (Port)* = **infrator**.

infrator, -ra [ĩfra'to(x), -ra] *(mpl* **-res** [-riʃ], *fpl* **-s** [-ʃ]) *m, f (Br)* offender.

infravermelho, -lha [ĩfravex'meʎu,

-ʎa] *adj* infrared.
infringir [ĩfrĩˈʒi(x)] *vt* to infringe.
infrutífero, -ra [ĩfruˈtʃiferu, -ra] *adj* fruitless.
infundado, -da [ĩfũˈdadu, -da] *adj* unfounded.
ingenuidade [ĩʒenwiˈdadʒi] *f* ingenuity.
ingénuo, -nua [ĩˈʒɛnwu, -nwa] *adj & m, f (Port)* = **ingênuo**.
ingênuo, -nua [ĩˈʒenwu, -nwa] *adj (Br)* naive ♦ *m, f (Br)* naive person.
ingerir [ĩʒeˈri(x)] *vt* to ingest.
Inglaterra [ĩglaˈtexa] *f:* **a ~** England.
inglês, -esa [ĩŋˈgleʃ, -eza] *(mpl -eses* [-eziʃ], *fpl* **-s** [-ʃ]) *adj & m* English ♦ *m, f (pessoa)* Englishman *(f* Englishwoman); **os ingleses** the English; **para ~ ver** for show.
ingratidão [ĩŋgratʃiˈdãw] *f* ingratitude.
ingrato, -ta [ĩŋˈgratu, -ta] *adj (pessoa)* ungrateful; *(trabalho)* thankless.
ingrediente [ĩŋgreˈdʒẽntʃi] *m* ingredient.
íngreme [ĩŋgremi] *adj* steep.
ingresso [ĩŋˈgresu] *m (em curso, universidade, partido)* enrolment; *(bilhete de cinema, teatro, etc)* ticket.
inhame [iˈɲami] *m* yam.
inibição [inibiˈsãw] *(pl* **-ões** [-õjʃ]) *f* inhibition.
inibido, -da [iniˈbidu, -da] *adj* inhibited.
inicial [iniˈsjaw] *(pl* **-ais** [-ajʃ]) *adj & f* initial.
iniciar [iniˈsja(x)] *vt* to start, to begin. ❑ **iniciar-se** *vp* to start.
iniciativa [inisjaˈtʃiva] *f* initiative; **ter ~** to show initiative.
início [iˈnisju] *m* start, beginning; **no ~** at first; **desde o ~** from the start.
inimigo, -ga [iniˈmigu, -ga] *adj* enemy *(antes de s)* ♦ *m, f* enemy.
ininterruptamente [inĩntexˌxuptaˈmẽntʃi] *adv* continuously.
injeção [ĩʒeˈsãw] *(pl* **-ões** [-õjʃ]) *f (Br)* injection.
injecção [ĩʒeˈsãw] *(pl* **-ões** [-õjʃ]) *f (Port)* = **injeção**.
injeções → injeção.
injectar [ĩʒeˈtar] *vt (Port)* = **injetar**.
injetar [ĩʒeˈta(x)] *vt (Br)* to inject. ❑ **injetar-se** *vp (Br) (fam: drogar-se)* to be on drugs.

injúria [ĩˈʒurja] *f* insult.
injuriar [ĩʒuˈrja(x)] *vt* to insult.
injustiça [ĩʒuʃˈtʃisa] *f* injustice.
injusto, -ta [ĩˈʒuʃtu, -ta] *adj* unfair.
inocência [inoˈsẽsja] *f* innocence.
inocentar [inosẽnˈta(x)] *vt:* **~ alguém (de algo)** *(JUR)* to clear sb (of sthg).
inocente [inoˈsẽntʃi] *adj* innocent; **ser** OU **estar ~** to be innocent.
inoculação [inokulaˈsãw] *(pl* **-ões** [-õjʃ]) *f* inoculation.
inócuo, -cua [iˈnɔkwu, -kwa] *adj* innocuous.
inofensivo, -va [inofẽˈsivu, -va] *adj* harmless.
inoportuno, -na [inopoxˈtunu, -na] *adj (pessoa)* tactless; *(comentário, momento)* inopportune.
inovação [inovaˈsãw] *(pl* **-ões** [-õjʃ]) *f* innovation.
inox [iˈnoksi] *m* stainless steel.
inoxidável [inoksiˈdavɛw] *(pl* **-eis** [-ejʃ]) *adj (aço)* stainless; *(material)* rustproof.
inquérito [ĩˈkeritu] *m (sondagem)* opinion poll, survey; *(de polícia, comissão)* investigation.
inquietação [ĩŋkjetaˈsãw] *f (agitação)* restlessness; *(preocupação)* worry.
inquietante [ĩŋkjeˈtãntʃi] *adj* worrying, disturbing.
inquilino, -na [ĩŋkiˈlinu, -na] *m, f* tenant.
insaciável [ĩsaˈsjavɛw] *(pl* **-eis** [-ejʃ]) *adj* insatiable.
insalubre [ĩsaˈlubri] *adj (comida, bebida)* unhealthy; *(local)* insalubrious.
insanidade [ĩsaniˈdadʒi] *f* insanity.
insatisfação [ĩsatʃiʃfaˈsãw] *(pl* **-ões** [-õjʃ]) *f* dissatisfaction.
insatisfatório, -ria [ĩsatʃiʃfaˈtɔrju, -rja] *adj* unsatisfactory.
insatisfeito, -ta [ĩsatʃiʃˈfejtu, -ta] *adj* dissatisfied.
inscrever [ĩʃkreˈve(x)] *vt* to enrol; **~ alguém em algo** to enrol sb on OU for sthg. ❑ **inscrever-se** *vp:* **~-se em algo** to enrol on OU for sthg.
inscrição [ĩʃkriˈsãw] *(pl* **-ões** [-õjʃ]) *f (em pedra)* inscription; *(em curso, cadeira)* enrolment.
inseticida [ĩsetʃiˈsida] *m* insecticide.
insecto [ĩˈsɛtu] *m (Port)* = **inseto**.
insegurança [ĩseguˈrãsa] *f* insecurity.
inseguro, -ra [ĩseˈguru, -ra] *adj (área,*

rua) unsafe; *(pessoa)* insecure.

inseminação [ĩsemina'sãw] *(pl* **-ões** [-õjʃ]) *f:* ~ **artificial** artificial insemination.

insensato, -ta [ĩsẽ'satu, -ta] *adj (decisão, comportamento)* foolish.

insensibilidade [ĩsẽsibili'dadʒi] *f* insensitivity.

insensível [ĩsẽ'sivɛw] *(pl* **-eis** [-ejʃ]) *adj* insensitive.

inseparável [ĩsepa'ravɛw] *(pl* **-eis** [-ejʃ]) *adj* inseparable.

inserir [ĩse'ri(x)] *vt (colocar)* to insert; *(INFORM: dados)* to enter.

❏ **inserir-se em** *vp + prep (fazer parte de)* to be part of.

inseto [ĩ'setu] *m (Br)* insect.

insidioso, -osa [ĩsi'dʒjozu, -ɔza] *adj* insidious.

insígnia [ĩ'signja] *f* insignia.

insignificante [ĩsignifi'kãntʃi] *adj* insignificant.

insincero, -ra [ĩsĩ'seru, -ra] *adj* insincere.

insinuar [ĩsi'nwa(x)] *vt* to insinuate.

insípido, -da [ĩ'sipidu, -da] *adj* insipid.

insistência [ĩsiʃ'tẽsja] *f* insistence.

insistente [ĩsiʃ'tẽntʃi] *adj* insistent.

insistir [ĩsiʃ'ti(x)] *vi* to insist; **eu estou sempre insistindo com ela para ter cuidado** I'm always telling her to be careful; ~ **em fazer algo** to insist on doing sthg.

insociável [ĩso'sjavɛw] *(pl* **-eis** [-ejʃ]) *adj* unsociable.

insolação [ĩsola'sãw] *(pl* **-ões** [-õjʃ]) *f* sunstroke.

insolente [ĩso'lẽntʃi] *adj* insolent ♦ *mf* insolent person.

insólito, -ta [ĩ'sɔlitu, -ta] *adj* unusual.

insónia [ĩ'sɔnja] *f (Port)* = **insônia**.

insônia [ĩ'sonja] *f (Br)* insomnia.

insosso, -a [ĩ'sosu, -a] *adj* bland; *(fig: pouco interessante)* insipid.

inspeção [ĩʃpe'sãw] *(pl* **-ões** [-õjʃ]) *f (Br)* inspection.

inspecção [ĩʃpɛ'sãw] *(pl* **-ões** [-õjʃ]) *f (Port)* = **inspeção**.

inspeccionar [ĩʃpesjo'nar] *vt (Port)* = **inspecionar**.

inspecções → inspecção.

inspecionar [ĩʃpesjo'na(x)] *vt (Br)* to inspect.

inspeções → inspeção.

inspector, -ra [ĩʃpɛ'tor, -ra] *(mpl* **-res** [-reʃ], *fpl* **-s** [-ʃ]) *m, f (Port)* = **inspetor**.

inspetor, -ra [ĩʃpe'to(x), -ra] *(mpl* **-res** [-riʃ], *fpl* **-s** [-ʃ]) *m, f (Br)* inspector.

inspiração [ĩʃpira'sãw] *(pl* **-ões** [-õjʃ]) *f* inspiration.

inspirador, -ra [ĩʃpira'do(x), -ra] *(mpl* **-res** [-riʃ], *fpl* **-s** [-ʃ]) *adj* inspiring.

inspirar [ĩʃpi'ra(x)] *vt (respirar)* to breathe in; *(fig: sugerir)* to inspire.

instabilidade [ĩʃtabili'dadʒi] *f* instability.

instalação [ĩʃtala'sãw] *(pl* **-ões** [-õjʃ]) *f* installation; ~ **elétrica** wiring.

❏ **instalações** *fpl* facilities.

instalar [ĩʃta'la(x)] *vt* to install.

❏ **instalar-se** *vp (em casa, local)* to move in; *(em cadeira)* to make o.s. comfortable.

instantâneo, -nea [ĩʃtãn'tanju, -nja] *adj* instantaneous ♦ *m* snapshot.

instante [ĩʃ'tãntʃi] *m* moment; **um ~!** just a minute!; **dentro de ~s** shortly; **de um ~ para o outro** suddenly; **nesse ~** at that moment; **num ~** in a second; **faço isso num ~** it'll only take me a minute; **por ~s** for a moment; **a qualquer ~** at any moment; **a todo o ~** all the time.

instintivo, -va [ĩʃtĩn'tʃivu, -va] *adj* instinctive.

instinto [ĩʃ'tʃĩntu] *m* instinct.

instituição [ĩʃtʃitwi'sãw] *(pl* **-ões** [-õjʃ]) *f* institution.

instituto [ĩʃtʃi'tutu] *m* institute; ~ **de beleza** beauty salon; ~ **de línguas** language school.

instrução [ĩʃtru'sãw] *(pl* **-ões** [-õjʃ]) *f (indicação)* instruction; *(educação)* education.

instruir [ĩʃtru'i(x)] *vt* to instruct.

instrumental [ĩʃtrumẽn'taw] *(pl* **-ais** [-ajʃ]) *adj* instrumental.

instrumento [ĩʃtru'mẽntu] *m (ferramenta)* tool; *(musical)* instrument.

instrutivo, -va [ĩʃtru'tʃivu, -va] *adj* instructive.

instrutor, -ra [ĩʃtru'to(x), -ra] *(mpl* **-res** [-riʃ], *fpl* **-s** [-ʃ]) *m, f (professor)* instructor; *(de direção)* driving instructor.

insubordinação [ĩsuboxdʒina'sãw] *(pl* **-ões** [-õjʃ]) *f (mau comportamento)* disobedience; *(rebelião)* insubordination.

insubstituível [ĩsubʃtʃi'twivɛw] *(pl*

-eis [-ejʃ] *adj* irreplaceable.

insucesso [ĩsu'sɛsu] *m* failure; **o ~ escolar** underperforming at school.

insuficiência [ĩsufi'sjẽsja] *f (falta, carência)* lack; *(incapacidade)* failure; **~ cardíaca** heart failure.

insuficiente [ĩsufi'sjẽntʃi] *adj* insufficient ♦ *m (EDUC: nota)* fail.

insuflável [ĩsu'flavɛw] *(pl* **-eis** [-ejʃ]) *adj* inflatable; *(boneca)* blow-up.

insulina [ĩsu'lina] *f* insulin.

insultar [ĩsuw'ta(x)] *vt* to insult.

insuperável [ĩsupe'ravɛw] *(pl* **-eis** [-ejʃ]) *adj* insurmountable.

insuportável [ĩsupox'tavɛw] *(pl* **-eis** [-ejʃ]) *adj* unbearable.

intacto, -ta [ĩn'ta(k)tu, -ta] *adj (Port)* = **intato**.

intato, -ta [ĩn'tatu, -ta] *adj (Br)* intact.

íntegra [ˈĩntegra] *f:* **na ~** in full.

integral [ĩnte'graw] *(pl* **-ais** [-ajʃ]) *adj* whole.

integrar [ĩnte'gra(x)] *vt* to include.

❏ **integrar-se** *vp* to become integrated.

integridade [ĩntegri'dadʒi] *f* integrity.

íntegro, -gra [ˈĩntegru, -gra] *adj* honest.

inteiramente [ĩn,tejra'mẽntʃi] *adv* entirely.

inteirar-se [ĩntej'raxsi] : **inteirar-se de** *vp* + *prep* to find out about.

inteiro, -ra [ĩn'tejru, -ra] *adj (todo)* whole; *(não partido)* intact.

intelectual [ĩntelɛk'twaw] *(pl* **-ais** [-ajʃ]) *adj & mf* intellectual.

inteligência [ĩnteli'ʒẽsja] *f* intelligence.

inteligente [ĩnteli'ʒẽntʃi] *adj* intelligent.

intenção [ĩntẽ'sãw] *(pl* **-ões** [-õjʃ]) *f* intention; **ter ~ de fazer algo** to intend to do sthg; **sem ~** unintentionally; **com** OU **na melhor das intenções** with the best of intentions; **ter segundas intenções** to have an ulterior motive.

intensidade [ĩntẽsi'dadʒi] *f* intensity.

intensivo, -va [ĩntẽ'sivu, -va] *adj* intensive.

intenso, -sa [ĩn'tẽsu, -sa] *adj* intense; *(chuva)* heavy; *(trabalho)* hard; *(vento)* high.

interactivo, -va [ĩntera'tivu, -va] *adj*

(Port) = **interativo**.

interativo, -va [ĩntera'tʃivu, -va] *adj (Br)* interactive.

intercâmbio [ĩnter'kãmbju] *m* exchange.

interceder [ĩntexse'de(x)] *vi:* **~ por alguém** to intercede on behalf of sb.

interceptar [ĩntexsep'ta(x)] *vt* to intercept.

interdição [ĩntexdʒi'sãw] *(pl* **-ões** [-õjʃ]) *f (proibição)* ban; *(encerramento)* closure.

interditar [ĩntexdʒi'ta(x)] *vt* to *(proibir)* ban; *(encerrar)* to close; **interditaram a rua** they closed off the road.

interessado, -da [ĩntere'sadu, -da] *adj* interested.

interessante [ĩntere'sãntʃi] *adj* interesting.

interessar [ĩntere'sa(x)] *vi* to be of interest; **a religião não me interessa** religion doesn't interest me; **não me interessa!** I don't care!

❏ **interessar-se por** *vp* + *prep* to be interested in; **só agora é que ele se interessou pelo caso** he's only recently taken an interest in the affair.

interesse [ĩnte'resi] *m* interest; *(importância)* significance; *(proveito próprio)* self-interest; **no ~ de** in the interests of; **por ~** out of self-interest; **sem ~** of no interest.

interface [ĩntex'fasi] *f* interface.

interferência [ĩntexfe'rẽsja] *f* interference.

❏ **interferências** *fpl (em imagem, rádio)* interference *(sg)*.

interferir [ĩntexfe'ri(x)] : **interferir em** *v* + *prep* to interfere in.

interfone [ĩntex'fɔni] *m* intercom.

interior [ĩnte'rjo(x)] *(pl* **-res** [-riʃ]) *adj (quarto, porta)* inner ♦ *m (de área, caixa)* inside; *(de casa, país)* interior.

interjeição [ĩntexʒej'sãw] *(pl* **-ões** [-õjʃ]) *f* interjection.

interlocutor, -ra [ĩntexloku'to(x), -ra] *(mpl* **-res** [-riʃ], *fpl* **-s** [-ʃ]) *m, f* speaker.

interlúdio [ĩntex'ludʒju] *m* interlude.

intermediário, -ria [ĩntexme'dʒjarju, -rja] *m, f* intermediary.

intermédio [ĩnter'mɛdʒju] *m:* **por ~ de** through.

interminável [ĩntexmi'navew] *(pl* **-eis** [-ejʃ]) *adj* endless.

intermitente [ĩntexmi'tẽntʃi] *adj* intermittent.

internacional [ĩntexnasju'naw] (*pl* **-ais** [-ajʃ]) *adj* international.

internar [ĩntex'na(x)] *vt (MED)* to admit.

internato [ĩntex'natu] *m* boarding school.

Internet [ĩntex'netʃi] *f:* **a ~** the Internet.

interno, -na [ĩn'texnu, -na] *adj* internal; *(colégio)* boarding *(antes de s).*

interpretação [ĩntexpreta'sãw] (*pl* **-ões** [-õjʃ]) *f (de texto, mensagem)* interpretation; *(de papel, canção)* performance; *(tradução)* interpreting.

interpretar [ĩntexpre'ta(x)] *vt (texto, mensagem)* to interpret; *(papel)* to play; *(música)* to perform.

intérprete [ĩn'texpretʃi] *mf* performer; *(tradutor)* interpreter.

interrogação [ĩntexoga'sãw] (*pl* **-ões** [-õjʃ]) *f (pergunta)* question; *(interrogatório)* interrogation.

interrogar [ĩntexu'ga(x)] *vt (perguntar a)* to question; *(em tribunal)* to cross-examine.

interrupção [ĩntexup'sãw] (*pl* **-ões** [-õjʃ]) *f* interruption; **sem ~** without interruption.

interruptor [ĩntexup'to(x)] (*pl* **-res** [-riʃ]) *m* switch.

interurbano, -na [ĩntexux'banu, -na] *adj (telefonema)* long-distance.

intervalo [ĩntex'valu] *m (de programa, aula)* break; *(de espetáculo)* interval.

intervenção [ĩntexvẽ'sãw] (*pl* **-ões** [-õjʃ]) *f (ação)* intervention; *(discurso)* speech; **~ cirúrgica** operation.

intervir [ĩntex'vi(x)] *vi (participar)* to participate; *(interferir)* to intervene; **~ em** *(participar em)* to participate in; *(interferir em)* to intervene in.

intestino [ĩnteʃ'tʃinu] *m* intestine; **~ delgado/grosso** small/large intestine.

intimar [ĩntʃi'ma(x)] *vt (JUR)* to summon; **~ alguém a fazer algo** to order sb to do sthg.

intimidação [ĩntʃimida'sãw] (*pl* **-ões** [-õjʃ]) *f* intimidation.

intimidade [ĩntʃimi'dadʒi] *f (proximidade)* intimacy; *(privacidade)* privacy.

intimidar [ĩntʃimi'da(x)] *vt* to intimidate.

❏ **intimidar-se** *vp* to be intimidated.

íntimo, -ma ['ĩntʃimu, -ma] *adj (pes-*

soa) close; *(sentimentos)* intimate; *(objetos)* personal ◆ *m:* **no ~** deep down; **ser ~ de alguém** to be close to sb.

intolerância [ĩntole'rãsja] *f* intolerance.

intolerante [ĩntole'rãntʃi] *adj (pessoa)* intolerant; *(lei, atitude)* rigid.

intoxicação [ĩntoksika'sãw] (*pl* **-ões** [-õjʃ]) *f* poisoning; **~ alimentar** food poisoning.

intransigente [ĩntrãzi'ʒẽntʃi] *adj* intransigent.

intransitável [ĩntrãzi'tavew] (*pl* **-eis** [-ejʃ]) *adj* impassable.

intransitivo [ĩntrãzi'tʃivu] *adj m* → **verbo.**

intransponível [ĩntrãʃpo'nivew] (*pl* **-eis** [-ejʃ]) *adj (rio, obstáculo)* impassable; *(problema)* insurmountable.

intratável [ĩntra'tavew] (*pl* **-eis** [-ejʃ]) *adj (pessoa)* difficult.

intravenoso, -osa [ĩntrave'nozu, -ɔza] *adj* intravenous.

intrépido, -da [ĩn'trepidu, -da] *adj* intrepid.

intriga [ĩn'triga] *f (de livro, história)* plot; *(bisbilhotice)* piece of gossip.

intrigante [ĩntri'gãntʃi] *adj (curioso)* intriguing; *(bisbilhoteiro)* gossipy.

introdução [ĩntrodu'sãw] (*pl* **-ões** [-õjʃ]) *f* introduction; *(inserção)* insertion.

introduzir [ĩntrodu'zi(x)] *vt (inserir)* to insert.

intrometer-se [ĩntrome'texsi] *vp* to interfere; **~ em** to meddle in.

intrometido, -da [ĩntrome'tʃidu, -da] *adj* meddling.

intromissão [ĩntromi'sãw] (*pl* **-ões** [-õjʃ]) *f* interference, meddling.

introvertido, -da [ĩntrovex'tʃidu, -da] *adj* introverted.

intruso, -sa [ĩn'truzu, -za] *m, f* intruder.

intuição [ĩntwi'sãw] (*pl* **-ões** [-õjʃ]) *f* intuition; **por ~** intuitively.

intuito [ĩn'twitu] *m* aim; **com o ~ de fazer algo** with the aim of doing sthg.

inumano, -na [inu'manu, -na] *adj* inhuman.

inúmeros, -ras [i'numeruʃ, -raʃ] *adj pl* countless.

inundação [inũnda'sãw] (*pl* **-ões** [-õjʃ]) *f* flood.

inundar [inũn'da(x)] *vt* to flood.

inútil [i'nutʃiw] (*pl* **-teis** [-tejʃ]) *adj*

(desnecessário) useless; *(vão)* pointless.

inutilmente [inutʃiw'mẽntʃi] *adv* in vain.

invadir [ĩva'di(x)] *vt* to invade.

invalidez [ĩvali'deʒ] *f* disability.

inválido, -da [ĩ'validu, -da] *adj (pessoa)* disabled ◆ *m, f* disabled person.

invariável [ĩva'rjavɛw] *(pl -eis* [-ejʃ]) *adj* invariable.

invasão [ĩva'zãw] *(pl -ões* [-õjʃ]) *f* invasion.

inveja [ĩ'veʒa] *f* envy; **ter ~ de alguém** to envy sb.

invejar [ĩve'ʒa(x)] *vt* to envy.

invejoso, -osa [ĩve'ʒozu, -ɔza] *adj* envious.

invenção [ĩvẽ'sãw] *(pl -ões* [-õjʃ]) *f* invention.

inventar [ĩvẽ'ta(x)] *vt (criar)* to invent; *(fig: mentir)* to make up.

inventário [ĩvẽ'tarju] *m* inventory.

inventor, -ra [ĩvẽ'to(x), -ra] *(mpl -res* [-riʃ], *fpl -s* [-ʃ]) *m, f* inventor.

inverno [ĩ'vɛxnu] *m* winter; **no ~** in the winter.

inverosímil [ĩveru'zimil] *(pl -meis* [-mejʃ]) *adj (Port)* = **inverossímil**.

inverossímil [ĩvero'simiw] *(pl -meis* [-mejʃ]) *adj (Br)* unlikely, improbable.

inversão [ĩvex'sãw] *(pl -ões* [-õjʃ]) *f* inversion; **fazer a ~ de marcha** to go into reverse.

inverso, -sa [ĩ'vɛxsu, -sa] *adj* opposite ◆ *m*: **o ~** the opposite.

inversões → inversão.

inverter [ĩvex'te(x)] *vt (ordem, posição)* to invert; *(sentido, marcha)* to reverse.

invés [ĩ'vɛʃ] *m*: **ao ~ de** instead of.

investida [ĩveʃ't'ʃida] *f (ataque)* attack; *(tentativa)* attempt.

investigação [ĩveʃtʃiga'sãw] *(pl -ões* [-õjʃ]) *f (policial)* investigation; *(científica)* research.

investigar [ĩveʃtʃi'ga(x)] *vt (acontecimento, crime)* to investigate; *(cientificamente)* to research.

investimento [ĩveʃtʃi'mẽntu] *m* investment.

investir [ĩveʃ'tʃi(x)] *vt* to invest ◆ *vi*: **~ (em algo)** to invest (in sthg).

inviável [ĩ'vjavɛw] *(pl -eis* [-ejʃ]) *adj* impracticable.

invisível [ĩve'zivɛw] *(pl -eis* [-ejʃ]) *adj* invisible.

invocar [ĩvo'ka(x)] *vt* to invoke.

invólucro [ĩ'vɔlukru] *m* wrapping.

involuntário, -ria [ĩvolũn'tarju, -rja] *adj* involuntary.

iodo ['jodu] *m* iodine.

ioga ['jɔga] *m ou f* yoga.

iogurte [ju'guxtʃi] *m* yoghurt.

iô-iô [jo'jo] *(pl iô-iôs* [jo'joʃ]) *m* yoyo.

ipê [i'pe] *m type of Brazilian tree.*

ir [i(x)] *vi* **1.** *(deslocar-se)* to go; **fomos de ônibus** we went by bus; **iremos a pé** we'll go on foot, we'll walk; **vamos?** shall we go?

2. *(assistir, frequentar)* to go; **ele nunca vai às reuniões** he never goes to the meetings; **você não vai à aula?** aren't you going to your class?; **vou ao cinema muitas vezes** I go to the cinema a lot.

3. *(estender-se)* to go; **o caminho vai até ao lago** the path goes to the lake.

4. *(desenrolar-se)* to go; **isto não vai nada bem** this isn't going at all well; **como vai você?** how are you?; **como vão as coisas?** how's things?; **os negócios vão mal** business is bad.

5. *(exprime duração gradual)*: **~ fazendo algo** to carry on doing sthg; **eu vou andando** I'll carry on; **va tentando!** keep trying!

6. *(seguido de infinitivo)*: **vou falar com ele** I'll speak to him; **você vai gostar** you'll like it; **não vou fazer nada** I'm not going to do anything.

7. *(seguido de gerúndio)*: **ia caindo** I almost fell; **ia morrendo** I nearly died.

8. *(em locuções)*: **~ ter a** *(desembocar)* to lead to; **~ ter com** *(encontrar)* to meet. ❑ **ir de** *v + prep (ir disfarçado)* to go as; *(partir)*: **vou de férias amanhã** I'm going on holiday tomorrow.
❑ **ir por** *v + prep (auto-estrada, escadas)* to take; **~ pela esquerda/direita** to go left/right; **~ pelo jardim** to go through the garden.
❑ **ir-se** *vp (partir)* to go; **ele já se foi** he's already left; **~-se embora** to leave.

ira ['ira] *f* rage.

irascível [iraʃ'sivew] *(pl -eis* [-ejʃ]) *adj* irascible.

íris ['iriʃ] *f inv* iris.

Irlanda [ix'lãnda] *f*: **a ~** Ireland, Eire; **a ~ do Norte** Northern Ireland.

irlandês, -esa [ixlãn'deʃ, -eza] *(mpl -eses* [-eziʃ], *fpl -s* [-ʃ]) *adj & m* Irish ◆ *m, f (pessoa)* Irishman *(f* Irish-

woman); **os irlandeses** the Irish.
irmã [ix'mã] *f (freira)* nun, → **irmão**.
irmão, -mã [ix'mãw, -mã] *m, f* brother *(f* sister).
ironia [iro'nia] *f* irony.
irra ['ixa] *interj* damn!
irracional [ixasjo'naw] *(pl* **-ais** [-ajʃ]) *adj* irrational.
irradiação [ixadʒja'sãw] *(pl* **-ões** [-õjʃ]) *f* irradiation.
irradiar [ixa'dʒja(x)] *vt (luz)* to radiate.
irreal [i'xjaw] *(pl* **-ais** [-ajʃ]) *adj* unreal.
irreconciliável [ixekõsi'ljavɛw] *(pl* **-eis** [-ejʃ]) *adj* irreconcilable.
irreconhecível [ixekoɲe'sivɛw] *(pl* **-eis** [-ejʃ]) *adj* unrecognizable.
irrecuperável [ixekupe'ravɛw] *(pl* **-eis** [-ejʃ]) *adj (perdido)* irretrievable; *(estragado)* irreparable; *(doente, viciado)* incurable.
irregular [ixegu'la(x)] *(pl* **-es** [-iʃ]) *adj* irregular; *(superfície)* uneven.
irrelevante [ixele'vãntʃi] *adj* irrelevant.
irremediável [ixeme'dʒjavɛw] *(pl* **-eis** [-ejʃ]) *adj* irremediable.
irreprimível [ixepri'mivɛw] *(pl* **-eis** [-ejʃ]) *adj* irrepressible.
irrequieto, -ta [ixe'kjɛtu, -ta] *adj (criança)* boisterous.
irresistível [ixeziʃ'tʃivɛw] *(pl* **-eis** [-ejʃ]) *adj* irresistible; *(apetite, vontade)* overwhelming.
irresponsável [ixeʃpõ'savɛw] *(pl* **-eis** [-ejʃ]) *adj* irresponsible.
irrigação [ixiga'sãw] *(pl* **-ões** [-õjʃ]) *f* irrigation.
irrisório, -ria [ixi'zɔrju, -rja] *adj* derisory.
irritação [ixita'sãw] *(pl* **-ões** [-õjʃ]) *f* irritation; **~ de pele** OU **cutânea** (skin) rash.
irritante [ixi'tãntʃi] *adj* irritating.
irritar [ixi'ta(x)] *vt* to irritate.

❑ **irritar-se** *vp* to get irritated.
isca ['iʃka] *f (para pesca)* bait.
isenção [izẽ'sãw] *(pl* **-ões** [-õjʃ]) *f* exemption.
isento, -ta [i'zẽtu, -ta] *adj* exempt; **~ de** exempt from.
isolado, -da [izo'ladu, -da] *adj (lugar)* remote; *(pessoa, objeto)* isolated.
isolamento [izola'mẽntu] *m (solidão)* isolation; *(de janela, cabo)* insulation.
isolar [izo'la(x)] *vt (pessoa)* to isolate; *(janela, cabo)* to insulate.
isopor® [izo'pox] *m (Br)* polystyrene.
isqueiro [iʃ'kejru] *m (de cigarro)* lighter; *(de fogão a gás)* ignition button.
isso ['isu] *pron* that ◆ *interj* that's it!; **como vai ~?** how's it going?; **foi por ~ que ele não veio** that's why he didn't come; **é por ~ mesmo que eu não vou!** that is exactly why I'm not going!; **~ não!** no way!; **não gosto disso** I don't like that; **não mexa nisso!** leave that alone!; **nem por ~** not really; **para ~** (in order) to do that.
istmo ['iʃtʃimu] *m* isthmus.
isto ['iʃtu] *pron* this; **disto eu não quero** I don't want any of this; **escreva nisto** write on this; **~ é** *(quer dizer)* that is (to say); **~ é que é vida!** this is the life!
Itália [i'talja] *f:* **a ~** Italy.
italiana [ita'ljana] *f very strong espresso,* → **italiano**.
italiano, -na [ita'ljanu, -na] *adj & m, f* Italian ◆ *m (língua)* Italian.
itálico [i'taliku] *m* italic type, italics *(pl);* **em ~** in italics.
itinerário [itʃine'rarju] *m* itinerary; **~ turístico** tourist route OU trail.
iúca ['juka] *f* yucca.
IVA ['iva] *m (Port: abrev de Imposto sobre o Valor Acrescentado)* VAT *(Brit),* sales tax *(Am).*

J

já ['ʒa] adv (agora) now; (de seguida) right away, at once; **até ~!** see you soon!; **é para ~!** coming up!; **~ acabei** I've already finished; **~ que estamos aquí, podíamos ir ao cinema** since we're here, we might as well go to the cinema; **você ~ esteve em Salvador?** have you ever been to Salvador?; **você ~ foi a Salvador?** have you been to Salvador yet?; **~ não sei o que fazer** I don't know what else I can do; **desde ~** in advance; **~ era** it's past it; **~ que** since.

jabuti [ʒabu'tʃi] m giant tortoise.

jabuticaba [ʒabutʃi'kaba] f dark red Brazilian berry with sweet white flesh.

jacarandá [ʒakarãn'da] m jacaranda (South American tree valued for its wood).

jacaré [ʒaka'rɛ] m crocodile.

jacinto [ʒa'sĩntu] m hyacinth.

jacto ['ʒatu] m (Port) = jato.

Jacuzzi® [ʒaku'zi] m Jacuzzi®.

jade ['ʒadʒi] m jade.

jaguar [ʒa'gwa(x)] (pl -res [-riʃ]) m jaguar.

jamais [ʒa'majʃ] adv never; **o livro mais interessante que ~ li** the most interesting book I've ever read.

janeiro [ʒa'nejru] m January, → setembro.

janela [ʒa'nɛla] f window.

jangada [ʒãŋ'gada] f raft.

jantar [ʒãn'ta(x)] (pl -res [-riʃ]) m dinner ◆ vi to have dinner ◆ vt to have for dinner.

jante ['ʒãntʃi] f (wheel) rim.

Japão [ʒa'pãw] m: **o ~** Japan.

japonês, -esa [ʒapo'neʃ, -eza] (mpl -eses [-eziʃ], fpl -s [-ʃ]) adj & m, f Japanese ◆ m (língua) Japanese.

jaqueta [ʒa'keta] f jacket.

jararaca [ʒara'raka] f extremely ven-omous viper-like snake found in South America.

jardim [ʒax'dʒĩ] (pl -ns [-ʃ]) m (de casa) garden; (público) park; **~ botâni-co** botanical gardens (pl); **~ de infância** kindergarten; **~ zoológico** zoo.

jardim-escola [ʒa,dʒiʃ'kɔla] (pl jardins-escolas [ʒar,dʒiʃ'kɔlaʃ]) m (Port) kindergarten.

jardineiras [ʒaxdʒi'nejraʃ] fpl (calças) dungarees (Brit), overalls (Am).

jardineiro, -ra [ʒaxdʒi'nejru, -ra] m, f gardener.

jardins → jardim.

jarra ['ʒaxa] f (para flores) vase; (para vinho) carafe.

jarrão [ʒa'xãw] (pl -ões [-õjʃ]) m (large) vase.

jarro ['ʒaxu] m (para bebida) jug; (flor) arum lily.

jarrões → jarrão.

jasmim [ʒaʒ'mĩ] (pl -ns [-ʃ]) m jasmine.

jato ['ʒatu] m (Br) jet.

jaula ['ʒawla] f cage.

javali [ʒava'li] m wild boar.

jazer [ʒa'ze(x)] vi to lie.

jazigo [ʒa'zigu] m tomb.

jazz [d'ʒazi] m jazz.

jeans ['dʒiniʃ] m inv (Br) jeans (pl) ◆ mpl (Port) jeans.

jeito ['ʒejtu] m (modo) way; (comporta-mento) manner; **não tem ~!** (Br) it's hopeless!; **com ~** carefully; **dar um ~ em algo** (tornozelo, pulso) to sprain sthg; (reparar) to fix sthg; **ficar sem ~** (Br) to feel embarrassed; **ter falta de ~ para algo** to be bad at sthg; **ter ~ para algo** to be good at sthg; **tomar ~** (Br) to learn one's lesson; **de ~ nenhum!** no way!

jejum [ʒe'ʒũ] (pl -ns [-ʃ]) m fast; **em ~** on an empty stomach.

jesuíta [ʒe'zwita] m (RELIG) Jesuit.

jet ski [dʒɛt'ski] *m* jet-skiing.

jibóia [ʒi'bɔja] *f* boa constrictor.

jipe ['ʒipi] *m* Jeep®.

joalharia [ʒwaʎa'ria] *f (Port)* = **joalheria**.

joalheria [ʒwaʎe'ria] *f (Br) (loja)* jeweller's (shop); *(jóias)* jewellery.

joanete [ʒwa'netʃi] *m* bunion.

joaninha [ʒwa'niɲa] *f* ladybird *(Brit)*, ladybug *(Am)*.

joelheira [ʒwe'ʎeira] *f* knee pad.

joelho [ʒwe'ʎu] *m* knee; **de ~s** on one's knees.

jogada [ʒo'gada] *f (lance de jogo)* go, turn; *(em xadrez)* move; *(em futebol, basquete)* shot.

jogar [ʒo'ga(x)] *vi* to play; *(em jogo de azar)* to gamble ♦ *vt* to play; *(apostar)* to bet; *(atirar)* to throw; **~ bola** to play ball; **~ às cartas** to play cards; **~ fora** *(Br)* to throw away OU out.

❏ **jogar-se a** *vp + prep (pessoa)* to lunge at; **ele jogou-se no chão** he threw himself to the floor.

jogo ['ʒogu] *(pl* **jogos** ['ʒoguʃ]) *m (de tênis, xadrez)* game; *(de futebol, rúgbi)* match; *(conjunto)* set; *(jogos de azar)* gambling; **~ do bicho** *(unlicensed) lottery in which every group of numbers is represented by an animal;* **~ do galo** *(Port)* noughts and crosses *(sg);* **~s de vídeo** video games; **os Jogos Olímpicos** the Olympics.

jogo-da-velha [ˌʒoguda'veʎa] *(pl* **jogos-da-velha** [ˌʒoguʒda'veʎa]) *m (Br)* noughts and crosses *(sg).*

jóia ['ʒɔja] *f (brincos, anel)* jewel; *(pagamento)* membership fee.

jóquei ['ʒɔkej] *m* jockey.

jornada [ʒox'nada] *f (caminhada)* journey; **~ de trabalho** working day.

jornal [ʒox'naw] *(pl* **-ais** [-ajʃ]) *m* newspaper.

jornaleiro, -ra [ʒoxna'lejru, -ra] *m, f (Br)* newsagent ♦ *m (Br)* newsagent's (shop).

jornalista [ʒoxna'liʃta] *mf* journalist.

jorrar [ʒo'xa(x)] *vi* to gush.

jovem ['ʒovẽ] *(pl* **-ns** [-ʃ]) *adj* young ♦ *mf* young man *(f* young woman).

jovial [ʒo'vjaw] *(pl* **-ais** [-ajʃ]) *adj* jolly.

joystick [dʒɔi'stʃiki] *m* joystick.

juba ['ʒuba] *f* mane.

judaico, -ca [ʒu'dajku, -ka] *adj* Jewish.

judeu, -dia [ʒu'dew, -dʃia] *m, f* Jew.

judicial [ʒudʃi'sjaw] *(pl* **-ais** [-ajʃ]) *adj* legal; **o poder ~** the judiciary.

judiciária [ʒudi'sjarja] *f (Port) (polícia)* police; *(local)* police station.

judo ['ʒudu] *m (Port)* = **judô.**

judô [ʒu'do] *m (Br)* judo.

Jugoslávia [ʒuguʒ'lavja] *f (Port)*: **a ~** Yugoslavia.

juiz, juíza ['ʒwiʃ, 'ʒwiza] *(mpl* **-zes** [-zeʃ], *fpl* **-s** [-ʃ]) *m, f* judge; **~ de linha** *(Port: em futebol)* linesman.

juízo ['ʒwizu] *m (parecer)* opinion ♦ *interj* behave yourself!; **perder o ~** to lose one's mind; **ter ~** to be sensible.

jujuba [ʒu'ʒuba] *f (bala)* jelly bean.

julgamento [ʒuwga'mẽntu] *m (acto)* judgement; *(audiência)* trial.

julgar [ʒuw'ga(x)] *vt (JUR)* to judge; *(achar, opinar)* to think ♦ *vi (JUR)* to pass sentence.

❏ **julgar-se** *vp*: **ele julga-se o maior** he thinks he's the best.

julho ['ʒuʎu] *m* July, → **setembro.**

jumento [ʒu'mẽntu] *m* donkey.

junco ['ʒũŋku] *m* reed, rush.

junho ['ʒuɲu] *m* June, → **setembro.**

júnior ['ʒunjɔ(x)] *(pl* **juniores** [ʒu'njɔriʃ]) *adj* youngest ♦ *mf (ESP)* junior.

junta ['ʒũnta] *f* joint; *(POL)* junta.

juntamente [ʒũnta'mẽntʃi] : **juntamente com** *prep* together with.

juntar [ʒũn'ta(x)] *vt (reunir)* to gather together; *(dinheiro)* to save; *(adicionar)* to add; **~ o útil ao agradável** to mix business with pleasure.

❏ **juntar-se** *vp (reunir-se)* to gather round; *(encontrar-se)* to meet; *(amigar-se)* to move in together.

junto, -ta ['ʒũntu, -ta] *pp* → **juntar** ♦ *adj* together ♦ *adv*: **~ de** OU **a** by; **~ com** along with.

jura ['ʒura] *f* vow.

juramento [ʒura'mẽntu] *m* oath.

jurar [ʒu'ra(x)] *vt & vi* to swear.

júri ['ʒuri] *m* jury.

jurídico, -ca [ʒu'ridʒiku, -ka] *adj* legal.

juros ['ʒuruʃ] *mpl* interest *(sg).*

justeza [ʒuʃ'teza] *f (precisão)* precision; *(imparcialidade)* fairness.

justiça [ʒuʃˈtʃisa] *f* justice; *(organismo)* judiciary.

justificação [ʒuʃtʃifikaˈsãw] *(pl* -ões [-õjʃ]) *f (razão)* justification; *(escrita)* statement.

justificar [ʒuʃtʃifiˈka(x)] *vt* to justify. ❑ **justificar-se** *vp* to justify o.s.

justificativa [ʒuʃtʃifikaˈtiva] *f* justification.

justo, -ta [ˈʒuʃtu, -ta] *adj (exato)* precise; *(imparcial)* fair; *(cingido)* fitted.

juvenil [ʒuveˈniw] *(pl* -is [-iʃ]) *adj (moda, centro, literatura)* for teenagers; *(delinqüente, comportamento)* juvenile.

juventude [ʒuvẽˈtudʒi] *f (época)* youth; *(jovens)* young people *(pl)*.

K

karaokê [karao'ke] *m* karaoke.
karaté [kara'tɛ] *m (Port)* = **caratê**.
kart ['kaxtʃi] *m* go-kart.
karting ['kaxtʃĩŋ] *m* go-karting.
ketchup [kɛ'tʃupi] *m* ketchup.
kg *(abrev de quilograma)* kg.
kit ['kitʃi] *m* kit.

kitchenette [kitʃi'netʃi] *f* kitchenette.
kiwi ['kiwi] *m* kiwi fruit.
km *(abrev de quilômetro)* km.
km/h *(abrev de quilômetro por hora)* km/h.
KO [ke'ɔ] *(abrev de knock-out)* KO.

L

lá ['la] *adv* there; **quero ~ saber!** what do I care!; **sei ~!** how should I know!; **vá ~!** go on!; **para ~ de** beyond.

lã ['lã] *f* wool.

-la [la] *pron (pessoa)* her; *(coisa)* it; *(você)* you.

labareda [laba'reda] *f* flame.

lábio ['labju] *m* lip.

labirinto [labi'rĩntu] *m* labyrinth.

laboratório [labora'tɔrju] *m* laboratory.

laca ['laka] *f (Port)* hairspray.

laço ['lasu] *m* bow; *(de parentesco, amizade)* bond.

lacónico, -ca [la'kɔniku, -ka] *adj (Port)* = **lacônico.**

lacônico, -ca [la'koniku, -ka] *adj (Br)* laconic.

lacrar [la'kra(x)] *vt* to seal *(with sealing wax).*

lacrimogénio [lakrimɔ'ʒenju] *adj m (Port)* = **lacrimogênio.**

lacrimogêneo [lakrimɔ'ʒenju] *adj m (Br)* → **gás.**

lácteo, -tea ['laktju, -tja] *adj (produto)* dairy *(antes de s).*

lacticínios [lati'sinjuʃ] *mpl (Port)* = **laticínios.**

lacuna [la'kuna] *f (espaço vazio)* gap; *(esquecimento)* oversight.

ladeira [la'dejra] *f* slope.

lado ['ladu] *m* side; *(lugar)* place; **gosto de me deitar de ~** I like to sleep on my side; **deixar** OU **pôr de ~** to set aside; **o ~ fraco** weak point; **o vizinho do ~** the next-door neighbour; **ao ~ de** next to, beside; **~ a ~** side by side; **de ~ a ~** from one end to the other; **de um ~ para o outro** back and forth; **por todo o ~** OU **todos os ~s** all over the place; **por um ~ ... por outro ~ ...** on the one hand ... on the other hand ....

ladrão, ladra [la'drãw, 'ladra] *(mpl -ões [-õjʃ], fpl -s [-ʃ]) m, f* thief.

ladrilho [la'driʎu] *m* floor tile.

ladrões → ladrão.

lagarta [la'gaxta] *f (bicho)* caterpillar.

lagartixa [lagax'tʃiʃa] *f* gecko.

lagarto [la'gaxtu] *m* lizard.

lago ['lagu] *m (natural)* lake; *(de jardim)* pond.

lagoa [la'goa] *f* lake.

lagosta [la'goʃta] *f* lobster.

lagostim [laguʃ'tʃĩ] *(pl -ns [-ʃ]) m* langoustine.

lágrima ['lagrima] *f* tear.

laje [la'ʒi] *f (de pavimento)* paving stone; *(de construção)* slab.

lama ['lama] *f* mud.

lamacento, -ta [lama'sẽntu, -ta] *adj* muddy.

lambada [lãm'bada] *m (dança)* lambada.

lamber [lãm'be(x)] *vt* to lick; **~ tudo** *(fam)* to lick the plate clean.

❑ **lamber-se** *vp (cão)* to lick o.s.; *(gato)* to wash o.s.

lamentar [lamẽn'ta(x)] *vt* to lament.

❑ **lamentar-se** *vp* to moan.

lamentável [lamẽn'tavɛw] *(pl -eis [-ejʃ]) adj* regrettable.

lâmina ['lamina] *f* blade; **~ de barbear** razor blade.

lâmpada ['lãmpada] *f (light)* bulb.

lampião [lãm'pjãw] *(pl -ões [-õjʃ]) m* lantern.

lampreia [lãm'preja] *f* lamprey.

lança ['lãsa] *f* lance, spear.

lançar [lã'sa(x)] *vt (lança, bola, dardo)* to throw; *(novo filme, disco)* to release; *(campanha, livro, produto)* to launch.

❑ **lançar-se** *vp:* **~-se a** to launch o.s. at; **~-se sobre** to throw o.s. on.

lance ['lãsi] *m (em licitação)* bid; *(ESP: jogada)* shot; *(Br: fam: fato)* fact; **~ de**

escada flight of stairs.

lancha ['lãʃa] f launch.

lanchar [lã'ʃa(x)] vi to have tea.

lanche ['lãʃi] m tea (light afternoon meal).

lanchonete [lãʃo'nɛtʃi] f (Br) snack bar.

lancinante [lãsi'nãntʃi] adj (dor) shooting; (grito) piercing.

lanço ['lãsu] m (Port) (em licitação) bid; ~ **de escadas** flight of stairs.

lânguido, -da ['lãŋgidu, -da] adj languid.

lantejoula [lãnte'ʒola] f sequin.

lanterna [lãn'tɛxna] f lantern; ~ **de bolso** torch (Brit), flashlight (Am).

lapela [la'pɛla] f lapel.

lápide ['lapidʒi] f (em monumento, estátua) memorial stone; (em túmulo) tombstone.

lápis ['lapiʃ] m inv pencil; ~ **de cor** coloured pencil; ~ **de cera** wax crayon; ~ **para os olhos** eyeliner.

lapiseira [lapi'zejra] f (em Portugal) ballpoint pen; (no Brasil) propelling pencil.

lapso ['lapsu] m (de tempo) period; (esquecimento) slip; **por** ~ by mistake.

laquê [la'ke] m (Br) hairspray.

lar ['la(x)] (pl -res [-riʃ]) m home; ~ **(de idosos)** old people's home.

laranja [la'rãʒa] f orange.

laranjada [larã'ʒada] f (Port) orangeade; (Br) orange juice.

laranjeira [larã'ʒejra] f orange tree.

lareira [la'rejra] f fireplace.

lares → lar.

largada [lax'gada] f start.

largar [lax'ga(x)] vt (soltar) to let go; (libertar) to set free; (deixar cair) to drop; (velas) to unfurl; (abandonar) to leave.

largo, -ga ['laxgu, -ga] adj (caminho, estrada, cama) wide; (roupa) loose ♦ m (praça) square; **tem 3 metros de** ~ it's 3 metres wide; **ao** ~ at a distance.

largura [lax'gura] f width.

laringe [la'rĩʒi] f larynx.

larva ['laxva] f larva.

-las [laʃ] pron pl (elas) them; (vocês) you.

lasanha [la'zaɲa] f lasagne.

lasca ['laʃka] f (de madeira) splinter; (de pedra) chip.

laser ['lejzɛ(x)] (pl -res [-riʃ]) m laser.

lástima ['laʃtʃima] f (pena) shame; (miséria) misery.

lastimável [laʃtʃi'mavɛw] (pl -eis [-ejʃ]) adj (acontecimento) regrettable; (erro) unfortunate; (situação, estado) deplorable.

lata ['lata] f tin; (de bebida) can; ~ **(de conserva)** tin (Brit), can (Am); ~ **de lixo** (Br) litter bin (Brit), trashcan (Am).

latão [la'tãw] (pl -ões [-õjʃ]) m (metal) brass; (vasilha) large can.

latejar [late'ʒa(x)] vi to throb.

latente [la'tẽntʃi] adj latent.

lateral [late'raw] (pl -ais [-ajʃ]) adj lateral.

laticínios [latʃi'sinjuʃ] mpl (Br) dairy products.

latido [la'tʃidu] m barking.

latifúndio [latʃi'fũndʒju] m large rural estate.

latim [la'tʃĩ] m Latin.

latino, -na [la'tʃinu, -na] adj Latin.

latino-americano, -na [la,tʃĩwameri'kanu, -na] adj & m, f Latin American.

latir [la'tʃi(x)] vi to bark.

latitude [latʃi'tudʒi] f latitude.

latões → latão.

lava ['lava] f lava.

lavabo [la'vabu] m (pia) washbasin; (banheiro) toilet (Brit), restroom (Am).

lavagem [la'vaʒẽ] (pl -ns [-ʃ]) f washing; ~ **automática** automatic car wash; ~ **cerebral** brainwashing; ~ **a seco** dry-cleaning.

lavanda [la'vãnda] f lavender.

lavandaria [lavãnda'ria] f (Port) = lavanderia.

lavanderia [lavãnde'ria] f (Br) (loja, local) laundry; ~ **automática** launderette; ~ **a seco** dry cleaner's (shop).

lavar [la'va(x)] vt to wash; ~ **os dentes** to clean ou brush one's teeth; ~ **a louça** to wash the dishes; ~ **a roupa** to do the washing.

❑ **lavar-se** vp to have a wash.

lavável [la'vavɛw] (pl -eis [-ejʃ]) adj washable.

lavrador, -ra [lavra'do(x), -ra] (mpl -res [-riʃ], fpl -s [-ʃ]) m, f farm labourer.

laxante [la'ʃãntʃi] adj & m laxative.

lazer [la'ze(x)] m: **horas** ou **ou momentos de** ~ spare ou free time; **centro de** ~ leisure centre.

Lda (Port: abrev de limitada) Ltd.

lê ['le] → ler.

leal [leˈaw] (*pl* **-ais** [-ajʃ]) *adj* loyal.

leão [leˈãw] (*pl* **-ões** [-õjʃ]) *m* lion.

❑ **Leão** *m* Leo.

lebre [ˈlɛbri] *f* hare; **comer gato por ~** to be ripped off.

leccionar [lɛsjuˈnar] *vt & vi (Port)* = lecionar.

lecionar [lesjoˈna(x)] *vt & vi (Br)* to teach.

lectivo, -va [lɛˈtivu, -va] *adj (Port)* = letivo.

lêem [ˈleẽ] → **ler**.

legal [leˈgaw] (*pl* **-ais** [-ajʃ]) *adj (segundo a Lei)* legal; *(Br: fam)* great.

legalidade [legaliˈdadʒi] *f* legality.

legalizar [legaliˈza(x)] *vt (actividade)* to legalize; *(documento, assinatura)* to authenticate.

legenda [leˈʒẽnda] *f (em mapa)* key; *(em fotografia)* caption; *(mito)* legend.

❑ **legendas** *fpl (em cinema, televisão)* subtitles.

legislação [leʒiʒlaˈsãw] *f* legislation.

legitimar [leʒitʃiˈma(x)] *vt* to legitimize; *(documento, assinatura)* to authenticate.

legítimo, -ma [leˈʒitʃimu, -ma] *adj* legitimate; *(autêntico)* genuine.

legível [leˈʒivew] (*pl* **-eis** [-ejʃ]) *adj* legible.

légua [ˈlɛgwa] *f* league; **ficar a ~s de distância** to be miles away.

legumes [leˈgumeʃ] *mpl* vegetables.

lei [ˈlej] *f* law; **fazer tudo pela ~ do menor esforço** to do everything with the least possible effort; **segundo a ~** according to the law.

leilão [lejˈlãw] (*pl* **-ões** [-õjʃ]) *m* auction.

leio [ˈleju] → **ler**.

leitão [lejˈtãw] (*pl* **-ões** [-õjʃ]) *m* suckling pig.

leitaria [lejtaˈria] *f (Port)* = leiteria.

leite [ˈlejtʃi] *m* milk; **~ gordo/meio-gordo/magro** *(Port)* full-fat/semi-skimmed/skimmed milk; **~ pasteurizado/ultrapasteurizado** pasteurized/UHT milk; **~ integral/desnatado** *(Br)* full-fat/skimmed milk; **~ achocolatado** chocolate milk; **~ de côco** coconut milk; **~ condensado** condensed milk; **~ creme** crème brûlée; **~ em pó** powdered milk.

leite-de-onça [ˌlejtʃiˈdʒjõsa] *m (Br)* milk mixed with "cachaça".

leiteiro, -ra [lejˈtejru, -ra] *m, f* milkman *(f* milkwoman).

leiteria [lejteˈria] *f (Br)* dairy.

leito [ˈlejtu] *m* bed.

leitões → **leitão**.

leitor, -ra [lejˈto(x), -ra] (*mpl* **-res** [-riʃ], *fpl* **-s** [-ʃ]) *m, f* reader; *(Port: professor assistente)* language assistant ♦ *m (de cassetes, CD)* player; **~ de cassetes** cassette player; **~ de CD** CD player; **~ de vídeo** video(recorder) *(Brit)*, VCR *(Am)*.

leitura [lejˈtura] *f* reading.

lema [ˈlema] *m* motto.

lembrança [lẽmˈbrãsa] *f* memory; *(prenda)* memento; **dê-lhe ~s** send him/her my regards.

lembrar [lẽmˈbra(x)] *vt (recordar)* to remember; *(assemelhar-se a)* to look like; **~ algo a alguém** to remind sb of sthg; **~ alguém de fazer algo** to remind sb to do sthg.

❑ **lembrar-se** *vp* to remember; **~-se de** to remember; **~-se de fazer algo** to remember to do sthg.

leme [ˈlemi] *m (posição)* helm; *(objeto)* rudder.

lenço [ˈlẽsu] *m* handkerchief; **~ da cabeça** headscarf; **~ de papel** tissue; **~ (do pescoço)** scarf.

lençol [lẽˈsɔw] (*pl* **-óis** [-ɔjʃ]) *m* sheet; **~ de água** water table.

lenha [ˈleɲa] *f* firewood.

lente [ˈlẽntʃi] *f* lens; **~s de contato** contact lenses.

lentidão [lẽntʃiˈdãw] *f*: **com ~** slowly.

lentilha [lẽnˈtʃiʎa] *f* lentil.

lento, -ta [ˈlẽntu, -ta] *adj* slow.

leoa [leˈoa] *f* lioness.

leões → **leão**.

leopardo [ljoˈpaxdu] *m* leopard.

lepra [ˈlepra] *f* leprosy.

leque [ˈlɛki] *m* fan.

ler [ˈle(x)] *vt & vi* to read.

lesão [leˈzãw] (*pl* **-ões** [-õjʃ]) *f (ferida, contusão)* injury; *(prejuízo)* harm.

lesar [leˈza(x)] *vt (ferir)* to injure; *(prejudicar)* to harm.

lésbica [ˈlɛʒbika] *f* lesbian.

lesma [ˈleʒma] *f* slug; *(fig: pessoa lenta)* slowcoach *(Brit)*, slowpoke *(Am)*.

lesões → **lesão**.

leste [ˈlɛʃtʃi] *m* east; **os países de ~** Eastern European countries; **a** ou **no ~** in the east; **a ~ de** east of; **estar a ~**

de algo *(fam)* not to have a clue about sthg.

letal [le'taw] *(pl* **-ais** [-ajʃ]) *adj* lethal.

letivo, -va [le'tʃivu, -va] *adj (Br) (ano)* academic, school *(antes de s)*.

letra ['letra] *f (do alfabeto)* letter; *(maneira de escrever)* handwriting; *(título de crédito)* bill; **~ maiúscula** capital letters *(pl)*; **~ de imprensa** block capitals *(pl)*; **~ de fôrma** *(Br)* block capitals *(pl)*.

❏ **letras** *fpl (área de estudo)* arts.

letreiro [le'trejru] *m* sign.

leu ['lew] → **ler**.

léu ['lɛu] *m*: **ao ~** uncovered.

leucemia [lewse'mia] *f* leukaemia.

levantamento [levãnta'mẽntu] *m* survey; **~ de peso** weightlifting.

levantar [levãn'ta(x)] *vt (erguer)* to raise, to lift; **~ dinheiro** to raise money; **~ a mesa** to clear the table; **~ vôo** to take off.

❏ **levantar-se** *vp (de cama)* to get up; *(de cadeira, chão)* to stand up.

levar [le'va(x)] *vt* to take; *(carregar)* to carry; *(induzir)* to lead; *(filme)* to show; *(fam: porrada, bofetada)* to get; **este recipiente leva cinco litros** this container holds five litres; **~ alguém a fazer algo** to make sb do sthg; **~ a cabo algo** to carry sthg out; **~ a mal algo** to take sthg the wrong way; **deixar-se ~** to get taken for a ride.

leve ['lɛvi] *adj* light.

leviandade [levjãn'dadʒi] *f* rashness.

leviano, -na [le'vjanu, -na] *adj* rash.

léxico ['lɛksiku] *m* lexicon.

lha [ʎa] = **lhe + a**, → **lhe**.

lhe [ʎi] *pron (ele)* (to) him; *(ela)* (to) her; *(você)* (to) you; **já ~ dei a chave do quarto** I've already given him/her/you the key to the room; **aquele livro ali, ela deu-lhe como presente** that book there, she gave it to him/her/you as a present.

lhes [ʎeʃ] *pron pl (eles, elas)* (to) them; *(vocês)* (to) you.

lho [ʎu] = **lhe + o, lhes + o**, → **lhe**.

li ['li] → **ler**.

libélula [li'bɛlula] *f* dragonfly.

liberação [libera'sãw] *f* liberation.

liberal [libe'raw] *(pl* **-ais** [-ajʃ]) *adj &* *mf* liberal.

liberalização [liberaliza'sãw] *f* deregulation.

liberar [libe'ra(x)] *vt (pessoa)* to free,

to liberate; *(comércio, consumo)* to deregulate.

liberdade [libex'dadʒi] *f* freedom; **pôr em ~** to set free; **tomar a ~ de fazer algo** to take the liberty of doing sthg.

libertar [libex'ta(x)] *vt* to set free.

liberto, -ta [li'bextu, -ta] *pp* → **libertar**.

libra ['libra] *f* pound.

❏ **Libra** *f (Br: signo do Zodíaco)* Libra.

lição [li'sãw] *(pl* **-ões** [-õjʃ]) *f* lesson; **dar uma ~ a alguém** to teach sb a lesson; **que isso lhe sirva de ~!** let that be a lesson to you!

licença [li'sẽsa] *f (autorização)* permission; *(de veículo)* registration document; *(de arma)* licence; **com ~** excuse me; **~ de maternidade** *(para mãe)* maternity leave; *(para pai)* paternity leave.

licenciado, -da [lisẽ'sjadu, -da] *m, f* graduate.

licenciatura [lisẽsja'tura] *f* degree.

liceu [li'sew] *m ≈* secondary school *(Brit), =* high school *(Am)*.

lições → **lição**.

licor [li'ko(x)] *(pl* **-res** [-riʃ]) *m* liqueur.

lidar [li'da(x)] : **lidar com** *v + prep* to deal with.

líder ['lidɛ(x)] *(pl* **-res** [-riʃ]) *mf* leader.

lido, -da ['lidu, -da] *pp* → **ler**.

liga ['liga] *f (associação)* league; *(de meias)* garter.

ligação [liga'sãw] *(pl* **-ões** [-õjʃ]) *f (de amor, amizade)* relationship; *(telefônica)* connection.

ligado, -da [li'gadu, -da] *adj (luz, televisão)* (switched OU turned) on.

ligadura [liga'dura] *f* bandage.

ligamento [liga'mẽntu] *m* ligament.

ligar [li'ga(x)] *vt (luz, televisão)* to switch OU turn on; *(em tomada)* to plug in ◆ *vi (telefonar)* to call; **~ para** *(telefonar para)* to call; *(dar atenção a)* to take notice of.

ligeiro, -ra [li'ʒejru, -ra] light; *(ferimento)* slight.

lilás [li'laʃ] *(pl* **-ases** [-aziʃ]) *m & adj* lilac.

lima ['lima] *f (Port)* file.

limão [li'mãw] *(pl* **-ões** [-õjʃ]) *m (Br)* lime; *(Port)* lemon.

limão-galego [li,mãwga'legu] *(pl* **limões-galegos** [li,mõiʒga'leguʃ]) *m (Br)* lemon.

limiar [liˈmja(x)] *m* threshold; **no ~ de algo** on the threshold of sthg.

limitação [limitaˈsãw] (*pl* **-ões** [-õjʃ]) *f (de direitos, movimentos)* restriction; *(de terreno)* boundary.

❏ **limitações** *fpl (intelectuais)* limitations.

limitar [limiˈta(x)] *vt* to limit.

❏ **limitar-se a** *vp* + *prep* to limit o.s. to.

limite [liˈmitʃi] *m* limit; *(de terreno)* boundary; **~ de velocidade** speed limit; **sem ~s** limitless; **passar dos ~s** *(fig)* to overstep the mark.

limo [ˈlimu] *m* slime.

limoeiro [liˈmwejru] *m* lemon tree.

limões → **limão**.

limonada [limoˈnada] *f* lemonade.

limpador [lĩmpaˈdo(x)] (*pl* **-res** [-riʃ]) *m (Br)*: **~ de pára-brisas** windscreen wiper *(Brit)*, windshield wiper *(Am)*.

limpa-pára-brisas [lĩmpaparaˈbrizaʃ] *m inv (Port)* windscreen wiper *(Brit)*, windshield wiper *(Am)*.

limpar [lĩmˈpa(x)] *vt* to clean; *(pratos)* to dry; *(boca)* to wipe; *(mãos)* to wash; *(fam: roubar)* to clean out; **~ o pó** to do the dusting.

limpa-vidros [lĩmpaˈvidruʃ] *m inv (instrumento)* window wiper; *(detergente)* window-cleaning fluid.

limpeza [lĩmˈpeza] *f (ação)* cleaning; *(asseio)* cleanliness.

limpo, -pa [ˈlĩmpu, -pa] *pp* → **limpar** ◆ *adj (sem sujeira)* clean; *(céu)* clear; **estar** OU **ficar ~** *(fam)* to be broke; **tirar algo a ~** to clear sthg up.

limusine [limuˈzini] *f* limousine.

lince [ˈlĩsi] *m* lynx.

lindo, -da [ˈlĩndu, -da] *adj* beautiful.

lingerie [lãʒeˈxi] *f* lingerie.

lingote [lĩŋˈgotʃi] *m* ingot.

língua [ˈlĩŋgwa] *f (ANAT)* tongue; *(idioma)* language; **bater com a ~ nos dentes** *(fam: denunciar)* to grass; **dobrar a ~** to watch one's language; **morder a ~** to bite one's tongue; **ter algo na ponta da ~** to have sthg on the tip of one's tongue.

linguado [lĩŋˈgwadu] *m* sole.

linguagem [lĩŋˈgwaʒẽ] (*pl* **-ns** [-ʃ]) *f* language.

linguarudo, -da [lĩŋgwaˈrudu, -da] *adj* gossipy.

línguas-de-gato [lĩŋgwaʒdʒiˈgatu] *fpl* small, thin sweet biscuits.

lingueta [lĩŋˈgweta] *f* catch.

linguiça [lĩŋˈgwisa] *f* long, thin, spicy dry sausage made with lean pork and seasoned with paprika.

linha [ˈliɲa] *f* line; *(de coser)* thread; **~ jovem** teenage range; **manter a ~** to keep trim; **~ férrea** *(Port)* (train) tracks *(pl)*; **em ~** in a line.

linho [ˈliɲu] *m* linen.

linóleo [liˈnɔlju] *m* linoleum.

liquidação [likidaˈsãw] (*pl* **-ões** [-õjʃ]) *f (de dívida)* settlement; **~ total** clearance OU closing-down sale.

liquidar [likiˈda(x)] *vt (dívida)* to pay off; *(matar)* to liquidate; *(mercadorias)* to sell off.

liquidificador [likwidʒifikaˈdo(x)] (*pl* **-res** [-riʃ]) *m (Br)* liquidizer, blender.

liquidificadora [likidifikaˈdora] *f (Port)* = **liquidificador**.

líquido, -da [ˈlikidu, -da] *adj (substância)* liquid; *(COM)* net ◆ *m* liquid.

lírio [ˈlirju] *m* lily.

Lisboa [liʒˈboa] *s* Lisbon.

lisboeta [liʒˈbweta] *adj* of/relating to Lisbon ◆ *mf* native/inhabitant of Lisbon.

liso, -sa [ˈlizu, -za] *adj (superfície)* flat; *(cabelo)* straight; *(folha)* plain; **estar** OU **ficar ~** *(fam: sem dinheiro)* to be skint.

lista [ˈliʃta] *f* list; *(menu)* menu; **~ de preços** price list; **~ telefônica** telephone directory; **~ de vinhos** wine list.

listra [ˈliʃtra] *f* stripe.

literal [liteˈraw] (*pl* **-ais** [-ajʃ]) *adj* literal.

literário, -ria [liteˈrarju, -rja] *adj* literary.

literatura [literaˈtura] *f* literature; **~ de cordel** popular literature from the northeast of Brazil.

litígio [liˈtʃiʒju] *m* litigation.

litogravura [litograˈvura] *f* lithography.

litoral [litoˈraw] (*pl* **-ais** [-ajʃ]) *adj* coastal ◆ *m*: **o ~** the coast.

litro [ˈlitru] *m* litre.

lívido, -da [ˈlividu, -da] *adj* pallid.

livrar [liˈvra(x)] : **livrar-se de** *vp* + *prep* to get rid of.

livraria [livraˈria] *f* bookshop *(Brit)*, book store *(Am)*.

livre [ˈlivri] *adj* free; **"livre"** *(em táxi)* "for hire"; *(em W.C.)* "vacant".

livro [ˈlivru] *m* book; **~ de bolso**

pocket-size paperback; **~ de capa dura** hardback.
lixa ['liʃa] f sandpaper; *(para unhas)* nail file.
lixeira [li'ʃejra] f *(em prédio)* rubbish chute; *(local)* rubbish dump *(Brit)*, garbage dump *(Am)*.
lixívia [le'ʃivja] f *(Port)* bleach.
lixo ['liʃu] m rubbish *(Brit)*, garbage *(Am)*.
-lo [lu] *pron (pessoa)* him; *(coisa)* it; *(você)* you.
L.º *(abrev)* = **largo**.
lobo ['lobu] m wolf.
lóbulo ['lɔbulu] m *(de orelha)* earlobe.
local [lo'kaw] *(pl* **-ais** [-ajʃ]*)* m place ♦ *adj* local.
localidade [lokali'dadʒi] f town.
localização [lokaliza'sãw] *(pl* **-ões** [-õjʃ]*)* f location.
loção [lo'sãw] *(pl* **-ões** [-õjʃ]*)* f lotion; **~ para após a barba** aftershave; **~ capilar** hair lotion.
locatario, -ria [loka'tarju, -rja] m, f tenant.
loções → **loção**.
locomotiva [lokomo'tʃiva] f locomotive.
locução [loku'sãw] *(pl* **-ões** [-õjʃ]*)* f *(de filme, programa)* narration; *(GRAM)* phrase.
locutor, -ra [loku'to(x), -ra] *(mpl* **-res** [-riʃ], *fpl* **-s** [-ʃ]*)* m, f *(de rádio, televisão)* announcer.
lodo ['lodu] m mud.
lógica ['lɔʒika] f logic.
logo ['lɔgu] *adv* immediately; **mais ~** later; **~ de seguida** immediately; **~ que** as soon as; **~ agora que** now (that).
logotipo [logo'tʃipu] m logo.
loja ['lɔʒa] f shop *(Brit)*, store *(Am)*; **~ de artigos esportivos** sports shop; **~ de artigos fotográficos** camera shop; **~ de brinquedos** toyshop; **~ de bugigangas** junk shop; **~ de ferragens** hardware shop; **~ de lembranças** souvenir shop; **~ de produtos dietéticos** healthfood shop.
lombada [lõm'bada] f spine.
lombinho [lõm'biɲu] m tenderloin *(of pork)*.
lombo ['lõmbu] m loin; **~ assado** roast loin of pork marinated in dry white wine and paprika, then smeared with lard or covered in bacon before cooking.

lombriga [lõm'briga] f roundworm.
lona ['lona] f canvas.
Londres ['lõndriʃ] s London.
londrino, -na ['lõn'drinu, -na] *adj* of/relating to London.
longa-metragem [lõŋgame'traʒẽ] *(pl* **longas-metragens** [lõŋgaʒme'traʒẽʃ]*)* f feature film.
longe ['lõʒi] *adv* far; **~ disso!** on the contrary!; **ao ~** in the distance; **de ~** *(fig)* by far; **ir ~ demais** to go too far.
longitude [lõʒi'tudʒi] f longitude.
longo, -ga ['lõŋgu, -ga] *adj* long; **ao ~ de** along; **ao ~ dos anos** over time.
lontra ['lõntra] f otter.
-los ['luʃ] *pron pl (eles)* them; *(vocês)* you.
losango [lo'zãŋgu] m lozenge.
lotação [lota'sãw] *(pl* **-ões** [-õjʃ]*)* f *(de cinema, teatro)* capacity; **"~ esgotada"** "sold out".
lotaria [luta'ria] f *(Port)* = **loteria**.
lote ['lɔtʃi] m *(de terreno)* plot; *(de prédios)* street number.
loteria [lote'ria] f *(Br)* lottery; **~ esportiva** = football pools *(pl) (Brit)*, = soccer sweepstakes *(pl) (Am)*.
loto ['lotu] m *(jogo)* lotto.
louça ['losa] f china; *(pratos, xícaras, pires, etc)* crockery.
louco, -ca ['loku, -ka] *adj* mad, crazy ♦ m, f lunatic; **estar** OU **ficar ~ de alegria** to be over the moon; **ser ~ por** to be crazy about.
loucura [lo'kura] f madness.
louro, -ra ['loru, -ra] *adj* blond ♦ m *(condimento)* bay leaf.
louva-a-deus [,lova'dewʃ] m *inv* praying mantis.
louvar [lo'va(x)] *vt* to praise.
louvável [lo'vavew] *(pl* **-eis** [-ejʃ]*)* adj* praiseworthy.
LP m *(abrev de long-play)* LP.
Ltda *(Br: abrev de limitada)* Ltd.
L.te *(abrev de lote)* = No. *(Brit)*, = # *(Am)*.
lua ['lua] f moon; **estar de ~** to be in a mood; **viver no mundo da ~** to have one's head in the clouds.
lua-de-mel [,luadʒi'mew] *(pl* **luas-de-mel** [,luaʒdʒi'mew]*)* f honeymoon.
luar ['lwa(x)] m moonlight.
lubrificante [lubrifi'kãntʃi] m lubricant.
lubrificar [lubrifi'ka(x)] *vt* to lubricate.

lucidez [lusiˈdeʃ] *f* clarity.

lúcido, -da [ˈlusidu, -da] *adj* lucid.

lúcio [ˈlusju] *m* pike.

lucrar [luˈkra(x)] *vi* to profit; **~ com** to profit from.

lucrativo, -va [lukraˈtʃivu, -va] *adj* lucrative.

lucro [ˈlukru] *m* profit.

lúdico, -ca [ˈludʒiku, -ka] *adj* play *(antes de s)*.

lugar [luˈga(x)] (*pl* **-res** [-riʃ]) *m* place; **em primeiro ~** *(em esporte)* in first place; *(antes)* first; **ter ~** *(ocorrer)* to take place; **em ~ de** instead of; **dar o ~ a alguém** to give one's seat to sb; **tomar o ~ de alguém** to take sb's place.

lugar-comum [luˌgaxkuˈmũ] (*pl* **lugares-comuns** [luˌgariʃkuˈmũʃ]) *m* cliché.

lugares → lugar.

lúgubre [ˈlugubri] *adj* gloomy.

lula [ˈlula] *f* squid; **~s grelhadas** *grilled squid served with a butter, lemon and parsley sauce.*

lume [ˈlumi] *m (fogueira)* fire; *(Port: chama)* flame.

luminária [lumiˈnarja] *f (Br)* lamp; **~ de mesa** table lamp; **~ de pé** standard lamp *(Brit)*, floor lamp *(Am)*.

luminosidade [luminoziˈdadʒi] *f* brightness.

luminoso, -osa [lumiˈnozu, -ɔza] *adj* bright; *(fig: idéia, solução)* brilliant.

lunar [luˈna(x)] (*pl* **-res** [-riʃ]) *adj* lunar.

lunático, -ca [luˈnatʃiku, -ka] *m, f* lunatic.

luneta [luˈneta] *f (Br: telescópio)* telescope.

lupa [ˈlupa] *f* magnifying glass.

lustre [ˈluʃtri] *m* shine; *(luminária)* chandelier; **dar o ~ em algo** to polish sthg.

lustro [ˈluʃtru] *m* shine.

luta [ˈluta] *f* fight.

lutar [luˈta(x)] *vi* to fight; **~ contra/por** to fight against/for.

luto [ˈlutu] *m* mourning; **estar de ~** to be in mourning.

luva [ˈluva] *f* glove.

Luxemburgo [luʃẽˈbuxgu] *m*: **o ~** Luxembourg.

luxo [ˈluʃu] *m* luxury; **de ~** luxury *(antes de s)*.

luxuoso, -osa [luˈʃwozu, -ɔza] *adj* luxurious.

luxúria [luˈʃurja] *f* lust.

luxuriante [luʃuˈrjãntʃi] *adj* luxuriant.

luz [ˈluʃ] (*pl* **-zes** [-ziʃ]) *f* light; **dar à ~ (um menino)** to give birth *(to a baby boy)*; **~ do sol** sunlight.

luzir [luˈzi(x)] *vi* to glow.

lycra® [ˈlikra] *f* Lycra®.

M

ma [ma] = me + a, → me.

má → mau.

maca ['maka] f stretcher.

maçã [ma'sã] f apple; ~ **assada** baked apple.

macabro, -bra [ma'kabru, -bra] adj macabre.

macacão [maka'kãw] (pl -ões [-õjʃ]) m (roupa) jumpsuit; (protetor) boiler suit (Brit), overall (Am).

macaco, -ca [ma'kaku, -ka] m, f monkey ◆ m (AUT) jack.

macacões → macacão.

maçã-de-adão [ma,sãdʒja'dãw] (pl **maçãs-de-adão** [ma,sãdʒja'dãw]) f Adam's apple.

maçador, -ra [masa'dor, -ra] (mpl -res [-reʃ], fpl -s [-ʃ]) adj (Port) boring.

maçaneta [masa'neta] f knob.

maçante [ma'sãntʃi] adj (Br) boring.

maçapão [masa'pãw] m marzipan.

maçarico [masariku] m blowtorch.

maçaroca [masa'rɔka] f corncob.

macarrão [maka'xãw] m (Br: massa) pasta; (Port: tipo de massa) macaroni.

Macau [ma'kaw] s Macao.

macedônia [mase'donja] f mixed vegetables (pl); ~ **(de frutas)** fruit salad.

macete [ma'setʃi] m mallet.

machado [ma'ʃadu] m axe.

machismo [ma'ʃiʒmu] m male chauvinism.

machista [ma'ʃiʃta] adj chauvinistic ◆ m male chauvinist.

macho ['maʃu] adj m (animal) male; (homem) virile ◆ m (animal) male.

machucado, -da [maʃu'kadu, -da] adj (Br: ferido) hurt.

machucar [maʃu'kax] vt (Br) to hurt. ❏ **machucar-se** vp (Br) to hurt o.s.

maciço, -ça [ma'sisu, -sa] adj solid.

macieira [ma'sjejra] f apple tree.

macio, -cia [ma'siu, -'sia] adj soft.

maço ['masu] m mallet; ~ **(de cigarros)** packet (of cigarettes); ~ **de folhas** block of paper.

macumba [ma'kũmba] f voodoo.

madeira [ma'dejra] f wood.

Madeira [ma'dejra] m (vinho) Madeira ◆ f: **a** ~ Madeira.

madeixa [ma'dejʃa] f (de cabelo) lock.

madrasta [ma'draʃta] f stepmother.

madrepérola [,madre'pɛrola] f mother-of-pearl.

madressilva [,madre'siwva] f honeysuckle.

madrinha [ma'driɲa] f (de baptismo) godmother.

madrugada [madru'gada] f (amanhecer) dawn; (noite) early morning; **de** ~ (fig: muito cedo) at the crack of dawn.

madrugar [madru'ga(x)] vi to get up very early.

maduro, -ra [ma'duru, -ra] adj mature; (fruto) ripe.

mãe ['mãj] f mother.

maestro [ma'ɛʃtru] m conductor.

magia [ma'ʒia] f magic.

mágico, -ca ['maʒiku, -ka] adj magical ◆ m, f magician.

magistrado, -da [maʒiʃ'tradu, -da] m, f magistrate.

magnético, -ca [mag'netʃiku, -ka] adj magnetic.

magnífico, -ca [mag'nifiku, -ka] adj magnificent.

magnitude [magni'tudʒi] f magnitude.

magnólia [mag'nɔlja] f magnolia.

mago, -ga ['magu, -ga] m, f wizard (f witch).

mágoa ['magwa] f sorrow.

magoado, -da [ma'gwadu, -da] adj hurt.

magoar [ma'gwa(x)] vt to hurt.

❑ **magoar-se** *vp* to hurt o.s.

magro, -gra ['magru, -gra] *adj* thin.

maio ['maju] *m* May, → **setembro**.

maiô [ma'jo] *m (Br) (de ginástica)* leotard; *(de banho)* swimsuit.

maionese [majo'nɛzi] *f* mayonnaise.

maior [ma'jɔ(x)] *(pl* **-res** [-riʃ]) *adj (em tamanho)* bigger; *(em número)* higher; *(em quantidade, importância)* greater ◆ *mf*: **o/a ~** *(em tamanho)* the biggest; *(em número)* the highest; *(em quantidade, importância)* the greatest; **ser ~ de idade** to be an adult; **a ~ parte de** most of.

maioria [majo'ria] *f* majority.

maioridade [majori'dadʒi] *f* adulthood.

mais ['majʃ] *adv* **1.** *(em comparações)* more; **a Ana é ~ alta/inteligente** Ana is taller/ more intelligent; **~ do que** more than; **~ ... do que ...** more ... than ...; **é ~ alta do que eu** she's taller than me; **bebeu um copo a ~!** he's had one too many!; **deram-me dinheiro a ~** they gave me too much money. **2.** *(como superlativo)*: **o/a ~ ...** the most ...; **o ~ engraçado/ inteligente** the funniest/most intelligent. **3.** *(indica adição)* any more; **não necessito de ~ trabalho** I don't need any more work; **não necessito de ~ ninguém** I don't need anyone else. **4.** *(indica intensidade)*: **que dia ~ feliz!** what a great day!; **que casa ~ feia!** what a horrible house! **5.** *(indica preferência)*: **vale ~ a pena ficar em casa** it would be better to stay at home; **gosto ~ de comida chinesa** I prefer Chinese food. **6.** *(em locuções)*: **de ~ a ~** *(ainda por cima)* what's more; **~ ou menos** more or less; **por ~ que se esforce** however hard he tries; **sem ~ nem menos** for no apparent reason; **uma vez ~, ~ uma vez** once OU yet again.

◆ *adj inv* **1.** *(em comparações)* more; **eles têm ~ dinheiro** they have more money; **está ~ calor hoje** it's hotter today; **~ ... do que** more ... than. **2.** *(como superlativo)* (the) most; **a pessoa que ~ discos vendeu** the person who sold (the) most records; **os que ~ dinheiro têm** those who have (the) most money. **3.** *(indica adição)* more; **~ água, por favor** I'd like some more water,

please; **~ alguma coisa?** anything else?; **tenho ~ três dias de férias** I've got another three days' holiday left.

◆ *conj* and; **eu ~ o Luís vamos** Luís and I are going; **quero uma sopa ~ pão com manteiga** I'd like some soup and some bread and butter.

◆ *prep (indica soma)* plus; **dois ~ dois são quatro** two plus two is four.

maitre ['mɛtre] *m (Br)* head waiter.

major [ma'ʒɔ(x)] *(pl* **-res** [-riʃ]) *m* major.

mal ['maw] *(pl* **-les** [-liʃ]) *m (doença)* illness; *(dano)* harm ◆ *adv (erradamente)* wrong ◆ *conj (assim que)* as soon as; **o ~ evil**; **~ cheguei, telefonei logo** I phoned the minute I arrived; **estar ~** *(de saúde)* to be ill; **cheirar ~** to smell; **não faz ~** it doesn't matter; **ouço/vejo ~** I can't hear/see very well; **passar ~** *(ter enjôo)* to feel sick.

mala ['mala] *f (de mão, roupa)* bag; *(do carro)* boot *(Brit)*, trunk *(Am)*; **~ frigorífica** cool box; **~ de viagem** suitcase; **fazer as ~s** to pack.

malabarismo [malaba'riʒmu] *m* juggling; **fazer ~s** to juggle.

malabarista [malaba'riʃta] *mf* juggler.

mal-acabado, -da [ˌmawaka'badu, -da] *adj (Br)* badly finished.

malagueta [mala'geta] *f* chilli (pepper).

malandro, -dra [ma'lãndru, -dra] *adj (preguiçoso)* lazy; *(matreiro)* crafty ◆ *m, f (patife)* rogue.

malária [ma'larja] *f* malaria.

malcriado, -da [mawkri'adu, -da] *adj* rude.

maldade [maw'dadʒi] *f* evil.

maldição [mawdi'sãw] *(pl* **-ões** [-õjʃ]) *f* curse.

maldito, -ta [maw'dʒitu, -ta] *adj* damned.

maldizer [mawdʒi'ze(x)] *vt (amaldiçoar)* to curse; *(falar mal de)* to speak ill of.

maldoso, -osa [maw'dozu, -ɔza] *adj* evil.

mal-educado, -da [ˌmaledu'kadu, -da] *adj* rude.

malefício [male'fisju] *m* hazard.

mal-entendido [ˌmalĩntẽn'dʒidu] *(pl* **mal-entendidos** [ˌmalĩntẽn'diduʃ]) *m* misunderstanding.

males → **mal**.

mal-estar [maleʃ'ta(x)] (*pl* **mal-estares** [maleʃ'tareʃ]) *m* (*dor física*) discomfort; (*inquietude*) uneasiness.

maleta [ma'leta] *f* travel bag.

malfeitor, -ra [mawfej'to(x), -ra] (*mpl* **-res** [-riʃ], *fpl* **-s** [-ʃ]) *m, f* criminal.

malha ['maʎa] *f* (*tecido*) wool; (*em rede*) mesh; (*Br: de ginástica*) leotard; **fazer ~** (*Port*) to knit.

malhado, -da [ma'ʎadu, -da] *adj* (*animal*) mottled.

malhar [ma'ʎa(x)] *vt* to thresh ♦ *vi* (*fam: fazer ginástica*) to work out.

mal-humorado, -da [malumo'radu, -da] *adj* bad-tempered.

malícia [ma'lisja] *f* malice.

maligno, -gna [ma'lignu, -gna] *adj* malignant.

malmequer [mawme'kɛ(x)] (*pl* **-es** [-iʃ]) *m* marigold.

mal-passado, -da [mawpa'sadu, -da] *adj* (*bife*) rare.

malta ['mawta] *f* (*fam*) gang.

maltratar [mawtra'ta(x)] *vt* (*bater em*) to ill-treat; (*descuidar, estragar*) to damage.

maluco, -ca [ma'luku, -ka] *adj* crazy ♦ *m, f* lunatic.

malvadez [mawva'deʃ] *f* wickedness.

malvado, -da [maw'vadu, -da] *adj* wicked.

mama ['mama] *f* breast.

mamadeira [mama'deira] *f* (*Br*) baby's bottle.

mamão [ma'mãw] (*pl* **-ões** [-õjʃ]) *m* papaya, pawpaw.

mamar [ma'ma(x)] *vi* to be breastfed; **dar de ~ a** (*amamentar*) to breast-feed; (*com mamadeira*) to bottle-feed.

mamífero [ma'miferu] *m* mammal.

mamilo [ma'milu] *m* nipple.

maminha [ma'miɲa] *f* (*Br*) very tender rump steak.

mamões → **mamão**.

manada [ma'nada] *f* herd.

mancar [mãŋ'ka(x)] *vi* to limp.

mancha ['mãʃa] *f* (*em animal, pele*) mark, spot; (*nódoa*) stain.

Mancha ['mãʃa] *f*: **o canal da ~** the English Channel.

manchar [mã'ʃa(x)] *vt* to stain.

manchete [mã'ʃetʃi] *f* (*Br: de jornal*) headline.

manco, -ca ['mãŋku, -ka] *adj* lame.

mandar [mãn'da(x)] *vi* to be in charge

♦ *vt*: **~ alguém fazer algo** to tell sb to do sthg; **~ fazer algo** to have sthg done; **~ alguém passear** (*fam*) to send sb packing; **~ vir** (*encomendar*) to send for; **~ alguém à merda** (*vulg*) to tell sb to piss off; **~ em** to be in charge of; **ele gosta de ~ nos outros** he likes to boss everyone about OU around.

mandioca [mãn'dʒjɔka] *f* cassava, manioc; **(farinha de) ~** cassava (flour).

maneira [ma'nejra] *f* way; **de uma ~ geral** as a rule; **temos de fazer tudo à ~ dele** we have OU to do everything his way; **de ~ alguma** OU **nenhuma!** certainly not!; **de ~ que** so (that); **de qualquer ~** (*de todo jeito*) anyway; (*em desordem*) any old how; **desta ~** in this way; **de toda a ~** anyway; **de tal ~ ... que ...** so ... that ...; **de uma ~ ou de outra** one way or another.

❏ **maneiras** *fpl*: **ter ~s** to have good manners; **não ter ~s** to have bad manners.

manejar [mane'ʒa(x)] *vt* (*carro*) to drive; (*barco*) to sail.

manejável [mane'ʒavɛw] (*pl* **-eis** [-ejʃ]) *adj* manageable.

manequim [mane'kĩ] (*pl* **-ns** [-ʃ]) *m* (*em vitrine*) dummy ♦ *mf* (*pessoa*) model.

maneta [ma'neta] *adj* one-handed; (*sem braço*) one-armed.

manga ['mãŋga] *f* (*de peça de vestuário*) sleeve; (*fruto*) mango; **em ~s de camisa** in shirtsleeves.

mangueira [mãŋ'gejra] *f* (*para regar, lavar*) hose; (*árvore*) mango tree.

manha ['maɲa] *f*: **ter ~** to be sharp; **fazer ~** to put on an act.

manhã [ma'ɲã] *f* morning; **de ~** in the morning; **duas da ~** two in the morning; **ontem de ~** yesterday morning.

mania [ma'nia] *f* (*obsessão*) obsession; (*hábito*) habit.

manicómio [mani'kɔmju] *m* (*Port*) = **manicômio**.

manicômio [mani'komju] *m* (*Br*) asylum.

manicura [mani'kura] *f* = **manicure**.

manicure [mani'kuri] *f* manicure.

manifestação [manifeʃta'sãw] (*pl* **-ões** [-õjʃ]) *f* (*expressão*) expression; (*POL*) demonstration.

manifestar [manifeʃ'ta(x)] *vt* (*afeto, fúria, etc*) to express.

❏ **manifestar-se** *vp* (*protestar*) to

demonstrate.

manipular [manipu'la(x)] vt (máquina) to handle; (fig: influenciar) to manipulate.

manivela [mani'vɛla] f crank.

manjericão [mãʒeri'kãw] m basil.

manobra [ma'nɔbra] f (de carro) manoeuvre; (de trem) shunting.

mansão [mã'sãw] (pl -ões [-õjʃ]) f mansion.

mansidão [mãsi'dãw] f (de pessoa) gentleness; (de animal) tameness.

manso, -sa ['mãsu, -sa] adj (animal) tame; (mar) calm.

mansões → mansão.

manta ['mãnta] f blanket.

manteiga [mãn'tejga] f butter; ~ de cacau cocoa butter.

manteigueira [mãntej'gejra] f butter dish.

manter [mãn'te(x)] vt to keep; (família) to support; (relação) to have; ~ a palavra to keep one's word.

❑ **manter-se** vp to stay, to remain; ~-se em forma to keep fit.

manual [ma'nwaw] (pl -ais [-ajʃ]) adj manual ♦ m manual, guide; ~ (escolar) textbook.

manuscrito, -ta [manuʃ'kritu, -ta] adj hand-written ♦ m manuscript.

manusear [manu'zea(x)] vt (livro) to handle; (objeto, ferramenta) to use.

manutenção [manutẽ'sãw] f maintenance.

mão ['mãw] f (ANAT) hand; (de estrada) side; apertar a ~ to shake hands; dar a ~ a alguém to hold sb's hand; (fig: ajudar) to help sb out; de ~s dadas hand in hand; à (lavar, escrever) by hand; dar uma ~ a alguém to give OU lend sb a hand; estar à ~ to be handy; ter algo à ~ to have sthg to hand.

mão-de-obra [mãw'dʒiɔbra] f workforce.

mapa ['mapa] m map; ~ das estradas road map.

mapa-múndi [mapa'mũndʒi] (pl mapas-múndi [mapaʒ'mũndʒi]) m world map.

maquete [ma'kɛtʃi] f model.

maquiagem [maki'aʒãj] (pl -ns [-ʃ]) f make-up.

maquiar [ma'kjax] vt (Br) to make up.

❑ **maquiar-se** vp (Br) to put one's make-up on.

maquilhar [maki'ʎa(x)] vt (Port) = maquiar.

máquina ['makina] f machine; ~ de barbear shaver; ~ de costura sewing machine; ~ de escrever typewriter; ~ de filmar film camera; ~ fotográfica camera; ~ de lavar (para roupa) washing machine; (para louça) dishwasher; ~ de secar tumble-dryer.

maquinaria [makina'ria] f machinery.

mar ['ma(x)] (pl -res [-riʃ]) m sea; ~ alto, alto ~ high seas (pl); por ~ by sea.

maracujá [maraku'ʒa] m passion fruit.

maravilha [mara'viʎa] f wonder; que ~! how wonderful!; correr às mil ~s to be a great success; dizer ~s de to rave about; fazer ~s to do wonders.

maravilhoso, -osa [maravi'ʎozu, -ɔza] adj wonderful.

marca ['maxka] f mark; (de carro, roupa) make, brand; ~ registrada trademark; de ~ (roupa) designer (antes de s).

marcação [maxka'sãw] (pl -ões [-õjʃ]) f booking; a ~ de consultas realiza-se entre as nove e as dez appointments must be made between nine and ten.

marcar [max'ka(x)] vt (assinalar, indicar) to mark; (lugar) to book; (número) to dial; (ESP) to score; ~ encontro com alguém to arrange to meet sb; ~ uma consulta/hora to make an appointment.

marcha ['maxʃa] f (desfile) march; (ritmo) pace; ~s populares colourful processions during local festivals; ~ à ré (Br) reverse.

marcha-atrás [maxʃa'trajʃ] f inv (Port: de carro) reverse; fazer ~ to reverse.

marchar [max'ʃa(x)] vi to march.

marcial [max'sjaw] (pl -ais [-ajʃ]) adj martial.

marco ['maxku] m (em estrada, caminho) landmark; (moeda) mark; ~ do correio (Port) postbox.

março ['marsu] m March, → setembro.

maré [ma'rɛ] f tide; estar de boa ~ to be in good spirits.

maré-alta [marɛ'awta] (pl marés-altas [marɛ'zawtaʃ]) f high tide.

maré-baixa [marɛ'bajʃa] (pl marés-

baixas [mareʒˈbajʃaʃ]) *f* low tide.

maremoto [mareˈmotu] *m* tidal wave.

mares → mar.

marfim [maxˈfĩ] *m* ivory.

margarida [maxgaˈrida] *f* daisy.

margarina [maxgaˈrina] *f* margarine.

margem [ˈmaxʒẽ] (*pl* -ns [-ʃ]) *f* (de rio) bank; (em texto, livro, documento) margin; **à ~ da sociedade** on the fringe of society; **pôr à ~** (fig: ignorar) to leave out; **pôr-se à ~** not to take part.

marginal [maxʒiˈnaw] (*pl* -ais [-ajʃ]) *adj* marginal ◆ *mf* criminal.

marido [maˈridu] *m* husband.

marimbondo [marĩmˈbõdu] *m* (Br) wasp.

marina [maˈrina] *f* marina.

marinada [mariˈnada] *f* marinade.

marinha [maˈriɲa] *f* navy.

marinheiro, -ra [mariˈɲejru, -ra] *m, f* sailor.

marionete [marjoˈnetʃi] *f* puppet.

mariposa [mariˈpoza] *f* (ESP) butterfly; (inseto) moth.

marisco [maˈriʃku] *m* shellfish.

marítimo, -ma [maˈritʃimu, -ma] *adj* sea (antes de s).

marketing [ˈmarketʃĩŋ] *m* marketing.

marmelada [maxmeˈlada] *f* quince jelly.

marmeleiro [maxmeˈlejru] *m* quince tree.

marmelo [maxˈmɛlu] *m* quince.

mármore [ˈmaxmori] *m* marble.

marquise [maxˈkizi] *f* conservatory.

Marrocos [maˈxɔkuʃ] *s* Morocco.

marrom [maˈxõ] (*pl* -ns [-ʃ]) *adj* (Br) brown.

martelar [maxteˈla(x)] *vt* to hammer in.

martelo [maxˈtɛlu] *m* hammer.

mártir [ˈmaxti(x)] (*pl* -res [-riʃ]) *mf* martyr.

mas¹ [maʃ] = me + as, → me.

mas² [ma(j)ʃ] *conj* but ◆ *m*: **nem ~ nem meio ~!** no buts!

mascar [maʃˈka(x)] *vt* to chew.

máscara [ˈmaʃkara] *f* mask.

mascarar-se [maʃkaˈraxsi] *vp* to dress up.

mascavo [maʃˈkavu] *adj m* → açúcar.

mascote [maʃˈkɔtʃi] *f* mascot.

masculino, -na [maʃkuˈlinu, -na] *adj* masculine; (sexo) male.

masoquista [mazuˈkiʃta] *adj* masochistic ◆ *mf* masochist.

massa [ˈmasa] *f* (espaguete, lasanha) pasta; (de pão) dough; (de bolo) mix; **~ folhada** (Port) puff pastry; **~ folheada** (Br) puff pastry; **em ~** (fig: em grande número) en masse.

massacre [maˈsakri] *m* massacre.

massagear [masaˈʒea(x)] *vt* (Br) to massage.

massagem [maˈsaʒẽ] (*pl* -ns [-ʃ]) *f* massage.

massagista [masaˈʒiʃta] *mf* masseur (*f* masseuse).

massajar [masaˈʒar] *vt* (Port) = **massagear**.

mastigar [maʃtʃiˈga(x)] *vt* to chew.

mastro [ˈmaʃtru] *m* (NÁUT) mast; (de bandeira) pole.

masturbar-se [maʃtuxˈbaxsi] *vp* to masturbate.

mata [ˈmata] *f* (bosque) wood; (Br: floresta) forest.

mata-borrão [ˌmataboˈxãw] (*pl* mata-borrões [ˌmataboˈxõjʃ]) *m* blotting paper.

matadouro [mataˈdoru] *m* slaughterhouse.

matar [maˈta(x)] *vt* to kill; (fome) to stay; (sede) to quench; **~ aula** (Br) to skip class; **~ o tempo** to pass the time. ❑ **matar-se** *vp* (suicidar-se) to kill o.s.; **~-se de fazer algo** to kill o.s. doing sthg.

mata-ratos [ˌmataˈxatuʃ] *m inv* rat poison.

mate [ˈmatʃi] *adj* (sem brilho) matt; ◆ *m* (Br: planta, infusão) maté, herbal infusion drunk out of a gourd.

matemática [mateˈmatʃika] *f* mathematics (sg).

matéria [maˈtɛrja] *f* (substância) matter; (EDUC) subject; (material) material **em ~ de** on the subject of.

material [mateˈrjaw] (*pl* -ais [-ajʃ]) *adj* (bens) material ◆ *m* materials (pl); **~ escolar** school materials (pl).

matéria-prima [maˌterjaˈprima] (*pl* matérias-primas [maˌterjaʃˈprimaʃ]) *f* raw material.

maternidade [matexniˈdadʒi] *f* (hospital) maternity hospital.

matinê [matʃiˈne] *f* (Br) matinée.

matinée [matiˈne] *f* (Port) = **matinê**.

matizado, -da [matʃiˈzadu, -da] *adj* speckled.

mato ['matu] *m (Br: bosque)* wood; *(tipo de vegetação)* bush.

matrícula [ma'trikula] *f (de carro)* numberplate *(Brit)*, license plate *(Am)*; *(em escola, universidade)* matriculation.

matrimónio [matri'mɔnju] *m (Port) (casamento)* = **matrimônio**.

matrimônio [matri'monju] *m (Br)* marriage.

matriz [ma'triʃ] *(pl* **-zes** [-ziʃ]) *f (de foto, tipografia)* original; *(igreja)* mother church; *(COM: sede)* head office.

maturidade [maturi'dadʒi] *f* maturity.

matuto, -ta [ma'tutu, -ta] *adj (Br: provinciano)* provincial.

mau, má ['maw, 'ma] *adj* bad; **nada ~!** not bad at all!

mausoléu [mawzo'lɛu] *m* mausoleum.

maus-tratos [mawʃ'tratuʃ] *mpl* abuse *(sg)*.

maxilar [maksi'la(x)] *(pl* **-res** [-riʃ]) *m* jaw.

máximo, -ma ['masimu, -ma] maximum; *(temperatura, nota)* highest ♦ *m:* **o ~** the most; **faz o ~ que você puder** do your best; **no ~** at most; **ao ~** to the full.

❑ **máximos** *mpl (Port)* full beam headlights *(Brit)*, high beams *(Am)*.

me [mi] *pron (complemento direto)* me; *(complemento indireto)* (to) me; *(reflexo)* myself; **eu nunca ~ engano** I'm never wrong; **eu ~ machuquei** I hurt myself; **você já ~ contou essa história** you've already told me that story; **vou-~ embora** *(Port)* I'm going.

meados ['mjaduʃ] *mpl:* **em ~ de** in the middle of.

mecânica [me'kanika] *f* mechanics *(sg)*, → **mecânico**.

mecânico, -ca [me'kaniku, -ka] *adj* mechanical ♦ *m, f* mechanic.

mecanismo [meka'niʒmu] *m* mechanism.

mecha ['meʃa] *f (de vela)* wick; *(de cabelo)* tuft; **fazer ~ no cabelo** to have one's hair highlighted.

meço ['mɛsu] → **medir**.

medalha [me'daʎa] *f* medal.

média ['mɛdʒja] *f* average; **à ~ de** at an average of; **em ~** on average; **ter ~ de** *(EDUC)* to average.

mediano, -na [me'dʒjanu, -na] *adj (médio)* medium; *(sofrível)* average.

mediante [me'dʒjãntʃi] *prep* by means of, through; **irei ~ certas condições** I'll go on certain conditions.

medicação [medʒika'sãw] *(pl* **-ões** [-õjʃ]) *f* medication.

medicamento [medʒika'mẽntu] *m* medicine.

medicina [medʒi'sina] *f* medicine.

médico, -ca ['mɛdʒiku, -ka] *m, f* doctor; **~ de clínica geral** GP, general practitioner.

medida [me'dʒida] *f (grandeza, quantidade)* measurement; *(precaução, decisão)* measure; **feito sob ~** made to measure; **ficar na ~** to be a perfect fit; **em certa ~** to a certain extent; **na ~ do possível** as far as possible; **à ~ que** as; **tomar ~s** to take steps OU measures.

medieval [medʒje'vaw] *(pl* **-ais** [-ajʃ]) *adj* medieval.

médio, -dia ['mɛdʒju, -dja] *adj (tamanho)* medium; *(qualidade)* average ♦ *m (dedo)* middle finger; *(EDUC: nota)* pass.

❑ **médios** *mpl (Port)* dipped headlights *(Brit)*, low beams *(Am)*.

medíocre [me'dʒiukri] *adj* mediocre.

medir [me'dʒi(x)] *vt* to measure; **quanto (é que) você mede?** how tall are you?; **eu meço 1,70 m** I'm 5 foot 7 inches.

meditar [medʒi'ta(x)] *vi* to meditate; **~ sobre algo** to think sthg over.

Mediterrâneo [medʒite'xanju] *m:* **o (mar) ~** the Mediterranean (Sea).

medo ['medu] *m* fear; **ter ~ to** be frightened; **ter ~ de** to be afraid of; **você pode ir sem ~ porque não é perigoso** don't be afraid to go as it isn't dangerous.

medonho, -nha [me'doɲu, -ɲa] *adj (feio)* hideous.

medroso, -osa [medrozu, -ɔza] *adj* frightened.

medula [me'dula] *f (bone)* marrow.

medusa [me'duza] *f* jellyfish.

megabyte [mɛga'bajtʃi] *m* megabyte.

meia ['meja] *f (Br: em número)* six; **~ de leite** white coffee.

meia-calça [,meja'kawsa] *(pl* **meias-calças** [,meaʃ'kawsaʃ]) *f* tights *(pl) (Brit)*, pantyhose *(Am)*.

meia-hora [,meja'ɔra] *(pl* **meias-horas** [meja'zɔraʃ]) *f* half an hour.

meia-idade [ˌmejejˈdadʒi] f middle age; **de ~** middle-aged.
meia-noite [ˌmejaˈnojtʃi] f midnight.
meias [ˈmejaʃ] fpl socks; **~ de lycra** Lycra® tights.
meias-medidas [ˌmejaʒmeˈdʒidaʃ] fpl: **não estar com ~** not to be content with half measures.
meias-palavras [ˌmejaʃpaˈlavraʃ] fpl: **não ser de ~** not to mince one's words.
meigo, -ga [ˈmejgu, -ga] adj sweet.
meio, meia [ˈmeju, ˈmeja] adj half ◆ m (modo, recurso) way; (social) circles (pl); **meia pensão** half board; **~ ambiente** environment; **~ bilhete** half-fare; **a meia voz** under one's breath; **no ~ de** (duas coisas) between; (rua, mesa, multidão) in the middle of.
meio-dia [ˌmejuˈdʒia] m midday, noon.
meio-quilo [ˌmejuˈkilu] (pl **meios-quilos** [ˌmejuʃˈkiluʃ]) m half a kilo.
meio-seco [ˌmejuˈseku] adj m (vinho) medium dry.
mel [ˈmɛw] m honey.
melaço [meˈlasu] m molasses (pl).
melado, -da [meˈladu, -da] adj (Br: pegajoso) sticky.
melancia [melãˈsia] f watermelon.
melancolia [melãŋkoˈlia] f melancholy.
melancólico, -ca [melãŋˈkɔliku, -ka] adj melancholy.
melão [meˈlãw] (pl **-ões** [-õjʃ]) m melon.
melga [ˈmɛlga] f (Port) (insecto) midge; (fam: pessoa chata) pest.
melhor [meˈʎɔ(x)] (pl **-res** [-riʃ]) adj & adv better ◆ m: **o/a ~** (pessoa, coisa) the best one; **o ~ a fazer é ...** the best thing to do is ...; **o ~ é não ir** it would be best not to go; **ou ~** or rather; **tanto ~!** all the better!; **estar ~** (de saúde) to feel better; **ser do ~ que há** to be the best there is; **cada vez ~** better and better.
melhorar [meʎoˈra(x)] vt to improve ◆ vi to get better, to improve.
melhores → melhor.
melindrar [melĩˈdra(x)] vt to hurt.
melindroso, -osa [melĩˈdrozu, -ɔza] adj (pessoa) touchy; (assunto, questão, problema) delicate.
melodia [meloˈdʒia] f tune.

melodrama [meloˈdrama] m melodrama.
melodramático, -ca [melodraˈmatʃiku, -ka] adj melodramatic.
melões → melão.
melro [ˈmɛwxu] m blackbird.
membro [ˈmẽmbru] m (perna, braço) limb; (de clube, associação) member.
memorando [memoˈrãndu] m memorandum, memo.
memória [meˈmɔrja] f memory; **de ~** off by heart.
memorizar [memoriˈza(x)] vt to memorize.
mencionar [mẽsjoˈna(x)] vt to mention.
mendigar [mẽndʒiˈga(x)] vi to beg.
mendigo, -ga [mẽnˈdʒigu, -ga] m, f beggar.
meningite [menĩˈʒitʃi] f meningitis.
menino, -na [meˈninu, -na] m, f boy (f girl).
menopausa [menoˈpawza] f menopause.
menor [meˈnɔ(x)] (pl **-res** [-riʃ]) adj (em tamanho) smaller; (em número) lower; (em importância) minor; (mínimo) least ◆ mf minor; **não faço a ~ idéia** I haven't got a clue; **o/a ~** the least; (em tamanho) the smallest; **ser ~ de idade** to be underage.
menos [ˈmenuʃ] adv 1. (em comparações) less; **a Ana é ~ inteligente** Ana is less intelligent, Ana isn't as intelligent; **~ do que** less than; **~ ... do que** less ... than; **tenho ~ trabalho do que ele** I have less work than him; **tenho um livro a ~** I'm one book short; **deram-me 5 reais a ~** they gave me 5 reais too little.
2. (como superlativo): **o/a ~ ...** the least ...; **o ~ caro/interessante** the cheapest/least interesting.
3. (Port: com as horas): **são dez ~ um quarto** it's a quarter to ten.
4. (em locuções): **a ~ que** unless; **ao ~, pelo ~** at least; **isso é o de ~** that's the least of it; **pouco ~ de** just under.
◆ adj inv 1. (em comparações) less, fewer (pl); **como ~ carne** I eat less meat; **eles têm ~ posses** they've got fewer possessions; **está ~ frio do que ontem** it's not as cold as it was yesterday; **~ ... do que** less ... than, fewer ... than (pl).
2. (como superlativo) (the) least, (the)

fewest (pl); **as que ~ bolos comeram** those who ate (the) fewest cakes; **os que ~ dinheiro têm** those who have (the) least money.
♦ *prep* **1.** *(exceto)* except (for); **todos gostaram ~ ele** they all liked it except (for) him; **tudo ~ isso** anything but that.
2. *(indica subtração)* minus; **três ~ dois é igual a um** three minus two equals one.

menosprezar [menuʃpre'za(x)] *vt* to underrate.

mensageiro, -ra [mēsa'ʒejru, -ra] *m, f* messenger.

mensagem [mēsa'ʒē] *(pl* **-ns** [-ʃ]) *f* message.

mensal [mē'saw] *(pl* **-ais** [-ajʃ]) *adj* monthly.

mensalmente [mēsaw'mēntʃi] *adv* monthly.

menstruação [mēʃtrua'sāw] *f* menstruation.

mentalidade [mēntali'dadʒi] *f* mentality.

mente ['mēntʃi] *f* mind; **ter em ~ fazer algo** to plan to do sthg.

mentir [mēn'ti(x)] *vi* to lie.

mentira [mēn'tira] *f* lie ♦ *interj* rubbish!; **parece ~!** I can't believe it!

mentiroso, -osa [mēntʃi'rozu, -ɔza] *m, f* liar.

mentol [mēn'tɔw] *m* menthol.

menu [me'nu] *m* menu.

mercado [mex'kadu] *m* market; **~ municipal** (town) market; **~ negro** black market.
❑ **Mercado** *m*: **o Mercado Único** the Single European Market.

mercadoria [mexkado'ria] *f* goods (pl).

mercearia [mexsja'ria] *f* grocer's (shop).

MERCOSUL [mexko'suw] *m* South American economic community comprising Argentina, Brasil, Paraguay and Uruguay.

mercúrio [mex'kurju] *m* mercury.

mercurocromo [mexkuro'kromu] *m* Mercurochrome® *(antibacterial lotion).*

merecer [mere'se(x)] *vt* to deserve.

merecido, -da [mere'sidu, -da] *adj* deserved.

merenda [me'rēnda] *f* *(lanche)* tea *(light afternoon meal); (em excursão)* picnic.

merengue [me'rēngi] *m* meringue.

mergulhador, -ra [merguʎa'do(x),

-ra] *(mpl* **-res** [-riʃ], *fpl* **-s** [-ʃ]) *m, f* diver.

mergulhar [mergu'ʎa(x)] *vi* to dive.
♦ *vt:* **~ algo em algo** to dip sthg in sthg.

mergulho [mex'guʎu] *m* dive; **dar um ~** to dive.

meridiano [meri'dʒjanu] *m* meridian.

meridional [meridʒjo'naw] *(pl* **-ais** [-ajʃ]) *adj* southern.

mérito ['mɛritu] *m* merit; **por ~ próprio** on one's own merits.

mês ['meʃ] *(pl* **meses** ['meziʃ]) *m* month; **todo ~** every month; **(de) ~ a ~** every month; **por ~ a** OU per month.

mesa ['meza] *f* table; **estar na ~** to be at the table.

mesada [me'zada] *f* monthly allowance.

mesa-de-cabeceira [ˌmezadʒikabe'sejra] *(pl* **mesas-de-cabeceira** [ˌmezaʒdʒikabe'sejra]) *f* bedside table.

mescla ['meʃkla] *f* mixture.

mesclar [meʃ'kla(x)] *vt* to mix.

meses → **mês**.

meseta [me'zeta] *f* plateau.

mesmo, -ma ['meʒmu, -ma] *adj* same ♦ *adv (até)* even; *(exatamente)* exactly; *(para enfatizar)* really ♦ *pron:* **o ~/a mesma** the same; **eu ~** I myself; **comprou-o para ele ~/ela mesma** he/she bought it for himself/herself; **isso ~!** that's it!; **~ assim** even so; **~ que** OU **se** even if; **nem ~** not even; **o ~ que** the same thing as; **valer o ~ que** to cost the same as; **só ~** only.

mesquinho, -nha [meʃ'kiɲu, -ɲa] *adj* mean.

mesquita [meʃ'kita] *f* mosque.

mestiço, -ça [meʃ'tʃisu, -sa] *adj* of mixed race ♦ *m, f* person of mixed race.

mestre ['mɛʃtri] *m* master.

mestre-de-cerimônias [ˌmɛʃtredʒiseri'monjaʃ] *(pl* **mestres-de-cerimônias** [ˌmɛʃtriʒdʒiseri'monjaʃ]) *m* master of ceremonies; *(em festa)* host.

mestre-sala [ˌmɛʃtri'sala] *(pl* **mestres-sala** [ˌmɛʃtriʃ'sala]) *m* *(Br: em desfile)* principal figure on a carnival float.

meta ['mɛta] *f* *(em corrida)* finishing line; *(objetivo)* goal.

metabolismo [metabo'liʒmu] *m* metabolism.

metade [me'tadʒi] *f* half; **~ do preço** half-price; **fazer as coisas pela ~** to do things half-heartedly; **fazer algo na ~ do tempo** to do sthg in half the time.

metáfora [me'tafora] *f* metaphor.

metal [me'taw] (*pl* **-ais** [-ajʃ]) *m* metal.
metálico, -ca [me'taliku, -ka] *adj (objeto)* metal; *(som)* metallic.
metalurgia [metalux'ʒia] *f* metallurgy.
meteorito [metju'ritu] *m* meteorite.
meteoro [me'tjoru] *m* meteor.
meteorologia [meteorolo'ʒia] *f (ciência)* meteorology; *(em televisão)* weather report.
meter [me'te(x)] *vt* to put; ~ **algo/alguém em algo** to put sthg/sb in sthg; ~ **medo** to be frightening; ~ **medo em alguém** to frighten sb.
❏ **meter-se** *vp* to get involved; **~-se em algo** to get involved in sthg; **~-se na vida dos outros** to poke one's nose into other people's business; **~-se onde não é chamado** to stick one's oar in; **~-se com alguém** to have a go at sb.
meticuloso, -osa [metʃiku'lozu, -ɔza] *adj* meticulous.
metódico, -ca [me'tɔdʒiku, -ka] *adj* methodical.
método ['mɛtodu] *m* method; **com ~** methodically; **sem ~** haphazardly.
metralhadora [metraʎa'dora] *f* machine gun.
métrico, -ca ['mɛtriku, -ka] *adj* metric.
metro ['mɛtru] *m (medida)* metre; *(fita métrica)* tape measure; *(Port: abrev de metropolitano)* = **metrô**.
metrô [me'tro] *m (Br) (abrev de metropolitano)* underground *(Brit)*, subway *(Am)*.
metropolitano [metropoli'tanu] *m* underground *(Brit)*, subway *(Am)*.
meu, minha ['mew, 'miɲa] *adj my* ♦ *pron:* **o ~/a minha** mine; **um amigo ~** a friend of mine; **os ~s** *(a minha família)* my family.
mexer [me'ʃe(x)] *vt (corpo)* to move; *(CULIN)* to stir ♦ *vi (mover-se)* to move; **~ em algo** to touch sthg.
❏ **mexer-se** *vp (despachar-se)* to hurry up; *(mover-se)* to move; **mexa-se!** get a move on!
mexerica [meʃe'rika] *f (Br)* tangerine.
mexerico [meʃe'riku] *m* gossip.
México ['mɛʃiku] *m:* **o ~** Mexico.
mexido, -da [me'ʃidu, -da] *adj* lively.
mexilhão [meʃi'ʎãw] (*pl* **-ões** [-õjʃ]) *m* mussel.
mg *(abrev de miligrama)* mg.

miar ['mja(x)] *vi* to miaow.
micróbio [mi'krɔbju] *m* germ.
microfone [mikro'fɔni] *m* microphone.
microondas [mikro'õndaʃ] *m inv* microwave.
microscópio [mikroʃ'kɔpju] *m* microscope.
migalha [mi'gaʎa] *f* crumb.
migração [migra'sãw] (*pl* **-ões** [-õjʃ]) *f* migration.
mijar [mi'ʒa(x)] *vi (vulg)* to piss.
mil ['miw] *num* a ou one thousand; **três ~** three thousand; **~ novecentos e noventa e sete** nineteen ninety-seven; → **seis**.
milagre [mi'lagri] *m* miracle.
milénio [mi'lɛnju] *m (Port)* = **milênio**.
milênio [mi'lenju] *m (Br)* millennium.
mil-folhas [miw'foʎaʃ] *m inv* millefeuille *(Brit)*, napoleon *(Am)*.
milha ['miʎa] *f* mile.
milhão [mi'ʎãw] (*pl* **-ões** [-õjʃ]) *num* million; **um ~ de pessoas** ou **indivíduos** a million people, → **seis**.
milhar [mi'ʎa(x)] (*pl* **-res** [-riʃ]) *num* thousand, → **seis**.
milho ['miʎu] *m* maize *(Brit)*, corn *(Am)*; **~ doce** sweetcorn.
milhões → **milhão**.
miligrama [mili'grama] *m* milligram.
mililitro [mili'litru] *m* millilitre.
milímetro [mi'limetru] *m* millimetre.
milionário, -ria [miljo'narju, -rja] *m, f* millionaire *(f* millionairess).
militante [mili'tãntʃi] *mf* militant.
mim ['mĩ] *pron (com preposição: complemento indireto)* me; *(com preposição: reflexo)* myself; **a ~, você não engana** you don't fool me; **comprei-o para ~ (mesmo** ou **próprio)** I bought it for myself.
mimado, -da [mi'madu, -da] *adj* spoilt.
mimar [mi'ma(x)] *vt (criança)* to spoil; *(por gestos)* to mimic.
mímica ['mimika] *f* mime.
mimo ['mimu] *m* cuddle; **dar ~s a alguém** to spoil sb; **ser um ~** to be great.
mina ['mina] *f (de carvão, ouro)* mine.
mindinho [mĩn'dʒiɲu] *m* little finger.
mineiro, -ra [mi'nejru, -ra] *m, f* miner.

mineral [mine'raw] (*pl* -ais [-ajʃ]) *m* mineral.

minério [mi'nɛrju] *m* ore.

minha → meu.

minhoca [mi'ɲɔka] *f* earthworm.

miniatura [minja'tura] *f* miniature; **em ~** in miniature.

mini-mercado [,minimex'kadu] *m* corner shop.

mínimo, -ma ['minimu, -ma] *adj* minimum ◆ *m*: **o ~** the minimum; **não faço a mínima idéia!** I haven't got a clue!; **no ~** at least.

mini-saia [,mini'saja] *f* (*Port*) = minissaia.

minissaia [,mini'saja] *f* (*Br*) miniskirt.

ministério [miniʃ'tɛrju] *m* ministry.

ministro, -tra [mi'niʃtru, -tra] *m, f* minister.

minoria [mino'ria] *f* minority; **estar em ~** to be in the minority.

minúscula [mi'nuʃkula] *f* small letter; **em ~s** in small letters.

minúsculo, -la [mi'nuʃkulu, -la] *adj* (*muito pequeno*) minuscule, tiny; (*letra*) small.

minuto [mi'nutu] *m* minute; **só um ~!** hang on a minute!; **contar os ~s** to count the minutes; **dentro de poucos ~s** in a few minutes; **em poucos ~s** in no time at all.

miolo ['mjolu] *m* (*de pão, bolo*) soft part of bread or cake.

❑ **miolos** *mpl* brains.

míope ['mjupi] *adj* shortsighted.

miopia [mju'pia] *f* shortsightedness.

miosótis [mjo'zɔtʃiʃ] *m inv* forget-me-not.

miradouro [mira'doru] *m* viewpoint.

miragem [mi'raʒẽ] (*pl* -ns [-ʃ]) *f* mirage.

mirar [mi'ra(x)] *vt* (*observar*) to look at.

❑ **mirar-se** *vp*: **~-se em algo** to look at o.s. in sthg.

miscelânea [miʃse'lanja] *f* (*mistura*) mixture; (*fig: confusão*) jumble.

miserável [mize'ravɛw] (*pl* -eis [-ejʃ]) *adj* (*pobre*) poverty-stricken; (*desgraçado*) unfortunate.

miséria [mi'zɛrja] *f* (*pobreza*) poverty; (*desgraça*) misery; (*sordidez*) squalor; (*pouca quantidade*) pittance.

misericórdia [mizeri'kɔrdja] *f* mercy; **pedir ~** to ask for mercy.

missa ['misa] *f* mass.

missão [mi'sãw] (*pl* -ões [-õjʃ]) *f* mission.

míssil ['misiw] (*pl* -eis [-ejʃ]) *m* missile.

missionário, -ria [misjo'narju, -rja] *m, f* missionary.

missões → missão.

mistério [miʃ'tɛrju] *m* mystery.

misterioso, -osa [miʃte'rjozu, -ɔza] *adj* mysterious.

misto, -ta ['miʃtu, -ta] *adj* mixed ◆ *m* (*CULIN*): **~ quente** toasted sandwich filled with cheese and ham.

mistura [miʃ'tura] *f* mixture.

misturar [miʃtu'ra(x)] *vt* to mix; (*fig: confundir*) to mix up.

mito ['mitu] *m* myth.

miúdo, -da ['mjudu, -da] *adj* small ◆ *m, f* kid.

❑ **miúdos** *mpl*: **~s de galinha** giblets; **trocar algo em ~s** to explain sthg.

ml (*abrev de mililitro*) ml.

mm (*abrev de milímetro*) mm.

mo [mu] = me + o, → me.

mobília [mo'bilja] *f* furniture.

mobiliário [mobi'ljarju] *m* furnishings (*pl*).

moçambicano, -na [mosãmbi'kanu, -na] *adj* of/relating to Mozambique ◆ *m, f* native/inhabitant of Mozambique.

Moçambique [mosãm'biki] *s* Mozambique.

mocassim [moka'sĩ] (*pl* -ns [-ʃ]) *mpl* mocassin.

mochila [mo'ʃila] *f* rucksack.

mocidade [mosi'dadʒi] *f* youth.

moço, -ça ['mosu, -sa] *adj* young ◆ *m, f* boy (*f* girl); **~ de recados** errand boy.

mocotó [moko'tɔ] *m* (*Br*) shank.

moda ['mɔda] *f* fashion; **à ~ de** in the style of; **estar fora de ~** to be out of fashion; **estar na ~** to be in fashion, to be fashionable; **sair de ~** to go out of fashion.

modalidade [modali'dadʒi] *f* (*de esporte*) discipline; (*de pagamento*) method.

modelo [mo'delu] *m* model; (*de roupa*) design; **servir de ~** to serve as an example; **tomar por ~** to take as an example.

modem ['mɔdɛm] *m* modem.

moderado, -da [mode'radu, -da] *adj* moderate.

moderar [mode'ra(x)] *vt* (*restringir*) to moderate; (*reunião, debate*) to chair.

modernizar [modexni'za(x)] *vt* to modernize.

moderno, -na [mo'dɛxnu, -na] *adj* modern.

modéstia [mo'dɛʃtja] *f* modesty; ~ à parte modesty aside.

modesto, -ta [mo'dɛʃtu, -ta] *adj* modest.

modificar [modʒifi'ka(x)] *vt* to modify.
❑ **modificar-se** *vp* to change.

modo ['mɔdu] *m* way; (GRAM) mood; ~ de usar instructions (pl); com bons ~s politely; com maus ~s impolitely; de certo ~ in some ways; de ~ nenhum! no way!; de ~ que so (that); de qualquer ~ anyway; de tal ~ que so much that.

módulo ['mɔdulu] *m* (EDUC) module; (Port: de ônibus, elétrico) ticket.

moeda ['mwɛda] *f* (de metal) coin; (em geral) currency; ~ estrangeira foreign currency.

moer [mwe(x)] *vt* to grind.

mofo ['mofu] *m* mould.

mogno ['mɔgnu] *m* mahogany.

moído, -da ['mwidu, -da] *adj* (café, pimenta) ground; estar ~ (fam: estar cansado) to be done in; ter o corpo ~ to be all aches and pains.

moinho ['mwiɲu] *m* mill; ~ de café coffee grinder; ~ de vento windmill.

mola ['mɔla] *f* (em colchão, sofá) spring; (Port: de abotoar) press stud (Brit), snap fastener (Am); ~ de roupa clothes peg (Brit), clothes pin (Am).

molar [mo'la(x)] (pl -res [-riʃ]) *m* molar.

moldar [mow'da(x)] *vt* to mould.

moldura [mow'dura] *f* frame.

mole ['mɔli] *adj* soft; (pessoa) docile.

molécula [mu'lɛkula] *f* molecule.

molestar [moleʃ'ta(x)] *vt* (maltratar) to hurt; (aborrecer) to annoy.

molhar [mo'ʎa(x)] *vt* to wet.
❑ **molhar-se** *vp* to get wet.

molheira [mo'ʎejra] *f* gravy boat.

molho¹ ['moʎu] *m* sauce; ~ de tomate tomato sauce; pôr de ~ to soak.

molho² ['mɔʎu] *m* (de lenha) stack; (de palha, erva) bundle; ~ de chaves bunch of keys.

molinete [moli'netʃi] *m* (de cana de pesca) reel.

momentaneamente [momẽn,tanja'mẽntʃi] *adv* momentarily.

momento [mo'mẽntu] *m* moment; um ~! just a moment!; a qualquer ~ any minute now; até o ~ (up) until now; de/neste ~ at the moment; dentro de ~s shortly; de um ~ para o outro any time now; em dado ~ at any given moment; por ~s for a second.

monarca [mo'naxka] *mf* monarch.

monarquia [monax'kia] *f* monarchy.

monge ['mõʒi] *m* monk.

monitor, -ra [moni'to(x), -ra] (mpl -res [-riʃ], fpl -s [-ʃ]) *m*, *f* (em colônia de férias) activities coordinator ◆ *m* (de televisão) (television) screen; (de computador) monitor, VDU.

monopólio [mono'pɔlju] *m* monopoly.

monossílabo [mono'silabu] *m* monosyllable.

monotonia [monoto'nia] *f* monotony.

monótono, -na [mo'nɔtonu, -na] *adj* (pessoa) tedious; (vida, trabalho) monotonous.

monstro ['mõʃtru] *m* monster.

montagem [mõn'taʒẽ] (pl -ns [-ʃ]) *f* (de máquina) assembly; (de esquema) drawing up; (de fotografia) montage; (de filme) editing.

montanha [mõn'taɲa] *f* mountain.

montanha-russa [mõn,taɲa'rusa] (pl montanhas-russas [mõn,taɲaʃ'rusaʃ]) *f* roller coaster.

montanhismo [mõnta'ɲiʒmu] *m* mountaineering.

montanhoso, -osa [mõnta'ɲozu, -ɔza] *adj* mountainous.

montante [mõn'tãntʃi] *m* total.

montar [mõn'ta(x)] *vt* (barraca) to put up; (acampamento) to set up; (máquina) to assemble; (filme) to edit ◆ *vi* (fazer hipismo) to ride; ~ a cavalo to ride (a horse).

monte ['mõntʃi] *m* (montanha) mountain; comida aos ~s loads of food; um ~ de, ~s de (fam) loads ou masses of; a ~ piled up.

montra ['mõntra] *f* (Port) (window) display.

monumental [monumẽn'taw] (pl -ais [-ajʃ]) *adj* (enorme) monumental; (grandioso) magnificent.

monumento [monu'mẽntu] *m* monument; ~ comemorativo memorial.

moqueca [mo'kɛka] *f* stew made of

fish, seafood and eggs, seasoned with parsley, coriander, lemon, onion, coconut milk, palm oil and peppercorns.

morada [muˈrada] *f (Port)* address.

moradia [moraˈdʒia] *f* house.

morador, -ra [moraˈdo(x), -ra] *(mpl -res* [-riʃ], *fpl -s* [-ʃ]) *m, f* resident.

moral [moˈraw] *(pl -ais* [-ajʃ]) *adj* moral ◆ *f (social)* morals *(pl); (conclusão)* moral ◆ *m (ânimo, disposição)* morale.

morango [moˈrãŋgu] *m* strawberry.

morar [moˈra(x)] *vi* to live.

mórbido, -da [ˈmɔxbidu, -da] *adj* morbid.

morcego [moxˈsegu] *m* bat.

mordaça [moxˈdasa] *f (em pessoa)* gag; *(em animal)* muzzle.

morder [moxˈde(x)] *vt* to bite.

mordida [moxˈdida] *f* bite.

mordomo [moxˈdomu] *m* butler.

moreno, -na [moˈrenu, -na] *adj (tez, pele)* dark; *(de sol)* tanned.

morfina [moxˈfina] *f* morphine.

moribundo, -da [moriˈbũdu, -da] *adj* dying.

morno, morna [ˈmoxnu, ˈmɔxna] *adj* lukewarm.

morrer [moˈxe(x)] *vi* to die; *(fogo, luz)* to die down; *(Br: motor)* to stall; **estou morrendo de fome** I'm starving; **~ de vontade de fazer algo** to be dying to do sthg.

morro [ˈmoxu] *m (monte)* hill; *(Br: favela)* slum.

mortadela [moxtaˈdɛla] *f* Mortadella, *large pork sausage served cold in thin slices.*

mortal [moxˈtaw] *(pl -ais* [-ajʃ]) *adj (pessoa, animal)* mortal; *(acidente, ferida)* fatal; *(doença)* terminal ◆ *mf* mortal.

mortalha [moxˈtaʎa] *f (de cadáver)* shroud.

mortalidade [moxtaliˈdadʒi] *f* mortality; **~ infantil** infant mortality.

morte [ˈmɔxtʃi] *f (natural)* death; *(homicídio)* murder; **estar pensando na ~ da bezerra** to have a good wallow; **ser de ~** *(fam: cômico)* to be hysterical.

mortífero, -ra [moxˈtʃiferu, -ra] *adj* lethal.

morto, morta [ˈmoxtu, ˈmɔxta] *pp* → **matar** ◆ *adj* dead ◆ *m, f* dead person; **estar ~** to be dead; **estar ~ para fazer algo** to be dying to do sthg; **estar ~ de**

cansaço/fome to be exhausted/starving; **ser ~** to be killed.

mos [moʃ] = **me** + **os**, → **me**.

mosaico [moˈzajku] *m* mosaic.

mosca [ˈmoʃka] *f* fly; **acertar na ~** to hit the nail on the head.

moscatel [moʃkaˈtɛw] *(pl -éis* [-ɛiʃ]) *m* Muscatel, *sweet white liqueur wine.*

mosquiteiro [moʃkiˈtejru] *m* mosquito net.

mosquito [moʃˈkitu] *m* mosquito.

mostarda [moʃˈtaxda] *f* mustard.

mosteiro [moʃˈtejru] *m* monastery.

mostrador [moʃtraˈdo(x)] *(pl -es* [-iʃ]) *m (de relógio)* face; *(de velocímetro)* dial.

mostrar [moʃˈtra(x)] *vt* to show; **~ algo a alguém** to show sthg to sb, to show sb sthg; **~ interesse em** to show an interest in.

mostruário [moʃtruˈarju] *m* showcase.

mota [ˈmɔta] *f (Port)* = **moto**.

mote [ˈmɔtʃi] *m* motto.

motel [moˈtɛw] *(pl -éis* [-ɛiʃ]) *m* motel.

motim [moˈtʃĩ] *(pl -ns* [-ʃ]) *m* uprising.

motivar [motʃiˈva(x)] *vt (causar)* to cause; *(aluno)* to motivate.

motivo [moˈtʃivu] *m* motive; **por ~ de** due to; **sem ~s** for no reason.

moto [ˈmɔtu] *f* motorbike.

motocicleta [ˌmotosiˈklɛta] *f* moped.

motocross [motoˈkrɔsi] *m* motocross.

motor [moˈto(x)] *(pl -res* [-riʃ]) *m* engine, motor; **~ de arranque** starter motor.

motorista [motoˈriʃta] *mf* driver.

motoserra [motoˈsɛxa] *f* chain saw.

mourisco, -ca [moˈriʃku, -ka] *adj* Moorish.

Mouros [ˈmoruʃ] *mpl*: **os ~** the Moors.

mousse [ˈmuse] *f (Port)* = **musse**.

movediça [moveˈdʒisa] *adj f* → **areia**.

móvel [ˈmɔvew] *(pl -eis* [-ejʃ]) *adj* mobile ◆ *m* piece of furniture.

❏ **móveis** *mpl* furniture *(sg)*.

mover [moˈve(x)] *vt* to move; *(campanha)* to instigate.

❏ **mover-se** *vp* to move.

movimentado, -da [movimẽˈtadu, -da] *adj (rua, local)* busy.

movimento [moviˈmẽtu] *m* movement; *(em rua, estabelecimento)* activity;

em ~ in motion.

MPB f (Br: abrev de Música Popular Brasileira) generic name for Brazilian popular music.

muco ['muku] m mucus.

mudança [mu'dãsa] f (modificação) change; (de casa) move; (de veículo) gear.

mudar [mu'da(x)] vt (alterar) to change; (de posição) to move ♦ vi (alterar-se) to change.

❏ **mudar de** v + prep to change; (de casa) to move; ~ **de idéia** to change one's mind; ~ **de roupa** to change (one's clothes).

❏ **mudar-se** vp to move (house); ~-**se para** to move to.

mudez [mu'deʒ] f muteness.

mudo, -da ['mudu, -da] adj (pessoa) dumb; (cinema) silent; **ficar** ~ (fig) to be lost for words.

muito, -ta ['mũĩtu, -ta] adj a lot of ♦ pron a lot ♦ adv (com verbo) a lot; (com adjetivo) very; **já não tenho** ~ **tempo** I don't have much time left; **há** ~ **tempo** a long time ago; **tenho** ~ **sono** I'm really tired; ~ **bem!** very good!; ~ **antes** long before; ~ **pior** much OU far worse; **quando** ~ at the most; **querer** ~ **a alguém** to care about sb a great deal; **não ganho** ~ I don't earn much.

mula ['mula] f mule.

mulato, -ta [mu'latu, -ta] adj & m, f mulatto.

muleta [mu'leta] f crutch.

mulher [mu'ʎe(x)] (pl -res [-riʃ]) f woman; (esposa) wife.

multa ['muwta] f fine; **levar uma** ~ to get a fine.

multar [muw'ta(x)] vt to fine.

multidão [muwti'dãw] (pl -ões [-õjʃ]) f (de pessoas) crowd; (de coisas) host.

multinacional [ˌmuwtʃinasju'naw] (pl -ais [-ajʃ]) f multinational.

multiplicar [muwtʃipli'ka(x)] vt & vi to multiply; ~ **por** to multiply by.

❏ **multiplicar-se** vp (reproduzir-se) to multiply.

múltiplo, -pla ['muwtʃiplu, -pla] adj & m multiple.

múmia ['mumja] f mummy.

mundial [mũn'dʒjaw] (pl -ais [-ajʃ]) adj world (antes de s) ♦ m (de futebol) World Cup; (de atletismo, etc) World Championships (pl).

mundo ['mũndu] m world; **o outro** ~ the hereafter; **não é nada do outro** ~ it's nothing out of the ordinary; **por nada deste** ~ for the world; **vai ser o fim do** ~ all hell will break loose; **todo (o)** ~ (Br) everyone, everybody; **viver no** ~ **da lua** to live in a world of one's own.

munição [muni'sãw] (pl -ões [-õjʃ]) f ammunition.

municipal [munisi'paw] (pl -ais [-ajʃ]) adj town (antes de s), municipal.

município [muni'sipju] m (cidade) town; (organismo) town council.

munições → munição.

munir [mu'ni(x)] vt: ~ **alguém de algo** to supply sb with sthg.

❏ **munir-se de** vp + prep to arm o.s. with.

mural [mu'raw] (pl -ais [-ajʃ]) m mural.

muralha [mu'raʎa] f wall; (fortaleza) ramparts (pl).

murchar [mux'ʃa(x)] vi to wilt.

murcho, -cha ['muxʃu, -ʃa] adj (flor, planta) wilted; (fig: sem animação) listless.

murmurar [muxmu'ra(x)] vt to murmur.

murmúrio [mux'murju] m murmur.

muro ['muru] m wall.

murro ['muxu] m punch; **dar um** ~ **em alguém** to punch sb; **dar um** ~ **em algo** to thump sthg.

murta ['muxta] f myrtle.

musa ['muza] f muse.

musculação [muʃkula'sãw] f body building.

músculo ['muʃkulu] m muscle.

musculoso, -osa [muʃku'lozu, -ɔza] adj muscular.

museu [mu'zew] m museum; ~ **de arte moderna** modern art gallery.

musgo ['muʒgu] m moss.

música ['muzika] f music; ~ **clássica/folclórica** classical/folk music; ~ **de câmara** chamber music; ~ **pop** pop music; ~ **sinfônica** orchestral music; **dançar conforme a** ~ (fig) to play along.

músico ['muziku] m musician.

musse ['musi] f (Br) mousse; ~ **de chocolate** chocolate mousse.

mútuo, -tua ['mutwu, -twa] adj mutual; **de** ~ **acordo** by mutual agreement.

N

N *(abrev de Norte)* N.

na [na] = **em + a**, → **em**.

-na [na] *pron (pessoa)* her; *(coisa)* it; *(você)* you.

nabo ['nabu] *m (planta)* turnip.

nação [na'sãw] *(pl* **-ões** [-õjʃ]) *f* nation.

nacional [nasjo'naw] *(pl* **-ais** [-ajʃ]) *adj* national.

nacionalidade [nasjonali'dadʒi] *f* nationality.

nacionalismo [nasjona'liʒmu] *m* nationalism.

nações → **nação**.

nada ['nada] *pron (coisa nenhuma)* nothing; *(em negativas)* anything ♦ *adv*: **não gosto ~ disto** I don't like it at all; **não dei por ~** I didn't notice a thing; **de ~!** don't mention it!; **~ de novo** nothing new; **ou tudo ou ~** all or nothing; **antes de mais ~** first of all; **é uma coisa de ~** it's nothing (at all); **não prestar** OU **servir para ~** to be no help at all, to be useless; **não serve de ~ resmungar** there's no point moaning.

nadador, -ra [nada'do(x), -ra] *(mpl* **-res** [-riʃ], *fpl* **-s** [-ʃ]) *m, f* swimmer; **~ salvador** lifeguard.

nadar [na'da(x)] *vi* to swim; **~ em** *(fig: ter muito de)* to be swimming in.

nádegas ['nadegaʃ] *fpl* buttocks.

naipe ['najpi] *m* suit.

namorado, -da [namo'radu, -da] *m, f* boyfriend *(f* girlfriend*)*.

não [nãw] *adv (em respostas)* no; *(em negativas)* not; **ainda ~ o vi** I still haven't seen him; **~ é aqui, pois ~?** it isn't here, is it?; **~ tem mais ingressos** there aren't any tickets left; **~ é?** isn't it?; **pelo sim, pelo ~** just in case.

não-fumador, -ra [nãwfuma'dor, -ra] *(mpl* **-res** [-reʃ], *fpl* **-s** [-ʃ]) *m, f (Port)* = **não-fumante**.

não-fumante [nãwfu'mãntʃi] *mf (Br)* non-smoker.

napa ['napa] *f* leatherette.

naquela [na'kɛla] = **em + aquela**, → **em**.

naquele [na'keli] = **em + aquele**, → **em**.

naquilo [na'kilu] = **em + aquilo**, → **em**.

narciso [nax'sizu] *m* narcissus.

narcótico [nax'kɔtʃiku] *m* narcotic.

narina [na'rina] *f* nostril.

nariz [na'riʃ] *(pl* **-zes** [-ziʃ]) *m* nose; **meter o ~ em tudo** to be a busybody; **torcer o ~ (para algo)** *(fig)* to turn one's nose up (at sthg).

narração [naxa'sãw] *(pl* **-ões** [-õjʃ]) *f (ato)* narration; *(conto, história)* narrative.

narrar [na'xa(x)] *vt* to narrate.

narrativa [naxa'tʃiva] *f* narrative.

nas [naʃ] = **em + as**, → **em**.

-nas [naʃ] *pron pl (elas)* them; *(vocês)* you.

nascença [naʃ'sẽsa] *f* birth; **de ~** *(problema, defeito)* congenital.

nascente [naʃ'sẽntʃi] *f (de rio)* source; *(de água)* spring.

nascer [naʃ'se(x)] *vi (pessoa, animal)* to be born; *(planta)* to sprout; *(sol)* to rise ♦ *m (de sol)* sunrise; *(de lua)* moonrise; **~ para ser algo** to be born to be sthg.

nascimento [naʃsi'mẽntu] *m* birth.

nata ['nata] *f* cream.

❑ **natas** *fpl (Port: para bater)* whipping cream *(sg)*.

natação [nata'sãw] *f* swimming.

natal [na'taw] *(pl* **-ais** [-ajʃ]) *adj (aldeia, cidade)* home *(antes de s)*.

❑ **Natal** *m* Christmas; **Feliz Natal!** Merry Christmas!

nativo, -va [na'tʃivu, -va] *adj & m, f* native.

NATO [natu] f NATO.

natural [natu'raw] (pl -ais [-ajʃ]) adj natural; **ao ~** (fruta) fresh; **como é ~** as is only natural; **é ~ que** it's understandable (that); **ser ~ de** to be from.

naturalidade [naturali'dadʒi] f (origem) birthplace; (simplicidade) naturalness.

naturalmente [naturaw'mẽntʃi] adv naturally ◆ interj naturally!, of course!

natureza [natu'reza] f nature; **da mesma ~** of the same kind; **~ morta** still life; **por ~** by nature.

❑ **Natureza** f: **a Natureza** Nature.

nau ['naw] f ship.

naufragar [nawfra'ga(x)] vi to be wrecked.

naufrágio [naw'fraʒju] m shipwreck.

náusea ['nawzea] f nausea; **dar ~s a alguém** to make sb feel sick.

náutico, -ca ['nawtʃiku, -ka] adj (atividade) water (antes de s); (clube) sailing (antes de s).

navalha [na'vaʎa] f penknife.

nave ['navi] f (de igreja) nave; **~ espacial** spaceship.

navegação [navega'sãw] f navigation.

navegar [nave'ga(x)] vi to sail; **~ na Internet** to surf the Net.

navio [na'viu] m ship.

NB (abrev de Note Bem) NB.

NE (abrev de Nordeste) NE.

neblina [ne'blina] f mist.

necessário, -ria [nese'sarju, -rja] adj necessary ◆ m: **o ~** the bare necessities (pl); **quando ~** when necessary; **se ~** if necessary; **é ~ passaporte** you need your passport.

necessidade [nesesi'dadʒi] f (carência) necessity, need; **de primeira ~** essential; **sem ~** needlessly; **ter ~ de fazer algo** to need to do sthg; **fazer uma ~** (fam) to relieve o.s.

necessitar [nesesi'ta(x)] vt to need.

❑ **necessitar de** v + prep to need; **~ de fazer algo** to need to do sthg.

necrotério [nekro'terju] m morgue.

néctar ['nɛkta(x)] (pl -res [-riʃ]) m nectar.

neerlandês, -esa [nexlãn'deʃ, -eza] (mpl -eses [-eziʃ], fpl -s [-ʃ]) adj & m Dutch ◆ m, f (pessoa) Dutchman (f Dutchwoman); **os neerlandeses** the Dutch.

nefasto, -ta [ne'faʃtu, -ta] adj (acontecimento) terrible; (atmosfera) bad.

negar [ne'ga(x)] vt to deny.

❑ **negar-se** vp: **~-se algo** to deny o.s. sthg; **~-se a fazer algo** to refuse to do sthg.

negativa [nega'tiva] f (Port) (EDUC) fail; **ter ~** to fail.

negativo, -va [nega'tʃivu, -va] adj negative; (saldo bancário) overdrawn; (temperatura) minus ◆ m (de filme, fotografia) negative.

negligência [negli'ʒẽsja] f negligence.

negligente [negli'ʒẽntʃi] adj negligent.

negociação [negosja'sãw] (pl -ões [-õjʃ]) f negotiation.

negociar [nego'sja(x)] vt (acordo, preço) to negotiate ◆ vi (COM) to do business.

negócio [ne'gɔsju] m business; (transação) deal; **fazer ~s com alguém** to do business with sb; **~ da China** easy money; **~s escusos** shady deals.

negro, -gra ['negru, -gra] adj black; (céu) dark; (raça) negro; (fig: difícil) bleak ◆ m, f black man (f black woman).

nela ['nɛla] = **em + ela**, → **em**.

nele ['nɛli] = **em + ele**, → **em**.

nem [nẽ] adv not even ◆ conj: **não gosto ~ de cerveja ~ de vinho** I don't like either beer or wine; **não gosto ~ de um ~ de outro** I don't like either of them; **~ por isso** not really; **~ que** even if; **~ sempre** not always; **~ tudo** not everything; **~ ... ~** neither ... nor; **~ um ~ outro** neither one nor the other; **~ pensar!** (fam) don't even think of it!

nenhum, -ma [ne'nũ, -ma] (mpl -ns [-ʃ], fpl -s [-ʃ]) adj no ◆ pron none; **não comprei livros nenhuns** I didn't buy any books; **não quero nenhuma bebida** I don't want a drink; **não tive problema ~** I didn't have any problems; **~ professor é perfeito** no teacher is perfect; **~ de** none of, not one of; **~ dos dois** neither of them.

neozelandês, -esa [neozelãn'deʃ, -eza] (mpl -eses [-eziʃ], fpl -s [-ʃ]) adj of/relating to New Zealand ◆ m, f native/inhabitant of New Zealand.

nervo ['nexvu] m nerve; (em carne) sinew.

❑ **nervos** mpl (fam) nerves.

nervosismo [nexvo'ziʒmu] *m* nerves *(pl)*.

nêspera ['neʃpera] *f* loquat, plum-like yellow fruit.

nessa ['nɛsa] = em + essa, → em.

nesse ['nesi] = em + esse, → em.

nesta ['nɛʃta] = em + esta, → em.

neste ['neʃtʃi] = em + este, → em.

neto, -ta ['nɛtu, -ta] *m, f* grandson (*f* granddaughter).

neurose [new'rɔzi] *f* neurosis.

neutralidade [newtrali'dadʒi] *f* neutrality.

neutralizar [newtrali'za(x)] *vt* to neutralize.

neutro, -tra ['newtru, -tra] *adj* neutral; *(GRAM)* neuter.

nevar [ne'va(x)] *v impess* to snow; **está nevando** it's snowing.

neve ['nɛvi] *f* snow.

névoa ['nɛvwa] *f* mist.

nevoeiro [ne'vwejru] *m* fog.

Nicarágua [nika'ragwa] *f*: **a ~** Nicaragua.

nicotina [niko'tʃina] *f* nicotine.

ninguém [nĩŋ'gãj] *pron* nobody, no one; *(em negativas)* anyone, anybody; **não tem ~ (em casa)** there's nobody in; **não vi ~** I didn't see anyone.

ninho ['niɲu] *m* nest; *(fig: lar)* home.

níquel ['nikɛw] *(pl -eis* [-ejʃ]) *m* nickel.

nissei [ni'sej] *mf (Br)* Brazilian of Japanese parentage.

nisso ['nisu] = em + isso, → em.

nisto ['niʃtu] = em + isto, → em.

nitidez [nitʃi'deʃ] *f* clarity.

nítido, -da ['nitʃidu, -da] *adj* clear.

nitrato [ni'tratu] *m* nitrate; **~ de prata** silver nitrate *(for the treatment of warts and corns)*.

nível ['nivɛw] *(pl -eis* [-ejʃ]) *m* level; *(qualidade)* quality; **ao ~ de** in terms of; **~ de vida** standard of living.

no [nu] = em + o, → em.

nó ['nɔ] *m* knot; *(em dedo)* knuckle; **dar um ~** to tie a knot; **dar o ~** *(casar-se)* to tie the knot.

nº *(abrev de número)* no.

-no [nu] *pron (pessoa)* him; *(coisa)* it; *(você)* you.

NO *(abrev de Noroeste)* NW.

nobre ['nɔbri] *adj* noble.

noção [no'sãw] *(pl -ões* [-õjʃ]) *f* notion.

nocivo, -va [no'sivu, -va] *adj (produto)* noxious; *(alimento)* unwholesome.

noções → noção.

nocturno, -na [no'turnu, -na] *adj (Port)* = **noturno**.

nódoa ['nɔdwa] *f (em roupa, toalha)* stain; *(em reputação)* blemish; **~ negra** *(Port)* bruise.

nogueira [no'gejra] *f* walnut tree.

noite ['nojtʃi] *f* night; *(fim da tarde)* evening; **boa ~!** good night!; **à ~** at night; **esta ~** *(mais tarde)* tonight; *(ao fim da tarde)* this evening; **dia e ~** night and day; **por ~** a ou per night; **da ~ para o dia** overnight.

noivado [noj'vadu] *m* engagement.

noivo, -va ['nojvu, -va] *m, f* fiancé (*f* fiancée); **estar ~ de alguém** to be engaged to sb.

❑ **noivos** *mpl* bride and groom; **eles estão ~s** they are engaged.

nojento, -ta [no'ʒẽntu, -ta] *adj* disgusting.

nojo ['noʒu] *m* disgust, revulsion; **dar ~** to be disgusting; **ter** ou **sentir ~ de** to be disgusted by.

nome ['nomi] *m* name; *(GRAM)* noun; **~ de batismo** Christian name; **~ completo** full name; **~ próprio, primeiro ~** first name; **em ~ de** on behalf of.

nomeação [nomja'sãw] *(pl -ões* [-õjʃ]) *f (para prêmio)* nomination; *(para cargo)* appointment.

nomeadamente [no,mjada'mẽntʃi] *adv* namely.

nomear [no'mja(x)] *vt (mencionar nome de)* to name; *(para prêmio)* to nominate; *(para cargo)* to appoint.

nonagésimo, -ma [nona'ʒezimu, -ma] *num* ninetieth, → **sexto**.

nono, -na ['nonu, -na] *num* ninth, → **sexto**.

nora ['nɔra] *f (familiar)* daughter-in-law; *(para água)* waterwheel.

nordeste [nɔx'dɛʃtʃi] *m* northeast; **no ~** in the northeast.

norma ['nɔxma] *f (padrão)* standard; *(regra)* rule; **por ~** as a rule.

normal [nɔx'maw] *(pl -ais* [-ajʃ]) *adj* normal.

normalmente [nɔxmaw'mẽntʃi] *adv* normally.

noroeste [nɔ'rwɛʃtʃi] *m* northwest; **no ~** in the northwest.

norte ['nɔxtʃi] *adj (vento, direção)* northerly ◆ *m* north; **a** ou **no ~** in the north; **ao ~ de** north of.

norte-americano, -na [ˌnɔxtʒiˈameriˈkanu, -na] *adj & m, f* (North) American.

Noruega [noˈrwɛga] *f:* **a ~** Norway.

norueguês, -esa [norwɛˈgeʃ, -eza] *(mpl* **-eses** [-eziʃ], *fpl* **-s** [-ʃ]) *adj & m, f* Norwegian ♦ *m (língua)* Norwegian.

nos¹ [noʃ] = **em + os, → em.**

nos² [noʃ] *pron pl (complemento direto)* us; *(complemento indireto)* (to) us; *(reflexo)* ourselves; *(recíproco)* each other, one another; ; **ela ~ falou** she told us; **nós nos machucamos** we hurt ourselves; **não ~ deixem!** don't leave us!; **nunca ~ enganamos** we're never wrong; **~ beijamos** we kissed (each other); **odiamo-~** we hate each other; **vamo-~ embora** *(Port)* we're going.

nós [nɔʃ] *pron* (sujeito) we; *(complemento)* us; **e ~?** what about us?; **somos ~** it's us; **~ mesmos** OU **próprios** we ourselves.

-nos [noʃ] *pron pl (eles)* them; *(vocês)* you, → **nos**².

nosso, -a [ˈnosu, -a] *adj* our ♦ *pron:* **o ~/a nossa** ours; **um amigo ~** a friend of ours; **os ~s** *(a nossa família)* our family.

nostalgia [noʃtawˈʒia] *f* nostalgia.

nostálgico, -ca [noʃˈtawʒiku, -ka] *adj* nostalgic.

nota [ˈnɔta] *f* note; *(classificação)* mark; **tomar ~ de algo** to make a note of sthg.

notário, -ria [noˈtarju, -rja] *m, f* notary (public).

notável [noˈtavɛw] *(pl* **-eis** [-ejʃ]) *adj (ilustre)* distinguished; *(extraordinário)* outstanding.

notebook [ˈnotʃibuki] *m (INFORM)* notebook.

notícia [noˈtʃisja] *f* piece of news.
❏ **notícias** *fpl (noticiário)* news *(sg).*

noticiário [notʃiˈsjarju] *m* news bulletin, newscast.

notificar [notʃifiˈka(x)] *vt* to notify.

notório, -ria [noˈtɔrju, -rja] *adj* well-known.

noturno, -na [noˈtuxnu, -na] *adj (Br) (atividade)* night *(antes de s)*; *(aula)* evening *(antes de s)*; *(pessoa, animal)* nocturnal.

nova [ˈnɔva] *f* piece of news; **ter boas ~s** to have some good news.

Nova Iorque [ˌnɔvaˈjɔxki] *s* New York.

novamente [ˌnɔvaˈmẽntʃi] *adv* again.

novato, -ta [noˈvatu, -ta] *m, f* beginner.

Nova Zelândia [ˌnɔvazeˈlãndja] *f:* **a ~** New Zealand.

nove [ˈnɔvi] *num* nine, → **seis**.

novecentos, -tas [ˌnɔveˈsẽntuʃ, -taʃ] *num* nine hundred, → **seis**.

novela [noˈvɛla] *f (livro)* novella; *(Br: em televisão)* soap opera.

novelo [noˈvelu] *m* ball.

novembro [noˈvẽmbru] *m* November, → **setembro**.

noventa [noˈvẽnta] *num* ninety, → **seis**.

novidade [noviˈdadʒi] *f (notícia)* piece of news; *(em vestuário)* latest fashion; *(novo disco)* new release; **há ~s?** any news?; **~ editorial** latest publication.

novilho [noˈviʎu] *m (animal)* bullock *(2–3 years old)*; *(carne)* beef.

novo, nova [ˈnovu, ˈnɔva] *adj* new; *(jovem)* young; **~ em folha** brand new.

noz [nɔʃ] *(pl* **-zes** [-ziʃ]) *f* walnut.

noz-moscada [ˌnɔʒmoʃˈkada] *f* nutmeg.

nu, nua [ˈnu, ˈnua] *adj* naked; **~ em pêlo** stark naked.

nublado, -da [nuˈbladu, -da] *adj* cloudy.

nuca [ˈnuka] *f* nape (of the neck).

nuclear [nukleˈa(x)] *(pl* **-res** [-riʃ]) *adj* nuclear.

núcleo [ˈnukliu] *m* nucleus.

nudez [nuˈdeʒ] *f* nudity.

nudista [nuˈdʒiʃta] *mf* nudist.

nulo, -la [ˈnulu, -la] *adj (sem efeito, valor)* null and void; *(incapaz)* useless; *(nenhum)* nonexistent.

num [nũ] = **em + um, → em.**

numa [ˈnuma] = **em + uma, → em.**

numeral [numeˈraw] *(pl* **-ais** [-ajʃ]) *m* numeral.

numerar [numeˈra(x)] *vt* to number.

numerário [numeˈrarju] *m* cash.

número [ˈnumeru] *m* number; *(de sapatos, peça de vestuário)* size; *(de revista)* issue; **~ de código** PIN number; **~ de contribuinte** = National Insurance number *(Brit)*; = social security number *(Am)*; **~ de passaporte** passport number; **~ de telefone** telephone number.

numeroso, -osa [numeˈrozu, -ɔza] *adj (família, grupo)* large; *(vantagens, ocasiões)* numerous.

numismática [numiʒˈmatʃika] *f*

numismatics *(sg)*.

nunca ['nũŋka] *adv* never; **mais do que** ~ more than ever; ~ **mais** never again; ~ **se sabe** you never know; ~ **na vida** never ever.

nuns [nũʃ] = **em** + **uns**, → **em**.

núpcias ['nupsjaʃ] *fpl* marriage *(sg)*.

nutrição [nutri'sãw] *f* nutrition.

nutrir [nu'tri(x)] *vt (fig: acalentar)* to nurture; ~ **uma paixão por alguém** to carry a torch for sb.

nutritivo, -va [nutri'tʃivu, -va] *adj* nutritious.

nuvem ['nuvẽ] *(pl* **-ns** [-ʃ]) *f* cloud.

N.W. *(abrev de Noroeste)* NW.

o, a [u, a] (*mpl* **os** [uʃ], *fpl* **as** [aʃ]) *artigo definido* **1.** *(com substantivo genérico)* the; **a casa** the house; **o hotel** the hotel; **os alunos** the students. **2.** *(com substantivo abstrato)*: **a vida** life; **o amor** love; **os nervos** nerves. **3.** *(com adjetivo substantivado)*: **o melhor/pior** the best/worst; **vou fazer o possível** I'll do what I can. **4.** *(com nomes geográficos)*: **a Inglaterra** England; **o Amazonas** the Amazon; **o Brasil** Brazil; **os Estados Unidos** the United States; **os Pirineus** the Pyrenees. **5.** *(indicando posse)*: **quebrei o nariz** I broke my nose; **estou com os pés frios** my feet are cold. **6.** *(com nome de pessoa)*: **o Hernani** Hernani; **a Helena** Helena; **o Sr. Mendes** Mr Mendes. **7.** *(por cada)* a, per; **3 reais a dúzia** 3 reais a dozen. **8.** *(com datas)* the; **o dois de Abril** the second of April, April the second. ◆ *pron* **1.** *(pessoa)* him (*f* her), them (*pl*); **eu a deixei alí** I left her there; **ela o amava muito** she loved him very much; **não os vi** I didn't see them. **2.** *(você, vocês)* you; **prazer em conhecê-los, meus senhores** pleased to meet you, gentlemen. **3.** *(coisa)* it, them *(pl)*; **onde estão os papéis?** não consigo achá-los where are the papers? I can't find them. **4.** *(em locuções)*: **o/a da esquerda** the one on the left; **os que desejarem vir terão de pagar** those who wish to come will have to pay; **o que (é que) ...?** what ...?; **o que (é que) está acontecendo** what's going on?; **era o que eu pensava** it's just as I thought; **o quê?** what?

oásis [ɔ'aziʃ] *m inv* oasis.

ob. *(abrev de observação)* = NB.

oba ['oba] *interj* (Br) *(de surpresa)* wow!; *(saudação)* hi!

obedecer [obede'se(x)] *vi* to do as one is told, to obey; **~ a** to obey.

obediente [obe'dʒjẽntʃi] *adj* obedient.

obesidade [obezi'dadʒi] *f* obesity.

obeso, -sa [o'bezu, -za] *adj* obese.

óbito ['ɔbitu] *m* death.

obituário [obi'twarju] *m* obituary.

objeção [obʒe'sãw] (*pl* **-ões** [-õjʃ]) *f* (Br) objection.

objecção [obʒɛ'sãw] (*pl* **-ões** [-õjʃ]) *f* (Port) = **objeção**.

objecto [ob'ʒɛtu] *m* (Port) = **objeto**.

objector [obʒɛ'tor] (*pl* **-res** [-reʃ]) *m* (Port): **~ de consciência** conscientious objector.

objetiva [obʒɛ'tʃiva] *f* *(de máquina fotográfica)* lens.

objetivo, -va [obʒɛ'tʃivu, -va] *adj & m* objective.

objeto [ob'ʒɛtu] *m* (Br) object.

oboé [o'bwɛ] *m* oboe.

obra ['ɔbra] *f* work; *(construção)* building site; **~ de arte** work of art; **~ de caridade** *(instituição)* charity. ❏ **obras** *fpl* *(reparações)* repairs; "**em obras**" "closed for refurbishment".

obra-prima [,ɔbra'prima] (*pl* **obras-primas** [,ɔbraʃ'primaʃ]) *f* masterpiece.

obrigação [obriga'sãw] (*pl* **-ões** [-õjʃ]) *f* obligation; *(título de crédito)* bond.

obrigado, -da [obri'gadu, -da] *interj* thank you!; **muito ~!** thank you very much!

obrigar [obri'ga(x)] *vt*: **~ alguém a fazer algo** to force sb to do sthg.

obrigatório, -ria [obriga'tɔrju, -rja] *adj* compulsory.

obs. *abrev* = **observações**.

obsceno, -na [obʃ'senu, -na] *adj* obscene.

observação [obsexva'sãw] (pl -ões [-õiʃ]) f observation; (de lei, regra) observance.

❑ **observações** fpl (em formulário) remarks.

observador, -ra [obsexva'do(x), -ra] (mpl -res [-riʃ], fpl -s [-ʃ]) m, f observer.

observar [obsex'va(x)] vt to observe; (dizer) to remark.

observatório [obsexva'tɔrju] m observatory.

obsessão [obse'sãw] (pl -ões [-õiʃ]) f obsession.

obsoleto, -ta [obso'letu, -ta] adj obsolete.

obstáculo [obʃ'takulu] m obstacle.

obstetra [obʃ'tetra] mf obstetrician.

obstinado, -da [obʃtʃi'nadu, -da] adj obstinate.

obstrução [obʃtru'sãw] (pl -ões [-õiʃ]) f obstruction.

obter [ob'te(x)] vt to get.

obturação [obtura'sãw] (pl -ões [-õiʃ]) f (de dente) filling.

obturador [obtura'do(x)] (pl -res [-riʃ]) m (de máquina fotográfica) shutter.

óbvio, -via [ˈɔbvju, -vja] adj obvious; **como é** ~ obviously.

ocasião [oka'zjãw] (pl -ões [-õiʃ]) f (momento determinado) occasion; (oportunidade) opportunity; **nessa** ~ at the time; **por** ~ **de** during.

Oceania [o'sjanja] f: **a** ~ Oceania.

oceano [o'sjanu] m ocean.

ocidental [osidēn'taw] (pl -ais [-ajʃ]) adj western.

❑ **ocidentais** mpl: **os ocidentais** Westerners.

ocidente [osi'dēntʃi] m west.

❑ **Ocidente** m: **o Ocidente** the West.

ócio [ˈɔsju] m leisure.

oco, oca [ˈoku, ˈoka] adj hollow.

ocorrência [oko'xēsja] f (incidente) incident; (freqüência) occurrence.

ocorrer [oko'xe(x)] vi to happen.

octogésimo, -ma [okto'ʒezimu, -ma] num eightieth, → **sexto**.

oculista [oku'liʃta] mf (médico) optometrist; (vendedor) optician.

óculos [ˈɔkuluʃ] mpl glasses; ~ **escuros** sunglasses.

ocultar [okuw'ta(x)] vt to hide.

❑ **ocultar-se** vp to hide.

oculto, -ta [o'kuwtu, -ta] pp → **ocultar**.

ocupação [okupa'sãw] (pl -ões [-õiʃ]) f occupation.

ocupado, -da [oku'padu, -da] adj (casa) occupied; (lugar, assento) taken; (pessoa) busy; **"ocupado"** "engaged".

ocupar [oku'pa(x)] vt to take up; (casa) to live in; (tempo) to occupy.

❑ **ocupar-se** vp to keep o.s. busy; ~-**se a fazer algo** to spend one's time doing sthg; ~-**se de** to see to.

odiar [o'dʒja(x)] vt to hate.

ódio [ˈɔdʒju] m hatred.

odor [o'do(x)] (pl -res [-riʃ]) m odour; ~ **corporal** body odour.

oeste [ˈwɛʃtʃi] m west; **a** ou **no** ~ in the west; **a** ~ **de** to the west of.

ofegante [ofe'gãntʃi] adj breathless.

ofegar [ofe'ga(x)] vi to pant.

ofender [ofēn'de(x)] vt to offend.

❑ **ofender-se** vp to take offence; ~-**se com algo** to take offence at sthg.

oferecer [ofere'se(x)] vt to offer; (dar) to give; ~ **algo a alguém** (presente, ajuda, lugar) to give sb sthg; (emprego) to offer sb sthg.

❑ **oferecer-se** vp: ~-**se para fazer algo** to offer to do sthg.

oferta [o'fɛxta] f (presente) gift; (de emprego) offer; (COM) supply.

oficial [ofi'sjaw] (pl -ais [-ajʃ]) adj official ◆ mf (em marinha, exército) officer.

oficina [ofi'sina] f garage.

ofício [o'fisju] m (profissão) trade; (carta) official letter.

oftalmologista [ɔftawmolo'ʒiʃta] mf ophthalmologist.

ofuscar [ofuʃ'ka(x)] vt to dazzle.

oi [ˈoj] interj (Br) hi!

oitavo, -va [oj'tavu, -va] num eighth, → **sexto**.

oitenta [oj'tēnta] num eighty, → **seis**.

oito [ˈojtu] num eight; **nem** ~ **nem oitenta!** there's no need to exaggerate!, → **seis**.

oitocentos, -tas [ojto'sēntuʃ, -taʃ] num eight hundred, → **seis**.

OK [ɔ'kej] interj OK!

olá [ɔ'la] interj hello!

olaria [ola'ria] f pottery.

oleado [o'ljadu] m oil cloth; (vestimenta) oilskins (pl).

óleo [ˈɔlju] m oil; ~ **de cozinha** (cooking) oil; ~ **de bronzear** suntan oil; ~ **de girassol/soja** sunflower/soya oil; ~ **vegetal** vegetable oil.

oleoduto [oljɔ'dutu] *m* pipeline *(for oil)*.

oleoso, -osa [o'ljozu, -ɔza] *adj* greasy.

olfacto [ol'fatu] *m (Port)* = **olfato**.

olfato [ow'fatu] *m (Br)* sense of smell.

olhadela [oʎa'dɛla] *f* glance; **dar uma ~ em algo** to have a quick look at sthg.

olhar [o'ʎa(x)] *(pl* **-res** [-riʃ]) *vt* to look at ♦ *vi* to look ♦ *m* look; **~ para** to look at; **~ por** to look after.

olheiras [o'ʎejraʃ] *fpl*: **ter ~** to have dark rings under one's eyes.

olho ['oʎu] *(pl* **olhos** ['ɔʎuʃ]) *m* eye; **~ mágico** peephole; **a ~ nu** with the naked eye; **a ~s vistos** visibly; **aos ~s de** in the eyes of; **custar os ~s da cara** to cost an arm and a leg; **não pregar ~** not to sleep a wink; **ver com bons/maus ~s** to approve/disapprove of.

olho-de-sogra [ˌoʎudʒi'sɔgra] *(pl* **olhos-de-sogra** [ˌoʎuʃdʒi'sɔgra]) *m* cake made with dates and coconut.

olímpico, -ca [o'lĩmpiku, -ka] *adj* Olympic.

oliveira [oli'vejra] *f* olive tree.

ombro ['õmbru] *m* shoulder; **encolher os ~s** to shrug one's shoulders.

omelete [ome'letʃi] *f* omelette.

omissão [omi'sãw] *(pl* **-ões** [-õjʃ]) *f* omission.

omitir [omi'ti(x)] *vt* to omit.

omnipotente [ˌɔmnipo'tẽntʃi] *adj* omnipotent.

omoplata [omo'plata] *f* shoulder-blade.

onça ['õsa] *f (animal)* jaguar; *(medida)* ounce.

onda ['õnda] *f* wave; **~ média/longa/curta** medium/long/short wave; **fazer ~** *(fam: criar problemas)* to make waves; **ir na ~** *(deixar-se enganar)* to fall for it.

onde ['õndʒi] *adv* where; **por ~ vamos?** which way are we going?

ondulado, -da [õndu'ladu, -da] *adj (cabelo)* wavy; *(superfície)* rippled.

oneroso, -osa [one'rozu, -ɔza] *adj* expensive.

ONG *f (abrev de Organização Não Governamental)* NGO.

ônibus ['onibuʃ] *m inv (Br)* bus.

ónix ['ɔniks] *m* onyx.

ontem ['õntẽ] *adv* yesterday; **~ de manhã/à tarde** yesterday morning/afternoon; **~ à noite** last night.

ONU ['ɔnu] *f (abrev de Organização das Nações Unidas)* UN.

onze ['õzi] *num* eleven, **→ seis**.

opaco, -ca [o'paku, -ka] *adj* opaque.

opala [o'pala] *f* opal.

opção [op'sãw] *(pl* **-ões** [-õjʃ]) *f* option.

ópera ['ɔpera] *f* opera.

operação [opera'sãw] *(pl* **-ões** [-õjʃ]) *f* operation; *(comercial)* transaction.

operador, -ra [opera'do(x), -ra] *(mpl* **-res** [-riʃ], *fpl* **-s** [-ʃ]) *m, f*: **~ de computadores** computer operator.

operar [ope'ra(x)] *vi (MED)* to operate ♦ *vt (MED)* to operate on.

❏ **operar-se** *vp (realizar-se)* to take place.

operário, -ria [ope'rarju, -rja] *m, f* worker.

opereta [ope'reta] *f* operetta.

opinar [opi'na(x)] *vt* to think ♦ *vi* to give one's opinion.

opinião [opi'njãw] *(pl* **-ões** [-õjʃ]) *f* opinion; **na minha ~** in my opinion; **na ~ dele** in his opinion; **ser da ~ que** to be of the opinion that; **a ~ pública** public opinion.

ópio ['ɔpju] *m* opium.

oponente [opo'nẽntʃi] *mf* opponent.

opor-se [o'poxsi] *vp* to object; **~ a** to oppose.

oportunidade [opoxtuni'dadʒi] *f* opportunity.

oportuno, -na [opox'tunu, -na] *adj* opportune.

oposição [opozi'sãw] *f* opposition; *(diferença)* contrast; **a ~** *(POL)* the Opposition.

oposto, -osta [o'poʃtu, -ɔʃta] *adj* opposite ♦ *m*: **o ~** the opposite; **~ a** opposite.

opressão [opre'sãw] *(pl* **-ões** [-õjʃ]) *f* oppression.

opressivo, -va [opre'sivu, -va] *adj* oppressive.

opressões → **opressão**.

oprimir [opri'mi(x)] *vt* to oppress.

optar [op'ta(x)] *vi* to choose; **~ por algo** to opt for sthg; **~ por fazer algo** to opt to do sthg, to choose to do sthg.

optimismo [ɔti'miʒmu] *m (Port)* = **otimismo**.

óptimo, -ma [ˈɔtimu, -ma] *adj (Port)* = ótimo.

ora [ˈɔra] *interj* come on! ◆ *conj* well ◆ *adv*: **por ~** for now; **~ essa!** well, well!; **~ ..., ~ ...** one minute ..., the next ....

oração [oraˈsãw] *(pl* **-ões** [-õjʃ]) *f (prece)* prayer; *(frase)* clause.

orador, -ra [oraˈdo(x), -ra] *(mpl* **-res** [-riʃ], *fpl* **-s** [-ʃ]) *m, f* (public) speaker.

oral [oˈraw] *(pl* **-ais** [-ajʃ]) *adj & f* oral.

orangotango [orãŋɡoˈtãŋɡu] *m* orangutang.

orar [oˈra(x)] *vi (discursar)* to give a speech; *(rezar)* to pray.

órbita [ˈɔxbita] *f (de olho)* socket; *(de planeta)* orbit; *(fig: de ação, influência)* sphere.

orçamento [oxsaˈmẽntu] *m (de Estado, empresa)* budget; *(para trabalho, serviço)* estimate.

ordem [ˈɔxdẽ] *(pl* **-ns** [-ʃ]) *f* order; **até segunda ~** until further notice; **de primeira ~** first-rate; **de tal ~ que** such that; **pôr algo em ~** to tidy sthg up; **por ~** in order; **por ~ de alguém** on the orders of sb; **sempre às ordens!** don't mention it!

ordenado [oxdeˈnadu] *m* wage.

ordenhar [oxdeˈɲa(x)] *vt* to milk.

ordens → ordem.

ordinário, -ria [oxdʒiˈnarju, -rja] *adj (grosseiro)* crude.

orégano [oˈrɛɡanu] *m (Br)* oregano.

orégão [oˈrɛɡãw] *m (Port)* = orégano.

orelha [oˈreʎa] *f (ANAT)* ear; *(de calçado)* tongue.

orfanato [oxfaˈnatu] *m* orphanage.

órfão, -fã [ˈɔxfãw, -fã] *m, f* orphan.

orfeão [oxˈfeãw] *(pl* **-ões** [-õjʃ]) *m* choral society.

orgânico, -ca [oxˈɡaniku, -ka] *adj* organic.

organismo [oxɡaˈniʒmu] *m* body.

organização [oxɡanizaˈsãw] *(pl* **-ões** [-õjʃ]) *f* organization.

órgão [ˈɔxɡãw] *m* organ; *(de empresa)* body; **~s sexuais** OU **genitais** sexual organs, genitals.

orgasmo [oxˈɡaʒmu] *m* orgasm.

orgia [oxˈʒia] *f* orgy.

orgulhar-se [oxɡuˈʎaxsi] : **orgulhar-se de** *vp + prep* to be proud of.

orgulho [oxˈɡuʎu] *m* pride.

orientação [orjẽntaˈsãw] *(pl* **-ões** [-õjʃ]) *f* direction; **~ escolar** careers

advice *(at school)*; **~ profissional** careers advice.

oriental [orjẽnˈtaw] *(pl* **-ais** [-ajʃ]) *adj (do este)* eastern; *(do Extremo Oriente)* oriental.

❏ **orientais** *mpl*: **os orientais** the Orientals.

orientar [orjẽnˈta(x)] *vt (guiar)* to direct; *(aconselhar)* to advise.

❏ **orientar-se por** *vp + prep* to follow.

oriente [oˈrjẽntʃi] *m* east.

❏ **Oriente** *m*: **o Oriente** the Orient.

orifício [oriˈfisju] *m* orifice.

origem [oˈriʒẽ] *(pl* **-ns** [-ʃ]) *f* origin.

original [oriʒiˈnaw] *(pl* **-ais** [-ajʃ]) *adj & m* original.

originar [oriʒiˈna(x)] *vt* to cause.

❏ **originar-se** *vp* to arise.

oriundo, -da [oˈrjũndu, -da] *adj*: **~ de** from.

orixá [oriˈʃa] *mf (Br)* god or goddess of any of the Afro-Brazilian religions.

ornamentar [oxnamẽnˈta(x)] *vt* to decorate.

ornamento [oxnaˈmẽntu] *m* ornament.

ornitologia [oxnitoloˈʒia] *f* ornithology.

orquestra [oxˈkɛʃtra] *f* orchestra.

orquídea [oxˈkidʒja] *f* orchid.

ortografia [oxtograˈfia] *f* spelling.

ortopedia [oxtopeˈdʒia] *f* orthopaedics *(sg)*.

ortopédico, -ca [oxtpˈpɛdʒiku, -ka] *adj* orthopaedic.

ortopedista [oxtopeˈdʒiʃta] *mf* orthopaedic surgeon.

orvalho [oxˈvaʎu] *m* dew.

os → o.

oscilação [oʃsilaˈsãw] *(pl* **-ões** [-õjʃ]) *f (balanço)* swinging; *(variação)* fluctuation.

oscilar [oʃsiˈla(x)] *vi (balançar)* to swing; *(variar)* to fluctuate; **~ entre** to fluctuate between.

osso [ˈosu] *(pl* **ossos** [ˈɔsuʃ]) *m* bone.

ostensivamente [oʃtẽˈsivaˈmẽntʃi] *adv* ostentatiously.

ostensivo, -va [oʃteˈsivu, -va] *adj (provocatório)* blatant; *(exibicionista)* ostentatious.

ostentar [oʃtẽnˈta(x)] *vt* to show off.

ostra [ˈoʃtra] *f* oyster.

OTAN [oˈtã] *f (abrev de Organização do Tratado do Atlântico Norte)* = NATO.

otimismo [otʃiˈmiʒmu] *m (Br)* optimism.

ótimo, -ma [ˈɔtʃimu, -ma] *adj (Br)* great ♦ *interj (Br)* great!, excellent!

otorrinolaringologista [ˌotoˌxinolaˌrĩŋgoloˈʒiʃta] *mf* ear, nose and throat specialist.

ou [o] *conj* or; ~ ... ~ either ... or.

ouço [ˈosu] → **ouvir**.

ouriço [oˈrisu] *m (de castanheiro)* shell.

ouriço-cacheiro [oˌrisukaˈʃejru] (*pl* **ouriços-cacheiros** [oˌrisuʃkaˈʃejruʃ]) *m* hedgehog.

ouriço-do-mar [oˌrisuduˈma(x)] (*pl* **ouriços-do-mar** [oˌrisuʒduˈma(x)]) *m* sea urchin.

ourives [oˈriviʃ] *mf inv* jeweller.

ourivesaria [orivezaˈria] *f* jeweller's (shop).

ouro [ˈoru] gold; ~ **de lei** *19.25-carat* gold.

❏ **ouros** *mpl (naipe de cartas)* diamonds.

Ouro Preto [ˌoruˈpretu] *s* Ouro Preto.

ousadia [ozaˈdʒia] *f* audacity.

ousar [oˈza(x)] *vt* to dare to.

outdoor [awtˈdɔr] *m (propaganda)* outdoor advertising; *(cartaz)* hoarding *(Brit)*, billboard *(Am)*.

outono [oˈtonu] *m* autumn *(Brit)*, fall *(Am)*.

outro, -tra [ˈotru, -tra] *adj* another *(sg)*, other *(pl)* ♦ *pron (outra coisa)* another *(sg)*, others *(pl)*; *(outra pessoa)* someone else; **o** ~/**a outra** the other (one); **os** ~**s** the others; ~ **copo** another glass; ~**s dois copos** another two

glasses; ~ **dia** another day; **no** ~ **dia** *(no dia seguinte)* the next day; *(relativo a dia passado)* the other day; **um ou** ~ one or the other; **um após o** ~ one after the other.

outubro [oˈtubru] *m* October, → **setembro**.

ouve [ˈovi] → **ouvir**.

ouvido [oˈvidu] *m (ANAT)* ear; *(audição)* hearing; **dar** ~**s a alguém** to listen to sb; **ser todo** ~**s** to be all ears; **ter bom** ~ to have good hearing; **tocar de** ~ to play by ear.

ouvinte [oˈvĩtʃi] *mf* listener.

ouvir [oˈvi(x)] *vt & vi* to hear; **você está ouvindo?** are you listening?; **estar ouvindo algo/alguém** to be listening to sthg/sb.

ovação [ovaˈsãw] (*pl* -**ões** [-õjʃ]) *f* ovation.

oval [oˈvaw] (*pl* -**ais** [-ajʃ]) *adj* oval.

ovário [oˈvarju] *m* ovary.

ovelha [oˈveʎa] *f* sheep; *(fêmea)* ewe; ~ **negra** black sheep.

OVNI [ˈɔvni] *m (abrev de Objeto Voador Não Identificado)* UFO.

ovo [ˈovu] (*pl* **ovos** [ˈɔvuʃ]) *m* egg; ~ **cozido/escalfado** boiled/poached egg; ~ **estrelado** fried egg; ~**s mexidos** scrambled eggs; ~**s de Páscoa** Easter eggs.

óvulo [ˈɔvulu] *m* ovum.

oxigénio [ɔksiˈʒenju] *m (Port)* = **oxigênio**.

oxigênio [oksiˈʒenju] *m (Br)* oxygen.

ozônio [oˈzonju] *m (Br)* ozone.

ozono [oˈzonu] *m (Port)* = **ozônio**.

P

p. *(abrev de página)* p.

P. *(abrev de Praça)* = Sq.

pá ['pa] *f (utensílio)* spade ◆ *m (Port: fam: forma de tratamento)* mate *(Brit)*, man *(Am)*.

pacato, -ta [pa'katu, -ta] *adj* easygoing.

paciência [pa'sjẽsja] *f* patience; **perder a ~** to lose one's patience; **ter ~** to be patient.

paciente [pa'sjẽntʃi] *adj & mf* patient.

pacífico, -ca [pa'sifiku, -ka] *adj* peaceful.

❑ **Pacífico** *m*: **o Pacífico** the Pacific.

pacifista [pasi'fiʃta] *mf* pacifist.

paçoca [pa'sɔka] *f (prato)* a dish made with fresh or dried meat, cooked and minced, then fried and mixed with cornflour or cassava; *(doce)* dessert made from ground peanuts, milk, eggs and sugar.

pacote [pa'kɔtʃi] *m* packet; *(em turismo)* package; **~ de açúcar** *(pequeno)* packet of sugar.

padaria [pada'ria] *f* bakery.

padecer [pade'se(x)] : **padecer de** *v + prep* to suffer from.

padeiro, -ra [pa'dejru, -ra] *m, f* baker.

padrão [pa'drãw] *(pl -ões* [-õjʃ]) *m (de produto)* model; *(de tecido)* pattern; **~ de vida** standard of living.

padrasto [pa'draʃtu] *m* stepfather.

padre ['padri] *m* priest.

padrinho [pa'driɲu] *m* godfather.

padrões → **padrão**.

pães → **pão**.

pág. *(abrev de página)* p.

pagamento [paga'mẽntu] *m* payment; **~ em dinheiro** OU **numerário** cash payment; **~ a prestações** hire purchase *(Brit)*, installment plan *(Am)*.

pagar [pa'ga(x)] *vt* to pay; *(estudos)* to pay for; *(fig: consequências)* to suffer ◆ *vi*: **~ por** *(sofrer consequências por)* to pay for; **~ algo a alguém** to pay sb sthg; **quanto você pagou pelo bilhete?** how much did you pay for the ticket? **~ à vista** to pay cash up front.

página ['paʒina] *f* page; **as Páginas Amarelas** the Yellow Pages®.

pago, -ga ['pagu, -ga] *pp* → **pagar**.

pagode [pa'gɔdʒi] *m (fam: farra)* fun.

págs. *(abrev de páginas)* pp.

pai ['paj] *m* father.

pai-de-santo [,pajdʒi'sãntu] *(pl pais-de-santo* [,pajʒdʒi'sãntu]) *m "candomblé"* or *"umbanda"* priest.

painel [paj'nɛw] *(pl -éis* [-ɛiʃ]) *m* panel; *(de veículo)* dashboard; **~ solar** solar panel.

paio ['paju] *m* very lean "chouriço".

pais ['pajʃ] *mpl (progenitores)* parents.

país [pa'iʃ] *(pl -ses* [-ziʃ]) *m* country.

paisagem [paj'zaʒãj] *(pl -ns* [-ʃ]) *f (vista)* view; *(pintura)* landscape.

País de Gales [pa,iʒdʒi'galiʃ] *m*: **o ~** Wales.

países → **país**.

paixão [paj'ʃãw] *(pl -ões* [-õjʃ]) *f* passion.

pajé [pa'ʒe] *m (Br)* witch doctor.

palacete [pala'setʃi] *m* small palace.

palácio [pa'lasju] *m* palace; **Palácio da Justiça** Law Courts *(pl)*.

paladar [pala'da(x)] *(pl -res* [-riʃ]) *m* taste.

palafita [pala'fita] *f* house on stilts.

palavra [pa'lavra] *f* word ◆ *interj* honest!; **dar a ~ a alguém** to give sb the opportunity to speak.

palavrão [pala'vrãw] *(pl -ões* [-õjʃ]) *m* swearword.

palavras-cruzadas [pa,lavraʃkru-'zadaʃ] *fpl* crossword (puzzle) *(sg)*.

palavrões → **palavrão**.

palco ['pawku] *m* stage.

palerma [pa'lɛxma] *mf* fool.

palestra [pa'lɛʃtra] *f* lecture.

paleta [pa'leta] *f* palette.

paletó [pale'tɔ] *m* jacket.

palha ['paʎa] *f* straw.

palhaço [pa'ʎasu] *m* clown.

palhinha [pa'ʎiɲa] *f* straw.

pálido, -da ['palidu, -da] *adj* pale.

paliteiro [pali'tejru] *m* toothpick holder.

palito [pa'litu] *m* (para dentes) toothpick; **~ de fósforo** matchstick; **ser um ~** (fig: pessoa) to be as thin as a rake.

palma ['pawma] *f* palm.

❑ **palmas** *fpl* clapping (sg); **bater ~s** to clap; **uma salva de ~s** a round of applause.

palmeira [paw'mejra] *f* palm tree.

palmito [paw'mitu] *m* palm heart.

palmo ['pawmu] *m* (hand) span; **~ a ~** inch by inch.

PALOP *mpl* (abrev de Países Africanos de Língua Oficial Portuguesa): **os ~** acronym for African countries where Portuguese is an official language.

palpável [paw'pavɛw] (*pl* **-eis** [-ejʃ]) *adj* tangible.

pálpebra ['pawpebra] *f* eyelid.

palpitação [pawpita'sãw] (*pl* **-ões** [-õjʃ]) *f* beating.

palpitar [pawpi'ta(x)] *vi* to beat.

palpite [paw'pitʃi] *m* tip; (suposição) hunch.

paludismo [palu'diʒmu] *m* malaria.

pamonha [pa'moɲa] *f* cake made from maize, coconut milk, butter, cinnamon, sweet herbs and sugar, and baked wrapped in banana skin.

Panamá [pana'ma] *m*: **o ~** Panama.

pancada [pãŋ'kada] *f* (com pau, mão) blow; (choque) knock; (de relógio) stroke; **dar ~ em alguém** to beat sb up; **~ d'água** sudden downpour; **ser ~** (fam) to be crazy.

pâncreas ['pãŋkrjaʃ] *m inv* pancreas.

panda ['pãnda] *m* panda.

pandeiro [pãn'dejru] *m* tambourine.

pandemónio [pãnde'mɔnju] *m* (Port) = pandemônio.

pandemônio [pãnde'monju] *m* (Br) pandemonium.

pane ['pani] *f* breakdown.

panela [pa'nɛla] *f* pot; **~ de pressão** pressure cooker.

panfleto [pã'fletu] *m* pamphlet.

pânico ['paniku] *m* panic; **entrar em ~** to panic.

pano ['panu] *m* (tecido) cloth; (em teatro) curtain; **~ de fundo** backdrop.

panorama [pano'rama] *m* panorama.

panqueca [pãŋ'kɛka] *f* pancake.

pantanal [pãnta'naw] (*pl* **-ais** [-ajʃ]) *m* swampland.

❑ **Pantanal** *m*: **o Pantanal** the Pantanal.

pântano ['pãntanu] *m* swamp.

pantera [pãn'tɛra] *f* panther.

pantomima [pãnto'mima] *f* mime, dumb show.

pantufas [pãn'tufaʃ] *fpl* slippers.

pão ['pãw] (*pl* **pães** ['pãjʃ]) *m* bread; **~ de centeio** rye bread; **~ de fôrma** loaf; **~ francês** roll; **~ integral** wholemeal bread; **~ de leite** small sweet bread glazed with egg yolk before baking; **~ ralado** (Port) breadcrumbs (pl); **~ de segunda** crusty white loaf; **o Pão de Açúcar** Sugar Loaf Mountain; **comer o ~ que o diabo amassou** (fig) to have a rough time of it.

pão-de-ló [,pãwdʒi'lɔ] (*pl* **pães-de-ló** [,pãjʒdʒi'lɔ]) *m* sponge cake.

papa ['papa] *f* (para bebê) baby food ◆ *m* pope; (fig: ás) ace.

papagaio [papa'gaju] *m* (ave) parrot; (brinquedo) kite.

papeira [pa'pejra] *f* (Port) mumps (sg).

papel [pa'pɛw] (*pl* **-éis** [-ɛjʃ]) *m* paper; **~ A4** A4 paper; **~ de alumínio** tinfoil; **~ de carta** writing paper; **~ de embrulho** wrapping paper; **~ higiênico** toilet paper; **~ de máquina** typing paper; **~ de parede** wallpaper; **~ químico** (Port) carbon paper; **~ reciclado** recycled paper; **~ vegetal** (de cozinha) greaseproof paper; (de desenho) tracing paper.

papelão [pape'lãw] *m* cardboard.

papelaria [papela'ria] *f* stationer's (shop).

papel-carbono [pa,pɛukax'bonu] *m* (Br) carbon paper.

papo ['papu] *m* (de ave) crop; (Br: conversa) chat; **levar ou bater um ~** (Br: fam) to (have a) chat; **~s de anjo** small pastries made of syrup, jam, eggs and cinnamon, dusted with sugar on serving.

papo-furado [,papufu'radu] *m* (Br: fam) nonsense.

papoila [pa'pojla] *f* = **papoula**.

papo-seco [ˌpapu'seku] (*pl* **papos-secos** [ˌpapuʃ'sekuʃ]) *m* roll.

papoula [pa'pola] *f* poppy.

paquerar [pake'ra(x)] *vt* (*Br: fam*) to flirt with, to chat up ◆ *vi* (*Br: fam*) to flirt.

paquete [pa'ketʃi] *m* (*navio*) (steam-powered) ocean liner.

par ['pa(x)] (*pl* -**res** [-riʃ]) *adj* (*número*) even ◆ *m* pair; (*casal*) couple; **estar a ~ de algo** to be up to date on sthg; **~es masculinos/femininos/mistos** (*Port: em tênis*) men's/women's/mixed doubles; **a ~ side** by side; **aos ~es** in pairs.

para ['para] *prep* **1.** (*exprime finalidade, destinação*) for; **um telefonema ~ o senhor** a phone call for you; **queria algo ~ comer** I would like something to eat; **~ que serve isto?** what's this for?

2. (*indica motivo, objetivo*) (in order) to; **cheguei mais cedo ~ arranjar lugar** I arrived early (in order) to get a place; **era só ~ lhe agradar** I only wanted to please you.

3. (*indica direção*) towards; **apontou ~ cima/baixo** he pointed upwards/downwards; **olhei ~ ela** I looked at her; **seguiu ~ o aeroporto** he headed for the airport; **vá ~ casa!** go home!

4. (*relativo a tempo*) for; **quero isso pronto ~ amanhã** I want it done for tomorrow; **estará pronto ~ a semana/o ano** it'll be ready next week/year; **são quinze ~ as três** it's a quarter to three (*Brit*), it's a quarter of three (*Am*).

5. (*em comparações*): **é caro demais ~ as minhas posses** it's too expensive for my budget; **~ o que come, está magro** he's thin, considering how much he eats.

6. (*relativo a opinião, sentimento*): **~ mim** as far as I'm concerned.

7. (*exprime a iminência*): **estar ~ fazer algo** to be about to do sthg; **o ônibus está ~ sair** the bus is about to leave; **ele está ~ chegar** he'll be here any minute now.

8. (*em locuções*): **~ mais de** well over; **~ que** so that; **é ~ já!** coming up!

parabéns [para'bẽʃ] *mpl* congratulations ◆ *interj* (*em geral*) congratulations!; (*por aniversário*) happy birthday!; **dar os ~ a alguém** (*em geral*) to congratulate sb; (*por aniversário*) to wish sb a happy birthday; **você está de ~** you're to be congratulated.

parabólica [para'bɔlika] *f* satellite dish.

pára-brisas [ˌpara'brizaʃ] *m inv* windscreen (*Brit*), windshield (*Am*).

pára-choques [ˌpara'ʃɔkiʃ] *m inv* bumper.

parada [pa'rada] *f* (*de jogo*) bet, stake; (*militar*) parade; **~ (de ônibus)** (*Br*) (bus) stop.

paradeiro [para'dejru] *m* whereabouts (*pl*).

parado, -da [pa'radu, -da] *adj* (*pessoa, animal*) motionless; (*carro*) stationary; (*máquina*) switched off; (*sem vida*) dull.

paradoxo [para'dɔksu] *m* paradox.

parafina [para'fina] *f* paraffin.

parafrasear [parafra'zja(x)] *vt* to paraphrase.

parafuso [para'fuzu] *m* screw.

paragem [pa'raʒẽ] (*pl* -**ns** [-ʃ]) *f* stop, halt; **~ (de autocarro)** (*Port*) (bus) stop.

parágrafo [pa'ragrafu] *m* paragraph.

Paraguai [para'gwaj] *m*: **o ~** Paraguay.

paraíso [para'izu] *m* paradise.

pára-lamas [ˌpara'lamaʃ] *m inv* mudguard (*Brit*), fender (*Am*).

paralelo, -la [para'lɛlu, -la] *adj & m* parallel; **sem ~** unparalleled.

paralisar [parali'za(x)] *vt* to paralyse.

paralisia [parali'zia] *f* paralysis.

paralítico, -ca [para'litiku, -ka] *m, f* paralytic.

paranóico, -ca [para'nɔiku, -ka] *m, f* (*fam*) nutter ◆ *adj* paranoid.

parapeito [para'pejtu] *m* windowsill.

pára-quedas [ˌpara'kɛdaʃ] *m inv* parachute.

pára-quedista [ˌparake'diʃta] *mf* parachutist.

parar [pa'ra(x)] *vt & vi* to stop; **"pare, escute, olhe"** "stop, look and listen"; **ir ~ em** to end up in; **~ de fazer algo** to stop doing sthg; **sem ~** non-stop.

pára-raios [para'xajuʃ] *m inv* lightning conductor (*Brit*), lightning rod (*Am*).

parasita [para'zita] *m* parasite.

parceiro, -ra [pax'sejru, -ra] *m, f* partner.

parcela [pax'sɛla] *f* (*de soma*) item; (*fragmento*) fragment, bit.

parceria [paxse'ria] *f* partnership.
parcial [par'sjaw] (*pl* **-ais** [-ajʃ]) *adj* (*não completo*) partial; (*faccioso*) biased.
parcómetro [par'kɔmetru] *m* (*Port*) = parquímetro.
pardal [pax'daw] (*pl* **-ais** [-ajʃ]) *m* house sparrow.
pardo, -da ['paxdu, -da] *adj* dark grey.
parecer [pare'se(x)] *vi* to look ◆ *m* opinion ◆ *v impess*: **parece que vai chover** it looks like rain, it looks as if it's going to rain; **parece-me que sim** I think so; **ao que parece** by the look of things; **que lhe parece?** what do you think?
❑ **parecer-se** *vp* to look alike; **~-se com alguém** to look like sb.
parecido, -da [pare'sidu, -da] *adj* similar; **são muito ~s** they are very alike.
paredão [pare'dãw] (*pl* **-ões** [-õjʃ]) *m* thick wall.
parede [pa'redʒi] *f* wall; **morar ~s meias com** to live next door to.
paredões → paredão.
parente, -ta [pa'rẽntʃi, -ta] *m, f* relative; **~ próximo** close relative.
parêntese [pa'rẽntezi] *m* (*sinal*) bracket; (*frase*) parenthesis; **entre ~s** in brackets.
pares → par.
pargo ['paxgu] *m* sea bream.
parir [pa'ri(x)] *vt* to give birth to ◆ *vi* to give birth.
parlamento [paxla'mẽntu] *m* parliament.
paróquia [pa'rɔkja] *f* parish.
parque ['paxki] *m* park; **~ de campismo** (*Port*) campsite (*Brit*), campground (*Am*); **~ de diversões** amusement park; **~ de estacionamento** car park (*Brit*), parking lot (*Am*); **~ industrial** industrial estate; **~ infantil** (*Port*) playground; **~ nacional** national park; **~ natural** nature reserve.
parquímetro [pax'kimetru] *m* parking meter.
parte ['paxtʃi] *f* part; (*fração*) bit; (*JUR*) party; **dar ~ de** (*informar*) to report; **fazer ~ de** to be part of; **tomar ~ de** to take part in; **em outra ~** somewhere else; **por toda a ~** everywhere; **da ~ de** on behalf of; **de ~ a ~** mutual; **em ~** in part.
parteira [pax'tejra] *f* midwife.

participação [paxtʃisipa'sãw] (*pl* **-ões** [-õjʃ]) *f* participation; (*comunicado*) announcement; (*em negócio*) involvement; (*a polícia, autoridade*) report.
participante [paxtʃisi'pãntʃi] *mf* participant.
participar [paxtʃisi'pa(x)] *vi* to participate ◆ *vt*: **~ algo a alguém** (*informar*) to inform sb of sthg; (*comunicar*) to report sthg to sb; **~ de algo** to take part in sthg.
particípio [paxtʃi'sipju] *m* participle; **~ passado/presente** past/present participle.
particular [paxtʃiku'la(x)] (*pl* **-res** [-riʃ]) *adj* (*individual*) particular; (*privado*) private, privately owned.
partida [pax'tʃida] *f* (*saída*) departure; (*em esporte*) match; **estar de ~** to be about to leave; **à ~** at the beginning.
partidário, -ria [partʃi'darju, -rja] *m, f* supporter.
partido, -da [pax'tʃidu, -da] *adj* broken ◆ *m*: **~ (político)** (political) party.
partilhar [paxtʃi'ʎa(x)] *vt* to share.
partir [pax'tʃi(x)] *vt* to break ◆ *vi* (*ir embora*) to leave, to depart; **ele partiu para o estrangeiro** he went abroad; **~ de** (*lugar*) to leave; **a ~ de** from; **a ~ de agora** from now on.
❑ **partir-se** *vp* (*quebrar-se*) to break.
parto ['paxtu] *m* birth.
parvo, -va ['paxvu, -va] *m, f* idiot.
Páscoa ['paʃkwa] *f* Easter; **~ feliz!** Happy Easter!
pasmado, -da [paʒ'madu, -da] *adj* dumbstruck.
passa ['pasa] *f* (*fruto*) raisin.
passadeira [pasa'dejra] *f* (*Port: para peões*) pedestrian crossing.
passado, -da [pa'sadu, -da] *adj* (*no passado*) past; (*anterior*) last ◆ *m* past; **mal ~** (*CULIN*): **bife, carne**) rare; **bem ~** (*CULIN*: *bife, carne*) well-done.
passageiro, -ra [pasa'ʒejru, -ra] *m, f* passenger ◆ *adj* passing.
passagem [pa'saʒẽ] (*pl* **-ns** [-ʃ]) *f* passage; (*bilhete*) ticket; **~ de ano** New Year, Hogmanay (*Scot*); **~ de ida** (*Br*) single (ticket) (*Brit*), one-way ticket (*Am*); **~ de ida e volta** (*Br*) round-trip ticket (*Am*); **~ de nível** level crossing; **~ subterrânea** subway (*Brit*), underpass (*Am*).
passaporte [pasa'pɔrtʃi] *m* passport.

passar [pa'sa(x)] *vt* **1.** *(deslizar, filtrar):* **~ algo por algo** to pass sthg through sthg; **ela passou a mão pelo cabelo** she ran her hand through her hair; **passou o creme bronzeador nos braços** he put suntan cream on his arms; **~ por água** to rinse.
2. *(chegar, fazer chegar)* to pass; **pode me passar o sal?** would you pass me the salt?
3. *(a ferro):* **~ algo (a ferro), ~ (a ferro) algo** to iron sthg; **você já passou a roupa (a ferro)?** have you done the ironing yet?
4. *(contagiar)* to pass on.
5. *(mudar):* **~ algo para** to move sthg to.
6. *(ultrapassar)* to pass.
7. *(tempo)* to spend; **passei um ano em Portugal** I spent a year in Portugal.
8. *(exame)* to pass.
9. *(fronteira)* to cross.
10. *(vídeo, disco)* to put on.
11. *(em televisão, cinema)* to show.
12. *(admitir):* **deixar ~ algo** to let sthg pass.
♦ *vi* **1.** *(ir, circular)* to go; **o (ônibus) 7 não passa por aqui** the number 7 doesn't come this way.
2. *(revisor, ônibus):* **já passou o (ônibus) 7/o revisor?** has the number 7/the ticket inspector been?
3. *(tempo)* to go by; **já passa das dez horas** it's past ten o'clock; **o tempo passa muito depressa** time flies.
4. *(terminar)* to be over; **o verão já passou** summer's over; **a dor já passou** the pain's gone.
5. *(a nível diferente)* to go up; **ele passou para o segundo ano** he went up into second year; **passa para primeira** *(velocidade)* go into first (gear); **quero ~ para um nível mais alto** I want to move up to a more advanced level.
6. *(mudar de ação, tema):* **~ a** to move on to.
7. *(em locuções):* **como você tem passado?** *(de saúde)* how have you been?; **~ bem** *(tempo, férias)* to enjoy; **passe bem!** good day to you!; **~ mal** *(de saúde)* to feel ill; **não ~ de** to be no more than; **~ (bem) sem** to be fine without; **não ~ sem** never to go without; **o que passou, passou** let bygones be bygones.
❏ **passar por** *v + prep* *(ser considerado*

como) to pass as OU for; *(fig: atravessar)* to go through; **fazer-se ~ por** to pass o.s. off as.
❏ **passar-se** *vp* *(acontecer)* to happen; **o que é que se passa?** what's going on?.
passarela [pasa'rɛla] *f* *(Br: de rua, estrada)* pedestrian crossing; *(para desfile de moda)* catwalk.
pássaro ['pasaru] *m* bird.
passatempo [.pasa'tẽmpu] *m* hobby, pastime.
passe ['pasi] *m* *(de ônibus)* (bus) pass; *(de trem)* season ticket.
passear [pa'sja(x)] *vt* *(cão)* to walk ♦ *vi* to go for a walk.
passeata [pa'sjata] *f* *(passeio)* stroll; *(Br: marcha de protesto)* demonstration.
passeio [pa'saju] *m* *(em rua)* pavement *(Brit)*, sidewalk *(Am)*; *(caminhada)* walk.
passional [pasjo'naw] *(pl* **-ais** [-ajʃ]) *adj* passionate.
passista [pa'siʃta] *mf* *(Br)* skilled samba dancer, especially one who dances in Carnival parades in Brazil.
passível [pa'sivew] *(pl* **-eis** [-ejʃ]) *adj:* **~ de** liable to.
passivo, -va [pa'sivu, -va] *adj* passive ♦ *m* *(COM)* liabilities *(pl)*.
passo ['pasu] *m* *(movimento)* step; *(modo de andar)* walk; *(ritmo)* pace; **dar o primeiro ~** to make the first move; **a dois ~s (de)** round the corner (from); **ao ~ que** whilst; **~ a ~** step by step.
pasta ['paʃta] *f* briefcase; *(de escola)* satchel; *(para papéis)* folder; *(de ministro)* portfolio; *(massa)* paste; **~ dentífrica** OU **de dentes** toothpaste.
pastar [paʃ'ta(x)] *vi* to graze.
pastel [paʃ'tɛw] *(pl* **-éis** [-ɛiʃ]) *m* pie; *(em pintura)* pastel; *(Port: bolo)* cake; **~ de bacalhau** small cod fishcake; **~ de carne** = sausage roll; **~ de galinha** chicken pasty.
pastelaria [paʃtela'ria] *f* *(local)* patisserie; *(comida)* pastries *(pl)*.
pasteurizado, -da [paʃtewri'zadu, -da] *adj* pasteurized.
pastilha [paʃ'tiʎa] *f* *(doce)* pastille; *(medicamento)* tablet, pill; **~ (elástica)** *(Port)* (chewing) gum; **~ para a garganta** throat lozenge; **~ para a tosse** cough sweet.
pasto ['paʃtu] *m* pasture.
pastor, -ra [paʃ'to(x), -ra] *(mpl* **-res** [-riʃ], *fpl* **-s** [-ʃ]) *m, f* shepherd *(f* shep-

herdess) ♦ *m* minister.
pata ['pata] *f (perna de animal)* leg; *(pé de gato, cão)* paw; *(pé de cavalo, cabra)* hoof.
patamar [pata'ma(x)] *(pl* **-res** [-riʃ]) *m* landing.
paté [pa'te] *m (Port)* = **patê**.
patê [pa'te] *m (Br)* pâté.
patente [pa'tẽntʃi] *adj (visível)* obvious ♦ *f (de máquina, invento)* patent; *(de militar)* rank.
paternal [patex'naw] *(pl* **-ais** [-ajʃ]) *adj (afetuoso)* fatherly.
pateta [pa'tɛta] *mf* twit.
patético, -ca [pa'tɛtʃiku, -ka] *adj* pathetic.
patife [pa'tʃifi] *m* scoundrel.
patim [pa'tʃĩ] *(pl* **-ns** [-ʃ]) *m (de rodas)* roller skate; *(de gelo)* ice skate.
patinação [patʃina'sãw] *f (Br)* skating; ~ **artística** figure skating; ~ **no gelo** ice skating.
patinagem [pati'naʒẽ] *f (Port)* = **patinação**.
patinar [patʃi'na(x)] *vi (com patins)* to skate; *(veículo)* to spin.
patins → **patim**.
pátio ['patʃju] *m* patio.
pato ['patu] *m* duck.
patologia [patolo'ʒia] *f* pathology.
patológico, -ca [pato'lɔʒiku, -ka] *adj* pathological.
patrão, -troa [pa'trãw, -troa] *(mpl* **-ões** [-õjʃ], *fpl* **-s** [-ʃ]) *m, f* boss.
pátria ['patria] *f* native country.
património [patri'mɔnju] *m (Port)* = **patrimônio**.
patrimônio [patri'monju] *m (Br) (de empresa, fundação)* assets *(pl)*; *(herança)* inheritance; ~ **nacional** national heritage.
patriota [patri'ɔta] *mf* patriot.
patroa → **patrão**.
patrocinador, -ra [patrosina'do(x), -ra] *(mpl* **-res** [-riʃ], *fpl* **-s** [-ʃ]) *m, f* sponsor.
patrocinar [patrosi'na(x)] *vt* to sponsor.
patrões → **patrão**.
patrulha [pa'truʎa] *f* patrol.
pau ['paw] *m* stick.
❑ **paus** *mpl (naipe de cartas)* clubs.
paulista [paw'liʃta] *mf* native/inhabitant of São Paulo.
pausa ['pawza] *f (intervalo)* break;

(silêncio) pause.
pauta ['pawta] *f (de alunos)* register; *(de música)* stave.
pavão [pa'vãw] *(pl* **-ões** [-õjʃ]) *m* peacock.
pavê [pa've] *m liqueur-soaked sponge fingers set in layers with a sweet filling made from melted chocolate, egg yolks and butter.*
pavilhão [pavi'ʎãw] *(pl* **-ões** [-õjʃ]) *m* pavilion; ~ **esportivo** sports pavilion.
pavimentar [pavimẽn'ta(x)] *vt* to pave.
pavimento [pavi'mẽntu] *m (de estrada, rua)* road surface; *(andar de edifício)* floor.
pavões → **pavão**.
pavor [pa'vo(x)] *m* terror; **ter** ~ **de** to be terrified of.
paz ['paʃ] *(pl* **-zes** [-ziʃ]) *f* peace; **deixar algo/alguém em** ~ to leave sthg/sb in peace; **fazer as** ~**es** to make (it) up; **que descanse em** ~ (may he/she) rest in peace.
PC *m (abrev de Personal Computer)* PC.
Pça. *(abrev de praça)* Sq.
pé ['pɛ] *m* foot; *(de planta)* stem, stalk; *(em vinho)* dregs *(pl)*; **andar na ponta dos** ~**s** to walk on tiptoe; **pôr-se de** ~ to stand up; **ter** ~ *(em água)* to be able to stand; **não ter** ~ *(em água)* not to be able to touch the bottom; **a** ~ on foot; **ao** ~ **de** near; **em** OU **de** ~ standing (up); **em** ~ **de igualdade** on an equal footing.
peão ['pjãw] *(pl* **-ões** [-õjʃ]) *m (Port)* individuo a pé) pedestrian; *(em xadrez)* pawn.
peça ['pɛsa] *f* piece; *(divisão de casa)* room; ~ **(de teatro)** play.
pecado [pe'kadu] *m* sin.
pechincha [pe'ʃiʃa] *f* bargain.
peço ['pɛsu] → **pedir**.
peculiar [peku'lja(x)] *(pl* **-es** [-iʃ]) *adj* peculiar.
pedaço [pe'dasu] *m* piece; *(de tempo)* while; **andamos um bom** ~ we walked a good part of the way; **estou aqui há** ~ I've been here for a while; **estar caindo aos** ~**s** to be falling to bits.
pedágio [pe'daʒju] *m (Br)* toll.
pedal [pe'daw] *(pl* **-ais** [-ajʃ]) *m* pedal.
pede [pe'dʒi] → **pedir**.
pé-de-cabra [,pede'kabra] *(pl* **pés-de-cabra** [,peʒde'kabra]) *m* crowbar.

pé-de-moleque [ˌpɛdʒimoˈlɛki] (*pl* **pés-de-moleque** [ˌpɛ3dʒimoˈlɛki]) *m hard peanut nougat.*

pedestal [pedeʃˈtaw] (*pl* **-ais** [-ajʃ]) *m* pedestal.

pedestre [peˈdɛʃtri] *adj (zona, faixa)* pedestrian *(antes de s)* ◆ *m (Br: indivíduo a pé)* pedestrian.

pediatra [peˈdʒjatra] *mf* paediatrician.

pediatria [pedʒjaˈtria] *f* paediatrics *(sg.)*

pedido [peˈdʒidu] *m* request; *(em restaurante)* order; **a ~ de alguém** at sb's request.

pedinte [peˈdʒĩtʃi] *mf* beggar.

pedir [peˈdʒi(x)] *vt (em restaurante, bar)* to order; *(preço)* to ask ◆ *vi (mendigar)* to beg; **~ algo a alguém** to ask sb for sthg; **~ a alguém que faça algo** to ask sb to do sthg; **~ algo emprestado a alguém** to borrow sthg from sb.

pedra [ˈpedra] *f* stone; *(lápide)* tombstone; *(granizo)* hailstone; *(de isqueiro)* flint; *(de dominó)* domino; **~ (preciosa)** precious stone, gem.

pedra-pomes [ˌpedraˈpɔmiʃ] (*pl* **pedras-pomes** [ˌpedraʃˈpɔmiʃ]) *f* pumice stone.

pedra-sabão [ˌpedrasaˈbãw] (*pl* **pedras-sabão** [ˌpedraʃsaˈbãw]) *f (Br)* soapstone.

pedreiro [peˈdrejru] *m* bricklayer.

pega [ˈpega] *f (ave)* magpie.

pegada [peˈgada] *f* footprint.

pegado, -da [peˈgadu, -da] *adj (colado)* stuck; *(contíguo)* adjoining.

pegajoso, -osa [pegaˈ3ozu, -ɔza] *adj* sticky.

pegar [peˈga(x)] *vt* to catch; *(hábito, vício, mania)* to pick up ◆ *vi (motor)* to start; *(idéia, moda)* to catch on; *(planta)* to take; **peguei uma gripe** I got the flu; **~ em algo** to pick sthg up; **~ fogo em algo** to set fire to sthg; **~ no sono** to fall asleep.

❑ **pegar-se** *vp (agarrar-se)* to stick; *(brigar)* to come to blows.

peito [ˈpejtu] *m (seio)* breast; *(parte do tronco)* chest; *(de camisa, blusa)* front.

peitoril [pejtoˈriw] (*pl* **-is** [-iʃ]) *m* windowsill.

peixaria [pejʃaˈria] *f* fishmonger's (shop).

peixe [ˈpejʃi] *m* fish; **~ congelado** frozen fish.

❑ **Peixes** *m inv (signo do Zodíaco)* Pisces.

peixe-agulha [ˌpejʃaˈguʎa] *m* garfish.

peixe-espada [ˌpejʃeʃˈpada] *m* scabbard fish.

peixe-vermelho [ˌpejʃevexˈmeʎu] *m* carp.

pejorativo, -va [peʒoraˈtʃivu, -va] *adj* pejorative.

pela [ˈpela] = **por** + **a**, → **por**.

pelado, -da [peˈladu, -da] *adj (cabeça)* shorn; *(Br: fam: nu)* starkers; *(Port: fruta)* peeled.

pele [ˈpɛli] *f* skin; *(couro)* leather.

pelica [peˈlika] *f* kid (leather).

pelicano [peliˈkanu] *m* pelican.

película [peˈlikula] *f* film; **~ aderente** Clingfilm® (Brit), plastic wrap (Am).

pelo [ˈpelu] = **por** + **o**, → **por**.

pêlo [ˈpelu] *m (de animal)* fur; *(de pessoa)* hair.

Pelourinho [peloˈriɲu] *m*: **o ~ (de Salvador)** *the Pelourinho district in Salvador.*

peluche [peˈluʃe] *m (Port)* = **pelúcia**.

pelúcia [peˈlusja] *f* plush.

peludo, -da [peˈludu, -da] *adj* hairy.

pélvis [ˈpɛwviʃ] *m ou f inv* pelvis.

pena [ˈpena] *f (de ave)* feather; *(de escrever)* quill; *(dó)* pity; *(castigo)* sentence; **que ~!** what a shame!; **cumprir ~** to serve a prison term; **dar ~** to be a shame; **ter ~ de alguém** to feel sorry for sb; **tenho ~ de não poder ir** I'm sorry (that) I can't go; **valer a ~** to be worth one's while; **~ capital** capital punishment; **~ de morte** death penalty.

penalidade [penaliˈdadʒi] *f* penalty.

pênalti [peˈnawtʃi] *m (Br)* penalty.

penalty [peˈnalti] *m (Port)* = **pênalti**.

pendente [pẽˈdẽtʃi] *adj* pending ◆ *m* pendant.

pendurar [pẽduˈra(x)] *vt* to hang; **~ algo em algo** to hang sthg on sthg.

❑ **pendurar-se em** *vp + prep* to hang from.

penedo [peˈnedu] *m* boulder.

peneira [peˈnejra] *f* sieve.

penetrante [peneˈtrãtʃi] *adj* penetrating.

penetrar [peneˈtra(x)] : **penetrar em** *v + prep (entrar em)* to go into.

penhasco [peˈɲaʃku] *m* cliff.

penicilina [penisiˈlina] *f* penicillin.

penico [pe'niku] *m* chamber pot; *(para crianças)* potty.

península [pe'nĩsula] *f* peninsula.

pénis ['peniʃ] *m inv (Port)* = **pênis**.

pênis ['peniʃ] *m inv (Br)* penis.

penitência [peni'tẽsja] *f* penance.

penitenciária [penitẽ'sjarja] *f* prison.

penoso, -osa [pe'nozu, -ɔza] *adj* hard.

pensamento [pẽsa'mẽntu] *m (espírito)* mind; *(reflexão)* thought.

pensão [pẽ'sãw] *(pl* **-ões** [-õjʃ]) *f (hospedaria)* guesthouse; *(de invalidez, velhice)* pension; **~ alimentícia** *(Br)* alimony, maintenance; **~ completa** full board; **~ residencial** = bed and breakfast.

pensar [pẽ'sa(x)] *vi (raciocinar)* to think; *(refletir)* to have a think ◆ *vt (tencionar)* to intend; **~ em** to think about; **~ que** to think (that); **nem ~!** no way!

pensionista [pẽsjo'niʃta] *mf (aposentado)* pensioner.

penso ['pẽsu] *m (Port)* dressing; **~ higiénico** sanitary towel; **~ rápido** (sticking) plaster *(Brit)*, Bandaid® *(Am)*.

pensões → **pensão**.

pente ['pẽntʃi] *m* comb.

penteado [pẽn'tʃjadu] *m* hairstyle.

Pentecostes [pẽntʃi'kɔʃtiʃ] *m (católico)* Whit Sunday; *(judeu)* Pentecost.

penugem [pe'nuʒẽ] *f* down.

penúltimo, -ma [pe'nuwtʃimu, -ma] *adj* penultimate.

penumbra [pe'nũmbra] *f* semidarkness, half-light.

penúria [pe'nurja] *f* penury.

peões → **peão**.

pepino [pe'pinu] *m* cucumber.

pequeno, -na [pe'kenu, -na] *adj* small, little; *(em comprimento)* short.

pequeno-almoço [pe,kenual'mosu] *(pl* **pequenos-almoços** [pe,kenuzal'mosuʃ]) *m (Port)* breakfast.

pêra ['pera] *(pl* **peras** ['peraʃ]) *f (fruto)* pear; *(barba)* goatee (beard); **~ abacate** avocado.

perante [pe'rãntʃi] *prep* in the presence of; **estou ~ um grande problema** I've come up against a big problem.

perceber [pexse'be(x)] *vt (entender)* to understand; *(aperceber-se)* to realize.

❑ **perceber de** *v* + *prep* to know about.

percentagem [pexsẽn'taʒẽ] *(pl* **-ns** [-ʃ]) *f* percentage.

percevejo [pexse'veʒu] *m* bug; *(Br: tacha)* drawing pin *(Brit)*, thumbstack *(Am)*.

perco ['pexku] → **perder**.

percorrer [pexko'xe(x)] *vt (caminho, distância)* to travel; *(país)* to travel through; *(cidade, ruas)* to go round; **~ algo com os olhos** OU **com a vista** to skim through sthg.

percurso [pex'kuxsu] *m* route.

percussão [pexku'sãw] *f* percussion.

perda ['pexda] *f* loss; *(desperdício)* waste.

perdão [pex'dãw] *m* pardon ◆ *interj* sorry!; **~?** pardon?; **pedir ~** to ask (for) forgiveness.

perde ['pexdʒi] → **perder**.

perder [pex'de(x)] *vt* to lose; *(tempo)* to waste; *(trem, ônibus)* to miss ◆ *vi* to lose; **~ a cabeça** to lose one's head; **~ os sentidos** to pass out; **~ alguém de vista** to lose sight of sb.

❑ **perder-se** *vp* to get lost.

perdição [pexdʒi'sãw] *f* downfall.

perdido, -da [pex'dʒidu, -da] *adj* lost; **"achados e ~s "** "lost property" *(Brit)*, "lost and found" *(Am)*; **ser ~ por** *(fam)* to be mad about.

perdiz [pex'dʒiʃ] *(pl* **-zes** [-ziʃ]) *f* partridge.

perdoar [pex'dwa(x)] *vt* to forgive.

perdurar [pexdu'ra(x)] *vi* to endure.

perecível [pere'sivɛw] *(pl* **-eis** [-ejʃ]) *adj* perishable.

peregrinação [peregrina'sãw] *(pl* **-ões** [-õjʃ]) *f* pilgrimage.

peregrino, -na [pere'grinu, -na] *m, f* pilgrim.

pereira [pe'rejra] *f* pear tree.

peremptório, -ria [perẽmp'tɔrju, -rja] *adj* peremptory.

perene [pe'rɛni] *adj* perennial.

perfeição [pexfej'sãw] *f* perfection.

perfeitamente [pex,fejta'mẽntʃi] *adv* perfectly ◆ *interj* exactly!

perfeito, -ta [pex'fejtu, -ta] *adj* perfect.

pérfido, -da ['pexfidu, -da] *adj* malicious.

perfil [pex'fiw] *(pl* **-is** [-iʃ]) *m* profile; **de ~** in profile.

perfumaria [pexfuma'ria] *f* perfumery.

perfume [pex'fumi] *m* perfume.

perfurar [pexfu'ra(x)] *vt* to perforate, to make a hole in.

pergaminho [pexga'miɲu] *m* parchment.

pergunta [pex'gũnta] *f* question.

perguntar [pexgũn'ta(x)] *vt* to ask ♦ *vi*: ~ **por alguém** to ask after sb; ~ **sobre algo** to ask about sthg; ~ **algo a alguém** to ask sb sthg.

periferia [perife'ria] *f* outskirts *(pl)*.

perigo [pe'rigu] *m* danger; **"~ de incêndio"** "danger – fire risk"; **"~ de morte"** "danger of death"; **"~ – queda de materiais"** "danger – falling masonry".

perigoso, -osa [peri'gozu, -ɔza] *adj* dangerous.

perímetro [pe'rimetru] *m* perimeter.

periódico, -ca [pe'rjɔdiku, -ka] *adj* periodic.

período [pe'riodu] *m* period; *(de ano escolar)* term *(Brit)*, semester *(Am)*.

periquito [peri'kitu] *m* budgerigar.

perito, -ta [pe'ritu, -ta] *m, f & adj* expert; **ser ~ em algo** to be an expert in sthg.

permanecer [pexmane'se(x)] *vi* to stay, to remain.

❑ **permanecer em** *v + prep* to stay at.

❑ **permanecer por** *v + prep* to remain; **o problema permanece por resolver** the problem remains to be solved.

permanência [pexma'nẽsja] *f (estada)* stay; *(de problema, situação)* persistence.

permanente [pexma'nẽntʃi] *adj (emprego)* permanent; *(situação)* ongoing; *(dor, ruído)* continuous ♦ *f (penteado)* perm.

permissão [pexmi'sãw] *f* permission; **pedir ~ para fazer algo** to ask permission to do sthg.

permitir [pexmi'ti(x)] *vt* to allow.

perna ['pexna] *f* leg; *(de letra)* descender.

pernil [pex'niw] *(pl* **-is** [-iʃ]) *m* haunch.

pernilongo [pexni'lõŋgu] *m (Port: ave)* avocet; *(Br: mosquito)* mosquito.

pernis → **pernil**.

pérola ['pɛrola] *f* pearl.

perpendicular [pexpẽndʒiku'la(x)] *(pl* **-res** [-riʃ]) *adj & f* perpendicular.

perpetrar [pexpe'tra(x)] *vt* to perpetrate.

perpetuar [pexpe'twa(x)] *vt* to immortalize.

❑ **perpetuar-se** *vp (eternizar-se)* to last forever; *(prolongar-se)* to last.

perplexidade [pexplɛksi'dadʒi] *f* perplexity.

perplexo, -xa [pex'plɛksu, -ksa] *adj* perplexed.

perseguição [pexsegi'sãw] *(pl* **-ões** [-õjʃ]) *f (de pessoa, criminoso)* pursuit; *(assédio)* persecution.

perseguir [pexse'gi(x)] *vt (seguir)* to follow; *(assediar)* to persecute.

perseverante [pexseve'rãntʃi] *adj* persevering.

perseverar [pexseve'ra(x)] *vi* to persevere.

persiana [pex'sjana] *f* blind.

persistente [pexsiʃ'tẽntʃi] *adj* persistent.

personagem [pexso'naʒẽ] *(pl* **-ns** [-ʃ]) *m ou f* character.

personalidade [pexsonali'dadʒi] *f* personality.

perspectiva [pexʃpɛ'tʃiva] *f* perspective.

perspicácia [pexʃpi'kasja] *f* shrewdness.

perspicaz [pexʃpi'kaʃ] *(pl* **-zes** [-ziʃ]) *adj* shrewd.

persuadir [pexswa'di(x)] *vt*: ~ **alguém de algo** to persuade sb of sthg; ~ **alguém a fazer algo** to persuade sb to do sthg.

❑ **persuadir-se** *vp* to convince o.s.

persuasão [pexswa'zãw] *f* persuasion.

persuasivo, -va [pexswa'zivu, -va] *adj* persuasive.

pertencente [pextẽ'sẽntʃi] *adj*: ~ **a** *(que pertence a)* belonging to; *(relativo a)* relating to.

pertencer [pextẽ'se(x)] *vi* to belong; ~ **a** to belong to; ~ **a alguém fazer algo** to be sb's responsibility to do sthg.

perto ['pextu] *adj* nearby ♦ *adv* near, close; ~ **de** *(relativo a tempo, quantidade)* around; *(relativo a espaço)* near; **ao** OU **de** ~ close up.

perturbar [pextux'ba(x)] *vt* to disturb.

peru [pe'ru] *m* turkey.

Peru [pe'ru] *m*: **o** ~ Peru.

peruca [pe'ruka] *f* wig.

perverso, -sa [pex'vɛrsu, -sa] *adj (malvado)* wicked.

perverter [pexver'te(x)] *vt* to corrupt.

pervertido, -da [pexvex'tʃidu, -da] *adj* perverted.

pesadelo [peza'delu] *m* nightmare.

pesado, -da [pe'zadu, -da] *adj* heavy.

pêsames ['pezamiʃ] *mpl* condolences; **os meus ~** my condolences.

pesar [pe'za(x)] *vt* to weigh; *(fig: conseqüências)* to weigh (up) ◆ *vi (ser pesado)* to be heavy; *(influir)* to carry weight.

pesca ['peʃka] *f* fishing; **~ com linha** angling.

pescada [peʃ'kada] *f* hake.

pescadinha [peʃka'dʒiɲa] *f* whiting.

pescador, -ra [peʃka'do(x), -ra] *(mpl* **-res** [-riʃ], *fpl* **-s** [-ʃ]) *m, f* fisherman *(f* fisherwoman).

pescar [peʃ'ka(x)] *vt* to fish for ◆ *vi* to go fishing, to fish.

pescoço [peʃ'kosu] *m* neck.

peso ['pezu] *m* weight; **~ bruto/líquido** gross/net weight.

pesquisa [peʃ'kiza] *f* research.

pêssego ['pesegu] *m* peach.

pessegueiro [pese'gejru] *m* peach tree.

pessimista [pesi'miʃta] *mf* pessimist.

péssimo, -ma ['pesimu, -ma] *adj* horrendous, awful.

pessoa [pe'soa] *f* person; **quatro ~s** four people; **em ~** in person.

pessoal [pe'swaw] *(pl* **-ais** [-ajʃ]) *adj (individual)* personal; *(vida)* private ◆ *m* staff.

pestana [peʃ'tana] *f* eyelash; **queimar as ~s** *(fig: estudar muito)* to hit the books.

pestanejar [peʃtane'ʒa(x)] *vi* to blink.

peste [ˈpeʃtʃi] *f* plague.

pesticida [peʃtʃi'sida] *m* pesticide.

pétala ['petala] *f* petal.

peteca [pe'tɛka] *f (Br: de badminton)* shuttlecock.

petição [petʃi'sãw] *(pl* **-ões** [-õjʃ]) *f* petition.

petinga [pe'tʃĩga] *f* whitebait.

petiscar [petʃiʃ'ka(x)] *vt (provar)* to taste ◆ *vi (comer)* to nibble, to pick; **quem não arrisca não petisca** nothing ventured, nothing gained.

petisco [pe'tʃiʃku] *m (iguaria)* delicacy; *(tira-gosto)* snack.

petit-pois [petʃi'pwa] *mpl (Brit)* petit-pois.

petrificar [petrifi'ka(x)] *vt* to petrify.

petroleiro [petro'lejru] *m* oil tanker.

petróleo [pe'trɔlju] *m (rocha sedimentar)* petroleum; *(combustível)* oil.

petulância [petu'lãsja] *f (insolência)* impudence; *(vaidade)* arrogance.

petulante [petu'lãntʃi] *adj (insolente)* impudent; *(vaidoso)* arrogant.

pia ['pia] *f* sink; **~ batismal** font.

piada ['pjada] *f (anedota)* joke; *(dito espirituoso)* wisecrack.

pianista [pja'niʃta] *mf* pianist.

piano ['pjanu] *m* piano.

pião ['pjãw] *(pl* **-ões** [-õjʃ]) *m (brinquedo)* spinning top; *(com carro)* handbrake turn.

piar [pja(x)] *vi* to chirp.

picada [pi'kada] *f (de ave)* peck; *(de inseto)* bite.

picadinho [pika'dʒiɲu] *m (Br)* minced meat stew.

picado, -da [pi'kadu, -da] *adj (carne)* minced *(Brit)*, ground *(Am)*; *(cebola, salsa)* chopped; *(furado)* pierced ◆ *m (ensopado)* minced meat stew.

picanha [pi'kaɲa] *f (Br)* tenderest part of rump steak, often served at the end of a "rodízio".

picante [pi'kãntʃi] *adj (apimentado)* spicy; *(fig: malicioso)* saucy.

pica-pau [ˌpika'paw] *(pl* **pica-paus** [ˌpika'pawʃ]) *m* woodpecker.

picar [pi'ka(x)] *vt (com alfinete, agulha)* to prick; *(carne)* to mince *(Brit)*, to grind *(Am)*; *(cebola, salsa)* to chop ◆ *vi (peixe)* to bite.

❑ **picar-se** *vp (ferir-se)* to prick o.s.

picareta [pika'reta] *f* pick ◆ *mf (mau caráter)* crook.

picles ['pikleʃ] *mpl (Br)* pickles.

pico ['piku] *m (montanha)* peak; *(espinho)* thorn.

picolé [piko'lɛ] *m (Br)* ice lolly *(Brit)*, Popsicle® *(Am)*.

picotado, -da [piko'tadu, -da] *adj* perforated ◆ *m* perforated edge.

piedade [pje'dadʒi] *f* pity; **ter ~ de alguém** to take pity on sb.

pifar [pi'fa(x)] *vi (Br)* to break; *(carro)* to break down; *(plano, projeto)* to fall through.

pigmento [pig'mẽntu] *m* pigment.

pijama [pi'ʒama] *m* pyjamas *(pl)*.

pikles ['pikleʃ] *mpl (Port)* = **picles**.

pilantra [pi'lãntra] *mf* crook.

pilar [pi'la(x)] *(pl* **-res** [-riʃ]) *m* pillar.

pilha ['piʎa] *f battery; (de papel, livros, etc)* pile; **uma ~ de nervos** a bundle of nerves; **~s de** *(fam)* heaps of.

pilhar [pi'ʎa(x)] *vt (saquear)* to pillage; *(roubar)* to steal.

pilotar [pilo'ta(x)] *vt* to pilot.

piloto [pi'lotu] *m (de avião)* pilot; *(de automóvel)* driver.

pílula ['pilula] *f* pill; **tomar a ~** to be on the pill.

pimenta [pi'mẽnta] *f* pepper *(seasoning)*.

pimenta-do-reino [pi‚mẽntadu-'xeinu] *f* (white) pepper.

pimentão [pimẽn'tãw] *(pl -ões* [-õjʃ]) *m (Br)* pepper *(vegetable)*.

pimentão-doce [pimẽntãw'dosi] *m* paprika.

pimento [pi'mẽntu] *m (Port)* = **pimentão**.

pin ['pin] *m* badge.

pinça ['pĩsa] *f* tweezers *(pl)*.

píncaro ['pĩŋkaru] *m (de montanha)* summit.

pincel [pĩ'sɛw] *(pl -éis* [-ɛiʃ]) *m* brush.

pinga ['pĩŋga] *f (gota)* drop; *(fam: aguardente)* booze.

pingar [pĩŋ'ga(x)] *vi* to drip.

pingente [pĩ'ʒẽntʃi] *m (de colar)* pendant; *(brinco)* pendant earring.

pingue-pongue [‚pĩŋge'põŋgi] *m* Ping-pong®, table tennis.

pinguim [pĩŋ'gwĩ] *(pl -ns* [-ʃ]) *m (Port)* = **pingüim**.

pingüim [pĩŋ'gwĩ] *(pl -ns* [-ʃ]) *m (Br)* penguin.

pinhal [pi'ɲaw] *(pl -ais* [-ajʃ]) *m* pinewood.

pinhão [pi'ɲãw] *(pl -ões* [-õjʃ]) *m* pine kernel OU nut.

pinheiro [pi'ɲejru] *m* pine tree.

pinho ['piɲu] *m* pine.

pinhões → pinhão.

pinta ['pĩnta] *f (mancha)* spot; *(fam: aparência)* look; **ter ~ de** *(fam)* to look like.

pintado, -da [pĩn'tadu, -da] *adj (colorido)* coloured; **"~ de fresco"** "wet paint"; **"~ à mão"** "hand-painted".

pintar [pĩn'ta(x)] *vt (quadro, parede)* to paint; *(olhos)* to put make up on; *(cabelo)* to dye; *(desenho, boneco)* to colour in ♦ *vi (artista, pintor)* to paint; *(Br: fam: pessoa)* to turn up; *(Br: fam: problema)* to crop up; *(Br: fam: oportunidade)* to come up; **~ os lábios** to put lipstick on.

☐ **pintar-se** *vp* to wear make-up.

pintarroxo [pĩnta'xoʃu] *m* linnet.

pintassilgo [pĩnta'siwgu] *m* goldfinch.

pinto ['pĩntu] *m (pintainho)* chick.

pintor, -ra [pĩn'to(x), -ra] *(mpl -es* [-iʃ], *fpl -s* [-ʃ]) *m, f* painter.

pintura [pĩn'tura] *f* painting.

piões → pião.

piolho ['pjoʎu] *m* louse.

pionés [pjo'nɛʃ] *(pl -eses* [-ɛzeʃ]) *m (Port)* drawing pin *(Brit)*, thumbtack *(Am)*.

pior ['pjɔ(x)] *(pl -res* [-riʃ]) *adj & adv* worse ♦ *m*: **o/a ~** *(pessoa, coisa)* the worst one; **está cada vez ~** it's getting worse and worse; **ser do ~ que há** *(fam)* to be the pits.

piorar [pjo'ra(x)] *vi* to get worse ♦ *vt (situação)* to worsen.

piores → pior.

pipa ['pipa] *f (de vinho)* cask; *(Br: papagaio de papel)* kite.

pipoca [pi'pɔka] *f* popcorn.

pipoqueiro, -ra [pipo'keiru, -ra] *m, f (Br)* popcorn seller.

piquenique [‚pike'niki] *m* picnic.

pirâmide [pi'ramidʒi] *f* pyramid.

piranha [pi'raɲa] *f* piranha.

pirão [pi'rãw] *m cassava-flour porridge, eaten as a side dish.*

pirata [pi'rata] *m* pirate.

pires ['piriʃ] *m inv* saucer.

pírex® ['pirɛks] *m* Pyrex®.

pirilampo [piri'lãmpu] *m* firefly.

Pirineus [piri'newʃ] *mpl*: **os ~** the Pyrenees.

piripiri [piri'piri] *m (malagueta)* chilli (pepper); *(molho)* = Tabasco® sauce.

pirueta [pi'rweta] *f* pirouette.

pisar [pi'za(x)] *vt (com pé)* to step on; *(contundir)* to bruise.

pisca-pisca [‚piʃka'piʃka] *m* indicator.

piscar [piʃ'ka(x)] *vt (olho)* to wink; *(olhos)* to blink ♦ *vi (luz)* to flicker.

piscina [piʃ'sina] *f* swimming pool; **~ ao ar livre** open-air swimming pool; **~ coberta** covered OU indoor swimming pool.

pisco ['piʃku] *m* robin.

piso ['pizu] *m* floor; **~ escorregadio/irregular** slippery/uneven surface.

pista ['piʃta] *f (indício)* clue; *(de corridas)* racetrack; *(de aviação)* runway; *(de* *dança)* dancefloor; *(de circo)* ring; **~ de rodagem** *(Br)* carriageway.

pistácio [piʃ'taʃju] *m* pistachio.

pistão [piʃ'tãw] *(pl* **-ões** [-õjʃ]) *m* piston.

pistola [piʃ'tɔla] *f* pistol.

pitada [pi'tada] *f* pinch.

pitanga [pi'tãnga] *f variety of cherry.*

pitoresco, -ca [pito'reʃku, -ka] *adj* picturesque.

pivete [pi'vetʃi] *m (Br: criança abandonada)* street child; *(Port: mau cheiro)* stink.

pizza ['piza] *f* pizza.

pizzaria [piza'ria] *f* pizzeria.

placa ['plaka] *f (de madeira, plástico)* sheet; *(de metal)* plate; *(de fogão)* hob; *(em porta)* plaque; *(em estrada)* sign; *(dentadura)* (set of) false teeth.

plágio ['plaʒju] *m* plagiarism.

planador [plana'do(x)] *(pl* **-res** [-riʃ]) *m* glider.

planalto [pla'nawtu] *m* plateau.

planear [pla'njar] *vt (Port)* = **planejar**.

planejamento [planeʒa'mẽntu] *m* planning; **~ familiar** family planning.

planejar [plane'ʒa(x)] *vt (Br)* to plan; **~ fazer algo** to plan to do sthg.

planeta [pla'neta] *m* planet.

planetário [plane'tarju] *m* planetarium.

planície [pla'nisji] *f* plain.

plano, -na ['planu, -na] *adj* flat ◆ *m* plan.

planta ['plãnta] *f (vegetal)* plant; *(de pé)* sole; *(de cidade, casa)* plan.

plantão [plãn'tãw] *(pl* **-ões** [-õjʃ]) *m (turno)* shift; **estar de ~** to be on duty.

plantar [plãn'ta(x)] *vt* to plant.

plástica ['plaʃtʃika] *f* plastic surgery.

plasticina [plaʃtʃi'sina] *f (Port)* = **plastilina**.

plástico ['plaʃtʃiku] *m* plastic.

plastilina [plaʃtʃi'lina] *f (Br)* Plasticine®.

plataforma [plata'fɔxma] *f* platform.

plátano ['platanu] *m* plane (tree).

plateia [pla'taja] *f (Port)* = **platéia**.

platéia [pla'teja] *f (Br) (local)* stalls *(pl)*; *(público)* audience.

platina [pla'tʃina] *f* platinum.

platinados [platʃi'naduʃ] *mpl* points.

plausível [plaw'zivew] *(pl* **-eis** [-ejʃ]) *adj* plausible.

plebiscito [plebiʃ'situ] *m (Br)* referendum.

plenamente [,plena'mẽntʃi] *adv* totally.

pleno, -na ['plenu, -na] *adj* total; **~ de** full of; **em ~ dia** in broad daylight; **em ~ inverno** in the middle of winter.

plural [plu'raw] *(pl* **-ais** [-ajʃ]) *m* plural.

plutónio [plu'tɔnju] *m (Port)* = **plutônio**.

plutônio [plu'tonju] *m (Br)* plutonium.

pneu ['pnew] *m* tyre; **~ sobressalente** spare tyre.

pneumonia [pnewmo'nia] *f* pneumonia.

pó ['pɔ] *m (poeira)* dust; *(substância pulverizada)* powder; **~ de talco** talcum powder; **limpar o ~** to do the dusting.

pobre ['pɔbri] *adj* poor ◆ *mf (pedinte)* beggar.

pobreza [po'breza] *f* poverty.

poça ['pɔsa] *f* pool.

poção [po'sãw] *(pl* **-ões** [-õjʃ]) *f* potion.

pocilga [po'siwga] *f* pigsty.

poço ['posu] *m (de água, petróleo)* well; *(buraco)* pit.

poções → **poção**.

podar [po'da(x)] *vt* to prune.

pode ['pɔdʒi] → **poder**.

pôde ['podʒi] → **poder**.

pó-de-arroz [,pɔdʒja'xoʃ] *m* face powder.

poder [po'de(x)] *(pl* **-res** [-riʃ]) *m* **1.** *(político, influência)* power; **estar no ~** to be in power; **~ de compra** purchasing power; **não tenho ~es nenhuns** I'm powerless to help.
2. *(possessão)* possession; **estar em ~ de alguém** to be in sb's hands; **ter em seu ~ algo** to have sthg in one's possession.
◆ *v aux* **1.** *(ser capaz de)*: **~ fazer algo** to be able to do sthg; **posso fazê-lo** I can do it; **posso ajudar?** can I help?; **você podia tê-lo feito antes** you could have done it beforehand; **não posso mais!** *(em relação a cansaço)* I've had enough!; *(em relação a comida)* I'm full up!
2. *(estar autorizado para)*: **~ fazer algo** to be allowed to do sthg; **posso fumar?** may I smoke?; **você não pode esta-**

cionar aqui you can't park here; **não pude sair ontem** I wasn't allowed (to go) out yesterday.
3. *(ser capaz moralmente)* can; **não podemos magoá-lo** we can't hurt him.
4. *(exprime possibilidade)*: **você podia ter vindo de ônibus** you could have come by bus; **cuidado que você pode se machucar!** be careful, you might hurt yourself!
5. *(exprime indignação, queixa)*: **não pode ser!** this is outrageous!; **você podia nos ter avisado!** you could have warned us!; **pudera!** no wonder!
◆ *v impess (ser possível)*: **pode não ser verdade** it might not be true; **pode acontecer a qualquer um** it could happen to anyone.
❑ **poder com** *v + prep (suportar)* to be able to stand; *(rival, adversário)* to be able to handle; *(peso)* to be able to carry; **você não pode com tanto peso** you can't carry all that; **não posso com ele** I can't stand him.
poderoso, -osa [pode'rozu, -ɔza] *adj* powerful.
podre [podri] *adj* rotten.
põe ['põi] → **pôr**.
poeira ['pwejra] *f* dust.
poema ['pwema] *m* poem.
poesia [pwi'zia] *f (gênero literário)* poetry; *(poema)* poem.
poeta ['pwɛta] *m* poet.
poetisa ['pwɛt'fiza] *f* (female) poet.
pois ['pojʃ] *conj (porque)* because; *(então)* then ◆ *interj* right!; ~ **sim!** certainly!, of course!; ~ **não?** em que **posso ajudá-lo?** can I help you?; ~ **bem** now then, right then.
polaco [pu'laku] *adj & m (Port)* Polish ◆ *m, f (Port)* Pole.
polegar [pole'ga(x)] *(pl* **-res** [-riʃ]) *m* thumb.
polémica [pu'lɛmika] *f (Port)* = **polêmica**.
polêmica [po'lemika] *f (Br)* controversy.
pólen ['pɔlen] *m* pollen.
polícia [po'lisja] *f* police ◆ *mf* policeman *(f* policewoman); ~ **militar** military police; ~ **rodoviária** traffic police.
policial [poli'sjaw] *(pl* **-ais** [-ajʃ]) *mf (Br)* policeman *(f* policewoman).
polido, -da [po'lidu, -da] *adj (lustroso)* polished; *(liso)* smooth.
polir [po'li(x)] *vt (dar lustre em)* to pol-

ish; *(alisar)* to smooth out; *(fig: educar)* to educate.
politécnica [poli'tɛknika] *adj f* → **escola**.
política [po'lit'fika] *f (arte de governar)* politics *(sg)*; *(de governo, partido)* policy; ~ **externa** foreign policy; ~ **exterior** foreign policy.
político, -ca [po'lit'fiku, -ka] *m, f* politician ◆ *adj* political.
pólo ['pɔlu] *m* pole; *(esporte)* polo; ~ **aquático** water polo.
polonês, -esa [polo'neʃ, -eza] *(mpl* **-eses** [-eziʃ], *fpl* **-s** [-ʃ]) *adj & m (Br)* Polish ◆ *m, f (Br)* Pole.
Polónia [pu'lɔnja] *f (Port)* = **Polônia**.
Polônia [po'lonja] *f (Br)* Poland.
polpa ['powpa] *f* pulp.
poltrona [pow'trona] *f* armchair.
poluição [polwi'sãw] *f* pollution.
poluído, -da [po'lwidu, -da] *adj* polluted.
poluir [po'lwi(x)] *vt* to pollute.
polvo ['powvu] *m* octopus.
pólvora ['pɔwvora] *f* gunpowder.
pomada [po'mada] *f* ointment; ~ **anti-séptica** antiseptic ointment.
pomar [po'ma(x)] *(pl* **-res** [-riʃ]) *m* orchard.
pombo, -ba ['põmbu, -ba] *m, f* pigeon; **pomba da paz** white dove.
pomo-de-adão [ˌpomodʒia'dãw] *(pl* **pomos-de-adão** [ˌpɔmoʒdʒia'dãw])* *m* Adam's apple.
pomposo, -osa [põm'pozu, -ɔza] *adj* pompous.
ponderação [põndera'sãw] *f* thought, consideration.
ponderado, -da [põnde'radu, -da] *adj* prudent.
ponderar [põnde'ra(x)] *vt* to consider.
pónei ['pɔnei] *m (Port)* = **pônei**.
pônei ['ponei] *m (Br)* pony.
ponho ['poɲu] → **pôr**.
ponta ['põnta] *f (de lápis)* point; *(de vara, linha, cigarro)* end; *(de superfície)* edge; *(de dedo, língua, nariz)* tip; **tenho a palavra na ~ da língua** I've got it on the tip of my tongue; **de ~ a ~** from one end to the other.
pontada [põn'tada] *f* stitch.
pontapé [põnta'pɛ] *m* kick; ~ **livre** free kick; ~ **de saída** kickoff.
pontaria [põnta'ria] *f*: **fazer ~** to take aim; **ter ~** to be a good shot.
ponte ['põnt'fi] *f* bridge.

ponteiro [põn'tejru] *m (de relógio)* hand.

pontiagudo, -da [põntʃja'gudu, -da] *adj* pointed.

ponto ['põntu] *m* point; *(de costura, ferimento, tricot)* stitch; *(marca)* dot; *(sinal ortográfico)* full stop *(Brit)*, period *(Am); (Br: parada)* stop; *(lugar)* place; *(Port: teste, exame)* test; **às 9 em ~** at 9 on the dot; **estar a ~ de fazer algo** to be on the point of doing sthg; **até certo ~** up to a point; **dois ~s** colon; **~ cardeal** compass point; **~ de encontro** meeting point; **~ de exclamação** exclamation mark; **~ final** full stop *(Brit)*, period *(Am);* **~ de interrogação** question mark; **~ morto** *(em veículo)* neutral; **~ de ônibus** bus stop; **~ de partida** starting point; **~ de táxi** taxi rank; **~ e vírgula** semicolon; **~ de vista** point of view.

pontuação [põntwa'sãw] *(pl* **-ões** [-õjʃ]) *f (em gramática)* punctuation; *(em competição)* score.

pontual [põn'twaw] *(pl* **-ais** [-ajʃ]) *adj* punctual.

pontuar [põn'twa(x)] *vt (texto)* to punctuate.

popa ['popa] *f* stern.

popelina [pɔpe'lina] *f* poplin.

população [popula'sãw] *f* population.

popular [popu'la(x)] *(pl* **-res** [-riʃ]) *adj* popular; *(música, arte)* folk.

póquer ['pɔker] *m (Port)* = **pôquer.**

pôquer ['pɔkɛ(x)] *m (Br)* poker.

por [po(x)] *prep* **1.** *(indica causa)* because of, due to; **foi ~ sua causa** it was your fault; **~ falta de fundos** due to lack of funds; **~ hábito** through force of habit.

2. *(indica objetivo)* for; **lutar ~ algo** to fight for sthg.

3. *(indica meio, modo, agente)* by; **foi escrito pela Cristina** it was written by Cristina; **~ correio/fax** by post/fax; **~ escrito** in writing; **~ avião** air mail.

4. *(relativo a tempo)* for; **partiu ~ duas semanas** he went away for two weeks.

5. *(relativo a lugar)* through; **entramos no Brasil ~ Paraguay** we crossed into Brazil via Paraguay; **está ~ aí** it's round there somewhere; **~ onde você vai?** which way are you going?; **vamos ~ aqui** we're going this way.

6. *(relativo a troca, preço)* for; **paguei apenas 20 reais ~ este casaco** I only paid 20 reals for this jacket; **troquei o carro velho ~ um novo** I exchanged my old car for a new one.

7. *(indica distribuição)* per; **25 ~ cento** 25 per cent; **são 100 reais ~ dia/mês** it's 100 reals per day/month.

8. *(em locuções):* **~ que** why; **~ que (é que) ...?** why ...?; **~ mim tudo bem!** that's fine by me!

pôr ['po(x)] *vt* to put; *(vestir, calçar)* to put on; *(problema, dúvida, questão)* to raise; *(defeitos)* to find; *(suj: ave)* to lay; *(depositar dinheiro)* to pay in ◆ *vi (galinhas)* to lay (eggs) ◆ *m:* **o ~ do sol** sunset; **~ algo em algo** to put sthg in/on sthg; **~ algo em funcionamento** to start sthg up; **~ algo mais baixo/alto** *(música, som)* to turn sthg down/up; **~ a mesa** to set OU lay the table.

❑ **pôr-se** *vp (nervoso, contente)* to become; *(sol)* to set; **~-se a fazer algo** to begin to do sthg; **~-se de pé** to stand up.

porca ['pɔxka] *f (peça)* nut; *(animal)* sow.

porção [pox'sãw] *(pl* **-ões** [-õjʃ]) *f* portion, helping.

porcaria [poxka'ria] *f* rubbish; *(sujeira)* mess; *(pus)* pus; **isto é uma ~** this is rubbish; **(que) ~!** damn!

porcelana [poxse'lana] *f* porcelain.

porco ['poxku] *m (animal)* pig; *(carne)* pork.

porções → porção.

porco-espinho [poxkuiʃ'piɲu] *(pl* **porcos-espinhos** [pɔrkuziʃ'piɲuʃ]) *m* porcupine.

porém [po'rẽj] *conj* however.

pormenor [poxme'nɔ(x)] *(pl* **-es** [-iʃ]) *m* detail; **em ~** in detail.

pornografia [poxnogra'fia] *f* pornography.

poro ['pɔru] *m* pore.

porque ['poxki] *conj* because ◆ *adv (Port)* why.

porquê [pox'ke] *adv (Port)* why ◆ *m:* **o ~ de** the reason for.

porquinho-da-índia [pox,kiɲuda-'ĩndʒia] *(pl* **porquinhos-da-índia** [pox-,kiɲuʒda'ĩndʒia]) *m* guinea pig.

porra ['pɔxa] *interj (vulg)* bloody hell!

porta ['pɔxta] *f* door; **~ automática** automatic door; **~ corrediça** sliding door; **~ giratória** revolving door.

porta-aviões [ˌpɔxta'vjõiʃ] *m inv* aircraft carrier.

porta-bagagem [ˌpɔɔxtaba'gaʒẽ] (*pl* **porta-bagagens** [ˌpɔrtaba'gaʒẽʃ]) *m* (*em carro*) boot (*Brit*), trunk (*Am*); (*em ônibus*) luggage hold; (*em trem*) luggage rack.

porta-bandeira [ˌpɔxtabãn'dejra] (*pl* **porta-bandeiras** [ˌpɔxtabãn'dejraʃ]) *mf* standard-bearer.

porta-chaves [ˌpɔxta'ʃaviʃ] *m inv* (*Port*) key ring.

portador, -ra [pɔxta'do(x), -ra] (*mpl* **-res** [-riʃ], *fpl* **-s** [-ʃ]) ´*m*, *f* (*de doença, vírus*) carrier; (*FIN*) bearer; **ao ~** (*cheque, ação, obrigação*) to the bearer.

portagem [puɾ'taʒẽj] (*pl* **-ns** [-ʃ]) *f* (*Port*) toll.

porta-jóias [ˌpɔxta'ʒɔjaʃ] *m inv* jewellery box.

porta-lápis [ˌpɔxta'lapiʃ] *m inv* pencil case.

porta-luvas [ˌpɔxta'luvaʃ] *m inv* glove compartment.

porta-moedas [ˌpɔxta'mwedaʃ] *m inv* purse.

portanto [pox'tãntu] *conj* so, therefore.

portão [pox'tãw] (*pl* **-ões** [-õjʃ]) *m* gate.

portaria [pɔxta'ria] *f* (*de edifício*) main entrance; (*documento*) decree.

portátil [pɔx'tatʃiw] (*pl* **-eis** [-ejʃ]) *adj* (*telefone*) portable; (*computador*) laptop.

porta-voz [ˌpɔxta'vɔjʃ] (*pl* **porta-vozes** [ˌpɔxta'vɔziʃ]) *mf* spokesman (*f* spokeswoman).

porte [ˈpɔrtʃi] *m* (*postura*) posture; (*em caminhão*) haulage; (*em avião, navio, trem*) freight; **"~ pago"** "postage paid".

porteiro, -ra [pox'tejru, -ra] *m, f* porter.

pórtico [ˈpɔxtʃiku] *m* portico.

porto [ˈpɔxtu] *m* port.

portões → **portão**.

Portugal [pɔxtu'gaʃ] *s* Portugal.

português, -esa [pɔxtu'geʃ, -eza] (*mpl* **-eses** [-eziʃ], *fpl* **-s** [-ʃ]) *adj & m, f* Portuguese ◆ *m* (*língua*) Portuguese; **à portuguesa** in the Portuguese way.

porventura [pɔxvẽn'tura] *adv* by any chance.

pôs [pojʃ] → **pôr**.

posar [po'za(x)] *vi* to pose.

posição [pozi'sãw] (*pl* **-ões** [-õjʃ]) *f* position; (*moral, política*) stance.

positivo, -va [pozi'tʃivu, -va] *adj* positive; (*valor, saldo*) in the black, in credit ◆ *m* (*de fotografia*) print.

posologia [pozolo'ʒia] *f* dosage.

posse [ˈpɔsi] *f* possession; **estar em ~ de** to be in possession of.

❏ **posses** *fpl*: **ter ~s** to be wealthy.

possessão [pose'sãw] (*pl* **-ões** [-õjʃ]) *f* (*posse*) possession, ownership; (*domínio*) control.

possessivo, -va [pose'sivu, -va] *adj* possessive.

possessões → **possessão**.

possibilidade [posibili'dadʒi] *f* possibility.

possibilitar [posibili'ta(x)] *vt* to make possible.

possível [po'sivɛw] (*pl* **-eis** [-ejʃ]) *adj* possible ◆ *m*: **fazer o ~ (para fazer algo)** to do one's best (to do sthg); **não é ~!** (*exprime incredulidade*) it's incredible!; **logo que ~** as soon as possible; **o mais cedo ~** as soon as possible; **o máximo ~** as much as possible; **se ~** if possible.

posso [ˈpɔsu] → **poder**.

possuir [po'swi(x)] *vt* (*carro, casa*) to own; (*desfrutar de*) to have.

postal [poʃ'taw] (*pl* **-ais** [-ajʃ]) *m* postcard; **~ ilustrado** picture postcard.

posta-restante [ˌpɔʃtaxeʃ'tãntʃi] (*pl* **postas-restantes** [ˌpɔʃtaʒxeʃ'tãntiʃ]) *f* poste restante.

poste [ˈpɔʃtʃi] *m* pole; **~ (de alta tensão)** pylon; **~ (de iluminação)** lamppost.

poster [ˈpɔʃter] (*pl* **-res** [-reʃ]) *m* (*Port*) = **pôster**.

pôster [ˈpoʃte(x)] (*pl* **-res** [-riʃ]) *m* (*Br*) poster.

posteridade [poʃteri'dadʒi] *f* posterity.

posterior [poʃte'rjo(x)] (*pl* **-res** [-riʃ]) *adj* (*em tempo, ordem*) subsequent; (*em espaço*) back, rear.

posteriormente [puʃterjor'mẽntʃi] *adv* subsequently.

postiço, -ça [poʃ'tʃisu, -sa] *adj* false.

postigo [poʃ'tʃigu] *m* hatch.

posto [ˈpoʃtu] *m* (*em emprego*) position; (*de polícia, bombeiros*) station; **~ de gasolina** petrol station (*Brit*), filling station (*Am*); **~ médico** (*Port: em escola*) first-aid room; **~ de saúde** clinic; **"~ de venda autorizado"** sign indicating *that bus tickets can be bought.*

póstumo, -ma ['pɔʃtumu, -ma] *adj* posthumous.

postura [poʃ'tura] *f* posture.

potável [po'tavɛw] *adj* → **água**.

pote ['pɔtʃi] *m* jar.

potência [pu'tẽsja] *f* power.

potencial [potẽ'sjaw] (*pl* **-ais** [-ajʃ]) *adj & m* potential.

potente [po'tẽtʃi] *adj* powerful.

potro ['potru] *m* colt.

pouco, -ca ['poku, -ka] *adj & pron (no singular)* little, not much; *(no plural)* few, not many ♦ *adv (relativo a tempo)* not long; *(relativo a quantidade)* not much; *(com adjetivo)* not very ♦ *m*: **um ~** a little, a bit; **ele come ~** he doesn't eat much; **ele é ~ inteligente/amável** he isn't very bright/friendly; **falta ~ para chegarmos lá** it won't be long before we get there; **falta ~ para o verão** it's almost summer(time); **um ~ de** a bit of; **um ~ mais de** a bit more; **custar ~** *(ser barato)* to be cheap; **ficar a ~s passos de** to be near; **daí a ~** shortly afterwards; **daqui a ~** in a little while; **há ~** a short while ago; **~ a ~** little by little; **por ~** nearly; **fazer ~ de** to make fun of.

poupa ['popa] *f* quiff.

poupança [po'pãsa] *f* saving.

❏ **poupanças** *fpl* savings.

poupar [po'pa(x)] *vt* to save ♦ *vi* to save up.

pouquinho [po'kiɲu] *m*: **só um ~** just a little; **um ~ de** a little.

pousada [po'zada] *f building of artistic or historic interest which has been converted into a luxury hotel*; **~ da juventude** *(Port)* youth hostel.

pousar [po'za(x)] *vt* to put down ♦ *vi (ave)* to perch; *(avião)* to land.

povo ['povu] *m* people *(pl)*.

povoação [povwa'sãw] (*pl* **-ões** [-õjʃ]) *f* village.

povoar [po'vwa(x)] *vt* to populate.

p.p. *(abrev de páginas)* pp.

PR *abrev* = **Presidente da República**, → **presidente**.

praça ['prasa] *f (largo)* square; *(mercado)* market(place); **~ de táxis** *(Port)* taxi rank; **~ de touros** bullring.

prado ['pradu] *m* meadow.

praga ['praga] *f* plague; *(palavrão, maldição)* curse.

pragmático, -ca [prag'matʃiku, -ka]

adj pragmatic.

praia ['praja] *f* beach; **~ para nudistas** nudist beach.

prancha ['prãʃa] *f* board; **~ de saltos** diving board; **~ de surf** surfboard.

pranto ['prãtu] *m* wailing.

prata ['prata] *f* silver; **(feito) de ~** (made of) silver.

prateado, -da [pra'tʃjadu, -da] *adj* silver(y).

prateleira [prate'lejra] *f* shelf.

prática ['pratʃika] *f (experiência)* experience; *(de esporte)* playing; **na ~** in practice; **pôr algo em ~** to put sthg into practice; **ter ~** to have experience.

praticante [pratʃi'kãtʃi] *adj* practising ♦ *mf*: **~ de esporte** sportsman (*f* sportswoman).

praticar [pratʃi'ka(x)] *vt* to practise; *(esporte)* to play.

praticável [pratʃi'kavɛw] (*pl* **-eis** [-ejʃ]) *adj (ação)* feasible; *(estrada)* passable.

prático, -ca ['pratʃiku, -ka] *adj* practical.

prato ['pratu] *m (louça)* plate; *(refeição)* dish; **~ fundo** soup bowl; **~ da casa** speciality of the house; **~ do dia** dish of the day; **~ raso** dinner plate; **~ de sopa** *(utensílio)* soup plate; *(comida)* bowl of soup; **pôr tudo em ~s limpos** *(fam)* to make a clean breast of it.

❏ **pratos** *mpl (MÚS)* cymbals.

praxe ['praʃi] *f (costume)* custom; **ser de ~** to be the norm.

prazer [pra'ze(x)] (*pl* **-res** [-riʃ]) *m* pleasure; **muito ~!** pleased to meet you!; **~ em conhecê-lo!** pleased to meet you!; **o ~ é (todo) meu!** the pleasure is all mine!; **ela faz tudo a seu bel ~** she does as she pleases; **com ~** with pleasure; **por ~** for pleasure.

prazo ['prazu] *m* period; **~ de validade** expiry date; **a curto/longo/médio ~** in the short/long/medium term.

pré-aviso [prɛa'vizu] (*pl* **pré-avisos** [prɛa'vizuʃ]) *m* advance warning, prior notice.

precário, -ria [pre'karju, -rja] *adj* precarious.

precaução [prekaw'sãw] (*pl* **-ões** [-õjʃ]) *f* precaution; **por ~** as a precaution.

precaver-se [preka'vexsi] *vp* to take

precautions; ~ **contra** to take precautions against.

precavido, -da [preka'vidu, -da] *adj* prudent; **vim** ~ I've come prepared.

prece ['prɛsi] *f* prayer.

precedência [prese'dẽsja] *f* precedence; **ter** ~ **sobre** to take precedence over.

preceder [prese'de(x)] *vt* to precede.

precioso, -osa [pre'sjozu, -ɔza] *adj* precious.

precipício [presi'pisju] *m* precipice.

precipitação [presipita'sãw] (*pl* -ões [-õjʃ]) *f (pressa)* haste; *(chuva)* rainfall.

precipitar-se [presepi'taxsi] *vp (pessoa)* to act rashly; *(acontecimentos)* to gain momentum.

precisamente [pre,siza'mẽtʃi] *adv* precisely.

precisão [presi'zãw] *f* accuracy; **com** ~ accurately.

precisar [presi'za(x)] *vt (especificar)* to specify.

❏ **precisar de** *v* + *prep* to need; ~ **de fazer algo** to need to do sthg.

preciso, -sa [pre'sizu, -za] *adj* accurate, precise; **é** ~ **ter calma** keep calm; **é** ~ **passaporte** you need your passport.

preço ['presu] *m* price; ~ **de ocasião** special offer; ~ **reduzido** reduced price; ~ **de liquidação** sale price.

precoce [pre'kɔsi] *adj (criança)* precocious; *(decisão)* hasty.

preconcebido, -da [prɛkõse'bidu, -da] *adj* preconceived.

preconceito [prɛkõ'sejtu] *m* prejudice.

precursor, -ra [prekux'so(x), -ra] (*mpl* -res [-riʃ], *fpl* -s [-ʃ]) *m, f* forerunner.

predador, -ra [preda'do(x), -ra] (*mpl* -es [-iʃ], *fpl* -s [-ʃ]) *adj* predatory.

predecessor, -ra [predese'so(x), -ra] (*mpl* -res [-riʃ], *fpl* -s [-ʃ]) *m, f* predecessor.

predileção [predʒile'sãw] (*pl* -ões [-õjʃ]) *f (Br)* preference; **ter** ~ **por** to prefer.

predilecção [predile'sãw] (*pl* -ões [-õjʃ]) *f (Port)* = **predileção**.

predileções → **predileção**.

predilecto, -ta [predi'lɛtu, -ta] *adj (Port)* = **predileto**.

predileto, -ta [predʒi'lɛtu, -ta] *adj (Br)* favourite.

prédio ['prɛdʒju] *m* building; ~ **de apartamentos** block of flats *(Brit)*, apartment building *(Am)*.

predominante [predumi'nãtʃi] *adj* predominant.

predominar [predomi'na(x)] *vi* to predominate.

preencher [priẽ'ʃe(x)] *vt* to fill in.

pré-fabricado, -da [,prɛfabri'kadu, -da] *adj* prefabricated.

prefácio [pre'fasju] *m* preface.

prefeito, -ta [pre'fejtu, -ta] *m, f (Br)* mayor.

prefeitura [prefej'tura] *f (Br)* town hall *(Brit)*, city hall *(Am)*.

preferência [prefe'rẽsja] *f* preference; **dar** ~ **a** to give preference to; **ter** ~ **por** to prefer, to have a preference for; **de** ~ preferably.

preferido, -da [prefe'ridu, -da] *adj* favourite.

preferir [prefe'ri(x)] *vt* to prefer; ~ **fazer algo** to prefer doing sthg; **eu preferia que viajássemos de dia** I would prefer to travel by day.

prefixo [pre'fiksu] *m* prefix.

prega ['prɛga] *f* pleat.

pregar[1] [prɛ'ga(x)] *vt (prego)* to hammer in; *(botões)* to sew on.

pregar[2] [prɛ'ga(x)] *vt (sermão)* to preach.

prego ['prɛgu] *m* nail; *(Br: fam: casa de penhor)* pawn shop.

preguiça [pre'gisa] *f* laziness.

pré-histórico, -ca [,prɛiʃ'tɔriku, -ka] *adj* prehistoric.

prejudicar [preʒudʒi'ka(x)] *vt (pessoa)* to harm; *(carreira, relação, saúde)* to damage.

prejudicial [preʒudʒi'sjaw] (*pl* -ais [-ajʃ]) *adj*: ~ **para** damaging to.

prejuízo [pre'ʒwizu] *m (dano)* damage; *(em negócio)* loss; **em** ~ **de** to the detriment of; **sem** ~ **de** without detriment to.

prematuro, -ra [prɛma'turu, -ra] *adj* premature.

premiado, -da [pre'mjadu, -da] *adj* prizewinning.

premiar [pre'mja(x)] *vt* to award a prize to; *(recompensar)* to reward.

prémio ['prɛmju] *m (Port)* = **prêmio**.

prêmio ['prɛmju] *m (Br) (em concurso, competição)* prize; *(recompensa)* reward; *(em seguros)* premium; **grande** ~ *(em Fórmula 1)* grand prix.

premonição [premoni'sãw] (*pl* -ões [-õjʃ]) *f* premonition.

pré-natal [prɛna'taw] *adj* (*pl* -ais) *(roupa, vestuário)* maternity *(antes de s).*

prenda ['prɛ̃da] *f* present, gift.

prendado, -da [prɛ̃'dadu, -da] *adj* gifted.

prender [prɛ̃'de(x)] *vt* to tie up; *(pessoa)* to arrest.

❏ **prender-se** *vp* to get stuck.

prenome [pre'nome] *m* first name, Christian name.

prenunciar [prenũ'sja(x)] *vt (predizer)* to foretell.

preocupação [preokupa'sãw] (*pl* -ões [-õjʃ]) *f* worry.

preocupado, -da [prioku'padu, -da] *adj* worried.

preocupar [preoku'pa(x)] *vt* to worry.

❏ **preocupar-se** *vp* to worry; **~-se com** to worry about.

pré-pagamento [prɛpaga'mẽntu] *m* prepayment.

preparação [prepara'sãw] (*pl* -ões [-õjʃ]) *f* preparation.

preparado, -da [prepa'radu, -da] *adj* ready ♦ *m* preparation.

preparar [prepa'ra(x)] *vt* to prepare.

❏ **preparar-se** *vp* to get ready; **~-se para algo** to get ready for sthg.

preposição [prepozi'sãw] (*pl* -ões [-õjʃ]) *f* preposition.

prepotente [prepo'tẽntʃi] *adj* domineering.

presença [pre'zẽsa] *f* presence; **na ~ de** in the presence of; **~ de espírito** presence of mind.

presenciar [prezẽ'sja(x)] *vt* to witness.

presente [pre'zẽntʃi] *adj & m* present; **o ~ (do indicativo)** the present tense.

preservação [prezexva'sãw] (*pl* -ões [-õjʃ]) *f (de costumes, língua)* preservation; *(de natureza)* conservation.

preservar [prezex'va(x)] *vt* to preserve.

preservativo [prezexva'tʃivu] *m* condom.

presidência [prezi'dẽsja] *f* presidency.

presidente [prezi'dẽntʃi] *mf (de país, organização)* president; *(de empresa, associação)* chairman *(f* chairwoman*)* *(Brit)*, president *(Am)*; **Presidente da Câmara** *(Port)* mayor; **Presidente da**

República President of the Republic.

presidir [prezi'dʒi(x)] *vi:* **~ a algo** to chair sthg.

presilha [pre'ziʎa] *f* (belt) loop.

preso, -sa ['prezu, -za] *pp* → **prender** ♦ *adj* tied up; *(capturado)* imprisoned; *(que não se move)* stuck ♦ *m, f (prisioneiro)* prisoner.

pressa ['prɛsa] *f* hurry; **estar com** OU **ter ~** to be in a hurry OU rush; **estar sem ~** not to be in a hurry OU rush; **às ~s** quickly, hurriedly.

presságio [pre'saʒju] *m* premonition.

pressão [pre'sãw] (*pl* -ões [-õjʃ]) *f* pressure; **~ (arterial) alta/baixa** *(Br: MED)* high/low blood pressure; **~ atmosférica** atmospheric pressure; **~ dos pneus** tyre pressure; **estar sob ~** *(pessoa)* to be under pressure.

pressentimento [presẽntʃi'mẽntu] *m* feeling.

pressentir [presẽn'tʃi(x)] *vt:* **~ que** to have a feeling (that).

pressionar [presjo'na(x)] *vt (botão)* to press; *(pessoa)* to pressurize.

pressões → **pressão.**

pressupor [presu'po(x)] *vt* to presuppose.

prestação [preʃta'sãw] (*pl* -ões [-õjʃ]) *f (de serviço)* provision; *(de pagamento)* instalment; **pagar a prestações** to pay in instalments.

prestar [preʃ'ta(x)] *vt (ajuda)* to give; *(serviço)* to provide; *(contas)* to render; *(atenção)* to pay ♦ *vi (ser útil)* to be useful; **isso presta para alguma coisa?** is that any good?; **não ~** to be no good; **não ~ para nada** to be totally useless; **~ um serviço a alguém** to do sthg for sb.

❏ **prestar-se a** *vp + prep (ser adequado para)* to be suitable for; *(estar disposto a)* to leave o.s. open to.

prestativo, -va [preʃta'tʃivu, -va] *adj* helpful.

prestes ['preʃtiʃ] *adj inv:* **estar ~ a fazer algo** to be just about to do sthg.

prestidigitador, -ra [preʃtʃidʒiʒita-'do(x), -ra] (*mpl* -res [-riʃ], *fpl* -s [-ʃ]) *m, f* conjurer.

prestígio [preʃ'tʃiʒju] *m* prestige.

presumir [prezu'mi(x)] *vt* to presume.

presunçoso, -osa [prezũ'sozu, -ɔza] *adj (pessoa)* conceited; *(discurso, artigo)* pretentious.

presunto [pre'zũntu] *m* ham.

prêt-a-porter [pretapox'te] *m inv (Br)* ready-to-wear clothes *(pl)*.

pretender [pretēn'de(x)] *vt (querer)* to want; *(afirmar)* to claim; ~ **fazer algo** to intend to do sthg.

pretensão [pretē'sãw] *(pl* -ões [-õjʃ]) *f (desejo)* wish, aspiration.
❑ **pretensões** *fpl (vaidade)* pretentiousness *(sg);* **ter pretensões** to be pretentious.

pretérito [pre'teritu] *m (GRAM)* preterite, past tense; ~ **perfeito (simples)** simple past (tense); ~ **imperfeito (simples)** imperfect (tense).

pretexto [pre'tejʃtu] *m* excuse; **sob ~ algum** under no circumstances; **a** OU **sob o ~ de** on OU under the pretext of.

preto, -ta ['pretu, -ta] *adj & m, f* black; **pôr o ~ no branco** to set the record straight.

prevalecer [prevale'se(x)] *vi* to prevail.

prevenção [prevē'sãw] *(pl* -ões [-õjʃ]) *f (de doença, acidente)* prevention; *(aviso)* warning; **estar de ~** to be on guard; ~ **rodoviária** road safety and accident prevention; **por ~** as a precaution.

prevenido, -da [preve'nidu, -da] *adj* cautious; **estar ~** to be prepared.

prevenir [preve'ni(x)] *vt (avisar)* to warn; *(evitar)* to prevent; ~ **alguém de algo** to warn sb of sthg.

preventivo, -va [prevēn'tʃivu, -va] *adj* preventive.

prever [pre've(x)] *vt* to foresee; *(tempo)* to forecast.

previamente [prevja'mēntʃi] *adv* beforehand.

prévio, -via ['prevju, -vja] *adj* prior.

previsão [previ'zãw] *(pl* -ões [-õjʃ]) *f* forecast; ~ **do tempo** weather forecast.

previsível [previ'zivew] *(pl* -eis [-ejʃ]) *adj* foreseeable.

previsões → previsão.

previsto, -ta [pre'viʃtu, -ta] *adj* expected; **como ~** as expected.

prezado, -da [pre'zadu, -da] *adj (querido)* dear; **Prezado ...** *(fml: em carta)* Dear ....

primária [pri'marja] *f (EDUC)* primary school.

primário, -ria [pri'marju, -rja] *adj (básico)* basic; *(EDUC)* primary.

primavera [prima'vera] *f (estação)* spring; *(flor)* primrose.

primeira [pri'mejra] *f (em veículo)* first (gear), → primeiro.

primeiro, -ra [pri'mejru, -ra] *adj, adv & num* first ◆ *m, f:* **o ~/a primeira da turma** top of the class; **à primeira vista** at first sight; **de primeira** first-class; **em ~ lugar** firstly, first; **primeira classe** *(EDUC)* primary one *(Brit),* first grade *(Am);* ~**s socorros** *(MED)* first aid *(sg);* ~ **de tudo** *(antes de mais)* first of all, → sexto.

primeiro-ministro, primeira-ministra [pri,mejrumi'niʃtru, pri,mejra-mi'niʃtra] *(mpl* **primeiros-ministros** [pri,mejruʒmi'niʃtruʃ], *fpl* **primeiras-ministras** [pri,mejraʒmi'niʃtraʃ]) *m, f* prime minister.

primitivo, -va [primi'tʃivu, -va] *adj* primitive.

primo, -ma ['primu, -ma] *m, f* cousin.

primogénito, -ta [primo'ʒenitu, -ta] *m, f (Port)* = primogênito.

primogênito, -ta [primo'ʒenitu, -ta] *m, f (Br)* firstborn.

princesa [prī'seza] *f* princess.

principal [prīsi'paw] *(pl* -ais [-ajʃ]) *adj* main.

principalmente [prīsipaw'mēntʃi] *adv* mainly, especially.

príncipe ['prīsipi] *m* prince.

principiante [prīse'pjāntʃi] *mf* beginner.

principiar [prīsi'pja(x)] *vt & vi* to start, to begin.

princípio [prī'sipju] *m* beginning; *(moral)* principle; **partir do ~ que ...** to work on the basis that ...; **a ~** to start with; **desde o ~** from the beginning; **em ~** in principle; **por ~** on principle.

prioridade [priori'dadʒi] *f* priority; ~ **de passagem** *(AUT)* right of way.

prisão [pri'zãw] *(pl* -ões [-õjʃ]) *f (ato)* imprisonment; *(local)* prison; ~ **de ventre** constipation.

privação [priva'sãw] *(pl* -ões [-õjʃ]) *f* loss.
❑ **privações** *fpl* misery *(sg),* hardship *(sg).*

privacidade [privasi'dadʒi] *f* privacy.

privações → privação.

privada [pri'vada] *f (Br)* toilet.

privado, -da [pri'vadu, -da] *adj* private.

privar [pri'va(x)] *vt:* ~ **alguém de algo** to deprive sb of sthg.

❏ **privar-se de** *vp* + *prep* to go without.

privativo, -va [priva'tʃivu, -va] *adj* private.

privilegiado, -da [privili'ʒjadu, -da] *adj (pessoa)* privileged; *(local)* exceptional.

privilegiar [privili'ʒja(x)] *vt* to favour.

privilégio [privi'lɛʒju] *m* privilege.

proa ['proa] *f* prow.

probabilidade [probabili'dadʒi] *f* probability.

problema [pro'blema] *m* problem; **ter ~s com** to have problems with.

procedente [prose'dẽntʃi] *adj*: ~ **de** *(ônibus, trem, avião)* from.

proceder [prose'de(x)] *vi (agir)* to proceed, to act; ~ **com** to proceed with.

processador [prosesa'do(x)] *(pl -es* [-iʃ]) *m*: ~ **de texto** word processor.

processamento [prosesa'mẽntu] *m* processing.

processar [prose'sa(x)] *vt (JUR: pessoa, empresa)* to prosecute; *(JUR: por danos pessoais, materiais)* to sue; *(INFORM: dados, texto)* to process.

processo [pro'sɛsu] *m (sistema)* process; *(JUR)* (law)suit.

procissão [prosi'sãw] *(pl -ões* [-õjʃ]) *f* procession.

proclamar [prokla'ma(x)] *vt* to proclaim.

procura [prɔ'kura] *f (busca)* search; *(COM)* demand; **andar à ~ de** to be looking for.

procurador, -ra [prɔkura'do(x), -ra] *(mpl -res* [-riʃ], *fpl -s* [-ʃ]) *m, f* proxy; ~ **da República** = Public Prosecutor.

procurar [proku'ra(x)] *vt* to look for; ~ **fazer algo** to try to do sthg.

prodígio [pro'dʒiʒju] *m* prodigy.

produção [prudu'sãw] *(pl -ões* [-õjʃ]) *f* production.

produtividade [produtʃivi'dadʒi] *f* productivity.

produtivo, -va [produ'tʃivu, -va] *adj (que produz)* productive; *(lucrativo)* profitable.

produto [pro'dutu] *m* product; ~ **alimentar** foodstuff; ~ **de limpeza** cleaning product; ~ **natural** natural product.

produtor, -ra [produ'to(x), -ra] *(mpl -res* [-riʃ], *fpl -s* [-ʃ]) *m, f* producer.

produzir [produ'zi(x)] *vt* to produce.

proeminente [proimi'nẽntʃi] *adj (saliente)* protruding; *(importante)* prominent.

proeza [pro'eza] *f* deed.

profanar [profa'na(x)] *vt (igreja, cemitério)* to desecrate; *(memória)* to be disrespectful about.

profecia [profe'sia] *f* prophecy.

proferir [profe'ri(x)] *vt (discurso)* to give; *(palavra)* to utter; *(insulto)* to hurl; *(desejo)* to make; *(sentença)* to pronounce.

professor, -ra [profe'so(x), -ra] *(mpl -res* [-riʃ], *fpl -s* [-ʃ]) *m, f* teacher.

profeta [pro'fɛta] *m* prophet.

profetisa [profe'tʃiza] *f* prophetess.

profiláctico, -ca [prɔfi'latiku, -ka] *adj (Port)* = **profilático**.

profilático, -ca [prɔfi'latʃiku, -ka] *adj (Br)* prophylactic.

profissão [profi'sãw] *(pl -ões* [-õjʃ]) *f* profession.

profissional [profisjo'naw] *(pl -ais* [-ajʃ]) *adj & mf* professional.

profissões → **profissão**.

profundidade [profũndʒi'dadʒi] *f* depth; **tem três metros de ~** it's three metres deep.

profundo, -da [pro'fũndu, -da] *adj* deep; *(idéia, argumento, sentimento)* profound.

prognóstico [prog'nɔʃtʃiku] *m (MED)* prognosis; *(de tempo)* forecast.

programa [pro'grama] *m* programme; *(EDUC)* syllabus, curriculum; *(INFORM)* program.

programação [programa'sãw] *(pl -ões* [-õjʃ]) *f (em televisão, rádio)* programmes *(pl)*; *(INFORM)* programming.

progredir [progre'di(x)] *vi* to make progress; *(doença)* to progress; ~ **em** to make progress in.

progresso [pro'grɛsu] *m* progress; **fazer ~s** to make progress.

proibição [proibi'sãw] *(pl -ões* [-õjʃ]) *f* ban.

proibido, -da [proi'bidu, -da] *adj* prohibited; **"proibida a entrada"** "no entry"; **"~ afixar anúncios"** "stick no bills"; **"~ estacionar"** "no parking"; **"~ fumar"** "no smoking"; **"~ para menores de 18"** "adults only".

proibir [proi'bi(x)] *vt (consumo)* to forbid; *(acontecimento, publicação)* to ban; ~ **alguém de fazer algo** to forbid sb to do sthg.

projeção [proʒeˈsãw] (*pl* **-ões** [-õjʃ]) *f (Br)* projection.

projecção [pruˈʒɛsãw] (*pl* **-ões** [-õjʃ]) *f (Port)* = **projeção**.

projecções → **projeção**.

projéctil [pruˈʒɛtil] (*pl* **-teis** [-tejʃ]) *m (Port)* = **projétil**.

projecto [pruˈʒɛtu] *m (Port)* = **projeto**.

projector [pruʒɛˈtor] (*pl* **-res** [-reʃ]) *m (Port)* = **projetor**.

projétil [proˈʒɛtʃiw] (*pl* **-teis** [-teiʃ]) *m (Br)* projectile.

projeto [proˈʒɛtu] *m (Br)* project, plan.

projetor [proʒeˈto(x)] (*pl* **-res** [-riʃ]) *m (Br)* projector; *(de luz)* spotlight.

proliferar [prolifeˈra(x)] *vi* to proliferate.

prólogo [ˈprɔlogu] *m* prologue.

prolongado, -da [prolõˈgadu, -da] *adj* extended.

prolongar [prolõˈga(x)] *vt (prazo)* to extend; *(férias, estada)* to prolong.
❏ **prolongar-se** *vp (demorar-se)* to last.

promessa [proˈmɛsa] *f* promise.

prometer [promeˈte(x)] *vt* to promise; **~ algo a alguém** to promise sb sthg; **~ fazer algo** to promise to do sthg; **~ que** to promise (that).

promíscuo, -cua [proˈmiʃkwu, -kwa] *adj* promiscuous.

promissor, -ra [promiˈso(x), -ra] (*mpl* **-res** [-riʃ], *fpl* **-s** [-ʃ]) *adj* promising.

promoção [promoˈsãw] (*pl* **-ões** [-õjʃ]) *f* promotion; **em ~** on special offer.

promontório [promõˈtɔrju] *m* headland.

promover [promoˈve(x)] *vt* to promote.

pronome [proˈnomi] *m (GRAM)* pronoun.

pronto, -ta [ˈprõtu, -ta] *adj (preparado)* ready; *(resposta)* prompt ◆ *interj* that's that!; **estar ~** to be ready; **estar ~ para fazer algo** to be willing to do sthg; **estar ~ para fazer algo** to be ready to do sthg.

pronto-a-vestir [ˌprõtwaveʃtʃiˈ(x)] *m inv (vestuário)* ready-to-wear clothes *(pl)*; *(loja)* clothes shop.

pronto-socorro [ˌprõtusoˈkoxu] *m (veículo)* ambulance.

pronúncia [proˈnũsja] *f (pronunciação)* pronunciation; *(sotaque)* accent.

pronunciar [pronũˈsja(x)] *vt (palavra, frase)* to pronounce; *(discurso)* to give.
❏ **pronunciar-se** *vp (palavra)* to be pronounced; *(exprimir opinião)* to express one's opinion.

propaganda [propaˈgãda] *f (de produto)* advertising; *(POL)* propaganda.

propensão [propẽˈsãw] (*pl* **-ões** [-õjʃ]) *f* propensity.

propina [proˈpinaʃ] *f (gorjeta)* tip.

propor [proˈpo(x)] *vt (sugerir)* to propose; *(negócio)* to offer.

proporção [proporˈsãw] (*pl* **-ões** [-õjʃ]) *f* proportion; **em ~** in proportion.
❏ **proporções** *fpl (dimensões)* measurements.

proporcional [proporsjoˈnaw] (*pl* **-ais** [-ajʃ]) *adj* proportional; **~ a** proportional to.

proporções → **proporção**.

propósito [proˈpɔzitu] *m* purpose; **a ~, quando e que você vai de férias?** by the way, when are you going on holiday?; **com o ~ de** with the intention of; **de ~** on purpose.
❏ **a propósitos** *mpl (maneiras)* manners.

propriedade [proprieˈdaʒi] *f* property; **"~ privada"** "private property".

proprietário, -ria [proprieˈtarju, -rja] *m, f* owner.

próprio, -pria [ˈprɔpriu, -pria] *adj (carro, casa)* own; *(adequado)* suitable; *(característico)* particular ◆ *m, f;* **é o ~/a própria** *(em conversa telefônica)* speaking; **~ para** suitable for; **~ para consumo** fit for human consumption; **eu ~** I myself; **o ~ presidente** the president himself.

prosa [ˈprɔza] *f* prose.

prospecto [proʃˈpɛ(k)tu] *m* leaflet.

prosperar [proʃpeˈra(x)] *vi* to prosper.

prosperidade [proʃperiˈdaʒi] *f* prosperity.

prosseguir [proseˈgi(x)] *vt (estudos, investigações)* to continue ◆ *vi (continuar)* to proceed, to carry on; **se ~ com este tipo de comportamento, será despedido** if you continue to behave in this way, you will be fired.

prostituta [proʃtʃiˈtuta] *f* prostitute.

protagonista [protagoˈniʃta] *mf* protagonist.

proteção [proteˈsãw] (*pl* **-ões** [-õjʃ]) *f (Br)* protection.

protecção [prute'sãw] (*pl* **-ões** [-õjʃ]) *f (Port)* = **proteção**.

proteções → **proteção**.

protector, -ra [prutɛ'tor, -ra] (*mpl* **-res** [-reʃ], *fpl* **-s** [-ʃ]) *adj & m, f (Port)* = **protetor**.

proteger [prote'ʒe(x)] *vt* to protect.

proteína [prote'ina] *f* protein.

prótese ['prɔtɛzi] *f (MED)* prosthesis; **~ dentária** dental prosthesis.

protestante [proteʃ'tãntʃi] *adj & mf (RELIG)* Protestant.

protestar [proteʃ'ta(x)] *vi* to protest; **~ contra** to protest against.

protesto [pro'tɛʃtu] *m* protest.

protetor, -ra [prote'to(x), -ra] (*mpl* **-res** [-riʃ], *fpl* **-s** [-ʃ]) *m, f (Br)* protector ◆ *adj* protective; **~ (solar)** sunscreen.

protocolo [proto'kɔlu] *m (em audiência)* transcription; *(regras)* protocol.

protuberância [protube'rãsja] *f* protuberance.

prova ['prɔva] *f* proof; *(ESP)* event; *(teste)* exam; **à ~ d'água** waterproof; **à ~ de fogo** fireproof; **à ~ de óleo** oil-resistant; **dar ~s de** to show; **pôr à ~** to put to the test; **prestar ~s** *(fazer exames)* to take exams.

provar [pro'va(x)] *vt (fato)* to prove; *(comida)* to try; *(roupa)* to try on.

provável [pro'vavɛw] (*pl* **-eis** [-ejʃ]) *adj* probable; **pouco ~** unlikely.

proveito [pro'vejtu] *m* benefit; **bom ~!** enjoy your meal!; **em ~ de** for the benefit of; **tirar ~ de algo** to benefit from sthg.

proveniente [prove'njẽntʃi] *adj*: **~ de** (coming) from.

provérbio [pro'vɛrbju] *m* proverb.

prover-se [pro'vexsi] : **prover-se de** *vp + prep (abastecer-se de)* to provide o.s. with; *(munir-se de)* to equip o.s. with.

proveta [pro'veta] *f* test tube.

providência [provi'dẽsja] *f* measure; **tomar ~s** to take measures.

providenciar [providẽ'sja(x)] *vt* to arrange (for) ◆ *vi*: **~ (para) que** to make sure (that).

província [pro'vĩsja] *f* province.

provisório, -ria [provi'zɔrju, -rja] *adj* temporary.

provocador, -ra [provoka'do(x), -ra] (*mpl* **-res** [-riʃ], *fpl* **-s** [-ʃ]) *adj* provocative.

provocante [provo'kãntʃi] *adj* provocative.

provocar [provo'ka(x)] *vt (causar)* to cause; *(irritar)* to provoke.

provolone [provo'loni] *m* hard cheese made from cow's milk.

proximidade [prosimi'dadʒi] *f* proximity.

❏ **proximidades** *fpl (arredores)* neighbourhood *(sg)*.

próximo, -ma ['prɔsimu, -ma] *adj (em espaço, tempo)* near; *(seguinte)* next; *(íntimo)* close ◆ *pron*: **o ~/a próxima** the next one; **quem é o ~?** who's next?; **até a próxima!** see you!; **~ de** near (to); **nos ~s dias/meses** in the next few days/months.

prudência [pru'dẽsja] *f* care, caution.

prudente [pru'dẽntʃi] *adj* careful, cautious.

prurido [pru'ridu] *m* itch.

P.S. *(abrev de Post Scriptum)* PS.

pseudónimo [psew'dɔnimu] *m (Port)* = **pseudônimo**.

pseudônimo [psew'donimu] *m (Br)* pseudonym.

psicanálise [psika'nalizi] *f* psychoanalysis.

psicanalista [psikana'liʃta] *mf* psychoanalyst.

psicologia [psikolo'ʒia] *f* psychology.

psicológico, -ca [psiko'lɔʒiku, -ka] *adj* psychological.

psicólogo, -ga [psi'kɔlogu, -ga] *m, f* psychologist.

psiquiatra [psi'kjatra] *mf* psychiatrist.

puberdade [puber'dadʒi] *f* puberty.

publicação [publika'sãw] (*pl* **-ões** [-õjʃ]) *f* publication.

publicar [publi'ka(x)] *vt* to publish.

publicidade [publisi'dadʒi] *f (atividade, curso)* advertising; *(anúncio)* ad(vert); *(divulgação, difusão)* publicity.

público, -ca ['publiku, -ka] *adj (jardim, via)* public; *(escola)* state *(antes de s)*; *(empresa)* state-owned ◆ *m (de espetáculo)* audience; **o ~ em geral** the general public; **tornar ~ algo** to make sthg public; **em ~** in public.

pude ['pudʒi] → **poder**.

pudim [pu'dʒĩ] (*pl* **-ns** [-ʃ]) *m* pudding; **~ flan** crème caramel; **~ de leite** custard *(sg)*.

puf ['pufe] *interj (de enfado)* pah!; *(de cansaço)* phew!

pugilismo [puʒi'liʒmu] *m* boxing.

puído, -da ['pwidu, -da] *adj* worn.

pular [pu'la(x)] *vi* to jump ◆ *vt* to jump over.

pulga ['puwga] *f* flea; **estar com a ~ atrás da orelha** *(fig: estar suspeitoso)* to think something is up.

pulmão [puw'mãw] (*pl* **-ões** [-õjʃ]) *m* lung.

pulo ['pulu] *m* jump; **dar um ~ até** to pop over to; **dar ~s** to jump up and down; **num ~** in a flash.

pulôver [pu'lovɛ(x)] (*pl* **-res** [-riʃ]) *m* pullover.

pulsação [puwsa'sãw] (*pl* **-ões** [-õjʃ]) *f* beat.

pulseira [puw'sejra] *f* bracelet.

pulso ['puwsu] *m* wrist; *(pulsação)* pulse; **medir** OU **tirar o ~ de alguém** to take sb's pulse.

pulverizar [puwveri'za(x)] *vt (com líquido)* to spray; *(reduzir a pó)* to pulverize.

punha ['puɲa] → **poder**.

punhado [pu'ɲadu] *m*: **um ~ de** a handful of.

punhal [pu'ɲaw] (*pl* **-ais** [-ajʃ]) *m* dagger.

punho ['puɲu] *m (mão fechada)* fist; *(pulso)* wrist; *(de casaco, camisa, blusa)* cuff; *(de arma, faca)* hilt.

punição [puni'sãw] (*pl* **-ões** [-õjʃ]) *f* punishment.

punir [pu'ni(x)] *vt* to punish.

pupila [pu'pila] *f* pupil.

puré [pu'rɛ] *m (Port)* = **purê**.

purê [pu'rɛ] *m (Br)* puree; **~ (de batata)** mashed potatoes *(pl)*.

pureza [pu'reza] *f* purity.

purgante [pux'gãntʃi] *m* purgative.

purificador, -ra [purifika'do(x), -ra] (*mpl* **-res** [-riʃ], *fpl* **-s** [-ʃ]) *adj* purifying ◆ *m*: **~ do ar** air freshener.

purificar [purifi'ka(x)] *vt (sangue)* to purify; *(ar)* to freshen.

puritano, -na [puri'tanu, -na] *adj* puritanical.

puro, -ra ['puru, -ra] *adj* pure; **pura lã** pure wool; **a pura verdade** the plain truth; **pura e simplesmente** simply.

puro-sangue [,puru'sãŋgi] *m inv* thoroughbred.

púrpura ['puxpura] *f* purple.

pus¹ ['puʃ] → **pôr**.

pus² ['puʃ] *m* pus.

puta ['puta] *f (vulg)* whore.

puxador [puʃa'do(x)] (*pl* **-res** [-riʃ]) *m* handle.

puxão [pu'ʃãw] (*pl* **-ões** [-õjʃ]) *m* tug.

puxar [pu'ʃa(x)] *vt (cabelo, cordel)* to pull; *(banco, cadeira)* to pull up; **"puxar", "puxe"** *(aviso em porta)* "pull"; **~ o autoclismo** *(Port)* to flush the toilet; **~ o saco de alguém** *(Br: fam)* to suck up to sb.

puxões → **puxão**.

Q

q.b. *(abrev de quanto baste)* as required.

Q.I. *m (abrev de quociente de inteligência)* IQ.

quadra ['kwadra] *f (em poesia)* quatrain; **~ de tênis/squash** *(Br)* tennis/squash court.

quadrado, -da [kwa'dradu, -da] *adj & m* square.

quadragésimo, -ma [kwadra-'ʒezimu, -ma] *num* fortieth, → **sexto**.

quadril [kwa'driw] *(pl* **-is** [-iʃ]) *m* hip.

quadro ['kwadru] *m* picture; *(em sala de aula)* board; *(pintura)* painting.

quadro-negro [ˌkwadru'negru] *(pl* **quadros-negros** [ˌkwadruʒ'negruʃ]) *m (Br)* blackboard.

quaisquer → **qualquer**.

qual ['kwaw] *(pl* **-ais** [-ajʃ]) *adj* which ♦ *conj (fml: como)* like ♦ *interj (Br)* what! ♦ *pron (em interrogativa)* what; *(especificando)* which (one); **o/a ~** *(sujeito: pessoa)* who; *(complemento: pessoa)* whom; *(sujeito, complemento: coisa)* which; **cada ~** everyone; **~ deles ...?** which one (of them) ...?; **~ nada** OU **quê!** what!

qualidade [kwali'dadʒi] *f* quality; *(espécie)* type; **na ~ de** in the capacity of.

qualificação [kwalifika'sãw] *(pl* **-ões** [-õjʃ]) *f* qualification.

qualificado, -da [kwalifi'kadu, -da] *adj* qualified.

qualquer [kwaw'kɛ(x)] *(pl* **quaisquer** [kwajʃ'kɛ(x)]) *adj & pron* any; **está por aqui em ~ lugar** it's (around) here somewhere; **~ um deles** any of them; **~ um dos dois** either of them; **~ um** OU **pessoa** anyone, anybody; **a ~ momento** at any time.

quando ['kwãndu] *adv* when ♦ *conj* when; *(ao passo que)* while, whilst; **de ~ em ~** from time to time; **desde ~** how long; **~ mais não seja** at least; **~ muito** at (the) most; **~ quer que** whenever.

quantia [kwãn'tʃia] *f* amount, sum.

quantidade [kwãnt'ʃi'dadʒi] *f* amount, quantity; **em ~** in large quantities.

quanto, -ta ['kwãntu, -ta] *adj* **1.** *(em interrogativas: singular)* how much; *(em interrogativas: plural)* how many; **~ tempo temos?** how much time have we got?; **~ tempo temos de esperar?** how long do we have to wait?; **quantas vezes você já esteve aqui?** how many times have you been here? **2.** *(em exclamações)* what a lot of; **~ dinheiro!** what a lot of money!; **~s erros!** what a lot of mistakes! **3.** *(em locuções)*: **uns ~s/umas quantas** some; **umas quantas pessoas** a few people ♦ *pron* **1.** *(em interrogativas: singular)* how much; *(em interrogativas: plural)* how many; **~ você quer?** how much do you want?; **~s você quer?** how many do you want?; **~ custam?** how much do they cost? **2.** *(relativo a pessoas)*: **todos ~s** everyone who *(sg)*; **agradeceu a todos ~s o ajudaram** he thanked everyone who helped him. **3.** *(tudo o que)* everything, all; **coma ~/~s você quiser** eat as much/as many as you like; **tudo ~ disse é verdade** everything he said is true. **4.** *(compara quantidades)*: **~ mais se tem, mais se quer** the more you have, the more you want. **5.** *(em locuções)*: **não há espaço para um, ~ mais para dois** there's hardly enough room for one, let alone two; **~ a** as regards; **~ antes** as soon as possible; **~ mais não seja** at the very least; **~ mais melhor** the more the merrier;

uns ~s/umas quantas some.

quarenta [kwaˈrẽnta] *num* forty, → **seis**.

quarentena [kwarẽnˈtena] *f* quarantine.

Quaresma [kwaˈrɛʒma] *f* Lent.

quarta [ˈkwarta] *f (em veículo)* fourth (gear), → **quarto**.

quarta-feira [ˌkwaxtaˈfejra] *(pl* **quartas-feiras** [ˌkwaxtaʃˈfejraʃ]*) f* Wednesday, → **sexta-feira**.

quarteirão [kwaxtejˈrãw] *(pl* **-ões** [-õjʃ]*) m (área)* block.

quartel [kwaxˈtɛw] *(pl* **-éis** [-ɛiʃ]*) m (MIL)* barracks *(pl)*.

quarteto [kwaxˈtetu] *m* quartet.

quarto, -ta [ˈkwaxtu, -ta] *num* fourth ◆ *m (divisão de casa)* room; *(parte)* quarter; **"~ para alugar"** "room to let"; **~ de banho** *(Port)* bathroom; **~ de casal** double room; **~ com duas camas** twin room; **~ de hora** quarter of an hour, → **sexto**.

quartzo [ˈkwaxtsu] *m* quartz.

quase [ˈkwazi] *adv* almost, nearly; **~ que caí** I almost fell over; **~ nada** almost nothing, hardly anything; **~ nunca** hardly ever; **~ ~** very nearly; **~ sempre** nearly always.

quatro [ˈkwatru] *num* four, → **seis**.

quatrocentos, -tas [ˌkwatroˈsẽntuʃ, -taʃ] *num* four hundred, → **seis**.

que [ki] *adj inv* 1. *(em interrogativas)* what, which; **~ livros você quer?** which books do you want?; **~ dia é hoje?** what day is it today?; **~ horas são?** what time is it?

2. *(em exclamações)*: **mas ~ belo dia!** what a beautiful day!; **~ fome!** I'm starving!; **~ maravilha!** how wonderful!

◆ *pron* 1. *(em interrogativas)* what; **~ é isso?** what's that?; **o ~ você quer?** what do you want?; **o ~ você vai comer?** what are you going to have (to eat)?

2. *(uso relativo: sujeito)* who; *(coisa)* which, that; **o homem ~ está correndo** the man who's running; **a guerra ~ começou em 1939** the war which ou that started in 1939.

3. *(uso relativo: complemento)* whom, that; *(coisa)* which, that; **o bolo ~ comi era ótimo** the cake (that) I had was great; **o homem ~ conheci** the man (that) I met.

◆ *conj* 1. *(com complemento direto)*: that; **disse-me ~ ia de férias** he told me (that) he was going on holiday.

2. *(em comparações)*: **(do) ~** than; **é mais caro (do) ~ o outro** it's more expensive than the other.

3. *(exprime causa)*: **leva o guarda-chuva ~ está chovendo** take an umbrella as it's raining; **vai depressa ~ você está atrasado** you're late, so you'd better hurry.

4. *(exprime conseqüência)* that; **pediu-me tanto ~ acabei por lhe dar** he asked me for it so persistently that I ended up giving it to him.

5. *(exprime tempo)*: **há horas ~ estou à espera** I've been waiting for hours; **há muito ~ lá não vou** I haven't been there for ages.

6. *(indica desejo)* that; **espero ~ você se divirta** I hope (that) you have a good time; **quero ~ você o faça** I want you to do it; **~ você seja feliz!** all the best!

7. *(em locuções)*: **~ nem** like; **chorou ~ nem um bebê** he cried like a baby.

quê [ˈke] *interj* what! ◆ *pron (interrogativo)* what ◆ *m*: **um ~** (a certain) something; **um ~ de** a touch of; **não tem de ~!** not at all!, don't mention it!; **sem ~ nem para ~** *(sem motivos)* for no apparent reason.

quebra-cabeças [ˌkɛbrakaˈbesaʃ] *m inv (passatempo)* puzzle; *(fig: problema)* headache.

quebrado, -da [keˈbradu, -da] *adj (partido)* broken; *(Br: enguiçado)* broken down.

quebra-mar [ˌkɛbraˈma(x)] *(pl* **quebra-mares** [ˌkɛbraˈmariʃ]*) m* breakwater.

quebra-nozes [ˌkɛbraˈnɔziʃ] *m inv* nutcracker.

quebrar [keˈbra(x)] *vt* to break; *(Br: avariar)* to break down; **"~ em caso de emergência"** "in case of emergency break glass"; **~ a cara** *(Br: fig)* to come a cropper.

❑ **quebrar-se** *vp* to break.

queda [ˈkeda] *f* fall; **ter ~ para** *(fig: vocação)* to have a flair for.

queijada [kejˈʒada] *f* cake made from eggs, milk, cheese, sugar and flour.

queijo [ˈkejʒu] *m* cheese; **~ curado** cured cheese; **~ de cabra** goat's cheese; **~ flamengo** = Edam; **~ fresco** fresh goat's cheese; **~ de ovelha** hard *cheese made from ewe's milk;* ~ **prato** *soft cheese made from ewe's milk;* ~ **ra-lado** grated cheese.

queijo-de-minas [kejʒudʒi'minaʃ] *m* *soft, mild, white cheese.*

queimado, -da [kej'madu, -da] *adj* burnt; *(pelo sol)* sunburnt.

queimadura [kejma'dura] *f* burn; ~ **de sol** sunburn.

queimar [kej'ma(x)] *vt* to burn.

❏ **queimar-se** *vp* to burn o.s.; *(com sol)* to get sunburnt.

queima-roupa [ˌkejma'xopa] *f*: **à** ~ *(disparar)* point-blank; *(tiro)* at point-blank range.

queixa ['kejʃa] *f* *(lamentação)* moan; *(em polícia)* complaint; **apresentar** ~ *(em polícia)* to register a complaint; **fazer** ~ **de alguém** to complain about sb.

queixar-se [kej'ʃaxsi] *vp* to moan; ~ **a alguém (de algo)** to complain to sb (about sthg); ~ **de** to complain about.

queixo ['kejʃu] *m* chin; **tinha tanto frio que estava batendo** ~ he was so cold that his teeth were chattering.

queixoso, -osa [kej'ʃozu, -ɔza] *m, f* *(JUR)* plaintiff.

quem ['kẽj] *pron* *(interrogativo: sujeito)* who; *(interrogativo: complemento)* who, whom; *(indefinido)* whoever; ~ **diria!** who would have thought it!; ~ **é?** *(na porta)* who's there?; ~ **fala?** *(no telefone)* who's speaking?; ~ **me dera ser rico!** if only I were rich!; ~ **quer que** whoever; **seja** ~ **for** no matter who it is.

quentão [kẽn'tãw] *m* *alcoholic drink made with "cachaça", ginger and sugar, served hot.*

quente ['kẽntʃi] *adj* hot; *(roupa)* warm; *(Br: fam: informação, fonte)* reliable.

quer [kɛ(x)] *conj*: ~ ... ~ whether ... or; **quem** ~ **que seja** whoever; **onde** ~ **que seja** wherever; **o que** ~ **que seja** whatever.

querer [ke're(x)] *vt* to want; **como quiser!** as you wish!; **por favor, queria ... excuse me, I'd like ...; **sem** ~ *(sem intenção)* unintentionally, by accident; ~ **muito a alguém** *(amar)* to love sb; ~ **bem a alguém** to·care about sb; **não** ~ **mal a alguém** to wish sb no ill; ~ **dizer** *(significar)* to mean.

❏ **querer-se** *vp*: **eles se querem muito**

they're very much in love.

querido, -da [ke'ridu, -da] *adj* dear.

querosene [kerɔ'zɛni] *m* kerosene.

questão [keʃ'tãw] *(pl* **-ões** [-õjʃ]) *f* question; *(discussão)* quarrel; **há** ~ **de dez minutos** about ten minutes ago; **fazer** ~ **(de fazer algo)** to insist (on doing sthg); **pôr algo em** ~ to question sthg; **ser** ~ **de** to be a matter of; **em** ~ in question.

quiabo ['kjabu] *m* okra.

quibe ['kibi] *m* *Arabic dish made with mince and wholemeal flour, seasoned with mint and different spices.*

quiçá [ki'sa] *adv* maybe.

quieto, -ta ['kjɛtu, -ta] *adj* *(parado, imóvel)* still; *(calado, calmo)* quiet.

quietude [kje'tudʒi] *f* tranquillity.

quilate [ki'latʃi] *m* carat.

quilo ['kilu] *m* kilo; **o** ~ **a** OU per kilo.

quilometragem [kilome'traʒẽ] *(pl* **-ns** [-ʃ]) *f* = mileage, *distance travelled in kilometres.*

quilómetro [ki'lɔmetru] *m* *(Port)* = **quilômetro.**

quilômetro [ki'lometru] *m* *(Br)* kilometre.

química ['kimika] *f* chemistry, → **químico.**

químico, -ca ['kimiku, -ka] *m, f* chemist.

quindim [kĩn'dʒĩ] *(pl* **-ns** [-ʃ]) *m* *dessert made with egg yolks, sugar and coconut.*

quinhão [ki'ɲãw] *(pl* **-ões** [-õjʃ]) *m* share.

quinhentos, -tas [ki'ɲẽntuʃ, -taʃ] *num* five hundred, → **seis.**

quinhões → **quinhão.**

quinquagésimo, -ma [kwĩŋkwa-'ʒɛzimu, -ma] *num* fiftieth, → **sexto.**

quinquilharias [kĩŋkiʎa'riaʃ] *fpl* junk *(sg).*

quinta ['kĩnta] *f* farm, → **quinto.**

quinta-feira [ˌkĩnta'fejra] *(pl* **quintas-feiras** [ˌkĩntaʃ'fejraʃ]) *f* Thursday, → **sexta-feira.**

quintal [kĩn'taw] *(pl* **-ais** [-ajʃ]) *m* *(ter-reno)* back garden; *(medida)* unit of weight equivalent to 60 kilos.

quinteto [kĩn'tetu] *m* quintet.

quinto, -ta ['kĩntu, -ta] *num* fifth, → **sexto.**

quinze ['kĩzi] *num* fifteen; ~ **dias** a fortnight.

quinzena [kĩ'zena] *f* fortnight.

quiosque [ˈkjɔʃki] *m* kiosk.
quis [ˈkiʃ] → **querer**.
quisto [ˈkiʃtu] *m* cyst.
quitanda [kiˈtãnda] *f (Br: loja)* grocer's (shop).
quites [ˈkitiʃ] *adj inv*: **estar ~ (com alguém)** to be quits (with sb).

quociente [kwɔˈsjẽntʃi] *m* quotient.
quota [ˈkwɔta] *f (parte)* quota; *(de clube)* membership fee.
quotidiano, -na [kutʃiˈdjanu, -na] *adj* daily ◆ *m* everyday life.

R

R. *(abrev de rua)* Rd.

R$ *(abrev de real)* R$.

rã [ˈxã] *f* frog.

rabanada [xabaˈnada] *f* French toast.

rabanete [xabaˈnetʃi] *m* radish.

rabicho [xaˈbiʃu] *m* ponytail.

rabino, -na [xaˈbinu, -na] *adj (criança)* naughty ♦ *m (sacerdote)* rabbi.

rabiscar [xabiʃˈka(x)] *vi & vt* to scribble.

rabisco [xaˈbiʃku] *m* scrawl.

rabo [ˈxabu] *m (de ave, animal)* tail; *(Br: vulg: ânus)* arse; *(Port: fam: nádegas)* bum.

rabugento, -ta [xabuˈʒẽntu, -ta] *adj* grumpy.

raça [ˈxasa] *f* race; *(animal)* breed; **de ~** *(cão, gato)* pedigree; *(cavalo)* thoroughbred.

ração [xaˈsãw] *(pl* -ões [-õjʃ]*) f (de animal)* feed; *(em prisão, tropa)* food, rations *(pl)*.

rachadura [xaʃaˈdura] *f* crack.

rachar [xaˈʃa(x)] *vt (lenha)* to chop; *(conta)* to split ♦ *vi (abrir fenda)* to crack.

raciocínio [xasjoˈsinju] *m* reasoning.

racional [xasjoˈnaw] *(pl* -ais [-ajʃ]*) adj* rational.

racismo [xaˈsiʒmu] *m* racism.

rações → **ração**.

radar [xaˈda(x)] *(pl* -res [-riʃ]*) m* radar.

radiação [xadʒjaˈsãw] *(pl* -ões [-õjʃ]*) f* radiation.

radiador [xadʒjaˈdo(x)] *(pl* -res [-riʃ]*) m* radiator.

radiante [xaˈdʒjãntʃi] *adj* radiant.

radical [xadʒiˈkaw] *(pl* -ais [-ajʃ]*) adj* radical.

rádio [ˈxadʒju] *m (telefonia)* radio ♦ *f (emissora)* radio station.

radioactivo, -va [xadʒjuaˈtivu, -va] *adj (Port)* = **radioativo**.

radioativo, -va [xadʒjoaˈtʃivu, -va] *adj (Br)* radioactive.

rádio-despertador [ˌxadʒjodeʃpextaˈdo(x)] *(pl* **rádio-despertadores** [ˌxadʒjodeʃpextaˈdoriʃ]*) m* radio alarm.

radiografia [xadʒjograˈfia] *f* X-ray.

radiotáxi [xadʒjoˈtaksi] *m* minicab.

ráfia [ˈxafja] *f* raffia.

rafting [ˈxaftĩŋ] *m* rafting.

râguebi [ˈxagbi] *m (Port)* = **rúgbi**.

raia [ˈxaja] *f* skate.

rainha [xaˈiɲa] *f* queen.

raio [ˈxaju] *m* ray; *(de roda)* spoke; *(relâmpago)* flash of lightning; **~s X** X-rays.

raiva [ˈxajva] *f (doença)* rabies *(sg)*; *(fúria)* rage; **ter ~ de alguém** to hate sb.

raivoso, -osa [xajˈvozu, -ɔza] *adj (pessoa)* furious; *(animal)* rabid.

raiz [xaˈiʃ] *(pl* -zes [-ziʃ]*) f* root.

rajada [xaˈʒada] *f (de vento)* blast, gust.

ralador [xalaˈdo(x)] *(pl* -res [-riʃ]*) m* grater.

ralar [xaˈla(x)] *vt (alimentos)* to grate; *(joelho, cotovelo)* to graze.

❑ **ralar-se** *vp (fig: preocupar-se)* to worry; **não se rale com isso** don't worry about that.

ralhar [xaˈʎa(x)] *vi:* **~ com alguém** *(repreender)* to tell sb off.

rali [xaˈli] *m* rally.

ralo, -la [ˈxalu, -la] *adj (cabelo)* thin; *(café)* weak; *(sopa)* watery ♦ *m* drain.

rama [ˈxama] *f* foliage.

ramificar [xamifiˈka(x)] *vt (negócio)* to expand.

❑ **ramificar-se** *vp (negócio)* to branch out.

raminho [xaˈmiɲu] *m (de salsa, coentro, etc)* sprig.

ramo [ˈxamu] *m* branch; **mudar de ~** to change career.

rampa ['xãmpa] *f (plataforma)* ramp; *(rua, ladeira)* steep incline.

rancho ['xãʃu] *m (de pessoas)* group; *(fam: refeição)* meal.

ranço ['xãsu] *m:* **ter ~** *(manteiga, azeite)* to be rancid; *(queijo, carne)* to be off.

rancor [xãŋ'ko(x)] *m* resentment.

rancoroso, -osa [xãŋko'rozu, -ɔza] *adj* resentful.

rançoso, -osa [xã'sozu, -ɔza] *adj (manteiga, azeite)* rancid; *(queijo, carne)* off.

ranhura [xa'ɲura] *f (em madeira, parede)* groove; *(em telefone público)* slot.

rapar [xa'pa(x)] *vt (raspar)* to scrape; *(cabelo, pernas)* to shave; *(barba)* to shave off; *(fam: roubar)* to steal.

rapariga [xapa'riga] *f (Port)* girl.

rapaz [xa'paʒ] *(pl* **-zes** [-ziʃ]) *m* boy.

rapé [xa'pɛ] *m* snuff.

rapidez [xapi'deʃ] *f* speed.

rápido, -da ['xapidu, -da] *adj* fast; *(breve)* quick ♦ *m (trem)* express (train); *(em rio)* rapids *(pl)* ♦ *adv* quickly.

raposa [xa'poza] *f* fox.

rapsódia [xap'sɔdja] *f* rhapsody.

raptar [xap'ta(x)] *vt* to abduct, to kidnap.

rapto ['xaptu] *m* abduction, kidnapping.

raquete [xa'kɛtʃi] *f* racket.

raquítico, -ca [xa'kitʃiku, -ka] *adj (fig: subdesenvolvido)* underdeveloped.

raramente [ˌxara'mẽntʃi] *adv* rarely.

rarefeito, -ta [xare'fejtu, -ta] *adj* rarefied.

raridade [xari'dadʒi] *f* rarity.

raro, -ra ['xaru, -ra] *adj* rare; *(pouco espesso)* thin; **raras vezes** rarely.

rascunhar [xaʃku'ɲa(x)] *vt* to draft.

rascunho [xaʃ'kuɲu] *m* draft.

rasgado, -da [xaʒ'gadu, -da] *adj (tecido, folha)* torn; *(sorriso)* broad.

rasgão [xaʒ'gãw] *(pl* **-ões** [-õjʃ]) *m (em tecido, folha)* tear; *(em pele)* cut.

rasgar [xaʒ'ga(x)] *vt* to tear.
❑ **rasgar-se** *vp* to tear.

rasgões → **rasgão**.

raso, -sa ['xazu, -za] *adj (nivelado)* flat; *(de pouca profundidade)* shallow; *(salto)* low.

raspa ['xaʃpa] *f (de limão, laranja)* grated zest.

raspar [xaʃ'pa(x)] *vt (pele de limão, laranja)* to grate.

rasteira [xaʃ'tejra] *f:* **passar uma ~ em alguém** to trip sb up.

rasteiro, -ra [xaʃ'tejru, -ra] *adj (vegetação)* low-lying.

rastejante [xaʃte'ʒãntʃi] *adj (planta, vegetação)* trailing; *(animal)* crawling.

rastejar [xaʃte'ʒa(x)] *vi* to crawl.

rasto ['xaʃtu] *m (Port)* = **rastro**.

rastro ['xaʃtru] *m (Br)* trace.

ratazana [xata'zana] *f* rat.

rato ['xatu] *m* mouse.

ravina [xa'vina] *f* ravine.

razão [xa'zãw] *(pl* **-ões** [-õjʃ]) *f* reason; **dar ~ a alguém** to admit that sb is right; **ter ~** to be right; **este comportamento não tem ~ de ser** there's no reason for this kind of behaviour; **com ~** rightly so; **sem ~** for no reason.

r/c *(Port: abrev de* **rés-do-chão***)* ground floor *(Brit)*, first floor *(Am)*.

ré ['xɛ] *f (de navio)* stern, → **réu**.

reabastecer [xjabaʃte'se(x)] *vt* to restock; *(avião, carro)* to refuel.
❑ **reabastecer-se** *vp* to restock.

reação [xea'sãw] *(pl* **-ões** [-õjʃ]) *f (Br)* reaction.

reacção [xja'sãw] *(pl* **-ões** [-õjʃ]) *f (Port)* = **reação**.

reaccionário, -ria [xjasju'narju, -rja] *adj (Port)* = **reacionário**.

reacções → **reacção**.

reacionário, -ria [xeasjo'narju, -rja] *adj (Br)* reactionary.

reações → **reação**.

reagir [xea'ʒi(x)] *vi:* **~ (a algo)** *(a provocação, idéia)* to react (to sthg); *(a medicamento, tratamento)* to respond (to sthg).

real ['xeaw] *(pl* **-ais** [-ajʃ]) *adj (verdadeiro)* real; *(relativo a rei, realeza)* royal ♦ *m (moeda)* real, Brazilian currency.

realçar [xeaw'sa(x)] *vt (cor, traço)* to accentuate; *(fato, idéia)* to emphasize.

realejo [xea'leʒu] *m* barrel organ.

realeza [xea'leza] *f* royalty.

realidade [xeali'dadʒi] *f* reality; **na ~** in fact; **~ virtual** virtual reality.

realista [xea'liʃta] *mf* realist.

realização [xealiza'sãw] *(pl* **-ões** [-õjʃ]) *f (de tarefa, trabalho)* carrying out; *(de projeto, plano)* implementation; *(de sonho, desejo)* fulfilment, realization; *(de dinheiro)* realization; *(de*

filme) production.
realizador, -ra [xealiza'do(x), -ra] *(mpl* **-res** [-riʃ], *fpl* **-s** [-ʃ]) *m, f (de filme)* director.

realizar [xeali'za(x)] *vt (tarefa, trabalho)* to carry out; *(projeto, plano)* to implement; *(sonho, desejo)* to fulfil, to realize; *(dinheiro)* to realize; *(filme)* to direct.

❏ **realizar-se** *vp (espetáculo)* to be performed; *(sonho, desejo)* to be fulfilled, to come true.

realmente [xeaw'mẽntʃi] *adv (efetivamente)* actually.

reanimar [xeani'ma(x)] *vt (MED) (depois de parada cardíaca)* to resuscitate; *(depois de desmaio)* to revive.

reatar [xea'ta(x)] *vt (conversação)* to resume; *(amizade)* to rekindle.

reaver [xea've(x)] *vt (recuperar)* to recover.

reavivar [xeavi'va(x)] *vt (memória)* to refresh; *(chama)* to rekindle.

rebaixar [xebaj'ʃa(x)] *vt (teto, preço)* to lower; *(pessoa)* to humiliate.

❏ **rebaixar-se** *vp* to lower o.s.

rebanho [xe'baɲu] *m* flock.

rebelde [xe'bewdʒi] *mf* rebel.

rebentar [xebẽn'ta(x)] *vi (balão, pneu)* to burst; *(bomba)* to explode; *(lâmpada)* to blow ♦ *vt (balão, pneu)* to burst; *(bomba)* to let off; **~ com algo** to destroy sthg.

rebocador [xeboka'do(x)] *(pl* **-res** [-riʃ]) *m (navio)* tug(boat).

rebocar [xebo'ka(x)] *vt* to tow.

rebolar [xebo'la(x)] *vi* to sway.

rebuçado [xebu'sadu] *m (Port)* sweet *(Brit),* candy *(Am).*

rebuliço [xebu'lisu] *m* commotion.

recado [xe'kadu] *m* message; **dar um ~ a alguém** to give sb a message; **deixar ~** to leave a message.

recaída [xeka'ida] *f* relapse; **ter uma ~** to have a relapse.

recair [xeka'i(x)] *vi:* **~ sobre** to fall upon.

recanto [xe'kãntu] *m* corner.

recapitular [xekapitu'la(x)] *vt* to sum up.

recatado, -da [xeka'tadu, -da] *adj (púdico)* modest; *(discreto)* discreet.

recauchutar [xekawʃu'ta(x)] *vt* to retread.

recear [xe'sja(x)] *vt* to fear.

receber [xese'be(x)] *vt* to receive;

(bofetada, pontapé) to get; *(dar as boasvindas a)* to welcome; *(pessoas)* to entertain ♦ *vi (ter visitas)* to entertain.

receio [xe'saju] *m* fear.

receita [xe'sejta] *f (de médico)* prescription; *(culinária)* recipe; *(de Estado, empresa)* revenue.

receitar [xesej'ta(x)] *vt* to prescribe.

recém-casado, -da [xe,sẽka'zadu, -da] *m, f* newly-wed.

recém-chegado, -da [xe,sẽʃe'gadu, -da] *adj* recently arrived.

recém-nascido, -da [xe,sẽnaʃ'sidu, -da] *adj* newborn ♦ *m, f* newborn baby.

recente [xe'sẽntʃi] *adj* recent.

receoso, -osa [xe'sjozu, -ɔza] *adj* fearful; **estar ~ de** to be apprehensive about.

recepção [xese'sãw] *(pl* **-ões** [-õjʃ]) *f* reception; *(de mensagem, carta)* receipt.

recepcionista [xesesjo'niʃta] *mf* receptionist.

recepções → recepção.

receptivo, -va [xese'tʃivu, -va] *adj* receptive; **mostrar-se ~ a** to be receptive to.

receptor [xese'to(x)] *(pl* **-res** [-riʃ]) *m (de mensagem)* recipient; *(televisão, rádio)* receiver.

recessão [xese'sãw] *(pl* **-ões** [-õjʃ]) *f* recession.

recheado, -da [xe'ʃjadu, -da] *adj (bolo, bombom)* filled; *(peru, vegetal)* stuffed.

rechear [xe'ʃja(x)] *vt (bolo)* to fill; *(peru)* to stuff.

recheio [xe'ʃeju] *m (de bolo, bombom)* filling; *(de peru, vegetal)* stuffing.

rechonchudo, -da [xeʃõ'ʃudu, -da] *adj* chubby.

recibo [xe'sibu] *m* receipt.

reciclagem [xesi'klaʒẽ] *f* recycling.

reciclar [xesi'kla(x)] *vt* to recycle.

reciclável [xesi'klavew] *(pl* **-eis** [-ejʃ]) *adj* recyclable.

recife [xe'sifi] *m* reef.

recinto [xe'sĩntu] *m (espaço delimitado)* enclosure; *(á volta de edifício)* grounds *(pl).*

recipiente [xesi'pjẽntʃi] *m* container.

recíproco, -ca [xe'siproku, -ka] *adj* reciprocal.

recital [xesi'taw] *(pl* **-ais** [-ajʃ]) *m* recital.

recitar [xesi'ta(x)] *vt & vi* to recite.

reclamação [xeklamaˈsãw] (*pl* -ões [- õjʃ]) *f* complaint; **livro de reclamações** complaints book.

reclamar [xeklaˈma(x)] *vi* to complain.

reclame [xɛˈklami] *m* advertisement.

recobrar [xekoˈbra(x)] *vt* to resume.

recolher [xekoˈʎe(x)] *vt* to collect; *(passageiros)* to pick up; *(frutos, legumes)* to pick.

recolhimento [xekoʎiˈmẽntu] *m (coleta)* collection; *(retiro)* retreat.

recomeçar [xekomeˈsa(x)] *vt* to begin again.

recomendação [xekomẽndaˈsãw] (*pl* -ões [-õjʃ]) *f* recommendation.

❏ **recomendações** *fpl (cumprimentos)* (kind) regards.

recomendar [xekomẽnˈda(x)] *vt* to recommend.

recomendável [xekomẽnˈdavɛw] (*pl* -eis [-ejʃ]) *adj* advisable; **pouco ~** *(lugar)* unsafe.

recompensa [xekõmˈpẽsa] *f* reward.

recompor [xekõmˈpo(x)] *vt* to rearrange.

❏ **recompor-se** *vp (de susto)* to compose o.s.; *(de doença)* to recover.

reconciliação [xekõsiljaˈsãw] (*pl* -ões [-õjʃ]) *f* reconciliation.

reconhecer [xekoɲeˈse(x)] *vt* to recognize; *(erro, culpa)* to acknowledge; *(documento, assinatura)* to witness.

reconhecimento [xekoɲesiˈmẽntu] *m* recognition; *(de erro, culpa)* acknowledgement; *(de documento, assinatura)* witnessing.

reconstituir [xekõʃtʃiˈtwi(x)] *vt* to reconstruct.

recordação [xekordaˈsãw] (*pl* -ões [-õjʃ]) *f (memória)* memory; *(presente)* keepsake, souvenir.

recordar [xekorˈda(x)] *vt* to remember.

❏ **recordar-se** *vp* to remember; **~-se de** to remember.

recorrer [xekoˈxe(x)] *vi (JUR)* to appeal; **~ a** to resort to.

recortar [xekorˈta(x)] *vt* to cut out.

recreio [xeˈkreju] *m (tempo)* break; *(local)* playground.

recriar [xekriˈa(x)] *vt* to recreate.

recriminar [xekrimiˈna(x)] *vt* to reproach.

recruta [xeˈkruta] *m* recruit ◆ *f* first three months of military service.

recta [ˈxɛta] *f (Port)* = **reta**.

rectângulo [xɛˈtãŋgulu] *m (Port)* = **retângulo**.

recto, -ta [ˈxɛtu, -ta] *adj (Port)* = **reto**.

recuar [xeˈkwa(x)] *vt (veículo)* to back, to reverse ◆ *vi (em espaço)* to move back; *(em tempo)* to go back.

recuperação [xekuperaˈsãw] *f* recovery; *(de objeto, edifício antigo)* restoration.

recuperar [xekupeˈra(x)] *vt (algo perdido)* to recover; *(objeto, edifício antigo)* to restore.

❏ **recuperar-se** *vp (de choque, doença)* to recover.

recurso [xeˈkuxsu] *m (JUR)* appeal; *(meio)* resort; **em último ~** as a last resort.

❏ **recursos** *mpl (bens)* resources.

recusa [xeˈkuza] *f* refusal.

redactor, -ra [xedaˈtor, -ra] (*mpl* -res [-reʃ], *fpl* -s [-ʃ]) *m, f (Port)* = **redator**.

redator, -ra [xedaˈto(x), -ra] (*mpl* -res [-riʃ], *fpl* -s [-ʃ]) *m, f (Br) (de jornal)* editor.

rede [ˈxedʒi] *f (de pesca)* net; *(de vedação)* netting; *(de cabelo)* hairnet; *(para dormir)* hammock; *(de vias de comunicação)* network; *(de água, luz, gás)* mains *(pl)*.

rédea [ˈxedʒja] *f* rein.

redigir [xedʒiˈʒi(x)] *vt* to write.

redobrar [xedoˈbra(x)] *vt* to double.

redondamente [xeˌdõndaˈmẽntʃi] *adv (enganar-se)* utterly.

redondo, -da [xeˈdõndu, -da] *adj* round.

redor [xeˈdɔ(x)] *m*: **em ou ao ~ (de)** around, about.

redução [xeduˈsãw] (*pl* -ões [-õjʃ]) *f* reduction.

redundância [xedũnˈdãsja] *f* tautology.

reduzido, -da [xeduˈzidu, -da] *adj* reduced.

reduzir [xeduˈzi(x)] *vt* to reduce.

reembolsar [xjẽmbowˈsa(x)] *vt* to refund.

reembolso [xjẽmˈbowsu] *m* refund.

reencontro [xjẽŋˈkõntru] *m* reunion.

refazer [xefaˈze(x)] *vt* to rebuild.

❏ **refazer-se** *vp* to recover.

refeição [xefejˈsãw] (*pl* -ões [-õjʃ]) *f* meal; **nas refeições** at mealtimes; **~ ligeira** snack.

refeitório [xefej'tɔrju] *m* refectory, canteen.

refém [xe'fẽ] (*pl* **-ns** [-ʃ]) *mf* hostage.

referência [xefe'rẽsja] *f* reference; **fazer ~ a** to refer to.

❑ **referências** *fpl (para emprego)* references.

referendo [xefe'rẽndu] *m* referendum.

referente [xefe'rẽntʃi] *adj*: **~ a** relating to.

referir [xefe'ri(x)] *vt* to mention.

❑ **referir-se a** *vp + prep* to refer to; **no que se refere a** as regards.

refinado, -da [xefi'nadu, -da] *adj* refined.

refinaria [xefina'ria] *f* refinery.

reflectir [xefle'tir] *vt & vi (Port)* = **refletir**.

reflector [xefle'tor] (*pl* **-res** [-riʃ]) *m (Port)* = **refletor**.

refletir [xefle'tʃi(x)] *vt & vi (Br)* to reflect; **~ sobre algo** to reflect on sthg.

❑ **refletir-se em** *vp + prep (Br)* to be reflected in.

refletor [xefle'to(x)] (*pl* **-res** [-riʃ]) *m (Br)* reflector.

reflexão [xeflek'sãw] (*pl* **-ões** [-õjʃ]) *f* reflection.

reflexo [xe'fleksu] *m* reflection; *(reação)* reflex (action).

reflexões → **reflexão**.

refogado, -da [xefo'gadu, -da] *adj (carne, peixe)* stewed; *(cebola)* fried ◆ *m (molho)* fried garlic and onion; *(ensopado)* stew.

refogar [xefo'ga(x)] *vt* to stew.

reforçado, -da [xefor'sadu, -da] *adj (esforço, energia)* redoubled; *(objeto, substância)* reinforced.

reforçar [xefox'sa(x)] *vt (idéia, argumento)* to back up; *(objeto, substância)* to reinforce.

reforma [xe'fɔxma] *f (de sistema)* reform; *(de casa, edifício)* refurbishment; *(de pessoa)* retirement.

reformado, -da [xefox'madu, -da] *m, f (pensionista)* pensioner.

refractário, -ria [xefra'tarju, -rja] *adj (Port)* = **refratário**.

refrão [xe'frãw] (*pl* **-ões** [-õjʃ]) *m* chorus.

refratário, -ria [xefra'tarju, -rja] *adj (Br) (ladrilho, vidro)* heat-resistant; *(utensílio)* ovenproof.

refrear [xefri'a(x)] *vt* to contain.

❑ **refrear-se** *vp* to contain o.s.

refrescante [xefreʃ'kãntʃi] *adj* refreshing.

refrescar [xefreʃ'ka(x)] *vt (suj: bebida, ar)* to refresh; *(cabeça)* to clear.

❑ **refrescar-se** *vp* to cool down.

refresco [xe'freʃku] *m* soft drink.

refrigerante [xefriʒe'rãntʃi] *m* soft drink.

refrões → **refrão**.

refugiado, -da [xefu'ʒjadu, -da] *m, f* refugee.

refugiar-se [xefu'ʒjaxsi] *vp (asilar-se)* to take refuge; *(abrigar-se)* to take shelter; *(esconder-se)* to hide.

refúgio [xe'fuʒju] *m* refuge.

refugo [xe'fugu] *m* refuse.

refutar [xefu'ta(x)] *vt* to refute.

rega ['xɛga] *f (de plantas)* watering; *(de terra)* irrigation.

regaço [xe'gasu] *m* lap.

regador [xega'do(x)] (*pl* **-res** [-riʃ]) *m* watering can.

regalias [xega'liaʃ] *fpl (em emprego)* perks.

regar [xe'ga(x)] *vt (plantas)* to water; *(terra)* to irrigate; *(prato, comida)* to season.

regata [xe'gata] *f* regatta.

regenerar-se [xeʒene'raxsi] *vp* to mend one's ways.

reger [xe'ʒe(x)] *vt (orquestra, banda)* to conduct.

região [xe'ʒjãw] (*pl* **-ões** [-õjʃ]) *f* region; **~ demarcada** *classification guaranteeing the source of a wine, its method of production and grape variety.*

regime [xe'ʒimi] *m (político)* regime; *(dieta)* diet.

regiões → **região**.

regional [xeʒjo'naw] (*pl* **-ais** [-ajʃ]) *adj* regional.

registado, -da [xeʒiʃ'tadu, -da] *adj (Port)* = **registrado**.

registar [xeʒiʃ'tar] *vt (Port)* = **registrar**.

registo [xe'ʒiʃtu] *m (Port)* = **registro**.

registrado, -da [xeʒiʃ'tradu, -da] *adj (Br)* registered.

registrar [xeʒiʃ'tra(x)] *vt (Br)* to register; *(acontecimento, mudança)* to record.

registro [xe'ʒiʃtru] *m (Br)* register; *(repartição)* registry office; *(de correio)* registration; **Registro Civil** registry office; **Registro Predial** registry *(for all* *matters relating to the buying and selling of property).*

regra ['xɛgra] *f* rule; **não fugir à ~** to be no exception; **(como) ~ geral** as a rule; **por ~** as a rule.

regressar [xegre'sa(x)] *vi* to return; **~ a** to return to.

regresso [xe'grɛsu] *m* return; **estar de ~** to be back.

régua ['xɛgwa] *f* ruler.

regulamento [xegula'mẽntu] *m* regulations *(pl).*

regular [xegu'la(x)] *(pl* **-res** [-riʃ]) *adj* regular; *(tamanho, qualidade)* standard; *(uniforme)* even; *(vôo)* scheduled ♦ *vt (regulamentar)* to regulate; *(mecanismo)* to adjust.

rei ['xej] *m* king.

reinado [xej'nadu] *m* reign.

reinar [xej'na(x)] *vi* to reign.

Reino Unido [xejnu'nidu] *m*: **o ~** the United Kingdom.

reivindicação [xejvĩndʒika'sãw] *(pl* **-ões** [-õjʃ]) *f* claim.

reivindicar [xejvĩndi'ka(x)] *vt* to claim.

rejeição [xeʒej'sãw] *(pl* **-ões** [-õjʃ]) *f* rejection.

rejeitar [xeʒej'ta(x)] *vt* to reject.

relação [xela'sãw] *(pl* **-ões** [-õjʃ]) *f* relation; *(entre pessoas, países)* relationship; **com** OU **em ~ a** in relation to.
❑ **relações** *fpl (relacionamento)* relations; *(ato sexual)*: **ter relações com alguém** to sleep with sb; **relações públicas** public relations.

relâmpago [xe'lãmpagu] *m* flash of lightning.

relatar [xela'ta(x)] *vt (jogo de futebol)* to commentate on; *(acontecimento)* to relate.

relativo, -va [xela'tʃivu, -va] *adj* relative; **~ a** relating to.

relatório [xela'tɔrju] *m* report.

relaxado, -da [xela'ʃadu, -da] *adj* relaxed.

relaxante [xela'ʃãntʃi] *adj* relaxing ♦ *m (medicamento)* tranquillizer.

relaxar [xela'ʃa(x)] *vt* to relax.
❑ **relaxar-se** *vp* to relax.

relembrar [xelẽm'bra(x)] *vt* to recall.

relevo [xe'levu] *m* relief; **dar ~ a** to highlight.

religião [xeli'ʒjãw] *(pl* **-ões** [-õjʃ]) *f* religion.

relíquia [xe'likja] *f* relic.

relógio [xe'lɔʒju] *m (de parede, mesa)* clock; *(de pulso)* watch; **~ de cuco** cuckoo clock; **~ de sol** sundial.

relojoaria [xeloʒwa'ria] *f* watchmaker's (shop).

relutância [xelu'tãsja] *f* reluctance.

reluzente [xelu'zẽntʃi] *adj* gleaming.

relva ['xɛlva] *f (Port)* grass.

relvado [xɛl'vadu] *m (Port) (relva)* lawn; *(campo de futebol)* football pitch.

remar [xe'ma(x)] *vi* to row.

rematar [xema'ta(x)] *vt (concluir)* to finish.

remediar [xeme'dʒja(x)] *vt* to remedy.

remédio [xe'mɛdʒju] *m* remedy; **não tem ~** *(fig)* it can't be helped.

remendar [xemẽn'da(x)] *vt* to mend.

remendo [xe'mẽndu] *m* patch.

remessa [xe'mɛsa] *f (de produtos)* shipment, consignment; *(de dinheiro)* remittance.

remetente [xeme'tẽntʃi] *mf* sender.

remeter [xeme'te(x)] *vt* to send.

remexer [xeme'ʃe(x)] *vt* to rummage through.

remo ['xemu] *m (longo)* oar; *(curto)* paddle.

remoção [xemo'sãw] *(pl* **-ões** [-õjʃ]) *f* removal.

remorso [xe'mɔxsu] *m* remorse.

remoto [xe'mɔtu] *adj* remote.

remover [xemo've(x)] *vt* to remove.

remuneração [xemunera'sãw] *(pl* **-ões** [-õjʃ]) *f* remuneration.

renascer [xenaʃ'se(x)] *vi* to be born again.

Renascimento [xenaʃsi'mẽntu] *m*: **o ~** the Renaissance.

renda ['xẽnda] *f (Br: rendimento)* income; *(de vestido, blusa)* lace trim; *(Port: de casa, apartamento)* rent; **imposto de ~** income tax; **~ nacional** gross national product; **famílias de baixa ~** low-income families.

renegar [xene'ga(x)] *vt* to reject.

renovação [xenova'sãw] *(pl* **-ões** [-õjʃ]) *f (de contrato, amizade)* renewal; *(de edifício)* renovation.

renovar [xeno'va(x)] *vt* to renew; *(consertar)* to renovate; *(substituir)* to replace.

rentabilidade [xẽntabili'dadʒi] *f* profitability.

rentável [xẽn'tavɛw] *(pl* **-eis** [-ejʃ]) *adj* profitable.

renúncia [xe'nũsja] f renunciation.
renunciar [xenũ'sja(x)] vt to renounce.
reparação [xepara'sãw] (pl -ões [-õjʃ]) f (conserto) repair.
reparar [xepa'ra(x)] vt (consertar) to repair; (restaurar) to restore; ~ que to notice (that).
❑ **reparar em** v + prep (notar) to notice.
repartição [xepaxtʃi'sãw] (pl -ões [-õjʃ]) f (partilha) division; (distribuição) distribution; (local) department; ~ **pública** government office.
repartir [xepax'tʃi(x)] vt (partilhar) to divide; (distribuir) to distribute; ~ **algo com alguém** to share sthg with sb; ~ **algo em algo** to split sthg up into sthg.
repelente [xepe'lẽntʃi] adj repellent ◆ m: ~ **(de insetos)** insect repellent.
repente [xe'pẽntʃi] m outburst; **de** ~ suddenly.
repentino, -na [xepẽn'tʃinu, -na] adj sudden.
repercussão [xepexku'sãw] (pl -ões [-õjʃ]) f (impacto) response; (conseqüência) repercussion.
repertório [xepex'tɔrju] m repertoire.
repetição [xepetʃi'sãw] (pl -ões [-õjʃ]) f repetition.
repetidamente [xepe,tʃida'mẽntʃi] adv repeatedly.
repetido, -da [xepe'tʃidu, -da] adj repeated.
repetir [xepe'tʃi(x)] vt to repeat; (prato, refeição) to have seconds of.
❑ **repetir-se** vp to happen again.
replay [xi'plej] m action replay.
replicar [xepli'ka(x)] vt: ~ **que** to reply that.
repolho [xe'poʎu] m cabbage.
repor [xe'po(x)] vt (dinheiro) to replace; ~ **algo no lugar** to put sthg back (where it belongs); ~ **a verdade** to set the record straight.
reportagem [xepox'taʒẽ] (pl -ns [-ʃ]) f (em rádio, televisão) report; (em jornal, revista) article.
repórter [xe'pɔxtɛ(x)] (pl -res [-riʃ]) mf reporter.
repousar [xepo'za(x)] vt & vi to rest.
repreender [xepriẽn'de(x)] vt to rebuke.
represa [xe'preza] f weir.
represália [xepre'zalja] f reprisal.

representação [xeprezẽnta'sãw] (pl -ões [-õjʃ]) f performance; (imagem) representation.
representante [xeprezẽn'tãntʃi] mf representative; ~ **oficial** authorized agent.
representar [xeprezẽn'ta(x)] vt to represent; (cena) to perform; (papel) to play; (pôr em cena) to put on; (significar) to mean ◆ vi (ator) to act.
repressão [xepre'sãw] (pl -ões [-õjʃ]) f suppression.
reprimir [xepri'mi(x)] vt to suppress.
reprise [xe'prizi] f revival.
reprodução [xeprodu'sãw] (pl -ões [-õjʃ]) f reproduction.
reproduzir [xeprodu'zi(x)] vt (evento) to reenact; (quadro, escultura) to reproduce.
❑ **reproduzir-se** vp to reproduce.
reprovar [xepro'va(x)] vt (atitude, comportamento) to disapprove of; (lei, projeto) to reject; (ano escolar, exame) to fail.
réptil ['xeptiw] (pl -teis [-tejʃ]) m reptile.
república [xe'publika] f (sistema político) republic; (de estudantes) student house, fraternity (Am); **a República Brasileira** the Brazilian Republic.
repudiar [xepu'dʒja(x)] vt to repudiate.
repugnância [xepug'nãsja] f repugnance.
repugnante [xepug'nãntʃi] adj repugnant.
repulsa [xe'puwsa] f repulsion.
repulsivo, -va [xepuw'sivu, -va] adj repulsive.
reputação [xeputa'sãw] (pl -ões [-õjʃ]) f (fama) reputation; (importância social) standing.
requeijão [xekej'ʒãw] (pl -ões [-õjʃ]) m = cottage cheese.
requerer [xeke're(x)] vt (precisar de) to require; (por requerimento) to request.
requerimento [xekeri'mẽntu] m request form.
requintado, -da [xekĩn'tadu, -da] adj exquisite.
requinte [xe'kĩntʃi] m style.
requisito [xeki'zitu] m requirement.
❑ **requisitos** mpl (dotes) attributes.
rescindir [xeʃsĩn'di(x)] vt (contrato) to break.

rés-do-chão [ˌxɛʒdu'ʃãw] *m (Port) inv* ground floor *(Brit)*, first floor *(Am)*.

resenha [xe'zaɲa] *f (televisiva, de rádio)* listings *(pl)*.

reserva [xe'zɛxva] *f* reservation; *(de alimentos, provisões)* reserves *(pl)*; *(de animais, plantas, vinho)* reserve; **~ de caça** game reserve; **~ natural** nature reserve.

reservado, -da [xezex'vadu, -da] *adj* reserved; *(íntimo)* secluded.

reservar [xezex'va(x)] *vt (quarto, lugar, bilhete)* to book; *(guardar)* to set aside.

resfriado [xeʃfri'adu] *m (Br)* cold.

resgate [xeʒ'gatʃi] *m* ransom.

resguardar [xeʒgwax'da(x)] *vt* to protect.

❑ **resguardar-se** *vp*: **~-se de** to protect o.s. from.

residência [xezi'dẽsja] *f* residence; *(acadêmica)* hall of residence.

residir [xezi'dʒi(x)] : **residir em** *v + prep* to reside in.

resíduo [xe'zidwu] *m* residue.

resignação [xezigna'sãw] *f* resignation.

resignar-se [xezig'naxsi] *vp* to resign o.s.

resina [xe'zina] *f* resin.

resistência [xeziʃ'tẽsja] *f (de pessoa)* stamina; *(de material, parede)* strength; *(de aquecedor elétrico)* resistor.

resistente [xeziʃ'tẽtʃi] *adj* resistant.

resistir [xeziʃ'tʒi(x)] *vi* to resist; **~ a algo** *(ataque, doença)* to resist sthg; *(suportar)* to withstand sthg.

resmungar [xeʒmũŋ'ga(x)] *vt* to mutter ♦ *vi* to grumble.

resolução [xezolu'sãw] *(pl* -ões [-õjʃ]*) f* resolution; *(firmeza, coragem)* resolve.

resolver [xezow've(x)] *vt* to solve; **~ fazer algo** to decide to do sthg.

❑ **resolver-se** *vp* to make up one's mind.

respectivo, -va [xeʃpɛ'tivu, -va] *adj* respective.

respeitar [xeʃpej'ta(x)] *vt* to respect.

❑ **respeitar a** *v + prep*: **no que respeita a** as regards.

respeitável [xeʃpej'tavɛw] *(pl* -eis [-ejʃ]*) adj* respectable; *(fig: grande)* considerable.

respeito [xeʃ'pejtu] *m* respect; **dizer ~ a** to concern; **ter ~ por** to have respect for; **a ~ de, com ~ a** with respect to.

respiração [xeʃpira'sãw] *f* breathing.

respirar [xeʃpi'ra(x)] *vt & vi* to breathe.

resplandecente [xeʃplãnde'sẽtʃi] *adj* dazzling.

responder [xeʃpõn'de(x)] *vt* to answer ♦ *vi (dar resposta)* to answer; *(replicar)* to answer back; *(ir a tribunal)* to appear (in court); *(reagir)* to respond; **~ a** *(carta, pergunta)* to answer.

❑ **responder por** *v + prep* to answer for.

responsabilidade [xeʃpõsabili'dadʒi] *f* responsibility.

responsabilizar [xeʃpõsabili'za(x)] *vt*: **~ alguém/algo por algo** to hold sb/sthg responsible for sthg.

❑ **responsabilizar-se** *vp*: **~-se por** to take responsibility for.

responsável [xeʃpõ'savɛw] *(pl* -eis [-ejʃ]*) adj* responsible ♦ *mf* person in charge; **~ por** responsible for.

resposta [xeʃ'poʃta] *f* answer; *(a carta)* reply; *(reação)* response.

resquício [xeʃ'kisju] *m* vestige.

ressabiado, -da [xesa'bjadu, -da] *adj (desconfiado)* cautious; *(ressentido)* resentful.

ressaca [xe'saka] *f* hangover.

ressaltar [xesaw'ta(x)] *vt* to highlight ♦ *vi* to stand out.

ressentimento [xesẽtʃi'mẽtu] *m* resentment.

ressentir-se [xesẽn'tixsi] *vp* to take offence; **~ de algo** *(sentir o efeito de)* to feel the effects of sthg.

ressurgimento [xesuxʒi'mẽtu] *m* resurgence.

ressuscitar [xesuʃsi'ta(x)] *vt* to resurrect ♦ *vi* to be resurrected.

restabelecer [xeʃtabele'se(x)] *vt* to reinstate.

❑ **restabelecer-se** *vp* to recover.

restar [xeʃ'ta(x)] *vi* to be left.

restauração [xeʃtawra'sãw] *(pl* -ões [-õjʃ]*) f (de edifício)* restoration; *(de forças, energia)* recovery.

restaurante [xeʃtaw'rãntʃi] *m* restaurant; **~ panorâmico** restaurant offering panoramic views over an area.

restaurar [xeʃtaw'ra(x)] *vt* to restore.

restinga [xeʃ'tʃĩŋga] *f* sandbank.

restituir [xeʃtʃi'twi(x)] *vt* to return.

resto [xeʃ'tu] *m (sobra)* rest; *(MAT)* remainder.

❑ **restos** *mpl (sobras)* leftovers; **~s mortais** remains.

resultado [xezuw'tadu] *m* result; *(em exame, teste, competição)* results *(pl)*.

resultar [xezuw'ta(x)] *vi* to work; **~ de algo** to result from sthg; **~ em algo** to result in sthg.

resumir [xezu'mi(x)] *vt* to summarize.

❑ **resumir-se a** *vp + prep* to come down to.

resumo [xe'zumu] *m* summary; **em ~** in short.

reta ['xɛta] *f (Br) (linha)* straight line; *(em estrada)* straight stretch of road.

retaguarda [,xɛta'gwarda] *f* rear; **na ~** at the rear.

retalho [xe'taʎu] *m (de fazenda)* remnant; **a ~** *(Port: vender, comprar)* retail.

retaliação [xetalja'sãw] *(pl* **-ões** [-õjʃ]) *f* retaliation.

retaliar [xeta'lja(x)] *vt & vi* to retaliate.

retângulo [xe'tãŋgulu] *m (Br)* rectangle.

retardar [xetax'da(x)] *vt* to delay.

reter [xe'te(x)] *vt (parar)* to stop; *(impulso, lágrimas, ira)* to hold back; *(deter)* to detain; *(em memória)* to retain.

reticente [xetʃi'sẽntʃi] *adj* reticent.

retina [xe'tʃina] *f* retina.

retirada [xetʃi'rada] *f* retreat.

retirar [xetʃi'ra(x)] *vt (remover)* to remove; *(afirmação)* to withdraw.

❑ **retirar-se** *vp (recolher-se)* to retire; **~-se de algo** to withdraw from sthg; **ela retirou-se da sala** she left the room.

reto, -ta ['xɛtu, -ta] *adj & m (Br) (linha, estrada)* straight; *(justo)* upright ♦ *m (ANAT)* rectum.

retorcido, -da [xetox'sidu, -da] *adj* wrought.

retórica [xe'tɔrika] *f* rhetoric.

retornar [xetox'na(x)] *vi* to return; **~ a** to return to.

retraído, -da [xetra'idu, -da] *adj* retiring.

retrato [xe'tratu] *m* portrait; *(fotografia)* photograph.

retribuir [xetri'bwi(x)] *vt* to return.

retroceder [xetrose'de(x)] *vi* to go back.

retrógrado, -da [xe'trɔgradu, -da] *adj* retrograde.

retrovisor [xɛtrɔvi'zo(x)] *(pl* **-es** [-iʃ]) *m* rearview mirror.

réu, ré ['xeu, 'xɛ] *m, f* accused.

reumatismo [xewma'tʃiʒmu] *m* rheumatism.

reunião [xju'njãw] *(pl* **-ões** [-õjʃ]) *f* meeting.

reunir [xju'ni(x)] *vt (pessoas, objetos)* to bring together; *(provas)* to gather.

❑ **reunir-se** *vp (encontrar-se)* to meet.

réveillon [xeve'jõ] *m* New Year's Eve dinner and party.

revelação [xevela'sãw] *(pl* **-ões** [-õjʃ]) *f* revelation; *(de fotografia)* development.

revelar [xeve'la(x)] *vt (segredo, notícia)* to reveal; *(fotografia)* to develop; *(interesse, talento)* to show.

❑ **revelar-se** *vp (manifestar-se)* to prove to be.

revendedor, -ra [xevẽnde'do(x), -ra] *(mpl* **-res** [-riʃ], *fpl* **-s** [-ʃ]) *m, f* retailer.

rever [xe've(x)] *vt (pessoa)* to see again; *(texto, trabalho)* to revise.

reverso [xe'vɛrsu] *m* back.

revés [xe'vɛʃ] *(pl* **-eses** [-ɛziʃ]) *m* setback; **ao ~** the wrong way round.

revestir [xeveʃtʃi(x)] *vt* to cover.

revezar-se [xeve'zaxsi] *vp* to take turns.

revirado, -da [xevi'radu, -da] *adj (gola, pontas)* turned-up; *(olhos)* rolling; *(casa, gaveta)* untidy.

reviravolta [xe,vira'vɔwta] *f* spin; *(fig: em situação)* U-turn.

revisão [xevi'zãw] *(pl* **-ões** [-õjʃ]) *f (de lei)* review; *(de texto, prova tipográfica)* proofreading; *(de máquina, carro)* service; *(de matéria, aula)* revision *(Brit)*, review *(Am)*.

revisor, -ra [xevi'zo(x), -ra] *(mpl* **-res** [-riʃ], *fpl* **-s** [-ʃ]) *m, f (em transporte público)* ticket inspector; *(de texto, provas tipográficas)* proofreader.

revista [xe'viʃta] *f (publicação)* magazine; *(peça teatral)* revue; *(inspeção)* review; **~ em quadrinhos** *(Br)* comic.

revolta [xe'vɔwta] *f (rebelião)* revolt; *(indignação)* outrage.

revoltar-se [xevow'taxsi] *vp (sublevar-se)* to revolt; *(indignar-se)* to be outraged; **~-se com algo** to be revolted by sthg.

revolução [xevolu'sãw] *(pl* **-ões** [-õjʃ]) *f* revolution.

revolver [xevow've(x)] *vt (papéis, lixo)*

to rummage through; *(terra)* to dig over.

revólver [xeˈvɔwvɛ(x)] *(pl -es* [-iʃ]) *m* revolver.

rezar [xeˈza(x)] *vi (orar)* to pray ◆ *vt (missa, oração)* to say.

ri [ˈxi] → **rir**.

riacho [xjaˈʃu] *m* brook.

ribeira [xiˈbejra] *f* stream.

ribeirão [xibejˈrãw] *(pl -ões* [-õjʃ]) *m* stream.

ribeirinho, -nha [xibejˈriɲu, -ɲa] *adj* river *(antes de s)*.

ribeirões → **ribeirão**.

rico, -ca [ˈxiku, -ka] *adj* rich; **~ em** rich in.

ricota [xiˈkɔta] *f* ricotta cheese.

ridicularizar [xidʒikulariˈza(x)] *vt* to ridicule.

ridículo, -la [xiˈdʒikulu, -la] *adj* ridiculous; *(insignificante)* laughable ◆ *m* absurdity.

rido [ˈxidu] → **rir**.

rifa [ˈxifa] *f (sorteio)* raffle; *(bilhete)* raffle ticket.

rigidez [xiʒiˈdeʒ] *f (de músculos, ossos)* stiffness; *(de caráter, costumes)* inflexibility.

rigor [xiˈgo(x)] *(pl -res* [-riʃ]) *m* rigour; *(de frio, calor, caráter)* severity.

rijo, -ja [ˈxiʒu, -ʒa] *adj* tough; *(pão, queijo, fruto)* hard; *(pessoa)* hardy.

rim [ˈxĩ] *(pl -ns* [-ʃ]) *m* kidney.

❑ **rins** *mpl (parte do corpo)* lower back *(sg)*.

rima [ˈxima] *f (de verso)* rhyme.

❑ **rimas** *fpl (versos)* verses.

rímel® [ˈximɛw] *(pl -eis* [-ejʃ]) *m* mascara.

ringue [ˈxĩŋgi] *m (boxing)* ring.

rinoceronte [xinoseˈrõntʃi] *m* rhinoceros.

rinque [ˈxĩŋki] *m* rink.

rins → **rim**.

rio¹ [ˈxju] → **rir**.

rio² [ˈxju] *m* river; **~ abaixo** downstream; **~ acima** upstream.

Rio de Janeiro [ˌxiudʒiʒaˈnejru] *m*: **o ~** Rio de Janeiro.

riqueza [xiˈkeza] *f (de país, pessoa, região)* wealth; *(de solo, cores, idéias)* richness.

rir [ˈxi(x)] *vi* to laugh; **desatar a ~** to burst out laughing; **morrer de ~** to laugh one's head off.

ris [ˈxiʃ] → **rir**.

risada [xiˈzada] *f* laugh.

risca [ˈxiʃka] *f* stripe; **de ~s** striped.

riscar [xiʃˈka(x)] *vt (frase)* to cross out; *(folha)* to scribble on; *(parede, carro, móvel)* to scratch.

risco [ˈxiʃku] *m (traço)* mark; *(linha)* line; *(em cabelo)* parting *(Brit)*, part *(Am)*; *(perigo)* risk; **correr o ~ de** to run the risk of; **pôr em ~** to put at risk; **~ ao meio/ao lado** *(relativo a cabelo)* middle/side parting.

riso [ˈxizu] *m* laugh; **~ amarelo** grimace.

risoto [xiˈzotu] *m* risotto.

ríspido, -da [ˈxiʃpidu, -da] *adj* stern.

rissol [xiˈsɔl] *(pl -óis* [-ɔjʃ]) *m (Port)* = **rissole**.

rissole [xiˈsɔli] *m (Br)* small semicircular fried cake with a fish or meat filling coated in breadcrumbs.

ritmo [ˈxitʒimu] *m (de movimento, andamento)* pace; *(em música)* rhythm; *(do coração)* beat.

ritual [xiˈtwaw] *(pl -ais* [-ajʃ]) *m* ritual.

riu [ˈxiu] → **rir**.

rival [xiˈvaw] *(pl -ais* [-ajʃ]) *mf* rival.

rivalidade [xivaliˈdadʒi] *f* rivalry.

robalo [roˈbalu] *m* sea bass.

robertos [roˈbɛrtuʃ] *mpl (Port)* puppets.

robô [rɔˈbo] *m* robot.

robusto, -ta [xoˈbuʃtu, -ta] *adj* robust.

roça [ˈxɔsa] *f (Br: zona rural)* countryside.

rocambole [xokãmˈbɔli] *m (Br)* roulade.

roçar [xoˈsa(x)] *vt* to brush.

rocha [ˈxɔʃa] *f* rock.

rochedo [xoˈʃedu] *m* crag.

rock [ˈxɔki] *m* rock (music).

roda [ˈxɔda] *f (de carro, bicicleta)* wheel; *(de saia, vestido)* flare; *(de pessoas)* circle, ring.

rodada [xoˈdada] *f* round.

rodagem [xoˈdaʒẽ] *f* → **faixa**.

rodapé [xodaˈpɛ] *f* skirting board; **nota de ~** footnote.

rodar [xoˈda(x)] *vt (fazer girar)* to turn; *(rapidamente)* to spin; *(filme)* to shoot ◆ *vi (girar)* to turn; *(rapidamente)* to spin.

rodear [xoˈdea(x)] *vt* to surround.

❑ **rodear-se de** *vp + prep* to surround o.s. with.

rodela [xoˈdɛla] *f* slice.

rodízio [xoˈdʒizju] *m* restaurant.

rododendro [xodoˈdẽndru] *m* rhododendron.

rodopiar [xodoˈpja(x)] *vi* to whirl (around).

rodovia [xodoˈvia] *f (Br)* motorway *(Brit)*, expressway *(Am)*; ~ **com pedágio** toll motorway *(Brit)*, turnpike *(Am)*.

rodoviária [xodoˈvjarja] *f (local)* bus station.

roer [ˈxwe(x)] *vt (rato)* to gnaw (at); *(cão)* chew.

rola [ˈxola] *f* turtle dove.

rolar [xoˈla(x)] *vi* to roll.

roleta [xoˈleta] *f* roulette; ~ **russa** Russian roulette.

rolha [ˈxoʎa] *f (de borracha, plástico)* stopper; ~ **de cortiça** cork.

rolo [ˈxolu] *m* roller; *(fotográfico)* roll (of film); ~ **de pastel** rolling pin.

romã [xoˈmã] *f* pomegranate.

romance [xoˈmãsi] *m* romance; *(gênero)* novel; *(sentimental)* romantic novel; ~ **cor-de-rosa** = Mills and Boon; ~ **policial** detective novel.

romântico, -ca [xoˈmãntʃiku, -ka] *adj* romantic.

romaria [xomaˈria] *f popular religious festival combining a religious ceremony and dancing, eating etc.*

romper [xõmˈpe(x)] *vt (corda, cabo)* to snap; *(contrato)* to break ◆ *vi (namorados, noivos)* to split up; ~ **com** to split up with.

❑ **romper-se** *vp (rasgar-se)* to tear.

ronda [ˈxõnda] *f (de polícia)* beat; *(de guarda-noturno)* rounds *(pl)*; **fazer a ~** to do the rounds.

rosa [ˈxɔza] *f* rose; **um mar de ~s** a bed of roses.

rosário [xoˈzarju] *m* rosary.

rosbife [xoʒˈbifi] *m* roast beef.

rosca [ˈxoʃka] *f (de garrafa, tampa, parafuso)* thread; *(CULIN: pão)* ring-shaped loaf of bread; *(biscoito para bebê)* rusk.

rosé [xɔˈze] *m* rosé.

roseira [xoˈzejra] *f* rosebush.

rosnar [xoʒˈna(x)] *vi* to growl.

rosto [ˈxoʃtu] *m* face.

rota [ˈxɔta] *f (de navio)* course; *(de avião)* route.

rotativo, -va [xutaˈtʃivu, -va] *adj* rotary.

roteiro [xoˈtejru] *m* route.

rotina [xoˈtʃina] *f* routine.

roto, -ta [ˈxotu, -ta] *pp* → **romper** ◆ *adj (roupa)* torn.

rótula [ˈxɔtula] *f* kneecap.

rotular [xotuˈla(x)] *vt* to label.

rótulo [ˈxɔtulu] *m* label.

rotunda [xoˈtũnda] *f (Port)* roundabout *(Brit)*, traffic circle *(Am)*.

roubar [xoˈba(x)] *vt & vi* to steal; ~ **algo de alguém** to steal sthg from sb; **fui roubado** I've been robbed.

roubo [ˈxobu] *m (ato)* robbery, theft; *(coisa roubada)* stolen item; *(fig: preço exagerado)* daylight robbery.

rouco, -ca [ˈxoku, -ka] *adj* hoarse.

roupa [ˈxopa] *f (vestuário)* clothes *(pl)*; *(de cama)* bed linen.

roupão [xoˈpãw] *(pl -ões* [-õjʃ]) *m* dressing gown *(Brit)*, bathrobe *(Am)*.

rouxinol [xoʃiˈnɔw] *(pl -óis* [-ɔjʃ]) *m* nightingale.

roxo, -xa [ˈxoʃu, -ʃa] *adj* violet.

rua [ˈxua] *f* street ◆ *interj* get out!; ~ **abaixo/acima** down/up the street.

rubéola [xuˈbɛula] *f* German measles *(sg)*.

rubi [xuˈbi] *m* ruby.

rubor [xuˈbo(x)] *(pl -res* [-riʃ]) *m* blush.

ruborizar-se [xuboriˈzaxsi] *vp* to blush, to go red.

rubrica [xuˈbrika] *f* signature.

ruço, -ça [ˈxusu, -sa] *adj (grisalho)* grey.

rúcola [ˈxukola] *f* rocket.

rude [ˈxudʒi] *adj* coarse.

ruela [ˈxwela] *f* back street.

ruga [ˈxuga] *f (em pele)* wrinkle; *(em tecido)* crease.

rúgbi [ˈxugbi] *m (Br)* rugby.

rugido [xuˈʒidu] *m* roar.

rugir [xuˈʒi(x)] *vi* to roar.

ruído [ˈxwidu] *m* noise.

ruim [ˈxuĩ] *(pl -ns* [-ʃ]) *adj* bad.

ruínas [ˈxwinaʃ] *fpl* ruins.

ruins → **ruim**.

ruivo, -va [ˈxuivu, -va] *adj (cabelo)* red ◆ *m, f* redhead.

rum [ˈxũ] *m* rum.

rumar [xuˈma(x)] : **rumar a** *v + prep* to steer towards.

rumba [ˈxũmba] *f* rumba.

rumo [ˈxumu] *m* direction.

rumor [xuˈmo(x)] (*pl* **-res** [-riʃ]) *m* rumour.

ruptura [xupˈtura] *f (de relação, contrato)* breaking-off; *(de ligamento)* rupture.

rural [xuˈraw] (*pl* **-ais** [-ajʃ]) *adj* rural.

rush [ˈxaʃ] *m (Br)* rush hour.

Rússia [ˈxusja] *f:* **a ~** Russia.

russo, -a [ˈxusu, -sa] *adj & m, f* Russian ♦ *m (língua)* Russian.

rústico, -ca [ˈxuʃtʃiku, -ka] *adj* rustic.

S

S.A. *(abrev de Sociedade Anônima)* = plc *(Brit)*, = Ltd *(Brit)*, = Inc *(Am)*.

sábado ['sabadu] *m* Saturday, → sexta-feira.

sabão [sa'bãw] *(pl* -ões [-õjʃ]) *m* soap; ~ **em pó** soap powder; **levar um** ~ *(fam)* to be told off; **passar um** ~ **em alguém** *(fam)* to tell sb off.

sabedoria [sabedo'ria] *f* wisdom.

saber [sa'be(x)] *vt* to know ♦ *vi (Port: ter sabor)* to taste ♦ *m* knowledge; **ele não sabe nada sobre computadores** he doesn't know a thing about computers; **não quero** ~! I don't want to know!; ~ **fazer algo** to know how to do sthg; **sei falar inglês** I can speak English; **fazer** ~ **que** to make it known (that); **sem** ~ unwittingly, unknowingly; ~ **de** to know about; **vir** OR **ficar a** ~ **de algo** to find out about sthg.

sabiá [sa'bja] *f* thrush.

sabões → **sabão**.

sabonete [sabo'netʃi] *m* (bar of) soap.

saboneteira [sabone'tejra] *f* soap dish.

sabor [sa'bo(x)] *(pl* -res [-riʃ]) *m (gosto)* taste; *(aroma)* flavour.

saborear [sabo'rja(x)] *vt (provar)* to taste; *(comer devagar)* to savour; *(fig: sol, férias, descanso)* to enjoy.

sabores → **sabor**.

sabotagem [sabo'taʒẽ] *(pl* -ns [-ʃ]) *f* sabotage.

sabotar [sabo'ta(x)] *vt* to sabotage.

sabugueiro [sabu'gejru] *m* elder.

saca ['saka] *f* bag.

sacar [sa'ka(x)] *vt (Br: fam: compreender)* to understand.

sacarina [saka'rina] *f* saccharin.

saca-rolhas [,saka'xoʎaʃ] *m inv* corkscrew.

sacarose [saka'rɔzi] *f* sucrose.

sacerdote [sasex'dɔtʃi] *m* priest.

sacho ['saʃu] *m* hoe.

saciar [sa'sja(x)] *vt (fome)* to satisfy; *(sede)* to quench. ❑ **saciar-se** *vp* to be satisfied.

saco ['saku] *m (pequeno)* bag; *(grande)* sack; ~ **de água quente** hot-water bottle; ~ **de dormir** sleeping bag; ~ **de lixo** bin bag *(Brit)*, garbage bag *(Am)*; ~ **de plástico** plastic bag; ~ **de viagem** travel bag; **eu não tenho** ~ **de ir lá** *(fam)* I can't be bothered to go; **puxar o** ~ **de alguém** *(fam)* to suck up to somebody; **ser um** ~ *(fam)* to be a pain.

saco-cama [,saku'kama] *(pl* **sacos-cama** [,sakuʃ'kama]) *m* sleeping bag.

sacola [sa'kɔla] *f* bag.

sacramento [sakra'mẽntu] *m* sacrament. ❑ **sacramentos** *mpl* last rites.

sacrificar [sakrifi'ka(x)] *vt* to sacrifice. ❑ **sacrificar-se** *vp:* ~-**se por alguém** to make sacrifices for sb.

sacrilégio [sakri'lɛʒju] *m* sacrilege.

sacristia [sakriʃ'tʃia] *f* sacristy.

sacro, -cra ['sakru, -kra] *adj* sacred.

sacudir [saku'dʒi(x)] *vt* to shake.

sádico, -ca ['sadʒiku, -ka] *adj* sadistic ♦ *m, f* sadist.

sadio, -dia [sa'dʒiu, -'dia] *adj* healthy.

saem ['sajẽ] → **sair**.

safio [sa'fiu] *m (small)* conger eel.

safira [sa'fira] *f* sapphire.

Sagitário [saʒi'tarju] *m* Sagittarius.

sagrado, -da [sa'gradu, -da] *adj* holy, sacred.

saguão [sa'gwãw] *(pl* -ões [-õjʃ]) *m* courtyard.

sai ['saj] → **sair**.

saí [sa'i] → **sair**.

saia ['saja] *f* skirt.

saia-calça [ˌsajaˈkawsa] (pl **saias-calça** [ˌsajaʃˈkawsa]) f culottes (pl).

saída [saˈida] f exit, way out; (de ônibus, trem) departure; (de problema, situação) way out; **"~ de emergência"** "emergency exit"; **dar uma ~** to pop out; **estar de ~** to be on one's way out; **ter ~** (produto) to sell well.

saio [ˈsaju] → **sair**.

sair [saˈi(x)] vi to go/come out; (partir) to go, to leave; (separar-se) to come off; (ser publicado) to come out; **sai daí!** come out of there!; **~ a** (custar) to work out as.

❑ **sair-se** vp: **~-se bem/mal** to come off well/badly.

sais → **sal**.

saiu [saˈiu] → **sair**.

sal [ˈsaw] (pl **sais** [ˈsajʃ]) m salt; **sem ~** unsalted; **~ comum** OU **marinho** sea salt; **~ refinado** table salt; **sais de banho** bath salts; **sais de cheirar** smelling salts; **sais de fruta** liver salts.

sala [ˈsala] f room; **~ de aula** classroom; **~ de espera** waiting room; **~ (de estar)** living OU sitting room; **~ de jantar** dining room; **~ de jogos** amusement arcade.

salada [saˈlada] f salad; **~ de alface** green salad (of lettuce only); **~ de feijão frade** black-eye bean salad with onion, parsley, garlic and egg; **~ de frutas** fruit salad; **~ mista** mixed salad; **~ russa** Russian salad; **~ de tomate** tomato salad.

saladeira [salaˈdejra] f salad bowl.

salamandra [salaˈmãndra] f salamander.

salame [saˈlami] m salami.

salão [saˈlãw] (pl **-ões** [-ˈõjʃ]) m hall; (exposição coletiva) exhibition; **~ de beleza** beauty salon; **~ de chá** tea room; **~ de festas** reception room.

salário [saˈlarju] m salary; **~ mínimo** minimum wage.

salário-família [saˌlarjufaˈmilja] (pl **salários-família** [saˌlarjuʃfaˈmilja]) m (Br) family allowance.

saldar [sawˈda(x)] vt (conta) to settle; (dívida) to pay off; (mercadorias) to sell off at a reduced price.

saldo [ˈsawdu] m (de conta bancária) balance; **em ~** (Port: mercadorias) on sale.

salgadinhos [sawgaˈdʒiɲuʃ] mpl savoury snacks.

salgado, -da [sawˈgadu, -da] adj (comida) salty; (bacalhau, água) salt (antes de s).

salgueiro [sawˈgejru] m willow.

salientar [saljẽnˈta(x)] vt to point out. ❑ **salientar-se** vp (evidenciar-se) to excel o.s.

saliente [saˈljẽntʃi] adj protruding.

saliva [saˈliva] f saliva.

salmão [sawˈmãw] m salmon; **~ defumado** smoked salmon.

salmonela [sawmoˈnɛla] f salmonella.

salmonete [sawmoˈnetʃi] m red mullet.

salmoura [sawˈmora] f brine.

salões → **salão**.

salpicão [sawpiˈkãw] (pl **-ões** [-ˈõjʃ]) m (enchido) paprika salami; (prato) chicken and smoked ham salad with carrot, peppers and onion.

salpicar [sawpiˈka(x)] vt to sprinkle; (sujar com pingos) to splash, to spatter.

salpicões → **salpicão**.

salsa [ˈsawsa] f parsley.

salsicha [sawˈsiʃa] f sausage.

saltar [sawˈta(x)] vt to jump over ♦ vi (dar saltos) to jump; (ir pelo ar) to fly off; **~ à vista** OU **aos olhos** to be as plain as day.

salteado, -da [sawˈteadu, -da] adj (entremeado) alternating.

salto [ˈsawtu] m jump; (de calçado) heel; **de ~ alto** high-heeled; **~ em altura** high jump; **~ baixo** OU **raso** (de calçado) flat OU low heel; **~ em comprimento** long jump; **~ mortal** somersault; **~ à vara** (Port) pole vault.

salutar [saluˈta(x)] (pl **-res** [-riʃ]) adj healthy.

salva [ˈsawva] f (planta) sage; (bandeja) salver; **~ de palmas** round of applause.

salvação [sawvaˈsãw] f salvation; (remédio) cure; **não haver ~** to be beyond repair.

salvaguardar [ˌsawvagwaxˈda(x)] vt to safeguard.

salvamento [sawvaˈmẽntu] m rescue.

salvar [sawˈva(x)] vt to save; **~ as aparências** to keep up appearances. ❑ **salvar-se** vp to escape.

salva-vidas [ˌsawvaˈvidaʃ] m inv lifeboat.

salvo, -va [ˈsawvu, -va] pp → **salvar** ♦ adj safe ♦ prep except; **estar a ~** to be safe; **pôr-se a ~** to escape; **~ erro**

unless I'm mistaken; ~ **se** unless.
samba [ˈsãmba] *m* samba.
samba-canção [ˌsãmbakãˈsãw] (*pl*
sambas-canções [ˌsãmbaʃkãˈsõiʃ]) *m*
slower style of samba with romantic lyrics;
(Br: fam: cueca) boxer shorts *(pl)*.
sambar [sãmˈba(x)] *vi* to dance to
samba.
sambista [sãmˈbiʃta] *mf (dançarino)*
samba dancer.
sambódromo [sãmˈbɔdromu] *m place*
where samba is rehearsed and danced.
sanatório [sanaˈtɔrju] *m* sanatorium.
sanção [sãˈsãw] (*pl* **-ões** [-õjʃ]) *f* sanc-
tion.
sandálias [sãnˈdaljaʃ] *fpl* sandals.
sandes [ˈsãndeʃ] *f inv (Port)* = **san-**
duíche.
sanduíche [sãnˈdwiʃi] *m (Br)* sandwich; ~ **misto** *ham and cheese sandwich*
◆ *f (Port)* sandwich.
sanfona [sãˈfona] *f (Br: acordeão)*
accordion.
sangrar [sãŋˈgra(x)] *vi* to bleed.
sangria [sãŋˈgria] *f* sangria.
sangue [ˈsãŋgi] *m* blood; **exame de ~**
blood test.
sangue-frio [ˌsãŋgiˈfriu] *m (presença*
de espírito) presence of mind.
sanguessuga [ˌsãŋgeˈsuga] *f* leech.
sanguíneo [sãŋˈg(w)inju] *adj m* →
vaso.
sanidade [saniˈdadʒi] *f (mental)* sanity.
sanita [saˈnita] *f (Port)* toilet bowl.
sanitários [saniˈtarjuʃ] *mpl* toilets.
Santo, -ta [ˈsãntu, -ta] *m, f* Saint; **o ~**
Padre the Holy Father.
santuário [sãnˈtwarju] *m* sanctuary,
shrine.
são[1] [ˈsãw] → **ser.**
são[2], **sã** [ˈsãw, ˈsã] *adj (saudável)*
healthy; *(fruto)* unblemished; ~ **e salvo**
safe and sound.
São [ˈsãw] *m* = **Santo.**
São Paulo [sãwˈpawlu] *s* São Paulo.
sapataria [sapataˈria] *f* shoe shop.
sapateado [sapaˈtʒjadu] *m* tap dancing.
sapateiro, -ra [sapaˈtejru, -ra] *m, f*
cobbler.
sapatilhas [sapaˈtiʎaʃ] *fpl (Port: de*
ténis, etc) trainers *(Brit)*, sneakers *(Am)*;
(Br: de bailarinos) ballet shoes.
sapato [saˈpatu] *m* shoe; ~**s de salto**

alto high-heeled shoes.
sapé [saˈpɛ] *m (Br) type of Brazilian*
grass commonly used for thatching huts.
sapo [ˈsapu] *m* toad.
saquinho [saˈkiɲu] *m*: ~ **de chá** tea
bag.
sarampo [saˈrãmpu] *m* measles *(sg)*.
sarapatel [sarapaˈtew] (*pl* **-éis** [-ɛiʃ])
m pork stew with liver and kidneys, tomatoes, nuts, apple and raisins.
sarar [saˈra(x)] *vi & vt (cicatrizar)* to
heal.
sarcasmo [saxˈkaʒmu] *m* sarcasm.
sarda [ˈsaxda] *f* freckle.
sardinha [saxˈdʒiɲa] *f (peixe)* sardine;
~**s assadas** grilled sardines.
sargento [saxˈʒẽtu] *m* sergeant.
sarjeta [saxˈʒeta] *f* gutter.
SARL *(Port: abrev de Sociedade*
Anónima de Responsabilidade Limitada)
= plc, ≃ Ltd *(Brit)*, ≃ Inc *(Am)*.
sarro [ˈsaxu] *m (em vinho)* sediment;
(em dentes) tartar.
satélite [saˈtelitʃi] *m* satellite.
sátira [ˈsatʃira] *f* satire.
satisfação [satʃiʃfaˈsãw] (*pl* **-ões**
[-õjʃ]) *f* satisfaction; **não ter que dar**
satisfações a ninguém not to have to
answer to anyone; **pedir satisfações a**
alguém to demand an explanation
from sb.
satisfatório, -ria [satʃiʃfaˈtɔrju,
-rja] *adj* satisfactory.
satisfazer [satʃiʃfaˈze(x)] *vt (agradar*
a) to satisfy; *(cumprir)* to meet ◆ *vi (ser*
suficiente) to be satisfactory.
❑ **satisfazer-se** *vp*: ~**-se com** to content o.s. with.
satisfeito, -ta [satʃiʃˈfejtu, -ta] *adj*
satisfied; **dar-se por ~ (com)** to be satisfied (with).
saudação [sawdaˈsãw] (*pl* **-ões** [-õjʃ])
f greeting.
saudade [sawˈdadʒi] *f* nostalgia; **ter**
~**s de** to miss; **ela deixou muitas ~s**
everyone misses her; **matar ~s** *(de*
lugar) to revisit old haunts; *(de pessoa)*
to look up old friends; **sinto muitas ~s**
de Bahia I miss Bahia so much.
saudar [sawˈda(x)] *vt* to greet.
saudável [sawˈdavew] (*pl* **-eis** [-ejʃ])
adj healthy.
saúde [saˈudʒi] *f* health ◆ *interj*
cheers!
sauna [ˈsawna] *f* sauna.
saveiro [saˈvejru] *m narrow, flat-*

bottomed fishing boat with the prow higher than the stern.

saxofone [sakso'fɔni] *m* saxophone.

scanner ['skanɛ(x)] (*pl* **-res** [-riʃ]) *m* scanner.

scooter ['skutɛ(x)] (*pl* **-res** [-riʃ]) *f* scooter.

se [si] *pron* **1.** *(reflexo: pessoa)* himself (*f* herself), themselves *(pl)*; *(você, vocês)* yourself, yourselves *(pl)*; *(impessoal)* oneself; **lavar-~** to wash (oneself); **eles ~ perderam** they got lost; **vocês ~ perderam** you got lost.

2. *(reflexo: coisa, animal)* itself, themselves *(pl)*; **o vidro partiu-~** the glass broke.

3. *(recíproco)* each other; **escrevem-~ regularmente** they write to each other regularly; **não ~ cruzam** *(fam)* they can't stand each other.

4. *(com sujeito indeterminado)*: **"aluga-~ quarto"** "room for rent"; **"vende-~"** "for sale"; **come-~ bem aqui** the food is very good here.

◆ *conj* **1.** *(indica condição)* if; **~ tiver tempo, escrevo** I'll write if I have time.

2. *(indica causa)* if; **~ você está com fome, come alguma coisa** if you're hungry, have something to eat.

3. *(indica comparação)* if; **~ um é feio, o outro ainda é pior** if you think he's ugly, you should see the other one.

4. *(em interrogativas)*: **que tal ~ fôssemos ao cinema?** how about going to the cinema?; **e ~ ela não vier?** what if she doesn't come?

5. *(exprime desejo)* if; **~ pelo menos tivesse dinheiro!** if only I had the money!

6. *(em interrogativa indireta)* if, whether; **avisem-me ~ quiserem ir** let me know if you'd like to go; **perguntei-lhe ~ gostou** I asked him if he liked it.

7. *(em locuções)*: **~ bem que** even though, although.

sé ['sɛ] *f* cathedral; **~ catedral** cathedral.

sebe ['sɛbi] *f* fence; **~ viva** hedge.

sebento, -ta [se'bẽntu, -ta] *adj* grimy.

sebo ['sebu] *m* suet.

seca ['sɛka] *f* drought.

secador [seka'do(x)] (*pl* **-res** [-riʃ]) *m* hairdryer.

seção [se'sãw] (*pl* **-ões** [-õjʃ]) *f (Br)*

department; **~ de achados e perdidos** lost property office *(Brit)*, lost-and-found office *(Am)*.

secar [se'ka(x)] *vt* to dry ◆ *vi (planta, árvore)* to wither; *(rio, poço, lago)* to dry up; *(roupa, cabelo)* to dry.

secção [sɛk'sãw] (*pl* **-ões** [-õjʃ]) *f (Port)* = seção.

seco, -ca ['seku, -ka] *pp* → **secar** ◆ *adj* dry; *(carne, peixe, fruto)* dried; *(fig: rispido)* curt.

secretaria [sekreta'ria] *f (de escola, repartição pública)* secretary's office; **~ de Estado** government department.

secretária [sekre'tarja] *f (móvel)* desk; **~ eletrônica** *(Br)* answering machine, → **secretário**.

secretário, -ria [sekre'tarju, -rja] *m, f* secretary; **Secretário de Estado** Secretary of State.

secreto, -ta [se'kretu, -ta] *adj* secret.

sectário, -ria [sɛk'tarju, -rja] *adj* sectarian.

sector [sɛ'tor] (*pl* **-res** [-riʃ]) *m (Port)* = setor.

secular [seku'la(x)] (*pl* **-res** [-riʃ]) *adj* ancient.

século ['sɛkulu] *m* century.

secundário, -ria [sekũn'darju, -rja] *adj* secondary; *(estrada)* minor.

seda ['seda] *f* silk.

sedativo [seda'tʃivu] *m* sedative.

sede¹ ['sɛdʒi] *f (de empresa, organização)* headquarters *(pl)*.

sede² ['sedʒi] *f* thirst; **ter ~** to be thirsty; **ter ~ de** to thirst after; **matar a ~** to quench one's thirst.

sedimento [sedʒi'mẽntu] *m* sediment.

sedoso, -osa [se'dozu, -ɔza] *adj* silky.

sedução [sedu'sãw] (*pl* **-ões** [-õjʃ]) *f* seduction.

sedutor, -ra [sedu'to(x), -ra] (*mpl* **-res** [-riʃ], *fpl* **-s** [-ʃ]) *adj* seductive.

seduzir [sedu'zi(x)] *vt* to seduce.

segmento [sɛg'mẽntu] *m* segment.

segredo [se'gredu] *m* secret; *(reserva)* secrecy.

segregar [segre'ga(x)] *vt (pôr de lado)* to segregate; *(secreção)* to secrete.

❏ **segregar-se** *vp (isolar-se)* to cut o.s. off.

seguida [se'gida] *f*: **em** ou **de ~** immediately.

seguidamente [se,gida'mẽntʃi] *adv (sem interrupção)* continuously; *(de* *seguida*) straight afterwards.

seguido, -da [se'gidu, -da] *adj (contínuo)* continuous; **o manual ~ este ano é ...** the textbook we're using this year is ...; **dias/anos ~s** days/years on end; **~ de** followed by.

seguinte [se'gĩntʃi] *adj* following ◆ *mf*: **o/a ~** the next one; **o dia/mês ~** the following day/ month.

seguir [se'gi(x)] *vt* to follow; *(perseguir)* to chase; *(carreira, profissão)* to pursue ◆ *vi (continuar)* to go on, to carry on; **~ com algo** to continue with sthg; **~ para** to travel on to; **~ por** to travel on OU along; **a ~** afterwards; **a ~ a** after.

segunda [se'gũnda] *f (de veículo)* second (gear), → **segundo**.

segunda-feira [se,gũnda'fejra] *(pl* **segundas-feiras** [se,gũndaʃ'fejraʃ]) *f* Monday, → **sexta-feira**.

segundo, -da [se'gũndu, -da] *num & m* second ◆ *prep* according to ◆ *adv* secondly; **em segunda mão** second-hand, → **sexto**.

seguramente [se,gura'mẽntʃi] *adv* surely.

segurança [segu'rãsa] *f* security; *(sem perigo)* safety; *(confiança)* confidence; *(certeza)* certainty; **a Segurança Social** Social Security; **com ~** *(agir, afirmar)* confidently; **em ~** in safety.

segurar [segu'ra(x)] *vt (agarrar)* to hold on to.

seguro, -ra [se'guru, -ra] *adj* safe; *(firme, preso)* secure; *(mesa, cadeira)* steady; *(garantido)* guaranteed ◆ *m (de carro, casa, vida)* insurance; **estar ~** *(estar a salvo)* to be safe; *(ter certeza)* to be certain OU sure; **pôr no ~** to insure; **ser ~ de si** to be self-assured; **~ de doença** *(Port)* health insurance; **~ de responsabilidade civil** third-party insurance; **~ contra terceiros** third-party insurance; **~ contra todos os riscos** fully comprehensive insurance; **~ de viagem** travel insurance; **~ de vida** life insurance.

seguro-saúde [se,gurusa'udʒi] *(pl* **seguros-saúde** [se,guruʃsa'udʒi]) *m (Br)* health insurance.

sei [sej] → **saber**.

seio ['saju] *m* breast.

seis ['sejʃ] *adj num* six ◆ *m* six; *(dia)* sixth ◆ *mpl (temperatura)* six (degrees) ◆ *fpl*: **às ~** at six (o'clock); **(são) ~**

horas (it's) six o'clock; **ele tem ~ anos** he's six years old; **eles eram ~** there were six of them; **~ de janeiro** the sixth of January; **página ~** page six; **trinta e ~** thirty-six; **o ~ de copas** the six of hearts; **estão ~ graus centígrados** it's six degrees centigrade; **de ~ em ~ semanas/horas** every six weeks/hours; **empataram ~ a ~** *(em partida)* they drew six-all; **~ a zero** *(em partida)* six-nil.

seiscentos, -tas [sejʃ'sẽntuʃ, -taʃ] *num* six hundred, → **seis**.

seita ['sejta] *f* sect.

seiva ['sejva] *f* sap.

seixo ['sejʃu] *m* pebble.

sela ['sɛla] *f* saddle.

selar [se'la(x)] *vt (cavalo, égua)* to saddle; *(carta, subscrito)* to stamp; *(documento oficial, pacto)* to seal.

seleção [sele'sãw] *f (Br) (escolha)* selection; *(equipe nacional)* team.

selecção [selɛ'sãw] *(Port)* = **seleção**.

seleccionar [selɛsju'nar] *vt (Port)* = **selecionar**.

selecionar [selɛsjo'na(x)] *vt (Br)* to select.

selecto, -ta [se'lɛtu, -ta] *adj (Port)* = **seleto**.

seleto, -ta [se'lɛtu, -ta] *adj (Br)* exclusive.

self-service [sɛwf'sɛxvisi] *(pl* **self-services** [sɛwf'sɛxviseʃ]) *m* self-service cafe or restaurant.

selim [se'lĩ] *(pl* **-ns** [-ʃ]) *m (de bicicleta)* saddle.

selo ['selu] *m* stamp; **~ de garantia** *(em produto)* tamper-proof seal.

selva ['sɛwva] *f* jungle.

selvagem [sɛw'vaʒẽ] *(pl* **-ns** [-ʃ]) *adj* wild ◆ *mf (pessoa)* savage.

sem [sẽ] *prep* without; **estou ~ fazer nada há muito tempo** I haven't done anything for ages; **ele saiu ~ que eu notasse** he left without me noticing; **estar ~ água/gasolina** to be out of water/petrol; **~ mais nem menos** for no reason whatsoever; **~ data** undated.

sem-abrigo [sẽa'brigu] *mf inv* homeless person; **os ~** the homeless.

semáforos [se'maforuʃ] *mpl* traffic lights.

semana [se'mana] *f* week; **~ a ~** week by week; **por ~** a OU per week; **a Semana Santa** Holy Week.

semanada [sema'nada] *f* pocket money.

semanal [sema'naw] (*pl* **-ais** [-ajʃ]) *adj* weekly.

semblante [sēm'blãntʃi] *m* face.

semear [se'mja(x)] *vt* (*trigo, batatas, etc*) to sow; (*ódio, discórdia*) to spread.

semelhança [seme'ʎãsa] *f* resemblance; **à ~ de** like.

semelhante [seme'ʎãntʃi] *adj* similar; **~ a** like, similar to.

sémen ['sɛmɛn] *m* (*Port*) = **sêmen**.

sêmen ['semɛn] *m* (*Br*) semen.

semente [se'mēntʃi] *f* seed.

semestral [semeʃ'traw] (*pl* **-ais** [-ajʃ]) *adj* half-yearly, six-monthly.

semestre [se'mɛʃtri] *m* period of six months.

seminário [semi'narju] *m* (*grupo de estudos*) seminar; (*para eclesiásticos*) seminary.

sêmola ['semola] *f* semolina.

semolina [semo'lina] *f* semolina.

sempre ['sēmpri] *adv* always; **o mesmo de ~** the usual; **como ~** as usual; **para ~** forever; **~ que** whenever.

sem-vergonha [sãjvex'goɲa] *mf inv* rogue.

sena ['sena] *f in cards, the sixth of any suit.*

senado [se'nadu] *m* senate.

senão [se'nãw] *conj* otherwise.

senha ['seɲa] *f* (*sinal*) sign; (*palavra de acesso*) password; **~ de saída** ticket given at a venue to allow you to come and go without paying the entrance fee again.

senhor, -ra [se'ɲo(x), -ra] (*mpl* **-res** [-riʃ], *fpl* **-s** [-ʃ]) *m, f* (*em geral*) man (*f* woman); (*formalmente*) gentleman (*f* lady); (*antes de nome*) Mr (*f* Mrs, Ms); (*ao dirigir a palavra*) Sir (*f* Madam); **"senhoras"** "ladies"; **Caro** OU **Exmo. Senhor** (*em carta*) Dear Sir; **Cara** OU **Exma. Senhora** (*em carta*) Dear Madam; **bom dia meus senhores/minhas senhoras!** good morning (gentlemen/ladies)!

senhorio, -ria [seɲo'riu, -'ria] *m, f* landlord (*f* landlady).

senil [se'niw] (*pl* **-is** [-iʃ]) *adj* senile.

sensação [sēsa'sãw] (*pl* **-ões** [-õjʃ]) *f* sensation, feeling; (*intuição*) feeling; **causar ~** to cause a sensation.

sensacional [sēsasjo'naw] (*pl* **-ais** [-ajʃ]) *adj* sensational.

sensações → sensação.

sensato, -ta [sē'satu, -ta] *adj* sensible.

sensível [sē'sivɛw] (*pl* **-eis** [-ejʃ]) *adj* sensitive.

senso ['sēsu] *m* sense; **ter bom ~** to be sensible; **ter ~ prático** to be practical; **~ comum** common sense.

sensual [sē'swaw] (*pl* **-ais** [-ajʃ]) *adj* sensual.

sentado, -da [sēn'tadu, -da] *adj* seated; **estar ~** to be sitting down.

sentar-se [sēn'taxsi] *vp* to sit down.

sentença [sēn'tēsa] *f* sentence.

sentido, -da [sēn'tʃidu, -da] *adj* (*melindrado*) touchy ♦ *m* sense; (*significado*) meaning; (*direção*) direction; **fazer ~** to make sense; **em certo ~** to a certain extent; **ir em ~ proibido** (*Port*) to go the wrong way up a one-way street; **(rua de) ~ único** one-way street.

sentimental [sēntʃimēn'taw] (*pl* **-ais** [-ajʃ]) *adj* sentimental.

sentimento [sēntʃi'mēntu] *m* feeling; **os meus ~s** my deepest sympathy.

sentinela [sēntʃi'nɛla] *mf* guard; **estar de ~** to be on guard duty.

sentir [sēn'tʃi(x)] *vt* to feel; **sinto muito!** I'm terribly sorry!; **~ falta de** to miss; **~ vontade de fazer algo** to feel like doing sthg.

❏ **sentir-se** *vp* to feel.

separação [separa'sãw] (*pl* **-ões** [-õjʃ]) *f* separation.

separado, -da [sepa'radu, -da] *adj* (*independente*) separate; (*cônjuges*) separated; **em ~** separately.

separar [sepa'ra(x)] *vt* (*dividir*) to separate; (*reservar*) to put aside.

❏ **separar-se** *vt* to separate.

septuagésimo, -ma [sɛptwa-'ʒɛzimu, -ma] *num* seventieth, → sexto.

sepultar [sepuw'ta(x)] *vt* to bury.

sepultura [sepuw'tura] *f* grave.

sequência [se'kwēsja] *f* (*Port*) = seqüência.

seqüência [se'kwēsja] *f* (*Br*) sequence.

sequer [se'kɛ(x)] *adv*: **nem ~** not even; **ele nem ~ falou comigo** he didn't even speak to me.

seqüestrador, -ra [sekweʃtra'do(x), -ra] (*mpl* **-res** [-riʃ], *fpl* **-s** [-ʃ]) *m, f* kidnapper.

sequestrar [sekeʃ'trar] *vt* (*Port*) = seqüestrar.

seqüestrar [sekweʃ'tra(x)] *vt (Br)* to kidnap, to abduct.

seqüestro [se'kweʃtru] *m* kidnapping, abduction.

sequóia [se'kwɔja] *f* sequoia.

ser ['se(x)] *(pl* **-res** [-riʃ]) *m (criatura)* being; **~ humano** human being.

◆ *vi* **1.** *(para descrever)* to be; **é demasiado longo** it's too long; **são bonitos** they're lovely; **sou médico** I'm a doctor.

2. *(para designar lugar, origem)* to be; **ele é do Brasil** he's from Brazil; **é em São Paulo** it's in São Paulo; **sou brasileira** I'm Brazilian.

3. *(custar)* to be; **quanto é? – são 100 reais** how much is it? – (it's) 100 reais.

4. *(com data, dia, hora)* to be; **hoje é sexta** it's Friday today; **que horas são?** what time is it?; **são seis horas** it's six o'clock.

5. *(exprime possessão)* to be; **é do Ricardo** it's Ricardo's; **este carro é seu?** is this car yours?; **os livros eram meus** the books were mine.

6. *(em locuções)*: **a não ~ que** unless; **que foi?** what's wrong?; **ou seja** in other words; **será que ele vem?** do you think he's coming?

◆ *v aux (forma a voz passiva)* to be; **foi visto na saída do cinema** he was seen on his way out of the cinema.

◆ *v impess* **1.** *(exprime tempo)* to be; **é de dia/noite** it's daytime/ night; **é tarde/cedo** it's late/early.

2. *(com adjetivo)* to be; **é difícil dizer** it's difficult to say; **é fácil de ver** it's easy to see.

❑ **ser de** *v + prep (matéria)* to be made of; *(ser adepto de)* to be a supporter of; **eles são do Flamengo** they're Flamengo supporters.

serão [se'rãw] *(pl* **-ões** [-õjʃ]) *m (reunião)* get-together; *(noite)* evening; **fazer ~** to stay up late.

sereia [se'reja] *f (de navio, farol)* siren; *(ser lendário)* mermaid.

serenar [sere'na(x)] *vt (acalmar)* to calm ◆ *vi (acalmar-se)* to calm down; *(tempo)* to clear up.

serenata [sere'nata] *f* serenade.

seres → **ser**.

seresta [se'rɛʃta] *f (Br)* = **serenata**.

seriado [se'rjadu] *m (Br)* (TV) series *(sg)*.

série ['sɛrji] *f* series *(sg)*; *(de bilhetes de metro)* book; **uma ~ de** a series of.

seriedade [serje'dadʒi] *f* seriousness; *(honestidade)* honesty.

seringa [se'rĩŋga] *f* syringe.

seringueira [serĩŋ'gejra] *f* rubber plant.

sério, -ria ['sɛrju, -rja] *adj* serious; *(honrado)* honest ◆ *adv*: **a ~?** seriously?; **levar** OU **tomar a ~** to take seriously.

sermão [sex'mãw] *(pl* **-ões** [-õjʃ]) *m* sermon.

serões → **serão**.

seronegativo, -va [serɔnega'tivu, -va] *adj (Port)* = **soronegativo**.

seropositivo, -va [serɔpuzi'tivu, -va] *adj (Port)* = **soropositivo**.

serpente [sex'pẽntʃi] *f* serpent.

serpentina [serpẽn'tʃina] *f* streamer.

serra ['sɛxa] *f (instrumento)* saw; *(em geografia)* mountain range.

serralheiro [sexa'ʎejru] *m* locksmith.

serrar [se'xa(x)] *vt* to saw.

sertanejo, -ja [sexta'neʒu, -ʒa] *adj* of/relating to the "sertão".

sertão [sex'tãw] *m* remote, arid lands in the interior of northeastern Brazil.

servente [sex'vẽntʃi] *m (de pedreiro)* (bricklayer's) mate.

serventia [sexvẽn'tʃia] *f (préstimo)* use; *(de casa, edifício, terreno)* access road OU path.

serviço [sex'visu] *m* service; *(trabalho)* work; **"fora de ~"** "out of service"; **"~ incluído"** "service included"; **~ cívico** social service.

servil [sex'viw] *(pl* **-is** [-iʃ]) *adj* servile.

servir [sex'vi(x)] *vt* to serve ◆ *vi (criado, empregado)* to serve; *(ser útil)* to be useful; *(roupa, calçado)* to fit; **em que posso servi-lo?** how may I help you?; **~ de algo** to serve as sthg.

❑ **servir-se** *vp (de bebida, comida)* to help o.s.; **~-se de** *(fazer uso de)* to make use of.

servis → **servil**.

sessão [se'sãw] *(pl* **-ões** [-õjʃ]) *f (de filme)* showing; *(em televisão)* broadcast; *(de debate político, científico)* meeting; *(em tribunal)* session.

sessenta [se'sẽnta] *num* sixty, → **seis**.

sessões → **sessão**.

sesta ['sɛʃta] *f* afternoon nap.

seta ['sɛta] *f* arrow.

sete ['sɛtʃi] *num* seven, → **seis**.

setecentos, -tas [sɛte'sẽntuʃ, -taʃ] *num* seven hundred, → **seis**.

setembro [se'tẽmbru] *m* September; **durante o mês de ~** during (the month of) September; **em ~** in September; **em meados de ~** in the middle of September; **este mês de ~** *(passado)* last September; *(futuro)* this (coming) September; **o passado/próximo mês de ~** last/next September; **no princípio/final de ~** at the beginning/end of September; **o primeiro de ~** the first of September.

setenta [se'tẽnta] *num* seventy, → **seis**.

sétimo, -ma ['sɛtʃimu, -ma] *num* seventh, → **sexto**.

setor [se'to(x)] *(pl* **-res** [-riʃ]) *m (Br) (ramo)* sector; *(seção)* section.

seu, sua ['sew, 'sua] *adj* **1.** *(dele)* his; *(dela)* her; *(de você, vocês)* your; *(deles, delas)* their; **ela trouxe o ~ carro** she brought her car; **onde estacionou a sua moto?** where did you park your motorbike?

2. *(de coisa, animal: singular)* its; *(de coisa, animal: plural)* their; **o cachorro foi para a o seu canil** the dog went into his OR its kennel.

♦ *pron*: **o ~/a sua** *(dele)* his; *(dela)* hers; *(deles, delas)* theirs; *(de coisa, animal: singular)* its; *(de coisa, animal: plural)* their; **um amigo ~** a friend of his/hers etc.; **os ~s** *(a família de cada um)* his/her etc. family.

♦ *m, f* **1.** *(pej: forma de tratamento)* you; **~ estúpido!** you idiot!; **~s irresponsáveis!** you fools!

2. *(com malícia)* you; **~ capeta!** you little rascal!; **sua danadinha!** you little so-and-so!

severidade [severi'dadʒi] *f* severity.

severo, -ra [se'vɛru, -ra] *adj (inflexível)* strict; *(grave)* severe.

sexagésimo, -ma [seksa'ʒɛzimu, -ma] *num* sixtieth, → **sexto**.

sexo ['sɛksu] *m* sex; *(órgão reprodutor)* genitals *(pl)*.

sexta-feira [ˌsejʃta'fejra] *(pl* **sextas-feiras** [ˌsejʃtaʃ'fejraʃ]) *f* Friday; **às sextas-feiras** on Fridays; **até ~** until Friday; **ela vem ~** she's coming on Friday; **esta ~** *(passada)* last Friday; *(próxima)* next Friday; **hoje é ~** today

is Friday; **todas as sextas-feiras** every Friday; **~ de manhã/à tarde/à noite** Friday morning/afternoon/night; **~ 12 de Junho** Friday 12 June; **~ passada/próxima** last/next Friday; **~ que vem** next Friday; **Sexta-feira Santa** Good Friday.

sexto, -ta ['sejʃtu, -ta] *adj num* sixth ♦ *m (número)* sixth ♦ *m, f*: **o ~/a sexta** *(pessoa, coisa)* the sixth; **chegar em ~** to come sixth; **capítulo ~** chapter six; **em ~ lugar** in sixth place; **no ~ dia** on the sixth day; **a sexta parte** *(relativo a quantidade)* a sixth; *(de espetáculo, filme)* part six.

sexual [sɛk'swaw] *(pl* **-ais** [-ajʃ]) *adj* sexual.

sexualidade [sekswali'dadʒi] *f* sexuality.

sexy ['sɛksi] *adj* sexy.

shopping ['ʃɔpĩŋ] *m* shopping centre *(Brit)*, shopping mall *(Am)*.

short ['ʃɔxtʃi] *m (Br: calção)* shorts *(pl)*.

show ['ʃou] *m* show.

si ['si] *pron* **1.** *(complemento indireto: pessoa)* him *(f* her), them *(pl)*; *(você, vocês)* you; **ele disse que a chamada não era para ~** he said the call wasn't for him.

2. *(complemento indireto: coisa, animal)* it, them *(pl)*.

3. *(reflexo: pessoa)* himself *(f* herself), themselves *(pl)*; *(você, vocês)* yourself, yourselves *(pl)*; **comprou-o para ~ (mesmo** OU **próprio)** he bought it for himself; **é para ~ (mesmo** OU **próprio)?** is it for yourself?; **elas sabem tomar conta de ~ (mesmas** OU **próprias)** they know how to look after themselves; **ela é cheia de ~** *(fam)* she's full of herself.

4. *(reflexo: coisa, animal)* itself, themselves *(pl)*; **o livro, em ~, não é caro** the book itself is not expensive.

5. *(impessoal)* oneself; **é sinal de egoísmo só pensar em ~** it's a sign of selfishness to think only of oneself; **cada um por ~** each man for himself.

SIDA ['sida] *f (Port)* AIDS.

siderurgia [si'derur'ʒia] *f* iron and steel industry.

sido ['sidu] → **ser**.

sidra ['sidra] *f* cider.

sífilis ['sifiliʃ] *f* syphilis.

sigilo [si'ʒilu] *m* secrecy.

sigla ['sigla] f acronym.
significado [signifi'kadu] m meaning.
significar [signifi'ka(x)] vt to mean.
significativo, -va [signifika'tʃivu, -va] adj significant.
signo ['signu] m sign.
sigo ['sigu] → **seguir**.
sílaba ['silaba] f syllable.
silenciar [silẽ'sja(x)] vt to silence.
silêncio [si'lẽsju] m silence ◆ interj silence!
silencioso, -osa [silẽ'sjozu, -ɔza] adj silent, quiet.
silhueta [si'ʎweta] f silhouette.
silicone [sili'kɔni] m silicone.
silva ['siwva] f bramble.
silvestre [siw'veʃtri] adj wild.
sim ['sĩ] adv yes; **penso que ~** I think so; **pelo ~ pelo não** just in case.
símbolo ['sĩbolu] m symbol.
simetria [sime'tria] f symmetry.
similar [simi'la(x)] (pl -res [-riʃ]) adj similar.
simpatia [sĩpa'tʃia] f (carinho) affection; (cordialidade) friendliness.
simpático, -ca [sĩ'patʃiku, -ka] adj nice; (amigável) friendly.
simpatizante [sĩpatʃi'zãtʃi] mf sympathizer.
simpatizar [sĩpatʃi'za(x)] : **simpatizar com** v + prep to like.
simples ['sĩpleʃ] adj inv simple; (bebida) straight; (bilhete de metrô) single; **~ masculina/feminina** (Br: em tênis) men's/women's singles (pl); **queria um ~ copo de água** I just want a glass of water.
simplicidade [sĩplisi'dadʒi] f simplicity.
simplificar [sĩplifi'ka(x)] vt to simplify.
simular [simu'la(x)] vt (fingir) to feign; (incêndio, ataque aéreo) to simulate ◆ vi (fingir) to pretend.
simultaneamente [simuw,tanja'mẽtʃi] adv simultaneously.
simultâneo, -nea [simuw'tanju, -nja] adj simultaneous; **em ~** (programa de televisão, entrevista) live.
sinagoga [sina'gɔga] f synagogue.
sinal [si'naw] (pl -ais [-ajʃ]) m sign; (marca) mark; (em pele) mole; (de nascimento) birthmark; (dinheiro) deposit; **estou aqui há uma hora e nem ~ dele** I've been here for an hour and there's been no sign of him; **dar ~ de si** to

show up; **dar sinais de cansaço** to show signs of fatigue; **em ~ de** as a mark OU sign of; **~ de alarme** alarm; **~ de interrompido** OU **de ocupado** engaged tone.
sinalização [sinaliza'sãw] f road signs (pl).
sinceridade [sĩseri'dadʒi] f sincerity.
sincero, -ra [sĩ'seru, -ra] adj sincere.
sindicato [sĩdʒi'katu] m trade union.
síndico ['sĩdʒiku] m (Br) person chosen by other residents to organize the maintenance of an apartment block.
síndrome ['sĩdromi] f syndrome.
sinfonia [sĩfo'nia] f symphony.
sinfônica [sĩ'fonika] adj f → **música**.
singelo, -la [sĩ'ʒelu, -la] adj simple.
single ['sĩgel] m (Port) single.
singular [sĩgu'la(x)] (pl -res [-riʃ]) adj (único) unique; (extraordinário) strange; (GRAM) singular ◆ m (GRAM) singular; **~es homens/mulheres** (Port: em ténis) men's/ women's singles.
sino ['sinu] m bell.
sinónimo [si'nɔnimu] m (Port) = **sinônimo**.
sinônimo [si'nonimu] m (Br) synonym.
sintaxe [sĩ'tasi] f syntax.
síntese ['sĩtezi] f (resumo) summary.
sintético, -ca [sĩ'tetiku, -ka] adj (artificial) synthetic; (resumido) concise.
sintoma [sĩ'toma] m symptom.
sintonizar [sĩtoni'za(x)] vt (rádio) to tune; (estação de rádio) to tune in to.
sinuca [si'nuka] f (Br) snooker.
sinuoso, -osa [si'nwozu, -ɔza] adj (curva, caminho) winding.
sirene [si'rɛni] f siren.
siri [si'ri] m crab.
sirvo ['sixvu] → **servir**.
sísmico ['siʒmiku] adj m → **abalo**.
siso ['sizu] m (common) sense; **dente de ~** wisdom tooth.
sistema [siʃ'tema] m system; **~ métrico** metric system; **~ nervoso** nervous system; **Sistemas Digitais** (disciplina) computer studies; **por ~** systematically.
sistemático, -ca [siʃte'matʃiku, -ka] adj systematic.
sisudo, -da [si'zudu, -da] adj serious.
sítio ['sitʃju] m (lugar) place; (espaço) room, space; (Br: chácara) small-holding.

situação [sitwaˈsãw] (*pl* **-ões** [-õjʃ]) *f (localização)* position; *(circunstâncias)* situation; *(estado, condição)* condition.

situado, -da [siˈtwadu, -da] *adj*: **bem/mal** ~ well/badly situated; ~ **em** situated in; **está** ~ **ao norte de Brasília** it is situated to the north of Brasília.

situar [siˈtwa(x)] *vt (colocar)* to place; *(localizar)* to locate.

❏ **situar-se** *vp (localizar-se)* to be located.

s/l *abrev* = **sobreloja.**

slide [sˈlajdʒi] *m* slide.

slip [sˈlip] *m (Port: cueca)* underpants *(pl).*

slogan [sˈlogãn] *m* slogan.

smoking [sˈmokĩŋ] *m* dinner jacket *(Brit)*, tuxedo *(Am).*

snack-bar [snɛkˈba(x)] (*pl* **snack-bares** [snɛkˈbareʃ]) *m* snack bar.

snooker [sˈnukɛr] *m (Port)* snooker.

só [sˈɔ] *adj (sem companhia)* alone; *(solitário)* lonely ◆ *adv (apenas)* only; **é** ~ **pedir!** all you need to do is ask!; **um** ~ **minuto do teu tempo** just a minute of your time; **a** ~**s** alone; **não** ~ ... **como também** not only ... but also; ~ **que** only.

SO *(abrev de Sudoeste)* SW.

soalho [sˈwaʎu] *m* wooden floor.

soar [sˈwa(x)] *vi & vt* to sound; **soaram as 10 horas** the clock struck 10; ~ **bem** to sound right; ~ **mal** not to sound right.

sob [sˈobi] *prep* under.

sobe [sˈɔbi] → **subir.**

soberania [soberaˈnia] *f* sovereignty.

soberano, -na [sobeˈranu, -na] *adj* sovereign.

soberbo, -ba [suˈbexbu, -ba] *adj (suntuoso)* superb; *(arrogante)* arrogant.

sobrado [soˈbradu] *m* wooden floor.

sobrancelha [sobrãˈseʎa] *f* eyebrow.

sobrar [soˈbra(x)] *vi* to be left over.

sobre [sˈobri] *prep (em cima de)* on (top of); *(por cima de)* over; *(acerca de)* about.

sobreaviso [sobreaˈvizu] *m*: **estar** OU **ficar de** ~ to be on the alert.

sobrecarga [sobreˈkaxga] *f* overload.

sobrecarregar [sobrekaxeˈga(x)] *vt*: ~ **alguém com algo** to overload sb with sthg.

sobreloja [sobreˈlɔʒa] *f* mezzanine.

sobremesa [sobreˈmeza] *f* dessert.

sobrenatural [ˌsobrenatuˈraw] (*pl* **-ais** [-ajʃ]) *adj* supernatural.

sobrenome [sobriˈnomi] *m (Br)* surname.

sobrepor [sobreˈpo(x)] *vt*: ~ **algo a algo** to put sthg on top of sthg.

❏ **sobrepor-se** *vp (problema, trabalho)* to take precedence.

sobrescrito [sobreʃˈkritu] *m* envelope.

sobressair [sobresaˈi(x)] *vi* to stand out.

sobressaltar [sobresawˈta(x)] *vt* to startle.

❏ **sobressaltar-se** *vp* to be startled.

sobressalto [sobreˈsawtu] *m (susto)* fright; *(inquietação)* anxiety.

sobretaxa [sobreˈtaʃa] *f* surcharge.

sobretudo [sobreˈtudu] *m* overcoat ◆ *adv* especially, above all.

sobrevivência [sobreviˈvẽsja] *f* survival.

sobrevivente [sobreviˈvẽntʃi] *mf* survivor.

sobreviver [sobreviˈve(x)] *vi* to survive.

sobriedade [sobrieˈdadʒi] *f* sobriety.

sobrinho, -nha [soˈbriɲu, -ɲa] *m, f* nephew *(f* niece).

sóbrio, -bria [sˈɔbriu, -bria] *adj* sober.

social [soˈsjaw] (*pl* **-ais** [-ajʃ]) *adj* social.

socialismo [sosjaˈliʒmu] *m* socialism.

socialista [sosjaˈliʃta] *adj & mf* socialist.

sociedade [sosjeˈdadʒi] *f* society; *(comercial)* partnership.

sócio, -cia [sˈɔsju, -sja] *m, f* partner.

sociologia [sosjoloˈʒia] *f* sociology.

sociólogo, -ga [soˈsjɔlogu, -ga] *m, f* sociologist.

soco [sˈoku] *m (em pessoa)* punch; *(em mesa)* thump.

socorrer [sokoˈxe(x)] *vt* to help.

❏ **socorrer-se de** *vp + prep* to resort to, to have recourse to.

socorro [soˈkoxu] *m* help ◆ *interj* help!; **pedir** ~ to ask for help.

soda [sˈɔda] *f (bicarbonato)* bicarbonate of soda; *(bebida)* soda water.

sofá [soˈfa] *m* sofa; ~ **cama** sofa bed.

sofisticado, -da [sofiʃtʃiˈkadu, -da] *adj* sophisticated.

sofrer [soˈfre(x)] *vt* to have ◆ *vi* to suffer.

sofrimento [sofri'mēntu] *m* suffering.

software [sɔf'twɛri] *m* software.

sogro, sogra ['sogru, 'sɔgra] *m, f* father-in-law (*f* mother-in-law).

soirée [swa're] *f* soirée.

sóis → **sol**.

soja ['sɔʒa] *f* soya.

sol ['sɔw] (*pl* **sóis** ['sɔjʃ]) *m* sun.

sola ['sɔla] *f* sole.

solar [so'la(x)] (*pl* **-res** [-riʃ]) *adj* solar ♦ *m* manor(house).

soldado [sow'dadu] *m* soldier.

soleira [so'lejra] *f* threshold.

solene [so'lɛni] *adj* solemn.

soletrar [sole'tra(x)] *vt* to spell.

solicitar [solisi'ta(x)] *vt* to request.

solícito, -ta [so'lisitu, -ta] *adj* solicitous.

solidão [soli'dãw] *f* solitude.

solidariedade [solidarje'dadʒi] *f* solidarity.

solidário, -ria [soli'darju, -rja] *adj* sharing; **ser ~ com** *(causa, idéia)* to support; *(pessoa)* to stand by.

sólido, -da ['sɔlidu, -da] *adj* solid; *(investimento, negócio)* sound.

solista [so'liʃta] *mf* soloist.

solitário, -ria [soli'tarju, -rja] *adj (local)* lonely; *(pessoa)* solitary ♦ *m (jóia)* solitaire.

solo ['sɔlu] *m (chão)* floor; *(superfície terrestre)* ground; *(terreno arável)* land, soil; *(MÚS)* solo.

soltar [sow'ta(x)] *vt (desprender)* to release; *(desatar)* to untie; *(grito, preso)* to let out.

❑ **soltar-se** *vp (desprender-se)* to come loose; *(desatar-se)* to come undone.

solteiro, -ra [sow'tejru, -ra] *adj* single.

solto, -ta ['sowtu, -ta] *pp* → **soltar** ♦ *adj (livre)* loose; *(sozinho)* separate.

solução [solu'sãw] (*pl* **-ões** [-õjʃ]) *f* solution.

soluçar [solu'sa(x)] *vi (ter soluços)* to hiccup; *(chorar)* to sob.

solucionar [solusjo'na(x)] *vt* to solve.

soluço [su'lusu] *m (contração)* hiccup; *(choro)* sob.

soluções → **solução**.

solúvel [so'luvɛw] (*pl* **-eis** [-ejʃ]) *adj* soluble.

som ['sõ] (*pl* **-ns** [-ʃ]) *m* sound; **ao ~ de** to the sound of; **~ estereofônico** stereo sound.

soma ['soma] *f* sum.

somar [so'ma(x)] *vt* to add up.

sombra ['sõmbra] *f (escuridão)* shade; *(de corpo)* shadow; *(cosmético)* eye shadow; **à** OU **na ~** in the shade; **sem ~ de dúvida** beyond a shadow of a doubt.

sombrio, -bria [sõm'briu, -'bria] *adj (escuro)* dark; *(melancólico)* sombre; *(lúgubre)* gloomy.

somente [sɔ'mēntʃi] *adv* only.

sonâmbulo, -la [so'nãmbulu, -la] *m, f* sleepwalker.

sonda ['sõnda] *f (MED)* probe; **~ espacial** space probe.

sondagem [sõn'daʒē] (*pl* **-ns** [-ʃ]) *f (opinion)* poll.

soneca [so'nɛka] *f* nap; **tirar uma ~** to have a nap.

soneto [so'netu] *m* sonnet.

sonhador, -ra [sona'do(x), -ra] (*mpl* **-res** [-riʃ], *fpl* **-s** [-ʃ]) *m, f* dreamer.

sonhar [so'ɲa(x)] *vi* to dream; **~ acordado** to daydream; **~ com** to dream about.

sonho ['soɲu] *m* dream; *(Br: CULIN)* doughnut; **de ~** dream *(antes de s)*.

sonífero [so'niferu] *m* sleeping pill.

sono ['sonu] *m* sleep; **estou morto de ~** I'm falling asleep; **pegar no ~** to get to sleep; **ter ~** to be sleepy; **~ pesado** deep sleep.

sonolento, -ta [sono'lēntu, -ta] *adj* sleepy.

sonoro, -ra [so'nɔru, -ra] *adj* sound *(antes de s)*.

sons → **som**.

sonso, -sa ['sõsu, -sa] *adj* two-faced.

sopa ['sopa] *f* soup; **~ de hortaliça/legumes** cabbage/vegetable soup; **~ de marisco** *soup made with prawns, onion and tomato;* **ser ~** *(fam: ser fácil)* to be a piece of cake.

soporífero [sopo'riferu] *m* sleeping pill.

soprar [so'pra(x)] *vt (vela, lume)* to blow out; *(pó)* to blow off; *(resposta)* to whisper ♦ *vi* to blow.

sórdido, -da ['sɔrdʒidu, -da] *adj* squalid.

soro ['soru] *m (MED)* serum; *(de leite)* whey; **~ fisiológico** saline solution.

soronegativo, -va [soronega'tʃivu, -va] *adj (Br)* HIV-negative.

soropositivo, -va [soropozi'tʃivu,

-va] adj (Br) HIV-positive.

sorridente [soxi'dentʃi] adj (cara, face) smiling; (pessoa) cheerful.

sorrir [so'xi(x)] vi to smile.

sorriso [so'xizu] m smile.

sorte ['sɔxtʃi] f luck; (destino) fate; **boa ~!** good luck!; **tire um cartão/número à ~** pick a card/ number; **para dar ~** for (good) luck; **estar com ~** to be in luck; **ter ~** to be lucky; **tirar a ~** to draw lots; **a ~ grande** the jackpot; **com ~** (pessoa) lucky; **por ~** luckily.

sortear [sox'tea(x)] vt to raffle.

sorteio [sox'teju] m raffle.

sortido, -da [sox'tʃidu, -da] adj assorted ◆ m assortment.

sortudo, -da [sox'tudu, -da] m, f (fam) lucky person.

sorvete [sox'vetʃi] m (Br) ice cream.

sorveteria [soxvete'ria] f (Br) ice-cream parlour.

SOS m (abrev de Save our Souls) SOS.

sossegado, -da [sose'gadu, -da] adj quiet.

sossego [so'segu] m peace.

sótão ['sɔtãw] m attic.

sotaque [so'taki] m accent.

sotavento [sɔta'ventu] m leeward.

soterrar [sote'xa(x)] vt to bury.

sou ['so] → **ser**.

soube ['sobi] → **saber**.

soufflé [su'fle] m (Port) = **suflê**.

soutien [su'tjã] m (Port) = **sutiã**.

sova ['sɔva] f beating.

sovaco [so'vaku] m armpit.

sovina [so'vina] adj miserly.

sozinho, -nha [sɔ'ziɲu, -ɲa] adj alone; **fiz tudo ~** I did it all by myself; **falar/rir ~** to talk/laugh to o.s.

spray ['sprej] m spray.

squash ['skwaʃ] m squash.

Sr. (abrev de senhor) Mr.

Sra. (abrev de senhora) Mrs, Ms.

stand [ʃtãde] (pl -des [-diʃ]) m (Port) (de automóveis) (car) dealer; (em feira de amostras) stand.

stock [ʃtɔke] m (Port) stock.

stress ['stres] m stress.

sua → **seu**.

suar ['swa(x)] vi to sweat.

suástica ['swaʃtʃika] f swastika.

suave ['swavi] adj soft; (brisa, curva) gentle; (sabor) delicate; (vinho) smooth; (cheiro) subtle; (dor) slight.

suavidade [swavi'dadʒi] f softness; (de brisa, curva) gentleness; (de sabor) delicacy; (de vinho) smoothness; (de cheiro) subtlety.

suavizar [swavi'za(x)] vt (cheiro, sabor) to tone down; (dor) to ease ◆ vi (chuva) to ease; (vento) to drop.

subalimentação [subalimẽta'sãw] f undernourishment.

subalimentado, -da [subalimẽn'tadu, -da] adj undernourished.

subalterno, -na [subaw'texnu, -na] m, f & adj (subordinado) subordinate.

subalugar [subalu'ga(x)] vt to sublet.

subconsciente [subkõʃ'sjẽntʃi] m subconscious.

subdesenvolvido, -da [subdezẽvow'vidu, -da] adj underdeveloped.

subdesenvolvimento [subdezẽvowvi'mẽntu] m underdevelopment.

súbdito, -ta ['subditu, -ta] m, f (Port) = **súdito**.

subentendido, -da [subẽntẽn'dʒidu, -da] adj implied.

subida [su'bida] f (ladeira) slope; (de preços) increase; (de montanha, escadas) climb.

subir [su'bi(x)] vt (escadas, rua, encosta) to go up; (montanha, rochedo) to climb; (malas, bagagem) to take up; (preços, salários) to increase; (estore, persiana) to raise ◆ vi (ir para cima) to go up; **~ a** to climb; **~ de posto** (em emprego) to be promoted; **~ em** (Br: em ônibus, avião, etc) to get on; (Port: em Lisboa, Porto, etc) to get on at; **~ para** (Port) to get on; **~ por** to go up.

súbito, -ta ['subitu, -ta] adj sudden; **de ~** suddenly.

subjectivo, -va [subʒɛ'tivu, -va] adj (Port) = **subjetivo**.

subjetivo, -va [subʒɛ'tʒivu, -va] adj (Br) subjective.

subjugar [subʒu'ga(x)] vt to overcome.

❏ **subjugar-se a** vp + prep to give in to.

subjuntivo [subʒon'tʃivu] m (Br) subjunctive.

sublime [su'blimi] adj sublime.

sublinhar [subli'ɲa(x)] vt to underline; (com entoação) to stress.

submarino [subma'rinu] m submarine.

submergir [submex'ʒi(x)] *vt (imergir)* to submerge; *(inundar)* to flood.

submeter [subme'te(x)] *vt*: ~ **algo/alguém a algo** to submit sthg/sb to sthg.

❏ **submeter-se a** *vp + prep* to submit to.

submisso, -a [sub'misu, -a] *adj* submissive.

subnutrido, -da [subnu'tridu, -da] *adj* undernourished.

subornar [subox'na(x)] *vt* to bribe.

subsídio [sub'sidju] *m* subsidy.

subsistência [subsiʃ'tẽsja] *f (sustento)* subsistence; *(permanência)* continued existence.

subsistir [subsiʃ'ti(x)] *vi (persistir)* to remain; *(sobreviver)* to subsist.

subsolo [sub'sɔlu] *m* subsoil.

substância [subʃ'tãsja] *f* substance.

substantivo [subʃtãn'tʒivu] *m* noun.

substituir [subʃtʃi'twi(x)] *vt* to substitute; ~ **a manteiga por margarina** substitute margarine for butter.

substituto, -ta [subʃtʃi'tutu, -ta] *m, f* replacement.

subterrâneo, -nea [subte'xanju, -nja] *adj* underground.

subtil [sub'til] *(pl* -is [-iʃ]) *adj (Port)* = **sutil**.

subtrair [subtra'i(x)] *vt* to subtract.

suburbano, -na [subux'banu, -na] *adj* suburban.

subúrbio [su'buxbju] *m* suburb.

subversivo, -va [subvex'sivu, -va] *adj* subversive.

sucata [su'kata] *f* scrap.

sucção [suk'sãw] *f* suction.

suceder [suse'de(x)] *vi* to happen.

❏ **suceder a** *v + prep (em cargo)* to succeed; *(vir depois)* to follow.

❏ **suceder-se** *vp* to happen.

sucedido, -da [suse'dʒidu, -da] *m* occurrence ◆ *adj*: **ser bem/mal** ~ to be successful/unsuccessful.

sucessão [suse'sãw] *(pl* -ões [-õjʃ]) *f* succession.

sucessivo, -va [suse'sivu, -va] *adj* successive.

sucesso [su'sɛsu] *m* success; **fazer** ~ to be successful.

sucessões → **sucessão**.

sucinto, -ta [su'sĩtu, -ta] *adj* succinct.

suco ['suku] *m (Br)* juice.

suculento, -ta [suku'lẽtu, -ta] *adj* succulent.

sucumbir [sukũm'bi(x)] *vi (desmoronar)* to crumble; *(morrer)* to die; ~ **a** to succumb to.

sucursal [sukux'saw] *(pl* -ais [-ajʃ]) *f (de banco, empresa)* branch.

sudeste [su'dɛʃtʃi] *m* southeast; **no** ~ in the southeast.

súdito, -ta ['sudʒitu, -ta] *m, f (Br)* subject.

sudoeste [su'dwɛʃtʃi] *m* southwest; **no** ~ in the southwest.

Suécia ['swɛsja] *f*: **a** ~ Sweden.

sueco, -ca ['swɛku, -ka] *adj & m* Swedish ◆ *m, f* Swede.

suéter ['swɛte(x)] *(pl* -res [-riʃ]) *m ou f (Br)* sweater.

suficiente [sufi'sjẽntʃi] *adj* enough ◆ *m (EDUC)* pass.

sufixo [su'fiksu] *m* suffix.

suflé [su'flɛ] *m (Port)* = **suflê**.

suflê [su'fle] *m (Br)* soufflé.

sufocante [sufo'kãntʃi] *adj* oppressive.

sufocar [sufo'ka(x)] *vt & vi* to suffocate.

sugar [su'ga(x)] *vt* to suck.

sugerir [suʒe'ri(x)] *vt* to suggest.

sugestão [suʒeʃ'tãw] *(pl* -ões [-õjʃ]) *f* suggestion.

sugestivo, -va [suʒeʃ'tʃivu, -va] *adj* suggestive.

sugestões → **sugestão**.

Suíça ['swisa] *f*: **a** ~ Switzerland.

suíças ['swisaʃ] *fpl* sideboards *(Brit)*, sideburns *(Am)*.

suicidar-se [swisi'daxsi] *vp* to commit suicide.

suicídio [swi'sidʒju] *m* suicide.

suíço, -ça ['swisu, -sa] *adj & m, f* Swiss.

suíte ['switʃi] *f (Br)* suite.

sujar [su'ʒa(x)] *vt* to dirty.

❏ **sujar-se** *vp* to get dirty.

sujeitar [suʒej'ta(x)] *vt*: ~ **algo/alguém a algo** to subject sthg/sb to sthg.

❏ **sujeitar-se a** *vp + prep (submeter-se a)* to conform to; **ela teve que ~-se a todo tipo de humiliação** she was subjected to ritual humiliation.

sujeito, -ta [su'ʒejtu, -ta] *m, f (fam: homem, mulher)* guy *(f* girl) ◆ *m (GRAM)* subject ◆ *adj*: ~ **a** subject to.

sujo, -ja ['suʒu, -ʒa] *adj* dirty.

sul ['suw] *m* south; **ao** OU **no** ~ **in the** south; **ao** ~ **de** (to the) south of.

suma ['suma] *f*: **em** ~ in short.

sumário, -ria [su'marju, -rja] *adj (explicação)* brief; *(ordem, execução)* summary ♦ *m (resumo)* summary.

sumo ['sumu] *m (Port)* juice; ~ **de frutas** fruit juice.

Sumol® [su'mɔw] *(pl* **-óis** [-ɔjʃ]) *f*: ~ **(de laranja)** orangeade.

sundae ['sãndei] *m (Br)* (ice cream) sundae.

sunga ['sũŋga] *f (Br)* swimming trunks *(pl)*.

suor ['swɔ(x)] *(pl* **-res** [-riʃ]) *m* sweat; **sentir** ~**es frios** to break out in a cold sweat.

superar [supe'ra(x)] *vt* to overcome.

superficial [supexfi'sjaw] *(pl* **-ais** [-ajʃ]) *adj* superficial.

superfície [supex'fisji] *f* surface; *(área)* area; **na** ~ on the surface.

supérfluo, -flua [su'pexflu, -fla] *adj* superfluous.

superior [supe'rjo(x)] *(pl* **-res** [-riʃ]) *adj* higher; *(em espaço)* top; *(em valor, quantidade)* greater ♦ *m* superior; **andar** ~ top floor; **mostrar-se** ~ to give o.s. airs (and graces).

superioridade [superjori'dadʒi] *f* superiority.

superlativo [supexla'tʃivu] *m* superlative.

superlotado, -da [,supexlo'tadu, -da] *adj* packed.

supermercado [,supexmex'kadu] *m* supermarket.

superstição [supexʃtʃi'sãw] *(pl* **-ões** [-õjʃ]) *f* superstition.

supersticioso, -osa [supexʃtʃi'sjozu, -ɔza] *adj* superstitious.

superstições → superstição.

supervisão [supexvi'zãw] *f* supervision.

supervisionar [supexvizjo'na(x)] *vt* to supervise.

suplemento [suple'mẽntu] *m (de jornal, revista)* (colour) supplement.

suplente [su'plẽntʃi] *adj (peça)* spare; *(pessoa)* substitute ♦ *mf (ESP)* substitute.

súplica ['suplika] *f* plea.

suplicar [supli'ka(x)] *vt* to plead; ~ **a alguém que faça algo** to beg sb to do sthg.

suplício [su'plisju] *m* torture.

supor [su'po(x)] *vt* to presume.

❏ **supor-se** *vp*: **supõe-se que ela tenha morrido** she is presumed dead.

suportar [supox'ta(x)] *vt (peso, carga)* to support; *(pessoa)* to stand; *(dor, desgosto)* to bear.

suporte [su'pɔxtʃi] *m* support.

suposição [supozi'sãw] *(pl* **-ões** [-õjʃ]) *f* supposition.

supositório [supozi'tɔrju] *m* suppository.

suposto, -osta [su'poʃtu, -ɔʃta] *adj (hipotético)* supposed; *(alegado)* alleged; *(falso)* false ♦ *m* assumption.

supremo, -ma [su'premu, -ma] *adj* supreme.

❏ **Supremo** *m*: **o Supremo (Tribunal de Justiça)** the Supreme Court.

supressão [supre'sãw] *(pl* **-ões** [-õjʃ]) *f (de palavra, frase)* deletion; *(de projeto, empregos)* axing.

suprimir [supri'mi(x)] *vt (palavra, frase)* to delete; *(emprego, projeto)* to axe.

surdez [sux'deʒ] *f* deafness.

surdina [sux'dʒina] *f*: **em** ~ in a whisper.

surdo, -da ['suxdu, -da] *adj* deaf ♦ *m, f* deaf person; **fazer-se** ~ to turn a deaf ear.

surf ['saxfe] *m (Port)* = surfe.

surfe ['suxfi] *m (Br)* surfing; **fazer** ~ to go surfing.

surfista [sux'fiʃta] *mf* surfer.

surgir [sux'ʒi(x)] *vi (aparecer)* to appear; *(problema, complicação)* to arise.

surpreendente [surpriẽn'dẽntʃi] *adj* surprising.

surpreender [surpriẽn'de(x)] *vt* to surprise.

❏ **surpreender-se** *vp* to be surprised.

surpresa [sur'preza] *f* surprise; **fazer uma** ~ **a alguém** to give sb a surprise; **de** ~ by surprise.

surpreso, -sa [sur'prezu, -za] *adj* surprised.

surto ['suxtu] *m (de doença)* outbreak.

susceptível [suʃsɛ'tivel] *(pl* **-eis** [-ejʃ]) *adj (Port)* = suscetível.

suscetível [suʃse'tʃivew] *(pl* **-eis** [-ejʃ]) *adj (Br)* sensitive; ~ **a** liable to.

suscitar [suʃsi'ta(x)] *vt* to provoke; *(interesse)* to arouse; *(dificuldades,* *problemas)* to cause.

suspeita [suʃ'pejta] *f* suspicion; **lançar ~s sobre alguém** to cast aspersions on sb, → **suspeito**.

suspeito, -ta [suʃ'pejtu, -ta] *adj* suspicious ♦ *m, f* suspect.

suspender [suʃpẽn'de(x)] *vt* to suspend.

suspensão [suʃpẽ'sãw] (*pl* -ões [-õjʃ]) *f* suspension.

suspense [suʃ'pẽsi] *m* suspense.

suspensões → **suspensão**.

suspensórios [suʃpẽ'sɔrjuʃ] *mpl* braces *(Brit)*, suspenders *(Am)*.

suspirar [suʃpi'ra(x)] *vi* to sigh; **~ por** to long for.

suspiro [suʃ'piru] *m* sigh; *(doce)* egg

whites beaten with sugar used as a pie topping.

sussurrar [susu'xa(x)] *vi & vt* to whisper.

sussurro [su'suxu] *m* whisper.

sustentar [suʃtẽn'ta(x)] *vt* to support; *(afirmar)* to maintain.

suster [suʃ'te(x)] *vt (segurar)* to sustain; *(respiração)* to hold.

susto ['suʃtu] *m* fright, shock; **tomar um ~** to get a fright; **pregar** OU **dar um ~ em alguém** to give sb a fright.

sutiã [su'tʃjã] *m (Br)* bra, brassiere *(Am)*.

sutil [su'tʃiw] (*pl* -is [-iʃ]) *adj (Br)* subtle.

SW *(abrev de Sudoeste)* SW.

T

ta [ta] = te + a, → te.

tabacaria [tabaka'ria] f tobacconist's (shop).

tabaco [ta'baku] m (cigarros) cigarettes (pl); (para cachimbo, enrolar) tobacco.

tabela [ta'bɛla] f (de horários) timetable; (de preços) price list.

taberna [ta'bɛxna] f cheap country-style pub.

tablete [ta'blɛtʃi] m ou f: ~ de chocolate bar of chocolate.

tabu [ta'bu] adj & m taboo.

tábua [tabwa] f board; ~ de passar a ferro (Port) ironing board; ~ de passar roupa (Br) ironing board.

tabuleiro [tabu'lejru] m (para comida) tray; (de damas, xadrez) board; (de ponte) roadway.

tabuleta [tabu'leta] f sign.

tac [taki] m (abrev de tomografia axial computorizada) CAT scan.

taça ['tasa] f cup; (para comida, doces) bowl; (de champanhe) glass.

tacada [ta'kada] f (em golfe) stroke; (em bilhar) shot.

tacho [taʃu] m saucepan.

taco ['taku] m (de golfe) club; (de bilhar) cue; (de chão) parquet block.

táctica ['tatika] f (Port) = tática.

táctico, -ca ['tatiku, -ka] adj (Port) = tático.

tacto ['tatu] m (Port) = tato.

tagarela [taga'rɛla] adj talkative ♦ mf chatterbox.

tainha [ta'iɲa] f mullet.

tal ['taw] (pl tais ['tajʃ]) adj such ♦ pron: o/a ~ the one; nunca ouvi falar de ~ coisa/pessoa I've never heard of such a thing/person; livros, tais como estes, são úteis books, such as these, are useful; um ~ senhor some man; na cidade ~ in such-and-such a town;

que ~ um passeio? how about a walk?; que ~? how was it?; ~ e qual just like; como ~ so; para ~ for that; ~ como just as.

tala ['tala] f (MED) splint.

talão [ta'lãw] (pl -ões [-õjʃ]) m (de recibo, bilhete) stub; ~ de cheques (Br) cheque book.

talco ['tawku] m talc.

talento [ta'lẽtu] m talent.

talhar [ta'ʎa(x)] vt to cut; (madeira) to carve.

❏ **talhar-se** vp (leite) to curdle.

talharim [taʎa'rĩ] m tagliatelle.

talher [ta'ʎɛ(x)] (pl -res [-riʃ]) m (set of) cutlery.

talho ['taʎu] m (Port: açougue) butcher's (shop).

talo ['talu] m (de flor, legume) stem.

talões → talão.

talvez [taw'veʒ] adv perhaps, maybe; ~ sim, ~ não maybe, maybe not.

tamancos [ta'mãŋkuʃ] mpl clogs.

tamanho, -nha [ta'maɲu, -ɲa] m (grandeza) size ♦ adj (tão grande): fiz ~ esforço I made such an effort; qual é o ~ do quarto? how big is the room?

tamanho-família [ta,maɲufa'miʎa] adj inv (Br: embalagem) family (antes de s).

tâmara ['tamara] f date.

tamarindo [tama'rĩndu] m tamarind.

também [tãm'bẽ] adv also; eu ~ me too; ele ~ não fez nada he didn't do anything either; ~ quero ir I want to go too; ela ~ vem she's coming as well; ele ~ se chama Luís he's also called Luís.

tambor [tãm'bo(x)] (pl -res [-riʃ]) m drum.

tamboril [tãmbo'riw] (pl -is [-iʃ]) m (peixe) monkfish; (MÚS) small drum.

tamborim [tãmbo'rĩ] (pl -ns [-ʃ])

m tambourine.

tamboris → tamboril.

Tâmisa ['tamiza] *m*: **o ~** the Thames.

tampa ['tãmpa] *f* lid.

tampão [tãm'pãw] (*pl* -ões [-õjʃ]) *m* tampon.

tampo ['tãmpu] *m (de mesa)* top; *(de privada)* lid.

tampões → tampão.

tampouco ['tãmpoku] *adv* neither.

tanga ['tãŋga] *f* tanga.

tangerina [tãʒe'rina] *f* tangerine.

tanque ['tãŋki] *m* tank.

tanto, -ta ['tãntu, -ta] *adj*
1. *(exprime grande quantidade)* so much, so many (*pl*); **~ dinheiro** so much money; **tanta gente** so many people; **tantas flores** so many flowers; **esperei ~ tempo** I waited for so long; **~ ... que** so much ...that.
2. *(indica quantidade indeterminada)* so much, so many (*pl*); **de ~s em ~s dias** every so many days; **são mil e ~s reais** one thousand and something reals.
3. *(em comparações)*: **~ ... como** as much ... as, as many ... as (*pl*); **bebi ~ vinho quanto você** I drank as much wine as you; **têm tanta sorte quanto você** they're as lucky as you.
♦ *adv* 1. *(exprime grande quantidade)* so much; **lhe quero ~** I love you so much; **não quero ~ assim** I don't want as much as that.
2. *(em comparações)*: **de ~ falar perdi a voz** I lost my voice from talking so much; **~ faz!** it doesn't matter!; **~ melhor** so much the better; **~ pior** too bad; **~ quanto** as far as; **um ~ a little**; **é um ~ caro** it's a bit expensive; **~ um como o outro** both of them; **um ~ quanto** slightly; **~ que** *(pela simples razão que)* so much so that.
♦ *pron* 1. *(indica grande quantidade)* so much, so many (*pl*); **tenho ~!** I've got so much!; **ele não comprou ~s** he didn't buy that many.
2. *(indica igual quantidade)* as much, as many (*pl*); **havia muita gente ali, aqui não era tanta** there were a lot of people over there, but not as many over here.
3. *(indica quantidade indeterminada)* so much, so many (*pl*); **lá para as tantas ele foi embora** he left quite late; **põe uns ~s aqui uns ~s ali** put some over here and some over there; **leva ~s**

quantos você quiser take as many as you want.
4. *(em comparações)*: **~ quanto** as much as; **sabe ~ quanto eu do assunto** he knows as much as I do about the affair; **comi ~ quanto o Arnaldo** I ate as much as Arnaldo.
5. *(em locuções)*: **às tantas** *(de repente)* all of a sudden; **às tantas da noite** at night; **não é caso para ~** there's no need to make such a fuss.

tão [tãw] *adv* so; **~ ... como** as ... as; **~ ... que** so ... (that).

TAP ['tapi] *f (abrev de Transportes Aéreos Portugueses)* TAP *(Portuguese national airline)*.

tapa ['tapa] *m (Br: bofetada)* slap.

tapar [ta'pa(x)] *vt (com cobertor, lençol)* to cover up; *(garrafa, frasco, panela)* to put the lid on; *(caixa)* to close; *(boca, ouvidos)* to cover; *(nariz)* to hold.

tapeçaria [tapesa'ria] *f* tapestry.

tapete [ta'petʃi] *m (grande)* carpet; *(médio)* rug; *(pequeno)* mat; **~ rolante** conveyor belt.

tardar [tax'da(x)] *vi* to take a long time; **ele não tardará a chegar** he won't be long; **~ a** OU **em fazer algo** to take a long time to do sthg; **o mais ~** at the latest.

tarde ['taxdʒi] *f (até às seis)* afternoon; *(depois das seis)* evening ♦ *adv* late; **boa ~!** good afternoon/evening!; **à ~** in the afternoon/evening; **já é ~** it's too late; **mais ~** later; **nunca é ~ demais** it's never too late.

tardio, -dia [tax'dʒiu, -dia] *adj* late.

tarefa [ta'refa] *f* task.

tarifa [ta'rifa] *f (preço, taxa)* charge; *(em transportes)* fare; *(lista de preços)* price list.

tartaruga [tarta'ruga] *f (terrestre)* turtle; *(aquática)* tortoise.

tas [taʃ] = **te** + **as**, → **te**.

tática ['tatʃika] *f (Br)* tactic.

tático, -ca ['tatʃiku, -ka] *adj (Br)* tactical.

tato ['tatu] *m (Br) (sentido)* touch; *(fig: cuidado, habilidade)* tact; **ter ~** *(fig)* to be tactful.

tatuagem [ta'twaʒẽ] (*pl* -ns [-ʃ]) *f* tattoo.

tauromaquia [tawroma'kia] *f* bullfighting.

taxa ['taʃa] *f (imposto)* tax; *(percentagem)* rate; **~ de câmbio/juros**

exchange/interest rate.

tax-free [taks'fri] *adj inv* tax-free.

táxi ['taksi] *m* taxi.

taxímetro [tak'simetru] *m* taximeter.

tchau ['tʃaw] *interj* bye!

te [tʃi] *pron (complemento direto)* you; *(complemento indireto)* (to) you; *(reflexo)* yourself; **magoaste-~?** *(Port)* did you hurt yourself?; **vais-~ embora?** *(Port)* are you going?.

tear ['tea(x)] *(pl -res* [-riʃ]) *m* loom; **~ manual** hand loom.

teatral [tea'traw] *(pl -ais* [-ajʃ]) *adj (do teatro)* theatre *(antes de s)*; *(pessoa, comportamento)* theatrical.

teatro ['teatru] *m* theatre; **~ de fantoches** puppet show; **~ de variedades** variety *(Brit)*, vaudeville *(Am)*.

tecelagem [tese'laʒē] *(pl -ns* [-ʃ]) *f (local)* textile factory; *(ofício)* weaving.

tecer [te'se(x)] *vt (tapete, tecido)* to weave; *(suj: aranha)* to spin.

tecido [te'sidu] *m (pano)* fabric, cloth; *(ANAT)* tissue.

tecla ['tɛkla] *f* key.

teclado [te'kladu] *m* keyboard.

técnica ['tɛknika] *f* technique, → **técnico**.

técnico, -ca ['tɛkniku, -ka] *adj* technical ♦ *m, f (pessoa)* technician.

tecnologia [teknolo'ʒia] *f* technology; **~ da informação** information technology *(sg)*.

tecnológico, -ca [teknu'lɔʒiku, -ka] *adj* technological.

tecto ['tɛtu] *m (Port)* = **teto**.

tédio ['tɛdʒju] *m* boredom.

teia ['teja] *f* web.

teimar [tejma(x)] *vi* to insist; **~ em** to insist on.

teimosia [tejmo'zia] *f* stubbornness.

teimoso, -osa [tej'mozu, -ɔza] *adj* stubborn.

teixo ['tejʃu] *m* yew (tree).

tel. *(abrev de telefone)* tel.

tela ['tɛla] *f* canvas; *(tecido)* fabric.

telecomandado, -da [tele-komãn'dadu, -da] *adj* remote-controlled ♦ *m* remote control.

teleférico [tele'fɛriku] *m* cable car.

telefonar [telefo'na(x)] *vi* to (tele)phone; **~ para alguém** to (tele)phone sb.

telefone [tele'fɔni] *m* (tele)phone; **~ público** public payphone.

telefonema [telefo'nema] *m* (tele)phone call; **dar um ~** to make a (tele)phone call.

telefónico, -ca [tele'fɔniku, -ka] *adj (Port)* = **telefônico**.

telefônico, -ca [tele'foniku, -ka] *adj (Br)* (tele)phone *(antes de s)*.

telefonista [telefo'niʃta] *mf* switchboard operator.

telegrafar [telegra'fa(x)] *vt* to cable.

telegrama [tele'grama] *m* telegram; **~ fonado** *(Br)* Telemessage®.

telejornal [tɛlɛʒox'naw] *(pl -ais* [-ajʃ]) *m* news *(on TV)* *(sg)* .

telemóvel [tɛlɛ'mɔvɛw] *(pl -eis* [-ɛjʃ]) *m (Port: telefone)* mobile phone.

telenovela [tɛlɛno'vɛla] *f* soap opera.

teleobjectiva [tɛlɛobʒɛ'tiva] *f (Port)* = **teleobjetiva**.

teleobjetiva [tɛlɛobʒɛ'tʃiva] *f (Br)* telephoto lens.

telepatia [telepa'tʃia] *f* telepathy.

telescópio [teleʃ'kɔpju] *m* telescope.

telesqui [tɛlɛʃ'ki] *m* ski lift.

televisão [televi'zãw] *(pl -ões* [-õjʃ]) *f* television, TV; **~ a cores** colour television; **~ preto e branco** black-and-white television; **~ por cabo/satélite** cable/satellite television.

televisor [televi'zo(x)] *(pl -res* [-riʃ]) *m* television (set).

telex [tɛ'lɛks] *(pl -es* [-iʃ]) *m* telex.

telha ['teʎa] *f* (roof) tile.

telhado [te'ʎadu] *m* roof.

tem [tẽ] → **ter**.

têm ['tajẽ] → **ter**.

tema ['tema] *m* subject.

temer [te'me(x)] *vt* to be afraid of, to fear; **~ que** to fear (that).

temido, -da [te'midu, -da] *adj* feared.

temível [te'mivɛw] *(pl -eis* [-ɛjʃ]) *adj* frightening.

temor [te'mo(x)] *(pl -res* [-riʃ]) *m* fear.

temperado, -da [tẽmpe'radu, -da] *adj (comida)* seasoned; *(clima)* temperate.

temperamento [tẽmpera'mẽntu] *m* temperament.

temperar [tẽmpe'ra(x)] *vt* to season.

temperatura [tẽmpera'tura] *f* temperature.

tempero [tẽm'peru] *m* seasoning.

tempestade [tẽmpeʃ'tadʒi] *f* storm; **uma ~ num copo de água** a storm in a teacup.

templo [ˈtẽmplu] *m* temple.
tempo [ˈtẽmpu] *m (horas, minutos, segundos)* time; *(meteorológico)* weather; *(GRAM)* tense; **chegar a ~ de algo** to arrive in time for sthg; **chegar a ~ de fazer algo** to arrive in time to do sthg; **ganhar ~** to save time; **não ter ~ para algo** not to have time for sthg; **não ter ~ para fazer algo** not to have time to do sthg; **passar o ~ a fazer algo** to spend one's time doing sthg; **poupar ~** to save time; **recuperar o ~ perdido** to make up for lost time; **ser ~ de** to be time to; **em ~ integral** full-time; **~ livre** free time *(sg)*; **antes do ~** prematurely; **ao mesmo ~** at the same time; **dentro de pouco ~** in a little while; **no meu ~** in my day; **naquele ~** in those days; **de ~s a ~s** from time to time; **nos últimos ~s** lately; **por algum ~** for a while; **por ~ indefinido** OU **indeterminado** indefinitely.
têmpora [ˈtẽmpora] *f* temple.
temporada [tẽmpoˈrada] *f* season; **passar uma ~ no estrangeiro/na praia** to spend some time abroad/at the beach.
temporal [tẽmpoˈraw] *(pl* **-ais** [-ajʃ]) *m* storm.
temporário, -ria [tẽmpuˈrarju, -rja] *adj* temporary.
tencionar [tẽsjoˈna(x)] *vt:* **~ fazer algo** to intend to do sthg.
tenda [ˈtẽnda] *f (para acampar)* tent; *(em mercado)* stall; *(quitanda)* greengrocer's (shop).
tendão [tẽnˈdãw] *(pl* **-ões** [-õjʃ]) *m* tendon.
tendência [tẽnˈdẽsja] *f* tendency; **ter ~ para** to tend to.
tendões → **tendão**.
tenente [teˈnẽntʃi] *mf* lieutenant.
tenho [ˈtaɲu] → **ter**.
ténis [ˈtɛniʃ] *m inv (Port) (ESP)* tennis ◆ *mpl (Port) (sapatos)* trainers *(Brit)*, sneakers *(Am)*.
tênis [ˈteniʃ] *m inv (Br) (ESP)* tennis; *(sapatos)* trainers *(pl) (Brit)*, sneakers *(pl)(Am);* **~ de mesa** table tennis.
tenro, -ra [ˈtẽxu, -xa] *adj* tender; **de tenra idade** young.
tensão [tẽˈsãw] *(pl* **-ões** [-õjʃ]) *f (nervosismo)* tension; *(elétrica)* voltage; **~ arterial alta/baixa** high/low blood pressure.
tenso, -sa [ˈtẽsu, -sa] *adj* tense.

tensões → **tensão**.
tentação [tẽntaˈsãw] *(pl* **-ões** [-õjʃ]) *f* temptation.
tentáculo [tẽnˈtakulu] *m* tentacle.
tentador, -ra [tẽntaˈdo(x), -ra] *(mpl* **-res** [-riʃ], *fpl* **-s** [-ʃ]) *adj* tempting.
tentar [tẽnˈta(x)] *vt (seduzir)* to tempt ◆ *vi (experimentar)* to try; **~ fazer algo** to try to do sthg.
tentativa [tẽntaˈtiva] *f* attempt; **à primeira ~** on one's first attempt OU go; **na ~ de fazer algo** in an attempt to do sthg.
ténue [ˈtenwe] *adj (Port)* = **tênue**.
tênue [ˈtenwi] *adj (Br)* faint; *(sabor)* mild.
teologia [tjoloˈʒia] *f* theology.
teor [ˈteo(x)] *m* tenor; *(de álcool, gordura)* content.
teoria [teoˈria] *f* theory; **em ~** in theory.
teoricamente [tjɔrikaˈmẽntʃi] *adv* theoretically.
tépido, -da [ˈtepidu, -da] *adj* tepid.
ter [ˈte(x)] *vt* **1.** *(possuir)* to have; **a casa tem dois quartos** the house has two bedrooms; **ela tem os olhos verdes** she has green eyes; **tenho muito dinheiro** I have a lot of money; **~ saúde/juízo** to be healthy/sensible. **2.** *(indica medida, idade)* to be; **a sala tem quatro metros de largura** the room is four metres wide; **que idade você tem?** how old are you?; **tenho dez anos** I'm ten (years old). **3.** *(dor, doença)* to have (got); **~ febre** to have a temperature; **~ varicela/sarampo** to have chickenpox/measles; **tenho dor de dentes/cabeça** I've got toothache/a headache. **4.** *(sentir):* **~ medo** to be frightened; **tenho frio/calor** I'm cold/hot; **tenho sede/fome** I'm thirsty/hungry. **5.** *(exprime sentimento):* **~ amor/ódio a alguém** to love/hate sb; **~ carinho por alguém** to care about sb; **~ afeição por alguém** to be fond of sb. **6.** *(conter)* to hold; **esta garrafa tem um litro** this bottle holds one litre; **esta caixa tem apenas três bolos** this box only has three cakes in it. **7.** *(discussão, problema)* to have; **eles têm muitos problemas econômicos** they have a lot of money problems; **tivemos uma grande discussão** we had a big argument.

8. *(para desejar)* to have; **tenha umas boas férias!** have a good holiday!; **tenham um bom dia!** have a nice day!
9. *(ter de ir a)* to have; **não tenho aula hoje** I don't have school today; **tenho um encontro** I've got a date; **ele tinha uma reunião, mas não foi** he had a meeting, but he didn't go to it.
10. *(dar à luz)* to have; **ela teve uma menina** she had a baby girl.
♦ *v aux* **1.** *(haver)*: **eles tinham quebrado o vidro** they had broken the window; **tinha alugado a casa** she had rented the house; **tinha chovido e a estrada estava molhada** it had been raining and the road was wet.
2. *(exprime obrigação)*: **~ de fazer algo** to have to do sthg; **temos de estar lá às oito** we have to be there at eight; **tenho muito que fazer** I have a lot to do.

terapeuta [tera'pewta] *mf* therapist.

terapêutico, -ca [tera'petʃiku, -ka] *adj* therapeutic.

terapia [tera'pia] *f* therapy.

terça-feira [ˌtexsa'fejra] *(pl* **terças-feiras** [ˌtexsaʃ'fejraʃ]) *f* Tuesday; **Terça-feira de Carnaval** Shrove Tuesday *(Brit)*, Mardi Gras *(Am)*, → **sexta-feira.**

terceira [tex'sejra] *f (de veículo)* third (gear).

terceiro, -ra [tex'sejru, -ra] *num* third; **a terceira idade** old age, → **sexto.**

terço ['texsu] *m (parte)* third; *(rosário)* rosary; **rezar o ~** to say the rosary.

terebintina [terebĩn'tʃina] *f* turpentine, turps *(sg)*.

termas ['texmaʃ] *fpl* hot ou thermal baths, spa *(sg)*.

térmico, -ca [tex'miku, -ka] *adj* thermal; **garrafa térmica** Thermos® (flask).

terminal [texmi'naw] *(pl* **-ais** [-ajʃ]) *adj* terminal ♦ *m (INFORM)* terminal; **~ rodoviário/ferroviário** coach/rail terminus; **~ aéreo** airport terminal.

terminar [texmi'na(x)] *vt* to finish ♦ *vi* to end; **~ em algo** to end in sthg; **~ por fazer algo** to end up doing sthg.

termo ['texmu] *m* term; *(limite, fim)* end, conclusion; *(Port: recipiente)* Thermos® (flask); **pôr ~ a algo** to put an end to sthg.

termómetro [ter'mɔmetru] *m (Port)*
= **termómetro.**

termómetro [ter'mometru] *m (Br)* thermometer.

termostato [texmɔʃ'tatu] *m* thermostat.

terno, -na ['texnu, -na] *adj* tender.

ternura [tex'nura] *f* tenderness.

terra ['texa] *f (chão)* ground; *(substância)* earth; *(terreno)* land; *(pátria)* homeland; *(solo)* soil; *(localidade)* place; **a Terra** Earth; **~ natal** homeland, country of origin; **por ~** *(viajar)* by land; **~ a ~** down-to-earth; **cair por ~** *(fig: plano, negócio)* to fall through.

terraço [te'xasu] *m* terrace.

terramoto [texa'mɔtu] *m (Port)* = **terremoto.**

terremoto [texe'mɔtu] *m (Br)* earthquake.

terreiro [te'xejru] *m* square.

terreno, -na [te'xenu, -na] *adj* earthly ♦ *m* plot (of land).

térreo, -ea ['texju, -ja] *adj (andar, piso)* ground *(antes de s)*.

terrestre [te'xɛʃtri] *adj (de planeta)* terrestrial; *(da terra)* land *(antes de s)* ♦ *mf* earthling.

terrina [te'xina] *f* tureen.

território [texi'tɔrju] *m* territory.

terrível [te'xivɛw] *(pl* **-eis** [-ejʃ]) *adj* terrible.

terror [te'xo(x)] *(pl* **-res** [-riʃ]) *m* terror.

tese ['tɛzi] *f* thesis.

tesoura [te'zora] *f* scissors *(pl)*; **~ de unha** nail scissors.

tesouro [te'zoru] *m* treasure.

testa ['tɛʃta] *f* forehead.

testamento [teʃta'mẽntu] *m* will.

testar [teʃ'ta(x)] *vt* to test, to try out.

teste ['tɛʃtʃi] *m* test; **~ de alcoolemia** *(Port)* Breathalyser® test; **~ de dosagem alcoólica** *(Br)* Breathalyser® test.

testemunha [teʃte'muɲa] *f* witness; **~ ocular** eyewitness.

testemunho [teʃte'muɲu] *m (JUR)* testimony; *(ESP)* baton *(in relay race)*.

testículos [teʃ'tʃikulus] *m* testicles.

tétano ['tɛtanu] *m* tetanus.

teto ['tɛtu] *m (Br)* ceiling.

tétrico, -ca ['tɛtriku, -ka] *adj* gloomy.

teu, tua ['tew, 'tua] *adj* your ♦ *pron*: **o ~/a tua** yours; **um amigo ~** a friend of yours; **os ~s** *(a tua família)* your family.

teve ['tevi] → **ter.**

têxtil ['tejʃtʃiw] *(pl* **-teis** [-tejʃ]) *m* textile.

texto ['tejʃtu] *m (de livro)* text; *(de peça teatral)* script.

textura [tejʃ'tura] *f* texture.

texugo [te'ʃugu] *m* badger.

tez [teʃ] *f* complexion.

ti ['tʃi] *pron (com preposição: complemento indireto)* you; *(com preposição: reflexo)* yourself; **compraste-o para ~ (mesmo OU próprio)?** did you buy it for yourself?

tigela [tʃi'ʒɛla] *f* bowl; **de meia ~** *(fig: de pouco valor)* second-rate.

tigre ['tʃigri] *m* tiger.

tijolo [tʃi'ʒolu] *m* brick.

til ['tiw] *m* tilde.

tília ['tʃilja] *f* lime blossom.

time ['tʃimi] *m (Br)* team.

timidez [tʃimi'deʃ] *f* shyness.

tímido, -da ['tʃimidu, -da] *adj* shy.

timoneiro [tʃimo'nejru] *m (em barco)* helmsman; *(em expedição)* guide.

Timor [tʃi'mo(x)] *s* Timor.

tímpano ['tʃĩpanu] *m (ANAT)* eardrum; *(MÚS)* kettledrum.

tina ['tʃina] *f* tub.

tingido, -da [tʃĩ'ʒidu, -da] *adj* dyed.

tingir [tʃĩ'ʒi(x)] *vt* to dye.

tinha ['tʃina] → **ter.**

tinir [tʃi'ni(x)] *vi* to ring.

tinta ['tʃĩta] *f (para escrever)* ink; *(para pintar)* paint; *(para tingir)* dye.

tinteiro [tʃĩ'tejru] *m* inkwell.

tinto ['tʃĩtu] *adj m* → **vinho.**

tintura [tʃĩ'tura] *f*: **~ de iodo** tincture of iodine.

tinturaria [tʃĩtura'ria] *f (local)* dry cleaner's (shop).

tio, tia ['tʃiu, 'tʃia] *m, f* uncle *(f* aunt).

típico, -ca ['tʃipiku, -ka] *adj (comida, bebida, costume)* traditional; **ser ~ de** to be typical of.

tipo, -pa ['tʃipu, -pa] *m* type ◆ *m, f (Port: fam: pessoa)* guy *(f* girl).

tipografia [tʃipogra'fia] *f (local)* printing works *(sg).*

tíquete-refeição [tʃi,ketʃiʃefei'sãw] *(pl* **tíquetes-refeição** [tʃi,ketʃiʒxefei-'sãw]) *m (Br)* luncheon voucher.

tiracolo [tʃira'kɔlu] *m*: **a ~** across the shoulder.

tiragem [tʃi'raʒẽ] *(pl* **-ns** [-ʃ]) *f (de jornal, revista)* circulation; *(livro)* print run.

tira-manchas [tʃira'mãʃaʃ] *m inv (Br)* stain remover.

tirania [tʃira'nia] *f* tyranny.

tira-nódoas [,tʃira'nɔdwaʃ] *m inv (Port)* = **tira-manchas.**

tirar [tʃi'ra(x)] *vt* to take; *(remover)* to take off; **~ algo de alguém** *(roubar)* to steal sthg from sb; **~ algo à sorte** to pick sthg at random; **~ a mesa** *(Br)* to clear the table.

tirinhas [tʃi'rinaʃ] *fpl* strips; **às OU em ~** in strips.

tiritar [tʃiri'ta(x)] *vi* to shiver.

tiro ['tʃiru] *m* shot; **~ ao alvo** target shooting.

tiroteio [tʃiro'teju] *m (tiros)* shooting; *(troca de disparos)* shoot-out.

título ['tʃitulu] *m* title; *(documento)* bond.

tive ['tʃivi] → **ter.**

to [tu] = **te + o,** → **te.**

toalete [twa'letʃi] *m (Br) (banheiro)* toilet; *(roupa)* clothes *(pl)* ◆ *f*: **fazer a ~** *(Br)* to have a wash.

toalha ['twaʎa] *f* towel; **~ de banho** bath towel; **~ de mesa** tablecloth.

tobogã [tɔbɔ'gã] *m* toboggan.

toca-discos [tɔka'dʒiʃkuʃ] *m inv (Br)* record player.

toca-fitas [tɔka'fitaʃ] *m inv (Br)* cassette player.

tocar [to'ka(x)] *vt (instrumento)* to play ◆ *vi* to touch; *(campainha, sino, telefone)* to ring; *(MÚS)* to play; **~ em** *(em pessoa, objeto)* to touch; *(em assunto)* to touch on; **~ na campainha** to ring the bell.

❑ **tocar a** *v + prep*: **toca a ele pedir uma explicação** it's up to him to ask for an explanation; **no que me toca** as far as I'm concerned.

tocha ['tɔʃa] *f* torch.

todavia [toda'via] *adv* still ◆ *conj* but, however.

todo, -da ['todu, -da] *adj* all; **toda a gente** *(Port)* everyone, everybody; **~ o dia/mês** all day/month; **~ (o) mundo** *(Br)* everyone, everybody; **todas as coisas** everything *(sg)*; **~s os dias/meses** every day/month; **~s nós** all of us; **em toda a parte** everywhere; **ao ~** altogether, in total; **de ~** completely; **no ~** all in all.

❑ **todos, -das** *pron pl (pessoas)* everyone *(sg)*, everybody *(sg)*; *(coisas)* all; **quero ~s** I want them all, I want all of them.

Todos-os-Santos [,toduzuʃˈsãntuʃ] s → **dia**.

toldo [ˈtowdu] *m* awning.

tolerância [toleˈrãsja] *f* tolerance.

tolerar [toleˈra(x)] *vt* to tolerate.

tolice [toˈlisi] *f (coisa sem valor)* trifle; *(asneira)* stupid thing.

tolo, -la [ˈtolu, -la] *adj* silly.

tom [tõ] *(pl* **-ns** [-ʃ]) *m* tone; *(de cor)* shade; **em ~ de graça** in jest; **ser de bom ~** to be the done thing.

tomada [toˈmada] *f (elétrica)* socket; *(de lugar, edifício)* seizure; **~ de posse** *(de governo, presidente)* investiture.

tomar [toˈma(x)] *vt* to take; *(bebida)* to have; *(lugar, edifício)* to seize; **toma!** here you are!; **vamos ~ um café!** let's go for a coffee!; **~ ar** to get some air; **~ o café da manhã** to have breakfast; **~ posse** *(de cargo político)* to take office.

tomara [toˈmara] *interj* if only!

tomate [toˈmatʃi] *m* tomato.

tombar [tõmˈba(x)] *vt* to knock over ◆ *vi* to fall.

tombo [ˈtõmbu] *m* tumble; **levar um ~** to fall over.

tomilho [toˈmiʎu] *m* thyme.

tonalidade [tonaliˈdadʒi] *f (de som)* key; *(de cor)* shade.

tonel [toˈnɛw] *(pl* **-éis** [-ɛiʃ]) *m (para vinho)* vat.

tonelada [toneˈlada] *f* tonne.

tónica [ˈtɔnika] *f (Port)* = **tônica**.

tônica [ˈtonika] *f (Br)*: **pôr a ~ em** to put emphasis on .

tónico, -ca [ˈtɔniku, -ka] *adj & m (Port)=* **tônico**.

tônico, -ca [ˈtoniku, -ka] *adj (Br)* tonic; *(fortificante)* invigorating ◆ *m (Br) (medicamento)* tonic.

tons → **tom**.

tonto, -ta [ˈtõntu, -ta] *adj (com tonturas)* dizzy; *(tolo)* silly.

tontura [tõnˈtura] *f* dizziness.

topázio [toˈpazju] *m* topaz.

tópico [ˈtɔpiku] *m* topic.

topless [tɔpˈlɛs] *adj* topless; **fazer ~** to go topless.

topo [ˈtopu] *m* top.

toque [ˈtɔki] *m (contato)* touch; *(som)* chime, chiming; *(de campainha)* ring.

toranja [toˈrãʒa] *f* grapefruit.

tórax [ˈtɔraks] *m* thorax.

torcedor, -ra [toxseˈdo(x), -ra] *(mpl* **-res** [-riʃ], *fpl* **-s** [-ʃ]) *m, f (Br: ESP)* supporter, fan.

torcer [toxˈse(x)] *vt* to twist; *(espremer)* to wring out; **~ o nariz para algo** to turn one's nose up at sthg.

❏ **torcer por** *v + prep (apoiar)* to support.

❏ **torcer-se** *vp (de riso, dor)* to double up.

torcicolo [toxsiˈkɔlu] *m*: **ter um ~** to have a crick in one's neck.

torcida [toxˈsida] *f (pavio)* wick; *(Br: de futebol)* supporters *(pl)*.

torcido, -da [toxˈsidu, -da] *adj* twisted.

tordo [ˈtoxdu] *m* thrush.

tormenta [toxˈmẽnta] *f* storm.

tormento [toxˈmẽntu] *m* torment.

tornado [toxˈnadu] *m* tornado.

tornar [toxˈna(x)] *vt* to make; **~ algo em algo** to turn sthg into sthg.

❏ **tornar a** *v + prep*: **~ a fazer algo** to do sthg again.

❏ **tornar-se** *vp* to become.

torneio [toxˈneju] *m* tournament.

torneira [toxˈnejra] *f* tap, faucet *(Am)*.

torno [ˈtoxnu] *m*: **em ~ de** around.

tornozelo [toxnoˈzelu] *m* ankle.

torpedo [toxˈpedu] *m* torpedo.

torrada [toˈxada] *f* (a slice of) toast.

torradeira [toxaˈdejra] *f* toaster.

torrão [toˈxãw] *(pl* **-ões** [-õjʃ]) *m (de terra)* clod; **~ de açúcar** sugar lump.

torrar [toˈxa(x)] *vt* to toast.

torre [ˈtoxi] *f (construção)* tower; *(em xadrez)* rook, castle.

torrente [toˈxẽntʃi] *f* torrent.

torresmos [toˈxeʒmuʃ] *mpl* cubes of pork marinated in white wine and herbs, then fried and served with boiled potatoes.

tórrido, -da [ˈtɔxidu, -da] *adj* torrid.

torrões → **torrão**.

torta [ˈtɔrta] *f (Port)* swiss roll.

torto, torta [ˈtoxtu, ˈtɔrta] *adj* bent; **a ~ e a direito** left, right and centre.

tortura [toxˈtura] *f* torture.

tos [tuʃ] = **te + os**, → **te**.

tosse [ˈtɔsi] *f* cough; **~ convulsa** whooping cough.

tossir [toˈsi(x)] *vi* to cough.

tosta [ˈtɔʃta] *f (Port)* toasted sandwich.

tostado, -da [toʃ'tadu, -da] *adj (pão)* toasted; *(frango) cooked till golden brown.*

tostão [toʃ'tãw] *(pl -ões* [-õjʃ]*) m* = copper *(Brit),* = dime *(Am);* **não valer um ~ furado** not to be worth a penny.

total [to'taw] *(pl -ais* [-ajʃ]*) adj & m* total; **no ~** in all.

totalidade [tutali'dadʒi] *f* whole; **a ~ dos meus alunos** all (of) my students; **na ~** *(no total)* in total; *(totalmente)* completely.

totalmente [totaw'mẽntʃi] *adv* totally.

touca ['toka] *f* cap; **~ de banho** *(em piscina)* swimming cap; *(em duche)* shower cap.

toucador [toka'do(x)] *(pl -res* [-riʃ]*) m* dressing table.

toucinho [to'siɲu] *m* streaky bacon; **~ defumado** smoked streaky bacon.

toucinho-do-céu [to,siɲudu'sɛu] *(pl* **toucinhos-do-céu** [to,siɲuʒdu'sɛu]*) m* pudding made with ground almonds, egg yolks, butter and sugar and covered in caramel.

toupeira [to'pejra] *f* mole.

tourada [to'rada] *f* bullfight.

toureiro [to'rejru] *m* bullfighter.

touro ['toru] *m* bull.
❑ **Touro** *m* Taurus.

tóxico, -ca ['tɔksiku, -ka] *adj* toxic, poisonous.

Tr. *abrev* = **travessa**.

trabalhador, -ra [trabaʎa'do(x), -ra] *(mpl -res* [-riʃ]*, fpl -s* [-ʃ]*) adj* hardworking ◆ *m, f* worker.

trabalhar [traba'ʎa(x)] *vi & vt* to work.

trabalho [tra'baʎu] *m* work; **~ de casa** *(EDUC)* homework; **~ de parto** labour; **~s manuais** arts and crafts *(subject studied at middle school).*

traça ['trasa] *f* moth.

tração [tra'sãw] *f (Br)* traction.

traçar [tra'sa(x)] *vt (linha, desenho)* to draw; *(plano)* to draw up.

tracção [tra'sãw] *f (Port)* = **tração**.

traço ['trasu] *m (risco)* line; *(vestígio)* trace; *(de rosto, personalidade)* feature.

tractor [tra'tor] *(pl -es* [-eʃ]*) m (Port)* = **trator**.

tradição [tradʒi'sãw] *(pl -ões* [-õjʃ]*) f* tradition.

tradicional [tradʒisjo'naw] *(pl -ais* [-ajʃ]*) adj* traditional.

tradições → **tradição**.

tradução [tradu'sãw] *(pl -ões* [-õjʃ]*) f* translation.

tradutor, -ra [tradu'to(x), -ra] *(mpl -res* [-riʃ]*, fpl -s* [-ʃ]*) m, f* translator.

traduzir [tradu'zi(x)] *vt & vi* to translate.

tráfego ['trafegu] *m* traffic.

traficante [trafi'kãntʃi] *mf* trafficker.

traficar [trafi'ka(x)] *vt* to traffic in.

tráfico ['trafiku] *m* traffic.

tragédia [tra'ʒedʒja] *f* tragedy.

trágico, -ca [tra'ʒiku, -ka] *adj* tragic.

trago ['tragu] → **trazer**.

traição [traj'sãw] *(pl -ões* [-õjʃ]*) f (de amigo, companheiro)* betrayal; *(de país)* treason; **à ~** treacherously.

traidor, -ra [traj'do(x), -ra] *(mpl -res* [-riʃ]*, fpl -s* [-ʃ]*) m, f* traitor.

traineira [traj'nejra] *f* trawler.

traje ['traʒi] *m* clothes *(pl);* **~ de noite** evening gown; **~ típico** traditional costume OU dress; **~s menores** underwear *(sg).*

trajecto [tra'ʒɛtu] *m (Port)* = **trajeto**.

trajectória [traʒɛ'tɔrja] *f (Port)* = **trajetória**.

trajeto [tra'ʒɛtu] *m (Br) (caminho)* route; *(viagem)* journey, trip.

trajetória [traʒe'tɔrja] *f (Br)* trajectory.

tralha ['traʎa] *f (fam)* junk, stuff.

trama ['trama] *f (de fios)* weft; *(de livro, filme)* plot.

tramar [tra'ma(x)] *vt:* **~ algo** *(fam: conspirar)* to plot sthg.

trâmite ['tramitʃi] *m* procedure; **os ~s legais** legal procedures.

trampolim [trãmpo'lĩ] *(pl -ns* [-ʃ]*) m* springboard.

tranca ['trãŋka] *f* bar.

trança ['trãsa] *f* plait *(Brit),* braid *(Am).*

trancar [trãŋ'ka(x)] *vt* to bar.

tranquilidade [trãŋkwili'dade] *f (Port)* = **tranqüilidade**.

tranqüilidade [trãŋkwili'dadʒi] *f (Br)* peace, tranquillity.

tranqüilizante [trãŋkwili'zãntʃi] *adj* reassuring ◆ *m* tranquillizer.

tranqüilo, -la [trãŋ'kwilu, -la] *adj* calm; *(local)* peaceful.

transação [trãza'sãw] *(pl -ões* [-õjʃ]*) f (Br)* transaction.

transacção [trãza'sãw] *(pl -ões* [-õjʃ]*)*

f (Port) = **transação**.
transações → **transação**.
transar [trã'za(x)] *vt (Br: fam: combinar)* to arrange ◆ *vi*: ~ **com alguém** *(Br: fam)* to have it off with sb.
transatlântico, -ca [trãzat'lãntʃiku, -ka] *adj* transatlantic ◆ *m* (ocean) liner.
transbordar [trãʒbox'da(x)] *vi* to overflow; **a** ~ overflowing.
transbordo [trãʒ'boxdu] *m* transfer; **fazer** ~ to transfer.
transe ['trãzi] *m* trance.
transeunte [trã'zeũntʃi] *mf* passerby.
transferência [trãʃfe'rẽsja] *f* transfer.
transferir [trãʃfe'ri(x)] *vt* to transfer.
transformador [trãʃfoxma'do(x)] *(pl* -res [-riʃ]) *m* transformer.
transformar [trãʃfox'ma(x)] *vt* to transform.
transfusão [trãʃfu'zãw] *(pl* -ões [-õjʃ]) *f*: ~ **de sangue** blood transfusion.
transgredir [trãʒgre'di(x)] *vt (lei)* to break, to violate; *(direito)* to infringe.
transgressão [trãʒgre'sãw] *(pl* -ões [-õjʃ]) *f (de lei)* violation; *(de direito)* infringement.
transição [trãzi'sãw] *(pl* -ões [-õjʃ]) *f* transition.
transístor [trã'ziʃtɔ(x)] *(pl* -res [-iʃ]) *m* transistor.
transitar [trãzi'ta(x)] *vi* to circulate; ~ **para** to move on to; ~ **(de ano)** to go up a year.
transitivo, -va [trãzi'tʃivu, -va] *adj (GRAM)* transitive.
trânsito ['trãzitu] *m* traffic; **"~ congestionado"** "heavy traffic ahead"; **"~ proibido"** "no entry" *(for vehicular traffic);* **"~ nos dois sentidos"** "two-way traffic".
transmissão [trãʒmi'sãw] *(pl* -ões [-õjʃ]) *f (de rádio, televisão)* broadcast, transmission; *(de mensagem)* passing on; *(de doença, genes)* transmission.
transmitir [trãʒmi'tʃi(x)] *vt (suj: rádio, televisão)* to broadcast; *(mensagem)* to pass on; *(doença, genes)* to transmit ◆ *vi (rádio, televisão)* to broadcast, to transmit.
transparência [trãʃpa'rẽsja] *f* transparency.
transparente [trãʃpa'rẽntʃi] *adj* transparent; *(água)* clear; *(roupa, tecido)* see-through.

transpiração [trãʃpira'sãw] *f* perspiration.
transpirar [trãʃpi'ra(x)] *vi* to perspire.
transplantar [trãʃplãn'ta(x)] *vt* to transplant.
transplante [trãʃ'plãntʃi] *m (de planta, árvore)* transplanting; *(de órgão)* transplant.
transportar [trãʃpox'ta(x)] *vt* to carry; *(suj: veículo)* to transport.
transporte [trãʃ'pɔxtʃi] *m* transport; ~ **coletivo** public transport; **~s públicos** public transport *(sg)*.
transtornar [trãʃtox'na(x)] *vt (pessoa)* to upset; *(reunião, rotina)* to disrupt.
transtorno [trãʃ'toxnu] *m* disruption; **causar** ~ to cause disruption.
trapalhão, -lhona [trapa'ʎãw, -ʎona] *(mpl* -ões [-õjʃ], *fpl* -s [-ʃ]) *m, f* bungler.
trapézio [tra'pɛzju] *m* trapeze.
trapezista [trape'ziʃta] *mf* trapeze artist.
trapo ['trapu] *m* rag.
trarei [tra'rej] → **trazer**.
trás ['trajʃ] *interj* bang! ◆ *prep & adv*: **deixar para** ~ to leave behind; **por** ~ **de** behind; **de** ~ from behind; **para** ~ back(wards).
traseira [tra'zejra] *f (de carro)* rear *(sg)*.
traseiro, -ra [tra'zejru, -ra] *adj (parte, assento)* back *(antes de s)* ◆ *m* backside.
tratado, -da [tra'tadu, -da] *adj* treated; *(assunto)* sorted out ◆ *m (acordo)* treaty; *(ensaio)* treatise.
tratamento [trata'mẽntu] *m* treatment; *(INFORM)* processing.
tratar [tra'ta(x)] *vt* to treat; ~ **alguém bem/mal** to treat sb well/badly.
❏ **tratar de** *v + prep* to deal with.
❏ **tratar-se de** *vp + prep*: **trata-se de um erro** it's a mistake; **de quem se trata?** who is it?
trator [tra'to(x)] *(pl* -res [-riʃ]) *m (Br)* tractor.
trauma ['trawma] *m* trauma.
Trav. *(abrev)* = **travessa**.
travão [tra'vãw] *(pl* -ões [-õjʃ]) *m (Port)* brake; ~ **de mão** handbrake.
travar [tra'va(x)] *vt (combate, luta)* to wage ◆ *vi (Port)* to brake; ~ **conhecimento com alguém** to meet sb.
trave ['travi] *f* beam; *(em futebol)* crossbar.

travessa [tra'vesa] f *(rua)* lane; *(peça de louça)* platter; *(para cabelo)* (decorative) comb.

travessão [trave'sāw] *(pl* **-ões** [-ōjʃ]) *m (para cabelo)* (decorative) comb; *(sinal gráfico)* dash.

travesseiro [trave'sejru] *m* pillow.

travessia [trave'sia] *f* crossing.

travesso, -a [tra'vesu, -a] *adj* naughty.

travessões → **travessão**.

travões → **travão**.

traz ['trajʃ] → **trazer**.

trazer [tra'ze(x)] *vt* to bring; *(vestir)* to wear; *(problemas)* to cause; *(conseqüências)* to have.

trégua ['tregwa] *f (descanso)* break; *(em conflito)* truce.

treinador, -ra [trejna'do(x), -ra] *(mpl* **-res** [-riʃ], *fpl* **-s** [-ʃ]) *m, f* trainer.

treinar [trej'na(x)] *vt* to train.

❏ **treinar-se** *vp* to train.

treino ['trejnu] *m* training.

trela ['trɛla] *f (para cão)* lead.

trem ['trẽ] *(pl* **-ns** [-ʃ]) *m (Br)* train; ~ **de aterrissagem** *(de avião)* landing gear; ~ **de prata** *luxury train which runs between Rio de Janeiro and São Paulo*; **de** ~ by train; **pegar o** ~ to catch the train.

tremendo, -da [tre'mẽndu, -da] *adj* tremendous; *(horrível)* terrible.

tremer [tre'me(x)] *vi* to tremble; ~ **de frio** to shiver with cold.

tremor [tre'mo(x)] *(pl* **-res** [-riʃ]) *m (de frio)* shivering; *(de medo)* trembling; ~ **de terra** earthquake.

trémulo, -la ['tremulu, -la] *adj (Port)* = **trêmulo**.

trêmulo, -la ['tremulu, -la] *adj (Br) (mãos, pernas)* trembling; *(luz)* flickering; *(voz)* quivering.

trenó [tre'nɔ] *m* sledge.

trens → **trem**.

trepadeira [trepa'dejra] *f (planta)* climber; *(roseira)* rambler.

trepar [tre'pa(x)] *vt & vi* to climb; ~ **em** to climb up.

três ['trejʃ] *num* three, → **seis**.

trespassar [treʃpa'sa(x)] *vt (loja, estabelecimento)* to transfer; *(transgredir)* to violate.

trevas ['trevaʃ] *fpl* darkness *(sg)*.

trevo ['trevu] *m (planta)* clover; *(símbolo da Irlanda)* shamrock.

treze ['trezi] *num* thirteen, → **seis**.

trezentos, -tas [tre'zẽntuʃ, -taʃ]

num three hundred, → **seis**.

triângulo [tri'āŋgulu] *m* triangle.

tribo ['tribu] *f* tribe.

tribuna [tri'buna] *f (de estádio)* grandstand.

tribunal [tribu'naw] *(pl* **-ais** [-ajʃ]) *m* court.

triciclo [tri'siklu] *m* tricycle.

tricô [tri'ko] *m* knitting.

tricotar [triko'ta(x)] *vt* to knit.

trigésimo, -ma [tri'ʒezimu, -ma] *num* thirtieth, → **sexto**.

trigo ['trigu] *m* wheat.

trilha ['triʎa] *f* path; ~ **sonora** *(Br)* soundtrack.

trilho ['triʎu] *m (carril)* rail; *(caminho)* path.

trimestral [trimeʃ'traw] *(pl* **-ais** [-ajʃ]) *adj* quarterly.

trimestre [tri'mɛʃtri] *m* quarter.

trincar [trĩŋ'ka(x)] *vt* to bite.

trincheira [trĩ'ʃejra] *f (escavação)* trench.

trinco ['trĩŋku] *m* latch; **fechar a porta com** ~ to leave the door on the latch.

trinta ['trĩnta] *num* thirty, → **seis**.

trio ['triu] *m* trio; ~ **elétrico** *(Br)* float on which a show is held and music played during carnival.

tripa ['tripa] *f (intestino)* gut.

❏ **tripas** *fpl (dobrada)* tripe *(sg)*.

tripé [tri'pɛ] *m (de máquina fotográfica, telescópio)* tripod; *(banco)* stool.

triplicar [tripli'ka(x)] *vt* to triple.

tripulação [tripula'sāw] *(pl* **-ões** [-ōjʃ]) *f* crew.

tripular [tripu'la(x)] *vt* to man.

triste ['triʃtʃi] *adj (pessoa)* unhappy, sad; *(local)* gloomy.

tristeza [triʃ'teza] *f (de pessoa)* sadness; *(local)* gloominess; **que** ~! what a shame!

triunfar [triũ'fa(x)] *vi* to win.

triunfo [tri'ũfu] *m* triumph.

trivial [tri'vjaw] *(pl* **-ais** [-ajʃ]) *adj* trivial.

triz ['triʃ] *m (fam: momento)* second; **por um** ~ by the skin of one's teeth.

troca ['trɔka] *f* exchange, swap; **dar algo em** ~ **de algo** to give sthg in exchange for sthg.

troça ['trɔsa] *f*: **fazer** ~ **de** to make fun of.

trocado, -da [tro'kadu, -da] *adj* mixed-up.

❏ **trocados** *mpl* loose change *(sg)*.

trocar [tro'ka(x)] *vt* to change; *(idéias)* to exchange; *(confundir)* to mix up.

❏ **trocar de** *v + prep* to change.

❏ **trocar-se** *vp* to get changed.

troco ['troku] *m* change; *(fig: resposta)* retort; **dar o ~** *(responder)* to reply in kind; **a ~ de** in exchange for.

troço ['trosu] *m (fam) (coisa)* thing; *(tralha)* junk; **ter um ~** *(fam: passar mal)* to be taken ill.

troféu [tro'feu] *m* trophy.

tromba ['trõmba] *f (de elefante)* trunk; *(de chuva)* downpour.

trombeta [trõm'beta] *f* trumpet.

trombone [trõm'bɔni] *m*: **~ (de varas)** trombone.

trompa ['trõmpa] *f* horn.

trompete [trõm'petʃi] *m* trumpet.

tronco ['trõŋku] *m* trunk.

trono ['tronu] *m* throne.

tropa ['trɔpa] *f* army.

tropeçar [trope'sa(x)] *vi* to trip; **~ em algo** to trip over sthg.

tropical [tropi'kaw] *(pl* **-ais** [-ajʃ]) *adj* tropical.

trópico ['trɔpiku] *m* tropic.

trotar [tro'ta(x)] *vi* to trot.

trotinete [trɔtʃi'netʃi] *f (de criança)* scooter; *(pequeno trator)* (motorized) cultivator.

trouxa ['troʃa] *f* bundle.

trouxas-de-ovos [ˌtroʃaʒ'dʒiɔvuʃ] *fpl* dessert consisting of small bundles of *"doce de ovos"*.

trouxe ['trosi] → **trazer**.

trovão [tro'vãw] *(pl* **-ões** [-õjʃ]) *m* clap of thunder.

trovejar [trove'ʒa(x)] *v impess* to thunder.

trovoada [tro'vwada] *f (ruído)* thunder; *(tempestade)* thunderstorm.

trovões → **trovão**.

trucidar [trusi'da(x)] *vt* to slaughter.

trufas ['trufaʃ] *fpl* truffles.

trunfo ['trũfu] *m* trump.

truque ['truki] *m* trick.

trusses ['truseʃ] *mpl (Port)* (men's) briefs.

truta ['truta] *f* trout.

T-shirt [tʃiʃ'fartʃi] *f* T-shirt.

tu ['tu] *pron (Port)* you; **e ~?** what about you?; **és ~?!** is that you?!; **~ mesmo** OU **próprio** you yourself.

tua → **teu**.

tuba ['tuba] *f* tuba.

tubarão [tuba'rãw] *(pl* **-ões** [-õjʃ]) *m* shark.

tuberculose [tubɛxku'lɔzi] *f* tuberculosis.

tubo ['tubu] *m* tube; **~ de ensaio** test tube; **~ de escape** *(Port)* exhaust (pipe) *(Brit)*, tail pipe *(Am)*.

tudo ['tudu] *pron inv* everything; **por ~ e por nada** over the slightest thing; **dar ~ por ~** to give one's all.

tulipa [tu'lipa] *f (Br) (planta)* tulip; *(copo)* tall beer glass.

túlipa ['tulipa] *f (Port) (planta)* tulip; *(quebra-luz)* (tulip-shaped) lampshade.

tumba ['tũmba] *f* tomb.

tumor [tu'mo(x)] *(pl* **-res** [-riʃ]) *m* tumour; **~ maligno/benigno** malignant/benign tumour.

túmulo ['tumulu] *m* tomb.

tumulto [tu'muwtu] *m (alvoroço)* commotion, ruckus; *(revolta)* uproar.

tuna ['tuna] *f*: **~ (académica)** group of student minstrels.

túnel ['tunɛw] *(pl* **-eis** [-ejʃ]) *m* tunnel.

túnica ['tunika] *f* tunic.

turbina [tux'bina] *f* turbine.

turbulência [turbu'lẽnsia] *f* turbulence.

turco, -ca ['turku, -ka] *adj* Turkish
♦ *m, f (pessoa)* Turk ♦ *m (língua)* Turkish; *(tecido)* towelling.

turfe ['tuxfi] *m (Br) (hipódromo)* racecourse; *(hipismo)* horse racing.

turismo [tu'riʒmu] *m* tourism.

turista [tu'riʃta] *mf* tourist.

turístico, -ca [tu'riʃtʃiku, -ka] *adj* tourist *(antes de s)*.

turma ['tuxma] *f (em escola)* class; *(Br: fam: amigos)* gang.

turné ['turnɛ] *f (Port)* = **turnê**.

turnê ['tuxne] *f (Br)* tour.

turno ['tuxnu] *m* shift; **por seu ~** in turn; **por ~s** in shifts.

turquesa [tux'keza] *f* turquoise.

Turquia [txr'kia] *f*: **a ~** Turkey.

tutano [tu'tanu] *m* marrow.

tutela [tu'tɛla] *f* guardianship.

tutor, -ra [tu'to(x), -ra] *(mpl* **-res** [-riʃ], *fpl* **-s** [-ʃ]) *m, f* guardian.

tutu [tu'tu] *m*: **~ à mineira** bean stew with cassava flour, salted pork and bacon.

TV *f (abrev de televisão)* TV.

tweed ['twidʒi] *m* tweed.

U

UE f (abrev de União Européia) EU.

UEM f (abrev de União Econômica e Monetária) EMU.

uísque ['wiski] m whisky.

uivar [ui'va(x)] vi to howl.

úlcera ['uwsera] f ulcer.

ulmeiro [uw'mejru] m elm.

ultimamente [uwtʃima'mẽntʃi] adv lately.

ultimato [uwtʃi'matu] m ultimatum.

último, -ma ['uwtʃimu, -ma] adj last; (mais recente, novo) latest; (mais alto) top; (mais baixo) bottom ◆ m, f: **o ~/a última** (em ordem, fila) the last one; **a última** (novidade) the latest; **por ~** lastly.

ultraleve [uwtra'lɛvi] m microlight.

ultramar [uwtra'ma(x)] m overseas.

ultramarino, -na [ˌuwtrama'rinu, -na] adj overseas.

ultrapassado, -da [ˌuwtrapa'sadu, -da] adj outdated.

ultrapassagem [uwtrapa'saʒẽ] (pl **-ns** [-ʃ]) f overtaking.

ultrapassar [ˌuwtrapa'sa(x)] vt to overtake.

ultravioleta [ˌuwtravjo'leta] adj ultraviolet.

um, uma [ũ, 'uma] (mpl **uns** [ũʃ], fpl **umas** ['umaʃ]) artigo indefinido a, an (antes de vogal ou "h" mudo); **~ homem** a man; **uma casa** a house; **uma mulher** a woman; **uma hora** an hour; **uma maçã** an apple.

◆ adj **1.** (exprime quantidade, data indefinida) one, some (pl); **comprei uns livros** I bought some books; **~ dia voltarei** I'll be back one day; **vou umas semanas de férias** I'm going on holiday for a few weeks.

2. (para indicar quantidades) one; **trinta e ~ dias** thirty-one days; **~ litro/metro/quilo** a litre/metre/kilo.

3. (aproximadamente) about, around; **esperei uns dez minutos** I waited for about ten minutes; **estavam lá umas cinquenta pessoas** there were about fifty people there.

4. (para enfatizar): **está ~ frio/calor** it's so cold/hot; **estou com uma sede** I'm so thirsty; **foi ~ daqueles dias!** it was one of those days!

◆ pron (indefinido) one, some (pl) **me dê ~** give me one; **pede mais uma** ask for another one; **só não gosto dum/duma** there's only one (of them) I don't like; **~ deles** one of them; **~ a ~, ~ por ~** one by one.

◆ num one, → **seis**.

umbanda [ũm'bãnda] f Afro-Brazilian cult religion.

umbigo [ũm'bigu] m navel.

umbral [ũm'braw] (pl **-ais** [-ajʃ]) m doorway.

umidade [umi'dadʒi] f (Br) humidity.

úmido, -da ['umidu, -da] adj (Br) (tempo) humid; (superfície, tecido) damp.

unanimidade [unanemi'dadʒi] f: **por ~** unanimously.

UNE f (Br: abrev de União Nacional de Estudantes) Brazilian students' union, = NUS (Brit).

Unesco [u'nɛʃku] f UNESCO.

unha ['uɲa] f nail; **fazer as ~s** to do one's nails.

união [u'njãw] (pl **-ões** [-õjʃ]) f union; (entre amigos, colegas) unity; **a União Européia** the European Union.

unicamente [unika'mẽntʃi] adv only.

único, -ca ['uniku, -ka] adj (preço) fixed; (um só) only; (incomparável) unique ◆ m, f: **o ~/a única** the only one; **tamanho ~** one size.

unidade [uni'dadʒi] f unit; (conformidade, uniformidade) unity; (união) union.

unido, -da [u'nidu, -da] *adj* united; **eles são muito ~s** they're very close.
unificar [unifi'ka(x)] *vt* to unite.
uniforme [uni'fɔxmi] *adj & m* uniform.
uniões → **união**.
unir [u'ni(x)] *vt* to join; *(pessoas, países)* to unite; *(anexar)* to attach.
❑ **unir-se** *vp* to join forces; **~-se contra** to join forces against.
unissex [uni'sɛks] *adj inv (Br)* unisex.
unissexo [uni'sɛksu] *adj inv (Port)* = **unissex**.
unitário, -ria [uni'tarju, -rja] *adj* unitarian.
universal [univɛx'saw] *(pl* **-ais** [-ajʃ]) *adj* universal.
universidade [univɛxsi'dadʒi] *f* university.
universo [uni'vɛxsu] *m* universe.
uns → **um**.
untar [ũn'ta(x)] *vt* to grease.
urânio [u'ranju] *m* uranium.
urbano, -na [ux'banu, -na] *adj* urban.
urgência [ux'ʒẽsja] *f* urgency; **com ~** urgently.
❑ **Urgências** *fpl* accident and emergency *(sg)(Brit)*, emergency room *(sg)(Am)*.
urgente [ux'ʒẽntʃi] *adj* urgent.
urgentemente [ux'ʒẽntʃi'mẽntʃi] *adv* urgently.
urina [u'rina] *f* urine.
urinol [uri'nɔw] *(pl* **-óis** [-ɔjʃ]) *m* urinal.
urna ['uxna] *f (de voto)* ballot box.
urrar [u'xa(x)] *vi* to roar.
urso ['uxsu] *m* bear; **~ pardo** grizzly (bear); **~ de pelúcia** teddy bear; **~ polar** polar bear.
urticária [uxtʃi'karja] *f* hives *(pl)*.

urtiga [ux'tʃiga] *f* (stinging) nettle.
Uruguai [uru'gwaj] *m*: **o ~** Uruguay.
urze ['uxzi] *f* heather.
usado, -da [u'zadu, -da] *adj* used; *(gasto)* worn.
usar [u'za(x)] *vt (utilizar)* to use; *(vestir, calçar)* to wear.
❑ **usar de** *v + prep* to use.
❑ **usar-se** *vp* to be used; **agora usa-se muito o marrom** brown is very popular at the moment.
usina [u'zina] *f (Br)* factory; **~ de açúcar** sugar refinery; **~ hidroelétrica** hydroelectric power station; **~ nuclear** nuclear power plant.
uso ['uzu] *m (utilização)* use; *(costume)* custom; **"para ~ externo"** for external use only"; **fazer ~ de** to make use of; **para ~ próprio** for personal use.
usual [u'zwaw] *(pl* **-ais** [-ajʃ]) *adj* common.
usufruir [uzufru'i(x)] : **usufruir de** *v + prep (possuir)* to enjoy; *(tirar proveito de)* to make the most of.
usurpar [uzux'pa(x)] *vt* to usurp.
úteis → **útil**.
utensílio [utẽ'silju] *m* utensil.
utente [u'tẽnte] *mf (Port)* user.
útero ['uteru] *m* womb.
útil ['utʃiw] *(pl* **úteis** ['utejʃ]) *adj* useful.
utilidade [utʃili'dadʒi] *f (qualidade)* usefulness; *(proveito)* use; **isto não tem ~ nenhuma** this is useless.
utilização [utʃiliza'sãw] *(pl* **-ões** [-õjʃ]) *f* use.
utilizar [utʃili'za(x)] *vt (empregar)* to use; *(tirar proveito de)* to make use of.
utopia [uto'pia] *f* utopia.
U.V. *(abrev de ultra violeta)* UV.
uva ['uva] *f* grape.

V

V. *(abrev de vide)* v.

vá ['va] → **ir**.

vã → **vão²**.

vaca ['vaka] *f (animal)* cow; *(carne)* beef.

vacilar [vasi'la(x)] *vi (hesitar)* to waver.

vacina [va'sina] *f* vaccine.

vacinação [vasina'sãw] *f* vaccination.

vácuo ['vakwu] *m* vacuum.

vadio, -dia [va'dʒiu, -'dʒia] *adj (cão)* stray; *(pessoa)* idle.

vaga ['vaga] *f (em emprego)* vacancy; *(onda)* wave.

vagabundo, -da [vaga'būndu, -da] *m, f* tramp.

vaga-lume [ˌvaga'lumi] *(pl* **vaga-lumes** [ˌvaga'lumeʃ]) *m* glow-worm.

vagão [va'gãw] *(pl* **-ões** [-õjʃ]) *m (de mercadorias)* wagon; *(Br: de passageiros)* carriage.

vagão-cama [vagãw'kama] *(pl* **vagões-cama** [vagõiʃ'kama]) *m (Port)* = **vagão-leito**.

vagão-leito [vagãw'lejtu] *(pl* **vagões-leito** [vagõiʒ'leitu]) *m (Br)* sleeping car.

vagão-restaurante [vaˌgãwxeʃtaw-'rãntʃi] *(pl* **vagões-restaurante** [vaˌgõiʃxeʃtaw'rãntʃi]) *m* buffet car.

vagar [va'ga(x)] *vi (ficar livre)* to be vacant ◆ *m*: **ter ~ (para)** to have time (for).

vagaroso, -osa [vaga'rozu, -ɔza] *adj* slow.

vagem ['vaʒẽ] *(pl* **-ns** [-ʃ]) *f* pod.
❏ **vagens** *fpl (feijão-verde)* green beans.

vagina [va'ʒina] *f* vagina.

vago, -ga ['vagu, -ga] *adj (lugar)* free; *(casa)* empty; *(indefinido)* vague.

vagões → **vagão**.

vai ['vaj] → **ir**.

vaidade [vaj'dadʒi] *f* vanity.

vaidoso, -osa [vaj'dozu, -ɔza] *adj* vain.

vais ['vajʃ] → **ir**.

vaivém [vaj'vẽ] *(pl* **-ns** [-ʃ]) *m (movimento)* to-ing and fro-ing, comings and goings *(pl)*.

vala ['vala] *f* ditch; **~ comum** *(sepultura)* common grave.

vale¹ ['vali] → **valer**.

vale² ['vali] *m (planície)* valley; **~ postal** postal order.

valente [va'lẽntʃi] *adj (corajoso)* brave; *(forte)* strong.

valer [va'le(x)] *vt (ter o valor de)* to be worth ◆ *vi (ter validade)* to count; **vale mais ...** it's better to ...; **a ~** *(de verdade)* for real; **para ~** for real.
❏ **valer-se de** *vp + prep* to make use of.

valeta [va'leta] *f* ditch.

valete [va'letʃi] *m* jack.

valeu [va'lew] → **valer**.

valho ['vaʎu] → **valer**.

validação [valida'sãw] *f* validation.

validade [vali'dadʒi] *f* validity.

validar [vali'da(x)] *vt* to validate.

válido, -da ['validu, -da] *adj* valid; **~ até ...** *(produto)* best before ..., use by ...; *(documento)* expiry date ....

valioso, -osa [va'ljozu, -ɔza] *adj* valuable.

valor [va'lo(x)] *(pl* **-res** [-riʃ]) *m (de objeto)* value; *(em exame, teste)* point, mark; *(de pessoa)* worth; **dar ~ a** to value.
❏ **valores** *mpl (bens, ações, etc)* securities; *(de pessoa, sociedade)* values.

valsa ['vawsa] *f* waltz.

válvula ['vawvula] *f* valve; **~ de segurança** safety valve.

vampiro [vãm'piru] *m* vampire.

vandalismo [vãnda'liʒmu] *m* vandalism.

vândalo, -la ['vãndalu, -la] *m, f* vandal.

vangloriar-se [vãŋglo'rjaxsi] *vp* to boast; ~ **de** to boast about.

vanguarda [vãŋ'gwaxda] *f* avantgarde; **esta na ~ de** to be in the forefront of.

vantagem [vãn'taʒẽ] (*pl* **-ns** [-ʃ]) *f* advantage; **tirar ~ de algo** to take advantage of sthg.

vantajoso, -osa [vãnta'ʒozu, -ɔza] *adj* advantageous.

vão¹ ['vãw] → **ir.**

vão², vã ['vãw, 'vã] *adj* useless ♦ *m*: ~ **das escadas** stairwell; ~ **da porta** doorway; **em ~** in vain.

vapor [va'po(x)] (*pl* **-res** [-riʃ]) *m* (*de líquido*) steam; (*gás*) vapour.

vaporizador [vaporiza'do(x)] (*pl* **-res** [-riʃ]) *m* atomizer.

vara ['vara] *f* rod; ~ **de pescar** (*Br*) fishing rod.

varal [va'raw] (*pl* **-ais** [-ajʃ]) *m* (*Br: de roupa*) washing line.

varanda [va'rãnda] *f* verandah.

varejeira [vare'ʒejra] *f* bluebottle.

varejo [va'reʒu] *m* (*Br: venda*) retail.

variação [varja'sãw] (*pl* **-ões** [-õjʃ]) *f* variation.

variado, -da [va'rjadu, -da] *adj* varied.

variar [va'rja(x)] *vt* to vary ♦ *vi* to be different; **para ~** for a change.

varicela [vari'sɛla] *f* chickenpox.

variedade [varje'dadʒi] *f* variety.

varinha [va'riɲa] *f*: ~ **de condão** magic wand; ~ **mágica** (*Port: eletrodoméstico*) hand blender.

varíola [va'riola] *f* smallpox.

vários, -rias ['varjuʃ, -rjaʃ] *adj pl* several.

variz [va'riʃ] (*pl* **-zes** [-ziʃ]) *f* varicose vein.

varredor, -ra [vaxe'do(x), -ra] (*mpl* **-res** [-riʃ], *fpl* **-s** [-ʃ]) *m, f* (*de rua*) road sweeper.

varrer [va'xe(x)] *vt* to sweep; ~ **algo da memória** to blank sthg out of one's mind.

vascular [vaʃku'la(x)] (*pl* **-es** [-iʃ]) *adj* vascular.

vasculhar [vaʃku'ʎa(x)] *vt* (*remexer*) to rummage through; (*investigar*) to probe into.

vaselina® [vaze'lina] *f* Vaseline®.

vasilha [va'ziʎa] *f* barrel.

vaso ['vazu] *m* (*para plantas*) vase; (*Br:*

jarra) large jug; (*ANAT*) vessel; ~ **sangüíneo** blood vessel; ~ **sanitário** (*Br*) toilet bowl.

vassoura [va'sora] *f* broom.

vasto, -ta ['vaʃtu, -ta] *adj* vast.

vatapá [vata'pa] *m Bahian dish made with fish or chicken and coconut milk, shrimps, bread, nuts and palm oil.*

Vaticano [vatʃi'kanu] *m*: **o ~** the Vatican.

vazio, -zia [va'ziu, -'zia] *adj* empty ♦ *m* void; ~ **de** devoid of.

Vd. (*abrev de vide*) V.

vê ['ve] → **ver.**

veado ['vjadu] *m* (*animal*) deer; (*carne*) venison.

vedação [veda'sãw] (*pl* **-ões** [-õjʃ]) *f* fence.

vedado, -da [ve'dadu, -da] *adj* (*edifício, local*) enclosed; (*recipiente*) sealed; (*interdito*) prohibited.

vedar [ve'da(x)] *vt* (*local, edifício*) to enclose; (*recipiente, buraco*) to seal; (*acesso, passagem*) to block.

vêem ['veẽ] → **ver.**

vegetação [veʒeta'sãw] *f* vegetation.

vegetal [veʒe'taw] (*pl* **-ais** [-ajʃ]) *m* vegetable.

vegetariano, -na [veʒeta'rjanu, -na] *adj & m, f* vegetarian.

veia ['veja] *f* vein.

veículo [ve'ikulu] *m* vehicle; **"~ longo"** "long vehicle".

veio ['veju] → **ver.**

vejo ['veʒu] → **ver.**

vela ['vɛla] *f* (*de barco*) sail; (*de iluminação*) candle; (*de motor*) spark plug.

veleiro [ve'lejru] *m* sailing ship, tall ship.

velejar [vele'ʒa(x)] *vi* to sail.

velhice [ve'ʎisi] *f* old age.

velho, -lha ['vɛʎu, -ʎa] *adj* old ♦ *m, f* old man (*f* old woman).

velocidade [velosi'dadʒi] *f* speed.

velocímetro [velo'simetru] *m* speedometer.

velocípede [velu'sipedʒi] *m*: ~ **com motor** moped.

velório [ve'lɔrju] *m* wake.

veloz [ve'lɔʃ] (*pl* **-zes** [-ziʃ]) *adj* fast.

veludo [ve'ludu] *m* velvet.

vem ['vãj] → **vir.**

vêm ['vajãj] → **vir.**

vencedor, -ra [vẽse'do(x), -ra] (*mpl*

-res [-riʃ], *fpl* **-s** [-ʃ] *m, f* winner ♦ *adj* winning.

vencer [vẽ'se(x)] *vt (adversário)* to beat; *(corrida, competição)* to win; *(fig: obstáculo, timidez, problema)* to overcome ♦ *vi (em competição)* to win; *(prazo de pagamento)* to expire; **deixarse ~ por** *(cansaço, tristeza)* to give in to.

vencido, -da [vẽ'sidu, -da] *adj* defeated, beaten; **dar-se por ~** to accept defeat.

vencimento [vẽsi'mẽtu] *m (ordenado)* salary; *(de prazo de pagamento)* due date.

venda ['vẽda] *f (de mercadorias)* sale; *(mercearia)* grocer's (shop); *(para olhos)* blindfold; **pôr à ~** to put on sale; **~ por atacado** wholesale; **~ pelo correio** mail order; **~ pelo telefone** telesales *(pl)*; **~ a varejo** retail.

vendaval [vẽda'vaw] *(pl* **-ais** [-ajʃ]) *m* gale.

vendedor, -ra [vẽde'do(x), -ra] *(mpl* **-res** [-riʃ], *fpl* **-s** [-ʃ]) *m, f* seller; **~ de jornais** *(Port)* newsvendor.

vender [vẽn'de(x)] *vt* to sell; **~ a prestações** to sell on hire purchase *(Brit)*, to sell by the installment plan *(Am)*; **~ a vista** to sell for cash.

❏ **vender-se** *vp*: **"vende-se"** "for sale".

veneno [ve'nenu] *m* poison.

venenoso, -osa [vene'nozu, -ɔza] *adj* poisonous.

venéreo, -rea [ve'nɛrju, -rja] *adj* venereal.

venezianas [vene'zjanaʃ] *fpl* blinds.

Venezuela [vene'zwela] *f*: **a ~** Venezuela.

venho ['vaɲu] → **vir**.

vénia ['vɛnja] *f (Port)* = **vênia**.

vênia ['venja] *f (Br) (permissão)* consent; *(reverência)* bow.

vens ['vãjʃ] → **vir**.

ventania [vẽta'nia] *f* gale.

ventilação [vẽtʃila'sãw] *f* ventilation.

ventilador [vẽtʃila'do(x)] *(pl* **-res** [-riʃ]) *m* (extractor) fan.

ventilar [vẽtʃi'la(x)] *vt* to ventilate.

vento ['vẽtu] *m* wind; **está muito ~** it's very windy.

ventoinha [vẽ'twiɲa] *f* fan.

ventre ['vẽtri] *m* belly.

ventrículo [vẽ'trikulu] *m* ventricle.

ventríloquo, -qua [vẽ'triloku, -ka] *m, f* ventriloquist.

ver ['ve(x)] *vt* to see; *(televisão, filme)* to watch; *(perceber)* to notice; *(examinar)* to look at ♦ *vi* to see ♦ *m*: **a meu ~** in my opinion; **deixar alguém ~ algo** to let sb see sthg; **fazer ~ a alguém que ...** to show sb that ...; **não tenho nada a ~ com isso** it's nothing to do with me.

veracidade [verasi'dadʒi] *f* truthfulness.

veranista [vera'niʃta] *mf* (summer) holidaymaker *(Brit)*, (summer) vacationer *(Am)*.

verão [ve'rãw] *(pl* **-ões** [-õjʃ]) *m* Summer.

verba ['vɛxba] *f* budget.

verbal [vex'baw] *(pl* **-ais** [-ajʃ]) *adj* verbal.

verbo ['vɛxbu] *m* verb; **~ intransitivo/transitivo** intransitive/transitive verb.

verdade [vex'dadʒi] *f* truth; **dizer a ~** to tell the truth; **a ~ é que ...** the truth is (that) ...; **na ~** actually; **de ~** real.

verdadeiro, -ra [vexda'dejru, -ra] *adj (verídico)* true; *(genuíno)* real.

verde ['vexdʒi] *adj (de cor verde)* green; *(fruta)* unripe ♦ *m (cor)* green.

verdura [vex'dura] *f* greens *(pl)*.

vereda [ve'reda] *f* path.

veredicto [vere'dʒiktu] *m* verdict.

verga ['vexga] *f (pau fino)* stick; *(para fazer cestos)* wicker.

vergonha [vex'goɲa] *f (timidez)* bashfulness; *(desonra)* shame; **ter ~** to be shy; **ter ~ de alguém** to be ashamed of sb; **não ter ~ na cara** to be shameless.

verificação [verifika'sãw] *(pl* **-ões** [-õjʃ]) *f* checking.

verificar [verifi'ka(x)] *vt* to check.

❏ **verificar-se** *vp (acontecer)* to take place.

verme ['vɛxmi] *m* worm; *(larva)* maggot.

vermelho, -lha [vex'meʎu, -ʎa] *adj & m* red.

vermute [vex'mutʃi] *m* vermouth.

verniz [vex'niʃ] *(pl* **-zes** [-ziʃ]) *m* varnish.

verões → **verão**.

verosímil [veru'zimil] *(pl* **-meis** [-mejʃ]) *adj (Port)* = **verossímil**.

verossímil [vero'simiw] *(pl* **-meis** [-mejʃ]) *adj (Br)* probable.

verruga [ve'xuga] *f* wart; *(em pé)* verruca.

versão [vexˈsãw] (*pl* **-ões** [-õjʃ]) *f* version.

versátil [vexˈsatʃiw] (*pl* **-teis** [-tejʃ]) *adj* versatile.

verso [ˈvɛxsu] *m* (*de poema*) verse; (*de folha de papel*) other side (*of a page*).

versões → **versão**.

vértebra [ˈvɛxtebra] *f* vertebra.

vertical [vextʃiˈkaw] (*pl* **-ais** [-ajʃ]) *adj* & *f* vertical; **na ~** upright, vertically.

vértice [ˈvɛxtʃisi] *m* vertex.

vertigem [vexˈtʃiʒẽ] (*pl* **-ns** [-ʃ]) *f*: **estou com vertigens** I feel dizzy.

vesgo, -ga [ˈveʒgu, -ga] *adj* cross-eyed.

vesícula [veˈzikula] *f*: **~ (biliar)** gall bladder.

vespa [ˈveʃpa] *f* (*inseto*) wasp; (*motociclo*) scooter.

véspera [ˈvɛʃpera] *f* day before; **na ~** the day before; **em ~s de** on the eve of.

vestiário [veʃtʃiˈarju] *m* cloakroom.

vestibular [veʃtʃibuˈlax] *m* (*Br*) exam taken at the end of secondary school in Brazil.

vestíbulo [veʃtʃibulu] *m* foyer.

vestido, -da [veʃtʃidu, -da] *adj*: **~ de** dressed in ◆ *m* dress.

vestígio [veʃtʃiʒju] *m* trace.

vestir [veʃtʃi(x)] *vt* to dress.

❏ **vestir-se** *vp* to get dressed; **~-se** (*disfarçar-se de*) to dress up as; (*de azul, negro, etc*) to dress in, to wear.

vestuário [veʃtwarju] *m* clothes (*pl*).

veterano, -na [veteˈranu, -na] *m, f* veteran.

veterinário, -ria [veteriˈnarju, -rja] *m, f* vet.

véu [ˈvɛu] *m* veil.

V. Exª (*abrev de Vossa Excelência*) very formal term of address used in correspondence.

vexame [veˈʃami] *m* (*escândalo*) scandal; (*humilhação*) humiliation.

vez [ˈveʃ] (*pl* **-zes** [-ziʃ]) *f* time; (*turno*) turn; **alguma ~ hei-de conseguir** I'll do it one day; **já lá foste alguma ~?** have you ever been there?; **perder a ~** (*em fila*) to lose one's place; **à ~** (*individualmente*) in turn; **de uma só ~** in one go; **de ~** once and for all; **de ~ em quando** occasionally; **mais de uma ~** more than once; **na** OU **em ~ de** instead of; **outra ~** again; **uma ~** once; **às ~es** sometimes; **duas ~es** twice; **muitas ~es** often; **por ~es** sometimes;

poucas ~es rarely; **era uma ~ ...** once upon a time there was ....

vi [ˈvi] → **ver**.

via [ˈvia] *f* (*estrada, caminho*) route; (*meio*) way; (*documento*) copy of an official document; **por ~ aérea** by airmail; **por ~ de** by means of; **por ~ das dúvidas** just in case; **por ~ nasal** nasally; **por ~ oral** orally; **segunda ~** (*de documento*) replacement; **~ pública** public thoroughfare; **~ rápida** (*em auto-estrada*) fast lane; (*estrada*) urban clearway (*Brit*), expressway (*Am*); **~ verde** (*em portagem, ponte*) lane in which one can drive through a toll without stopping, by means of an electronic device which debits the driver's account automatically; **a Via Láctea** the Milky Way.

viaduto [viaˈdutu] *m* viaduct.

via-férrea [ˌviaˈfɛxja] (*pl* **vias-férreas** [ˌviaʃˈfɛxjaʃ]) *f* (*Port*) railway (*Brit*), railroad (*Am*).

viagem [ˈvjaʒẽ] (*pl* **-ns** [-ʃ]) *f* (*trajeto*) journey; (*excursão*) trip; (*de barco*) voyage; **ir de ~** to go away; **boa ~!** have a good trip!; **~ de negócios** business trip.

viajante [vjaˈʒãntʃi] *mf* traveller.

viajar [vjaˈʒa(x)] *vi* to travel; **~ de** to travel by; **~ por-**(*por país, continente*) to travel through OU across; (*por terra, mar, ar*) to travel by.

viatura [vjaˈtura] *f* vehicle.

viável [ˈvjavɛw] (*pl* **-eis** [-ejʃ]) *adj* (*transitável*) passable; (*exequível*) feasible.

víbora [ˈvibora] *f* viper.

vibração [vibraˈsãw] (*pl* **-ões** [-õjʃ]) *f* vibration.

vibrar [viˈbra(x)] *vi* to vibrate; **ela vibrou de alegria** she was thrilled.

viciado, -da [viˈsjadu, -da] *adj*: **ser ~ em algo** to be addicted to sthg.

viciar [viˈsja(x)] *vt* (*informação*) to distort; (*documento*) to falsify; (*corromper*) to corrupt.

❏ **viciar-se** *vp*: **~-se em** to become addicted to.

vício [ˈvisju] *m* (*de droga, bebida*) addiction; (*defeito*) vice; (*mau hábito*) bad habit.

vida [ˈvida] *f* life; **ganhar a ~** to earn a living; **perder a ~** to lose one's life; **tirar a ~ de alguém** to take sb's life.

videira [viˈdejra] *f* grapevine.

vídeo [ˈvidʒju] *m* video.

videocassete [ˌvidʒukaˈsɛte] *f (Port)* videotape.

videoclipe [ˌvidʒoˈklipi] *m (pop)* (pop) video.

videoclube [ˌvidʒoˈklubi] *m* video shop.

videodisco [ˌvidʒoˈdiʃku] *m* videodisc.

videogame [ˌvidʒoˈgejmi] *m* videogame.

videogravador [ˌvidʒjogravaˈdo(x)] (*pl* **-res** [-riʃ]) *m* videorecorder *(Brit)*, VCR *(Am)*.

vidraça [viˈdrasa] *f* windowpane.

vidrão [viˈdrãw] (*pl* **-ões** [-õjʃ]) *m (Port)* bottle bank *(Brit)*.

vidro [ˈvidru] *m* glass; *(vidraça)* pane (of glass); *(de carro)* window.

vidrões → **vidrão**.

viela [ˈvjɛla] *f* alley.

vieste [viˈɛʃtʃi] → **vir**.

viga [ˈviga] *f* beam.

vigário [viˈgarju] *m* vicar.

vigésimo, -ma [viˈʒezimu, -ma] *num* twentieth, → **sexto**.

vigia [viˈʒia] *f (vigilância)* watch; *(janela)* porthole ♦ *mf (guarda)* guard.

vigilância [viʒiˈlãsja] *f* vigilance.

vigor [viˈgo(x)] *m* vigour; **em** ~ *(lei, norma)* in force.

vil [viw] (*pl* **vis** [viʃ]) *adj* despicable.

vila [ˈvila] *f (povoação)* village; *(habitação)* villa.

vilarejo [vilaˈreʒu] *m* small village.

vim [vĩ] → **vir**.

vime [ˈvimi] *m* wicker.

vinagre [viˈnagri] *m* vinegar.

vinagreta [vinaˈgreta] *f* vinaigrette.

vinco [ˈvĩku] *m* crease.

vinda [ˈvĩnda] *f* return.

vindima [vĩnˈdʒima] *f* grape harvest.

vindo, -da [ˈvĩndu, -da] *pp* → **vir**.

vingança [vĩnˈgãsa] *f* revenge.

vingar [vĩnˈga(x)] *vt (desforrar-se de)* to avenge ♦ *vi (planta)* to take.

❏ **vingar-se** *vp (desforrar-se)* to take revenge; **~-se de alguém** to take revenge on sb.

vingativo, -va [vĩŋgaˈtʃivu, -va] *adj* vengeful.

vinha¹ [ˈvina] → **vir**.

vinha² [ˈvina] *f* vineyard.

vinha-d'alhos [ˌvinaˈdaʎuʃ] *f* meat marinade made of garlic, wine or vinegar and bayleaves.

vinheta [viˈneta] *f (selo)* charity sticker.

vinho [ˈvinu] *m* wine; ~ **branco/tinto** white/red wine; ~ **da casa** house wine; ~ **espumante** OU **espumoso** sparkling wine; ~ **de mesa** table wine; ~ **moscatel** Muscatel; ~ **do Porto** port; ~ **rosé** rosé wine; ~ **verde** light, slightly sparkling, young wine.

vinicultor, -ra [ˌvinikuwˈto(x), -ra] (*mpl* **-res** [-riʃ], *fpl* **-s** [-ʃ]) *m, f* wine producer.

vinil [viˈniw] *m* vinyl.

vintage [vĩnˈtage] *m* vintage wine.

vinte [ˈvĩntʃi] *num* twenty, → **seis**.

viola [ˈvjɔla] *f* guitar.

violação [vjolaˈsãw] (*pl* **-ões** [-õjʃ]) *f (de direito, norma)* violation; *(estupro)* rape; *(de segredo)* disclosure.

violão [vjoˈlãw] (*pl* **-ões** [-õjʃ]) *m* guitar.

violar [vjoˈla(x)] *vt (direito, norma)* to violate; *(pessoa)* to rape; *(segredo)* to disclose, to reveal.

violência [vjoˈlẽsja] *f* violence.

violento, -ta [vjoˈlẽntu, -ta] *adj* violent.

violeta [vjoˈleta] *adj inv & f* violet.

violino [vjoˈlinu] *m* violin.

violões → **violão**.

violoncelo [vjolõˈsɛlu] *m* cello.

vir [ˈvi(x)] *vi* **1.** *(apresentar-se)* to come; **veio ver-me** he came to see me; **venho visitá-lo amanhã** I'll come and see you tomorrow.
2. *(chegar)* to arrive; **(ele) veio atrasado/adiantado** he arrived late/early; **ela veio no ônibus das onze** she came on the eleven o'clock bus.
3. *(a seguir no tempo)* to come; **a semana/o ano que vem** next week/year.
4. *(estar)* to be; **vem escrito em português** it's written in Portuguese; **vinha embalado** it came in a packet.
5. *(regressar)* to come back; **eles vêm de férias amanhã** they're coming back from holiday tomorrow; **hoje, venho mais tarde** I'll be back later today.
6. *(surgir)* to come; **o carro veio não sei de onde** the car came out of nowhere; **veio-me uma idéia** I've got an idea.
7. *(provir)*: ~ **de** to come from; **venho agora mesmo de lá** I've just come from there; ~ **de fazer algo** to have just been doing sthg.
8. *(em locuções)*: ~ **a ser** to become;

que vem a ser isto? what's the meaning of this?; **~ abaixo** *(edifício, construção)* to collapse; **~ ao mundo** *(nascer)* to come into the world, to be born; **~ a saber (de algo)** to find out (about sthg); **~ sobre** *(arremeter contra)* to lunge at; **~ a tempo de algo** to arrive in time for sthg; **~ a tempo de fazer algo** to arrive in time to do sthg.

virado, -da [vi'radu, -da] *adj (invertido)* upside down; *(tombado)* overturned; *(voltado)* turned up ◆ *m:* **~ à Paulista** *bean stew served with smoked sausage, fried eggs and pork chops;* **~ para** facing.

vira-lata [ˌvira'lata] *(pl* **vira-latas** [ˌvira'lataʃ]*) m (Br) (cão vadio)* stray dog; *(mistura de raças)* mongrel.

virar [vi'ra(x)] *vt* to turn; *(carro, camião)* to turn around; *(entornar, derrubar)* to knock over; *(Br: transformar-se em)* to turn into ◆ *vi (mudar de direção)* to change direction; *(Br: mudar)* to change; **~ à direita/esquerda** to turn right/left.

❑ **virar-se** *vp (voltar-se)* to turn over; **~-se contra alguém** to turn against sb; **~-se para** to turn towards.

virgem ['vixʒẽ] *(pl* **-ns** [-ʃ]*) mf* virgin ◆ *adj* virgin; *(cassete)* blank.

❑ **Virgem** *f (signo do Zodíaco)* Virgo.

vírgula ['vixgula] *f* comma.

viril [vi'riw] *(pl* **-is** [-iʃ]*) adj* virile.

virilha [vi'riʎa] *f* groin.

viris → viril.

virose [vi'rɔzi] *f* viral infection.

virtual [vix'twaw] *(pl* **-ais** [-ajʃ]*) adj* virtual.

virtude [vix'tudʒi] *f* virtue; **em ~ de** due to.

vírus ['viruʃ] *m inv* virus.

vis → vil.

visão [vi'zãw] *(pl* **-ões** [-õjʃ]*) f* vision; *(capacidade de ver)* sight.

visar [vi'za(x)] *vt (com arma)* to take aim at; *(documento)* to endorse; **~ fazer algo** *(ter em vista)* to aim to do sthg.

vísceras [viʃ'seraʃ] *fpl* innards, internal organs.

viscoso, -osa [viʃ'kozu, -ɔza] *adj* viscous.

viseira [vi'zejra] *f (de boné, capacete)* peak.

visibilidade [vizibli'dadʒi] *f* visibility.

visita [vi'zita] *f* visit; *(de médico)* house call; **fazer uma ~ a alguém** to pay sb a visit.

visitante [vizi'tãntʃi] *mf* visitor.

visitar [vizi'ta(x)] *vt* to visit.

visível [vi'zivew] *(pl* **-eis** [-ejʃ]*) adj* visible.

vislumbrar [viʒlũm'bra(x)] *vt* to make out.

visões → visão.

visor [vi'zo(x)] *(pl* **-res** [-riʃ]*) m (de máquina fotográfica)* viewfinder; *(de computador)* screen.

vista ['viʃta] *f (visão)* sight; *(olho)* eye; *(panorama)* view; **até à ~!** see you!; **dar nas ~s** to stand out; **ter algo em ~** to have sthg in view; **ter algo em ~** to have one's eye on sthg.

visto, -ta ['viʃtu, -ta] *pp →* **ver** ◆ *adj* well-known ◆ *m (em documento)* stamp; *(documento)* visa; **bem ~!** well spotted!; **nunca ~!** incredible!; **pelo ~** by the look of things; **~ que** since.

vistoso, -osa [viʃ'tozu, -ɔza] *adj* eye-catching.

visual [vi'zwaw] *(pl* **-ais** [-ajʃ]*) adj* visual.

vital [vi'taw] *(pl* **-ais** [-ajʃ]*) adj* vital.

vitamina [vita'mina] *f* vitamin.

vitela [vi'tɛla] *f (animal)* calf; *(carne)* veal.

vítima ['vitʃima] *f (de acusação, ataque)* victim; *(morto em guerra, acidente)* casualty.

vitória [vi'tɔrja] *f* victory.

vitória-régia [viˌtɔrja'xeʒja] *(pl* **vitórias-régias** [viˌtɔrjaʒ'xeʒjaʃ]*) f* water lily.

vitral [vi'traw] *(pl* **-ais** [-ajʃ]*) m* stained-glass window.

vitrina [vi'trina] *f (shop)* window.

viu ['viu] *→* **ver.**

viúvo, -va ['vjuvu, -va] *m, f* widower *(f* widow).

vivacidade [vivasi'dadʒi] *f* vivacity.

viveiro [vi'vejru] *m (de plantas)* nursery; *(de trutas)* farm.

vivência [vi'vẽsja] *f (experiência de vida)* experience.

vivenda [vi'vẽnda] *f* detached house.

viver [vi've(x)] *vi (ter vida)* to be alive; *(habitar)* to live ◆ *vt (momento, situação)* to experience; **~ com alguém** to live with sb; **~ de algo** to live off sthg; **~ em** to live in.

víveres ['vivereʃ] *mpl* supplies.

vivo, -va ['vivu, -va] *adj (com vida)* alive; *(perspicaz)* sharp; *(cor, luz)* bright; *(travesso)* cheeky; **ao** ~ live.

vizinhança [viziˈɲãsa] *f (vizinhos)* neighbours *(pl)*; *(arredores)* neighbourhood.

vizinho, -nha [viˈziɲu, -ɲa] *m, f* neighbour ♦ *adj (país, região)* neighbouring; *(casa)* next; **é o meu ~ do lado** he's my next-door neighbour.

voar [ˈvwa(x)] *vi* to fly.

vocabulário [vokabuˈlarju] *m* vocabulary.

vocação [vokaˈsãw] *(pl* -ões [- õjʃ]*) f* vocation; **ter ~ para** to have a vocation for.

vocalista [vokaˈliʃta] *mf* lead singer.

você [voˈse] *pron* you; **e ~?** what about you?; **é ~?!** is that you?!; **~ mesmo** OU **próprio** you yourself.
❑ **vocês** *pron pl* you; **~s mesmos** OU **próprios** you yourselves.

voga [ˈvɔga] *f*: **estar em ~** to be fashionable.

vogal [voˈgaw] *(pl* -ais [-ajʃ]*) f (letra)* vowel ♦ *mf (de junta, júri, assembléia)* member.

volante [voˈlãntʃi] *m (de veículo)* steering wheel.

volátil [voˈlatʃiw] *(pl* -teis [-tejʃ]*) adj* volatile.

vôlei [ˈvolei] *m (Br)* volleyball.

voleibol [vɔlejˈbɔw] *m* = **vôlei**.

volta [ˈvɔwta] *f (regresso)* return; *(movimento)* turn; *(mudança)* change; *(passeio)* walk; *(em corrida)* lap; *(em competição)* round; **dá duas ~s à chave** turn the key twice; **dar uma ~** to go for a walk OU wander; **dar uma ~ de carro** to go for a drive; **dar a ~ em algo** *(tornear)* to go round sthg; **estar de ~** *(estar de regresso)* to be back; **~ e meia** *(fig)* every now and then; **em toda a ~ de** all the way round; **à ~ de** *(cerca de)* roughly, around; **por ~ de** around.

voltagem [vowˈtaʒẽ] *f* voltage.

voltar [vowˈta(x)] *vt* to turn over; *(cabeça, olhos, costas)* to turn; *(objeto de dentro para fora)* to turn inside out ♦ *vi (regressar)* to come back; *(ir de novo)* to go back; **~ a fazer algo** to do sthg again; **~ atrás** to go back; **~ para** to return to; **~ atrás na palavra** to go back on one's word; **~ a si** to come round.
❑ **voltar-se** *vp (virar-se)* to turn round;

~-se para to turn towards.

volume [voˈlumi] *m* volume; *(embrulho)* parcel.

voluntário, -ria [volũnˈtarju, -rja] *m, f* volunteer.

volúpia [voˈlupja] *f* voluptuousness.

vomitado [vomiˈtadu] *m* vomit.

vomitar [vomiˈta(x)] *vt & vi* to vomit.

vómito [ˈvɔmitu] *m (Port)* = **vômito**.

vômito [ˈvomitu] *m (Br)* vomit; **ter ânsias de ~** to feel sick.

vontade [võnˈtadʒi] *f (desejo)* wish; *(determinação)* willpower; **pôr-se à ~** to make o.s. comfortable; **ter ~ de fazer algo** to feel like doing sthg; **fazer as ~s de alguém** to pander to sb; **com ~ ou sem ela, você tem que ir** you'll have to go whether you like it or not; **contra a ~ de alguém** against sb's will; **de livre ~** of one's own free will.

voo [ˈvou] *m (Port)* = **vôo**.

vôo [ˈvou] *m (Br)* flight; **~ charter** OU **fretado** charter flight; **~ direto** direct flight; **~ doméstico** domestic flight; **~ livre** hang-gliding.

voraz [voˈraʃ] *(pl* -zes [-ziʃ]*) adj* voracious.

vos [vuʃ] *pron pl (complemento direto)* you; *(complemento indireto)* (to) you; *(fml: reflexo)* yourselves; *(fml: recíproco)* each other, one another; **ela chamou-~** *(Port)* she called you; **ele deu-~ isto** *(Port)* he gave this to you, he gave you this.

vós [ˈvɔʃ] *pron (sujeito, complemento direto)* you; *(complemento indireto)* (to) you; **~ mesmos** OU **próprios** you yourselves.

vosso, -a [ˈvɔsu, -a] *adj* your ♦ *pron*: **o ~/a vossa** yours; **um amigo ~** a friend of yours; **os ~s** *(a vossa família)* your family.

votação [votaˈsãw] *(pl* -ões [-õjʃ]*) f* vote.

votar [voˈta(x)] *vi* to vote; **~ em alguém** to vote for sb.

voto [ˈvɔtu] *m* vote.
❑ **votos** *mpl*: **fazer ~s que** to hope (that); **~s de felicidade** *(em carta)* best wishes.

vou [vo] → **ir**.

voz [ˈvɔʃ] *(pl* -zes [-ziʃ]*) f* voice; **ter ~**

ativa em algo to have a say in sthg; **em ~ alta** aloud, out loud; **em ~ baixa** softly.

vulcão [vuw'kãw] (*pl* **-ões** [-õjʃ]) *m* volcano.

vulgar [vuw'ga(x)] (*pl* **-res** [-riʃ]) *adj* common; *(grosseiro)* vulgar.

vulgaridade [vuwgari'dadʒi] *f (banalidade)* banality; *(grosseria)* vulgarity.

vulnerável [vuwne'ravɛw] (*pl* **-eis** [-ejʃ]) *adj* vulnerable.

vulto ['vuwtu] *m* figure.

W

walkie-talkie [ˌwɔkiˈtɔki] (pl **walkie-talkies** [ˌwɔkiˈtɔkiʃ]) m walkie-talkie.
WC m (abrev de water closet) WC.
windsurf [wĩndˈsarf] m (Port) = **windsurfe**.

windsurfe [wĩndˈsuxfi] m (Br) windsurfing; **fazer ~** to go windsurfing.
windsurfista [wĩndsuxˈfiʃta] mf windsurfer.

X

xadrez [ʃaˈdreʃ] m (jogo) chess; (fam: cadeia) clink; **de ~** (tecido, saia) checked.
xale [ˈʃali] m shawl.
xampu [ʃãmˈpu] m (Br) shampoo.
xarope [ʃaˈrɔpi] m syrup; **~ para a tosse** cough syrup ou mixture.
xenofobia [ʃɛnɔfoˈbia] f xenophobia.
xenófobo, -ba [ʃeˈnɔfobu, -ba] m, f xenophobe.
xeque-mate [ʃekeˈmatʃi] (pl **xeque-mates** [ʃekeˈmateʃ]) m checkmate.
xerez [ʃeˈreʃ] m sherry.

xerocar [ʃeroˈkax] vt (Br) to photocopy.
xerox® [ˈʃerɔks] m inv (Br) (fotocópia) photocopy; (máquina) photocopier.
xícara [ˈʃikara] f cup.
xilofone [ʃilɔˈfɔni] m xylophone.
xilografia [ʃilɔgraˈfia] f wood engraving.
xingar [ʃĩŋˈgax] vt (Br: insultar) to swear at.
xinxim [ʃĩˈʃi] (pl **-ns** [-ʃ]) m chicken or meat stew with prawns, palm oil, peanuts and ground cashew nuts.
xisto [ˈʃiʃtu] m shale.

Z

zagueiro [za'geiru] *m (Br: em futebol)* defence.

Zaire ['zajri] *m*: **o ~** Zaire.

zangado, -da [zãŋ'gadu, -da] *adj* angry.

zangão ['zãŋgãw] *(pl -ões [-õjʃ]) m* drone.

zangar [zãŋ'ga(x)] *vt (irritar)* to annoy.
□ **zangar-se** *vp (brigar)* to have a row; *(irritar-se)* to get angry.

zangões → zângão.

zaragatoa [zaraga'toa] *f* swab.

zarpar [zax'pa(x)] *vi* to set sail.

zebra ['zebra] *f* zebra.

zelador, -ra [zela'do(x), -ra] *(pl -res [-riʃ], fpl -s [-ʃ]) m, f (Br: de edifício)* porter.

zelar [ze'la(x)] : **zelar por** *v + prep* to look after.

zelo ['zelu] *m* care.

zeloso, -osa [ze'lozu, -ɔza] *adj* careful.

zero ['zɛru] *num* zero, nought; *(em futebol)* nil; *(em tênis)* love; **partir do ~** to start from scratch; **ser um ~ à esquerda** *(fam)* to be hopeless; **abaixo de ~** below zero, **→ seis.**

ziguezague [zig'zagi] *m* zigzag; **andar aos ~s** to zigzag.

zinco ['zĩŋku] *m* zinc.

zíper ['zipe(x)] *(pl -res [-riʃ]) m (Br)* zip *(Brit)*, zipper *(Am)*.

Zodíaco [zo'dʒiaku] *m* zodiac.

zoeira ['z wejra] *f* buzzing.

zombar [zõm'ba(x)] *vi* to jeer; **~ de** to make fun of.

zona ['zona] *f (de país, globo)* area; *(de corpo)* part; *(MED)* shingles *(sg)*; **~ comercial** shopping area; **~ pedestre** pedestrian precinct.

zonzo, -za ['zõzu, -za] *adj* dazed.

zoo ['zu] *m (Port)* = **zôo.**

zôo ['zou] *m (Br)* zoo.

zoologia [zolo'ʒia] *f* zoology.

zoológico [zo'lɔʒiku] *adj m* **→ jardim.**

zumbido [zũm'bidu] *m* buzzing.

zumbir [zũm'bi(x)] *vi* to buzz.

zunir [zu'ni(x)] *vi (vento)* to whistle; *(abelha)* to buzz.

zunzum [zũ'zũ] *(pl -ns [-ʃ]) m (fig: boato)* rumour.

zurrar [zu'xa(x)] *vi* to bray.

a [*stressed* eı, *unstressed* ə] *indefinite article* **1.** *(referring to indefinite thing, person)* um (uma); **a friend** um amigo (uma amiga); **a restaurant** um restaurante; **an apple** uma maçã; **she's a doctor** ela é médica.

2. *(instead of the number one):* **a hundred and twenty pounds** cento e vinte libras; **a month ago** há um mês; **a thousand** mil; **four and a half** quatro e meio.

3. *(in prices, ratios):* **three times a year** três vezes ao ano; **£2 a kilo** 2 libras o quilo.

AA *n* (Brit: *abbr of Automobile Association*) ≃ TCB (Br), ≃ ACP (Port).

aback [əˈbæk] *adv:* **to be taken ~** ficar surpreendido(-da).

abandon [əˈbændən] *vt* abandonar.

abattoir [ˈæbətwɑːʳ] *n* matadouro *m*.

abbey [ˈæbɪ] *n* abadia *f*.

abbreviation [ə,briːvɪˈeɪʃn] *n* abreviatura *f*.

abdicate [ˈæbdɪkeɪt] *vi* abdicar ◆ *vt* *(responsibility)* abdicar de.

abdomen [ˈæbdəmən] *n* abdômen *m*.

abduct [əbˈdʌkt] *vt* seqüestrar.

aberration [,æbəˈreɪʃn] *n* aberração *f*.

abeyance [əˈbeɪəns] *n* (fml): **to fall into ~** *(custom)* cair em desuso; **to be in ~** *(law)* não estar em vigor.

abhor [əbˈhɔːʳ] *vt* abominar.

abide [əˈbaɪd] *vt:* **I can't ~ him** não o suporto.

❏ **abide by** *vt fus (rule, law)* acatar.

ability [əˈbɪlətɪ] *n (capability)* capacidade *f*; *(skill)* habilidade *f*.

abject [ˈæbdʒekt] *adj (poverty)* extremo(-ma); *(person, apology)* humilde.

ablaze [əˈbleɪz] *adj (on fire)* em chamas.

able [ˈeɪbl] *adj* competente; **to be ~ to do sthg** poder fazer algo.

abnormal [æbˈnɔːml] *adj* anormal.

aboard [əˈbɔːd] *adv* a bordo ◆ *prep (ship, plane)* a bordo de; *(train, bus)* em.

abode [əˈbəʊd] *n (fml)* residência *f*.

abolish [əˈbɒlɪʃ] *vt* abolir.

abolition [,æbəˈlɪʃn] *n* abolição *f*.

aborigine [,æbəˈrɪdʒənɪ] *n* aborígene *mf* (da Austrália).

abort [əˈbɔːt] *vt (give up)* cancelar.

abortion [əˈbɔːʃn] *n* aborto *m*; **to have an ~** fazer um aborto, abortar.

abortive [əˈbɔːtɪv] *adj* fracassado (-da).

about [əˈbaʊt] *adv* **1.** *(approximately)* cerca de; **~ 50** cerca de 50; **at ~ six o'clock** por volta das seis horas.

2. *(referring to place)* por aí; **to run ~** correr de um lado para o outro; **to walk ~** caminhar por aí.

3. *(on the point of):* **to be ~ to do sthg** estar prestes a fazer algo.

◆ *prep* **1.** *(concerning)* sobre, acerca de; **a book ~ Scotland** um livro sobre a Escócia **what's it ~?** é sobre o quê?; **what ~ a drink?** que tal uma bebida?

2. *(referring to place)* por; **there are lots of hotels ~ the town** existem muitos hotéis por toda a cidade.

above [əˈbʌv] *prep (higher than)* por cima de; *(more than)* mais de ◆ *adv (higher)* de cima; **children aged ten and ~** crianças com mais de dez anos; **~ all** acima de tudo; **~ average** acima da média.

abrasive [əˈbreɪsɪv] *adj (product)* abrasivo(-va); *(person, manner)* brusco(-ca).

abreast [ə'brest] *adv* lado a lado; **to keep ~ of sthg** manter-se ao corrente de algo.

abridged [ə'brɪdʒd] *adj* resumido (-da).

abroad [ə'brɔːd] *adv (be, live, work)* no estrangeiro; *(go, move)* para o estrangeiro.

abrupt [ə'brʌpt] *adj* brusco(-ca).

abscess ['æbses] *n* abcesso *m*.

abscond [əb'skɒnd] *vi* fugir.

abseil ['æbseɪl] *vi*: **to ~ down sthg** descer algo por uma corda.

absence ['æbsəns] *n* ausência *f*.

absent ['æbsənt] *adj* ausente.

absentee [,æbsən'tiː] *n* absentista *mf*.

absent-minded [-'maɪndɪd] *adj* distraído(-da).

absolute ['æbsəluːt] *adj* absoluto(-ta).

absolutely [*adv* 'æbsəluːtlɪ, *excl* ,æbsə'luːtlɪ] *adv* absolutamente ◆ *excl* sem dúvida!

absorb [əb'sɔːb] *vt* absorver.

absorbed [əb'sɔːbd] *adj*: **to be ~ in sthg** estar absorvido(-da) em algo.

absorbent [əb'sɔːbənt] *adj* absorvente.

absorption [əb'sɔːpʃn] *n* absorção *f*.

abstain [əb'steɪn] *vi*: **to ~ (from)** abster-se (de).

abstention [əb'stenʃn] *n* abstenção *f*.

abstract ['æbstrækt] *adj* abstrato(-ta) ◆ *n (summary)* resumo *m*.

absurd [əb'sɜːd] *adj* absurdo(-da).

ABTA ['æbtə] *n* associação britânica de agências de viagens.

abundant [ə'bʌndənt] *adj* abundante.

abuse [*n* ə'bjuːs, *vb* ə'bjuːz] *n (insults)* insultos *mpl*; *(wrong use, maltreatment)* abuso *m* ◆ *vt (insult)* insultar; *(use wrongly)* abusar de; *(maltreat)* maltratar.

abusive [ə'bjuːsɪv] *adj* ofensivo(-va).

abysmal [ə'bɪzml] *adj* péssimo(-ma).

AC *(abbr of alternating current)* CA.

academic [,ækə'demɪk] *adj (educational)* acadêmico(-ca) ◆ *n* professor *m* universitário (professora *f* universitária).

academy [ə'kædəmɪ] *n* academia *f*.

accelerate [ək'seləreɪt] *vi* acelerar.

acceleration [ək,selə'reɪʃn] *n* aceleração *f*.

accelerator [ək'seləreɪtə[r]] *n* acelerador *m*.

accent ['æksent] *n (way of speaking)* pronúncia *f*, sotaque *m*; *(mark in writing)* acento *m*.

accept [ək'sept] *vt* aceitar; *(blame, responsibility)* assumir.

acceptable [ək'septəbl] *adj* aceitável.

acceptance [ək'septəns] *n* aceitação *f*.

access ['ækses] *n* acesso *m*.

accessible [ək'sesəbl] *adj* acessível.

accessories [ək'sesərɪz] *npl* acessórios *mpl*.

access road *n* estrada *f* de acesso.

accident ['æksɪdənt] *n* acidente *m*; **by ~** por acaso.

accidental [,æksɪ'dentl] *adj* acidental.

accidentally [,æksɪ'dentəlɪ] *adv (unintentionally)* acidentalmente; *(by chance)* por acaso.

accident insurance *n* seguro *m* contra acidentes.

accident-prone *adj* propenso(-sa) a acidentes.

acclaim [ə'kleɪm] *n* reconhecimento *m*, aclamação *f* ◆ *vt* aplaudir, aclamar.

acclimatize [ə'klaɪmətaɪz] *vi* aclimatar-se.

accommodate [ə'kɒmədeɪt] *vt* alojar.

accommodating [ə'kɒmədeɪtɪŋ] *adj* prestativo(-va).

accommodation [ə,kɒmə'deɪʃn] *n* alojamento *m*.

accommodations [ə,kɒmə'deɪʃnz] *npl (Am)* = **accommodation**.

accompany [ə'kʌmpənɪ] *vt* acompanhar.

accomplice [ə'kʌmplɪs] *n* cúmplice *mf*.

accomplish [ə'kʌmplɪʃ] *vt* conseguir, realizar.

accomplishment [ə'kʌmplɪʃmənt] *n (achievement, finishing)* cumprimento *m*; *(feat, deed)* feito *m*.

❏ **accomplishments** *npl (skills)* aptidões *fpl*.

accord [ə'kɔːd] *n*: **of one's own ~** por iniciativa própria.

accordance [ə'kɔːdəns] *n*: **in ~ with** de acordo com, conforme.

according [ə'kɔːdɪŋ] : **according to** *prep (as stated by)* segundo; *(depending on)* conforme.

accordingly [ə'kɔːdɪŋlɪ] *adv (appropriately)* de forma adequada; *(consequently)* por conseguinte.

accordion [ə'kɔːdɪən] *n* acordeão *m*.

accost [ə'kɒst] *vt* abordar.

account [ə'kaʊnt] *n (at bank, shop)* conta *f*; *(report)* relato *m*; **to take into ~** levar em consideração; **on no ~** de modo algum OR nenhum; **on ~ of** devido a.

❏ **account for** *vt fus (explain)* justificar; *(constitute)* representar.

accountable [ə'kaʊntəbl] *adj*: **~ for** responsável por.

accountancy [ə'kaʊntənsɪ] *n* contabilidade *f*.

accountant [ə'kaʊntənt] *n* contador *m* (-ra *f*) *(Br)*, contabilista *mf (Port)*.

account number *n* número *m* de conta.

accumulate [ə'kjuːmjʊleɪt] *vt* acumular.

accuracy ['ækjʊrəsɪ] *n (of description, report)* exatidão *f*; *(of work, figures)* precisão *f*.

accurate ['ækjʊrət] *adj (description, report)* exato(-ta); *(work, figures)* preciso(-sa).

accurately ['ækjʊrətlɪ] *adv (describe, report)* com exatidão; *(type, measure)* com precisão.

accusation [ækjuː'zeɪʃn] *n* acusação *f*.

accuse [ə'kjuːz] *vt*: **to ~ sb of sthg** acusar alguém de algo.

accused [ə'kjuːzd] *n*: **the ~** o réu (a ré).

accustomed [ə'kʌstəmd] *adj*: **to be ~ to sthg/to doing sthg** estar acostumado(-da) a algo/a fazer algo.

ace [eɪs] *n (card)* ás *m*.

ache [eɪk] *vi* doer ◆ *n* dor *f*; **my leg ~s** minha perna está doendo.

achieve [ə'tʃiːv] *vt* conseguir.

achievement [ə'tʃiːvmənt] *n (accomplishment)* feito *m*.

Achilles' tendon [ə'kɪliːz-] *n* tendão *m* de Aquiles.

acid ['æsɪd] *adj* ácido(-da) ◆ *n* ácido *m*.

acid rain *n* chuva *f* ácida.

acknowledge [ək'nɒlɪdʒ] *vt (accept)* reconhecer; *(letter)* acusar a recepção de.

acne ['æknɪ] *n* acne *f*.

acorn ['eɪkɔːn] *n* bolota *f*.

acoustic [ə'kuːstɪk] *adj* acústico(-ca).

acquaintance [ə'kweɪntəns] *n (person)* conhecido *m* (-da *f*).

acquire [ə'kwaɪər] *vt* adquirir.

acquisitive [ə'kwɪzɪtɪv] *adj* consumidor(-ra).

acquit [ə'kwɪt] *vt*: **to ~ sb of sthg** *(JUR)* absolver alguém de algo; **to ~ o.s. well/badly** *(perform)* sair-se bem/mal.

acquittal [ə'kwɪtl] *n (JUR)* absolvição *f*.

acre ['eɪkər] *n* = 4046,9 m², ≃ meio hectare *m*.

acrid ['ækrɪd] *adj (taste, smell)* acre.

acrimonious [ækrɪ'məʊnjəs] *adj (words)* azedo(-da); *(quarrel, conflict)* acrimonioso(-osa).

acrobat ['ækrəbæt] *n* acrobata *mf*.

across [ə'krɒs] *prep (to other side of)* para o outro lado de; *(from one side to the other of)* de um lado para o outro de; *(on other side of)* do outro lado de ◆ *adv (to other side)* para o outro lado; **to walk/drive ~ sthg** atravessar algo (a pé/de carro); **it's 10 miles ~** tem 10 milhas de largura; **~ from** em frente de.

acrylic [ə'krɪlɪk] *n* fibra *f* acrílica.

act [ækt] *vi* atuar; *(in play, film)* representar ◆ *n* ato *m*; *(POL)* lei *f*; *(performance)* atuação *f*, número *m*; **to ~ as** *(serve as)* servir de; **to ~ like** portar-se como.

acting ['æktɪŋ] *adj* substituto(-ta), interino(-na) ◆ *n (in play, film)* desempenho *m*; **I enjoy ~** gosto de representar.

action ['ækʃn] *n* ação *f*; *(MIL)* combate *m*; **to take ~** agir; **to put sthg into ~** pôr algo em ação; **out of ~** *(machine)* avariado; *(person)* fora de ação.

action replay *n* repetição *f* (em câmara lenta) da jogada.

activate ['æktɪveɪt] *vt* ativar.

active ['æktɪv] *adj* ativo(-va).

actively ['æktɪvlɪ] *adv (seek, promote)* ativamente; *(encourage, discourage)* energeticamente.

activity [æk'tɪvətɪ] *n* atividade *f*.

❏ **activities** *npl (leisure events)* atividades *fpl* (recreativas).

activity holiday *n* férias organizadas para crianças incluindo, entre outras, atividades desportivas.

act of God *n* catástrofe *f* natural.

actor ['æktər] *n* ator *m*.

actress ['æktrɪs] *n* atriz *f*.

actual ['æktʃʊəl] *adj (real)* verdadeiro(-ra), real; *(for emphasis)* próprio (-pria).

actually ['æktʃʊəlɪ] *adv* na verdade.

acumen [ˈækjumen] *n*: **business ~** jeito *m* para os negócios.

acupuncture [ˈækjupʌŋktʃəʳ] *n* acupuntura *f*.

acute [əˈkjuːt] *adj* agudo(-da).

ad [æd] *n* (*inf*) anúncio *m*.

AD (*abbr of Anno Domini*) d.C.

adamant [ˈædəmənt] *adj*: **to be ~** ser inflexível; **she was ~ that she wouldn't come** ela estava decidida a não vir.

Adam's apple [ˈædəmz-] *n* pomo-de-adão *m*.

adapt [əˈdæpt] *vt* adaptar ◆ *vi* adaptar-se.

adaptable [əˈdæptəbl] *adj* versátil.

adapter [əˈdæptəʳ] *n* (*for foreign plug*) adaptador *m*; (*for several plugs*) benjamin *m* (*Br*), ficha *f* tripla (*Port*).

add [æd] *vt* (*put, say in addition*) acrescentar; (*numbers, prices*) somar, adicionar.

❏ **add up** *vt sep* somar, adicionar.

❏ **add up to** *vt fus* (*total*) ser ao todo.

adder [ˈædəʳ] *n* víbora *f*.

addict [ˈædɪkt] *n* viciado *m* (-da *f*).

addicted [əˈdɪktɪd] *adj*: **to be ~ to sthg** ser viciado(-da) em algo.

addiction [əˈdɪkʃn] *n* vício *m*, dependência *f*.

addictive [əˈdɪktɪv] *adj* (*drug*) que causa dependência; (*exercise, food, TV*) que vicia.

addition [əˈdɪʃn] *n* adição *f*; **in ~** além disso; **in ~ to** além de.

additional [əˈdɪʃənl] *adj* adicional.

additive [ˈædɪtɪv] *n* aditivo *m*.

address [əˈdres] *n* (*on letter*) , endereço *m*, direcção *f* (*Port*) ◆ *vt* (*speak to*) dirigir-se a; (*letter*) dirigir, endereçar.

address book *n* caderno *m* de endereços.

addressee [ˌædreˈsiː] *n* destinatário *m* (-ria *f*).

adenoids [ˈædɪnɔɪdz] *npl* adenóides *fpl*.

adept [əˈdept] *adj*: **to be ~** (**at sthg/at doing sthg**) ser especialista (em algo/em fazer algo).

adequate [ˈædɪkwət] *adj* (*sufficient*) suficiente; (*satisfactory*) aceitável.

adhere [ədˈhɪəʳ] *vi*: **to ~ to** (*stick to*) aderir a; (*obey*) respeitar.

adhesive [ədˈhiːsɪv] *adj* adesivo(-va) ◆ *n* cola *f*.

adhesive tape *n* fita *f* adesiva.

adjacent [əˈdʒeɪsənt] *adj* adjacente.

adjective [ˈædʒɪktɪv] *n* adjetivo *m*.

adjoining [əˈdʒɔɪnɪŋ] *adj* contíguo (-gua).

adjourn [əˈdʒɜːn] *vt* (*decision*) adiar; (*meeting*) interromper; (*session*) suspender ◆ *vi* suspender a sessão.

adjudicate [əˈdʒuːdɪkeɪt] *vt* julgar ◆ *vi* julgar, avaliar; **to ~ on sthg** emitir juízo OR sentença sobre algo.

adjust [əˈdʒʌst] *vt* ajustar ◆ *vi*: **to ~ to** adaptar-se a.

adjustable [əˈdʒʌstəbl] *adj* ajustável.

adjustment [əˈdʒʌstmənt] *n* (*to machine*) ajustamento *m*; (*settling in*) adaptação *f*.

ad lib [ˌædˈlɪb] *adj* improvisado(-da) ◆ *adv* (*freely*) livremente ◆ *n* improviso *m*.

❏ **ad-lib** *vi* improvisar.

administration [ədˌmɪnɪˈstreɪʃn] *n* administração *f*.

administrative [ədˈmɪnɪstrətɪv] *adj* administrativo(-va).

administrator [ədˈmɪnɪstreɪtəʳ] *n* administrador *m* (-ra *f*).

admirable [ˈædmərəbl] *adj* admirável.

admiral [ˈædmərəl] *n* almirante *m*.

admiration [ˌædməˈreɪʃn] *n* admiração *f*.

admire [ədˈmaɪəʳ] *vt* admirar.

admirer [ədˈmaɪərəʳ] *n* admirador *m* (-ra *f*).

admission [ədˈmɪʃn] *n* entrada *f*.

admission charge *n* entrada *f*.

admit [ədˈmɪt] *vt* admitir ◆ *vi*: **to ~ to sthg** admitir algo; **"~s one"** (*on ticket*) "válido para uma pessoa".

admittance [ədˈmɪtəns] *n* admissão *f*; **"no ~"** "entrada proibida".

admittedly [ədˈmɪtɪdlɪ] *adv* de fato.

admonish [ədˈmɒnɪʃ] *vt* repreender.

ad nauseam [ˌædˈnɔːzɪæm] *adv* até não poder mais.

ado [əˈduː] *n*: **without further** OR **more ~** sem mais cerimônias OR demora.

adolescence [ˌædəˈlesns] *n* adolescência *f*.

adolescent [ˌædəˈlesnt] *n* adolescente *mf*.

adopt [əˈdɒpt] *vt* adotar.

adopted [əˈdɒptɪd] *adj* adotivo(-va).

adoption [əˈdɒpʃn] *n* adoção *f*.

adorable [əˈdɔːrəbl] *adj* adorável.

adore [əˈdɔːʳ] *vt* adorar.

adorn [əˈdɔːn] *vt* enfeitar.

adrenalin [əˈdrenəlɪn] *n* adrenalina *f*.
Adriatic [eɪdrɪˈætɪk] *n*: the ~ Sea o (mar) Adriático.
adrift [əˈdrɪft] *adj* (*boat*) à deriva ◆ *adv*: to go ~ (*fig: go wrong*) dar errado.
adult [ˈædʌlt] *n* adulto *m* (-ta *f*) ◆ *adj* (*entertainment, films*) para adultos; (*animal*) adulto(-ta).
adult education *n* ensino *m* para adultos.
adultery [əˈdʌltərɪ] *n* adultério *m*.
advance [ədˈvɑːns] *n* (*money*) adiantamento *m*; (*movement*) avanço *m* ◆ *adj* (*warning*) prévio(-via); (*payment*) adiantado(-da) ◆ *vt* (*lend*) adiantar; (*bring forward*) avançar ◆ *vi* (*move forward*) avançar; (*improve*) progredir.
advance booking *n* reserva *f* antecipada.
advanced [ədˈvɑːnst] *adj* (*student, level*) avançado(-da).
advantage [ədˈvɑːntɪdʒ] *n* (*benefit*) vantagem *f*; to take ~ of (*opportunity, offer*) aproveitar; (*person*) aproveitar-se de.
advent [ˈædvənt] *n* (*arrival*) aparecimento *m*.
❑ **Advent** *n* (RELIG) Advento *m*.
adventure [ədˈventʃəʳ] *n* aventura *f*.
adventurous [ədˈventʃərəs] *adj* aventureiro(-ra).
adverb [ˈædvɜːb] *n* advérbio *m*.
adverse [ˈædvɜːs] *adj* adverso(-sa).
advert [ˈædvɜːt] = **advertisement**.
advertise [ˈædvətaɪz] *vt* (*product, event*) anunciar.
advertisement [ədˈvɜːtɪsmənt] *n* anúncio *m*.
advertising [ˈædvətaɪzɪŋ] *n* publicidade *f*.
advice [ədˈvaɪs] *n* conselhos *mpl*; a piece of ~ um conselho.
advisable [ədˈvaɪzəbl] *adj* aconselhável.
advise [ədˈvaɪz] *vt* aconselhar; to ~ sb to do sthg aconselhar alguém a fazer algo; to ~ sb against doing sthg desaconselhar alguém a fazer algo.
adviser [ədˈvaɪzəʳ] *n* (*Brit*) conselheiro *m* (-ra *f*).
advisor [ədˈvaɪzəʳ] (*Am*) = **adviser**.
advisory [ədˈvaɪzərɪ] *adj* consultivo (-va).
advocate [*n* ˈædvəkət, *vb* ˈædvəkeɪt] *n* (JUR) advogado *m* (-da *f*) ◆ *vt* advogar.

Aegean [iːˈdʒiːən] *n*: the ~ (Sea) o mar Egeu.
aerial [ˈeərɪəl] *n* antena *f*.
aerobics [eəˈrəʊbɪks] *n* aeróbica *f*.
aerodynamic [ˌeərəʊdaɪˈnæmɪk] *adj* aerodinâmico(-ca).
aeroplane [ˈeərəpleɪn] *n* avião *m*.
aerosol [ˈeərəsɒl] *n* aerossol *m*.
aesthetic [iːsˈθetɪk] *adj* estético(-ca).
affable [ˈæfəbl] *adj* afável.
affair [əˈfeəʳ] *n* (*event*) acontecimento *m*; (*love affair*) caso *m*; (*matter*) questão *f*.
affect [əˈfekt] *vt* (*influence*) afetar.
affection [əˈfekʃn] *n* afeto *m*.
affectionate [əˈfekʃnət] *adj* afetuoso(-osa).
affirm [əˈfɜːm] *vt* (*declare*) afirmar; (*confirm*) confirmar, ratificar.
afflict [əˈflɪkt] *vt* assolar; to be ~ed with sthg padecer de algo.
affluence [ˈæfluəns] *n* riqueza *f*.
affluent [ˈæfluənt] *adj* rico(-ca).
afford [əˈfɔːd] *vt*: to be able to ~ sthg (*holiday, new coat*) poder pagar algo; I can't ~ it não tenho dinheiro (que chegue); I can't ~ the time não tenho tempo.
affordable [əˈfɔːdəbl] *adj* acessível.
affront [əˈfrʌnt] *n* afronta *f*, insulto *m* ◆ *vt* insultar.
afloat [əˈfləʊt] *adj* a flutuando (*Br*), a flutuar (*Port*).
afraid [əˈfreɪd] *adj* assustado(-da); to be ~ of ter medo de; I'm ~ so/not receio que sim/não.
afresh [əˈfreʃ] *adv* de novo.
Africa [ˈæfrɪkə] *n* África *f*.
African [ˈæfrɪkən] *adj* africano(-na) ◆ *n* africano *m* (-na *f*).
aft [ɑːft] *adv* na popa.
after [ˈɑːftəʳ] *prep* depois de ◆ *conj* depois de que ◆ *adv* depois; a quarter ~ ten (*Am*) dez e um quarto; to be ~ sb/sthg (*in search of*) estar atrás de alguém/algo; ~ all afinal de contas.
❑ **afters** *npl* (*Brit: inf*) sobremesa *f*.
aftercare [ˈɑːftəkeəʳ] *n* assistência *f* médica pós-internamento.
aftereffects [ˈɑːftərɪˌfekts] *npl* efeitos *mpl* secundários.
afterlife [ˈɑːftəlaɪf] *n*: the ~ a outra vida, a vida no outro mundo.
aftermath [ˈɑːftəmæθ] *n* (*consequences*) consequências *fpl*; (*time*): in the ~ of no período depois de.

afternoon [ˌɑːftəˈnuːn] n tarde f; **good ~!** boa tarde!

afternoon tea n ≃ lanche m.

aftershave [ˈɑːftəʃeɪv] n loção f para após a barba, after-shave m.

aftersun [ˈɑːftəsʌn] n creme m hidratante (para depois do sol).

afterthought [ˈɑːftəθɔːt] n idéia f OR reflexão f posterior.

afterwards [ˈɑːftəwədz] adv depois, a seguir.

again [əˈgen] adv outra vez; **~ and ~** várias vezes; **never ~** nunca mais.

against [əˈgenst] prep contra; **to lean ~ sthg** apoiar-se em algo; **~ the law** contra a lei.

age [eɪdʒ] n idade f; (old age) velhice f; **under ~** menor de idade; **I haven't seen him for ~s** (inf) há séculos que não o vejo.

aged [eɪdʒd] adj: **~ eight** com oito anos (de idade).

age group n grupo m etário.

age limit n limite m de idade.

agency [ˈeɪdʒənsɪ] n agência f.

agenda [əˈdʒendə] n agenda f.

agent [ˈeɪdʒənt] n agente mf.

aggravate [ˈægrəveɪt] vt (make worse) agravar; (annoy) irritar.

aggregate [ˈægrɪgət] adj total, global ♦ n (total) total m, conjunto m.

aggression [əˈgreʃn] n agressividade f.

aggressive [əˈgresɪv] adj agressivo (-va).

aggrieved [əˈgriːvd] adj ofendido (-da).

aghast [əˈgɑːst] adj horrorizado(-da); **~ at sthg** horrorizado com algo.

agile [Brit ˈædʒaɪl, Am ˈædʒəl] adj ágil.

agility [əˈdʒɪlətɪ] n agilidade f.

agitated [ˈædʒɪteɪtɪd] adj agitado (-da).

AGM abbr (Brit) = **annual general meeting**.

agnostic [ægˈnɒstɪk] adj agnóstico (-ca) ♦ n agnóstico m (-ca f).

ago [əˈgəʊ] adv: **a month ~** há um mês atrás; **how long ~?** há quanto tempo?

agog [əˈgɒg] adj ansioso(-osa); **to be all ~ (with)** estar todo excitado(-da) (com).

agonizing [ˈægənaɪzɪŋ] adj (delay) angustiante; (pain) dilacerante.

agony [ˈægənɪ] n agonia f.

agony aunt n (Brit: inf) conselheira f sentimental.

agree [əˈgriː] vi concordar; **tomato soup doesn't ~ with me** não me dou bem com sopa de tomate; **to ~ to sthg** concordar com algo; **to ~ to do sthg** aceitar fazer algo.

❑ **agree on** vt fus (time, price) chegar a um acordo sobre.

agreeable [əˈgrɪəbl] adj (pleasant) agradável; (willing): **to be ~ to sthg** concordar com algo; **to be ~ to do sthg** concordar em fazer algo.

agreed [əˈgriːd] adj combinado(-da).

agreement [əˈgriːmənt] n acordo m; **in ~ with** de acordo com.

agricultural [ˌægrɪˈkʌltʃərəl] adj agrícola.

agriculture [ˈægrɪkʌltʃər] n agricultura f.

aground [əˈgraʊnd] adv: **to run ~** encalhar.

ahead [əˈhed] adv (in front) à frente; (forwards) em frente; **the months ~** os próximos meses; **to be ~** (winning) estar à frente; **~ of** (in front of) à frente de; **~ of schedule** adiantado(-da); **they're four points ~** levam quatro pontos de vantagem.

aid [eɪd] n ajuda f ♦ vt ajudar; **in ~ of** em benefício de; **with the ~ of** com a ajuda de.

AIDS [eɪdz] n AIDS f (Br), SIDA f (Port).

ailment [ˈeɪlmənt] n (fml) mal m.

aim [eɪm] n (purpose) objetivo m ♦ vt (gun, camera, hose) apontar ♦ vi: **to ~ (at)** apontar (para); **to ~ to do sthg** ter como objetivo fazer algo.

aimless [ˈeɪmlɪs] adj (person) sem objetivos; (task, existence) sem sentido.

ain't [eɪnt] (inf) = **am not, are not, is not, has not, have not**.

air [eər] n ar m ♦ vt (room) arejar ♦ adj aéreo(-rea); **by ~** por avião.

air bag n (AUT) air bag m.

airbase [ˈeəbeɪs] n base f aérea.

airbed [ˈeəbed] n colchão m de ar.

airborne [ˈeəbɔːn] adj em vôo.

air-conditioned [-kənˈdɪʃnd] adj climatizado(-da).

air-conditioning [-kənˈdɪʃnɪŋ] n ar m condicionado.

aircraft [ˈeəkrɑːft] (pl inv) n avião m.

aircraft carrier [-ˌkærɪər] n porta-aviões m inv.

airfield [ˈeəfiːld] n aeródromo m.

airforce ['eəfɔːs] n aeronáutica f (Br), força f aérea (Port).

air freshener [-ˌfreʃnəʳ] n purificador m do ambiente OR do ar.

airgun ['eəgʌn] n pistola f de ar comprimido.

airhostess ['eəˌhəʊstɪs] n aeromoça f (Br), hospedeira f (Port).

airing cupboard ['eərɪŋ-] n armário onde se encontra o cilindro de aquecimento de água, usado para secar roupa.

airletter ['eəˌletəʳ] n aerograma m.

airline ['eəlaɪn] n companhia f aérea.

airliner ['eəˌlaɪnəʳ] n avião m de passageiros.

airlock ['eəlɒk] n (in tube, pipe) bolsa f de ar; (airtight chamber) câmara f OR caixa f de ar.

airmail ['eəmeɪl] n correio m aéreo; **by ~** por avião.

airplane ['eəpleɪn] n (Am) avião m.

airport ['eəpɔːt] n aeroporto m.

air raid n ataque m aéreo.

air rifle n espingarda f de ar comprimido.

airsick ['eəsɪk] adj enjoado(-da) (em avião).

airspace ['eəspeɪs] n espaço m aéreo.

air steward n comissário m de bordo.

air stewardess n aeromoça f (Br), hospedeira f (Port).

airstrip ['eəstrɪp] n pista f de aterrissagem (Br), pista f de aterragem (Port).

air terminal n terminal m aéreo.

airtight ['eətaɪt] adj hermético(-ca).

air traffic control n (people) pessoal m da torre de controle.

air traffic controller n controlador m aéreo (controladora f aérea).

airy ['eərɪ] adj arejado(-da).

aisle [aɪl] n corredor m; (in church) nave f.

aisle seat n lugar m do lado do corredor.

ajar [ə'dʒɑːʳ] adj entreaberto(-ta).

aka (abbr of also known as) também conhecido(-da) como.

alacrity [ə'lækrətɪ] n prontidão f.

alarm [ə'lɑːm] n alarme m ♦ vt alarmar.

alarm clock n despertador m.

alarmed [ə'lɑːmd] adj (person) assustado(-da); (door, car) provido(-da) de alarme.

alarming [ə'lɑːmɪŋ] adj alarmante.

alas [ə'læs] excl ai!

Albania [æl'beɪnjə] n Albânia f.

Albanian [æl'beɪnjən] adj albanês (-esa) ♦ n (person) albanês m (-esa f); (language) albanês m.

albeit [ɔːl'biːɪt] conj se bem que.

Albert Hall ['ælbət-] n: **the ~** o Albert Hall.

album ['ælbəm] n álbum m.

alcohol ['ælkəhɒl] n álcool m.

alcohol-free adj sem álcool.

alcoholic [ˌælkə'hɒlɪk] adj alcoólico (-ca) ♦ n alcoólatra mf (Br), alcoólico m (-ca f) (Port).

alcoholism ['ælkəhɒlɪzm] n alcoolismo m.

alcove ['ælkəʊv] n alcova f.

alderman ['ɔːldəmən] (pl -men [-mən]) n = vereador m (-ra f), = magistrado m (-da f) local.

ale [eɪl] n cerveja escura com alto teor alcoólico.

alert [ə'lɜːt] adj atento(-ta) ♦ vt alertar.

A level n (Brit) = vestibular m (Br), = exame m final do 12º ano (Port).

algebra ['ældʒɪbrə] n álgebra f.

Algeria [æl'dʒɪərɪə] n Argélia f.

alias ['eɪlɪəs] adv também conhecido (-da) como.

alibi ['ælɪbaɪ] n álibi m.

alien ['eɪlɪən] n (foreigner) estrangeiro m (-ra f); (from outer space) extraterrestre mf.

alienate ['eɪljəneɪt] vt (friend, family) alienar, ganhar a antipatia de.

alight [ə'laɪt] adj em chamas ♦ vi (fml: from train, bus): **to ~ (from)** apear-se (de).

align [ə'laɪn] vt alinhar.

alike [ə'laɪk] adj parecidos(-das) ♦ adv da mesma maneira; **to look ~** ser parecidos, parecer-se.

alimony ['ælɪmənɪ] n pensão f alimentícia (Br), alimentos mpl (Port).

alive [ə'laɪv] adj vivo(-va).

alkali ['ælkəlaɪ] n álcali m.

all [ɔːl] adj 1. (with singular noun) todo(-da); **~ the money** o dinheiro todo; **~ the time** sempre; **we were out ~ day** estivemos fora o dia inteiro. 2. (with plural noun) todos(-das); **~ the houses** todas as casas; **~ trains stop at Tonbridge** todos os trens param em Tonbridge.

◆ adv 1. (completely) completamente; ~ **alone** completamente só.
2. (in scores): **it's two ~** estão empatados dois a dois.
3. (in phrases): ~ **but empty** quase vazio(-zia); ~ **over** adj (finished) terminado(-da) ◆ prep por todo(-da).
◆ pron 1. (everything) todo m (-da f); **is that ~?** (in shop) é só isso?; **the best of** ~ o melhor de todos.
2. (everybody) todos, toda a gente; ~ **of us went** fomos todos.
3. (in phrases): **can I help you at** ~ posso ajudar em alguma coisa?; **in** ~ (in total) ao todo; **in** ~ **it was a great success** resumindo, foi um grande êxito.

Allah [ˈælə] n Alá m.

all-around (Am) = **all-round**.

allay [əˈleɪ] vt (fears, doubts) dissipar; (anger) apaziguar.

allegation [ˌælɪˈgeɪʃn] n alegação f.

allege [əˈledʒ] vt alegar.

allegedly [əˈledʒɪdlɪ] adv supostamente.

allergic [əˈlɜːdʒɪk] adj: **to be** ~ **to** ser alérgico(-ca) a.

allergy [ˈælədʒɪ] n alergia f.

alleviate [əˈliːvɪeɪt] vt aliviar.

alley [ˈælɪ] n (narrow street) ruela f.

alliance [əˈlaɪəns] n (agreement) aliança f.

alligator [ˈælɪgeɪtər] n caimão m.

all-in adj (Brit: inclusive) com tudo incluído.

all-night adj (bar, petrol station) aberto(-ta) toda a noite.

allocate [ˈæləkeɪt] vt atribuir.

allotment [əˈlɒtmənt] n (Brit: for vegetables) parcela de terreno municipal alugado para o cultivo de legumes e flores.

all-out adj (effort) máximo(-ma); (war) total.

allow [əˈlaʊ] vt (permit) permitir; (time, money) contar com; **to** ~ **sb to do sthg** deixar alguém fazer algo; **to be ~ed to do sthg** poder fazer algo.
❑ **allow for** vt fus contar com.

allowance [əˈlaʊəns] n (state benefit) subsídio m; (for expenses) ajudas fpl de custo; (Am: pocket money) mesada f.

alloy [ˈælɔɪ] n liga f (de metal).

all right adv (satisfactorily) bem; (yes, okay) está bem ◆ adj: **is it** ~ **if I smoke?** posso fumar?; **I thought the film was** ~ não achei o filme nada de especial; **is**

everything ~? está tudo bem?

all-round adj (Brit) (versatile) multifacetado(-da).

all-time adj de todos os tempos.

allusion [əˈluːʒn] n alusão f.

ally [ˈælaɪ] n aliado m (-da f).

almighty [ɔːlˈmaɪtɪ] adj (inf: enormous) tremendo(-da).

almond [ˈɑːmənd] n amêndoa f.

almost [ˈɔːlməʊst] adv quase.

alone [əˈləʊn] adj & adv sozinho (-nha); **the decision is yours** ~ a decisão é só sua; **to leave sb** ~ deixar alguém em paz; **to leave sthg** ~ parar de mexer em algo.

along [əˈlɒŋ] prep (towards one end of) por; (alongside) ao longo de ◆ adv: **to walk** ~ caminhar; **to bring sthg** ~ trazer algo; **all** ~ desde o princípio; ~ **with** (junto) com.

alongside [əˌlɒŋˈsaɪd] prep ao lado de.

aloof [əˈluːf] adj distante.

aloud [əˈlaʊd] adv em voz alta.

alphabet [ˈælfəbet] n alfabeto m.

alphabetical [ˌælfəˈbetɪkl] adj alfabético(-ca).

Alps [ælps] npl: **the** ~ os Alpes.

already [ɔːlˈredɪ] adv já.

alright [ɔːlˈraɪt] = **all right**.

Alsatian [ælˈseɪʃn] n (dog) pastor m alemão.

also [ˈɔːlsəʊ] adv também.

altar [ˈɔːltər] n altar m.

alter [ˈɔːltər] vt alterar.

alteration [ˌɔːltəˈreɪʃn] n alteração f.

alternate [Brit ɔːlˈtɜːnət, Am ˈɔːltərnət] adj alternado(-da).

alternating current [ˈɔːltəneɪtɪŋ-] n corrente f alterna OR alternada.

alternative [ɔːlˈtɜːnətɪv] adj alternativo(-va) ◆ n alternativa f.

alternatively [ɔːlˈtɜːnətɪvlɪ] adv em OR como alternativa.

alternative medicine n medicina f alternativa.

alternator [ˈɔːltəneɪtər] n alternador m.

although [ɔːlˈðəʊ] conj embora, contudo.

altitude [ˈæltɪtjuːd] n altitude f.

alto [ˈæltəʊ] (pl -s) n (female voice) contralto m.

altogether [ˌɔːltəˈgeðər] adv (completely) completamente; (in total) ao todo, no total.

aluminium [ælju'mɪnɪəm] n (Brit) alumínio m.

aluminum [ə'luːmɪnəm] (Am) = **aluminium**.

always ['ɔːlweɪz] adv sempre.

a.m. (abbr of ante meridiem): **at 2 ~** às duas da manhã.

am [æm] → **be**.

amalgamate [ə'mælgəˌmeɪt] vt fundir, unir ◆ vi fundir-se, unir-se.

amass [ə'mæs] vt juntar, acumular.

amateur ['æmətər] n amador m (-ra f).

amaze [ə'meɪz] vt surpreender.

amazed [ə'meɪzd] adj espantado(-da), surpreso(-sa).

amazement [ə'meɪzmənt] n espanto m, surpresa f.

amazing [ə'meɪzɪŋ] adj espantoso (-osa), surpreendente.

Amazon ['æməzn] n (river): **the ~** o Amazonas.

ambassador [æm'bæsədər] n embaixador m (-ra f).

amber ['æmbər] adj (traffic lights) amarelo(-la); (jewellery) âmbar.

ambiguous [æm'bɪgjuəs] adj ambíguo(-gua).

ambition [æm'bɪʃn] n ambição f.

ambitious [æm'bɪʃəs] adj ambicioso(-osa).

ambulance ['æmbjuləns] n ambulância f.

ambush ['æmbuʃ] n emboscada f.

amenable [ə'miːnəbl] adj: **~ (to sthg)** favorável (a algo).

amendment [ə'mendmənt] n (to text) correção f; (to law) modificação f.

amenities [ə'miːnətɪz] npl comodidades fpl.

America [ə'merɪkə] n América f.

American [ə'merɪkən] adj americano (-na) ◆ n (person) americano m (-na f).

amiable ['eɪmɪəbl] adj amável.

amicable ['æmɪkəbl] adj amigável.

amiss [ə'mɪs] adj errado(-da) ◆ adv: **to take sthg ~** levar algo a mal.

ammonia [ə'məunjə] n amoníaco m.

ammunition [ˌæmju'nɪʃn] n munições fpl.

amnesia [æm'niːzɪə] n amnésia f.

amnesty ['æmnəstɪ] n anistia f.

amok [ə'mɒk] adv: **to run ~** ser tomado(-da) por uma crise de loucura furiosa.

among(st) [ə'mʌŋ(st)] prep entre.

amoral [ˌeɪ'mɒrəl] adj (person, behaviour) amoral.

amount [ə'maunt] n (quantity) quantidade f; (sum) quantia f, montante m.
❑ **amount to** vt fus (total) atingir a quantia de.

amp [æmp] n ampere m; **a 13-~ plug** uma tomada de 13 amperes.

amphibious [æm'fɪbɪəs] adj anfíbio (-bia).

ample ['æmpl] adj bastante.

amplifier ['æmplɪfaɪər] n amplificador m.

amputate ['æmpjuteɪt] vt amputar.

Amtrak ['æmtræk] n organismo regulador das ferrovias nos E.U.A.

amuck [ə'mʌk] = **amok**.

amuse [ə'mjuːz] vt (make laugh) divertir; (entertain) entreter.

amused [ə'mjuːzd] adj: **to be ~ at** OR **by sthg** (entertained, delighted) achar piada OR graça de algo; **to keep o.s. ~** (occupied) entreter-se.

amusement [ə'mjuːzmənt] n diversão f; divertimento m.
❑ **amusements** npl diversões fpl.

amusement arcade n sala f de jogos.

amusement park n parque m de diversões.

amusing [ə'mjuːzɪŋ] adj divertido (-da).

an [stressed æn, unstressed ən] → **a**.

anaemic [ə'niːmɪk] adj (Brit) (person) anêmico(-ca).

anaesthetic [ˌænɪs'θetɪk] n (Brit) anestesia f.

analgesic [ˌænæl'dʒiːsɪk] n analgésico m.

analogy [ə'nælədʒɪ] n analogia f; **by ~** por analogia.

analyse ['ænəlaɪz] vt (Brit) analisar.

analysis [ə'næləsɪs] (pl **-lyses** [-ləsiːz]) n análise f.

analyst ['ænəlɪst] n analista mf.

analytic(al) [ˌænə'lɪtɪk(l)] adj analítico(-ca).

analyze ['ænəlaɪz] (Am) = **analyse**.

anarchist ['ænəkɪst] n anarquista mf.

anarchy ['ænəkɪ] n anarquia f.

anathema [ə'næθəmə] n: **the concept is ~ to me** para mim, a idéia é inadmissível.

anatomy [əˈnætəmɪ] *n* anatomia *f*.

ANC *n* (*abbr of African National Congress*) ANC *m*.

ancestor [ˈænsestəʳ] *n* antepassado *m* (-da *f*).

anchor [ˈæŋkəʳ] *n* âncora *f*.

anchovy [ˈæntʃəvɪ] *n* anchova *f*.

ancient [ˈeɪnʃənt] *adj* antigo(-ga).

ancillary [ænˈsɪlərɪ] *adj* auxiliar.

and [*strong form* ænd, *weak form* ənd, ən] *conj* e; ~ **you?** e você?; **a hundred ~ one** cento e um; **more ~ more** cada vez mais; **to go ~ see** ir ver.

Andes [ˈændiːz] *npl*: **the ~** os Andes.

Andorra [ænˈdɔːrə] *n* Andorra *s*.

anecdote [ˈænɪkdəʊt] *n* episódio *m* (cômico).

anemic [əˈniːmɪk] (*Am*) = **anaemic**.

anesthetic [ænɪsˈθetɪk] (*Am*) = **anaesthetic**.

anew [əˈnjuː] *adv* de novo.

angel [ˈeɪndʒl] *n* anjo *m*.

anger [ˈæŋgəʳ] *n* raiva *f*, ira *f*.

angina [ænˈdʒaɪnə] *n* angina *f* de peito.

angle [ˈæŋgl] *n* ângulo *m*; **at an ~** torto (torta).

angler [ˈæŋgləʳ] *n* pescador *m* (-ra *f*) (de vara).

Anglican [ˈæŋglɪkən] *adj* anglicano (-na) ◆ *n* anglicano *m* (-na *f*).

angling [ˈæŋglɪŋ] *n* pesca *f* (de vara).

Angola [æŋˈgəʊlə] *n* Angola *s*.

Angolan [æŋˈgəʊlən] *adj* angolano(-na) ◆ *n* angolano *m* (-na *f*).

angry [ˈæŋgrɪ] *adj* (*person*) zangado (-da); (*words*) de raiva; **to get ~ (with sb)** zangar-se (com alguém).

anguish [ˈæŋgwɪʃ] *n* angústia *f*.

animal [ˈænɪml] *n* animal *m*.

animate [ˈænɪmət] *adj* animado(-da), vivo(-va).

animated [ˈænɪmeɪtɪd] *adj* animado (-da).

aniseed [ˈænɪsiːd] *n* erva-doce *f*, anis *m*.

ankle [ˈæŋkl] *n* tornozelo *m*.

annex [ˈæneks] *n* (*building*) anexo *m*.

annihilate [əˈnaɪəleɪt] *vt* aniquilar.

anniversary [ænɪˈvɜːsərɪ] *n* aniversário *m*.

announce [əˈnaʊns] *vt* anunciar.

announcement [əˈnaʊnsmənt] *n* (*on TV, radio*) anúncio *m*; (*official*) comunicação *f*.

announcer [əˈnaʊnsəʳ] *n* (*on TV*) apresentador *m* (-ra *f*); (*on radio*) locutor *m* (-ra *f*).

annoy [əˈnɔɪ] *vt* aborrecer, irritar.

annoyance [əˈnɔɪəns] *n* irritação *f*.

annoyed [əˈnɔɪd] *adj* aborrecido(-da), irritado(-da); **to get ~ (with)** aborrecer-se (com), irritar-se (com).

annoying [əˈnɔɪɪŋ] *adj* irritante.

annual [ˈænjʊəl] *adj* anual.

annual general meeting *n* assembléia *f* geral (anual).

annul [əˈnʌl] *vt* anular.

annum [ˈænəm] *n*: **per ~** por ano.

anomaly [əˈnɒməlɪ] *n* anomalia *f*.

anonymous [əˈnɒnɪməs] *adj* anônimo(-ma).

anorak [ˈænəræk] *n* anoraque *m*.

anorexia (nervosa) [ˌænəˈreksɪə (nɜːˈvəʊsə)] *n* anorexia *f* (nervosa).

another [əˈnʌðəʳ] *adj* outro(-tra) ◆ *pron* outro *m* (-tra *f*); **in ~ two weeks** dentro de (mais) duas semanas; **~ one** outro(-tra); **one ~** um ao outro (uma à outra); **to talk to one ~** falar um com o outro; **they love one ~** eles se amam (um ao outro); **one after ~** um após o outro.

answer [ˈɑːnsəʳ] *n* resposta *f* ◆ *vt* responder a ◆ *vi* responder; **to ~ the door** abrir a porta; **to ~ the phone** atender o telefone.

❑ **answer back** *vi* replicar.

answering machine [ˈɑːnsərɪŋ-] = **answerphone**.

answerphone [ˈɑːnsəfəʊn] *n* secretária *f* eletrônica (*Br*), atendedor *m* de chamadas (*Port*).

ant [ænt] *n* formiga *f*.

antagonism [ænˈtægənɪzm] *n* antagonismo *m*.

antagonize [ænˈtægənaɪz] *vt* antagonizar.

Antarctic [ænˈtɑːktɪk] *n*: **the ~** o Antártico.

antelope [ˈæntɪləʊp] (*pl inv OR* **-s**) *n* antílope *m*.

antenatal clinic [æntɪˈneɪtl-] *n* serviço *m* de consultas pré-natais.

antenna [ænˈtenə] *n* (*Am: aerial*) antena *f*.

anthem [ˈænθəm] *n* hino *m*.

anthology [ænˈθɒlədʒɪ] *n* antologia *f*.

antibiotics [æntɪbaɪˈɒtɪks] *npl* antibióticos *mpl*.

antibody [ˈæntɪˌbɒdɪ] *n* anticorpo *m*.

anticipate [ænˈtɪsɪpeɪt] *vt* (*expect*) esperar; (*guess correctly*) prever.

anticipation [æn,tɪsɪ'peɪʃn] *n* antecipação *f*; **in ~ of** antecipando.

anticlimax [,æntɪ'klaɪmæks] *n* anticlímax *m inv*.

anticlockwise [,æntɪ'klɒkwaɪz] *adv (Brit)* no sentido contrário ao dos ponteiros do relógio.

antics ['æntɪks] *npl (of children, animals)* brincadeiras *fpl*.

anticyclone [,æntɪ'saɪkləʊn] *n* anticiclone *m*.

antidepressant [,æntɪdə'presnt] *n* antidepressivo *m*.

antidote ['æntɪdəʊt] *n* antídoto *m*.

antifreeze ['æntɪfriːz] *n* anticongelante *m*.

antihistamine [,æntɪ'hɪstəmɪn] *n* anti-histamínico *m*.

antiperspirant [,æntɪ'pɜːspərənt] *n* desodorizante *m*.

antiquarian bookshop [,æntɪ'kweərɪən-] *n* sebo *m (Br)*, alfarrabista *m (Port)*.

antique [æn'tiːk] *n* antiguidade *f*.

antique shop *n* loja *f* de antiguidades.

antiseptic [,æntɪ'septɪk] *n* antiséptico *m*.

antisocial [,æntɪ'səʊʃl] *adj* anti-social.

antlers ['æntləz] *npl* chifres *mpl*.

anxiety [æŋ'zaɪətɪ] *n* ansiedade *f*.

anxious ['æŋkʃəs] *adj* ansioso(-osa).

any ['enɪ] *adj* **1.** *(in questions)* algum (-ma); **have you got ~ money?** você tem dinheiro?; **have you got ~ postcards?** você tem postais?; **have you got ~ rooms?** você tem algum quarto livre? **2.** *(in negatives)* nenhum(-ma); **I haven't got ~ money** não tenho dinheiro (nenhum); **we don't have ~ rooms** não temos quartos livres. **3.** *(no matter which)* qualquer; **take ~ books you like** leve os livros que quiser; **take ~ one you like** leve aquele que quiser.

◆ *pron* **1.** *(in questions)* algum *m* (-ma *f*); **I'm looking for a hotel – are there ~ nearby?** estou procurando um hotel – há algum aqui perto? **2.** *(in negatives)* nenhum *m* (-ma *f*); **I don't want ~ (of it)** não quero (nada); **I don't want ~ (of them)** não quero nenhum (deles). **3.** *(no matter which one)* qualquer um (qualquer uma); **you can sit at ~ of the tables** podem sentar-se em qualquer uma das mesas.

◆ *adv* **1.** *(in questions)*: **~ other questions?** mais alguma pergunta?; **can you drive ~ faster?** vôce pode ir mais depressa?; **is that ~ better?** está melhor assim? **2.** *(in negatives)*: **he's not ~ better** ele não está nada melhor; **we can't wait ~ longer** não podemos esperar mais; **we can't afford ~ more** não temos possibilidades para mais.

anybody ['enɪ,bɒdɪ] = anyone.

anyhow ['enɪhaʊ] *adv (carelessly)* de qualquer maneira; *(in any case)* em qualquer caso; *(in spite of that)* de qualquer modo.

anyone ['enɪwʌn] *pron (any person)* qualquer um (qualquer uma); *(in questions)* alguém; *(in negatives)* ninguém; **I don't like ~** não gosto de ninguém.

anything ['enɪθɪŋ] *pron (no matter what)* qualquer coisa; *(in questions)* alguma coisa; *(in negatives)* nada; **she didn't say ~** ela não disse nada.

anyway ['enɪweɪ] *adv* de qualquer forma OR modo.

anywhere ['enɪweə'] *adv (no matter where)* em/a qualquer lugar; *(in questions)* em/a algum lugar; *(in negatives)* em/a lugar nenhum; **I can't find it ~** não o encontro em lugar nenhum; **sit ~ you like** sente-se onde quiser; **we can go ~** podemos ir a qualquer lugar.

apart [ə'pɑːt] *adv* separado(-da); **to come ~** separar-se; **~ from** *(except for)* exceto, salvo; *(as well as)* para além de.

apartheid [ə'pɑːtheɪt] *n* apartheid *m*.

apartment [ə'pɑːtmənt] *n (Am)* apartamento *m*.

apathetic [,æpə'θetɪk] *adj* apático(-ca).

apathy ['æpəθɪ] *n* apatia *f*.

ape [eɪp] *n* macaco *m*.

aperitif [ə,perə'tiːf] *n* aperitivo *m*.

aperture ['æpə,tjʊə'] *n (of camera)* abertura *f*.

APEX ['eɪpeks] *n (plane ticket)* bilhete *m* APEX; *(Brit: train ticket) bilhete de preço reduzido não transmissível que se adquire com duas semanas de antecedência.*

apiece [ə'piːs] *adv*: **they cost £50 ~** custam 50 libras cada um.

apologetic [ə,pɒlə'dʒetɪk] *adj* cheio (cheia) de desculpas.

apologize [ə'pɒlədʒaɪz] *vi*: **to ~ (to sb for sthg)** pedir desculpa (a alguém por algo).

apology [ə'pɒlədʒɪ] *n* desculpa *f*.

apostle [ə'pɒsl] *n* apóstolo *m*.

apostrophe [ə'pɒstrəfɪ] *n* apóstrofo *m*.

appal [ə'pɔːl] *vt (Brit)* horrorizar.

appall [ə'pɔːl] *(Am)* = **appal**.

appalling [ə'pɔːlɪŋ] *adj* horrível, terrível.

apparatus [ˌæpə'reɪtəs] *n* aparelho *m*.

apparent [ə'pærənt] *adj* aparente.

apparently [ə'pærəntlɪ] *adv* aparentemente.

appeal [ə'piːl] *n (JUR)* apelação *f*, recurso *m*; *(fundraising campaign)* campanha *f* de coleta de fundos ◆ *vi (JUR)* apelar, recorrer para; **to ~ to sb (for sthg)** apelar a alguém (para algo); **it doesn't ~ to me** não me atrai.

appealing [ə'piːlɪŋ] *adj* atrativo(-va), sedutor(-ra).

appear [ə'pɪər] *vi* aparecer; *(seem)* parecer; *(before court)* comparecer; **it ~s that** parece que.

appearance [ə'pɪərəns] *n (arrival)* chegada *f*; *(look)* aparência *f*, aspecto *m*.

appease [ə'piːz] *vt* aplacar, acalmar.

appendices [ə'pendɪsiːz] *pl* → **appendix**.

appendicitis [əˌpendɪ'saɪtɪs] *n* apendicite *f*.

appendix [ə'pendɪks] *(pl* **-dices)** *n* apêndice *m*.

appetite [ˈæpɪtaɪt] *n* apetite *m*.

appetizer [ˈæpɪtaɪzər] *n* aperitivo *m*.

appetizing [ˈæpɪtaɪzɪŋ] *adj* apetitoso(-osa).

applaud [ə'plɔːd] *vt & vi* aplaudir.

applause [ə'plɔːz] *n* palmas *fpl*.

apple [ˈæpl] *n* maçã *f*.

apple charlotte [-'ʃɑːlət] *n* pudim de maçã e pão ralado, cozido numa forma forrada e depois coberta com fatias de pão.

apple crumble *n* sobremesa de maçã cozida coberta com uma mistura arenosa de farinha, manteiga e açúcar, cozida no forno.

apple juice *n* suco *m* de maçã.

apple pie *n* torta *f* de maçã.

apple sauce *n* puré *m* de maçã *(servido como acompanhamento de carne de porco)*.

apple tart *n* torta *f* de maçã.

apple tree *n* macieira *f*.

apple turnover [-'tɜːnˌəʊvər] *n* folheado *m* de maçã.

appliance [ə'plaɪəns] *n* aparelho *m*;

electrical/domestic ~ eletrodoméstico *m*.

applicable [ə'plɪkəbl] *adj*: **to be ~ (to)** ser aplicável (a); **if ~** se aplicável.

applicant [ˈæplɪkənt] *n* candidato *m* (-ta *f*).

application [ˌæplɪ'keɪʃn] *n (for job, membership)* candidatura *f*.

application form *n* formulário *m* de candidatura.

apply [ə'plaɪ] *vt* aplicar ◆ *vi*: **to ~ (to sb for sthg)** *(make request)* requerer (algo a alguém); **to ~ (to sb)** *(be applicable)* ser aplicável (a alguém).

appoint [ə'pɔɪnt] *vt (to job, position)* nomear; **to ~ sb to sthg** nomear alguém para algo; **to ~ sb as sthg** nomear alguém algo.

appointment [ə'pɔɪntmənt] *n (with hairdresser, businessman)* hora *f* marcada; *(with doctor)* consulta *f*; **to have/make an ~ (with)** ter/marcar um encontro (com); **by ~** com hora marcada.

apportion [ə'pɔːʃn] *vt (money)* dividir; *(blame)* atribuir.

appraisal [ə'preɪzl] *n* análise *f*, avaliação *f*.

appreciable [ə'priːʃəbl] *adj* apreciável.

appreciate [ə'priːʃɪeɪt] *vt (be grateful for)* agradecer; *(understand)* compreender; *(like, admire)* apreciar.

appreciation [əˌpriːʃɪ'eɪʃn] *n (gratitude)* gratidão *f*, apreço *m*; *(understanding)* compreensão *f*; *(liking)* satisfação *f*.

appreciative [ə'priːʃjətɪv] *adj (person)* agradecido(-da); *(remark, gesture)* de agradecimento; *(audience)* satisfeito(-ta).

apprehensive [ˌæprɪ'hensɪv] *adj* apreensivo(-va).

apprentice [ə'prentɪs] *n* aprendiz *m* (-za *f*).

apprenticeship [ə'prentɪsʃɪp] *n* aprendizagem *f*.

approach [ə'prəʊtʃ] *n (road)* acesso *m*; *(to problem, situation)* abordagem *f* ◆ *vt (come nearer to)* aproximar-se de; *(problem, situation)* abordar ◆ *vi* aproximar-se.

approachable [ə'prəʊtʃəbl] *adj* acessível.

appropriate [ə'prəʊprɪət] *adj* apropriado(-da).

approval [əˈpruːvl] n *(favourable opinion)* aprovação f; *(permission)* autorização f.

approve [əˈpruːv] vi: **to ~ of sb/sthg** ver com bons olhos alguém/algo.

approximate [əˈprɒksɪmət] adj aproximado(-da).

approximately [əˈprɒksɪmətlɪ] adv aproximadamente.

Apr. abbr = **April**.

apricot [ˈeɪprɪkɒt] n alperce m, damasco m.

April [ˈeɪprəl] n Abril m, → September.

April Fools' Day n ≃ 1° de abril *(Br)*, Dia m das mentiras *(Port)*.

apron [ˈeɪprən] n avental m (de cozinha).

apt [æpt] adj *(appropriate)* apropriado(-da); **to be ~ to do sthg** ser propenso a fazer algo.

aptitude [ˈæptɪtjuːd] n aptidão f; **to have an ~ for sthg** ter jeito para algo.

aquarium [əˈkweərɪəm] *(pl* **-riums** OR **-ria** [-rɪə]*)* n aquário m.

Aquarius [əˈkweərɪəs] n Aquário m.

aqueduct [ˈækwɪdʌkt] n aqueduto m.

Arab [ˈærəb] adj árabe ♦ n *(person)* árabe mf.

Arabic [ˈærəbɪk] adj árabe ♦ n *(language)* árabe m.

Arabic numeral n número m arábico.

arable [ˈærəbl] adj *(land)* arável; *(farm, crops)* agrícola.

arbitrary [ˈɑːbɪtrərɪ] adj arbitrário(-ria).

arbitration [ˌɑːbɪˈtreɪʃn] n arbitragem f; **to go to ~** recorrer a arbitragem.

arc [ɑːk] n arco m.

arcade [ɑːˈkeɪd] n *(for shopping)* galeria f; *(of video games)* sala f de jogos.

arch [ɑːtʃ] n arco m.

archaeologist [ˌɑːkɪˈɒlədʒɪst] n arqueólogo m (-ga f).

archaeology [ˌɑːkɪˈɒlədʒɪ] n arqueologia f.

archaic [ɑːˈkeɪɪk] adj arcaico(-ca).

archbishop [ˌɑːtʃˈbɪʃəp] n arcebispo m.

archeology [ˌɑːkɪˈɒlədʒɪ] etc = **archaeology** etc.

archery [ˈɑːtʃərɪ] n tiro m com arco e flechas.

archetypal [ˌɑːkɪˈtaɪpl] adj típico (-ca).

archipelago [ˌɑːkɪˈpeləgəʊ] *(pl* **-s** OR **-es**) n arquipélago m.

architect [ˈɑːkɪtekt] n arquiteto m (-ta f).

architecture [ˈɑːkɪtektʃər] n arquitetura f.

Arctic [ˈɑːktɪk] n: **the ~** o Ártico.

ardent [ˈɑːdənt] adj ardente.

arduous [ˈɑːdjʊəs] adj árduo(-dua).

are [weak form ər, strong form ɑːr] → **be**.

area [ˈeərɪə] n área f.

area code n *(Am)* prefixo m (telefônico) *(Br)*, indicativo m (telefónico) *(Port)*.

arena [əˈriːnə] n *(at circus)* arena f; *(sportsground)* estádio m.

aren't [ɑːnt] = **are not**.

Argentina [ˌɑːdʒənˈtiːnə] n Argentina f.

arguably [ˈɑːgjʊəblɪ] adv possivelmente.

argue [ˈɑːgjuː] vi: **to ~ (with sb about sthg)** discutir (com alguém acerca de algo) ♦ vt: **to ~ (that)** argumentar que.

argument [ˈɑːgjʊmənt] n *(quarrel)* discussão f; *(reason)* argumento m.

argumentative [ˌɑːgjʊˈmentətɪv] adj *(person)* propenso (-sa) a discutir.

arid [ˈærɪd] adj árido(-da).

Aries [ˈeəriːz] n Áries m *(Br)*, Carneiro m *(Port)*.

arise [əˈraɪz] *(pt* **arose**, *pp* **arisen** [əˈrɪzn]*)* vi: **to ~ (from)** surgir (de).

aristocracy [ˌærɪˈstɒkrəsɪ] n aristocracia f.

aristocrat [*Brit* ˈærɪstəkræt, *Am* əˈrɪstəkræt] n aristocrata mf.

arithmetic [əˈrɪθmətɪk] n aritmética f.

arm [ɑːm] n braço m; *(of garment)* manga f.

armaments [ˈɑːməmənts] npl armamento m.

armbands [ˈɑːmbændz] npl *(for swimming)* braçadeiras fpl.

armchair [ˈɑːmtʃeər] n poltrona f.

armed [ɑːmd] adj armado(-da).

armed forces npl: **the ~** as forças armadas.

armhole [ˈɑːmhəʊl] n manga f.

armor [ˈɑːmər] *(Am)* = **armour**.

armour [ˈɑːmər] n *(Brit)* armadura f.

armoured car [ˈɑːməd-] n *(Brit)* n carro m blindado.

armpit ['ɑːmpɪt] n axila f, sovaco m.

armrest ['ɑːmrest] n braço m (de cadeira, sofá).

arms [ɑːmz] npl (weapons) armas fpl.

army ['ɑːmɪ] n exército m.

A-road n (Brit) ≃ estrada f nacional.

aroma [ə'rəumə] n aroma m.

aromatic [ˌærə'mætɪk] adj aromáti-co(-ca).

arose [ə'rəuz] pt → arise.

around [ə'raund] adv (about, round) por aí; (present) por aí/aqui ◆ prep (surrounding) em redor de, à volta de; (to the other side of) para o outro lado de; (near) perto de; (all over) por todo (-da); (approximately) cerca de; ~ here (in the area) por aqui; to turn ~ virar-se; to look ~ (turn head) olhar em volta; (in shop, city) dar uma olhada.

arouse [ə'rauz] vt (suspicion) levantar; (fear) provocar; (interest) suscitar.

arrange [ə'reɪndʒ] vt (books) arrumar; (flowers) arranjar; (meeting, event) orga-nizar; to ~ to do sthg (with sb) com-binar fazer algo (com alguém).

arrangement [ə'reɪndʒmənt] n (agreement) combinação f; (layout) dispo-sição f; by ~ (tour, service) com data e hora marcada; to make ~s (to do sthg) fazer os preparativos (para fazer algo).

array [ə'reɪ] n (of objects, people) varie-dade f.

arrears [ə'rɪəz] npl (money owed) atra-sos mpl (Br), retroactivos mpl (Port); to be in ~ (late) estar atrasado; I'm paid monthly in ~ eu sou pago sempre no fim do mês (de trabalho).

arrest [ə'rest] n detenção f, prisão f ◆ vt prender; under ~ sob prisão, preso.

arrival [ə'raɪvl] n chegada f; on ~ à chegada; new ~ (person) recém-chegado m (-da f).

arrive [ə'raɪv] vi chegar; to ~ at che-gar a.

arrogant ['ærəgənt] adj arrogante.

arrow ['ærəu] n (for shooting) flecha f; (sign) seta f.

arsenic ['ɑːsnɪk] n arsênico m.

arson ['ɑːsn] n fogo m posto.

art [ɑːt] n arte f.
❑ **arts** npl (humanities) letras fpl; the ~s (fine arts) as belas-artes.

artefact ['ɑːtɪfækt] n artefato m.

artery ['ɑːtərɪ] n artéria f.

art gallery n (commercial) galeria f

de arte; (public) museu m de arte.

arthritis [ɑː'θraɪtɪs] n artrite f.

artichoke ['ɑːtɪtʃəuk] n alcachofra f.

article ['ɑːtɪkl] n artigo m.

articulate [ɑː'tɪkjulət] adj eloquente.

articulated lorry [ɑː'tɪkjuleɪtɪd-] n (Brit) jamanta f (Br), camião m articula-do (Port).

artificial [ˌɑːtɪ'fɪʃl] adj artificial.

artillery [ɑː'tɪlərɪ] n (guns) artilharia f.

artist ['ɑːtɪst] n (painter) pintor m (-ra f); (performer) artista mf.

artistic [ɑː'tɪstɪk] adj artístico(-ca).

arts centre n centro m cultural.

arty ['ɑːtɪ] adj (pej) com pretensões artísticas.

as [unstressed əz, stressed æz] adv (in comparisons): ~ ... ~ tão ... como; he's ~ tall ~ I am ele é tão alto quanto eu; twice as big ~ duas vezes maior do que; ~ many ~ tantos quantos (tantas quantas); ~ much ~ tanto quanto.
◆ conj 1. (referring to time) quando; ~ the plane was coming in to land quan-do o avião ia aterrissar.
2. (referring to manner) como; do ~ you like faz como você quiser; ~ expected ... (tal) como era de esperar ....
3. (introducing a statement) como; ~ you know ... como você sabe ....
4. (because) porque, como.
5. (in phrases): ~ for quanto a; ~ from a partir de; ~ if como se.
◆ prep (referring to function, job) como; I work ~ a teacher sou professora.

asap (abbr of as soon as possible) assim que possível.

ascent [ə'sent] n (climb) subida f.

ascertain [ˌæsə'teɪn] vt confirmar.

ascribe [ə'skraɪb] vt: to ~ sthg to atri-buir algo a.

ash [æʃ] n (from cigarette, fire) cinza f; (tree) freixo m.

ashamed [ə'ʃeɪmd] adj envergonha-do(-da); to be ~ of ter vergonha de; to be ~ to do sthg ter vergonha de fazer algo.

ashore [ə'ʃɔːr] adv em terra; to go ~ desembarcar.

ashtray ['æʃtreɪ] n cinzeiro m.

Ash Wednesday n Quarta-feira f de Cinzas.

Asia [Brit 'eɪʃə, Am 'eɪʒə] n Ásia f.

Asian [Brit 'eɪʃn, Am 'eɪʒn] adj asiáti-co(-ca) ◆ n asiático m (-ca f).

aside [ə'saɪd] adv (to one side) para o

lado; **to move ~** afastar-se.

ask [ɑːsk] vt (person) perguntar a; (request) pedir; (invite) convidar ◆ vi: **to ~ about sthg** (enquire) informar-se sobre algo; **to ~ sb about sthg** perguntar a alguém sobre algo; **to ~ sb sthg** perguntar algo a alguém; **to ~ sb to do sthg** pedir a alguém que faça algo; **to ~ sb for sthg** pedir algo a alguém; **to ~ a question** fazer uma pergunta. ❏ **ask for** vt fus (ask to talk to) perguntar por; (request) pedir.

askance [əˈskæns] adv: **to look ~ at** olhar desaprovadoramente para.

asking price [ˈɑːskɪŋ-] n preço m (pedido).

asleep [əˈsliːp] adj adormecido(-da); **to fall ~** adormecer.

asparagus [əˈspærəgəs] n aspargos (Br), espargos mpl (Port).

asparagus tips npl pontas fpl de aspargos.

aspect [ˈæspekt] n aspecto m.

aspiration [ˌæspəˈreɪʃn] n aspiração f.

aspire [əˈspaɪəʳ] vi: **to ~ to** aspirar a.

aspirin [ˈæsprɪn] n aspirina f.

ass [æs] n (animal) asno m.

assailant [əˈseɪlənt] n agressor m (-ra f).

assassinate [əˈsæsɪneɪt] vt assasinar.

assassination [əˌsæsɪˈneɪʃn] n assassínio m, assassinato m.

assault [əˈsɔːlt] n agressão f ◆ vt agredir.

assemble [əˈsembl] vt (bookcase, model) montar ◆ vi reunir-se.

assembly [əˈsemblɪ] n (at school) reunião regular de alunos e professores.

assembly hall n (at school) sala f de reuniões.

assembly line n linha f de montagem.

assembly point n (at airport, in shopping centre) ponto m de encontro.

assent [əˈsent] n (agreement) aprovação f ◆ vi: **to ~ to sthg** aprovar algo.

assert [əˈsɜːt] vt (fact, innocence) afirmar; (authority) impor; **to ~ o.s.** impor-se.

assertive [əˈsɜːtɪv] adj firme.

assess [əˈses] vt avaliar.

assessment [əˈsesmənt] n avaliação f.

asset [ˈæset] n (valuable person, thing) elemento m valioso. ❏ **assets** npl bens mpl.

assign [əˈsaɪn] vt: **to ~ sthg to sb** (give) ceder algo a alguém; **to ~ sb to**

sthg (designate) nomear alguém para algo.

assignment [əˈsaɪnmənt] n (task) tarefa f; (SCH) trabalho m.

assimilate [əˈsɪmɪleɪt] vt (learn) assimilar; (integrate): **to ~ sb (into sthg)** integrar alguém (em algo).

assist [əˈsɪst] vt ajudar.

assistance [əˈsɪstəns] n ajuda f; **to be of ~ (to sb)** ajudar (alguém).

assistant [əˈsɪstənt] n assistente mf, ajudante mf.

associate [n əˈsəʊʃɪət, vb əˈsəʊʃɪeɪt] n (colleague) colega mf; (partner) sócio m (-cia f) ◆ vt: **to ~ sb/sthg with** associar alguém/algo com OR a; **to be ~d with** (attitude, person) estar associado a.

association [əˌsəʊsɪˈeɪʃn] n associação f.

assorted [əˈsɔːtɪd] adj variado(-da).

assortment [əˈsɔːtmənt] n sortimento m (Br), sortido m (Port).

assume [əˈsjuːm] vt (suppose) supor; (control, responsibility) assumir.

assumption [əˈsʌmpʃn] n (supposition) suposição f.

assurance [əˈʃʊərəns] n (promise) garantia f; (insurance) seguro m.

assure [əˈʃʊəʳ] vt assegurar; **to ~ sb (that) ...** assegurar a alguém que ....

assured [əˈʃʊəd] adj (confident) seguro(-ra).

asterisk [ˈæstərɪsk] n asterisco m.

astern [əˈstɜːn] adv na popa.

asthma [ˈæsmə] n asma f.

asthmatic [æsˈmætɪk] adj asmático (-ca).

astonish [əˈstɒnɪʃ] vt surpreender.

astonished [əˈstɒnɪʃt] adj espantado(-da), surpreso(-sa).

astonishing [əˈstɒnɪʃɪŋ] adj espantoso(-osa), surpreendente.

astonishment [əˈstɒnɪʃmənt] n espanto m, surpresa f.

astound [əˈstaʊnd] vt surpreender.

astray [əˈstreɪ] adv: **to go ~** extraviar-se.

astrology [əˈstrɒlədʒɪ] n astrologia f.

astronaut [ˈæstrənɔːt] n astronauta mf.

astronomical [ˌæstrəˈnɒmɪkl] adj (inf: very large) astronômico(-ca).

astronomy [əˈstrɒnəmɪ] n astronomia f.

astute [əˈstjuːt] adj astuto(-ta).

asylum [əˈsaɪləm] n (POL) asilo m;

(mental hospital) manicômio *m.*

at [unstressed ət, stressed æt] *prep* **1.** *(indicating place, position)* em; ~ **home** em casa; ~ **the hotel** no hotel; ~ **my mother's** na casa da minha mãe; ~ **school** na escola. **2.** *(indicating direction)* para; **he threw a plate ~ the wall** ele atirou um prato na parede; **to look ~** olhar para. **3.** *(indicating time)*: ~ **nine o'clock** às nove horas; ~ **night** à noite; ~ **Christmas** no Natal. **4.** *(indicating rate, level, speed)* a; **it works out ~ £5 each** sai a 5 libras cada um; ~ **60 km/h** a 60 km/h. **5.** *(indicating activity)* a; **to be ~ lunch** estar almoçando; **to be good/bad ~ sthg** ser bom/mau em algo. **6.** *(indicating cause)* com.

ate [Brit et, Am eɪt] *pt* → **eat.**

atheist [ˈeɪθɪɪst] *n* ateu *m* (atéia *f*).

athlete [ˈæθliːt] *n* atleta *mf.*

athletics [æθˈletɪks] *n* atletismo *m.*

Atlantic [ətˈlæntɪk] *n*: **the ~ (Ocean)** o (oceano) Atlântico.

atlas [ˈætləs] *n* atlas *m inv.*

atmosphere [ˈætməsfɪəʳ] *n* atmosfera *f.*

atom [ˈætəm] *n* átomo *m.*

atom bomb *n* bomba *f* atômica.

atomic [əˈtɒmɪk] *adj* atômico(-ca).

atomic bomb = **atom bomb.**

atomizer [ˈætəmaɪzəʳ] *n* atomizador *m,* vaporizador *m.*

atone [əˈtəʊn] *vi*: **to ~ for sthg** expiar algo.

A to Z *n (map)* mapa *m* da cidade.

atrocious [əˈtrəʊʃəs] *adj* atroz.

atrocity [əˈtrɒsətɪ] *n* atrocidade *f.*

attach [əˈtætʃ] *vt* juntar; **to ~ sthg to sthg** juntar algo a algo.

attaché case [əˈtæʃeɪ-] *n* pasta *f* (de executivo).

attachment [əˈtætʃmənt] *n (device)* acessório *m.*

attack [əˈtæk] *n* ataque *m* ♦ *vt* atacar.

attacker [əˈtækəʳ] *n* agressor *m* (-ra *f*).

attain [əˈteɪn] *vt (fml)* alcançar.

attainment [əˈteɪnmənt] *n (of happiness, objective)* conquista *f; (skill)* aquisição *f.*

attempt [əˈtempt] *n* tentativa *f* ♦ *vt* tentar; **to ~ to do sthg** tentar fazer algo.

attend [əˈtend] *vt (meeting, Mass)* assistir a; *(school)* frequentar. ❑ **attend to** *vt fus (deal with)* atender a.

attendance [əˈtendəns] *n (people at concert, match)* assistência *f; (at school)* frequência *f.*

attendant [əˈtendənt] *n* empregado *m* (-da *f*).

attention [əˈtenʃn] *n* atenção *f;* **to pay ~ (to)** prestar atenção (a).

attentive [əˈtentɪv] *adj (paying attention)* atento(-ta); *(politely helpful)* atencioso(-osa).

attic [ˈætɪk] *n* sótão *m.*

attitude [ˈætɪtjuːd] *n* atitude *f.*

attorney [əˈtɜːnɪ] *n (Am)* advogado *m* (-da *f*).

attract [əˈtrækt] *vt* atrair; *(attention)* chamar.

attraction [əˈtrækʃn] *n* atração *f; (attractive feature)* atrativo *m.*

attractive [əˈtræktɪv] *adj* atraente.

attribute [əˈtrɪbjuːt] *vt*: **to ~ sthg to** atribuir algo a.

attrition [əˈtrɪʃn] *n* desgaste *m.*

aubergine [ˈəʊbəʒiːn] *n (Brit)* beringela *f.*

auburn [ˈɔːbən] *adj* castanho-avermelhado(-da).

auction [ˈɔːkʃn] *n* leilão *m.*

auctioneer [ˌɔːkʃəˈnɪəʳ] *n* leiloeiro *m* (-ra *f*).

audible [ˈɔːdəbl] *adj* audível.

audience [ˈɔːdɪəns] *n* público *m,* audiência *f.*

audio [ˈɔːdɪəʊ] *adj* áudio *(inv).*

audio-visual *adj* audiovisual.

audit [ˈɔːdɪt] *n* verificação *f* (oficial) de contas ♦ *vt* verificar.

audition [ɔːˈdɪʃn] *n* audição *f.*

auditor [ˈɔːdɪtəʳ] *n (of accounts)* técnico *m* (-ca *f*) de contas.

auditorium [ˌɔːdɪˈtɔːrɪəm] *n* auditório *m.*

Aug. *abbr* = **August.**

augur [ˈɔːgəʳ] *vi*: **to ~ well/badly** ser bom/mau sinal.

August [ˈɔːgəst] *n* Agosto *m,* → **September.**

Auld Lang Syne [ˌɔːldlæŋˈsaɪn] *n* cantiga tradicional escocesa cantada à meia-noite da véspera de Ano Novo cujo título significa "os bons tempos de outrora".

aunt [ɑːnt] *n* tia *f.*

au pair [ˌəʊˈpeəʳ] *n* au pair *mf.*

aural [ˈɔːrəl] *adj* auditivo(-va).

auspices [ˈɔːspɪsɪz] *npl*: **under the ~ of** sob os auspícios de.

auspicious [ɔːˈspɪʃəs] *adj* promissor (-ra).

austere [ɒˈstɪəʳ] *adj* austero(-ra).

austerity [ɒˈsterətɪ] *n* austeridade *f.*

Australia [ɒˈstreɪlɪə] *n* Austrália *f.*

Australian [ɒˈstreɪlɪən] *adj* australiano(-na) ◆ *n* australiano *m* (-na *f*).

Austria [ˈɒstrɪə] *n* Áustria *f.*

Austrian [ˈɒstrɪən] *adj* austríaco(-ca) ◆ *n* austríaco *m* (-ca *f*).

authentic [ɔːˈθentɪk] *adj* autêntico (-ca).

author [ˈɔːθəʳ] *n* (*of book, article*) autor *m* (-ra *f*); (*by profession*) escritor *m* (-ra *f*).

authoritarian [ɔːˌθɒrɪˈteərɪən] *adj* autoritário(-ria).

authoritative [ɔːˈθɒrɪtətɪv] *adj* (*person, voice*) autoritário(-ria); (*report*) autorizado(-da).

authority [ɔːˈθɒrətɪ] *n* autoridade *f*; **the authorities** as autoridades.

authorization [ˌɔːθəraɪˈzeɪʃn] *n* autorização *f.*

authorize [ˈɔːθəraɪz] *vt* autorizar; **to ~ sb to do sthg** autorizar alguém a fazer algo.

autistic [ɔːˈtɪstɪk] *adj* autista.

autobiography [ˌɔːtəbaɪˈɒɡrəfɪ] *n* autobiografia *f.*

autocratic [ˌɔːtəˈkrætɪk] *adj* autocrático(-ca).

autograph [ˈɔːtəɡrɑːf] *n* autógrafo *m.*

automatic [ˌɔːtəˈmætɪk] *adj* automático(-ca); (*fine*) imediato(-ta) ◆ *n* (*car*) carro *m* automático OR com direção assistida.

automatically [ˌɔːtəˈmætɪklɪ] *adv* automaticamente.

automobile [ˈɔːtəməbiːl] *n* (*Am*) automóvel *m.*

autonomy [ɔːˈtɒnəmɪ] *n* autonomia *f.*

autopsy [ˈɔːtɒpsɪ] *n* autópsia *f.*

autumn [ˈɔːtəm] *n* Outono *m*; **in (the) ~** no Outono.

auxiliary (verb) [ɔːɡˈzɪljərɪ-] *n* verbo *m* auxiliar.

avail [əˈveɪl] *n*: **to no ~** em vão.

available [əˈveɪləbl] *adj* disponível.

avalanche [ˈævəlɑːnʃ] *n* avalanche *f.*

avarice [ˈævərɪs] *n* avareza *f.*

Ave. (*abbr of avenue*) Av.

avenge [əˈvendʒ] *vt* vingar, vingar-se de.

avenue [ˈævənjuː] *n* avenida *f.*

average [ˈævərɪdʒ] *adj* médio(-dia) ◆ *n* média *f*; **on ~** em média.

aversion [əˈvɜːʃn] *n* aversão *f.*

avert [əˈvɜːt] *vt* (*problem, accident*) evitar; (*eyes, glance*) desviar.

aviation [ˌeɪvɪˈeɪʃn] *n* aviação *f.*

avid [ˈævɪd] *adj* ávido(-da).

avocado [ˌævəˈkɑːdəʊ] (*pl* **-s** OR **-es**) *n*: **~ (pear)** pêra *f* abacate.

avoid [əˈvɔɪd] *vt* evitar; **to ~ doing sthg** evitar fazer algo.

await [əˈweɪt] *vt* esperar, aguardar.

awake [əˈweɪk] (*pt* **awoke**, *pp* **awoken**) *adj* acordado(-da) ◆ *vi* acordar.

award [əˈwɔːd] *n* (*prize*) prêmio *m* ◆ *vt*: **to ~ sb sthg** (*prize*) atribuir algo a alguém; (*damages, compensation*) adjudicar algo a alguém.

aware [əˈweəʳ] *adj* consciente; **to be ~ of** estar consciente de.

awareness [əˈweənɪs] *n* consciência *f.*

awash [əˈwɒʃ] *adj*: **~ (with)** (*fig: with letters, tourists*) inundado(-da) de.

away [əˈweɪ] *adv* (*go*) embora; (*look, turn*) para outro lado; **to be ~** (*not at home, in office*) não estar; **it's 10 miles ~ (from here)** fica a 10 milhas (daqui); **it's two weeks ~** é daqui a duas semanas; **to go ~ on holiday** ir de férias; **to put sthg ~** guardar algo; **to take sthg ~ (from sb)** tirar algo (de alguém); **to walk/drive ~** afastar-se; **far ~** longe.

awe [ɔː] *n* respeito *m* (*acompanhado de receio*); **to be in ~ of sb** estar impressionado com alguém.

awesome [ˈɔːsəm] *adj* incrível.

awful [ˈɔːfl] *adj* (*very bad*) horrível; (*very great*) imenso(-sa); **I feel ~** estou me sentindo muito mal; **how ~!** que horror!

awfully [ˈɔːflɪ] *adv* (*very*) muitíssimo.

awkward [ˈɔːkwəd] *adj* (*position*) incômodo(-da); (*shape, size*) pouco prático(-ca); (*situation, question, task*) embaraçoso(-osa); (*movement*) desajeitado(-da); (*time*) inoportuno(na).

awning [ˈɔːnɪŋ] *n* toldo *m.*

awoke [əˈwəʊk] *pt* → **awake.**

awoken [əˈwəʊkən] *pp* → **awake.**

awry [əˈraɪ] *adj* torto (torta) ◆ *adv*: **to go ~** dar errado.

axe [æks] *n* machado *m.*

axis [ˈæksɪs] (*pl* **axes** [ˈæksiːz]) *n* eixo *m.*

axle [ˈæksl] *n* eixo *m.*

Azores [əˈzɔːz] *npl*: **the ~** os Açores.

B

BA *abbr* = **Bachelor of Arts**.

babble ['bæbl] *vi (person)* tagarelar.

baby ['beɪbɪ] *n* bebê *m*; **to have a ~** ter um bebê; **~ sweetcorn** mini-milho *m*.

baby carriage *n (Am)* carrinho *m* de bebê.

baby food *n* comida *f* de bebê.

baby-sit *vi* tomar conta de crianças.

baby-sitter [-'sɪtəʳ] *n* baby-sitter *f*.

baby wipe *n* toalhita *f* para bebê.

bachelor ['bætʃələʳ] *n* homem *m* solteiro.

Bachelor of Arts *n* = *(titular de uma) licenciatura em letras.*

Bachelor of Science *n* = *(titular de uma) licenciatura em ciências.*

back [bæk] *adv (towards the back)* para trás ◆ *n* costas *fpl; (of car)* parte *f* de trás; *(of room)* fundo *m* ◆ *adj (seat, wheels)* traseiro(-ra) ◆ *vi (car, driver)* recuar ◆ *vt (support)* apoiar; **to call ~** *(telephone)* voltar a telefonar; **to give sthg ~** devolver algo; **to stand ~** afastar-se; **to write ~** responder (a carta); **at the ~ of** na traseira de; **in ~ of** *(Am)* na traseira de; **~ to front** de trás para a frente.

❏ **back up** *vt sep (support)* apoiar ◆ *vi (car, driver)* dar marcha à ré.

backache ['bækeɪk] *n* dor *f* nas costas.

backbencher [,bæk'bentʃəʳ] *n (Brit: POL)* deputado do governo ou oposição sem cargo.

backbone ['bækbəʊn] *n* coluna *f* vertebral.

backcloth ['bækklɒθ] *n (Brit)* = **backdrop**.

backdate [,bæk'deɪt] *vt:* **a pay rise ~d to June** um aumento de salário com efeito retroativo desde junho.

back door *n* porta *f* traseira.

backdrop ['bækdrɒp] *n* pano *m* de fundo.

backfire [,bæk'faɪəʳ] *vi (car)* dar estouros.

backgammon [,bæk,gæmən] *n* gamão *m*.

background ['bækgraʊnd] *n* cenário *m; (of person)* background *m*.

backhand ['bækhænd] *n* esquerda *f*.

backing ['bækɪŋ] *n (support)* apoio *m; (lining)* reforço *m*.

backlash ['bæklæʃ] *n (reaction)* contra-ataque *m*, reação *f* violenta.

backlog ['bæklɒg] *n* acumulação *f*.

back number *n* número *m* atrasado.

backpack ['bækpæk] *n* mochila *f*.

backpacker ['bækpækəʳ] *n* turista com orçamento reduzido que viaja de mochila e saco de dormir nas costas.

back pay *n* salário *m* em atraso.

back seat *n* banco *m* traseiro.

backside [,bæk'saɪd] *n (inf)* traseiro *m*.

backstage [,bæk'steɪdʒ] *adv (be, stay)* nos bastidores; *(go)* para os bastidores.

back street *n* ruela *f*.

backstroke ['bækstrəʊk] *n* costas *fpl (em natação)*.

backup ['bækʌp] *adj (plan, team)* de reserva ◆ *n (support)* apoio *m*.

backward ['bækwəd] *adj (look, movement)* para trás; *(person, country)* atrasado(-da).

backwards ['bækwədz] *adv (move, look)* para trás; *(the wrong way round)* ao contrário.

backyard [,bæk'jɑːd] *n (Brit)* quintal *m*.

bacon ['beɪkən] *n* bacon *m*, toucinho *m*; **~ and eggs** bacon frito e ovos estrelados.

bacteria [bæk'tɪərɪə] *npl* bactérias *fpl*.

bad [bæd] (*compar* **worse**, *superl* **worst**) *adj* mau (má); *(serious)* grave; *(poor, weak)* fraco(-ca); *(rotten, off)* estragado(-da); **to have a ~ back/leg** ter um problema nas costas/na perna; **don't eat that – it's ~ for you** não come isso que vai lhe fazer mal; **not ~** nada mau (má).

badge [bædʒ] *n* crachá *m*.

badger ['bædʒəʳ] *n* texugo *m*.

badly ['bædlɪ] (*compar* **worse**, *superl* **worst**) *adv* (*poorly*) mal; *(seriously)* gravemente; *(very much)* imenso.

badly-off *adj* (*poor*) pobre, com problemas econômicos.

badly paid [-peɪd] *adj* mal pago(-ga).

bad-mannered [-mænəd] *adj* mal-educado(-da).

badminton ['bædmɪntən] *n* badminton *m*.

bad-tempered [-'tempəd] *adj* com mau gênio.

baffle ['bæfl] *vt* desorientar, confundir.

bag [bæg] *n* (*of paper, plastic*) saco *m*, saca *f*; *(handbag)* bolsa *f*; *(suitcase)* mala *f*; **a ~ of crisps** um pacote de batatas fritas.

bagel ['beɪgəl] *n* pequeno pão em forma de anel.

baggage ['bægɪdʒ] *n* bagagem *f*.

baggage allowance *n* peso *m* limite (*de bagagem*).

baggage reclaim *n* recolhimento *m* de bagagem.

baggage trolley *n* carrinho *m*.

baggy ['bægɪ] *adj* largo(-ga).

bagpipes ['bægpaɪps] *npl* gaita-de-foles *f*.

Bahamas [bə'hɑːməz] *npl*: **the ~** as Baamas.

bail [beɪl] *n* fiança *f*.

bailiff ['beɪlɪf] *n* oficial *mf* de justiça.

bait [beɪt] *n* isca *f*.

bake [beɪk] *vt* (*cake, souffle*) cozer (*em forno*); *(potatoes)* assar ◆ *n* (*CULIN*) gratinado *m*.

baked [beɪkt] *adj* (*cake, souffle*) cozido(-da); *(potatoes)* assado(-da).

baked Alaska [-ə'læskə] *n* sobremesa de bolo e sorvete coberto de merengue, que se assa no forno durante breves minutos.

baked beans *npl* feijão *m* cozido com molho de tomate.

baked potato *n* batata *f* assada com casca.

baker ['beɪkəʳ] *n* padeiro *m* (-ra *f*); **~'s** *(shop)* padaria *f*.

bakery ['beɪkərɪ] *n* padaria *f*.

Bakewell tart ['beɪkwel-] *n* torta de massa esfarelada recheada com geléia, coberta com uma mistura de ovos, manteiga, açúcar e amêndoas raladas.

baking ['beɪkɪŋ] *n* (*process*) cozimento *m*.

balaclava (helmet) [bælə'klɑːvə-] *n* (*Brit*) passa-montanhas *m inv*.

balance ['bæləns] *n* (*of person*) equilíbrio *m*; *(of bank account)* saldo *m*; *(remainder)* resto *m* ◆ *vt* (*object*) equilibrar.

balanced diet ['bælənst-] *n* dieta *f* equilibrada.

balcony ['bælkənɪ] *n* (*of house*) varanda *f*; *(of theatre)* balcão *m*.

bald [bɔːld] *adj* calvo(-va), careca.

bale [beɪl] *n* fardo *m*.

Balkans ['bɔːlkənz] *npl*: **the ~** os Balcãs.

Balkan States ['bɔːlkən-] = **Balkans**.

ball [bɔːl] *n* bola *f*; *(of wool, string)* novelo *m*; *(dance)* baile *m*; **on the ~** *(fig)* a par de tudo.

ballad ['bæləd] *n* balada *f*.

ballast ['bæləst] *n* lastro *m*.

ball bearing *n* rolamento *m* de esferas.

ball boy *n* apanha-bolas *m inv*.

ballerina [bælə'riːnə] *n* bailarina *f*.

ballet ['bæleɪ] *n* bailado *m*, ballet *m*, balé *m*.

ballet dancer *n* bailarino *m* (-na *f*).

ball game *n* (*Am: baseball match*) jogo *m* de basebol; *(inf: situation)*: **this is a whole new ~** isto já é outra história.

balloon [bə'luːn] *n* (*at party etc*) balão *m*, bola *f* de soprar

ballot ['bælət] *n* votação *f*.

ballpoint pen ['bɔːlpɔɪnt-] *n* esferográfica *f*.

ballroom ['bɔːlrʊm] *n* salão *m* de baile.

ballroom dancing *n* dança *f* de salão.

balsa(wood) ['bɒlsə(wʊd)] *n* balsa *f*.

Baltic ['bɔːltɪk] *adj* báltico(-ca) ◆ *n*: **the ~ (Sea)** o (mar) Báltico.

Baltic Republic *n*: **the ~s** as Repúblicas Bálticas.

bamboo [bæm'buː] *n* bambú *m*.

bamboo shoots *npl* brotos *mpl* de bambú.

bamboozle [bæm'buːzl] vt (inf) enrolar, passar a perna em.

ban [bæn] n proibição f ♦ vt proibir; **to ~ sb from doing sthg** proibir alguém de fazer algo.

banana [bə'nɑːnə] n banana f.

banana split n banana split m, banana cortada ao meio com sorvete, creme e calda de chocolate.

band [bænd] n (musical group) banda f; (strip of paper) tira f de papel; (rubber) elástico m.

bandage ['bændɪdʒ] n atadura f (Br), ligadura f (Port) ♦ vt ligar.

Band-Aid® ['bændeɪd] n esparadrapo m (Br), penso m rápido (Port).

B and B abbr = bed and breakfast.

bandit ['bændɪt] n bandido m (-da f).

bandstand ['bændstænd] n coreto m.

bandy ['bændɪ] adj com as pernas tortas.

❏ **bandy about** vt sep usar a torto e a direito.

bandy-legged [-ˌlegd] adj = bandy.

bang [bæŋ] n (loud noise) estrondo m ♦ vt (hit loudly) bater em; (shut loudly, injure) bater com.

banger ['bæŋər] n (Brit: inf: sausage) salsicha f; **~s and mash** salsichas com puré de batata.

bangle ['bæŋgl] n pulseira f.

bangs [bæŋz] npl (Am) franja f.

banish ['bænɪʃ] vt banir.

banister ['bænɪstər] n corrimão m.

banjo ['bændʒəʊ] (pl -s OR -es) n banjo m.

bank [bæŋk] n (for money) banco m; (of river, lake) margem f; (slope) monte m (pequeno).

bank account n conta f bancária.

bank book n caderneta f bancária.

bank charges npl encargos mpl bancários (Br), comissões fpl bancárias (Port).

bank clerk n bancário m (-ria f) (Br), empregado m bancário (empregada f bancária) (Port).

bank draft n saque m bancário (Br), transferência f bancária (Port).

banker ['bæŋkər] n banqueiro m (-ra f).

banker's card n cartão bancário que é necessário apresentar, como garantia, sempre que se paga por cheque.

bank holiday n (Brit) feriado m.

bank manager n diretor m (-ra f) de banco.

bank note n nota f (de banco).

bankrupt ['bæŋkrʌpt] adj falido(-da).

bankruptcy ['bæŋkrəptsɪ] n falência f.

bank statement n extrato m de conta.

banner ['bænər] n cartaz m.

bannister ['bænɪstər] = banister.

banquet ['bæŋkwɪt] n (formal dinner) banquete m; (at Indian restaurant etc) menu m fixo (para várias pessoas).

banter ['bæntər] n piadas fpl.

bap [bæp] n (Brit) pãozinho m redondo (Br), papo-seco m (Port).

baptism ['bæptɪzm] n batismo m.

Baptist ['bæptɪst] n batista mf.

baptize [Brit bæp'taɪz, Am 'bæptaɪz] vt batizar.

bar [bɑːr] n (pub, in hotel) bar m; (counter in pub) balcão m; (of metal, soap) barra f; (of wood) tranca f; (of chocolate) barra f (Br), tablete m ou f (Port) ♦ vt (obstruct) bloquear.

barbaric [bɑː'bærɪk] adj bárbaro(-ra).

barbecue ['bɑːbɪkjuː] n (apparatus) churrasqueira f (Br), grelhador m (Port); (event) churrasco m ♦ vt assar (na churrasqueira) (Br), assar (no churrasco) (Port).

barbecue sauce n molho m para churrasco.

barbed wire [bɑːbd-] n arame m farpado.

barber ['bɑːbər] n barbeiro m; **~'s** (shop) barbearia f.

barbiturate [bɑː'bɪtjʊrət] n barbitúrio m.

bar code n código m de barras.

bare [beər] adj (feet) descalço(-ça); (head) descoberto(-ta); (arms, legs) ao léu; (room, cupboard) vazio(-zia); **the ~ minimum** o mínimo dos mínimos.

bareback ['beəbæk] adv em pêlo, sem arreios.

barefaced ['beəfeɪst] adj descarado(-da).

barefoot [ˌbeə'fʊt] adv descalço(-ça).

barely ['beəlɪ] adv mal.

bargain ['bɑːgɪn] n (agreement) acordo m; (cheap buy) pechincha f ♦ vi (haggle) regatear.

❏ **bargain for** vt fus contar com, esperar.

bargain basement n seção f de saldos.

barge [baːdʒ] n barca f.
❏ **barge in** vi: **to ~ in on sb** interromper alguém.

baritone ['bærɪtəʊn] n barítono m.

bark [baːk] n (of tree) casca f ◆ vi latir.

barley ['baːlɪ] n cevada f.

barley sugar n (Brit) = bala f (Br), rebuçado m (Port).

barley water n (Brit) refrigerante feito com água e grãos de cevada, açúcar e aromas de fruta.

barmaid ['baːmeɪd] n garçonete f (Br), empregada f de bar (Port).

barman ['baːmən] (pl -men [-mən]) n barman m.

bar meal n comida ligeira e rápida servida em bares.

barn [baːn] n celeiro m.

barometer [bə'rɒmɪtə ʳ] n barômetro m.

baron ['bærən] n barão m.

baroness ['bærənɪs] n baronesa f.

baroque [bə'rɒk] adj barroco(-ca).

barracks ['bærəks] npl quartel m.

barrage ['bæraːʒ] n (of questions, criticism) chuva f, avalanche f.

barrel ['bærəl] n (of beer, wine, oil) barril m; (of gun) cano m.

barren ['bærən] adj (land, soil) estéril.

barricade ['bærɪkeɪd] n barricada f.

barrier ['bærɪə ʳ] n barreira f.

barring ['baːrɪŋ] prep: **~ accidents** excepto se houver acidentes.

barrister ['bærɪstə ʳ] n (Brit) advogado m (-da f) (de tribunais superiores).

barrow ['bærəʊ] n (market stall) carro m de mão (para venda de produtos nas feiras).

bartender ['baːtendə ʳ] n (Am) garçon m (Br), empregado m (-da f) de bar (Port).

barter ['baːtə ʳ] vi negociar.

base [beɪs] n base f ◆ vt: **to ~ sthg on** basear algo em; **to be ~d in** (located) estar sediado em.

baseball ['beɪsbɔːl] n basebol m.

baseball cap n boné m de basebol.

basement ['beɪsmənt] n (in house) porão m (Br), cave f (Port).

bases ['beɪsiːz] pl → **basis**.

bash [bæʃ] vt (inf) bater com.

bashful ['bæʃfʊl] adj acanhado(-da), tímido(-da).

basic ['beɪsɪk] adj (fundamental) bási-

co(-ca); (accommodation, meal) simples (inv) ◆ npl: **the ~s** os princípios básicos.

basically ['beɪsɪklɪ] adv no fundo.

basil ['bæzl] n manjericão m.

basin ['beɪsn] n (washbasin) pia f, lavatório m (Port); (bowl) tigela f, taça f.

basis ['beɪsɪs] (pl **bases**) n base f; **on a weekly ~** semanalmente; **on the ~ of** tendo em conta.

bask [baːsk] vi (sunbathe): **to ~ in the sun** torrar no sol, apanhar sol.

basket ['baːskɪt] n cesto m, cesta f.

basketball ['baːskɪtbɔːl] n (game) basquetebol m.

basmati rice [bəz'mæti-] n arroz fino e aromático usado em muitos pratos indianos.

bass[1] [beɪs] n (singer) baixo m.

bass[2] [bæs] n (fish) robalo m.

bass drum [beɪs-] n bombo m.

bass (guitar) [beɪs-] n baixo m.

bassoon [bə'suːn] n fagote m.

bastard ['baːstəd] n (vulg) filho-da-puta m (filha-da-puta f), cabrão m (-brona f) (Port).

bastion ['bæstɪən] n (fig) bastião m, baluarte m.

bat [bæt] n (in cricket, baseball) pá f; (in table tennis) raquete f; (animal) morcego m.

batch [bætʃ] n lote m.

bath [baːθ] n banho m ◆ vt dar banho em; **to have a ~** tomar banho. ❏ **baths** npl (Brit: public swimming pool) piscina f municipal.

bathe [beɪð] vi tomar banho.

bathing ['beɪðɪŋ] n (Brit) banho m.

bathing cap n touca f de banho.

bathing costume n traje m de banho (Br), fato m de banho (Port).

bathrobe ['baːθrəʊb] n roupão m.

bathroom ['baːθrʊm] n banheiro m (Br), casa f de banho (Port).

bathroom cabinet n armário m de banheiro.

bath towel n toalha f de banho.

bathtub ['baːθtʌb] n banheira f.

baton ['bætən] n (of conductor) batuta f; (truncheon) cassetete m.

batsman ['bætsmən] (pl -men [-mən]) n (in cricket) batedor m.

batter ['bætə ʳ] n (CULIN) massa mole para panquecas e frituras, polme m (Port) ◆ vt (wife, child) espancar.

battered [ˈbætəd] *adj (CULIN)* frito em massa mole.

battery [ˈbætərɪ] *n (for radio, torch etc)* pilha *f*; *(for car)* bateria *f*.

battery charger [-ˌtʃɑːdʒəʳ] *n* aparelho *m* para recarregar pilhas/baterias.

battle [ˈbætl] *n (in war)* batalha *f*; *(struggle)* luta *f*.

battlefield [ˈbætlfiːld] *n* campo *m* de batalha.

battlements [ˈbætlmənts] *npl* ameias *fpl*.

battleship [ˈbætlʃɪp] *n* navio *m* de guerra.

bauble [ˈbɔːbl] *n* bugiganga *f*.

bawl [bɔːl] *vt (shout)* bradar ♦ *vi* berrar.

bay [beɪ] *n (on coast)* baía *f*; *(for parking)* lugar *m* para estacionamento.

bay leaf *n* folha *f* de louro.

bay window *n* janela *f* saliente.

bazaar [bəˈzɑːʳ] *n* bazar *m*.

B & B *abbr* = bed and breakfast.

BBC *(abbr of British Broadcasting Corporation)* BBC *f, empresa estatal britânica de radiodifusão.*

BC *(abbr of before Christ)* a.C.

be [biː] *(pt* was, were, *pp* been) *vi* 1. *(exist)* ser; **there is/are** há; **are there any shops near here?** há lojas perto daqui? 2. *(describing quality, permanent condition)* ser; **he's a doctor** ele é médico; **I'm British** sou britânico; **the hotel is near the airport** o hotel é OR fica perto do aeroporto. 3. *(describing state, temporary condition)* estar; **will you ~ in the office tomorrow?** você vai estar no escritório amanhã?; **I'll ~ there at six o'clock** estarei lá às seis horas; **I'm hot/cold** estou com calor/frio, tenho calor/frio. 4. *(referring to movement)*: **has the postman been?** o correio já passou?; **have you ever been to Ireland?** você já esteve na Irlanda?; **I'll ~ there in ten minutes** estarei lá em dez minutos. 5. *(occur)* ser; **the final is in June** a final é em junho. 6. *(referring to health)* estar; **how are you?** como vai você?; **I'm fine** estou bem; **she's ill** ela está doente. 7. *(referring to age)*: **how old are you?** que idade você tem?; **I'm 14 (years old)** tenho 14 anos.

8. *(referring to cost)* ser; **how much is it?** quanto é?; **it's £10** são 10 libras. 9. *(referring to time, dates)* ser; **what time is it?** que horas são?; **it's ten o'clock** são dez horas. 10. *(referring to measurement)* ter; **I'm 60 kilos** tenho 60 quilos; **he is 6 feet tall** ele tem 2 metros de altura; **it's 10 metres wide/long** tem 10 metros de largura/comprimento. 11. *(referring to weather)* estar; **it's hot/cold** está calor/frio; **it's windy/sunny** está ventando/sol; **it's going to be nice today** vai fazer bom tempo hoje.

♦ *aux vb* 1. *(forming continuous tense)* estar; **I'm learning French** estou aprendendo francês *(Br)*, estou a aprender francês *(Port)*; **we've been visiting the museum** tivemos visitando o museu *(Br)*, andámos a visitar o museu *(Port)*. 2. *(forming passive)* ser; **she was given a rise** ela foi aumentada; **the flight was delayed** o vôo atrasou; **there are no tables to ~ had** não há mesas vagas. 3. *(with infinitive to express order)*: **you are not to leave until I say so** você só pode sair quando eu disser; **new arrivals are to wait in reception** os recém-chegados têm que esperar na recepção; **all rooms are to ~ vacated by 10 a.m.** todos os quartos têm que ser desocupados antes das 10 horas da manhã. 4. *(with infinitive to express future tense)*: **the race is to start at noon** a corrida começará ao meio-dia. 5. *(in tag questions)*: **he's very tall, isn't he?** ele é muito alto, não é?; **it's cold, isn't it?** está frio, não está?

beach [biːtʃ] *n* praia *f*.

beacon [ˈbiːkən] *n (warning fire)* fogueira *f* (de aviso); *(lighthouse)* farol *m*; *(radio beacon)* radiofarol *m*.

bead [biːd] *n* conta *f*.

beagle [ˈbiːgl] *n* bigle *m*.

beak [biːk] *n* bico *m*.

beaker [ˈbiːkəʳ] *n* copo *m*.

beam [biːm] *n (of light)* raio *m*; *(of wood)* trave *f*; *(of concrete)* viga *f* ♦ *vi (smile)* sorrir alegremente.

bean [biːn] *n (haricot)* feijão *m*; *(pod)* feijão *m* verde; *(of coffee)* grão *m*.

beanbag [ˈbiːnbæg] *n* espécie de pufe mole estofado com esferovite.

bean curd [-kɜːd] *n* pasta de soja em

cubos muito usada na cozinha chinesa e vegetariana.

beansprouts ['bi:nsprauts] *npl* brotos *mpl* de feijão.

bear [beə^r] (*pt* bore, *pp* borne) *n* (*animal*) urso *m* ♦ *vt* suportar, aguentar; **to ~ left/right** virar à esquerda/direita.

bearable ['beərəbl] *adj* suportável.

beard [bɪəd] *n* barba *f.*

bearer ['beərə^r] *n* (*of cheque, passport*) portador *m* (-ra *f*).

bearing ['beərɪŋ] *n* (*relevance*) relevância *f*; **to get one's ~s** orientar-se.

beast [bi:st] *n* (*animal*) animal *m.*

beastly ['bi:stlɪ] *adj* horrível.

beat [bi:t] (*pt* beat, *pp* beaten ['bi:tn]) *n* (*of heart, pulse*) pulsação *f*; (MUS) ritmo *m* ♦ *vt* (*defeat*) derrotar, vencer; (*hit*) bater em, agredir; (*eggs, cream*) bater.

❏ **beat down** *vi* (*sun*) bater; (*rain*) cair ♦ *vt sep*: **I ~ him down to £15** consegui que ele baixasse o preço para 15 libras.

❏ **beat up** *vt sep* espancar.

beating ['bi:tɪŋ] *n* (*hitting*) surra *f*, espancamento *m*; (*defeat*) derrota *f.*

beautiful ['bju:tɪfʊl] *adj* (*attractive*) lindo(-da); (*very good*) magnífico(-ca).

beautifully ['bju:təflɪ] *adv* lindamente.

beauty ['bju:tɪ] *n* beleza *f.*

beauty parlour [-'pɑ:lə^r] *n* instituto *m* de beleza.

beauty salon = beauty parlour.

beauty spot *n* (*place*) local *m* de excepcional beleza.

beaver ['bi:və^r] *n* castor *m.*

became [bɪ'keɪm] *pt* → become.

because [bɪ'kɒz] *conj* porque; **~ of** por causa de.

beckon ['bekən] *vi*: **to ~ (to)** acenar (a).

become [bɪ'kʌm] (*pt* became, *pp* become) *vi* tornar-se; **what became of him?** que foi feito dele?

bed [bed] *n* (*for sleeping in*) cama *f*; (*of river*) leito *m*; (*of sea*) fundo *m*; (CULIN) base *f*, camada *f*; (*in garden*) canteiro *m*; **in ~** na cama; **to get out of ~** levantar-se (da cama); **to go to ~** ir para a cama; **to go to ~ with sb** ir para a cama com alguém; **to make the ~** fazer a cama.

bed and breakfast *n* (*Brit*) casa *privada onde se oferece dormida e café da manhã a preços acessíveis.*

bedclothes ['bedkləʊðz] *npl* roupa *f* de cama.

bedding ['bedɪŋ] *n* roupa *f* de cama.

bed linen *n* lençóis *mpl* (e fronhas).

bedraggled [bɪ'drægld] *adj* molhado e sujo (molhada e suja).

bedridden ['bed,rɪdn] *adj* acamado (-da).

bedroom ['bedrʊm] *n* quarto *m.*

bedside ['bedsaɪd] *n* cabeceira *f* (de cama).

bedside table [bedsaɪd-] *n* mesinha *f* de cabeceira.

bedsit ['bedsɪt] *n* (*Brit*) quarto alugado *com pia e área para cozinhar.*

bedspread ['bedspred] *n* colcha *f.*

bedtime ['bedtaɪm] *n* hora *f* de dormir.

bee [bi:] *n* abelha *f.*

beech [bi:tʃ] *n* faia *f.*

beef [bi:f] *n* carne *f* de vaca; **~ Wellington** *lombo de vaca envolto em massa folhada e servido em fatias.*

beefburger ['bi:f,bɜ:gə^r] *n* hambúrger *m.*

Beefeater ['bi:f,i:tə^r] *n* alabardeiro *m* (da Torre de Londres).

beefsteak ['bi:f,steɪk] *n* bife *m.*

beehive ['bi:haɪv] *n* colméia *f.*

been [bi:n] *pp* → be.

beer [bɪə^r] *n* cerveja *f*; **to have a couple of ~s** beber OR tomar umas cervejas.

beer garden *n* bar *m* ao ar livre (*Br*), esplanada *f* (*Port*).

beer mat *n* descanso *m* para copos.

beet [bi:t] *n* (*sugar beet*) beterraba *m.*

beetle ['bi:tl] *n* escaravelho *m.*

beetroot ['bi:tru:t] *n* beterraba *f.*

before [bɪ'fɔ:^r] *adv* antes ♦ *prep* antes de; (*fml: in front of*) em frente de ♦ *conj* antes de; **~ you leave** antes de partir; **the day ~** o dia anterior; **the week ~ last** há duas semanas.

beforehand [bɪ'fɔ:hænd] *adv* de antemão.

befriend [bɪ'frend] *vt* fazer amizade com.

beg [beg] *vi* pedir ♦ *vt*: **to ~ sb to do sthg** implorar a alguém que faça algo; **to ~ for sthg** (*for money, food*) pedir algo.

began [bɪ'gæn] *pt* → begin.

beggar ['begəʳ] *n* mendigo *m* (-ga *f*).

begin [bɪ'gɪn] (*pt* **began**, *pp* **begun**) *vt & vi* começar; **to ~ doing** OR **to do sthg** começar a fazer algo; **to ~ by doing sthg** começar por fazer algo; **to ~ with** (*firstly*) para começar.

beginner [bɪ'gɪnəʳ] *n* principiante *mf*.

beginning [bɪ'gɪnɪŋ] *n* começo *m*.

begrudge [bɪ'grʌdʒ] *vt*: **to ~ sb sthg** (*envy*) envejar algo a alguém; **to ~ doing sthg** (*do unwillingly*) detestar fazer algo.

begun [bɪ'gʌn] *pp* → **begin**.

behalf [bɪ'hɑːf] *n*: **on ~ of** em nome de.

behave [bɪ'heɪv] *vi* comportar-se; **to ~ (o.s.)** (*be good*) comportar-se.

behavior [bɪ'heɪvjəʳ] (*Am*) = **behaviour**.

behaviour [bɪ'heɪvjəʳ] *n* comportamento *m*.

behead [bɪ'hed] *vt* decapitar.

behind [bɪ'haɪnd] *adv* (*at the back*) atrás ◆ *prep* (*at the back of*) atrás de ◆ *n* (*inf*) traseiro *m*; **to be ~ sb** (*supporting*) apoiar alguém; **to be ~ (schedule)** estar atrasado; **to leave sthg ~** esquecer-se de algo; **to stay ~** ficar para trás.

beige [beɪʒ] *adj* bege (*inv*).

being [bi:ɪŋ] *n* ser *m*; **to come into ~** nascer.

belated [bɪ'leɪtɪd] *adj* tardio(-dia).

belch [beltʃ] *vi* arrotar.

Belgian ['beldʒən] *adj* belga ◆ *n* belga *mf*.

Belgian waffle *n* (*Am*) = waffle *m* (*Br*), = talassa *f* (*Port*).

Belgium ['beldʒəm] *n* Bélgica *f*.

Belgrade [,bel'greɪd] *n* Belgrado *s*.

belief [bɪ'li:f] *n* (*faith*) crença *f*; (*opinion*) opinião *f*.

believe [bɪ'li:v] *vt* (*person, story*) acreditar em; (*think*) achar ◆ *vi*: **to ~ in** (*God, human rights*) crer em; **to ~ in doing sthg** acreditar em fazer algo.

believer [bɪ'li:vəʳ] *n* crente *mf*.

bell [bel] *n* (*of phone, door*) campainha *f*; (*of church*) sino *m*.

bellboy ['belbɔɪ] *n* bói *m* (*Br*), paquete *m* (*em hotel, clube*) (*Port*).

belligerent [bɪ'lɪdʒərənt] *adj* (*aggressive*) belicoso(-sa), beligerante.

bellow ['beləʊ] *vi* (*person*) gritar; (*bull, cow*) mugir.

bellows ['beləʊz] *n* fole *m*.

belly ['belɪ] *n* (*inf*) barriga *f*.

bellyache ['belɪeɪk] *n* dor *f* de barriga.

belly button *n* (*inf*) umbigo *m*.

belong [bɪ'lɒŋ] *vi* (*be in right place*) pertencer; **to ~ to** pertencer a.

belongings [bɪ'lɒŋɪŋz] *npl* pertences *mpl*.

beloved [bɪ'lʌvd] *adj* adorado(-da).

below [bɪ'ləʊ] *adv* em baixo; (*downstairs*) de baixo ◆ *prep* abaixo de; **children ~ the age of ten** crianças com menos de dez anos.

belt [belt] *n* (*for clothes*) cinto *m*; (*TECH*) correia *f*.

beltway ['beltweɪ] *n* (*Am*) circunvalação *f*.

bemused [bɪ'mju:zd] *adj* confuso (-sa), perplexo(-xa).

bench [bentʃ] *n* banco *m*.

bend [bend] (*pt & pp* **bent**) *n* curva *f* ◆ *vt* dobrar ◆ *vi* (*road, river, pipe*) fazer uma curva.

❏ **bend down** *vi* dobrar-se.

❏ **bend over** *vi* inclinar-se.

beneath [bɪ'ni:θ] *adv* debaixo ◆ *prep* (*under*) debaixo de, sob.

benefactor ['benɪfæktəʳ] *n* benfeitor *m* (-ra *f*).

beneficial [,benɪ'fɪʃl] *adj* benéfico (-ca).

benefit ['benɪfɪt] *n* (*advantage*) benefício *m*; (*money*) subsídio *m* ◆ *vt* beneficiar ◆ *vi*: **to ~ (from)** beneficiar-se (de); **for the ~ of** em benefício de.

Benelux ['benɪlʌks] *n* Benelux *m*.

benevolent [bɪ'nevələnt] *adj* benevolente.

benign [bɪ'naɪn] *adj* (*MED*) benigno (-gna).

bent [bent] *pt & pp* → **bend**.

bequeath [bɪ'kwi:ð] *vt* (*money, property*) legar, deixar em testamento.

bereaved [bɪ'ri:vd] *adj* (*family*) enlutado(-da).

beret ['bereɪ] *n* gorro *m*.

berk ['bɜːk] *n* (*Brit: inf*) idiota *mf*, anta *f*.

Berlin [bɜː'lɪn] *n* Berlim *s*.

Bermuda shorts [bə'mju:də-] *npl* bermudas *fpl*.

Bern [bɜːn] *n* Berna *s*.

berry ['berɪ] *n* baga *f*.

berserk [bə'zɜːk] *adj*: **to go ~** ficar fora de si.

berth [bɜːθ] *n* (*for ship*) ancoradouro

m; (in ship) beliche *m; (in train)* couchette *f.*

beside [bɪ'saɪd] *prep (next to)* junto a; **to be ~ the point** não ter nada a ver.

besides [bɪ'saɪdz] *adv* além disso ◆ *prep* além de.

besiege [bɪ'siːdʒ] *vt (town, fortress)* cercar.

besotted [bɪ'sɒtɪd] *adj* completamente apaixonado(-da); **to be ~ with sb** estar apaixonado por alguém.

best [best] *adj* melhor ◆ *n*: **the ~** o/a melhor; **a pint of ~** *(beer)* ≈ uma caneca de cerveja escura; **to make the ~ of sthg** aproveitar o mais possível algo; **to do one's ~** fazer o melhor possível; **the ~ thing to do is ...** o melhor é ...; **"~ before ..."** "consumir de preferência antes de ..."; **at ~** quanto muito; **all the ~!** felicidades!; *(in letter)* um abraço!; **I like this one ~** gosto mais deste; **she played ~** ela jogou melhor.

best man *n* padrinho *m (de casamento).*

best-seller [-'selə^r] *n (book)* best-seller *m.*

bet [bet] *(pt & pp* **bet)** *n* aposta *f* ◆ *vt (gamble)* apostar ◆ *vi*: **to ~ (on)** apostar (em); **I ~ (that) you can't do it** aposto que você não consegue.

betray [bɪ'treɪ] *vt* trair.

betrayal [bɪ'treɪəl] *n* traição *f.*

better [betə^r] *adj & adv* melhor; **you had ~ ...** é melhor ...; **to get ~** melhorar.

better off *adj (financially)* melhor de vida; *(in a better situation)* melhor.

betting ['betɪŋ] *n* apostas *fpl.*

betting shop *n (Brit)* casa *f* de apostas.

between [bɪ'twiːn] *prep* entre; **in ~** *prep* entre ◆ *adv (space)* no meio; **"closed ~ 1 and 2"** "fechado entre a uma e as duas"; **what happened in ~?** o que aconteceu nesse entremeio?

beverage ['bevərɪdʒ] *n (fml)* bebida *f.*

beware [bɪ'weə^r] *vi*: **to ~ of** ter cuidado com; **"~ of the dog"** "cuidado com o cachorro".

bewildered [bɪ'wɪldəd] *adj* perplexo(-xa).

beyond [bɪ'jɒnd] *prep (on far side of)* do outro lado de; *(further than)* para além de ◆ *adv* mais além; **~ reach** fora do alcance; **to be ~ doubt** ser sem

sombra de dúvida.

bias ['baɪəs] *n (prejudice)* preconceito *m; (tendency)* tendência *f.*

biased ['baɪəst] *adj* parcial.

bib [bɪb] *n (for baby)* babador *m (Br)*, bibe *m (Port).*

bible ['baɪbl] *n* bíblia *f.*

bicarbonate of soda [baɪ'kɑːbənət-] *n* bicarbonato *m* de soda.

biceps ['baɪseps] *n* bíceps *m inv.*

bicker ['bɪkə^r] *vi* discutir.

bicycle ['baɪsɪkl] *n* bicicleta *f.*

bicycle path *n* pista *f* para ciclistas.

bicycle pump *n* bomba *f* (de bicicleta).

bid [bɪd] *(pt & pp* **bid)** *n (at auction)* lanço *m; (attempt)* tentativa *f* ◆ *vt (money)* oferecer ◆ *vi*: **to ~ (for)** licitar (para).

bidet ['biːdeɪ] *n* bidê *m.*

bifocals [baɪ'fəʊklz] *npl* óculos *mpl* bifocais.

big [bɪg] *adj* grande; **my ~ brother** o meu irmão mais velho; **how ~ is it?** de que tamanho é?

Big Dipper [-'dɪpə^r] *n (Brit: rollercoaster)* montanha *f* russa; *(Am: constellation)*: **the ~** a Ursa Maior.

bigheaded [,bɪg'hedɪd] *adj (inf)* convencido(-da).

bigot ['bɪgət] *n* preconceituoso *m* (-osa *f*).

big toe *n* dedão *m* (do pé).

big top *n (tent)* tenda *f* de circo.

big wheel *n (Brit: at fairground)* roda *f* gigante.

bike [baɪk] *n (inf) (bicycle)* bicicleta *f; (motorcycle)* moto *f.*

biking ['baɪkɪŋ] *n*: **to go ~** andar de bicicleta.

bikini [bɪ'kiːnɪ] *n* biquíni *m.*

bikini bottom *n* calça *f* de biquíni *(Br)*, cuecas *fpl* de bikini *(Port).*

bikini top *n* sutiã *m* de biquíni *(Br)*, soutien *m* de bikini *(Port).*

bilingual [baɪ'lɪŋgwəl] *adj* bilíngüe.

bill [bɪl] *n (for meal, electricity, hotel)* conta *f; (Am: bank note)* nota *f; (at cinema, theatre)* programa *m; (POL)* projeto *m* de lei; **can I have the ~ please?** a conta, por favor.

billboard ['bɪlbɔːd] *n* quadro *m* de anúncios *(Br)*, placar *m* (publicitário) *(Port).*

billfold ['bɪlfəʊld] *n (Am)* carteira *f (de bolso).*

billiards ['bɪljədz] n bilhar m.
billion ['bɪljən] n (thousand million) bilhão m (Br), mil milhões (Port); (Brit: million million) trilhão m (Br), bilhão (Port).
Bill of Rights n: the ~ os dez primeiros direitos e liberdades do cidadão americano que constam da constituição dos Estados Unidos.
bimbo ['bɪmbəʊ] (pl -s OR -es) n (inf: pej) pessoa jovem e bonita mas pouco inteligente.
bin [bɪn] n caixote m do lixo; (for bread, flour) caixa f; (on plane) compartimento m para a bagagem.
bind [baɪnd] (pt & pp bound) vt (tie up) atar.
binder ['baɪndəʳ] n (cover) capa f de argolas, dossier m.
binding ['baɪndɪŋ] n (of book) encadernação f; (for ski) peças fpl de fixação (dos esquis).
bingo ['bɪŋgəʊ] n bingo m.
binoculars [bɪ'nɒkjʊləz] npl binóculo m.
biodegradable [,baɪəʊdɪ'greɪdəbl] adj biodegradável.
biography [baɪ'ɒgrəfɪ] n biografia f.
biological [,baɪə'lɒdʒɪkl] adj biológico (-ca).
biology [baɪ'ɒlədʒɪ] n biologia f.
birch [bɜːtʃ] n vidoeiro m.
bird [bɜːd] n (small) pássaro m; (large) ave f; (Brit: inf: woman) garota (Br), gaja f (Port).
birdie ['bɜːdɪ] n (bird) passarinho m; (in golf) birdie m.
bird-watching [-,wɒtʃɪŋ] n: I like ~ eu gosto de observar pássaros.
Biro® ['baɪərəʊ] n esferográfica f.
birth [bɜːθ] n nascimento m; by ~ de nascimento; to give ~ to dar à luz.
birth certificate n certidão f de nascimento.
birth control n contracepção f.
birthday ['bɜːθdeɪ] n aniversário m; happy ~! feliz aniversário!
birthday card n cartão m de aniversário.
birthday party n festa f de aniversário OR de anos.
birthmark ['bɜːθmɑːk] n sinal m (de nascença).
birthplace ['bɜːθpleɪs] n local m de nascimento.
biscuit ['bɪskɪt] n (Brit) biscoito m

(Br), bolacha f (Port); (Am: scone) bolo ou pão de massa não levedada que se come com geléia ou algo salgado.
bisect [baɪ'sekt] vt (in geometry) bissectar; (subj: road, corridor) dividir em dois.
bishop ['bɪʃəp] n bispo m.
bison ['baɪsn] n bisonte m.
bistro ['biːstrəʊ] (pl -s) n bar-restaurante m.
bit [bɪt] pt → **bite** ◆ n (piece) pedaço m, bocado m; (of drill) broca f; (of bridle) freio m; **a ~ of** um pouco; **a ~ of money** um pouco de dinheiro; **to do a ~ of walking** andar um pouco; **not a ~** nem um pouco; **~ by ~** pouco a pouco.
bitch [bɪtʃ] n cadela f.
bitchy ['bɪtʃɪ] adj (inf) maldoso(-osa), venenoso(-osa).
bite [baɪt] (pt bit, pp bitten) n (when eating) dentada f; (from insect) picada f; (from snake) mordedura f ◆ vt morder; (subj: insect) picar; **to have a ~ to eat** mordiscar algo.
biting ['baɪtɪŋ] adj (very cold) penetrante; (caustic) mordaz.
bitter ['bɪtəʳ] adj amargo(-ga); (cold, wind) glacial; (argument, conflict) violento(-ta) ◆ n (Brit: beer) tipo de cerveja amarga.
bitter lemon n limonada f (amarga).
bitterness ['bɪtənɪs] n (of taste, food) amargor m; (of weather, wind) rigor m; (of person) rancor m, amargura f; (of argument, conflict) violência f.
bizarre [bɪ'zɑː] adj estranho(-nha).
black [blæk] adj preto(-ta); (coffee, tea) sem leite, preto(-ta); (humour) negro (-gra) ◆ n (colour) preto m, negro m; (person) negro m (-gra f).
❑ **black out** vi desmaiar, perder os sentidos.
black and white adj a preto e branco.
blackberry ['blækbrɪ] n amora f silvestre.
blackbird ['blækbɜːd] n melro m.
blackboard ['blækbɔːd] n quadro m (negro).
black cherry n cereja f preta.
blackcurrant [blæk'kʌrənt] n groselha f preta.
blacken ['blækn] vt (make dark) enfuscar ◆ vi (sky) escurecer.

black eye *n* olho *m* roxo.
Black Forest gâteau *n* bolo de chocolate em camadas com creme e cerejas ou compota de cerejas.
blackhead ['blækhed] *n* cravo *m* (*Br*), ponto *m* negro (*Port*).
black ice *n* gelo *m* (*transparente no solo*).
blackmail ['blækmeɪl] *n* chantagem *f* ◆ *vt* chantagear.
blackout ['blækaʊt] *n* (*power cut*) corte *m* de energia.
black pepper *n* pimenta *f* preta.
black pudding *n* (*Brit*) = chouriço *m* (*Br*), morcela *f* (*Port*).
Black Sea *n*: the ~ o Mar Negro.
black sheep *n* (*fig*) ovelha *f* negra.
blacksmith ['blæksmɪθ] *n* ferreiro *m*.
bladder ['blædər] *n* bexiga *f*.
blade [bleɪd] *n* (*of knife, saw*) lâmina *f*; (*of propeller, oar*) pá *f*; (*of grass*) pedaço *m*.
blame [bleɪm] *n* culpa *f* ◆ *vt* culpar; **to ~ sb for sthg** culpar alguém de algo; **to ~ sthg on sb** pôr a culpa de algo em alguém.
bland [blænd] *adj* (*food*) insosso(-a).
blank [blæŋk] *adj* (*space, page, cassette*) em branco; (*expression*) confuso (-sa) ◆ *n* (*empty space*) espaço *m* em branco.
blank cheque *n* cheque *m* em branco.
blanket ['blæŋkɪt] *n* cobertor *m*.
blasphemy ['blæsfəmɪ] *n* blasfêmia *f*.
blast [blɑːst] *n* (*explosion*) explosão *f*; (*of air, wind*) rajada *f* ◆ *excl* (*inf*) raios!; **at full ~** no máximo.
blasted ['blɑːstɪd] *adj* (*inf: for emphasis*) maldito(-ta).
blatant ['bleɪtənt] *adj* (*discrimination, lie*) puro(-ra); (*disobedience*) ostensivo (-va).
blaze [bleɪz] *n* (*fire*) incêndio *m* ◆ *vi* (*fire*) arder; (*sun, light*) brilhar intensamente.
blazer ['bleɪzər] *n* blazer *m*.
bleach [bliːtʃ] *n* água *f* sanitária (*Br*), lixívia *f* (*Port*) ◆ *vt* (*clothes*) branquear; (*hair*) descolorar.
bleached [bliːtʃt] *adj* (*hair*) oxigenado(-da); (*jeans*) debotado(-da).
bleachers ['bliːtʃərz] *npl* (*Am: SPORT*) arquibancada *f* descoberta.
bleak [bliːk] *adj* (*weather*) escuro(-ra); (*day, city*) sombrio(-bria).

bleary-eyed [ˌblɪərɪˈaɪd] *adj* com os olhos inchados.
bleat [bliːt] *n* (*of sheep, goat*) balido *m* ◆ *vi* (*sheep, goat*) balir; (*fig: complain*) lamuriar-se.
bleed [bliːd] (*pt & pp* **bled** [bled]) *vi* sangrar.
blemish ['blemɪʃ] *n* (*flaw*) defeito *m*, falha *f*; (*pimple, scar*) marca *f*; (*fig: on name, reputation*) mancha *f*.
blend [blend] *n* (*of coffee, whisky*) mistura *f* ◆ *vt* misturar.
blender ['blendər] *n* liquidificador *m*.
bless [bles] *vt* abençoar; ~ **you!** (*said after sneeze*) saúde!
blessing ['blesɪŋ] *n* bênção *f*.
blew [bluː] *pt* → **blow**.
blimey ['blaɪmɪ] *excl* (*Brit: inf*) nossa!
blind [blaɪnd] *adj* cego(-ga) ◆ *n* (*for window*) persiana *f* ◆ *npl*: **the ~** os cegos.
blind alley *n* beco *m* sem saída.
blind corner *n* curva *f* sem visibilidade.
blindfold ['blaɪndfəʊld] *n* venda *f* ◆ *vt* vendar os olhos de.
blind spot *n* (*AUT*) ponto *m* cego.
blink [blɪŋk] *vi* piscar os olhos.
blinkers ['blɪŋkəz] *npl* (*Brit*) antolhos *mpl*.
bliss [blɪs] *n* felicidade *f* absoluta.
blister ['blɪstər] *n* bolha *f* (d'água).
blizzard ['blɪzəd] *n* tempestade *f* de neve.
bloated ['bləʊtɪd] *adj* inchado(-da).
blob [blɒb] *n* gota *f*.
block [blɒk] *n* bloco *m*; (*Am: in town, city*) quarteirão *m* ◆ *vt* obstruir; **to have a ~ed (up) nose** estar com o nariz entupido.
❏ **block up** *vt sep* entupir.
blockage ['blɒkɪdʒ] *n* obstrução *f*.
blockbuster ['blɒkbʌstər] *n* (*inf: book*) best-seller *m*; (*film*) sucesso *m* de bilheteira.
block capitals *npl* letra *f* maiúscula OR de imprensa.
block letters *npl* letra *f* maiúscula OR de imprensa.
block of flats *n* bloco *m* de apartamentos, prédio *m*.
bloke [bləʊk] *n* (*Brit: inf*) cara *m* (*Br*), tipo *m* (*Port*).
blond [blɒnd] *adj* louro(-ra) ◆ *n* louro *m*.

blonde [blɒnd] *adj* louro(-ra) ◆ *n* loura *f*.

blood [blʌd] *n* sangue *m*.

blood donor *n* doador *m* (-ra *f*) de sangue.

blood group *n* grupo *m* sangüíneo.

bloodhound ['blʌdhaʊnd] *n* sabujo *m*, cão *m* de caça.

blood poisoning *n* septicemia *f*.

blood pressure *n* pressão *f* arterial *(Br)*, tensão *f* arterial *(Port)*; **to have high/low ~** ter a pressão (arterial) alta/baixa.

bloodshed ['blʌdʃed] *n* derramamento *m* de sangue, carnificina *f*.

bloodshot ['blʌdʃɒt] *adj* injetado (-da) de sangue.

blood test *n* exame *m* de sangue.

bloodthirsty ['blʌd,θɜːstɪ] *adj* sedento(-ta) de sangue.

blood transfusion *n* transfusão *f* de sangue.

bloody ['blʌdɪ] *adj (hands, handkerchief)* ensangüentado(-da); *(Brit: vulg: damn)* maldito(-ta) ◆ *adv (Brit: vulg)*: **you ~ idiot!** seu idiota!

bloody mary [-'meərɪ] *n* vodka com suco de tomate e especiarias.

bloom [bluːm] *n* flor *f* ◆ *vi* florir; **in ~** em flor.

blossom ['blɒsəm] *n* flor *f*.

blot [blɒt] *n* borrão *m*.

blotch [blɒtʃ] *n* mancha *f*.

blotting paper ['blɒtɪŋ-] *n* papel *m* mata-borrão.

blouse [blaʊz] *n* blusa *f*.

blow [bləʊ] *(pt* blew, *pp* blown) *vt (subj: wind)* fazer voar; *(whistle, trumpet)* soprar em; *(bubbles)* fazer ◆ *vi* soprar; *(fuse)* queimar, rebentar ◆ *n (hit)* golpe *m*; **to ~ one's nose** assoar-se, assoar o nariz.

❏ **blow up** *vt sep (cause to explode)* explodir; *(inflate)* encher ◆ *vi (explode)* explodir; *(storm)* cair.

blow-dry *n* brushing *m* ◆ *vt* secar *(com secador)*.

blowlamp ['bləʊlæmp] *n (Brit)* maçarico *m*.

blown [bləʊn] *pp* → blow.

blowout ['bləʊaʊt] *n (of tyre)*: **they had a ~ on the motorway** o pneu furou quando estavam na auto-estrada.

blowtorch ['bləʊtɔːtʃ] = blow lamp.

BLT *n* sanduíche de bacon grelhado, alface e tomate.

blubber ['blʌbər] *n (of whale)* gordura *f* de baleia ◆ *vi (pej: weep)* choramingar.

blue [bluː] *adj* azul; *(film)* pornográfico(-ca) ◆ *n* azul *m*.

❏ **blues** *n (MUS)* blues *m inv*.

bluebell ['bluːbel] *n* campainha-azul *f*, bom-dia *m*.

blueberry ['bluːbərɪ] *n* arando *m*, uva-do-monte *f*.

bluebottle ['bluː,bɒtl] *n* mosca *f* varejeira.

blue cheese *n* queijo *m* azul.

blue jeans *npl (Am)* jeans *m inv (Br)*, calças *fpl* de ganga *(Port)*.

blueprint ['bluːprɪnt] *n (plan, programme)* plano *m*, projecto *m*.

bluff [blʌf] *n (cliff)* penhasco *m* ◆ *vi* blefar *(Br)*, fazer bluff *(Port)*.

blunder ['blʌndər] *n* asneira *f*.

blunt [blʌnt] *adj (knife)* cego(-ga); *(pencil)* por afiar; *(fig: person)* franco(-ca).

blurb [blɜːb] *n (inf)* texto publicitário que aparece normalmente na contracapa de um livro.

blurred [blɜːd] *adj* desfocado(-da).

blurt [blɜːt] : **blurt out** *vt sep* deixar escapar.

blush [blʌʃ] *vi* corar.

blusher ['blʌʃər] *n* blush *m*.

blustery ['blʌstərɪ] *adj* tempestuoso (-osa).

BMX *(abbr of bicycle motorcross)* BMX *f*.

BO *abbr* = body odour.

boar [bɔːr] *n (male pig)* porco *m*; *(wild pig)* javali *m*.

board [bɔːd] *n (plank)* tábua *f*; *(for surfing, diving)* prancha *f*; *(notice board)* quadro *m*; *(for games)* tabuleiro *m*; *(blackboard)* quadro *m* (negro); *(of company)* direção *f*; *(hardboard)* madeira *f* compensada *(Br)*, contraplacado *m (Port)* ◆ *vt (plane, ship)* embarcar em; **~ and lodging** dormida e refeições; **full ~** pensão completa; **half ~** meia pensão; **on ~** *adv* a bordo ◆ *prep (plane, ship)* a bordo de; *(bus)* em.

boarder ['bɔːdər] *n (lodger)* pensionista *mf*; *(at school)* aluno *m* interno (aluna *f* interna).

board game *n* jogo *m* de tabuleiro.

boarding ['bɔːdɪŋ] *n* embarque *m*.

boarding card *n* cartão *m* de embarque.

boardinghouse ['bɔːdɪŋhaʊs, *pl* -haʊzɪz] *n* pensão *f*.

boarding school *n* colégio *m* interno.

board of directors *n* direção *f*.

boast [bəʊst] *vi*: **to ~ (about sthg)** gabar-se (de algo).

boastful ['bəʊstfʊl] *adj* convencido (-da).

boat [bəʊt] *n* barco *m*; **by ~** de barco.

boater ['bəʊtəʳ] *n* (*hat*) chapéu *m* de palha.

boat train *n* (*Brit*) trem *m* (*Br*), comboio *m* (*Port*) (*de ligação com um barco, ferryboat*).

bob [bɒb] *n* (*hairstyle*) corte *m* direito.

bobbin ['bɒbɪn] *n* bobina *f*, carreto *m*.

bobby ['bɒbɪ] *n* (*Brit: inf: policeman*) guarda *m*, policial *m* (*Br*), polícia *m* (*Port*).

bobby pin *n* (*Am*) grampo *m* de cabelo (*em forma de U*).

bobsleigh ['bɒbsleɪ] *n* trenó *m*, bobsleigh *m*.

body ['bɒdɪ] *n* corpo *m*; (*of car*) carroçeria *f*; (*organization*) organismo *m*; (*of wine*) maturação *f*.

body building *n* musculação *f*, culturismo *m* (*Port*).

bodyguard ['bɒdɪgɑːd] *n* guarda-costas *mf*.

body odour *n* odor *m* corporal.

bodywork ['bɒdɪwɜːk] *n* carroçeria *f*.

bog [bɒg] *n* zona *f* pantanosa.

bogged down [ˌbɒgd-] *adj*: **~ in sthg** (*in mud, snow*) enterrado(-da) em algo; **don't get ~ in too many details** não entre em demasiados detalhes.

bogus ['bəʊgəs] *adj* falso(-sa).

boil [bɔɪl] *vt* (*water*) ferver; (*kettle*) pôr para ferver; (*food*) cozer ♦ *vi* ferver ♦ *n* (*on skin*) furúnculo *m*.

boiled egg [bɔɪld-] *n* ovo *m* cozido.

boiled potatoes [bɔɪld-] *npl* batatas *fpl* cozidas.

boiler ['bɔɪləʳ] *n* esquentador *m* (*da água*).

boiler suit *n* (*Brit*) macacão *m* (*Br*), fato-macaco *m* (*Port*).

boiling (hot) ['bɔɪlɪŋ-] *adj* (*inf*) (*person*) morto(morta) de calor; (*weather*) abrazador(-ra); (*water*) fervendo.

boiling point ['bɔɪlɪŋ-] *n* ponto *m* de ebulição; **to reach ~** ferver.

boisterous ['bɔɪstərəs] *adj* (*child,*

behaviour) irrequieto(-ta).

bold [bəʊld] *adj* (*brave*) audaz.

bollard ['bɒlɑːd] *n* (*Brit: on road*) poste *m*.

bolt [bəʊlt] *n* (*on door, window*) ferrolho *m*; (*screw*) parafuso *m* (*com porca*) ♦ *vt* (*door, window*) fechar com ferrolho.

bomb [bɒm] *n* bomba *f* ♦ *vt* bombardear.

bombard [bɒmˈbɑːd] *vt* bombardear.

bomb disposal squad *n* equipe *f* (*de desmontamento*) de explosivos.

bomber ['bɒməʳ] *n* (*plane*) bombardeiro *m*.

bombing ['bɒmɪŋ] *n* bombardeio *m*.

bomb scare *n* ameaça *f* de bomba.

bomb shelter *n* abrigo *m* (antiaéreo).

bond [bɒnd] *n* (*tie, connection*) laço *m*.

bone [bəʊn] *n* (*of person, animal*) osso *m*; (*of fish*) espinha *f*.

boned [bəʊnd] *adj* (*chicken*) desossado(-da); (*fish*) sem espinhas.

bone-dry *adj* completamente seco (-ca).

bone-idle *adj* preguiçoso(-osa), malandro(-dra).

boneless ['bəʊnləs] *adj* (*chicken, pork*) desossado(-da).

bonfire ['bɒnˌfaɪəʳ] *n* fogueira *f*.

Bonfire Night *n* (*Brit*) 5 de novembro, celebrado com fogueiras e fogo de artifício.

Bonn [bɒn] *n* Bonn.

bonnet ['bɒnɪt] *n* (*Brit: of car*) capota *f*.

bonny ['bɒnɪ] *adj* (*Scot*) bonito(-ta).

bonus ['bəʊnəs] (*pl* **-es**) *n* bônus *m inv*.

bony ['bəʊnɪ] *adj* (*chicken*) cheio (cheia) de ossos; (*fish*) cheio (cheia) de espinhas.

boo [buː] *vi* vaiar.

booby trap ['buːbɪ] *n* (*bomb*) (bomba) armadilha *f*; (*prank*) peça *f* (*Br*), partida *f* (*Port*).

boogie ['buːgɪ] *vi* (*inf*) sacudir o esqueleto.

book [bʊk] *n* livro *m*; (*for writing in*) caderno *m*; (*of stamps, matches*) carteira *f*; (*of tickets*) caderneta *f* ♦ *vt* (*reserve*) reservar.

❏ **book in** *vi* (*at hotel*) preencher o registro.

bookable ['bʊkəbl] *adj* (*seats, flight*) reservável.

bookcase ['bʊkkeɪs] *n* estante *f* (para livros).

booking ['bʊkɪŋ] *n (reservation)* reserva *f*.

booking office *n* bilheteira *f*.

bookkeeping ['bʊkˌkiːpɪŋ] *n* contabilidade *f*.

booklet ['bʊklɪt] *n* folheto *m*.

bookmaker's ['bʊkˌmeɪkəz] *n* casa *f* de apostas.

bookmark ['bʊkmɑːk] *n* marcador *m* de livros.

bookshelf ['bʊkʃelf] *(pl* **-shelves** [-ʃelvz]) *n (shelf)* prateleira *f* (para livros); *(bookcase)* estante *f* (para livros).

bookshop ['bʊkʃɒp] *n* livraria *f*.

bookstall ['bʊkstɔːl] *n* quiosque *m* de venda de livros.

bookstore ['bʊkstɔːr] = **bookshop**.

book token *n* espécie de vale para comprar livros.

boom [buːm] *n (sudden growth)* boom *m* ♦ *vi (voice, guns)* ribombar.

boost [buːst] *vt* aumentar; *(spirits, morale)* levantar.

booster ['buːstər] *n (injection)* reforço *m* de vacina.

boot [buːt] *n (shoe)* bota *f*; *(Brit: of car)* porta-malas *m (Br)*, porta-bagagem *m (Port)*.

booth [buːð] *n (for telephone)* cabine *f*; *(at fairground)* barraca *f*.

booty ['buːtɪ] *n* saque *m*, despojos *mpl*.

booze [buːz] *n (inf)* álcool *m* ♦ *vi (inf)* beber, encher a cara.

bop [bɒp] *n (inf: dance)*: **to have a ~** sacudir o esqueleto.

border ['bɔːdər] *n (of country)* fronteira *f*; *(edge)* borda *f*; **the Borders** região de Escócia que faz fronteira com a Inglaterra.

borderline ['bɔːdəlaɪn] *n (fig: uncertain division)* fronteira *f* ♦ *adj*: **a ~ case** um caso duvidoso, uma situação indecisa.

bore [bɔːr] *pt* → **bear** ♦ *n (inf)* seca *f* ♦ *vt (person)* entediar, aborrecer; *(hole)* fazer.

bored [bɔːd] *adj* entediado(-da).

boredom ['bɔːdəm] *n* tédio *m*.

boring ['bɔːrɪŋ] *adj* maçante *(Br)*, aborrecido(-da) *(Port)*.

born [bɔːn] *adj*: **to be ~** nascer.

borne [bɔːn] *pp* → **bear**.

borough ['bʌrə] *n* município *m*.

borrow ['bɒrəʊ] *vt*: **to ~ sthg (from sb)** pedir algo emprestado (a alguém).

Bosnia ['bɒznɪə] *n* Bósnia *f*.

Bosnia-Herzegovina [-ˌheətsəgə-ˈviːnə] *n* Bósnia-Herzegovina *f*.

Bosnian ['bɒznɪən] *adj* bósnio(-nia) ♦ *n* bósnio *m* (-nia *f*).

bosom ['bʊzəm] *n* peito *m*.

boss [bɒs] *n* chefe *mf*.

❑ **boss around** *vt sep* dar ordens a.

bossy ['bɒsɪ] *adj* mandão(-dona).

botanical garden [bəˈtænɪkl-] *n* jardim *m* botânico.

botch [bɒtʃ] : **botch up** *vt sep (inf: plan)* dar cabo de; **they really ~ed it up** fizeram um belo serviço!

both [bəʊθ] *adj* ambos(-bas) ♦ *pron* ambos *mpl* (-bas *fpl*) ♦ *adv*: **he speaks ~ French and German** ele fala francês e alemão; **~ of them** ambos(-bas), os dois (as duas); **~ of us** nós dois (nós duas).

bother ['bɒðər] *vt (worry)* preocupar; *(annoy, pester)* incomodar ♦ *vi* preocupar-se ♦ *n (trouble)* incômodo *m*, amolação *f*; **I can't be ~ed** não posso me dar ao trabalho; **it's no ~!** não incomoda nada.

bottle ['bɒtl] *n* garrafa *f*; *(for baby)* mamadeira *f (Br)*, biberão *m (Port)*; *(of shampoo, medicine)* frasco *m*.

bottle bank *n* ponto *m* de descarte de vidros para reciclagem *(Br)*, vidrão *m (Port)*.

bottled ['bɒtld] *adj* engarrafado(-da); **~ beer** cerveja *f* de garrafa; **~ water** água *f* mineral (engarrafada).

bottleneck ['bɒtlnek] *n (in traffic)* engarrafamento *m*.

bottle opener [-ˌəʊpnər] *n* abridor *m* de garrafas, saca-rolhas *m inv*.

bottom ['bɒtəm] *adj (lowest)* de baixo; *(last, worst)* último(-ma) ♦ *n* fundo *m*; *(of hill)* base *f*; *(buttocks)* traseiro *m* ♦ *adv*: **I came ~ in the exam** tirei a nota mais baixa do exame.

bough [baʊ] *n* ramo *m*.

bought [bɔːt] *pt & pp* → **buy**.

boulder ['bəʊldər] *n* pedregulho *m*.

bounce [baʊns] *vi (rebound)* pinchar; *(jump)* saltar; **his cheque ~d** ele passou um cheque sem fundos.

bouncer ['baʊnsər] *n (inf)* segurança *m*, gorila *m*.

bouncy castle *n* castelo de ar para as crianças pularem em cima dele.

bound [baʊnd] *pt & pp* → **bind** ◆ *vi* correr aos pulos ◆ *adj*: **he's ~ to get it wrong** o mais certo é ele enganar-se; **it's ~ to rain** vai chover na certa; **it's out of ~s** é zona proibida; **to be ~ for** *(plane, train)* (ir) com destino a.

boundary [ˈbaʊndrɪ] *n* fronteira *f*.

bouquet [buˈkeɪ] *n (of flowers)* ramo *m*; *(of wine)* aroma *m*, bouquet *m*.

bourbon [ˈbɜːbən] *n* bourbon *m*.

bout [baʊt] *n (of illness)* ataque *m*; *(of activity)* período *m*.

boutique [buːˈtiːk] *n* boutique *f*.

bow¹ [baʊ] *n (of head)* reverência *f*; *(of ship)* proa *f* ◆ *vi (bend head)* inclinar a cabeça.

bow² [bəʊ] *n (knot)* laço *m*; *(weapon, MUS)* arco *m*.

bowels [ˈbaʊəlz] *npl (ANAT)* intestinos *mpl*.

bowl [bəʊl] *n* taça *f*, tigela *f*; *(for washing up)* bacia *f*; *(of toilet)* vaso *m (Br)*, sanita *f (Port)*.

❑ **bowls** *npl* jogo de gramado que consiste em arremessar bolas grandes o mais perto possível de uma bola pequena.

bow-legged [ˌbəʊˈlegɪd] *adj* com as pernas tortas.

bowler [ˈbəʊləᵈ] *n (in cricket)* lançador *m (-ra f)*; **~ (hat)** chapéu-coco *m*.

bowling [ˈbəʊlɪŋ] *n*: **to go ~** ir jogar boliche *(Br)*, ir jogar bowling *(Port)*.

bowling alley *n* lugar onde se joga bowling.

bowling green *n* gramado *m (Br)*, relvado *m (Port)* (para jogar "bowls").

bow tie [ˌbəʊ-] *n* laço *m*.

box [bɒks] *n* caixa *f*; *(on form)* quadrado *m*; *(in theatre)* camarote *m* ◆ *vi* jogar boxe; **a ~ of chocolates** uma caixa de bombons.

boxer [ˈbɒksəᵈ] *n* pugilista *m*, lutador *m* de boxe.

boxer shorts *npl* boxers *mpl*.

boxing [ˈbɒksɪŋ] *n* boxe *m*.

Boxing Day *n* o dia 26 de dezembro.

boxing gloves *npl* luvas *fpl* de boxe.

boxing ring *n* ringue *m* de boxe.

box office *n* bilheteira *f*.

boxroom [ˈbɒksrʊm] *n (Brit)* quarto *m* pequeno.

boy [bɔɪ] *n* rapaz *m* ◆ *excl (inf)*: **(oh) ~!** que bom!

boycott [ˈbɔɪkɒt] *vt* boicotar.

boyfriend [ˈbɔɪfrend] *n* namorado *m*.

boyish [ˈbɔɪɪʃ] *adj (man)* juvenil.

boy scout *n* escoteiro *m*.

BR *abbr* = **British Rail**.

bra [brɑː] *n* sutiã *m (Br)*, soutien *m (Port)*.

brace [breɪs] *n (for teeth)* aparelho *m* (para os dentes).

❑ **braces** *npl (Brit)* suspensórios *mpl*.

bracelet [ˈbreɪslɪt] *n* pulseira *f*.

bracken [ˈbrækn] *n* samambaia *f (Br)*, feto *m (Port)*.

bracket [ˈbrækɪt] *n (written symbol)* parêntese *m*; *(support)* suporte *m*.

brag [bræg] *vi* gabar-se; **to ~ about sthg** gabar-se de algo.

braid [breɪd] *n (hairstyle)* trança *f*; *(on clothes)* galão *m*.

brain [breɪn] *n* cérebro *m*.

brainchild [ˈbreɪntʃaɪld] *n* invenção *f*, idéia *f*.

brainwash [ˈbreɪnwɒʃ] *vt* fazer uma lavagem cerebral em.

brainwave [ˈbreɪnweɪv] *n* idéia *f* genial OR brilhante.

brainy [ˈbreɪnɪ] *adj (inf)* esperto(-ta), **she's really ~** ela é um crânio.

braised [breɪzd] *adj* estufado(-da).

brake [breɪk] *n* freio *m (Br)*, travão *m (Port)* ◆ *vi* frear *(Br)*, travar *(Port)*.

brake block *n* calço *m* do freio.

brake fluid *n* líquido *m* para os freios.

brake light *n* luz *f* de freio.

brake pad *n* patilha *f* OR calço *m* do travão.

brake pedal *n* pedal *m* do freio.

bramble [ˈbræmbl] *n (bush)* silva *f*.

bran [bræn] *n* farelo *m*.

branch [brɑːntʃ] *n (of tree, subject)* ramo *m*; *(of bank)* agência *f*; *(of company)* sucursal *f*, filial *f*.

❑ **branch off** *vi* ramificar-se.

branch line *n* ramal *m*.

brand [brænd] *n* marca *f* ◆ *vt*: **to ~ sb (as)** rotular alguém (de).

brandish [ˈbrændɪʃ] *vt (weapon)* brandir, empunhar; *(letter etc)* agitar.

brand-new *adj* novo (nova) em folha.

brandy [ˈbrændɪ] *n* conhaque *m*.

brash [bræʃ] *adj (pej)* insolente.

brass [brɑːs] *n* latão *m*.

brass band *n* banda *f* de música.

brasserie [ˈbræsərɪ] *n* ≈ snack-bar *m*.

brassiere [*Brit* ˈbræsɪəᵈ, *Am* brəˈzɪr] *n* sutiã *m (Br)*, soutien *m (Port)*.

brat [bræt] *n (inf)* criança *f* mimada.

bravado [brə'vɑːdəʊ] *n* bravata *f*.

brave [breɪv] *adj* valente.

bravery ['breɪvərɪ] *n* valentia *f*.

bravo [ˌbrɑːˈvəʊ] *excl* bravo!

brawl [brɔːl] *n* rixa *f*.

brawn [brɔːn] *n (muscle)* músculos *mpl*, força *f* física; *(Brit: meat)* carne de porco, normalmente da cabeça, enlatada semelhante a paté.

bray [breɪ] *vi (donkey)* zurrar.

brazen ['breɪzn] *adj* descarado(-da).

brazier ['breɪzjər] *n* braseira *f*.

Brazil [brə'zɪl] *n* Brasil *m*.

Brazilian [brə'zɪljən] *adj* brasileiro (-ra) ◆ *n* brasileiro *m* (-ra *f*).

brazil nut *n* castanha-do-pará *f*.

breach [briːtʃ] *vt (contract)* quebrar; *(confidence)* abusar de.

bread [bred] *n* pão *m*; ~ **and butter** pão com manteiga.

bread bin *n (Brit)* caixa *f* para pão.

breadboard ['bredbɔːd] *n* tábua *f* para cortar pão.

bread box *(Am)* = **bread bin**.

breadcrumbs ['bredkrʌmz] *npl* farinha *f* de rosca *(Br)*, pão *m* ralado *(Port)*.

breaded ['bredɪd] *adj* panado(-da), à milanesa.

bread knife *n* faca *f* do pão.

bread roll *n* pãozinho *m (Br)*, carcaça *f (Port)*.

breadth [bretθ] *n* largura *f*.

break [breɪk] *(pt broke, pp broken) n (interruption)* interrupção *f*; *(in line)* corte *m*; *(rest, pause)* pausa *f*; *(SCH: playtime)* recreio *m* ◆ *vt (damage)* partir, quebrar; *(disobey)* ir contra; *(fail to fulfil)* quebrar; *(a record)* bater; *(news)* dar; *(journey)* interromper ◆ *vi (become damaged)* partir, quebrar; *(dawn)* romper; *(voice)* mudar; **without a** ~ sem parar; **a lucky** ~ um golpe de sorte; **to** ~ **one's leg** quebrar a perna.

❏ **break down** *vi (car, machine)* enguiçar ◆ *vt sep (door, barrier)* derrubar.

❏ **break in** *vi* entrar à força.

❏ **break off** *vt (detach)* partir; *(holiday)* interromper ◆ *vi (stop suddenly)* parar.

❏ **break out** *vi (fire)* começar; *(war)* estourar; *(panic)* instaurar-se; **to** ~ **out in a rash** ganhar alergia.

❏ **break up** *vi (with spouse, partner)* separar-se; *(meeting, marriage)* terminar; *(school, pupils)* terminar as aulas.

breakage ['breɪkɪdʒ] *n* danos *mpl*.

breakdown ['breɪkdaʊn] *n (of car)* enguiço *m*, avaria *f*; *(in communications, negotiation)* ruptura *f*; *(mental)* esgotamento *m*.

breakdown truck *n* reboque *m (Br)*, pronto-socorro *m (Port)*.

breakfast ['brekfəst] *n* café *m* da manhã *(Br)*, pequeno-almoço *m (Port)*; **to have** ~ tomar o café da manhã; **to have sthg for** ~ comer algo no café da manhã.

breakfast cereal *n* cereal *m* (para o café da manhã).

breakfast television *n (Brit)* programação *f* matinal *(na televisão)*.

break-in *n* assalto *m*.

breakneck ['breɪknek] *adj*: **at** ~ **speed** a toda a velocidade, a uma velocidade vertiginosa.

breakthrough ['breɪkθruː] *n* avanço *m*.

breakup ['breɪkʌp] *n (of relationship)* dissolução *f*.

breakwater ['breɪkˌwɔːtər] *n* quebra-mar *m*.

breast [brest] *n* peito *m*.

breastbone ['brestbəʊn] *n* esterno *m*.

breast-feed *vt* amamentar.

breaststroke ['breststrəʊk] *n* nado *m* de peito *(Br)*, bruços *mpl (Port)*.

breath [breθ] *n* hálito *m*; **out of** ~ sem fôlego; **to go for a** ~ **of fresh air** sair para respirar ar fresco; **to take a deep** ~ respirar fundo.

Breathalyser® ['breθəlaɪzər] *n (Brit)*: **I was given a** ~ **test** tive que soprar no bafômetro *m (Br)* OR balão *m (Port)*.

Breathalyzer® ['breθəlaɪzər] *(Am)* = **Breathalyser®**.

breathe [briːð] *vi* respirar.

❏ **breathe in** *vi* inspirar.

❏ **breathe out** *vi* expirar.

breather ['briːðər] *n (inf)* pausa *f* (para tomar fôlego).

breathing ['briːðɪŋ] *n* respiração *f*.

breathless ['breθlɪs] *adj* sem fôlego.

breathtaking ['breθˌteɪkɪŋ] *adj* incrível.

breed [briːd] *(pt & pp bred* [bred]*) n (of animal)* raça *f*; *(of plant)* espécie *f* ◆ *vt* criar ◆ *vi* reproduzir-se.

breeze [briːz] *n* brisa *f*.

breezy ['briːzɪ] *adj (weather, day)* ventoso(-osa).

brevity ['brevɪtɪ] *n* brevidade *f*.

brew [bruː] *vt (beer)* fabricar; *(tea, cof-*

fee) preparar ◆ *vi (tea, coffee)* repousar; **has the tea/coffee ~ed yet?** já está pronto o chá/café?

brewer ['bru:ə^r] *n* fabricante *m* de cerveja.

brewery ['bruəri] *n* fábrica *f* de cerveja.

bribe [braɪb] *n* suborno *m* ◆ *vt* subornar.

bribery ['braɪbəri] *n* suborno *m*.

bric-a-brac ['brɪkəbræk] *n* bricabraque *m*.

brick [brɪk] *n* tijolo *m*.

bricklayer ['brɪk,leɪə^r] *n* pedreiro *m*.

brickwork ['brɪkwɜ:k] *n* alvenaria *f (de tijolo)*.

bridal ['braɪdl] *adj (dress)* de noiva; *(suite)* nupcial.

bride [braɪd] *n* noiva *f*.

bridegroom ['braɪdgrum] *n* noivo *m*.

bridesmaid ['braɪdzmeɪd] *n* dama de honra *(Br)*, dama *f* de honor *(Port)*.

bridge [brɪdʒ] *n* ponte *f; (card game)* bridge *m*.

bridle ['braɪdl] *n* cabeçada *f*.

bridle path *n* pista *f* para cavaleiros.

brief [bri:f] *adj* breve ◆ *vt* informar; **in ~** em resumo.

❑ **briefs** *npl (for men)* cueca *f (Br)*, cuecas *fpl (Port); (for women)* calcinha *f (Br)*, cuecas *fpl (Port)*.

briefcase ['bri:fkeɪs] *n* pasta *f (para papéis, livros)*.

briefing ['bri:fɪŋ] *n* briefing *m*, instruções *fpl*.

briefly ['bri:flɪ] *adv (for a short time)* por alguns momentos; *(in few words)* em poucas palavras.

brigade [brɪ'geɪd] *n* brigada *f*.

brigadier [,brɪgə'dɪə^r] *n* brigadeiro *m*.

bright [braɪt] *adj (light, sun, idea)* brilhante; *(room)* claro(-ra); *(colour)* vivo (-va); *(clever)* esperto(-ta); *(lively, cheerful)* alegre; *(smile)* radiante.

brighten ['braɪtn] *vi (become lighter)* clarear, desanuviar; *(become more cheerful)* alegrar-se.

❑ **brighten up** *vt sep* alegrar ◆ *vi (become more cheerful)* alegrar-se; *(weather)* melhorar.

brilliance ['brɪljəns] *n (of idea, person)* gênio *m; (of colour, light, sunshine)* brilho *m; (inf: of performance, goal)* brilhantismo *m*.

brilliant ['brɪljənt] *adj (light, sunshine)* brilhante; *(colour)* vivo(-va); *(idea, person)* genial; *(inf: wonderful)* fantástico (-ca).

Brillo pad® ['brɪləʊ-] *n* ≃ esponja *f* Bombril® *(Br)*, esfregão *m* Bravo® *(Port)*.

brim [brɪm] *n (of hat)* aba *f;* **it's full to the ~** está cheio até à borda.

brine [braɪn] *n* salmoura *f*.

bring [brɪŋ] *(pt & pp* **brought)** *vt* trazer.

❑ **bring along** *vt sep* trazer.

❑ **bring back** *vt sep (return)* devolver; *(shopping, gift)* trazer.

❑ **bring in** *vt sep (introduce)* introduzir; *(earn)* ganhar.

❑ **bring out** *vt sep (put on sale)* pôr a venda.

❑ **bring up** *vt sep (child)* criar; *(subject)* mencionar; *(food)* vomitar.

brink [brɪŋk] *n:* **on the ~ of** à beira de.

brisk [brɪsk] *adj (quick)* rápido(-da); *(efficient)* desembaraçado(-da); *(wind)* forte.

bristle ['brɪsl] *n (of brush)* cerda *f; (on chin)* pêlo *m*.

Britain ['brɪtn] *n* Grã-Bretanha *f*.

British ['brɪtɪʃ] *adj* britânico(-ca) ◆ *npl:* **the ~** os britânicos.

British Isles *npl:* **the ~** as Ilhas Britânicas.

British Rail *n* companhia ferroviária britânica agora privatizada.

British Telecom [-'telɪkɒm] *n* companhia britânica de telecomunicações.

Briton ['brɪtn] *n* britânico *m* (-ca *f*).

brittle ['brɪtl] *adj* quebradiço(-ça).

broach [brəʊtʃ] *vt (subject)* abordar.

broad [brɔ:d] *adj (wide)* largo(-ga); *(wide-ranging)* amplo(-pla); *(description, outline)* geral; *(accent)* forte.

B road *n (Brit)* estrada *f* secundária.

broad bean *n* fava *f*.

broadcast ['brɔ:dkɑ:st] *(pt & pp* **broadcast)** *n* transmissão *f* ◆ *vt* transmitir.

broaden ['brɔ:dn] *vt* alargar ◆ *vi (river, road)* alargar.

broadly ['brɔ:dlɪ] *adv* em geral; **~ speaking** em termos gerais.

broadminded [,brɔ:d'maɪndɪd] *adj* aberto(-ta).

broccoli ['brɒkəlɪ] *n* brócolis *mpl (Br)*, brócolos *mpl (Port)*.

brochure ['brəʊʃə^r] *n* folheto *m*.

broiled [brɔɪld] *adj (Am)* grelhado(-da).
broke [brəʊk] *pt* → **break** ◆ *adj (inf)* teso(-sa).
broken ['brəʊkn] *pp* → **break** ◆ *adj (window, leg, glass)* partido(-da); *(machine)* com defeito *(Br)*, avariado (-da) *(Port)*; *(English, Portuguese)* incor-reto(-ta).
brolly ['brɒlɪ] *n (Brit: inf)* guarda-chuva *m*.
bronchitis [brɒŋ'kaɪtɪs] *n* bronquite *f*.
bronze [brɒnz] *n* bronze *m*.
brooch [brəʊtʃ] *n* broche *m*.
brood [bru:d] *n (of animals)* ninhada *f* ◆ *vi*: **to ~ (over OR about sthg)** cismar (com algo).
brook [brʊk] *n* riacho *m*.
broom [bru:m] *n* vassoura *f*.
broomstick ['bru:mstɪk] *n* cabo *m* de vassoura.
broth [brɒθ] *n* sopa consistente de ver-duras, com carne ou peixe.
brothel ['brɒθəl] *n* bordel *m*.
brother ['brʌðə'] *n* irmão *m*.
brother-in-law *n* cunhado *m*.
brought [brɔ:t] *pt & pp* → **bring**.
brow [braʊ] *n (forehead)* testa *f*; *(eye-brow)* sobrancelha *f*.
brown [braʊn] *adj* marrom *(Br)*, cas-tanho(-nha) *(Port)*; *(skin)* moreno(-na); *(tanned)* bronzeado(-da) ◆ *n* marrom *m (Br)*, castanho *m (Port)*.
brown bread *n* pão *m* integral.
brownie ['braʊnɪ] *n (CULIN)* biscoito de chocolate e nozes.
Brownie ['braʊnɪ] *n* fadinha *f (entre os sete e os dez anos)*.
brown paper *n* papel *m* pardo OR de embrulho.
brown rice *n* arroz *m* integral.
brown sauce *n (Brit)* molho picante escuro servido especialmente com batatas fritas.
brown sugar *n* açúcar *m* mascavo.
browse [braʊz] *vi (in shop)* dar uma olhada; **to ~ through** *(book, paper)* passar os olhos em.
browser ['braʊzə'] *n*: **"~s welcome"** "entrada livre".
bruise [bru:z] *n* nódoa *f* negra, equi-mose *f*.
brunch [brʌntʃ] *n* café da manhã reforçado que se toma muito tarde e que serve de almoço.
brunette [bru:'net] *n* morena *f*.
brunt [brʌnt] *n*: **to bear OR take the**

~ of sthg agüentar o pior/a maior parte de algo.
brush [brʌʃ] *n (for hair, teeth)* escova *f*; *(for painting)* pincel *m* ◆ *vt (floor)* varrer; *(clothes)* escovar; *(move with hand)* sacudir; **to ~ one's hair** escovar o cabelo; **to ~ one's teeth** escovar os dentes.
brusque [bru:sk] *adj* brusco(-ca).
Brussels ['brʌslz] *n* Bruxelas *s*.
brussels sprouts *npl* couves-de-Bruxelas *fpl*.
brutal ['bru:tl] *adj* brutal.
brute [bru:t] *n (bully)* bruto *m* (-ta *f*).
BSc *abbr* = Bachelor of Science.
BSE *n (abbr of bovine spongiform en-cephalopathy)* BSE *f*, encefalopatia *f* espongiforme bovina.
BT *abbr* = British Telecom.
bubble ['bʌbl] *n* bolha *f*; *(of soap)* bola *f* de sabão; *(in fizzy drink)* borbulha *f*.
bubble bath *n* espuma *f* de banho.
bubble gum *n* chiclete *m (Br)*, pas-tilha *f* elástica *(Port)*.
bubbly ['bʌblɪ] *n (inf)* espumante *m*.
Bucharest [,bu:kə'rest] *n* Bucareste *s*.
buck [bʌk] *n (Am: inf: dollar)* dólar *m*; *(male animal)* macho *m*.
bucket ['bʌkɪt] *n* balde *m*.
Buckingham Palace [,bʌkɪŋəm-] *n* Palácio *m* de Buckingham.
buckle ['bʌkl] *n* fivela *f* ◆ *vt (fasten)* apertar *(com fivela)* ◆ *vi (warp)* con-trair-se.
buck's fizz [,bʌks'fɪz] *n* bebida prepa-rada com champanhe e suco de laranja.
bud [bʌd] *n (flower)* botão *m*; *(leaf)* rebento *m* ◆ *vi (flower)* florescer; *(leaf)* brotar.
Budapest [,bju:də'pest] *n* Budapeste *s*.
Buddhism ['bʊdɪzm] *n* budismo *m*.
Buddhist ['bʊdɪst] *n* budista *mf*.
budding ['bʌdɪŋ] *adj (aspiring)* poten-cial.
buddy ['bʌdɪ] *n (inf)* amigo *m* (-ga *f*).
budge [bʌdʒ] *vi* mexer-se.
budgerigar ['bʌdʒərɪgɑ:'] *n* periquito *m*.
budget ['bʌdʒɪt] *adj (holiday, travel)* econômico(-ca) ◆ *n* orçamento *m*; **the Budget** *(Brit)* o orçamento do Estado.
❏ **budget for** *vt fus*: **to ~ for sthg** pre-ver as despesas de algo.
budgie ['bʌdʒɪ] *n (inf)* periquito *m*.

buff [bʌf] *n (inf)* fanático *m* (-ca *f*).
buffalo [ˈbʌfələu] *(pl* **-s** OR **-es**) *n* búfalo *m*.
buffalo wings *npl (Am)* asas de frango fritas servidas com um molho picante.
buffer [ˈbʌfər] *n (on train)* párachoque *m*.
buffet [*Brit* ˈbʊfeɪ, *Am* bəˈfeɪ] *n* bufê *m (Br)*, bufete *m (Port)*.
buffet car *n* vagão-restaurante *m (Br)*, carruagem-restaurante *f (Port)*.
bug [bʌg] *n (insect)* bicho *m*; *(inf: mild illness)* vírus *m inv* ♦ *vt (inf: annoy)* chatear.
buggy [ˈbʌgɪ] *n* carrinho *m* de bebê.
bugle [ˈbjuːgl] *n* corneta *f*.
build [bɪld] *(pt & pp* **built**) *n* constituição *f* física ♦ *vt* construir.
❑ **build up** *vt sep (strength, speed)* ganhar ♦ *vi* acumular-se.
builder [ˈbɪldər] *n* constructor *m* (-ra *f*) *(civil)*.
building [ˈbɪldɪŋ] *n* edifício *m*.
building site *n* canteiro *m* de obras.
building society *n (Brit)* sociedade financeira de crédito imobiliário.
buildup [ˈbɪldʌp] *n (increase)* aumento *m (gradual)*.
built [bɪlt] *pt & pp* → build.
built-in *adj* incorporado(-da).
built-up area *n* zona *f* urbanizada.
bulb [bʌlb] *n (for lamp)* lâmpada *f* eléctrica; *(of plant)* bulbo *m*.
Bulgaria [bʌlˈgeərɪə] *n* Bulgária *f*.
Bulgarian [bʌlˈgeərɪən] *adj* búlgaro (-ra) ♦ *n (person)* búlgaro *m* (-ra *f*); *(language)* búlgaro *m*.
bulge [bʌldʒ] *vi* fazer volume.
bulk [bʌlk] *n*: **the ~ of** a maior parte de; **in ~** a granel, em grandes quantidades.
bulky [ˈbʌlkɪ] *adj* volumoso(-osa).
bull [bʊl] *n* touro *m*.
bulldog [ˈbʊldɒg] *n* buldogue *m*.
bulldozer [ˈbʊldəʊzər] *n* bulldôzer *m*.
bullet [ˈbʊlɪt] *n* bala *f*.
bulletin [ˈbʊlətɪn] *n* boletim *m*.
bullet-proof *adj* à prova de bala.
bullfight [ˈbʊlfaɪt] *n* corrida *f* de touros, tourada *f*.
bullfighter [ˈbʊlˌfaɪtər] *n* toureiro *m* (-ra *f*).
bullfighting [ˈbʊlˌfaɪtɪŋ] *n* tourada *f*, corridas *fpl* de touros.
bullion [ˈbʊljən] *n* lingotes *mpl*.

bullock [ˈbʊlək] *n* boi *m*, novilho *m* castrado.
bullring [ˈbʊlrɪŋ] *n* praça *f* de touros.
bull's-eye *n* centro *m* (do alvo).
bully [ˈbʊlɪ] *n* brigão *m* (-gona *f*) ♦ *vt* abusar de, intimidar.
bum [bʌm] *n (inf: bottom)* traseiro *m*; *(Am: inf: tramp)* vagabundo *m* (-da *f*).
bum bag *n (Brit)* carteira *f* (de cintura).
bumblebee [ˈbʌmblbiː] *n* abelhão *m*.
bump [bʌmp] *n (on surface)* elevação *f*; *(on leg)* inchaço *m*; *(on head)* galo *m*; *(sound, minor accident)* pancada *f* ♦ *vt (head, leg)* bater com.
❑ **bump into** *vt fus (hit)* chocar com; *(meet)* encontrar-se com.
bumper [ˈbʌmpər] *n (on car)* párachoques *m inv*; *(Am: on train)* párachoque *m*.
bumpy [ˈbʌmpɪ] *adj* acidentado(-da); **the flight was ~** durante o voo sentiu-se um pouco de turbulência.
bun [bʌn] *n (cake)* pão *m* doce *(pequeno)*; *(bread roll)* pãozinho *m (Br)*, carcaça *f (Port)*; *(hairstyle)* coque *m*.
bunch [bʌntʃ] *n (of people)* grupo *m*; *(of flowers)* ramo *m*; *(of grapes, bananas)* cacho *m*; *(of keys)* molho *m*.
bundle [ˈbʌndl] *n (of clothes)* trouxa *f*; *(of notes, papers)* maço *m*.
bung [bʌŋ] *n* tampo *m*.
bungalow [ˈbʌŋgələu] *n* bangalô *m*.
bungle [ˈbʌŋgl] *vt* arruinar, estragar.
bunion [ˈbʌnjən] *n* joanete *m*.
bunk [bʌŋk] *n (bed)* beliche *m*.
bunk bed *n* beliche *m*.
bunker [ˈbʌŋkər] *n (shelter)* abrigo *m*; *(for coal)* paiol *m* de carvão; *(in golf)* bunker *m*.
bunny [ˈbʌnɪ] *n* coelhinho *m*.
bunting [ˈbʌntɪŋ] *n (flags)* galhardetes *mpl*.
buoy [*Brit* bɔɪ, *Am* ˈbuːɪ] *n* bóia *f* (de sinalização).
buoyant [ˈbɔɪənt] *adj (that floats)* flutuante.
BUPA [ˈbuːpə] *n* companhia seguradora britânica de seguros médicos privados.
burden [ˈbɜːdn] *n* carga *f*.
bureau [ˈbjʊərəu] *(pl* **-s** OR **-x**) *n (office, branch)* escritório *m*, centro *m*; *(Brit: desk)* escrivaninha *f*; *(Am: chest of drawers)* cômoda *f*.
bureaucracy [bjʊəˈrɒkrəsɪ] *n* burocracia *f*.

bureau de change [ˌbjʊərəʊdə-
ˈʃɒndʒ] n agência f de câmbio.
bureaux [ˌbjʊərəʊz] pl → bureau.
burger [ˈbɜːgəʳ] n (hamburger) hambúrger m; (made with nuts, vegetables
etc) hambúrguer (vegetariano).
burglar [ˈbɜːgləʳ] n assaltante mf.
burglar alarm n alarme m (anti-
roubo).
burglarize [ˈbɜːgləraɪz] (Am) = burgle.
burglary [ˈbɜːglərɪ] n assalto m.
burgle [ˈbɜːgl] vt assaltar.
burial [ˈberɪəl] n enterro m.
burly [ˈbɜːlɪ] adj troncudo(-da), bem
constituído(-da).
Burma [ˈbɜːmə] n Burma s.
burn [bɜːn] (pt & pp burnt OR burn-
ed) n queimadura f ◆ vt queimar ◆ vi
(be on fire) arder.
❏ **burn down** vt sep incendiar ◆ vi
arder.
burner [ˈbɜːnəʳ] n (on gas cooker) bico
m, boca f; (on electric cooker) placa f.
burning (hot) [ˈbɜːnɪŋ-] adj muito
quente, escaldante.
Burns' Night [bɜːnz-] n 25 de janeiro, aniversário do nascimento do poeta
escocês Robert Burns.
burnt [bɜːnt] pt & pp → burn.
burp [bɜːp] vi (inf) arrotar.
burrow [ˈbʌrəʊ] n toca f.
bursar [ˈbɜːsəʳ] n tesoureiro m (-ra f).
bursary [ˈbɜːsərɪ] n (Brit: scholarship,
grant) bolsa f (de estudos).
burst [bɜːst] (pt & pp burst) n (of gunfire, applause) salva f ◆ vt & vi rebentar; **he ~ into the room** ele irrompeu
pelo quarto adentro; **to ~ into tears**
desatar a chorar; **to ~ open** (door)
abrir-se de repente.
bursting [ˈbɜːstɪŋ] adj (full) cheio(-a);
~ with sthg (excitement, pride) vibran-
do com algo; **to be ~ to do sthg**
(eager) estar doido(-da) para fazer
algo.
bury [ˈberɪ] vt enterrar.
bus [bʌs] n ônibus m (Br), autocarro m
(Port); **by ~** de ônibus.
bus conductor [-kənˈdʌktəʳ] n
cobrador m (-ra f) (de ônibus).
bus driver n motorista mf (de ônibus).
bush [bʊʃ] n arbusto m.
bushy [ˈbʊʃɪ] adj (eyebrows, beard)
cerrado(-da); (tail) peludo(-da).

business [ˈbɪznɪs] n (commerce, trade)
negócios mpl; (shop, firm) negócio m;
(things to do, affair) assunto m; **let's get
down to ~** passemos ao que interessa;
mind your own ~! meta-se na sua
vida!; **"~ as usual"** "aberto como de
costume".
business card n cartão-de-visita m.
business class n classe f executiva.
business hours npl (of shops) horário m de funcionamento; (of offices)
horário de atendimento.
businesslike [ˈbɪznɪslaɪk] adj profissional.
businessman [ˈbɪznɪsmæn] (pl -men
[-men]) n homem m de negócios.
business studies npl = práticas fpl
administrativas.
business trip n viagem f de negócios.
businesswoman [ˈbɪznɪsˌwʊmən] (pl
-women [-wɪmɪn]) n mulher f de negócios.
busker [ˈbʌskəʳ] n (Brit) músico m (-ca
f) de rua.
bus lane n faixa f para ônibus.
bus pass n passe m de ônibus.
bus shelter n abrigo m (de parada de
ônibus).
bus station n (estação) rodoviária f.
bus stop n parada f de ônibus (Br),
paragem f de autocarro (Port).
bust [bʌst] n (of woman) busto m
◆ adj: **to go ~** (inf) falir.
bustle [ˈbʌsl] n alvoroço m, animação
f.
bus tour n excursão f (de ônibus ou
camionete).
busy [ˈbɪzɪ] adj ocupado(-da); (street,
office) movimentado(-da); **to be ~
doing sthg** estar ocupado fazendo
algo.
busybody [ˈbɪzɪˌbɒdɪ] n (pej) mexeri-
queiro m (-ra f), abelhudo m (-da f).
busy signal n (Am) sinal m de ocupado.
but [bʌt] conj mas ◆ prep menos;
you've been nothing ~ trouble você só
tem me dado trabalho; **the last ~ one**
o penúltimo (a penúltima); **~ for** se
não fosse.
butcher [ˈbʊtʃəʳ] n carniceiro m (-ra
f); **~'s (shop)** açougue m (Br), talho m
(Port).
butler [ˈbʌtləʳ] n mordomo m.
butt [bʌt] n (of rifle) coronha f; (of

cigarette, cigar) ponta *f*.
butter ['bʌtəʳ] *n* manteiga *f* ♦ *vt* untar com manteiga.
butter bean *n* feijão *m* branco.
buttercup ['bʌtəkʌp] *n* botão-de-ouro *m*, ranúnculo *m*.
butter dish *n* manteigueira *f*.
butterfly ['bʌtəflaɪ] *n* borboleta *f*; *(swimming stroke)* nado *m* borboleta *(Br)*, mariposa *f (Port)*.
butterscotch ['bʌtəskɒtʃ] *n* espécie de caramelo duro feito com manteiga.
buttocks ['bʌtəks] *npl* nádegas *fpl*.
button ['bʌtn] *n* botão *m*; *(Am: badge)* crachá *m*.
buttonhole ['bʌtnhəʊl] *n (hole)* casa *f* (de botão).
button mushroom *n* cogumelo *m* pequeno.
buttress ['bʌtrɪs] *n* contraforte *m*.
buy [baɪ] *(pt & pp bought) vt* comprar ♦ *n*: **a good ~** uma boa compra; **to ~ sthg for sb, to ~ sb sthg** comprar algo para alguém.
buyer ['baɪəʳ] *n (purchaser)* comprador *m* (-ra *f*).
buzz [bʌz] *vi* zumbir ♦ *n (inf: phone call)*: **to give sb a ~** dar uma ligada para alguém.
buzzer ['bʌzəʳ] *n* campainha *f*.
buzzword ['bʌzwɜːd] *n (inf)* modismo *m*.
by [baɪ] *prep* **1.** *(expressing cause, agent)* por; **he's worried ~ her absence** está preocupado com a sua ausência; **he was hit ~ a car** ele foi atropelado por um carro; **a book ~ Irvine Welsh** um livro de Irvine Welsh; **funded ~ the government** financiado pelo governo.

2. *(expressing method, means)*: **~ car/bus/plane** de carro/ônibus/avião; **~ phone/post** pelo telefone/correio; **to pay ~ credit card/cheque** pagar com cartão de crédito/cheque; **to win ~ cheating** ganhar trapaceando.
3. *(near to, beside)* junto a; **~ the sea** à beira-mar, junto ao mar.
4. *(past)* por; **a car went ~ the house** um carro passou pela casa.
5. *(via)* por; **exit ~ the door on the left** sair pela porta do lado esquerdo.
6. *(with time)*: **be there ~ nine** esteja lá às nove horas; **~ day** de dia; **it should be ready ~ now** já deve estar pronto.
7. *(expressing quantity)* a; **sold ~ the dozen** vende-se à dúzia; **prices fell ~ 20%** os preços baixaram 20%; **we charge ~ the hour** cobramos por hora.
8. *(expressing meaning)* com; **what do you mean ~ that?** que quer dizer com isso?
9. *(in division, multiplication)* por; **two metres ~ five** dois metros por cinco.
10. *(according to)* segundo; **~ law** segundo a lei; **it's fine ~ me** por mim tudo bem.
11. *(expressing gradual process)* a; **one ~ one** um a um; **day ~ day** dia a dia.
12. *(in phrases)*: **~ mistake** por engano; **~ oneself** sozinho; **~ profession** por profissão.
♦ *adv (past)*: **to go/drive ~** passar.
bye(-bye) [baɪ(baɪ)] *excl (inf)* tchau!
bypass ['baɪpɑːs] *n (road)* contorno *m (Br)*, circunvalação *f (Port)*.
by-product *n (product)* subproduto *m*, derivado *m*; *(fig: consequence)* consequência *f*.
bystander ['baɪˌstændəʳ] *n* espectador *m* (-ra *f*).

C

C *(abbr of Celsius, centigrade)* C.

cab [kæb] *n (taxi)* táxi *m*; *(of lorry)* cabine *f*.

cabaret ['kæbəreɪ] *n* cabaré *m*.

cabbage ['kæbɪdʒ] *n* couve *f*.

cabin ['kæbɪn] *n (on ship)* camarote *m*; *(of plane)* cabine *f*; *(wooden house)* cabana *f*.

cabin crew *n* pessoal *m* de bordo, tripulação *f*.

cabinet ['kæbɪnɪt] *n (cupboard)* armário *m*; *(POL)* conselho *m* de ministros.

cable ['keɪbl] *n* cabo *m*.

cable car *n* teleférico *m*.

cable television *n* televisão *f* a cabo.

cackle ['kækl] *vi* cacarejar.

cactus ['kæktəs] *(pl* -tuses OR -ti [-taɪ]*) n* cacto *m*.

cadet [kə'det] *n (in police)* cadete *m*.

cadge [kædʒ] *vt (Brit: inf)*: **to ~ sthg (off** OR **from sb)** filar algo (de alguém) *(Br)*, cravar algo (a alguém) *(Port)*.

caesarean (section) [sɪ'zeərɪən-] *n (Brit)* cesariana *f*.

Caesar salad [ˌsiːzə-] *n* salada de alface com anchovas, queijo parmesão e cubos de pão torrado ou frito.

cafe ['kæfeɪ] *n* café *m*.

cafeteria [ˌkæfɪ'tɪərɪə] *n* cantina *f*.

cafetière [kæf'tjeər] *n* cafeteira *f* (de êmbolo).

caffeine ['kæfiːn] *n* cafeína *f*.

cage [keɪdʒ] *n* gaiola *f*.

cagey ['keɪdʒɪ] *adj (inf)* reservado (-da).

cagoule [kə'guːl] *n (Brit)* casaco *m* impermeável *(fino e com capuz)*.

cajole [kə'dʒəʊl] *vt*: **to ~ sb into doing sthg** induzir alguém a fazer algo.

Cajun ['keɪdʒən] *adj* relativo à comunidade Cajun, de origem francesa, residente na Luisiana.

cake [keɪk] *n* bolo *m*; *(of soap)* barra *f*.

caked [keɪkt] *adj*: **~ with mud** coberto(-ta) de lama seca.

calcium ['kælsɪəm] *n* cálcio *m*.

calculate ['kælkjʊleɪt] *vt* calcular.

calculating ['kælkjʊleɪtɪŋ] *adj* calculista.

calculation [ˌkælkjʊ'leɪʃn] *n* cálculo *m*.

calculator ['kælkjʊleɪtər] *n* calculadora *f*.

calendar ['kælɪndər] *n* calendário *m*.

calf [kɑːf] *(pl* **calves**) *n (of cow)* bezerro *m* (-a *f*), vitelo *m* (-la *f*); *(part of leg)* barriga *f* da perna.

caliber ['kælɪbər] *(Am)* = **calibre**.

calibre ['kælɪbər] *n* calibre *m*.

California [ˌkælɪ'fɔːnjə] *n* Califórnia *f*.

calipers ['kælɪpərz] *(Am)* = **callipers**.

call [kɔːl] *n (visit)* visita *f*; *(phone call, at airport)* chamada *f*; *(of bird)* grito *m* ◆ *vt* chamar; *(say loudly)* chamar por; *(telephone)* ligar para; *(meeting, election, strike)* convocar; *(flight)* anunciar ◆ *vi (telephone)* telefonar, ligar; *(visit)*: **he ~ed to see you** ele passou aqui para lhe ver; **could I have a ~ at eight o'clock, please?** por favor, pode chamar-me às oito?; **on ~** *(nurse, doctor)* de plantão; **to pay sb a ~** visitar alguém; **to be ~ed** chamar-se; **what is he ~ed?** como é que ele se chama?; **this train ~s at ...** este trem pára em ...; **who's ~ing?** é da parte de quem?

❑ **call back** *vt sep* voltar a telefonar a ◆ *vi (phone again)* voltar a telefonar; *(visit again)*: **I'll ~ back later** passo aqui mais tarde.

❑ **call for** *vt fus (come to fetch)* ir buscar; *(demand, require)* exigir.

❑ **call on** *vt fus (visit)* ir visitar; **to ~ on sb to do sthg** pedir a alguém para fazer algo.

❑ **call out** *vt sep (name, winner)* anunciar; *(doctor, fire brigade)* chamar ♦ *vi* gritar.

❑ **call up** *vt sep* (MIL) chamar, mobilizar; *(telephone)* telefonar para, ligar para.

call box *n* cabine *f* telefônica.

caller ['kɔːləʳ] *n (visitor)* visita *f*; *(on phone)* pessoa *f* que chama.

call-in *n (Am: on radio, TV) programa em que o público participa por telefone.*

calling ['kɔːlɪŋ] *n (profession, trade)* profissão *f*; *(vocation, urge)* vocação *f*.

calling card *n (Am)* cartão-de-visita *m*.

callipers ['kælɪpəz] *npl (Brit)* (MATH) compasso *m*; (MED) aparelho *m* ortopédico *(para as pernas)*.

callous ['kæləs] *adj (unkind)* insensível.

callus ['kæləs] *n* calo *m*.

calm [kɑːm] *adj* calmo(-ma) ♦ *vt* acalmar.

❑ **calm down** *vt sep* acalmar ♦ *vi* acalmar-se.

Calor gas® ['kælə-] *n* gás *m* butano.

calorie ['kælərɪ] *n* caloria *f*.

calves [kɑːvz] *pl* → **calf**.

Cambodia [kæm'bəʊdjə] *n* Camboja *m*.

camcorder ['kæm,kɔːdəʳ] *n* máquina *f* de filmar (vídeos).

came [keɪm] *pt* → **come**.

camel ['kæml] *n* camelo *m*.

camembert ['kæməmbeəʳ] *n* camembert *m*.

cameo ['kæmɪəʊ] *(pl* -s) *n (piece of jewellery)* camafeu *m*; *(in acting)* curta aparição *f (de um ator famoso)*; *(in writing)* boa descrição *f*.

camera ['kæmərə] *n (for photographs)* máquina *f* OR câmara *f* fotográfica; *(for filming)* máquina OR câmara de filmar.

cameraman ['kæmərəmæn] *(pl* -**men** [-men]) *n* operador *m* de câmara, cameraman *m*.

camera shop *n* loja *f* de artigos fotográficos.

Cameroon [,kæmə'ruːn] *n* Camarões *mpl*.

camisole ['kæmɪsəʊl] *n* camisola *f* interior.

camouflage ['kæməflɑːʒ] *n* camuflagem *f* ♦ *vt* camuflar.

camp [kæmp] *n (for holidaymakers)* colônia *f* de férias; *(for soldiers)* acampamento *m*; *(for prisoners)* campo ♦ *vi* acampar.

campaign [kæm'peɪn] *n* campanha *f* ♦ *vi*: **to ~ (for/against)** fazer campanha (a favor de/contra).

camp bed *n* cama *f* de campanha.

camper ['kæmpəʳ] *n (person)* campista *mf*; *(van)* trailer *m (Br)*, caravana *f*, roulotte *f (motorizada) (Port)*.

campground ['kæmpgraʊnd] *n (Am)* camping *m*, acampamento *m (Br)*.

camping ['kæmpɪŋ] *n*: **to go ~** acampar.

camping stove *n* fogareiro *m* (de campismo).

campsite ['kæmpsaɪt] *n* camping *m*.

campus ['kæmpəs] *(pl* -**es**) *n* cidade *f* universitária.

can¹ [kæn] *n* lata *f*.

can² [*weak form* kən, *strong form* kæn] *(pt & conditional* **could**) *aux vb* **1.** (be able to) poder; **~ you help me?** podia ajudar-me?; **I ~ see the mountains** posso ver as montanhas.

2. (know how to) saber; **~ you drive?** você sabe conduzir?; **I ~ speak Portuguese** eu sei falar português.

3. (be allowed to) poder; **you can't smoke here** você não pode fumar aqui.

4. (in polite requests) poder; **~ you tell me the time?** podia me dizer as horas?; **~ I speak to the manager?** posso falar com o gerente?

5. (expressing occasional occurrence) poder; **it ~ get cold at night** às vezes à noite a temperatura baixa bastante.

6. (expressing possibility) poder; **they could be lost** eles podem estar perdidos.

Canada ['kænədə] *n* Canadá *m*.

Canadian [kə'neɪdɪən] *adj & n* canadense *mf (Br)*, canadiano *m* (-na *f*) *(Port)*.

canal [kə'næl] *n* canal *m*.

canapé ['kænəpeɪ] *n* canapé *m*.

canary [kə'neərɪ] *n* canário *m*.

cancel ['kænsl] *vt* cancelar.

cancellation [,kænsə'leɪʃn] *n* cancelamento *m*.

cancer ['kænsəʳ] *n* câncer *m (Br)*, cancro *m (Port)*.

Cancer ['kænsəʳ] *n* Câncer *m (Br)*, Caranguejo *m (Port)*.

candelabra [,kændɪ'lɑːbrə] *n* candelabro *m*.

candid [ˈkændɪd] *adj* cândido(-da).

candidate [ˈkændɪdət] *n* candidato *m* (-ta *f*).

candle [ˈkændl] *n* vela *f*.

candlelight [ˈkændllaɪt] *n* luz *f* de vela.

candlelit dinner [ˈkændllɪt-] *n* jantar *m* à luz de vela.

candlestick [ˈkændlstɪk] *n* castiçal *m*.

candor [ˈkændər] *(Am)* = **candour**.

candour [ˈkændəʳ] *n (Brit)* candura *f*, candor *m*.

candy [ˈkændɪ] *n (Am) (confectionery)* guloseimas *fpl; (sweet)* bala *f (Br)*, rebuçado *m (Port)*.

candyfloss [ˈkændɪflɒs] *n (Brit)* algodão *m* doce.

cane [keɪn] *n (for walking)* bengala *f; (for punishment)* palha *f; (for furniture, baskets)* verga *f*.

canine [ˈkeɪnaɪn] *adj* canino(-na) ◆ *n:* ~ **(tooth)** *(dente)* canino *m*.

canister [ˈkænɪstəʳ] *n (for tea)* caixa *f* (para o chá); *(for gas)* lata *f*.

cannabis [ˈkænəbɪs] *n* maconha *f (Br)*, haxixe *m (Port)*.

canned [kænd] *adj (food, drink)* enlatado(-da).

cannibal [ˈkænɪbl] *n* canibal *mf*.

cannon [ˈkænən] *n* canhão *m*.

cannonball [ˈkænənbɔːl] *n* bala *f* de canhão.

cannot [ˈkænɒt] = **can not**.

canny [ˈkænɪ] *adj (shrewd)* astuto(-ta).

canoe [kəˈnuː] *n* canoa *f*.

canoeing [kəˈnuːɪŋ] *n* canoagem *f*.

can opener *n* abridor *m* de latas *(Br)*, abre-latas *m inv (Port)*.

canopy [ˈkænəpɪ] *n (over bed etc)* dossel *m*.

can't [kɑːnt] = **cannot**.

cantaloup(e) [ˈkæntəluːp] *n* meloa *f*.

cantankerous [kænˈtæŋkərəs] *adj* intratável.

canteen [kænˈtiːn] *n* cantina *f*.

canter [ˈkæntəʳ] *n* meio galope *m* ◆ *vi* ir a meio galope.

canvas [ˈkænvəs] *n (for tent, bag)* lona *f*.

canvass [ˈkænvəs] *vt (voters)* pedir o voto de; *(investigate)* sondar.

canyon [ˈkænjən] *n* desfiladeiro *m*.

cap [kæp] *n (hat)* boné *m; (of pen, bottle)* tampa *f; (contraceptive)* diafragma *m*.

capability [ˌkeɪpəˈbɪlətɪ] *n* capacidade *f*.

capable [ˈkeɪpəbl] *adj* capaz; **to be** ~ **of doing sthg** ser capaz de fazer algo.

capacity [kəˈpæsɪtɪ] *n* capacidade *f*.

cape [keɪp] *n (of land)* cabo *m; (cloak)* capa *f*.

capers [ˈkeɪpəz] *npl* alcaparras *fpl*.

Cape Verde [-ˈvɜːd] *n:* **the** ~ **Islands** as Ilhas de Cabo Verde.

capital [ˈkæpɪtl] *n (of country)* capital *f; (money)* capital *m; (letter)* maiúscula *f*.

capitalism [ˈkæpɪtəlɪzm] *n* capitalismo *m*.

capitalist [ˈkæpɪtəlɪst] *adj* capitalista ◆ *n* capitalista *mf*.

capital punishment *n* pena *f* de morte.

Capitol Hill [ˈkæpɪtl-] *n* o Capitólio, sede do Congresso americano, em Washington.

capitulate [kəˈpɪtjʊleɪt] *vi:* **to** ~ **to sthg** capitular perante algo.

cappuccino [ˌkæpʊˈtʃiːnəʊ] *(pl* -s) *n* cappuccino *m*.

Capricorn [ˈkæprɪkɔːn] *n* Capricórnio *m*.

capsicum [ˈkæpsɪkəm] *n* pimentão *m (Br)*, pimento *m (Port)*.

capsize [kæpˈsaɪz] *vi* virar-se.

capsule [ˈkæpsjuːl] *n* cápsula *f*.

captain [ˈkæptɪn] *n* capitão *m* (-tã *f); (of plane, ship)* comandante *mf*.

caption [ˈkæpʃn] *n* legenda *f*.

captivate [ˈkæptɪveɪt] *vt* cativar.

captive [ˈkæptɪv] *n* cativo *m* (-va *f*) ◆ *adj (imprisoned)* cativo(-va); *(audience, market)* seguro(-ra).

captor [ˈkæptəʳ] *n* captor *m* (-ra *f*).

capture [ˈkæptʃəʳ] *vt (person, animal)* capturar; *(town, castle)* tomar.

car [kɑːʳ] *n (motorcar)* carro *m*, automóvel *m; (railway wagon)* vagão *m (Br)*, carruagem *f (Port)*.

carafe [kəˈræf] *n* garrafa *f (de boca larga para servir vinho ou água)*.

caramel [ˈkærəmel] *n (sweet)* caramelo *m; (burnt sugar)* calda *f* caramelada *(Br)*, caramelo líquido *(Port)*.

carat [ˈkærət] *n* quilate *m;* **24-**~ **gold** ouro de 24 quilates.

caravan [ˈkærəvæn] *n (Brit)* trailer *m (Br)*, caravana *f (Port)*.

caravanning [ˈkærəvænɪŋ] *n (Brit):* **to go** ~ passar férias num trailer.

caravan site *n (Brit)* camping *m* para trailers *(Br)*, parque *m* de campismo para caravanas *(Port)*.

carbohydrate [ˌkɑːbəʊˈhaɪdreɪt] *n (in foods)* hidrato *m* de carbono.

carbon [ˈkɑːbən] *n* carbono *m*.

carbonated [ˈkɑːbəneɪtɪd] *adj* com gás, gaseificado(-da).

carbon copy *n* cópia *f* feita com papel químico.

carbon dioxide [-daɪˈɒksaɪd] *n* dióxido *m* de carbono.

carbon monoxide [-mɒˈnɒksaɪd] *n* monóxido *m* de carbono.

car boot sale *n (Brit)* mercado de objetos usados, cuja venda se faz diretamente do porta-malas dos carros.

carburetor [ˌkɑːbəˈretər] *(Am)* = **carburettor**.

carburettor [ˌkɑːbəˈretər] *n (Brit)* carburador *m*.

carcass [ˈkɑːkəs] *n* carcaça *f*.

car crash *n* acidente *m* de carro.

card [kɑːd] *n* cartão *m*; *(postcard)* postal *m*; *(playing card)* carta *f*; *(cardboard)* cartolina *f*, papelão *m*.
❑ **cards** *npl (game)* cartas *fpl*.

cardboard [ˈkɑːdbɔːd] *n* cartolina *f*, papelão *m*.

cardboard box *n* caixa *f* de papelão.

car deck *n* convés *m* para veículos.

cardiac arrest [ˌkɑːdɪæk-] *n* parada *f* cardíaca *(Br)*, paragem *f* cardíaca *(Port)*.

cardigan [ˈkɑːdɪgən] *n* casaco *m* de malha.

cardinal [ˈkɑːdɪnl] *adj* capital ◆ *n (RELIG)* cardeal *m*.

card index *n (Brit)* fichário *m (Br)*, ficheiro *m (Port)*.

care [keər] *n (attention)* cuidado *m*; *(treatment)* cuidados *mpl* ◆ *vi (mind)* importar-se; **to take ~ of** tomar conta de; **to take ~ not to do sthg** ter cuidado para não fazer algo; **take ~!** *(goodbye)* expressão de afeto utilizada frequentemente em despedidas; **with ~** com cuidado; **would you ~ to …?** *(fml)* você se importaria de …?; **to ~ about** *(think important)* preocupar-se com; *(person)* querer bem a.

career [kəˈrɪər] *n* carreira *f*.

careers adviser [kəˈrɪəz-] *n* orientador *m* (-ra *f*) profissional.

carefree [ˈkeəfriː] *adj* despreocupado(-da).

careful [ˈkeəfʊl] *adj* cuidadoso(-osa); **be ~!** cuidado!

carefully [ˈkeəflɪ] *adv* cuidadosamente.

careless [ˈkeələs] *adj* descuidado (-da).

caress [kəˈres] *n* carícia *f* ◆ *vt* acariciar.

caretaker [ˈkeəˌteɪkər] *n (Brit)* porteiro *m* (-ra *f*).

car ferry *n* barco *m (de travessia que transporta carros)*.

cargo [ˈkɑːgəʊ] *(pl -es OR -s)* *n* carga *f*, carregamento *m*.

car hire *n (Brit)* aluguel *m* de carros OR automóveis.

Caribbean [*Brit* ˌkærɪˈbiːən, *Am* kəˈrɪbɪən] *n*: **the ~** *(area)* as Caraíbas.

caring [ˈkeərɪŋ] *adj* atencioso(-osa), solícito(-ta).

carnage [ˈkɑːnɪdʒ] *n* carnificina *f*.

carnation [kɑːˈneɪʃn] *n* cravo *m*.

carnival [ˈkɑːnɪvl] *n* carnaval *m*.

carnivorous [kɑːˈnɪvərəs] *adj* carnívoro(-ra).

carol [ˈkærəl] *n*: **(Christmas) ~** cântico *m* de Natal.

carousel [ˌkærəˈsel] *n (for luggage)* esteira *f* rolante *(Br)*, tapete *m* rolante *(Port)*; *(Am: merry-go-round)* carrossel *m*.

carp [kɑːp] *n* carpa *f*.

car park *n (Brit)* estacionamento *m*.

carpenter [ˈkɑːpəntər] *n* carpinteiro *m* (-ra *f*).

carpentry [ˈkɑːpəntrɪ] *n* carpintaria *f*.

carpet [ˈkɑːpɪt] *n (fitted)* carpete *f (Br)*, alcatifa *f (Port)*; *(not fitted)* tapete *m*.

car phone *n* telefone *m* de carro.

car rental *n (Am)* aluguel *m* de carros OR automóveis.

carriage [ˈkærɪdʒ] *n (Brit: of train)* carruagem *f*; *(horse-drawn)* coche *m*.

carriageway [ˈkærɪdʒweɪ] *n (Brit)* pista *f (Br)*, carril *m (Port)*.

carrier (bag) [ˈkærɪər-] *n* saco *m (de papel ou plástico)*.

carrot [ˈkærət] *n* cenoura *f*.

carrot cake *n* bolo *m* de cenoura.

carry [ˈkærɪ] *vt (bear)* carregar, levar; *(transport)* transportar, levar; *(disease)* transmitir; *(cash, passport, map)* ter (consigo); *(support)* aguentar com ◆ *vi (voice, sound)* ouvir-se.
❑ **carry on** *vi (continue)* continuar ◆ *vt fus (continue)* continuar; *(conduct)* reali-

zar; **to ~ on doing sthg** continuar a fazer algo.

❏ **carry out** *vt sep (perform)* levar a cabo; *(fulfil)* cumprir.

carrycot ['kærɪkɒt] *n (Brit)* moisés *m inv (Br)*, alcofa *m* de bebé *(Port)*.

carryout ['kærɪaʊt] *n (Am & Scot)* comida *f* para levar.

carsick ['kɑː.sɪk] *adj* enjoado(-da) *(em carro)*.

cart [kɑːt] *n (for transport)* carroça *f*; *(Am: in supermarket)* carro *m* das compras; *(inf: video game cartridge)* cassete *f*.

carton ['kɑːtn] *n* pacote *m*.

cartoon [kɑː'tuːn] *n (drawing)* desenho *m*, caricatura *f*; *(film)* desenho animado.

cartridge ['kɑːtrɪdʒ] *n (for gun)* cartucho *m*; *(for pen)* recarga *f*.

cartwheel ['kɑːtwiːl] *n (movement)* cambalhota *f* lateral.

carve [kɑːv] *vt (wood, stone)* esculpir; *(meat)* cortar.

carvery ['kɑːvərɪ] *n* restaurante onde se servem churrascos cortados diante dos fregueses.

carving ['kɑːvɪŋ] *n (wooden)* talha *f*; *(stone)* gravura *f*.

car wash *n* lavagem *f* automática.

case [keɪs] *n (Brit: suitcase)* mala *f*; *(container)* caixa *f*; *(instance, patient)* caso *m*; *(JUR: trial)* causa *f*; **in any ~** de qualquer modo; **in ~ of** em caso de; **(just) in ~** caso; **in that ~** nesse caso.

cash [kæʃ] *n* dinheiro *m* ♦ *vt*: **to ~ a cheque** descontar um cheque *(Br)*, levantar um cheque *(Port)*; **to pay ~** pagar em dinheiro.

cash and carry *n* cash-and-carry *m*, armazém *m* de venda a granel.

cash box *n* cofre *m*.

cash card *n* ≃ (cartão) multibanco *m*.

cash desk *n* caixa *f*.

cash dispenser [-dɪ'spensər] *n* caixa *m* automático, multibanco *m*.

cashew (nut) ['kæʃuː-] *n* caju *m*, castanha *f* de caju.

cashier [kæ'ʃɪər] *n* caixa *mf*.

cash machine = **cash dispenser**.

cashmere [kæʃ'mɪər] *n* caxemira *f*.

cashpoint ['kæʃpɔɪnt] *n (Brit)* caixa *m* automático, multibanco *m*.

cash register *n* caixa *f* registradora.

casing ['keɪsɪŋ] *n* revestimento *m*.

casino [kə'siːnəʊ] *(pl* **-s)** *n* casino *m*.

cask [kɑːsk] *n* casco *m*, barril *m*.

cask-conditioned [-kən'dɪʃnd] *adj* fermentado(-da) no barril.

casket ['kɑːskɪt] *n (for jewels)* guarda-jóias *m inv*.

casserole ['kæsərəʊl] *n (stew)* ensopado *m* de forno; **~ (dish)** panela *f* de ir ao forno.

cassette [kæ'set] *n* cassete *f*.

cassette player *n* toca-fitas *m inv (Br)*, leitor *m* de cassetes *(Port)*.

cassette recorder *n* gravador *m*.

cast [kɑːst] *(pt & pp* cast) *n (actors)* elenco *m*; *(for broken bone)* gesso *m* ♦ *vt (shadow, light, look)* lançar; **to ~ doubt on** pôr em dúvida; **to ~ one's vote** votar.

❏ **cast off** *vi (boat, ship)* zarpar.

castaway ['kɑːstəweɪ] *n* náufrago *m* (-ga *f*).

caster ['kɑːstər] *n (wheel)* rodízio *m*.

caster sugar *n (Brit)* açúcar *m* branco *(muito fino)*.

cast iron *n* ferro *m* fundido.

castle ['kɑːsl] *n (building)* castelo *m*; *(in chess)* torre *f*.

castor oil ['kɑːstər-] *n* óleo *m* de rícino.

castrate [kæ'streɪt] *vt* castrar.

casual ['kæʒʊəl] *adj (relaxed)* despreocupado(-da); *(manner, clothes)* informal; **~ work** trabalho *m* temporário.

casually ['kæʒʊəlɪ] *adv (in a relaxed manner)* despreocupadamente; *(address, dress)* informalmente.

casualty ['kæʒjʊəltɪ] *n* vítima *mf*; **~ (ward)** pronto-socorro *m (Br)*, urgências *fpl (Port)*.

cat [kæt] *n* gato *m*.

catalog ['kætəlɒg] *(Am)* = **catalogue**.

catalogue ['kætəlɒg] *n* catálogo *m*.

catalyst ['kætəlɪst] *n* catalisador *m*.

catalytic converter [kætə'lɪtɪkkən'vɜːtər] *n* conversor *m* catalítico *(Br)*, vaso *m* catalítico *(Port)*.

catapult ['kætəpʌlt] *n* catapulta *f*.

cataract ['kætərækt] *n (in eye)* catarata *f*.

catarrh [kə'tɑːr] *n* catarro *m*.

catastrophe [kə'tæstrəfɪ] *n* catástrofe *f*.

catch [kætʃ] *(pt & pp* caught) *vt* apanhar; *(attention, imagination)* despertar ♦ *vi (become hooked)* ficar preso ♦ *n (of window, door)* trinco *m*; *(snag)* truque *m*.

❑ **catch up** *vt sep* alcançar ♦ *vi*: **to ~ up (with)** alcançar.

catching ['kætʃɪŋ] *adj (inf)* contagioso(-osa).

catchment area ['kætʃmənt-] *n zona servida por uma escola ou hospital.*

catchphrase ['kætʃfreɪz] *n* slogan *m.*

catchy ['kætʃɪ] *adj* fácil de lembrar.

categorically [,kætɪ'gɒrɪklɪ] *adv* categoricamente.

category ['kætəgərɪ] *n* categoria *f.*

cater ['keɪtər] : **cater for** *vt fus (Brit) (needs, tastes)* satisfazer; *(anticipate)* contar com.

caterer ['keɪtərər] *n* fornecedor *m* (-ra *f*) *(de serviço de bufê).*

catering ['keɪtərɪŋ] *n (at wedding etc)* serviço *m* de bufê; *(trade)* = hotelaria *f.*

caterpillar ['kætəpɪlər] *n* lagarta *f.*

cathedral [kə'θiːdrəl] *n* catedral *f.*

Catholic ['kæθlɪk] *adj* católico(-ca) ♦ *n* católico *m* (-ca *f*).

Catseyes® ['kætsaɪz] *npl (Brit)* refletores *mpl (em estrada).*

cattle ['kætl] *npl* gado *m.*

cattle grid *n* mata-burro *m (ponte de traves espaçadas, destinada a impedir a passagem de animais).*

catwalk ['kætwɔːk] *n* passarela *f.*

caught [kɔːt] *pt & pp* → **catch.**

cauliflower ['kɒlɪflaʊər] *n* couve-flor *f.*

cauliflower cheese *n* gratinado *de couve-flor com molho branco e queijo ralado.*

cause [kɔːz] *n* causa *f; (justification)* razão *f* ♦ *vt* ca'usar; **to ~ sb to do sthg** fazer (com) que alguém faça algo.

causeway ['kɔːzweɪ] *n* calçada *f (sobre água ou zona pantanosa).*

caustic ['kɔːstɪk] *adj (chemical)* corrosivo(-va), cáustico(-ca); *(comment)* mordaz.

caustic soda [kɔːstɪk-] *n* soda *f* cáustica.

caution ['kɔːʃn] *n (care)* cautela *f; (warning)* aviso *m.*

cautious ['kɔːʃəs] *adj* cauteloso (-osa).

cavalry ['kævlrɪ] *n (on horseback)* cavalaria *f.*

cave [keɪv] *n* gruta *f.*

❑ **cave in** *vi (roof, ceiling)* desabar.

caveman ['keɪvmæn] *(pl -men* [-men]) *n* homem *m* das cavernas.

caviar(e) ['kævɪɑːr] *n* caviar *m.*

cavity ['kævətɪ] *n (in tooth)* cavidade *f.*

CB *abrev* = **Citizens' Band.**

cc *n (abbr of cubic centimetre)* cm³.

CD *n (abbr of compact disc)* CD *m.*

CDI *n (abbr of compact disc interactive)* CDI *m.*

CD player *n* som *m* CD *(Br)*, leitor *m* de CDs *(Port).*

CD-ROM [,siːdiː'rɒm] *n (abbr of compact disc read only memory)* CD-ROM *m.*

CDW *n (abbr of collision damage waiver)* = franquia *f,* = seguro *m* contra choque, colisão, capotagem, incêndio.

cease [siːs] *vt & vi (fml)* cessar.

ceasefire ['siːsfaɪər] *n* cessar-fogo *m.*

cedar (tree) [siːdər-] *n* cedro *m.*

ceilidh ['keɪlɪ] *n festa ou baile tradicional escocês ou irlandês.*

ceiling ['siːlɪŋ] *n* teto *m.*

celebrate ['selɪbreɪt] *vt & vi (victory, birthday)* celebrar.

celebration [,selɪ'breɪʃn] *n (event)* celebração *f.*

❑ **celebrations** *npl (festivities)* comemorações *fpl.*

celebrity [sɪ'lebrətɪ] *n (person)* celebridade *f.*

celeriac [sɪ'lerɪæk] *n* aipo-rábano *m.*

celery ['selərɪ] *n* aipo *m.*

celibate ['selɪbət] *adj* celibatário(-ria).

cell [sel] *n (of plant, body)* célula *f; (in prison)* cela *f.*

cellar ['selər] *n* cave *f.*

cello ['tʃeləʊ] *(pl -s) n* violoncelo *m.*

Cellophane® ['seləfeɪn] *n* celofane *m.*

Celsius ['selsɪəs] *adj* centígrado(-da).

Celt [kelt] *n* celta *mf.*

Celtic ['keltɪk] *adj* celta.

cement [sɪ'ment] *n* cimento *m.*

cement mixer *n* betoneira *f.*

cemetery ['semɪtrɪ] *n* cemitério *m.*

censor ['sensər] *n* censor *m* (-ra *f*) ♦ *vt* censurar.

censorship ['sensəʃɪp] *n* censura *f.*

census ['sensəs] *n (population survey)* censo *m.*

cent [sent] *n (Am)* cêntimo *m.*

centenary [sen'tiːnərɪ] *n (Brit)* centenário *m.*

centennial [sen'tenjəl] *(Am)* = **centenary.**

center ['sentər] *(Am)* = **centre.**

centigrade ['sentɪgreɪd] *adj* centígrado(-da).

centilitre ['sentɪ,liːtə^r] n centilitro m.

centimetre ['sentɪ,miːtə^r] n centímetro m.

centipede ['sentɪpiːd] n centopeia f.

central ['sentrəl] adj central.

Central America n América f Central.

central heating n aquecimento m central.

central locking [-'lɒkɪŋ] n fechadura f centralizada.

central reservation n (Brit) canteiro m central (Br), faixa f separadora central (Port) (em auto-estrada).

centre ['sentə^r] n (Brit) centro m ♦ adj (Brit) central; **the ~ of attention** o centro das atenções.

century ['sentʃʊrɪ] n século m.

ceramic [sɪ'ræmɪk] adj de louça OR barro.

❏ **ceramics** npl cerâmica f.

cereal ['sɪərɪəl] n cereal m.

ceremony ['serɪmənɪ] n cerimônia f.

certain ['sɜːtn] adj certo(-ta); **she's ~ to be late** o mais certo é ela chegar atrasada; **to be ~ of sthg** ter a certeza de algo; **to make ~ (that)** assegurar-se de que.

certainly ['sɜːtnlɪ] adv (without doubt) sem dúvida; (of course) com certeza; **~ not!** de modo nenhum!; **I ~ do** com certeza que sim.

certainty ['sɜːtntɪ] n certeza f.

certificate [sə'tɪfɪkət] n (of studies, medical) certificado m; (of birth) certidão f.

certified mail ['sɜːtɪfaɪd-] n (Am) correio m registrado.

certify ['sɜːtɪfaɪ] vt (declare true) comprovar.

cervical smear [sə'vaɪkl-] n exame m de lâmina, esfregaço m cervical.

cervix ['sɜːvɪks] (pl -ixes OR -ices [-ɪsiːz]) n (of uterus) cérvix m, colo m (do útero).

cesarean (section) [sɪ'zeərɪən-] (Am) = **caesarean (section)**.

CFC n (abbr of chlorofluorocarbon) CFC m.

chaffinch ['tʃæfɪntʃ] n tentilhão m.

chain [tʃeɪn] n (of metal) corrente f; (of shops, mountains) cadeia f ♦ vt: **to ~ sthg to sthg** prender algo a algo (com corrente).

chain saw n serra f de cadeia (Br), motoserra f (Port).

chain-smoke vi fumar um cigarro atrás do outro OR cigarro atrás de cigarro.

chain store n loja pertencente a uma cadeia.

chair [tʃeə^r] n cadeira f.

chair lift n teleférico m (de cadeira).

chairman ['tʃeəmən] (pl -men [-mən]) n presidente m.

chairperson ['tʃeə,pɜːsn] (pl -s) n presidente mf.

chairwoman ['tʃeə,wʊmən] (pl -women [-,wɪmɪn]) n presidente f.

chalet ['ʃæleɪ] n chalé m.

chalk [tʃɔːk] n giz m; **a piece of ~** um pedaço de giz.

chalkboard ['tʃɔːkbɔːd] n (Am) quadro m.

challenge ['tʃælɪndʒ] n desafio m ♦ vt (question) questionar; **to ~ sb (to sthg)** (to fight, competition) desafiar alguém (para algo).

challenging ['tʃælɪndʒɪŋ] adj (task, job) estimulante.

chamber ['tʃeɪmbə^r] n (room) câmara f.

chambermaid ['tʃeɪmbəmeɪd] n camareira f (Br), empregada f de quarto (Port).

chameleon [kə'miːlɪən] n camaleão m.

champagne [,ʃæm'peɪn] n champanhe m.

champion ['tʃæmpjən] n campeão m (-peã f).

championship ['tʃæmpjənʃɪp] n campeonato m.

chance [tʃɑːns] n chance f ♦ vt: **to ~ it** (inf) arriscar; **to take a ~** arriscar-se; **by ~** por acaso; **on the off ~** por se acaso.

chancellor ['tʃɑːnsələ^r] n (of country) chanceler m; (of university) reitor m (-ra f).

Chancellor of the Exchequer [,tʃɑːnsələrəvðəɪks'tʃekə^r] n (Brit) ≃ ministro m (-tra f) da Fazenda (Br), ≃ ministro m (-tra f) das Finanças (Port).

chandelier [,ʃændə'lɪə^r] n candelabro m, lustre m.

change [tʃeɪndʒ] n (alteration) mudança f; (money received back) troco m; (coins) dinheiro m trocado ♦ vt mudar; (exchange) trocar; (clothes, bedding) mudar de, trocar de ♦ vi mudar; (change clothes) trocar-se, mudar de roupa; **a ~ of clothes** uma muda de roupa; **do you have ~ for a pound?** você pode trocar uma libra?; **for a ~** para variar; **to get ~d** trocar-se, mudar de roupa; **to ~ money** trocar dinheiro; **to ~ a nappy** mudar uma fralda; **to ~ a wheel** mudar uma roda; **to ~ trains/planes** mudar de trem/avião; **all ~!** *(on train)* mudança de trem!

changeable ['tʃeɪndʒəbl] *adj (weather)* variável.

change machine *n* máquina automática para trocar dinheiro.

changeover ['tʃeɪndʒ,əʊvəʳ] *n:* **~ (to)** mudança *f* (para), passagem *f* (a).

changing room ['tʃeɪndʒɪŋ-] *n* vestiário *m*.

channel ['tʃænl] *n* canal *m*; **the (English) Channel** o Canal da Mancha.

Channel Islands *npl:* **the ~** as Ilhas do Canal da Mancha.

Channel Tunnel *n:* **the ~** o túnel do Canal da Mancha, o Eurotúnel.

chant [tʃɑːnt] *vt* entoar.

chaos ['keɪɒs] *n* caos *m*.

chaotic [keɪ'ɒtɪk] *adj* caótico(-ca).

chap [tʃæp] *n (Brit: inf)* sujeito *m*.

chapatti [tʃə'pætɪ] *n* pequeno pão não fermentado de origem indiana.

chapel ['tʃæpl] *n* capela *f*.

chaplain ['tʃæplɪn] *n* capelão *m*.

chapped [tʃæpt] *adj* gretado(-da).

chapter ['tʃæptəʳ] *n* capítulo *m*.

character ['kærəktəʳ] *n* carácter *m*; *(in film, book, play)* personagem *m ou f*; *(inf: person, individual)* tipo *m*.

characteristic [,kærəktə'rɪstɪk] *adj* característico(-ca) ♦ *n* característica *f*.

characterize ['kærəktəraɪz] *vt* caracterizar.

charade [ʃə'rɑːd] *n* charada *f*.
❏ **charades** *n* charadas *fpl*.

charcoal ['tʃɑːkəʊl] *n (for barbecue)* carvão *m* (de lenha).

charge [tʃɑːdʒ] *n (price)* preço *m*, custo *m*; *(JUR)* acusação *f* ♦ *vt (money, customer)* cobrar; *(JUR)* acusar; *(battery)* carregar ♦ *vi (ask money)* cobrar; *(rush)* investir; **to be in ~ (of)** estar encarregado (de); **to take ~ (of)** encarregar-se (de); **free of ~** grátis; **there is no ~ for service** o serviço é grátis.

charge card *n* cartão de crédito que permite fazer compras num estabelecimento e pagar posteriormente.

char-grilled ['tʃɑːgrɪld] *adj* assado

(-da) na brasa.

chariot ['tʃærɪət] *n* charrete *f*.

charisma [kə'rɪzmə] *n* carisma *m*.

charity ['tʃærətɪ] *n (organization)* caridade *f*; **to give to ~** contribuir para obras de caridade.

charity shop *n* loja de objetos usados cujas vendas se destinam a causas beneficentes.

charm [tʃɑːm] *n (attractiveness)* charme *m* ♦ *vt* encantar.

charming ['tʃɑːmɪŋ] *adj* encantador (-ra).

chart [tʃɑːt] *n (diagram)* gráfico *m*; **the ~s** as paradas de sucesso *(Br)*, os tops de vendas (de discos) *(Port)*.

charter ['tʃɑːtəʳ] *n (document)* carta *f* ♦ *vt (plane, boat)* fretar.

chartered accountant [,tʃɑːtəd-] *n* perito-contador *m*, perita-contadora *f (Br)*, técnico *m* (-ca *f*) de contas *(Port)*.

charter flight *n* vôo *m* charter.

chase [tʃeɪs] *n* perseguição *f* ♦ *vt* perseguir.

chasm ['kæzm] *n (deep crack)* fenda *f* profunda, abismo *m*.

chassis ['ʃæsɪ] *(pl inv* [-sɪz]*)* *n (of vehicle)* chassis *m inv*.

chat [tʃæt] *n* conversa *f* ♦ *vi* conversar; **to have a ~ (with)** conversar (com).
❏ **chat up** *vt sep (Brit: inf)* paquerar *(Br)*, engatar *(Port)*.

chat show *n (Brit)* programa *m* de variedades, talk-show *m*.

chatter ['tʃætəʳ] *n (of person)* tagarelice *f* ♦ *vi (person)* tagarelar; **her teeth were ~ing** ela estava tiritando.

chatterbox ['tʃætəbɒks] *n (inf)* tagarela *mf*.

chatty ['tʃætɪ] *adj (letter)* informal; *(person)* tagarela.

chauffeur ['ʃəʊfəʳ] *n* motorista *mf*.

chauvinist ['ʃəʊvɪnɪst] *n (sexist)* sexista *mf*; *(nationalist)* chauvinista *mf*; **male ~** machista *m*.

cheap [tʃiːp] *adj* barato(-ta).

cheap day return *n (Brit)* bilhete de ida e volta mais barato, comprado no próprio dia e que só pode ser usado depois das 9.30.

cheaply ['tʃiːplɪ] *adv* barato.

cheat [tʃiːt] *n (person)* trapaceiro *m* (-ra *f*) *(Br)*, batoteiro *m* (-ra *f*) *(Port)*; *(thing)* trapaça *f (Br)*, batota *f (Port)*

♦ vi trapacear *(Br)*, fazer batota *(Port)*
♦ vt: **to ~ sb (out of sthg)** roubar algo de alguém.

check [tʃek] n *(inspection)* inspecção f; *(Am: bill)* conta f; *(Am: tick)* sinal m de visto; *(Am)* = **cheque** ♦ vt verificar ♦ vi informar-se; **~ for any mistakes** verifique se há erros.

❑ **check in** vt *sep (luggage)* fazer o check-in de ♦ vi *(at hotel)* registrar-se; *(at airport)* fazer o check-in.

❑ **check off** vt *sep* verificar *(em lista)*.

❑ **check out** vi deixar o hotel.

❑ **check up** vi: **to ~ up (on)** informar-se *(sobre)*.

checked [tʃekt] adj quadriculado, de xadrez.

checkers ['tʃekəz] n *(Am)* damas fpl.

check-in desk n (balcão para o) check-in m.

checkmate ['tʃekmeɪt] n xeque-mate m.

checkout ['tʃekaʊt] n caixa f.

checkpoint ['tʃekpɔɪnt] n controle m.

checkroom ['tʃekrʊm] n *(Am)* vestiário m *(Br)*, bengaleiro m *(Port)*.

checkup ['tʃekʌp] n exame m médico geral, check-up m.

cheddar (cheese) n *(queijo)* cheddar m, queijo de vaca duro mas macio, amarelo ou alaranjado.

cheek [tʃiːk] n *(of face)* bochecha f; **what a ~!** que descaramento!

cheekbone ['tʃiːkbəʊn] n malar m, maçã f do rosto.

cheeky ['tʃiːkɪ] adj descarado(-da), atrevido(-da).

cheer [tʃɪəʳ] n aclamação f ♦ vi aclamar.

cheerful ['tʃɪəfʊl] adj alegre.

cheerio [ˌtʃɪərɪ'əʊ] excl *(Brit: inf)* tchau!

cheers [tʃɪəz] excl *(when drinking)* saúde!; *(Brit: inf: thank you)* obrigado!

cheese [tʃiːz] n queijo m.

cheeseboard ['tʃiːzbɔːd] n tábua f de queijos, queijos diversos e boiscoitos servidos normalmente no final de uma refeição.

cheeseburger ['tʃiːzˌbɜːgəʳ] n hambúrger m de queijo, cheeseburger m.

cheesecake ['tʃiːzkeɪk] n torta de queijo, creme e açúcar com uma base de biscoitos triturados e guarnecida com fruta em pedaços.

cheetah ['tʃiːtə] n chita m, leopardo m.

chef [ʃef] n chefe m (de cozinha).

chef's special n especialidade f da casa.

chemical ['kemɪkl] adj químico(-ca) ♦ n substância f química.

chemist ['kemɪst] n *(Brit: pharmacist)* farmacêutico m *(-ca f)*; *(scientist)* químico m *(-ca f)*; **~'s** *(Brit: shop)* farmácia f.

chemistry ['kemɪstrɪ] n química f.

cheque [tʃek] n *(Brit)* cheque m; **to pay by ~** pagar com cheque.

chequebook ['tʃekbʊk] n talão m de cheques *(Br)*, livro m de cheques *(Port)*.

cheque card n cartão f bancário *(que serve de garantia para cheques)*.

cherish ['tʃerɪʃ] vt *(hope, memory)* acalentar; *(privilege, right)* valorizar; *(person, thing)* estimar.

cherry ['tʃerɪ] n cereja f.

chess [tʃes] n xadrez m.

chessboard ['tʃesbɔːd] n tabuleiro m de xadrez.

chessman ['tʃesmæn] *(pl -men* [-men]*)* n pedra f OR peça f (de xadrez).

chest [tʃest] n *(of body)* peito m; *(box)* arca f.

chestnut ['tʃesnʌt] n castanha f ♦ adj *(colour)* marrom *(Br)*, castanho(-nha) *(Port)*.

chest of drawers n cômoda f.

chew [tʃuː] vt mastigar ♦ n *(sweet)* goma f.

chewing gum ['tʃuːɪŋ-] n chiclete m *(Br)*, pastilha f elástica *(Port)*.

chic [ʃiːk] adj chique.

chicken ['tʃɪkɪn] n galinha f, frango m.

chicken breast n peito m de galinha.

chicken Kiev [-'kiːev] n empanado de frango com recheio de manteiga, alho e ervas aromáticas.

chickenpox ['tʃɪkɪnpɒks] n catapora f *(Br)*, varicela f *(Port)*.

chickpea ['tʃɪkpiː] n grão-de-bico m.

chicory ['tʃɪkərɪ] n chicória f.

chief [tʃiːf] adj *(highest-ranking)* chefe; *(main)* principal ♦ n chefe m *(-fa f)*.

chiefly ['tʃiːflɪ] adv *(mainly)* principalmente; *(especially)* sobretudo.

chilblain ['tʃɪlbleɪn] n frieira f.

child [tʃaɪld] *(pl* **children***)* n *(young boy, girl)* criança f; *(son, daughter)* filho m *(-lha f)*.

child abuse n maus-tratos mpl infantis.

child benefit n (Brit) = salário-família m (Br), = abono m de família (Port).

childbirth ['tʃaɪldbɜːθ] n parto m.

childhood ['tʃaɪldhʊd] n infância f.

childish ['tʃaɪldɪʃ] adj (pej) infantil.

childlike ['tʃaɪldlaɪk] adj infantil.

childminder ['tʃaɪld,maɪndər] n (Brit) pessoa que toma conta de crianças em sua própria casa, ama f (Port).

children ['tʃɪldrən] pl → child.

children's home n lar m para crianças.

childrenswear ['tʃɪldrənzweər] n roupa f para crianças.

child seat n banco m para crianças.

Chile ['tʃɪlɪ] n Chile m.

chill [tʃɪl] n (illness) resfriado m ◆ vt gelar; **there's a ~ in the air** o tempo está frio.

chilled [tʃɪld] adj fresco(-ca); **"serve ~"** "sirva fresco".

chilli ['tʃɪlɪ] (pl -ies) n (vegetable) pimenta f OR pimentão m picante (Br), piripiri m (Port); (dish) = chilli con carne.

chilli con carne ['tʃɪlɪkɒn'kɑːnɪ] n ensopado de carne de vaca picada com feijão e pimentão picante.

chilling ['tʃɪlɪŋ] adj (frightening) de fazer gelar o sangue nas veias.

chilly ['tʃɪlɪ] adj frio (fria).

chime [tʃaɪm] n (of bell, clock) toque m ◆ vi (bell, clock) tocar.

chimney ['tʃɪmnɪ] n chaminé f.

chimneypot ['tʃɪmnɪpɒt] n chaminé f.

chimneysweep ['tʃɪmnɪswiːp] n limpa-chaminés m inv.

chimpanzee [,tʃɪmpən'ziː] n chimpanzé m.

chin [tʃɪn] n queixo m.

china ['tʃaɪnə] n (material) porcelana f.

China ['tʃaɪnə] n China f.

Chinese [,tʃaɪˈniːz] adj chinês(-esa) ◆ n (language) chinês m ◆ npl: **the ~** os chineses; **a ~ restaurant** um restaurante chinês.

Chinese leaves npl (Brit) couve f chinesa.

chip [tʃɪp] n (small piece, mark) lasca f; (counter) ficha f; (COMPUT) chip m ◆ vt lascar.

❑ **chips** npl (Brit: French fries) batatas fpl fritas (em palitos); (Am: crisps) batatas fritas (de pacote).

chip shop n (Brit) loja onde se vende batatas fritas e filés de peixe para levar.

chiropodist [kɪˈrɒpədɪst] n pedicuro m (-ra f).

chirp [tʃɜːp] vi (bird) chilrear.

chisel ['tʃɪzl] n formão m.

chitchat ['tʃɪttʃæt] n (inf) conversa f fiada.

chives [tʃaɪvz] npl cebolinha f (Br), cebolinho m (Port).

chlorine ['klɔːriːn] n cloro m.

choc-ice ['tʃɒkaɪs] n (Brit) tipo de sorvete em forma de bloco, coberto com chocolate.

chocolate ['tʃɒkələt] n (food, drink) chocolate m; (sweet) bombom m ◆ adj de chocolate.

chocolate biscuit n biscoito m de chocolate.

choice [tʃɔɪs] n escolha f ◆ adj de primeira qualidade; **with the dressing of your ~** com o tempero a gosto.

choir ['kwaɪər] n coro m.

choirboy ['kwaɪəbɔɪ] n menino m de coro.

choke [tʃəʊk] vt sufocar ◆ vi (on fishbone etc) engasgar-se; (to death) sufocar ◆ n (AUT): **to pull out the ~** fechar o afogador.

cholera ['kɒlərə] n cólera f.

choose [tʃuːz] (vt chose, pp chosen) vt & vi escolher; **to ~ to do sthg** decidir fazer algo.

choos(e)y ['tʃuːzɪ] adj exigente.

chop [tʃɒp] n (of meat) costeleta f ◆ vt cortar.

❑ **chop down** vt sep abater.

❑ **chop up** vt sep picar.

chopper ['tʃɒpər] n (inf: helicopter) helicóptero m.

chopping board ['tʃɒpɪŋ-] n tábua f de cozinha.

choppy ['tʃɒpɪ] adj encrespado(-da).

chopsticks ['tʃɒpstɪks] npl pauzinhos mpl chineses.

chop suey [,tʃɒp'suːɪ] n chop suey m, prato chinês de brotos de soja, legumes, arroz e carne de porco ou galinha com molho de soja.

chord [kɔːd] n acorde m.

chore [tʃɔːr] n tarefa f.

chorus ['kɔːrəs] n (part of song) refrão m; (group of singers, dancers) coro m.

chose [tʃəʊz] *pt* → **choose**.

chosen ['tʃəʊzn] *pp* → **choose**.

choux pastry [ʃu:-] *n* massa *f* fina.

chowder ['tʃaʊdər] *n* sopa espessa de peixe ou marisco.

chow mein [,tʃaʊ'meɪn] *n* chau-min *m*, massa de talharim frita com vegetais, carne ou marisco.

Christ [kraɪst] *n* Cristo *m*.

christen ['krɪsn] *vt (baby)* batizar.

christening ['krɪsnɪŋ] *n* batizado *m*.

Christian ['krɪstʃən] *adj* cristão(-tã) ◆ *n* cristão *m* (-tã *f*).

Christianity [,krɪstɪ'ænətɪ] *n* cristianismo *m*.

Christian name *n* nome *m* (de batismo).

Christmas ['krɪsməs] *n* Natal *m*; Happy ~! Feliz Natal!, Boas Festas!

Christmas card *n* cartão *m* de Natal.

Christmas carol [-'kærəl] *n* cântico *m* de Natal.

Christmas Day *n* dia *m* de Natal.

Christmas Eve *n* véspera *f* de Natal, noite *f* de Natal.

Christmas pudding *n* sobremesa natalícia feita com frutas cristalizadas, nozes e sebo, servida quente depois de flambada com conhaque.

Christmas tree *n* árvore *f* de Natal.

chrome [krəʊm] *n* cromo *m (Br)*, crómio *m (Port)*.

chronic ['krɒnɪk] *adj (long-lasting)* crônico(-ca); *(habitual)* inveterado(-da).

chronological [,krɒnə'lɒdʒɪkl] *adj* cronológico(-ca).

chrysanthemum [krɪ'sænθəməm] *n* crisântemo *m*.

chubby ['tʃʌbɪ] *adj* rechonchudo (-da).

chuck [tʃʌk] *vt (inf) (throw)* atirar; *(boyfriend, girlfriend)* deixar.

❑ **chuck away** *vt sep* jogar fora.

chuckle ['tʃʌkl] *vi* rir *(baixinho)*.

chum [tʃʌm] *n (inf)* amigão *m* (-gona *f*).

chunk [tʃʌŋk] *n* pedaço *m* (grande).

church [tʃɜ:tʃ] *n* igreja *f*; to go to ~ freqüentar a igreja.

churchyard ['tʃɜ:tʃjɑ:d] *n* cemitério *m*.

churn [tʃɜ:n] *n (for making butter)* batedeira *f* para fazer manteiga; *(for transporting milk)* lata *f* para o leite.

chute [ʃu:t] *n* rampa *f (Br)*, conduta *f (Port)*.

chutney ['tʃʌtnɪ] *n* molho picante agridoce feito com verduras ou frutas em conserva e outros temperos.

cider ['saɪdər] *n* sidra *f*.

cigar [sɪ'gɑ:ʳ] *n* charuto *m*.

cigarette [,sɪgə'ret] *n* cigarro *m*.

cigarette lighter *n* isqueiro *m*.

Cinderella [,sɪndə'relə] *n* Cinderela *f*, Gata-Borralheira *f*.

cinema ['sɪnəmə] *n* cinema *m*.

cinnamon ['sɪnəmən] *n* canela *f*.

circle ['sɜ:kl] *n (shape, ring)* círculo *m*; *(in theatre)* balcão *m* ◆ *vt (draw circle around)* sublinhar em volta; *(move round)* dar voltas em torno de ◆ *vi (plane)* dar voltas.

circuit ['sɜ:kɪt] *n (track)* circuito *m*; *(lap)* volta *f*.

circular ['sɜ:kjʊləʳ] *adj* circular ◆ *n* circular *f*.

circulate ['sɜ:kjʊleɪt] *vi* circular.

circulation [,sɜ:kjʊ'leɪʃn] *n (of blood)* circulação *f*; *(of newspaper, magazine)* tiragem *f*.

circumcision [,sɜ:kəm'sɪʒn] *n* circuncisão *f*.

circumference [sə'kʌmfərəns] *n* circunferência *f*.

circumstances ['sɜ:kəmstənsɪz] *npl* circunstâncias *fpl*; in OR under the ~ dadas as circunstâncias.

circus ['sɜ:kəs] *n* circo *m*.

CIS *n (abbr of Commonwealth Independent States)* CEI *f*.

cistern ['sɪstən] *n (of toilet)* cisterna *f*.

citizen ['sɪtɪzn] *n (of country)* cidadão *m* (-dã *f*); *(of town)* habitante *mf*.

Citizens' Band *n* faixa *f* do cidadão.

citrus fruit ['sɪtrəs-] *n* citrino *m*.

city ['sɪtɪ] *n* cidade *f*; the City a City *(centro financeiro londrino)*.

city centre *n* centro *m* (da cidade).

city hall *n (Am)* ≃ prefeitura *f (Br)*, câmara *f* municipal *(Port)*, paços *mpl* do concelho *(Port)*.

civil ['sɪvl] *adj (involving ordinary citizens)* civil; *(polite)* educado(-da), cortês.

civilian [sɪ'vɪljən] *n* civil *mf*.

civilization [,sɪvɪlaɪ'zeɪʃn] *n* civilização *f*.

civilized ['sɪvɪlaɪzd] *adj* civilizado (-da).

civil rights [ˌsɪvl-] *npl* direitos *mpl* civis.

civil servant [ˌsɪvl-] *n* funcionário *m* público (funcionária *f* pública).

civil service [ˌsɪvl-] *n* administração *f* pública.

civil war [ˌsɪvl-] *n* guerra *f* civil.

cl *(abbr of centilitre)* cl.

claim [kleɪm] *n (assertion)* afirmação *f*; *(demand)* reivindicação *f*; *(for insurance)* reclamação *f* ◆ *vt (allege)* afirmar; *(demand)* reclamar; *(credit, responsibility)* reivindicar ◆ *vi (on insurance)* reclamar uma indemnização.

claimant [ˈkleɪmənt] *n (of benefit)* reclamante *mf*.

claim form *n* impresso *m* de reclamação.

clam [klæm] *n* molusco *m (Br)*, amêijoa *f (Port)*.

clamber [ˈklæmbəʳ] *vi* trepar.

clamp [klæmp] *n (for car)* garras *fpl*, imobilizador *m* ◆ *vt (car)* imobilizar.

clan [klæn] *n* clã *m*.

clandestine [klænˈdestɪn] *adj* clandestino(-na).

clap [klæp] *vi* aplaudir.

clapping [ˈklæpɪŋ] *n* palmas *fpl*.

claret [ˈklærət] *n* clarete *m (Br)*, bordéus *m (Port)*.

clarify [ˈklærɪfaɪ] *vt (explain, expand on)* esclarecer, clarificar.

clarinet [ˌklærəˈnet] *n* clarinete *m*.

clarity [ˈklærətɪ] *n (of explanation)* clareza *f*.

clash [klæʃ] *n (noise)* estrondo *m*; *(confrontation)* confrontação *f* ◆ *vi (colours)* destoar; *(event, date)* coincidir.

clasp [klɑːsp] *n (fastener)* fecho *m* ◆ *vt* agarrar (com força).

class [klɑːs] *n (group of pupils, students)* turma *f*; *(teaching period)* aula *f*; *(type, social group)* classe *f* ◆ *vt*: **to ~ sb/sthg (as)** classificar alguém/algo (de).

classic [ˈklæsɪk] *adj* clássico(-ca) ◆ *n* clássico *m*.

classical [ˈklæsɪkl] *adj* clássico(-ca).

classical music *n* música *f* clássica.

classification [ˌklæsɪfɪˈkeɪʃn] *n* classificação *f*.

classified ads [ˌklæsɪfaɪd-] *npl* classificados *mpl*.

classify [ˈklæsɪfaɪ] *vt* classificar.

classmate [ˈklɑːsmeɪt] *n* colega *mf* de turma.

classroom [ˈklɑːsrʊm] *n* sala *f* (de aula).

classy [ˈklɑːsɪ] *adj (inf)* de classe.

clause [klɔːz] *n (in legal document)* cláusula *f*; *(GRAMM)* proposição *f*, oração *f*.

claustrophobic [ˌklɔːstrəˈfəʊbɪk] *adj (person) adj* claustrofóbico(-ca).

claw [klɔː] *n (of bird, cat, dog)* garra *f*; *(of crab, lobster)* pinça *f*.

clay [kleɪ] *n* barro *m*, argila *f*.

clean [kliːn] *adj* limpo(-pa); *(page)* em branco; *(sheets, clothes)* lavado(-da) ◆ *vt* limpar; **to ~ one's teeth** escovar os dentes.

cleaner [ˈkliːnəʳ] *n (person)* faxineiro *m* (-ra *f*) *(Br)*, empregado *m* (-da *f*) de limpeza *(Port)*; *(substance)* produto *m* de limpeza.

cleaning [ˈkliːnɪŋ] *n* limpeza *f*.

cleanse [klenz] *vt* limpar.

cleanser [ˈklenzəʳ] *n (for skin)* creme *m* de limpeza.

clean-shaven [-ˈʃeɪvn] *adj* sem barba nem bigode.

clear [klɪəʳ] *adj* claro(-ra); *(unobstructed)* livre; *(sky)* limpo(-pa) ◆ *vt (area, road)* desempedir; *(pond)* limpar; *(jump over)* saltar; *(declare not guilty)* absolver; *(authorize)* aprovar; *(cheque)* creditar ◆ *vi (weather)* melhorar; *(fog)* levantar; **the cheque will ~ in three days' time** o dinheiro estará disponível daqui a três dias; **to be ~ (about sthg)** compreender (algo); **to be ~ of sthg** *(not touching)* não tocar em algo; **to ~ one's throat** limpar a garganta; **to ~ the table** tirar a mesa.

❑ **clear up** *vt sep (room, toys)* arrumar; *(problem, confusion)* clarificar ◆ *vi (weather)* melhorar; *(tidy up)* arrumar.

clearance [ˈklɪərəns] *n* autorização *f*; *(free distance)* espaço *m* livre.

clear-cut *adj (issue, plan)* bem definido(-da); *(division)* nítido(-da).

clearing [ˈklɪərɪŋ] *n* clareira *f*.

clearly [ˈklɪəlɪ] *adv* claramente; *(obviously)* evidentemente.

clearway [ˈklɪəweɪ] *n (Brit)* estrada onde é proibido estacionar.

cleavage [ˈkliːvɪdʒ] *n (between breasts)* colo *m*.

clef [klef] *n* clave *f*.

clementine [ˈkleməntaɪn] *n* clementina *f*.

clench [klentʃ] *vt (fist, teeth)* cerrar.

clergy [ˈklɜːdʒɪ] *npl*: **the ~** o clero.

clergyman ['klɜːdʒɪmən] (*pl* **-men** [-mən]) *n* clérigo *m*.

clerical ['klerɪkl] *adj* (*in office*) de escritório.

clerk [*Brit* klɑːk, *Am* klɜːrk] *n* (*in office*) empregado *m* (-da *f*) de escritório; (*Am: in shop*) empregado *m* (-da *f*).

clever ['klevər] *adj* (*person*) esperto (-ta); (*idea, device*) engenhoso(-osa).

click [klɪk] *n* estalido *m* ◆ *vi* (*make sound*) dar um estalido.

client ['klaɪənt] *n* cliente *mf*.

cliff [klɪf] *n* rochedo *m*.

climate ['klaɪmɪt] *n* clima *m*.

climax ['klaɪmæks] *n* clímax *m inv*.

climb [klaɪm] *vt* (*tree, ladder*) subir em; (*mountain*) escalar ◆ *vi* subir.

❑ **climb down** *vt fus* (*tree, ladder*) descer de; (*mountain*) descer ◆ *vi* descer.

❑ **climb up** *vt fus* (*tree, ladder*) subir em; (*mountain*) escalar.

climber ['klaɪmər] *n* (*person*) alpinista *mf*.

climbing ['klaɪmɪŋ] *n* alpinismo *m*; **to go ~** fazer alpinismo.

climbing frame *n* (*Brit*) barras de metal para as crianças treparem.

cling [klɪŋ] (*pt & pp* clung) *vi*: **to ~ to** (*hold tightly*) agarrar-se a; (*subj: clothes*) colar-se a.

clingfilm ['klɪŋfɪlm] *n* (*Brit*) película *f* aderente.

clinic ['klɪnɪk] *n* clínica *f*.

clip [klɪp] *n* clip *m* ◆ *vt* (*fasten*) segurar (com clip); (*cut*) cortar; (*ticket*) furar, validar.

clipboard ['klɪpbɔːd] *n* clipboard *m*, prancheta *f* com mola (*para segurar papéis*).

clippers ['klɪpəz] *npl* (*for hair*) máquina *f* de cortar cabelo; (*for nails*) alicate *m* de unhas (*Br*), corta-unhas *m inv* (*Port*); (*for plants, hedges*) tesoura *f* de aparar OR podar.

clipping ['klɪpɪŋ] *n* (*newspaper cutting*) recorte *m* de jornal.

cloak [kləʊk] *n* capa *f*.

cloakroom ['kləʊkrʊm] *n* (*for coats*) vestiário *m* (*Br*), bengaleiro *m* (*Port*); (*Brit: toilet*) banheiro *m* (*Br*), lavabos *mpl* (*Port*).

clock [klɒk] *n* relógio *m*; (*mileometer*) velocímetro *m* (*Br*), conta-quilómetros *m inv* (*Port*); **round the ~** noite e dia.

clockwise ['klɒkwaɪz] *adv* no sentido dos ponteiros do relógio.

clockwork ['klɒkwɜːk] *adj* de corda.

clog [klɒg] *n* tamanco *m* ◆ *vt* entupir.

close¹ [kləʊs] *adj* (*near*) junto(-ta); (*relation, friend, contact*) íntimo(-ma); (*link, resemblance*) grande; (*examination*) detalhado(-da); (*race, contest*) renhido(-da) ◆ *adv* perto; **~ by** perto; **~ to** (*near*) perto de; **~ to tears/laughter** a ponto de chorar/rir; **~ to despair** nos limites do desespero.

close² [kləʊz] *vt* fechar ◆ *vi* (*door, jar, eyes*) fechar-se; (*shop, office*) fechar; (*deadline, offer, meeting*) terminar.

❑ **close down** *vt sep & vi* fechar (definitivamente).

closed [kləʊzd] *adj* fechado(-da).

closely ['kləʊslɪ] *adv* (*related*) intimamente; (*follow, examine*) de perto.

closet ['klɒzɪt] *n* (*Am: cupboard*) armário *m*.

close-up ['kləʊs-] *n* primeiro plano *m*.

closing time ['kləʊzɪŋ-] *n* horário *m* de encerramento.

closure ['kləʊʒər] *n* (*of business, company*) encerramento *m*; (*of road, railway line*) bloqueio *m* (*Br*), corte *m* (*Port*).

clot [klɒt] *n* (*of blood*) coágulo *m*.

cloth [klɒθ] *n* (*fabric*) tecido *m*; (*piece of cloth*) pano *m*.

clothes [kləʊðz] *npl* roupa *f*.

clothesline ['kləʊðzlaɪn] *n* varal *m* (*Br*), estendal *m* (*Port*).

clothes peg *n* (*Brit*) pregador *m* de roupa (*Br*), mola *f* (para a roupa) (*Port*).

clothespin ['kləʊðzpɪn] (*Am*) = **clothes peg.**

clothes shop *n* loja *f* de vestuário.

clothing ['kləʊðɪŋ] *n* roupa *f*.

clotted cream [,klɒtɪd-] *n* creme coalhado típico da Cornualha.

cloud [klaʊd] *n* nuvem *f*.

cloudy ['klaʊdɪ] *adj* (*sky, day*) nublado(-da); (*liquid*) turvo(-va).

clove [kləʊv] *n* (*of garlic*) dente *m*.

❑ **cloves** *npl* (*spice*) cravo *m* (*Br*), cravinho *m* (*Port*).

clover ['kləʊvər] *n* trevo *m*.

clown [klaʊn] *n* palhaço *m*.

club [klʌb] *n* (*organization*) clube *m*; (*nightclub*) discoteca *f*, boate *f*; (*stick*) moca *f*.

❑ **clubs** *npl* (*in cards*) paus *mpl*.

clubbing ['klʌbɪŋ] *n*: **to go ~** (*inf*) ir à discoteca.

club class *n* = navigator class *f*.

club sandwich n (Am) sanduíche f (com três ou mais fatias de pão).

club soda n (Am) soda f.

cluck [klʌk] vi (hen) cacarejar.

clue [kluː] n pista f; **I haven't got a ~** não faço a mínima idéia.

clumsy ['klʌmzɪ] adj (person) desajeitado(-da).

clung [klʌŋ] pt & pp → **cling**.

cluster ['klʌstəʳ] n cacho m ◆ vi (people) juntar-se, agrupar-se.

clutch [klʌtʃ] n embreagem f ◆ vt apertar.

clutter ['klʌtəʳ] n desordem f ◆ vt encher.

cm (abbr of centimetre) cm.

c/o (abbr of care of) a/c.

Co. (abbr of company) C.ª.

coach [kəʊtʃ] n (bus) ônibus m (Br), autocarro m (Port); (of train) vagão m (Br), carruagem f (Port); (SPORT) treinador m (-ra f).

coach party n (Brit) grupo m de excursionistas.

coach station n rodoviária f.

coach trip n (Brit) excursão f (de ônibus).

coal [kəʊl] n carvão m.

coalition [ˌkəʊə'lɪʃn] n (POL) coligação f.

coal mine n mina f de carvão.

coarse [kɔːs] adj (rough) áspero(-ra); (vulgar) ordinário(-ria).

coast [kəʊst] n costa f.

coastal ['kəʊstl] adj costeiro(-ra).

coaster ['kəʊstəʳ] n (for glass) base f para copos.

coastguard ['kəʊstgɑːd] n (person) guarda m costeiro; (organization) guarda f costeira.

coastline ['kəʊstlaɪn] n litoral m.

coat [kəʊt] n (garment) casaco m; (of animal) pêlo m ◆ vt: **to ~ sthg (with)** cobrir algo (com).

coat hanger n cabide m.

coating ['kəʊtɪŋ] n (on surface) revestimento m; (on food) camada f; **with a ~ of breadcrumbs** à milanesa.

coat of arms n brasão m.

coax [kəʊks] vt: **to ~ sb (to do** OR **into doing sthg)** convencer alguém (a fazer algo).

cobbled street ['kɒbld-] n calçada f, rua calçada com pedras arredondadas.

cobbler ['kɒbləʳ] n sapateiro m (-ra f).

cobbles ['kɒblz] npl pedras fpl da calçada, pedras arredondadas para calçamento.

cobweb ['kɒbweb] n teia f de aranha.

Coca-Cola® [ˌkəʊkə'kəʊlə] n Coca-Cola® f.

cocaine [kəʊ'keɪn] n cocaína f.

cock [kɒk] n (male chicken) galo m.

cock-a-leekie [ˌkɒkə'liːkɪ] n caldo de galinha com alho-poró, cenoura e grãos de cevada.

cockerel ['kɒkrəl] n galo m jovem.

cockles ['kɒklz] npl berbigão m.

Cockney ['kɒknɪ] (pl **-s**) n (person) londrino m (-na f) (dos bairros populares do leste de Londres); (dialect, accent) dialeto ou pronúncia do leste de Londres.

cockpit ['kɒkpɪt] n cabine f.

cockroach ['kɒkrəʊtʃ] n barata f.

cocktail ['kɒkteɪl] n coquetel m.

cocktail party n coquetel m.

cock-up n (Brit: vulg) asneira f; **to make a ~ (of sthg)** fazer uma merda (de algo).

cocoa ['kəʊkəʊ] n cacau m.

coconut ['kəʊkənʌt] n coco m.

cod [kɒd] (pl inv) n bacalhau m.

code [kəʊd] n (system) código m; (dialling code) indicativo m.

cod-liver oil n óleo m de fígado de bacalhau.

coeducational [ˌkəʊedjuː'keɪʃənl] adj misto(-ta).

coffee ['kɒfɪ] n café m; **black ~** café; **white ~** = café m com leite (Br), = meia f de leite (Port); **ground/instant ~** café moído/instantâneo.

coffee bar n (Brit) café m.

coffee break n intervalo m para o café, hora f da bica (Port).

coffee morning n (Brit) reunião matinal, normalmente com fins beneficentes, em que se serve café.

coffeepot ['kɒfɪpɒt] n bule m para o café.

coffee shop n (cafe) café m; (in shops, airports) cafeteria f.

coffee table n mesa f pequena e baixa.

coffin ['kɒfɪn] n caixão m.

cog (wheel) [kɒg-] n roda f dentada.

coherent [kəʊ'hɪərənt] adj (logical) coerente.

coil [kɔɪl] n (of rope) rolo m; (Brit: contraceptive) DIU m ◆ vt enrolar.

coin [kɔɪn] *n* moeda *f*.

coinbox [ˈkɔɪnbɒks] *n (Brit)* telefone *m* público (de moedas).

coincide [kəʊɪnˈsaɪd] *vi:* **to ~ (with)** coincidir (com).

coincidence [kəʊˈɪnsɪdəns] *n* coincidência *f*.

coincidental [kəʊˌɪnsɪˈdentl] *adj:* **any similarity is purely ~** qualquer semelhança é pura coincidência.

coke [kəʊk] *n (fuel)* coque *m; (inf: cocaine)* coca *f.*

Coke® [kəʊk] *n* Coca-Cola® *f.*

colander [ˈkʌləndəʳ] *n* coador *m (Br),* escorregador *m (Port).*

cold [kəʊld] *adj* frio (fria) ◆ *n (illness)* resfriado *m (Br),* constipação *f (Port); (low temperature)* frio *m;* **to get ~** arrefecer; **to catch (a) ~** resfriar-se *(Br),* apanhar uma constipação *(Port).*

cold-blooded *adj (person)* insensível, sem dó nem piedade; *(killing)* a sangue-frio.

cold cuts *(Am)* = **cold meats**.

cold meats *npl* frios *mpl (Br),* carnes *fpl* frias *(Port).*

cold sore *n* herpes *f* labial.

coleslaw [ˈkəʊlslɔː] *n* salada de couve, cenoura e cebola picadas com maionese.

colic [ˈkɒlɪk] *n* cólica *f.*

collaborate [kəˈlæbəreɪt] *vi* colaborar.

collapse [kəˈlæps] *vi (building, tent)* cair; *(from exhaustion, illness)* ter um colapso.

collar [ˈkɒləʳ] *n (of coat, blouse)* gola *f; (of shirt)* colarinho *m; (of dog, cat)* coleira *f.*

collarbone [ˈkɒləbəʊn] *n* clavícula *f.*

colleague [ˈkɒliːg] *n* colega *mf.*

collect [kəˈlekt] *vt (gather)* colher; *(as a hobby)* colecionar; *(go and get)* ir buscar; *(money)* cobrar ◆ *vi (dust, leaves)* acumular-se; *(crowd)* juntar-se ◆ *adv (Am):* **to call (sb) ~** fazer uma chamada a cobrar (para o destinatário).

collection [kəˈlekʃn] *n* coleção *f; (of money)* cobrança *f; (of mail)* coleta *f (Br),* tiragem *f (Port).*

collector [kəˈlektəʳ] *n (as a hobby)* colecionador *m (-ra f).*

college [ˈkɒlɪdʒ] *n (school)* colégio *m; (Brit: of university)* organismo independente, formado por estudantes e professores, em que se dividem certas

universidades britânicas; *(Am: university)* universidade *f.*

collide [kəˈlaɪd] *vi:* **to ~ (with)** chocar (com).

collie [ˈkɒlɪ] *n* collie *m.*

colliery [ˈkɒljərɪ] *n* mina *f* de carvão.

collision [kəˈlɪʒn] *n* colisão *f.*

colloquial [kəˈləʊkwɪəl] *adj* familiar, coloquial.

cologne [kəˈləʊn] *n* água-de-colônia *f.*

colon [ˈkəʊlən] *n (GRAMM)* dois pontos *mpl.*

colonel [ˈkɜːnl] *n* coronel *m.*

colonial [kəˈləʊnjəl] *adj (rule, power)* colonial.

colonize [ˈkɒlənaɪz] *vt (subj: people)* colonizar.

colony [ˈkɒlənɪ] *n* colônia *f.*

color [ˈkʌləʳ] *(Am)* = **colour**.

colossal [kəˈlɒsl] *adj* colossal.

colour [ˈkʌləʳ] *n* cor *f* ◆ *adj (photograph, film)* a cores ◆ *vt (hair)* pintar; *(food)* colorir.

❏ **colour in** *vt sep* colorir.

colour-blind *adj* daltónico(-ca).

coloured [ˈkʌləd] *adj (having colour)* colorido(-da); *(person)* de cor; **brightly ~** de cores vivas.

colourful [ˈkʌləfʊl] *adj (picture, garden, scenery)* colorido(-da); *(fig: person, place)* animado(-da).

colouring [ˈkʌlərɪŋ] *n (of food)* corante *m; (complexion)* tez *f.*

colouring book *n* livro *m* de colorir.

colour supplement *n* suplemento *m* a cores.

colour television *n* televisão *f* a cores.

colt [kəʊlt] *n* potro *m.*

column [ˈkɒləm] *n* coluna *f.*

coma [ˈkəʊmə] *n* coma *m* ou *f.*

comb [kəʊm] *n* pente *m* ◆ *vt:* **to ~ one's hair** pentear o cabelo.

combat [ˈkɒmbæt] *n* combate *m* ◆ *vt* combater.

combination [ˌkɒmbɪˈneɪʃn] *n* combinação *f.*

combine [kəmˈbaɪn] *vt:* **to ~ sthg (with)** combinar algo (com).

combine harvester [ˈkɒmbaɪnˈhaːvɪstəʳ] *n* máquina *f* de ceifar e debulhar.

come [kʌm] *(pt* **came**, *pp* **come**) *vi* **1.** *(move)* vir; **we came by taxi** nós viemos de táxi; **~ and see!** venha ver!; **~ here!** venha cá!

2. *(arrive)* chegar; **to ~ home** voltar para casa; **they still haven't ~** eles ainda não chegaram; **"coming soon"** "brevemente".

3. *(in order)* vir; **to ~ first/last** *(in sequence)* vir primeiro/no fim; *(in competition)* chegar primeiro/em último (lugar).

4. *(reach)*: **to ~ up/down to** chegar a.

5. *(become)*: **to ~ loose/undone** desapertar-se; **to ~ true** realizar-se.

6. *(be sold)* vir; **they ~ in packs of six** vêm em pacotes de seis.

❑ **come across** *vt fus* encontrar.

❑ **come along** *vi* *(progress)* desenvolver-se; *(arrive)* aparecer; **~ along!** *(as encouragement)* anda!; *(hurry up)* anda logo!

❑ **come apart** *vi* desfazer-se.

❑ **come back** *vi* regressar.

❑ **come down** *vi* *(price)* baixar.

❑ **come down with** *vt fus* *(illness)* apanhar.

❑ **come from** *vt fus* vir de.

❑ **come in** *vi* *(enter)* entrar; *(arrive)* chegar; *(tide)* subir; **~ in!** entre!

❑ **come off** *vi* *(button, top)* cair; *(succeed)* resultar.

❑ **come on** *vi* *(progress)* progredir; **~ on!** vamos lá!

❑ **come out** *vi* sair; *(sun, moon)* aparecer.

❑ **come over** *vi* *(visit)*: **I'll ~ over tonight** passo por aí hoje à noite.

❑ **come round** *vi* *(regain consciousness)* voltar a si; **why don't you ~ round tomorrow?** por que você não passa aqui amanhã?

❑ **come to** *vt fus* *(subj: bill)* ser ao todo.

❑ **come up** *vi* *(go upstairs)* subir; *(be mentioned, happen)* surgir; *(sun, moon)* aparecer.

❑ **come up with** *vt fus* *(idea)* arranjar.

comeback ['kʌmbæk] *n* *(return)* regresso *m*; **to make a ~** *(fashion)* voltar à moda; *(actor etc)* voltar ao palco.

comedian [kə'mi:djən] *n* cômico *m* (-ca *f*).

comedy ['kɒmədɪ] *n* *(TV programme, film, play)* comédia *f*; *(humour)* humor *m*.

comet ['kɒmɪt] *n* cometa *m*.

comfort ['kʌmfət] *n* conforto *m*; *(consolation)* consolo *m* ◆ *vt* consolar.

comfortable ['kʌmftəbl] *adj* confortável; *(fig: confident)* à vontade; *(financially)* bem de vida; **to be ~** *(after operation)* estar bem.

comfortably ['kʌmftəblɪ] *adv* *(sit, live)* confortavelmente; *(sleep)* bem ◆ *adj* *(win)* à vontade.

comic ['kɒmɪk] *adj* cômico(-ca) ◆ *n* *(person)* cômico *m* (-ca *f*); *(magazine)* histórias *fpl* em quadrinhos *(Br)*, livro *m* de banda desenhada *(Port)*.

comical ['kɒmɪkl] *adj* cômico(-ca).

comic strip *n* história *f* em quadrinhos *(Br)*, banda *f* desenhada *(Port)*.

coming ['kʌmɪŋ] *adj* *(future)* próximo(-ma), que vem ◆ *n*: **~s and goings** idas e vindas *fpl*.

comma ['kɒmə] *n* vírgula *f*.

command [kə'mɑ:nd] *n* *(order)* ordem *f*; *(mastery)* domínio *m* ◆ *vt* *(order)* ordenar; *(be in charge of)* comandar.

commander [kə'mɑ:ndəʳ] *n* comandante *m*.

commando [kə'mɑ:ndəʊ] *(pl -s* OR *-es)* *n* *(unit)* unidade *f* de comandos; *(soldier)* comando *m*.

commemorate [kə'meməreɪt] *vt* comemorar.

commemoration [kə,memə'reɪʃn] *n*: **in ~ of** em honra de.

commence [kə'mens] *vi* *(fml)* começar.

commend [kə'mend] *vt* *(praise)*: **to ~ sb (on** OR **for sthg)** elogiar alguém (por algo).

comment ['kɒment] *n* comentário *m* ◆ *vi* comentar.

commentary ['kɒməntrɪ] *n* *(of event)* relato *m*; *(of football, rugby match)* comentário *m*.

commentator ['kɒmənteɪtəʳ] *n* *(on TV, radio)* comentarista *mf* *(Br)*, comentador *m* (-ra *f*) *(Port)*.

commerce ['kɒmɜ:s] *n* comércio *m*.

commercial [kə'mɜ:ʃl] *adj* comercial ◆ *n* anúncio *m* *(em televisão, rádio)*.

commercial break *n* intervalo *m* *(para a publicidade)*.

commiserate [kə'mɪzəreɪt] *vi*: **to ~ (with sb)** compadecer-se (de alguém).

commission [kə'mɪʃn] *n* comissão *f*.

commit [kə'mɪt] *vt* *(crime, sin)* cometer; **to ~ o.s. (to sthg)** comprometer-se (a algo); **to ~ suicide** suicidar-se.

commitment [kə'mɪtmənt] *n* *(dedication)* empenho *m*; *(responsibility)* obrigação f, compromisso m.

committee [kə'mıtı] n comitê m, comissão f.

commodity [kə'mɒdətı] n produto m.

common ['kɒmən] adj comum; (pej: vulgar) vulgar ♦ n (Brit: land) gramado m público (Br), relvado m público (Port); **in ~** em comum.

commonly ['kɒmənlı] adv (generally) geralmente.

Common Market n Mercado m Comum.

commonplace ['kɒmənpleıs] adj comum.

common room n (for teachers) sala f dos professores; (for students) sala de convívio.

common sense n senso m comum.

Commonwealth ['kɒmənwelθ] n: **the ~** o Commonwealth.

commotion [kə'məʊʃn] n comoção f, agitação f.

communal ['kɒmjʊnl] adj (bathroom, kitchen) comum.

communicate [kə'mju:nıkeıt] vi: **to ~ (with)** comunicar (com).

communication [kə,mju:nı'keıʃn] n comunicação f.

communication cord n (Brit) alarme m (em trem ou metrô).

communion [kə'mju:njən] n (RELIG) comunhão f.

communism ['kɒmjʊnɪsm] n comunismo m.

communist ['kɒmjʊnɪst] n comunista mf.

community [kə'mju:nətı] n comunidade f.

community centre n centro m social.

commute [kə'mju:t] vi deslocar-se diariamente de casa para o local de trabalho (em outra localidade).

commuter [kə'mju:tər] n pessoa que se desloca diariamente de casa para o local de trabalho (em outra localidade).

compact [adj kəm'pækt, n 'kɒmpækt] adj compacto(-ta) ♦ n (for make-up) caixa f de pó-de-arroz; (Am: car) carro m pequeno.

compact disc [,kɒmpækt-] n CD m, disco m compacto.

compact disc player n leitor m de CDs.

companion [kəm'pænjən] n compa-

nheiro m (-ra f).

company ['kʌmpənı] n companhia f; **to keep sb ~** fazer companhia a alguém.

company car n carro m da empresa.

comparable ['kɒmprəbl] adj comparável; **~ to** OR **with** comparável a.

comparative [kəm'pærətıv] adj (relative) relativo(-va); (GRAMM) comparativo(-va).

comparatively [kəm'pærətıvlı] adv comparativamente.

compare [kəm'peər] vt: **to ~ sthg (with)** comparar algo (com); **~d with** comparado com.

comparison [kəm'pærısn] n comparação f; **in ~ with** em comparação com.

compartment [kəm'pɑ:tmənt] n compartimento m.

compass ['kʌmpəs] n (magnetic) bússola f; **a pair of ~es** um compasso.

compassion [kəm'pæʃn] n compaixão f.

compassionate [kəm'pæʃənət] adj compassivo(-va).

compatible [kəm'pætəbl] adj compatível.

compel [kəm'pel] vt (force) obrigar; **to ~ sb to do sthg** obrigar alguém a fazer algo.

compensate ['kɒmpenseıt] vt compensar ♦ vi: **to ~ (for sthg)** compensar (algo); **to ~ sb for sthg** compensar alguém por algo.

compensation [,kɒmpen'seıʃn] n compensação f.

compete [kəm'pi:t] vi (take part) participar; **to ~ with sb for sthg** competir com alguém por algo.

competent ['kɒmpıtənt] adj competente.

competition [,kɒmpı'tıʃn] n competição f; **the ~** (rivals) a concorrência.

competitive [kəm'petətıv] adj competitivo(-va).

competitor [kəm'petıtər] n (in race, contest) participante mf; (COMM, in game, show) concorrente mf.

compile [kəm'paıl] vt compilar.

complacency [kəm'pleısnsı] n complacência f, auto-satisfação f.

complain [kəm'pleın] vi: **to ~ (about)** queixar-se (de).

complaint [kəm'pleınt] n (statement)

queixa *f*; *(illness)* problema *m*.
complement ['kɒmplɪˌment] *vt* complementar.
complementary [ˌkɒmplɪ'mentərɪ] *adj* complementar.
complete [kəm'pliːt] *adj* completo (-ta); *(finished)* concluído(-da) ♦ *vt (finish)* concluir; *(a form)* preencher; *(make whole)* completar; ~ **with** completo com.
completely [kəm'pliːtlɪ] *adv* completamente.
completion [kəm'pliːʃn] *n* conclusão *f*.
complex ['kɒmpleks] *adj* complexo (-xa) ♦ *n* complexo *m*.
complexion [kəm'plekʃn] *n (of skin)* tez *f*.
complicate ['kɒmplɪkeɪt] *vt* complicar.
complicated ['kɒmplɪkeɪtɪd] *adj* complicado(-da).
complication [ˌkɒmplɪ'keɪʃn] *n* complicação *f*.
compliment [*n* 'kɒmplɪmənt, *vb* 'kɒmplɪment] *n* elogio *m* ♦ *vt* elogiar.
complimentary [ˌkɒmplɪ'mentərɪ] *adj (seat, ticket)* gratuito(-ta); *(words, person)* lisonjeiro(-ra).
comply [kəm'plaɪ] *vi*: **to** ~ **with** sthg *(law, standards)* cumprir algo; *(request)* respeitar algo.
component [kəm'pəʊnənt] *n* componente *mf*.
compose [kəm'pəʊz] *vt (music)* compor; *(letter, poem)* escrever; **to be ~d of** ser composto de.
composed [kəm'pəʊzd] *adj* calmo (-ma).
composer [kəm'pəʊzəʳ] *n* compositor *m* (-ra *f*).
composition [ˌkɒmpə'zɪʃn] *n* composição *f*.
compost [*Brit* 'kɒmpɒst, *Am* 'kɒmpəʊst] *n* estrume *m*.
compound ['kɒmpaʊnd] *n (substance)* composto *m*; *(word)* palavra *f* composta.
comprehend [ˌkɒmprɪ'hend] *vt (understand)* compreender.
comprehension [ˌkɒmprɪ'henʃn] *n* compreensão *f*.
comprehensive [ˌkɒmprɪ'hensɪv] *adj* completo(-ta).
comprehensive (school) *n (Brit)* = escola *f* secundária.

compressed air [kəm'prest-] *n* ar *m* comprimido.
comprise [kəm'praɪz] *vt* ser constituído(-da) por.
compromise ['kɒmprəmaɪz] *n* compromisso *m*.
compulsive [kəm'pʌlsɪv] *adj (behaviour, gambler, liar)* compulsivo(-va).
compulsory [kəm'pʌlsərɪ] *adj* obrigatório(-ria).
computer [kəm'pjuːtəʳ] *n* computador *m*.
computer game *n* jogo *m* de computador.
computerized [kəm'pjuːtəraɪzd] *adj* computadorizado(-da).
computer operator *n* operador *m* (-ra *f*) de computador.
computer programmer [-'prəʊgræməʳ] *n* programador *m* (-ra *f*) de computador.
computing [kəm'pjuːtɪŋ] *n* informática *f*.
comrade ['kɒmreɪd] *n* camarada *mf*.
con [kɒn] *n (inf: trick)* truque *m*; **all mod ~s** com todas as comodidades.
concave [ˌkɒn'keɪv] *adj* côncavo(-va).
conceal [kən'siːl] *vt* esconder.
concede [kən'siːd] *vt (admit)* admitir, reconhecer ♦ *vi* ceder.
conceited [kən'siːtɪd] *adj (pej)* convencido(-da).
conceive [kən'siːv] *vt* conceber.
concentrate ['kɒnsəntreɪt] *vi* concentrar-se ♦ *vt*: **to be ~d** *(in one place)* estar concentrado; **to** ~ **on** sthg concentrar-se em algo.
concentrated ['kɒnsəntreɪtɪd] *adj* concentrado(-da).
concentration [ˌkɒnsən'treɪʃn] *n* concentração *f*.
concentration camp *n* campo *m* de concentração.
concept ['kɒnsept] *n* conceito *m*.
concern [kən'sɜːn] *n (worry)* preocupação *f*; *(matter of interest)* assunto *m*; *(COMM)* negócio *m* ♦ *vt (be about)* ser sobre; *(worry)* preocupar; *(involve)* dizer respeito a; **to be ~ed about** estar preocupado com; **to be ~ed with** tratar de; **to** ~ **o.s. with** sthg preocupar-se com algo; **as far as I'm ~ed** no que me diz respeito; **it's no** ~ **of mine** isso não me diz respeito, não é da minha conta.
concerned [kən'sɜːnd] *adj (worried)*

preocupado(-da).

concerning [kən'sɜːnɪŋ] *prep* acerca de.

concert ['kɒnsət] *n* concerto *m*.

concert hall *n* sala *f* de concertos.

concertina [,kɒnsə'tiːnə] *n* concertina *f*.

concession [kən'seʃn] *n (reduced price)* desconto *m*.

concise [kən'saɪs] *adj* conciso(-sa).

conclude [kən'kluːd] *vt* concluir ◆ *vi (fml: end)* terminar.

conclusion [kən'kluːʒn] *n (decision)* conclusão *f; (end)* fim *m*.

conclusive [kən'kluːsɪv] *adj* concludente, decisivo(-va).

concoction [kən'kɒkʃn] *n (mixture, drink)* mistura *f*.

concourse ['kɒŋkɔːs] *n (hall)* saguão *m (Br)*, vestíbulo *m (Port)*.

concrete ['kɒŋkriːt] *adj (building, path)* de concreto; *(idea, plan)* concreto(-ta) ◆ *n* concreto *m (Br)*, betão *m (Port)*.

concussion [kən'kʌʃn] *n* traumatismo *m* craniano.

condemn [kən'dem] *vt* condenar; **to ~ sb to sthg** *(JUR)* condenar alguém a algo.

condensation [,kɒnden'seɪʃn] *n* condensação *f*.

condensed milk [kən'denst-] *n* leite *m* condensado.

condescending [,kɒndɪ'sendɪŋ] *adj* condescendente.

condition [kən'dɪʃn] *n (state)* estado *m; (proviso)* condição *f*; **a heart/liver ~** problemas de coração/fígado; **to be out of ~** não estar em forma; **on ~ that** *com* a condição de.
❑ **conditions** *npl (circumstances)* condições *fpl*.

conditional [kən'dɪʃənl] *n (GRAMM)* condicional *m*.

conditioner [kən'dɪʃnəʳ] *n* amaciador *m*.

condo ['kɒndəʊ] *(Am: inf)* = **condominium**.

condolences ['kɒndəʊlənsɪz] *npl* condolências *fpl*.

condom ['kɒndəm] *n* preservativo *m*.

condominium [,kɒndə'mɪnɪəm] *n (Am)* condomínio *m*.

condone [kən'dəʊn] *vt* defender.

conducive [kən'djuːsɪv] *adj*: **~ to** ideal para.

conduct [*vb* kən'dʌkt, *n* 'kɒndʌkt] *vt (investigation, business)* levar a cabo; *(MUS)* reger ◆ *n (fml: behaviour)* conduta *f*; **to ~ o.s.** *(fml)* comportar-se.

conductor [kən'dʌktəʳ] *n (MUS)* maestro *m; (on bus)* cobrador *m (-ra f); (Am: on train)* revisor *m (-ra f)*.

cone [kəʊn] *n* cone *m; (for ice cream)* casquinha *f (Br)*, cone *(Port)*.

confectioner's [kən'fekʃnəz] *n (shop)* confeitaria *f*.

confectionery [kən'fekʃnərɪ] *n* confeitaria *f*.

confer [kən'fɜːʳ] *vi* consultar ◆ *vt (fml)*: **to ~ sthg on sb** conferir algo com alguém.

conference ['kɒnfərəns] *n* conferência *f*.

confess [kən'fes] *vi*: **to ~ (to sthg)** confessar (algo).

confession [kən'feʃn] *n* confissão *f*.

confetti [kən'fetɪ] *n* confetti *mpl*, papelinhos *mpl (Port)*.

confide [kən'faɪd] *vi*: **to ~ in sb** confiar em alguém.

confidence ['kɒnfɪdəns] *n* confiança *f*; **to have ~ in** ter confiança em.

confident ['kɒnfɪdənt] *adj (self-assured)* seguro(-ra) de si; *(certain)* seguro(-ra).

confidential [,kɒnfɪ'denʃl] *adj* confidencial.

confined [kən'faɪnd] *adj* restrito(-ta).

confinement [kən'faɪnmənt] *n* reclusão *f*.

confirm [kən'fɜːm] *vt* confirmar.

confirmation [,kɒnfə'meɪʃn] *n* confirmação *f*; *(RELIG)* crisma *m*.

confiscate ['kɒnfɪskeɪt] *vt* confiscar.

conflict [*n* 'kɒnflɪkt, *vb* kən'flɪkt] *n* conflito *m* ◆ *vi*: **to ~ (with)** estar em desacordo (com).

conform [kən'fɔːm] *vi*: **to ~ (to)** obedecer (a).

confront [kən'frʌnt] *vt* confrontar.

confrontation [,kɒnfrʌn'teɪʃn] *n* confrontação *f*.

confuse [kən'fjuːz] *vt* confundir; **to ~ sthg with sthg** confundir algo com algo.

confused [kən'fjuːzd] *adj* confuso (-sa).

confusing [kən'fjuːzɪŋ] *adj* confuso (-sa).

confusion [kən'fjuːʒn] *n* confusão *f*.

congested [kən'dʒestɪd] *adj (street)*

congestionado(-da).

congestion [kən'dʒestʃn] *n (traffic)* congestionamento *m*.

congratulate [kən'grætʃʊleɪt] *vt:* **to ~ sb (on sthg)** felicitar alguém (por algo).

congratulations [kən,grætʃʊ'leɪʃənz] *excl* parabéns!

congregate ['kɒŋgrɪgeɪt] *vi* juntar-se.

congregation [,kɒŋgrɪ'geɪʃn] *n* congregação *f*.

Congress ['kɒŋgres] *n (Am)* Congresso *m*.

congressman ['kɒŋgresmən] *(pl* **-men** [-mən]) *n (Am: POL)* congressista *m*.

conifer ['kɒnɪfəʳ] *n* conífera *f*.

conjugation [,kɒndʒʊ'geɪʃn] *n (GRAMM)* conjugação *f*.

conjunction [kən'dʒʌŋkʃn] *n (GRAMM)* conjunção *f*.

conjunctivitis [kən,dʒʌŋktɪ'vaɪtɪs] *n* conjuntivite *f*.

conjurer ['kʌndʒərəʳ] *n* prestidigitador *m* (-ra *f*).

conker ['kɒŋkəʳ] *n (Brit)* castanha-da-Índia *f*.

conman ['kɒnmæn] *(pl* **-men** [-men]) *n* vigarista *mf*, burlão *m (Port)*.

connect [kə'nekt] *vt* ligar ♦ *vi:* **to ~ with** *(train, plane)* fazer conexão com; **to ~ sthg with sthg** *(associate)* ligar algo com algo.

connected [kə'nektɪd] *adj* relacionado(-da); **~ with** relacionado com.

connecting flight [kə'nektɪŋ-] *n* vôo *m* de conexão.

connection [kə'nekʃn] *n* ligação *f*; **a bad ~** *(on phone)* uma ligação ruim; **a loose ~** *(in machine)* um fio solto; **in ~ with** em relação a.

connoisseur [,kɒnə'sɜːʳ] *n* conhecedor *m* (-ra *f*).

conquer ['kɒŋkəʳ] *vt* conquistar.

conquest ['kɒŋkwest] *n* conquista *f*.

conscience ['kɒnʃəns] *n* consciência *f*.

conscientious [,kɒnʃɪ'enʃəs] *adj* consciencioso(-osa).

conscious ['kɒnʃəs] *adj (awake)* consciente; *(deliberate)* deliberado(-da); **to be ~ of** estar consciente de.

consciousness ['kɒnʃəsnɪs] *n* consciência *f*.

conscript ['kɒnskrɪpt] *n (MIL)* recruta *mf*.

consecutive [kən'sekjʊtɪv] *adj* consecutivo(-va).

consent [kən'sent] *n* consentimento *m*.

consequence ['kɒnsɪkwəns] *n (result)* conseqüência *f*.

consequently ['kɒnsɪkwəntlɪ] *adv* conseqüentemente.

conservation [,kɒnsə'veɪʃn] *n* conservação *f*.

conservative [kən'sɜːvətɪv] *adj* conservador(-ra).

❑ **Conservative** *adj* conservador(-ra) ♦ *n* conservador *m* (-ra *f*).

conservatory [kən'sɜːvətrɪ] *n* jardim-de-inverno *m (Br)*, marquise *f (Port)*.

conserve [*n* kən'sɜːv, *vb* 'kɒnsɜːv] *n* compota *f* ♦ *vt* preservar.

consider [kən'sɪdəʳ] *vt* considerar; **to ~ doing sthg** pensar em fazer algo.

considerable [kən'sɪdrəbl] *adj* considerável.

considerably [kən'sɪdrəblɪ] *adv* consideravelmente.

considerate [kən'sɪdərət] *adj (person)* gentil; **that's very ~ of you** que gentileza de sua parte.

consideration [kən,sɪdə'reɪʃn] *n* consideração *f*; **to take sthg into ~** ter algo em consideração.

considering [kən'sɪdərɪŋ] *prep* tendo em conta.

consist [kən'sɪst] : **consist in** *vt fus* consistir em.

❑ **consist of** *vt fus* consistir em.

consistency [kən'sɪstənsɪ] *n* consistência *f*.

consistent [kən'sɪstənt] *adj* consistente.

consolation [,kɒnsə'leɪʃn] *n* consolação *f*.

console ['kɒnsəʊl] *n* consola *f*.

consonant ['kɒnsənənt] *n* consoante *f*.

conspicuous [kən'spɪkjʊəs] *adj* que dá nas vistas.

conspiracy [kən'spɪrəsɪ] *n* conspiração *f*.

constable ['kʌnstəbl] *n (Brit)* policial *mf (Br)*, polícia *mf (Port)*.

constant ['kɒnstənt] *adj* constante.

constantly ['kɒnstəntlɪ] *adv* constantemente.

constipated ['kɒnstɪpeɪtɪd] *adj:* **to be ~** ter prisão de ventre.

constipation [ˌkɒnstɪ'peɪʃn] *n* prisão *f* de ventre, constipação *f* (*Br*).

constituency [kən'stɪtjʊənsɪ] *n* círculo *m* eleitoral.

constitute ['kɒnstɪtjuːt] *vt* (*represent*) constituir.

constitution [ˌkɒnstɪ'tjuːʃn] *n* (*health*) constituição *f* física.

constraint [kən'streɪnt] *n* (*restriction*) restrição *f*; ~ **on sthg** restrição a algo.

construct [kən'strʌkt] *vt* construir.

construction [kən'strʌkʃn] *n* construção *f*; **under** ~ em construção.

constructive [kən'strʌktɪv] *adj* construtivo(-va).

consul ['kɒnsəl] *n* cônsul *mf*.

consulate ['kɒnsjʊlət] *n* consulado *m*.

consult [kən'sʌlt] *vt* consultar.

consultant [kən'sʌltənt] *n* (*Brit: doctor*) médico *m* (*-ca f*) especialista.

consulting room [kən'sʌltɪŋ-] *n* consultório *m*, sala *f* de consultas.

consume [kən'sjuːm] *vt* consumir.

consumer [kən'sjuːmə^r] *n* consumidor *m* (*-ra f*).

consumption [kən'sʌmpʃn] *n* (*use*) consumo *m*.

contact ['kɒntækt] *n* contato *m* ♦ *vt* contatar; **in** ~ **with** em contato com.

contact lens *n* lente *f* de contato.

contagious [kən'teɪdʒəs] *adj* contagioso(-osa).

contain [kən'teɪn] *vt* conter.

container [kən'teɪnə^r] *n* (*bowl etc*) recipiente *m*; (*for cargo*) container *m* (*Br*), contentor *m* (*Port*).

contaminate [kən'tæmɪneɪt] *vt* contaminar.

contemplate ['kɒntempleɪt] *vt* (*consider*) contemplar.

contemporary [kən'tempərərɪ] *adj* contemporâneo(-nea) ♦ *n* contemporâneo *m* (*-nea f*).

contempt [kən'tempt] *n* (*scorn*) desprezo *m*; ~ **for** desprezo por.

contend [kən'tend] : **contend with** *vt fus* enfrentar.

contender [kən'tendə^r] *n* candidato *m* (*-ta f*).

content [*adj* kən'tent, *n* 'kɒntent] *adj* satisfeito(-ta) ♦ *n* (*of vitamins, fibre*) quantidade *f*; (*of alcohol, fat*) teor *m*.
❏ **contents** *npl* (*things inside*) conteúdo *m*; (*at beginning of book*) índice *m*.

contented [kən'tentɪd] *adj* contente, satisfeito(-ta).

contest [*n* 'kɒntest, *vb* kən'test] *n* (*competition*) concurso *m*; (*struggle*) luta *f* ♦ *vt* (*election, seat*) candidatar-se a; (*decision, will*) contestar.

contestant [kən'testənt] *n* (*in quiz show*) concorrente *mf*; (*in race*) participante *mf*.

context ['kɒntekst] *n* contexto *m*.

continent ['kɒntɪnənt] *n* continente *m*; **the Continent** (*Brit*) a Europa Continental.

continental [ˌkɒntɪ'nentl] *adj* (*Brit: European*) da Europa Continental.

continental breakfast *n* típico café da manhã composto por café, pão ou croissants, manteiga e geléia.

continental quilt *n* (*Brit*) edredom *m* (*Br*), edredão *m* (*Port*).

continual [kən'tɪnjʊəl] *adj* contínuo (-nua).

continually [kən'tɪnjʊəlɪ] *adv* continuamente.

continue [kən'tɪnjuː] *vt & vi* continuar; **to** ~ **doing sthg** continuar a fazer algo; **to** ~ **with sthg** continuar com algo.

continuous [kən'tɪnjʊəs] *adj* contínuo(-nua).

continuously [kən'tɪnjʊəslɪ] *adv* continuamente.

contortion [kən'tɔːʃn] *n* (*position*) contorção *f*.

contour ['kɒn.tʊə^r] *n* contorno *m*.

contraband ['kɒntrəbænd] *adj* de contrabando ♦ *n* contrabando *m*.

contraception [ˌkɒntrə'sepʃn] *n* contracepção *f*.

contraceptive [ˌkɒntrə'septɪv] *n* anticoncepcional *m*.

contract [*n* 'kɒntrækt, *vb* kən'trækt] *n* contrato *m* ♦ *vt* (*fml: illness*) contrair.

contraction [kən'trækʃn] *n* (*reduction in size, length*) contração *f*.

contradict [ˌkɒntrə'dɪkt] *vt* contradizer.

contradiction [ˌkɒntrə'dɪkʃn] *n* contradição *f*.

contraflow ['kɒntrəfləʊ] *n* (*Brit*) estreitamento e/ou inversão do sentido normal de uma pista devido a obras ou acidente, garrafão *m* (*Port*).

contraption [kən'træpʃn] *n* geringonça *f*.

contrary ['kɒntrərɪ] *n*: **on the** ~ pelo cohtrário.

contrast [*n* 'kɒntrɑːst, *vb* kən'trɑːst] *n*

contraste *m* ♦ *vt* contrastar; **in ~ to** ao contrário de.

contribute [kən'trɪbjuːt] *vt (help, money)* contribuir com ♦ *vi:* **to ~ to** contribuir para.

contribution [ˌkɒntrɪ'bjuːʃn] *n* contribuição *f.*

contributor [kən'trɪbjʊtə^r] *n (to magazine, newspaper)* colaborador *m* (-ra *f*).

contrive [kən'traɪv] *vt (fml: manage):* **to ~ to do sthg** conseguir fazer algo.

contrived [kən'traɪvd] *adj (plot, ending)* inverosímil; *(reaction)* forçado (-da).

control [kən'trəʊl] *n* controle *m* ♦ *vt* controlar; **to be in ~** controlar a situação; **out of ~** fora de controle; **under ~** sob controle.

❑ **controls** *npl (of TV, video)* controle *m (Br)*, telecomando *m (Port); (of plane)* comandos *mpl.*

controller [kən'trəʊlə^r] *n (of TV, radio)* diretor *m* (-ra *f*); **financial ~** administrador *m* (-ra *f*).

control panel *n* painel *m* de controle.

control tower *n* torre *f* de controle.

controversial [ˌkɒntrə'vɜːʃl] *adj* controverso(-sa).

controversy [ˈkɒntrəvɜːsɪ, *Brit* kən'trɒvəsɪ] *n* controvérsia *f.*

convalesce [ˌkɒnvə'les] *vi* convalescer.

convenience [kən'viːnjəns] *n* conveniência *f;* **at your ~** quando (lhe) for possível.

convenience store *n (Am)* = minimercado *m (muitas vezes aberto 24 horas por dia).*

convenient [kən'viːnjənt] *adj* conveniente.

convent [ˈkɒnvənt] *n* convento *m.*

conventional [kən'venʃənl] *adj* convencional.

converge [kən'vɜːdʒ] *vi* convergir; **to ~ on** convergir em.

conversation [ˌkɒnvə'seɪʃn] *n* conversa *f.*

conversion [kən'vɜːʃn] *n* conversão *f.*

convert [kən'vɜːt] *vt* converter; **to ~ sthg into** converter algo em.

converted [kən'vɜːtɪd] *adj (barn, loft)* convertido(-da).

convertible [kən'vɜːtəbl] *n* conversí-

vel *m (Br)*, carro *m* descapotável *(Port).*

convex [kɒn'veks] *adj* convexo(-xa).

convey [kən'veɪ] *vt (fml: transport)* transportar; *(idea, impression)* transmitir.

conveyer belt [kən'veɪə^r-] *n (in airport)* esteira *f* rolante *(Br)*, tapete *m* rolante *(Port); (in factory)* correia *f* transportadora.

conveyor belt [kən'veɪə^r-] *(Am)* = conveyer belt.

convict [*n* 'kɒnvɪkt, *vb* kən'vɪkt] *n* preso *m* (-sa *f*) ♦ *vt:* **to ~ sb (of)** condenar alguém (por).

conviction [kən'vɪkʃn] *n* convicção *f; (JUR)* condenação *f.*

convince [kən'vɪns] *vt:* **to ~ sb (of sthg)** convencer alguém (de algo); **to ~ sb to do sthg** convencer alguém a fazer algo.

convincing [kən'vɪnsɪŋ] *adj (person, argument)* convincente; *(victory, win)* esmagador(-ra).

convoy [ˈkɒnvɔɪ] *n* comboio *m.*

convulsion [kən'vʌlʃn] *n (MED)* convulsão *f.*

coo [kuː] *vi (bird)* arrulhar.

cook [kʊk] *n* cozinheiro *m* (-ra *f*) ♦ *vt (meal)* preparar; *(food)* cozinhar ♦ *vi (person)* cozinhar; *(food)* cozer.

cookbook [ˈkʊkbʊk] = **cookery book.**

cooker [ˈkʊkə^r] *n* fogão *m.*

cookery [ˈkʊkərɪ] *n* culinária *f.*

cookery book *n* livro *m* de culinária OR cozinha.

cookie [ˈkʊkɪ] *n (Am)* biscoito *m (Br)*, bolacha *f (Port).*

cooking [ˈkʊkɪŋ] *n (activity)* culinária *f; (food)* cozinha *f.*

cooking apple *n* maçã *f* para cozer.

cooking oil *n* óleo *m* de cozinhar.

cool [kuːl] *adj (temperature)* fresco (-ca); *(calm)* calmo(-ma); *(unfriendly)* frio (fria); *(inf: great)* genial *(Br)*, bestial *(Port)* ♦ *vt* arrefecer.

❑ **cool down** *vi (become colder)* arrefecer; *(become calmer)* acalmar-se.

cool box *n (Brit)* mala *f* frigorífica.

cooler [ˈkuːlə^r] *(Am)* = **cool box.**

coop [kuːp] *n* capoeira *f.*

❑ **coop up** *vt sep (inf)* enfiar.

cooperate [kəʊ'ɒpəreɪt] *vi* cooperar.

cooperation [kəʊˌɒpə'reɪʃn] *n* cooperação *f.*

cooperative [kəʊ'ɒpərətɪv] *adj*

(helpful) cooperante.

coordinate [kəʊˈɔ:dɪneɪt] *vt* coordenar.

coordinates [kəʊˈɔ:dɪnəts] *npl* *(clothes)* conjuntos *mpl*.

coordination [kəʊˌɔ:dɪˈneɪʃn] *n* coordenação *f*.

cop [kɒp] *n (inf: policeman)* policial *mf (Br)*, polícia *mf (Port)*.

cope [kəʊp] *vi*: **to ~ with** *(problem, situation)* lidar com; *(work)* aguentar.

Copenhagen [ˌkəʊpənˈheɪgən] *n* Copenhague *s*.

copilot [ˈkəʊˌpaɪlɒt] *n* co-piloto *mf*.

copper [ˈkɒpəʳ] *n* cobre *m*; *(Brit: inf: coin)* = tostão *m*, *moedas de cobre no valor de um ou dois pence*.

copy [ˈkɒpɪ] *n* cópia *f*; *(of newspaper, book)* exemplar *m* ◆ *vt* copiar.

copyright [ˈkɒpɪraɪt] *n* direitos *mpl* autorais.

coral [ˈkɒrəl] *n* coral *m*.

cord [kɔ:d] *n (string)* cordão *m*; *(wire)* fio *m*.

cord(uroy) [ˈkɔ:d(ərɔɪ)] *n* veludo *m* cotelê *(Br)*, bombazina *f (Port)*.

core [kɔ:ʳ] *n (of fruit)* caroço *m*.

coriander [ˌkɒrɪˈændəʳ] *n* coentro *m*.

cork [kɔ:k] *n (in bottle)* rolha *f*.

corkscrew [ˈkɔ:kskru:] *n* saca-rolhas *m inv*.

corn [kɔ:n] *n (Brit: crop)* cereal *m*; *(Am: maize)* milho *m*; *(on foot)* calo *m*.

corned beef [ˌkɔ:nd-] *n* carne *f* de vaca enlatada.

corner [ˈkɔ:nəʳ] *n* canto *m*; *(bend in road)* curva *f*; **it's just around the ~** fica ali mesmo ao virar a esquina.

corner shop *n (Brit)* mercearia *f*, quitanda *f (Br)*, mini-mercado *m (Port)*.

cornet [ˈkɔ:nɪt] *n (Brit: ice-cream cone)* casquinha *f (Br)*, cone *m (Port)*.

cornflakes [ˈkɔ:nfleɪks] *npl* Cornflakes® *mpl*, flocos *mpl* de milho.

corn-on-the-cob [-kɒb] *n espiga de milho cozida, servida com manteiga*.

Cornwall [ˈkɔ:nwɔ:l] *n* Cornualha *f*.

coronation [ˌkɒrəˈneɪʃn] *n* coroação *f*.

corporal [ˈkɔ:pərəl] *n* cabo *m*.

corporal punishment *n* castigos *mpl* corporais.

corporation [ˌkɔ:pəˈreɪʃn] *n (council)* conselho *m* municipal; *(large company)* corporação *f*, companhia *f*.

corpse [kɔ:ps] *n* cadáver *m*.

correct [kəˈrekt] *adj* correto(-ta) ◆ *vt* corrigir.

correction [kəˈrekʃn] *n* correção *f*.

correspond [ˌkɒrɪˈspɒnd] *vi*: **to ~ (to)** *(match)* corresponder (a); **to ~ (with)** *(exchange letters)* corresponder-se (com).

correspondence [ˌkɒrɪˈspɒndəns] *n* correspondência *f*.

correspondent [ˌkɒrɪˈspɒndənt] *n* correspondente *mf*.

corresponding [ˌkɒrɪˈspɒndɪŋ] *adj* correspondente.

corridor [ˈkɒrɪdɔ:ʳ] *n* corredor *m*.

corrosion [kəˈrəʊʒn] *n* corrosão *f*.

corrugated iron [ˈkɒrəgeɪtɪd-] *n* ferro *m* corrugado *(Br)*, folha-de-flandres *f (Port)*.

corrupt [kəˈrʌpt] *adj* corrupto(-ta).

corruption [kəˈrʌpʃn] *n* corrupção *f*.

corset [ˈkɔ:sɪt] *n* espartilho *m*.

cosmetics [kɒzˈmetɪks] *npl* cosméticos *mpl*.

cosmopolitan [ˌkɒzməˈpɒlɪtn] *adj* cosmopolita.

cost [kɒst] *(pt & pp cost) n* custo *m* ◆ *vt* custar; **how much does it ~?** quanto custa?

co-star [ˈkəʊ-] *n* co-protagonista *mf*.

costly [ˈkɒstlɪ] *adj (expensive)* caro (-ra).

costume [ˈkɒstju:m] *n (of actor)* roupa *f (Br)*, fato *m (Port)*; *(of country, region)* traje *m*.

cosy [ˈkəʊzɪ] *adj (Brit: room, house)* aconchegante.

cot [kɒt] *n (Brit: for baby)* berço *m*; *(Am: camp bed)* cama *f* de campismo.

cottage [ˈkɒtɪdʒ] *n* casa *f* de campo.

cottage cheese *n* = requeijão *m*.

cottage pie *n (Brit)* empadão *m (de carne de vaca picada)*.

cotton [ˈkɒtn] *adj (dress, shirt)* de algodão ◆ *n (cloth)* algodão *m*; *(thread)* linha *f* (de coser).

cotton candy *n (Am)* algodão *m* doce.

cotton wool *n* algodão *m* (hidrófilo).

couch [kaʊtʃ] *n (sofa)* sofá *m*; *(at doctor's)* cama *f*.

couchette [ku:ˈʃet] *n* couchette *f*.

cough [kɒf] *n* tosse *f* ◆ *vi* tossir; **to have a ~** estar com tosse.

cough mixture *n* xarope *m* para a tosse.

cough sweet n (Brit) pastilha f para a tosse.

cough syrup = cough mixture.

could [kʊd] pt → can.

couldn't ['kʊdnt] = could not.

could've ['kʊdəv] = could have.

council ['kaʊnsl] n (Brit: of town) prefeitura f (Br), câmara f (Port); (Brit: of county) = governo m civil; (organization) conselho m.

council estate n conjunto m residencial (Br), bairro m de habitação social (Port) (pertencente ao Estado).

council house n (Brit) casa f popular (Br), habitação f social (Port), casa pertencente ao Estado alugada a baixo preço.

councillor ['kaʊnsələr] n (Brit: of town, county) = vereador m (-ra f).

council tax n (Brit) imposto local pago à prefeitura, relativo aos serviços de saneamento, água, transportes, etc, por esta fornecidos.

counsellor ['kaʊnsələr] n (Brit) conselheiro m (-ra f).

counselor ['kaʊnsələr] (Am) = counsellor.

count [kaʊnt] vt & vi contar ♦ n (nobleman) conde m.

❑ **count on** vt fus contar com.

countdown ['kaʊntdaʊn] n contagem f decrescente.

counter ['kaʊntər] n (in shop, bank) balcão m; (in board game) ficha f.

counteract [,kaʊntə'rækt] vt compensar, contrabalançar.

counterattack [,kaʊntərə'tæk] n contra-ataque m.

counterclockwise [,kaʊntə-'klɒkwaɪz] adv (Am) no sentido contrário ao dos ponteiros do relógio.

counterfeit ['kaʊntəfɪt] adj falso(-sa) ♦ vt falsificar, forjar.

counterfoil ['kaʊntəfɔɪl] n talão m.

counterpart ['kaʊntəpɑːt] n homólogo m (-ga f).

countess ['kaʊntɪs] n condessa f.

countless ['kaʊntlɪs] adj inúmeros (-ras).

country ['kʌntrɪ] n país m; (countryside) campo m ♦ adj do campo.

country and western n música f country.

country dancing n dança f folclórica.

country house n = casa f de campo (Br), = solar m (Port).

countryman ['kʌntrɪmən] (pl -men [-mən]) n compatriota m.

country road n estrada f rural.

countryside ['kʌntrɪsaɪd] n campo m.

county ['kaʊntɪ] n (in Britain) condado m; (in US) divisão administrativa de um estado, nos EUA.

county council n (Brit) organismo que administra um condado, = conselho m distrital.

coup [kuː] n: ~ (d'état) golpe m de Estado.

couple ['kʌpl] n casal m; a ~ (of) (two) dois (duas); (a few) dois ou três (duas ou três).

coupon ['kuːpɒn] n cupom m (Br), cupão m (Port).

courage ['kʌrɪdʒ] n coragem f.

courgette [kɔː'ʒet] n (Brit) abobrinha f (Br), courgette f (Port).

courier ['kʊrɪər] n (for holidaymakers) guia mf; (for delivering letters, packages) mensageiro m (-ra f).

course [kɔːs] n curso m; (of meal) prato m; (of treatment, injections) tratamento m; (of ship, plane) rota f; (for golf) campo m; **of** ~ (certainly) com certeza, claro; (evidently) claro; **of** ~ **not** claro que não; **in the** ~ **of** no decurso de.

coursework ['kɔːswɜːk] n trabalho m realizado durante o curso.

court [kɔːt] n (JUR: building, room) tribunal m; (SPORT) quadra f (Br), campo m (Port); (of king, queen) corte f.

courteous ['kɜːtjəs] adj cortês.

courtesy ['kɜːtɪsɪ] n (polite behaviour) cortesia f; **(by)** ~ **of** com a autorização de.

courtesy coach ['kɜːtɪsɪ-] n ônibus m gratuito (de aeroporto, hotel, etc).

courthouse ['kɔːthaʊs, pl -haʊzɪz] n (Am) tribunal m.

court shoes npl sapatos mpl (simples) de salto alto.

courtyard ['kɔːtjɑːd] n pátio m.

cousin ['kʌzn] n primo m (-ma f).

cove [kəʊv] n enseada f.

cover ['kʌvər] n cobertura f; (lid) tampa f; (of book, magazine) capa f; (blanket) coberta f ♦ vt cobrir; (travel) percorrer; (apply to) abranger; **to take** ~ abrigar-se; **to be ~ed in** estar coberto de; **to** ~ **sthg with sthg** cobrir algo com algo.

❑ **cover up** vt sep (put cover on) cobrir; (facts, truth) encobrir.

coverage ['kʌvərɪdʒ] *n (of news)* cobertura *f* (jornalística).

cover charge *n* couvert *m*.

covering ['kʌvərɪŋ] *n (for floor etc)* revestimento *m*; *(of dust, snow etc)* camada *f*.

covering letter *n (Brit)* carta *f* de apresentação.

cover letter *(Am)* = **covering letter**.

cover note *n (Brit)* apólice *f* de seguro provisória.

cow [kau] *n (animal)* vaca *f*.

coward ['kauəd] *n* covarde *mf*.

cowardly ['kauədlɪ] *adj* covarde.

cowboy ['kaubɔɪ] *n* cow-boy *m*, vaqueiro *m (Br)*.

cower ['kauər] *vi* encolher-se.

crab [kræb] *n* caranguejo *m*.

crack [kræk] *n (in cup, glass, wood)* rachadura *f*; *(gap)* fenda *f* ◆ *vt (cup, glass, wood)* rachar; *(nut, egg)* partir; *(inf: joke)* contar; *(whip)* estalar ◆ *vi* rachar.

cracker ['krækər] *n (biscuit)* bolacha *f* de água e sal; *(for Christmas)* tubo de papel com uma pequena surpresa, típico do Natal, que produz um estalo ao ser aberto.

cradle ['kreɪdl] *n* berço *m*.

craft [krɑːft] *n (skill, trade)* ofício *m*; *(boat: pl inv)* embarcação *f*.

craftsman ['krɑːftsmən] *(pl -men* [-mən]*) n* artesão *m*.

craftsmanship ['krɑːftsmənʃɪp] *n* habilidade *f*, arte *f*.

crafty ['krɑːftɪ] *adj* astuto(-ta).

crag [kræg] *n* penhasco *m*, rochedo *m* escarpado.

cram [kræm] *vt*: **to ~ sthg into** enfiar algo em; **to be crammed with** estar a abarrotar de.

cramp [kræmp] *n* cãibra *f*; **stomach ~s** dores *fpl* de estômago *(fortes)*.

cranberry ['krænbərɪ] *n* arando *m*.

cranberry sauce *n* molho de arandos normalmente servido com peru assado.

crane [kreɪn] *n (machine)* guindaste *m*.

crap [kræp] *n (vulg)* merda *f* ◆ *adj (vulg)*: **the film was ~** o filme era uma porcaria.

crash [kræʃ] *n (accident)* colisão *f*; *(noise)* estrondo *m* ◆ *vt (car)* bater com ◆ *vi (car, plane, train)* colidir.

❑ **crash into** *vt fus (wall)* bater contra.

crash helmet *n* capacete *m* (de proteção).

crash landing *n* aterrissagem *f* forçada *(Br)*, aterragem *f* forçada *(Port)*.

crass [kræs] *adj* grosseiro(-ra); **a ~ mistake** um erro crasso.

crate [kreɪt] *n* grade *f (para transporte de fruta, garrafas, etc)*.

crater ['kreɪtər] *n* cratera *f*.

crave [kreɪv] *vt* desejar (intensamente).

crawl [krɔːl] *vi (baby, person)* engatinhar *(Br)*, gatinhar *(Port)*; *(insect)* rastejar; *(traffic)* arrastar-se ◆ *n (swimming stroke)* crawl *m*.

crawler lane ['krɔːlər-] *n (Brit)* faixa *f* para veículos lentos.

crayfish ['kreɪfɪʃ] *(pl inv) n* camarão-de-água-doce *m*.

crayon ['kreɪɒn] *n* lápis *m* de cera OR giz.

craze [kreɪz] *n* moda *f*.

crazy ['kreɪzɪ] *adj* maluco(-ca), louco (ca); **to be ~ about** ser louco por.

crazy golf *n* mini-golfe *m*.

creak [kriːk] *vi (door, floorboards)* ranger; *(hinge)* chiar.

cream [kriːm] *n (food)* creme *m (Br)*, natas *fpl (Port)*; *(for face)* creme *m*; *(for burns)* pomada *f* ◆ *adj (in colour)* creme *(inv)*.

cream cake *n (Brit)* bolo *m* recheado com creme.

cream cheese *n* queijo-creme *m*, queijo *m* para barrar.

cream cracker *n (Brit)* biscoito *m* de água e sal.

cream sherry *n* xerez *m* doce.

cream tea *n (Brit)* lanche composto por chá e "scones" recheados com creme e doce.

creamy ['kriːmɪ] *adj* cremoso(-osa).

crease [kriːs] *n* vinco *m*.

creased [kriːst] *adj* vincado(-da), engelhado(-da) *(Port)*.

create [kriː'eɪt] *vt (make)* criar; *(impression)* causar; *(interest)* provocar.

creation [kriː'eɪʃn] *n* criação *f*.

creative [kriː'eɪtɪv] *adj* criativo(-va).

creature ['kriːtʃər] *n* criatura *f*.

crèche [kreʃ] *n (Brit)* creche *f*.

credentials [krɪ'denʃlz] *npl (papers)* identificação *f*, documentos *mpl*; *(fig: qualifications)* capacidades *fpl*; *(references)* credenciais *fpl*.

credibility [ˌkredə'bɪlətɪ] *n* credibilidade *f*.

credit ['kredɪt] n (praise) mérito m; (money) crédito m; (at school, university) cadeira terminada com nota positiva; **to be in ~** estar com saldo positivo.
❏ **credits** npl (of film) créditos mpl.

credit card n cartão m de crédito; **to pay by ~** pagar com cartão de crédito; **"all major ~s accepted"** = "aceita-se cartão de crédito".

creed [kriːd] n credo m.

creek [kriːk] n (inlet) angra f; (Am: river) riacho m.

creep [kriːp] (pt & pp **crept**) vi (crawl) arrastar-se ◆ n (inf: groveller) puxa-saco mf (Br), graxista mf (Port).

creepy-crawly [ˌkriːpɪˈkrɔːlɪ] n (inf) bicho m.

cremate [krɪˈmeɪt] vt cremar.

cremation [krɪˈmeɪʃn] n cremação f.

crematorium [ˌkreməˈtɔːrɪəm] n crematório m.

crepe [kreɪp] n (thin pancake) crepe m.

crepe paper n papel-crepe m.

crept [krept] pt & pp → **creep**.

crescent ['kresnt] n (shape) meia-lua f; (street) rua f semi-circular.

cress [kres] n agrião m (muito pequeno).

crest [krest] n (of bird, hill) crista f; (on coat of arms) brasão m.

crevice ['krevɪs] n fenda f.

crew [kruː] n (of ship, plane) tripulação f.

crew cut n corte m à escovinha OR à máquina zero.

crew neck n gola f redonda.

crib [krɪb] n (Am: cot) berço m.

cricket ['krɪkɪt] n (game) críquete m; (insect) grilo m.

crime [kraɪm] n crime m.

criminal ['krɪmɪnl] adj (behaviour, offence) criminoso(-osa); (inf: disgraceful) vergonhoso(-osa) ◆ n criminoso m (-osa f).

crimson ['krɪmzn] adj (in colour) carmesim (inv) ◆ n carmesim m.

cringe [krɪndʒ] vi (out of fear) encolher-se; **to ~ (at sthg)** (inf: with embarrassment) não saber onde se meter (perante algo).

cripple ['krɪpl] n aleijado m (-da f) ◆ vt tornar inválido(-da).

crisis ['kraɪsɪs] (pl **crises** ['kraɪsiːz]) n crise f.

crisp [krɪsp] adj estaladiço(-ça).
❏ **crisps** npl (Brit) batatas fpl fritas (de pacote).

crispy ['krɪspɪ] adj estaladiço(-ça).

crisscross ['krɪskrɒs] adj entrecruzado(-da).

criterion [kraɪˈtɪərɪən] (pl **-rions** OR **-ria** [-rɪə]) n critério m.

critic ['krɪtɪk] n (reviewer) crítico m (-ca f).

critical ['krɪtɪkl] adj crítico(-ca); (serious) grave; (disparaging) severo(-ra).

critically ['krɪtɪklɪ] adv (seriously) gravemente; (crucially) extremamente; (analytically) de forma crítica; (disparagingly) severamente.

criticism ['krɪtɪsɪzm] n crítica f; **I hate ~** detesto críticas.

criticize ['krɪtɪsaɪz] vt criticar.

croak [krəʊk] vi (animal) grasnar.

Croat ['krəʊæt] adj croata ◆ n (person) croata mf; (language) croata m.

Croatia [krəʊˈeɪʃə] n Croácia f.

Croatian [krəʊˈeɪʃn] = **Croat**.

crochet ['krəʊʃeɪ] n croché m, malha f.

crockery ['krɒkərɪ] n louça f.

crocodile ['krɒkədaɪl] n crocodilo m.

crocus ['krəʊkəs] (pl **-es**) n crocus m inv.

crook [krʊk] n (criminal) vigarista mf.

crooked ['krʊkɪd] adj (bent, twisted) torto (torta).

crop [krɒp] n (kind of plant) cultura f; (harvest) colheita f.
❏ **crop up** vi surgir.

cross [krɒs] adj zangado(-da) ◆ n cruz f; (mixture) cruzamento m ◆ vt (road, river, ocean) atravessar; (arms, legs) cruzar; (Brit: cheque) barrar ◆ vi (intersect) cruzar-se.
❏ **cross out** vt sep riscar.
❏ **cross over** vt fus (road) atravessar.

crossbar ['krɒsbɑːr] n barra f transversal.

cross-Channel ferry n barco que faz a travessia do Canal da Mancha.

cross-country (running) n corrida f pelo campo (Br), corta-mato m (Port).

cross-eyed [-aɪd] adj vesgo(-ga).

crossing ['krɒsɪŋ] n (on road) faixa f para pedestres (Br), passadeira f (para peões) (Port); (sea journey) travessia f.

crossroads ['krɒsrəʊdz] (pl inv) n cruzamento m.

crosswalk ['krɒswɔːk] n (Am) faixa f para pedestres (Br), passadeira f (para peões) (Port).

crossword (puzzle) ['krɒswɜːd-] n palavras fpl cruzadas.

crotch [krɒtʃ] n entrepernas m.

crouch [kraʊtʃ] *vi* agachar-se.

crouton ['kru:tɒn] *n* pedaço de pão torrado ou frito, usado como guarnição em sopas.

crow [krəʊ] *n* corvo *m*.

crowbar ['krəʊbɑ:ʳ] *n* alavanca *f*, pé-de-cabra *m*.

crowd [kraʊd] *n* multidão *f*; *(at match)* público *m*.

crowded ['kraʊdɪd] *adj* cheio (cheia) (de gente).

crown [kraʊn] *n* coroa *f*; *(of head)* alto *m* (da cabeça).

Crown Jewels *npl* jóias da coroa britânica.

crucial ['kru:ʃl] *adj* crucial.

crucifix ['kru:sɪfɪks] *n* crucifixo *m*.

crude [kru:d] *adj* grosseiro(-ra).

cruel [krʊəl] *adj* cruel.

cruelty ['krʊəltɪ] *n* crueldade *f*.

cruet (set) ['kru:ɪt-] *n* galheteiro *m*.

cruise [kru:z] *n* cruzeiro *m* ◆ *vi (plane)* voar; *(ship)* navegar; *(car)* rodar.

cruiser ['kru:zəʳ] *n* (pleasure boat) cruzeiro *m*.

crumb [krʌm] *n* migalha *f*.

crumble ['krʌmbl] *n* sobremesa feita com fruta cozida coberta com uma massa esfarelada de farinha, açúcar e manteiga ◆ *vi (building, cliff)* desmoronar-se; *(cheese)* esmigalhar-se.

crumpet ['krʌmpɪt] *n* espécie de crepe pequeno que se come quente com manteiga ou geléia.

crumple ['krʌmpl] *vt (dress, suit)* engelhar; *(letter)* amarrotar.

crunch [krʌntʃ] *vt (with teeth)* trincar OR mastigar *(fazendo ruído)*.

crunchy ['krʌntʃɪ] *adj* crocante.

crusade [kru:'seɪd] *n (war)* cruzada *f*.

crush [krʌʃ] *n (drink)* sumo *m* (de fruta) ◆ *vt (smash)* esmagar; *(ice)* picar.

crust [krʌst] *n (of bread)* casca *f* (Br), côdea *f* (Port); *(of pie)* crosta *f*.

crusty ['krʌstɪ] *adj* estaladiço(-ça).

crutch [krʌtʃ] *n (stick)* muleta *f*; *(between legs)* = crotch.

cry [kraɪ] *n* grito *m* ◆ *vi (weep)* chorar; *(shout)* gritar.

❑ **cry out** *vi* gritar.

crystal ['krɪstl] *n* cristal *m*.

crystal clear *adj (motive, meaning)* claro(-ra) como a água.

cub [kʌb] *n (animal)* cria *f*.

Cub [kʌb] *n* escoteiro entre os 8 e os 11 anos.

cubbyhole ['kʌbɪhəʊl] *n* cubículo *m*.

cube [kju:b] *n* cubo *m*.

cubicle ['kju:bɪkl] *n* cubículo *m*.

Cub Scout = Cub.

cuckoo ['kʊku:] *n* cuco *m*.

cuckoo clock *n* relógio *m* de cuco.

cucumber ['kju:kʌmbəʳ] *n* pepino *m*.

cuddle ['kʌdl] *n* abraço *m*.

cuddly toy ['kʌdlɪ-] *n* boneco *m* de pelúcia.

cue [kju:] *n (in snooker, pool)* taco *m*.

cuff [kʌf] *n (of sleeve)* punho *m*; *(Am: of trousers)* dobra *f*.

cuff links *npl* botões *mpl* de punho.

cuisine [kwɪ'zi:n] *n* cozinha *f*.

cul-de-sac ['kʌldəsæk] *n* beco *m* sem saída.

culmination [ˌkʌlmɪ'neɪʃn] *n* culminação *f*.

culottes [kju:'lɒts] *npl* saia-calça *f*.

culprit ['kʌlprɪt] *n* culpado *m* (-da *f*).

cult [kʌlt] *n* culto *m* ◆ *adj* de culto.

cultivate ['kʌltɪveɪt] *vt* cultivar.

cultivated ['kʌltɪveɪtɪd] *adj (person)* culto(-ta).

cultural ['kʌltʃərəl] *adj* cultural.

culture ['kʌltʃəʳ] *n* cultura *f*.

cultured ['kʌltʃəd] *adj* culto(-ta).

cumbersome ['kʌmbəsəm] *adj* pesado(-da).

cumin ['kju:mɪn] *n* cominho *m*.

cunning ['kʌnɪŋ] *adj* esperto(-ta).

cup [kʌp] *n* xícara *f* (Br), chávena *f* (Port); *(trophy, competition)* taça *f*; *(of bra)* taça *f* (Br), copa *f* (Port).

cupboard ['kʌbəd] *n* armário *m*.

curate ['kjʊərət] *n* cura *m*.

curator [kjʊə'reɪtəʳ] *n* conservador *m* (-ra *f*) *(de museu, biblioteca)*.

curb [kɜ:b] *(Am)* = kerb.

curd cheese [ˌkɜ:d-] *n* = requeijão *m*.

curdle ['kɜ:dl] *vi* coalhar.

cure [kjʊəʳ] *n (for illness)* cura *f* ◆ *vt* curar.

curfew ['kɜ:fju:] *n* toque *f* de recolher.

curiosity [ˌkjʊərɪ'ɒsətɪ] *n* curiosidade *f*.

curious ['kjʊərɪəs] *adj* curioso(-osa).

curl [kɜ:l] *n (of hair)* caracol *m* ◆ *vt (hair)* encaracolar.

curler ['kɜ:ləʳ] *n* rolo *m*.

curling tongs ['kɜ:lɪŋ-] *npl* ferro *m* de frisar OR encaracolar (o cabelo).

curly ['kɜ:lɪ] *adj* encaracolado(-da).

currant ['kʌrənt] *n* corinto *m*.

currency ['kʌrənsɪ] *n (money)* moeda *f*.

current ['kʌrənt] *adj* actual ◆ *n* corrente *f*.

current account *n (Brit)* conta *f* corrente *(Br)*, conta *f* à ordem *(Port)*.

current affairs *npl* temas *mpl* da atualidade.

currently ['kʌrəntlɪ] *adv* atualmente.

curriculum [kəˈrɪkjələm] *n* programa *m* (de estudos).

curriculum vitae [-ˈviːtaɪ] *n (Brit)* curriculum *m* vitae.

curried ['kʌrɪd] *adj* com caril.

curry ['kʌrɪ] *n* caril *m*.

curse [kɜːs] *vi* praguejar.

cursor ['kɜːsəʳ] *n* cursor *m*.

curt [kɜːt] *adj* seco(-ca).

curtail [kɜːˈteɪl] *vt (cut short)* encurtar, abreviar.

curtain ['kɜːtn] *n* cortina *f*.

curts(e)y ['kɜːtsɪ] *n* vénia *f (de mulher)* ◆ *vi* fazer uma vénia.

curve [kɜːv] *n* curva *f* ◆ *vi* descrever uma curva.

curved [kɜːvd] *adj* curvo(-va).

cushion ['kʊʃn] *n* almofada *f*.

custard ['kʌstəd] *n* creme à base de farinha, leite e açúcar para acompanhar doces ou fruta cozida.

custody ['kʌstədɪ] *n* custódia *f*; **in ~** *(JUR)* sob custódia.

custom ['kʌstəm] *n (tradition)* costume *m*; **"thank you for your ~"** "obrigada pela sua visita".

customary ['kʌstəmrɪ] *adj* habitual.

customer ['kʌstəməʳ] *n (of shop)* cliente *mf*.

customer services *n (department)* serviço *m* de assistência a clientes.

customize ['kʌstəmaɪz] *vt* personalizar.

customs ['kʌstəmz] *n* alfândega *f*; **to go through ~** passar pela alfândega.

customs duty *n* impostos *mpl* alfandegários *(Br)*, direitos *mpl* alfandegários *(Port)*.

customs officer *n* inspetor *m* (-ora *f*) alfandegário *(Br)*, empregado *m* alfandegário (empregada *f* alfandegária *(Port)*.

cut [kʌt] *(pt & pp* **cut)** *n* corte *m* ◆ *vt* cortar; *(reduce)* reduzir, cortar em ◆ *vi (knife, scissors)* cortar; **~ and blow-dry** corte e brushing; **to ~ o.s.** cortar-se; **to ~ the grass** cortar a grama *(Br)*, cortar a relva *(Port)*; **to ~ sthg open** abrir algo.

❑ **cut back** *vi*: **to ~ back on sthg** cortar em algo.

❑ **cut down** *vt sep (tree)* abater.

❑ **cut down on** *vt fus* cortar em.

❑ **cut off** *vt sep* cortar; **I've been ~ off** *(on phone)* a ligação caiu; **to be ~ off** *(isolated)* estar isolado.

❑ **cut out** *vt sep (newspaper article, photo)* recortar ◆ *vi (engine)* morrer; **to ~ out fatty foods** cortar as gorduras; **~ it out!** *(inf)* pára com isso!

❑ **cut up** *vt sep* cortar.

cute [kjuːt] *adj* bonitinho(-nha) *(Br)*, giro(-ra) *(Port)*.

cut-glass *adj* de vidro biselado.

cutlery ['kʌtlərɪ] *n* talheres *mpl*.

cutlet ['kʌtlɪt] *n (of meat)* costeleta *f*; *(of nuts, vegetables)* costeleta vegetariana.

cut-price *adj* a preço reduzido.

cutting ['kʌtɪŋ] *n (from newspaper)* recorte *m*.

CV *n (Brit: abbr of* curriculum vitae*)* c.v. *m*.

cwt *abbr* = **hundredweight**.

cyberspace ['saɪbəspeɪs] *n* ciberespaço *m*.

cycle ['saɪkl] *n (bicycle)* bicicleta *f*; *(series)* ciclo *m* ◆ *vi* andar de bicicleta.

cycle hire *n* aluguel *m* de bicicletas.

cycle lane *n* faixa *f* para ciclistas.

cycle path *n* pista *f* para ciclistas.

cycling ['saɪklɪŋ] *n* ciclismo *m*; **to go ~** ir andar de bicicleta.

cycling shorts *npl* calções *mpl* de ciclista.

cyclist ['saɪklɪst] *n* ciclista *mf*.

cylinder ['sɪlɪndəʳ] *n (container)* bujão *m (Br)*, botija *f (Port)*; *(in engine)* cilindro *m*.

cymbals ['sɪmblz] *npl* pratos *npl*.

cynic ['sɪnɪk] *n* pessoa que não tem fé nas pessoas nem nas suas intenções.

cynical ['sɪnɪkl] *adj* céptico(-ca) *(em relação às pessoas e às suas intenções)*.

cynicism ['sɪnɪsɪzm] *n* falta de fé nas pessoas e nas suas intenções.

Cypriot ['sɪprɪət] *adj* cipriota ◆ *n* cipriota *mf*.

Cyprus ['saɪprəs] *n* Chipre *f*.

cyst [sɪst] *n* quisto *m*.

czar [zɑːʳ] *n* czar *m*.

Czech [tʃek] *adj* tcheco(-ca) ◆ *n (person)* tcheco *m* (-ca *f*); *(language)* tcheco *m*.

Czechoslovakia [ˌtʃekəslə-ˈvækɪə] *n* Tchecoslováquia *f*.

Czech Republic *n*: **the ~** a República Tcheca.

D

dab [dæb] *vt (ointment, cream)* aplicar levemente.

dachshund ['dækʃʊnd] *n* (cão) salsicha *m*.

dad [dæd] *n (inf)* papá *m*.

daddy ['dædɪ] *n (inf)* papá *m*.

daddy longlegs [-'lɒŋlegz] *(pl inv) n* pernilongo *m (Br)*, melga *f (Port)*.

daffodil ['dæfədɪl] *n* narciso *m*.

daft [dɑːft] *adj (Brit: inf)* parvo(-va).

dagger ['dægər] *n* punhal *m*.

daily ['deɪlɪ] *adj* diário(-ria) ◆ *adv* diariamente ◆ *n*: **a ~ (newspaper)** um jornal diário.

dainty ['deɪntɪ] *adj* delicado(-da), fino(-na).

dairy ['deərɪ] *n (on farm)* vacaria *f*; *(shop)* leitaria *f*.

dairy product *n* lacticínio *m*, produto *m* lácteo (Port).

daisy ['deɪzɪ] *n* margarida *f*.

dale [deɪl] *n* vale *m*.

dam [dæm] *n* barragem *f*.

damage ['dæmɪdʒ] *n* dano *m* ◆ *vt (house, car)* danificar; *(back, leg)* machucar; *(fig: reputation, chances)* arruinar.

damn [dæm] *excl (inf)* droga! ◆ *adj (inf)* maldito(-ta); **I don't give a ~** não estou nem aí.

damned [dæmd] *adv (inf)* muito ◆ *adj (inf)* maldito(-ta); **well, I'll be ~!** nossa!

damp [dæmp] *adj* úmido(-da) ◆ *n* umidade *f*.

dampen ['dæmpən] *vt (make wet)* umedecer.

damson ['dæmzn] *n* ameixa *f* pequena, abrunho *m (Port)*.

dance [dɑːns] *n* dança *f*; *(social event)* baile *m* ◆ *vi* dançar; **to have a ~** dançar.

dance floor *n* pista *f* de dança.

dancer ['dɑːnsər] *n* bailarino *m* (-na *f*).

dancing ['dɑːnsɪŋ] *n* dança *f*; **to go ~** ir dançar.

dandelion ['dændɪlaɪən] *n* dente-de-leão *m*.

dandruff ['dændrʌf] *n* caspa *f*.

Dane [deɪn] *n* dinamarquês *m* (-esa *f*).

danger ['deɪndʒər] *n* perigo *m*; **in ~** em perigo.

dangerous ['deɪndʒərəs] *adj* perigoso(-osa).

dangle ['dæŋgl] *vt & vi* balançar.

Danish ['deɪnɪʃ] *adj* dinamarquês(-esa) ◆ *n (language)* dinamarquês *m*.

Danish pastry *n bolo de massa folhada recheado com passas, ou qualquer outra fruta.*

dank [dæŋk] *adj* úmido e frio (úmida e fria).

dappled ['dæpld] *adj (animal)* malhado(-da).

dare [deər] *vt*: **to ~ to do sthg** ousar fazer algo, atrever-se a fazer algo; **to ~ sb to do sthg** desafiar alguém a fazer algo; **how ~ you!** como se atreve!

daredevil ['deə,devl] *n* temerário *m* (-ria *f*).

daring ['deərɪŋ] *adj* corajoso(-osa).

dark [dɑːk] *adj* escuro(-ra); *(person, skin)* moreno(-na) ◆ *n*: **after ~** depois do anoitecer; **the ~** o escuro.

dark chocolate *n* chocolate *m* amargo OR negro.

darken ['dɑːkn] *vi* escurecer.

dark glasses *npl* óculos *mpl* escuros.

darkness ['dɑːknɪs] *n* escuridão *f*.

darkroom ['dɑːkrʊm] *n* câmara *f* escura.

darling ['dɑːlɪŋ] *n (term of affection)* querido *m* (-da *f*).

dart [dɑːt] *n* dardo *m*.

❏ **darts** *n (game)* dardos *mpl*.

dartboard ['dɑːtbɔːd] *n* alvo *m (para jogo de dardos)*.

dash [dæʃ] *n (of liquid)* gota *f*; *(in writing)* travessão *m* ♦ *vi* precipitar-se.

dashboard ['dæʃbɔːd] *n* painel *m (Br)*, tablier *m (Port)*.

dashing ['dæʃɪŋ] *adj* fogoso(-osa).

data ['deɪtə] *n* dados *mpl*.

database ['deɪtəbeɪs] *n* banco *m* de base *(Br)*, base *f* de dados *(Port)*.

data processing [-'prəʊsesɪŋ] *n* processamento *m* de dados.

date [deɪt] *n (day)* data *f*; *(meeting)* encontro *m*, compromisso *m*; *(Am: person)* namorado *m* (-da *f*); *(fruit)* tâmara *f* ♦ *vt (cheque, letter)* datar; *(person)* sair com ♦ *vi (become unfashionable)* cair de moda; **what's the ~?** que dia é hoje?; **to have a ~ with sb** ter um encontro OR compromisso com alguém.

dated ['deɪtɪd] *adj* antiquado(-da).

date of birth *n* data *f* de nascimento.

daughter ['dɔːtər] *n* filha *f*.

daughter-in-law *n* nora *f*.

daunting ['dɔːntɪŋ] *adj* assustador(-ra).

dawdle ['dɔːdl] *vi* empatar (tempo).

dawn [dɔːn] *n* amanhecer *m*, madrugada *f*.

day [deɪ] *n* dia *m*; **what ~ is it today?** que dia é hoje?; **what a lovely ~!** que lindo dia!; **to have a ~ off** ter um dia de folga; **to have a ~ out** passar o dia fora; **by ~** de dia; **the ~ after tomorrow** depois de amanhã; **the ~ before** a véspera, o dia anterior; **the ~ before yesterday** anteontem; **the following ~** o dia seguinte; **have a nice ~!** tenha um bom dia!

daybreak ['deɪbreɪk] *n* aurora *f*; **at ~** ao romper da aurora, de madrugada.

daydream ['deɪdriːm] *vi* sonhar acordado.

daylight ['deɪlaɪt] *n* luz *f* do dia.

day return *n (Brit)* bilhete *m* de ida e volta válido por um dia.

dayshift ['deɪʃɪft] *n* turno *m* de dia.

daytime ['deɪtaɪm] *n* dia *m*.

day-to-day *adj (everyday)* quotidiano(-na).

day trip *n* excursão *f*.

daze [deɪz] *vt* aturdir ♦ *n*: **in a ~** aturdido(-da).

dazzle ['dæzl] *vt* deslumbrar.

DC *(abbr of direct current)* CC.

deactivate [diːˈæktɪˌveɪt] *vt* desactivar.

dead [ded] *adj* morto (morta); *(not lively)* sem vida, morto (morta); *(telephone line)* cortado(-da); *(battery)* gasto(-ta) ♦ *adv (precisely)* mesmo; *(inf: very)* muito; **it's ~ ahead** é mesmo em frente; **" ~ slow"** "dirija devagar".

deaden ['dedn] *vt (noise)* diminuir; *(feeling)* abrandar.

dead end *n (street)* beco *m* sem saída.

dead heat *n* empate *m*.

deadline ['dedlaɪn] *n* prazo *m*.

deadlock ['dedlɒk] *n* impasse *m*.

deadly ['dedlɪ] *adj* mortal; *(aim, accuracy)* infalível ♦ *adv* extremamente; **it was ~ boring** foi muito chato.

deaf [def] *adj* surdo(-da) ♦ *npl*: **the ~** os surdos.

deaf-and-dumb *adj* surdo-mudo (surda-muda).

deafen ['defn] *vt* ensurdecer.

deaf-mute *adj* surdo-mudo(surda-muda) ♦ *n* surdo-mudo *m* (surda-muda *f*).

deafness ['defnɪs] *n* surdez *f*.

deal [diːl] *(pt & pp dealt)* *n (agreement)* acordo *m* ♦ *vt (cards)* dar; **a good/bad ~** um bom/mau negócio; **a great ~ of** muito; **it's a ~!** está combinado!

❏ **deal in** *vt fus* negociar.

❏ **deal with** *vt fus (handle)* lidar com; *(be about)* tratar de.

dealer ['diːlər] *n (COMM)* comerciante *mf*, negociante *mf*; *(in drugs)* fornecedor *m* (-ra *f*).

dealing ['diːlɪŋ] *n* comércio *m*.

❏ **dealings** *npl (business)* negociações *fpl*.

dealt [delt] *pt & pp* → **deal**.

dean [diːn] *n (of university)* reitor *m* (-ra *f*); *(of church, cathedral)* decano *m*, deão *m*.

dear [dɪər] *adj (loved)* querido(-da); *(expensive)* caro(-ra) ♦ *n*: **my ~** meu querido (minha querida); **Dear Sir** Caro senhor; **Dear Madam** Cara senhora; **Dear John** Querido John; **oh ~!** meu Deus!

death [deθ] *n* morte *f*.

death penalty *n* pena *f* de morte.

debate [dɪˈbeɪt] *n* debate *m* ♦ *vt*

(wonder) considerar.

debit ['debɪt] *n* débito *m* ◆ *vt (account)* debitar em.

debris ['deɪbriː] *n (of building)* escombros *mpl; (of aeroplane)* restos *mpl*.

debt [det] *n (money owed)* dívida *f;* **to be in** ~ ter dívidas.

debut ['deɪbjuː] *n* estréia *f*.

Dec. *(abbr of December)* dez.

decade ['dekeɪd] *n* década *f*.

decadence ['dekədəns] *n* decadência *f*.

decadent ['dekədənt] *adj* decadente.

decaff ['diːkæf] *n (inf)* descafeinado *m*.

decaffeinated [dɪ'kæfɪneɪtɪd] *adj* descafeinado(-da).

decanter [dɪ'kæntər] *n* garrafa *f* para licores.

decathlon [dɪ'kæθlɒn] *n* decatlo *m*.

decay [dɪ'keɪ] *n (of building)* deterioração *f; (of wood)* apodrecimento *m; (of tooth)* cárie *f* ◆ *vi (rot)* apodrecer.

deceased [dɪ'siːst] *(pl inv) adj (fml)* falecido(-da) ◆ *n:* **the** ~ o falecido (a falecida).

deceit [dɪ'siːt] *n* engano *m*.

deceitful [dɪ'siːtfʊl] *adj* enganador(-ra).

deceive [dɪ'siːv] *vt* enganar.

decelerate [diː'seləreɪt] *vi* abrandar.

December [dɪ'sembər] *n* dezembro, → September.

decent ['diːsnt] *adj* decente; *(kind)* simpático(-ca).

deception [dɪ'sepʃn] *n* decepção *f*.

deceptive [dɪ'septɪv] *adj* enganador(-ra).

decide [dɪ'saɪd] *vt (choose)* decidir ◆ *vi* tomar uma decisão; **to** ~ **to do sthg** decidir fazer algo.

❏ **decide on** *vt fus* decidir-se por.

decidedly [dɪ'saɪdɪdlɪ] *adv* decididamente.

deciduous [dɪ'sɪdjʊəs] *adj* decíduo (-dua).

decimal ['desɪml] *adj* decimal.

decimal point *n* vírgula *f*.

decipher [dɪ'saɪfər] *vt* decifrar.

decision [dɪ'sɪʒn] *n* decisão *f;* **to make a** ~ tomar uma decisão.

decisive [dɪ'saɪsɪv] *adj (person)* decidido(-da); *(event, factor)* decisivo(-va).

deck [dek] *n (of bus)* andar *m; (of ship)* convés *m; (of cards)* baralho *m*.

deckchair ['dektʃeər] *n* espreguiçadeira *f*.

declaration [deklə'reɪʃn] *n* declaração *f*.

declare [dɪ'kleər] *vt* declarar; **to** ~ **that** declarar que; **"goods to** ~**"** "artigos a declarar"; **"nothing to** ~**"** "nada a declarar".

decline [dɪ'klaɪn] *n* declínio *m* ◆ *vi (get worse)* declinar; *(refuse)* recusar.

decompose [diːkəm'pəʊz] *vi* decompor-se.

decorate ['dekəreɪt] *vt* decorar.

decoration [dekə'reɪʃn] *n (wallpaper, paint, furniture)* decoração *f; (decorative object)* adorno *m*.

decorator ['dekəreɪtər] *n* decorador *m* (-ra *f*).

decoy ['diːkɔɪ] *n* chamariz *m*.

decrease [*n* 'diːkriːs, *vb* diː'kriːs] *n* diminuição *f* ◆ *vi* diminuir.

decree [dɪ'kriː] *n (order, decision)* decreto *m; (Am: judgment)* sentença *f* ◆ *vt* decretar; **to** ~ **that** decretar que.

decrepit [dɪ'krepɪt] *adj* decrépito(-ta).

dedicate ['dedɪkeɪt] *vt* dedicar.

dedicated ['dedɪkeɪtɪd] *adj (committed)* dedicado(-da).

dedication [dedɪ'keɪʃn] *n* dedicação *f*.

deduce [dɪ'djuːs] *vt* deduzir.

deduct [dɪ'dʌkt] *vt* deduzir.

deduction [dɪ'dʌkʃn] *n* dedução *f*.

deed [diːd] *n (action)* ação *f,* ato *m*.

deep [diːp] *adj* profundo(-da); *(colour)* intenso(-sa); *(sound, voice)* grave ◆ *adv* fundo; **the pool is two metres** ~ a piscina tem dois metros de profundidade; **to take a** ~ **breath** respirar fundo.

deep end *n (of swimming pool)* parte *f* funda.

deep freeze *n* freezer *m (Br),* congelador *m (Port)*.

deep-fried [-'fraɪd] *adj* frito(-ta).

deep-pan *adj* de massa grossa.

deer [dɪər] *(pl inv) n* veado *m*.

defeat [dɪ'fiːt] *n* derrota *f* ◆ *vt (team, army, government)* derrotar.

defect ['diːfekt] *n* defeito *m*.

defective [dɪ'fektɪv] *adj* defeituoso(-osa).

defence [dɪ'fens] *n (Brit)* defesa *f*.

defenceless [dɪ'fenslɪs] *adj* indefeso(-sa).

defend [dɪ'fend] *vt* defender.

defender [dɪˈfendəʳ] n *(SPORT)* defesa mf.

defense [dɪˈfens] *(Am)* = **defence**.

defensive [dɪˈfensɪv] adj defensivo (-va).

defiant [dɪˈfaɪənt] adj provocador (-ra).

deficiency [dɪˈfɪʃnsɪ] n *(lack)* deficiência f.

deficient [dɪˈfɪʃnt] adj *(inadequate)* deficiente; **~ in sthg** deficiente em algo.

deficit [ˈdefɪsɪt] n déficit m *(Br)*, défice m *(Port)*.

define [dɪˈfaɪn] vt definir.

definite [ˈdefɪnɪt] adj *(answer, decision)* definitivo(-va); *(person)* seguro (-ra); *(improvement)* nítido(-da).

definite article n artigo m definido.

definitely [ˈdefɪnɪtlɪ] adv *(certainly)* sem dúvida (alguma); **I'll ~ go** irei de certeza.

definition [defɪˈnɪʃn] n *(of word)* definição f.

deflate [dɪˈfleɪt] vt *(tyre)* esvaziar.

deflect [dɪˈflekt] vt *(ball)* desviar.

defogger [ˌdiːˈfɒgəʳ] n *(Am)* desembaciador m.

deformed [dɪˈfɔːmd] adj deformado(-da).

defrost [ˌdiːˈfrɒst] vt *(food, fridge)* descongelar; *(Am: demist)* desembaciar.

defy [dɪˈfaɪ] vt desafiar; **to ~ sb to do sthg** desafiar alguém a fazer algo.

degrading [dɪˈɡreɪdɪŋ] adj degradante.

degree [dɪˈɡriː] n *(unit of measurement)* grau m; *(qualification)* = licenciatura f; **a ~ of difficulty** uma certa difficuldade; **to have a ~ in sthg** ter uma licenciatura em algo.

dehydrated [ˌdiːhaɪˈdreɪtɪd] adj desidratado(-da).

de-ice [diːˈaɪs] vt descongelar.

de-icer [diːˈaɪsəʳ] n produto m descongelante.

deity [ˈdiːɪtɪ] n divindade f.

dejected [dɪˈdʒektɪd] adj abatido (-da).

delay [dɪˈleɪ] n atraso m ♦ vt atrasar ♦ vi atrasar-se; **without ~** sem demora.

delayed [dɪˈleɪd] adj *(train, flight)* atrasado(-da).

delegate [n ˈdelɪɡət, vb ˈdelɪɡeɪt] n

delegado m (-da f) ♦ vt *(person)* delegar.

delete [dɪˈliːt] vt suprimir.

deli [ˈdelɪ] abbr *(inf)* = **delicatessen**.

deliberate [dɪˈlɪbərət] adj *(intentional)* deliberado(-da).

deliberately [dɪˈlɪbərətlɪ] adv *(intentionally)* deliberadamente.

delicacy [ˈdelɪkəsɪ] n *(food)* iguaria f.

delicate [ˈdelɪkət] adj delicado(-da); *(object, china)* frágil; *(taste, smell)* suave.

delicatessen [ˌdelɪkəˈtesn] n = charcutaria f.

delicious [dɪˈlɪʃəs] adj delicioso(-osa).

delight [dɪˈlaɪt] n *(feeling)* prazer m ♦ vt encantar; **to take (a) ~ in doing sthg** ter prazer em fazer algo.

delighted [dɪˈlaɪtɪd] adj encantado (-da).

delightful [dɪˈlaɪtfʊl] adj encantador(-ra).

delirious [dɪˈlɪrɪəs] adj delirante.

deliver [dɪˈlɪvəʳ] vt *(goods)* entregar; *(letters, newspaper)* distribuir; *(lecture)* dar; *(baby)* fazer o parto de; *(speech)* fazer.

delivery [dɪˈlɪvərɪ] n *(of goods)* entrega f; *(of letters)* distribuição f; *(birth)* parto m.

delude [dɪˈluːd] vt enganar.

delusion [dɪˈluːʒn] n ilusão f.

de luxe [dəˈlʌks] adj de luxo.

delve [delv] vi: **to ~ into** OR **inside sthg** *(bag, cupboard)* procurar dentro de algo.

demand [dɪˈmɑːnd] n exigência f; *(claim)* reivindicação f; *(COMM)* procura f ♦ vt exigir; **I ~ to speak to the manager** quero falar com o gerente; **in ~** solicitado.

demanding [dɪˈmɑːndɪŋ] adj exigente.

demeanor [dɪˈmiːnəʳ] *(Am)* = **demeanour**.

demeanour [dɪˈmiːnəʳ] n *(Brit) (fml)* comportamento m.

demerara sugar [deməˈreərə-] n açúcar m mascavo.

demist [ˌdiːˈmɪst] vt *(Brit)* desembaciar.

demister [ˌdiːˈmɪstəʳ] n *(Brit)* desembaciador m.

demo [ˈdeməʊ] *(pl -s)* abbr *(inf)* = **demonstration**.

democracy [dɪˈmɒkrəsɪ] n democracia f.

Democrat [ˈdeməkræt] n *(Am)* democrata mf.

democratic [deməˈkrætɪk] *adj* demo-crático(-ca).
demolish [dɪˈmɒlɪʃ] *vt (building)* demolir.
demonstrate [ˈdemənstreɪt] *vt (prove)* demonstrar; *(machine, appliance)* mostrar como funciona ♦ *vi* manifestar-se.
demonstration [demənˈstreɪʃn] *n (protest)* passeata *f (Br)*, manifestação *f*; *(of machine, emotions)* demonstração *f*.
demonstrator [ˈdemənstreɪtəʳ] *n (protester)* manifestante *mf*; *(of machine, product)* demonstrador *m* (-ra *f*).
demoralized [dɪˈmɒrəlaɪzd] *adj* des-moralizado(-da).
den [den] *n* toca *f*.
denial [dɪˈnaɪəl] *n* desmentido *m*.
denim [ˈdenɪm] *n* brim *m (Br)*, ganga *f (Port)*.
❑ **denims** *npl* jeans *m inv (Br)*, calças *fpl* de ganga *(Port)*.
denim jacket *n* casaco *m* jeans.
Denmark [ˈdenmɑːk] *n* Dinamarca *f*.
denounce [dɪˈnaʊns] *vt* denunciar.
dense [dens] *adj* denso(-sa).
density [ˈdensətɪ] *n* densidade *f*.
dent [dent] *n* mossa *f*, amolgadura *f*.
dental [ˈdentl] *adj* dentário.
dental floss [-flɒs] *n* fio *m* dental.
dental surgeon *n* cirurgião-dentista *mf*.
dental surgery *n (place)* clínica *f* dentária.
dentist [ˈdentɪst] *n* dentista *mf*; **to go to the ~'s** ir ao dentista.
dentures [ˈdentʃəz] *npl* dentadura *f* postiça.
deny [dɪˈnaɪ] *vt* negar.
deodorant [diːˈəʊdərənt] *n* deodo-rante *m (Br)*, desodorizante *m (Port)*.
depart [dɪˈpɑːt] *vi* partir.
department [dɪˈpɑːtmənt] *n* departa-mento *m*; *(of government)* = ministério *m*; *(of shop)* seção *f*.
department store *n* loja *f* de departamentos *(Br)*, grande-armazém *m (Port)*.
departure [dɪˈpɑːtʃəʳ] *n* partida *f*; **"~s"** *(at airport)* "partidas".
departure lounge *n* sala *f* de embarque.
depend [dɪˈpend] *vi*: **it ~s** depende.
❑ **depend on** *vt fus (be decided by)* depender de; *(rely on)* confiar em; **~ing**

on dependendo de.
dependable [dɪˈpendəbl] *adj* de con-fiança, fiável.
dependent [dɪˈpendənt] *adj (addicted)* dependente; **~ on** dependente de.
deplorable [dɪˈplɔːrəbl] *adj* deplorá-vel.
deploy [dɪˈplɔɪ] *vt* mobilizar.
deport [dɪˈpɔːt] *vt* deportar.
deposit [dɪˈpɒzɪt] *n* depósito *m*; *(part-payment)* entrada *f* ♦ *vt (put down)* colo-car; *(money in bank)* depositar.
deposit account *n (Brit)* conta *f* a prazo.
depot [ˈdiːpəʊ] *n (Am: for buses, trains)* terminal *m*.
depress [dɪˈpres] *vt (person)* deprimir.
depressed [dɪˈprest] *adj* deprimi-do(-da).
depressing [dɪˈpresɪŋ] *adj* depri-mente.
depression [dɪˈpreʃn] *n* depressão *f*.
deprivation [depriˈveɪʃn] *n* privação *f*.
deprive [dɪˈpraɪv] *vt*: **to ~ sb of sthg** privar alguém de algo.
depth [depθ] *n* profundidade *f*; **to be out of one's ~** *(when swimming)* não ter pé; *(fig: unable to cope)* não estar à altu-ra; **~ of field** *(in photography)* profundi-dade de campo; **in ~** a fundo.
deputy [ˈdepjʊtɪ] *adj* adjunto(-ta).
derail [dɪˈreɪl] *vt (train)* fazer descarri-lhar.
derailleur [dəˈreɪljəʳ] *n* cremalheira *f*.
derailment [dɪˈreɪlmənt] *n* descarri-lhamento *m*.
derby [*Brit* ˈdɑːbɪ, *Am* ˈdɜːbɪ] *n (sports event)* competição *f* (local); *(Am: hat)* chapéu *m* de coco.
derelict [ˈderəlɪkt] *adj* abandona-do(-da).
deride [dɪˈraɪd] *vt* ridicularizar.
derisory [dəˈraɪzərɪ] *adj (amount, fine)* irrisório(-ria); *(laughter, smile)* sardôni-co(-ca).
derivative [dɪˈrɪvətɪv] *n* derivado *m*.
derogatory [dɪˈrɒgətrɪ] *adj* deprecia-tivo(-va).
derv [dɜːv] *n (Brit)* gasóleo *m*.
descend [dɪˈsend] *vt & vi* descer.
descendant [dɪˈsendənt] *n* descen-dente *mf*.
descent [dɪˈsent] *n* descida *f*.
describe [dɪˈskraɪb] *vt* descrever.

description [dɪ'skrɪpʃn] n descrição f.

desert [n 'dezət, vb dɪ'zɜːt] n deserto m ♦ vt abandonar.

deserted [dɪ'zɜːtɪd] adj deserto(-ta).

deserter [dɪ'zɜːtəʳ] n desertor m (-ra f).

desert island ['dezət-] n ilha f deserta.

deserve [dɪ'zɜːv] vt merecer.

deserving [dɪ'zɜːvɪŋ] adj merecedor(-ra).

design [dɪ'zaɪn] n desenho m; (art) design m ♦ vt desenhar; **to be ~ed for** ser concebido para.

designate ['dezɪgneɪt] vt (appoint) designar.

designer [dɪ'zaɪnəʳ] n (of clothes, sunglasses) estilista mf; (of product) designer mf ♦ adj (clothes, sunglasses) de marca.

desirable [dɪ'zaɪərəbl] adj desejável.

desire [dɪ'zaɪəʳ] n desejo m ♦ vt desejar; **it leaves a lot to be ~d** deixa muito a desejar.

desk [desk] n (in home, office) secretária f; (in school) carteira f; (at airport, station) balcão m; (at hotel) recepção f.

desktop publishing ['desk,tʊp-] n desktop m publishing, editoração f eletrônica (Br), edição f assistida por computador (Port).

desolate ['desələt] adj (place) solitário(-ria), desértico(-ca); (person) desolado(-da).

despair [dɪ'speəʳ] n desespero m.

despatch [dɪ'spætʃ] = **dispatch**.

desperate ['desprət] adj desesperado(-da); **to be ~ for sthg** precisar de algo desesperadamente.

desperately ['desprətlɪ] adv (want, need, love) desesperadamente; (ill) gravemente; (poor, unhappy, shy) muito, terrivelmente.

desperation [,despə'reɪʃn] n desespero m; **in ~** desesperado.

despicable [dɪ'spɪkəbl] adj desprezível.

despise [dɪ'spaɪz] vt desprezar.

despite [dɪ'spaɪt] prep apesar de.

dessert [dɪ'zɜːt] n sobremesa f.

dessertspoon [dɪ'zɜːtspuːn] n (spoon) colher f de sobremesa; (spoonful) = colher f de sopa.

destination [,destɪ'neɪʃn] n destino m.

destined ['destɪnd] adj: **to be ~ for sthg/to do sthg** (intended) estar destinado(-da) a algo/a fazer algo; **~ for** (place) com destino a.

destiny ['destɪnɪ] n destino m.

destitute ['destɪtjuːt] adj indigente.

destroy [dɪ'strɔɪ] vt destruir.

destruction [dɪ'strʌkʃn] n destruição f.

detach [dɪ'tætʃ] vt separar.

detached house [dɪ'tætʃt-] n casa f (isolada) (Br), vivenda f (Port).

detail ['diːteɪl] n pormenor m, detalhe m; **in ~** em pormenor.

❏ **details** npl (facts) informações fpl.

detailed ['diːteɪld] adj pormenorizado(-da), detalhado(-da).

detain [dɪ'teɪn] vt (in hospital) manter; (delay, in custody) deter, reter.

detect [dɪ'tekt] vt detectar.

detective [dɪ'tektɪv] n detetive m; **a ~ story** uma história policial.

detention [dɪ'tenʃn] n (SCH) castigo que consiste em ficar na escola depois das aulas terem terminado.

deter [dɪ'tɜːʳ] (vt dissuadir, desencorajar; **to ~ sb from doing sthg** dissuadir alguém de fazer algo.

detergent [dɪ'tɜːdʒənt] n detergente m.

deteriorate [dɪ'tɪərɪəreɪt] vi deteriorar.

determination [dɪ,tɜːmɪ'neɪʃn] n (quality) determinação f.

determine [dɪ'tɜːmɪn] vt determinar.

determined [dɪ'tɜːmɪnd] adj decidido(-da); **to be ~ to do sthg** estar decidido a fazer algo.

deterrent [dɪ'terənt] n meio m de dissuasão.

detest [dɪ'test] vt detestar.

detonate ['detəneɪt] vt fazer detonar ♦ vi detonar.

detour ['diː,tʊəʳ] n desvio m.

detract [dɪ'trækt] vi: **to ~ from** (quality, enjoyment) diminuir, minorar; (achievement) menosprezar.

detrain [diː'treɪn] vi (fml) desembarcar (de trem).

detrimental [detrɪ'mentl] adj prejudicial.

deuce [djuːs] excl (in tennis) quarenta igual!

devastate ['devəsteɪt] vt arrasar.

devastating ['devəsteɪtɪŋ] adj (news, experience, storm) devastador(-ra);

(remark, argument) arrasador(-ra); *(person, charm, beauty)* irresistível.

develop [dɪ'veləp] *vt (idea, company, land)* desenvolver; *(film)* revelar; *(machine, method)* elaborar; *(illness, habit)* contrair; *(interest)* revelar ◆ *vi (evolve)* desenvolver-se.

developing country [dɪ'veləpɪŋ-] *n* país *m* em vias de desenvolvimento.

development [dɪ'veləpmənt] *n* desenvolvimento *m*; **a housing ~** um conjunto habitacional *(Br)*, uma urbanização *(Port)*.

deviate [ˈdiːvɪeɪt] *vi*: **to ~ from sthg** afastar-se de algo.

device [dɪ'vaɪs] *n* aparelho *m*, dispositivo *m*.

devil [devl] *n* diabo *m*; **what the ~ ...?** *(inf)* que diabo ...?

devious [ˈdiːvjəs] *adj (person, means)* desonesto(-ta).

devise [dɪ'vaɪz] *vt* conceber.

devolution [ˌdiːvəˈluːʃn] *n (POL)* descentralização *f*.

devote [dɪ'vəʊt] *vt*: **to ~ sthg to sthg** consagrar OR dedicar algo a algo.

devoted [dɪ'vəʊtɪd] *adj* dedicado(-da).

devotion [dɪ'vəʊʃn] *n* devoção *f*.

devour [dɪ'vaʊəʳ] *vt* devorar.

devout [dɪ'vaʊt] *adj* devoto(-ta).

dew [djuː] *n* orvalho *m*.

diabetes [ˌdaɪəˈbiːtiːz] *n* diabetes *m*.

diabetic [ˌdaɪəˈbetɪk] *adj (person)* diabético(-ca); *(chocolate)* para diabéticos ◆ *n* diabético *m* (-ca *f*).

diagnosis [ˌdaɪəgˈnəʊsɪs] *(pl* -oses [-əʊsiːz]) *n* diagnóstico *m*.

diagonal [daɪˈægənl] *adj* diagonal.

diagram [ˈdaɪəgræm] *n* diagrama *m*.

dial [ˈdaɪəl] *n (of clock, radio)* mostrador *m*; *(of telephone)* disco *m* ◆ *vt* discar *(Br)*, marcar *(Port)*.

dialect [ˈdaɪəlekt] *n* dialeto *m*.

dialling code [ˈdaɪəlɪŋ-] *n (Brit)* código *m* de discagem *(Br)*, indicativo *m (Port)*.

dialling tone [ˈdaɪəlɪŋ-] *n (Brit)* sinal *m* de discar *(Br)*, sinal de linha *(Port)*.

dialog [ˈdaɪəlɒg] *(Am)* = **dialogue**.

dialogue [ˈdaɪəlɒg] *n (Brit)* diálogo *m*.

dial tone *(Am)* = **dialling tone**.

diameter [daɪˈæmɪtəʳ] *n* diâmetro *m*.

diamond [ˈdaɪəmənd] *n (gem)* diamante *m*.

❑ **diamonds** *npl (in cards)* ouros *mpl*.

diaper [ˈdaɪpəʳ] *n (Am)* fralda *f*.

diarrhoea [ˌdaɪəˈrɪə] *n* diarréia *f*.

diary [ˈdaɪərɪ] *n (for appointments)* agenda *f*; *(journal)* diário *m*.

dice [daɪs] *(pl inv)* *n* dado *m*.

diced [daɪst] *adj (food)* cortado(-da) em cubos.

dictate [dɪkˈteɪt] *vt* ditar.

dictation [dɪkˈteɪʃn] *n* ditado *m*.

dictator [dɪkˈteɪtəʳ] *n* ditador *m* (-ra *f*).

dictatorship [dɪkˈteɪtəʃɪp] *n* ditadura *f*.

dictionary [ˈdɪkʃənrɪ] *n* dicionário *m*.

did [dɪd] *pt* → **do**.

didn't [ˈdɪdnt] = **did not**.

die [daɪ] *(pt & pp* died, *cont* dying) *vi* morrer; **to be dying for sthg** *(inf)* estar doido por algo; **to be dying to do sthg** *(inf)* estar doido por fazer algo.

❑ **die away** *vi* desvanecer-se.

❑ **die out** *vi* desaparecer.

diesel [ˈdiːzl] *n (fuel)* diesel *m (Br)*, gasóleo *m (Port)*; *(car)* carro *m* diesel *(Br)*, carro *m* a gasóleo *(Port)*.

diet [ˈdaɪət] *n* dieta *f* ◆ *vi* fazer dieta ◆ *adj* de baixa caloria.

diet Coke® *n* Coca-Cola® *f* light.

differ [ˈdɪfəʳ] *vi (disagree)* discordar; **to ~ (from)** *(be dissimilar)* ser diferente (de).

difference [ˈdɪfrəns] *n* diferença *f*; **it makes no ~** é igual, não faz diferença; **a ~ of opinion** uma divergência.

different [ˈdɪfrənt] *adj* diferente; **to be ~ (from)** ser diferente (de).

differently [ˈdɪfrəntlɪ] *adv* de outra forma.

difficult [ˈdɪfɪkəlt] *adj* difícil.

difficulty [ˈdɪfɪkəltɪ] *n* dificuldade *f*.

dig [dɪg] *(pt & pp* dug) *vt & vi* cavar.

❑ **dig out** *vt sep (rescue)* salvar; *(find)* desenterrar.

❑ **dig up** *vt sep (from ground)* desenterrar.

digest [dɪˈdʒest] *vt* digerir.

digestion [dɪˈdʒestʃn] *n* digestão *f*.

digestive (biscuit) [dɪˈdʒestɪv-] *n (Brit)* biscoito *m* integral.

digit [ˈdɪdʒɪt] *n (figure)* dígito *m*; *(finger, toe)* dedo *m*.

digital [ˈdɪdʒɪtl] *adj* digital.

dignified [ˈdɪgnɪfaɪd] *adj* digno(-gna).

dignity [ˈdɪgnətɪ] *n* dignidade *f*.

digress [daɪˈgres] *vi* afastar-se do tema; **to ~ from sthg** afastar-se de algo.

digs [dɪgz] *npl (Brit: inf)* quarto *m* alugado.

dike [daɪk] *n* dique *m*.

dilapidated [dɪˈlæpɪdeɪtɪd] *adj* degradado(-da).

dilemma [dɪˈlemə] *n* dilema *m*.

diligent [ˈdɪlɪdʒənt] *adj* diligente.

dill [dɪl] *n* endro *m*.

dilute [daɪˈluːt] *vt* diluir.

dim [dɪm] *adj (light)* fraco(-ca); *(room)* escuro(-ra); *(memory)* vago(-ga); *(inf: stupid)* burro(-a) ◆ *vt (light)* diminuir, baixar.

dime [daɪm] *n (Am)* moeda de dez centavos.

dimensions [dɪˈmenʃnz] *npl (measurements)* dimensões *fpl*; *(extent)* dimensão *f*.

diminish [dɪˈmɪnɪʃ] *vt & vi* diminuir.

diminutive [dɪˈmɪnjutɪv] *adj (fml)* minúsculo(-la) ◆ *n (GRAMM)* diminutivo *m*.

dimple [ˈdɪmpl] *n* covinha *f* (no rosto).

din [dɪn] *n* barulho *m*.

dine [daɪn] *vi* jantar.

❑ **dine out** *vi* jantar fora.

diner [ˈdaɪnəʳ] *n (Am: restaurant)* restaurante à beira da estrada que serve refeições a preços baixos; *(person)* cliente *mf (em restaurante)*.

dinghy [ˈdɪŋgɪ] *n (with sail)* barco *m* à vela; *(with oars)* barco a remos.

dingy [ˈdɪndʒɪ] *adj* miserável.

dining car [ˈdaɪnɪŋ-] *n* vagão-restaurante *m (Br)*, carruagem-restaurante *f (Port)*.

dining hall [ˈdaɪnɪŋ-] *n* refeitório *m*, cantina *f*.

dining room [ˈdaɪnɪŋ-] *n* sala *f* de jantar.

dinner [ˈdɪnəʳ] *n (at lunchtime)* almoço *m*; *(in evening)* jantar *m*; **to have ~** *(at lunchtime)* almoçar; *(in evening)* jantar.

dinner jacket *n* smoking *m*.

dinner party *n* jantar *m*.

dinner set *n* serviço *m* de jantar.

dinner suit *n* smoking *m*.

dinnertime [ˈdɪnətaɪm] *n (at lunchtime)* hora *f* do almoço; *(in evening)* hora do jantar.

dinosaur [ˈdaɪnəsɔːʳ] *n* dinossauro *m*.

dip [dɪp] *n (in road, land)* depressão *f*; *(food)* molho *m (que se serve com legu-* mes crus e salgadinhos) ◆ *vt (into liquid)* mergulhar ◆ *vi (road, land)* descer; **to have a ~** *(swim)* dar um mergulho; **to ~ one's headlights** *(Brit)* desligar os faróis, baixar as luzes.

diploma [dɪˈpləumə] *n* diploma *m*.

diplomat [ˈdɪpləmæt] *n* diplomata *mf*.

diplomatic [dɪpləˈmætɪk] *adj* diplomático(-ca).

dipstick [ˈdɪpstɪk] *n* vareta *f (para medir o óleo do carro)*.

direct [dɪˈrekt] *adj* direto(-ta) ◆ *adv* diretamente ◆ *vt* dirigir; *(film, TV programme)* realizar; *(play)* encenar; **can you ~ me to the railway station?** podia me mostrar o caminho para a estação?

direct current *n* corrente *f* contínua.

direction [dɪˈrekʃn] *n (of movement)* direção *f*.

❑ **directions** *npl (instructions)* instruções *fpl*; **to ask for ~s** pedir indicações.

directly [dɪˈrektlɪ] *adv (exactly)* exatamente; *(soon)* diretamente.

director [dɪˈrektəʳ] *n* diretor *m* (-ra *f*); *(of film, TV programme)* realizador *m* (-ra *f*); *(of play)* encenador *m* (-ra *f*).

directory [dɪˈrektərɪ] *n* lista *f* telefônica.

directory enquiries *n (Brit)* informações *fpl*.

dirt [dɜːt] *n* sujeira *f*; *(earth)* terra *f*.

dirty [ˈdɜːtɪ] *adj* sujo(-ja); *(joke)* porco (porca).

disability [dɪsəˈbɪlətɪ] *n* deficiência *f*.

disabled [dɪsˈeɪbld] *adj* deficiente ◆ *npl*: **the ~** os deficientes; **"~ toilet"** "banheiro para deficientes".

disadvantage [dɪsədˈvɑːntɪdʒ] *n* desvantagem *f*, inconveniente *m*.

disagree [dɪsəˈgriː] *vi (people)* não estar de acordo; **to ~ with sb (about)** não concordar com alguém (sobre); **those mussels ~d with me** os mexilhões me fizeram mal.

disagreeable [dɪsəˈgrɪəbl] *adj* desagradável.

disagreement [dɪsəˈgriːmənt] *n (argument)* discussão *f*; *(dissimilarity)* diferença *f*.

disallow [dɪsəˈlau] *vt (appeal, claim)* rejeitar; *(goal)* anular.

disappear [dɪsəˈpɪəʳ] *vi* desaparecer.

disappearance [dɪsəˈpɪərəns] *n*

desaparecimento *m*.
disappoint [ˌdɪsəˈpɔɪnt] *vt* desiludir.
disappointed [ˌdɪsəˈpɔɪntɪd] *adj* desiludido(-da).
disappointing [ˌdɪsəˈpɔɪntɪŋ] *adj* decepcionante.
disappointment [ˌdɪsəˈpɔɪntmənt] *n* decepção *f*, desapontamento *m*.
disapproval [ˌdɪsəˈpruːvl] *n* desaprovação *f*.
disapprove [ˌdɪsəˈpruːv] *vi*: **to ~ of** não aprovar.
disarmament [dɪsˈɑːməmənt] *n* desarmamento *m*.
disarray [ˌdɪsəˈreɪ] *n*: **in ~** *(clothes, room)* em desordem; *(government, party)* em polvorosa.
disaster [dɪˈzɑːstəʳ] *n* desastre *m*.
disastrous [dɪˈzɑːstrəs] *adj* desastroso(-osa).
disbelief [ˌdɪsbɪˈliːf] *n*: **in** OR **with ~** com incredulidade.
disc [dɪsk] *n (Brit)* disco *m*; *(CD)* CD *m*; **to slip a ~** deslocar uma vértebra.
discard [dɪsˈkɑːd] *vt* desfazer-se de.
discern [dɪˈsɜːn] *vt* discernir, distinguir.
discerning [dɪˈsɜːnɪŋ] *adj (person, taste)* exigente; *(eye)* perspicaz.
discharge [dɪsˈtʃɑːdʒ] *vt (prisoner)* libertar; *(patient)* dar alta a; *(soldier)* dispensar; *(liquid)* despejar; *(smoke, gas)* emitir.
disciple [dɪˈsaɪpl] *n* discíplo *m*.
discipline [ˈdɪsɪplɪn] *n* disciplina *f*.
disc jockey *n* discotecário *m* (-ria *f*) *(Br)*, disc-jóquei *mf*.
disclose [dɪsˈkləʊz] *vt* revelar, divulgar.
disco [ˈdɪskəʊ] *(pl* -s) *n (place)* discoteca *f*; *(event)* baile *m*.
discoloured [dɪsˈkʌləd] *adj* descolorado(-da).
discomfort [dɪsˈkʌmfət] *n* desconforto *m*.
disconcert [ˌdɪskənˈsɜːt] *vt* desconcertar.
disconnect [ˌdɪskəˈnekt] *vt* desligar; *(telephone, gas supply)* cortar.
discontinued [ˌdɪskənˈtɪnjuːd] *adj (product)* que já não se fabrica.
discotheque [ˈdɪskəʊtek] *n (place)* discoteca *f*.
discount [ˈdɪskaʊnt] *n* desconto *m*.
discourage [dɪsˈkʌrɪdʒ] *vt* desencorajar; **to ~ sb from doing sthg**

desencorajar alguém de fazer algo.
discover [dɪsˈkʌvəʳ] *vt* descobrir.
discovery [dɪsˈkʌvərɪ] *n* descoberta *f*.
discreet [dɪsˈkriːt] *adj* discreto(-ta).
discrepancy [dɪsˈkrepənsɪ] *n* discrepância *f*.
discretion [dɪsˈkreʃn] *n (tact)* discrição *f*; *(judgment)* discernimento *m*; **at the ~ of** ao critério de.
discriminate [dɪsˈkrɪmɪneɪt] *vi*: **to ~ against sb** discriminar contra alguém.
discriminating [dɪsˈkrɪmɪneɪtɪŋ] *adj (person, audience)* entendido(-da); *(taste)* refinado(-da).
discrimination [dɪˌskrɪmɪˈneɪʃn] *n* discriminação *f*.
discus [ˈdɪskəs] *(pl* -es) *n* disco *m*.
discuss [dɪsˈkʌs] *vt* discutir.
discussion [dɪsˈkʌʃn] *n* discussão *f*.
disdain [dɪsˈdeɪn] *n* desdém *m*; **~ for** desdém por.
disease [dɪˈziːz] *n* doença *f*.
disembark [ˌdɪsɪmˈbɑːk] *vi* desembarcar.
disgrace [dɪsˈgreɪs] *n* vergonha *f*; **it's a ~!** é uma vergonha!
disgraceful [dɪsˈgreɪsfʊl] *adj* vergonhoso(-osa).
disguise [dɪsˈgaɪz] *n* disfarce *m* ♦ *vt* disfarçar; **in ~** disfarçado.
disgust [dɪsˈgʌst] *n* repugnância *f*, nojo *m* ♦ *vt* enojar, repugnar.
disgusting [dɪsˈgʌstɪŋ] *adj* nojento(-ta).
dish [dɪʃ] *n* prato *m*; **to do the ~es** lavar a louça; **"~ of the day"** "prato do dia".
❏ **dish up** *vt sep* servir.
dishcloth [ˈdɪʃklɒθ] *n* pano *m* de prato.
disheveled [dɪˈʃevəld] *(Am)* = **disheveled**.
dishevelled [dɪˈʃevəld] *adj (Brit) (hair)* despenteado(-da); *(person)* desarrumado(-da).
dishonest [dɪsˈɒnɪst] *adj* desonesto(-ta).
dish towel *n (Am)* pano *m* de prato.
dishwasher [ˈdɪʃˌwɒʃəʳ] *n (machine)* máquina *f* de lavar a louça.
disillusioned [ˌdɪsɪˈluːʒnd] *adj* desiludido(-da); **~ with** desiludido com.
disinclined [ˌdɪsɪnˈklaɪnd] *adj*: **to be ~ to do sthg** estar pouco disposto(-osta) a fazer algo.
disinfect [ˌdɪsɪnˈfekt] *vt* desinfectar.

disinfectant [ˌdɪsɪnˈfektənt] n desinfectante m.

disintegrate [dɪsˈɪntɪgreɪt] vi desintegrar-se.

disinterested [ˌdɪsˈɪntrəstɪd] adj (impartial) desinteressado(-da); **to be ~ in** (inf: uninterested) mostrar-se desinteressado por.

disk [dɪsk] n (Am) = disc; (COMPUT) disco m; (floppy) disquete f.

disk drive n leitor m de disquetes.

diskette [dɪsˈket] n disquete f.

dislike [dɪsˈlaɪk] n aversão f ◆ vt não gostar de; **to take a ~ to** não simpatizar com.

dislocate [ˈdɪsləkeɪt] vt deslocar.

dismal [ˈdɪzml] adj (weather, place) deprimente; (terrible) péssimo(-ma).

dismantle [dɪsˈmæntl] vt desmontar.

dismay [dɪsˈmeɪ] n consternação f.

dismiss [dɪsˈmɪs] vt (not consider) rejeitar; (from job) despedir; (from classroom) dispensar.

dismissal [dɪsˈmɪsl] n (from job) demissão f, despedida f (Br), despedimento m (Port).

disobedience [ˌdɪsəˈbiːdjəns] n desobediência f.

disobedient [ˌdɪsəˈbiːdjənt] adj desobediente.

disobey [ˌdɪsəˈbeɪ] vt desobedecer.

disorder [dɪsˈɔːdəʳ] n (confusion) desordem f; (violence) distúrbios mpl; (illness) problema m; (mental illness) distúrbio m.

disorderly [dɪsˈɔːdəlɪ] adj (untidy) desordenado(-da); (unruly) turbulento(-ta).

disorganized [dɪsˈɔːgənaɪzd] adj desorganizado(-da).

disorientated adj (Brit) desorientado(-da).

disoriented (Am) = **disorientated**.

disown [dɪsˈəʊn] vt repudiar.

disparaging [dɪˈspærɪdʒɪŋ] adj depreciativo(-va).

dispatch [dɪˈspætʃ] vt enviar.

dispense [dɪˈspens] : **dispense with** vt fus prescindir de, passar sem.

dispenser [dɪˈspensəʳ] n (device) máquina f distribuidora.

dispensing chemist [dɪˈspensɪŋ-] n (Brit: shop) farmácia f.

disperse [dɪˈspɜːs] vt dispersar ◆ vi dispersar-se.

display [dɪˈspleɪ] n (of goods) expo-sição f; (public event) espetáculo m; (readout) visualização f ◆ vt (goods) expor; (feeling, quality) demonstrar; (information) afixar; **on ~** exposto.

displeased [dɪsˈpliːzd] adj desconten-te.

disposable [dɪˈspəʊzəbl] adj descartá-vel.

disposal [dɪˈspəʊzl] n (removal) remoção f; **at sb's ~** à disposição de alguém.

disposed [dɪˈspəʊzd] adj: **to be ~ to do sthg** (willing) estar disposto(-osta) a fazer algo; **to be well ~ to sthg** (friendly) ser favorável a algo.

disprove [ˌdɪsˈpruːv] (pp **-d** OR **dis-proven**) vt refutar.

dispute [dɪsˈpjuːt] n (argument) dis-cussão f; (industrial) conflito m ◆ vt dis-cutir.

disqualify [ˌdɪsˈkwɒlɪfaɪ] vt desqualifi-car; **to be disqualified from driving** (Brit) ter a carteira apreendida.

disregard [ˌdɪsrɪˈgɑːd] vt ignorar.

disreputable [dɪsˈrepjʊtəbl] adj pouco respeitável.

disrupt [dɪsˈrʌpt] vt perturbar, trans-tornar.

disruption [dɪsˈrʌpʃn] n transtorno m.

dissatisfaction [ˈdɪsˌsætɪsˈfækʃn] n descontentamento m.

dissatisfied [ˌdɪsˈsætɪsfaɪd] adj insa-tisfeito(-ta).

dissect [dɪˈsekt] vt dissecar.

dissent [dɪˈsent] n (disagreement) dis-cordância f ◆ vi: **to ~ from sthg** não concordar com algo.

dissimilar [dɪˈsɪmɪləʳ] adj diferente; **~ to** diferente de.

dissolve [dɪˈzɒlv] vt dissolver ◆ vi dissolver-se.

dissuade [dɪˈsweɪd] vt: **to ~ sb from doing sthg** dissuadir alguém de fazer algo.

distance [ˈdɪstəns] n distância f; **from a ~** de longe; **in the ~** ao longe.

distant [ˈdɪstənt] adj distante.

distil [dɪsˈtɪl] vt (Brit) (liquid) destilar; (fig: information) extrair.

distill [dɪsˈtɪl] (Am) = **distil**.

distilled water [dɪsˈtɪld-] n água f destilada.

distillery [dɪsˈtɪlərɪ] n destilaria f.

distinct [dɪsˈtɪŋkt] adj distinto(-ta).

distinction [dɪsˈtɪŋkʃn] n distinção f.

distinctive [dɪ'stɪŋktɪv] *adj* caracte-rístico(-ca).

distinguish [dɪ'stɪŋgwɪʃ] *vt* distin-guir; **to ~ sthg from sthg** distinguir algo de algo.

distinguished [dɪ'stɪŋgwɪʃt] *adj* dis-tinto(-ta).

distorted [dɪ'stɔ:tɪd] *adj* distorcido (-da).

distract [dɪ'strækt] *vt* distrair.

distraction [dɪ'strækʃn] *n* distração *f*.

distraught [dɪ'strɔ:t] *adj* cons-ternado(-da).

distress [dɪ'stres] *n (pain)* sofrimento *m*, dor *f*; *(anxiety)* angústia *f*.

distressing [dɪ'stresɪŋ] *adj* angustian-te.

distribute [dɪ'strɪbju:t] *vt* distribuir.

distribution [ˌdɪstrɪ'bju:ʃn] *n* distri-buição *f*.

distributor [dɪ'strɪbjutəʳ] *n (COMM)* distribuidor *m* (-ra *f*); *(AUT)* distribui-dor *m*.

district ['dɪstrɪkt] *n (region)* = distrito *m*; *(of town)* = bairro *m*, = freguesia *f* *(Port)*.

district attorney *n (Am)* = Procurador *m* (-ra *f*) da República.

district council *n (Brit)* = junta *f* distrital *(Br)*, junta *f* de freguesia *(Port)*.

distrust [dɪs'trʌst] *n* desconfiança *f* ◆ *vt* desconfiar de, não confiar em.

disturb [dɪ'stɜ:b] *vt (interrupt)* inco-modar; *(worry)* preocupar; *(move)* mexer em; **"do not ~"** "favor não incomodar".

disturbance [dɪ'stɜ:bəns] *n (violence)* distúrbio *m*.

ditch [dɪtʃ] *n* fosso *m*.

dither ['dɪðəʳ] *vi* hesitar.

ditto ['dɪtəʊ] *adv* idem.

divan [dɪ'væn] *n* divã *m*.

dive [daɪv] *(pt Am* **-d** OR **dove**, *pt Brit* **-d)** *n (of swimmer)* mergulho *m* ◆ *vi* mergulhar; *(bird, plane)* descer em vôo picado; *(rush)* lançar-se.

diver ['daɪvəʳ] *n* mergulhador *m* (-ra *f*).

diverge [daɪ'vɜ:dʒ] *vi* divergir; **to ~ from sthg** divergir de algo.

diversion [daɪ'vɜ:ʃn] *n (of traffic)* des-vio *m*; *(amusement)* diversão *f*.

diversity [daɪ'vɜ:sətɪ] *n* diversidade *f*.

divert [daɪ'vɜ:t] *vt* desviar.

divide [dɪ'vaɪd] *vt* dividir.

❏ **divide up** *vt sep* dividir.

dividend ['dɪvɪdend] *n (profit)* divi-dendo *m*.

divine [dɪ'vaɪn] *adj* divino(-na).

diving ['daɪvɪŋ] *n* mergulho *m*; **to go ~** ir mergulhar.

divingboard ['daɪvɪŋbɔːd] *n* trampo-lim *m*, prancha *f* de saltos *(Port)*.

division [dɪ'vɪʒn] *n* divisão *f*; *(COMM)* departamento *m*.

divorce [dɪ'vɔ:s] *n* divórcio *m* ◆ *vt* divorciar-se de.

divorced [dɪ'vɔ:st] *adj* divorciado (-da).

divorcee [dɪvɔ:'si:] *n* divorciado *m* (-da *f*).

DIY *abbr* = **do-it-yourself.**

dizzy ['dɪzɪ] *adj* tonto(-ta).

DJ *n (abbr of disc jockey)* DJ.

DNA *n (abbr of deoxyribonucleic acid)* ADN *m*.

do [du:] *(pt* **did**, *pp* **done**, *pl* **dos)** *aux vb* **1.** *(in negatives)*: **don't ~ that!** não faça isso!; **she didn't see it** ela não o viu.

2. *(in questions)*: **~ you like it?** gosta você?; **how ~ you do it?** como é que se faz?

3. *(referring to previous verb)*: **~ you smoke? – yes, I ~/no, I don't** você fuma? – sim/não; **I eat more than you ~** eu como mais do que você; **no, I didn't!** não é verdade!; **so ~ I** eu tam-bém.

4. *(in question tags)*: **so, you like Scotland, ~ you?** então você gosta da Escócia?; **the train leaves at five o'clock, doesn't it?** o trem sai às cinco, não é (verdade)?

5. *(for emphasis)*: **I ~ like this bedroom** eu realmente gosto deste quarto; **~ come in!** faça o favor de entrar!

◆ *vt* **1.** *(perform)* fazer; **to ~ one's homework** fazer o dever de casa; **what is she doing?** o que é que ela está fazendo?; **what can I ~ for you?** em que posso ajudá-lo?

2. *(clean, brush etc)*: **to ~ one's hair** pentear-se; **to ~ one's make-up** maquilhar-se; **to ~ one's teeth** esco-var os dentes.

3. *(cause)* fazer; **to ~ damage** fazer estragos; **to ~ sb good** fazer bem a alguém.

4. *(have as job)*: **what do you ~?** o que você faz?

5. *(provide, offer)* fazer; **we ~ pizzas for**

under £4 vendemos pizzas por menos de 4 libras.
6. *(study)* estudar.
7. *(subj: vehicle)* ir a; **the car was ~ing 50 mph** o carro ia a 80 km/h.
8. *(inf: visit)* visitar; **we're doing Scotland next week** para a semana vamos visitar a Escócia.
♦ *vi* **1.** *(behave, act)* fazer; **~ as I say** faça como eu lhe digo.
2. *(progress, get on)* **he did badly/well in his exam** ele foi mal/bem no exame; **how did you ~?** como é que foi?
3. *(be sufficient)* chegar; **will £5 ~?** 5 libras chega?
4. *(in phrases)*: **how do you ~?** *(greeting)* como vai?; **how are you ~ing?** como é que vão as coisas?; **what has that got to ~ with it?** o que é que isso tem a ver?
♦ *n (party)* festa *f*; **~s and don'ts** o que fazer e não fazer.
❑ **do out of** *vt sep (inf)*: **he did us out of £10** ele nos levou 10 libras a mais.
❑ **do up** *vt sep (coat, shirt)* abotoar; *(shoes, laces)* apertar, atar; *(zip)* fechar; *(decorate)* renovar; *(wrap up)* embrulhar.
❑ **do with** *vt fus (need)*: **I could ~ with a drink** eu bem que beberia alguma coisa.
❑ **do without** *vt fus* passar sem.
Doberman ['dəʊbəmən] *n (pl -s) n*: **~ (pinscher)** doberman *m*.
docile [*Brit* 'dəʊsaɪl, *Am* 'dɒsəl] *adj* dócil.
dock [dɒk] *n (for ships)* doca *f*; *(JUR)* banco *m* dos réus ♦ *vi* atracar.
docker ['dɒkəʳ] *n* estivador *m* (-ra *f*).
docklands ['dɒkləndz] *npl (Brit)* docas *fpl*.
dockyard ['dɒkjɑːd] *n* estaleiro *m*.
doctor ['dɒktəʳ] *n (of medicine)* médico *m* (-ca *f*), doutor *m* (-ra *f*); *(academic)* doutor *m* (-ra *f*); **to go to the ~'s** ir ao médico.
doctrine ['dɒktrɪn] *n* doutrina *f*.
document ['dɒkjʊmənt] *n* documento *m*.
documentary [ˌdɒkjʊ'mentərɪ] *n* documentário *m*.
dodge [dɒdʒ] *vt (question, responsibility, issue)* fugir a, esquivar-se a; *(missile, car)* evitar ♦ *vi* desviar-se.
Dodgems® ['dɒdʒəmz] *npl (Brit)* carrinhos *mpl* de choque.

dodgy ['dɒdʒɪ] *adj (Brit) (inf) (plan, car)* pouco confiável; *(health)* instável.
doe [dəʊ] *n (female deer)* corça *f*; *(female rabbit)* coelha *f*.
does [*weak form* dəz, *strong form* dʌz] → do.
doesn't ['dʌznt] = does not.
dog [dɒg] *n* cachorro *m (Br)*, cão *m (Port)*.
dog food *n* comida *f* para cachorros.
doggy bag ['dɒgɪ-] *n* saco que em alguns restaurantes é fornecido aos clientes para levarem o que sobrou da refeição.
do-it-yourself *n* sistema *m* faça-você-mesmo *(Br)*, bricolage *f (Port)*.
dole [dəʊl] *n (inf)*: **to be on the ~** *(Brit)* estar desempregado.
doll [dɒl] *n* boneca *f*.
dollar ['dɒləʳ] *n* dólar *m*.
dolphin ['dɒlfɪn] *n* golfinho *m*.
dome [dəʊm] *n* abóbada *f*.
domestic [də'mestɪk] *adj* doméstico(-ca); *(of country)* nacional.
domestic appliance *n* eletrodoméstico *m*.
domestic flight *n* vôo *m* doméstico.
dominant ['dɒmɪnənt] *adj* dominante.
dominate ['dɒmɪneɪt] *vt* dominar.
domineering [ˌdɒmɪ'nɪərɪŋ] *adj* autoritário(-ria), dominador(-ra).
dominoes ['dɒmɪnəʊz] *n* dominó *m*.
donate [də'neɪt] *vt* doar.
donation [də'neɪʃn] *n* doação *f*.
done [dʌn] *pp* → do ♦ *adj* pronto(-ta).
donkey ['dɒŋkɪ] *n* burro *m*.
donor ['dəʊnəʳ] *n* doador *m* (-ra *f*).
don't [dəʊnt] = do not.
doomed [duːmd] *adj* condenado(-da); **to be ~ to** estar condenado a.
door [dɔːʳ] *n* porta *f*.
doorbell ['dɔːbel] *n* campainha *f*.
doorknob ['dɔːnɒb] *n* maçaneta *f*.
doorman ['dɔːmən] *(pl -men)* *n* porteiro *m*.
doormat ['dɔːmæt] *n* tapete *m*, capacho *m*.
doormen ['dɔːmən] *pl* → doorman.
doorstep ['dɔːstep] *n* degrau *m*; *(Brit: piece of bread)* fatia de pão bem grossa.
doorway ['dɔːweɪ] *n* entrada *f*.

dope [dəʊp] n (inf) (any illegal drug) droga f; (marijuana) erva f, maconha f.
dormitory ['dɔ:mətrɪ] n dormitório m.
Dormobile® ['dɔ:məbi:l] n trailer m motorizado (Br), caravana f OR roulote f (motorizada) (Port).
dosage ['dəʊsɪdʒ] n dose f.
dose [dəʊs] n (amount) dose f; (of illness) camada f.
dot [dɒt] n ponto m; **on the ~** (fig) em ponto.
dotted line ['dɒtɪd-] n pontilhado m.
double ['dʌbl] adj duplo(-pla) ♦ n (twice the amount) o dobro; (alcohol) dose f dupla ♦ vt & vi duplicar ♦ adv: **it's ~ the size** tem o dobro do tamanho; **to bend sthg ~** dobrar algo ao meio; **a ~ whisky** um whisky duplo; **~ three, four, two** três, três, quatro, dois; **~"r"** dois erres.
❏ **doubles** n (in tennis) dupla f (Br), pares mpl (Port).
double bass [-beɪs] n contrabaixo m.
double bed n cama f de casal.
double-breasted [-'brestɪd] adj trespassado(-da).
double-check vt & vi verificar duas vezes.
double chin n papada f.
double cream n (Brit) creme m de leite (Br), natas fpl espessas (Port).
double-cross vt trair.
double-decker (bus) [-'dekər-] n ônibus m de dois andares.
double doors npl porta f dupla.
double-dutch n (Brit): **that's ~ to me** isso para mim é chinês.
double-glazing [-'gleɪzɪŋ] n vidros mpl duplos.
double room n quarto m de casal.
doubt [daʊt] n dúvida f ♦ vt duvidar de; **I ~ it** duvido; **I ~ she'll be there** duvido que ela esteja lá; **in ~** (person) em dúvida; (outcome) incerto; **no ~** sem dúvida.
doubtful ['daʊtfʊl] adj (uncertain) improvável; **it's ~ that ...** (unlikely) é pouco provável que ....
doubtless ['daʊtlɪs] adv sem dúvida.
dough [dəʊ] n massa f.
doughnut ['dəʊnʌt] n (without hole) ≃ bola f de Berlim; (with hole) Donut® m.
dove[1] [dʌv] n (bird) pomba f.
dove[2] [dəʊv] pt (Am) → dive.
Dover ['dəʊvər] n Dover.

Dover sole n linguado de ótima qualidade proveniente do Canal da Mancha.
down [daʊn] adv 1. (towards the bottom) para baixo; **~ here/there** aqui/ali em baixo; **to fall ~** cair; **to go ~** descer.
2. (along): **I'm going ~ to the shops** vou até a loja.
3. (downstairs): **I'll come ~ later** vou descer mais tarde.
4. (southwards) para baixo; **we're going ~ to London** vamos até Londres.
5. (in writing): **to write sthg ~** anotar algo.
6. (in phrases): **to go ~ with** (illness) adoecer com.
♦ prep 1. (towards the bottom of): **they ran ~ the hill** eles correram pelo monte abaixo.
2. (along): **I was walking ~ the street** ia andando pela rua.
♦ adj (inf: depressed) deprimido(-da).
♦ n (feathers) penugem f.
❏ **downs** npl (Brit) colinas fpl.
down-and-out n mendigo m (-ga f).
downfall ['daʊnfɔ:l] n queda f, ruína f.
downhearted [daʊn'hɑ:tɪd] adj desanimado(-da).
downhill [,daʊn'hɪl] adv: **to go ~** (walk, run, ski) descer.
Downing Street ['daʊnɪŋ-] n Downing Street.
down payment n entrada f, sinal m.
downpour ['daʊnpɔ:r] n aguaceiro m.
downright ['daʊnraɪt] adj (lie) puro(-ra); (fool) completo(-ta) ♦ adv extremamente.
downstairs [,daʊn'steəz] adj do andar de baixo ♦ adv no andar de baixo; **to come** OR **go ~** descer.
downstream [,daʊn'stri:m] adv rio abaixo.
down-to-earth adj prático(-ca).
downtown [,daʊn'taʊn] adj (hotel) central; (train, bus) do centro ♦ adv (live) no centro; (go) ao centro; **~ New York** o centro de Nova Iorque.
down under adv (Brit: inf: to or in Australia) para a/na Austrália.
downward ['daʊnwəd] adj descendente.
downwards ['daʊnwədz] adv para baixo.
dowry ['daʊərɪ] n dote m.

doz. *abbr* = **dozen**.

doze [dəuz] *vi* dormitar, cochilar.

dozen ['dʌzn] *n* dúzia *f*; **a ~ eggs** uma dúzia de ovos.

Dr *(abbr of Doctor)* Dr. *m* (Dra. *f*).

drab [dræb] *adj* sem graça.

draft [drɑːft] *n (early version)* rascunho *m*; *(money order)* ordem *f* de pagamento; *(Am)* = **draught**.

drag [dræg] *vt (pull along)* arrastar ♦ *vi (along ground)* arrastar-se; **what a ~!** *(inf)* que chatice!

❑ **drag on** *vi* arrastar-se.

dragon ['drægən] *n* dragão *m*.

dragonfly ['drægnflaɪ] *n* libélula *f*.

drain [dreɪn] *n (pipe)* esgoto *m* ♦ *vt (tank, radiator)* esvaziar ♦ *vi (vegetables, washing-up)* escorrer.

draining board ['dreɪnɪŋ-] *n* escorredor *m* de louça.

drainpipe ['dreɪnpaɪp] *n* cano *m* de esgoto (Br), caleira *f* (Port).

dram [dræm] *n (of whisky)* trago *m*.

drama ['drɑːmə] *n (play)* peça *f* de teatro; *(art)* teatro *m*; *(excitement)* drama *m*.

dramatic [drə'mætɪk] *adj* dramático(-ca).

dramatist ['dræmətɪst] *n* dramaturgo *m* (-ga *f*).

drank [dræŋk] *pt* → **drink**.

drapes [dreɪps] *npl (Am)* cortinas *fpl*, reposteiros *mpl*.

drastic ['dræstɪk] *adj* drástico(-ca).

drastically ['dræstɪklɪ] *adv* drasticamente.

draught [drɑːft] *n (Brit) (of air)* corrente *f* de ar.

draught beer *n* chope *m* (Br), imperial *f* (Port), fino *m* (Port).

draughtboard ['drɑːftbɔːd] *n (Brit)* tabuleiro *m* de (jogo de) damas.

draughts [drɑːfts] *n (Brit)* damas *fpl*.

draughty ['drɑːftɪ] *adj* cheio (cheia) de correntes de ar.

draw [drɔː] *(pt* **drew***, pp* **drawn***) vt (with pen, pencil)* desenhar; *(line)* traçar; *(pull)* puxar; *(attract)* atrair; *(comparison)* estabelecer; *(conclusion)* chegar a ♦ *vi (with pen, pencil)* desenhar; *(SPORT)* empatar ♦ *n (SPORT: result)* empate *m*; *(lottery)* sorteio *m*; **to ~ the curtains** *(open)* abrir as cortinas; *(close)* fechar as cortinas.

❑ **draw out** *vt sep (money)* levantar.

❑ **draw up** *vt sep (list, contract)* redigir;

(plan) elaborar ♦ *vi (car, bus)* parar.

drawback ['drɔːbæk] *n* inconveniente *m*.

drawbridge ['drɔːbrɪdʒ] *n* ponte *f* levadiça.

drawer [drɔːʳ] *n* gaveta *f*.

drawing ['drɔːɪŋ] *n* desenho *m*.

drawing board *n* prancheta *f* de desenho.

drawing pin *n (Brit)* percevejo *m* (Br), pionés *m* (Port).

drawing room *n* sala *f* de estar.

drawl [drɔːl] *n* forma lenta e pouco clara de falar, alongando as vogais.

drawn [drɔːn] *pp* → **draw**.

dread [dred] *n* pavor *m* ♦ *vt (exam)* temer; **to ~ doing sthg** temer fazer algo.

dreadful ['dredful] *adj* terrível.

dreadfully ['dredfulɪ] *adv (badly)* extremamente mal; *(extremely)* extremamente.

dream [driːm] *n* sonho *m* ♦ *vt* sonhar ♦ *vi*: **to ~ (of)** sonhar (com); **a ~ house** uma casa de sonho.

dreary ['drɪərɪ] *adj (day, weather)* sombrio(-bria); *(job, work)* monótono(-na); *(person)* enfadonho(-nha).

dregs [dregz] *npl (of tea, coffee)* borra *f*.

drench [drentʃ] *vt* encharcar, ensopar; **to be ~ed in/with sthg** estar encharcado em algo.

dress [dres] *n (for woman, girl)* vestido *m*; *(clothes)* roupa *f*, fato *m* (Port) ♦ *vt (person, baby)* vestir; *(wound)* ligar; *(salad)* temperar ♦ *vi* vestir-se; **to be ~ed in** estar vestido de; **to get ~ed** vestir-se.

❑ **dress up** *vi (in costume)* disfarçar-se; *(in best clothes)* vestir-se elegantemente.

dress circle *n* balcão *m* nobre (Br), primeiro balcão *m* (Port).

dresser ['dresəʳ] *n (Brit: for crockery)* aparador *m*; *(Am: chest of drawers)* cômoda *f*.

dressing ['dresɪŋ] *n (for salad)* tempero *m*; *(for wound)* curativo *m* (Br), penso *m* (Port).

dressing gown *n* robe *m*, roupão *m*.

dressing room *n* camarim *m*.

dressing table *n* toucador *m*.

dressmaker ['dres,meɪkəʳ] *n* costureiro *m* (-ra *f*).

dress rehearsal *n* ensaio *m* geral.

drew [druː] *pt* → **draw**.

dribble ['drɪbl] vi (liquid) pingar; (baby) babar-se.

dried [draɪd] adj (herbs, fruit, flowers) seco(-ca); (milk, eggs) em pó.

drier ['draɪər] = dryer.

drift [drɪft] n (of snow) monte m ♦ vi (in wind) ser levado pelo vento; (in water) ser levado pela água, derivar.

drill [drɪl] n (electric tool) furadeira f (Br), berbequim m (Port); (manual tool, of dentist) broca f ♦ vt (hole) furar.

drink [drɪŋk] (pt drank, pp drunk) n (of water, tea etc) bebida f; (alcoholic) copo m, bebida ♦ vt & vi beber; **would you like a ~?** quer beber OR tomar algo?; **to have a ~** (alcoholic) beber OR tomar um copo.

drinkable ['drɪŋkəbl] adj (safe to drink) potável; (wine) razoável.

drink-driving n (Brit) ato de dirigir sob a influência de álcool.

drinking water ['drɪŋkɪŋ-] n água f potável.

drip [drɪp] n (drop) gota f; (MED) aparelho m de soro ♦ vi pingar.

drip-dry adj que não necessita ser passado a ferro.

dripping (wet) ['drɪpɪŋ-] adj encharcado(-da).

drive [draɪv] (pt drove, pp driven) n (journey) viagem f; (in front of house) acesso m, caminho m ♦ vt (car, bus, train) dirigir (Br), conduzir (Port); (take in car) levar (em carro) ♦ vi (drive car) dirigir (Br), conduzir (Port); (travel in car) ir de carro; **to go for a ~** ir dar um passeio de carro; **it's driven by electricity** funciona a electricidade; **to ~ sb to do sthg** levar alguém a fazer algo; **to ~ sb mad** deixar alguém louco.

drivel ['drɪvl] n disparates mpl.

driven ['drɪvn] pp → drive.

driver ['draɪvər] n (of car, taxi) motorista mf; (of bus) condutor m (-ra f); (of train) maquinista mf.

driver's license (Am) = driving licence.

driveshaft ['draɪvʃɑːft] n eixo m motor, transmissão f.

driveway ['draɪvweɪ] n acesso m, caminho m.

driving ['draɪvɪŋ] n direção f (Br), condução f (Port).

driving instructor n instrutor m (-ra f) de auto-escola.

driving lesson n aula f de direção (Br), aula f de condução (Port).

driving licence n (Brit) carteira f de motorista (Br), carta f de condução (Port).

driving school n auto-escola f (Br), escola f de condução (Port).

driving test n exame m de direção (Br), exame m de condução (Port).

drizzle ['drɪzl] n chuvisco m.

drone [drəʊn] n (sound of insect) zumbido m; (of plane, voices) ruído m.

drop [drɒp] n gota f, pingo m; (distance down) descida f; (decrease) queda f ♦ vt (let fall by accident) deixar cair; (let fall on purpose) jogar; (reduce) baixar; (from vehicle) deixar; (omit) omitir ♦ vi (fall) cair; (decrease) baixar; **to ~ a hint that** dar a entender que; **to ~ sb a line** escrever uma palavrinha a alguém.

❑ **drop in** vi (inf): **to ~ in on sb** passar por casa de alguém.

❑ **drop off** vt sep (from vehicle) deixar ♦ vi (fall asleep) adormecer; (fall off) cair.

❑ **drop out** vi (of college) abandonar os estudos; (of race) desistir.

dropout ['drɒpaʊt] n (from society) marginal mf; (from university) pessoa f que abandona os estudos.

droppings ['drɒpɪŋz] npl excrementos mpl (de animal).

drought [draʊt] n seca f.

drove [drəʊv] pt → drive.

drown [draʊn] vi afogar-se.

drowsy ['draʊzɪ] adj sonolento(-ta).

drug [drʌg] n droga f ♦ vt drogar.

drug abuse n consumo m de drogas, toxicodependência f.

drug addict n drogado m (-da f), toxicômano m (-na f).

druggist ['drʌgɪst] n (Am) farmacêutico m (-ca f).

drugstore ['drʌgstɔːr] n (Am) farmácia f.

drum [drʌm] n (MUS) tambor m; (container) barril m; **to play the ~s** tocar bateria.

drummer ['drʌmər] n baterista mf.

drumstick ['drʌmstɪk] n (of chicken) perna f.

drunk [drʌŋk] pp → drink ♦ adj bêbado(-da) ♦ n bêbado m (-da f); **to get ~** embebedar-se.

drunk-driving (Am) = drink-driving.

drunken ['drʌŋkn] adj (person) bêbado(-da); (party, talk) de bêbados.

dry [draɪ] *adj* seco(-ca) ◆ *vt (hands, washing-up)* limpar, secar; *(clothes)* secar ◆ *vi* secar; **to ~ o.s.** limpar-se; **to ~ one's hair** secar o cabelo.
❑ **dry up** *vi (become dry)* secar; *(dry the dishes)* limpar.

dry-clean *vt* limpar a seco.

dry cleaner's *n* lavanderia *f*.

dryer ['draɪəʳ] *n (for clothes)* máquina *f* de secar; *(for hair)* secador *m*.

dry-roasted peanuts [-'rəʊstɪd] *npl* amendoins *mpl* torrados.

dry ski slope *n* pista *f* de ski artificial.

DSS *n (Brit)* ministério britânico da Segurança Social.

DTP *abbr* = **desktop publishing**.

dual ['djuːəl] *adj* duplo(-pla).

dual carriageway *n (Brit)* via *f* dupla *(Br)*, via *f* rápida *(Port)*.

dubbed [dʌbd] *adj (film)* dublado (-da) *(Br)*, dobrado(-da) *(Port)*.

dubious ['djuːbjəs] *adj (suspect)* duvidoso(-osa).

Dublin ['dʌblɪn] *n* Dublim *s*.

duchess ['dʌtʃɪs] *n* duquesa *f*.

duck [dʌk] *n* pato *m* ◆ *vi* abaixar-se.

duckling ['dʌklɪŋ] *n (animal)* patinho *m*; *(food)* pato *m*.

dud [dʌd] *adj (coin, note)* falso(-sa); *(cheque)* sem fundos *(Br)*, careca *(Port)*; *(machine, video, idea)* inútil; *(bomb, shell, bullet)* que não rebentou.

due [djuː] *adj (owed)* devido(-da); *(to be paid)* a pagar; **the train is ~ at eight o'clock** a chegada do trem está prevista para as oito; **in ~ course** no tempo devido; **~ to** devido a.

duel ['djuːəl] *n* duelo *m*.

duet [djuː'et] *n* dueto *m*.

duffel bag ['dʌfl-] *n* saco *m* tipo marinheiro.

duffel coat ['dʌfl-] *n* casaco *m (grosso de inverno com capuz)*.

dug [dʌg] *pt & pp* → **dig**.

duke [djuːk] *n* duque *m*.

dull [dʌl] *adj (boring)* chato(-ta), aborrecido(-da); *(not bright)* baço(-ça); *(weather)* cinzento (-ta); *(pain)* incômodo(-da).

duly ['djuːlɪ] *adv (properly)* devidamente; *(as expected)* como era de se esperar.

dumb [dʌm] *adj (inf: stupid)* estúpido(-da); *(unable to speak)* mudo (-da).

dumbfound [dʌm'faʊnd] *vt* deixar estupefato(-ta); **to be ~ed** ficar estupefato.

dummy ['dʌmɪ] *n (Brit: for baby)* chupeta *f*; *(for clothes)* manequim *m*.

dump [dʌmp] *n (for rubbish)* lixeira *f*; *(inf: place)* espelunca *f* ◆ *vt (drop carelessly)* deixar cair; *(get rid of)* desfazer-se de.

dumper (truck) ['dʌmpəʳ-] *n (Brit)* caminhão *m* basculante *(Br)*, camião *m* basculante *(Port)*.

dumpling ['dʌmplɪŋ] *n bolinho de massa cozido e servido com ensopados.*

dump truck *(Am)* = **dumper (truck)**.

dunce [dʌns] *n* burro *m* (-a *f*).

dune [djuːn] *n* duna *f*.

dung [dʌŋ] *n* excremento *m*, bosta *f*.

dungarees [ˌdʌŋgəˈriːz] *npl (Brit: for work)* macacão *m (Br)*, fato-macaco *m (Port)*; *(fashion item)* jardineiras *fpl*; *(Am: jeans)* jeans *m inv (Br)*, calças *fpl* de ganga *(Port)*.

dungeon ['dʌndʒən] *n* masmorra *f*.

duo ['djuːəʊ] *n* duo *m*.

duplicate ['djuːplɪkət] *n* duplicado *m*.

duration [djʊˈreɪʃn] *n* duração *f*; **for the ~ of** durante.

during ['djʊərɪŋ] *prep* durante.

dusk [dʌsk] *n* crepúsculo *m*.

dust [dʌst] *n (in building)* pó *m*; *(on ground)* pó, poeira *f* ◆ *vt (furniture, object)* tirar o pó de.

dustbin ['dʌstbɪn] *n (Brit)* lata *f* de lixo *(Br)*, caixote *m* do lixo *(Port)*.

dustcart ['dʌstkɑːt] *n (Brit)* caminhão *m* do lixo *(Br)*, camião *m* do lixo *(Port)*.

duster ['dʌstəʳ] *n* pano *m* de pó.

dustman ['dʌstmən] *(pl* **-men** [-mən]) *n (Brit)* lixeiro *m (Br)*, gari *m (Br)*, homem *m* do lixo *(Port)*.

dustpan ['dʌstpæn] *n* pá *f* de lixo.

dusty ['dʌstɪ] *adj (road)* poeirento(-ta); *(room, air)* cheio (cheia) de pó.

Dutch [dʌtʃ] *adj* holandês(-esa) ◆ *n (language)* neerlandês *m*, holandês *m* ◆ *npl*: **the ~** os holandeses.

Dutchman ['dʌtʃmən] *(pl* **-men** [-mən]) *n* holandês *m*.

Dutchwoman ['dʌtʃˌwʊmən] *(pl* **-women** [-ˌwɪmɪn]) *n* holandesa *f*.

duty ['djuːtɪ] *n (moral obligation)* dever *m*; *(tax)* taxa *f*; **to be on ~** estar de plantão; **to be off ~** estar de folga.
❑ **duties** *npl (job)* funções *fpl*.

duty chemist's *n* farmácia *f* de plantão.

duty-free *adj* livre de impostos ♦ *n (article)* artigo *m* isento de impostos alfandegários.

duty-free shop *n* duty-free shop *m*, loja *f* franca *(Port)*.

duvet ['duːveɪ] *n* edredom *m (Br)*, edredão *m (Port)*.

duvet cover *n (Brit)* capa *f* de edredom.

dwarf [dwɔːf] *(pl* **dwarves** [dwɔːvz]*) n* anão *m* (anã *f*).

dwelling ['dwelɪŋ] *n (fml)* moradia *f*.

dye [daɪ] *n* tinta *f* (para tingir) ♦ *vt* tingir.

dying ['daɪɪŋ] *cont →* **die**.

dyke [daɪk] = **dike**.

dynamic [daɪ'næmɪk] *adj* dinâmico(-ca).

dynamite ['daɪnəmaɪt] *n* dinamite *f*.

dynamo ['daɪnəməʊ] *(pl* **-s**) *n* dínamo *m*.

dynasty [*Brit* 'dɪnəstɪ, *Am* 'daɪnəstɪ] *n* dinastia *f*.

dyslexic [dɪs'leksɪk] *adj* disléxico(-ca).

E

E *(abbr of east)* E.

E111 *n* E111 *m, impresso necessário para obter assistência médica nos outros países da União Européia.*

each [i:tʃ] *adj & pron* cada; ~ **one** cada um (cada uma); ~ **of them** cada um deles (cada uma delas); ~ **other** um ao outro; **they fought** ~ **other** lutaram um contra o outro; **we know** ~ **other** nós nos conhecemos; **one** ~ um a cada um; **one of** ~ um de cada.

eager ['i:gəʳ] *adj (pupil)* entusiasta; *(expression)* de entusiasmo; **to be** ~ **to do sthg** estar ansioso por fazer algo; ~ **to please** doido para agradar.

eagle ['i:gl] *n* águia *f.*

ear [ɪəʳ] *n* orelha *f; (of corn)* espiga *f.*

earache ['ɪəreɪk] *n* dor *f* de ouvidos; **I've got** ~ estou com dor de ouvidos.

eardrum ['ɪədrʌm] *n* tímpano *m.*

earl [ɜ:l] *n* conde *m.*

earlier ['ɜ:lɪəʳ] *adj* anterior ♦ *adv* antes; ~ **on** antes.

earlobe ['ɪələʊb] *n* lóbulo *m* da orelha.

early ['ɜ:lɪ] *adj (before usual or arranged time)* antecipado(-da) ♦ *adv* cedo; **I need to catch an** ~ **train** preciso pegar um trem que passa mais cedo; **it arrived an hour** ~ chegou uma hora mais cedo; ~ **last year** no início do ano passado; **in the** ~ **morning** de madrugada; **at the earliest** o mais cedo possível, no mínimo; ~ **on** cedo; **to have an** ~ **night** deitar-se cedo.

earn [ɜ:n] *vt* ganhar; **to** ~ **a living** ganhar a vida.

earnest ['ɜ:nɪst] *adj* sério(-ria); **to begin in** ~ começar a sério.

earnings ['ɜ:nɪŋz] *npl* rendimentos *mpl.*

earphones ['ɪəfəʊnz] *npl* fones *mpl* de ouvido *(Br)*, auscultadores *mpl (Port).*

earplugs ['ɪəplʌgz] *npl* tampões *mpl*

auriculares OR para os ouvidos.

earrings ['ɪərɪŋz] *npl* brincos *mpl.*

earshot ['ɪəʃɒt] *n*: **within** ~ ao alcance do ouvido; **out of** ~ fora do alcance do ouvido.

earth [ɜ:θ] *n* terra *f; (Brit: electrical connection)* fio *m* terra ♦ *vt (Brit: appliance)* ligar à terra; **how on** ~ **...?** como diabo ...?

earthenware ['ɜ:θnweəʳ] *adj* de barro.

earthquake ['ɜ:θkweɪk] *n* terremoto *m.*

earthworm ['ɜ:θwɜ:m] *n* minhoca *f.*

earwig ['ɪəwɪg] *n* lacrainha *f (Br),* bicha-cadela *f (Port).*

ease [i:z] *n* facilidade *f* ♦ *vt (pain, tension)* aliviar; *(problem)* minorar; **at** ~ à vontade; **with** ~ com facilidade, facilmente.
☐ **ease off** *vi* diminuir.

easel ['i:zl] *n* cavalete *m.*

easily ['i:zɪlɪ] *adv (without difficulty)* facilmente; *(by far)* de longe.

east [i:st] *n* leste *m,* este *m* ♦ *adj* leste, este ♦ *adv (be situated)* a leste; *(fly, walk)* para este, para leste; **in the** ~ **of England** no leste da Inglaterra; **the East** *(Asia)* o Oriente.

eastbound ['i:stbaʊnd] *adj* em direção a leste OR ao este.

East End *n*: **the** ~ o leste de Londres.

Easter ['i:stəʳ] *n* Páscoa *f.*

Easter egg *n* ovo *m* de Páscoa.

easterly ['i:stəlɪ] *adj (wind)* de leste; **in an** ~ **direction** em direção ao leste OR este; **the most** ~ **point** o ponto mais a leste OR este.

eastern ['i:stən] *adj* de leste, do este.
☐ **Eastern** *adj (Asian)* oriental.

Eastern Europe *n* Europa *f* de Leste.

eastward [ˈiːstwəd] *adj*: **in an ~ direction** em direção ao leste OR este.

eastwards [ˈiːstwədz] *adv* em direção ao leste OR este, para leste OR este.

easy [ˈiːzɪ] *adj* fácil; **to take it ~** *(relax)* levar as coisas com calma; **take it ~!** *(be calm)* tenha calma!

easy chair *n* poltrona *f*, cadeirão *m*.

easygoing [ˌiːzɪˈɡəʊɪŋ] *adj* descontraído(-da).

eat [iːt] *(pt* ate, *pp* eaten [ˈiːtn]*) vt & vi* comer.

❏ **eat out** *vi* comer fora.

eating apple [ˈiːtɪŋ-] *n* maçã *f* (para comer).

eaves [iːvz] *npl* beirais *mpl*.

ebony [ˈebənɪ] *n* ébano *m*.

EC *n (abbr of European Community)* CE *f*.

eccentric [ɪkˈsentrɪk] *adj* excêntrico(-ca).

echo [ˈekəʊ] *(pl* **-es***) n* eco *m* ◆ *vi* ecoar.

eclipse [ɪˈklɪps] *n* eclipse *m*.

ecological [ˌiːkəˈlɒdʒɪkl] *adj* ecológico(-ca).

ecology [ɪˈkɒlədʒɪ] *n* ecologia *f*.

economic [ˌiːkəˈnɒmɪk] *adj* econômico(-ca).

❏ **economics** *n* economia *f*.

economical [ˌiːkəˈnɒmɪkl] *adj* econômico(-ca).

economize [ɪˈkɒnəmaɪz] *vi* economizar.

economy [ɪˈkɒnəmɪ] *n* economia *f*.

economy class *n* classe *f* turística.

economy size *adj* de tamanho econômico.

ecotourism [ˌiːkəʊˈtʊərɪzm] *n* ecoturismo *m*.

ecstasy [ˈekstəsɪ] *n (great joy)* êxtase *m; (drug)* ecstasy *f*.

ecstatic [ekˈstætɪk] *adj* extasiado(-da).

ECU [ˈekjuː] *n* ECU *m*.

eczema [ˈeksɪmə] *n* eczema *m*.

edge [edʒ] *n (border)* beira *f; (of table, coin, plate)* borda *f; (of knife)* fio *m*, gume *m*.

edible [ˈedɪbl] *adj* comestível.

Edinburgh [ˈedɪnbrə] *n* Edimburgo *s*.

Edinburgh Festival *n*: **the ~** o Festival de Edimburgo.

edit [ˈedɪt] *vt (text)* corrigir, revisar; *(newspaper, magazine)* dirigir; *(film, programme)* montar.

edition [ɪˈdɪʃn] *n* edição *f*.

editor [ˈedɪtəʳ] *n (of text)* editor *m* (-ra *f); (of newspaper, magazine)* diretor *m* (-ra *f); (of film, TV programme)* técnico *m* (-ca *f)* de montagem.

editorial [ˌedɪˈtɔːrɪəl] *n* editorial *m*.

educate [ˈedʒʊkeɪt] *vt* educar.

education [ˌedʒʊˈkeɪʃn] *n* educação *f*.

educational [ˌedʒʊˈkeɪʃənl] *adj (establishment, policy)* educacional; *(toy, experience)* didático(-ca).

eel [iːl] *n* enguia *f*.

eerie [ˈɪərɪ] *adj* sinistro(-tra), arrepiante.

effect [ɪˈfekt] *n* efeito *m*; **to put sthg into ~** pôr em prática; **to take ~** *(medicine)* fazer efeito; *(law)* entrar em vigor.

effective [ɪˈfektɪv] *adj (successful)* eficaz; *(law, system)* em vigor.

effectively [ɪˈfektɪvlɪ] *adv (successfully)* eficazmente, com eficácia; *(in fact)* com efeito.

effeminate [ɪˈfemɪnət] *adj* efeminado(-da).

efficiency [ɪˈfɪʃənsɪ] *n (of person)* eficiência *f; (of factory)* economia *f*.

efficient [ɪˈfɪʃənt] *adj (person)* eficiente; *(factory)* econômico(-ca).

effluent [ˈefluənt] *n* águas *fpl* residuais, esgotos *mpl*.

effort [ˈefət] *n* esforço *m*; **to make an ~ to do sthg** fazer um esforço para fazer algo; **it's not worth the ~** não vale a pena o esforço.

effortless [ˈefətlɪs] *adj (easy)* fácil; *(natural)* natural.

e.g. *adv* e.g., p. ex.

egg [eg] *n* ovo *m*.

egg cup *n* oveiro *m, pequeno suporte para ovos quentes*.

egg mayonnaise *n* recheio para sanduíches composto por ovo cozido e maionese.

eggplant [ˈegplɑːnt] *n (Am)* beringela *f*.

eggshell [ˈegʃel] *n* casca *f* de ovo.

egg white *n* clara *f* de ovo.

egg yolk *n* gema *f* de ovo.

ego [ˈiːgəʊ] *(pl* **-s***) n* ego *m*, amor *m* próprio.

egoistic [ˌiːgəʊˈɪstɪk] *adj* egoísta.

egotistic(al) [ˌiːgəˈtɪstɪk(l)] *adj* egotista.

Egypt [ˈiːdʒɪpt] *n* Egipto *m*.

Egyptian [ɪˈdʒɪpʃn] *adj* egípcio(-cia)

♦ *n* egípcio *m* (-cia *f*).

eiderdown ['aɪdədaʊn] *n* edredom *m*
(Br), edredão *m* *(Port)*.

eight [eɪt] *num* oito, → **six**.

eighteen [,eɪ'tiːn] *num* dezoito, →
six.

eighteenth [,eɪ'tiːnθ] *num* décimo
oitavo (décima oitava), → **sixth**.

eighth [eɪtθ] *num* oitavo(-va), →
sixth.

eightieth ['eɪtɪɪθ] *num* octogésimo
(-ma), → **sixth**.

eighty ['eɪtɪ] *num* oitenta, → **six**.

Eire ['eərə] *n* República *f* da Irlanda.

Eisteddfod [aɪ'stedfəd] *n* festival cultural galês.

either ['aɪðə', 'iːðə'] *adj*: ~ **book will
do** qualquer um dos livros serve
♦ *pron*: **I'll take ~ (of them)** levo qualquer um (dos dois); **I don't like ~ (of
them)** não gosto de nenhum (deles)
♦ *adv*: **I can't ~** também não posso; ~
... or ou ... ou; **I don't speak ~ Portuguese or English** não falo nem português nem inglês; **on ~ side** dos dois
lados.

eject [ɪ'dʒekt] *vt* *(cassette)* tirar.

elaborate [ɪ'læbrət] *adj* elaborado
(-da), complicado(-da).

elapse [ɪ'læps] *vi* decorrer.

elastic [ɪ'læstɪk] *n* elástico *m*.

elasticated [ɪ'læstɪkeɪtɪd] *adj* elásti-
co(-ca).

elastic band *n* *(Brit)* elástico *m*.

elbow ['elbəʊ] *n* cotovelo *m*.

elder ['eldə'] *adj* mais velho(-lha).

elderly ['eldəlɪ] *adj* idoso(-osa) ♦ *npl*:
the ~ os idosos.

eldest ['eldɪst] *adj* mais velho(-lha).

elect [ɪ'lekt] *vt* eleger; **to ~ to do sthg**
(fml: choose) escolher fazer algo.

election [ɪ'lekʃn] *n* eleição *f*.

electioneering [ɪ,lekʃə'nɪərɪŋ] *n* propaganda *f* eleitoral.

electorate [ɪ'lektərət] *n*: **the ~** o elei-
torado.

electric [ɪ'lektrɪk] *adj* elétrico(-ca).

electrical [ɪ'lektrɪkl] *adj* elétrico(-ca).

electrical goods *npl* eletro-
domésticos *mpl*.

electric blanket *n* cobertor *m* elétrico.

electric cooker *n* fogão *m* elétrico.

electric drill *n* furadeira *f* elétrica
(Br), berbequim *m* (eléctrico) *(Port)*.

electric fence *n* vedação *f* eletrifi-
cada.

electric fire *n* radiador *m* OR aquecedor *m* elétrico.

electrician [,ɪlek'trɪʃn] *n* eletricista *mf*.

electricity [,ɪlek'trɪsətɪ] *n* eletricidade *f*.

electric shock *n* choque *m* elétrico.

electrocute [ɪ'lektrəkjuːt] *vt* eletro-
cutar.

electronic [,ɪlek'trɒnɪk] *adj* ele-
trônico(-ca).

electronic mail *n* correio *m* eletrônico.

elegant ['elɪɡənt] *adj* elegante.

element ['elɪmənt] *n* elemento *m*; *(of
fire, kettle)* resistência *f*; **the ~s**
(weather) os elementos.

elementary [,elɪ'mentərɪ] *adj* elementar.

elementary school *n* *(Am)* escola *f*
primária.

elephant ['elɪfənt] *n* elefante *m*.

elevator ['elɪveɪtə'] *n* *(Am)* elevador *m*.

eleven [ɪ'levn] *num* onze, → **six**.

elevenses [ɪ'levnzɪz] *n* *(Brit)* refeição
leve por volta das onze da manhã.

eleventh [ɪ'levnθ] *num* décimo primeiro (décima primeira), → **sixth**.

eligible ['elɪdʒəbl] *adj* *(qualified, suitable)* apto(-ta); *(bachelor)* elegível.

eliminate [ɪ'lɪmɪneɪt] *vt* eliminar.

elitist [ɪ'liːtɪst] *adj* elitista ♦ *n* elitista
mf.

Elizabethan [ɪ,lɪzə'biːθn] *adj* isabeli-
no(-na) *(segunda metade do séc. XVI)*.

elk [elk] *(pl inv OR -s)* *n* alce *m*.

elm [elm] *n* ulmeiro *m*, olmo *m*.

eloquent ['eləkwənt] *adj* eloqüente.

else [els] *adv*: **I don't want anything ~**
não quero mais nada; **anything ~?**
mais alguma coisa?; **everyone ~** os
outros todos (as outras todas); **nobody
~** mais ninguém; **nothing ~** mais
nada; **somebody ~** mais alguém;
something ~ outra coisa; **somewhere
~** outro lugar; **what ~?** que mais?; **who
~?** quem mais?; **or ~** ou então, senão.

elsewhere [els'weə'] *adv* *(be, search)*
noutro lugar; *(with verbs of motion)* para
outro lado.

elude [ɪ'luːd] *vt* *(police, pursuers)* elu-
dir; *(subj: fact, idea, name)* escapar a.

elusive [ɪ'luːsɪv] *adj* *(success, quality)*
difícil de alcançar; *(person, animal)* difícil de encontrar.

e-mail n (abbr of electronic mail) e-mail m.

emancipate [ɪˈmænsɪpeɪt] vt: **to ~ sb from sthg** libertar alguém de algo.

embankment [ɪmˈbæŋkmənt] n (next to river) margem f; (next to road, railway) barreira f.

embark [ɪmˈbɑːk] vi (board ship) embarcar.

embarkation card [,embɑːˈkeɪʃn-] n cartão m de embarque.

embarrass [ɪmˈbærəs] vt envergonhar.

embarrassed [ɪmˈbærəst] adj envergonhado(-da).

embarrassing [ɪmˈbærəsɪŋ] adj embaraçoso(-osa).

embarrassment [ɪmˈbærəsmənt] n vergonha f.

embassy [ˈembəsɪ] n embaixada f.

embers [ˈembəz] npl brasas fpl.

emblem [ˈembləm] n emblema m.

embossed [ɪmˈbɒst] adj (paper) timbrado(-da); (wallpaper) em relevo; (leather) gravado(-da); (design, lettering): **~ (on sthg)** gravado (em algo).

embrace [ɪmˈbreɪs] vt abraçar.

embroidered [ɪmˈbrɔɪdəd] adj bordado(-da).

embroidery [ɪmˈbrɔɪdərɪ] n bordado m.

embryo [ˈembrɪəʊ] (pl -s) n embrião m.

emerald [ˈemərəld] n esmeralda f.

emerge [ɪˈmɜːdʒ] vi (from place) emergir, sair; (fact, truth) vir à tona.

emergency [ɪˈmɜːdʒənsɪ] n emergência f ♦ adj de emergência; **in an ~** em caso de emergência.

emergency exit n saída f de emergência.

emergency landing n aterissagem f de emergência.

emergency services npl serviços mpl de emergência.

emery board [ˈemərɪ-] n lixa f (para as unhas).

emigrant [ˈemɪɡrənt] n emigrante mf.

emigrate [ˈemɪɡreɪt] vi emigrar.

eminent [ˈemɪnənt] adj eminente.

emission [ɪˈmɪʃn] n emissão f.

emit [ɪˈmɪt] vt emitir.

emotion [ɪˈməʊʃn] n emoção f.

emotional [ɪˈməʊʃənl] adj (situation, scene) comovente; (person) emotivo(-va).

emperor [ˈempərəʳ] n imperador m.

emphasis [ˈemfəsɪs] (pl -ases [-əsiːz]) n ênfase f.

emphasize [ˈemfəsaɪz] vt enfatizar, sublinhar.

emphatically [ɪmˈfætɪklɪ] adv (say, state) enfaticamente; (agree) plenamente; (disagree) em absoluto.

empire [ˈempaɪəʳ] n império m.

employ [ɪmˈplɔɪ] vt empregar.

employed [ɪmˈplɔɪd] adj empregado(-da).

employee [ɪmˈplɔɪiː] n empregado m (-da f).

employer [ɪmˈplɔɪəʳ] n patrão m (-troa f).

employment [ɪmˈplɔɪmənt] n emprego m.

employment agency n agência f de emprego.

empress [ˈemprɪs] n imperatriz f.

empty [ˈemptɪ] adj (containing nothing) vazio(-zia); (threat, promise) vão (vã) ♦ vt esvaziar.

empty-handed [-ˈhændɪd] adv de mãos vazias OR a abanar.

EMU n UEM f.

emulate [ˈemjʊleɪt] vt emular.

emulsion (paint) [ɪˈmʌlʃn-] n tinta f de emulsão.

enable [ɪˈneɪbl] vt: **to ~ sb to do sthg** permitir a alguém fazer algo.

enamel [ɪˈnæml] n esmalte m.

enchanted [ɪnˈtʃɑːntɪd] adj: **~ by** OR **with sthg** encantado(-da) com algo.

enchanting [ɪnˈtʃɑːntɪŋ] adj encantador(-ra).

encircle [ɪnˈsɜːkl] vt rodear.

enclose [ɪnˈkləʊz] vt (surround) rodear; (with letter) juntar.

enclosed [ɪnˈkləʊzd] adj (space) vedado(-da).

enclosure [ɪnˈkləʊʒəʳ] n (place) recinto m.

encore [ˈɒŋkɔːʳ] n bis m ♦ excl bis!

encounter [ɪnˈkaʊntəʳ] vt encontrar.

encourage [ɪnˈkʌrɪdʒ] vt encorajar; **to ~ sb to do sthg** encorajar alguém a fazer algo.

encouragement [ɪnˈkʌrɪdʒmənt] n encorajamento m.

encyclopedia [ɪn,saɪkləˈpiːdjə] n enciclopédia f.

end [end] n fim m; (furthest point) extremo m; (of string, finger) ponta f

◆ *vt* acabar, terminar; *(war, practice)* acabar com ◆ *vi* acabar, terminar; **to come to an ~** chegar ao fim; **to put an ~ to sthg** acabar com algo; **for days on ~** durante dias e dias OR dias a fio; **in the ~** no fim; **to make ~s meet** conseguir que o dinheiro chegue ao fim do mês.

❑ **end up** *vi* acabar; **to ~ up doing sthg** acabar por fazer algo.

endanger [ɪn'deɪndʒəʳ] *vt* pôr em risco OR perigo.

endangered species [ɪn'deɪndʒəd-] *n* espécie *f* em vias de extinção.

endearing [ɪn'dɪərɪŋ] *adj* cativante.

ending ['endɪŋ] *n (of story, film, book)* fim *m*, final *m*; *(GRAMM)* terminação *f*.

endive ['endaɪv] *n* endívia *f*.

endless ['endlɪs] *adj* infinito(-ta), sem fim.

endorsement [ɪn'dɔːsmənt] *n (of driving licence)* multa anotada na carteira de motorista.

endurance [ɪn'djʊərəns] *n* resistência *f*.

endure [ɪn'djʊəʳ] *vt* suportar.

endways ['endweɪz] *adv (Brit) (not sideways)* ao comprido; *(with ends touching)* ponta com ponta, extremidade com extremidade.

endwise ['endwaɪz] *(Am)* = **endways**.

enemy ['enɪmɪ] *n* inimigo *m* (-ga *f*).

energetic [ˌenə'dʒetɪk] *adj* energético(-ca), ativo(-va).

energy ['enədʒɪ] *n* energia *f*.

enforce [ɪn'fɔːs] *vt (law)* aplicar, fazer cumprir.

engaged [ɪn'geɪdʒd] *adj (to be married)* noivo(-va); *(Brit: phone)* ocupado(-da) *(Br)*, impedido(-da) *(Port)*; *(toilet)* ocupado(-da); **to get ~** ficar noivo.

engaged tone *n (Brit)* sinal *m* de ocupado *(Br)*, sinal de impedido *(Port)*.

engagement [ɪn'geɪdʒmənt] *n (to marry)* noivado *m*; *(appointment)* compromisso *m*, encontro *m*.

engagement ring *n* anel *m* de noivado.

engine ['endʒɪn] *n (of vehicle)* motor *m*; *(of train)* máquina *f*.

engine driver *n (Brit)* maquinista *mf*.

engineer [ˌendʒɪ'nɪəʳ] *n (of roads, machinery)* engenheiro *m* (-ra *f*); *(to do repairs)* técnico *m* (-ca *f*).

engineering [ˌendʒɪ'nɪərɪŋ] *n* engenharia *f*.

engineering works *npl (on railway line)* trabalhos *mpl* na linha.

England ['ɪŋglənd] *n* Inglaterra *f*.

English ['ɪŋglɪʃ] *adj* inglês(-esa) ◆ *n (language)* inglês *m* ◆ *npl*: **the ~** os ingleses.

English breakfast *n* café da manhã tradicional composto por ovos e bacon fritos, salsichas e torradas, acompanhado de café ou chá.

English Channel *n*: **the ~** o Canal da Mancha.

Englishman ['ɪŋglɪʃmən] *(pl* **-men** [-mən]*)* *n* inglês *m*.

Englishwoman ['ɪŋglɪʃˌwʊmən] *(pl* **-women** [-ˌwɪmɪn]*)* *n* inglesa *f*.

engrave [ɪn'greɪv] *vt* gravar.

engraving [ɪn'greɪvɪŋ] *n* gravura *f*.

engrossed [ɪn'grəʊst] *adj*: **to be ~ in sthg** estar absorto(-ta) em algo.

enhance [ɪn'hɑːns] *vt (value)* aumentar; *(reputation, chances)* melhorar; *(beauty)* realçar.

enjoy [ɪn'dʒɔɪ] *vt* gostar de; **to ~ doing sthg** gostar de fazer algo; **to ~ o.s.** divertir-se; **~ your meal!** bom apetite!

enjoyable [ɪn'dʒɔɪəbl] *adj* agradável.

enjoyment [ɪn'dʒɔɪmənt] *n* prazer *m*.

enlarge [ɪn'lɑːdʒ] *vt (photograph, building)* ampliar; *(scope)* alargar.

❑ **enlarge on** *vt fus* desenvolver, alargar-se sobre.

enlargement [ɪn'lɑːdʒmənt] *n (of photo)* ampliação *f*.

enlightened [ɪn'laɪtnd] *adj* esclarecido(-da).

enormity [ɪ'nɔːmətɪ] *n* enormidade *f*.

enormous [ɪ'nɔːməs] *adj* enorme.

enough [ɪ'nʌf] *adj* suficiente ◆ *pron* o suficiente ◆ *adv* suficientemente; **~ time** tempo suficiente; **is that ~?** chega?; **it's not big ~** não é suficientemente grande; **I've had ~ of your cheek!** estou farto do seu atrevimento!

enquire [ɪn'kwaɪəʳ] *vi* informar-se.

enquiry [ɪn'kwaɪərɪ] *n (question)* pergunta *f*; *(investigation)* inquérito *m*, investigação *f*; **"Enquiries"** "Informações".

enquiry desk *n* (balcão *m* de) informações *fpl*.

enraged [ɪn'reɪdʒd] *adj* enraivecido(-da).

enrol [ɪn'rəʊl] *vi (Brit)* matricular-se.

enroll [ɪn'rəʊl] *(Am)* = **enrol**.

ensue [ɪn'sjuː] *vi (fml)* surgir, acontecer.

en suite bathroom [ɒn'swiːt] n banheiro m privativo.

ensure [ɪn'ʃʊəʳ] vt assegurar, garantir.

entail [ɪn'teɪl] vt (involve) implicar.

enter ['entəʳ] vt entrar em; (college, army) entrar para; (competition) inscrever-se em; (on form) escrever ♦ vi entrar; (in competition) inscrever-se.

enterprise ['entəpraɪz] n (business) empresa f.

enterprising ['entəpraɪzɪŋ] adj empreendedor(-ra).

entertain [ˌentə'teɪn] vt (amuse) entreter.

entertainer [ˌentə'teɪnəʳ] n artista mf (de variedades).

entertaining [ˌentə'teɪnɪŋ] adj divertido(-da).

entertainment [ˌentə'teɪnmənt] n (amusement) divertimento m; (show) espetáculo m.

enthusiasm [ɪn'θjuːzɪæzm] n entusiasmo m.

enthusiast [ɪn'θjuːzɪæst] n entusiasta mf.

enthusiastic [ɪnˌθjuːzɪ'æstɪk] adj entusiástico(-ca).

entice [ɪn'taɪs] vt seduzir; to ~ sb into sthg atrair alguém para algo.

entire [ɪn'taɪəʳ] adj inteiro(-ra).

entirely [ɪn'taɪəlɪ] adv completamente.

entirety [ɪn'taɪrətɪ] n: in its ~ na totalidade.

entitle [ɪn'taɪtl] vt: to ~ sb to sthg dar a alguém o direito a algo; to ~ sb to do sthg dar o direito a alguém de fazer algo.

entitled [ɪn'taɪtld] adj: to be ~ to sthg ter direito a algo; to be ~ to do sthg ter o direito de fazer algo.

entrance ['entrəns] n entrada f.

entrance examination n exame m de admissão.

entrance fee n entrada f.

entrant ['entrənt] n (in competition) participante mf.

entrepreneur [ˌɒntrəprə'nɜːʳ] n empresário m (-ria f).

entry ['entrɪ] n entrada f; (in competition) inscrição f, candidatura f; "no ~" (sign on door) "entrada proibida"; (road sign) "acesso proibido".

entry form n impresso m OR folha f de inscrição.

entry phone n interfone m.

envelope ['envələʊp] n envelope m.

envious ['envɪəs] adj invejoso(-osa).

environment [ɪn'vaɪərənmənt] n meio m; the ~ o meio ambiente.

environmental [ɪnˌvaɪərən'mentl] adj ambiental.

environmentally friendly [ɪnˌvaɪərən'mentəlɪ-] adj amigo(-ga) do ambiente.

envy ['envɪ] vt invejar.

epic ['epɪk] n epopéia f.

epidemic [ˌepɪ'demɪk] n epidemia f.

epileptic [ˌepɪ'leptɪk] adj epiléptico(-ca).

episode ['epɪsəʊd] n episódio m.

equal ['iːkwəl] adj igual ♦ vt igualar; to be ~ to (number) ser igual a.

equality [ɪ'kwɒlətɪ] n igualdade f.

equalize ['iːkwəlaɪz] vi igualar.

equalizer ['iːkwəlaɪzəʳ] n gol m de empate (Br), golo m da igualdade (Port).

equally ['iːkwəlɪ] adv (bad, good, matched) igualmente; (pay, treat) de forma igual, da mesma forma; (share) por igual; (at the same time) ao mesmo tempo.

equal opportunities npl igualdade f de oportunidades.

equation [ɪ'kweɪʒn] n equação f.

equator [ɪ'kweɪtəʳ] n: the ~ o equador.

equilibrium [ˌiːkwɪ'lɪbrɪəm] n equilíbrio m.

equip [ɪ'kwɪp] vt: to ~ sb/sthg with equipar alguém/algo com.

equipment [ɪ'kwɪpmənt] n equipamento m.

equipped [ɪ'kwɪpt] adj: to be ~ with estar equipado(-da) com.

equivalent [ɪ'kwɪvələnt] adj equivalente ♦ n equivalente m.

ER n (Am: abbr of emergency room) Urgências fpl.

era ['ɪərə] n era f.

eradicate [ɪ'rædɪkeɪt] vt erradicar.

erase [ɪ'reɪz] vt (letter, word) apagar.

eraser [ɪ'reɪzəʳ] n borracha f (de apagar).

erect [ɪ'rekt] adj erecto(-ta) ♦ vt (tent) montar; (monument) erigir.

ERM n mecanismo de câmbio do SME.

ermine ['ɜːmɪn] n arminho m.

erosion [ɪ'rəʊʒn] n (of soil, rock) erosão f.

erotic [ɪ'rɒtɪk] adj erótico(-ca).

errand ['erənd] n recado m.

erratic [ɪ'rætɪk] adj irregular.

error ['erə^r] *n* erro *m*.

erupt [ɪ'rʌpt] *vi (volcano)* entrar em erupção; *(violence, war)* estourar.

eruption [ɪ'rʌpʃn] *n (of volcano)* erupção *f; (of war)* deflagração *f*.

escalator ['eskəleɪtə^r] *n* escadas *fpl* rolantes.

escalope ['eskələp] *n* escalope *m*.

escape [ɪ'skeɪp] *n* fuga *f* ◆ *vi*: **to ~ (from)** *(from prison, danger)* fugir (de); *(leak)* escapar (de).

escapism [ɪ'skeɪpɪzm] *n* evasão *f* (à realidade).

escort [*n* 'eskɔːt, *vb* ɪ'skɔːt] *n (guard)* escolta *f* ◆ *vt* escoltar.

Eskimo ['eskɪməʊ] *(pl inv OR -s) n (person)* esquimó *mf*.

espadrilles ['espə.drɪlz] *npl* alpercatas *fpl*.

especially [ɪ'speʃəlɪ] *adv (in particular)* sobretudo; *(on purpose)* especialmente; *(very)* particularmente.

esplanade [esplə'neɪd] *n* passeio *m*, avenida *f* à beira-mar.

espresso [ɪ'spresəʊ] *(pl -s) n* café *m*.

esquire [ɪ'skwaɪə^r] *n*: **D. Lowis, ~ Exmo** Sr. D. Lowis.

essay ['eseɪ] *n (at school)* redação *f*, composição *f; (at university)* trabalho *m* escrito.

essence ['esns] *n* essência *f;* **in ~** no fundo.

essential [ɪ'senʃl] *adj* essencial.

❏ **essentials** *npl*: **the ~s** o essencial; **the bare ~s** o mínimo indispensável.

essentially [ɪ'senʃəlɪ] *adv* essencialmente.

establish [ɪ'stæblɪʃ] *vt* estabelecer.

establishment [ɪ'stæblɪʃmənt] *n (business)* estabelecimento *m*.

estate [ɪ'steɪt] *n (land in country)* propriedade *f; (for housing)* conjunto *m* habitacional *(Br)*, urbanização *f (Port); (Brit: car)* = **estate car**.

estate agency *n (Brit)* agência *f* imobiliária.

estate agent *n (Brit)* agente *m* imobiliário (agente *f* imobiliária).

estate car *n (Brit)* perua *f (Br)*, carrinha *f (Port)*.

esteem [ɪ'stiːm] *vt* admirar, estimar ◆ *n* consideração *f*, estima *f*.

esthetic [iːs'θetik] *(Am)* = **aesthetic**.

estimate [*n* 'estɪmət, *vb* 'estɪmeɪt] *n (guess)* estimativa *f; (from builder, plumber)* orçamento *m* ◆ *vt* calcular.

Estonia [e'stəʊnjə] *n* Estônia *f*.

estuary ['estjʊərɪ] *n* estuário *m*.

etc. *(abbr of etcetera)* etc.

eternal [ɪ'tɜːnl] *adj (everlasting)* eterno(-na); *(fig: perpetual, continual)* contínuo(-nua).

Ethiopia [iːθɪ'əʊpjə] *n* Etiópia *f*.

ethnic minority ['eθnɪk-] *n* minoria *f* étnica.

etiquette ['etɪket] *n* etiqueta *f*.

EU *n (abbr of European Union)* UE *f*.

euphemism ['juːfəmɪzm] *n* eufemismo *m*.

Eurocheque ['jʊərəʊ.tʃek] *n* Eurocheque *m*.

Europe ['jʊərəp] *n* Europa *f*.

European [jʊərə'pɪən] *adj* europeu(-péia) ◆ *n* europeu *m* (-péia *f*).

European Community *n* Comunidade *f* Europeia.

European Parliament *n*: **the ~** o Parlamento Europeu.

euthanasia [juːθə'neɪzjə] *n* eutanásia *f*.

evacuate [ɪ'vækjʊeɪt] *vt* evacuar.

evade [ɪ'veɪd] *vt (person)* evitar; *(issue, responsibility)* fugir a.

evaluate [ɪ'væljʊeɪt] *vt* avaliar.

evaporate [ɪ'væpəreɪt] *vi* evaporar.

evaporated milk [ɪ'væpəreɪtɪd-] *n* leite *m* evaporado.

eve [iːv] *n*: **on the ~ of** na véspera de.

even ['iːvn] *adj (level)* plano(-na); *(equal)* igual; *(number)* par ◆ *adv (emphasizing surprise)* mesmo; *(in comparisons)* ainda; **to break ~** funcionar sem lucros nem prejuízos; **~ so** mesmo assim; **~ though** ainda que; **not ~** nem mesmo OR sequer.

evening ['iːvnɪŋ] *n (from 5 p.m. until 8 p.m.)* fim *m* da tarde; *(from 8 p.m. onwards)* noite *f; (event)* serão *m*, noite *f;* **good ~!** boa tarde!, boa noite!; **in the ~** ao fim da tarde, à noite.

evening classes *npl* aulas *fpl* à noite.

evening dress *n (formal clothes)* traje *m* de cerimônia; *(woman's garment)* vestido *m* de noite.

evening meal *n* jantar *m*, refeição *f* da noite.

event [ɪ'vent] *n (occurrence)* acontecimento *m; (SPORT)* prova *f;* **in the ~ of** *(fml)* em caso de.

eventful [ɪ'ventfʊl] *adj* movimentado(-da), fértil em acontecimentos.

eventual [ɪ'ventʃʊəl] *adj* final.

eventually [ɪ'ventʃʊəlɪ] *adv* finalmente.

ever ['evər] *adv (at any time)* alguma vez; *(in negatives)* nunca; **I don't ~ do that** nunca faço isso; **the best I've ~ seen** o melhor que já vi; **he was ~ so angry** ele estava mesmo zangado; **for ~** *(eternally)* para sempre; **we've been waiting for ~** estamos esperando há muito tempo; **hardly ~** quase nunca; **~ since** *adv* desde então ◆ *prep* desde ◆ *conj* desde que.

evergreen ['evəgriːn] *adj* de folhas persistentes OR perenes ◆ *n* árvore *f* de folhas persistentes OR perenes.

every ['evrɪ] *adj* cada; **~ day** cada dia, todos os dias; **~ other day** dia sim, dia não; **one in ~ ten** um em cada dez; **we make ~ effort ...** fazemos o possível ...; **~ so often** de vez em quando.

everybody ['evrɪ,bɒdɪ] = **everyone**.

everyday ['evrɪdeɪ] *adj* diário(-ria).

everyone ['evrɪwʌn] *pron* toda a gente, todos *mpl* (-das *fpl*).

everyplace ['evrɪ,pleɪs] *(Am)* = **everywhere**.

everything ['evrɪθɪŋ] *pron* tudo.

everywhere ['evrɪweər] *adv (be, search)* por todo o lado; *(with verbs of motion)* para todo o lado; **~ you go it's the same** onde quer que se vá é o mesmo.

evict [ɪ'vɪkt] *vt:* **to ~ sb (from)** despejar alguém (de).

evidence ['evɪdəns] *n* prova *f*.

evident ['evɪdənt] *adj* evidente.

evidently ['evɪdəntlɪ] *adv (apparently)* aparentemente; *(obviously)* evidentemente.

evil ['iːvl] *adj* mau (má) ◆ *n* o mal.

evolution [,iːvə'luːʃn] *n* evolução *f*.

ewe [juː] *n* ovelha *f*.

ex- [eks] *n (inf)* ex *mf*.

exact [ɪg'zækt] *adj* exato(-ta); **"~ fare ready please"** *aviso em ônibus pedindo que se pague o dinheiro exacto do bilhete, pois não se dá troco.*

exactly [ɪg'zæktlɪ] *adv* exatamente ◆ *excl* exato!

exaggerate [ɪg'zædʒəreɪt] *vt & vi* exagerar.

exaggeration [ɪg,zædʒə'reɪʃn] *n* exagero *m*.

exam [ɪg'zæm] *n* exame *m*; **to take** OR **sit an ~** fazer um exame.

examination [ɪg,zæmɪ'neɪʃn] *n* exame *m*.

examine [ɪg'zæmɪn] *vt* examinar.

examiner [ɪg'zæmɪnər] *n* examinador *m* (-ra *f*).

example [ɪg'zɑːmpl] *n* exemplo *m*; **for ~** por exemplo.

exasperate [ɪg'zæspəreɪt] *vt* exasperar.

excavate ['ekskəveɪt] *vt* escavar.

exceed [ɪk'siːd] *vt* ultrapassar.

exceedingly [ɪk'siːdɪŋlɪ] *adv* tremendamente.

excel [ɪk'sel] *vi:* **to ~ in** OR **at sthg** distinguir-se OR sobressair-se em algo.

excellence ['eksələns] *n* excelência *f*, perfeição *f*.

excellent ['eksələnt] *adj* excelente.

except [ɪk'sept] *prep* exceto, a menos que ◆ *conj* exceto; **~ for** exceto; **"~ for access"** "exceto trânsito local"; **"~ for loading"** "exceto cargas e descargas".

excepting [ɪk'septɪŋ] *prep & conj.* = **except**.

exception [ɪk'sepʃn] *n* exceção *f*.

exceptional [ɪk'sepʃnəl] *adj* excecional.

excerpt ['eksɜːpt] *n* trecho *m*, excerto *m*.

excess [ɪk'ses, *before nouns* 'ekses] *adj* excessivo(-va), em excesso ◆ *n* excesso *m*.

excess baggage *n* excesso *m* de bagagem.

excess fare *n (Brit)* prolongamento *m*.

excessive [ɪk'sesɪv] *adj* excessivo(-va).

exchange [ɪks'tʃeɪndʒ] *n (of telephones)* central *f* telefônica; *(of students)* intercâmbio *m* ◆ *vt* trocar; **to ~ sthg for sthg** trocar algo por algo; **to be on an ~** estar participando de um intercâmbio.

exchange rate *n* taxa *f* de câmbio.

excite [ɪk'saɪt] *vt (person)* excitar; *(interest, suspicion)* provocar.

excited [ɪk'saɪtɪd] *adj* entusiasmado (-da).

excitement [ɪk'saɪtmənt] *n (excited feeling)* entusiasmo *m*; *(exciting thing)* emoção *f*.

exciting [ɪk'saɪtɪŋ] *adj* emocionante, excitante.

exclaim [ɪk'skleɪm] *vt & vi* exclamar.

exclamation mark [,eksklə'meɪʃn-] *n (Brit)* ponto *m* de exclamação.

exclamation point [,eksklə'meɪʃn-] *(Am)* = **exclamation mark**.

exclude [ɪk'skluːd] *vt* excluir.

excluding [ɪkˈsklu:dɪŋ] *prep* excluindo.

exclusive [ɪkˈsklu:sɪv] *adj* exclusivo(-va) ♦ *n* exclusivo *m*; ~ **of** VAT IVA não incluído.

excrement [ˈekskrɪmənt] *n (fml)* excremento *m*.

excruciating [ɪkˈskru:ʃɪeɪtɪŋ] *adj* terrível.

excursion [ɪkˈskɜ:ʃn] *n* excursão *f*.

excuse [*n* ɪkˈskju:s, *vb* ɪkˈskju:z] *n* desculpa *f* ♦ *vt (forgive)* desculpar; *(let off)* dispensar; ~ **me!** *(attracting attention)* desculpe!, faz favor!; *(trying to get past)* com licença!; *(as apology)* desculpe!, perdão!

ex-directory *adj (Brit)* que não figura na lista telefónica.

execute [ˈeksɪkju:t] *vt* executar.

execution [ˌeksɪˈkju:ʃn] *n* execução *f*.

executive [ɪgˈzekjʊtɪv] *adj (suite, travel)* para executivos ♦ *n (person)* executivo *m* (-va *f*).

exempt [ɪgˈzempt] *adj:* ~ **(from)** isento(-ta) (de).

exemption [ɪgˈzempʃn] *n (from taxes)* isenção *f*; *(from exam)* dispensa *f*.

exercise [ˈeksəsaɪz] *n* exercício *m* ♦ *vi* exercitar-se, fazer exercício; **to do** ~**s** fazer exercícios.

exercise book *n* caderno *m* (de exercícios).

exert [ɪgˈzɜ:t] *vt* exercer.

exertion [ɪgˈzɜ:ʃn] *n* esforço *m*.

exhale [eksˈheɪl] *vt & vi* exalar.

exhaust [ɪgˈzɔ:st] *vt* esgotar ♦ *n:* ~ **(pipe)** cano *m* de descarga *(Br)*, tubo *m* de escape *(Port)*.

exhausted [ɪgˈzɔ:stɪd] *adj* exausto (-ta).

exhausting [ɪgˈzɔ:stɪŋ] *adj* exaustivo(-va).

exhibit [ɪgˈzɪbɪt] *n (in museum, gallery)* objeto *m* exposto ♦ *vt (in exhibition)* exibir.

exhibition [ˌeksɪˈbɪʃn] *n (of art)* exposição *f*.

exhilarating [ɪgˈzɪləreɪtɪŋ] *adj* excitante.

exile [ˈeksaɪl] *n (condition)* exílio *m* ♦ *vt:* **to** ~ **sb from** exilar alguém de; **in** ~ no exílio.

exist [ɪgˈzɪst] *vi* existir.

existence [ɪgˈzɪstəns] *n* existência *f*; **to be in** ~ existir.

existing [ɪgˈzɪstɪŋ] *adj* existente.

exit [ˈeksɪt] *n* saída *f* ♦ *vi* sair.

exorbitant [ɪgˈzɔ:bɪtənt] *adj* exorbitante.

exotic [ɪgˈzɒtɪk] *adj* exótico(-ca).

expand [ɪkˈspænd] *vi (in size)* expandir-se; *(in number)* aumentar.

expansion [ɪkˈspænʃn] *n (in size)* expansão *f*; *(in number)* aumento *m*.

expect [ɪkˈspekt] *vt* esperar; **to** ~ **to do sthg** esperar fazer algo; **to** ~ **sb to do sthg** esperar que alguém faça algo; **to be** ~**ing** *(be pregnant)* estar grávida.

expectant [ɪkˈspektənt] *adj (crowd, person)* expectante.

expectant mother *n* futura mãe *f*.

expectation [ˌekspekˈteɪʃn] *n (hope)* esperança *f*; **it's my** ~ **that ...** creio que ...; **against** OR **contrary to all** ~**s** contra todas as expectativas, ao contrário do que seria de esperar.

expedition [ˌekspɪˈdɪʃn] *n* expedição *f*.

expel [ɪkˈspel] *vt (from school)* expulsar.

expenditure [ɪkˈspendɪtʃəʳ] *n (of money)* despesa *f*; *(of energy, resource)* gasto *m*, consumo *m*.

expense [ɪkˈspens] *n* gasto *m*, despesa *f*; **at the** ~ **of** à custa de.

❑ **expenses** *npl (of business person)* gastos *mpl*, despesas *fpl*.

expensive [ɪkˈspensɪv] *adj* caro(-ra).

experience [ɪkˈspɪərɪəns] *n* experiência *f* ♦ *vt* passar por.

experienced [ɪkˈspɪərɪənst] *adj* com experiência, experiente.

experiment [ɪkˈsperɪmənt] *n* experiência *f* ♦ *vi* experimentar.

expert [ˈekspɜ:t] *adj (advice, treatment)* especializado(-da) ♦ *n* perito *m* (-ta *f*).

expertise [ˌekspɜ:ˈti:z] *n* perícia *f*, competência *f*.

expire [ɪkˈspaɪəʳ] *vi* caducar.

expiry date [ɪkˈspaɪərɪ-] *n* prazo *m* de validade.

explain [ɪkˈspleɪn] *vt* explicar.

explanation [ˌekspləˈneɪʃn] *n* explicação *f*.

explicit [ɪkˈsplɪsɪt] *adj* explícito(-ta).

explode [ɪkˈspləʊd] *vi* explodir.

exploit [ɪkˈsplɔɪt] *vt* explorar.

exploitation [ˌeksplɔɪˈteɪʃn] *n* exploração *f*.

exploration [ˌekspləˈreɪʃn] *n* exploração *f*.

explore [ɪkˈsplɔ:ʳ] *vt* explorar.

explorer [ɪkˈsplɔ:rəʳ] *n* explorador *m* (-ra *f*).

explosion [ɪkˈspləʊʒn] *n* explosão *f*.

explosive [ɪk'spləʊsɪv] n explosivo m.
export [n 'ekspɔːt, vb ɪk'spɔːt] n exportação f ♦ vt exportar.
expose [ɪk'spəʊz] vt expor.
exposed [ɪk'spəʊzd] adj (place) desprotegido(-da).
exposure [ɪk'spəʊʒəʳ] n (photograph) fotografia f; (to heat, radiation) exposição f; **to die of ~** morrer de frio OR por exposição ao frio.
exposure meter n fotômetro m.
express [ɪk'spres] adj (letter, delivery) urgente; (train) rápido(-da) ♦ n (train) expresso m ♦ vt exprimir ♦ adv: **send it ~** envie-o pelo serviço mais rápido.
expression [ɪk'spreʃn] n expressão f.
expressive [ɪk'spresɪv] adj expressivo(-va).
expressly [ɪk'spreslɪ] adv expressamente.
expressway [ɪk'spresweɪ] n (Am) auto-estrada f.
exquisite [ɪk'skwɪzɪt] adj (features, manners) delicado(-da); (painting, jewellery) magnífico(-ca); (taste) requintado (-da).
extend [ɪk'stend] vt prolongar; (hand) estender ♦ vi (stretch) estender-se.
extension [ɪk'stenʃn] n (of building) anexo m; (for phone) ramal m (Br), extensão f (Port); (for permit) prolongamento m, prorrogação f; (for essay) prolongamento do prazo de entrega.
extension lead n extensão f.
extensive [ɪk'stensɪv] adj vasto(-ta).
extensively [ɪk'stensɪvlɪ] adv extensivamente.
extent [ɪk'stent] n (of damage) dimensão f; (of knowledge) grau m; **to a certain ~** até certo ponto; **to what ~ ...?** em que medida ...?
exterior [ɪk'stɪərɪəʳ] adj exterior ♦ n (of car, building) exterior m.
exterminate [ɪk'stɜːmɪneɪt] vt exterminar.
external [ɪk'stɜːnl] adj externo(-na).
extinct [ɪk'stɪŋkt] adj extinto(-ta).
extinction [ɪk'stɪŋkʃn] n extinção f.
extinguish [ɪk'stɪŋgwɪʃ] vt (fire, cigarette) apagar.
extinguisher [ɪk'stɪŋgwɪʃəʳ] n extintor m.
extortionate [ɪk'stɔːʃnət] adj exorbitante.
extra ['ekstrə] adj extra (inv) ♦ n extra m ♦ adv (more) mais, extra; **be ~ care-**

ful! tenha muito cuidado!; **an ~ special offer** uma oferta extremamente especial; **we'll have to try ~ hard** temos de nos esforçar ainda mais; **~ charge** suplemento m; **~ large** XL.
❑ **extras** npl (in price) extras mpl.
extract [n 'ekstrækt, vb ɪk'strækt] n (of yeast, malt etc) extrato m; (from book, opera) trecho m ♦ vt (tooth) arrancar.
extractor fan [ɪk'stræktə-] n (Brit) exaustor m.
extradite ['ekstrədaɪt] vt: **to ~ sb from/to** extraditar alguém de/para.
extraordinary [ɪk'strɔːdnrɪ] adj extraordinário(-ria).
extravagance [ɪk'strævəgəns] n extravagância f.
extravagant [ɪk'strævəgənt] adj extravagante.
extreme [ɪk'striːm] adj extremo(-ma) ♦ n extremo m.
extremely [ɪk'striːmlɪ] adv extremamente.
extremist [ɪk'striːmɪst] adj extremista ♦ n extremista mf.
extricate ['ekstrɪkeɪt] vt: **to ~ sthg from** retirar algo de; **to ~ o.s. from** livrar-se de.
extrovert ['ekstrəvɜːt] n extrovertido m (-da f).
exuberance [ɪg'zjuːbərəns] n exuberância f.
eye [aɪ] n olho m; (of needle) buraco m ♦ vt olhar para; **to keep an ~ on** vigiar.
eyeball ['aɪbɔːl] n globo m ocular.
eyebath ['aɪbɑːθ] n copo m (para lavar os olhos).
eyebrow ['aɪbraʊ] n sobrancelha f.
eyebrow pencil n lápis m inv de sobrancelhas.
eye drops npl colírio m (Br), gotas fpl para os olhos (Port).
eyeglasses ['aɪglɑːsɪz] npl (Am) óculos mpl.
eyelash ['aɪlæʃ] n pestana f.
eyelid ['aɪlɪd] n pálpebra f.
eyeliner ['aɪlaɪnəʳ] n lápis m inv para os olhos.
eye shadow n sombra f para os olhos.
eyesight ['aɪsaɪt] n vista f.
eyesore ['aɪsɔːʳ] n monstruosidade f.
eyestrain ['aɪstreɪn] n astenopia f, vista f cansada.
eye test n exame m de vista.
eyewitness ['aɪwɪtnɪs] n testemunha mf ocular.

F

F (abbr of Fahrenheit) F.
fable ['feɪbl] n fábula f.
fabric ['fæbrɪk] n (cloth) tecido m.
fabulous ['fæbjʊləs] adj fabuloso (-osa).
facade [fə'sɑːd] n fachada f.
face [feɪs] n cara f, face f, rosto m; (of cliff, mountain) lado m; (of clock, watch) mostrador m ◆ vt encarar; **the hotel ~s the harbour** o hotel dá para o porto; **to be ~d with** ver-se perante.
❏ **face up to** vt fus fazer face a.
facecloth ['feɪsklɒθ] n (Brit) toalhinha f de rosto.
face cream n creme m facial.
face-lift n (operação) plástica f; **they've given the building a ~** eles reformaram a fachada do edifício.
face powder n pó-de-arroz m.
face value n valor m nominal; **to take sthg at ~** levar algo ao pé da letra.
facial ['feɪʃl] n limpeza f facial OR de pele.
facilitate [fə'sɪlɪteɪt] vt (fml) facilitar.
facilities [fə'sɪlɪtiːz] npl instalações fpl.
facing ['feɪsɪŋ] adj oposto(-osta).
facsimile [fæk'sɪmɪlɪ] n fac-símile m.
fact [fækt] n fato m; **in ~** na realidade.
factor ['fæktəʳ] n fator m; **ten suntan lotion** bronzeador com fator de proteção dez.
factory ['fæktərɪ] n fábrica f.
factual ['fæktʃʊəl] adj fatual.
faculty ['fækltɪ] n (at university) faculdade f.
fad [fæd] n (of person) mania f (passageira); (of society) moda f (passageira).
fade [feɪd] vi (light, sound) desaparecer; (flower) murchar; (jeans, wallpaper) desbotar.
faded ['feɪdɪd] adj (jeans) ruço(-ça),

desbotado(-da).
fag [fæg] n (Brit: inf: cigarette) cigarro m.
Fahrenheit ['færənhaɪt] adj Farenheit (inv).
fail [feɪl] vt (exam) reprovar ◆ vi (not succeed) fracassar; (in exam) não passar; (engine) falhar; **to ~ to do sthg** (not do) não fazer algo.
failing ['feɪlɪŋ] n defeito m ◆ prep: **~ that** senão.
failure ['feɪljəʳ] n fracasso m; (unsuccessful person) fracassado m (-da f); **~ to comply with the regulations ...** o não cumprimento do regulamento ....
faint [feɪnt] adj (sound) fraco(-ca); (colour) claro(-ra); (outline) vago(-ga); (dizzy) tonto(-ta) ◆ vi desmaiar; **I haven't the ~est idea** não faço a menor idéia.
fair [feəʳ] adj (decision, trial, result) justo(-ta); (judge, person) imparcial; (quite large, good) considerável; (SCH) suficiente; (hair, person) louro(-ra); (skin) claro(-ra); (weather) bom (boa) ◆ n feira f; **~ enough!** está bem!
fairground ['feəgraʊnd] n espaço onde se realiza feiras beneficentes ou culturais.
fair-haired [-'heəd] adj louro(-ra).
fairly ['feəlɪ] adv (quite) bastante.
fairness ['feənɪs] n (of decision, trial, result) justiça f; (of judge, person) imparcialidade f, equidade f.
fairy ['feərɪ] n fada f.
fairy tale n conto m de fadas.
faith [feɪθ] n fé f.
faithful ['feɪθfʊl] adj fiel.
faithfully ['feɪθfʊlɪ] adv: **Yours ~** Atenciosamente.
fake [feɪk] n (false thing) imitação f ◆ vt (signature, painting) falsificar.
falcon ['fɔːlkən] n falcão m.
Falkland Islands ['fɔːklənd-] npl:

the ~ as Ilhas Malvinas.
Falklands ['fɔːkləndz] = **Falkland Islands**.
fall [fɔːl] (*pt* fell, *pp* fallen ['fɔːln]) *vi* cair; *(occur)* calhar ♦ *n* queda *f*; *(Am: autumn)* outono *m*; **to ~ asleep** adormecer; **to ~ ill** adoecer; **to ~ in love** apaixonar-se.
❏ **falls** *npl (waterfall)* quedas *fpl* d'água, cataratas *fpl*.
❏ **fall behind** *vi (with work, rent)* atrasar-se.
❏ **fall down** *vi (lose balance)* cair.
❏ **fall off** *vi* cair.
❏ **fall out** *vi (argue)* zangar-se; **my tooth fell out** meu dente caiu.
❏ **fall over** *vi* cair.
❏ **fall through** *vi (plan, deal)* falhar.
fallible ['fæləbl] *adj* falível.
fallout ['fɔːlaut] *n (radiation)* poeira *f* radioativa.
false [fɔːls] *adj* falso(-sa).
false alarm *n* alarme *m* falso.
falsely ['fɔːlslɪ] *adv (accuse, imprison)* injustamente; *(smile, laugh)* falsamente.
false teeth *npl* dentes *mpl* postiços, dentadura *f* (postiça).
falsify ['fɔːlsɪfaɪ] *vt* falsificar.
falter ['fɔːltəʳ] *vi (move unsteadily)* vacilar; *(become weaker)* enfraquecer; *(hesitate, lose confidence)* hesitar.
fame [feɪm] *n* fama *f*.
familiar [fə'mɪljəʳ] *adj (known)* familiar; *(informal)* íntimo(-ma) (demais); **to be ~ with** *(know)* conhecer, estar familiarizado(-da) com.
familiarity [fə,mɪlɪ'ærətɪ] *n* familiaridade *f*.
familiarize [fə'mɪljəraɪz] *vt*: **to ~ o.s. with sthg** familiarizar-se com algo; **to ~ sb with sthg** familiarizar alguém com algo.
family ['fæmlɪ] *n* família *f* ♦ *adj (pack)* (com) tamanho familiar; *(film, holiday)* para toda a família.
family doctor *n* médico *m* (-ca *f*) de família.
family planning clinic [-'plænɪŋ-] *n* consultas *fpl* de planejamento familiar.
family room *n (at hotel)* quarto *m* para família; *(at pub, airport)* sala reservada para famílias com crianças pequenas.
famine ['fæmɪn] *n* fome *f*.

famished ['fæmɪʃt] *adj (inf)* esfomeado(-da).
famous ['feɪməs] *adj* famoso(-osa).
fan [fæn] *n (held in hand)* leque *m*; *(electric)* ventoinha *f*; *(enthusiast, supporter)* fã *mf*.
fanatic [fə'nætɪk] *n* fanático *m* (-ca *f*).
fan belt *n* correia *f* do ventilador *(Br)*, correia *f* de ventoinha *(Port)*.
fancy ['fænsɪ] *vt (inf) (feel like)* ter vontade de; *(be attracted to)* gostar de ♦ *adj (elaborate)* complicado(-da); **~ (that)!** quem diria!; **~ going to the cinema?** que tal ir ao cinema?
fancy dress *n* fantasia *f (Br)*, disfarce *m (Port)*.
fancy-dress party *n* baile *m* à fantasia *(Br)*, baile *m* de máscaras *(Port)*.
fanfare ['fænfeəʳ] *n* fanfarra *f*.
fang [fæŋ] *n* dente *m*.
fan heater *n* aquecedor *m (de ventoinha)*, termo-ventilador *m*.
fanlight ['fænlaɪt] *n (Brit)* bandeira *f* (de porta).
fantasize ['fæntəsaɪz] *vi* fantasiar.
fantastic [fæn'tæstɪk] *adj* fantástico (-ca).
fantasy ['fæntəsɪ] *n* fantasia *f*.
far [fɑːʳ] *(compar* further OR farther, *superl* furthest OR farthest) *adv (in distance, time)* longe; *(in degree)* muito ♦ *adj (end, side)* extremo(-ma); **how ~ did you go?** até onde você foi?; **how ~ is it (to London)?** qual é a distância (até Londres)?; **as ~ as** *(place)* até; **as ~ as I'm concerned** no que me diz respeito; **as ~ as I know** que eu saiba; **~ better** muito melhor; **by ~** de longe; **so ~** *(until now)* até agora; **to go too ~** ir longe demais.
faraway ['fɑːrəweɪ] *adj* distante.
farce [fɑːs] *n* farsa *f*.
fare [feəʳ] *n (on bus, train etc)* bilhete *m*; *(fml: food)* comida *f* ♦ *vi* sair-se.
Far East *n*: **the ~** o Extremo Oriente.
fare stage *n (Brit)* = zona *f*, parada *f* de ônibus a partir da qual o preço do bilhete aumenta.
farewell [feə'wel] *n* despedida *f* ♦ *excl* adeus!
farm [fɑːm] *n* fazenda *f (Br)*, quinta *f (Port)*.
farmer ['fɑːməʳ] *n* agricultor *m* (-ra *f*), fazendeiro *m* (-ra *f*) *(Br)*.
farmhand ['fɑːmhænd] *n* lavrador *m*

(-ra f), trabalhador m (-ra f) agrícola.

farmhouse ['fɑːmhaʊs, pl -haʊzɪz] n casa f de fazenda (Br), casa f de quinta (Port).

farming ['fɑːmɪŋ] n agricultura f.

farmland ['fɑːmlænd] n terras fpl de lavoura, terrenos mpl agrícolas.

farmyard ['fɑːmjɑːd] n terreno m da fazenda (Br), pátio m da quinta (Port).

farther ['fɑːðər] compar → **far**.

farthest ['fɑːðəst] superl → **far**.

fascinate ['fæsɪneɪt] vt fascinar.

fascinating ['fæsɪneɪtɪŋ] adj fascinante.

fascination [fæsɪˈneɪʃn] n fascínio m, fascinação f.

fascism ['fæʃɪzm] n fascismo m.

fashion ['fæʃn] n moda f; (manner) maneira f; **to be in** ~ estar na moda; **to be out of** ~ estar fora de moda.

fashionable ['fæʃnəbl] adj na moda.

fashion show n desfile m de moda.

fast [fɑːst] adj (quick) rápido(-da); (clock, watch) adiantado(-da) ♦ adv (quickly) depressa, rápido; (securely) bem seguro(-ra); **to be** ~ **asleep** estar dormindo profundamente; **a** ~ **train** um trem rápido.

fasten ['fɑːsn] vt (belt, coat) apertar; (two things) atar.

fastener ['fɑːsnər] n fecho m.

fast food n comida f rápida.

fat [fæt] adj gordo(-da) ♦ n gordura f.

fatal ['feɪtl] adj (accident, disease) fatal.

fate [feɪt] n destino m; **to tempt** ~ tentar o diabo.

father ['fɑːðər] n pai m.

Father Christmas n (Brit) Papai m Noel (Br), Pai m Natal (Port).

father-in-law n sogro m.

fathom ['fæðəm] (pl inv OR -s) n braça f ♦ vt: **to** ~ **sthg/sb (out)** compreender algo/alguém.

fatten ['fætn] vt engordar.

fattening ['fætnɪŋ] adj que engorda.

fatty ['fætɪ] adj gorduroso(-osa).

faucet ['fɔːsɪt] n (Am) torneira f.

fault [fɔːlt] n (responsibility) culpa f; (defect) falha f; **it's your** ~ a culpa é sua.

faultless ['fɔːltlɪs] adj impecável, perfeito(-ta).

faulty ['fɔːltɪ] adj defeituoso(-osa).

fauna ['fɔːnə] n fauna f.

favor ['feɪvər] (Am) = **favour**.

favour ['feɪvər] n (Brit) (kind act) favor

m ♦ vt (Brit) (prefer) favorecer; **to be in** ~ **of** ser a favor de; **to do sb a** ~ fazer um favor a alguém.

favourable ['feɪvrəbl] adj favorável.

favourite ['feɪvrɪt] adj preferido(-da), favorito(-ta) ♦ n preferido m (-da f), favorito m (-ta f).

favouritism ['feɪvrɪtɪzm] n favoritismo m.

fawn [fɔːn] adj bege (inv).

fax [fæks] n fax m ♦ vt (document) mandar por fax; (person) mandar um fax para.

fax machine n fax m.

fax modem n fax m modem.

fear [fɪər] n medo m ♦ vt (be afraid of) ter medo de; **for** ~ **of** por medo de, com receio de.

fearful ['fɪəfʊl] adj (frightened) receoso(-osa); (frightening) terrível.

fearless ['fɪəlɪs] adj destemido(-da).

feasible ['fiːzəbl] adj viável.

feast [fiːst] n banquete m.

feat [fiːt] n feito m.

feather ['feðər] n pena f.

feature ['fiːtʃər] n (characteristic) característica f; (of face) traço m; (in newspaper) artigo m de fundo; (on radio, TV) reportagem f ♦ vt (subj: film) ser protagonizado por.

feature film n longa-metragem f.

Feb. (abbr of February) fev.

February ['februərɪ] n fevereiro, → **September**.

fed [fed] pt & pp → **feed**.

federal ['fedrəl] adj federal.

federation [fedəˈreɪʃn] n federação f.

fed up adj farto(-ta); **to be** ~ **with** estar farto de.

fee [fiː] n (for admission) preço m; (of doctor, solicitor) honorários mpl; (of university) anuidade f (Br), propina f (Port).

feeble ['fiːbəl] adj fraco(-ca).

feed [fiːd] (pt & pp fed) vt (person, animal) alimentar; (insert) inserir.

feedback ['fiːdbæk] n (reaction) reações fpl; (criticism) comentários mpl; (electrical noise) feedback m.

feeding bottle ['fiːdɪŋ-] n (Brit) mamadeira f (Br), biberão m (Port).

feel [fiːl] (pt & pp felt) vt (touch) tocar; (experience) sentir; (think) achar ♦ vi (have emotion) sentir-se ♦ n (of material) toque m; **I** ~ **like a cup of tea** eu quero tomar uma xícara de chá; **to** ~ **up to doing sthg** sentir-se capaz de fazer algo; **to ~ cold/hot** sentir frio/calor; **my nose ~s cold** meu nariz está frio.

feeler ['fi:lə^r] *n (of insect, snail)* antena *m*.

feeling ['fi:lɪŋ] *n (emotion)* sentimento *m*; *(sensation)* sensação *f*; *(belief)* opinião *f*; **to hurt sb's ~s** magoar alguém.

feet [fi:t] *pl* → **foot**.

fell [fel] *pt* → **fall** ♦ *vt (tree)* abater.

fellow ['feləʊ] *n (man)* cara *m (Br)*, tipo *m (Port)* ♦ *adj*: **my ~ students** os meus colegas.

felt [felt] *pt & pp* → **feel** ♦ *n* feltro *m*.

felt-tip pen *n* caneta *f* pilot *(Br)*, caneta *f* de feltro *(Port)*.

female ['fi:meɪl] *adj* fêmea ♦ *n (animal)* fêmea *f*.

feminine ['femɪnɪn] *adj* feminino (-na).

feminist ['femɪnɪst] *n* feminista *mf*.

fence [fens] *n* cerca *f*, vedação *f*.

fencing ['fensɪŋ] *n (SPORT)* esgrima *f*.

fend [fend] *vi*: **to ~ for o.s.** cuidar de si (mesmo OR próprio).

fender ['fendə^r] *n (for fireplace)* guarda-fogo *m*; *(Am: on car)* párachoques *m inv*.

fennel ['fenl] *n* funcho *m*.

ferment [fə'ment] *vi (wine, beer)* fermentar.

fern [fɜːn] *n* samambaia *f (Br)*, feto *m (Port)*.

ferocious [fə'rəʊʃəs] *adj* feroz.

ferret ['ferɪt] *n* furão *m*.

Ferris wheel ['feris-] *n* roda *f* gigante.

ferry ['feri] *n* ferry *m*, barco *m* de travessia.

fertile ['fɜːtaɪl] *adj* fértil.

fertilizer ['fɜːtɪlaɪzə^r] *n* adubo *m*, fertilizante *m*.

fervent ['fɜːvənt] *adj* ferveroso(-osa); *(desire)* ardente.

fester ['festə^r] *vi (wound, sore)* criar, supurar.

festival ['festəvl] *n (of music, arts etc)* festival *m*; *(holiday)* feriado *m*, dia *m* festivo.

festive ['festɪv] *adj* festivo(-va).

festive season *n*: **the ~** as festas de fim-de-ano *(Br)*, a quadra natalícia *(Port)*.

festivities [fes'tɪvətɪz] *npl* festividades *fpl*.

feta cheese ['fetə-] *n* queijo de origem grega feito com leite de ovelha.

fetch [fetʃ] *vt (go and get)* ir buscar; *(be sold for)* atingir.

fetching ['fetʃɪŋ] *adj*: **you look very ~ in that dress** esse vestido lhe cai muito bem.

fete [feɪt] *n* festa *f (ao ar livre e normalmente de beneficência)*.

fetus ['fi:təs] = **foetus**.

feud [fju:d] *n* feudo *m* ♦ *vi* lutar.

fever ['fi:və^r] *n* febre *f*; **to have a ~** ter febre.

feverish ['fi:vərɪʃ] *adj* febril.

few [fju:] *adj* pouco(-ca) ♦ *pron* poucos *mpl* (-cas *fpl*); **the first ~ times** as primeiras vezes; **a ~** *adj* alguns(algumas) ♦ *pron* alguns *mpl* (algumas *fpl*); **quite a ~** bastantes.

fewer ['fju:ə] *adj & pron* menos.

fewest ['fju:əst] *adj* menos.

fiancé [fɪ'ɒnseɪ] *n* noivo *m*.

fiancée [fɪ'ɒnseɪ] *n* noiva *f*.

fiasco [fɪ'æskəʊ] *(pl -s) n* fiasco *m*.

fib [fɪb] *n (inf)* mentira *f*.

fiber ['faɪbər] *(Am)* = **fibre**.

fibre ['faɪbə^r] *n (Brit)* fibra *f*.

fibreglass ['faɪbəglɑːs] *n* fibra *f* de vidro.

fickle ['fɪkl] *adj* inconstante, volúvel.

fiction ['fɪkʃn] *n* ficção *f*.

fictitious [fɪk'tɪʃəs] *adj* fictício(-cia).

fiddle ['fɪdəl] *n (violin)* rabeca *f* ♦ *vi*: **to ~ with sthg** brincar com algo.

fidget ['fɪdʒɪt] *vi* mexer-se; **stop ~ing!** fica quieto!

field [fi:ld] *n* campo *m*.

field glasses *npl* binóculos *mpl*.

field trip *n* viagem *f* de estudos.

fierce [fɪəs] *adj (animal, person)* feroz; *(storm, heat)* violento(-ta).

fifteen [fɪf'ti:n] *num* quinze, → **six**.

fifteenth [fɪf'ti:nθ] *num* décimo quinto (décima quinta), → **sixth**.

fifth [fɪfθ] *num* quinto(-ta), → **sixth**.

fiftieth ['fɪftɪəθ] *num* qüinquagésimo(-ma), → **sixth**.

fifty ['fɪftɪ] *num* cinquenta, → **six**.

fifty-fifty *adj* cinquenta por cento, fifty-fifty *(inv)* ♦ *adv* a meias, fiftyfifty.

fig [fɪg] *n* figo *m*.

fight [faɪt] *(pt & pp* **fought)** *n (physical clash)* briga *f*, luta *f*; *(argument)* discussão *f*; *(struggle)* luta ♦ *vt (physically)* brigar com, lutar com; *(enemy, crime, injustice)* lutar contra, combater ♦ *vi* *(physically)* brigar, lutar; *(in war)* combater; *(quarrel)* discutir; *(struggle)* lutar; **to have a ~ with sb** brigar com alguém.

❏ **fight back** *vi* defender-se.

❏ **fight off** *vt sep (attacker)* repelir *(illness)* lutar contra.

fighter ['faɪtəʳ] *n (plane)* caça *m; (soldier)* combatente *m; (combative person)* lutador *m* (-ra *f*).

fighting ['faɪtɪŋ] *n* luta *f*.

figurative ['fɪgərətɪv] *adj* figurativo(va).

figure ['fɪgəʳ] *n (number, statistic)* número *m*, valor *m; (of person)* silhueta *f*, figura *f; (diagram)* figura.

❏ **figure out** *vt sep (understand)* perceber, compreender.

Fiji ['fiːdʒiː] *n* Fiji *s*.

file [faɪl] *n (document holder)* capa *f; (information on person,* COMPUT*)* dossiê *m (Br)*, ficheiro *m (Port); (tool)* lixa *f (Br)*, lima *f (Port)* ◆ *vt (complaint)* apresentar; *(petition)* fazer; *(nails)* lixar *(Br)*, limar *(Port);* **in single ~** em fila indiana.

filing cabinet ['faɪlɪŋ-] *n* arquivo *m*.

fill [fɪl] *vt (make full)* encher; *(space)* ocupar; *(role)* desempenhar; *(tooth)* obturar *(Br)*, chumbar *(Port)*.

❏ **fill in** *vt sep (form)* preencher.

❏ **fill out** *vt sep* = **fill in**.

❏ **fill up** *vt sep* encher; **~ her up!** *(with petrol)* ateste!

filled roll [fɪld-] *n* sanduíche *m (Br)*, sandes *f inv (Port)*.

fillet ['fɪlɪt] *n* filé *m*.

fillet steak *n* filé *m (Br)*, bife *m (Port)*.

filling ['fɪlɪŋ] *n (of cake, sandwich)* recheio *m; (in tooth)* obturação *f (Br)*, chumbo *m (Port)* ◆ *adj* que enche.

filling station *n* posto *m* de gasolina *(Br)*, bombas *fpl* de gasolina *(Port)*.

film [fɪlm] *n (at cinema)* filme *m; (for camera)* filme *m (Br)*, rolo *m (Port)* ◆ *vt* filmar.

film star *n* estrela *f* de cinema.

Filofax® ['faɪləʊfæks] *n* organizador *m*, agenda *f (de folhas soltas)*.

filter ['fɪltəʳ] *n* filtro *m*.

filter coffee *n* café *m (de cafeteira de filtro)*.

filth [fɪlθ] *n (dirt)* sujeira *f*, porcaria *f*.

filthy ['fɪlθɪ] *adj* nojento(-ta).

fin [fɪn] *n* barbatana *f*.

final ['faɪnl] *adj (last)* último(-ma);

(decision, offer) final ◆ *n* final *f*.

finalist ['faɪnəlɪst] *n* finalista *mf*.

finally ['faɪnəlɪ] *adv* finalmente.

finance [*n* 'faɪnæns, *vb* faɪ'næns] *n (money)* financiamento *m; (management of money)* finanças *fpl* ◆ *vt* financiar.

❏ **finances** *npl* finanças *fpl*.

financial [fɪ'nænʃl] *adj* financeiro (-ra).

find [faɪnd] *(pt & pp* **found***) vt* encontrar; *(find out)* descobrir; *(think)* achar, considerar ◆ *n* descoberta *f;* **to ~ the time to do sthg** arranjar tempo para fazer algo.

❏ **find out** *vt sep (fact, truth)* descobrir ◆ *vi:* **to ~ out (about sthg)** *(learn)* ficar sabendo (de algo), descobrir (algo); *(get information)* informar-se (sobre algo).

fine [faɪn] *adj (good)* bom (boa); *(thin)* fino(-na); *(wine, food)* excelente ◆ *adv (thinly)* finamente; *(well)* bem ◆ *n* multa *f* ◆ *vt* multar; **I'm ~** estou bem; **it's ~** está bem.

fine art *n* belas-artes *fpl*.

finger ['fɪŋgəʳ] *n* dedo *m*.

fingernail ['fɪŋgəneɪl] *n* unha *f*.

fingertip ['fɪŋgətɪp] *n* ponta *f* do dedo.

finish ['fɪnɪʃ] *n (end)* fim *m*, final *m; (on furniture)* acabamento *m* ◆ *vt & vi* acabar, terminar; **to ~ doing sthg** acabar de fazer algo.

❏ **finish off** *vt sep* acabar, terminar.

❏ **finish up** *vi* acabar, terminar; **to ~ up doing sthg** acabar por fazer algo.

Finland ['fɪnlənd] *n* Finlândia *f*.

Finn [fɪn] *n* finlandês *m* (-esa *f*).

Finnan haddock ['fɪnən-] *n (Scot)* hadoque *m* defumado *(prato típico escocês)*.

Finnish ['fɪnɪʃ] *adj* finlandês(-esa) ◆ *n (language)* finlandês *m*.

fir [fɜːʳ] *n* abeto *m*.

fire ['faɪəʳ] *n* fogo *m; (uncontrolled)* incêndio *m*, fogo; *(made for cooking, heat)* fogueira *f; (device)* aquecedor *m* ◆ *vt (gun)* disparar; *(from job)* despedir; **on ~** em chamas; **to catch ~** incendiar-se, pegar fogo; **to make a ~** acender uma fogueira.

fire alarm *n* alarme *m* contra incêndios.

fire brigade *n (Brit)* corpo *m* de bombeiros.

fire department *(Am)* = **fire brigade**.

fire engine *n* carro *m* de bombeiros.

fire escape *n* escadas *fpl* de incêndio.

fire exit *n* saída *f* de emergência.

fire extinguisher *n* extintor *m*.

fire hazard *n*: it's a ~ constitui um risco OR perigo de incêndio.

fireman ['faɪəmən] (*pl* -**men** [-mən]) *n* bombeiro *m*.

fireplace ['faɪəpleɪs] *n* lareira *f*.

fire regulations *npl* normas *fpl* de segurança em caso de incêndio.

fire station *n* posto *m* de bombeiros *(Br)*, estação *f* dos bombeiros *(Port)*.

firewood ['faɪəwʊd] *n* lenha *f*.

firework display ['faɪəwɜːk-] *n* queima *f* de fogos-de-artifício.

fireworks ['faɪəwɜːks] *npl* (*rockets*) fogos-de-artifício *mpl*.

firm [fɜːm] *adj* firme ♦ *n* empresa *f*.

first [fɜːst] *adj* primeiro(-ra) ♦ *adv* primeiro; *(for the first time)* pela primeira vez ♦ *n* (*event*) estreia *f* ♦ *pron*: **the** ~ o primeiro (a primeira); **I'll do it** ~ **thing (in the morning)** vou fazer isso logo de manhã; ~ **(gear)** primeira *(mudança)*; **for the** ~ **time** pela primeira vez; **the** ~ **of January** o dia um de janeiro; **at** ~ no princípio; ~ **of all** antes de mais nada.

first aid *n* pronto socorro *m (Br)*, primeiros-socorros *mpl (Port)*.

first-aid kit *n* estojo *m* de pronto socorro *(Br)*, estojo *m* de primeiros-socorros *(Port)*.

first class *n* (*mail*) = correspondência *f* prioritária *(Br)*, = correio-azul *m (Port)*; *(on train, plane, ship)* primeira classe *f*.

first-class *adj* (*stamp*) = para correio prioritário *(Br)*, = para correio-azul *(Port)*; *(ticket, work)* de primeira classe.

first floor *n (Brit: floor above ground floor)* primeiro andar *m*; *(Am: ground floor)* andar *m* térreo *(Br)*, rés-do-chão *m (Port)*.

firstly ['fɜːstlɪ] *adv* em primeiro lugar.

First World War *n*: **the** ~ a Primeira Guerra Mundial.

fish [fɪʃ] (*pl inv*) *n* peixe *m* ♦ *vi* pescar.

fish and chips *n* filé de peixe com batatas fritas.

fishcake ['fɪʃkeɪk] *n* croquete *m* de peixe.

fisherman ['fɪʃəmən] (*pl* -**men** [-mən]) *n* pescador *m*.

fish farm *n* viveiro *m* de peixes.

fish fingers *npl (Brit)* espécie de croquete alongado de peixe congelado.

fishing ['fɪʃɪŋ] *n* pesca *f*; **to go** ~ ir pescar.

fishing boat *n* barco *m* de pesca.

fishing rod *n* vara *f* de pescar *(Br)*, cana *f* de pesca *(Port)*.

fishmonger's ['fɪʃˌmʌŋgəz] *n (shop)* peixaria *f*.

fish sticks *(Am)* = fish fingers.

fish supper *n (Scot)* filé de peixe com batatas fritas.

fist [fɪst] *n* punho *m*.

fit [fɪt] *adj (healthy)* em forma ♦ *vt (be right size for)* servir a; *(a lock, kitchen, bath)* instalar; *(insert)* encaixar ♦ *vi (clothes, shoes)* servir; *(in space)* caber ♦ *n (of clothes, shoes)* tamanho *m*; *(epileptic, of coughing, anger)* ataque *m*; **to be** ~ **for sthg** ser adequado para algo; ~ **to eat** comestível; **it doesn't** ~ *(jacket, skirt)* não serve; *(object)* não cabe; **to get** ~ pôr-se em forma; **to keep** ~ manter-se em forma, manter a forma.

❏ **fit in** *vt sep (find time to do)* arranjar tempo para ♦ *vi (belong)* encaixar.

fitness ['fɪtnɪs] *n (health)* forma *f* física.

fitted carpet [fɪtəd-] *n* carpete *m (Br)*, alcatifa *f (Port)*.

fitted kitchen [fɪtəd-] *n (Brit)* cozinha *f* com armários embutidos.

fitted sheet [fɪtəd-] *n* lençol *m* capa.

fitting room ['fɪtɪŋ-] *n* cabine *f* de provas, vestiário *m*.

five [faɪv] *num* cinco, → **six**.

fiver ['faɪvər] *n (Brit) (inf)* (£5) cinco libras *fpl*; (£5 *note*) nota *f* de cinco libras.

fix [fɪks] *vt (attach, decide on)* fixar; *(mend)* arranjar; *(drink, food)* arranjar, preparar; *(arrange)* combinar, organizar.

❏ **fix up** *vt sep*: **to** ~ **sb up with sthg** arranjar algo para alguém.

fixed [fɪkst] *adj* fixo(-xa).

fixture ['fɪkstʃər] *n (SPORT)* encontro *m*; ~**s and fittings** equipamento *m* doméstico *(armários de cozinha, W.C., luminárias, etc)*.

fizz [fɪz] *vi (drink)* borbulhar.

fizzy ['fɪzɪ] *adj* gasoso(-osa).

flabbergasted [flæbəgɑːstɪd] *adj* boquiaberto(-ta).

flabby ['flæbɪ] *adj* balofo(-fa), flácido (-da).

flag [flæg] *n* bandeira *f*.

flagpole ['flægpəʊl] *n* mastro *m*.

flagrant ['fleɪgrənt] *adj* flagrante.

flagstone ['flægstəʊn] *n* laje *f*.

flair [fleə^r] *n* (*stylishness*) estilo *m*; (*talent*): **to have a ~ for sthg** ter queda para algo.

flake [fleɪk] *n* (*of snow*) floco *m* ◆ *vi* desfazer-se.

flamboyant [flæm'bɔɪənt] *adj* extravagante.

flame [fleɪm] *n* chama *f*.

flamingo [flə'mɪŋgəʊ] *n* flamingo *m*.

flammable ['flæməbl] *adj* inflamável.

flan [flæn] *n* torta *f* (*Br*), tarte *f* (*Port*).

flannel ['flænl] *n* (*material*) flanela *f*; (*Brit: for washing face*) luva *f* de banho. ❑ **flannels** *npl* calças *fpl* de flanela.

flap [flæp] *n* (*of envelope*) dobra *f*; (*of tent*) porta *f*; (*of pocket*) pala *f* ◆ *vt* (*wings*) bater.

flapjack ['flæpdʒæk] *n* (*Brit: cake*) biscoito ou bolo pequeno feito de flocos de aveia, manteiga e mel ao qual se podem juntar frutos secos, chocolate, etc.

flare [fleə^r] *n* (*signal*) sinal *m* luminoso.

flared [fleəd] *adj* (*trousers*) à boca de sino; (*skirt*) de roda, evasé.

flash [flæʃ] *n* (*of light*) raio *m*; (*for camera*) flash *m* ◆ *vi* (*light*) brilhar; **a ~ of lightning** um relâmpago, um clarão; **to ~ one's headlights** fazer sinais com os faróis.

flashback ['flæʃbæk] *n* flashback *m*.

flashbulb ['flæʃbʌlb] *n* flash *m*.

flashgun ['flæʃgʌn] *n* disparador *m* OR botão *m* do flash.

flashlight ['flæʃlaɪt] *n* lanterna *f*.

flashy ['flæʃɪ] *adj* (*inf*) vistoso(-osa), espalhafatoso(-osa).

flask [flɑːsk] *n* (*Thermos*) garrafa *f* térmica (*Br*), termo *m* (*Port*); (*hip flask*) cantil *m*.

flat [flæt] *adj* (*level*) plano(-na); (*battery*) descarregado(-da); (*drink*) choco (choca), que perdeu o gás; (*rate, fee*) fixo(-xa) ◆ *n* (*Brit: apartment*) apartamento *m* ◆ *adv*: **to lie ~** estender-se; **a ~ (tyre)** um pneu vazio OR em baixo; **~ out** a toda a velocidade, até não poder mais.

flatly ['flætlɪ] *adv* (*absolutely*) categoricamente.

flatmate ['flætmeɪt] *n* (*Brit*) colega *mf* de apartamento.

flatten ['flætn] *vt* (*make flat*) alisar. ❑ **flatten out** *vt sep* alisar.

flatter ['flætə^r] *vt* lisonjear, bajular.

flattering ['flætərɪŋ] *adj* (*remark, offer*) lisonjeiro(-ra); (*dress, colour, neckline*) favorecedor(-ra).

flattery ['flætərɪ] *n* lisonja *f*.

flaunt [flɔːnt] *vt* exibir.

flavor ['fleɪvər] (*Am*) = **flavour**.

flavour ['fleɪvə^r] *n* (*Brit*) sabor *m*.

flavoured ['fleɪvəd] *adj* aromatizado (-da); **chocolate-~** com sabor de chocolate.

flavouring ['fleɪvərɪŋ] *n* aromatizante *m*.

flaw [flɔː] *n* (*in plan*) falha *f*; (*in glass, china*) defeito *m*.

flea [fliː] *n* pulga *f*.

flea market *n* mercado *m* das pulgas (*Br*), feira *f* da ladra (*Port*).

flee [fliː] (*pt & pp* **fled** [fled]) *vt* fugir de ◆ *vi* fugir.

fleece [fliːs] *n* (*downy material*) velo *m*, fibra muito macia usada para fazer e forrar casacos de inverno.

fleet [fliːt] *n* frota *f*.

Flemish ['flemɪʃ] *adj* flamengo(-ga) ◆ *n* (*language*) flamengo *m*.

flesh [fleʃ] *n* (*of person, animal*) carne *f*; (*of fruit, vegetable*) polpa *f*.

flew [fluː] *pt* → **fly**.

flex [fleks] *n* cabo *m* elétrico.

flexible ['fleksəbl] *adj* flexível.

flick [flɪk] *vt* (*a switch*) carregar em; (*with finger*) dar um piparote em. ❑ **flick through** *vt fus* folhear.

flick knife *n* (*Brit*) navalha *f* de ponta em mola.

flies [flaɪz] *npl* (*of trousers*) braguilha *f*, fecho *m*.

flight [flaɪt] *n* vôo *m*; **a ~ (of stairs)** um lance de escadas.

flight attendant *n* (*female*) aeromoça *f* (*Br*), hospedeira *f* de bordo (*Port*); (*male*) comissário *m* de bordo.

flight crew *n* tripulação *f* (*Br*), pessoal *m* de bordo (*Port*).

flight deck *n* (*of aircraft*) cabine *f* de controle.

flimsy ['flɪmzɪ] *adj* (*object*) frágil; (*clothes*) leve.

fling [flɪŋ] (*pt & pp* **flung**) *vt* atirar.

flint [flɪnt] *n* (*of lighter*) pedra *f*.

flip [flɪp] *vt* (*pancake, omelette, record*) virar; **to ~ a coin** tirar cara ou coroa.

❑ **flip on** *vt sep* (*switch*) ligar.

❑ **flip off** *vt sep* (*switch*) desligar.

flip-flop [flɪp-] *n* (*Brit*) sandália *f* japonesa (*Br*), chinelo *m* de dedo (*Port*).

flipper [flɪpəʳ] *n* barbatana *f*.

flirt [flɜːt] *vi*: **to ~ (with sb)** flertar (com alguém).

flirtatious [flɜːˈteɪʃəs] *adj* namorador(-ra).

float [fləʊt] *n* (*for swimming, fishing*) bóia *f*; (*in procession*) carro *m*; (*drink*) bebida servida com uma bola de sorvete ◆ *vi* flutuar.

flock [flɒk] *n* (*of birds*) bando *m*; (*of sheep*) rebanho *m* ◆ *vi* (*people*) afluir.

flood [flʌd] *n* enchente *f*, inundação *f* ◆ *vt* inundar ◆ *vi* transbordar.

flooding [flʌdɪŋ] *n* cheia *f*, inundação *f*.

floodlight [flʌdlaɪt] *n* holofote *m*.

floor [flɔːʳ] *n* (*of room*) chão *m*; (*storey*) andar *m*; (*of nightclub*) pista *f*.

floorboard [flɔːbɔːd] *n* tábua *f* corrida.

floor show *n* espetáculo *m* de cabaré.

flop [flɒp] *n* (*inf*) fracasso *m*.

floppy [flɒpɪ] *adj* mole.

floppy disk [flɒpɪ-] *n* disquete *f*.

flora [flɔːrə] *n* flora *f*.

floral [flɔːrəl] *adj* (*pattern*) de flores.

Florida Keys [florɪdə-] *npl*: **the ~** ilhas situadas ao largo da Flórida.

florist's [florɪsts] *n* (*shop*) florista *f*.

flour [flaʊəʳ] *n* farinha *f*.

flourish [flʌrɪʃ] *vi* florescer ◆ *vt* agitar, brandir.

flow [fləʊ] *n* corrente *f* ◆ *vi* correr.

flower [flaʊəʳ] *n* flor *f*.

flowerbed [flaʊəbed] *n* canteiro *m*.

flowerpot [flaʊəpɒt] *n* vaso *m*.

flowery [flaʊərɪ] *adj* florido(-da).

flown [fləʊn] *pp* → **fly**.

fl oz *abbr* = **fluid ounce**.

flu [fluː] *n* gripe *f*.

fluctuate [flʌktʃʊeɪt] *vi* flutuar, variar.

fluency [fluːənsɪ] *n* fluência *f*.

fluent [fluːənt] *adj*: **to be ~ in Portuguese, to speak ~ Portuguese** falar português fluentemente.

fluff [flʌf] *n* (*on clothes*) pêlo *m*.

fluffy [flʌfɪ] *adj* (*kitten*) peludo(-da); (*fur, jumper*) macio(-cia); (*toy*) de pelúcia.

fluid [fluːɪd] *n* fluido *m*.

fluid ounce [fluːɪd-] *n* = 0,03 litros.

fluke [fluːk] *n* (*inf*) acaso *m*.

flume [fluːm] *n* escorrega *m* aquático, rampa *f*.

flung [flʌŋ] *pt & pp* → **fling**.

flunk [flʌŋk] *vt* (*Am: inf: exam*) reprovar em.

fluorescent [fluəˈresənt] *adj* fluorescente.

flush [flʌʃ] *vi* (*toilet*) funcionar ◆ *vt*: **to ~ the toilet** dar descarga (*Br*), puxar o autoclismo (*Port*).

flushed [flʌʃt] *adj* (*red-faced*) corado(-da).

flustered [flʌstəd] *adj* agitado(-da).

flute [fluːt] *n* flauta *f*.

fly [flaɪ] (*pt* **flew**, *pp* **flown**) *n* (*insect*) mosca *f*; (*of trousers*) braguilha *f*, fecho *m* ◆ *vt* (*plane, helicopter*) pilotar; (*travel by*) viajar em OR com; (*transport*) enviar por avião ◆ *vi* (*bird, insect, plane*) voar; (*passenger*) viajar de avião; (*pilot a plane*) pilotar; (*flag*) estar hasteado(-da).

fly-drive *n* férias cujo preço inclui a viagem de avião e o aluguel de um carro.

flying [flaɪɪŋ] *n*: **I'm terrified of ~** tenho medo de andar de avião.

flying saucer *n* disco *m* voador.

flying visit *n* visita *f* muito curta, visita de médico.

flyover [flaɪˌəʊvəʳ] *n* (*Brit*) viaduto *m*.

flypaper [flaɪˌpeɪpəʳ] *n* papel *m* mata-moscas.

flysheet [flaɪʃiːt] *n* cobertura exterior de barraca de acampar.

fly spray *n* inseticida *m*.

FM *n* FM *f*.

foal [fəʊl] *n* potro *m*.

foam [fəʊm] *n* espuma *f*.

focus [fəʊkəs] *n* (*of camera*) foco *m* ◆ *vi* (*with camera, binoculars*) focar; **in ~** focado; **out of ~** desfocado.

fodder [fɒdəʳ] *n* ração *f*, forragem *f*.

foe [fəʊ] *n* inimigo *m* (-ga *f*).

foetus [fiːtəs] *n* feto *m*.

fog [fɒg] *n* nevoeiro *m*, neblina *f*.

fogbound [fɒgbaʊnd] *adj* parado(-da) por causa do nevoeiro.

foggy [fɒgɪ] *adj* (*weather*) de nevoeiro.

foghorn ['fɒghɔːn] *n* sirene *f* de nevoeiro.

fog lamp *n* farol *m* de neblina.

foil [fɔɪl] *n* (thin metal) papel *m* OR folha *f* de alumínio.

fold [fəʊld] *n* dobra *f* ◆ *vt* (paper, material) dobrar; (wrap) envolver; **to ~ one's arms** cruzar os braços.

❏ **fold up** *vi* (chair, bed) dobrar.

folder ['fəʊldər] *n* pasta *f*.

folding ['fəʊldɪŋ] *adj* (chair, table, bicycle) articulado(-da); (bed) de dobrar.

foliage ['fəʊlɪɪdʒ] *n* folhagem *f*.

folk [fəʊk] *npl* (people) gente *f* ◆ *n*: ~ **(music)** música *f* tradicional.

❏ **folks** *npl* (inf: relatives) família *f*.

folklore ['fəʊklɔːr] *n* folclore *m*.

folk song *n* canção *f* tradicional.

follow ['fɒləʊ] *vt* seguir; (in order, time) seguir-se a, vir a seguir de ◆ *vi* (go behind) seguir; (in time) seguir-se, vir a seguir; (understand) entender; **proceed as ~s ...** proceda da seguinte forma ...; **the results are as ~s ...** os resultados são os seguintes ...; **~ed by** seguido de.

❏ **follow on** *vi* vir a seguir.

follower ['fɒləʊər] *n* seguidor *m* (-ra *f*).

following ['fɒləʊɪŋ] *adj* seguinte ◆ *prep* depois de.

follow on call *n* telefonema feito com o dinheiro que sobrou da chamada precedente.

fond [fɒnd] *adj*: **to be ~ of** gostar de.

fondle ['fɒndl] *vt* acariciar.

fondue ['fɒnduː] *n* fondue *m*.

food [fuːd] *n* comida *f*.

food mixer *n* batedeira *f*.

food poisoning [-ˌpɔɪznɪŋ] *n* intoxicação *f* alimentar.

food processor [-ˌprəʊsesər] *n* processador *m* de comida.

foodstuffs ['fuːdstʌfs] *npl* gêneros *mpl* alimentícios.

fool [fuːl] *n* (idiot) idiota *mf*; (pudding) mousse *f* de fruta ◆ *vt* enganar.

foolhardy ['fuːlˌhɑːdɪ] *adj* imprudente, insensato(-ta).

foolish ['fuːlɪʃ] *adj* tolo(-la).

foolproof ['fuːlpruːf] *adj* (plan, system) infalível; (machine) fácil de utilizar.

foot [fʊt] (*pl* **feet**) *n* pé *m*; (of animal) pata *f*; (of hill, cliff, stairs) pé *m*; (meas-

urement) pé *m*, = 30,48 cm; **by** OR **on ~** a pé.

footage ['fʊtɪdʒ] *n* sequências *fpl*.

football ['fʊtbɔːl] *n* (Brit: soccer) futebol *m*; (Am: American football) futebol americano; (Brit: in soccer) bola *f* (de futebol); (Am: in American football) bola (de futebol americano).

footballer ['fʊtbɔːlər] *n* (Brit) futebolista *mf*.

football ground *n* (Brit) campo *m* de futebol.

football pitch *n* (Brit) campo *m* de futebol.

football player *n* jogador *m* (-ra *f*) de futebol.

footbridge ['fʊtbrɪdʒ] *n* passagem *f* aérea para pedestres.

foothills ['fʊthɪlz] *npl* contrafortes *mpl*.

foothold ['fʊthəʊld] *n* ponto *m* de apoio.

footing ['fʊtɪŋ] *n* (foothold) equilíbrio *m*; **to lose one's ~** perder o equilíbrio.

footlights ['fʊtlaɪts] *npl* (luzes *fpl* da) ribalta *f*.

footnote ['fʊtnəʊt] *n* nota *f* de rodapé.

footpath ['fʊtpɑːθ, *pl* -pɑːðz] *n* caminho *m*.

footprint ['fʊtprɪnt] *n* pegada *f*.

footstep ['fʊtstep] *n* passo *m*.

footwear ['fʊtweər] *n* calçado *m*.

for [fɔːr] *prep* **1.** (expressing intention, purpose, reason) para; **this book is ~ you** este livro é para você; **what did you do that ~?** para quê você fez isso?; **what's it ~?** para quê é?; **to go ~ a walk** ir dar um passeio; **"~ sale"** "vende-se"; **a town famous ~ its wine** uma cidade famosa pelo vinho; **~ this reason** por esta razão. **2.** (during) durante; **I'm going away ~ a while** vou estar fora durante OR por algum tempo; **I've lived here ~ ten years** vivo aqui há dez anos; **we talked ~ hours** falamos horas e horas. **3.** (by, before) para; **I'll do it ~ tomorrow** estará pronto (para) amanhã; **be there ~ 8 p.m.** tente estar lá antes das oito da noite. **4.** (on the occasion of) por; **I got socks ~ Christmas** ganhei meias no Natal, no Natal me deram meias; **~ the first time** pela primeira vez; **what's ~ dinner?** o que há para jantar?; **~ the**

moment no momento.
5. *(on behalf of)* por; **to do sthg ~ sb** fazer algo para alguém; **to work ~ sb** trabalhar para alguém.
6. *(with time and space)* para; **there's no room ~ it** não há espaço para isso; **to have time ~ sthg** ter tempo para algo.
7. *(expressing distance)*: **road works ~ 20 miles** obras na estrada ao longo de 32 km; **we drove ~ miles** guiamos quilômetros e quilômetros.
8. *(expressing destination)* para; **a ticket ~ Edinburgh** um bilhete para Edimburgo; **this train is ~ London only** este trem só pára em Londres.
9. *(expressing price)* por; **I bought it ~ five pounds** comprei-o por cinco libras.
10. *(expressing meaning)*: **what's the Portuguese ~ "boy"?** como é que se diz "boy" em português?
11. *(with regard to)* para; **it's warm ~ November** para novembro está quente; **it's easy ~ you** para você é fácil; **respect ~ human rights** respeito pelos direitos humanos; **I feel sorry ~ them** sinto pena deles; **it's too far ~ us to walk** é longe demais para irmos a pé; **it's time ~ dinner** está na hora do jantar.

forage ['fɒrɪdʒ] *vi*: **to ~ for sthg** procurar algo.
forbid [fə'bɪd] *(pt* **-bade,** *pp* **-bidden)** *vt* proibir; **to ~ sb to do sthg** proibir alguém de fazer algo.
forbidden [fə'bɪdn] *adj* proibido(-da).
force [fɔːs] *n* força *f* ♦ *vt* forçar; **the ~s** as forças armadas; **to ~ sb to do sthg** forçar alguém a fazer algo; **to ~ one's way through (sthg)** abrir caminho *(por entre algo)*.
forceps ['fɔːseps] *npl* fórceps *m inv.*
ford [fɔːd] *n* vau *m.*
forearm ['fɔːrɑːm] *n* antebraço *m.*
forecast ['fɔːkɑːst] *n* previsão *f.*
forecourt ['fɔːkɔːt] *n* pátio *m.*
forefinger ['fɔːfɪŋgəʳ] *n* dedo *m* indicador.
forefront ['fɔːfrʌnt] *n*: **in** OR **at the ~ of sthg** na vanguarda de algo.
foregone conclusion ['fɔːgɒn-] *n*: **it's a ~** é mais que certo.
foreground ['fɔːgraʊnd] *n* primeiro plano *m.*
forehand ['fɔːhænd] *n* direita *f.*

forehead ['fɔːhed] *n* testa *f.*
foreign ['fɒrən] *adj* estrangeiro(-ra); *(visit)* ao estrangeiro; *(travel)* para o estrangeiro.
foreign currency *n* moeda *f* estrangeira, divisas *fpl.*
foreigner ['fɒrənəʳ] *n* estrangeiro *m* (-ra *f*).
foreign exchange *n (system)* câmbio *m*; *(money)* divisas *fpl.*
foreign minister *n* ministro *m* (-tra *f*) das relações exteriores *(Br)*, secretário *m* (-ria *f*) de Estado dos negócios estrangeiros *(Port).*
foreign secretary *n (Brit)* ministro *m* (-tra *f*) das relações exteriores *(Br)*, ministro *m* (-tra *f*) dos negócios estrangeiros *(Port).*
foreman ['fɔːmən] *(pl* **-men** [-mən]) *n* capataz *m.*
forename ['fɔːneɪm] *n (fml)* nome *m* próprio.
forensic medicine [fə'rensɪk-] *n* medicina *f* legal.
foresee [fɔː'siː] *(pt* **-saw,** *pp* **-seen)** *vt* prever.
foreseeable [fɔː'siːəbl] *adj* previsível; **in the ~ future** num futuro próximo.
foreseen [fɔː'siːn] *pp* → **foresee.**
forest ['fɒrɪst] *n* floresta *f.*
forestry ['fɒrɪstrɪ] *n* silvicultura *f.*
foretaste ['fɔːteɪst] *n* amostra *f.*
foretell [fɔː'tel] *(pt & pp* **-told)** *vt* predizer, prever.
forever [fə'revəʳ] *adv (eternally)* para sempre; *(continually)* sempre.
foreword ['fɔːwɜːd] *n* prefácio *m.*
forfeit ['fɔːfɪt] *n* penalização *f* ♦ *vt (lose)* perder.
forgave [fə'geɪv] *pt* → **forgive.**
forge [fɔːdʒ] *vt (copy)* falsificar, forjar.
forgery ['fɔːdʒərɪ] *n* falsificação *f.*
forget [fə'get] *(pt* **-got,** *pp* **-gotten)** *vt* esquecer-se de; *(person, event)* esquecer ♦ *vi* esquecer-se; **to ~ about sthg** esquecer-se de algo; **to ~ how to do sthg** esquecer-se de como se faz algo; **to ~ to do sthg** esquecer-se de fazer algo; **~ it!** esquece!
forgetful [fə'getfʊl] *adj* esquecido (-da).
forgive [fə'gɪv] *(pt* **-gave,** *pp* **-given)** *vt* perdoar.
forgot [fə'gɒt] *pt* → **forget.**
forgotten [fə'gɒtn] *pp* → **forget.**
fork [fɔːk] *n (for eating with)* garfo *m*;

(for gardening) forquilha f; *(of road, path)* bifurcação f.

❑ **forks** npl *(of bike, motorbike)* garfo m.

forklift truck [fɔːklɪft-] n empilhadora f.

forlorn [fəˈlɔːn] adj *(face, expression, cry)* infeliz; *(hope, attempt)* desesperado(-da).

form [fɔːm] n *(type, shape)* forma f; *(piece of paper)* impresso m, formulário m; *(SCH)* ano m ◆ vt formar ◆ vi formar-se; **to be on/off ~** estar/não estar em forma; **to ~ part of** fazer parte de.

formal [ˈfɔːml] adj formal.

formality [fɔːˈmælətɪ] n formalidade f; **it's just a ~** é só uma formalidade.

format [ˈfɔːmæt] n formato m.

formation [fɔːˈmeɪʃn] n formação f.

former [ˈfɔːmər] adj *(previous)* anterior; *(first)* primeiro(-ra) ◆ pron: **the ~** o primeiro (a primeira).

formerly [ˈfɔːməlɪ] adv antigamente.

formidable [ˈfɔːmɪdəbl] adj *(frightening)* temível; *(impressive)* tremendo(-da).

formula [ˈfɔːmjʊlə] *(pl* **-as** OR **-ae** [iː])* n fórmula f.

fort [fɔːt] n forte m.

forthcoming [fɔːθˈkʌmɪŋ] adj *(future)* próximo(-ma), que está para vir.

forthright [ˈfɔːθraɪt] adj *(person)* sem rodeios, direto(-ta); *(manner, opinions)* franco(-ca).

fortieth [ˈfɔːtɪɪθ] num quadragésimo(-ma), → **sixth**.

fortnight [ˈfɔːtnaɪt] n *(Brit)* quinzena f, duas semanas fpl.

fortress [ˈfɔːtrɪs] n fortaleza f.

fortunate [ˈfɔːtʃnət] adj com sorte; **she's ~ to have such a good job** ela tem a sorte de ter um emprego tão bom.

fortunately [ˈfɔːtʃnətlɪ] adv felizmente.

fortune [ˈfɔːtʃuːn] n *(money)* fortuna f; *(luck)* sorte f; **it costs a ~** *(inf)* custa uma fortuna.

fortune teller n cartomante mf.

forty [ˈfɔːtɪ] num quarenta, → **six**.

forward [ˈfɔːwəd] adv para a frente ◆ n avançado m *(-da f)* ◆ vt *(letter)* remeter; *(goods)* expedir; **to look ~ to** estar ansioso por.

forwarding address [fɔː- wədɪŋ-] n novo endereço para onde o correio deve ser remitido.

forwards [ˈfɔːwədz] adv = **forward**.

fossil [ˈfɒsl] n fóssil m.

foster child [ˈfɒstər-] n criança sob os cuidados temporários de uma família adotiva.

foster parents npl família adotiva que cuida de crianças por um tempo limitado.

fought [fɔːt] pt & pp → **fight**.

foul [faʊl] adj *(unpleasant)* nojento(-ta) ◆ n falta f.

found [faʊnd] pt & pp → **find** ◆ vt fundar.

foundation (cream) [faʊnˈdeɪʃn-] n base f.

foundations [faʊnˈdeɪʃnz] npl alicerces mpl, fundações fpl.

founder [ˈfaʊndər] n fundador m *(-ra f)*.

foundry [ˈfaʊndrɪ] n fundição f.

fountain [ˈfaʊntɪn] n repuxo m.

fountain pen n caneta-tinteiro f *(Br)*, caneta f de tinta permanente *(Port)*.

four [fɔːr] num quatro, → **six**.

four-poster (bed) n cama f de colunas.

foursome [ˈfɔːsəm] n grupo m de quatro (pessoas).

four-star (petrol) n gasolina f super.

fourteen [fɔːˈtiːn] num quatorze *(Br)*, catorze, → **six**.

fourteenth [fɔːˈtiːnθ] num décimo quarto (décima quarta), → **sixth**.

fourth [fɔːθ] num quarto(-ta), → **sixth**.

four-wheel drive n *(car)* veículo m com tração nas quatro rodas.

fowl [faʊl] *(pl inv)* n ave f *(de capoeira)*.

fox [fɒks] n raposa f.

foyer [ˈfɔɪeɪ] n vestíbulo m, saguão m *(Br)*.

fraction [ˈfrækʃn] n fração f.

fractionally [ˈfrækʃnəlɪ] adv ligeiramente.

fracture [ˈfræktʃər] n fratura f ◆ vt fraturar.

fragile [ˈfrædʒaɪl] adj frágil.

fragment [ˈfrægmənt] n fragmento m.

fragrance [ˈfreɪgrəns] n fragrância f.

fragrant [ˈfreɪgrənt] adj perfumado(-da).

frail [freɪl] adj frágil, débil.

frame [freɪm] n *(of window, photo,*

door) moldura *f*, caixilho *m*; *(of glasses, tent, bed)* armação *f*; *(of bicycle)* quadro *m* ♦ *vt (photo, picture)* emoldurar.

frame of mind *n* estado *m* de espírito.

framework ['freɪmwɜːk] *n (physical structure)* armação *f*; *(basis)* estrutura *f*.

France [frɑːns] *n* França *f*.

frank [fræŋk] *adj* franco(-ca).

frankfurter ['fræŋkfɜːtəʳ] *n* salsicha *f* alemã.

frankly ['fræŋklɪ] *adv (to be honest)* francamente; **quite ~, I don't really care** para ser franco, pouco me importa.

frantic ['fræntɪk] *adj* frenético (-ca).

fraternize ['frætənaɪz] *vi (be on friendly terms)*: **to ~ with sb** fraternizar com alguém.

fraud [frɔːd] *n (crime)* fraude *f*, burla *f*.

frayed [freɪd] *adj (clothing, fabric, rope)* gasto(-ta), puído(-da).

freak [friːk] *adj* anormal ♦ *n (inf: fanatic)* fanático *m* (-ca *f*).

freckles ['freklz] *npl* sardas *fpl*.

free [friː] *adj* livre; *(costing nothing)* grátis *(inv)* ♦ *vt (prisoner)* libertar ♦ *adv (without paying)* grátis, de graça; **for ~** grátis, de graça; **~ of charge** grátis; **to be ~ to do sthg** ser livre para fazer algo.

freedom ['friːdəm] *n* liberdade *f*.

freefone ['friːfəʊn] *n (Brit)* = linha *f* verde *(Port)*, sistema que permite ao utilizador telefonar sem pagar.

free gift *n* oferta *f*.

freehand ['friːhænd] *adj* desenhado(-da) à mão *(livre)* ♦ *adv* à mão *(livre)*.

free house *n (Brit)* pub que não está ligado a nenhuma fábrica de cervejas.

free kick *n* (pontapé) livre *m*.

freelance ['friːlɑːns] *adj* free-lance *(inv)*.

freely ['friːlɪ] *adv (speak)* à vontade; *(move)* livremente; **~ available** fácil de obter.

Freemason ['friːmeɪsn] *n* franco-maçon *m*, membro *m* da franco-maçonaria.

free period *n (SCH)* hora *f* livre, furo *m (Port)*.

freepost ['friːpəʊst] *n* porte *m* pago.

free-range *adj (chicken)* do campo; **~ eggs** ovos de galinhas criadas livremente.

freestyle ['friːstaɪl] *n* estilo *m* livre.

free time *n* tempo *m* livre.

freeway ['friːweɪ] *n (Am)* auto-estrada *f*.

freeze [friːz] *(pt froze, pp frozen)* *vt* congelar ♦ *vi* gelar ♦ *v impers*: **it's freezing!** está um gelo!

freezer ['friːzəʳ] *n (deep freeze)* frízer *m (Br)*, arca *f* congeladora *(Port)*; *(part of fridge)* frízer *(Br)*, congelador *m (Port)*.

freezing ['friːzɪŋ] *adj* gelado (-da) *(Port)*.

freezing point *n*: **below ~** abaixo de zero.

freight [freɪt] *n (goods)* mercadorias *fpl*.

freight train *n* trem *m* de mercadorias.

French [frentʃ] *adj* francês(-esa) ♦ *n (language)* francês *m* ♦ *npl*: **the ~** os franceses.

French bean *n* feijão *m* verde *(redondo)*.

French bread *n* = bisnaga *f (Br)*, cacete *m (Port)*.

French dressing *n (in UK)* vinagrete *m*; *(in US)* molho *m* americano, molho à base de ketchup e maionese.

French fries *npl* batatas *fpl* fritas.

Frenchman ['frentʃmən] *(pl -men [-mən])* *n* francês *m*.

French stick *n (Brit)* = bisnaga *f (Br)*, cacete *m (Port)*.

French toast *n* rabanada *f*.

French windows *npl* portas *fpl* envidraçadas.

Frenchwoman ['frentʃwʊmən] *(pl -women [-wɪmɪn])* *n* francesa *f*.

frenetic [frə'netɪk] *adj* frenético(-ca).

frenzy ['frenzɪ] *n* frenesi *m*.

frequency ['friːkwənsɪ] *n* freqüência *f*.

frequent ['friːkwənt] *adj* freqüente.

frequently ['friːkwəntlɪ] *adv* freqüentemente.

fresh [freʃ] *adj* fresco(-ca); *(refreshing)* refrescante; *(water)* doce; *(recent)* recente; *(new)* novo (nova); **to get some ~ air** apanhar ar fresco.

fresh cream *n* creme *m (Br)*, natas *fpl* frescas *(Port)*.

freshen ['freʃn] : **freshen up** *vi* refrescar-se.

fresher ['freʃəʳ] *n (Brit) (inf)* calouro *m* (-ra *f*).

freshly ['freʃlɪ] adv recentemente.

freshness ['freʃnɪs] n frescura f; (of approach, ideas) originalidade f.

fresh orange (juice) n suco m de laranja (Br), sumo m de laranja natural (Port).

freshwater ['freʃ,wɔːtəʳ] adj de água doce.

fret [fret] vi (worry) preocupar-se.

Fri. (abbr of Friday) 6ª, sex.

friar ['fraɪəʳ] n frade m.

friction ['frɪkʃn] n fricção f.

Friday ['fraɪdɪ] n sexta-feira, → Saturday.

fridge [frɪdʒ] n geladeira f (Br), frigorífico m (Port).

fridge-freezer n (Brit) geladeira f (com frízer) (Br), frigorífico m (com congelador) (Port).

fried egg [fraɪd-] n ovo m estrelado OR frito.

fried rice [fraɪd-] n arroz m frito.

friend [frend] n amigo m (-ga f); **to be ~s with sb** ser amigo de alguém; **to make ~s with sb** tornar-se amigo de alguém.

friendly ['frendlɪ] adj amigável; **to be ~ with sb** ser amigo(-ga) de alguém.

friendship ['frendʃɪp] n amizade f.

fries [fraɪz] = **French fries**.

fright [fraɪt] n susto m; **to give sb a ~** pregar um susto em alguém.

frighten ['fraɪtn] vt assustar.

frightened ['fraɪtnd] adj assustado (-da); **to be ~** ter medo; **to be ~ of** ter medo de; **to be ~ (that)** (worried) ter medo que.

frightening ['fraɪtnɪŋ] adj assustador(-ra).

frightful ['fraɪtfʊl] adj (very bad, unpleasant) horrível.

frilly ['frɪlɪ] adj de babados (Br), de folhos (Port).

fringe [frɪndʒ] n franja f.

frisk [frɪsk] vt revistar.

fritter ['frɪtəʳ] n comida, geralmente fruta, passada por um polme e frita.

frivolous ['frɪvələs] adj frívolo (-la).

fro [frəʊ] adv → **to**.

frock [frɒk] n vestido m.

frog [frɒg] n rã f.

frogman ['frɒgmən] (pl -men [-mən]) n homem-rã m.

from [frɒm] prep **1.** (expressing origin, source) de; **I'm ~ Liverpool** sou de Liverpool; **the train ~ Manchester** o trem de Manchester; **I bought it ~ a supermarket** comprei-o num supermercado.

2. (expressing removal, deduction) de; **away ~ home** longe de casa; **to take sthg (away) ~ sb** tirar algo de alguém; **10% will be deducted ~ the total** será deduzido 10% do total .

3. (expressing distance) de; **five miles ~ London** a oito quilômetros de Londres; **it's not far ~ here** não é longe daqui.

4. (expressing position) de; **~ here you can see the valley** daqui vê-se o vale.

5. (expressing what thing is made with) de; **it's made ~ stone** é feito de pedra.

6. (expressing starting time) desde; **~ the moment you arrived** desde que chegou; **~ now on** de agora em diante; **~ next year** a partir do próximo ano; **open ~ nine to five** aberto das nove às cinco.

7. (expressing change) de; **the price has gone up ~ £1 to £2** o preço subiu de uma libra para duas; **to translate ~ German into English** traduzir do alemão para o inglês.

8. (expressing range) de; **tickets are ~ £10** bilhetes a partir de dez libras; **it could take ~ two to six months** pode levar de dois a seis meses.

9. (as a result of) de; **I'm tired ~ walking** estou cansado de andar.

10. (expressing protection) de; **sheltered ~ the wind** protegido do vento.

11. (in comparisons): **different ~** diferente de.

fromage frais [,frɒmɑːʒ'freɪ] n tipo de queijo cremoso.

front [frʌnt] adj da frente ◆ n (parte da) frente f; (of book) capa f; (of weather) frente; (by the sea) costa f; **in ~** em frente; **in ~ of** em frente de.

front door n porta f da frente.

frontier ['frʌntɪəʳ] n fronteira f.

front page n primeira página f.

front room n sala f (de estar).

front seat n banco m da frente.

front-wheel drive n (vehicle) veículo m com tração nas rodas dianteiras.

frost [frɒst] n geada f.

frostbite ['frɒstbaɪt] *n* ferida *f* causada pelo frio.

frosted ['frɒstɪd] *adj (glass)* fosco (-ca).

frosty ['frɒstɪ] *adj (morning, weather)* de geada.

froth [frɒθ] *n* espuma *f*.

frown [fraʊn] *n* cenho *m* ♦ *vi* franzir as sobrancelhas.

froze [frəʊz] *pt* → freeze.

frozen ['frəʊzn] *pp* → freeze ♦ *adj* gelado(-da); *(food)* congelado (-da).

fruit [fru:t] *n (food)* fruta *f*; *(variety of fruit)* fruto *m*; **a piece of** ~ uma fruta; ~s of the forest frutos silvestres.

fruit cake *n* bolo *m* inglês.

fruiterer ['fru:tərəʳ] *n (Brit)* fruteiro *m* (-ra *f*).

fruitful ['fru:tfʊl] *adj* frutífero(-ra).

fruit juice *n* suco *m* de fruta *(Br)*, sumo *m* de frutas *(Port)*.

fruitless ['fru:tlɪs] *adj* infrutífero(-ra).

fruit machine *n (Brit)* caça-níqueis *m (Br)*, slot-machine *f (Port)*.

fruit salad *n* salada *f* de fruta.

frumpy ['frʌmpɪ] *adj (inf)* careta *(Br)*, antiquado(-da) *(Port)*.

frustrate [frʌ'streɪt] *vt (person)* frustrar; *(plan, attempt)* gorar.

frustrated [frʌ'streɪtɪd] *adj (person)* frustrado(-da); *(plan, attempt)* gorado (-da), furado(-da).

frustrating [frʌ'streɪtɪŋ] *adj* frustrante.

frustration [frʌ'streɪʃn] *n* frustração *f*.

fry [fraɪ] *vt* fritar.

frying pan ['fraɪŋ-] *n* frigideira *f*.

ft *abbr* = foot, feet.

fudge [fʌdʒ] *n* doce *m* de leite, *doce caramelado feito com leite, açúcar e manteiga.*

fuel [fjʊəl] *n* combustível *m*.

fuel pump *n* bomba *f* de gasolina.

fuel tank *n* tanque *m* de gasolina.

fugitive ['fju:dʒətɪv] *n* fugitivo *m* (-va *f*).

fulfil [fʊl'fɪl] *vt (Brit) (promise, request, duty)* cumprir; *(role)* desempenhar; *(conditions, instructions, need)* satisfazer.

fulfill [fʊl'fɪl] *(Am)* = fulfil.

full [fʊl] *adj (filled)* cheio (cheia); *(name)* completo(-ta); *(extent, support)* total; *(maximum)* máximo(-ma); *(busy)* ocupado(-da); *(fare)* inteiro(-ra); *(fla-*

vour) rico(-ca) ♦ *adv (directly)* em cheio; **I'm** ~ **(up)** estou cheio; **at** ~ **speed** a toda a velocidade; ~ **of** cheio de; **in** ~ *(pay)* na totalidade; *(write)* por extenso.

full board *n* pensão *f* completa.

full-cream milk *n* leite *m* integral *(Br)*, leite *m* gordo *(Port)*.

full-length *adj (skirt, dress)* comprido(-da) *(até aos pés)*.

full moon *n* lua *f* cheia.

full stop *n* ponto *m* final.

full-time *adj & adv* de tempo integral *(Br)*, a tempo inteiro *(Port)*.

full up *adj* cheio (cheia).

fully ['fʊlɪ] *adv (completely)* completamente.

fully-licensed *adj* autorizado a vender bebidas alcoólicas.

fumble ['fʌmbl] *vi*: **he** ~**d in his pockets for his keys** ele apalpou os bolsos à procura das chaves.

fume [fju:m] *vi (with anger)* espumar (de raiva).
❑ **fumes** *npl (from paint, alcohol)* vapores *mpl*; *(from car)* gases *mpl*; *(from fire)* fumaça *f*.

fun [fʌn] *n* divertimento *m*, diversão *f*; **it's good** ~ é divertido; **for** ~ por prazer; **to have** ~ divertir-se; **to make** ~ **of** zombar de.

function ['fʌŋkʃn] *n* função *f* ♦ *vi* funcionar.

fund [fʌnd] *n* fundo *m* ♦ *vt* financiar.
❑ **funds** *npl* fundos *mpl*.

fundamental [ˌfʌndə'mentl] *adj* fundamental.

funding ['fʌndɪŋ] *n* financiamento *m*.

funeral ['fju:nərəl] *n* funeral *m*.

funeral parlour *n* (agência) funerária *f*.

funfair ['fʌnfeəʳ] *n* parque *m* de diversões.

fungus ['fʌŋgəs] *(pl* -**gi** [-gaɪ]) *n* fungo *m*.

funky ['fʌŋkɪ] *adj (inf: music)* funky *(inv)*.

funnel ['fʌnl] *n (for pouring)* funil *m*; *(on ship)* chaminé *f*.

funny ['fʌnɪ] *adj (amusing)* engraçado(-da); *(strange)* estranho(-nha); **to feel** ~ *(ill)* não se sentir bem.

fur [fɜːʳ] *n (on animal)* pêlo *m*; *(garment)* pele *f*.

fur coat *n* casaco *m* de peles.

furious ['fjʊərɪəs] *adj (angry)* furioso(-osa).

furnace [ˈfɜːnɪs] *n* fornalha *f*.
furnish [ˈfɜːnɪʃ] *vt (house, room)* mobiliar.
furnished [ˈfɜːnɪʃt] *adj* mobiliado (-da).
furnishings [ˈfɜːnɪʃɪŋz] *npl* mobiliário *m*.
furniture [ˈfɜːnɪtʃər] *n* mobília *f*; **a piece of ~** um móvel.
furrow [ˈfʌrəʊ] *n* rego *m*, sulco *m*.
furry [ˈfɜːrɪ] *adj (animal)* peludo(-da); *(toy)* de pelúcia; *(material)* com pêlo.
further [ˈfɜːðər] *compar* → **far** ◆ *adv* mais ◆ *adj (additional)* outro (outra); **until ~ notice** até novo aviso; **it's not much ~** já não falta muito, já não é muito longe.
further education *n (Brit)* educação *f* para adultos.

furthermore [ˌfɜːðəˈmɔːr] *adv* além disso, além do mais.
furthest [ˈfɜːðɪst] *superl* → **far** ◆ *adj (most distant)* mais longe OR distante ◆ *adv (in distance)* mais longe.
fury [ˈfjʊərɪ] *n* fúria *f*.
fuse [fjuːz] *n (of plug)* fusível *m*; *(on bomb)* detonador *m* ◆ *vi (plug, device)* queimar.
fuse box *n* caixa *f* de fusíveis.
fuss [fʌs] *n (agitation)* agitação *f*; *(complaints)* escândalo *m*.
fussy [ˈfʌsɪ] *adj (person)* exigente.
futile [*Brit* ˈfjuːtaɪl, *Am* ˈfuːtl] *adj* inútil.
futon [ˈfuːtɒn] *n* espécie de sofá-cama japonês.
future [ˈfjuːtʃər] *n* futuro *m* ◆ *adj* futuro(-ra); **in ~** no futuro, de agora em diante.

G

g *(abbr of gram)* g.
gable ['geɪbl] *n* cumeeira *f*.
gadget ['gædʒɪt] *n* engenhoca *f*.
Gaelic ['geɪlɪk] *n* gaélico *m*.
gag [gæg] *n (inf: joke)* piada *f*.
gain [geɪn] *vt* ganhar; *(subj: clock, watch)* adiantar ◆ *vi (benefit)* lucrar ◆ *n* ganho *m*; **to ~ weight** engordar.
gait [geɪt] *n* andar *m*.
gal. *abbr* = **gallon**.
gala ['gɑːlə] *n (celebration)* gala *f*.
galaxy ['gæləksɪ] *n* galáxia *f*.
gale [geɪl] *n* vento *m* forte, rajada *f* de vento.
gallant ['gælənt] *adj (courageous)* corajoso(-osa).
gallery ['gælərɪ] *n* galeria *f*.
galley ['gælɪ] *n (ship)* galera *f*; *(kitchen)* cozinha *f*.
gallon ['gælən] *n (in UK)* = 4,546 litros, galão *m*; *(in US)* = 3,785 litros, galão.
gallop ['gæləp] *vi* galopar.
gallows ['gæləʊz] *(pl inv)* *n* forca *f*.
galore [gə'lɔːr] *adv* à farta, em abundância.
gamble ['gæmbl] *n* aposta *f* ◆ *vi (bet money)* apostar, jogar.
gambler ['gæmblər] *n* jogador *m* (-ra *f*).
gambling ['gæmblɪŋ] *n* jogo *m* (de azar).
game [geɪm] *n* jogo *m*; *(of tennis, snooker, chess)* partida *f*; *(wild animals, meat)* caça *f*.
❑ **games** *n (SCH)* desporto *m* ◆ *npl (sporting event)* jogos *mpl*.
gamekeeper ['geɪm,kiːpər] *n* guarda-caça *mf*, couteiro *m* (-ra *f*).
game reserve *n* reserva *f* de caça, coutada *f*.
gammon ['gæmən] *n* presunto cozido,

salgado ou fumado.
gang [gæŋ] *n (of criminals)* gangue *f* *(Br)*, bando *m* *(Port)*; *(of friends)* grupo *m*, turma *f*.
gangrene ['gæŋgriːn] *n* gangrena *f*.
gangster ['gæŋstər] *n* bandido *m*, gangster *m*.
gangway ['gæŋweɪ] *n (for ship)* prancha *f*; *(Brit: in bus, aeroplane, theatre)* corredor *m*.
gaol [dʒeɪl] *(Brit)* = **jail**.
gap [gæp] *n (space)* espaço *m*; *(of time)* intervalo *m*; *(difference)* diferença *f*.
gape [geɪp] *vi (person)* ficar de boca aberta.
garage ['gærɑːʒ, 'gærɪdʒ] *n (for keeping car)* garagem *f*; *(Brit: for petrol)* posto *m* de gasolina; *(for repairs)* oficina *f*; *(Brit: for selling cars)* concessionária *f*.
garbage ['gɑːbɪdʒ] *n (Am: refuse)* lixo *m*.
garbage can *n (Am)* lata *f* de lixo.
garbage truck *n (Am)* caminhão *m* do lixo.
garbled ['gɑːbld] *adj* confuso (-sa).
garden ['gɑːdn] *n* jardim *m* ◆ *vi* jardinar.
❑ **gardens** *npl (public park)* jardim público, parque *m*.
garden centre *n* centro *m* de jardinagem.
gardener ['gɑːdnər] *n* jardineiro *m* (-ra *f*).
gardening ['gɑːdnɪŋ] *n* jardinagem *f*.
garden peas *npl* ervilhas *fpl*.
gargle ['gɑːgl] *vi* gargarejar.
garish ['geərɪʃ] *adj* berrante.
garlic ['gɑːlɪk] *n* alho *m*.
garlic bread *n* pão untado com manteiga de alho e aquecido no forno.
garlic butter *n* manteiga *f* de alho.

garment ['gɑːmənt] *n* peça *f* de roupa.

garnish ['gɑːnɪʃ] *n (for decoration)* decoração *f*; *(sauce)* molho *m* ♦ *vt* decorar.

garrison ['gærɪsn] *n* guarnição *f*.

garter ['gɑːtəʳ] *n* liga *f*.

gas [gæs] *n* gás *m*; *(Am: petrol)* gasolina *f*.

gas cooker *n (Brit)* fogão *m* à gás.

gas cylinder *n* bujão *m* de gás *(Br)*, botija *f* de gás *(Port)*.

gas fire *n (Brit)* aquecedor *m* a gás.

gas gauge *n (Am)* indicador *m* do nível de gasolina.

gash [gæʃ] *n* corte *m* (profundo) ♦ *vi* cortar, ferir.

gasket ['gæskɪt] *n* junta *f*.

gasman ['gæsmæn] *(pl* **-men**) *n* funcionário *m* da companhia de gás.

gas mask *n* máscara *f* antigás.

gasmen ['gæsmen] *pl* → **gasman**.

gas meter *n* medidor *m* do gás *(Br)*, contador *m* do gás *(Port)*.

gasoline ['gæsəliːn] *n (Am)* gasolina *f*.

gasp [gɑːsp] *vi (in shock, surprise)* ficar sem fôlego.

gas pedal *n (Am)* acelerador *m*.

gas station *n (Am)* posto *m* de gasolina *(Br)*; estação *f* de serviço *(Port)*.

gas stove *(Brit)* = **gas cooker**.

gas tank *n (Am)* tanque *m* de gasolina.

gastronomy [gæs'trɒnəmɪ] *n* gastronomia *f*.

gasworks ['gæswɜːks] *(pl inv) n* usina *f* de gás *(Br)*, gasômetro *m (Br)*, fábrica *f* de gás *(Port)*.

gate [geɪt] *n (to garden, field)* portão *m*; *(at airport)* porta *f*.

gâteau ['gætəʊ] *(pl* **-x** [-z]) *n (Brit)* bolo recheado e coberto com chantilly.

gatecrash ['geɪtkræʃ] *(inf) vt (inf)* entrar sem ser convidado(-da) em, entrar de penetra em.

gateway ['geɪtweɪ] *n (entrance)* entrada *f*.

gather ['gæðəʳ] *vt (collect)* colher; *(speed)* ganhar; *(understand)* deduzir ♦ *vi* reunir-se.

gathering ['gæðərɪŋ] *n* reunião *f*.

gaudy ['gɔːdɪ] *adj* berrante.

gauge [geɪdʒ] *n (for measuring)* indicador *m*, medidor *m*; *(of railway track)* distância *f* (entre os carris) ♦ *vt (calculate)* calcular.

gauze [gɔːz] *n* gaze *f*.

gave [geɪv] *pt* → **give**.

gay [geɪ] *adj (homosexual)* homossexual, gay.

gaze [geɪz] *vi:* **to ~ at** olhar (fixamente) para.

gazelle [gə'zel] *n* gazela *f*.

gazetteer [,gæzɪ'tɪəʳ] *n* índice *m* geográfico.

GB *(abbr of Great Britain)* GB.

GCSE *n exame realizado no final do nono ano de escolaridade.*

gear [gɪəʳ] *n (wheel)* roda *f* de engrenagem; *(speed)* mudança *f*, velocidade *f*; *(equipment)* equipamento *m*; *(belongings)* coisas *fpl*; **in ~** engatado.

gearbox ['gɪəbɒks] *n* caixa *f* de mudança *(Br)*, caixa *f* de velocidades *(Port)*.

gear lever *n* alavanca *f* de mudanças.

gear shift *(Am)* = **gear lever**.

gear stick *(Brit)* = **gear lever**.

geese [giːs] *pl* → **goose**.

gel [dʒel] *n* gel *m*.

gelatine [,dʒelə'tiːn] *n* gelatina *f*.

gem [dʒem] *n* pedra *f* preciosa.

Gemini ['dʒemɪnaɪ] *n* Gêmeos *m inv*.

gender ['dʒendəʳ] *n* gênero *m*.

gene [dʒiːn] *n* gene *m*.

general ['dʒenərəl] *adj* geral ♦ *n* general *m*; **in ~** *(as a whole)* em geral; *(usually)* geralmente.

general anaesthetic *n* anestesia *f* geral.

general election *n* eleições *fpl* legislativas.

generalization [,dʒenərəlaɪ'zeɪʃn] *n* generalização *f*.

general knowledge *n* cultura *f* geral.

generally ['dʒenərəlɪ] *adv* geralmente.

general practitioner [-præk-'tɪʃənəʳ] *n* clínico *m* geral.

general public *n:* **the ~** o público em geral.

general store *n* = mercearia *f*.

generate ['dʒenəreɪt] *vt* gerar.

generation [,dʒenə'reɪʃn] *n* geração *f*.

generator ['dʒenəreɪtəʳ] *n* gerador *m*.

generosity [,dʒenə'rɒsətɪ] *n* generosidade *f*.

generous ['dʒenərəs] *adj* generoso (-osa).

genetic [dʒɪˈnetɪk] *adj* genético(-ca).
❏ **genetics** *n* genética *f*.
Geneva [dʒɪˈniːvə] *n* Genebra *s*.
genial [ˈdʒiːnjəl] *adj* (*person*) bem-humorado(-da); (*remark, smile*) amável.
genitals [ˈdʒenɪtlz] *npl* orgãos *mpl* genitais.
genius [ˈdʒiːnjəs] *n* gênio *m*.
gentle [ˈdʒentl] *adj* (*careful*) cuidadoso(-osa); (*kind*) gentil; (*movement, breeze*) suave.
gentleman [ˈdʒentlmən] (*pl* -men [-mən]) *n* cavalheiro *m*; **"gentlemen"** (*men's toilets*) "homens".
gently [ˈdʒentlɪ] *adv* (*carefully*) suavemente.
gentry [ˈdʒentrɪ] *n* pequena nobreza *f*.
gents [dʒents] *n* (*Brit*) banheiro *m* dos homens.
genuine [ˈdʒenjʊɪn] *adj* genuíno(-na).
geographical [dʒɪəˈgræfɪkl] *adj* geográfico(-ca).
geography [dʒɪˈɒgrəfɪ] *n* geografia *f*.
geology [dʒɪˈɒlədʒɪ] *n* geologia *f*.
geometric(al) [dʒɪəˈmetrɪk(l)] *adj* geométrico(-ca).
geometry [dʒɪˈɒmətrɪ] *n* geometria *f*.
Georgian [ˈdʒɔːdʒən] *adj* (*architecture etc*) georgiano(-na) (*relativo aos reinados dos reis Jorge I–IV, 1714–1830*).
geranium [dʒɪˈreɪnjəm] *n* gerânio *m*.
gerbil [ˈdʒɜːbɪl] *n* gerbilo *m*, gerbo *m*.
geriatric [dʒerɪˈætrɪk] *adj* geriátrico (-ca).
German [ˈdʒɜːmən] *adj* alemão (-mã) ◆ *n* (*person*) alemão *m* (-mã *f*); (*language*) alemão *m*.
German measles *n* rubéola *f*.
Germany [ˈdʒɜːmənɪ] *n* Alemanha *f*.
germinate [ˈdʒɜːmɪneɪt] *vi* germinar.
germs [dʒɜːmz] *npl* germes *mpl*.
gesticulate [dʒeˈstɪkjʊleɪt] *vi* gesticular.
gesture [ˈdʒestʃər] *n* gesto *m*.
get [get] (*pt & pp* got, *Am pp* gotten) *vt* 1. (*obtain*) obter; (*buy*) comprar; **she got a job** ela arranjou emprego.
2. (*receive*) receber; **I got a book for Christmas** ganhei um livro no Natal.
3. (*means of transport*) apanhar; **let's ~**

a taxi vamos apanhar um táxi.
4. (*fetch*) ir buscar; **could you ~ me the manager?** (*in shop*) podia chamar o gerente?; (*on phone*) pode me passar o gerente?
5. (*illness*) apanhar; **I've got a cold** estou resfriado.
6. (*cause to become*): **to ~ sthg done** mandar fazer algo; **to ~ sthg ready** preparar algo; **can I ~ my car repaired here?** posso mandar consertar o meu carro aqui?
7. (*ask, tell*): **to ~ sb to do sthg** arranjar alguém para fazer algo.
8. (*move*): **to ~ sthg out of sthg** tirar algo de algo; **I can't ~ it through the door** não consigo passar com isso na porta.
9. (*understand*) perceber; **to ~ a joke** sacar uma piada.
10. (*time, chance*) ter; **we didn't ~ the chance to see everything** não tivemos oportunidade de ver tudo.
11. (*idea, feeling*) ter; **I ~ a lot of enjoyment from it** me divirto à beça.
12. (*phone*) atender.
13. (*in phrases*): **you ~ a lot of rain here in winter** chove muito aqui no inverno, → **have**.
◆ *vi* 1. (*become*) ficar; **it's getting late** está a ficando tarde; **to ~ ready** preparar-se; **to ~ lost** perder-se; **~ lost!** não enche o saco!, desapareça!
2. (*into particular state, position*) meter-se; **how do you ~ to Luton from here?** como é que se vai daqui para Luton?; **to ~ into the car** entrar no carro.
3. (*arrive*) chegar; **when does the train ~ here?** quando é que o trem chega aqui?
4. (*in phrases*): **to ~ to do sthg** ter a oportunidade de fazer algo.
◆ *aux vb* ser; **to ~ delayed** atrasar-se; **to ~ killed** ser morto.
❏ **get back** *vi* (*return*) voltar.
❏ **get in** *vi* (*arrive*) chegar; (*enter*) entrar.
❏ **get off** *vi* (*leave*) sair.
❏ **get on** *vi* (*enter train, bus*) entrar; (*in relationship*) dar-se, entender-se; (*progress*): **how are you getting on in your new job?** como você está indo no novo emprego?
❏ **get out** *vi* (*of car, bus, train*) sair.
❏ **get through** *vi* (*on phone*) conseguir ligação.

❏ **get up** *vi* levantar-se.

getaway ['getəweɪ] *n* fuga *f*.

get-together *n* (*inf*) reunião *f*.

geyser [*Brit* 'giːzəʳ, *Am* 'gaɪzər] *n* (*hot spring*) géiser *m*; (*Brit: water heater*) esquentador *m*.

Ghana ['gɑːnə] *n* Gana *m*.

ghastly ['gɑːstlɪ] *adj* (*inf: very bad*) horrível.

gherkin ['gɜːkɪn] *n* *pequeno pepino de conserva*.

ghetto ['getəʊ] (*pl* **-s** OR **-es**) *n* gueto *m*.

ghetto blaster ['getəʊˌblɑːstəʳ] *n* (*inf*) rádio-gravador *m* portátil.

ghost [gəʊst] *n* fantasma *m*.

giant ['dʒaɪənt] *adj* gigante ◆ *n in stories*) gigante *m* (-ta *f*).

gibberish ['dʒɪbərɪʃ] *n* disparates *mpl*.

gibe [dʒaɪb] *n* chacota *f*, piada *f* (insultuosa).

giblets ['dʒɪblɪts] *npl* miúdos *mpl*.

Gibraltar [dʒɪ'brɔːltəʳ] *n* Gibraltar *s*.

giddy ['gɪdɪ] *adj* (*dizzy*) tonto(-ta).

gift [gɪft] *n* (*present*) presente *m*; (*talent*) dom *m*.

gift certificate (*Am*) = **gift voucher**.

gifted ['gɪftɪd] *adj* dotado(-da).

gift shop *n* loja *f* de presentes.

gift token = **gift voucher**.

gift voucher *n* (*Brit*) vale *m* para presente.

gig [gɪg] *n* (*inf*) concerto *m*.

gigabyte ['gɪgəbaɪt] *n* gigabyte *m*, gigaocteto *m*.

gigantic [dʒaɪ'gæntɪk] *adj* gigantesco(-ca).

giggle ['gɪgl] *vi* dar risadinha.

gill [dʒɪl] *n* (*measurement*) = 0,142 litros.

gills [gɪlz] *npl* (*of fish*) guelras *fpl*.

gilt [gɪlt] *adj* dourado(-da) ◆ *n* dourado *m*.

gimmick ['gɪmɪk] *n* truque *m*, artifício *m*.

gin [dʒɪn] *n* gim *m*; **~ and tonic** gim tônico.

ginger ['dʒɪndʒəʳ] *n* gengibre *m* ◆ *adj* (*colour*) cor-de-cenoura (*inv*).

ginger ale *n* ginger-ale *m*.

ginger beer *n* *bebida não alcoólica de gengibre*.

gingerbread ['dʒɪndʒəbred] *n* *biscoito ou bolacha de gengibre*.

ginger-haired [-'heəd] *adj* ruivo (-va).

gipsy ['dʒɪpsɪ] *n* cigano *m* (-na *f*).

giraffe [dʒɪ'rɑːf] *n* girafa *f*.

girder ['gɜːdəʳ] *n* viga *f*.

girdle ['gɜːdl] *n* cinta *f*.

girl [gɜːl] *n* (*child*) menina *f*; (*young woman*) moça *f* (*Br*), rapariga *f* (*Port*); (*daughter*) filha *f*.

girlfriend ['gɜːlfrend] *n* (*of boy, man*) namorada *f*; (*of girl, woman*) amiga *f*.

girl guide *n* (*Brit*) = escoteira *f*.

girl scout (*Am*) = **girl guide**.

giro ['dʒaɪrəʊ] (*pl* **-s**) *n* (*system*) transferência *f* bancária.

girth [gɜːθ] *n* (*of person*) (medida da) cintura *f*.

gist [dʒɪst] *n* ideia *f* geral; **to get the ~ (of sthg)** compreender a idéia geral (de algo).

give [gɪv] (*pt* gave, *pp* given ['gɪvn]) *vt* dar; (*speech, performance*) fazer; **to ~ sb sthg** dar algo a alguém; **to ~ sb a kiss** dar um beijo em alguém; **come on, ~ me a smile!** vamos lá, dê um sorriso!; **to ~ sthg a push** empurrar algo; **~ or take a few minutes** mais minuto menos minuto; **"~ way!"** "perda de prioridade".

❏ **give away** *vt sep* (*get rid of*) dar, desfazer-se de; (*reveal*) revelar.

❏ **give back** *vt sep* devolver.

❏ **give in** *vi* desistir.

❏ **give off** *vt fus* soltar.

❏ **give out** *vt sep* (*distribute*) distribuir.

❏ **give up** *vt sep* (*seat*) ceder ◆ *vi* (*admit defeat*) desistir; **to ~ up smoking** deixar de fumar; **to ~ up chocolate** deixar de comer chocolate.

given name *n* (*Am*) nome *m* próprio OR de batismo.

glacier ['glæsjəʳ] *n* glaciar *m*, geleira *f*.

glad [glæd] *adj* contente; **I'll be ~ to help** será um prazer ajudar.

gladly ['glædlɪ] *adv* (*willingly*) com muito prazer.

glamor ['glæmər] (*Am*) = **glamour**.

glamorous ['glæmərəs] *adj* glamoroso(-osa).

glamour ['glæməʳ] *n* (*Brit*) (*of person*) charme *m*; (*of place*) elegância *f*; (*of job*) prestígio *m*.

glance [glɑːns] *n* olhadela *f* ◆ *vi*: **to ~ (at)** dar uma olhadela (em).

gland [glænd] n glândula f.

glandular fever ['glændjulə-] n mononucleose f infecciosa, febre f glandular.

glare [gleəʳ] vi (person) lançar olhares furiosos; (sun, light) brilhar intensamente.

glaring ['gleərɪŋ] adj (error, weakness) gritante; (lights, sun) ofuscante.

glass [glɑːs] n (material) vidro m; (container, glassful) copo m ◆ adj de vidro. ❑ **glasses** npl óculos mpl.

glassware ['glɑːsweəʳ] n artigos mpl de vidro.

glaze [gleɪz] n (on pottery) vitrificado m ◆ vt (pottery) vitrificar.

glazier ['gleɪzjəʳ] n vidraceiro m (-ra f).

gleam [gliːm] n (of gold, candle) brilho m; (of disapproval, pride) ponta f ◆ vi (gold, candle) luzir; (with pleasure, pride) brilhar.

gleaming ['gliːmɪŋ] adj brilhante.

glee [gliː] n contentamento m, alegria f.

glen [glen] n (Scot) vale m.

glib [glɪb] adj (answer, excuse) fácil; (person) com muita lábia.

glide [glaɪd] vi (fly) planar.

glider ['glaɪdəʳ] n planador m.

gliding ['glaɪdɪŋ] n vôo m planado OR sem motor.

glimmer ['glɪməʳ] n (faint light) brilho m (fraco); (trace, sign) pontinha f.

glimpse [glɪmps] n: **I only caught a ~ of her** só a vi de relance.

glisten ['glɪsn] vi brilhar.

glitter ['glɪtəʳ] vi reluzir.

gloat [gləut] vi: **to ~ (over sthg)** regozijar-se (com algo).

global ['gləubl] adj (worldwide) global, mundial.

global warming [-'wɔːmɪŋ] n aquecimento m da atmosfera.

globe [gləub] n globo m; **the ~** (Earth) o globo.

gloom [gluːm] n (darkness) penumbra f; (unhappiness) tristeza f.

gloomy ['gluːmɪ] adj (room, day) sombrio(-bria); (person) triste.

glorious ['glɔːrɪəs] adj (weather, sight) esplêndido(-da); (victory, history) glorioso(-osa).

glory ['glɔːrɪ] n glória f.

gloss [glɒs] n (shine) brilho m; **~ (paint)** tinta f brilhante.

glossary ['glɒsərɪ] n glossário m.

glossy ['glɒsɪ] adj (magazine, photo) de papel couché.

glove [glʌv] n luva f.

glove compartment n portaluvas m inv.

glow [gləu] n luz f, brilho m ◆ vi luzir, brilhar.

glucose ['gluːkəus] n glucose f.

glue [gluː] n cola f ◆ vt colar.

glum [glʌm] adj triste, sorumbático(-ca).

glutton ['glʌtn] n (greedy person) glutão m (-tona f).

gnash [næʃ] vt: **to ~ one's teeth** ranger os dentes.

gnat [næt] n mosquito m.

gnaw [nɔː] vt roer.

gnome [nəum] n anão m.

go [gəu] (pt went, pp gone, pl goes) vi **1.** (move, travel) ir; **to ~ home** ir para casa; **to ~ to Portugal** ir a Portugal; **to ~ by bus** ir de ônibus; **to ~ for a walk** ir dar um passeio; **to ~ and do sthg** fazer algo; **to ~ in** entrar; **to ~ out** sair.
2. (leave) ir-se; **it's time for us to ~** é hora de irmos embora; **when does the bus ~?** quando é que o ônibus sai?; **~ away!** vai embora!
3. (attend) ir; **to ~ to school** ir para a escola; **which school do you ~ to?** para que escola você vai?
4. (become) ficar; **she went pale** empalideceu; **the milk has gone sour** o leite azedou.
5. (expressing future tense): **to be going to do sthg** ir fazer algo.
6. (function) funcionar; **the car won't ~** o carro não pega.
7. (stop working) ir-se; **the fuse has gone** o fusível queimou.
8. (time) passar.
9. (progress) correr; **to ~ well** correr bem.
10. (bell, alarm) tocar.
11. (match) condizer; **to ~ with** condizer com, ficar bem com; **red wine doesn't ~ with fish** vinho tinto não combina com peixe.
12. (be sold) ser vendido; **"everything must ~"** "liquidação total".
13. (fit) caber.
14. (lead) ir; **where does this path ~?** aonde é que este caminho vai dar?
15. (belong) ir, ser.

16. *(in phrases):* **to let ~ of sthg** *(drop)* largar algo; **there are two days to ~** faltam dois dias; **to ~** *(Am: to take away)* para levar.

◆ *n* **1.** *(turn)* vez *f;* **it's your ~** é a sua vez.

2. *(attempt)* tentativa *f;* **to have a ~ at sthg** experimentar algo; **"50p a ~"** *(for game)* "50 pence cada vez".

❑ **go ahead** *vi (take place)* realizar-se; **~ ahead!** vai em frente!

❑ **go back** *vi* voltar.

❑ **go down** *vi (decrease)* diminuir; *(sun)* pôr-se; *(tyre)* esvaziar-se.

❑ **go down with** *vt fus (inf: illness)* apanhar.

❑ **go in** *vi* entrar.

❑ **go off** *vi (alarm, bell)* tocar, soar; *(go bad)* azedar; *(light, heating)* apagar-se.

❑ **go on** *vi (happen)* passar-se; *(light, heating)* acender-se; **to ~ on doing sthg** continuar a fazer algo.

❑ **go out** *vi (leave house)* sair; *(light, fire, cigarette)* apagar-se; *(have relationship):* **to ~ out with sb** sair com alguém; **to ~ out for a meal** ir comer fora.

❑ **go over** *vt fus (check)* rever.

❑ **go round** *vi (revolve)* rodar; **there isn't enough cake to ~ round** não há bolo que chegue para todos.

❑ **go through** *vt fus (experience)* passar por; *(spend)* gastar; *(search)* revistar.

❑ **go up** *vi (increase)* subir.

❑ **go without** *vt fus* passar sem.

goad [gəʊd] *vt* espicaçar, incitar.

go-ahead *n (permission)* luz *f* verde.

goal [gəʊl] *n (posts)* baliza *f;* *(point scored)* gol *m;* *(aim)* objetivo *m.*

goalkeeper [ˈgəʊl,kiːpəʳ] *n* goleiro *m* (-ra *f*) *(Br),* guarda-redes *mf inv* *(Port).*

goalmouth [ˈgəʊlmaʊθ, *pl* -maʊðz] *n* boca *f* da baliza.

goalpost [ˈgəʊlpəʊst] *n* poste *m* (da baliza).

goat [gəʊt] *n* cabra *f.*

gob [gɒb] *n (Brit: inf: mouth)* bico *m.*

gobble [ˈgɒbl] *vt* engolir (sem mastigar).

❑ **gobble down** *vt sep* engolir (sem mastigar).

❑ **gobble up** = **gobble down**.

go-between *n* intermediário *m* (-ria *f*).

gobsmacked [ˈgɒbsmækt] *adj (Brit: inf):* **I was ~** fiquei de boca aberta.

go-cart = **go-kart**.

god [gɒd] *n* deus *m.*

❑ **God** *n* Deus *m.*

godchild [ˈgɒdtʃaɪld] *(pl* **-children** [-ˌtʃɪldrən]) *n* afilhado *m* (-da *f*).

goddaughter [ˈgɒd,dɔːtəʳ] *n* afilhada *f.*

goddess [ˈgɒdɪs] *n* deusa *f.*

godfather [ˈgɒd,fɑːðəʳ] *n* padrinho *m.*

godmother [ˈgɒd,mʌðəʳ] *n* madrinha *f.*

gods [gɒdz] *npl:* **the ~** *(Brit: inf: in theatre)* o galinheiro.

godsend [ˈgɒdsend] *n:* **to be a ~** cair do céu.

godson [ˈgɒdsʌn] *n* afilhado *m.*

goes [gəʊz] → **go.**

goggles [ˈgɒglz] *npl* óculos *mpl* (protetores).

going [ˈgəʊɪŋ] *adj (available)* disponível; **the ~ rate** a tarifa em vigor.

go-kart [-kɑːt] *n* kart *m.*

gold [gəʊld] *n* ouro *m* ◆ *adj (bracelet, watch)* de ouro; *(colour)* dourado(-da).

golden [ˈgəʊldən] *adj (made of gold)* de ouro; *(gold-coloured)* dourado(-da).

goldfish [ˈgəʊldfɪʃ] *(pl inv)* *n* peixe-dourado *m.*

gold medal *n* medalha *f* de ouro.

gold-plated [-ˈpleɪtɪd] *adj* banhado (-da) a ouro.

golf [gɒlf] *n* golfe *m.*

golf ball *n* bola *f* de golfe.

golf club *n (place)* clube *m* de golfe; *(piece of equipment)* taco *m* de golfe.

golf course *n* campo *m* de golfe.

golfer [ˈgɒlfəʳ] *n* jogador *m* (-ra *f*) de golfe.

gone [gɒn] *pp* → **go** ◆ *prep (Brit):* **it's ~ ten** já passa das dez.

gong [gɒŋ] *n* gongo *m.*

good [gʊd] *(compar* **better,** *superl* **best)** *adj* bom (boa); *(well-behaved)* bem comportado(-da) ◆ *n* o bem; **be ~!** porte-se bem!; **to have a ~ time** divertir-se; **to be ~ at sthg** ser bom em algo; **a ~ ten minutes** uns bons dez minutos; **in ~ time** com antecedência; **to make ~ sthg** *(damage)* pagar por algo; *(loss)* compensar algo; **for ~** para sempre; **for the ~ of** para o bem de; **to do sb ~** fazer bem a alguém; **it's no ~** *(there's no point)* não vale a pena; **~ afternoon!** boa tarde!; **~ evening!** boa noite!; **~ morning!** bom dia!; ~ **night!** boa noite!.

❏ **goods** *npl* mercadorias *fpl*.

goodbye [ˌɡʊdˈbaɪ] *excl* adeus!

Good Friday *n* Sexta-feira *f* Santa.

good-humoured *adj* bem-humorado(-da).

good-looking [-ˈlʊkɪŋ] *adj* bonito(-ta).

good-natured [-ˈneɪtʃəd] *adj* amigável.

goodness [ˈɡʊdnɪs] *n (kindness)* bondade *f*; *(nutritive quality)* valor *m* nutritivo ♦ *excl*: **(my)** ~! meu Deus!; **for ~ sake!** por favor!, por amor de Deus!; **thank ~!** graças a Deus!

goods train [ɡʊdz-] *n* trem *m* de mercadorias.

goodwill [ˌɡʊdˈwɪl] *n* boa vontade *f*.

goody [ˈɡʊdɪ] *n (inf: in film, book etc)* bom *m* (boa *f*).

❏ **goodies** *npl (inf: desirable things)* coisas *fpl* boas.

goose [ɡuːs] *(pl geese) n* ganso *m*.

gooseberry [ˈɡʊzbərɪ] *n* groselha *f* branca.

goosebumps [ˈɡuːsbʌmps] *npl (Am)* = **gooseflesh.**

gooseflesh [ˈɡuːsfleʃ] *n* pele *f* de galinha, pele *f* arrepiada.

goose pimples *npl (Brit)* = **gooseflesh.**

gorge [ɡɔːdʒ] *n* garganta *f*, desfiladeiro *m*.

gorgeous [ˈɡɔːdʒəs] *adj (day, meal, countryside)* magnífico(-ca); *(inf: good-looking)* lindo(-da).

gorilla [ɡəˈrɪlə] *n* gorila *mf*.

gorse [ɡɔːs] *n* tojo *m* (arnal).

gory [ˈɡɔːrɪ] *adj (film)* com muito sangue; *(scene, death)* sangrento(-ta); *(details)* escabroso(-osa).

gosh [ɡɒʃ] *excl (inf)* caramba!

gospel [ˈɡɒspl] *n (doctrine)* evangelho *m*.

❏ **Gospel** *n* Evangelho *m*.

gossip [ˈɡɒsɪp] *n (about someone)* mexerico *m*, fofoca *f*; *(chat)* conversa *f* ♦ *vi (about someone)* fofocar; *(chat)* conversar.

gossip column *n* coluna em jornal ou revista dedicada a mexericos sobre figuras públicas.

got [ɡɒt] *pt & pp* → **get.**

gotten [ˈɡɒtn] *pp (Am)* → **get.**

goujons [ˈɡuːdʒɒnz] *npl* filés *mpl* (de peixe).

goulash [ˈɡuːlæʃ] *n* gulache *m, prato húngaro de carne ensopada temperada com colorau ou pimentão-doce.*

gourmet [ˈɡʊəmeɪ] *n* gastrônomo *m* (-ma *f*) ♦ *adj* gastronômico(-ca).

govern [ˈɡʌvn] *vt* governar.

governess [ˈɡʌvənɪs] *n* governanta *f*, preceptora *f*.

government [ˈɡʌvnmənt] *n* governo *m*.

governor [ˈɡʌvənər] *n (of state, colony)* governador *m* (-ra *f*); *(of school, bank, prison)* diretor *m* (-ra *f*).

gown [ɡaʊn] *n (dress)* vestido *m*.

GP *abbr* = **general practitioner.**

grab [ɡræb] *vt (take hold of)* agarrar.

grace [ɡreɪs] *n (elegance)* graça *f*, elegância *f*; *(prayer)* ação *f* de graças.

graceful [ˈɡreɪsfʊl] *adj* gracioso (-osa).

gracious [ˈɡreɪʃəs] *adj (polite)* amável ♦ *excl*: **(good)** ~! santo Deus!

grade [ɡreɪd] *n (quality)* categoria *f*; *(in exam)* nota *f*; *(Am: year at school)* ano *m* (de escolaridade).

grade crossing *n (Am)* passagem *f* de nível.

grade school *n (Am)* escola *f* primária.

gradient [ˈɡreɪdjənt] *n* inclinação *f*.

gradual [ˈɡrædʒʊəl] *adj* gradual.

gradually [ˈɡrædʒʊəlɪ] *adv* gradualmente.

graduate [*n* ˈɡrædʒʊət, *vb* ˈɡrædʒʊeɪt] *n (from university)* licenciado *m* (-da *f*); *(Am: from high school)* pessoa que concluiu o ensino secundário ♦ *vi (from university)* licenciar-se, formar-se; *(Am: from high school)* concluir o ensino secundário.

graduation [ˌɡrædʒʊˈeɪʃn] *n (ceremony)* entrega *f* dos diplomas.

graffiti [ɡrəˈfiːtɪ] *n* grafite *m*.

grain [ɡreɪn] *n (seed, of sand)* grão *m*; *(crop)* cereais *mpl*; *(of salt)* pedra *f*.

gram [ɡræm] *n* grama *m*.

grammar [ˈɡræmər] *n* gramática *f*.

grammar school *n (in UK)* escola secundária tradicional para alunos dos 11 aos 18 anos, cujo acesso é ditado por um exame.

grammatical [ɡrəˈmætɪkl] *adj (referring to grammar)* gramatical; *(grammatically correct)* (gramaticalmente) correto(-ta).

gramme [ɡræm] *n* = **gram.**

gramophone ['græməfəʊn] *n* gramofone *m*.

gran [græn] *n (Brit) (inf)* avó *f*.

grand [grænd] *adj (impressive)* magnífico(-ca) ◆ *n (inf)* (£1,000) mil libras *fpl*; ($1,000) mil dólares *mpl*.

grandchild ['grænt∫aɪld] *(pl* -children [-,t∫ɪldrən]) *n* neto *m* (-ta *f*).

granddad ['grændæd] *n (inf)* avô *m*.

granddaughter ['græn,dɔ:tər] *n* neta *f*.

grandeur ['grændʒər] *n* grandeza *f*, imponência *f*.

grandfather ['grænd,fɑ:ðər] *n* avô *m*.

grandma ['grænmɑ:] *n (inf)* avó *f*.

grandmother ['græn,mʌðər] *n* avó *f*.

grandpa ['grænpɑ:] *n (inf)* avô *m*.

grandparents ['græn,peərənts] *npl* avós *mpl*.

grand piano *n* piano *m* de cauda.

grand slam *n (in rugby, football)* pleno *m*.

grandson ['græns∧n] *n* neto *m*.

grandstand ['grændstænd] *n* tribuna *f*.

granite ['grænɪt] *n* granito *m*.

granny ['grænɪ] *n (inf)* avó *f*.

grant [grɑ:nt] *n (for study)* bolsa *f*; *(POL)* subsídio *m* ◆ *vt (fml: give)* conceder; **to take sthg for ~ed** considerar algo como um dado adquirido; **to take sb for ~ed** não dar o devido valor a alguém.

granulated sugar ['grænjuleɪtɪd-] *n* açúcar *m* cristalizado.

granule ['grænju:l] *n (of salt, sugar)* pedrinha *f*; *(of coffee)* grânulo *m*.

grape [greɪp] *n* uva *f*.

grapefruit ['greɪpfru:t] *n* toranja *f*.

grapefruit juice *n* suco *m* de toranja *(Br)*, sumo *m* de toranja *(Port)*.

graph [grɑ:f] *n* gráfico *m*.

graphic ['græfɪk] *adj (vivid)* minucioso(-osa).

❏ **graphics** *npl (pictures)* gráficos *mpl*.

graph paper *n* papel *m* milimétrico.

grasp [grɑ:sp] *vt (grip)* agarrar; *(understand)* perceber.

grass [grɑ:s] *n (plant)* grama *f (Br)*, erva *f (Port)*; *(lawn)* gramado *m (Br)*, relva *f (Port)*; **"keep off the ~"** "não pise na grama".

grasshopper ['grɑ:s,hɒpər] *n* gafanhoto *m*.

grate [greɪt] *n* grelha *f*.

grated ['greɪtɪd] *adj* ralado(-da).

grateful ['greɪtfʊl] *adj* agradecido (-da), grato(-ta).

grater ['greɪtər] *n* ralador *m*.

grating ['greɪtɪŋ] *adj* irritante ◆ *n (grille)* gradeamento *m*.

gratitude ['grætɪtju:d] *n* gratidão *f*.

gratuity [grə'tju:ɪtɪ] *n (fml)* gratificação *f*.

grave[1] [greɪv] *adj (mistake, news, concern)* grave ◆ *n* sepultura *f*.

grave[2] [grɑ:v] *adj (accent)* grave.

gravel ['grævl] *n* gravilha *f*.

gravestone ['greɪvstəʊn] *n* pedra *f* tumular.

graveyard ['greɪvjɑ:d] *n* cemitério *m*.

gravity ['grævətɪ] *n* gravidade *f*.

gravy ['greɪvɪ] *n* molho *m* (de carne).

gray [greɪ] *(Am)* = **grey**.

graze [greɪz] *vt (injure)* esfolar.

grease [gri:s] *n* gordura *f*.

greaseproof paper ['gri:spru:f-] *n (Brit)* papel *m* vegetal.

greasy ['gri:sɪ] *adj (clothes, food)* gorduroso(-osa); *(skin, hair)* oleoso(-osa).

great [greɪt] *adj* grande; *(very good)* ótimo(-ma); **(that's)** ~**!** ótimo!

Great Britain *n* Grã-Bretanha *f*.

Great Dane *n* grande dinamarquês *m (cão)*.

great-grandchild *n* bisneto *m* (-ta *f*).

great-grandfather *n* bisavô *m*.

great-grandmother *n* bisavó *f*.

greatly ['greɪtlɪ] *adv* muito.

greatness ['greɪtnɪs] *n* grandeza *f*, importância *f*.

Greece [gri:s] *n* Grécia *f*.

greed [gri:d] *n (for food)* gulodice *f*; *(for money)* ganância *f*.

greedy ['gri:dɪ] *adj (for food)* guloso(-osa); *(for money)* ganancioso(-osa).

Greek [gri:k] *adj* grego(-ga) ◆ *n (person)* grego *m* (-ga *f*); *(language)* grego *m*.

Greek salad *n* salada *f* mista *(com tomate, alface, azeitonas negras e queijo de cabra)*.

green [gri:n] *adj* verde ◆ *n (colour)* verde *m*; *(in village)* gramado *m* público; *(on golf course)* green *m*.

❏ **greens** *npl (vegetables)* verduras *fpl*.

green beans *npl* feijão *m* verde.

green belt *n (Brit)* cinturão *m* verde.

green card *n (Brit: for car)* carteira *f*

verde, *seguro necessário para viajar de carro no estrangeiro; (Am: work permit)* autorização *f* de permanência e trabalho.

green channel *n* passagem em porto ou aeroporto reservada a passageiros sem artigos a declarar.

greenery ['gri:nərɪ] *n* verde *m*.

greenfly ['gri:nflaɪ] (*pl inv* OR **-flies**) *n* pulgão *m*.

greengage ['gri:ngeɪdʒ] *n* rainha-cláudia *f*.

greengrocer's ['gri:n,grəʊsəz] *n (shop)* loja onde se vende fruta, legumes e hortaliça.

greenhouse ['gri:nhaʊs, *pl* -haʊzɪz] *n* estufa *f*.

greenhouse effect *n* efeito *m* estufa.

Greenland ['gri:nlənd] *n* Gronelândia *f*.

green light *n* sinal *m* verde.

green pepper *n* pimentão *m* (verde).

Greens [gri:nz] *npl*: **the ~** os Verdes.

green salad *n* salada *f* verde.

greet [gri:t] *vt (say hello to)* cumprimentar.

greeting ['gri:tɪŋ] *n* cumprimento *m*.

greeting card (*Am*) = **greetings card**.

greetings card *n (Brit)* cartão *m* de felicitações.

grenade [grə'neɪd] *n* granada *f*.

grew [gru:] *pt* → **grow**.

grey [greɪ] *adj* cinzento(-ta); *(hair)* grisalho(-lha) ◆ *n* cinzento *m*; **to go ~** ganhar cabelos brancos.

grey-haired *adj* grisalho(-lha).

greyhound ['greɪhaʊnd] *n* galgo *m*.

grid [grɪd] *n (grating)* gradeamento *m*; *(on map etc)* quadrícula *f*.

grief [gri:f] *n* desgosto *m*; **to come to ~** fracassar.

grievance ['gri:vns] *n (complaint)* (motivo *m* de) queixa *f*.

grieve [gri:v] *vi* estar de luto.

grill [grɪl] *n* grelha *f*; *(part of restaurant)* grill *m* ◆ *vt* grelhar.

grille [grɪl] *n* (AUT) grelha *f* do radiador.

grilled [grɪld] *adj* grelhado(-da).

grim [grɪm] *adj (expression)* severo(-ra); *(place, reality)* sombrio(-bria); *(news)* desagradável.

grimace ['grɪməs] *n* careta *f*.

grime [graɪm] *n* sujeira *f*.

grimy ['graɪmɪ] *adj* sebento(-ta).

grin [grɪn] *n* sorriso *m* (largo) ◆ *vi* sorrir.

grind [graɪnd] (*pt & pp* **ground**) *vt (pepper, coffee)* moer.

grinder ['graɪndər] *n* moinho *m*.

grip [grɪp] *n (of tyres)* aderência *f*; *(handle)* punho *m*; *(bag)* bolsa *f* de viagem; *(hold)* pega *f* ◆ *vt (hold)* agarrar; **to keep a firm ~ on sthg** *(rope, railings)* agarrar algo com força; **get a ~ on yourself!** controle-se!

gripping ['grɪpɪŋ] *adj* apaixonante.

grisly ['grɪzlɪ] *adj* horripilante, horrendo(-da).

gristle ['grɪsl] *n* nervo *m*.

grit [grɪt] *n (stones)* gravilha *f*; *(sand)* saibro *m*; *(in eye)* cisco *m*, areia *f* ◆ *vt (road, steps)* ensaibrar.

groan [grəʊn] *n* gemido *m* ◆ *vi (in pain)* gemer; *(complain)* resmungar.

groceries ['grəʊsərɪz] *npl* mercearia *f*.

grocer's ['grəʊsəz] *n (shop)* mercearia *f*.

grocery ['grəʊsərɪ] *n (shop)* mercearia *f*.

groggy ['grɒgɪ] *adj* tonto(-ta), zonzo(-za).

groin [grɔɪn] *n* virilha *f*.

groom [gru:m] *n (of horses)* cavalariço *m (Br)*, moço *m* de estrebaria *(Port)*; *(bridegroom)* noivo *m* ◆ *vt (horse, dog)* escovar; *(candidate)* preparar.

groove [gru:v] *n* ranhura *f*.

grope [grəʊp] *vi*: **to ~ around for sthg** procurar algo com apalpadelas.

gross [grəʊs] *adj (weight, income)* bruto(-ta).

grossly ['grəʊslɪ] *adv (extremely)* extremamente.

grotesque [grəʊ'tesk] *adj* grotesco(-ca).

grotto ['grɒtəʊ] (*pl* **-s** OR **-es**) *n* gruta *f*.

grotty ['grɒtɪ] *adj (Brit: inf)* mixa *(Br)*, rasca *(Port)*.

ground [graʊnd] *pt & pp* → **grind** ◆ *n* chão *m*; *(SPORT)* campo *m* ◆ *adj (coffee)* moído(-da) ◆ *vt*: **to be ~ed** *(plane)* não ter autorização para decolar; *(Am: electrical connection)* estar ligado à terra.

❏ **grounds** *npl (of building)* área que circunda um prédio; *(of coffee)* borra *f*; *(reason)* razão *f*, motivo *m*.

ground crew *n* pessoal *m* de terra.
ground floor *n* andar *m* térreo *(Br)*, rés-do-chão *m* *(Port)*.
grounding ['graʊndɪŋ] *n*: ~ **in sthg** conhecimentos *mpl* (básicos) de algo.
groundless ['graʊndlɪs] *adj* infundado(-da).
groundsheet ['graʊndʃiːt] *n* chão *m* OR solo *m* da barraca.
groundwork ['graʊndwɜːk] *n* trabalho *m* preparatório.
group [gruːp] *n* grupo *m*.
groupie ['gruːpɪ] *n (inf)* groupie *mf*, *pessoa que segue o seu grupo ou artista preferido de perto indo a todos os seus concertos.*
grouse [graʊs] *(pl inv) n (bird)* galo silvestre *m*.
grove [grəʊv] *n (group of trees)* mata *f*; **lemon** ~ limoal *m*.
grovel ['grɒvl] *vi (be humble)* humilhar-se.
grow [grəʊ] *(pt* grew, *pp* grown*) vi* crescer; *(become)* tornar-se ♦ *vt (plant, crop)* cultivar; *(beard)* deixar crescer.
❑ **grow up** *vi* crescer.
growl [graʊl] *vi (dog)* rosnar.
grown [grəʊn] *pp* → grow.
grown-up *adj* adulto(-ta) ♦ *n* adulto *m* (-ta *f*).
growth [grəʊθ] *n (increase)* crescimento *m*; *(MED)* tumor *m*, abcesso *m*.
grub [grʌb] *n (inf: food)* comida *f*.
grubby ['grʌbɪ] *adj (inf)* porco (porca).
grudge [grʌdʒ] *n* ressentimento *m* ♦ *vt*: **to** ~ **sb sthg** invejar algo a alguém; **he seems to have a** ~ **against me** ele parece ter algo contra mim.
grueling ['groəlɪŋ] *(Am)* = gruelling.
gruelling ['groəlɪŋ] *adj (Brit)* extenuante.
gruesome ['gruːsəm] *adj* horripilante.
gruff [grʌf] *adj* áspero(-ra).
grumble ['grʌmbl] *vi (complain)* resmungar.
grumpy ['grʌmpɪ] *adj (inf)* resmungão(-gona).
grunt [grʌnt] *vi* grunhir.
guarantee [gærən'tiː] *n* garantia *f* ♦ *vt* garantir.
guaranteed delivery [ˌgærən'tiːd-] *n (Brit)* = correio *m* expresso.
guard [gɑːd] *n (of prisoner etc)* guarda *mf*; *(Brit: on train)* guarda *m*; *(protective*

cover) proteção *f* ♦ *vt (watch over)* guardar; **to be on one's** ~ estar alerta.
guard dog *n* cão *m* de guarda.
guarded ['gɑːdɪd] *adj* cauteloso(-osa), prudente.
guardian ['gɑːdjən] *n (of child)* tutor *m* (-ra *f*); *(protector)* guardião *m* (-diã *f*).
guard's van *n (Brit)* vagão *m* traseiro.
guerilla = guerrilla.
Guernsey ['gɜːnzɪ] *n (place)* Guernsey *s*.
guerrilla [gə'rɪlə] *n* guerrilheiro *m* (-ra *f*).
guess [ges] *n* suposição *f* ♦ *vt & vi* adivinhar; **I** ~ **(so)** é provável, imagino que sim.
guesswork ['geswɜːk] *n* conjetura *f*.
guest [gest] *n (in home)* convidado *m* (-da *f*); *(in hotel)* hóspede *mf*.
guesthouse ['gesthaʊs, *pl* -haʊzɪz] *n* pensão *f*.
guestroom ['gestrʊm] *n* quarto *m* de hóspedes.
guffaw [gʌ'fɔː] *n* gargalhada *f* ♦ *vi* rir às gargalhadas.
guidance ['gaɪdəns] *n* orientação *f*.
guide [gaɪd] *n (for tourists)* guia *mf*; *(guidebook)* guia *m* ♦ *vt* guiar.
❑ **Guide** *n (Brit)* = escoteira *f*.
guidebook ['gaɪdbʊk] *n* guia *m*.
guide dog *n* cão *m* de guia.
guided tour ['gaɪdɪd-] *n* visita *f* com guia.
guidelines ['gaɪdlaɪnz] *npl* diretrizes *fpl*.
guild [gɪld] *n (association)* associação *f*.
guillotine ['gɪləˌtiːn] *n* guilhotina *f*.
guilt [gɪlt] *n* culpa *f*.
guilty ['gɪltɪ] *adj* culpado(-da).
Guinea-Bissau [ˌgɪnɪbɪ'saʊ] *n* Guiné-Bissau *f*.
guinea pig ['gɪnɪ-] *n* cobaia *f*.
guitar [gɪ'tɑːr] *n (acoustic)* viola *f*; *(electric)* guitarra *f*.
guitarist [gɪ'tɑːrɪst] *n (of acoustic guitar)* tocador *m* (-ra *f*) de viola; *(of electric guitar)* guitarrista *mf*.
gulf [gʌlf] *n (of sea)* golfo *m*.
Gulf War *n*: **the** ~ a Guerra do Golfo.
gull [gʌl] *n* gaivota *f*.
gullet ['gʌlɪt] *n* goela *f*.
gullible ['gʌləbl] *adj* ingênuo(-nua).

gully [ˈgʌlɪ] *n* barranco *m*.

gulp [gʌlp] *n (of drink)* gole *m*.

gum [gʌm] *n (chewing gum, bubble gum)* chiclete *m (Br)*, pastilha *f* elástica *(Port); (adhesive)* cola *f*.

❑ **gums** *npl (in mouth)* gengivas *fpl*.

gumboots [ˈgʌmbuːts] *npl (Brit)* botas *fpl* de borracha, galochas *fpl*.

gun [gʌn] *n (pistol)* revólver *m; (rifle)* espingarda *f; (cannon)* canhão *m*.

gunfire [ˈgʌnfaɪəʳ] *n* tiroteio *m*.

gunman [ˈgʌnmən] *(pl* **-men** [-mən]*) n* pessoa *f* armada.

gunpoint [ˈgʌnpɔɪnt] *n*: **at ~** sob ameaça de arma.

gunpowder [ˈgʌnˌpaʊdəʳ] *n* pólvora *f*.

gunshot [ˈgʌnʃɒt] *n* tiro *m*.

gurgle [ˈgɜːgl] *vi* gorgolejar.

gush [gʌʃ] *n* jorro *m* ◆ *vi (flow out)* jorrar.

gust [gʌst] *n* rajada *f*.

gut [gʌt] *n (inf: stomach)* bucho *m*.

❑ **guts** *npl (inf) (intestines)* tripas *fpl; (courage)* coragem *f*, peito *m*.

gutter [ˈgʌtəʳ] *n (beside road)* sarjeta *f; (of house)* calha *f (Br)*, caleira *f (Port)*.

gutter press *n* imprensa *f* sensacionalista.

guy [gaɪ] *n (inf: man)* tipo *m*.

❑ **guys** *npl (Am: inf: people)*: **you ~s** vocês.

Guy Fawkes Night [-ˈfɔːks-] *n (Brit)* 5 de novembro.

guy rope *n* corda *f (de barraca de acampar)*.

guzzle [ˈgʌzl] *vt (food)* devorar; *(drink)* emborcar.

gym [dʒɪm] *n (place)* ginásio *m; (school lesson)* ginástica *f*.

gymnasium [dʒɪmˈneɪzjəm] *(pl* **-iums** OR **-ia** [-zɪə]*) n* ginásio *m*.

gymnast [ˈdʒɪmnæst] *n* ginasta *mf*.

gymnastics [dʒɪmˈnæstɪks] *n* ginástica *f*.

gym shoes *npl* sapatilhas *fpl* de ginástica.

gymslip [ˈdʒɪmˌslɪp] *n (Brit)* veste *f* escolar *(Br)*, bata *f* da escola *(Port)*.

gynaecologist [ˌgaɪnəˈkɒlədʒɪst] *n* ginecologista *mf*.

gynaecology [ˌgaɪnəˈkɒlədʒɪ] *n* ginecologia *f*.

gypsy [ˈdʒɪpsɪ] = **gipsy**.

H

H *(abbr of hospital)* H ◆ *abbr* = **hot**.
haberdashery [ˈhæbəˌdæʃərɪ] *n*
(goods) artigos *mpl* de armarinho *(Br)*,
artigos *mpl* de retrosaria *(Port)*; *(shop)*
armarinho *m (Br)*, retrosaria *f (Port)*
habit [ˈhæbɪt] *n* hábito *m*.
habitat [ˈhæbɪtæt] *n* habitat *m*.
habitual [həˈbɪtʃʊəl] *adj (customary)*
habitual; *(offender, smoker, drinker)*
inveterado(-da).
hack [hæk] *vt* cortar, rachar.
hacksaw [ˈhæksɔː] *n* serra *f* para
metal.
had [hæd] *pt & pp* → **have**.
haddock [ˈhædək] *(pl inv) n* hadoque
m (Br), eglefim *m (Port)*.
hadn't [ˈhædnt] = **had not**.
haggard [ˈhægəd] *adj (person)* abati-
do(-da).
haggis [ˈhægɪs] *n bucho de ovelha recheado com aveia, gordura, miúdos de
carneiro e especiarias, cozido e servido
com batatas e nabos cozidos, prato tradicional escocês.*
haggle [ˈhægl] *vi* regatear.
Hague [heɪg] *n*: **The ~** Haia *s*.
hail [heɪl] *n* granizo *m* ◆ *v impers*: **it's**
~ing está chovendo granizo.
hailstone [ˈheɪlstəʊn] *n* granizo *m*,
pedra *f*.
hair [heəʳ] *n (on human head)* cabelo
m; (on skin) pêlo *m*; **to have one's ~ cut**
cortar o cabelo; **to wash one's ~** lavar
a cabeça.
hairband [ˈheəbænd] *n* fita *f* para o
cabelo.
hairbrush [ˈheəbrʌʃ] *n* escova *f* (de
cabelo).
hairclip [ˈheəklɪp] *n* grampo *m (Br)*,
gancho *m (Port)*.
haircut [ˈheəkʌt] *n (style)* corte *m* (de
cabelo); **to have a ~** cortar o cabelo.
hairdo [ˈheəduː] *(pl -s) n* penteado *m*.

hairdresser [ˈheəˌdresəʳ] *n* cabeleireiro *m (-ra f)*; **~'s** *(salon)* cabeleireiro *m*; **to go to the ~'s** ir ao
cabeleireiro.
hairdryer [ˈheəˌdraɪəʳ] *n* secador *m* de
cabelo.
hair gel *n* gel *m* (para o cabelo).
hairgrip [ˈheəgrɪp] *n (Brit)* grampo *m*
(Br), gancho *m (Port)*.
hairnet [ˈheənet] *n* rede *f* para o cabelo.
hairpin [ˈheəpɪn] *n* grampo *m (Br)*,
gancho *m (Port)*.
hairpin bend *n* curva *f* fechada.
hair-raising [-ˌreɪzɪŋ] *adj* de arrepiar
os cabelos, arrepiante.
hair remover [-rɪˌmuːvəʳ] *n* depilatório *m*.
hair rollers [-ˈrəʊləz] *npl* rolos *mpl*
(para o cabelo).
hair slide *n* grampo *m (Br)*, gancho
m (Port).
hairspray [ˈheəspreɪ] *n* laquê *m (Br)*,
laca *f (Port)*.
hairstyle [ˈheəstaɪl] *n* penteado *m*.
hairy [ˈheərɪ] *adj (person)* cabeludo
(-da); *(chest, legs)* peludo(-da).
Haiti [ˈheɪtɪ] *n* Haiti *m*.
hake [heɪk] *n* pescada *f*.
half [Brit hɑːf, Am hæf] *(pl halves) n*
(50%) metade *f; (of match)* parte *f; (half
pint)* fino *m (Port)*, ≈ 2,5 cl; *(child's ticket)* meia passagem *f (Br)*, meio bilhete
m (Port) ◆ *adj* meio (meia) ◆ *adv* meio;
a day and a ~ um dia e meio; **four and
a ~** quatro e meio; **an hour and a
~** uma hora e meia; **~ past seven** sete
e meia; **~ as big as** metade do tamanho de; **~ an hour** meia-hora; **~ a
dozen** meia dúzia; **~ price** a metade
do preço.
half board *n* meia pensão *f*.
half-day *n* meio-dia *m*.

half fare n meia passagem f (Br), meio bilhete m (Port).

half-hearted [-'hɑːtɪd] adj pouco entusiasta.

half hour n meia-hora f; **every ~** todas as meias-horas.

half-mast n (Brit): **at ~** a meio mastro, a meia haste.

halfpenny ['heɪpnɪ] (pl **-pennies** OR **-pence**) n meio pêni m.

half portion n meia dose f.

half-price adj a metade do preço.

half term n (Brit) semana de férias na metade do trimestre escolar.

half time n intervalo m.

halfway [hɑːf'weɪ] adv (in space) a meio caminho; (in time) a meio.

halibut ['hælɪbət] (pl inv) n palmeta f.

hall [hɔːl] n (of house) entrada f, hall m; (building, large room) salão m; (country house) = mansão f.

hallmark ['hɔːlmɑːk] n (on silver, gold) marca f.

hallo [hə'ləʊ] = **hello**.

hall of residence n residência f universitária.

Halloween [ˌhæləʊ'iːn] n noite f das bruxas.

hallucinate [hə'luːsɪneɪt] vi delirar, estar com alucinações.

hallway ['hɔːlweɪ] n corredor m.

halo ['heɪləʊ] (pl **-es** OR **-s**) n halo m, auréola f.

halt [hɔːlt] vi parar ◆ n: **to come to a ~** parar.

halve [Brit hɑːv, Am hæv] vt (reduce by half) reduzir à metade; (divide in two) dividir ao meio.

halves [Brit hɑːvz, Am hævz] pl → **half**.

ham [hæm] n presunto m.

hamburger ['hæmbɜːgəʳ] n (beefburger) hambúrguer m; (Am: mince) carne f picada.

hamlet ['hæmlɪt] n aldeia f, lugarejo m.

hammer ['hæməʳ] n martelo m ◆ vt (nail) martelar.

hammock ['hæmək] n rede f.

hamper ['hæmpəʳ] n cesta f (de piquenique).

hamster ['hæmstəʳ] n hamster m.

hamstring ['hæmstrɪŋ] n tendão m do jarrete.

hand [hænd] n mão f; (of clock, watch, dial) ponteiro m; **to give sb a ~** dar ⟨...⟩ mão a alguém; **to get out of ~**
fugir ao controle; **by ~** à mão; **in ~** (time) disponível; **on the one ~** por um lado; **on the other ~** por outro lado.

❑ **hand in** vt sep entregar.

❑ **hand out** vt sep distribuir.

❑ **hand over** vt sep (give) entregar.

handbag ['hændbæg] n bolsa f, carteira f.

handball ['hændbɔːl] n andebol m.

handbasin ['hændbeɪsn] n pia f.

handbook ['hændbʊk] n manual m.

handbrake ['hændbreɪk] n freio m de mão (Br), travão m de mão (Port).

hand cream n creme m para as mãos.

handcuffs ['hændkʌfs] npl algemas fpl.

handful ['hændfʊl] n (amount) mãocheia f, punhado m.

handgun ['hændgʌn] n pistola f.

handicap ['hændɪkæp] n (physical, mental) deficiência f; (disadvantage) desvantagem f.

handicapped ['hændɪkæpt] adj deficiente ◆ npl: **the ~** os deficientes.

handicraft ['hændɪkrɑːft] n artesanato m.

handiwork ['hændɪwɜːk] n obra f.

handkerchief ['hæŋkətʃɪf] (pl **-chiefs** OR **-chieves** [-tʃiːvz]) n lenço m (de mão).

handle ['hændl] n (of door, window) puxador m; (of suitcase) alça f; (of pan, knife) cabo m ◆ vt (touch) pegar em; (deal with) lidar com; (solve) tratar de; **"~ with care"** "frágil".

handlebars ['hændlbɑːz] npl guidom m (Br), guiador m (Port).

hand luggage n bagagem f de mão.

handmade [ˌhænd'meɪd] adj feito(-ta) à mão.

handout ['hændaʊt] n (leaflet) prospecto m.

handrail ['hændreɪl] n corrimão m.

handset ['hændset] n fone m (Br), auscultador m (Port); **"please replace the ~"** mensagem que avisa que o telefone não está bem desligado.

handshake ['hændʃeɪk] n aperto m de mão.

handsome ['hænsəm] adj bonito(-ta).

handstand ['hændstænd] n pino m.

handwriting ['hændˌraɪtɪŋ] n letra f, caligrafia f.

handy ['hændɪ] adj (useful) prático (-ca); (good with one's hands) habilido-

so(-osa); *(near)* à mão; **to come in ~**
(inf) vir mesmo a calhar.

handyman ['hændɪmæn] *(pl* **-men**
[-men]) *n* faz-tudo *m*, biscoteiro *m*.

hang [hæŋ] *(pt & pp* **hung)** *vt (on hook,*
wall etc) pendurar; *(execute: pt & pp*
hanged) enforcar ♦ *vi (be suspended)*
pender ♦ *n:* **to get the ~ of sthg** pegar
o jeito de algo.

❑ **hang about** *vi (Brit: inf)* rondar.

❑ **hang around** *(inf)* = **hang about**.

❑ **hang down** *vi* estar pendurado(-da).

❑ **hang on** *vi (inf: wait)* esperar.

❑ **hang out** *vt sep (washing)* pendurar
♦ *vi (inf: spend time)* passar o tempo.

❑ **hang up** *vi (on phone)* desligar.

hangar ['hæŋəʳ] *n* hangar *m*.

hanger ['hæŋəʳ] *n* cabide *m*.

hang gliding *n* asa-delta *f*.

hangover ['hæŋ,əʊvəʳ] *n* ressaca *f*.

hang-up *n (inf)* complexo *m*.

hankie ['hæŋkɪ] *n (inf)* lenço *m* (de
mão).

haphazard [,hæp'hæzəd] *adj* ao
acaso; **her work is very ~** o trabalho
dela é muito irregular.

happen ['hæpən] *vi* acontecer; **I ~ed**
to bump into him encontrei-o por
acaso.

happily ['hæpɪlɪ] *adv (luckily)* felizmente.

happiness ['hæpɪnɪs] *n* felicidade *f*.

happy ['hæpɪ] *adj* feliz; **to be ~**
about sthg *(satisfied)* estar satisfeito
(-ta) com algo; **to be ~ to do sthg** não
se importar de fazer algo; **to be ~**
with sthg estar satisfeito com algo;
Happy Birthday! Parabéns!, Feliz Aniversário!; **Happy Christmas!** Feliz
Natal!; **Happy New Year!** Feliz Ano
Novo!

happy-go-lucky *adj* despreocu-
pado(-da).

happy hour *n (inf)* período, normalmente ao fim da tarde, em que os bares
vendem as bebidas mais barato.

harass ['hærəs] *vt* assediar, importunar.

harassment ['hærəsmənt] *n* assédio
m, importúnio *m*.

harbor ['hɑːbəʳ] *(Am)* = **harbour**.

harbour ['hɑːbəʳ] *n (Brit)* porto *m*.

hard [hɑːd] *adj* duro(-ra); *(difficult,*
strenuous) difícil; *(forceful)* forte; *(win-*
ter, frost) rigoroso (-osa); *(water)* calcá-
rio(-ria), duro(-ra); *(drugs)* pesado(-da)

♦ *adv (work)* muito, arduamente; *(lis-*
ten) atentamente; *(hit, rain)* com força;
to try ~ fazer um esforço.

hardback ['hɑːdbæk] *n* livro *m* enca-
dernado.

hardboard ['hɑːdbɔːd] *n* madeira *f*
compensada *(Br)*, platex *m (Port)*.

hard-boiled egg [-bɔɪld-] *n* ovo *m*
cozido.

hard cash *n* dinheiro *m* em espécie,
dinheiro *m* vivo.

hard copy *n* cópia *f* impressa.

hard disk *n* disco *m* rígido OR duro.

harden ['hɑːdn] *vt & vi* endurecer.

hard-hearted [-'hɑːtɪd] *adj* insensível.

hardly ['hɑːdlɪ] *adv:* **~ ever** quase
nunca; **I ~ know her** mal a conheço;
there's ~ any left já não há quase
nada.

hardness ['hɑːdnɪs] *n (solidness)* dureza *f*; *(difficulty)* dificuldade *f*.

hardship ['hɑːdʃɪp] *n* dificuldades *fpl*.

hard shoulder *n (Brit)* acostamento *m (Br)*, zona *f* de paragem de
urgência.

hard up *adj (inf)* teso(-sa).

hardware ['hɑːdweəʳ] *n (tools, equip-*
ment) ferramenta *f*; *(COMPUT)* hardware
m.

hardware shop *n* loja *f* de ferragens.

hardware store *n* loja *f* de ferragens.

hardwearing [,hɑːd'weərɪŋ] *adj (Brit)*
resistente.

hardworking [,hɑːd'wɜːkɪŋ] *adj* tra-
balhador(-ra).

hardy ['hɑːdɪ] *adj (person, animal)*
robusto(-ta); *(plant)* vivaz, resistente.

hare [heəʳ] *n* lebre *f*.

harebrained ['heəbreɪnd] *adj (inf)*
disparatado(-da), desmiolado(-da).

haricot (bean) ['hærɪkəʊ-] *n* feijão
m branco.

harm [hɑːm] *n (injury)* mal *m*; *(dam-*
age) dano *m* ♦ *vt (injure)* magoar; *(repu-*
tation, chances) prejudicar; *(fabric)*
danificar.

harmful ['hɑːmfʊl] *adj* prejudicial.

harmless ['hɑːmlɪs] *adj* inofensivo
(-va).

harmonica [hɑːˈmɒnɪkə] *n* harmônica
f.

harmony ['hɑːmənɪ] *n* harmonia *f*.

harness ['hɑːnɪs] *n (for horse)* arreios

mpl; (for child) andadeira *f*.

harp [hɑːp] *n* harpa *f*.

harpoon [hɑːˈpuːn] *n* arpão *m* ◆ *vt* arpear.

harpsichord [ˈhɑːpsɪkɔːd] *n* cravo *m*.

harrowing [ˈhærəʊɪŋ] *adj* horrível, horroroso(-osa).

harsh [hɑːʃ] *adj (severe)* rigoroso(-osa); *(cruel)* severo(-ra); *(sound, voice)* áspero(-ra).

harvest [ˈhɑːvɪst] *n* colheita *f*.

has [weak form həz, strong form hæz] → **have**.

has-been *n (inf)* velha glória *f*, estrela *f* do passado.

hash [hæʃ] *n (meat)* picadinho *m* de carne; **I made a real ~ of the exam** *(inf)* fui extremamente mal no exame.

hash browns [hæʃ-] *npl (Am)* bolinhos fritos de batatas e cebolas picadas.

hasn't [ˈhæznt] = **has not**.

hassle [ˈhæsl] *n (inf)* chatice *f*.

haste [heɪst] *n* pressa *f*.

hastily [ˈheɪstɪlɪ] *adv* precipitadamente.

hasty [ˈheɪstɪ] *adj (hurried)* apressado(-da); *(rash)* precipitado(-da).

hat [hæt] *n* chapéu *m*.

hatch [hætʃ] *n (for serving food)* passa-pratos *m* ◆ *vi (chick)* nascer.

hatchback [ˈhætʃˌbæk] *n* carro *m* de três OR cinco portas.

hatchet [ˈhætʃɪt] *n* machado *m*.

hatchway [ˈhætʃˌweɪ] *n (on ship)* escotilha *f*.

hate [heɪt] *n* ódio *m* ◆ *vt* odiar, detestar; **to ~ doing sthg** detestar fazer algo.

hateful [ˈheɪtfʊl] *adj* detestável, odioso(-osa).

hatred [ˈheɪtrɪd] *n* ódio *m*.

hat trick *n* hat trick *m*, três gols marcados pelo mesmo jogador no mesmo jogo.

haughty [ˈhɔːtɪ] *adj* altivo(-va).

haul [hɔːl] *vt* arrastar ◆ *n*: **a long ~** um longo percurso.

haunch [hɔːntʃ] *n (of person)* quadril *m*; *(of animal)* quarto *m* traseiro.

haunt [hɔːnt] *n* sítio *m* preferido ◆ *vt (subj: ghost)* assombrar.

haunted [ˈhɔːntɪd] *adj (house)* assombrado(-da).

have [hæv] *(pt & pp* **had)** *aux vb* **1.** *(to* ... *perfect tenses)*: **I ~ finished** acabei; **... ... en there? – no, I haven't** você

já esteve lá? – não; **they hadn't seen it** não o tinham visto; **we had already left** nós já tínhamos saído.

2. *(must)*: **to ~ (got) to do sthg** ter de fazer algo; **do you ~ to pay?** é preciso pagar?

◆ *vt* **1.** *(possess)*: **to ~ (got)** ter; **do you ~** OR **you got a double room?** você tem um quarto de casal?; **she has (got) brown hair** ela tem o cabelo castanho.

2. *(experience)* ter; **to ~ a cold** estar resfriado; **to ~ a great time** divertir-se a valer.

3. *(replacing other verbs)* ter; **to ~ breakfast** tomar o café da manhã; **to ~ dinner** jantar; **to ~ lunch** almoçar; **to ~ a bath** tomar banho; **to ~ a drink** tomar qualquer coisa, tomar um copo; **to ~ a shower** tomar um banho; **to ~ a swim** nadar; **to ~ a walk** passear.

4. *(feel)* ter; **I ~ no doubt about it** não tenho dúvida alguma OR nenhuma sobre isso.

5. *(cause to be)*: **to ~ sthg done** mandar fazer algo; **to ~ one's hair cut** cortar o cabelo.

6. *(be treated in a certain way)*: **I've had my wallet stolen** me roubaram a carteira.

haven't [ˈhævnt] = **have not**.

haversack [ˈhævəsæk] *n* mochila *f*.

havoc [ˈhævək] *n* caos *m*.

Hawaii [həˈwaiiː] *n* Havaí *m*.

hawk [hɔːk] *n* falcão *m*.

hawker [ˈhɔːkər] *n* vendedor *m* (-ra *f*) ambulante.

hay [heɪ] *n* feno *m*.

hay fever *n* febre *f* do feno.

haystack [ˈheɪstæk] *n* meda *f* de feno.

haywire [ˈheɪwaɪər] *adj (inf)*: **to go ~** degringolar *(Br)*, flipar *(Port)*.

hazard [ˈhæzəd] *n* risco *m*.

hazardous [ˈhæzədəs] *adj* arriscado(-da).

hazard warning lights *npl (Brit)* pisca-alerta *m (Br)*, luzes *fpl* (avisadoras) de perigo *(Port)*.

haze [heɪz] *n* névoa *f*.

hazel [ˈheɪzl] *adj* cor-de-mel *(inv)*.

hazelnut [ˈheɪzlˌnʌt] *n* avelã *f*.

hazy [ˈheɪzɪ] *adj (misty)* nublado(-da).

he [hiː] *pron* ele; **~'s tall** ele é alto.

head [hed] *n* cabeça *f*; *(of queue)* princípio *m*; *(of page, letter)* cabeçalho *m*; *(of table, bed)* cabeceira *f*; *(of company, department)* chefe *m* (-fa *f*); *(head* *teacher)* diretor *m* (-ra *f*); *(of beer)* espuma *f* ◆ *vt (list, organization)* encabeçar ◆ *vi:* **to ~ home** dirigir-se para casa; **£10 a ~** 10 libras por cabeça; **~s or tails?** cara ou coroa?

❑ **head for** *vt fus (place)* dirigir-se a.

headache ['hedeɪk] *n (pain)* dor *f* de cabeça; **I've got a ~** estou com dor de cabeça.

headband ['hedbænd] *n* fita *f* de cabelo.

head boy *n (Brit)* representante *m* estudantil.

headdress ['heddres] *n* ornamento *m* para a cabeça.

header ['hedə^r] *n (in football)* cabeçada *f*.

headfirst [,hed'fɜːst] *adv* de cabeça.

head girl *n .(Brit)* representante *f* estudantil.

heading ['hedɪŋ] *n* título *m*.

headlamp ['hedlæmp] *(Brit)* = **headlight**.

headlight ['hedlaɪt] *n* farol *m* (dianteiro).

headline ['hedlaɪn] *n (in newspaper)* manchete *f (Br)*, título *m (Port)*; *(on TV, radio)* notícia *f* principal.

headlong ['hedlɒŋ] *adv (at great speed)* a toda a velocidade; *(impetuously)* sem pensar; *(dive, fall)* de cabeça.

headmaster [,hed'mɑːstə^r] *n* diretor *m* (de escola).

headmistress [,hed'mɪstrɪs] *n* diretora *f* (de escola).

head of state *n* chefe *m* de estado.

head-on *adj & adv* de frente.

headphones ['hedfəʊnz] *npl* fones *mpl* de ouvido *(Br)*, auscultadores *mpl (Port)*.

headquarters [,hed'kwɔːtəz] *npl (of business)* sede *f*; *(of army)* quartel *m* general; *(of police)* central *f*.

headrest ['hedrest] *n* apoio-de-cabeça *m*.

headroom ['hedrʊm] *n (under bridge)* vão *m* livre.

headscarf ['hedskɑːf] *(pl* **-scarves** [-skɑːvz]) *n* lenço *m* de cabeça.

headset ['hedset] *n* fones *mpl* de ouvido *(Br)*, auscultadores *mpl* com microfone *(Port)*.

head start *n* vantagem *f*, avanço *m*.

headstrong ['hedstrɒŋ] *adj* cabeçudo(-da), teimoso(-osa).

head teacher *n* diretor *m* (-ra *f*) (da escola).

head waiter *n* maître *m (Br)*, chefe *m* de mesa *(Port)*.

heal [hiːl] *vt* curar ◆ *vi* sarar.

healing ['hiːlɪŋ] *n (of a person)* cura *f*; *(of a wound)* cicatrização *f*.

health [helθ] *n* saúde *f*; **to be in good/poor ~** estar bem/mal de saúde; **your (very) good ~!** saúde!

health centre *n* centro *m* de saúde.

health food *n* comida *f* dietética.

health food shop *n* loja *f* de produtos dietéticos.

health insurance *n* seguro *m* de saúde.

health service *n* serviço *m* de saúde.

healthy ['helθɪ] *adj* saudável.

heap [hiːp] *n* monte *m*; **~s of** *(inf)* montes de.

hear [hɪə^r] *(pt & pp* **heard** [hɜːd]) *vt & vi* ouvir; **to ~ about sthg** saber de algo; **to ~ from sb** ter notícias de alguém; **have you heard of him?** você já ouviu falar dele?

hearing ['hɪərɪŋ] *n (sense)* audição *f*; *(at court)* audiência *f*; **to be hard of ~** não ouvir bem.

hearing aid *n* aparelho *m* auditivo.

hearsay ['hɪəseɪ] *n* boato *m*.

hearse [hɜːs] *n* carro *m* fúnebre.

heart [hɑːt] *n* coração *m*; **to know sthg (off) by ~** saber algo de cor; **to lose ~** perder a coragem.

❑ **hearts** *npl (in cards)* copas *fpl*.

heart attack *n* ataque *m* cardíaco.

heartbeat ['hɑːtbiːt] *n* pulsação *f*, batida *f* cardíaca.

heartbroken ['hɑːt,brəʊkn] *adj* desolado(-da), com o coração despedaçado.

heartburn ['hɑːtbɜːn] *n* azia *f*.

heart condition *n:* **to have a ~** ter problemas cardíacos OR de coração.

heartfelt ['hɑːtfelt] *adj* sincero(-ra), do fundo do coração.

hearth [hɑːθ] *n* borda *f* da lareira.

heartless ['hɑːtlɪs] *adj (person)* sem coração; *(refusal, decision)* cruel.

heartwarming ['hɑːt,wɔːmɪŋ] *adj* comovente.

hearty ['hɑːtɪ] *adj (meal)* substancial.

heat [hiːt] *n* calor *m*; *(specific temperature)* temperatura *f*

❑ **heat up** vt sep aquecer.

heated ['hi:tɪd] adj (room, swimming pool) aquecido(-da); (argument, discussion) acalorado(-da).

heater ['hi:tər] n aquecedor m.

heath [hi:θ] n charneca f.

heathen ['hi:ðn] adj pagão(-gã) ◆ n pagão m (-gã f).

heather ['heðər] n urze f.

heating ['hi:tɪŋ] n aquecimento m.

heatstroke ['hi:tstrəuk] n insolação f.

heat wave n onda f de calor.

heave [hi:v] vt (push) empurrar com força; (pull) puxar com força; (lift) levantar com força.

Heaven ['hevn] n paraíso m, céu m.

heavily ['hevɪlɪ] adv muito.

heavy ['hevɪ] adj pesado(-da); (rain, fighting, traffic) intenso(-sa); **how ~ is it?** quanto é que (isso) pesa?; **to be a ~ smoker** fumar muito.

heavy cream n (Am) creme m de leite (Br), natas fpl espessas (Port).

heavy goods vehicle n (Brit) veículo m pesado.

heavy industry n indústria f pesada.

heavy metal n heavy metal m.

heavyweight ['hevɪweɪt] n (SPORT) peso m pesado.

Hebrew ['hi:bru:] adj hebraico(-ca) ◆ n (person) hebreu m (-bréia f); (language) hebreu m, hebraico m.

Hebrides ['hebrɪdi:z] npl: **the ~** as Hébridas.

heckle ['hekl] vt interromper (continuamente).

hectic ['hektɪk] adj agitado(-da).

he'd [hi:d] = he had.

hedge [hedʒ] n cerca f viva (Br), sebe f.

hedgehog ['hedʒhɒg] n ouriço-cacheiro m.

heel [hi:l] n (of person) calcanhar m; (of shoe) salto m.

hefty ['heftɪ] adj (person) robusto(-ta); (fine) considerável.

height [haɪt] n altura f; (peak period) ponto m alto; **what ~ is it?** quanto é que mede?

[...] vt aumentar, inten- [...]-se.

heirloom ['eəlu:m] n relíquia f familiar.

held [held] pt & pp → hold.

helicopter ['helɪkɒptər] n helicóptero m.

Hell [hel] n o Inferno.

he'll [hi:l] = he will.

hellish ['helɪʃ] adj (inf) terrível; **the traffic was ~** o trânsito estava um inferno.

hello [hə'ləu] excl (as greeting) oi! (Br), olá! (Port); (when answering phone) alô! (Br), estou! (Port); (when phoning) alô? (Br), está? (Port); (to attract attention) ei!

helm [helm] n (of ship) leme m.

helmet ['helmɪt] n capacete m.

help [help] n ajuda f ◆ vt & vi ajudar ◆ excl socorro!; **I can't ~ it** não consigo evitá-lo; **to ~ sb (to) do sthg** ajudar alguém a fazer algo; **to ~ o.s. (to sthg)** servir-se (de algo); **can I ~ you?** (in shop) posso ajudá-lo?.

❑ **help out** vi ajudar.

helper ['helpər] n (assistant) ajudante mf; (Am: cleaner) faxineira f (Br), mulher-a-dias f (Port).

helpful ['helpful] adj (person) prestativo(-va); (useful) útil.

helping ['helpɪŋ] n porção f; **he had a second ~ of pudding** ele repetiu a sobremesa.

helpless ['helplɪs] adj indefeso(-sa).

Helsinki ['helsɪŋkɪ] n Helsínque s.

hem [hem] n bainha f.

hemisphere ['hemɪsfɪər] n hemisfério m.

hemline ['hemlaɪn] n bainha f.

hemophiliac [ˌhi:mə'fɪlɪæk] n hemofílico m (-ca f).

hemorrhage ['hemərɪdʒ] n hemorragia f.

hemorrhoids ['hemərɔɪdz] npl hemorróidas fpl.

hen [hen] n (chicken) galinha f.

hence [hens] adv (fml: therefore) assim; (from now): **ten years ~** daqui a dez anos.

henceforth [ˌhens'fɔ:θ] adv (fml) de hoje em diante, doravante.

henna ['henə] n hena f ◆ vt pintar com hena.

henpecked ['henpekt] adj: **he's a ~ husband** ele é um pau-mandado da mulher.

hepatitis [ˌhepə'taɪtɪs] n hepatite f.

her [hɜ:r] adj o seu (a sua), dela ◆ pron

(direct) a; *(indirect)* lhe; *(after prep)* ela; ~ **books** os livros dela, os seus livros; **I know** ~ eu a conheço; **it's** ~ é ela; **send it to** ~ mande isso para ela; **tell** ~ diz-lhe; **he's worse than** ~ ele é pior do que ela; **Zena brought it with** ~ a Zena trouxe-o consigo OR com ela.

herb [hɜːb] *n* erva *f* aromática.

herbal tea [ˈhɜːbl-] *n* chá *m* de ervas.

herd [hɜːd] *n (of cattle)* manada *f*; *(of sheep)* rebanho *m*.

here [hɪəʳ] *adv* aqui; ~**'s your book** aqui está o seu livro; ~ **you are** aqui tem, aqui está.

hereabout [ˈhɪərəˌbaʊt] *(Am)* = **hereabouts**.

hereabouts [ˈhɪərəˌbaʊts] *adv (Brit)* por aqui.

hereafter [ˌhɪərˈɑːftəʳ] *adv (fml) (from now on)* de hoje em diante; *(in the future)* mais tarde.

hereby [ˌhɪəˈbaɪ] *adv (fml: in letters)* pela presente; **I ~ declare this theatre open** declaro aberto este teatro.

hereditary [hɪˈredɪtrɪ] *adj (disease)* hereditário(-ria).

heresy [ˈherəsɪ] *n* heresia *f*.

heritage [ˈherɪtɪdʒ] *n* patrimônio *m*.

heritage centre *n museu ou centro de informação em local de interesse histórico.*

hermit [ˈhɜːmɪt] *n* eremita *mf*.

hernia [ˈhɜːnjə] *n* hérnia *f*.

hero [ˈhɪərəʊ] *(pl -es)* *n* herói *m*.

heroic [hɪˈrəʊɪk] *adj* heróico(-ca).

heroin [ˈherəʊɪn] *n* heroína *f*.

heroine [ˈherəʊɪn] *n* heroína *f*.

heron [ˈherən] *n* garça *f*.

herring [ˈherɪŋ] *n* arenque *m*.

hers [hɜːz] *pron* o seu (a sua), (o/a) dela; **a friend of** ~ um amigo dela OR seu; **those shoes are** ~ estes sapatos são dela OR seus; **these are mine – where are** ~**?** estes são os meus – onde estão os dela?

herself [hɜːˈself] *pron (reflexive)* se; *(after prep)* si própria OR mesma; **she did it** ~ foi ela mesma que o fez; **she hurt** ~ ela machucou-se.

he's [hiːz] = **he is, he has**.

hesitant [ˈhezɪtənt] *adj* hesitante.

hesitate [ˈhezɪteɪt] *vi* hesitar.

hesitation [ˌhezɪˈteɪʃn] *n* hesitação *f*.

heterosexual [ˌhetərəʊˈsekʃʊəl] *adj* heterossexual ◆ *n* heterossexual *mf*.

het up [het-] *adj (inf)* nervoso(-osa).

hexagon [ˈheksəgən] *n* hexágono *m*.

hey [heɪ] *excl (inf)* ei!, é pá! *(Port)*.

heyday [ˈheɪdeɪ] *n* época *f* áurea, auge *m*.

HGV *abbr* = **heavy goods vehicle**.

hi [haɪ] *excl (inf)* oi! *(Br)*, olá! *(Port)*.

hibernate [ˈhaɪbəneɪt] *vi* hibernar.

hiccup [ˈhɪkʌp] *n*: **to have (the)** ~**s** estar com OR ter soluços.

hide [haɪd] *(pt hid [hɪd], pp hidden [ˈhɪdn])* *vt* esconder; *(truth, feelings)* esconder, ocultar ◆ *vi* esconder-se ◆ *n (of animal)* pele *f*.

hide-and-seek *n* esconde-esconde *m*, escondidas *fpl*.

hideaway [ˈhaɪdəweɪ] *n (inf)* esconde-rijo *m*, refúgio *m*.

hideous [ˈhɪdɪəs] *adj* horrível.

hiding [ˈhaɪdɪŋ] *n*: **in** ~ *(concealment)* escondido(-da); **to give sb a (good)** ~ *(inf: beating)* dar uma surra em alguém.

hiding place *n* esconderijo *m*.

hierarchy [ˈhaɪərɑːkɪ] *n* hierarquia *f*.

hi-fi [ˈhaɪfaɪ] *n* hi-fi *m*, aparelhagem *f* de som.

high [haɪ] *adj* alto(-ta); *(wind)* forte; *(speed, quality)* grande, alto(-ta); *(opinion)* bom (boa); *(position, rank)* elevado(-da); *(sound, voice)* agudo(-da); *(inf: from drugs)* doidão(-dona) *(Br)*, pedrado(-da) *(Port)* ◆ *n (weather front)* zona *f* de alta pressão ◆ *adv* alto; **how** ~ **is it?** quanto é que (isso) mede?; **it's 10 metres** ~ mede 10 metros de altura.

high chair *n* cadeira-de-bebê *f*.

high-class *adj* de grande categoria.

Higher [ˈhaɪəʳ] *n (Scot)* exame efetuado na Escócia no fim do ensino secundário.

higher education *n* ensino *m* superior.

high heels *npl* saltos *mpl* altos.

high jump *n* salto *m* em altura.

Highland Games [ˈhaɪlənd-] *npl jogos tradicionais escoceses.*

Highlands [ˈhaɪləndz] *npl*: **the** ~ *região montanhosa da Escócia.*

highlight [ˈhaɪlaɪt] *n (best part)* ponto *m* alto ◆ *vt (emphasize)* destacar. ❏ **highlights** *npl (of football match etc)* pontos *mpl* altos; *(in hair)* mechas *fpl* *(Br)*, madeixas *fpl* *(Port)*.

highlighter (pen) [ˈhaɪlaɪtəʳ] *n* marcador *m*.

highly [ˈhaɪlɪ] *adv (extremely)* extremamente; *(very well)* muito bem; **to think**

~ of sb admirar muito alguém.

highness ['haɪnɪs] *n*: **His/Her/ Your (Royal) ~** Sua Alteza *f* (Real); **Their (Royal) ~es** Suas Altezas (Reais).

high-pitched [-'pɪtʃt] *adj* agudo (-da).

high-rise *adj*: **a ~ building** um espigão *(Br)*, uma torre *(Port)*.

high school *n* escola *f* secundária.

high season *n* estação *f* alta.

high-speed train *n* (trem) rápido *m*, trem *m* de grande velocidade.

high street *n* (Brit) rua *f* principal.

high-tech [-'tek] *adj* (industry) de ponta; (design, method, furniture) extremamente moderno(-na).

high tide *n* maré-alta *f*.

highway ['haɪweɪ] *n* (Am: between towns) auto-estrada *f*; (Brit: any main road) estrada *f*.

Highway Code *n* (Brit) código *m* da estrada.

hijack ['haɪdʒæk] *vt* desviar.

hijacker ['haɪdʒækəʳ] *n* pirata *m* do ar.

hike [haɪk] *n* caminhada *f*, excursão *f* a pé ◆ *vi* caminhar.

hiker ['haɪkəʳ] *n* caminhante *mf*.

hiking ['haɪkɪŋ] *n*: **to go ~** fazer uma caminhada.

hilarious [hɪ'leərɪəs] *adj* hilariante.

hill [hɪl] *n* colina *f*, monte *m*.

hillside ['hɪlsaɪd] *n* encosta *f*.

hillwalking ['hɪlwɔːkɪŋ] *n* caminhada *f (em montanha)*.

hilly ['hɪlɪ] *adj* montanhoso (-osa).

him [hɪm] *pron* (direct) o; (indirect) lhe; (after prep) ele; **I know ~** eu o conheço; **it's ~** é ele; **send it to ~** manda isso para ele; **tell ~** diga-lhe; **she's worse than ~** ela é pior que ele; **Tony brought it with ~** o Tony trouxe-o consigo OR com ele.

Himalayas [ˌhɪmə'leɪəz] *npl*: **the ~** os Himalaias.

himself [hɪm'self] *pron* (reflexive) se; (after prep) si próprio OR mesmo; **he did it ~** foi ele mesmo que o fez; **he hurt ~** ele machucou-se.

hinder ['hɪndəʳ] *vt* impedir, atrapalhar.

hindrance ['hɪndrəns] *n* (obstacle) obstáculo *m*, impedimento *m*; (delay) demora *f*, atraso *m*.

hindsight ['haɪndsaɪt] *n*: **with the**

benefit of ~ em retrospecto *(Br)*, a posteriori *(Port)*.

Hindu ['hɪnduː] *adj* hindu ◆ *n* (person) hindu *mf*.

hinge [hɪndʒ] *n* dobradiça *f*.

hint [hɪnt] *n* (indirect suggestion) alusão *f*; (piece of advice) dica *f*, palpite *m*; (slight amount) ponta *f* ◆ *vi*: **to ~ at sthg** fazer alusão a algo.

hip [hɪp] *n* anca *f*.

hippo [ˌhɪpəʊ] (*pl* **-s**) *n* (inf) = **hippopotamus**.

hippopotamus [ˌhɪpə'pɒtəməs] *n* hipopótamo *m*.

hippy ['hɪpɪ] *n* hippy *mf*.

hire ['haɪəʳ] *vt* (car, bicycle, television) alugar; (person) contratar; **"for ~"** (boats) "para alugar"; (taxi) "livre".
❑ **hire out** *vt sep* (car, bicycle, television) alugar.

hire car *n* (Brit) carro *m* alugado.

hire purchase *n* (Brit) crediário *m* (Br), compra *f* a prestações.

his [hɪz] *adj* o seu (a sua), dele ◆ *pron* o seu (a sua), (o/a) dele; **~ books** os livros dele, os seus livros; **a friend of ~** um amigo dele OR seu; **these shoes are ~** estes sapatos são dele OR seus; **these are mine – where are ~?** estes são os meus – onde estão os dele?

hiss [hɪs] *n* (of snake, gas etc) silvo *m*; (of crowd) assobio *m* ◆ *vi* (snake, gas etc) silvar; (crowd) assobiar, vaiar.

historic [hɪ'stɒrɪk] *adj* histórico(-ca).

historical [hɪ'stɒrɪkəl] *adj* histórico(-ca).

history ['hɪstərɪ] *n* história *f*; (record) histórico *m*.

hit [hɪt] (*pt & pp* **hit**) *vt* (strike on purpose) bater em; (collide with) bater contra OR em; (bang) bater com; (a target) acertar em ◆ *n* (record, play, film) sucesso *m*.

hit-and-run *adj*: **~ accident** atropelamento *m* com abandono da vítima.

hitch [hɪtʃ] *n* (problem) problema *m* ◆ *vi* pegar carona (Br), pedir boleia (Port) ◆ *vt*: **to ~ a lift** pegar carona (Br), apanhar boleia (Port).

hitchhike ['hɪtʃhaɪk] *vi* pegar carona (Br), pedir boleia (Port).

hitchhiker ['hɪtʃhaɪkəʳ] *n* pessoa *f* que pega carona (Br), pessoa *f* que viaja à boleia (Port).

hi-tech [ˌhaɪ'tek] = **high-tech**.

hive [haɪv] n (of bees) colmeia f.

HIV-positive adj soropositivo(-va) (Br), seropositivo(-va) (Port).

hoard [hɔːd] n (of food) armazém m, reserva f; (of money) tesouro m; (of useless objects) tralha f, monte m ◆ vt (food) açambarcar; (money) amealhar; (useless objects) acumular.

hoarding [ˈhɔːdɪŋ] n (Brit: for adverts) outdoor m (Br), placar m publicitário (Port).

hoarfrost [ˈhɔːfrɒst] n geada f (branca).

hoarse [hɔːs] adj rouco(-ca).

hoax [həʊks] n trote m (Br), trapaça f (Port).

hob [hɒb] n parte de cima do fogão.

hobble [ˈhɒbl] vi coxear, mancar.

hobby [ˈhɒbɪ] n passatempo m.

hobbyhorse [ˈhɒbɪhɔːs] n (toy) cavalinho-de-pau m.

hobo [ˈhəʊbəʊ] (pl -es OR -s) n (Am) vagabundo m (-da f).

hock [hɒk] n (wine) vinho m branco alemão.

hockey [ˈhɒkɪ] n (on grass) hóquei m sobre grama; (Am: ice hockey) hóquei sobre gelo.

hoe [həʊ] n sacho m.

hog [hɒg] n (Am: pig) porco; (inf: greedy person) alarde m, glutão m ◆ vt (inf) monopolizar.

Hogmanay [ˈhɒgməneɪ] n (Scot) fim m de ano, passagem f de ano.

hoist [hɔɪst] vt (load, person) levantar, içar; (sail, flag) içar.

hold [həʊld] (pt & pp held) vt segurar; (organize) dar; (contain) conter; (possess) ter, possuir ◆ vi (remain unchanged) manter-se; (on telephone) esperar ◆ n (of ship, aircraft) porão m; **to ~ sb prisoner** manter alguém prisioneiro; **~ the line, please** não desligue, por favor; **to keep a firm ~ of sthg** agarrar algo com força.

❑ **hold back** vt sep (restrain) conter; (keep secret) reter.

❑ **hold on** vi (wait, on telephone) esperar; **to ~ on to sthg** agarrar-se a algo.

❑ **hold out** vt sep (extend) estender.

❑ **hold up** vt sep (delay) atrasar.

holdall [ˈhəʊldɔːl] n (Brit) saco m de viagem.

holder [ˈhəʊldəʳ] n (of passport, licence) titular mf; (container) suporte m.

holdup [ˈhəʊldʌp] n (delay) atraso m.

hole [həʊl] n buraco m.

holiday [ˈhɒlɪdeɪ] n (Brit: period of time) férias fpl; (day off) feriado m ◆ vi (Brit) passar férias; **to be on ~** estar de férias; **to go on ~** ir de férias.

holiday camp n (Brit) campo m de férias.

holidaymaker [ˈhɒlɪdɪˌmeɪkəʳ] n (Brit) turista mf.

holiday pay n (Brit) férias fpl pagas.

holiday resort n (Brit) estância f de férias.

Holland [ˈhɒlənd] n Holanda f.

hollow [ˈhɒləʊ] adj oco (oca).

holly [ˈhɒlɪ] n azevinho m.

Hollywood [ˈhɒlɪwʊd] n Hollywood s.

holocaust [ˈhɒləkɔːst] n holocausto m; **the Holocaust** o Holocausto.

holy [ˈhəʊlɪ] adj sagrado(-da), santo (-ta).

home [həʊm] n casa f; (own country) país m natal; (for old people) lar m ◆ adv (in one's home) em casa; (to one's home) para casa ◆ adj (not foreign) nacional; (at one's house) caseiro(-ra); **at ~** em casa; **make yourself at ~** faça como se estivesse em sua casa; **to go ~** ir para casa; **~ address** endereço m; **~ number** número m (de telefone) de casa.

home computer n computador m pessoal.

Home Counties npl (Brit): **the ~** condados situados nos arredores de Londres.

home economics n economia f doméstica, disciplina opcional na escola.

home help n (Brit) auxiliar m doméstico (auxiliar f doméstica).

homeland [ˈhəʊmlænd] n (country of birth) pátria f, terra f natal.

homeless [ˈhəʊmlɪs] npl: **the ~** os sem-abrigo.

homely [ˈhəʊmlɪ] adj (food) caseiro (-ra), simples (inv); (place) acolhedor(-ra); (person, features) sem graça.

homemade [ˌhəʊmˈmeɪd] adj (food) caseiro(-ra).

homeopathic [ˌhəʊmɪəʊˈpæθɪk] adj homeopático(-ca).

homeopathy [ˌhəʊmɪˈɒpəθɪ] n homeopatia f.

home page n (COMPUT) home page f.

Home Secretary n (Brit) = Ministro m (-tra f) do Interior (Br), Ministro m (-tra f) da Administração Interna (Port).

homesick ['həʊmsɪk] *adj*: **to be ~** ter saudades de casa.

hometown ['həʊmtaʊn] *n* terra *f* (natal).

homeward ['həʊmwəd] *adj* de regresso a casa.

homewards ['həʊmwədz] *adv*: **to head ~** dirigir-se para casa; **to travel ~** viajar de regresso a casa.

homework ['həʊmwɜːk] *n* dever *m* de casa.

homicide ['hɒmɪsaɪd] *n* homicídio *m*.

homosexual [ˌhɒmə'sekʃʊəl] *adj* homossexual ◆ *n* homossexual *mf*.

honest ['ɒnɪst] *adj* honesto(-ta).

honestly ['ɒnɪstlɪ] *adv* (*truthfully*) honestamente; (*to express sincerity*) a sério ◆ *excl* francamente!

honesty ['ɒnɪstɪ] *n* honestidade *f*.

honey ['hʌnɪ] *n* mel *m*.

honeycomb ['hʌnɪkəʊm] *n* (*of bees*) favo *m* de mel.

honeymoon ['hʌnɪmuːn] *n* lua-de-mel *f*.

honeysuckle ['hʌnɪˌsʌkl] *n* madressilva *f*.

Hong Kong [ˌhɒŋ'kɒŋ] *n* Hong Kong *s*.

honk [hɒŋk] *vi* (*motorist*) buzinar; (*goose*) grasnar ◆ *vt*: **she ~ed her horn** ela buzinou.

honor ['ɒnər] (*Am*) = **honour**.

honorary [*Brit* 'ɒnərərɪ, *Am* ɒnə'reərɪ] *adj* honorário(-ria); (*degree*) honoris causa.

honour ['ɒnər] *n* (*Brit*) honra *f*.

honourable ['ɒnrəbl] *adj* honrado (-da).

hood [hʊd] *n* (*of jacket, coat*) capuz *m*; (*on convertible car*) capota *f*; (*Am: car bonnet*) capô *m*.

hoof [huːf] *n* casco *m*.

hook [hʊk] *n* (*for picture, coat*) gancho *m*; (*for fishing*) anzol *m*; **off the ~** (*telephone*) fora do gancho (*Br*), desligado (*Port*).

hooked [hʊkt] *adj*: **to be ~ (on sthg)** (*inf: addicted*) estar viciado(-da) (em algo).

hooligan ['huːlɪɡən] *n* desordeiro *m* (-ra *f*), vândalo *m* (-la *f*).

hoop [huːp] *n* argola *f*.

hoot [huːt] *vi* (*driver*) buzinar.

hooter ['huːtər] *n* (*horn*) buzina *f*.

Hoover® ['huːvər] *n* (*Brit*) aspirador *m*.

hop [hɒp] *vi* pular com um pé só.

hope [həʊp] *n* esperança *f* ◆ *vt* esperar; **to ~ for sthg** esperar algo; **to ~ to do sthg** esperar fazer algo; **I ~ so** espero que sim.

hopeful ['həʊpfʊl] *adj* (*optimistic*) esperançoso(-osa).

hopefully ['həʊpfəlɪ] *adv* (*with luck*) com um pouco de sorte.

hopeless ['həʊplɪs] *adj* (*without any hope*) desesperado(-da); **he is ~!** (*inf*) (ele) é um caso perdido!

hops [hɒps] *npl* lúpulo *m*.

horizon [hə'raɪzn] *n* horizonte *m*.

horizontal [ˌhɒrɪ'zɒntl] *adj* horizontal.

hormone ['hɔːməʊn] *n* hormônio *m* (*Br*), hormona *f* (*Port*).

horn [hɔːn] *n* (*of car*) buzina *f*; (*on animal*) corno *m*, chifre *m*.

horoscope ['hɒrəskəʊp] *n* horóscopo *m*.

horrendous [hɒ'rendəs] *adj* (*horrific*) horrendo(-da); (*inf: unpleasant*) terrível.

horrible ['hɒrəbl] *adj* horrível.

horrid ['hɒrɪd] *adj* (*unkind*) antipático(-ca); (*very bad*) horroroso(-osa).

horrific [hɒ'rɪfɪk] *adj* horrendo(-da).

horrify ['hɒrɪfaɪ] *vt* horrorizar.

horror ['hɒrər] *n* horror *m*.

horror film *n* filme *m* de horror.

hors d'oeuvre [ɔː'dɜːvr] *n* aperitivo *m*, entrada *f*.

horse [hɔːs] *n* cavalo *m*.

horseback ['hɔːsbæk] *n*: **on ~** a cavalo.

horse chestnut *n* castanheiro-da-Índia *m*.

horse-drawn carriage *n* charete *f*.

horseman ['hɔːsmən] (*pl* **-men** [-mən]) *n* cavaleiro *m*.

horsepower ['hɔːsˌpaʊər] *n* cavalos *mpl* (vapor).

horse racing *n* corridas *fpl* de cavalos.

horseradish (sauce) ['hɔːsˌrædɪʃ-] *n* molho picante feito de rábano silvestre, tradicionalmente usado para acompanhar rosbife.

horse riding *n* equitação *f*.

horseshoe ['hɔːsʃuː] *n* ferradura *f*.

horsewoman ['hɔːsˌwʊmən] (*pl* **-women** [-ˌwɪmɪn]) *n* amazona *f*.

horticulture ['hɔːtɪˌkʌltʃər] *n* horticultura *f*.

hose [həʊz] n mangueira f.

hosepipe ['həʊzpaɪp] n mangueira f.

hosiery ['həʊzɪərɪ] n meias fpl e collants.

hospitable [hɒ'spɪtəbl] adj hospitaleiro(-ra).

hospital ['hɒspɪtl] n hospital m; **in** ~ no hospital.

hospitality [hɒspɪ'tælətɪ] n hospitalidade f.

host [həʊst] n (of party, event) anfitrião m; (of show, TV programme) apresentador m (-ra f).

hostage ['hɒstɪdʒ] n refém mf.

hostel ['hɒstl] n (youth hostel) albergue m da juventude (Br), pousada f de juventude (Port).

hostess ['həʊstes] n (on aeroplane) hospedeira f; (of party, event) anfitriã f.

hostile [Brit 'hɒstaɪl, Am 'hɒstl] adj hostil.

hostility [hɒ'stɪlətɪ] n hostilidade f.

hot [hɒt] adj quente; (spicy) picante; **to be** ~ (person) ter calor.

hot-air balloon n balão m, aeróstato m.

hot chocolate n chocolate m quente.

hot-cross bun n pequeno pão doce com passas e especiarias que se come na Páscoa.

hot dog n cachorro-quente m.

hotel [həʊ'tel] n hotel m.

hotheaded [hɒt'hedɪd] adj impulsivo(-va).

hothouse ['hɒthaʊs, pl -haʊzɪz] n (greenhouse) estufa f.

hot line n linha direta em funcionamento 24 horas por dia.

hotplate ['hɒtpleɪt] n placa f (elétrica).

hotpot ['hɒtpɒt] n ensopado de carne cozido no forno e coberto com rodelas de batata.

hot-tempered [-'tempəd] adj exaltado(-da), irascível.

hot-water bottle n saco m de água quente.

hound [haʊnd] n (dog) cão m de caça ♦ vt (persecute) perseguir; **to** ~ **sb out (of somewhere)** (drive) escorraçar alguém (de algum lugar).

hour ['aʊə'] n hora f; **I've been waiting for** ~s estou esperando há horas.

hourly ['aʊəlɪ] adj por hora ♦ adv (pay, charge) por hora; (depart) de hora em hora.

house [n haʊs, pl 'haʊzɪz, vb haʊz] n casa f; (SCH) divisão dos alunos em grupos para atividades desportivas ♦ vt (person) alojar.

housecoat ['haʊskəʊt] n bata f.

household ['haʊshəʊld] n família f (Br), agregado m familiar (Port).

housekeeper ['haʊs,ki:pə'] n governanta f.

housekeeping ['haʊs,ki:pɪŋ] n manutenção f da casa.

house music n house music f.

House of Commons n Câmara f dos Comuns.

House of Lords n Câmara f dos Lordes.

House of Representatives n Câmara f dos Representantes.

Houses of Parliament npl Parlamento m britânico.

housewife ['haʊswaɪf] (pl -wives) n dona f de casa, doméstica f.

house wine n vinho m da casa.

housewives ['haʊswaɪvz] pl → **housewife**.

housework ['haʊswɜːk] n afazeres m domésticos.

housing ['haʊzɪŋ] n (houses) alojamento m.

housing estate n (Brit) conjunto m habitacional (Br), urbanização f (Port).

housing project (Am) = **housing estate**.

hovel ['hɒvl] n barraco m.

hover ['hɒvə'] vi (bird, helicopter) pairar.

hovercraft ['hɒvəkrɑːft] n aerobarco m (Br), hovercraft m.

hoverport ['hɒvəpɔːt] n cais m inv para hovercrafts.

how [haʊ] adv 1. (asking about way or manner) como; ~ **do you get there?** como é que se chega lá?; ~ **does it work?** como é que funciona?; **tell me** ~ **to do it** me diga como fazer isso. 2. (asking about health, quality) como; ~ **are you?** como vai?; ~ **are you doing?** como é que você vai?; ~ **are things?** como vão as coisas?; ~ **do you do?** (greeting) muito prazer; (answer) igualmente; ~ **is your room?** como é o seu quarto? 3. (asking about degree, amount) quanto; ~ **far?** a que distância?; ~ **long?**

quanto tempo?; ~ **many?** quantos?; ~ **much?** quanto?; ~ **much is it?** quanto custa?; ~ **old are you?** quantos anos você tem?

4. *(in phrases)*: ~ **about a drink?** que tal uma bebida?; ~ **lovely!** que lindo!

however [hauˈevər] *adv* contudo, todavia; ~ **hard I try** por mais que tente; ~ **many there are** por muitos que sejam.

howl [haul] *vi (dog, wind)* uivar; *(person)* gritar.

hp *n (abbr of horsepower)* cv *m*.

HP *abbr* = **hire purchase**.

HQ *n (abbr of headquarters)* QG.

hr *(abbr of hour)* h.

hub [hʌb] *n (of wheel)* cubo *m*.

hub airport *n* aeroporto *m* principal.

hubbub [ˈhʌbʌb] *n* burburinho *m*.

hubcap [ˈhʌbkæp] *n* calota *f (Br)*, tampão *m (Port)*.

huddle [ˈhʌdl] *vi (crouch, curl up)* encolher-se; *(crowd together)* juntar-se.

hue [hjuː] *n (colour)* tom *m*, matiz *m*.

huff [hʌf] *n*: **in a** ~ zangado (-da), com raiva.

hug [hʌg] *vt* abraçar ♦ *n*: **to give sb a** ~ dar um abraço em alguém.

huge [hjuːdʒ] *adj* enorme.

hull [hʌl] *n* casco *m*.

hum [hʌm] *vi (bee, machine)* zumbir; *(person)* cantarolar.

human [ˈhjuːmən] *adj* humano (-na) ♦ *n*: ~ **(being)** ser *m* humano.

humane [hjuːˈmeɪn] *adj* humano(-na).

humanitarian [hjuːˌmænɪˈteərɪən] *adj* humanitário(-ria).

humanities [hjuːˈmænətɪz] *npl* humanidades *fpl*.

human race *n*: **the** ~ a raça humana.

human rights *npl* direitos *mpl* humanos.

humble [ˈhʌmbl] *adj* humilde.

humid [ˈhjuːmɪd] *adj* úmido (-da).

humidity [hjuːˈmɪdətɪ] *n* umidade *f*.

humiliate [hjuːˈmɪlɪeɪt] *vt* humilhar.

humiliating [hjuːˈmɪlɪeɪtɪŋ] *adj* humilhante.

humiliation [hjuːˌmɪlɪˈeɪʃn] *n* humilhação *f*.

hummus [ˈhʊməs] *n* puré de grão-de-bico, alho e pasta de gergelim.

humor [ˈhjuːmər] *(Am)* = **humour**.

humorous [ˈhjuːmərəs] *adj (story)* humorístico(-ca); *(person)* espirituoso (-osa).

humour [ˈhjuːmər] *n (Brit)* humor *m*.

hump [hʌmp] *n (bump)* elevação *f*; *(of camel)* corcova *f (Br)*, bossa *f (Port)*.

humpbacked bridge [ˈhʌmpbækt-] *n* ponte *f* em lomba.

hunch [hʌntʃ] *n* pressentimento *m*.

hunchback [ˈhʌntʃbæk] *n* corcunda *mf*.

hundred [ˈhʌndrəd] *num* cem; **a** ~ cem; **a** ~ **and one** cento e um, → **six**.

hundredth [ˈhʌndrətθ] *num* centésimo(-ma), → **sixth**.

hundredweight [ˈhʌndrədweɪt] *n (in UK)* = 50,8kg; *(in US)* = 45,3kg.

hung [hʌŋ] *pt & pp* → **hang**.

Hungarian [hʌŋˈgeərɪən] *adj* húngaro(-ra) ♦ *n (person)* húngaro *m (-ra f)*; *(language)* húngaro *m*.

Hungary [ˈhʌŋgərɪ] *n* Hungria *f*.

hunger [ˈhʌŋgər] *n* fome *f*.

hungry [ˈhʌŋgrɪ] *adj* esfomeado (-da); **to be** ~ estar com OR ter fome.

hunt [hʌnt] *n (Brit: for foxes)* caça *f* à raposa ♦ *vt & vi* caçar; **to** ~ **(for sthg)** *(search)* procurar (algo).

hunter [ˈhʌntər] *n* caçador *m (-ra f)*.

hunting [ˈhʌntɪŋ] *n (for wild animals)* caça *f*; *(Brit: for foxes)* caça à raposa.

hurdle [ˈhɜːdl] *n (SPORT)* barreira *f*.

hurl [hɜːl] *vt* arremessar.

hurray [huˈreɪ] *excl* hurra!

hurricane [ˈhʌrɪkən] *n* furacão *m*.

hurriedly [ˈhʌrɪdlɪ] *adv* com pressa.

hurry [ˈhʌrɪ] *vt (person)* apressar ♦ *vi* apressar-se ♦ *n*: **to be in a** ~ estar com pressa; **to do sthg in a** ~ fazer algo com pressa.

❏ **hurry up** *vi* despachar-se.

hurt [hɜːt] *(pt & pp* **hurt)** *vt* magoar ♦ *vi* doer; **my arm** ~**s** meu braço está doendo; **to** ~ **o.s.** magoar-se.

husband [ˈhʌzbənd] *n* marido *m*.

hush [hʌʃ] *n* silêncio *m* ♦ *excl* silêncio!

husky [ˈhʌskɪ] *adj (voice, laugh)* rouco(-ca) ♦ *n (dog)* cão *m* esquimó.

hustle [ˈhʌsl] *n*: ~ **and bustle** bulício *m*.

hut [hʌt] *n* cabana *f*.

hutch [hʌtʃ] *n* coelheira *f*.

hyacinth [ˈhaɪəsɪnθ] *n* jacinto *m*.

hydrofoil ['haɪdrəfɔɪl] *n* hidrofólio *m*.

hydrogen ['haɪdrədʒən] *n* hidrogênio *m*.

hyena [haɪ'iːnə] *n* hiena *f*.

hygiene ['haɪdʒiːn] *n* higiene *f*.

hygienic [haɪ'dʒiːnɪk] *adj* higiênico (-ca).

hymn [hɪm] *n* hino *m*.

hypermarket ['haɪpəˌmɑːkɪt] *n* hipermercado *m*.

hyphen ['haɪfn] *n* hífen *m*.

hypnosis [hɪp'nəʊsɪs] *n* hipnose *f*.

hypnotize ['hɪpnətaɪz] *vt* hipnotizar.

hypocrisy [hɪ'pɒkrəsɪ] *n* hipocrisia *f*, cinismo *m*.

hypocrite ['hɪpəkrɪt] *n* hipócrita *mf*, cínico *m* (-ca *f*).

hypocritical [ˌhɪpə'krɪtɪkl] *adj* hipócrita, cínico(-ca).

hypodermic needle [ˌhaɪpə-'dɜːmɪk-] *n* agulha *f* hipodérmica.

hypothesis [haɪ'pɒθɪsɪs] (*pl* **-theses** [-θɪ'siːz]) *n* hipótese *f*.

hysteria [hɪs'tɪərɪə] *n* histeria *f*.

hysterical [hɪs'terɪkl] *adj* histérico (-ca); (*inf: very funny*) hilariante.

I

I [aɪ] *pron* eu.

ice [aɪs] *n* gelo *m*; *(ice cream)* sorvete *m* *(Br)*, gelado *m* *(Port)*.

iceberg ['aɪsbɜːg] *n* icebergue *m*.

iceberg lettuce *n* alface redonda e crespa.

icebox ['aɪsbɒks] *n* *(Am)* geladeira *f* *(Br)*, frigorífico *m* *(Port)*.

ice-cold *adj* gelado(-da).

ice cream *n* sorvete *m* *(Br)*, gelado *m* *(Port)*.

ice cube *n* cubo *m* de gelo.

ice hockey *n* hóquei *m* sobre o gelo.

Iceland ['aɪslənd] *n* Islândia *f*.

Icelandic [aɪs'lændɪk] *adj* islandês (-esa) ♦ *n* *(language)* islandês *m*.

ice lolly *n* *(Brit)* picolé *m* *(Br)*, gelado *m* *(Port)*.

ice rink *n* rinque *m* (de patinagem).

ice skates *npl* patins *mpl* de lâmina.

ice-skating *n* patinagem *f* sobre o gelo; **to go ~** ir patinar no gelo.

icicle ['aɪsɪkl] *n* sincelo *m*, pingente *m* de gelo.

icing ['aɪsɪŋ] *n* glacé *m*.

icing sugar *n* açúcar *m* em pó.

icy ['aɪsɪ] *adj* gelado(-da); *(road)* com gelo.

I'd [aɪd] = **I would, I had**.

ID *n* *(abbr of identification)* (documentos *mpl* de) identificação *f*.

ID card *n* carteira *f* de identidade *(Br)*, bilhete *m* de identidade, BI *m* *(Port)*.

IDD code *n* indicativo *m* internacional automático.

idea [aɪ'dɪə] *n* ideia *f*; **I've no ~** não faço idéia.

ideal [aɪ'dɪəl] *adj* ideal ♦ *n* ideal *m*.

ideally [aɪ'dɪəlɪ] *adv* *(located, suited)* perfeitamente; *(in an ideal situation)* idealmente.

identical [aɪ'dentɪkl] *adj* idêntico(-ca).

identification [aɪ,dentɪfɪ'keɪʃn] *n* identificação *f*.

identify [aɪ'dentɪfaɪ] *vt* identificar.

identity [aɪ'dentətɪ] *n* identidade *f*.

identity card *n* carteira *f* de identidade *(Br)*, bilhete *m* de identidade *(Port)*.

ideology [,aɪdɪ'ɒlədʒɪ] *n* ideologia *f*.

idiom ['ɪdɪəm] *n* *(phrase)* expressão *f* idiomática.

idiomatic [,ɪdɪə'mætɪk] *adj* idiomático(-ca).

idiosyncrasy [,ɪdɪə'sɪŋkrəsɪ] *n* idiossincrasia *f*.

idiot ['ɪdɪət] *n* idiota *mf*.

idiotic [,ɪdɪ'ɒtɪk] *adj* idiota.

idle ['aɪdl] *adj* *(lazy)* preguiçoso (-osa); *(not working)* ocioso(-osa) ♦ *vi* *(engine)* estar em ponto morto.

idol ['aɪdl] *n* ídolo *m*.

idolize ['aɪdəlaɪz] *vt* idolatrar.

idyllic [ɪ'dɪlɪk] *adj* idílico(-ca).

i.e. *(abbr of id est)* i.e.

if [ɪf] *conj* se; **~ I were you** no seu lugar; **~ not** *(otherwise)* senão.

igloo ['ɪgluː] *(pl -s)* *n* iglu *m*.

ignite [ɪg'naɪt] *vt* inflamar ♦ *vi* inflamar-se.

ignition [ɪg'nɪʃn] *n* *(AUT)* ignição *f*.

ignition key *n* chave *f* de ignição.

ignorance ['ɪgnərəns] *n* ignorância *f*.

ignorant ['ɪgnərənt] *adj* ignorante.

ignore [ɪg'nɔːr] *vt* ignorar.

ill [ɪl] *adj* *(in health)* doente; *(bad)* mau (má).

I'll [aɪl] = **I will, I shall**.

illegal [ɪ'liːgl] *adj* ilegal.

illegible [ɪ'ledʒəbl] *adj* ilegível.

illegitimate [,ɪlɪ'dʒɪtɪmət] *adj* ilegítimo(-ma).

ill health *n*: **to suffer from ~** não ter saúde.

illicit [ɪ'lɪsɪt] *adj* ilícito(-ta).

illiteracy [ɪ'lɪtərəsɪ] *n* analfabetismo *m*.

illiterate [ɪ'lɪtərət] *adj* analfabeto (-ta).

illness ['ɪlnɪs] *n* doença *f*.

illogical [ɪ'lɒdʒɪkl] *adj* ilógico(-ca), pouco lógico(-ca).

ill-suited *adj*: **to be ~ to sthg** ser pouco adequado(-da) para algo.

ill-treat *vt* maltratar.

illuminate [ɪ'lu:mɪneɪt] *vt* iluminar.

illusion [ɪ'lu:ʒn] *n (false idea)* ilusão *f*; *(visual)* ilusão ótica.

illustrate ['ɪləstreɪt] *vt* ilustrar.

illustration [ˌɪlə'streɪʃn] *n* ilustração *f*.

illustrious [ɪ'lʌstrɪəs] *adj* ilustre.

I'm [aɪm] = **I am**.

image ['ɪmɪdʒ] *n* imagem *f*.

imaginary [ɪ'mædʒɪnrɪ] *adj* imaginário(-ria).

imagination [ɪˌmædʒɪ'neɪʃn] *n* imaginação *f*.

imaginative [ɪ'mædʒɪnətɪv] *adj* imaginativo(-va).

imagine [ɪ'mædʒɪn] *vt* imaginar; **to ~ (that)** *(suppose)* imaginar que.

imbecile ['ɪmbɪsi:l] *n* imbecil *mf*.

imitate ['ɪmɪteɪt] *vt* imitar.

imitation [ˌɪmɪ'teɪʃn] *n* imitação *f* ◆ *adj (fur)* falso(-sa); **~ leather** napa *f*.

immaculate [ɪ'mækjʊlət] *adj* imaculado(-da).

immature [ˌɪmə'tjʊəʳ] *adj* imaturo (-ra).

immediate [ɪ'mi:djət] *adj (without delay)* imediato(-ta).

immediately [ɪ'mi:djətlɪ] *adv (at once)* imediatamente ◆ *conj (Brit)* logo que.

immense [ɪ'mens] *adj* imenso (-sa).

immersion heater [ɪ'mɜ:ʃn-] *n* aquecedor *m* de imersão *(Br)*, esquentador *m* eléctrico *(Port)*.

immigrant ['ɪmɪgrənt] *n* imigrante *mf*.

immigration [ˌɪmɪ'greɪʃn] *n* imigração *f*.

imminent ['ɪmɪnənt] *adj* iminente.

immoral [ɪ'mɒrəl] *adj* imoral.

immortal [ɪ'mɔ:tl] *adj* imortal.

immune [ɪ'mju:n] *adj*: **to be ~ to** *(MED)* estar OR ser imune a.

immunity [ɪ'mju:nətɪ] *n (MED)* imunidade *f*.

immunize ['ɪmju:naɪz] *vt* imunizar.

impact ['ɪmpækt] *n* impacto *m*.

impair [ɪm'peəʳ] *vt* enfraquecer.

impartial [ɪm'pɑ:ʃl] *adj* imparcial.

impassive [ɪm'pæsɪv] *adj* impassível.

impatience [ɪm'peɪʃns] *n* impaciência *f*.

impatient [ɪm'peɪʃnt] *adj* impaciente; **to be ~ to do sthg** estar impaciente por fazer algo.

impeccable [ɪm'pekəbl] *adj (clothes)* impecável; *(behaviour)* excelente; **he has ~ manners** ele é extremamente bem-educado.

impede [ɪm'pi:d] *vt (person)* impedir; *(progress, negotiations)* dificultar.

impending [ɪm'pendɪŋ] *adj* iminente.

imperative [ɪm'perətɪv] *n (GRAMM)* imperativo *m*.

imperfect [ɪm'pɜ:fɪkt] *n (GRAMM)* imperfeito *m*.

impersonate [ɪm'pɜ:səneɪt] *vt (for amusement)* imitar.

impersonation [ɪmˌpɜ:sə'neɪʃn] *n (for amusement)* imitação *f*; **to do ~s of sb** imitar alguém; **he was charged with ~ of a police officer** ele foi acusado de se fazer passar por um policial.

impertinent [ɪm'pɜ:tɪnənt] *adj* impertinente.

impetuous [ɪm'petʃʊəs] *adj* impetuoso(-osa).

impetus ['ɪmpɪtəs] *n (momentum)* ímpeto *m*; *(stimulus)* impulso *m*.

implement [*n* 'ɪmplɪmənt, *vb* 'ɪmplɪment] *n* ferramenta *f* ◆ *vt* implementar, pôr em prática.

implication [ˌɪmplɪ'keɪʃn] *n (consequence)* implicação *f*.

implicit [ɪm'plɪsɪt] *adj* implícito(-ta).

implore [ɪm'plɔ:ʳ] *vt*: **to ~ sb to do sthg** implorar a alguém que faça algo.

imply [ɪm'plaɪ] *vt*: **to ~ (that)** *(suggest)* sugerir, dar a entender que.

impolite [ˌɪmpə'laɪt] *adj* indelicado (-da).

import [*n* 'ɪmpɔ:t, *vb* ɪm'pɔ:t] *n* importação *f* ◆ *vt* importar.

importance [ɪm'pɔ:tns] *n* importância *f*.

important [ɪm'pɔ:tnt] *adj* importante.

impose [ɪm'pəʊz] *vt* impor ◆ *vi* impor-

se; **to ~ sthg on** impor algo a.
impossible [ɪmˈpɒsəbl] *adj* impossível.
imposter [ɪmˈpɒstər] *(Am)* = **impostor**.
impostor [ɪmˈpɒstəʳ] *n* impostor *m* (-ra *f*).
impoverished [ɪmˈpɒvərɪʃt] *adj* empobrecido(-da).
impractical [ɪmˈpræktɪkl] *adj* pouco prático(-ca).
impregnable [ɪmˈpregnəbl] *adj* inexpugnável, invencível.
impress [ɪmˈpres] *vt* impressionar.
impression [ɪmˈpreʃn] *n* impressão *f*.
impressive [ɪmˈpresɪv] *adj* impressionante.
imprison [ɪmˈprɪzn] *vt (put in prison)* prender.
improbable [ɪmˈprɒbəbl] *adj* improvável.
improper [ɪmˈprɒpəʳ] *adj (incorrect, rude)* incorreto(-ta); *(illegal)* ilegal.
improve [ɪmˈpruːv] *vt & vi* melhorar.
❏ **improve on** *vt fus* melhorar.
improvement [ɪmˈpruːvmənt] *n (in weather, health)* melhoria *f*; *(to home)* reforma *f*.
improvise [ˈɪmprəvaɪz] *vi* improvisar.
impudent [ˈɪmpjʊdənt] *adj* insolente.
impulse [ˈɪmpʌls] *n* impulso *m*; **on ~** sem pensar duas vezes.
impulsive [ɪmˈpʌlsɪv] *adj* impulsivo (-va).
impurity [ɪmˈpjʊərətɪ] *n* impureza *f*.
in. *abbr* = **inch**.
in [ɪn] *prep* **1.** *(expressing place, position)* em; **it comes ~ a box** vem numa caixa; **~ the street** na rua; **~ hospital** no hospital; **~ Scotland** na Escócia; **~ Sheffield** em Sheffield; **~ the middle** no meio; **~ the sun/rain** no sol/na chuva; **~ here/there** aqui/ali (dentro); **~ front** à frente.
2. *(participating in)* em; **who's ~ the play?** quem está na peça?
3. *(expressing arrangement)* em; **they come ~ packs of three** vêm em embalagens de três; **~ a row** em fila; **cut it ~ half** corte-o ao meio.
4. *(during)*: **~ April** em abril; **~ the afternoon** à OR de tarde; **~ the morning** de manhã; **ten o'clock ~ the morning** dez (horas) da manhã; **~ 1994** em 1994; **~ summer/winter** no verão/ inverno.

5. *(within)* em; *(after)* dentro de, daqui a; **it'll be ready ~ an hour** estará pronto daqui a OR dentro de uma hora; **she did everything ~ ten minutes** ela fez tudo em dez minutos; **they're arriving ~ two weeks** chegam dentro de OR daqui a duas semanas.
6. *(expressing means)*: **~ writing** por escrito; **they were talking ~ English** estavam falando (em) inglês; **write ~ ink** escreva a tinta.
7. *(wearing)* de; **dressed ~ red** vestido de vermelho; **the man ~ the blue suit** o homem com o terno azul.
8. *(expressing state)* em; **to be ~ a hurry** estar com pressa; **to be ~ pain** ter dores; **to cry out ~ pain** gritar de dor OR com dores; **~ ruins** em ruínas; **~ good health** com boa saúde.
9. *(with regard to)* de; **a rise ~ prices** uma subida dos preços; **to be 50 metres ~ length** ter 50 metros de comprimento.
10. *(with numbers)*: **one ~ ten** um em cada dez.
11. *(expressing age)*: **she's ~ her twenties** já entrou na casa dos vinte.
12. *(with colours)*: **it comes ~ green or blue** vem em verde ou azul.
13. *(with superlatives)* de; **the best ~ the world** o melhor do mundo.
♦ *adv* **1.** *(inside)* dentro; **you can go ~ now** pode entrar agora.
2. *(at home, work)*: **she's not ~** (ela) não está; **to stay ~** ficar em casa.
3. *(train, bus, plane)*: **the train's not ~ yet** o trem ainda não chegou.
4. *(tide)*: **the tide is ~** a maré está cheia.
♦ *adj (inf: fashionable)* na moda, in *(inv)*.
inability [ˌɪnəˈbɪlətɪ] *n*: **~ (to do sthg)** incapacidade *f* (para fazer algo).
inaccessible [ˌɪnəkˈsesəbl] *adj* inacessível.
inaccurate [ɪnˈækjʊrət] *adj* incorreto(-ta).
inadequate [ɪnˈædɪkwət] *adj (insufficient)* insuficiente.
inadvertently [ˌɪnədˈvɜːtəntlɪ] *adv* inadvertidamente.
inappropriate [ˌɪnəˈprəʊprɪət] *adj* impróprio(-pria).
inasmuch [ˌɪnəzˈmʌtʃ] : **inasmuch as** *conj (fml)* visto que.
inaudible [ɪˈnɔːdɪbl] *adj* inaudível.

inauguration [ɪˌnɔːgjʊ'reɪʃn] *n* inauguração *f*.

incapable [ɪn'keɪpəbl] *adj*: **to be ~ of doing sthg** ser incapaz de fazer algo.

incense ['ɪnsens] *n* incenso *m*.

incentive [ɪn'sentɪv] *n* incentivo *m*.

incessant [ɪn'sesnt] *adj* incessante.

inch [ɪntʃ] *n* = 2,5 cm, polegada *f*.

incident ['ɪnsɪdənt] *n* incidente *m*.

incidentally [ˌɪnsɪ'dentəlɪ] *adv* a propósito.

incinerate [ɪn'sɪnəreɪt] *vt* incinerar.

incisive [ɪn'saɪsɪv] *adj* incisivo (-va).

incite [ɪn'saɪt] *vt* fomentar; **to ~ sb to do sthg** incitar alguém a fazer algo.

inclination [ˌɪnklɪ'neɪʃn] *n (desire)* inclinação *f*; **to have an ~ to do sthg** ter tendência a OR para fazer algo.

incline ['ɪnklaɪn] *n* declive *m*.

inclined [ɪn'klaɪnd] *adj (sloping)* inclinado(-da); **to be ~ to do sthg** ter a tendência para fazer algo.

include [ɪn'kluːd] *vt* incluir.

included [ɪn'kluːdɪd] *adj* incluído (-da); **to be ~ in sthg** estar incluído em algo.

including [ɪn'kluːdɪŋ] *prep* incluindo.

inclusive [ɪn'kluːsɪv] *adj*: **from the 8th to the 16th ~** do 8º ao 16º inclusive; **~ of VAT** IVA incluído.

incoherent [ˌɪnkəʊ'hɪərənt] *adj* incoerente.

income ['ɪŋkʌm] *n* rendimento *m*.

income support *n (Brit)* subsídio *para pessoas com rendimentos muito baixos ou para desempregados sem direito a auxílio-desemprego.*

income tax *n* imposto *m* sobre a renda *(Br)*, imposto *m* sobre o rendimento, IRS *m (Port)*.

incoming ['ɪnˌkʌmɪŋ] *adj (train, plane)* de chegada; **"~ calls only"** *aviso indicando que aquele telefone apenas serve para receberchamadas.*

incompatible [ˌɪnkəm'pætɪbl] *adj* incompatível.

incompetent [ɪn'kɒmpɪtənt] *adj* incompetente.

incomplete [ˌɪnkəm'pliːt] *adj* incompleto(-ta).

incomprehensible [ɪnˌkɒmprɪ'hensəbl] *adj* incompreensível.

incongruous [ɪn'kɒŋgrʊəs] *adj* incongruente.

inconsiderate [ˌɪnkən'sɪdərət] *adj* sem consideração; **how ~!** que falta de consideração!

inconsistent [ˌɪnkən'sɪstənt] *adj* inconsistente.

inconspicuous [ˌɪnkən'spɪkjʊəs] *adj* que não dá nas vistas.

incontinent [ɪn'kɒntɪnənt] *adj* incontinente.

inconvenience [ˌɪnkən'viːnjəns] *n* inconveniência *f*, inconveniente *m* ◆ *vt* incomodar, perturbar.

inconvenient [ˌɪnkən'viːnjənt] *adj* inconveniente.

incorporate [ɪn'kɔːpəreɪt] *vt* incorporar.

incorrect [ˌɪnkə'rekt] *adj* incorreto (-ta).

increase [*n* 'ɪnkriːs, *vb* ɪn'kriːs] *n* aumento *m* ◆ *vt & vi* aumentar; **an ~ in sthg** um aumento em algo.

increasingly [ɪn'kriːsɪŋlɪ] *adv* cada vez mais.

incredible [ɪn'kredəbl] *adj* incrível.

incredibly [ɪn'kredəblɪ] *adv* incrivelmente.

incredulous [ɪn'kredjʊləs] *adj* incrédulo(-la).

incur [ɪn'kɜːr] *vt (expenses)* incorrer em; *(debts)* contrair.

indebted [ɪn'detɪd] *adj (grateful)*: **to be ~ to sb** estar em dívida com alguém.

indecent [ɪn'diːsnt] *adj (obscene)* indecente.

indecisive [ˌɪndɪ'saɪsɪv] *adj* indeciso (-sa).

indeed [ɪn'diːd] *adv (for emphasis)* de fato, realmente; *(certainly)* certamente.

indefinite [ɪn'defɪnɪt] *adj (time, number)* indeterminado(-da); *(answer, opinion)* vago(-ga).

indefinitely [ɪn'defɪnətlɪ] *adv (closed, delayed)* por tempo indeterminado.

indent [ɪn'dent] *vt (text)* recolher.

independence [ˌɪndɪ'pendəns] *n* independência *f*.

Independence Day *n feriado nacional nos Estados Unidos no dia 4 de julho em que se celebra a independência, obtida em 1776.*

independent [ˌɪndɪ'pendənt] *adj* independente.

independently [ˌɪndɪ'pendəntlɪ] *adv* independentemente.

independent school *n (Brit)* colégio *m* privado.

index ['ɪndeks] *n (of book)* índice *m*; *(in library)* catálogo *m (Br)*, ficheiro *m (Port)*.

index card *n* ficha *f (de fichário)*.

index finger *n* dedo *m* indicador.

India ['ɪndjə] *n* Índia *f*.

Indian ['ɪndjən] *adj* indiano(-na) ◆ *n* indiano *m (-na f)*; **an ~ restaurant** um restaurante indiano.

Indian Ocean *n* oceano *m* Índico.

indicate ['ɪndɪkeɪt] *vi (AUT)* ligar os indicadores OR o pisca-pisca ◆ *vt* indicar.

indication [,ɪndɪ'keɪʃn] *n (suggestion)* ideia *f*; *(sign)* indício *m*.

indicator ['ɪndɪkeɪtər] *n (AUT)* pisca-pisca *m*.

indifference [ɪn'dɪfrəns] *n* indiferença *f*.

indifferent [ɪn'dɪfrənt] *adj* indiferente.

indigenous [ɪn'dɪdʒɪnəs] *adj* nativo (-va).

indigestion [,ɪndɪ'dʒestʃn] *n* indigestão *f*.

indignant [ɪn'dɪgnənt] *adj* indignado(-da).

indigo ['ɪndɪgəʊ] *adj* anil *(inv)*, índigo *(inv)*.

indirect [,ɪndɪ'rekt] *adj* indireto(-ta).

indiscreet [,ɪndɪ'skriːt] *adj* indiscreto(-ta).

indispensable [,ɪndɪ'spensəbl] *adj* indispensável.

individual [,ɪndɪ'vɪdʒʊəl] *adj* individual ◆ *n* indivíduo *m*.

individually [,ɪndɪ'vɪdʒʊəlɪ] *adv* individualmente.

Indonesia [,ɪndə'niːzjə] *n* Indonésia *f*.

indoor ['ɪndɔːr] *adj (swimming pool)* coberto(-ta); *(sports)* em recinto fechado.

indoors [,ɪn'dɔːz] *adv* lá dentro; **to stay ~** ficar em casa; **to go ~** ir para dentro.

indulge [ɪn'dʌldʒ] *vi*: **to ~ in sthg** permitir-se algo.

indulgent [ɪn'dʌldʒənt] *adj (liberal, kind)* indulgente, complacente.

industrial [ɪn'dʌstrɪəl] *adj (machinery, products)* industrial; *(country, town)* industrializado(-da).

industrial action *n*: **to take ~** entrar em greve.

industrial estate *n (Brit)* parque *m* industrial.

industrialist [ɪn'dʌstrɪəlɪst] *n* industrial *mf*.

industrial relations *npl* relações *fpl* entre o patronato e os trabalhadores.

industrial revolution *n* revolução *f* industrial.

industrious [ɪn'dʌstrɪəs] *adj* trabalhador(-ra).

industry ['ɪndəstrɪ] *n* indústria *f*.

inebriated [ɪ'niːbrɪeɪtɪd] *adj (fml)* ébrio (ébria).

inedible [ɪn'edɪbl] *adj (unpleasant)* intragável; *(unsafe)* não comestível.

inefficient [,ɪnɪ'fɪʃnt] *adj* ineficaz.

ineligible [ɪn'elɪdʒəbl] *adj* não elegível; **to be ~ for sthg** não ter direito a algo.

inept [ɪ'nept] *adj (comment, remark)* despropositado(-da); *(person)* incapaz; **~ at sthg** inábil em algo.

inequality [,ɪnɪ'kwɒlətɪ] *n* desigualdade *f*.

inevitable [ɪn'evɪtəbl] *adj* inevitável.

inevitably [ɪn'evɪtəblɪ] *adv* inevitavelmente.

inexpensive [,ɪnɪk'spensɪv] *adj* barato(-ta).

inexperienced [,ɪnɪk'spɪərɪənst] *adj* inexperiente.

infallible [ɪn'fæləbl] *adj* infalível.

infamous ['ɪnfəməs] *adj* infame.

infant ['ɪnfənt] *n (baby)* bebê *m*; *(young child)* criança *f (pequena)*.

infantry ['ɪnfəntrɪ] *n* infantaria *f*.

infant school *n (Brit)* primeiros três anos da escola primária.

infatuated [ɪn'fætjʊeɪtɪd] *adj*: **to be ~ with** estar apaixonado(-da) por.

infect [ɪn'fekt] *vt (cut, wound)* infectar; **to ~ sb with sthg** contagiar alguém com algo.

infected [ɪn'fektɪd] *adj* infectado (-da).

infection [ɪn'fekʃn] *n* infecção *f*.

infectious [ɪn'fekʃəs] *adj* infeccioso (-osa).

inferior [ɪn'fɪərɪər] *adj* inferior.

infertile [ɪn'fɜːtaɪl] *adj* estéril.

infested [ɪn'festɪd] *adj*: **to be ~ with sthg** estar infestado(-da) com algo.

infiltrate ['ɪnfɪltreɪt] *vt* infiltrar-se em.

infinite ['ɪnfɪnət] *adj* infinito(-ta).

infinitely ['ɪnfɪnətlɪ] *adv* infinitamente.

infinitive [ɪnˈfɪnɪtɪv] *n* infinitivo *m*.

infinity [ɪnˈfɪnɪtɪ] *n* infinidade *f*.

infirmary [ɪnˈfɜːmərɪ] *n* hospital *m*.

inflamed [ɪnˈfleɪmd] *adj* inflamado (-da).

inflammable [ɪnˈflæməbl] *adj* inflamável.

inflammation [ˌɪnfləˈmeɪʃn] *n* inflamação *f*.

inflatable [ɪnˈfleɪtəbl] *adj* inflável.

inflate [ɪnˈfleɪt] *vt* inflar, insuflar.

inflation [ɪnˈfleɪʃn] *n (ECON)* inflação *f*.

inflict [ɪnˈflɪkt] *vt* infligir.

in-flight *adj* proporcionado(-da) durante o vôo.

influence [ˈɪnfluəns] *vt* influenciar ♦ *n*: ~ **(on)** *(effect)* influência *f* (em); **to be a bad/good ~ (on sb)** ser uma má/boa influência (para alguém).

influential [ˌɪnfluˈenʃl] *adj* influente.

influenza [ˌɪnfluˈenzə] *n (fml)* gripe *f*, influenza *f*.

inform [ɪnˈfɔːm] *vt* informar.

informal [ɪnˈfɔːml] *adj* informal.

information [ˌɪnfəˈmeɪʃn] *n* informação *f*; **a piece of ~** uma informação.

information desk *n* informações *fpl*.

information office *n* centro *m* de informações.

information technology *n* (tecnologia) informática *f*.

informative [ɪnˈfɔːmətɪv] *adj* informativo(-va).

infrastructure [ˈɪnfrəˌstrʌktʃər] *n* infra-estrutura *f*.

infuriating [ɪnˈfjuərɪeɪtɪŋ] *adj* extremamente irritante.

ingenious [ɪnˈdʒiːnjəs] *adj* engenhoso(-osa).

ingot [ˈɪŋɡət] *n* lingote *m*.

ingredient [ɪnˈɡriːdjənt] *n* ingrediente *m*.

inhabit [ɪnˈhæbɪt] *vt* viver em.

inhabitant [ɪnˈhæbɪtənt] *n* habitante *mf*.

inhale [ɪnˈheɪl] *vi* inalar.

inhaler [ɪnˈheɪlər] *n* inalador *m*.

inherently [ɪnˈhɪərəntlɪ, ɪnˈherəntlɪ] *adv* inerentemente.

inherit [ɪnˈherɪt] *vt* herdar.

inheritance [ɪnˈherɪtəns] *n* herança *f*.

inhibition [ˌɪnhɪˈbɪʃn] *n* inibição *f*.

inhospitable [ˌɪnhɒˈspɪtəbl] *adj (climate, area)* inóspito(-ta); *(unwelcoming)* pouco hospitaleiro(-ra).

in-house *adj (journal, report)* interno(-na); *(staff)* da casa ♦ *adv* na fonte.

initial [ɪˈnɪʃl] *adj* inicial ♦ *vt* rubricar com as iniciais.

❑ **initials** *npl* iniciais *fpl*.

initially [ɪˈnɪʃəlɪ] *adv* inicialmente.

initiative [ɪˈnɪʃətɪv] *n* iniciativa *f*.

injection [ɪnˈdʒekʃn] *n* injeção *f*.

injure [ˈɪndʒər] *vt* ferir; **to ~ o.s.** ferir-se.

injured [ˈɪndʒəd] *adj* ferido(-da).

injury [ˈɪndʒərɪ] *n* ferimento *m*; *(to tendon, muscle, internal organ)* lesão *f*.

injury time *n* (período de) desconto *m*.

injustice [ɪnˈdʒʌstɪs] *n* injustiça *f*.

ink [ɪŋk] *n* tinta *f*.

inland [*adj* ˈɪnlənd, *adv* ɪnˈlænd] *adj* interior ♦ *adv* para o interior.

Inland Revenue *n (Brit)* ≃ Receita *f* Federal *(Br)*, ≃ Direcção *f* Geral das Contribuições e Impostos *(Port)*.

in-laws *npl (inf) (parents-in-law)* sogros *mpl*; *(others)* parentes *mpl* afins OR por afinidade.

inlet [ˈɪnlet] *n (of lake, sea)* braço *m*; *(for fuel, water)* entrada *f*, admissão *f*.

inmate [ˈɪnmeɪt] *n (of prison)* preso *m* (-sa *f*); *(of mental hospital)* doente *m* interno *(doente f interna)*.

inn [ɪn] *n* estalagem *f*.

innate [ɪˈneɪt] *adj* inato(-ta).

inner [ˈɪnər] *adj* interior.

inner city *n* centro *m* urbano.

inner tube *n* câmara-de-ar *f*.

innocence [ˈɪnəsəns] *n* inocência *f*.

innocent [ˈɪnəsənt] *adj* inocente.

innocuous [ɪˈnɒkjuəs] *adj (harmless)* inócuo (-cua), inofensivo(-va).

innovation [ˌɪnəˈveɪʃn] *n* inovação *f*.

innovative [ˈɪnəvətɪv] *adj* inovador (-ra).

inoculate [ɪˈnɒkjuleɪt] *vt*: **to ~ sb (against sthg)** vacinar alguém (contra algo).

inoculation [ɪˌnɒkjuˈleɪʃn] *n* inoculação *f*, vacinação *f*.

input [ˈɪnput] *vt (COMPUT)* entrar.

inquire [ɪnˈkwaɪər] = **enquire**.

inquiry [ɪnˈkwaɪərɪ] = **enquiry**.

inquisitive [ɪnˈkwɪzətɪv] *adj* curioso (-osa), inquiridor(-ra).

insane [ɪn'seɪn] *adj* louco(-ca).

inscription [ɪn'skrɪpʃn] *n (on headstone, plaque)* inscrição *f; (in book)* dedicatória *f.*

insect ['ɪnsekt] *n* inseto *m.*

insecticide [ɪn'sektɪsaɪd] *n* inseticida *m.*

insect repellent *n* repelente *m* de insetos.

insecure [ˌɪnsɪ'kjʊər] *adj (person)* inseguro(-ra); *(hinge, job, wall)* pouco seguro(-ra); *(investment)* arriscado(-da).

insensitive [ɪn'sensətɪv] *adj* insensível.

insert [ɪn'sɜːt] *vt* introduzir.

inside [ɪn'saɪd] *prep* dentro de ◆ *adv (go)* para dentro; *(be, stay)* lá dentro ◆ *adj* interior, interno (-na) ◆ *n*: **the ~** *(interior)* o interior; *(AUT: in UK)* a (faixa da) esquerda; *(AUT: in Europe, US)* a (faixa da) direita; **~ out** *(clothes)* do lado avesso.

inside lane *n (AUT) (in UK)* faixa *f* da esquerda; *(in Europe, US)* faixa da direita.

inside leg *n* altura *f* de entrepernas.

insight ['ɪnsaɪt] *n (glimpse)* idéia *f.*

insignificant [ˌɪnsɪg'nɪfɪkənt] *adj* insignificante.

insincere [ˌɪnsɪn'sɪər] *adj* falso (-sa).

insinuate [ɪn'sɪnjʊeɪt] *vt* insinuar.

insipid [ɪn'sɪpɪd] *adj* insípido (-da).

insist [ɪn'sɪst] *vi* insistir; **to ~ on doing sthg** insistir em fazer algo.

insofar [ˌɪnsəʊ'fɑːr] : **insofar as** *conj* na medida em que.

insole ['ɪnsəʊl] *n* palmilha *f.*

insolent ['ɪnsələnt] *adj* insolente.

insomnia [ɪn'sɒmnɪə] *n* insônia *f.*

inspect [ɪn'spekt] *vt* inspecionar, examinar.

inspection [ɪn'spekʃn] *n* inspeção *f.*

inspector [ɪn'spektər] *n (on bus, train)* fiscal *m; (in police force)* inspetor *m* (-ra *f*).

inspiration [ˌɪnspə'reɪʃn] *n* inspiração *f.*

inspire [ɪn'spaɪər] *vt*: **to ~ sb to do sthg** inspirar alguém a fazer algo; **to ~ sthg in sb** inspirar algo a alguém.

instal [ɪn'stɔːl] *(Am)* = **install**.

install [ɪn'stɔːl] *vt (Brit)* instalar.

installation [ˌɪnstə'leɪʃn] *n* instalação *f.*

installment [ɪn'stɔːlmənt] *(Am)* = **instalment**.

instalment [ɪn'stɔːlmənt] *n (payment)* prestação *f; (episode)* episódio *m.*

instamatic (camera) [ˌɪnstə'mætɪk-] *n* máquina *f* de tirar fotografias instantâneas.

instance ['ɪnstəns] *n (example, case)* exemplo *m;* **for ~** por exemplo.

instant ['ɪnstənt] *adj* instantâneo (-nea) ◆ *n* instante *m.*

instant coffee *n* café *m* instantâneo OR solúvel.

instantly ['ɪnstəntlɪ] *adv* instantaneamente.

instead [ɪn'sted] *adv* em vez disso; **~ of** em vez de.

instep ['ɪnstep] *n* peito *m* do pé.

instinct ['ɪnstɪŋkt] *n* instinto *m.*

instinctive [ɪn'stɪŋktɪv] *adj* instintivo(-va).

institute ['ɪnstɪtjuːt] *n* instituto *m.*

institution [ˌɪnstɪ'tjuːʃn] *n* instituição *f.*

instruct [ɪn'strʌkt] *vt*: **to ~ sb to do sthg** *(tell, order)* instruir alguém que faça algo; **to ~ sb in sthg** *(teach)* ensinar algo a alguém.

instructions [ɪn'strʌkʃnz] *npl* instruções *fpl.*

instructor [ɪn'strʌktər] *n* instrutor *m* (-ra *f*).

instrument ['ɪnstrʊmənt] *n* instrumento *m.*

insubordinate [ˌɪnsə'bɔːdɪnət] *adj* indisciplinado(-da).

insufficient [ˌɪnsə'fɪʃnt] *adj* insuficiente.

insulate ['ɪnsjʊleɪt] *vt* isolar.

insulating tape ['ɪnsjʊleɪtɪŋ-] *n* fita *f* isolante.

insulation [ˌɪnsjʊ'leɪʃn] *n (material)* isolamento *m,* material *m* isolante.

insulin ['ɪnsjʊlɪn] *n* insulina *f.*

insult [*n* 'ɪnsʌlt, *vb* ɪn'sʌlt] *n* insulto *m* ◆ *vt* insultar.

insurance [ɪn'ʃʊərəns] *n* seguro *m.*

insurance certificate *n* certificado *m* do seguro.

insurance company *n* companhia *f* de seguros.

insurance policy *n* apólice *f* de seguros.

insure [ɪn'ʃʊər] *vt* pôr no seguro.

insured [ɪn'ʃʊəd] *adj*: **to be ~** estar segurado(-da), estar no seguro.

intact [ɪn'tækt] *adj* intato(-ta).

integral ['ɪntɪgrəl] *adj* essencial; **to be ~ to sthg** ser essencial para algo.

integrate ['ɪntɪgreɪt] vi integrar-se ◆ vt (include) integrar; (combine) combinar.

integrity [ɪn'tegrətɪ] n integridade f.

intellect ['ɪntəlekt] n intelecto m.

intellectual [ˌɪntəˈlektjʊəl] adj intelectual ◆ n intelectual mf.

intelligence [ɪnˈtelɪdʒəns] n inteligência f.

intelligent [ɪnˈtelɪdʒənt] adj inteligente.

intend [ɪn'tend] vt: to be ~ed to do sthg ser suposto fazer algo; you weren't ~ed to know não era para você saber; to ~ to do sthg ter a intenção de OR tencionar fazer algo.

intense [ɪn'tens] adj intenso(-sa).

intensely [ɪn'tenslɪ] adv (irritating, boring) extremamente; (suffer, dislike) intensamente.

intensify [ɪn'tensɪfaɪ] vt intensificar ◆ vi intensificar-se.

intensity [ɪn'tensətɪ] n intensidade f.

intensive [ɪn'tensɪv] adj intensivo (-va).

intensive care n cuidados mpl intensivos.

intent [ɪn'tent] adj: to be ~ on doing sthg estar decidido(-da) a fazer algo.

intention [ɪn'tenʃn] n intenção f.

intentional [ɪn'tenʃənl] adj intencional.

intentionally [ɪn'tenʃənəlɪ] adv intencionalmente.

interact [ˌɪntərˈækt] vi: to ~ (with sb) (communicate, cooperate) comunicar (com alguém); to ~ (with sthg) (react) interagir (com algo).

intercept [ˌɪntəˈsept] vt interceptar.

interchange ['ɪntətʃeɪndʒ] n (on motorway) trevo m (Br), intersecção f (Port).

interchangeable [ˌɪntəˈtʃeɪndʒəbl] adj permutável.

Intercity® [ˌɪntəˈsɪtɪ] n (Brit) = expresso m (Br), = (comboio) intercidades m (Port).

intercom ['ɪntəkɒm] n intercomunicador m.

intercourse ['ɪntəkɔːs] n (sexual) relações fpl (sexuais).

interest ['ɪntrəst] n interesse m; (on money) juros mpl ◆ vt interessar; to take an ~ in sthg interessar-se por algo.

interested ['ɪntrəstɪd] adj interessado(-da); to be ~ in sthg estar interessado em algo.

interesting ['ɪntrəstɪŋ] adj interessante.

interest rate n taxa f de juro.

interface ['ɪntəfeɪs] n (COMPUT) interface m.

interfere [ˌɪntəˈfɪər] vi (meddle) interferir; to ~ with sthg (damage) interferir em algo.

interference [ˌɪntəˈfɪərəns] n (on TV, radio) interferência f.

interim ['ɪntərɪm] adj provisório(-ria) ◆ n: in the ~ nesse meio tempo, nesse ínterim (Br).

interior [ɪn'tɪərɪər] adj interior ◆ n interior m.

interlude ['ɪntəluːd] n interlúdio m; (at cinema, theatre) intervalo m.

intermediary [ˌɪntəˈmiːdjərɪ] n intermediário m (-ria f).

intermediate [ˌɪntəˈmiːdjət] adj intermédio(-dia).

intermission [ˌɪntəˈmɪʃn] n intervalo m.

intermittent [ˌɪntəˈmɪtənt] adj intermitente.

internal [ɪn'tɜːnl] adj interno (-na).

internal flight n voo m interno.

Internal Revenue n (Am): the ~ = Receita f Federal (Br), = Direcção f Geral das Contribuições e Impostos (Port).

international [ˌɪntəˈnæʃənl] adj internacional.

international flight n vôo m internacional.

Internet ['ɪntənet] n: the ~ a Internet.

interpret [ɪn'tɜːprɪt] vi servir de intérprete.

interpreter [ɪn'tɜːprɪtər] n intérprete mf.

interrogate [ɪn'terəgeɪt] vt interrogar.

interrogation [ɪnˌterəˈgeɪʃn] n interrogatório m.

interrupt [ˌɪntəˈrʌpt] vt interromper.

interruption [ˌɪntəˈrʌpʃn] n (comment, question, action) interrupção f; (disturbance) interrupções fpl.

intersect [ˌɪntəˈsekt] vi cruzar-se, intersectar-se ◆ vt intersectar.

intersection [ˌɪntəˈsekʃn] n (of roads) intersecção f, cruzamento m de nível.

interval ['ɪntəvl] n intervalo m.

intervene [ˌɪntəˈviːn] vi (person) intervir; (event) interpor-se.

interview ['ɪntəvjuː] n entrevista f ◆ vt entrevistar.

interviewer [ˈɪntəvjuːəʳ] *n* entrevistador *m* (-ra *f*).
intestine [ɪnˈtestɪn] *n* intestino *m*.
intimate [ˈɪntɪmət] *adj* íntimo (-ma).
intimidate [ɪnˈtɪmɪdeɪt] *vt* intimidar.
into [ˈɪntʊ] *prep (inside)* dentro de; *(against)* com; *(concerning)* acerca de, sobre; **4 ~ 20 goes 5 (times)** 20 dividido por 4 dá 5; **to change ~ sthg** transformar-se em algo; **to get ~ the car** entrar no carro; **to translate ~ Portuguese** traduzir para o português; **to be ~ sthg** *(inf: like)* gostar de algo.
intolerable [ɪnˈtɒlərəbl] *adj* intolerável.
intolerant [ɪnˈtɒlərənt] *adj* intolerante.
intoxicated [ɪnˈtɒksɪkeɪtɪd] *adj*: **to be ~** *(drunk)* estar embriagado(-da).
intransitive [ɪnˈtrænzətɪv] *adj* intransitivo(-va).
in-tray *n* cesta *f* de correspondência.
intricate [ˈɪntrɪkət] *adj* intrincado (-da), complicado(-da).
intriguing [ɪnˈtriːgɪŋ] *adj* intrigante.
intrinsic [ɪnˈtrɪnsɪk] *adj* intrínseco(-ca).
introduce [ˌɪntrəˈdjuːs] *vt* apresentar; **I'd like to ~ you to Fred** gostaria de lhe apresentar ao Fred.
introduction [ˌɪntrəˈdʌkʃn] *n (to book, programme)* introdução *f*; *(to person)* apresentação *f*.
introductory [ˌɪntrəˈdʌktrɪ] *adj (course, chapter)* introdutório(-ria); *(remarks)* inicial.
introvert [ˈɪntrəvɜːt] *n* introvertido *m* (-da *f*).
introverted [ˈɪntrəˌvɜːtɪd] *adj* introvertido(-da).
intrude [ɪnˈtruːd] *vi*: **to ~ on sb** incomodar alguém; **to ~ on sthg** intrometer-se em algo.
intruder [ɪnˈtruːdəʳ] *n* intruso *m* (-sa *f*).
intuition [ˌɪntjuːˈɪʃn] *n* intuição *f*.
inundate [ˈɪnʌndeɪt] *vt (fml: flood)* inundar; **to be ~d with sthg** *(phone calls, offers etc)* receber uma enxurrada de algo.
invade [ɪnˈveɪd] *vt* invadir.
invalid [*adj* ɪnˈvælɪd, *n* ˈɪnvəlɪd] *adj (ticket, cheque)* não válido(-da) ♦ *n* inválido *m* (-da *f*).
invaluable [ɪnˈvæljʊəbl] *adj* inestimável, valiosíssimo(-ma).
invariably [ɪnˈveərɪəblɪ] *adv* invariavelmente, sempre.
invasion [ɪnˈveɪʒn] *n* invasão *f*.

invent [ɪnˈvent] *vt* inventar.
invention [ɪnˈvenʃn] *n* invenção *f*.
inventive [ɪnˈventɪv] *adj* inventivo (-va).
inventor [ɪnˈventəʳ] *n* inventor *m* (-ra *f*).
inventory [ˈɪnventrɪ] *n (list)* inventário *m*; *(Am: stock)* estoque *m*.
inverted commas [ɪnˈvɜːtɪd-] *npl* aspas *fpl*.
invest [ɪnˈvest] *vt* investir ♦ *vi*: **to ~ in sthg** investir em algo.
investigate [ɪnˈvestɪgeɪt] *vt* investigar.
investigation [ɪnˌvestɪˈgeɪʃn] *n* investigação *f*.
investment [ɪnˈvestmənt] *n* investimento *m*.
investor [ɪnˈvestəʳ] *n* investidor *m* (-ra *f*).
invincible [ɪnˈvɪnsɪbl] *adj* invencível.
invisible [ɪnˈvɪzɪbl] *adj* invisível.
invitation [ˌɪnvɪˈteɪʃn] *n* convite *m*.
invite [ɪnˈvaɪt] *vt* convidar; **to ~ sb to do sthg** *(ask)* convidar alguém para fazer algo; **to ~ sb round** convidar alguém.
inviting [ɪnˈvaɪtɪŋ] *adj* convidativo (-va).
invoice [ˈɪnvɔɪs] *n* fatura *f*.
involve [ɪnˈvɒlv] *vt (entail)* envolver; **what does it ~?** o que é que envolve?; **to be ~d in sthg** estar envolvido em algo.
involved [ɪnˈvɒlvd] *adj (entailed)* envolvido(-da).
involvement [ɪnˈvɒlvmənt] *n* envolvimento *m*.
inward [ˈɪnwəd] *adj (feelings, satisfaction)* íntimo(-ma); *(flow, movement)* em direção ao interior ♦ *adv (Am)* = **inwards**.
inwards [ˈɪnwədz] *adv* para dentro.
IOU *n* nota *f* de dívida, vale *m*.
IQ *n* QI *m*.
IRA *n (abbrev of Irish Republican Army)* IRA *m*.
Iran [ɪˈrɑːn] *n* Irã *m*.
Iranian [ɪˈreɪnjən] *adj* iraniano (-na) ♦ *n (person)* iraniano *m* (-na *f*).
Iraq [ɪˈrɑːk] *n* Iraque *m*.
Iraqi [ɪˈrɑːkɪ] *adj* iraquiano(-na) ♦ *n (person)* iraquiano *m* (-na *f*).
Ireland [ˈaɪələnd] *n* Irlanda *f*.
iris [ˈaɪərɪs] *(pl -es)* *n (flower)* lírio *m*; *(of eye)* íris *f*.

Irish [ˈaɪrɪʃ] *adj* irlandês(-esa) ◆ *n (language)* irlandês *m* ◆ *npl*: **the ~** os irlandeses.

Irish coffee *n* Irish coffee *m*, mistura alcoólica de uísque com café, açúcar e creme.

Irishman [ˈaɪrɪʃmən] *(pl* -men [-mən]) *n* irlandês *m*.

Irish Sea *n*: **the ~** o mar da Irlanda.

Irish stew *n* ensopado de carneiro com batatas e cebolas.

Irishwoman [ˈaɪrɪʃˌwʊmən] *(pl -women* [-ˌwɪmɪn]) *n* irlandesa *f*.

iron [ˈaɪən] *n (metal)* ferro *m*; *(for clothes)* ferro (de engomar OR passar); *(golf club)* ferro, taco *m* de metal ◆ *vt* passar a ferro.

ironic [aɪˈrɒnɪk] *adj* irônico(-ca).

ironing [ˈaɪənɪŋ] *n (clothes to be ironed)* roupa *f* para passar a ferro; **to do the ~** passar (a roupa) a ferro.

ironing board [ˈaɪənɪŋ-] *n* tábua *f* de engomar OR passar (a ferro).

ironmonger's [ˈaɪənˌmʌŋgəz] *n (Brit)* loja *f* de ferragens.

irony [ˈaɪrəni] *n* ironia *f*.

irrational [ɪˈræʃənl] *adj* irracional.

irrelevant [ɪˈreləvənt] *adj* irrelevante.

irresistible [ˌɪrɪˈzɪstəbl] *adj* irresistível.

irrespective [ˌɪrɪˈspektɪv] : **irrespective of** *prep* independentemente de.

irresponsible [ˌɪrɪˈspɒnsəbl] *adj* irresponsável.

irrigate [ˈɪrɪgeɪt] *vt* irrigar, regar.

irrigation [ˌɪrɪˈgeɪʃn] *n* irrigação *f*.

irritable [ˈɪrɪtəbl] *adj* irritável.

irritate [ˈɪrɪteɪt] *vt* irritar.

irritating [ˈɪrɪteɪtɪŋ] *adj* irritante.

irritation [ˌɪrɪˈteɪʃn] *n* irritação *f*.

IRS *n (Am)* = Receita *f* Federal *(Br)*, = Direcção *f* Geral das Contribuições e Impostos *(Port)*.

is [ɪz] → **be**.

Islam [ˈɪzlɑːm] *n* islã *m*.

island [ˈaɪlənd] *n (in water)* ilha *f*; *(in road)* abrigo *m (Br)*, placa *f (Port) (que serve de refúgio para os pedestres no meio da rua)*.

islander [ˈaɪləndəʳ] *n* ilhéu *m* (ilhoa *f*).

isle [aɪl] *n* ilha *f*.

Isle of Man *n*: **the ~** a ilha de Man.

Isle of Wight [-waɪt] *n*: **the ~** a ilha de Wight.

isn't [ˈɪznt] = **is not**.

isolated [ˈaɪsəleɪtɪd] *adj* isolado (-da).

Israel [ˈɪzreɪəl] *n* Israel *s*.

Israeli [ɪzˈreɪli] *adj* israelita, israelense ◆ *n* israelita *mf*, israelense *mf*

issue [ˈɪʃuː] *n (problem, subject)* questão *f*; *(of newspaper)* edição *f*; *(of magazine)* número *m* ◆ *vt* emitir.

it [ɪt] *pron* **1.** *(referring to specific thing, subject after prep)* ele *m* (ela *f*); *(direct object)* o *m* (a *f*); *(indirect object)* lhe; **a free book came with ~** veio acompanhado de um livro grátis; **give ~ to me** me dê isso; **he gave ~ a kick** ele deu-lhe um pontapé; **~'s big** é grande; **~'s here** está aqui; **she hit ~** (ela) bateu-lhe; **she lost ~** (ela) perdeu-o. **2.** *(referring to situation, fact)*: **~'s a difficult question** é uma questão difícil; **I can't remember ~** não me lembro; **tell me about ~** conta-me. **3.** *(used impersonally)*: **~'s hot** está calor; **~'s six o'clock** são seis horas; **~'s Sunday** é domingo. **4.** *(referring to person)*: **~'s me** sou eu; **who is ~?** quem é?

Italian [ɪˈtæljən] *adj* italiano (-na) ◆ *n (person)* italiano *m* (-na *f*); *(language)* italiano *m*; **an ~ restaurant** um restaurante italiano.

italic [ɪˈtælɪk] *adj* itálico(-ca).

Italy [ˈɪtəlɪ] *n* Itália *f*.

itch [ɪtʃ] *vi (person)* ter coceira *(Br)*, ter comichão *(Port)*; **my arm ~es** estou com coceira no braço.

itchy [ˈɪtʃɪ] *adj*: **it's really ~** está coçando muito.

it'd [ˈɪtəd] = **it would, it had**.

item [ˈaɪtəm] *n (object)* artigo *m*; *(on agenda)* assunto *m*, ponto *m*; **a news ~** uma notícia.

itemized bill [ˈaɪtəmaɪzd-] *n* fatura *f* discriminada.

itinerary [aɪˈtɪnərərɪ] *n* itinerário *m*.

it'll [ɪtl] = **it will**.

its [ɪts] *adj* o seu (a sua), dele (dela); **the cat hurt ~ paw** o gato machucou a pata (dele) OR a (sua) pata.

it's [ɪts] = **it is, it has**.

itself [ɪtˈself] *pron (reflexive)* se; *(after prep)* si mesmo (-ma *f*); **the house ~ is fine** a casa em si é boa.

ITV *n (abbrev of Independent Television)* um dos canais privados da televisão britânica.

I've [aɪv] = **I have**.

ivory [ˈaɪvərɪ] *n* marfim *m*.

ivy [ˈaɪvɪ] *n* hera *f*.

J

jab [dʒæb] *n* (*Brit: inf: injection*) injeção *f*.

jack [dʒæk] *n* (*for car*) macaco *m*; (*playing card*) valete *m*.

jacket [ˈdʒækɪt] *n* (*garment*) casaco *m*, blusão *m*; (*cover*) capa *f*; (*of potato*) casca *f*.

jacket potato *n* batata *f* assada com casca.

jack-knife *vi* dar uma guinada, virar na estrada.

jackpot [ˈdʒækpɒt] *n* jackpot *m*.

Jacuzzi® [dʒəˈkuːzɪ] *n* jacuzzi® *m*.

jade [dʒeɪd] *n* jade *m*.

jagged [ˈdʒægɪd] *adj* (*metal*) denteado(-da); (*outline, tear*) irregular.

jail [dʒeɪl] *n* prisão *f*.

jailer [ˈdʒeɪləʳ] *n* carcereiro *m* (-ra *f*).

jam [dʒæm] *n* (*food*) geléia *f (Br)*, compota *f*, doce *m* (*Port*); (*of traffic*) engarrafamento *m*; (*inf: difficult situation*) apuro *m* ◆ *vt* (*pack tightly*) enfiar (até mais não poder) ◆ *vi* (*get stuck*) emperrar; **the roads are ~med** as estradas estão congestionadas.

Jamaica [dʒəˈmeɪkə] *n* Jamaica *f*.

jam-packed [-ˈpækt] *adj* (*inf*): **~ (with)** apinhado(-da) (de).

Jan. [dʒæn] (*abbr of January*) jan.

janitor [ˈdʒænɪtəʳ] *n* (*Am & Scot*) contínuo *m* (-nua *f*).

January [ˈdʒænjʊərɪ] *n* janeiro *m*, → September.

Japan [dʒəˈpæn] *n* Japão *m*.

Japanese [ˌdʒæpəˈniːz] *adj* japonês (-esa) ◆ *n* (*language*) japonês *m* ◆ *npl*: **the ~** os japoneses.

jar [dʒɑːʳ] *n* frasco *m*.

jargon [ˈdʒɑːgən] *n* jargão *m*.

javelin [ˈdʒævlɪn] *n* dardo *m* (de lançamento).

jaw [dʒɔː] *n* maxilar *m*, mandíbula *f*.

jawbone [ˈdʒɔːbəʊn] *n* maxilar *m*,

mandíbula *f*; (*of animal*) queixada *f*.

jazz [dʒæz] *n* jazz *m*.

jealous [ˈdʒeləs] *adj* ciumento (-ta).

jealousy [ˈdʒeləsɪ] *n* ciúmes *mpl*.

jeans [dʒiːnz] *npl* jeans *m inv (Br)*, calças *fpl* de ganga (*Port*).

Jeep® [dʒiːp] *n* jipe *m*.

jeer [dʒɪəʳ] *vt* (*boo*) vaiar; (*mock*) zombar de ◆ *vi*: **to ~ at sb** (*boo*) vaiar alguém; (*mock*) zombar de alguém.

Jello® [ˈdʒeləʊ] *n* (*Am*) gelatina *f*.

jelly [ˈdʒelɪ] *n* (*dessert*) gelatina *f*; (*Am: jam*) geléia *f*.

jellyfish [ˈdʒelɪfɪʃ] (*pl inv*) *n* água-viva *f*.

jeopardize [ˈdʒepədaɪz] *vt* pôr em risco.

jerk [dʒɜːk] *n* (*movement*) solavanco *m*; (*inf: idiot*) idiota *mf*.

jersey [ˈdʒɜːzɪ] *n* (*garment*) suéter *m* (*Br*), camisola *f* de malha (*Port*).

Jersey [ˈdʒɜːzɪ] *n* Jersey *m*.

jest [dʒest] *n* brincadeira *f*, gracejo *m*; **in ~** na brincadeira, gracejando.

Jesus (Christ) [ˈdʒiːzəs-] *n* Jesus *m* (Cristo).

jet [dʒet] *n* jato *m*; (*outlet*) cano *m* de saída.

jet engine *n* motor *m* a jato.

jetfoil [ˈdʒetfɔɪl] *n* hidrofólio *m*.

jet lag *n* jet lag *m*, cansaço provocado pelas diferenças de fuso horário.

jet-ski *n* jet-ski *m*, moto *f* de água.

jetty [ˈdʒetɪ] *n* embarcadouro *m*.

Jew [dʒuː] *n* judeu *m* (-dia *f*).

jewel [ˈdʒuːəl] *n* jóia *f*.

❑ **jewels** *npl* (*jewellery*) jóias *fpl*.

jeweler's [ˈdʒuːələz] (*Am*) = **jeweller's**.

jeweller's [ˈdʒuːələz] *n* (*Brit*) joalheria *f*, ourivesaria *f*.

jewellery [ˈdʒuːəlrɪ] *n* (*Brit*) jóias *fpl*.

jewelry [ˈdʒuːəlrɪ] (*Am*) = **jewellery**.

Jewish ['dʒuːɪʃ] *adj* judaico(-ca).

jiffy ['dʒɪfɪ] *n* (*inf*): **in a ~** num instante.

jig [dʒɪg] *n* jiga *f*.

jigsaw (puzzle) ['dʒɪgsɔː-] *n* puzzle *m*.

jilt [dʒɪlt] *vt* deixar, abandonar.

jingle ['dʒɪŋgl] *n* (*of advert*) jingle *m* publicitário.

jinx [dʒɪŋks] *n* mau olhado *m*.

job [dʒɒb] *n* (*regular work*) emprego *m*; (*task, function*) trabalho *m*; **to lose one's ~** perder o emprego.

job centre *n* (*Brit*) centro *m* de emprego.

jockey ['dʒɒkɪ] *n* jóquei *m*.

jog [dʒɒg] *vt* (*bump*) empurrar (*levemente*) ♦ *vi* fazer jogging ♦ *n*: **to go for a ~** fazer jogging.

jogging ['dʒɒgɪŋ] *n* jogging *m*; **to go ~** fazer jogging.

john [dʒɒn] *n* (*Am: inf: toilet*) privada *f*.

join [dʒɔɪn] *vt* (*club, organization*) tornar-se membro de, entrar para; (*fasten together, connect*) ligar, unir; (*come together with*) unir-se a; (*participate in*) juntar-se a; **will you ~ me for dinner?** você me acompanha para jantar?; **to ~ the queue** entrar na fila.
❏ **join in** *vt fus* juntar-se a, participar em ♦ *vi* participar.

joiner ['dʒɔɪnəʳ] *n* marceneiro *m* (-ra *f*), carpinteiro *m* (-ra *f*).

joint [dʒɔɪnt] *adj* conjunto(-ta) ♦ *n* (*of body*) articulação *f*; (*Brit: of meat*) corte *m* (de carne); (*in structure*) junta *f*.

jointly ['dʒɔɪntlɪ] *adv* conjuntamente.

joke [dʒəʊk] *n* piada *f*, anedota *f* ♦ *vi* gozar, brincar; **it was only a ~** foi só uma brincadeira.

joker ['dʒəʊkəʳ] *n* (*playing card*) curingão *m* (*Br*), jóquer *m* (*Port*).

jolly ['dʒɒlɪ] *adj* alegre ♦ *adv* (*Brit: inf: very*) muito.

jolt [dʒəʊlt] *n* solavanco *m*.

Jordan ['dʒɔːdn] *n* Jordânia *f*.

jostle ['dʒɒsl] *vt* empurrar, dar empurrões a ♦ *vi* empurrar, dar empurrões.

jot [dʒɒt] : **jot down** *vt sep* anotar.

journal ['dʒɜːnl] *n* (*professional magazine*) boletim *m*; (*diary*) diário *m*.

journalism ['dʒɜːnəlɪzm] *n* jornalismo *m*.

journalist ['dʒɜːnəlɪst] *n* jornalista *mf*.

journey ['dʒɜːnɪ] *n* viagem *f*.

jovial ['dʒəʊvjəl] *adj* jovial.

joy [dʒɔɪ] *n* (*happiness*) alegria *f*.

joyful ['dʒɔɪfʊl] *adj* alegre.

joypad ['dʒɔɪpæd] *n* joypad *m*.

joyrider ['dʒɔɪraɪdəʳ] *n* pessoa que rouba um carro para passear e divertir-se e que depois o abandona.

joystick ['dʒɔɪstɪk] *n* (*of video game*) joystick *m*, manípulo *m*.

Jr. (*abbr of Junior*) Jr.

jubilant ['dʒuːbɪlənt] *adj* exultante.

judge [dʒʌdʒ] *n* juiz *m* (juíza *f*) ♦ *vt* julgar.

judg(e)ment ['dʒʌdʒmənt] *n* (*JUR*) julgamento *m*; (*opinion*) parecer *m*; (*capacity to judge*) senso *m*.

judiciary [dʒuːˈdɪʃərɪ] *n*: **the ~** o poder judicial.

judo ['dʒuːdəʊ] *n* judô *m*.

jug [dʒʌg] *n* jarro *m*, jarra *f*.

juggernaut ['dʒʌgənɔːt] *n* (*Brit*) jamanta *f* (*Br*), camião *m*, TIR *m* (*Port*).

juggle ['dʒʌgl] *vi* fazer malabarismos.

juggler ['dʒʌgləʳ] *n* malabarista *mf*.

juice [dʒuːs] *n* (*from fruit, vegetables*) suco *m* (*Br*), sumo *m* (*Port*); (*from meat*) molho *m*.

juicy ['dʒuːsɪ] *adj* (*food*) suculento(-ta).

jukebox ['dʒuːkbɒks] *n* jukebox *f*, máquina *f* de discos.

Jul. *abbr* = **July**.

July [dʒuːˈlaɪ] *n* julho *m*, → September.

jumble ['dʒʌmbl] *n* (*mixture*) miscelânea *f* ♦ *vt*: **to ~ (up)** misturar.

jumble sale *n* (*Brit*) venda de objetos em segunda mão com fins beneficentes.

jumbo ['dʒʌmbəʊ] (*pl* -s) *adj* (*inf: big*) gigante.

jumbo jet *n* jumbo *m*.

jump [dʒʌmp] *n* salto *m* ♦ *vi* (*through air*) saltar; (*with fright*) assustar-se; (*increase*) dar um salto ♦ *vt* (*Am: train, bus*) viajar sem bilhete em; **to ~ the queue** (*Brit*) furar a fila (*Br*), dar o golpe (*Port*).

jumper ['dʒʌmpəʳ] *n* (*Brit: pullover*) pulôver *m* (*Br*), camisola *f* (de malha) (*Port*); (*Am: dress*) vestido *m* de alças.

jump leads *npl* cabos *mpl* para bateria.

jump-start *vt* fazer arrancar com uma ligação directa.

jumpsuit ['dʒʌmpsuːt] *n* macacão *f*.

jumpy ['dʒʌmpɪ] *adj* nervoso(-osa).

Jun. *abbr* = **June**.

junction ['dʒʌŋkʃn] *n (road)* cruzamento *m; (railway)* entroncamento *m*.

June [dʒuːn] *n* junho *m*, → **September**.

jungle ['dʒʌŋgl] *n* selva *f*.

junior ['dʒuːnjəʳ] *adj (of lower rank)* subalterno(-na); *(Am: after name)* júnior *(inv)* ♦ *n (younger person)*: **she's my ~** ela é mais nova do que eu.

junior high school *n (Am)* = escola *f* secundária *(para alunos entre os 12 e os 15 anos)*.

junior school *n (Brit)* escola *f* primária.

junk [dʒʌŋk] *n (inf: unwanted things)* tralha *f*.

junk food *n (inf)* comida pronta considerada pouco nutritiva ou saudável.

junkie ['dʒʌŋkɪ] *n (inf)* drogado *m (-da f)*.

junk mail *n* papelada *f (publicitária enviada pelo correio)*.

junk shop *n* loja *f* de objetos usados.

Jupiter ['dʒuːpɪtəʳ] *n* Júpiter *m*.

jurisdiction [ˌdʒʊərɪs'dɪkʃn] *n* jurisdição *f*.

juror ['dʒʊərəʳ] *n* jurado *m (-da f)*.

jury ['dʒʊərɪ] *n* júri *m*.

just [dʒʌst] *adv (recently)* agora (mesmo); *(in the next moment)* mesmo; *(exactly)* precisamente; *(only, slightly)* só ♦ *adj* justo(-ta); **I'm ~ coming!** já vou!; **to be ~ about to do sthg** estar prestes fazendo algo; **to have ~ done sthg** acabar de fazer algo; **~ about** *(almost)* praticamente; **~ as good** igualmente bom; **~ as good as** tão bom quanto; **~ over an hour** pouco mais de uma hora; **(only) ~** *(almost not)* quase não, por pouco não; **~ a minute!** só um minuto!

justice ['dʒʌstɪs] *n* justiça *f*.

justify ['dʒʌstɪfaɪ] *vt* justificar.

jut [dʒʌt] : **jut out** *vi* sobressair.

juvenile ['dʒuːvənaɪl] *adj (young)* juvenil; *(childish)* infantil.

K

kaleidoscope [kə'laɪdəskəʊp] *n* caleidoscópio *m*.

kangaroo [kæŋɡə'ruː] *n* canguru *m*.

karate [kə'rɑːtɪ] *n* karatê *m*.

kayak ['kaɪæk] *n* kayak *m*, caiaque *m*.

KB (*COMPUT: abbr of* kilobyte(s)) KB *m*.

kebab [kɪ'bæb] *n*: **(doner)** ~ pão árabe cortado servido com carne de carneiro, salada e molho; **(shish)** ~ espeto de carne com tomate, cebola, pimentões, etc.

keel [kiːl] *n* quilha *f*.

keen [kiːn] *adj* (*enthusiastic*) entusiasta; (*eyesight, hearing*) apurado(-da); **to be ~ on** interessar-se por, gostar de; **to be ~ to do sthg** ter muita vontade de fazer algo.

keep [kiːp] (*pt & pp* kept) *vt* manter; (*book, change, object loaned*) ficar com; (*store, not tell*) guardar; (*appointment*) não faltar a; (*delay*) atrasar; (*diary*) ter ◆ *vi* (*food*) conservar; (*remain*) manter-se; **to ~ a record of sthg** registrar algo; **to ~ (on) doing sthg** (*do continuously*) continuar fazendo algo; (*do repeatedly*) estar sempre fazendo algo; **to ~ sb from doing sthg** impedir alguém de fazer algo; **~ back!** para trás!; **"~ in lane!"** "mantenha-se na sua faixa"; **"~ left"** "circular pela esquerda"; **"~ off the grass!"** "não pise na grama!"; **"~ out!"** "proibida a entrada"; **"~ your distance!"** "mantenha a distância"; **to ~ clear (of)** manter-se afastado (de). ❑ **keep up** *vt sep* manter ◆ *vi* (*maintain pace, level etc*): **to ~ up with sb** acompanhar alguém; **~ up the good work!** continue com o bom trabalho!

keeper ['kiːpər] *n* (*in zoo*) guarda *mf*, zelador *m* (-ra *f*).

keep-fit *n* (*Brit*) ginástica *f*.

keepsake ['kiːpseɪk] *n* lembrança *f*.

keg [keg] *n* barril *m*.

kennel ['kenl] *n* casa *f* de cachorro, canil *m*.

Kenya ['kenjə] *n* Quênia *m*.

Kenyan ['kenjən] *adj* queniano (-na) ◆ *n* queniano *m* (-na *f*).

kept [kept] *pt & pp* → **keep**.

kerb [kɜːb] *n* (*Brit*) meio-fio *m* (*Br*), borda *f* do passeio (*Port*).

kernel ['kɜːnl] *n* (*of nut*) miolo *m*.

kerosene ['kerəsiːn] *n* (*Am*) querosene *m*.

ketchup ['ketʃəp] *n* ketchup *m*, molho *m* de tomate.

kettle ['ketl] *n* chaleira *f*; **to put the ~ on** pôr a chaleira para ferver.

key [kiː] *n* chave *f*; (*of piano, typewriter*) tecla *f* ◆ *adj* chave (*inv*).

keyboard ['kiːbɔːd] *n* (*of typewriter, piano*) teclado *m*; (*musical instrument*) órgão *m*.

keyhole ['kiːhəʊl] *n* buraco *m* da fechadura.

keypad ['kiːpæd] *n* teclado *m* (numérico).

key ring *n* chaveiro *m* (*Br*), porta-chaves *m inv* (*Port*).

kg (*abbr of* kilogram) kg.

khaki ['kɑːkɪ] *adj* cáqui (*inv*) ◆ *n* (*colour*) cáqui *m*.

kick [kɪk] *n* (*of foot*) pontapé *m* ◆ *vt*: **to ~ sb/sthg** dar um pontapé em alguém/algo.

kickoff ['kɪkɒf] *n* pontapé *m* inicial.

kid [kɪd] *n* (*inf*) (*child*) garoto *m* (-ta *f*); (*young person*) criança *f* ◆ *vi* (*joke*) gozar, brincar.

kidnap ['kɪdnæp] *vt* raptar.

kidnaper ['kɪdnæpər] (*Am*) = **kidnapper**.

kidnapper ['kɪdnæpər] *n* (*Brit*) raptor *m* (-ra *f*).

kidnapping ['kɪdnæpɪŋ] *n* rapto *m*, seqüestro *m*.

kidney ['kɪdnɪ] *n* rim *m*.

kidney bean *n* feijão *m* vermelho.

kill [kɪl] *vt* matar; **my feet are ~ing me!** os meus pés estão me matando!

killer ['kɪlər] *n* assassino *m* (-na *f*).

killing ['kɪlɪŋ] *n* (*murder*) assassinato *m*.

killjoy ['kɪldʒɔɪ] *n* desmancha-prazeres *mf inv*.

kiln [kɪln] *n* forno *m*, fornalha *f*.

kilo ['kiːləʊ] (*pl* **-s**) *n* quilo *m*.

kilobyte ['kɪləbaɪt] *n* kilobyte *m*.

kilogram ['kɪləɡræm] *n* quilograma *m*.

kilohertz ['kɪləhɜːts] (*pl inv*) kilo-hertz *m*.

kilometre ['kɪləˌmiːtər] *n* quilômetro *m*.

kilowatt ['kɪləwɒt] *n* kilowatt *m*.

kilt [kɪlt] *n* kilt *m*, saia *f* escocesa.

kind [kaɪnd] *adj* amável ◆ *n* tipo *m*; **~ of** (*Am: inf*) um pouco.

kindergarten ['kɪndəˌɡɑːtn] *n* jardim-de-infância *m*.

kind-hearted [-'hɑːtɪd] *adj* bondoso(-osa).

kindly ['kaɪndlɪ] *adv*: **would you ~ ...?** pode fazer o favor de ...?

kindness ['kaɪndnɪs] *n* amabilidade *f*, bondade *f*.

king [kɪŋ] *n* rei *m*.

kingdom ['kɪŋdəm] *n* reino *m*.

kingfisher ['kɪŋˌfɪʃər] *n* martim-pescador *m*, pica-peixe *m*.

king prawn *n* camarão *m* (gigante) (*Br*), gamba *f* (*Port*).

king-size bed *n* cama *f* de casal (*com 160 cm de largura*).

kinky ['kɪŋkɪ] *adj* (*inf*) bizarro(-a).

kiosk ['kiːɒsk] *n* (*for newspapers etc*) banca *f* de jornal (*Br*), quiosque *m* (*Port*); (*Brit: phone box*) cabine *f*.

kip [kɪp] *n* (*Brit: inf*) soneca *f* ◆ *vi* (*Brit: inf*) dormir.

kipper ['kɪpər] *n* arenque *m* defuma-do.

kiss [kɪs] *n* beijo *m* ◆ *vt* beijar.

kiss of life *n* respiração *f* boca-a-boca.

kit [kɪt] *n* (*set*) estojo *m*; (*clothes*) equi-pamento *m*; (*for assembly*) kit *m*, modelo *m*.

kit bag *n* saco *m* de viagem.

kitchen ['kɪtʃɪn] *n* cozinha *f*.

kitchen sink *n* pia *f* da cozinha.

kitchen unit *n* módulo *m* de cozi-nha.

kite [kaɪt] *n* (*toy*) pipa *f* (*Br*), papagaio *m* (de papel) (*Port*).

kitten ['kɪtn] *n* gatinho *m* (-nha *f*).

kitty ['kɪtɪ] *n* (*for regular expenses*) fundo *m* comum.

kiwi fruit ['kiːwiː-] *n* kiwi *m*.

Kleenex® ['kliːneks] *n* Kleenex® *m*, lenço *m* de papel.

km (*abbr of kilometre*) km.

km/h (*abbr of kilometres per hour*) km/h.

knack [næk] *n*: **I've got the ~ (of it)** já peguei o jeito de fazer isso.

knackered ['nækəd] *adj* (*Brit: inf*) estourado(-da).

knapsack ['næpsæk] *n* mochila *f*.

knead [niːd] *vt* amassar.

knee [niː] *n* joelho *m*.

kneecap ['niːkæp] *n* rótula *f*.

kneel [niːl] (*pt & pp* **knelt** [nelt]) *vi* (*be on one's knees*) estar ajoelhado(-da) OR de joelhos; (*go down on one's knees*) ajoelhar-se.

knew [njuː] *pt* → **know**.

knickers ['nɪkəz] *npl* (*Brit*) calcinha *f* (*Br*), cuecas *fpl* (de senhora) (*Port*).

knick-knack ['nɪknæk] *n* bugiganga *f*.

knife [naɪf] (*pl* **knives**) *n* faca *f*.

knight [naɪt] *n* (*in history*) cavaleiro *m*; (*in chess*) cavalo *m*.

knighthood ['naɪthʊd] *n* (*present day title*) título *m* de "Sir".

knit [nɪt] *vt* fazer tricô.

knitted ['nɪtɪd] *adj* tricotado(-da), de malha.

knitting ['nɪtɪŋ] *n* tricô *m* (*Br*), malha *f* (*Port*).

knitting needle *n* agulha *f* de tricô.

knitwear ['nɪtweər] *n* roupa *f* de tricô.

knives [naɪvz] *pl* → **knife**.

knob [nɒb] *n* (*on door etc*) maçaneta *f*; (*on machine*) botão *m*.

knock [nɒk] *n* (*at door*) pancada *f*, batida *f* ◆ *vt* (*hit*) bater em; (*one's head, elbow*) bater com ◆ *vi* (*at door etc*) bater.

❑ **knock down** *vt sep* (*pedestrian*) atro-pelar; (*building*) demolir; (*price*) baixar.

❑ **knock out** *vt sep* (*make unconscious*) deixar inconsciente; (*of competition*) eli-minar.

❑ **knock over** *vt sep* (*glass, vase*) derru-bar; (*pedestrian*) atropelar.

knocker ['nɒkəʳ] n (on door) batente m, aldraba f.

knockout ['nɒkaʊt] n (in boxing) nocaute m.

knot [nɒt] n nó m.

know [nəʊ] (pt **knew**, pp **known**) vt saber; (person, place) conhecer; **to ~ about sthg** saber (acerca) de algo; **to ~ how to do sthg** saber como fazer algo; **to ~ of** saber de; **you'll like him once you get to ~ him** você vai gostar dele quando o conhecer melhor; **to be known as** ser conhecido como; **to let sb ~ sthg** avisar alguém de algo; **you ~** (for emphasis) sabe.

know-all n (Brit) sabichão m (-chona f).

know-how n know-how m, conhecimentos mpl.

knowingly ['nəʊɪŋlɪ] adv (look, smile) com cumplicidade; (act) conscientemente.

knowledge ['nɒlɪdʒ] n saber m, conhecimento m; **to my ~** que eu saiba.

knowledgeable ['nɒlɪdʒəbl] adj conhecedor(-ra).

known [nəʊn] pp → know.

knuckle ['nʌkl] n (of hand) nó m do dedo; (of pork) mocotó m (Br), chispe m (Port).

koala (bear) [kəʊˈɑːlə-] n (urso) coala m.

Koran [kɒˈrɑːn] n: the ~ o Corão.

kosher ['kəʊʃəʳ] adj (meat) limpo(-pa) (segundo a lei judaica).

kung fu [ˌkʌŋˈfuː] n kung-fu m.

Kurd [kɜːd] n curdo m (-da f).

Kuwait [kʊˈweɪt] n (country) Kuwait m.

L

l *(abbr of litre)* l.

L *(abbr of learner, large)* L.

lab [læb] *n (inf)* laboratório *m*.

label ['leɪbl] *n* etiqueta *f*.

labor ['leɪbər] *(Am)* = **labour**.

laboratory [*Brit* ləˈbɒrətrɪ, *Am* ˈlæbrəˌtɔːrɪ] *n* laboratório *m*.

labour ['leɪbər] *n (Brit) (work)* trabalho *m*; **in ~** *(MED)* em trabalho de parto.

labourer ['leɪbərər] *n* trabalhador *m* (-ra *f*).

Labour Party *n (Brit)* Partido *m* Trabalhista.

labour-saving *adj* que poupa trabalho.

Labrador ['læbrədɔːr] *n (dog)* cão *m* Labrador.

labyrinth ['læbərɪnθ] *n* labirinto *m*.

lace [leɪs] *n (material)* renda *f*; *(for shoe)* cardaço *m (Br)*, atacador *m (Port)*.

lace-ups *npl* sapatos *mpl* de amarrar.

lack [læk] *n* falta *f* ◆ *vt* carecer de ◆ *vi*: **to be ~ing** faltar; **he ~s confidence** falta-lhe confiança.

lacquer ['lækər] *n* laca *f*.

lad [læd] *n (inf)* garoto *m*.

ladder ['lædər] *n (for climbing)* escada *f*; *(Brit: in tights)* defeito *m*, desfiado *m (Br)*, foguete *m (Port)*.

ladies ['leɪdɪz] *n (Brit) (toilet)* banheiro *m* de senhoras.

ladies room *(Am)* = **ladies**.

ladieswear ['leɪdɪzˌweər] *n* roupa *f* de senhora.

ladle ['leɪdl] *n* concha *f*.

lady ['leɪdɪ] *n (woman)* senhora *f*; *(woman of high status)* dama *f*.

ladybird ['leɪdɪbɜːd] *n (Brit)* joaninha *f*.

ladybug ['leɪdɪbʌg] *(Am)* = **ladybird**.

lady-in-waiting [-ˈweɪtɪŋ] *n* dama *f* de companhia.

ladylike ['leɪdɪlaɪk] *adj* elegante, distinto(-ta).

lag [læg] *vi* diminuir; **to ~ behind** *(move more slowly)* ficar para trás.

lager ['lɑːgər] *n* cerveja *f* (loura).

lagoon [ləˈguːn] *n* lagoa *f*.

laid [leɪd] *pt & pp →* **lay**.

laid-back *adj (inf)* descontraído(-da).

lain [leɪn] *pp →* **lie**.

lair [leər] *n* toca *f*, covil *m*.

lake [leɪk] *n* lago *m*.

Lake District *n*: **the ~** *região de lagos e montanhas no noroeste de Inglaterra.*

lamb [læm] *n (animal)* cordeiro *m*; *(meat)* carneiro *m*.

lamb chop *n* costeleta *f* de carneiro.

lambswool ['læmzwʊl] *n* lã *m* de carneiro ◆ *adj* de lã de carneiro.

lame [leɪm] *adj* coxo(-xa).

lament [ləˈment] *n* lamento *m* ◆ *vt* lamentar.

laminated ['læmɪneɪtɪd] *adj* laminado(-da).

lamp [læmp] *n* lâmpada *f (Br)*, candeeiro *m (Port)*.

lamppost ['læmppəʊst] *n* poste *m* de iluminação.

lampshade ['læmpʃeɪd] *n* abajur *m (Br)*, quebra-luz *m (Port)*.

lance [lɑːns] *n* lança *f*.

land [lænd] *n* terra *f* ◆ *vi (plane)* aterrar; *(passengers)* desembarcar; *(fall)* cair.

landing ['lændɪŋ] *n (of plane)* aterrissagem *f (Br)*, aterragem *f (Port)*; *(on stairs)* patamar *m*.

landing card *n* cartão *m* de desembarque.

landing gear *n* trem *m* de aterrissagem.

landing strip *n* pista *f* de aterrissagem.

landlady ['lænd,leɪdɪ] n (of house) senhoria f; (of pub) dona f.

landlord ['lændlɔːd] n (of house) senhorio m; (of pub) dono m.

landmark ['lændmɑːk] n (in landscape, city) ponto m de referência.

landowner ['lænd,əʊnəʳ] n proprietário m (-ria f) rural.

landscape ['lændskeɪp] n paisagem f.

landslide ['lændslaɪd] n (of earth, rocks) deslizamento m (Br), desabamento m (Port).

lane [leɪn] n (narrow road) ruela f; (on road, motorway) pista f (Br), faixa f (Port); **"get in ~"** sinal que indica aos motoristas que devem deslocar-se para a pista adequada.

language ['læŋgwɪdʒ] n (of a people, country) língua f; (system of communication, words) linguagem f.

language laboratory n laboratório m de línguas.

languish ['læŋgwɪʃ] vi definhar.

lank [læŋk] adj (hair) escorrido (-da).

lanky ['læŋkɪ] adj magricela.

lantern ['læntən] n lanterna f.

lap [læp] n (of person) colo m; (of race) volta f.

lapel [lə'pel] n lapela f.

lapse [læps] n lapso m ◆ vi (membership, passport) expirar (Br), caducar (Port).

lap-top (computer) n computador m portátil.

lard [lɑːd] n banha f.

larder ['lɑːdəʳ] n despensa f.

large [lɑːdʒ] adj grande.

largely ['lɑːdʒlɪ] adv em grande parte.

large-scale adj em grande escala.

lark [lɑːk] n cotovia f.

laryngitis [,lærɪn'dʒaɪtɪs] n laringite f.

lasagne [lə'zænjə] n lasanha f.

laser ['leɪzəʳ] n laser m.

lash [læʃ] n (eyelash) pestana f; (blow with whip) chicotada f ◆ vt (whip) chicotear; (tie) amarrar.

lass [læs] n (inf) garota f.

lasso [læ'suː] n (pl -s) laço m ◆ vt laçar.

last [lɑːst] adj último(-ma) ◆ adv (most recently) pela última vez; (at the end) em último lugar ◆ vi durar; (be enough) chegar ◆ pron: **the ~ to come** o último a chegar; **the ~ but one** o penúltimo;

the day before ~ anteontem; ~ **year** o ano passado; **the ~ year** o último ano; **at ~** finalmente.

lasting ['lɑːstɪŋ] adj duradouro (-ra).

lastly ['lɑːstlɪ] adv por último.

last-minute adj de última hora.

last name n sobrenome m (Br), apelido m (Port).

latch [lætʃ] n trinco m; **the door is on the ~** a porta está fechada com o trinco.

late [leɪt] adj (not on time) atrasado (-da); (after usual time) tardio (-dia); (dead) falecido(-da) ◆ adv (after usual time) tarde; (not on time): **the train is two hours ~** o trem está duas horas atrasado; **I had a ~ lunch** almocei tarde; **in the ~ afternoon** no fim da tarde; **in ~ June, ~ in June** no final OR fim de junho.

latecomer ['leɪt,kʌməʳ] n retardatário m (-ria f).

lately ['leɪtlɪ] adv ultimamente.

late-night adj (chemist, supermarket) aberto(-ta) até tarde.

later ['leɪtəʳ] adj (train) que saia mais tarde ◆ adv: ~ **(on)** mais tarde; **at a ~ date** mais tarde, posteriormente.

latest ['leɪtɪst] adj: **the ~ fashion** a última moda; **the ~** (in series, in fashion) o mais recente (a mais recente); **at the ~** o mais tardar.

lathe [leɪð] n torno m.

lather ['lɑːðəʳ] n espuma f.

Latin ['lætɪn] n (language) latim m.

Latin America n América f Latina.

Latin American adj latino-americano(-na) ◆ n latino-americano m (-na f).

latitude ['lætɪtjuːd] n latitude f.

latter ['lætəʳ] n: **the ~** este último (esta última).

Latvia ['lætvɪə] n Letônia f.

laugh [lɑːf] n riso m ◆ vi rir; **to have a ~** (Brit: inf) divertir-se.

❑ **laugh at** vt fus (mock) rir-se de.

laughable ['lɑːfəbl] adj ridículo (-la).

laughing stock ['lɑːfɪŋ-] n alvo m de riso OR gozação.

laughter ['lɑːftəʳ] n risos mpl.

launch [lɔːntʃ] vt (boat) lançar ao mar; (new product) lançar.

launderette [,lɔːndə'ret] n lavanderia f automática.

laundry ['lɔːndrɪ] n (washing) roupa f

suja; *(place)* lavanderia *f.*

lava ['lɑːvə] *n* lava *f.*

lavatory ['lævətrɪ] *n* privada *f (Br)*, casa *f* de banho *(Port)*.

lavender ['lævəndə^r] *n* alfazema *f.*

lavish ['lævɪʃ] *adj (meal, decoration)* suntuoso(-osa).

law [lɔː] *n (JUR: rule)* lei *f; (study)* direito *m;* **the ~** *(JUR: set of rules)* a lei; **to be against the ~** ser contra a lei.

law-abiding [-ə,baɪdɪŋ] *adj* respeitador(-ra) da lei.

law court *n* tribunal *m.*

lawful ['lɔːfʊl] *adj* legal.

lawn [lɔːn] *n* gramado *m (Br)*, relvado *m (Port)*.

lawnmower ['lɔːn,məʊə^r] *n* máquina *f* de cortar grama.

lawsuit ['lɔːsuːt] *n* processo *m.*

lawyer ['lɔːjə^r] *n* advogado *m* (-da *f*).

lax [læks] *adj (person, behaviour, attitude)* negligente; *(standards, morals)* baixo(-xa); *(discipline)* pouco rígido (-da).

laxative ['læksətɪv] *n* laxante *m.*

lay [leɪ] *(pt & pp* **laid)** *pt → **lie*** ◆ *vt (place)* colocar, pôr; *(egg)* pôr; **to ~ the table** pôr a mesa.

❑ **lay off** *vt sep (worker)* despedir.

❑ **lay on** *vt sep* fornecer.

❑ **lay out** *vt sep (display)* dispor.

layabout ['leɪəbaʊt] *n (Brit: inf)* vadio *m* (-dia *f*).

lay-by *(pl* **lay-bys)** *n* acostamento *m (Br)*, berma *f (Port)*.

layer ['leɪə^r] *n* camada *f.*

layman ['leɪmən] *(pl* **-men** [-mən]) *n* leigo *m* (-ga *f*).

layout ['leɪaʊt] *n (of building)* leiaute *m (Br)*, disposição *f (Port); (of streets)* traçado *m;* **"new road ~"** sinal que indica uma mudança no traçado da estrada ou rua.

laze [leɪz] *vi:* **I spent the afternoon lazing in the sun** passei a tarde no sol sem fazer nada.

lazy ['leɪzɪ] *adj* preguiçoso(-osa).

lb *abbr =* **pound.**

LCD *abbr =* **liquid crystal display.**

lead¹ [liːd] *(pt & pp* **led)** *vt (take)* conduzir, levar; *(team, company)* dirigir; *(race, demonstration)* estar à frente ◆ *vi (be winning)* estar à frente ◆ *n (for dog)* trela *f; (cable)* cabo *m,* fio *m;* **to ~ sb to do sthg** levar alguém a fazer algo; **to ~ the way** estar à frente; **to ~**

to *(go to)* ir dar em; *(result in)* levar a; **to be in the ~** estar à frente.

lead² [led] *n (metal)* chumbo *m; (for pencil)* grafite *m (Br)*, mina *f (Port)* ◆ *adj* de chumbo.

leaded petrol ['ledɪd-] *n* gasolina *f* (com chumbo).

leader ['liːdə^r] *n* líder *mf.*

leadership ['liːdəʃɪp] *n* liderança *f.*

lead-free [led-] *adj* sem chumbo.

leading ['liːdɪŋ] *adj (most important)* principal.

lead singer [liːd-] *n* vocalista *mf.*

leaf [liːf] *(pl* **leaves)** *n (of tree)* folha *f.*

leaflet ['liːflɪt] *n* folheto *m.*

league [liːg] *n (SPORT)* campeonato *m; (association)* liga *f.*

leak [liːk] *n (hole)* buraco *m; (of gas, petrol)* vazamento *m (Br)*, fuga *f (Port); (of water)* vazamento *m (Br)*, perda *f (Port); (in roof)* goteira *f* ◆ *vi (roof)* ter goteiras; *(tank)* vazar.

leakage ['liːkɪdʒ] *n (of gas, petrol, water)* vazamento *m.*

lean [liːn] *(pt & pp* **leant** OR **-ed)** *adj* magro(-gra) ◆ *vi (bend)* inclinar-se ◆ *vt:* **to ~ sthg against sthg** encostar algo em algo; **to ~ on** apoiar-se em.

❑ **lean forward** *vi* inclinar-se para a frente.

❑ **lean over** *vi* abaixar-se.

leaning ['liːnɪŋ] *n:* **~ towards sthg** *(science, arts)* inclinação *f* para algo; **a magazine with Marxist ~s** uma revista com tendências marxistas.

leant [lent] *pt & pp →* **lean.**

leap [liːp] *(pt & pp* **leapt** OR **-ed)** *vi* saltar.

leapfrog ['liːpfrɒg] *n* jogo *m* de pular corniça *(Br)*, jogo *m* do eixo *(Port)* ◆ *vt* saltar.

leapt [lept] *pt & pp →* **leap.**

leap year *n* ano *m* bissexto.

learn [lɜːn] *(pt & pp* **learnt** OR **-ed)** *vt (gain knowledge of)* aprender; *(memorize)* decorar; **to ~ (how) to do sthg** aprender a fazer algo; **to ~ about sthg** *(hear about)* ficar sabendo (de) algo; *(study)* estudar algo.

learned ['lɜːnɪd] *adj* erudito(-ta).

learner (driver) ['lɜːnə^r-] *n* pessoa que está aprendendo a dirigir.

learning ['lɜːnɪŋ] *n* saber *m,* erudição *f.*

learnt [lɜːnt] *pt & pp →* **learn.**

lease [liːs] *n* contrato *m* de arrendamento OR aluguel ♦ *vt* arrendar, alugar; **to ~ sthg from sb** arrendar algo de alguém; **to ~ sthg to sb** arrendar algo a alguém.

leash [liːʃ] *n* trela *f*.

least [liːst] *adv* & *adj* menos ♦ *pron*: **(the)** ~ o mínimo; **at** ~ pelo menos; **I like her the** ~ ela é de quem eu gosto menos.

leather [ˈleðəʳ] *n* couro *m*, cabedal *m* (*Port*), pele *f*.

❑ **leathers** *npl* (*of motorcyclist*) roupa *f* de couro.

leave [liːv] (*pt* & *pp* **left**) *vt* deixar; (*house, country*) sair de ♦ *vi* (*person*) ir-se embora; (*train, bus*) sair, partir ♦ *n* (*time off work*) licença *f*; **to ~ a message** deixar recado, → **left**.

❑ **leave behind** *vt sep* deixar (para trás).

❑ **leave out** *vt sep* omitir.

leaves [liːvz] *pl* → **leaf**.

Lebanon [ˈlebənən] *n* Líbano *m*.

lecherous [ˈletʃərəs] *adj* (*look, expression*) lascivo(-va); (*person*) devasso(-a).

lecture [ˈlektʃəʳ] *n* (*at university*) aula *f*; (*at conference*) conferência *f*.

lecturer [ˈlektʃərəʳ] *n* professor *m* universitário (professora *f* universitária).

lecture theatre *n* anfiteatro *m*.

led [led] *pt* & *pp* → **lead¹**.

ledge [ledʒ] *n* (*of window*) peitoril *m*.

leech [liːtʃ] *n* sanguessuga *f*.

leek [liːk] *n* alho-poró *m* (*Br*), alho *m* francês (*Port*).

leer [lɪəʳ] *n* olhar *m* lascivo ♦ *vi*: **to ~ at sb** olhar lascivamente para alguém.

leeway [ˈliːweɪ] *n* (*room to manouevre*) margem *f* para manobra.

left [left] *pt* & *pp* → **leave** ♦ *adj* (*not right*) esquerdo(-da) ♦ *adv* (*turn*) à esquerda; (*keep*) pela esquerda ♦ *n* esquerda *f*; **on the** ~ à esquerda; **to be** ~ sobrar.

left-hand *adj* esquerdo(-da).

left-hand drive *n* veículo *m* com volante do lado esquerdo.

left-handed [-ˈhændɪd] *adj* (*person*) canhoto(-ota); (*implement*) para canhotos.

left-luggage locker *n* (*Brit*) guarda-volumes *m inv* com chave (*Br*), cacifo *m* (para bagagem) (*Port*).

left-luggage office *n* (*Brit*) depósito *m* de bagagens.

leftover [ˈleftəʊvəʳ] *adj* a mais.

❑ **leftovers** *npl* restos *mpl*.

left-wing *adj* de esquerda.

leg [leg] *n* perna *f*; ~ **of lamb** perna de carneiro.

legacy [ˈlegəsɪ] *n* legado *m*, herança *f*.

legal [ˈliːgl] *adj* legal.

legal aid *n* ajuda financeira estatal para pagamento de um advogado.

legalize [ˈliːgəlaɪz] *vt* legalizar.

legal system *n* sistema *m* judiciário.

legal tender *n* moeda *f* corrente.

legend [ˈledʒənd] *n* lenda *f*.

leggings [ˈlegɪŋz] *npl* calças *fpl* de malha (justas).

legible [ˈledʒɪbl] *adj* legível.

legislation [ˌledʒɪsˈleɪʃn] *n* legislação *f*.

legitimate [lɪˈdʒɪtɪmət] *adj* legítimo (-ma).

legless [ˈleglɪs] *adj* (*Brit: inf: drunk*): **to be** ~ estar bêbado(-da) que nem um gambá.

legroom [ˈlegrʊm] *n* espaço *m* para as pernas.

leg-warmers [-ˌwɔːməz] *npl* caneleiras *fpl*, meias *fpl* sem pé.

leisure [*Brit* ˈleʒəʳ, *Am* ˈliːʒər] *n* lazer *m*.

leisure centre *n* centro *m* de lazer.

leisurely [*Brit* ˈleʒəlɪ, *Am* ˈliːʒərlɪ] *adj* despreocupado(-da).

leisure pool *n* parque *m* aquático.

leisure time *n* tempo *m* livre OR de lazer.

lemon [ˈlemən] *n* limão-galego *m* (*Br*), limão *m* (*Port*).

lemonade [ˌleməˈneɪd] *n* (*Brit: fizzy drink*) gasosa *f*; (*lemon juice*) limonada *f*.

lemon curd [-kɜːd] *n* (*Brit*) doce *m* de limão (*feito com suco de limão, açúcar, ovos e manteiga*).

lemon juice *n* suco *m* de limão.

lemon meringue pie *n* torta *f* de limão e suspiro.

lemon sole *n* linguado *m*.

lemon tea *n* chá *m* de limão, ≈ carioca *m* de limão (*Port*).

lend [lend] (*pt* & *pp* **lent**) *vt* emprestar; **to ~ sb sthg** emprestar algo a alguém.

length [leŋθ] *n (in distance)* comprimento *m*; *(in time)* duração *f*.

lengthen ['leŋθən] *vt* aumentar.

lengthways ['leŋθweɪz] *adv* ao comprido.

lengthy ['leŋθɪ] *adj* longo(-ga).

lenient ['li:njənt] *adj* brando (-da).

lens [lenz] *n* lente *f*.

lent [lent] *pt & pp* → **lend**.

Lent [lent] *n* Quaresma *f*.

lentils ['lentlz] *npl* lentilhas *fpl*.

Leo ['li:əʊ] *n* Leão *m*.

leopard ['lepəd] *n* leopardo *m*.

leopard-skin *adj* tipo pele de leopardo.

leotard ['li:ətɑ:d] *n* malha *f* de ginástica.

leper ['lepər] *n* leproso *m* (-osa *f*).

leprosy ['leprəsɪ] *n* lepra *f*.

lesbian ['lezbɪən] *adj* lésbico(-ca) ♦ *n* lésbica *f*.

less [les] *adj, adv & pron* menos; ~ **than 20** menos de 20; **she earns ~ than him** ela ganha menos do que ele.

lessen ['lesn] *vt & vi* diminuir.

lesser ['lesər] *adj* menor; **to a ~ extent** OR **degree** em menor grau.

lesson ['lesn] *n (class)* lição *f*.

let [let] *(pt & pp* **let**) *vt (allow)* deixar; *(rent out)* alugar, arrendar; **to ~ sb do sthg** deixar alguém fazer algo; **to ~ go of sthg** largar algo; **to ~ sb have sthg** dar algo a alguém; **to ~ sb know sthg** dizer algo a alguém; **~'s go!** vamos embora!; **"to ~"** "para alugar", "aluga-se".

❏ **let in** *vt sep* deixar entrar.

❏ **let off** *vt sep (excuse)* perdoar; **can you ~ me off at the station?** pode me deixar na estação?.

❏ **let out** *vt sep (allow to go out)* deixar sair.

letdown ['letdaʊn] *n (inf)* decepção *f*.

lethal ['li:θl] *adj* letal, mortal.

lethargic [ləˈθɑ:dʒɪk] *adj* letárgico (-ca).

let's [lets] = **let us**.

letter ['letər] *n (written message)* carta *f*; *(of alphabet)* letra *f*.

letterbox ['letəbɒks] *n (Brit) (in door)* caixa *f* do correio; *(in street)* caixa *f* do correio *(Br)*, marco *m* do correio *(Port)*.

lettuce ['letɪs] *n* alface *f*.

leuk(a)emia [lu:ˈki:mɪə] *n* leucemia *f*.

level ['levl] *adj (horizontal, flat)* plano (-na) ♦ *n* nível *m*; *(storey)* andar *m*; **to be ~ with** estar no mesmo nível que.

level crossing *n (Brit)* passagem *f* de nível.

level-headed [-ˈhedɪd] *adj* sensato (-ta).

lever [*Brit* 'li:vər, *Am* 'levər] *n* alavanca *f*.

levy ['levɪ] *vt* lançar; **~ (on sthg)** *(financial contribution)* contribuição *f* (para algo); *(tax)* imposto *m* (sobre algo).

lewd [lju:d] *adj (behaviour)* lascivo (-va); *(joke, song)* obsceno(-na).

liability [ˌlaɪəˈbɪlətɪ] *n (responsibility)* responsabilidade *f*.

liable ['laɪəbl] *adj*: **to be ~ to do sthg** ter tendência a fazer algo; **he's ~ to be late** é provável que ele chegue tarde; **to be ~ for sthg** ser responsável por algo.

liaise [lɪˈeɪz] *vi*: **to ~ with** contatar com.

liar ['laɪər] *n* mentiroso *m* (-osa *f*).

libel ['laɪbl] *n* calúnia *f*, difamação *f* ♦ *vt* caluniar, difamar.

liberal ['lɪbərəl] *adj (tolerant)* liberal; *(generous)* generoso(-osa).

Liberal Democrat Party *n* Partido *m* Democrata Liberal.

liberate ['lɪbəreɪt] *vt* libertar.

liberty ['lɪbətɪ] *n* liberdade *f*.

Libra ['li:brə] *n* Libra *f (Br)*, Balança *f (Port)*.

librarian [laɪˈbreərɪən] *n* bibliotecário *m* (-ria *f*).

library ['laɪbrərɪ] *n* biblioteca *f*.

library book *n* livro *m* da biblioteca.

Libya ['lɪbɪə] *n* Líbia *f*.

lice [laɪs] *npl* piolhos *mpl*.

licence ['laɪsəns] *n (Brit) (official document)* licença *f* ♦ *vt (Am)* = **license**.

license ['laɪsəns] *vt (Brit)* autorizar ♦ *n (Am)* = **licence**.

licensed ['laɪsənst] *adj (restaurant, bar)* autorizado(-da) a vender bebidas alcoólicas.

license plate *n (Am)* placa *f (Br)*, matrícula *f (Port)*.

licensing hours ['laɪsənsɪŋ-] *npl (Brit)* horário de abertura dos *pubs*.

lick [lɪk] vt lamber.

licorice ['lɪkərɪs] = **liquorice**.

lid [lɪd] n (cover) tampa f.

lie [laɪ] (pt **lay**, pp **lain**, cont **lying**) n mentira f ◆ vi (tell lie: pt & pp **lied**) mentir; (be horizontal) estar deitado; (lie down) deitar-se; (be situated) ficar; **to tell ~s** mentir; **to ~ about sthg** mentir sobre algo.

❑ **lie down** vi deitar-se.

Liechtenstein ['lɪktənstaɪn] n Liechtenstein m.

lie-down n (Brit): **to have a ~** descansar um pouco, dormir um pouco.

lie-in n (Brit): **to have a ~** dormir até (mais) tarde.

lieutenant [Brit lef'tenənt, Am luː'tenənt] n tenente m.

life [laɪf] (pl **lives**) n vida f.

life assurance n seguro m de vida.

life belt n bóia f (salva-vidas).

lifeboat ['laɪfbəʊt] n barco m salva-vidas.

lifeguard ['laɪfgɑːd] n salva-vidas mf (Br), nadador-salvador m (nadadora-salvadora f) (Port).

life insurance n seguro m de vida.

life jacket n colete m salva-vidas.

lifelike ['laɪflaɪk] adj realista.

lifelong ['laɪflɒŋ] adj vitalício(-cia); (friendship) de toda a vida.

life preserver [-prɪˈzɜːvər] n (Am) (life belt) bóia f (salva-vidas); (life jacket) colete m salva-vidas.

life raft n salva-vidas m inv.

lifesaver ['laɪfˌseɪvər] n salva-vidas mf (Br), (person) nadador-salvador m (nadadora-salvadora f) (Port).

life-size adj em tamanho natural.

lifespan ['laɪfspæn] n tempo m de vida.

lifestyle ['laɪfstaɪl] n estilo m de vida.

lifetime ['laɪftaɪm] n vida f; **the chance of a ~** uma oportunidade única.

lift [lɪft] n (Brit: elevator) elevador m ◆ vt (raise) levantar ◆ vi (fog) levantar; **to give sb a ~** dar uma carona a alguém (Br), dar uma boleia a alguém (Port).

❑ **lift up** vt sep levantar.

lift-off n decolagem f.

light [laɪt] (pt & pp **lit** OR **-ed**) adj leve; (not dark) claro(-ra) ◆ n luz f; (for cigarette) fogo m (Br), lume m (Port) ◆ vt (fire, cigarette) acender; (room, stage) iluminar; **have you got a ~?** você tem fósforo OR isqueiro?; **to set ~ to sthg**

pôr fogo em algo.

❑ **lights** (traffic lights) sinais mpl de trânsito, semáforos mpl (Port).

❑ **light up** vt sep (house, road) iluminar ◆ vi (inf: light a cigarette) acender um cigarro.

light bulb n lâmpada f.

lighten ['laɪtn] vt (room, ceiling) iluminar; (hair) clarear, alourar; (workload) aliviar.

lighter ['laɪtər] n isqueiro m.

light-hearted [-'hɑːtɪd] adj alegre.

lighthouse ['laɪthaʊs, pl -haʊzɪz] n farol m.

lighting ['laɪtɪŋ] n iluminação f.

light meter n fotômetro m.

lightning ['laɪtnɪŋ] n relâmpagos mpl.

lightweight ['laɪtweɪt] adj (clothes, object) leve.

likable ['laɪkəbl] adj simpático (-ca).

like [laɪk] prep como; (typical of) típico de ◆ vt gostar de; **~ this/that** assim; **what's it ~?** como é?; **to look ~ sb/sthg** parecer-se com alguém/algo; **would you ~ some more?** quer mais?; **to ~ doing sthg** gostar de fazer algo; **l'd ~ to sit down** gostaria de me sentar; **l'd ~ a drink** gostaria de beber qualquer coisa.

likeable ['laɪkəbl] = **likable**.

likelihood ['laɪklɪhʊd] n probabilidade f.

likely ['laɪklɪ] adj provável.

liken ['laɪkn] vt: **to ~ sb/sthg to** comparar alguém/algo a.

likeness ['laɪknɪs] n semelhança f.

likewise ['laɪkwaɪz] adv da mesma maneira; **to do ~** fazer o mesmo.

liking ['laɪkɪŋ] n gosto m; **to have a ~ for** gostar de; **to be to sb's ~** estar ao gosto de alguém.

lilac ['laɪlək] adj lilás (inv).

Lilo® ['laɪləʊ] (pl **-s**) n (Brit) colchão m de ar.

lily ['lɪlɪ] n lírio m.

lily of the valley n lírio-do-vale m, lírio-convale m.

limb [lɪm] n membro m.

lime [laɪm] n (fruit) limão m (Br), lima f (Port); **~ (juice)** suco m de limão (Br), sumo m de lima (Port).

limelight ['laɪmlaɪt] n: **to be in the ~** ser o centro das atenções.

limestone ['laɪmstəʊn] n calcário m.

limit ['lɪmɪt] n limite m ◆ vt limitar; **the city ~s** os limites da cidade.

limitation [ˌlɪmɪˈteɪʃn] n limitação f.

limited [ˈlɪmɪtɪd] adj limitado (-da).

limousine [ˈlɪməziːn] n limusine f.

limp [lɪmp] adj (lettuce) murcho (-cha); (body) flácido(-da); (fabric) mole ◆ vi mancar.

limpet [ˈlɪmpɪt] n lapa f.

line [laɪn] n linha f; (row) fila f; (Am: queue) fila; (of poem, song) verso m; (for washing) varal m (Br), estendal m (Port); (rope) corda; (of business, work) ramo m; (type of product) seleção f ◆ vt (coat, drawers) forrar; **in ~** (aligned) alinhado (-da); **it's a bad ~** a linha está péssima; **the ~ is engaged** a linha está ocupada; **to drop sb a ~** (inf) mandar uma cartinha para alguém; **to stand in ~** (Am) pôr-se na fila.
❏ **line up** vt sep (arrange) organizar ◆ vi entrar na fila.

lined [laɪnd] adj (paper) pautado (-da), de linhas.

linen [ˈlɪnɪn] n (cloth) linho m; (sheets) roupa f de cama.

liner [ˈlaɪnəʳ] n (ship) transatlântico m.

linesman [ˈlaɪnzmən] (pl **-men** [-mən]) n juiz m de linha.

lineup [ˈlaɪnʌp] n (of players, competitors) seleção f.

linger [ˈlɪŋɡəʳ] vi (smell, taste, smoke) permanecer; (person) atrasar-se.

lingerie [ˈlænʒərɪ] n roupa f de baixo (de senhora), lingerie f.

linguist [ˈlɪŋɡwɪst] n lingüista mf.

linguistics [lɪŋˈɡwɪstɪks] n lingüística f.

lining [ˈlaɪnɪŋ] n (of coat, jacket) forro m; (of brake) lona f (Br), patilha f (Port).

link [lɪŋk] n (connection) relação f ◆ vt ligar; **rail ~** ligação f ferroviária; **road ~** ligação rodoviária.

lino [ˈlaɪnəʊ] n (Brit) linóleo m.

lion [ˈlaɪən] n leão m.

lioness [ˈlaɪənes] n leoa f.

lip [lɪp] n (of person) lábio m.

lip-read (pt & pp **lip-read**) vi ler os lábios.

lip salve [-sælv] n pomada f para lábios rachados (Br), batom m para o cieiro (Port).

lipstick [ˈlɪpstɪk] n batom m.

liqueur [lɪˈkjʊəʳ] n licor m.

liquid [ˈlɪkwɪd] n líquido m.

liquid crystal display n dispositivo m cristal líquido.

liquidize [ˈlɪkwɪdaɪz] vt (Brit) liquidificar, desfazer.

liquidizer [ˈlɪkwɪdaɪzəʳ] n (Brit) liquidificador m (Br), centrifugador m (Port).

liquor [ˈlɪkəʳ] n (Am) licor m.

liquorice [ˈlɪkərɪs] n alcaçuz m.

liquor store n (Am) loja onde se vendem bebidas alcoólicas para levar.

Lisbon [ˈlɪzbən] n Lisboa s.

lisp [lɪsp] n ceceio m.

list [lɪst] n lista f ◆ vt enumerar.

listed building [ˈlɪstɪd-] n (Brit) edifício declarado de interesse histórico e artístico.

listen [ˈlɪsn] vi: **to ~ (to)** ouvir.

listener [ˈlɪsnəʳ] n (on radio) ouvinte mf.

lit [lɪt] pt & pp → **light**.

liter [ˈliːtər] (Am) = **litre**.

literacy [ˈlɪtərəsɪ] n alfabetismo m.

literal [ˈlɪtərəl] adj literal.

literally [ˈlɪtərəlɪ] adv (actually) literalmente.

literary [ˈlɪtərərɪ] adj literário (-ria).

literate [ˈlɪtərət] adj (able to read and write) alfabetizado(-da); (well-read) erudito(-ta); **computer-~** versado(-da) em computadores.

literature [ˈlɪtrətʃəʳ] n literatura f.

lithe [laɪð] adj ágil.

Lithuania [ˌlɪθjʊˈeɪnjə] n Lituânia f.

litre [ˈliːtəʳ] n (Brit) litro m.

litter [ˈlɪtəʳ] n (rubbish) lixo m.

litterbin [ˈlɪtəbɪn] n (Brit) lata f de lixo (Br), caixote m do lixo (Port).

little [ˈlɪtl] adj pequeno(-na); (distance, time) curto(-ta); (not much) pouco(-ca); (sister, brother) mais novo (nova) ◆ pron pouco m (-ca f) ◆ adv pouco; **as ~ as possible** o menos possível; **~ by ~** pouco a pouco; **a ~** pron & adv um pouco ◆ adj um pouco de.

little finger n (dedo) mindinho m.

live¹ [lɪv] vi viver; (survive) sobreviver; **to ~ with sb** viver com alguém.
❏ **live together** vi viver juntos.

live² [laɪv] adj (alive) vivo(-va); (programme, performance) ao vivo; (wire) eletrificado(-da) ◆ adv ao vivo.

livelihood [ˈlaɪvlɪhʊd] n sustento m, meio m de vida.

lively [ˈlaɪvlɪ] adj (person) alegre; (place, atmosphere) animado(-da).

liven [ˈlaɪvn] : **liven up** vt sep alegrar ◆ vi (person) alegrar-se.

liver ['lɪvər] n fígado m.

lives [laɪvz] pl → life.

livestock ['laɪvstɒk] n gado m.

livid ['lɪvɪd] adj (inf: angry) lívido (-da).

living ['lɪvɪŋ] adj vivo(-va) ◆ n: **to earn a ~** ganhar a vida; **what do you do for a ~?** o que é que você faz (na vida)?

living conditions npl condições fpl de vida.

living room n sala f de estar.

living standards npl nível m de vida.

lizard ['lɪzəd] n lagarto m.

llama ['lɑːmə] n lhama f.

load [ləud] n (thing carried) carga f ◆ vt carregar; **~s of** (inf) toneladas de.

loaf [ləuf] (pl **loaves**) n: **a ~ (of bread)** um pão de fôrma.

loafers ['ləufəs] npl (shoes) sapatos mpl sem cadarços.

loan [ləun] n empréstimo m ◆ vt emprestar.

loathe [ləuð] vt detestar.

loathsome ['ləuðsəm] adj repugnante.

loaves [ləuvz] pl → loaf.

lob [lɒb] n (in tennis) balão m ◆ vt (throw) atirar ao ar, lançar.

lobby ['lɒbɪ] n (hall) entrada f, hall m.

lobe [ləub] n (of ear) lóbulo m.

lobster ['lɒbstər] n lagosta f.

local ['ləukl] adj local ◆ n (inf) (local person) habitante mf local; (Brit: pub) = bar m da esquina; (Am: bus) ônibus m (local) (Br), autocarro m (urbano) (Port); (Am: train) trem m (Br), comboio m (Port).

local anaesthetic n anestesia f local.

local authority n (Brit) autarquia f.

local call n chamada f local.

local government n administração f local.

locally ['ləukəlɪ] adv (in region) na região; (in neighbourhood) na área.

locate [Brit ləu'keɪt, Am 'ləukeɪt] vt (find) localizar; **to be ~d** ficar OR estar situado.

location [ləu'keɪʃn] n lugar m, localização f.

loch [lɒk, lɒx] n (Scot) lago m.

lock [lɒk] n (on door, drawer) fechadura f; (for bike) cadeado m; (on canal) comporta f ◆ vt fechar com chave ◆ vi

(become stuck) ficar preso.

❑ **lock in** vt sep fechar.

❑ **lock out** vt sep: **I've ~ed myself out** deixei a chave por dentro e não posso entrar.

❑ **lock up** vt sep (imprison) prender ◆ vi fechar tudo à chave.

locker ['lɒkər] n compartimento m com chave, cacifo m.

locker room n (Am) vestiário m.

locket ['lɒkɪt] n medalhão m.

locksmith ['lɒksmɪθ] n serralheiro m (-ra f).

locomotive [ˌləukə'məutɪv] n locomotiva f.

locum ['ləukəm] n (doctor) substituto m (-ta f).

locust ['ləukəst] n gafanhoto m (viajante).

lodge [lɒdʒ] n (for skiers) refúgio m; (for hunters) pavilhão m de caça ◆ vi alojar-se.

lodger ['lɒdʒər] n inquilino m (-na f).

lodgings ['lɒdʒɪŋz] npl quarto m alugado (em casa de família).

loft [lɒft] n sótão m.

log [lɒg] n (piece of wood) tora f, lenha f.

logbook ['lɒgbuk] n (of ship, plane) diário m de bordo; (of car) documentação f (do carro).

logic ['lɒdʒɪk] n lógica f.

logical ['lɒdʒɪkl] adj lógico(-ca).

logo ['ləugəu] (pl **-s**) n logotipo m.

loin [lɔɪn] n lombo m.

loiter ['lɔɪtər] vi vadiar.

lollipop ['lɒlɪpɒp] n pirulito m (Br), chupa-chupa m (Port).

lollipop lady n (Brit) mulher, que na hora de entrada e saída das aulas, pára o trânsito para as crianças atravessarem em segurança.

lollipop man n (Brit) homem, que na hora de entrada e saída das aulas, pára o trânsito para as crianças atravessarem em segurança.

lolly ['lɒlɪ] n (inf) (lollipop) pirulito m (Br), chupa m (Port); (Brit: ice lolly) picolé m (Br), gelado m (Port).

London ['lʌndən] n Londres s.

Londoner ['lʌndənər] n londrino m (-na f).

lone [ləun] adj solitário(-ria).

loneliness ['ləunlɪnɪs] n solidão f.

lonely ['ləunlɪ] adj (person) só; (place) isolado(-da).

loner ['ləʊnə'] *n* solitário *m* (-ria *f*).
lonesome ['ləʊnsəm] *adj (Am) (inf)
(person)* só; *(place)* solitário(-ria).
long [lɒŋ] *adj* comprido(-da); *(in time)*
longo(-ga) ◆ *adv* muito; **it's 2 metres
~** mede 2 metros de comprimento; **it's
two hours ~** dura 2 horas; **how ~ is it?**
(in distance) mede quanto?; *(in time)*
dura quanto tempo?; **to take/be ~**
demorar muito; **a ~ time** muito
tempo; **all day ~** durante todo o dia;
as ~ as desde que; **for ~** *(durante)*
muito tempo; **no ~er** já não; **so ~!** *(inf)*
adeus!
❏ **long for** *vt fus* ansiar por.
long-distance *adj (phone call)* inte-
rurbano(-na).
long drink *n* mistura de bebida alcoólica com suco ou refrigerante servida num
copo alto e estreito.
long-haul *adj* de longa distância.
longing ['lɒŋɪŋ] *adj* ansioso(-osa) ◆ *n
(desire)* ânsia *f*, desejo *m*; *(nostalgia)*
saudade *f*; **to have a ~ for sthg** ansiar
por algo.
longitude ['lɒndʒɪtjuːd] *n* longitude *f*.
long jump *n* salto *m* em comprimento.
long-life *adj* de longa duração.
longsighted [,lɒŋ'saɪtɪd] *adj* hipermé-
trope; **to be ~** ter a vista cansada.
long-standing [-'stændɪŋ] *adj* de
longa data.
long term *n*: **in the ~** a longo prazo.
❏ **long-term** *adj* a longo prazo.
long wave *n* onda *f* longa.
longwearing [,lɒŋ'weərɪŋ] *adj (Am)*
duradouro(-ra).
longwinded [,lɒŋ'wɪndɪd] *adj (person)*
prolixo(-xa); *(speech)* fastidioso(-osa).
loo [luː] *(pl -s) n (Brit: inf)* banheiro *m
(Br)*, casa *f* de banho *(Port)*.
look [lʊk] *n (glance)* olhadela *f*, olhada
f; *(appearance)* aparência *f*, look *m* ◆ *vi
(with eyes)* olhar; *(search)* procurar;
(seem) parecer; **to ~ onto** *(building,
room)* ter vista para, dar para; **to have a
~** *(see)* dar uma olhada; *(search)* procurar; **(good) ~s** beleza *f*; **I'm just ~ing**
(in shop) estou só olhando; **~ out!** cuidado!
❏ **look after** *vt fus (person)* tomar
conta de; *(matter, arrangements)*
ocupar-se de.
❏ **look at** *vt fus (observe)* olhar para;
(examine) analisar.

❏ **look for** *vt fus* procurar.
❏ **look forward to** *vt fus* esperar
(impacientemente).
❏ **look out for** *vt fus* estar atento a.
❏ **look round** *vt fus (town, shop)* ver,
dar uma volta por ◆ *vi (turn head)*
virar-se, olhar (para trás).
❏ **look up** *vt sep (in dictionary, phone
book)* procurar.
lookout ['lʊkaʊt] *n (search)*: **to be on
the ~ for sthg** andar à procura de algo.
loom [luːm] *n* tear *m* ◆ *vi (rise
up)* erguer-se ameaçadoramente;
(date) aproximar-se; *(threat)* pairar no
ar.
❏ **loom up** *vi* surgir.
loony ['luːnɪ] *n (inf)* doido *m* (-da *f*).
loop [luːp] *n* argola *f*.
loophole ['luːphəʊl] *n* lacuna *f*.
loose [luːs] *adj* solto(-ta); *(tooth)* mole
(Br), a abanar *(Port)*; *(sweets)* avulso
(-sa); *(clothes)* largo(-ga); **to let sb/sthg
~** soltar alguém/algo.
loose change *n* dinheiro *m* trocado,
trocados *mpl*.
loosely ['luːslɪ] *adv (hold, connect)* sem
apertar; *(translated)* livremente; *(asso-
ciated)* mais ou menos.
loosen ['luːsn] *vt* desapertar.
loot [luːt] *n* saque *m* ◆ *vt* saquear, pilhar.
looting ['luːtɪŋ] *n* pilhagem *f*.
lop [lɒp] *vt (tree)* derramar.
❏ **lop off** *vt sep* cortar.
lop-sided [-'saɪdɪd] *adj* torto (torta).
lord [lɔːd] *n* lorde *m*.
lorry ['lɒrɪ] *n (Brit)* caminhão *m (Br)*,
camião *m (Port)*.
lorry driver *n (Brit)* caminhoneiro
m (-ra *f) (Br)*, camionista *mf (Port)*.
lose [luːz] *(pt & pp* lost) *vt* perder;
(subj: watch, clock) atrasar ◆ *vi* perder;
to ~ weight emagrecer.
loser ['luːzə'] *n (in contest)* perdedor *m*
(-ra *f*), vencido *m* (-da *f*).
loss [lɒs] *n (losing)* perda *f*; *(of business,
company)* prejuízo *m*.
lost [lɒst] *pt & pp* → **lose** ◆ *adj* perdi-
do(-da); **to get ~** *(lose way)* perder-se.
lost-and-found office *n (Am)*
seção *f* de perdidos e achados.
lost property office *n (Brit)* seção
f de perdidos e achados.
lot [lɒt] *n (at auction)* lote *m*; *(Am: car
park)* estacionamento *m*; **you take this
~ and I'll take the rest** leva estes que

eu levo o resto; **a ~** *(large amount)* muito(-ta), muitos(-tas) *(pl)*; *(to a great extent, often)* muito; **a ~ of time** muito tempo; **a ~ of problems** muitos problemas; **the ~** *(everything)* tudo; **~s (of)** muito(-ta), muitos(-tas) *(pl)*.

lotion ['ləʊʃn] *n* loção *f*.

lottery ['lɒtərɪ] *n* loteria *f*.

loud [laʊd] *adj (voice, music, noise)* alto(-ta); *(colour, clothes)* berrante.

loudhailer [laʊd'heɪlər] *n (Brit)* mega-fone *m*, alto-falante *m*.

loudly ['laʊdlɪ] *adv (shout, talk)* alto; *(dress)* espalhafatosamente.

loudspeaker [laʊd'spi:kər] *n* alto-falante *m*.

lounge [laʊndʒ] *n (in house)* sala *f* de estar; *(at airport)* sala de espera.

lounge bar *n (Brit)* sala mais confortável e normalmente mais cara num bar, hotel, etc.

lousy ['laʊzɪ] *adj (inf: poor-quality)* péssimo(-ma).

lout [laʊt] *n* bruto *m* (-ta *f*).

lovable ['lʌvəbl] *adj* adorável.

love [lʌv] *n* amor *m*; *(in tennis)* zero *m* ◆ *vt* amar; *(music, food, art etc)* gostar muito de, adorar; **I'd ~ a cup of coffee** um café vinha mesmo a calhar; **to ~ doing sthg** gostar muito de fazer algo; **to be in ~ (with)** estar apaixonado (por); **(with) ~ from** *(in letter)* = beijinhos de.

love affair *n* caso *m* (amoroso).

love life *n* vida *f* amorosa.

lovely ['lʌvlɪ] *adj (very beautiful)* lindo(-da); *(very nice)* muito agradável.

lover ['lʌvər] *n* amante *mf*.

loving ['lʌvɪŋ] *adj* carinhoso(-osa).

low [ləʊ] *adj* baixo(-xa); *(opinion)* fraco(-ca); *(depressed)* para baixo *(Br)*, em baixo *(Port)* ◆ *n (area of low pressure)* depressão *f*, área *f* de baixa pressão; **we're ~ on petrol** estamos quase sem gasolina.

low-alcohol *adj* de baixo teor alcoólico.

low-calorie *adj* de baixas calorias.

low-cut *adj* decotado(-da).

lower ['ləʊər] *adj* inferior ◆ *vt (move downwards)* baixar; *(reduce)* reduzir.

lower sixth *n (Brit) primeiro de dois anos de preparação para os "A levels".*

low-fat *adj* com baixo teor de gordura.

lowly ['ləʊlɪ] *adj* humilde.

low-lying *adj* baixo(-xa).

low tide *n* maré-baixa *f*.

loyal ['lɔɪəl] *adj* leal.

loyalty ['lɔɪəltɪ] *n* lealdade *f*.

lozenge ['lɒzɪndʒ] *n (for throat)* pastilha *f* para a garganta.

LP *n* LP *m*.

L-plate *n (Brit) placa obrigatória num carro dirigido por alguém que ainda não tirou carteira.*

Ltd *(abbr of limited)* Ltda *(Br)*, Lda *(Port)*.

lubricate ['lu:brɪkeɪt] *vt* lubrificar.

lucid ['lu:sɪd] *adj (writing, account)* claro(-ra); *(person)* lúcido(-da).

luck [lʌk] *n* sorte *f*; **bad ~!** pouca sorte!, que azar!; **good ~!** boa sorte!; **with ~** com um pouco de sorte.

luckily ['lʌkɪlɪ] *adv* felizmente, por sorte.

lucky ['lʌkɪ] *adj (person)* sortudo (-da), com sorte; *(event, situation)* feliz; *(number, colour)* de sorte; **to be ~** ter sorte.

lucrative ['lu:krətɪv] *adj* lucrativo (-va).

ludicrous ['lu:dɪkrəs] *adj* ridículo(-la).

lug [lʌg] *vt (inf)* arrastar.

luggage ['lʌgɪdʒ] *n* bagagem *f*.

luggage compartment *n* compartimento *m* para a bagagem.

luggage locker *n* guarda-volumes *m inv* com chave *(Br)*, cacifo *m* (para bagagem) *(Port)*.

luggage rack *n (on train)* porta-bagagem *m*.

lukewarm ['lu:kwɔ:m] *adj* morno (morna).

lull [lʌl] *n (in conversation)* pausa *f*; *(in storm)* calmaria *f*.

lullaby ['lʌləbaɪ] *n* canção *f* de embalar.

lumbago [lʌm'beɪgəʊ] *n* lumbago *m*.

lumber ['lʌmbər] *n (Am: timber)* madeira *f*.

lumberjack ['lʌmbədʒæk] *n* lenhador *m* (-ra *f*).

luminous ['lu:mɪnəs] *adj* luminoso (-osa).

lump [lʌmp] *n (of coal, mud, butter)* pedaço *m*; *(of sugar)* torrão *m*; *(on body)* caroço *m*; *(on head)* galo *m*.

lump sum *n* quantia *f* global.

lumpy ['lʌmpɪ] *adj (sauce)* encaroçado(-da) *(Br)*, grumoso(-osa) *(Port)*; *(mattress)* cheio (cheia) de altos e baixos.

lunatic ['lu:nǝtık] *n (pej)* louco *m* (-ca *f*), maluco *m* (-ca *f*).

lunch [lʌntʃ] *n* almoço *m*; **to have ~** almoçar.

luncheon ['lʌntʃǝn] *n (fml)* almoço *m*.

luncheon meat *n tipo de mortadela enlatada.*

luncheon voucher *n (Brit)* ticket-refeição *m*.

lunch hour *n* hora *f* de almoço.

lunchtime ['lʌntʃtaım] *n* hora *f* de almoço.

lung [lʌŋ] *n* pulmão *m*.

lunge [lʌndʒ] *vi*: **to ~ at** atirar-se a.

lurch [lɜːtʃ] *vi (person)* cambalear.

lure [ljuǝʳ] *vt* atrair.

lurid ['ljuǝrıd] *adj (clothes, carpet)* garrido(-da); *(story, details)* chocante.

lurk [lɜːk] *vi (person)* estar à espreita *(escondido).*

luscious ['lʌʃǝs] *adj (fruit)* apetitoso (-osa).

lush [lʌʃ] *adj* luxuriante.

lust [lʌst] *n (sexual desire)* luxúria *f.*

Luxembourg ['lʌksǝmbɜːg] *n* Luxemburgo *m.*

luxurious [lʌgʒuǝrıǝs] *adj* luxuoso (-osa).

luxury ['lʌkʃǝrı] *adj* de luxo ♦ *n* luxo *m.*

LW *(abbr of long wave)* LW.

Lycra® ['laıkrǝ] *n* Lycra® *f* ♦ *adj* de Lycra®.

lying ['laıŋ] *cont* → **lie.**

lynch [lıntʃ] *vt* linchar.

lyrics ['lırıks] *npl* letra *f (de música).*

M

m *(abbr of metre)* m ◆ *abbr* = **mile**.
M *(Brit: abbr of motorway)* AE; *(abbr of medium)* M.
MA *abbr* = **Master of Arts**.
mac [mæk] *n (Brit: inf: coat)* impermeável *m*.
macaroni [ˌmækəˈrəʊnɪ] *n* macarrão *m*.
macaroni cheese *n* macarrão *m* com queijo.
mace [meɪs] *n (spice)* macis *m*; *(ornamental rod)* cetro *m*.
machine [məˈʃiːn] *n* máquina *f*.
machinegun [məˈʃiːngʌn] *n* metralhadora *f*.
machinery [məˈʃiːnərɪ] *n* maquinaria *f*.
machine-washable *adj* lavável à máquina.
macho [ˈmætʃəʊ] *adj (inf) (man)* macho; *(attitude, opinions)* machista.
mackerel [ˈmækrəl] *(pl inv)* *n* cavala *f*.
mackintosh [ˈmækɪntɒʃ] *n (Brit)* impermeável *m*.
mad [mæd] *adj* maluco(-ca); *(angry)* furioso(-osa); *(uncontrolled)* louco(-ca); **to be ~ about** *(inf: like a lot)* ser doido(-da) por; **like ~** como um louco OR doido.
Madagascar [ˌmædəˈgæskəʳ] *n* Madagáscar *s*.
Madam [ˈmædəm] *n (form of address)* senhora *f*.
madden [ˈmædn] *vt* enfurecer.
made [meɪd] *pt & pp* → **make**.
madeira [məˈdɪərə] *n (wine)* vinho *m* da Madeira.
Madeira [məˈdɪərə] *n (island)* Madeira *f*.
made-to-measure *adj* feito (-ta) sob medida.
made-up *adj (face, lips)* maquiado (-da), pintado(-da); *(story, excuse)* inventado(-da).

madly [ˈmædlɪ] *adv (frantically)* como um louco (uma louca); **~ in love** completamente apaixonado(-da).
madman [ˈmædmən] *(pl* **madmen** [-mən]*)* *n* louco *m*.
madness [ˈmædnɪs] *n (foolishness)* loucura *f*, maluquice *f*.
Madrid [məˈdrɪd] *n* Madri *s*.
Mafia [ˈmæfɪə] *n*: **the ~** a Máfia.
magazine [ˌmægəˈziːn] *n (journal)* revista *f*.
maggot [ˈmægət] *n* larva *f*.
magic [ˈmædʒɪk] *n* magia *f*.
magical [ˈmædʒɪkl] *adj* mágico(-ca).
magician [məˈdʒɪʃn] *n (conjurer)* mágico *m* (-ca *f*).
magistrate [ˈmædʒɪstreɪt] *n* magistrado *m* (-da *f*).
magnet [ˈmægnɪt] *n* ímã *m*.
magnetic [mægˈnetɪk] *adj* magnético(-ca).
magnificent [mægˈnɪfɪsənt] *adj* magnífico(-ca).
magnify [ˈmægnɪfaɪ] *vt (image)* ampliar.
magnifying glass [ˈmægnɪfaɪɪŋ-] *n* lupa *f*.
magpie [ˈmægpaɪ] *n* pega *f*.
mahogany [məˈhɒgənɪ] *n* mogno *m*.
maid [meɪd] *n* empregada *f*.
maiden name [ˈmeɪdn-] *n* nome *m* de solteira.
mail [meɪl] *n* correio *m* ◆ *vt (Am)* mandar OR enviar pelo correio.
mailbox [ˈmeɪlbɒks] *n (Am) (letterbox)* caixa *f* do correio; *(postbox)* caixa *f* do correio *(Br)*, marco *m* do correio *(Port)*.
mailman [ˈmeɪlmən] *(pl* **-men** [-mən]*)* *n (Am)* carteiro *m*.
mail order *n* venda *f* por correspondência.
mailshot [ˈmeɪlʃɒt] *n* publicidade *f*

enviada pelo correio.
maim [meɪm] *vt* mutilar.
main [meɪn] *adj* principal.
main course *n* prato *m* principal.
main deck *n* convés *m* principal.
mainland ['meɪnlənd] *n*: **the ~** o continente.
main line *n* ferrovia *f* principal *(Br)*, linha *f* férrea principal *(Port)*.
mainly ['meɪnlɪ] *adv* principalmente.
main road *n* rua *f* principal.
mains [meɪnz] *npl*: **the ~** a rede.
mainstream ['meɪnstriːm] *adj* predominante ◆ *n*: **the ~** a corrente atual.
main street *n (Am)* rua *f* principal.
maintain [meɪn'teɪn] *vt* manter.
maintenance ['meɪntənəns] *n (of car, machine)* manutenção *f*; *(money)* pensão *f* alimentícia *(Br)*, alimentos *mpl (Port)*.
maisonette [,meɪzə'net] *n (Brit)* dúplex *m*.
maize [meɪz] *n* milho *m*.
majestic [mə'dʒestɪk] *adj* majestoso (-osa).
majesty ['mædʒəstɪ] *n* majestade *f*.
❑ **Majesty** *n*: **His/Her/Your ~** Sua Majestade.
major ['meɪdʒəʳ] *adj (important)* importante; *(most important)* principal ◆ *n (MIL)* major *m* ◆ *vi (Am)*: **to ~ in** especializar-se em *(na universidade)*.
majority [mə'dʒɒrətɪ] *n* maioria *f*.
major road *n* estrada *f* principal.
make [meɪk] *(pt & pp* made) *vt* **1.** *(produce, manufacture)* fazer; **to be made of** ser feito de; **to ~ lunch/supper** fazer o almoço/jantar; **made in Japan** fabricado no Japão.
2. *(perform, do)* fazer; **to ~ a mistake** cometer um erro, enganar-se; **to ~ a phone call** dar um telefonema.
3. *(cause to be)* tornar; **to ~ sthg better** melhorar algo; **to ~ sb happy** fazer alguém feliz; **to ~ sthg safer** tornar algo mais seguro.
4. *(cause to do, force)* fazer; **to ~ sb do sthg** obrigar alguém a fazer algo; **it made her laugh** isso a fez rir.
5. *(amount to, total)* ser; **that ~s £5** são 5 libras.
6. *(calculate)*: **I ~ it seven o'clock** calculo que sejam sete horas; **I ~ it £4** segundo os meus cálculos são 4 libras.

7. *(profit, loss)* ter.
8. *(inf: arrive in time for)*: **we didn't ~ the 10 o'clock train** não conseguimos apanhar o trem das 10.
9. *(friend, enemy)* fazer.
10. *(have qualities for)* dar; **this would ~ a lovely bedroom** isto dava um lindo quarto.
11. *(bed)* fazer.
12. *(in phrases)*: **to ~ do** contentar-se; **to ~ good** *(loss)* compensar; *(damage)* reparar; **to ~ it** *(arrive on time)* conseguir chegar a tempo; *(be able to go)* poder ir.
◆ *n (of product)* marca *f*.
❑ **make out** *vt sep (cheque, receipt)* passar; *(form)* preencher; *(see)* distinguir; *(hear)* perceber, entender.
❑ **make up** *vt sep (invent)* inventar; *(comprise)* constituir; *(difference, extra)* cobrir.
❑ **make up for** *vt fus* compensar.
make-believe *n* invenção *f*.
maker ['meɪkəʳ] *n (of film, programme)* criador *m (-ra f)*; *(of product)* fabricante *mf*.
makeshift ['meɪkʃɪft] *adj* improvisado(-da).
make-up *n (cosmetics)* maquiagem *f*.
malaria [mə'leərɪə] *n* malária *f*.
Malaysia [mə'leɪzɪə] *n* Malásia *f*.
male [meɪl] *adj (person)* masculino (-na); *(animal)* macho ◆ *n (animal)* macho *m*.
malevolent [mə'levələnt] *adj* malévolo(-la).
malfunction [mæl'fʌŋkʃn] *vi (fml)* funcionar mal.
malice ['mælɪs] *n* rancor *m*.
malicious [mə'lɪʃəs] *adj* maldoso (-osa).
malignant [mə'lɪgnənt] *adj (disease, tumour)* maligno(-gna).
mall [mɔːl] *n* centro *m* comercial.
mallet ['mælɪt] *n* maço *m*.
malnutrition [mælnjuː'trɪʃn] *n* subnutrição *f*.
malt [mɔːlt] *n* malte *m*.
Malta ['mɔːltə] *n* Malta *s*.
maltreat [,mæl'triːt] *vt* maltratar.
malt whisky *n* uísque *m* de malte.
mammal ['mæml] *n* mamífero *m*.
mammoth ['mæməθ] *adj (effort, task)* tremendo(-da); *(tower, statue)* gigantesco(-ca).

man [mæn] *n* homem *m*; *(mankind)* o Homem ♦ *vt (phones, office)*: **manned 24 hours a day** aberto 24 horas (por dia).

manage ['mænɪdʒ] *vt (company, business)* gerir; *(suitcase)* poder com; *(job)* conseguir fazer; *(food)* conseguir comer OR acabar ♦ *vi (cope)* conseguir; **can you ~ Friday?** sexta-feira está bem para você?; **to ~ to do sthg** conseguir fazer algo.

manageable ['mænɪdʒəbl] *adj (task, operation)* viável, possível; *(child)* fácil de controlar; *(rate)* controlável.

management ['mænɪdʒmənt] *n (people in charge)* direção *f*, administração *f*; *(control, running)* gestão *f*.

manager ['mænɪdʒəʳ] *n (of business, bank, shop)* gerente *mf*; *(of sports team)* = treinador *m*.

manageress [,mænɪdʒəˈres] *n (of business, bank, shop)* gerente *f*.

managing director ['mænɪdʒɪŋ-] *n* diretor *m* (-ra *f*) geral.

mandarin ['mændərɪn] *n (fruit)* tangerina *f*, mandarina *f*.

mane [meɪn] *n (of lion)* juba *f*; *(of horse)* crina *f*.

maneuver [məˈnuːvər] *(Am)* = **manoeuvre**.

mangetout [,mɒnʒˈtuː] *n* ervilha *f* de quebrar, ervilha-torta *f*.

mangle ['mæŋgl] *vt (crush)* amassar; *(mutilate)* mutilar.

mango ['mæŋgəʊ] *(pl* -s OR -es) *n* manga *f*.

Manhattan [mænˈhætən] *n* Manhattan *s*.

manhole ['mænhəʊl] *n* poço *m* de inspeção.

manhood ['mænhʊd] *n (age)* idade *f* adulta.

maniac ['meɪnɪæk] *n (inf: wild person)* maníaco *m* (-ca *f*), louco *m* (-ca *f*).

manic ['mænɪk] *adj* maníaco(-ca).

manicure ['mænɪkjʊəʳ] *n* manicure *f*.

manifesto [,mænɪˈfestəʊ] *(pl* -s OR -es) *n* manifesto *m*.

manifold ['mænɪfəʊld] *n (AUT)* cano *m* de distribuição.

manipulate [məˈnɪpjʊleɪt] *vt (person)* manipular; *(machine, controls)* manobrar.

mankind [mænˈkaɪnd] *n* a humanidade.

manly ['mænlɪ] *adj* viril.

man-made *adj (lake)* artificial; *(fibre, fabric)* sintético(-ca).

manner ['mænəʳ] *n (way)* maneira *f*. ❑ **manners** *npl* maneiras *fpl*.

mannerism ['mænərɪzm] *n* jeito *m*.

manoeuvre [məˈnuːvəʳ] *n (Brit)* manobra *f* ♦ *vt (Brit)* manobrar.

manor ['mænəʳ] *n* = solar *m*, casa *f* senhorial.

mansion ['mænʃn] *n* mansão *f*.

manslaughter ['mæn,slɔːtəʳ] *n* homicídio *m* involuntário.

mantelpiece ['mæntlpiːs] *n* consolo *m* de lareira *(Br)*, prateleira *f* da lareira *(Port)*.

manual ['mænjʊəl] *adj* manual ♦ *n* manual *m*.

manufacture [,mænjʊˈfæktʃəʳ] *n* fabricação *f*, fabrico *m* ♦ *vt* fabricar.

manufacturer [,mænjʊˈfæktʃərəʳ] *n* fabricante *m*.

manure [məˈnjʊəʳ] *n* estrume *m*.

manuscript ['mænjʊskrɪpt] *n* manuscrito *m*.

many ['menɪ] *(compar* **more***, superl* **most***) adj* muitos(-tas) ♦ *pron* muitos *mpl* (-tas *fpl*); **as ~ as** tantos(-tas) como; **take as ~ as you like** leve tantos quantos quiser; **twice as ~ as** o dobro de; **how ~?** quantos(-tas)?; **so ~** tantos(-tas); **too ~ people** gente demais.

map [mæp] *n* mapa *m*.

maple ['meɪpl] *n* ácer *m*, bordo *m*.

mar [mɑːʳ] *vt* prejudicar.

Mar. *abbr* = **March**.

marathon ['mærəθn] *n* maratona *f*.

marble ['mɑːbl] *n (stone)* mármore *m*; *(glass ball)* bola *f* de gude *(Br)*, berlinde *m* *(Port)*.

march [mɑːtʃ] *n (demonstration)* passeata *f* *(Br)*, manifestação *f* *(Port)* ♦ *vi (walk quickly)* marchar.

March [mɑːtʃ] *n* março *m*, → **September**.

marcher ['mɑːtʃəʳ] *n (protester)* manifestante *mf*.

mare [meəʳ] *n* égua *f*.

margarine [,mɑːdʒəˈriːn] *n* margarina *f*.

marge [mɑːdʒ] *n (inf)* margarina *f*.

margin ['mɑːdʒɪn] *n* margem *f*.

marginally ['mɑːdʒɪnəlɪ] *adv* ligeiramente.

marigold ['mærɪgəʊld] *n* malmequer *m*.

marina 162

marina [məˈriːnə] *n* marina *f*.

marinated [ˈmærɪneɪtɪd] *adj* marinado(-da).

marine [məˈriːn] *adj (underwater)* marítimo(-ma) ◆ *n (Brit: in the navy)* fuzileiro *m* (-ra *f*) naval; *(Am: in the Marine Corps)* marine *mf*.

marital status [ˈmærɪtl-] *n* estado *m* civil.

mark [mɑːk] *n* marca *f*; *(SCH)* nota *f* ◆ *vt* marcar; *(correct)* corrigir; **(gas) ~ five** número cinco do termóstato (de forno a gás).

marked [mɑːkt] *adj (noticeable)* sensível.

marker [ˈmɑːkəʳ] *n (sign)* marca *f*.

marker pen *n* marcador *m*.

market [ˈmɑːkɪt] *n* mercado *m*.

market garden *n* horta *f* para fins comerciais *(Br)*, viveiro *m* agrícola *(Port)*.

marketing [ˈmɑːkɪtɪŋ] *n* marketing *m*.

marketplace [ˈmɑːkɪtpleɪs] *n* mercado *m*.

marking [ˈmɑːkɪŋ] *n (of exams, homework)* correção *f*.
❏ **markings** *npl (on road)* marcas *fpl* rodoviárias.

marksman [ˈmɑːksmən] *(pl* **-men** [-mən]*) n* atirador perito *m*.

marmalade [ˈmɑːməleɪd] *n* geléia *f* de laranja *(ou outro cítrino)*.

maroon [məˈruːn] *adj* grená.

marooned [məˈruːnd] *adj* isolado(-da), preso(-sa).

marquee [mɑːˈkiː] *n* tenda *f* grande.

marriage [ˈmærɪdʒ] *n* casamento *m*.

married [ˈmærɪd] *adj* casado(-da); **to get ~** casar-se.

marrow [ˈmærəʊ] *n (vegetable)* abóbora *f*.

marry [ˈmærɪ] *vt* casar com ◆ *vi* casar-se, casar.

Mars [mɑːz] *n* Marte *m*.

marsh [mɑːʃ] *n* pântano *m*.

martial arts [ˌmɑːʃl-] *npl* artes *fpl* marciais.

martyr [ˈmɑːtəʳ] *n* mártir *mf*.

marvel [ˈmɑːvl] *n* maravilha *f*; **to ~ at sthg** maravilhar-se com algo.

marvellous [ˈmɑːvələs] *adj (Brit)* maravilhoso(-osa).

marvelous [ˈmɑːvələs] *(Am)* = **marvellous**.

Marxism [ˈmɑːksɪzm] *n* marxismo *m*.

Marxist [ˈmɑːksɪst] *adj* marxista ◆ *n* marxista *mf*.

marzipan [ˈmɑːzɪpæn] *n* maçapão *m*.

mascara [mæsˈkɑːrə] *n* rímel® *m*.

masculine [ˈmæskjʊlɪn] *adj* masculino(-na).

mash [mæʃ] *vt* desfazer.

mashed potatoes [mæʃt-] *npl* purê *m* (de batata).

mask [mɑːsk] *n* máscara *f*.

mason [ˈmeɪsn] *n (stonemason)* pedreiro *m*; *(Freemason)* maçon *m*.

masonry [ˈmeɪsnrɪ] *n (stones)* alvenaria *f*.

mass [mæs] *n (large amount)* monte *m*; *(RELIG)* missa *f*; **~es (of)** *(inf: lots)* montes (de).

massacre [ˈmæsəkəʳ] *n* massacre *m*.

massage [Brit ˈmæsɑːʒ, Am məˈsɑːʒ] *n* massagem *f* ◆ *vt* massajar.

masseur [mæˈsɜːʳ] *n* massagista *m*.

masseuse [mæˈsɜːz] *n* massagista *f*.

massive [ˈmæsɪv] *adj* enorme.

mass media *npl*: **the ~** os meios de comunicação de massa.

mast [mɑːst] *n (on boat)* mastro *m*.

master [ˈmɑːstəʳ] *n (at school)* professor *m*; *(of servant)* patrão *m*; *(of dog)* dono *m* ◆ *vt (skill, language)* dominar.

Master of Arts *n (titular de um)* mestrado em letras.

Master of Science *n (titular de um)* mestrado em ciências.

masterpiece [ˈmɑːstəpiːs] *n* obra-prima *f*.

master's degree *n* mestrado *m*.

mastery [ˈmɑːstərɪ] *n* domínio *m*.

mat [mæt] *n (small rug)* tapete *m*; *(on table)* descanso *m (Br)*, individual *m (Port)*.

match [mætʃ] *n (for lighting)* fósforo *m*; *(game)* jogo *m*, encontro *m* ◆ *vt (in colour, design)* condizer com, combinar com; *(be the same as)* corresponder a; *(be as good as)* equiparar-se a ◆ *vi (in colour, design)* condizer, combinar.

matchbox [ˈmætʃbɒks] *n* caixa *f* de fósforos.

matching [ˈmætʃɪŋ] *adj* que combina.

mate [meɪt] *n (inf: friend)* amigo *m* (-ga *f*) ◆ *vi* acasalar, acasalar-se.

material [məˈtɪərɪəl] *n* material *m*; *(cloth)* tecido *m*.
❏ **materials** *npl (equipment)* material *m*.

materialistic [məˌtɪərɪəˈlɪstɪk] *adj* materialista.

maternal [məˈtɜːnl] *adj* maternal.

maternity dress [məˈtɜːnətɪ-] *n* vestido *m* de gestante.

maternity leave [məˈtɜːnətɪ-] *n* licença-maternidade *f (Br)*, licença *f* de parto *(Port)*.

maternity ward [məˈtɜːnətɪ-] *n* enfermaria *f* para parturientes.

math [mæθ] *(Am)* = maths.

mathematical [ˌmæθəˈmætɪkl] *adj* matemático(-ca).

mathematics [ˌmæθəˈmætɪks] *n* matemática *f*.

maths [mæθs] *n (Brit)* matemática *f*.

matinée [ˈmætɪneɪ] *n* matinê *f*.

matriculation [məˌtrɪkjʊˈleɪʃn] *n (at university)* matrícula *f*.

matrix [ˈmeɪtrɪks] *(pl -trixes OR -trices* [-trɪsiːz]) *n (context, framework)* contexto *m*.

matron [ˈmeɪtrən] *n (Brit) (in hospital)* enfermeira-chefe *f*; *(in school)* enfermeira *f*.

matt [mæt] *adj* fosco(-ca) *(Br)*, mate *(Port)*.

matted [ˈmætɪd] *adj* eriçado(-da), emaranhado(-da).

matter [ˈmætəʳ] *n (issue, situation)* assunto *m*; *(physical material)* matéria *f* ◆ *vi* interessar; **it doesn't ~** não tem importância; **no ~ what happens** aconteça o que acontecer; **there's something the ~ with my car** o meu carro está com algum problema; **what's the ~?** qual é o problema?; **as a ~ of course** naturalmente; **as a ~ of fact** aliás, na verdade.

matter-of-fact *adj (person)* terra-a-terra *(inv)*, prático(-ca); *(voice)* calmo (-ma).

mattress [ˈmætrɪs] *n* colchão *m*.

mature [məˈtjʊəʳ] *adj* maduro(-ra); *(cheese)* curado(-da).

mature student *n (Brit)* estudante universitário com mais de 25 anos.

maul [mɔːl] *vt* ferir gravemente.

mauve [məʊv] *adj* cor-de-malva *(inv)*.

max. [mæks] *(abbr of maximum)* máx.

maximum [ˈmæksɪməm] *adj* máximo (-ma) ◆ *n* máximo *m*.

may [meɪ] *aux vb* **1.** *(expressing possibility)* poder; **it ~ be done as follows** pode ser feito do seguinte modo; **it ~ rain** pode chover; **they ~ have got lost** eles talvez tenham se perdido.
2. *(expressing permission)* poder; **~ I smoke?** posso fumar?; **you ~ sit, if you wish** pode sentar-se, se quiser.
3. *(when conceding a point)*: **it ~ be a long walk, but it's worth it** pode ser longe, mas vale a pena o esforço.

May [meɪ] *n* maio *m*, → September.

maybe [ˈmeɪbiː] *adv* talvez.

May Day *n* o Primeiro de Maio.

mayhem [ˈmeɪhem] *n* caos *m inv*.

mayonnaise [ˌmeɪəˈneɪz] *n* maionese *f*.

mayor [meəʳ] *n* = Prefeito *m (Br)*, = Presidente *m* da Câmara *(Port)*.

mayoress [ˈmeərɪs] *n* = Prefeita *f (Br)*, = Presidente *f* da Câmara *(Port)*.

maze [meɪz] *n* labirinto *m*.

MB *(abbr of megabyte)* MB *m*.

me [miː] *pron* me; *(after prep)* mim; **she knows ~** ela me conhece *(Br)*, ela conhece-me *(Port)*; **it's ~** sou eu; **send it to ~** envie ele para mim *(Br)*, envia-mo *(Port)*; **tell ~** diga-me; **he's worse than ~** ele é pior que eu; **it's for ~** é para mim; **with ~** comigo.

meadow [ˈmedəʊ] *n* prado *m*.

meager [ˈmiːgəʳ] *(Am)* = meagre.

meagre [ˈmiːgəʳ] *adj (Brit) (amount, pay)* miserável.

meal [miːl] *n* refeição *f*.

mealtime [ˈmiːltaɪm] *n* hora *f* da refeição OR de comer.

mean [miːn] *(pt & pp meant) adj (miserly)* sovina; *(unkind)* mau (má) ◆ *vt* querer dizer; *(be a sign of)* ser sinal de; **I ~ it** estou falando a sério; **it ~s a lot to me** é muito importante para mim; **to ~ to do sthg** ter a intenção de fazer algo, tencionar fazer algo; **to be meant to do sthg** dever fazer algo; **it's meant to be good** dizem que é bom.

meaning [ˈmiːnɪŋ] *n* significado *m*.

meaningful [ˈmiːnɪŋfʊl] *adj (glance, look)* expressivo(-va); *(relationship, remark)* profundo(-da).

meaningless [ˈmiːnɪŋlɪs] *adj* sem sentido.

means [miːnz] *(pl inv) n (method)* meio *m* ◆ *npl (money)* recursos *mpl*; **by all ~!** claro que sim!; **by ~ of** através de.

meant [ment] *pt & pp* → mean.

meantime [ˈmiːntaɪm] : **in the meantime** *adv* entretanto.

meanwhile [ˈmiːnwaɪl] *adv* entretanto, enquanto isso.

measles [ˈmiːzlz] *n* sarampo *m*.

measly ['miːzlɪ] *adj* (*inf*) mísero(-ra).
measure ['meʒəʳ] *vt* medir ◆ *n* (*step, action*) medida *f*; (*of alcohol*) dose *f*; **the room ~s 10 m²** o quarto mede 10 m².
measurement ['meʒəmənt] *n* medida *f*.
❑ **measurements** *npl* (*of person*) medidas *fpl*.
meat [miːt] *n* carne *f*; **red ~** carnes vermelhas (*pl*); **white ~** carnes brancas (*pl*).
meatball ['miːtbɔːl] *n* almôndega *f*.
meat pie *n* (*Brit*) empada *f* de carne.
mechanic [mɪ'kænɪk] *n* mecânico *m* (-ca *f*).
mechanical [mɪ'kænɪkl] *adj* mecânico(-ca).
mechanism ['mekənɪzm] *n* (*of machine, device*) mecanismo *m*.
medal ['medl] *n* medalha *f*.
medallion [mɪ'dæljən] *n* medalhão *m*.
meddle ['medl] *vi*: **to ~ (in sthg)** meter-se (em algo).
media ['miːdjə] *n or npl*: **the ~** os meios de comunicação.
median ['miːdjən] *n* (*Am: of road*) faixa *f* divisora central.
mediate ['miːdɪeɪt] *vi* servir de mediador; **to ~ between** servir de mediador entre.
medical ['medɪkl] *adj* médico(-ca) ◆ *n* check-up *m*.
medicated ['medɪkeɪtɪd] *adj* medicinal.
medication [ˌmedɪ'keɪʃn] *n* medicamento *m*.
medicine ['medsɪn] *n* (*substance*) medicamento *m*; (*science*) medicina *f*.
medicine cabinet *n* armário *m* para medicamentos.
medieval [ˌmedɪ'iːvl] *adj* medieval.
mediocre [ˌmiːdɪ'əʊkəʳ] *adj* medíocre.
meditate ['medɪteɪt] *vi* meditar; **to ~ on sthg** meditar sobre algo.
Mediterranean [ˌmedɪtə'reɪnjən] *n*: **the ~** (*region*) o Mediterrâneo; **the ~ (Sea)** o (mar) Mediterrâneo.
medium ['miːdjəm] *adj* médio(-dia); (*wine*) meio-seco (meia-seca).
medium-dry *adj* meio-seco (meia-seca).
medium-sized [-saɪzd] *adj* de tamanho médio.
medium wave *n* onda *f* média.
medley ['medlɪ] *n* (*CULIN*) seleção *f*.
meek [miːk] *adj* (*person, voice*) dócil;

(*behaviour*) submisso(-a).
meet [miːt] (*pt & pp* **met**) *vt* (*by arrangement*) encontrar-se com; (*members of club, committee*) reunir-se com; (*by chance*) encontrar; (*get to know*) conhecer; (*go to collect*) ir buscar; (*need, requirement*) satisfazer; (*cost, expenses*) cobrir ◆ *vi* (*by arrangement*) encontrar-se; (*club, committee*) reunir-se; (*by chance*) encontrar-se; (*get to know each other*) conhecer-se; (*intersect*) cruzar-se; **~ me at the bar** encontre-se comigo no bar.
❑ **meet up** *vi* encontrar-se.
❑ **meet with** *vt fus* (*problems, resistance*) encontrar; (*Am: by arrangement*) encontrar-se com.
meeting ['miːtɪŋ] *n* (*for business*) reunião *f*.
meeting point *n* ponto *m* de encontro.
megabyte ['megəbaɪt] *n* (*COMPUT*) megabyte *m*.
megaphone ['megəfəʊn] *n* megafone *m*, alto-falante *m*.
melancholy ['melənkəlɪ] *adj* melancólico(-ca).
mellow ['meləʊ] *adj* (*sound, colour, wine*) suave; (*person*) descontraído(-da) ◆ *vi* tornar-se mais brando(-da).
melody ['melədɪ] *n* melodia *f*.
melon ['melən] *n* melão *m*.
melt [melt] *vi* derreter.
member ['membəʳ] *n* (*of party, group*) membro *m*; (*of club*) sócio *m* (-cia *f*).
Member of Congress *n* congressista *mf*, membro *m* do Congresso.
Member of Parliament *n* = deputado *m* (-da *f*).
membership ['membəʃɪp] *n* (*of party, club*) filiação *f*; **the ~** (*of party*) os membros; (*of club*) os sócios.
membership card *n* carteira *f* de membro OR filiação.
memento [mɪ'mentəʊ] (*pl* -s OR -es) *n* lembrança *f*.
memo ['meməʊ] (*pl* -s) *n* memorando *m*.
memoirs ['memwɑːz] *fpl* memórias *fpl*.
memorandum [ˌmemə'rændəm] (*pl* -da [-də]) *n* memorando *m*.
memorial [mɪ'mɔːrɪəl] *n* monumento *m* comemorativo.
memorize ['meməraɪz] *vt* memorizar, decorar.

memory ['memərɪ] n memória f; *(thing remembered)* lembrança f.

men [men] pl → **man**.

menace ['menəs] n *(threat, danger)* perigo m ♦ vt *(threaten)* ameaçar; *(frighten)* aterrorizar.

menacing ['menəsɪŋ] adj ameaçador(-ra).

mend [mend] vt arranjar.

meningitis [ˌmenɪn'dʒaɪtɪs] n meningite f.

menopause ['menəpɔːz] n menopausa f.

men's room n *(Am)* banheiro m dos homens *(Br)*, casa f de banho dos homens *(Port)*.

menstruate ['menstrʊeɪt] vi menstruar.

menstruation [ˌmenstrʊ'eɪʃn] n menstruação f.

menswear ['menzweəʳ] n roupa f de homem.

mental ['mentl] adj mental.

mental hospital n hospital m psiquiátrico.

mentality [men'tælətɪ] n mentalidade f.

mentally handicapped ['mentəlɪ-] adj deficiente mental ♦ npl: **the** ~ os deficientes mentais.

mentally ill ['mentəlɪ-] adj: **to be** ~ ser doente mental.

mention ['menʃn] vt mencionar; **don't** ~ **it!** de nada!, não tem de quê!

menu ['menjuː] n *(of food)* cardápio m *(Br)*, ementa f *(Port)*; *(COMPUT)* menu m; **children's** ~ menu infantil OR para crianças.

meow [miː'aʊ] *(Am)* = **miaow**.

merchandise ['mɜːtʃəndaɪz] n mercadoria f.

merchant ['mɜːtʃənt] n comerciante mf.

merchant marine *(Am)* = **merchant navy**.

merchant navy n *(Brit)* marinha f mercante.

merciful ['mɜːsɪfʊl] adj *(person)* misericordioso(-osa), piedoso(-osa).

merciless ['mɜːsɪlɪs] adj *(person, enemy, tyrant)* impiedoso(-osa); *(criticism, teasing, attack)* implacável.

mercury ['mɜːkjʊrɪ] n mercúrio m.

Mercury ['mɜːkjʊrɪ] n *(planet)* Mercúrio m.

mercy ['mɜːsɪ] n misericórdia f.

mere [mɪəʳ] adj mero(-ra).

merely ['mɪəlɪ] adv apenas.

merge [mɜːdʒ] vi *(combine)* juntar-se, unir-se; **"merge"** *(Am)* sinal que avisa os motoristas que vão entrar na auto-estrada que devem circular pela faixa da direita.

merger ['mɜːdʒəʳ] n fusão f.

meringue [mə'ræŋ] n merengue m, suspiro m.

merit ['merɪt] n mérito m; *(in exam)* = bom m.

mermaid ['mɜːmeɪd] n sereia f.

merry ['merɪ] adj alegre; **Merry Christmas!** Feliz Natal!

merry-go-round n carrossel m.

mesh [meʃ] n malha f (de rede).

mesmerize ['mezməraɪz] vt: **to be** ~**d by** ficar fascinado(-da) com.

mess [mes] n confusão f; **in a** ~ *(untidy)* em desordem, de pernas para o ar.

❏ **mess about** vi *(inf)* *(have fun)* divertir-se; *(behave foolishly)* armar-se em tolo; **to** ~ **about with sthg** *(interfere)* mexer em algo.

❏ **mess up** vt sep *(inf: ruin, spoil)* estragar.

message ['mesɪdʒ] n mensagem f; **are there any** ~**s (for me)?** há algum recado (para mim)?

messenger ['mesɪndʒəʳ] n mensageiro m (-ra f).

messy ['mesɪ] adj *(untidy)* desarrumado(-da).

met [met] pt & pp → **meet**.

metal ['metl] adj metálico(-ca), de metal ♦ n metal m.

metallic [mɪ'tælɪk] adj *(sound)* metálico(-ca); *(paint, finish)* metalizado(-da).

metalwork ['metəlwɜːk] n *(craft)* trabalho m com metal.

meteor ['miːtɪəʳ] n meteoro m.

meteorology [ˌmiːtjə'rɒlədʒɪ] n meteorologia f.

meter ['miːtəʳ] n *(device)* contador m; *(Am)* = **metre**.

method ['meθəd] n método m.

methodical [mɪ'θɒdɪkl] adj metódico(-ca).

Methodist ['meθədɪst] adj metodista ♦ n metodista mf.

methylated spirits ['meθɪleɪtɪd] n álcool m metilado OR desnaturado.

meticulous [mɪ'tɪkjʊləs] adj meticuloso(-osa).

metre ['miːtə'] n (Brit) metro m.
metric ['metrɪk] adj métrico(-ca).
metronome ['metrənəum] n metrônomo m.
metropolitan [,metrə'polɪtn] adj metropolitano(-na).
mews [mjuːz] (pl inv) n (Brit) rua, ou pátio, ladeada por cavalariças transformadas em casas ou apartamentos de luxo.
Mexican ['meksɪkn] adj mexicano (-na) ♦ n mexicano m (-na f).
Mexico ['meksɪkəu] n México m.
mg (abbr of milligram) mg.
miaow [miːˈau] n (Brit) mio m ♦ vi (Brit) miar.
mice [maɪs] pl → mouse.
mickey ['mɪkɪ] n: to take the ~ out of sb (Brit: inf) gozar alguém.
microchip ['maɪkrəutʃɪp] n microchip m.
microphone ['maɪkrəfəun] n microfone m.
microscope ['maɪkrəskəup] n microscópio m.
microwave (oven) ['maɪkrəweɪv-] n (forno) microondas m inv.
midday [,mɪd'deɪ] n meio-dia m.
middle ['mɪdl] n meio ♦ adj do meio; **in the ~ of the road** no meio da rua; **in the ~ of April** em meados de abril; **to be in the ~ of doing sthg** estar fazendo algo.
middle-aged adj de meia idade.
Middle Ages npl: **the ~** a Idade Média.
middle-class adj da classe média.
Middle East n: **the ~** o Oriente Médio.
middle name n segundo nome m.
middle school n (in UK) escola para crianças dos 8 aos 12 anos.
middleweight ['mɪdlweɪt] n peso m médio.
midfield [,mɪd'fiːld] n (in football) meio-de-campo m.
midge [mɪdʒ] n mosquito m.
midget ['mɪdʒɪt] n anão m (anã f).
midi system ['mɪdɪ-] n sistema m (de alta fidelidade) midi.
Midlands ['mɪdləndz] npl: **the ~** regiões do centro da Inglaterra.
midnight ['mɪdnaɪt] n meia-noite f.
midst [mɪdst] n: **in the ~ of sthg** (in space) no meio de algo; **to be in the ~ of doing sthg** estar fazendo algo.

midsummer [,mɪd'sʌmə'] n: **in ~** em pleno verão.
midway [,mɪd'weɪ] adv a meio.
midweek [adj 'mɪdwiːk, adv mɪd'wiːk] adj do meio da semana ♦ adv no meio da semana.
midwife ['mɪdwaɪf] (pl -wives [-waɪvz]) n parteira f.
midwinter ['mɪd'wɪntə'] n: **in ~** em pleno inverno.
might [maɪt] aux vb **1.** (expressing possibility) poder; **I suppose they ~ still come** acho que eles ainda podem vir; **they ~ have been killed** eles podem ter sido assassinados; **I ~ go to Wales** talvez vá a Gales.
2. (fml: expressing permission) poder; **~ I have a few words?** podemos conversar?
3. (when conceding a point): **it ~ be expensive, but it's good quality** pode ser caro, mas é bom.
4. (would): **I'd hoped you ~ come too** gostaria que também pudesse vir.
♦ n (power) poder m; (physical strength) força f.
mighty ['maɪtɪ] adj (army, ruler) poderoso(-osa); (blow) tremendo(-da).
migraine ['miːɡreɪn, 'maɪɡreɪn] n enxaqueca f.
migrant ['maɪɡrənt] adj (bird, animal) migratório(-ria).
migrate [Brit maɪ'ɡreɪt, Am 'maɪɡreɪt] vi migrar.
mike [maɪk] n (inf: abbr of microphone) microfone m.
mild [maɪld] adj (discomfort, pain) ligeiro(-ra); (illness) pequeno(-na); (weather) ameno(-na); (climate) temperado (-da); (kind, gentle) meigo(-ga) ♦ n (Brit: beer) cerveja f suave.
mildew ['mɪldjuː] n míldio m.
mildly ['maɪldlɪ] adv (talk, complain, criticize) moderadamente; (interesting, amusing) mais ou menos.
mile [maɪl] n milha f; **it's ~s away** é longíssimo.
mileage ['maɪlɪdʒ] n distância f em milhas, = quilometragem f.
mileometer [maɪ'lɒmɪtə'] n contador m de milhas, = conta-quilômetros m inv.
milestone ['maɪlstəun] n (marker stone) marco m; (fig: event) marco histórico.
military ['mɪlɪtrɪ] adj militar.

milk [mɪlk] *n* leite *m* ◆ *vt (cow)* ordenhar, mungir.

milk chocolate *n* chocolate *m* de leite.

milkman ['mɪlkmən] (*pl* **-men** [-mən]) *n* leiteiro *m*.

milk shake *n* milk-shake *m (Br)*, batido *m (Port)*.

milky ['mɪlkɪ] *adj (drink)* com leite.

Milky Way *n*: **the ~** a Via Láctea.

mill [mɪl] *n* moinho *m*; *(factory)* fábrica *f*.

millennium [mɪ'leniəm] (*pl* **-nniums** OR **-nnia** [-nɪə]) *n* milênio *m*.

miller ['mɪlər] *n* moleiro *m* (-ra *f*).

milligram ['mɪlɪɡræm] *n* miligrama *m*.

millilitre ['mɪlɪ,liːtər] *n* mililitro *m*.

millimetre ['mɪlɪ,miːtər] *n* milímetro *m*.

million ['mɪljən] *n* milhão *m*; **~s of** *(fig)* milhões de.

millionaire [,mɪljə'neər] *n* milionário *m* (-ria *f*).

millstone ['mɪlstəʊn] *n* mó *f*.

mime [maɪm] *vi* fazer mímica.

mimic ['mɪmɪk] (*pt & pp* **-ked**, *cont* **-king**) *n* imitador *m* (-ra *f*) ◆ *vt* imitar.

min. [mɪn] *(abbr of minute)* m; *(abbr of minimum)* min.

mince [mɪns] *n (Brit)* carne *f* moída.

mincemeat ['mɪnsmiːt] *n (sweet filling)* mistura de frutos secos e cristalizados usada para rechear tortas e bolos; *(Am: mince)* carne *f* moída.

mince pie *n pequena torta de Natal, recheada com uma mistura de frutos secos, frutos cristalizados, açúcar e especiarias.*

mind [maɪnd] *n* mente *f*; *(memory)* memória *f* ◆ *vi (be bothered)* importarse ◆ *vt (be careful of)* ter cuidado com; *(look after)* tomar conta de; *(be bothered by)*: **do you ~ the noise?** o barulho está lhe incomodando?; **it slipped my ~** esqueci-me; **state of ~** estado *m* de espírito; **to my ~** na minha opinião; **to bear sthg in ~** ter algo em conta; **to change one's ~** mudar de idéia; **to have sthg in ~** estar pensando em algo; **to have sthg on one's ~** estar preocupado com algo; **to make one's ~ up** decidir-se; **do you ~ if ...?** importa-se se ...?; **I don't ~** não me importo; **I wouldn't ~ a drink** gostaria de beber qualquer coisa; **"~ the gap!"** *aviso aos passageiros para estarem aten-*

tos ao espaço entre o cais e o trem; **never ~!** *(don't worry)* não faz mal!, não tem importância!

minder ['maɪndər] *n (Brit: bodyguard)* guarda-costas *mf inv*.

mindful ['maɪndful] *adj*: **to be ~ of** sthg estar consciente de algo.

mindless ['maɪndlɪs] *adj (violence, crime)* absurdo(-da), sem sentido; *(job, work)* mecânico(-ca), maçante.

mine¹ [maɪn] *pron* o meu (a minha); **a friend of ~** um amigo meu; **those shoes are ~** esses sapatos são meus; **~ are here – where are yours?** os meus estão aqui – onde estão os seus?

mine² [maɪn] *n (for coal etc, bomb)* mina *f*.

minefield ['maɪnfiːld] *n* campo *m* de minas.

miner ['maɪnər] *n* mineiro *m* (-ra *f*).

mineral ['mɪnərəl] *n* mineral *m*.

mineral water *n* água *f* mineral.

minestrone [,mɪnɪ'strəʊnɪ] *n* minestrone *m, sopa de legumes com massa.*

mingle ['mɪŋɡl] *vi* misturar-se.

miniature ['mɪnətʃər] *adj* em miniatura ◆ *n (bottle of alcohol)* miniatura *f*.

minibar ['mɪnɪbɑːr] *n* minibar *m*.

minibus ['mɪnɪbʌs] *n* microônibus *m (Br)*, carrinha *f (Port)*.

minicab ['mɪnɪkæb] *n (Brit)* rádiotaxi *m*.

minimal ['mɪnɪml] *adj* mínimo(-ma).

minimum ['mɪnɪməm] *adj* mínimo (-ma) ◆ *n* mínimo *m*.

mining ['maɪnɪŋ] *n* extração *f* de minério, exploração *f* mineira.

miniskirt ['mɪnɪskɜːt] *n* mini-saia *f*.

minister ['mɪnɪstər] *n (in government)* ministro *m* (-tra *f*); *(in church)* pastor *m*, ministro *m*.

ministry ['mɪnɪstrɪ] *n (of government)* ministério *m*.

mink [mɪŋk] *n (fur)* pele *f* de marta, vison *m*.

minnow ['mɪnəʊ] (*pl inv* OR **-s**) *n* vairão *m, pequeno peixe de água doce.*

minor ['maɪnər] *adj* pequeno(-na) ◆ *n (fml)* menor *mf* (de idade).

minority [maɪ'nɒrətɪ] *n* minoria *f*.

minor road *n* estrada *f* secundária.

mint [mɪnt] *n (sweet)* bala *f* de hortelã *(Br)*, bombom *m* de mentol *(Port)*; *(plant)* hortelã *f*.

minus ['maɪnəs] *prep (in subtraction)*

menos; **it's ~ 10°C** estão 10°C abaixo de zero.

minuscule [ˈmɪnəskjuːl] *adj* minúsculo(-la).

minute[1] [ˈmɪnɪt] *n* minuto *m*; **any ~** a qualquer momento; **just a ~!** só um minuto!

minute[2] [maɪˈnjuːt] *adj* diminuto(-ta).

minute steak [ˌmɪnɪt-] *n* bife *m* rápido.

miracle [ˈmɪrəkl] *n* milagre *m*.

miraculous [mɪˈrækjʊləs] *adj* milagroso(-osa).

mirage [mɪˈrɑːʒ] *n* miragem *f*.

mirror [ˈmɪrəʳ] *n* espelho *m*.

misbehave [ˌmɪsbɪˈheɪv] *vi* portar-se mal.

miscalculate [ˌmɪsˈkælkjʊleɪt] *vt* calcular mal, enganar-se em ◆ *vi* enganar-se.

miscarriage [ˌmɪsˈkærɪdʒ] *n* aborto *m* *(não intencional)*.

miscellaneous [ˌmɪsəˈleɪnjəs] *adj* diverso(-sa).

mischief [ˈmɪstʃɪf] *n* *(naughty behaviour)* travessuras *fpl*; *(playfulness)* malícia *f*.

mischievous [ˈmɪstʃɪvəs] *adj* *(naughty)* travesso(-a); *(playful)* malicioso(-osa).

misconduct [ˌmɪsˈkɒndʌkt] *n* conduta *f* imprópria.

miscount [ˌmɪsˈkaʊnt] *vt* contar mal, enganar-se em ◆ *vi* contar mal, enganar-se.

misdemeanor [ˌmɪsdɪˈmiːnəʳ] *(Am)* = misdemeanour.

misdemeanour [ˌmɪsdɪˈmiːnəʳ] *n* *(Brit: JUR)* delito *m* OR crime *m* menor.

miser [ˈmaɪzəʳ] *n* avarento *m* (-ta *f*).

miserable [ˈmɪzrəbl] *adj* miserável; *(unhappy)* infeliz.

miserly [ˈmaɪzəlɪ] *adj* mesquinho(-nha).

misery [ˈmɪzərɪ] *n* *(unhappiness)* infelicidade *f*; *(poor conditions)* miséria *f*.

misfire [ˌmɪsˈfaɪəʳ] *vi* *(car)* falhar.

misfortune [mɪsˈfɔːtʃuːn] *n* *(bad luck)* infelicidade *f*.

misgivings [mɪsˈɡɪvɪŋz] *npl* dúvidas *fpl*, receio *m*.

mishap [ˈmɪshæp] *n* incidente *m*.

misinterpret [ˌmɪsɪnˈtɜːprɪt] *vt* interpretar mal.

misjudge [ˌmɪsˈdʒʌdʒ] *vt* *(distance, amount)* calcular mal; *(person, character)* julgar mal.

mislay [ˌmɪsˈleɪ] *(pt & pp* **-laid)** *vt*: **I've mislaid my keys** não sei onde é que pus as chaves.

mislead [ˌmɪsˈliːd] *(pt & pp* **-led)** *vt* enganar.

misleading [ˌmɪsˈliːdɪŋ] *adj* enganador(-ra).

misled [ˌmɪsˈled] *pt & pp* → mislead.

misplace [ˌmɪsˈpleɪs] *vt*: **I've ~d my keys** não sei onde é que pus as chaves.

misprint [ˈmɪsprɪnt] *n* erro *m* de impressão, gralha *f*.

miss [mɪs] *vt* perder; *(not notice)* não ver; *(fail to hit)* falhar; *(regret absence of)* ter saudades de, sentir falta de; *(appointment)* faltar a ◆ *vi* falhar.
❑ **miss out** *vt sep* omitir ◆ *vi* perder; **you ~ed out on a great party** você perdeu uma grande festa.

Miss [mɪs] *n* senhorita *f (Br)*, Menina *f (Port)*.

missile *[Brit* ˈmɪsaɪl, *Am* ˈmɪsl] *n* míssil *m*.

missing [ˈmɪsɪŋ] *adj* *(lost)* perdido(-da); *(after accident)* desaparecido(-da); **to be ~** *(not there)* faltar.

missing person *n* desaparecido *m* (-da *f*).

mission [ˈmɪʃn] *n* *(assignment)* missão *f*.

missionary [ˈmɪʃənrɪ] *n* missionário *m* (-ria *f*).

mist [mɪst] *n* bruma *f*, neblina *f*.

mistake [mɪˈsteɪk] *(pt* **-took**, *pp* **-taken)** *n* erro *m* ◆ *vt* *(misunderstand)* entender mal; **by ~** por engano; **to make a ~** enganar-se; **to ~ sb/sthg for** confundir alguém/algo com.

mistaken [mɪˈsteɪkn] *adj* *(belief, idea)* errado(-da); *(person)* enganado(-da); **to be ~ about** estar enganado em relação a.

Mister [ˈmɪstəʳ] *n* Senhor *m*.

mistletoe [ˈmɪsltəʊ] *n* visco-branco *m*.

mistook [mɪˈstʊk] *pt* → mistake.

mistreat [ˌmɪsˈtriːt] *vt* maltratar.

mistress [ˈmɪstrɪs] *n* *(lover)* amante *f*; *(Brit: teacher)* professora *f*.

mistrust [ˌmɪsˈtrʌst] *vt* desconfiar de.

misty [ˈmɪstɪ] *adj* nebuloso(-osa), nublado(-da).

misunderstand [ˌmɪsʌndəˈstænd] *(pt & pp* **-stood)** *vt & vi* compreender mal.

misunderstanding [ˌmɪsʌndəˈstændɪŋ] *n* *(misinterpretation)* mal-entendido *m*, engano *m*; *(quarrel)* desentendimento *m*.

misunderstood [ˌmɪsʌndə'stʊd] *pt & pp* → **misunderstand**.

misuse [ˌmɪs'juːs] *n* uso *m* indevido.

miter ['maɪtər] *(Am)* = **mitre**.

mitigate ['mɪtɪgeɪt] *vt* minimizar.

mitre ['maɪtər] *n (Brit: hat)* mitra *f*.

mitten ['mɪtn] *n* luva *f (com un só dedo)*.

mix [mɪks] *vt* misturar ◆ *n (for cake, sauce)* mistura *f* ◆ *vi*: **I don't like the people you ~ with** não gosto das pessoas com quem você anda; **to ~ sthg with sthg** misturar algo com algo.
❑ **mix up** *vt sep (confuse)* confundir; *(put into disorder)* misturar.

mixed [mɪkst] *adj (school)* misto(-ta).

mixed grill *n* grelhado *m* misto.

mixed salad *n* salada *f* mista.

mixed up *adj (confused)* confuso (-sa); **to be ~ in sthg** *(involved)* estar envolvido em algo.

mixed vegetables *npl* macedônia *f* (de legumes).

mixer ['mɪksər] *n (for food)* batedeira *f*; *(drink)* bebida não alcoólica que se mistura com bebidas alcoólicas.

mixture ['mɪkstʃər] *n* mistura *f*.

mix-up *n (inf)* engano *m*.

ml *(abbr of millilitre)* ml.

mm *(abbr of millimetre)* mm.

moan [məʊn] *vi (in pain, grief)* gemer; *(inf: complain)* resmungar.

moat [məʊt] *n* fosso *m*.

mobile ['məʊbaɪl] *adj* móvel.

mobile phone *n* (telefone *m*) celular *m* (Br), telemóvel *m* (Port).

mock [mɒk] *adj* falso(-sa) ◆ *vt* gozar com ◆ *n (Brit: exam)* exame *m* simulado *(que serve de treino)*.

mockery ['mɒkərɪ] *n (scorn)* troça *f*.

mode [məʊd] *n* modo *m*.

model ['mɒdl] *n* modelo *m*; *(fashion model)* modelo *mf*.

modem ['məʊdem] *n (COMPUT)* modem *m*.

moderate ['mɒdərət] *adj* moderado (-da).

moderation [ˌmɒdə'reɪʃn] *n* moderação *f*; **in ~** com moderação.

modern ['mɒdən] *adj* moderno(-na).

modernized ['mɒdənaɪzd] *adj* modernizado(-da).

modern languages *npl* línguas *fpl*

modernas OR vivas.

modest ['mɒdɪst] *adj* modesto(-ta).

modesty ['mɒdɪstɪ] *n* modéstia *f*.

modify ['mɒdɪfaɪ] *vt* modificar.

module ['mɒdjuːl] *n* módulo *m*.

mohair ['məʊheər] *n* mohair *m*.

moist [mɔɪst] *adj* úmido(-da).

moisten ['mɔɪsn] *vt* umedecer.

moisture ['mɔɪstʃər] *n* umidade *f*.

moisturizer ['mɔɪstʃəraɪzər] *n* creme *m* hidratante.

molar ['məʊlər] *n* molar *m*.

molasses [mə'læsɪz] *n* melaço *m*.

mold [məʊld] *(Am)* = **mould**.

mole [məʊl] *n (animal)* toupeira *f*; *(spot)* sinal *m*.

molecule ['mɒlɪkjuːl] *n* molécula *f*.

molest [mə'lest] *vt (child)* abusar (sexualmente) de; *(woman)* assediar.

mom [mɒm] *n (Am: inf)* mãe *f*.

moment ['məʊmənt] *n* momento *m*; **at the ~** no momento; **for the ~** por agora.

momentarily [Brit 'məʊməntərɪlɪ, Am ˌməʊmen'terɪlɪ] *adv (for a short time)* momentaneamente; *(Am: immediately)* dentro em pouco, em breve.

momentary ['məʊməntrɪ] *adj* momentâneo(-nea).

momentous [mə'mentəs] *adj* muito importante.

Mon. *(abbr of Monday)* 2ª, seg.

Monaco ['mɒnəkəʊ] *n* Mônaco *m*.

monarch ['mɒnək] *n* monarca *m*.

monarchy ['mɒnəkɪ] *n*: **the ~** a monarquia.

monastery ['mɒnəstrɪ] *n* mosteiro *m*.

Monday ['mʌndɪ] *n* segunda-feira *f*, → **Saturday**.

money ['mʌnɪ] *n* dinheiro *m*.

money belt *n* carteira *f* de cintura, cinto *m* carteira.

moneybox ['mʌnɪbɒks] *n* cofre *m* (Br), mealheiro *m* (Port).

money order *n* vale *m*.

mongrel ['mʌŋgrəl] *n* vira-lata *m* (Br), rafeiro *m* (Port).

monitor ['mɒnɪtər] *n (computer screen)* monitor *m* ◆ *vt (check, observe)* controlar.

monk [mʌŋk] *n* monge *m*.

monkey ['mʌŋkɪ] *(pl -s)* *n* macaco *m*.

monkfish ['mʌŋkfɪʃ] *n* tamboril *m*.

monopolize [mə'nɒpəlaɪz] *vt* monopolizar.

monopoly [mə'nɒpəlɪ] n (COMM) monopólio m.

monorail ['mɒnəʊreɪl] n monotrilho m (Br), monocarril m (Port).

monotonous [mə'nɒtənəs] adj monótono(-na).

monsoon [mɒn'suːn] n monção f.

monster ['mɒnstə'] n monstro m.

monstrous ['mɒnstrəs] adj monstruoso(-osa).

month [mʌnθ] n mês m; **every ~** todos os meses; **in a ~'s time** daqui a um mês.

monthly ['mʌnθlɪ] adj mensal ◆ adv mensalmente.

monument ['mɒnjʊmənt] n monumento m.

monumental [mɒnjʊ'mentl] adj monumental.

moo [muː] vi mugir.

mood [muːd] n humor m; **to be in a (bad) ~** estar de mau humor; **to be in a good ~** estar de bom humor.

moody ['muːdɪ] adj (bad-tempered) mal-humorado(-da); (changeable) temperamental.

moon [muːn] n lua f.

moonlight ['muːnlaɪt] n luar m.

moonlit ['muːnlɪt] adj (night) de luar; (landscape) iluminado(-da) pela lua.

moor [mɔː'] n charneca f ◆ vt atracar.

moose [muːs] (pl inv) n alce m.

mop [mɒp] n (for floor) esfregão m (Br), esfregona f (Port) ◆ vt (floor) limpar.
□ **mop up** vt sep (clean up) limpar.

mope [məʊp] vi andar deprimido(-da).

moped ['məʊped] n motocicleta f.

moral ['mɒrəl] adj moral ◆ n (lesson) moral f.

morale [mə'rɑːl] n moral m.

morality [mə'rælɪtɪ] n moralidade f.

morbid ['mɔːbɪd] adj mórbido(-da).

more [mɔː'] adj 1. (a larger amount of) mais; **there are ~ tourists than usual** há mais turistas que o normal.
2. (additional) mais; **are there any ~ cakes?** tem mais bolos?; **I'd like two ~ bottles** queria mais duas garrafas; **there's no ~ wine** já não tem mais vinho.
3. (in phrases): **~ and more** cada vez mais.
◆ adv 1. (in comparatives) mais; **it's ~ difficult than before** é mais difícil do que antes; **speak ~ clearly** fala de forma mais clara; **we go there ~ often** now agora vamos lá mais freqüentemente.
2. (to a greater degree) mais; **we ought to go to the cinema ~** devíamos ir mais vezes ao cinema.
3. (in phrases): **I don't go there any ~** eu não vou mais lá; **once ~** mais uma vez; **~ or less** mais ou menos; **we'd be ~ than happy to help** teríamos imenso prazer em ajudar.
◆ pron 1. (a larger amount) mais; **I've got ~ than you** tenho mais que você; **~ than 20 types of pizza** mais de 20 tipos de pizza.
2. (an additional amount) mais; **is there any ~?** tem mais?; **there's no ~** não tem mais.

moreover [mɔː'rəʊvə'] adv (fml) além disso, além do mais.

morgue [mɔːg] n morgue f.

morning ['mɔːnɪŋ] n manhã f; **good ~!** bom dia!; **two o'clock in the ~** duas da manhã, duas da madrugada; **in the ~** (early in the day) de manhã; (tomorrow morning) amanhã de manhã.

morning-after pill n pílula f do dia seguinte.

morning sickness n enjôo m matinal.

Moroccan [mə'rɒkən] adj marroquino(-na) ◆ n marroquino m (-na f).

Morocco [mə'rɒkəʊ] n Marrocos s.

moron ['mɔːrɒn] n (inf: idiot) estúpido m (-da f), idiota mf.

morose [mə'rəʊs] adj taciturno(-na).

Morse (code) [mɔːs-] n (código de) Morse m.

morsel ['mɔːsl] n pedaço m.

mortal ['mɔːtl] adj mortal ◆ n mortal m.

mortar ['mɔːtə'] n (cement mixture) argamassa f; (gun) morteiro m.

mortgage ['mɔːgɪdʒ] n hipoteca f.

mortified ['mɔːtɪfaɪd] adj mortificado(-da).

mosaic [mə'zeɪɪk] n mosaico m.

Moscow ['mɒskəʊ] n Moscou m (Br), Moscovo m (Port).

Moslem ['mɒzləm] = **Muslim**.

mosque [mɒsk] n mesquita f.

mosquito [mə'skiːtəʊ] (pl -es) n mosquito m.

mosquito net n mosquiteiro m.

moss [mɒs] n musgo m.

most [məʊst] adj 1. (the majority of) a maioria de; **~ people agree** a maioria

das pessoas está de acordo.
2. *(the largest amount of)* mais; **I drank (the) ~ beer** fui eu que bebi mais cerveja.
♦ *adv* **1.** *(in superlatives)* mais; **the ~ expensive hotel in town** o hotel mais caro da cidade.
2. *(to the greatest degree)* mais; **I like this one ~** gosto mais deste.
3. *(fml: very)* muito; **we would be ~ grateful** ficaríamos muito gratos.
♦ *pron* **1.** *(the majority)* a maioria; **~ of the villages** a maioria das aldeias; **~ of the time** a maior parte do tempo.
2. *(the largest amount)* mais; **she earns (the) ~** ela é a que ganha mais.
3. *(in phrases)*: **at ~** no máximo; **we want to make the ~ of our stay** queremos aproveitar a nossa estada ao máximo.

mostly ['məustlı] *adv* principalmente.
MOT *n (Brit: test)* ≃ IPO *f (Port)*, inspeção anual obrigatória para veículos com mais de três anos.
motel [məu'tel] *n* motel *m*.
moth [mɒθ] *n* traça *f*.
mothball ['mɒθbɔ:l] *n* bola *f* de naftalina.
mother ['mʌðər] *n* mãe *f*.
mother-in-law *n* sogra *f*.
mother-of-pearl *n* madrepérola *f*.
mother tongue *n* língua *f* materna.
motif [məu'ti:f] *n* motivo *m*.
motion ['məuʃn] *n (movement)* movimento *m* ♦ *vi*: **to ~ to sb** fazer sinal a alguém.
motionless ['məuʃənlıs] *adj* imóvel.
motion picture *n (Am)* filme *m* (cinematográfico).
motivate ['məutıveıt] *vt* motivar.
motivated ['məutıveıtıd] *adj* motivado(-da).
motivation [,məutı'veıʃn] *n (sense of purpose)* motivação *f*.
motive ['məutıv] *n* motivo *m*.
motor ['məutər] *n* motor *m*.
Motorail® ['məutəreıl] *n* auto-expresso *m*, trem que transporta carros e passageiros.
motorbike ['məutəbaık] *n* moto *f*.
motorboat ['məutəbəut] *n* barco *m* a motor.
motorcar ['məutəkɑ:r] *n* carro *m*, automóvel *m*.
motorcycle ['məutəsaıkl] *n* moto *f*.

motorcyclist ['məutə,saıklıst] *n* motociclista *mf*.
motoring ['məutərıŋ] *n* automobilismo *m*.
motorist ['məutərıst] *n* automobilista *mf*.
motor racing *n* automobilismo *m*.
motor scooter *n* lambreta *f*.
motor vehicle *n* veículo *m* motorizado.
motorway ['məutəweı] *n (Brit)* autoestrada *f*.
mottled ['mɒtld] *adj* sarapintado (-da).
motto ['mɒtəu] *(pl -s) n* lema *m*.
mould [məuld] *n (Brit) (shape)* molde *m*, forma *f*; *(substance)* bolor *m* ♦ *vt (Brit) (shape)* moldar.
moulding ['məuldıŋ] *n (decoration)* moldura *f*.
mouldy ['məuldı] *adj* bolorento(-ta).
mound [maund] *n* monte *m*.
mount [maunt] *n (for photo)* moldura *f*; *(mountain)* monte *m* ♦ *vt (horse)* montar; *(photo)* emoldurar ♦ *vi (increase)* aumentar.
mountain ['mauntın] *n* montanha *f*.
mountain bike *n* bicicleta *f* de montanha.
mountaineer [,mauntı'nıər] *n* alpinista *mf*.
mountaineering [,mauntı'nıərıŋ] *n*: **to go ~** fazer alpinismo.
mountainous ['mauntınəs] *adj* montanhoso(-osa).
Mount Rushmore [-'rʌʃmɔ:r] *n* o monte Rushmore.
mourn [mɔ:n] *vt (person)* chorar; *(thing)* lamentar ♦ *vi* lamentar; **to ~ for sb** chorar a morte de alguém.
mourner ['mɔ:nər] *n (related)* parente *mf* do morto; *(unrelated)* amigo *m* (-ga *f*) do morto.
mourning ['mɔ:nıŋ] *n*: **to be in ~** estar de luto.
mouse [maus] *(pl mice) n* rato *m*.
moussaka [mu:'sɑ:kə] *n* gratinado de origem grega à base de carne moída e beringela.
mousse [mu:s] *n (food)* mousse *f*; *(for hair)* espuma *f*.
moustache [mə'stɑ:ʃ] *n (Brit)* bigode *m*.
mouth [mauθ] *n* boca *f*; *(of river)* foz *f*.
mouthful ['mauθful] *n (of food)* bocado *m*; *(of drink)* gole *m*.

mouthorgan ['mauθ,ɔ:gən] *n* gaita-de-boca *f*.
mouthpiece ['mauθpi:s] *n* bocal *m*.
mouthwash ['mauθwɒʃ] *n* desinfetante *m* para a boca.
mouth-watering [-,wɔ:tərɪŋ] *adj* de dar água na boca.
movable ['mu:vəbl] *adj* móvel.
move [mu:v] *n* (*change of house*) mudança *f*; (*movement*) movimento *m*; (*in games*) jogada *f*; (*turn to play*) vez *f*; (*course of action*) medida *f* ♦ *vt* (*object*) mudar; (*arm, leg, lips*) mexer; (*emotionally*) comover ♦ *vi* (*shift*) mover-se; (*get out of the way*) desviar-se; **to ~ (house)** mudar de casa; **to make a ~** (*leave*) ir embora.
❑ **move along** *vi* avançar.
❑ **move in** *vi* (*to house*) mudar-se para.
❑ **move off** *vi* (*train, car*) partir.
❑ **move on** *vi* (*after stopping*) voltar a partir.
❑ **move out** *vi* (*from house*) mudar-se de.
❑ **move over** *vi* chegar-se para lá/cá.
❑ **move up** *vi* chegar-se para lá/cá.
moveable ['mu:vəbl] = **movable**.
movement ['mu:vmənt] *n* movimento *m*.
movie ['mu:vɪ] *n* filme *m*.
movie camera *n* câmara *f* de filmar.
movie theater *n* (*Am*) cinema *m*.
moving ['mu:vɪŋ] *adj* (*emotionally*) comovente.
mow [məʊ] *vt*: **to ~ the lawn** cortar a grama.
mower ['məʊər] *n* máquina *f* de cortar grama.
mozzarella [,mɒtsə'relə] *n* queijo *m* mozzarella.
MP *abbr* = **Member of Parliament**.
mph (*abbr of miles per hour*) milhas à OR *por hora*.
Mr ['mɪstər] *abbr* Sr.
Mrs ['mɪsɪz] *abbr* Sra.
Ms [mɪz] *abbr* título que evita que se faça uma distinção entre mulheres casadas e solteiras.
MS *abbr* = **multiple sclerosis**.
MSc *abbr* = **Master of Science**.
much [mʌtʃ] (*compar* **more**, *superl* **most**) *adj* muito(-ta); **I haven't got ~ money** não tenho muito dinheiro; **as ~ food as you can eat** o máximo de comida que você conseguir comer; **how ~ time is left?** quanto tempo

falta?; **they have so ~ money** eles têm tanto dinheiro; **we have too ~ food** temos comida demais.
♦ *adv* 1. (*to a great extent*) muito; **he is ~ happier** ele está muito mais feliz; **it's ~ better** é muito melhor; **he's ~ too good** ele é bom demais; **I like it very ~** gosto muitíssimo; **it's not ~ good** (*inf*) não é muito bom; **thank you very ~** muito obrigado.
2. (*often*) muitas vezes; **we don't go there ~** não vamos lá muitas vezes.
♦ *pron* muito; **I haven't got ~** não tenho muito; **as ~ as you like** tanto quanto (você) queira; **how ~ is it?** quanto é?; **you've got so ~** você tem tanto; **you've got too ~** você tem demais.
muck [mʌk] *n* (*dirt*) porcaria *f*.
❑ **muck about** *vi* (*Brit: inf: waste time*) perder tempo.
❑ **muck up** *vt sep* (*Brit: inf*) estragar.
mucky ['mʌkɪ] *adj* (*inf*) porco (porca).
mucus ['mju:kəs] *n* muco *m*.
mud [mʌd] *n* lama *f*.
muddle ['mʌdl] *n*: **to be in a ~** (*confused*) estar confuso(-sa); (*in a mess*) estar em desordem.
muddy ['mʌdɪ] *adj* lamacento(-ta).
mudguard ['mʌdgɑ:d] *n* guarda-lamas *m inv*.
muesli ['mju:zlɪ] *n* muesli *m*.
muff [mʌf] *n* (*for hands*) regalo *m*; (*for ears*) protetor *m* para os ouvidos.
muffin ['mʌfɪn] *n* (*roll*) pãozinho *m*; (*cake*) bolinho redondo e chato.
muffle ['mʌfl] *vt* (*sound*) abafar.
muffler ['mʌflər] *n* (*Am: silencer*) silenciador *m*.
mug [mʌg] *n* (*cup*) caneca *f* ♦ *vt* assaltar.
mugging ['mʌgɪŋ] *n* assalto *m* (*a pessoa*).
muggy ['mʌgɪ] *adj* abafado(-da).
mule [mju:l] *n* mula *f*.
mulled ['mʌld] *adj*: **~ wine** *vinho aquecido com especiarias e açúcar*.
multicoloured ['mʌltɪ,kʌləd] *adj* multicolor.
multilateral [,mʌltɪ'lætərəl] *adj* multilateral.
multinational [,mʌltɪ'næʃənl] *n* multinacional *f*.
multiple ['mʌltɪpl] *adj* múltiplo(-pla).
multiple sclerosis [-sklɪ'rəʊsɪs] *n* esclerose *f* múltipla.

multiplex cinema [ˈmʌltɪpleks-] *n* cinema *m* (com várias salas).

multiplication [ˌmʌltɪplɪˈkeɪʃn] *n* multiplicação *f*.

multiply [ˈmʌltɪplaɪ] *vt* multiplicar ♦ *vi* multiplicar-se.

multistorey (car park) [ˌmʌltɪˈstɔːrɪ-] *n* (parque *m* de) estacionamento *m* com vários andares.

multitude [ˈmʌltɪtjuːd] *n* (crowd) multidão *f*; **a ~ of reasons** inúmeras razões.

mum [mʌm] *n* (Brit: inf) mãe *f*.

mumble [ˈmʌmbl] *vt & vi* balbuciar.

mummy [ˈmʌmɪ] *n* (Brit: inf: mother) mamãe *f*.

mumps [mʌmps] *n* caxumba *f* (Br), papeira *f* (Port).

munch [mʌntʃ] *vt* mastigar.

mundane [mʌnˈdeɪn] *adj* desinteressante, trivial.

municipal [mjuːˈnɪsɪpl] *adj* municipal.

mural [ˈmjuːərəl] *n* mural *m*.

murder [ˈmɜːdər] *n* assassínio *m*, assassinato *m* ♦ *vt* assassinar.

murderer [ˈmɜːdərər] *n* assassino *m* (-na *f*).

murky [ˈmɜːkɪ] *adj* (place) sombrio (-bria), lúgubre; (water) sujo(-ja), turvo(-va).

murmur [ˈmɜːmər] *n* murmúrio *m* ♦ *vt & vi* murmurar.

muscle [ˈmʌsl] *n* músculo *m*.

muscular [ˈmʌskjʊlər] *adj* (strong) musculoso(-osa); (of muscles) muscular.

museum [mjuːˈziːəm] *n* museu *m*.

mushroom [ˈmʌʃrʊm] *n* cogumelo *m*.

music [ˈmjuːzɪk] *n* música *f*.

musical [ˈmjuːzɪkl] *adj* (connected with music) musical; (person) com ouvido para a música ♦ *n* musical *m*.

musical instrument *n* instrumento *m* musical.

music centre *n* (machine) aparelhagem *f* de som.

musician [mjuːˈzɪʃn] *n* músico *m* (-ca *f*).

Muslim [ˈmʊzlɪm] *adj* muçulmano (-na) ♦ *n* muçulmano *m* (-na *f*).

muslin [ˈmʌzlɪn] *n* musselina *f*.

mussels [ˈmʌslz] *npl* mexilhões *mpl*.

must [mʌst] *aux vb* (expressing obligation) ter de; (expressing certainty) dever ♦ *n* (inf): **it's a ~** é de não perder; **I ~ go** tenho de ir; **the room ~ be vacated by ten** o quarto tem de ser desocupado antes das dez; **you ~ have seen it** você deve ter visto; **you ~ see that film** você tem de ver aquele filme; **you ~ be joking!** você deve estar brincando!

mustache [ˈmʌstæʃ] (Am) = **moustache**.

mustard [ˈmʌstəd] *n* mostarda *f*.

mustn't [ˈmʌsənt] = **must not**.

must've [ˈmʌstəv] = **must have**.

mute [mjuːt] *adj* mudo(-da) ♦ *n* mudo *m* (-da *f*).

mutilate [ˈmjuːtɪleɪt] *vt* mutilar.

mutiny [ˈmjuːtɪnɪ] *n* motim *m* ♦ *vi* amotinar-se.

mutter [ˈmʌtər] *vt* murmurar.

mutton [ˈmʌtn] *n* carne *f* de carneiro

mutual [ˈmjuːtʃʊəl] *adj* mútuo(-tua).

mutually [ˈmjuːtʃʊəlɪ] *adv* mutuamente.

muzzle [ˈmʌzl] *n* (for dog) focinheira *f* (Br), açaime *m* (Port).

MW *abbr* = **medium wave**.

my [maɪ] *adj* meu (minha); **~ books** os meus livros.

myself [maɪˈself] *pron* (reflexive) me; (after prep) mim; **I did it ~** eu mesmo o fiz; **I hurt ~** machuquei-me.

mysterious [mɪˈstɪərɪəs] *adj* misterioso(-osa).

mystery [ˈmɪstərɪ] *n* mistério *m*.

mystical [ˈmɪstɪkl] *adj* místico(-ca).

mystified [ˈmɪstɪfaɪd] *adj* confuso (-sa), perplexo(-xa).

myth [mɪθ] *n* mito *m*.

mythical [ˈmɪθɪkl] *adj* mítico (-ca).

mythology [mɪˈθɒlədʒɪ] *n* mitologia *f*.

N

N *(abbr of north)* N.

nab [næb] *vt (inf: arrest)* apanhar; *(inf: claim quickly)* agarrar.

nag [næg] *vt* apoquentar.

nagging ['nægɪŋ] *adj (worry, suspicion)* persistente; *(spouse, friend)* chato(-ta).

nail [neɪl] *n (of finger, toe)* unha *f*; *(metal)* prego *m* ♦ *vt (fasten)* pregar.

nailbrush ['neɪlbrʌʃ] *n* escova *f* de unhas.

nail file *n* lixa *f* de unhas *(Br)*, lima *f* para as unhas *(Port)*.

nail polish *n* esmalte *m (Br)*, verniz *m (para as unhas) (Port)*.

nail scissors *npl* tesoura *f* de unhas.

nail varnish *n* esmalte *m (Br)*, verniz *m (para as unhas) (Port)*.

nail varnish remover [-rə'mu:vəʳ] *n* acetona *f*, removedor *m* de esmalte *(Br)*.

naive [naɪ'i:v] *adj* ingênuo(-nua).

naked ['neɪkɪd] *adj (person)* nu (nua).

name [neɪm] *n* nome *m*; *(surname)* sobrenome *m (Br)*, apelido *m (Port)* ♦ *vt (person, place, animal)* chamar; *(date, price)* fixar; **first ~** nome próprio OR de batismo; **last ~** sobrenome *(Br)*, apelido *(Port)*; **what's your ~?** como você se chama?; **my ~ is ...** o meu nome é ....

namely ['neɪmlɪ] *adv* isto é, a saber.

namesake ['neɪmseɪk] *n* homônimo *m*.

nan bread [næn-] *n* pão indiano grande e achatado com condimentos.

nanny ['nænɪ] *n (childminder)* babá *f (Br)*, ama *f (Port)*; *(inf: grandmother)* avó *f*.

nap [næp] *n* soneca *f*; **to have a ~** tirar uma soneca.

nape [neɪp] *n*: **~ (of the neck)** nuca *f*.

napkin ['næpkɪn] *n* guardanapo *m*.

nappy ['næpɪ] *n* fralda *f*.

nappy liner *n* pequena tira descar-

tável usada com fraldas de tecido.

narcotic [nɑ:'kɒtɪk] *n* narcótico *m*.

narrative ['nærətɪv] *n* narrativa *f*.

narrator [Brit nə'reɪtəʳ, Am 'næreɪtəʳ] *n* narrador *m* (-ra *f*).

narrow ['nærəʊ] *adj (road, gap)* estreito(-ta) ♦ *vi* estreitar.

narrowly ['nærəʊlɪ] *adv* por pouco, à risca.

narrow-minded [-'maɪndɪd] *adj* tacanho(-nha), de idéias curtas.

nasal ['neɪzl] *adj* nasal.

nasty ['nɑ:stɪ] *adj (person)* mau (má); *(comment)* maldoso(-osa); *(accident, fall)* grave; *(unpleasant)* desgradável.

nation ['neɪʃn] *n* nação *f*.

national ['næʃənl] *adj* nacional ♦ *n* natural *mf (de um país)*.

national anthem *n* hino *m* nacional.

National Health Service *n* = Instituto *m* Nacional de Assistência Médica e Previdência Social *(Br)*, = Caixa *f* (de Previdência) *(Port)*.

National Insurance *n (Brit: contributions)* = Previdência *f* Social *(Br)*, = Segurança *f* Social *(Port)*.

nationalist ['næʃnəlɪst] *adj* nacionalista ♦ *n* nacionalista *mf*.

nationality [næʃə'nælətɪ] *n* nacionalidade *f*.

national park *n* parque *m* nacional.

national service *n (Brit: MIL)* serviço *m* militar.

National Trust *n (Brit)* organização britânica encarregada da preservação de prédios históricos e locais de interesse.

nationwide ['neɪʃənwaɪd] *adj* de âmbito nacional.

native ['neɪtɪv] *adj (country)* natal; *(customs, population)* nativo(-va) ♦ *n* natural *mf*; **a ~ speaker of English** um anglófono.

Nativity [nə'tɪvətɪ] *n*: **the ~** a Natividade, o Natal.

NATO ['neɪtəʊ] *n* OTAN *f*, NATO *f*.

natural ['nætʃrəl] *adj (ability, charm)* natural; *(swimmer, actor)* nato(-ta).

natural gas *n* gás *m* natural.

naturally ['nætʃrəlɪ] *adv (of course)* naturalmente.

natural yoghurt *n* iogurte *m* natural.

nature ['neɪtʃəʳ] *n* natureza *f*.

nature reserve *n* reserva *f* natural.

naughty ['nɔːtɪ] *adj (child)* travesso (-a).

nausea ['nɔːzɪə] *n* enjôo *m*, náusea *f*.

nauseating ['nɔːsɪeɪtɪŋ] *adj (food, smell)* nauseabundo(-da), enjoativo (-va).

naval ['neɪvl] *adj* naval.

nave [neɪv] *n* nave *f*.

navel ['neɪvl] *n* umbigo *m*.

navigate ['nævɪgeɪt] *vi (in boat)* navegar; *(in plane)* calcular a rota; *(in car)* fazer de navegador.

navigation [ˌnævɪ'geɪʃn] *n (piloting, steering)* navegação *m*.

navy ['neɪvɪ] *n (ships)* marinha *f* ◆ *adj*: **~ (blue)** azul-marinho *(inv)*.

Nazi ['nɑːtsɪ] *(pl* **-s)** *adj* nazi ◆ *n* nazi *mf*.

NB *(abbr of nota bene)* N.B.

near [nɪəʳ] *adv* perto ◆ *adj* próximo(-ma) ◆ *prep*: **~ (to)** *(edge, object, place)* perto de; **in the ~ future** num futuro próximo, em breve.

nearby [nɪə'baɪ] *adv* perto ◆ *adj* próximo(-ma).

nearly ['nɪəlɪ] *adv* quase.

near side *n (for right-hand drive)* direita *f*; *(for left-hand drive)* esquerda *f*.

nearsighted [ˌnɪə'saɪtɪd] *adj (Am)* míope.

neat [niːt] *adj (room)* arrumado(-da); *(writing, work)* caprichado(-da) *(Br)*, cuidado(-da) *(Port)*; *(whisky, vodka etc)* puro(-ra).

neatly ['niːtlɪ] *adv* cuidadosamente.

necessarily [ˌnesə'serɪlɪ, *Brit* 'nesəsrəlɪ] *adv* necessariamente; **not ~** não necessariamente.

necessary ['nesəsrɪ] *adj* necessário(-ria); **it is ~ to do it** é necessário fazê-lo.

necessity [nɪ'sesətɪ] *n* necessidade *f*. ❏ **necessities** *npl* artigos *mpl* de primeira necessidade.

neck [nek] *n (of person, animal)* pescoço *m*; *(of jumper)* gola *f*; *(of shirt)* colarinho *m*; *(of dress)* decote *m*.

necklace ['neklɪs] *n* colar *m*.

neckline ['neklaɪn] *n* decote *m*.

necktie ['nektaɪ] *n (Am)* gravata *f*.

nectarine ['nektərɪn] *n* nectarina *f*.

need [niːd] *n* necessidade *f* ◆ *vt* precisar de, necessitar de; **to ~ to do sthg** precisar fazer algo.

needle ['niːdl] *n* agulha *f*.

needless ['niːdlɪs] *adj* desnecessário(-ria); **~ to say ...** não é preciso dizer que ....

needlework ['niːdlwɜːk] *n (SCH)* costura *f*.

needn't ['niːdənt] = **need not**.

needy ['niːdɪ] *adj* necessitado(-da), com necessidades.

negative ['negətɪv] *adj* negativo(-va) ◆ *n (in photography)* negativo *m*; *(GRAMM)* negativa *f*.

neglect [nɪ'glekt] *vt* não prestar atenção a.

negligee ['neglɪʒeɪ] *n* négligé *m*.

negligence ['neglɪdʒəns] *n* negligência *f*.

negligible ['neglɪdʒəbl] *adj* insignificante.

negotiate [nɪ'gəʊʃɪeɪt] *vt (agreement, deal)* negociar; *(obstacle, bend)* transpor ◆ *vi* negociar; **to ~ with sb for sthg** negociar com alguém sobre algo, negociar algo com alguém.

negotiations [nɪˌgəʊʃɪ'eɪʃnz] *npl* negociações *fpl*.

negro ['niːgrəʊ] *(pl* **-es)** *n* negro *m* (-gra *f*).

neigh [neɪ] *vi* relinchar.

neighbor ['neɪbəʳ] *(Am)* = **neighbour**.

neighbour ['neɪbəʳ] *n (Brit)* vizinho *m* (-nha *f*).

neighbourhood ['neɪbəhʊd] *n* vizinhança *f*.

neighbouring ['neɪbərɪŋ] *adj* vizinho(-nha).

neighbourly ['neɪbəlɪ] *adj (deed, relations)* de bom vizinho (de boa vizinha); *(person)* bom vizinho (boa vizinha).

neither ['naɪðəʳ, 'niːðəʳ] *adj*: **~ bag is big enough** nenhuma das bolsas é suficientemente grande ◆ *pron*: **~ of us** nenhum *m* (-ma *f*) de nós ◆ *conj*: **~ do I** nem eu; **~ ... nor** nem ... nem.

neon light ['ni:ɒn-] *n* luz *f* de néon.
nephew ['nefju:] *n* sobrinho *m*.
Neptune ['neptju:n] *n* Netuno *m*.
nerve [nɜ:v] *n (in body)* nervo *m*; *(courage)* ousadia *f*; **what a ~!** que descaramento!
nerve-racking [-rækɪŋ] *adj* angustiante.
nervous ['nɜ:vəs] *adj* nervoso(-osa).
nervous breakdown *n* esgotamento *m* nervoso.
nest [nest] *n* ninho *m*.
net [net] *n* rede *f* ◆ *adj* líquido(-da).
netball ['netbɔ:l] *n* esporte parecido com basquetebol feminino.
Netherlands ['neðələndz] *npl*: **the ~** os Países Baixos.
netting ['netɪŋ] *n (of metal, plastic)* rede *f*; *(fabric)* tule *m*.
nettle ['netl] *n* urtiga *f*.
network ['netwɜ:k] *n* rede *f*.
neurotic [,njʊə'rɒtɪk] *adj* neurótico(-ca).
neuter ['nju:tə^r] *adj* neutro(-tra).
neutral ['nju:trəl] *adj* neutro(-tra) ◆ *n (AUT)*: **in ~** em ponto morto.
neutrality [nju:'trælətɪ] *n* neutralidade *f*.
never ['nevə^r] *adv* nunca; **she's ~ late** ela nunca chega tarde; **~ mind!** não faz mal!
never-ending *adj* interminável.
nevertheless [,nevəðə'les] *adv* contudo, todavia.
new [nju:] *adj* novo (nova).
newborn ['nju:bɔ:n] *adj* recém-nascido(-da).
newcomer ['nju:,kʌmə^r] *n*: **~ (to sthg)** recém-chegado *m* (-da *f*) (a algo).
newly ['nju:lɪ] *adv*: **~ married** recém-casado(-da).
newlyweds ['nju:lɪwedz] *npl* recém-casados *mpl*.
new potatoes *npl* batatas *fpl* tenras.
news [nju:z] *n* notícias *fpl*; *(on TV)* telejornal *m*; **a piece of ~** uma notícia.
newsagent ['nju:zeɪdʒənt] *n (shop)* jornaleiro *m (Br)*, quiosque *m (Port)*.
newsflash ['nju:zflæʃ] *n* flash *m* informativo, notícia *f* de última hora.
newsletter ['nju:z,letə^r] *n* boletim *m*, jornal *m*.
newspaper ['nju:z,peɪpə^r] *n* jornal *m*.

newsreader ['nju:z,ri:də^r] *n (on TV)* apresentador *m* (-ra *f*) do telejornal; *(on radio)* locutor *m* (-ra *f*) *(que lê o noticiário)*.
newt [nju:t] *n* tritão *m*.
New Year *n* Ano *m* Novo.
New Year's Day *n* dia *m* de Ano Novo.
New Year's Eve *n* véspera *f* de Ano Novo.
New York [-'jɔ:k] *n*: **~ (City)** (a cidade de) Nova Iorque *s*; **~ (State)** (o estado de) Nova Iorque.
New Zealand [-'zi:lənd] *n* Nova Zelândia *f*.
New Zealander [-'zi:ləndə^r] *n* neozelandês *m* (-esa *f*).
next [nekst] *adj* próximo(-ma); *(room, house)* do lado ◆ *adv (afterwards)* depois, em seguida; *(on next occasion)* da próxima vez; **when does the ~ bus leave?** a que horas é o próximo ônibus?; **~ month/year** o mês/ano que vem; **~ to** *(by the side of)* ao lado de; **the week after ~** daqui a duas semanas.
next door *adv* ao lado; **the house/people ~** a casa/os vizinhos do lado.
next of kin [-kɪn] *n* parente *m* mais próximo (parente *f* mais próxima).
NHS *n (abbr of National Health Service)* ≃ INAMPS *m (Br)*, ≃ Caixa *f (Port)*.
nib [nɪb] *n* aparo *m*.
nibble ['nɪbl] *vt* mordiscar.
nice [naɪs] *adj (pleasant)* agradável; *(pretty)* bonito(-ta); *(kind)* amável, simpático(-ca); **to have a ~ time** divertir-se; **~ to see you!** prazer em vê-lo!
nice-looking [-'lʊkɪŋ] *adj (person)* atraente; *(car, room)* bonito(-ta).
nicely ['naɪslɪ] *adv (dressed, made)* bem; *(ask)* educadamente, delicadamente; *(behave, manage)* bem; **that will do ~** está perfeito!
nickel ['nɪkl] *n (metal)* níquel *m*; *(Am: coin)* moeda de cinco centavos de um dólar.
nickname ['nɪkneɪm] *n* apelido *m (Br)*, alcunha *f (Port)*.
nicotine ['nɪkəti:n] *n* nicotina *f*.
niece [ni:s] *n* sobrinha *f*.
Nigeria [naɪ'dʒɪərɪə] *n* Nigéria *f*.
Nigerian [naɪ'dʒɪərɪən] *adj* nigeriano(-na) ◆ *n* nigeriano *m* (-na *f*).
night [naɪt] *n* noite *f*; **at ~** à noite; **by**

~ de noite; **last** ~ ontem à noite.

nightcap ['naɪtkæp] *n (drink)* bebida, geralmente alcoólica, que se toma antes de ir dormir.

nightclub ['naɪtklʌb] *n* boate *f (Br)*, clube *m* nocturno *(Port)*.

nightdress ['naɪtdres] *n* camisola *f (Br)*, camisa *f* de noite OR de dormir *(Port)*.

nightfall ['naɪtfɔːl] *n* anoitecer *m*, o cair da noite.

nightgown ['naɪtɡaʊn] *n* camisola *f (Br)*, camisa *f* de dormir *(Port)*.

nightie ['naɪtɪ] *n (inf)* camisola *f (Br)*, camisa *f* de dormir *(Port)*.

nightingale ['naɪtɪŋɡeɪl] *n* rouxinol *m*.

nightlife ['naɪtlaɪf] *n* vida *f* noturna.

nightly ['naɪtlɪ] *adv* todas as noites.

nightmare ['naɪtmeəʳ] *n* pesadelo *m*.

night safe *n* cofre *m* noturno.

night school *n* aulas *fpl* noturnas.

nightshift ['naɪtʃɪft] *n* turno *m* da noite.

nightshirt ['naɪtʃɜːt] *n* camisa *f* de noite *(para homem)*.

nighttime ['naɪttaɪm] *n* noite *f*; **at** ~ durante a noite, à noite.

nil [nɪl] *n (SPORT)* zero *m*.

Nile [naɪl] *n*: **the** ~ o Nilo.

nimble ['nɪmbl] *adj (agile)* ágil.

nine [naɪn] *num* nove, → **six**.

nineteen [ˌnaɪnˈtiːn] *num* dezenove *(Br)*, dezanove *(Port)*; ~ **ninety-seven** mil novecentos e noventa e sete, → **six**.

nineteenth [ˌnaɪnˈtiːnθ] *num* décimo nono (décima nona), → **sixth**.

ninetieth ['naɪntɪəθ] *num* nonagésimo(-ma), → **sixth**.

ninety ['naɪntɪ] *num* noventa, → **six**.

ninth [naɪnθ] *num* nono(-na), → **sixth**.

nip [nɪp] *vt (pinch)* beliscar.

nipple ['nɪpl] *n (of breast)* bico *m* do peito, mamilo *m*; *(of bottle)* bico *m (Br)*, tetina *f (Port)*.

nitrogen ['naɪtrədʒən] *n* azoto *m*, nitrogênio *m*.

no [nəʊ] *adv* não ♦ *adj* nenhum(-ma), algum(-ma) ♦ *n* não *m*; **I've got ~ money left** não tenho mais um tostão; **it is of ~ interest** não tem interesse (nenhum OR algum).

nobility [nəˈbɪlətɪ] *n*: **the** ~ a nobreza.

noble ['nəʊbl] *adj* nobre.

nobody ['nəʊbədɪ] *pron* ninguém.

nocturnal [nɒkˈtɜːnl] *adj* noturno (-na).

nod [nɒd] *vi (in agreement)* dizer que sim com a cabeça.

noise [nɔɪz] *n* barulho *m*, ruído *m*.

noisy ['nɔɪzɪ] *adj* barulhento(-ta), ruidoso(-osa).

nominate ['nɒmɪneɪt] *vt* nomear.

nonalcoholic [ˌnɒnælkəˈhɒlɪk] *adj* sem álcool.

nonchalant [*Brit* 'nɒnʃələnt, *Am* ˌnɒnʃəˈlɑːnt] *adj (person, remark)* indiferente; *(gesture)* de indiferença.

nondescript [*Brit* 'nɒndɪskrɪpt, *Am* ˌnɒndɪˈskrɪpt] *adj* nada de especial.

none [nʌn] *pron* nenhum *m* (-ma *f*); **there's** ~ **left** não resta nada.

nonetheless [ˌnʌnðəˈles] *adv* todavia, contudo.

nonexistent [ˌnɒnɪɡˈzɪstənt] *adj* inexistente.

nonfiction [ˌnɒnˈfɪkʃn] *n* literatura *f* não ficcional.

non-iron *adj* que não necessita de ser passado(-da) a ferro.

nonreturnable [ˌnɒnrɪˈtɜːnəbl] *adj* sem retorno.

nonsense ['nɒnsəns] *n (stupid words)* disparates *mpl*; *(foolish behaviour)* disparate *m*.

nonsmoker [ˌnɒnˈsməʊkəʳ] *n* não-fumante *mf (Br)*, não-fumador *m* (-ra *f*) *(Port)*.

nonstick [ˌnɒnˈstɪk] *adj* antiaderente.

nonstop [ˌnɒnˈstɒp] *adj (talking, arguing)* constante; *(flight)* direto(-ta) ♦ *adv* sem parar.

noodles ['nuːdlz] *npl* miojo *m (Br)*, macarronete *m (Port)*.

nook [nʊk] *n* recanto *m*; **every** ~ **and cranny** tudo quanto é lugar.

noon [nuːn] *n* meio-dia *m*.

no one = nobody.

noose [nuːs] *n (lasso)* nó *m* corrediço OR corredio.

no-place *(Am)* = nowhere.

nor [nɔːʳ] *conj* nem; ~ **do I** nem eu, → **neither**.

norm [nɔːm] *n* norma *f*.

normal ['nɔːml] *adj* normal.

normalcy ['nɔːməlsɪ] *(Am)* = **normality**.

normality [nɔːˈmælətɪ] *(Brit)* *n* normalidade *f*.

normally ['nɔːməlɪ] *adv* normalmente.

north [nɔːθ] *n* norte *m* ♦ *adj* norte ♦ *adv (be situated)* a norte; *(fly, walk)* para norte; **in the ~ of England** no norte de Inglaterra.

North Africa *n* a África do Norte, o Norte de África.

North America *n* a América do Norte.

northbound [ˈnɔːθbaʊnd] *adj* em direção ao norte.

northeast [ˌnɔːθˈiːst] *n* nordeste *m*.

northerly [ˈnɔːðəlɪ] *adj (wind)* do norte; **in a ~ direction** em direção ao norte; **the most ~ point** o ponto mais ao norte.

northern [ˈnɔːðən] *adj* do norte.

Northern Ireland *n* Irlanda *f* do Norte.

northernmost [ˈnɔːðənməʊst] *adj* mais ao norte.

North Korea *n* Coréia *f* do Norte.

North Pole *n* Pólo *m* Norte.

North Sea *n* Mar *m* do Norte.

northward [ˈnɔːθwəd] *adj*: **in a ~ direction** em direção ao norte.

northwards [ˈnɔːθwədz] *adv* em direção ao norte, para norte.

northwest [ˌnɔːθˈwest] *n* noroeste *m*.

Norway [ˈnɔːweɪ] *n* Noruega *f*.

Norwegian [nɔːˈwiːdʒən] *adj* norueguês(-esa) ♦ *n (person)* norueguês *m* (-esa *f*); *(language)* norueguês *m*.

nose [nəʊz] *n* nariz *m*; *(of animal)* focinho *m*.

nosebleed [ˈnəʊzbliːd] *n*: **to have a ~** perder sangue pelo nariz.

no smoking area *n* área *f* reservada a não-fumantes.

nostalgia [nɒˈstældʒə] *n* nostalgia *f*.

nostril [ˈnɒstrəl] *n* narina *f*.

nosy [ˈnəʊzɪ] *adj* bisbilhoteiro(-ra).

not [nɒt] *adv* não; **she's ~ there** ela não está lá; **~ yet** ainda não; **~ at all** *(pleased, interested)* absolutamente nada; *(in reply to thanks)* não tem de quê, de nada.

notable [ˈnəʊtəbl] *adj* notável; **~ for sthg** notável por algo.

notably [ˈnəʊtəblɪ] *adv* especialmente.

note [nəʊt] *n* nota *f*; *(message)* recado *m* ♦ *vt (notice)* notar; *(write down)* anotar; **to take ~s** fazer anotações.

notebook [ˈnəʊtbʊk] *n* caderno *m*, bloco *m* de anotações.

noted [ˈnəʊtɪd] *adj* famoso(-osa).

notepad [ˈnəʊtpæd] *n* bloco *m* de notas.

notepaper [ˈnəʊtpeɪpəʳ] *n* papel *m* de carta.

noteworthy [ˈnəʊtˌwɜːðɪ] *adj* digno (-gna) de nota.

nothing [ˈnʌθɪŋ] *pron* nada; **he did ~** ele não fez nada; **~ new/interesting** nada de novo/interessante; **for ~** *(free)* de graça; *(in vain)* para nada.

notice [ˈnəʊtɪs] *vt* notar ♦ *n* aviso *m*; **to take ~ of** prestar atenção a; **to hand in one's ~** demitir-se, apresentar o seu pedido de demissão.

noticeable [ˈnəʊtɪsəbl] *adj* visível.

notice board *n* quadro *m* de avisos *(Br)*, placar *m* (de anúncios e avisos) *(Port)*.

notify [ˈnəʊtɪfaɪ] *vt*: **to ~ sb of sthg** notificar alguém de algo.

notion [ˈnəʊʃn] *n* noção *f*.

notorious [nəʊˈtɔːrɪəs] *adj* famigerado(-da).

nougat [ˈnuːgɑː] *n* torrone *m*, nugá *m*.

nought [nɔːt] *n* zero *m*; **~s and crosses** *(Brit)* jogo-da-velha *m (Br)*, jogo *m* do galo *(Port)*.

noun [naʊn] *n* substantivo *m*.

nourish [ˈnʌrɪʃ] *vt* alimentar.

nourishing [ˈnʌrɪʃɪŋ] *adj* nutritivo (-va).

nourishment [ˈnʌrɪʃmənt] *n* alimento *m*.

Nov. *(abbr of November)* nov.

novel [ˈnɒvl] *n* romance *m* ♦ *adj* original.

novelist [ˈnɒvəlɪst] *n* romancista *mf*.

novelty [ˈnɒvltɪ] *n* novidade *f*; *(cheap object)* bugiganga *f*.

November [nəˈvembəʳ] *n* novembro *m*, → **September**.

novice [ˈnɒvɪs] *n (beginner)* novato *m* (-ta *f*).

now [naʊ] *adv* agora ♦ *conj*: **~ (that)** agora que; **by ~** já; **from ~ on** de agora em diante; **just ~** *(a moment ago)* agora mesmo; *(at the moment)* neste momento; **right ~** *(at the moment)* neste momento; *(immediately)* já, agora mesmo.

nowadays [ˈnaʊədeɪz] *adv* hoje em dia.

nowhere [ˈnəʊweəʳ] *adv* em parte alguma.

nozzle [ˈnɒzl] *n* agulheta *f*.

nuclear ['njuːklɪəʳ] *adj* nuclear.

nuclear bomb *n* bomba *f* atômica.

nuclear disarmament *n* desarmamento *m* nuclear.

nuclear power *n* energia *f* nuclear.

nuclear reactor *n* reator *m* nuclear.

nude [njuːd] *adj* nu (nua).

nudge [nʌdʒ] *vt* cutucar *(Br)*, dar uma cotovelada a *(Port)*.

nuisance ['njuːsns] *n*: **it's a real ~!** é uma chatice!; **he's such a ~!** ele é um chato!

null [nʌl] *adj*: **~ and void** nulo(-la) e sem força legal.

numb [nʌm] *adj (leg, arm)* dormente; *(with shock, fear)* atônito(-ta).

number ['nʌmbəʳ] *n* número *m* ◆ *vt (give number to)* numerar.

numberplate ['nʌmbəpleɪt] *n* chapa *f* (do carro) *(Br)*, matrícula *f* do carro *(Port)*.

numeral ['njuːmərəl] *n* numeral *m*, algarismo *m*.

numerous ['njuːmərəs] *adj* inúmeros(-ras).

nun [nʌn] *n* freira *f*.

nurse [nɜːs] *n* enfermeiro *m* (-ra *f*) ◆ *vt (look after)* tomar conta de.

nursery ['nɜːsərɪ] *n (in house)* quarto *m* de criança; *(for plants)* viveiro *m* para plantas.

nursery rhyme *n* poema *m* OR canção *f* infantil.

nursery (school) *n* escola *f* maternal *(Br)*, infantário *m* (Port).

nursery slope *n (ski)* pista *f* para principiantes.

nursing ['nɜːsɪŋ] *n (profession)* enfermagem *f*.

nursing home *n (for old people)* lar *m* para idosos *(privado)*; *(for childbirth)* maternidade *f* (privada).

nut [nʌt] *n (to eat)* fruto *m* seco *(noz, avelã, etc)*; *(of metal)* porca *f* (de parafuso).

nutcrackers ['nʌt,krækəz] *npl* quebra-nozes *m inv*.

nutmeg ['nʌtmeg] *n* noz-moscada *f*.

nutritious [njuː'trɪʃəs] *adj* nutritivo(-va).

nutshell ['nʌtʃel] *n*: **in a ~** resumindo, em poucas palavras.

nylon ['naɪlɒn] *n* nylon *m* ◆ *adj* de nylon.

o' [ə] *abbr* = **of**.

O *n (zero)* zero *m*.

oak [əʊk] *n* carvalho *m* ♦ *adj* de carvalho.

OAP *abbr* = **old age pensioner**.

oar [ɔːʳ] *n* remo *m*.

oasis [əʊˈeɪsɪs] *(pl* **oases** [əʊˈeɪsiːz]) *n* oásis *m inv*.

oatcake [ˈəʊtkeɪk] *n* biscoito *m* de aveia.

oath [əʊθ] *n (promise)* juramento *m*.

oatmeal [ˈəʊtmiːl] *n* flocos *mpl* de aveia.

oats [əʊts] *npl* aveia *f*.

obedience [əˈbiːdjəns] *n* obediência *f*.

obedient [əˈbiːdjənt] *adj* obediente.

obese [əʊˈbiːs] *adj* obeso(-sa).

obey [əˈbeɪ] *vt* obedecer a.

obituary [əˈbɪtʃʊərɪ] *n* obituário *m*.

object [*n* ˈɒbdʒɪkt, *vb* ɒbˈdʒekt] *n (thing)* objeto *m; (purpose)* objetivo *m; (GRAMM)* objeto, complemento *m* ♦ *vi*: **to ~ (to)** opor-se (a).

objection [əbˈdʒekʃn] *n* objeção *f*.

objective [əbˈdʒektɪv] *n* objetivo *m*.

obligation [ˌɒblɪˈgeɪʃn] *n* obrigação *f*.

obligatory [əˈblɪgətrɪ] *adj* obrigatório(-ria).

oblige [əˈblaɪdʒ] *vt*: **to ~ sb to do sthg** obrigar alguém a fazer algo.

obliging [əˈblaɪdʒɪŋ] *adj* prestativo (-va).

oblique [əˈbliːk] *adj* oblíquo(-qua).

obliterate [əˈblɪtəreɪt] *vt (destroy)* destruir.

oblivion [əˈblɪvɪən] *n* esquecimento *m*.

oblivious [əˈblɪvɪəs] *adj* inconsciente; **to be ~ to** OR **of sthg** não ter consciência de algo.

oblong [ˈɒblɒŋ] *adj* retangular ♦ *n* retângulo *m*.

obnoxious [əbˈnɒkʃəs] *adj* horroroso(-osa).

oboe [ˈəʊbəʊ] *n* oboé *m*.

obscene [əbˈsiːn] *adj* obsceno(-na).

obscure [əbˈskjʊəʳ] *adj (difficult to understand)* obscuro(-ra); *(not well-known)* desconhecido(-da).

observant [əbˈzɜːvnt] *adj* observador(-ra).

observation [ˌɒbzəˈveɪʃn] *n* observação *f*.

observatory [əbˈzɜːvətrɪ] *n* observatório *m*.

observe [əbˈzɜːv] *vt (watch, see)* observar.

obsessed [əbˈsest] *adj* obcecado(-da).

obsession [əbˈseʃn] *n* obsessão *f*.

obsolete [ˈɒbsəliːt] *adj* obsoleto(-ta).

obstacle [ˈɒbstəkl] *n* obstáculo *m*.

obstetrics [ɒbˈstetrɪks] *n* obstetrícia *f*.

obstinate [ˈɒbstənət] *adj* teimoso (-osa).

obstruct [əbˈstrʌkt] *vt (road, path)* obstruir.

obstruction [əbˈstrʌkʃn] *n (in road, path)* obstrução *f*.

obtain [əbˈteɪn] *vt* obter.

obtainable [əbˈteɪnəbl] *adj* que se pode obter.

obtuse [əbˈtjuːs] *adj (fml: person)* obtuso(-osa), estúpido(-da).

obvious [ˈɒbvɪəs] *adj* óbvio(-via).

obviously [ˈɒbvɪəslɪ] *adv* evidentemente.

occasion [əˈkeɪʒn] *n* ocasião *f*.

occasional [əˈkeɪʒənl] *adj* ocasional, esporádico(-ca).

occasionally [əˈkeɪʒnəlɪ] *adv* de vez em quando.

occult [ɒˈkʌlt] *adj* oculto(-ta).

occupant [ˈɒkjʊpənt] *n (of house)* inquilino *m* (-na *f*), ocupante *mf; (of car, plane)* ocupante.

occupation [ˌɒkjʊˈpeɪʃn] *n (job)* ocupação *f*; *(pastime)* passatempo *m*.

occupied [ˈɒkjʊpaɪd] *adj (toilet)* ocupado(-da).

occupier [ˈɒkjʊpaɪəʳ] *n* ocupante *mf*.

occupy [ˈɒkjʊpaɪ] *vt* ocupar.

occur [əˈkɜːʳ] *vi* ocorrer.

occurrence [əˈkʌrəns] *n* ocorrência *f*.

ocean [ˈəʊʃn] *n* oceano *m*; **the ~** *(Am: sea)* o oceano, o mar.

oceangoing [ˈəʊʃnˌɡəʊɪŋ] *adj* de alto mar.

o'clock [əˈklɒk] *adv*: **it's one ~** é uma hora; **it's seven ~** são sete horas; **at nine ~** às nove horas.

Oct. *(abbr of October)* out.

octave [ˈɒktɪv] *n* oitava *f*.

October [ɒkˈtəʊbəʳ] *n* outubro, → September.

octopus [ˈɒktəpəs] *n* polvo *m*.

odd [ɒd] *adj (strange)* estranho(-nha); *(number)* ímpar; *(not matching)* sem par; *(occasional)* ocasional; **60 ~ miles** umas 60 milhas; **some ~ bits of paper** alguns pedaços de papel; **~ jobs** biscates *mpl*.

oddly [ˈɒdlɪ] *adv (behave, speak, look)* de forma estranha; *(disappointing, uplifting)* estranhamente; **~ enough, I don't care** por muito estranho que pareça, pouco me importa.

odds [ɒdz] *npl (in betting)* apostas *fpl*; *(chances)* probabilidades *fpl*; **~ and ends** miudezas *fpl*.

odds-on *adj (inf)*: **the ~ favourite** o grande favorito.

odor [ˈəʊdəʳ] *(Am)* = **odour**.

odour [ˈəʊdəʳ] *n (Brit)* odor *m*.

of [ɒv] *prep* **1.** *(belonging to)* de; **the colour ~ the car** a cor do carro.

2. *(expressing amount)* de; **a piece ~ cake** uma fatia de bolo; **a fall ~ 20%** uma queda de 20%; **lots ~ people** muita gente.

3. *(containing, made from)* de; **a glass ~ beer** um copo de cerveja; **a house ~ stone** uma casa de pedra; **it's made ~ wood** é de madeira.

4. *(regarding, relating to, indicating cause)* de; **fear ~ spiders** medo de aranhas; **he died ~ cancer** ele morreu de câncer.

5. *(referring to time)* de; **the summer ~ 1969** o verão de 1969; **the 26th ~ August** o 26 de agosto.

6. *(with towns, countries)* de; **the city ~** Glasgow a cidade de Glasgow.

7. *(on the part of)* de; **that was very kind ~ you** foi muito amável da sua parte.

8. *(Am: in telling the time)* menos, para; **it's ten ~ four** são dez para as quatro.

off [ɒf] *adv* **1.** *(away)*: **to drive/walk ~** ir-se embora; **to get ~** *(from bus, train, etc)* descer; **we're ~ to Austria next week** vamos para a Áustria na próxima semana.

2. *(expressing removal)*: **to take sthg ~** tirar algo.

3. *(so as to stop working)*: **to turn sthg ~** *(TV, radio, engine)* desligar algo; *(tap)* fechar algo.

4. *(expressing distance or time away)*: **it's a long way ~** *(in distance)* é muito longe; *(in time)* ainda falta muito; **it's two months ~** é daqui a dois meses.

5. *(not at work)* de folga; **I'm taking a week ~** vou tirar uma semana de férias.

♦ *prep* **1.** *(away from)*: **to get ~ sthg** descer de algo; **~ the coast** ao largo da costa; **just ~ the main road** perto da estrada principal.

2. *(indicating removal)*: **take the lid ~ the jar** tire a tampa do frasco; **we'll take £20 ~ the price** descontaremos 20 libras do preço.

3. *(absent from)*: **to be ~ work** não estar trabalhando.

4. *(inf: from)* a; **I bought it ~ her** eu comprei isso a ela.

5. *(inf: no longer liking)*: **I'm ~ my food** não tenho apetite.

♦ *adj* **1.** *(food, drink)* estragado(-da).

2. *(TV, radio, light)* apagado(-da), desligado(-da); *(tap)* fechado(-da); *(engine)* desligado(-da).

3. *(cancelled)* cancelado(-da).

4. *(not available)*: **the soup's ~** não tem mais sopa.

offal [ˈɒfl] *n* fressura *f*.

off-chance *n*: **on the ~ you'd be there** no caso de você estar lá.

off colour *adj (ill)* indisposto(-osta).

off duty *adv*: **when do you get ~?** a que horas acaba o serviço? ♦ *adj* que não está de serviço;

offence [əˈfens] *n (Brit) (crime)* infração *f*, delito *m*; *(upset)* ofensa *f*.

offend [əˈfend] *vt (upset)* ofender.

offender [əˈfendəʳ] *n* infrator *m* (-ra *f*), transgressor *m* (-ra *f*).

offense [əˈfens] *(Am)* = **offence**.

offensive [əˈfensɪv] *adj (insulting)* ofensivo(-va).

offer [ˈɒfəʳ] *n* oferta *f* ◆ *vt* oferecer; **on ~** *(available)* à venda; *(reduced)* em oferta; **to ~ to do sthg** oferecer-se para fazer algo; **to ~ sb sthg** oferecer algo a alguém.

off guard *adv*: **to be caught ~** ser apanhado desprevenido (apanhada desprevenida).

offhand [ˌɒfˈhænd] *adj (person)* brusco(-ca); *(greeting)* frio (fria) ◆ *adv (at this moment)* de repente.

office [ˈɒfɪs] *n (room)* escritório *m*.

office block *n* edifício *m* de escritórios.

officer [ˈɒfɪsəʳ] *n (MIL.)* oficial *mf*; *(policeman)* polícia *mf*.

office worker *n* empregado *m* (-da *f*) de escritório.

official [əˈfɪʃl] *adj* oficial ◆ *n* funcionário *m* (-ria *f*).

officially [əˈfɪʃəlɪ] *adv* oficialmente.

off-licence *n (Brit)* loja *f* de bebidas alcoólicas (para levar).

off-line *adj (COMPUT)* off-line, fora de linha.

off-peak *adj (train, ticket)* fora das horas de rush *(Br)*, de horário azul *(Port)*.

off-putting [-ˈpʊtɪŋ] *adj (manner)* desconcertante.

off sales *npl (Brit)* venda *f* de bebidas alcoólicas para levar.

off-season *n* época *f* baixa.

offshore [ˈɒfʃɔːʳ] *adj (wind)* costeiro(-ra); *(oil production)* no alto mar.

off side *n (for right-hand drive)* esquerda *f*; *(for left-hand drive)* direita *f*.

offspring [ˈɒfsprɪŋ] *(pl inv)* *n (fml: of people)* filhos *mpl*; *(fml: of animals)* filhotes *mpl*.

offstage [ˌɒfˈsteɪdʒ] *adv (go)* para os bastidores; *(be, wait)* nos bastidores.

off-the-cuff *adj* irrefletido(-da) ◆ *adv* sem pensar.

off-the-peg *adj* pronto(-ta) para vestir.

off-white *adj* branco-sujo *(inv)*.

often [ˈɒfn, ˈɒftn] *adv* muitas vezes, freqüentemente; **how ~ do the buses run?** qual é a freqüência dos ônibus?; **every so ~** de vez em quando.

oh [əʊ] *excl* oh!

oil [ɔɪl] *n* óleo *m*; *(fuel)* petróleo *m*.

oilcan [ˈɔɪlkæn] *n* almotolia *f*.

oilfield [ˈɔɪlfiːld] *n* campo *m* petrolífero.

oil filter *n* filtro *m* do óleo.

oil painting *n (activity)* pintura *f* a óleo; *(picture)* quadro *m* a óleo.

oil rig *n* plataforma *f* petrolífera.

oilskins [ˈɔɪlskɪnz] *npl* (capa de) oleado *m*.

oil slick *n* mancha *f* negra *(Br)*, maré *f* negra *(Port)*.

oil tanker *n (ship)* petroleiro *m*; *(lorry)* camião-cisterna *m*.

oil well *n* poço *m* de petróleo.

oily [ˈɔɪlɪ] *adj (cloth, hands)* oleoso (-osa); *(food)* gordurento(-ta).

ointment [ˈɔɪntmənt] *n* pomada *f*, ungüento *m*.

OK [ˌəʊˈkeɪ] *adj (inf)* bom (boa) ◆ *adv (inf)* bem; **is everything ~?** está tudo bem?; **is that ~?** pode ser?, você concorda?; **the film was ~** achei o filme mais ou menos.

okay [ˌəʊˈkeɪ] = **OK**.

old [əʊld] *adj* velho(-lha); *(former)* antigo(-ga); **how ~ are you?** quantos anos você tem?; **I'm 16 years ~** tenho 16 anos; **to get ~** envelhecer.

old age *n* velhice *f*.

old age pensioner *n* aposentado *m* (-da *f*) *(Br)*, reformado *m* (-da *f*) *(Port)*.

old-fashioned [-ˈfæʃnd] *adj* antiquado(-da).

old people's home *n* lar *m* para idosos.

O level *n antigo exame oficial substituído hoje em dia pelo "GCSE"*.

olive [ˈɒlɪv] *n* azeitona *f*.

olive green *adj* verde-azeitona *(inv)*.

olive oil *n* azeite *m*.

Olympic Games [əˈlɪmpɪk-] *npl* Jogos *mpl* Olímpicos.

omelette [ˈɒmlɪt] *n* omelete *f*; **mushroom ~** omelete de cogumelos.

omen [ˈəʊmen] *n* presságio *m*.

ominous [ˈɒmɪnəs] *adj (silence, clouds)* ameaçador(-ra); *(event, sign)* de mau agouro.

omission [əˈmɪʃn] *n* omissão *f*.

omit [əˈmɪt] *vt* omitir.

on [ɒn] *prep* 1. *(expressing position, location)* em, sobre; **it's ~ the table** está na mesa, está sobre a mesa; **put it ~ the table** ponha-o na OR sobre a mesa; **~ my right** à minha direita; **~**

the right à direita; **a picture ~ the wall** um quadro na parede; **the exhaust ~ the car** o cano de descarga do carro; **we stayed ~ a farm** ficamos numa fazenda. **2.** *(with forms of transport)*: **~ the plane** no avião; **to get ~ a bus** subir num ônibus. **3.** *(expressing means, method)* em; **~ foot** a pé; **~ the radio** no rádio; **~ TV** na televisão; **paid ~ an hourly basis** pago por hora. **4.** *(using)* a; **it runs ~ unleaded petrol** funciona com gasolina sem chumbo; **to be ~ drugs** drogar-se; **to be ~ medication** estar tomando medicamentos. **5.** *(about)* sobre; **a book ~ Germany** um livro sobre a Alemanha. **6.** *(expressing time)*: **~ arrival** ao chegar; **~ Tuesday** na terça-feira; **~ 25th August** no dia 25 de agosto. **7.** *(with regard to)* em, sobre; **a tax ~ imports** um imposto sobre as importações; **the effect ~ Britain** o impacto na Grã-Bretanha. **8.** *(describing activity, state)*: **~ holiday** de férias; **~ offer** *(reduced)* em promoção; **~ sale** à venda. **9.** *(in phrases)*: **do you have any money ~ you?** *(inf)* você tem dinheiro?; **the drinks are ~ me** as bebidas são por minha conta. ♦ *adv* **1.** *(in place, covering)*: **to put one's clothes ~** vestir-se; **to put the lid ~** tapar. **2.** *(film, play, programme)*: **the news is ~** está passando o noticiário OR o telejornal; **what's ~ at the cinema?** o que é que está passando no cinema? **3.** *(with transport)*: **to get ~** subir. **4.** *(functioning)*: **to turn sthg ~** *(TV, radio, light)* ligar OR acender algo; *(tap)* abrir algo; *(engine)* pôr algo para trabalhar. **5.** *(taking place)*: **how long is the festival ~?** quanto tempo dura o festival?; **the match is already ~** o jogo já começou. **6.** *(further forward)*: **to drive ~** continuar a dirigir. **7.** *(in phrases)*: **I already have something ~ tonight** já tenho planos para esta noite. ♦ *adj* *(TV, radio, light)* ligado(-da), aceso(-sa); *(tap)* aberto(-ta); *(engine)*

funcionando.

once [wʌns] *adv* *(one time)* uma vez; *(in the past)* uma vez, no passado ♦ *conj* quando, assim que; **at ~** *(immediately)* imediatamente; *(at the same time)* ao mesmo tempo; **for ~** pelo menos uma vez; **~ more** *(one more time)* mais uma vez; *(again)* outra vez.

oncoming [ˈɒnˌkʌmɪŋ] *adj* *(traffic)* em sentido contrário.

one [wʌn] *num* um (uma) ♦ *adj* *(only)* único(-ca) ♦ *pron* *(object, person)* um *m* (uma *f*); *(fml: you)* cada um; **thirty-~** trinta e um; **~ fifth** um quinto; **the green ~** o verde; **I want a blue ~** quero um azul; **that ~** aquele *m* (aquela *f*), esse *m* (essa *f*); **this ~** este *m* (esta *f*); **which ~?** qual?; **the ~ I told you about** aquele de que lhe falei; **~ of my friends** um dos meus amigos; **~ day** um dia.

one-armed bandit *n* slot-machine *f*.

one-man band *n* *(musician)* homem-orquestra *m*.

one-off *adj* *(inf)* único(-ca) ♦ *n* *(inf: event, person)* caso *m* único; *(product)* exemplar *m* único.

one-piece (swimsuit) *n* traje *m* de banho *(Br)*, fato *m* de banho *(Port)*.

oneself [wʌnˈself] *pron* *(reflexive)* se; *(after prep)* si próprio OR mesmo (si própria OR mesma).

one-sided [-ˈsaɪdɪd] *adj* *(unequal)* desigual; *(biased)* tendencioso(-osa), parcial.

one-way *adj* *(street)* de sentido único; *(ticket)* de ida.

ongoing [ˈɒnˌɡəʊɪŋ] *adj* *(project, discussions)* atual, em curso; *(problem)* constante.

onion [ˈʌnjən] *n* cebola *f*.

onion bhaji [-ˈbɑːdʒɪ] *n* bolinho de cebola picada, farinha e condimentos, frito e servido como entrada.

onion rings *npl* rodelas de cebolas, fritas em massa mole.

online [ˈɒnlaɪn] *adj & adv* (COMPUT) online, em linha.

onlooker [ˈɒnˌlʊkər] *n* espectador *m* (-ra *f*), curioso *m* (-osa *f*).

only [ˈəʊnlɪ] *adj* único(-ca) ♦ *adv* só; **he's an ~ child** ele é filho único; **I ~ want one** só quero um; **we've ~ just arrived** acabamos de chegar; **there's ~ just enough** só tem a conta certa;

"members ~" "só para membros"; **not ~** não só.

onset ['ɒn.set] *n* início *m*.

onshore ['ɒn.ʃɔːʳ] *adj (wind)* costeiro (-ra); *(oil production)* em terra.

onslaught ['ɒn.slɔːt] *n* investida *f*.

onto ['ɒntuː] *prep (with verbs of movement)* para (cima de); **to get ~ sb** *(telephone)* contatar alguém (pelo telefone).

onward ['ɒnwəd] *adv* = **onwards** ◆ *adj*: **the ~ journey** o resto da viagem.

onwards ['ɒnwədz] *adv (forwards)* para a frente, para adiante; **from now ~** daqui em diante; **from October ~** de outubro em diante.

ooze [uːz] *vt (charm, confidence)* respirar ◆ *vi* ressudar; **to ~ from** OR **out of sthg** ressudar de algo.

opal ['əʊpl] *n* opala *f*.

opaque [əʊ'peɪk] *adj* opaco(-ca).

open ['əʊpn] *adj* aberto(-ta); *(honest)* franco(-ca) ◆ *vt* abrir; *(start)* iniciar ◆ *vi (door, window, lock)* abrir-se; *(shop, office, bank)* abrir; *(start)* iniciar-se, começar; **are you ~ at the weekend?** está aberto ao fim de semana?; **wide ~** completamente aberto; **in the ~ (air)** ao ar livre.
❏ **open onto** *vt fus* dar para.
❏ **open up** *vi* abrir.

open-air *adj* ao ar livre.

opener ['əʊpnəʳ] *n* abridor *m*.

opening ['əʊpnɪŋ] *n* abertura *f*; *(opportunity)* oportunidade *f*.

opening hours *npl* horário *m* de funcionamento.

openly ['əʊpənlɪ] *adv* abertamente.

open-minded [-'maɪndɪd] *adj* aberto(-ta), sem preconceitos.

open-plan *adj* sem divisórias.

open sandwich *n* canapé *m (Br)*, sandes *f inv* aberta *(Port)*.

Open University *n (Brit)*: **the ~** a Universidade Aberta.

opera ['ɒpərə] *n* ópera *f*.

opera house *n* teatro *m* de ópera.

operate ['ɒpəreɪt] *vt (machine)* trabalhar com ◆ *vi (work)* funcionar; **to ~ on sb** operar alguém.

operating room ['ɒpəreɪtɪŋ-] *n (Am)* = **operating theatre**.

operating theatre ['ɒpəreɪtɪŋ-] *n (Brit)* sala *f* de operações.

operation [,ɒpə'reɪʃn] *n* operação *f*; **to be in ~** *(law, system)* estar em vigor;

to have an ~ ser operado.

operational [,ɒpə'reɪʃnl] *adj* operacional.

operator ['ɒpəreɪtəʳ] *n (on phone)* telefonista *mf*.

opinion [ə'pɪnjən] *n* opinião *f*; **in my ~** na minha opinião.

opinionated [ə'pɪnjəneɪtɪd] *adj* opinioso(-osa) *(Br)*, pirrónico(-ca) *(Port)*.

opinion poll *n* pesquisa *f* de opinião pública *(Br)*, sondagem *f* de opinião *(Port)*.

opponent [ə'pəʊnənt] *n* adversário *m* (-ria *f*).

opportunist [,ɒpə'tjuːnɪst] *n* oportunista *mf*.

opportunity [,ɒpə'tjuːnətɪ] *n* oportunidade *f*.

oppose [ə'pəʊz] *vt* opor-se a.

opposed [ə'pəʊzd] *adj*: **to be ~ to** opor-se a.

opposing [ə'pəʊzɪŋ] *adj* oposto (-osta).

opposite ['ɒpəzɪt] *adj* oposto(-osta) ◆ *prep* em frente de, frente a ◆ *n*: **the ~ (of)** o oposto (de), o contrário (de); **I live in the house ~** vivo na casa em frente.

opposition [,ɒpə'zɪʃn] *n (objections)* oposição *f*; *(SPORT)* adversário *m*; **the Opposition** *(POL)* a oposição.

oppress [ə'pres] *vt* oprimir.

opt [ɒpt] *vt*: **to ~ to do sthg** optar por fazer algo.

optical ['ɒptɪkl] *adj* ótico(-ca).

optician's [ɒp'tɪʃns] *n (shop)* oculista *m*.

optimist ['ɒptɪmɪst] *n* otimista *mf*.

optimistic [,ɒptɪ'mɪstɪk] *adj* otimista.

optimum ['ɒptɪməm] *(pl* **-mums** *fml* **-ma** [-mə]) *adj* ideal.

option ['ɒpʃn] *n* opção *f*.

optional ['ɒpʃənl] *adj* facultativo (-va).

or [ɔːʳ] *conj* ou; *(after negative)* nem; *(otherwise)* senão; **I can't read ~ write** não sei ler nem escrever.

OR *abbr* = **operating room**.

oral ['ɔːrəl] *adj* oral ◆ *n* oral *f*.

orally ['ɔːrəlɪ] *adv (in spoken form)* oralmente; *(via the mouth)* por via oral.

orange ['ɒrɪndʒ] *adj* cor-de-laranja *(inv)* ◆ *n (fruit)* laranja *f*; *(colour)* cor-de-laranja *m inv*.

orange juice *n* suco *m* de laranja *(Br)*, sumo *m* de laranja *(Port)*.

orange squash *n (Brit)* laranjada *f* (sem gás).

orbit ['ɔːbɪt] *n* órbita *f*.

orbital (motorway) ['ɔːbɪtl-] *n (Brit)* auto-estrada *f (em torno de uma grande cidade)*.

orchard ['ɔːtʃəd] *n* pomar *m*.

orchestra ['ɔːkɪstrə] *n* orquestra *f*.

orchestral [ɔːˈkestrəl] *adj* para orquestra, orquestral.

orchid ['ɔːkɪd] *n* orquídea *f*.

ordeal [ɔːˈdiːl] *n* experiência *f* traumática.

order ['ɔːdəʳ] *n* ordem *f; (in restaurant)* pedido *m; (COMM)* encomenda *f* ♦ *vt (command)* mandar; *(food, drink)* pedir; *(taxi)* chamar; *(COMM)* encomendar ♦ *vi (in restaurant)* pedir; **in ~** to para; **out of ~** *(not working)* quebrado(-da) *(Br)*, avariado(-da) *(Port)*; **in working ~** a funcionar; **to ~ sb to do sthg** mandar alguém fazer algo.

order form *n* folha *f* de encomenda.

orderly ['ɔːdəlɪ] *adj* ordenado(-da) ♦ *n (in hospital)* auxiliar *mf*.

ordinarily ['ɔːdənrəlɪ, Am ˌɔːrdnˈerəlɪ] *adv* geralmente.

ordinary ['ɔːdənrɪ] *adj* comum.

ore [ɔːʳ] *n* minério *m*.

oregano [ˌɒrɪˈgɑːnəʊ] *n* orégão *m*.

organ ['ɔːgən] *n* órgão *m*.

organic [ɔːˈgænɪk] *adj* orgânico(-ca).

organization [ˌɔːgənaɪˈzeɪʃn] *n* organização *f*.

organize ['ɔːgənaɪz] *vt* organizar.

organizer ['ɔːgənaɪzəʳ] *n (person)* organizador *m* (-ra *f*); *(diary)* agenda *f*.

orgasm ['ɔːgæzm] *n* orgasmo *m*.

oriental [ˌɔːrɪˈentl] *adj* oriental.

orientate ['ɔːrɪenteɪt] *vt*: **to ~ o.s.** orientar-se.

orienteering [ˌɔːrɪenˈtɪərɪŋ] *n* orientação *f*; **to go ~** fazer orientação.

origami [ˌɒrɪˈgɑːmɪ] *n* arte japonesa de dobrar papel criando formas de flores, animais, etc.

origin ['ɒrɪdʒɪn] *n* origem *f*.

original [əˈrɪdʒənl] *adj* original.

originally [əˈrɪdʒənəlɪ] *adv (formerly)* inicialmente.

originate [əˈrɪdʒəneɪt] *vi*: **to ~ (from)** nascer (de).

Orkney Islands ['ɔːknɪ-] *npl*: **the ~** as ilhas Órcades.

Orkneys ['ɔːknɪz] = **Orkney Islands**.

ornament ['ɔːnəmənt] *n (object)* peça *f* de decoração.

ornamental [ˌɔːnəˈmentl] *adj* decorativo(-va).

ornate [ɔːˈneɪt] *adj* ornado(-da).

ornithology [ˌɔːnɪˈθɒlədʒɪ] *n* ornitologia *f*.

orphan ['ɔːfn] *n* órfão *m* (-fã *f*).

orphanage ['ɔːfənɪdʒ] *n* orfanato *m*.

orthodox ['ɔːθədɒks] *adj* ortodoxo(-xa).

orthopaedic [ˌɔːθəˈpiːdɪk] *adj* ortopédico(-ca).

oscillate ['ɒsɪleɪt] *vi* oscilar.

Oslo ['ɒzləʊ] *n* Oslo *s*.

ostensible ['stensəbl] *n* aparente.

ostentatious [ˌɒstənˈteɪʃəs] *adj* pretensioso(-osa).

osteopath ['ɒstɪəpæθ] *n* osteopata *mf*.

ostracize ['ɒstrəsaɪz] *vt* marginalizar; *(from party, union)* condenar ao ostracismo.

ostrich ['ɒstrɪtʃ] *n* avestruz *f*.

other ['ʌðəʳ] *adj* outro(-tra) ♦ *adv*: **~ than** exceto; **the ~ (one)** o outro (a outra); **the ~ day** no outro dia; **one after the ~** um depois do outro.

❑ **others** *pron pl (additional ones)* outros *mpl* (-tras *fpl*); **the ~s** *(remaining ones)* os outros (as outras).

otherwise ['ʌðəwaɪz] *adv (or else)* senão; *(apart from that)* de resto; *(differently)* de outro modo.

otter ['ɒtəʳ] *n* lontra *f*.

ouch [aʊtʃ] *excl* ai!, au!

ought [ɔːt] *aux vb* dever; **you ~ to have gone** você devia ter ido; **you ~ to see a doctor** você devia ir ao médico; **the car ~ to be ready by Friday** o carro deve estar pronto sexta-feira.

ounce [aʊns] *n* = 28,35 gr, onça *f*.

our ['aʊəʳ] *adj* nosso(-a); **~ books** os nossos livros.

ours ['aʊəz] *pron* o nosso (a nossa); **a friend of ~** um amigo nosso; **these shoes are ~** estes sapatos são (os) nossos; **~ are here – where are yours?** os nossos estão aqui – onde estão os seus?

ourselves [aʊəˈselvz] *pron (reflexive)* nos; *(after prep)* nós *mpl* mesmos OR próprios (nós *fpl* mesmas OR próprias); **we did it ~** nós mesmos OR próprios o fizemos; **we hurt ~** nós nos machucamos.

oust [aʊst] vt (fml): **to ~ sb from sthg** obrigar alguém a sair de algo.

out [aʊt] adj 1. (light, cigarette) apagado(-da).
2. (wrong): **the bill's £10 ~** há um erro de dez libras na conta.
♦ adv 1. (outside) fora; **to get/go ~ (of)** sair (de); **it's cold ~ today** está frio lá fora hoje; **he looked ~** ele olhou para fora.
2. (not at home, work) fora; **to be ~** não estar em casa; **to go ~** sair.
3. (so as to be extinguished): **to turn sthg ~** apagar algo; **put your cigarette ~** apague o cigarro.
4. (expressing removal): **to pour sthg ~** despejar algo, jogar algo fora; **to take money ~** (from cashpoint) retirar dinheiro; **to take sthg ~ (of)** tirar algo (de).
5. (outwards): **to stick ~** sobressair.
6. (expressing distribution): **to hand sthg ~** distribuir algo.
7. (in phrases): **to get enjoyment ~ of sthg** divertir-se com algo; **stay ~ of the sun** não se exponha ao sol; **made ~ of wood** (feito) de madeira; **five ~ of ten women** cinco em cada dez mulheres; **I'm ~ of cigarettes** não tenho cigarros.

outback [ˈaʊtbæk] n: **the ~** o interior australiano.

outboard (motor) [ˈaʊtbɔːd-] n motor m de borda.

outbreak [ˈaʊtbreɪk] n (of disease) surto m; (of violence) deflagração f.

outburst [ˈaʊtbɜːst] n explosão f.

outcast [ˈaʊtkɑːst] n marginalizado m (-da f), pária mf.

outcome [ˈaʊtkʌm] n resultado m.

outcrop [ˈaʊtkrɒp] n afloramento m.

outcry [ˈaʊtkraɪ] n clamor m (de protesto), protesto m.

outdated [ˌaʊtˈdeɪtɪd] adj ultrapassado(-da).

outdo [ˌaʊtˈduː] (pt -did, pp -done) vt ultrapassar, vencer.

outdoor [ˈaʊtdɔːr] adj (swimming pool, activities) ao ar livre.

outdoors [aʊtˈdɔːz] adv aó ar livre.

outer [ˈaʊtər] adj exterior, externo (-na).

outer space n espaço m (exterior).

outfit [ˈaʊtfɪt] n (clothes) roupa f.

outgoing [ˈaʊtɡəʊɪŋ] adj (mail, train) de saída; (friendly, sociable) extrovertido(-da), aberto(-ta).

❑ **outgoings** npl (Brit) gastos mpl.

outing [ˈaʊtɪŋ] n excursão f, saída f.

outlaw [ˈaʊtlɔː] n foragido m (-da f)
♦ vt (make illegal) proibir.

outlay [ˈaʊtleɪ] n despesa f, gasto m.

outlet [ˈaʊtlet] n (pipe) saída f; **"no ~"** (Am) sinal que indica que a rua não tem saída.

outline [ˈaʊtlaɪn] n (shape) contorno m; (description) linhas fpl gerais, esboço m.

outlive [ˌaʊtˈlɪv] vt (subj: person) sobreviver a.

outlook [ˈaʊtlʊk] n (for future) perspectiva f; (of weather) previsão f; (attitude) atitude f.

outlying [ˈaʊtˌlaɪɪŋ] adj (remote) remoto(-ta); (on edge of town) periférico(-ca).

outnumber [ˌaʊtˈnʌmbər] vt ultrapassar OR exceder em número.

out-of-date adj (old-fashioned) antiquado(-da); (passport, licence) expirado(-da) (Br), caducado(-da) (Port).

out of doors adv ao ar livre.

outpatients' (department) [ˈaʊtˌpeɪʃnts-] n ambulatório m (Br), consultas fpl externas (Port).

output [ˈaʊtpʊt] n (of factory) produção f; (COMPUT: printout) impressão f.

outrage [ˈaʊtreɪdʒ] n (cruel act) atrocidade f.

outrageous [aʊtˈreɪdʒəs] adj (shocking) escandaloso(-osa).

outright [aʊtˈraɪt] adv (tell, deny) categoricamente; (own) completamente, totalmente.

outset [ˈaʊtset] n: **from/at the ~** desde o/no início.

outside [adv ˌaʊtˈsaɪd, adj, prep & n ˈaʊtsaɪd] adv lá fora ♦ prep fora de; (in front of) em frente de ♦ adj (exterior) exterior; (help, advice) independente ♦ n: **the ~** (of building, car, container) o exterior; (AUT: in UK) a faixa direita; (AUT: in Europe, US) a faixa esquerda; **~ of** (Am) (on the outside of) fora de; (apart from) excepto; **let's go ~** vamos lá para fora; **an ~ line** uma linha externa.

outside lane n (AUT) (in UK) faixa f direita; (in Europe, US) faixa esquerda.

outsider [ˌaʊtˈsaɪdər] n (socially) estranho m (-nha f); (in horse race) cavalo que não estava entre os favoritos.

outsize [ˈaʊtsaɪz] adj (clothes) de

tamanho extra grande.

outskirts ['autskɜːts] *npl* arredores *mpl*.

outspoken [ˌaut'spəukn] *adj* direto (-ta); *(critic)* assumido(-da).

outstanding [ˌaut'stændɪŋ] *adj* (remarkable) notável; *(problem, debt)* pendente.

outstay [aut'steɪ] *vt*: **to ~ one's welcome** abusar da hospitalidade de alguém.

outstretched [aut'stretʃt] *adj* estendido(-da).

outstrip [aut'strɪp] *vt (do better than)* ganhar de, vencer.

outward ['autwəd] *adj (journey)* de ida; *(external)* exterior.

outwardly ['autwədlɪ] *adv* aparentemente.

outwards ['autwədz] *adv* para fora.

outweigh [aut'weɪ] *vt* pesar mais (do) que.

outwit [ˌaut'wɪt] *vt* passar a perna em.

oval ['əuvl] *adj* oval.

ovary ['əuvərɪ] *n* ovário *m*.

ovation [əu'veɪʃn] *n* ovação *f*.

oven ['ʌvn] *n* forno *m*.

oven glove *n* luva *f* de cozinha.

ovenproof ['ʌvnpruːf] *adj* refratário(-ria).

oven-ready *adj* pronto(-ta) para assar (no forno).

over ['əuvə^r] *prep* 1. *(above)* por cima de; **a bridge ~ the road** uma ponte por cima da estrada.
2. *(across)* por cima de; **with a view ~ the square** com vista sobre a praça; **to step ~ sthg** passar por cima de algo; **it's just ~ the road** é logo do outro lado da rua.
3. *(covering)* sobre; **put a plaster ~ the wound** põe um band-aid na ferida.
4. *(more than)* mais de; **it cost ~ £1,000** custou mais de 1.000 libras.
5. *(during)* em; **~ the past two years** nos últimos dois anos.
6. *(with regard to)* sobre; **an argument ~ the price** uma discussão sobre o preço.
♦ *adv* 1. *(downwards)*: **to bend ~** abaixar-se; **to fall ~** cair; **to push sthg ~** empurrar algo.
2. *(referring to position, movement)*: **to fly ~ to Canada** ir ao Canadá de avião; **~ here** aqui; **~ there** ali.

3. *(round to other side)*: **to turn sthg ~** virar algo.
4. *(more)*: **children aged 12 and ~** crianças com 12 anos ou mais.
5. *(remaining)*: **to be (left) ~** restar.
6. *(to one's house)*: **to invite sb ~ for dinner** convidar alguém para jantar.
7. *(in phrases)*: **all ~ the world/country** por todo o mundo/país.
♦ *adj (finished)*: **to be ~** acabar, terminar; **it's (all) ~!** acabou-se!

overall [*adv* ˌəuvər'ɔːl, *n* 'əuvərɔːl] *adv (in general)* no geral ♦ *n (Brit: coat)* bata *f*; *(Am: boiler suit)* macacão *m (Br)*, fato-macaco *m (Port)*; **how much does it cost ~?** quanto custa ao todo?.
❑ **overalls** *npl (Brit: boiler suit)* macacão *m (Br)*, fato-macaco *m (Port)*; *(Am: dungarees)* jardineiras *fpl*.

overawe [ˌəuvər'ɔː] *vt* impressionar.

overbearing [ˌəuvə'beərɪŋ] *adj* autoritário(-ria).

overboard ['əuvəbɔːd] *adv (from ship)* ao mar.

overbooked [ˌəuvə'bukt] *adj (flight)*: **to be ~** ter mais reservas que lugares.

overcame [ˌəuvə'keɪm] *pt* → **overcome**.

overcast [ˌəuvə'kɑːst] *adj* encoberto(-ta).

overcharge [ˌəuvə'tʃɑːdʒ] *vt* cobrar demasiado a.

overcoat ['əuvəkəut] *n* sobretudo *m*.

overcome [ˌəuvə'kʌm] *(pt* -came, *pp* -come) *vt (defeat)* vencer.

overcooked [ˌəuvə'kukt] *adj* cozido (-da) demais OR demasiado.

overcrowded [ˌəuvə'kraudɪd] *adj* superlotado(-da); *(country)* com excesso populacional.

overcrowding [ˌəuvə'kraudɪŋ] *n* superlotação *f*; *(of country)* excesso *m* populacional.

overdo [ˌəuvə'duː] *(pt* -did, *pp* -done) *vt (exaggerate)* exagerar em; **to ~ it** exagerar.

overdone [ˌəuvə'dʌn] *pp* → **overdo**
♦ *adj (food)* cozido(-da) demais OR demasiado.

overdose ['əuvədəus] *n* overdose *f*, dose *f* excessiva.

overdraft ['əuvədrɑːft] *n* saldo *m* negativo.

overdrawn [ˌəuvə'drɔːn] *adj*: **to be ~** estar com saldo negativo.

overdue [ˌəuvə'djuː] *adj* atrasado(-da).

over easy adj (Am: egg) frito(-ta) dos dois lados.

overestimate [ˌəʊvərˈestɪmeɪt] vt (quantity, bill) exagerar (no cálculo de); (enthusiasm, importance) sobrestimar.

overexposed [ˌəʊvərɪkˈspəʊzd] adj (photograph) demasiado exposto (-osta).

overflow [vb ˌəʊvəˈfləʊ, n ˈəʊvəfləʊ] vi transbordar ◆ n (pipe) cano m de descarga.

overgrown [ˌəʊvəˈɡrəʊn] adj coberto(-ta) de ervas daninhas.

overhaul [ˌəʊvəˈhɔːl] n (of machine, car) revisão f.

overhead [adj ˈəʊvəhed, adv ˌəʊvəˈhed] adj aéreo(-rea) ◆ adv no alto.

overhead locker n compartimento m superior.

overhead projector n retroprojetor m.

overhear [ˌəʊvəˈhɪər] (pt & pp **-heard**) vt ouvir (casualmente).

overheat [ˌəʊvəˈhiːt] vi aquecer demais.

overjoyed [ˌəʊvəˈdʒɔɪd] adj: to be ~ (at sthg) estar contentíssimo(-ma) (com algo).

overland [ˌəʊvəˈlænd] adv por terra.

overlap [ˌəʊvəˈlæp] vi sobrepor-se.

overleaf [ˌəʊvəˈliːf] adv no verso.

overload [ˌəʊvəˈləʊd] vt sobrecarregar.

overlook [vb ˌəʊvəˈlʊk, n ˈəʊvəlʊk] vt (subj: building, room) dar para; (miss) não reparar em ◆ n: (scenic) ~ (Am) miradouro m.

overnight [adv ˌəʊvəˈnaɪt, adj ˈəʊvənaɪt] adv (during the night) durante a noite ◆ adj (train, journey) noturno(-na); **why don't you stay ~?** por que é que você não fica para dormir?

overnight bag n saco m de viagem.

overpass [ˈəʊvəpɑːs] n viaduto m.

overpower [ˌəʊvəˈpaʊər] vt (in fight) dominar; (fig: overwhelm) tomar conta de.

overpowering [ˌəʊvəˈpaʊərɪŋ] adj intenso(-sa).

overran [ˌəʊvəˈræn] pt → overrun.

overrated [ˌəʊvəˈreɪtɪd] adj: **I think the film is totally ~** não acho que o filme seja tão bom como se diz.

override [ˌəʊvəˈraɪd] (pt **-rode**, pp **-ridden**) vt (be more important than) pre-

valecer sobre; (overrule: decision) ir contra.

overrule [ˌəʊvəˈruːl] vt (person) desautorizar; (decision) ir contra; (objection, request) rejeitar, negar.

overrun [ˌəʊvəˈrʌn] (pt **-ran**, pp **-run**) vi (last too long) alongar-se, ultrapassar o tempo previsto ◆ vt (occupy) invadir; **to be ~ with sthg** (fig: covered, filled) ser invadido(-da) por algo.

oversaw [ˌəʊvəˈsɔː] pt → oversee.

overseas [adv ˌəʊvəˈsiːz, adj ˈəʊvəsiːz] adv (go) para o estrangeiro; (live) no estrangeiro ◆ adj estrangeiro(-ra); ~ **territories** territórios mpl ultramarinos.

oversee [ˌəʊvəˈsiː] (pt **-saw**, pp **-seen**) vt supervisionar.

overseer [ˈəʊvəˌsiːər] n supervisor m (-ra f).

overshadow [ˌəʊvəˈʃædəʊ] vt: **to be ~ed by** (eclipsed) ser ofuscado(-da) por; (spoiled) ser toldado(-da) por.

overshoot [ˌəʊvəˈʃuːt] (pt & pp **-shot**) vt passar.

oversight [ˈəʊvəsaɪt] n descuido m.

oversleep [ˌəʊvəˈsliːp] (pt & pp **-slept**) vi dormir demais, acordar tarde (Port).

overt [ˈəʊvɜːt, əʊˈvɜːt] adj manifesto(-ta), notório(-ria).

overtake [ˌəʊvəˈteɪk] (pt **-took**, pp **-taken**) vt & vi ultrapassar; **"no overtaking"** "proibido ultrapassar".

overthrow [vb ˌəʊvəˈθrəʊ, n ˈəʊvəθrəʊ] (pt **-threw**, pp **-thrown**) n (of government) derrube m (Port), derrubada f (Br) ◆ vt (government, president) derrubar.

overtime [ˈəʊvətaɪm] n horas fpl extraordinárias.

overtones [ˈəʊvətəʊnz] npl (of anger, jealousy) ponta f; (political) implicações fpl.

overtook [ˌəʊvəˈtʊk] pt → overtake.

overture [ˈəʊvəˌtjʊər] n (MUS) abertura f.

overturn [ˌəʊvəˈtɜːn] vi (boat) virar; (car) capotar.

overweight [ˌəʊvəˈweɪt] adj gordo (-da).

overwhelm [ˌəʊvəˈwelm] vt: **I was ~ed with joy** fiquei feliz da vida.

overwhelming [ˌəʊvəˈwelmɪŋ] adj (feeling, quality) tremendo(-da); (victory, defeat, majority) esmagador(-ra).

overwork [ˌəʊvəˈwɜːk] vt (staff, per-

son) sobrecarregar (com trabalho).

owe [əʊ] *vt* dever; **to ~ sb sthg** dever algo a alguém; **owing to** devido a.

owl [aʊl] *n* mocho *m*, coruja *f*.

own [əʊn] *adj* próprio(-pria) ◆ *vt* possuir, ter ◆ *pron*: **my ~** o meu (a minha); **a house of my ~** uma casa só minha; **on my ~** sozinho(-nha); **to get one's ~ back** vingar-se.

❏ **own up** *vi*: **to ~ up (to sthg)** confessar (algo), admitir (algo).

owner [ˈəʊnəʳ] *n* proprietário *m* (-ria *f*), dono *m* (-na *f*).

ownership [ˈəʊnəʃɪp] *n* posse *f*.

ox [ɒks] (*pl* **oxen**) *n* boi *m*.

Oxbridge [ˈɒksbrɪdʒ] *n* as Universidades de Oxford e Cambridge.

oxen [ˈɒksn] *pl* → **ox**.

oxtail soup [ˈɒksteɪl-] *n* sopa *f* de rabo de boi.

oxygen [ˈɒksɪdʒən] *n* oxigênio *m*.

oyster [ˈɔɪstəʳ] *n* ostra *f*.

oz *abbr* = **ounce**.

ozone [ˈəʊzəʊn] *n* ozônio *m*.

ozone-friendly *adj* que não danifica a camada de ozônio.

ozone layer *n* camada *f* de ozônio.

P

p *abbr* = **penny, pence**; *(abbr of page)* pág.

pa [pɑː] *n (inf)* pai *m*.

PA *abbr (Brit)* = **personal assistant, public address system**.

pace [peɪs] *n (speed)* ritmo *m*; *(step)* passo *m*.

pacemaker ['peɪs,meɪkə^r] *n (for heart)* marcapasso *m (Br)*, pacemaker *m (Port)*.

Pacific [pə'sɪfɪk] *n*: **the ~ (Ocean)** o (Oceano) Pacífico.

pacifier ['pæsɪfaɪə^r] *n (Am: for baby)* chupeta *f*, chucha *f (Port)*.

pacifist ['pæsɪfɪst] *n* pacifista *mf*.

pack [pæk] *n (packet)* pacote *m*; *(of cigarettes)* maço *m*; *(Brit: of cards)* baralho *m*; *(rucksack)* mochila *f* ♦ *vt (suitcase, bag)* fazer; *(clothes, camera etc)* colocar na mala; *(to package)* empacotar ♦ *vi (for journey)* fazer as malas; **a ~ of lies** um monte de mentiras; **to ~ sthg into sthg** colocar algo em algo; **to ~ one's bags** fazer as malas.
   ❑ **pack up** *vi (pack suitcase)* fazer as malas; *(tidy up)* arrumar; *(Brit: inf: machine, car)* parar.

package ['pækɪdʒ] *n* pacote *m* ♦ *vt* empacotar.

package deal *n* acordo *m* global, *acordo ou oferta cujas condições têm de ser todas respeitadas e aceitas*.

package holiday *n* férias *fpl* com tudo incluído.

package tour *n* excursão *f* organizada.

packaging ['pækɪdʒɪŋ] *n (material)* embalagem *f*.

packed [pækt] *adj (crowded)* cheio (cheia).

packed lunch *n* almoço *m (que se leva de casa para a escola ou para o trabalho)*.

packet ['pækɪt] *n* pacote *m*; **it cost a ~ (Brit: inf)** custou um dinheirão.

packing ['pækɪŋ] *n (material)* embalagem *f*; **to do one's ~** fazer as malas.

pact [pækt] *n* pacto *m*.

pad [pæd] *n (of paper)* bloco *m*; *(of cotton wool)* disco *m*; *(of cloth)* almofada *f*; **elbow ~** cotoveleira *f*; **knee ~** joelheira *f*; **shin ~** caneleira *f*.

padded ['pædɪd] *adj (jacket)* acolchoado(-da); *(seat)* almofadado(-da).

padded envelope *n* envelope *m* almofadado.

padding ['pædɪŋ] *n (material)* forro *m*.

paddle ['pædl] *n (pole)* remo *m (pequeno)* ♦ *vi (wade)* chapinhar, patinhar; *(in canoe)* remar.

paddle boat *n* barco *m* a vapor *(com rodas propulsoras)*.

paddle steamer *n* barco *m* a vapor *(com rodas propulsoras)*.

paddling pool ['pædlɪŋ-] *n* piscina *f* para crianças.

paddock ['pædək] *n (at racecourse)* paddock *m*, *recinto nos hipódromos para onde são levados os cavalos antes das corridas*.

paddy field ['pædɪ-] *n* arrozal *m*.

padlock ['pædlɒk] *n* cadeado *m*.

pagan ['peɪgən] *adj* pagão(-gã) ♦ *n* pagão *m (-gã f)*.

page [peɪdʒ] *n* página *f* ♦ *vt* chamar; **"paging Mr Hill"** "chamando o Sr. Hill".

paid [peɪd] *pt & pp* → **pay** ♦ *adj* pago(-ga).

pain [peɪn] *n* dor *f*; **to be in ~** estar com dores; **he's such a ~!** *(inf)* ele é um saco!
   ❑ **pains** *npl (trouble)* esforço *m*, trabalho *m*.

pained [peɪnd] *adj* angustiado(-da).

painful ['peɪnfʊl] *adj* doloroso(-osa).

painfully ['peɪnfʊlɪ] *adv (distressingly)*

penosamente; *(for emphasis)* extrema-mente.

painkiller ['peɪn,kɪləʳ] *n* analgésico *m*.

painless ['peɪnlɪs] *adj (operation, death)* indolor; *(unproblematic)* fácil.

painstaking ['peɪnz,teɪkɪŋ] *adj (worker)* meticuloso(-osa); *(attention, detail, care)* extremo(-ma).

paint [peɪnt] *n* tinta *f* ♦ *vt & vi* pintar; **to ~ one's nails** pintar as unhas.

❑ **paints** *npl (tubes, pots etc)* tintas *fpl*.

paintbrush ['peɪntbrʌʃ] *n (of decorator)* broxa *f*; *(of artist)* pincel.

painter ['peɪntəʳ] *n* pintor *m* (-ra *f*).

painting ['peɪntɪŋ] *n (activity)* pintura *f*; *(picture)* quadro *m*.

paint stripper [-'strɪpəʳ] *n* removedor *m* de tinta.

paintwork ['peɪntwɜːk] *n* pintura *f*.

pair [peəʳ] *n (of two things)* par *m*; **in ~s** aos pares; **a ~ of pliers** um alicate; **a ~ of scissors** uma tesoura; **a ~ of shorts** um calção *(Br)*, uns calções *(Port)*; **a ~ of tights** uma meia-calça *(Br)*, uns collants *(Port)*; **a ~ of trousers** uma calça *(Br)*, um par de calças *(Port)*.

pajamas [pə'dʒɑːməz] *(Am)* = **pyjamas**.

Pakistan [Brit ,pɑːkɪ'stɑːn, Am ,pækɪ'stæn] *n* Paquistão *m*.

Pakistani [Brit ,pɑːkɪ'stɑːnɪ, Am ,pækɪ'stænɪ] *adj* paquistanês(-esa) ♦ *n (person)* paquistanês *m* (-esa *f*).

pakora [pə'kɔːrə] *npl especialidade indiana feita com legumes fritos numa massa molho picante, servido como entrada com molhos picantes.*

pal [pæl] *n (inf)* amigo *m* (-ga *f*).

palace ['pælɪs] *n* palácio *m*.

palatable ['pælətəbl] *adj* saboroso(-osa).

palate ['pælət] *n* paladar *m*.

pale [peɪl] *adj* pálido(-da).

pale ale *n* cerveja *f (clara e fraca)*.

Palestine ['pælə,staɪn] *n* Palestina *f*.

Palestinian [,pælə'stɪnɪən] *adj* palestiniano(-na), palestino(-na) ♦ *n (person)* palestiniano *m* (-na *f*), palestino *m* (-na *f*).

palette ['pælət] *n* paleta *f*.

palm [pɑːm] *n (of hand)* palma *f*; **~ (tree)** palmeira *f*.

Palm Sunday *n* Domingo *m* de Ramos.

palpitations [,pælpɪ'teɪʃnz] *npl* palpitações *fpl*.

paltry ['pɔːltrɪ] *adj* mísero(-ra).

pamper ['pæmpəʳ] *vt* mimar.

pamphlet ['pæmflɪt] *n* folheto *m*.

pan [pæn] *n* panela *f*, tacho *m (Port)*.

pancake ['pænkeɪk] *n* panqueca *f*.

Pancake Day *n (Brit)* = terça-feira *f* de Carnaval, Dia *m* de Entrudo *(Port)*.

pancake roll *n* crepe *m* chinês.

panda ['pændə] *n* panda *m*.

panda car *n (Brit)* carro *m* da polícia.

pandemonium [,pændɪ'məʊnjəm] *n* pandemônio *m*.

pander ['pændəʳ] *vi*: **to ~ to sb's every whim** fazer todas as vontades a alguém; **the tabloid press ~s to popular prejudice** a imprensa sensacionalista gosta de alimentar os preconceitos dos seus leitores.

pane [peɪn] *n* vidro *m*, vidraça *f*.

panel ['pænl] *n (of wood)* painel *m*; *(group of experts)* equipe *f*; *(on TV, radio)* grupo *m* de convidados.

paneling ['pænəlɪŋ] *(Am)* = **panelling**.

panelling ['pænəlɪŋ] *n (Brit)* painéis *mpl*.

pang [pæŋ] *n* pontada *f*; **to feel ~s of guilt** ter a consciência pesada.

panic ['pænɪk] *(pt & pp* **-ked**, *cont* **-king)** *n* pânico *m* ♦ *vi* entrar em pânico.

panic-stricken [-'strɪkn] *adj* apavorado(-da), tomado(-da) pelo pânico.

panniers ['pænɪəz] *npl (for bicycle)* bolsas *fpl* para bicicleta.

panorama [,pænə'rɑːmə] *n* panorama *m*.

panoramic [,pænə'ræmɪk] *adj* panorâmico(-ca).

pansy ['pænzɪ] *n (flower)* amor-perfeito *m*.

pant [pænt] *vi* arfar, ofegar.

panther ['pænθəʳ] *(pl inv OR* **-s)** *n* pantera *f*.

panties ['pæntɪz] *npl (inf)* calcinha *f (Br)*, cuecas *fpl (Port)*.

pantomime ['pæntəmaɪm] *n (Brit)* pantomima *f*.

pantry ['pæntrɪ] *n* despensa *f*.

pants [pænts] *npl (Brit: underwear)* cueca *f (Br)*, cuecas *fpl (Port)*; *(Am: trousers)* calça *f (Br)*, calças *fpl (Port)*.

panty hose ['pæntɪ-] *npl (Am)* meia-calça *f (Br)*, collants *mpl (Port)*.

papa [pə'pɑː] *n* papá *m*.

papadum ['pæpədəm] *n tipo de bola-*

cha, tipicamente indiana, frita, fina e estaladiça.

paper ['peɪpəʳ] *n (material)* papel *m*; *(newspaper)* jornal *m*; *(exam)* prova *f*; *(at university)* exame *m*, frequência *f* ◆ *adj* de papel ◆ *vt* decorar (com papel de parede); **a piece of ~** *(sheet)* uma folha de papel; *(scrap)* um pedaço de papel.
❑ **papers** *npl (documents)* papéis *mpl*, documentos *mpl*.

paperback ['peɪpəbæk] *n* livro *m* brochado.

paper bag *n* saco *m* de papel.

paperboy ['peɪpəbɔɪ] *n rapaz que distribui jornais de casa em casa.*

paper clip *n* clipe *m*.

papergirl ['peɪpəgɜːl] *n moça que distribui jornais de casa em casa.*

paper handkerchief *n* lenço *m* de papel.

paper knife *n* corta-papéis *m inv*.

paper shop *n* ≈ tabacaria *f*, ≈ quiosque *m* de jornais.

paperweight ['peɪpəweɪt] *n* pesa-papéis *m inv*.

paperwork ['peɪpəwɜːk] *n* papelada *f*, burocracia *f*

paprika ['pæprɪkə] *n* colorau *m*, pimentão-doce *m*.

par [pɑːʳ] *n (in golf)* par *m*.

paracetamol [ˌpærəˈsiːtəmɒl] *n* paracetamol *m*.

parachute ['pærəʃuːt] *n* pára-quedas *m*.

parade [pəˈreɪd] *n (procession)* desfile *m*; *(of shops)* série *f* de pequenas lojas *(na mesma rua)*.

paradise ['pærədaɪs] *n (fig)* paraíso *m*.

paradox ['pærədɒks] *n* paradoxo *m*.

paradoxically [ˌpærəˈdɒksɪklɪ] *adv* paradoxalmente.

paraffin ['pærəfɪn] *n* parafina *f*.

paragraph ['pærəgrɑːf] *n* parágrafo *m*.

parallel ['pærəlel] *adj*: **~ (to)** *(lines)* paralelo(-la) (a).

paralysed ['pærəlaɪzd] *adj (Brit)* paralisado(-da), paralítico(-ca).

paralysis [pəˈrælɪsɪs] *(pl* **-lyses** [-lɪsiːz]) *n* paralisia *f*.

paralyzed ['pærəlaɪzd] *(Am)* = **paralysed**.

paramedic [ˌpærəˈmedɪk] *n* paramédico *m* (-ca *f*).

paramount ['pærəmaʊnt] *adj* fundamental, vital; **of ~ importance** extre-

mamente importante, vital.

paranoid ['pærənɔɪd] *adj* paranóico(-ca).

parasite ['pærəsaɪt] *n* parasita *m*.

parasol ['pærəsɒl] *n (above table)* guarda-sol *m (Br)*, chapéu-de-sol *m (Port)*; *(on beach)* barraca *f* de praia *(Br)*, chapéu *m* de praia *(Port)*; *(hand-held)* sombrinha *f*.

parcel ['pɑːsl] *n* embrulho *m*.

parcel post *n* serviço *m* de encomendas postais.

parched [pɑːtʃt] *adj (very dry)* ressecado(-da); **I'm ~** *(inf: very thirsty)* tenho a garganta ressecada, estou morto de sede.

parchment ['pɑːtʃmənt] *n* pergaminho *m*.

pardon ['pɑːdn] *excl:* **~?** desculpe?, como?; **~ (me)!** perdão!; **I beg your ~!** *(apologizing)* peço desculpa!; **I beg your ~?** *(asking for repetition)* desculpe?, como?

parent ['peərənt] *n (father)* pai *m*; *(mother)* mãe *f*; **my ~s** os meus pais.

Paris ['pærɪs] *n* Paris *s*.

parish ['pærɪʃ] *n (of church)* paróquia *f*; *(village area)* = freguesia *f*.

park [pɑːk] *n* parque *m* ◆ *vt & vi (vehicle)* estacionar.

park and ride *n sistema que consiste em estacionar o carro nos arredores da cidade e apanhar o ônibus para o centro.*

parking ['pɑːkɪŋ] *n* estacionamento *m*.

parking brake *n (Am)* freio *m* de mão *(Br)*, travão *m* de mão *(Port)*.

parking lot *n (Am)* (parque *m* de) estacionamento *m*.

parking meter *n* parquímetro *m*.

parking space *n* espaço *m* OR lugar *m* para estacionar.

parking ticket *n* multa *f* (por estacionar em lugar proibido).

parliament ['pɑːləmənt] *n* parlamento *m*.

parliamentary [ˌpɑːləˈmentərɪ] *adj* parlamentar.

Parmesan (cheese) [pɑːmɪˈzæn-] *n* (queijo) parmesão *m*.

parody ['pærədɪ] *n* paródia *f* ◆ *vt* parodiar.

parole [pəˈrəʊl] *n* liberdade *f* condicional; **on ~** em liberdade condicional.

parrot ['pærət] *n* papagaio *m*.

parry ['pærɪ] *vt (blow)* esquivar-se de.

parsley ['pɑːslɪ] *n* salsa *f*.

parsnip ['pɑːsnɪp] *n* cherivia *f*, cenoura *f* branca.

parson ['pɑːsn] *n* vigário *m*, pároco *m*.

part [pɑːt] *n* (portion) parte *f*; (of machine, car) peça *f*; (in play, film) papel *m*, parte; (of serial) episódio *m*; (Am: in hair) risco *m* ♦ *adv* em parte, parcialmente ♦ *vi* (couple) separar-se; **in this ~ of Portugal** nesta parte de Portugal; **to form ~ of** fazer parte de; **to play a ~ in** desempenhar um papel em; **to take ~ in** tomar parte em; **for my ~** quanto a mim; **for the most ~** geralmente, em geral; **in these ~s** por aqui, por estas partes.

part exchange *n* troca *f*, sistema que consiste em comprar algo novo dando como parte do pagamento algo usado; **in ~** em troca.

partial ['pɑːʃl] *adj* (not whole) parcial; **to be ~ to sthg** ter uma certa predileção por algo.

participant [pɑːˈtɪsɪpənt] *n* participante *mf*.

participate [pɑːˈtɪsɪpeɪt] *vi*: **to ~ (in)** participar (em).

participation [pɑːˌtɪsɪˈpeɪʃn] *n* participação *f*.

participle [pɑːˈtɪsɪpl] *n* particípio *m*.

particle [pɑːˈtɪkl] *n* partícula *f*.

particular [pəˈtɪkjʊləʳ] *adj* especial; (fussy) esquisito(-ta); **in ~** em particular; **nothing in ~** nada de especial.

❏ **particulars** *npl* (details) pormenores *mpl*, detalhes *mpl*.

particularly [pəˈtɪkjʊləlɪ] *adv* especialmente.

parting ['pɑːtɪŋ] *n* (Brit: in hair) repartido *m* (Br), risco *m* (Port).

partition [pɑːˈtɪʃn] *n* (wall) tabique *m*.

partly ['pɑːtlɪ] *adv* em parte.

partner ['pɑːtnəʳ] *n* (husband, wife) cônjuge *mf*; (lover) companheiro *m* (-ra *f*); (in game, dance) parceiro *m* (-ra *f*); (COMM) sócio *m* (-cia *f*).

partnership ['pɑːtnəʃɪp] *n* sociedade *f*.

partridge ['pɑːtrɪdʒ] *n* perdiz *f*.

part-time *adj & adv* part-time, em meio expediente.

party ['pɑːtɪ] *n* (for fun) festa *f*; (POL) partido *m*; (group of people) grupo *m*; **to have a ~** dar uma festa.

pass [pɑːs] *vt* passar; (move past) passar por; (law) aprovar ♦ *vi* passar ♦ *n* (SPORT, document) passe *m*; (in mountain) desfiladeiro *m*, garganta *f*; (in exam) suficiente *m*, médio *m*; **to ~ sb sthg** passar algo a alguém.

❏ **pass by** *vt fus* (building, window etc) passar por ♦ *vi* passar.

❏ **pass on** *vt sep* (message) transmitir.

❏ **pass out** *vi* (faint) desmaiar.

❏ **pass up** *vt sep* (opportunity) deixar passar.

passable ['pɑːsəbl] *adj* (road) transitável; (satisfactory) aceitável, satisfatório(-ria).

passage ['pæsɪdʒ] *n* (corridor) passagem *f*, corredor *m*; (in book) passagem *f*, trecho *m*; (sea journey) travessia *f*.

passageway ['pæsɪdʒweɪ] *n* passagem *f*, corredor *m*.

passbook ['pɑːsbʊk] *n* caderneta *f*.

passenger ['pæsɪndʒəʳ] *n* passageiro *m* (-ra *f*).

passerby [pɑːsəˈbaɪ] *n* transeunte *mf*, passante *mf*.

passing ['pɑːsɪŋ] *adj* (trend) passageiro(-ra); (remark) de passagem.

❏ **in passing** *adv* por alto, de passagem.

passing place ['pɑːsɪŋ-] *n* (for cars) zona *f* para ultrapassagem.

passion ['pæʃn] *n* paixão *f*.

passionate ['pæʃənət] *adj* (showing strong feeling) apaixonado(-da); (sexually) ardente.

passive ['pæsɪv] *n* passiva *f*.

Passover ['pɑːsˌəʊvəʳ] *n*: **(the) ~** a Páscoa dos judeus.

passport ['pɑːspɔːt] *n* passaporte *m*.

passport control *n* controle *m* de passaportes.

passport photo *n* fotografia *f* para passaporte.

password ['pɑːswɜːd] *n* senha *f*.

past [pɑːst] *adj* passado(-da); (former) antigo(-ga) ♦ *prep* (further than) depois de; (in front of) em frente de ♦ *n* (former time) passado *m* ♦ *adv*: **to go ~** passar; **the ~ month** o mês passado; **twenty ~ four** quatro e vinte; **the ~ (tense)** (GRAMM) o passado; **in the ~** no passado.

pasta ['pæstə] *n* massa *f*.

paste [peɪst] *n* (spread) pasta *f*; (glue) cola *f*.

pastel ['pæstl] *n* (for drawing) pastel *m*; (colour) tom *m* pastel.

pasteurized ['pɑːstʃəraɪzd] *adj* pasteurizado(-da).

pastille ['pæstɪl] *n* pastilha *f*.

pastime ['pɑːstaɪm] *n* passatempo *m*.

past participle *n* particípio *m* passado.

pastrami [pəs'trɑːmɪ] *n* carne de vaca defumada e picante.

pastry ['peɪstrɪ] *n* (for pie) massa *f*; (cake) pastel *m*.

pasture ['pɑːstʃəʳ] *n* pasto *m*, pastagem *f*.

pasty ['pæstɪ] *n* (Brit) empada *f*.

pat [pæt] *vt* (dog, friend) dar um tapinha (afetuosa) em.

patch [pætʃ] *n* (for clothes) remendo *m*; (of colour, damp) mancha *f*; (for skin) esparadrapo *m* (Br), penso *m* (Port); (for eye) pala *f*, penso; **a bad ~** (fig) um mau bocado.

patchwork ['pætʃwɜːk] *n* (of fields) colcha *f* de retalhos.

patchy ['pætʃɪ] *adj* (uneven) irregular; (incomplete) incompleto(-ta); (performance, game) com altos e baixos.

pâté ['pæteɪ] *n* pasta *f*, paté *m*.

patent [Brit 'peɪtənt, Am 'pætənt] *n* patente *f*.

patent leather *n* verniz *m* (cabedal).

paternal [pə'tɜːnl] *adj* paternal.

path [pɑːθ] *n* caminho *m*.

pathetic [pə'θetɪk] *adj* (pej: useless) inútil.

pathological [pæθə'lɒdʒɪkl] *adj* patológico(-ca).

pathway ['pɑːθweɪ] *n* caminho *m*.

patience ['peɪʃns] *n* paciência *f*.

patient ['peɪʃnt] *adj* paciente ◆ *n* doente *mf*, paciente *mf*.

patio ['pætɪəʊ] (pl -s) *n* pátio *m*.

patriotic [Brit ,pætrɪ'ɒtɪk, Am ,peɪtrɪ'ɒtɪk] *adj* patriótico(-ca).

patrol [pə'trəʊl] *vt* patrulhar ◆ *n* (group) patrulha *f*.

patrol car *n* carro *m* de patrulha.

patron ['peɪtrən] *n* (fml: customer) cliente *mf*; **"~s only"** "só para clientes".

patronizing ['pætrənaɪzɪŋ] *adj* condescendente.

patter ['pætəʳ] *n* (of raindrops) tamborilar *m*.

pattern ['pætn] *n* (of shapes, colours) desenho *m*, padrão *m*; (for sewing) molde *m*.

patterned ['pætənd] *adj* estampado(-da).

paunch [pɔːntʃ] *n* pança *f*.

pause [pɔːz] *n* pausa *f* ◆ *vi* fazer uma pausa.

pave [peɪv] *vt* (with concrete, tarmac) pavimentar; (with stones) calçar; **to ~ the way for** preparar o caminho para.

pavement ['peɪvmənt] *n* (Brit: beside road) calçada *f* (Br), passeio *m* (Port); (Am: roadway) pavimento *m*, asfalto *m*.

pavilion [pə'vɪljən] *n* pavilhão *m*.

paving ['peɪvɪŋ] *n* calçamento *m*, pavimentação *f*.

paving stone *n* laje *f*.

pavlova [pæv'ləʊvə] *n* bolo feito de camadas de suspiro, creme batido e fruta.

paw [pɔː] *n* pata *f*.

pawn [pɔːn] *vt* empenhar ◆ *n* (in chess) peão *m*.

pawnbroker ['pɔːn,brəʊkəʳ] *n* penhorista *mf*.

pawnshop ['pɔːnʃɒp] *n* casa *f* de penhor.

pay [peɪ] (pt & pp **paid**) *vt* pagar; (person) pagar a; (give money) pagar; (be profitable) compensar, dar lucro ◆ *vi* ordenado *m*, salário *m*; **to ~ sb for sthg** pagar a alguém (por) algo; **to ~ money into an account** depositar dinheiro numa conta; **to ~ attention (to)** prestar atenção (a); **to ~ sb a visit** visitar alguém, fazer uma visita a alguém; **to ~ by credit card** pagar com cartão de crédito.

❑ **pay back** *vt sep* (money) pagar; (person) pagar, devolver o dinheiro a.

❑ **pay for** *vt fus* (purchase) pagar (por).

❑ **pay in** *vt sep* (cheque, money) depositar.

❑ **pay out** *vt sep* (money) pagar.

❑ **pay up** *vi* pagar.

payable ['peɪəbl] *adj* (bill) pagável; **~ to** (cheque) em nome de, a ordem de.

payday ['peɪdeɪ] *n* dia *f* de pagamento.

payment ['peɪmənt] *n* pagamento *m*.

pay packet *n* (Brit: wages) pagamento *m*.

payphone ['peɪfəʊn] *n* telefone *m* público.

payroll ['peɪrəʊl] *n* folha *f* de pagamentos.

payslip ['peɪslɪp] *n* (Brit) recibo *m* de pagamento, contracheque *m*.

paystub ['peɪstʌb] *(Am)* = **payslip**.

PC *n* (abbr of personal computer) PC *m*; (Brit: abbr of police constable) policial *mf*

(Br), ≈ polícia *mf (Port)*.
PE *abbr* = physical education.
pea [piː] *n* ervilha *f*.
peace [piːs] *n* paz *f*; **to leave sb in ~** deixar alguém em paz; **~ and quiet** paz e sossego.
peaceful ['piːsfʊl] *adj (place, day, feeling)* calmo(-ma); *(demonstration)* pacífico(-ca).
peacetime ['piːstaɪm] *n* tempo *m* de paz.
peach [piːtʃ] *n* pêssego *m*.
peach melba [-'melbə] *n* peach melba *m, pedaços de pêssego, cobertos com sorvete de baunilha e regados com molho de framboesa.*
peacock ['piːkɒk] *n* pavão *m*.
peak [piːk] *n (of mountain)* pico *m*; *(of hat)* pala *f; (fig: highest point)* auge *m*.
peaked [piːkt] *adj* com pala.
peak hours *npl* rush *m (Br)*, horas *fpl* de ponta *(Port)*.
peak rate *n* tarifa *f* alta.
peal [piːl] *n (of bells)* repicar *m; (of thunder)* ribombar *m* ♦ *vi (bells)* repicar; **~ of laughter** gargalhadas *fpl*.
peanut ['piːnʌt] *n* amendoim *m*.
peanut butter *n* manteiga *f* de amendoim.
pear [peəʳ] *n* pêra *f*.
pearl [pɜːl] *n* pérola *f*.
peasant ['peznt] *n* camponês *m* (-esa *f*).
peat [piːt] *n* turfa *f*.
pebble ['pebl] *n* seixo *m*.
pecan pie ['piːkæn-] *n* torta *f* de noz-americana.
peck [pek] *vi (bird)* bicar.
peckish ['pekɪʃ] *adj (Brit: inf)*: **I'm feeling ~** bem que eu comeria alguma coisa.
peculiar [pɪˈkjuːljəʳ] *adj (strange)* esquisito(-ta); **to be ~ to** *(exclusive)* ser característico de.
peculiarity [pɪˌkjuːlɪˈærətɪ] *n (special feature)* característica *f*.
pedal ['pedl] *n* pedal *m* ♦ *vi* pedalar.
pedal bin *n* lata *f* de lixo (com pedal).
pedalo ['pedələʊ] *(pl* -s OR -es*) n* gaivota *f*.
pedantic [pɪˈdæntɪk] *adj* rigoroso(-osa), picuinhas *(inv)*.
peddle ['pedl] *vt (drugs)* traficar; *(wares)* vender de porta em porta; *(rumour, gossip)* espalhar.

peddler ['pedlər] *(Am)* = **pedlar**.
pedestal ['pedɪstl] *n* pedestal *m*.
pedestrian [pɪˈdestrɪən] *n* pedestre *m (Br)*, peão *m (Port)*.
pedestrian crossing *n* passagem *f* para pedestres *(Br)*, passadeira *f* (para peões) *(Port)*.
pedestrianized [pɪˈdestrɪənaɪzd] *adj* para pedestre *(Br)*, pedonal *(Port)*.
pedestrian precinct *n (Brit)* zona *f* para pedestre.
pedestrian zone *(Am)* = **pedestrian precinct**.
pedigree ['pedɪgriː] *adj* de raça ♦ *n (of animal)* raça *f*.
pedlar ['pedləʳ] *n (Brit)* vendedor *m* (-ra *f*) ambulante.
pee [piː] *vi (inf)* mijar ♦ *n*: **to have a ~** *(inf)* fazer chichi.
peek [piːk] *vi (inf)* espiar, espreitar ♦ *n (inf)*: **to take** OR **have a ~ at sthg** dar uma espiadela em algo.
peel [piːl] *n* casca *f* ♦ *vt* descascar ♦ *vi* cair.
peelings ['piːlɪŋz] *npl* cascas *fpl*.
peep [piːp] *n*: **to have a ~** dar uma espiadela.
peer [pɪəʳ] *vi* olhar com atenção; **to ~ at** olhar atentamente para.
peeved [piːvd] *adj (inf)* fulo(-la), zangado(-da).
peevish ['piːvɪʃ] *adj* rabugento(-ta).
peg [peg] *n (for tent)* estaca *f; (hook)* gancho *m; (for washing)* pregador *m (Br)*, mola *f* da roupa *(Port)*.
pejorative [pɪˈdʒɒrətɪv] *adj* pejorativo(-va).
pelican ['pelɪkən] *n* pelicano *m*.
pelican crossing *n (Brit)* travessia com sinais acionados manualmente pelos pedestres.
pellet ['pelɪt] *n (of mud, paper)* bolinha *f; (for gun)* chumbo *m*.
pelt [pelt] *n (animal skin)* pele *f* ♦ *vi (rain)* chover a cântaros ♦ *vt*: **to ~ sb with sthg** *(eggs, tomatoes)* atirar algo para alguém.
pelvis ['pelvɪs] *n* bacia *f*.
pen [pen] *n (ballpoint pen)* esferográfica *f; (fountain pen)* caneta *f* (de tinta permanente); *(for animals)* cerca *f*.
penalty ['penltɪ] *n (fine)* multa *f; (in football)* pênalti *m*, grande penalidade *f*.
penance ['penəns] *n* penitência *f*.

pence [pens] *npl* pence *mpl (moeda britânica);* **it costs 20 ~** custa 20 pence.

penchant [*Brit* pãʃã, *Am* 'pentʃənt] *n*: **to have a ~ for** ter um fraco por; **to have a ~ for doing sthg** gostar de fazer algo.

pencil ['pensl] *n* lápis *m inv.*

pencil case *n* lapiseira *f (Br),* portalápis *m inv (Port).*

pencil sharpener *n* apontador *m (Br),* apara-lápis *m inv (Port).*

pendant ['pendənt] *n (on necklace)* pingente *m.*

pending ['pendɪŋ] *prep (fml)* até.

pendulum ['pendjʊləm] *n* pêndulo *m.*

penetrate ['penɪtreɪt] *vt* penetrar.

penfriend ['penfrend] *n* penfriend *mf,* correspondente *mf.*

penguin ['peŋgwɪn] *n* pinguim *m.*

penicillin [ˌpenɪ'sɪlɪn] *n* penicilina *f.*

peninsula [pə'nɪnsjʊlə] *n* península *f.*

penis ['piːnɪs] *n* pênis *m inv.*

penknife ['pennaɪf] (*pl* **-knives** [-naɪvz]) *n* canivete *m,* navalha *f.*

pennant ['penənt] *n* galhardete *m.*

penniless ['penɪlɪs] *adj* sem um tostão.

penny ['penɪ] (*pl* **pennies**) *n (coin in UK)* péni *m (moeda britânica); (coin in US)* centavo *m (Br),* cêntimo *m (Port).*

pen pal *n (inf)* correspondente *mf.*

pension ['penʃn] *n (for retired people)* aposentadoria *f (Br),* reforma *f (Port); (for disabled people)* pensão *f.*

pensioner ['penʃənər] *n* aposentado *m (-da f) (Br),* reformado *m (-da f) (Port).*

pensive ['pensɪv] *adj* pensativo(-va).

Pentecost ['pentɪkɒst] *n* Pentecostes *m.*

penthouse ['penthaʊs, *pl* -haʊzɪz] *n* cobertura *f,* apartamento de luxo situado no último andar de um edifício.

penultimate [pe'nʌltɪmət] *adj* penúltimo(-ma).

people ['piːpl] *npl* pessoas *fpl* ◆ *n (nation)* povo *m;* **the ~** *(citizens)* o povo.

pepper ['pepər] *n (spice)* pimenta *f; (vegetable)* pimentão *m (Br),* pimento *m (Port).*

peppercorn ['pepəkɔːn] *n* grão *m* de pimenta.

peppermint ['pepəmɪnt] *adj* de hortelã-pimenta ◆ *n (sweet)* bala *m* de hortelã-pimenta.

pepper pot *n* pimenteiro *m.*

pepper steak *n* bife *m* au poivre.

Pepsi® ['pepsɪ] *n* Pepsi® *f.*

per [pɜːr] *prep* por; **~ person/week** por pessoa/semana; **£20 ~ night** 20 libras por noite.

per annum [pər'ænəm] *adv* por ano.

perceive [pə'siːv] *vt* notar.

per cent *adv* por cento.

percentage [pə'sentɪdʒ] *n* percentagem *f.*

perception [pə'sepʃn] *n (of colour, sound, time)* percepção *f; (insight, understanding)* perspicácia *f.*

perceptive [pə'septɪv] *adj* perspicaz.

perch [pɜːtʃ] *n (for bird)* poleiro *m.*

percolator ['pɜːkəleɪtər] *n* cafeteira *f* de filtro.

percussion [pə'kʌʃn] *n* percussão *f.*

perennial [pə'renjəl] *adj (problem, feature)* permanente.

perfect [*adj & n* 'pɜːfɪkt, *vb* pə'fekt] *adj* perfeito(-ta) ◆ *vt* aperfeiçoar ◆ *n*: **the ~ (tense)** o perfeito; **the past ~ (tense)** o pretérito mais-que-perfeito composto.

perfection [pə'fekʃn] *n*: **to do sthg to ~** fazer algo na perfeição.

perfectionist [pə'fekʃənɪst] *n* perfeccionista *mf.*

perfectly ['pɜːfɪktlɪ] *adv (very well)* perfeitamente.

perforate ['pɜːfəreɪt] *vt* perfurar.

perforations [ˌpɜːfə'reɪʃnz] *npl* picotado *m.*

perform [pə'fɔːm] *vt (task, operation)* realizar; *(play)* representar; *(concert)* dar; *(dance, piece of music)* executar ◆ *vi (actor, singer)* atuar.

performance [pə'fɔːməns] *n (of play)* representação *f; (of concert)* interpretação *f; (of film)* exibição *f; (by actor, musician)* atuação *f; (of car)* performance *f.*

performer [pə'fɔːmər] *n* artista *mf.*

perfume ['pɜːfjuːm] *n* perfume *m.*

perhaps [pə'hæps] *adv* talvez.

peril ['perɪl] *n* perigo *m.*

perimeter [pə'rɪmɪtər] *n* perímetro *m.*

period ['pɪərɪəd] *n* período *m; (Am: full stop)* ponto *m (final)* ◆ *adj (costume, furniture)* da época.

periodic [ˌpɪərɪ'ɒdɪk] *adj* periódico (-ca).

period pains *npl* dores *fpl* menstruais.

peripheral [pə'rɪfərəl] *adj (vision, region)* periférico(-ca).

periphery [pə'rɪfərɪ] *n* periferia *f*.

perish ['perɪʃ] *vi (die)* morrer; *(decay)* deteriorar-se, estragar-se.

perishable ['perɪʃəbl] *adj* perecível.

perk [pɜːk] *n* benefícios extras oferecidos pelo emprego, regalia *f (Port)*.

perm [pɜːm] *n* permanente *f* ♦ *vt*: **to have one's hair ~ed** fazer uma permanente.

permanent ['pɜːmənənt] *adj* permanente.

permanent address *n* endereço *m* fixo.

permanently ['pɜːmənəntlɪ] *adv* permanentemente.

permeate ['pɜːmɪeɪt] *vt* infiltrar-se em.

permissible [pə'mɪsəbl] *adj (fml)* permissível.

permission [pə'mɪʃn] *n* permissão *f*.

permissive [pə'mɪsɪv] *adj* permissivo(-va).

permit [*vb* pə'mɪt, *n* 'pɜːmɪt] *vt* permitir ♦ *n* autorização *f*; **to ~ sb to do sthg** permitir a alguém fazer algo; **"~ holders only"** aviso indicando que no local só pode estacionar quem tiver uma autorização especial.

pernickety [pə'nɪkətɪ] *adj (inf)* cheio (cheia) de nove horas.

perpendicular [ˌpɜːpən'dɪkjʊləʳ] *adj* perpendicular.

perpetual [pə'petʃʊəl] *adj* perpétuo (-tua).

perplexing [pə'pleksɪŋ] *adj* desconcertante.

persecute ['pɜːsɪkjuːt] *vt (oppress)* perseguir.

perseverance [ˌpɜːsɪ'vɪərəns] *n* perseverança *f*.

persevere [ˌpɜːsɪ'vɪəʳ] *vi* perseverar, insistir.

persist [pə'sɪst] *vi* persistir; **to ~ in doing sthg** persistir em fazer algo.

persistence [pə'sɪstəns] *n* persistência *f*.

persistent [pə'sɪstənt] *adj* persistente.

person ['pɜːsn] *(pl* people) *n* pessoa *f*; **in ~** em pessoa.

personal ['pɜːsənl] *adj* pessoal; **a ~ friend** um amigo íntimo.

personal assistant *n* assistente *mf* pessoal.

personal belongings *npl* objetos *mpl* pessoais.

personal computer *n* computador *m* pessoal.

personality [ˌpɜːsə'nælətɪ] *n* personalidade *f*.

personally ['pɜːsnəlɪ] *adv* pessoalmente.

personal organizer *n* agenda *f*.

personal property *n* bens *mpl* móveis.

personal stereo *n* Walkman® *m*.

personify [pə'sɒnɪfaɪ] *vt* personificar.

personnel [ˌpɜːsə'nel] *npl* pessoal *m*.

perspective [pə'spektɪv] *n* perspectiva *f*.

Perspex® ['pɜːspeks] *n (Brit)* Perspex® *m*.

perspiration [ˌpɜːspə'reɪʃn] *n* transpiração *f*.

persuade [pə'sweɪd] *vt*: **to ~ sb (to do sthg)** persuadir alguém (a fazer algo); **to ~ sb that ...** persuadir alguém de que ....

persuasion [pə'sweɪʒn] *n (act of persuading)* persuasão *f*; *(belief)* afinidade *f*.

persuasive [pə'sweɪsɪv] *adj* persuasivo(-va).

pert [pɜːt] *adj (person, reply)* atrevido(-da), descarado(-da).

pertinent ['pɜːtɪnənt] *adj* pertinente.

perturb [pə'tɜːb] *vt* perturbar.

peruse [pə'ruːz] *vt (read thoroughly)* examinar; *(read quickly)* passar uma vista de olhos por.

perverse [pə'vɜːs] *adj (delight, enjoyment)* perverso(-sa); *(contrary)* difícil.

pervert ['pɜːvɜːt] *n* tarado *m* (-da *f*).

pessimist ['pesɪmɪst] *n* pessimista *mf*.

pessimistic [ˌpesɪ'mɪstɪk] *adj* pessimista.

pest [pest] *n (insect, animal)* praga *f*, inseto *m* nocivo; *(inf: person)* peste *f*.

pester ['pestəʳ] *vt* importunar.

pesticide ['pestɪsaɪd] *n* pesticida *m*.

pet [pet] *n* animal *m* doméstico; **the teacher's ~** o queridinho do professor.

petal ['petl] *n* pétala *f*.

peter ['piːtəʳ] : **peter out** *vi (supplies, interest)* esgotar-se.

pet food *n* comida *f* para animais domésticos.

petition [pɪ'tɪʃn] *n (letter)* petição *f*, abaixo-assinado *m*.

petits pois [ˌpətɪ'pwa] *npl* ervilhas *fpl (pequenas e tenras)*.

petrified ['petrɪfaɪd] *adj* petrificado (-da).

petrol ['petrəl] *n (Brit)* gasolina *f*.

petrol bomb *n (Brit)* cocktail *m* OR coquetel *m* Molotov.

petrol can *n (Brit)* lata *f* de gasolina.

petrol cap *n (Brit)* tampa *f* do tanque de gasolina.

petroleum [pɪ'trəʊljəm] *n* petróleo *m*.

petrol gauge *n (Brit)* indicador *m* do nível de gasolina.

petrol pump *n (Brit)* bomba *f* de gasolina.

petrol station *n (Brit)* posto *m* (de gasolina) *(Br)*, estação *f* de serviço *(Port)*.

petrol tank *n (Brit)* depósito *m* da gasolina.

pet shop *n* loja *f* de animais.

petticoat ['petɪkəʊt] *n* combinação *f*.

petty ['petɪ] *adj (pej) (person)* mesquinho(-nha); *(rule)* insignificante.

petty cash *n* fundo *m* para pequenas despesas.

petulant ['petjʊlənt] *adj* petulante.

pew [pjuː] *n* banco *m (de igreja)*.

pewter ['pjuːtəʳ] *adj* de peltre.

PG *(abbr of parental guidance)* abreviatura que indica que o filme não é aconselhável para menores de doze anos.

phantom ['fæntəm] *n* fantasma *m*, espectro *m*.

pharmacist ['fɑːməsɪst] *n* farmacêutico *m* (-ca *f*).

pharmacy ['fɑːməsɪ] *n (shop)* farmácia *f*.

phase [feɪz] *n* fase *f*.

PhD *n (degree)* = doutoramento *m*.

pheasant ['feznt] *n* faisão *m*.

phenomena [fɪ'nɒmɪnə] *pl* → **phenomenon**.

phenomenal [fɪ'nɒmɪnl] *adj* fenomenal.

phenomenon [fɪ'nɒmɪnən] *(pl -mena)* *n* fenômeno *m*.

phial ['faɪəl] *n* ampola *f*.

philanthropist [fɪ'lænθrəpɪst] *n* filantropo *m* (-pa *f*).

philately [fɪ'lætəlɪ] *n* filatelia *f*.

Philippines ['fɪlɪpiːnz] *npl*: **the ~ as** Filipinas.

philosopher [fɪ'lɒsəfəʳ] *n* filósofo *m* (-fa *f*).

philosophical [ˌfɪlə'sɒfɪkl] *adj* filosófico(-ca).

philosophy [fɪ'lɒsəfɪ] *n* filosofia *f*.

phlegm [flem] *n (in throat)* fleuma *f (Br)*, catarro *m*.

phlegmatic [fleg'mætɪk] *adj* fleumático(-ca).

phobia ['fəʊbjə] *n* fobia *f*.

phone [fəʊn] *n* telefone *m* ♦ *vt (Brit)* telefonar para, ligar para ♦ *vi (Brit)* telefonar; **on the ~** *(talking)* no telefone; **we're not on the ~** *(connected)* não temos telefone.

❏ **phone up** *vt sep (Brit)* telefonar para, ligar para ♦ *vi (Brit)* telefonar.

phone book *n* lista *f* telefônica.

phone booth *n* cabine *f* telefônica.

phone box *n (Brit)* cabine *f* telefônica, orelhão *m (Br)*.

phone call *n* chamada *f* telefônica, telefonema *m*.

phonecard ['fəʊnkɑːd] *n* cartão *m* telefônico, Credifone® *m (Port)*.

phone number *n* número *m* de telefone.

phonetics [fə'netɪks] *n* fonética *f*.

photo ['fəʊtəʊ] *(pl -s)* *n* fotografia *f*; **to take a ~ of** tirar uma fotografia de.

photo album *n* álbum *m* de fotografias.

photocopier [ˌfəʊtəʊ'kɒpɪəʳ] *n* fotocopiadora *f*.

photocopy ['fəʊtəʊˌkɒpɪ] *n* Xerox® *m inv (Br)*, fotocópia *f* ♦ *vt* xerocar *(Br)*, fotocopiar.

photograph ['fəʊtəɡrɑːf] *n* fotografia *f* ♦ *vt* fotografar.

photographer [fə'tɒɡrəfəʳ] *n* fotógrafo *m* (-fa *f*).

photography [fə'tɒɡrəfɪ] *n* fotografia *f*.

phrasal verb ['freɪzl-] *n* verbo *m* seguido de preposição.

phrase [freɪz] *n* expressão *f*.

phrasebook ['freɪzbʊk] *n* guia *m* de conversação.

physical ['fɪzɪkl] *adj* físico(-ca) ♦ *n* exame *m* médico de aptidão.

physical education *n* educação *f* física.

physically ['fɪzɪklɪ] *adv* fisicamente.

physically handicapped *adj* deficiente físico(-ca).

physician [fɪ'zɪʃn] *n* médico *m* (-ca *f*).

physicist ['fɪzɪsɪst] *n* físico *m* (-ca *f*).

physics ['fɪzɪks] *n* física *f*.

physiotherapy [ˌfɪzɪəʊˈθerəpɪ] *n* fisioterapia *f*.

physique [fɪˈziːk] *n* físico *m*.

pianist ['pɪənɪst] *n* pianista *mf*.

piano [pɪˈænəʊ] *(pl -s)* *n* piano *m*.

pick [pɪk] *vt (select)* escolher; *(fruit, flowers)* apanhar, colher ◆ *n (pickaxe)* picareta *f*; **to ~ a fight** procurar briga; **to ~ one's nose** tirar meleca do nariz *(Br)*, tirar macacos do nariz *(Port)*; **to take one's ~** escolher à vontade.

❏ **pick on** *vt fus* implicar com.

❏ **pick out** *vt sep (select)* escolher; *(see)* distinguir.

❏ **pick up** *vt sep (lift up)* pegar em; *(collect)* ir buscar; *(language)* aprender; *(habit)* apanhar; *(bargain)* conseguir; *(hitchhiker)* dar uma carona a *(Br)*, dar boleia a *(Port)*; *(inf: woman, man)* paquerar *(Br)*, engatar *(Port)* ◆ *vi (improve)* recuperar; **to ~ up the phone** *(answer)* atender o telefone.

pickaxe ['pɪkæks] *n* picareta *f*.

pickle ['pɪkl] *n (Brit: food)* pickle *m*; *(Am: pickled cucumber)* pepino *m* de conserva.

pickled onion ['pɪkld-] *n* cebola *f* em conserva.

pickpocket ['pɪkˌpɒkɪt] *n* batedor *m* (-ra *f*) de carteiras *(Br)*, carteirista *mf* *(Port)*.

pick-up (truck) *n* camioneta *f*, carrinha *f (Port)*.

picnic ['pɪknɪk] *n* piquenique *m*.

picnic area *n* área *f* para piqueniques.

picture ['pɪktʃəʳ] *n (painting, drawing)* quadro *m*; *(photograph)* retrato *m*; *(on TV)* imagem *f*; *(film)* filme *m*.

❏ **pictures** *npl*: **the ~s** *(Brit)* o cinema.

picture book *n* livro *m* ilustrado OR de figuras.

picture frame *n* moldura *f*.

picturesque [ˌpɪktʃəˈresk] *adj* pitoresco(-ca).

pie [paɪ] *n (savoury)* empada *f*; *(sweet)* torta *f (Br)*, tarte *f (Port)*.

piece [piːs] *n (part, bit)* pedaço *m*, bocado *m*; *(component, of clothing, of music)* peça *f*; *(in chess)* pedra *f*; **a 20p ~** uma moeda de 20 pence; **a ~ of advice** um conselho; **a ~ of furniture** um móvel; **to fall to ~s** cair aos pedaços; **in one ~** *(intact)* inteiro, intacto; *(unharmed)* são e salvo.

piecemeal ['piːsmiːl] *adj (fragmentary)* feito(-ta) aos poucos ◆ *adv (little by little)* aos poucos, por etapas.

pie chart *n* gráfico *m* de setores.

pier [pɪəʳ] *n* cais *m*.

pierce [pɪəs] *vt* furar; **to have one's ears ~d** furar as orelhas.

piercing ['pɪəsɪŋ] *adj (sound)* estridente.

pig [pɪg] *n* porco *m*; *(inf: greedy person)* alarde *mf*.

pigeon ['pɪdʒɪn] *n* pombo *m*.

pigeonhole ['pɪdʒɪnhəʊl] *n* escaninho *m*.

piggybank ['pɪgɪbæŋk] *n* cofre *m (Br)*, mealheiro *m (Port)*.

pigpen ['pɪgpen] *(Am)* = **pigsty**.

pigskin ['pɪgskɪn] *adj* de pele de porco.

pigsty ['pɪgstaɪ] *n* chiqueiro *m*.

pigtails ['pɪgteɪlz] *npl* tranças *fpl (Br)*, puxos *mpl (Port)*.

pike [paɪk] *n (fish)* lúcio *m*.

pilau rice ['pɪlaʊ-] *n* arroz à indiana com várias cores, condimentado com diferentes especiarias orientais.

pilchard ['pɪltʃəd] *n* sardinha *f* grande.

pile [paɪl] *n* pilha *f* ◆ *vt* empilhar; **~s of** *(inf: a lot)* montes de.

❏ **pile up** *vt sep* empilhar ◆ *vi (accumulate)* acumular-se.

piles [paɪlz] *npl (MED)* hemorróidas *fpl*.

pileup ['paɪlʌp] *n* choque *m* em cadeia.

pilfer ['pɪlfəʳ] *vi* roubar.

pilgrim ['pɪlgrɪm] *n* peregrino *m* (-na *f*).

pilgrimage ['pɪlgrɪmɪdʒ] *n* peregrinação *f*.

pill [pɪl] *n* comprimido *m*; **to be on the ~** *(contraceptive)* tomar a pílula.

pillar ['pɪləʳ] *n* pilar *m*.

pillar box *n (Brit)* caixa *f* do correio *(Br)*, marco *m* de correio *(Port)*.

pillion ['pɪljən] *n*: **to ride ~** viajar no banco traseiro *(de uma motocicleta)*.

pillow ['pɪləʊ] *n (for bed)* travesseiro *m*, almofada *f*; *(Am: on chair, sofa)* almofada.

pillowcase ['pɪləʊkeɪs] *n* fronha *f*, almofada *f*.

pilot ['paɪlət] *n* piloto *m*.

pilot light *n* piloto *m*.

pimp [pɪmp] *n (inf)* cafetão *m (Br)*, chulo *m (Port)*.

pimple ['pɪmpl] *n* borbulha *f*.

pin [pɪn] *n (for sewing)* alfinete *m*; *(drawing pin)* tachinha *f (Br)*, pionés *m (Port)*; *(safety pin)* alfinete de segurança; *(Am: brooch)* broche *m*; *(Am: badge)* crachá *m*, pin *m* ◆ *vt (fasten)* prender; **a two-~ plug** uma tomada *f* elétrica (de dois pinos); **~s and needles** formigueiro *m*.

pinafore ['pɪnəfɔːʳ] *n (apron)* avental *m (Br)*, bata *f (Port)*; *(Brit: dress)* vestido *m* de alças.

pinball ['pɪnbɔːl] *n* flippers *mpl*.

pincers ['pɪnsəz] *npl (tool)* turquês *f*.

pinch [pɪntʃ] *vt (squeeze)* beliscar; *(Brit: inf: steal)* roubar ◆ *n (of salt)* pitada *f*.

pincushion ['pɪn,kʊʃn] *n* almofada *f* para alfinetes.

pine [paɪn] *n* pinheiro *m* ◆ *adj* de pinho.

pineapple ['paɪnæpl] *n* abacaxi *m (Br)*, ananás *m (Port)*.

pinetree ['paɪntriː] *n* pinheiro *m*.

pink [pɪŋk] *adj* cor-de-rosa *(inv)* ◆ *n (colour)* cor-de-rosa *m inv*.

pinkie ['pɪŋki] *n (Am)* (dedo) mindinho *m*.

pinnacle ['pɪnəkl] *n* pináculo *m*.

PIN number [pɪn-] *n* código *m* pessoal, PIN *m*.

pinpoint ['pɪnpɔɪnt] *vt (difficulty, cause)* determinar; *(position, target, leak)* localizar.

pin-striped [-,straɪpt] *adj* de listras.

pint [paɪnt] *n (in UK)* = 0,568 l, = meio litro *m*; *(in US)* = 0,473 l, = meio litro; **a ~ (of beer)** *(Brit)* = uma caneca de cerveja.

pioneer [paɪə'nɪəʳ] *n* pioneiro *m* (-ra *f*) ◆ *vt (new activity)* explorar; *(new invention, scheme)* desenvolver.

pip [pɪp] *n (of fruit)* caroço *m*, pevide *f (Port)*.

pipe [paɪp] *n (for smoking)* cachimbo *m*; *(for gas, water)* cano *m*.

pipe cleaner *n* limpador *m* de cachimbo.

pipeline ['paɪplaɪn] *n (for oil)* oleoduto *m*; *(for gas)* gasoduto *m*.

piper ['paɪpəʳ] *n (MUS)* gaiteiro *m* (-ra *f*).

pipe tobacco *n* tabaco *m* para cachimbo.

pirate ['paɪrət] *n* pirata *m*.

pirate radio *n (Brit)* rádio *f* pirata.

Pisces ['paɪsiːz] *n* Peixes *m inv*.

piss [pɪs] *vi (vulg)* mijar ◆ *n*: **to have a ~** *(vulg)* mijar, dar uma mijada; **it's ~ing down** *(vulg)* está chovendo canivetes *(Br)*, está chovendo a potes *(Port)*.

pissed [pɪst] *adj (Brit: vulg: drunk)* bêbado(-da) que nem um gambá; *(Am: vulg: angry)* fulo(-la).

pissed off *adj (vulg)*: **to be ~ with** estar de saco cheio de.

pistachio [pɪ'stɑːʃɪəʊ] *(pl -s)* *n* pistache *m (Br)*, pistácio *m (Port)* ◆ *adj* de pistácio.

pistol ['pɪstl] *n* pistola *f*.

piston ['pɪstən] *n* piston *m*, pistão *m*.

pit [pɪt] *n (hole, for orchestra)* poço *m*; *(coalmine)* mina *f*; *(Am: in fruit)* caroço *m*.

pitch [pɪtʃ] *n (Brit: SPORT)* campo *m* ◆ *vt (throw)* atirar; **to ~ a tent** montar uma barraca (de campismo).

pitch-black *adj* escuro(-ra) como breu.

pitcher ['pɪtʃəʳ] *n (large jug)* jarro *m*; *(Am: small jug)* jarra *f*.

pitchfork ['pɪtʃfɔːk] *n* forquilha *f*.

pitfall ['pɪtfɔːl] *n (difficulty)* armadilha *f*; *(danger)* perigo *m*.

pith [pɪθ] *n (of orange)* pele *f* branca.

pitiful ['pɪtɪfʊl] *adj (arousing pity)* lastimoso(-osa); *(arousing contempt)* ridículo(-la).

pitiless ['pɪtɪlɪs] *adj* impiedoso(-osa).

pitta (bread) ['pɪtə-] *n* pão *m* árabe; *pão chato e oco*.

pittance ['pɪtəns] *n* miséria *f*.

pitted ['pɪtɪd] *adj (olives)* descaroçado(-da), sem caroço.

pity ['pɪtɪ] *n (compassion)* pena *f*; **to have ~ on sb** ter pena de alguém; **it's a ~ (that) ...** é uma pena que ...; **what a ~!** que pena!

pivot ['pɪvət] *n* eixo *m*, pivô *m*.

pizza ['piːtsə] *n* pizza *f*.

pizzeria [,piːtsə'riːə] *n* pizzaria *f*.

Pl. *(abbr of Place)* abreviatura do nome de certas ruas na Grã-Bretanha.

placard ['plækɑːd] *n* placar *m*.

placate [plə'keɪt] *vt* aplacar.

place [pleɪs] *n* lugar *m*; *(house, flat)* casa *f*; *(at table)* lugar, talher *m* ◆ *vt (put)* colocar; *(an order, bet)* fazer; **in the first ~** em primeiro lugar; **to take ~** ter lugar; **to take sb's ~** substituir alguém; **all over the ~** por todo o lado; **in ~ of** em lugar de.

place mat n descanso m (Br), individual m (Port).

placement ['pleɪsmənt] n (work experience) colocação f temporária, estágio m.

place of birth n local m de nascimento, naturalidade f.

placid ['plæsɪd] adj plácido(-da).

plagiarize ['pleɪdʒəraɪz] vt plagiar.

plague [pleɪg] n peste f.

plaice [pleɪs] (pl inv) n solha f.

plaid [plæd] n tecido de lã escocês.

plain [pleɪn] adj simples (inv); (yoghurt) natural; (clear) claro(-ra); (paper) liso(-sa); (pej: not attractive) sem atrativos ♦ n planície f.

plain chocolate n chocolate m preto OR negro.

plain-clothes adj vestido(-da) à paisana.

plain flour n (Brit) farinha f (sem fermento).

plainly ['pleɪnlɪ] adv (clearly) claramente.

plaintiff ['pleɪntɪf] n queixoso m (-osa f), demandante mf.

plait [plæt] n trança f ♦ vt entrançar.

plan [plæn] n (scheme, project) plano m; (drawing) planta f ♦ vt (organize) planear; **have you any ~s for tonight?** você tem planos para hoje à noite?; **according to ~** como estava previsto; **to ~ to do sthg, to ~ on doing sthg** pensar em fazer algo.

plane [pleɪn] n (aeroplane) avião m; (tool) plaina f.

planet ['plænɪt] n planeta m.

plank [plæŋk] n tábua f.

planning ['plænɪŋ] n planejamento m, planificação f.

planning permission n licença f para construir OR fazer obras.

plant [plɑːnt] n (living thing) planta f; (factory) fábrica f; (power, nuclear) central f ♦ vt (seeds, tree) plantar; (land) cultivar; **"heavy ~ crossing"** aviso que indica que na área circulam freqüentemente veículos pesados.

plantation [plæn'teɪʃn] n plantação f.

plaque [plɑːk] n placa f.

plaster ['plɑːstər] n (Brit: for cut) esparadrapo m (Br), penso m (Port); (for walls) estuque m; **in ~** (arm, leg) engessado.

plaster cast n (for broken bones) gesso m.

plastered ['plɑːstəd] adj (inf: drunk) bêbado(-da); **to get ~** embebedar-se.

plastic ['plæstɪk] n plástico m ♦ adj de plástico.

plastic bag n saca f OR saco m de plástico.

Plasticine® ['plæstɪsiːn] n (Brit) plastilina f (Br), plasticina f (Port).

plastic surgery n cirurgia f plástica.

plate [pleɪt] n (for food) prato m; (of metal) placa f; **a ~ of glass** um vidro, uma vidraça.

plateau ['plætəʊ] n planalto m.

plate-glass adj de vidro grosso.

platform ['plætfɔːm] n plataforma f.

platinum ['plætɪnəm] n platina f.

platoon [plə'tuːn] n pelotão m.

platter ['plætər] n (of food) travessa f (de comida).

plausible ['plɔːzəbl] adj plausível.

play [pleɪ] vt (sport, game) jogar; (instrument, music) tocar; (opponent) jogar contra; (CD, tape, record) pôr; (role, character) desempenhar ♦ vi (child) brincar; (in sport, game) jogar; (musician) tocar ♦ n (in theatre, on TV) peça f; (button on CD, tape recorder) play m.

❑ **play back** vt sep repetir, colocar de novo

❑ **play up** vi (machine, car) enguiçar, estar com problemas.

playboy ['pleɪbɔɪ] n playboy m.

player ['pleɪər] n (of sport, game) jogador m (-ra f); (of musical instrument) músico m (-ca f), intérprete mf; **guitar ~** guitarrista mf; **piano ~** pianista mf.

playful ['pleɪfʊl] adj brincalhão (-lhona).

playground ['pleɪgraʊnd] n (in school) recreio m; (in park etc) parque m infantil.

playgroup ['pleɪgruːp] n tipo de jardim-de-infância.

playing card ['pleɪɪŋ-] n carta f de jogar.

playing field ['pleɪɪŋ-] n parque m OR campo m de jogos.

playmate ['pleɪmeɪt] n companheiro m (-ra f) de brincadeiras.

playpen ['pleɪpen] n cercado m para bebês.

playroom ['pleɪrʊm] n sala f para brincadeiras.

playschool ['pleɪskuːl] = **playgroup**.
plaything ['pleɪθɪŋ] n brinquedo m.
playtime ['pleɪtaɪm] n recreio m.
playwright ['pleɪraɪt] n dramaturgo m (-ga f).
plc (Brit: abbr of public limited company) = S.A. (cotada na Bolsa).
plea [pliː] n (appeal) pedido m; (JUR): **to enter a ~ of guilty** declarar-se culpado.
plead [pliːd] vt alegar ◆ vi (JUR) alegar; (beg) pedir, rogar; **to ~ for sthg** pedir algo; **to ~ with sb to do sthg** rogar a alguém que faça algo; **he ~ed not guilty** declarou-se inocente.
pleasant ['pleznt] adj agradável.
please [pliːz] adv por favor ◆ vt agradar a; **yes ~!** sim, se faz favor!; **whatever you ~** o que quiser.
pleased [pliːzd] adj satisfeito(-ta), contente; **to be ~ with** estar satisfeito com; **~ to meet you!** prazer em conhecê-lo(-la)!
pleasing ['pliːzɪŋ] adj agradável.
pleasure ['pleʒər] n prazer m; **with ~** com prazer; **it's a ~!** é um prazer!
pleat [pliːt] n prega f.
pleated ['pliːtɪd] adj com OR de pregas.
pledge [pledʒ] n promessa f ◆ vt (promise to provide) prometer.
plentiful ['plentɪfʊl] adj abundante.
plenty ['plentɪ] pron bastante; **~ of** bastante.
pliers ['plaɪəz] npl alicate m.
plight [plaɪt] n situação f deplorável.
plimsoll ['plɪmsəl] n (Brit) sapatilha f.
plod [plɒd] vi (walk slowly) arrastar-se, caminhar lentamente e com dificuldade.
plonk [plɒŋk] n (Brit: inf: wine) zurrapa f (Br), carrascão m (Port).
plot [plɒt] n (scheme) complot m; (of story, film, play) enredo m; (of land) pedaço m.
plough [plaʊ] n (Brit) charrua f ◆ vt (Brit) lavrar.
ploughman's (lunch) ['plaʊmənz-] n (Brit) prato composto por vários queijos, pão, pickles e salada servido freqüentemente nos pubs.
plow [plaʊ] (Am) = **plough**.
ploy [plɔɪ] n estratagema m.
pluck [plʌk] vt (eyebrows, hair) arrancar, depilar (com pinça); (chicken) depenar.

plug [plʌg] n (with pins) tomada f elétrica, ficha f eléctrica (Port); (socket) tomada f, ficha (Port); (for bath, sink) tampa f, válvula f.
☐ **plug in** vt sep ligar (a tomada).
plughole ['plʌghəʊl] n ralo m.
plum [plʌm] n ameixa f.
plumber ['plʌmər] n encanador m (-ra f) (Br), canalizador m (-ra f) (Port).
plumbing ['plʌmɪŋ] n (pipes) canalização f.
plume [pluːm] n pluma f, pena f.
plump [plʌmp] adj roliço(-ça).
plum pudding n pudim natalício com frutos secos e especiarias servido com conhaque que se incendeia antes de servir.
plunder ['plʌndər] n (booty) saque m ◆ vt saquear, pilhar.
plunge [plʌndʒ] vi (fall, dive) mergulhar; (decrease) descer (em flecha).
plunge pool n piscina f pequena.
plunger ['plʌndʒər] n (for unblocking pipe) desentupidor m (de ventosa).
pluperfect (tense) [pluːˈpɜːfɪkt-] n: **the ~** o mais-que-perfeito.
plural ['plʊərəl] n plural m; **in the ~** no plural.
plus [plʌs] prep mais ◆ adj: **30 ~** trinta ou mais.
plush [plʌʃ] adj de luxo.
Pluto ['pluːtəʊ] n Plutão m.
ply [plaɪ] vt (trade) exercer; **to ~ sb with sthg** (food, drinks) não parar de oferecer algo a alguém, encher alguém com algo; (questions) assediar alguém com algo.
plywood ['plaɪwʊd] n compensado m (Br), contraplacado m (Port).
p.m. (abbr of post meridiem): **at 3 ~** às três da tarde, às 15h; **at 10 ~** às dez da noite, às 22h.
PMT n (abbr of premenstrual tension) síndrome f pré-menstrual.
pneumatic drill [njuːˈmætɪk-] n perfuratriz f (Br), broca f pneumática.
pneumonia [njuːˈməʊnjə] n pneumonia f.
poach [pəʊtʃ] vt (game) caçar furtivamente; (fish) pescar furtivamente; (copy) roubar ◆ vi (hunt) caçar (furtivamente); (fish) pescar (furtivamente).
poached egg [pəʊtʃt-] n ovo m pochê (Br), ovo m escalfado (Port).
poached salmon [pəʊtʃt-] n salmão m cozido.

poacher ['pəʊtʃər] *n (hunting)* caçador *m* furtivo (caçadora *f* furtiva); *(fishing)* pescador *m* furtivo (pescadora *f* furtiva).

poaching ['pəʊtʃɪŋ] *n (for game)* caça *f* furtiva; *(for fish)* pesca *f* furtiva.

PO Box *n (abbr of Post Office Box)* caixa *f* postal *(Br)*, apartado *m (Port)*.

pocket ['pɒkɪt] *n* bolso *m* ◆ *adj* de bolso.

pocketbook ['pɒkɪtbʊk] *n (notebook)* bloco *m* de notas *(pequeno)*; *(Am: handbag)* carteira *f*.

pocketknife ['pɒkɪtnaɪf] *(pl* **-knives** [-naɪvz]*) n* navalha *f*, canivete *m*.

pocket money *n (Brit)* mesada *f (Br)*, semanada *f (Port)*.

podgy ['pɒdʒɪ] *adj (inf)* roliço(-ça), gorducho(-cha).

podiatrist [pə'daɪətrɪst] *n (Am)* pedicuro *m* (-ra *f)*, calista *mf*.

podium ['pəʊdɪəm] *n* pódio *m*.

poem ['pəʊɪm] *n* poema *m*.

poet ['pəʊɪt] *n* poeta *m* (-tisa *f)*.

poetic [pəʊ'etɪk] *adj* poético(-ca).

poetry ['pəʊɪtrɪ] *n* poesia *f*.

poignant ['pɔɪnjənt] *adj (moment, story)* comovente.

point [pɔɪnt] *n* ponto *m*; *(tip)* ponta *f*; *(most important thing)* razão *f*; *(Brit: electric socket)* tomada *f*, ficha *f (Port)* ◆ *vi*: **to ~ to** apontar para; **five ~ seven** cinco vírgula sete; **what's the ~?** para quê?; **there's no ~** não vale a pena; **to be on the ~ of doing sthg** estar prestes a OR a ponto de fazer algo.

❏ **points** *npl (Brit: on railway)* agulhas *fpl*.

❏ **point out** *vt sep (object, person)* indicar; *(fact, mistake)* apontar.

point-blank *adj (question, range)* à queima-roupa; *(denial, refusal)* categórico(-ca) ◆ *adv (accuse, ask)* sem rodeios; *(shoot)* à queima-roupa; *(deny, refuse)* categoricamente.

pointed ['pɔɪntɪd] *adj (in shape)* pontiagudo(-da).

pointless ['pɔɪntlɪs] *adj* inútil.

point of view *n* ponto *m* de vista.

poised [pɔɪzd] *adj (ready)* pronto(-ta), preparado(-da); **to be ~ for sthg** estar pronto OR preparado para algo; **to be ~ to do sthg** estar pronto OR preparado para fazer algo.

poison ['pɔɪzn] *n* veneno *m* ◆ *vt* envenenar.

poisoning ['pɔɪznɪŋ] *n* envenenamento *m*.

poisonous ['pɔɪznəs] *adj* venenoso(-osa).

poke [pəʊk] *vt (with finger, stick)* cutucar *(Br)*, tocar *(Port)*; *(with elbow)* cutucar *(Br)*, dar cotoveladas em; *(fire)* cutucar *(Br)*, atiçar.

poker ['pəʊkər] *n (card game)* póquer *m*.

poky ['pəʊkɪ] *adj* minúsculo(-la), apertado(-da).

Poland ['pəʊlənd] *n* Polônia *f*.

polar ['pəʊlər] *adj* polar.

polar bear ['pəʊlə-] *n* urso *m* polar.

Polaroid® ['pəʊlərɔɪd] *n (photograph)* fotografia *f* instantânea; *(camera)* máquina *f* de tirar fotografias instantâneas.

pole [pəʊl] *n (of wood)* poste *m*.

Pole [pəʊl] *n (person)* polonês (-esa *f)* *(Br)*, polaco *m* (-ca *f)* *(Port)*.

pole vault *n* salto *m* com vara.

police [pə'liːs] *npl*: **the ~** a polícia.

police car *n* rádio-patrulha *f (Br)*, carro *m* da polícia.

police constable *n (Brit)* policial *mf (Br)*, polícia *mf (Port)*.

police force *n* forças *fpl* policiais.

policeman [pə'liːsmən] *(pl* **-men** [-mən]*) n* policial *m (Br)*, polícia *m (Port)*.

police officer *n* policial *mf (Br)*, polícia *mf (Port)*.

police station *n* delegacia *f (Br)*, esquadra *f (Port)*.

policewoman [pə'liːs,wʊmən] *(pl* **-women** [-,wɪmɪn]*) n* policial *f (Br)*, polícia *f (Port)*.

policy ['pɒləsɪ] *n (approach, attitude)* política *f*; *(for insurance)* apólice *f*.

policy-holder *n* segurado *m* (-da *f)*.

polio ['pəʊlɪəʊ] *n* poliomielite *f*, paralisia *f* infantil.

polish ['pɒlɪʃ] *n (for cleaning)* cera *f* ◆ *vt* encerar.

Polish ['pəʊlɪʃ] *adj* polonês(-esa) *(Br)*, polaco(-ca) *(Port)* ◆ *n (language)* polonês *m (Br)*, polaco *m (Port)* ◆ *npl*: **the ~** os poloneses *(Br)*, os polacos *(Port)*.

polished ['pɒlɪʃt] *adj (floor)* encerado(-da); *(metal)* polido(-da); *(speech, performance)* refinado(-da); *(performer)* bom (boa), esmerado(-da).

polite [pə'laɪt] *adj* educado(-da).
political [pə'lɪtɪkl] *adj* político(-ca).
politically correct [pə'lɪtɪklɪ-] *adj* politicamente correto(-ta).
politician [,pɒlɪ'tɪʃn] *n* político *m* (-ca *f*).
politics ['pɒlətɪks] *n* política *f*.
polka ['pɒlkə] *n* polca *f*.
polka dot *n* bolinha *f (em tecido)*.
poll [pəʊl] *n (survey)* sondagem *f*; **the ~s** *(election)* as eleições.
pollen ['pɒlən] *n* pólen *m*.
polling booth ['pəʊlɪŋ-] *n* cabine *f* eleitoral.
polling station ['pəʊlɪŋ-] *n* mesa *f* OR centro *m* eleitoral.
pollute [pə'luːt] *vt* poluir.
pollution [pə'luːʃn] *n* poluição *f*.
polo ['pəʊləʊ] *(pl -s)* *n* pólo *m*.
polo neck *n (Brit: jumper)* gola *f* rulê *(Br)*, camisola *f* de gola alta *(Port)*.
polyester [,pɒlɪ'estər] *n* poliéster *m*.
polystyrene [,pɒlɪ'staɪriːn] *n* isopor® *m (Br)*, esferovite *m (Port)*.
polytechnic [,pɒlɪ'teknɪk] *n* escola *f* politécnica.
polythene bag ['pɒlɪθiːn-] *n (Brit)* saco *m* OR saca *f* de plástico.
pomegranate ['pɒmɪ,grænɪt] *n* romã *f*.
pompom ['pɒmpɒm] *n* pompom *m*.
pompous ['pɒmpəs] *adj* pomposo (-osa).
pond [pɒnd] *n* lago *m*.
ponder ['pɒndər] *vt* refletir sobre.
pong [pɒŋ] *n (Brit: inf)* fedor *m*.
pontoon [pɒn'tuːn] *n (Brit: card game)* vinte-e-um *m*.
pony ['pəʊnɪ] *n* pônei *m*.
ponytail ['pəʊnɪteɪl] *n* rabo *m* de cavalo.
pony-trekking [-,trekɪŋ] *n (Brit)* excursão *f* em pônei.
poodle ['puːdl] *n* caniche *m*.
pool [puːl] *n (for swimming)* piscina *f*; *(of water, blood, milk)* poça *f*; *(small pond)* lago *f*; *(game)* bilhar *m*.
❑ **pools** *npl (Brit):* **the ~s** ≃ a loteca *(Br)*, a loteria esportiva *(Br)*, o Totobola® *(Port)*.
poor [pɔːr] *adj (short of money)* pobre; *(bad)* mau (má); *(expressing sympathy)* coitado(-da), pobre ◆ *npl:* **the ~** os pobres.
poorly ['pɔːlɪ] *adj (Brit: ill)* adoenta-

do(-da) ◆ *adv* mal.
pop [pɒp] *n (music)* música *f* pop ◆ *vt (inf: put)* meter ◆ *vi (balloon)* rebentar; **my ears popped** os meus ouvidos deram um estalido.
❑ **pop in** *vi (Brit):* **I'll ~ in after work** dou um pulo aí depois do trabalho.
pop concert *n* concerto *m* de música pop.
popcorn ['pɒpkɔːn] *n* pipoca *f*.
Pope [pəʊp] *n:* **the ~** o Papa.
pop group *n* grupo *m* de música pop.
poplar (tree) ['pɒplər-] *n* álamo *m*, choupo *m*.
pop music *n* música *f* pop.
popper ['pɒpər] *n (Brit)* botão *m* de pressão *(Br)*, mola *f (Port)*.
poppy ['pɒpɪ] *n* papoula *f*.
Popsicle® ['pɒpsɪkl] *n (Am)* picolé *m (Br)*, gelado *m (de fruta) (Port)*.
pop socks *npl* meias *fpl* até ao joelho, meia-meia *f*.
pop star *n* pop star *f*.
popular ['pɒpjʊlər] *adj (person, place, activity)* popular; *(opinion, ideas)* generalizado(-da).
popularity [,pɒpjʊ'lærətɪ] *n* popularidade *f*.
popularize ['pɒpjʊləraɪz] *vt (make popular)* popularizar; *(simplify)* vulgarizar.
populated ['pɒpjʊleɪtɪd] *adj* povoado(-da).
population [,pɒpjʊ'leɪʃn] *n* população *f*.
porcelain ['pɔːsəlɪn] *n* porcelana *f*.
porch [pɔːtʃ] *n (entrance)* átrio *m*; *(Am: outside house)* terraço *m* (coberto), alpendre *m*.
porcupine ['pɔːkjʊpaɪn] *n* porco-espinho *m*.
pore [pɔːr] *n* poro *m*.
❑ **pore over** *vt fus* debruçar-se sobre, estudar atentamente.
pork [pɔːk] *n* carne *f* de porco.
pork chop *n* costeleta *f* de porco.
pork pie *n* empada *f* de carne de porco.
pornographic [,pɔːnə'græfɪk] *adj* pornográfico(-ca).
pornography [pɔː'nɒgrəfɪ] *n* pornografia *f*.
porous ['pɔːrəs] *adj* poroso(-osa).
porridge ['pɒrɪdʒ] *n* flocos *mpl* de aveia.

port [pɔːt] *n* porto *m*.
portable ['pɔːtəbl] *adj* portátil.
porter ['pɔːtəʳ] *n (at hotel, museum)* porteiro *m* (-ra *f*); *(at station, airport)* carregador *m* (-ra *f*).
portfolio [ˌpɔːt'fəʊljəʊ] *(pl -s) n (case)* pasta *f*; *(sample of work)* portfólio *m*.
porthole ['pɔːthəʊl] *n* vigia *f*.
portion ['pɔːʃn] *n (part)* porção *f*; *(of food)* dose *f*.
portly ['pɔːtlɪ] *adj* corpulento(-ta).
portrait ['pɔːtreɪt] *n* retrato *m*.
portray [pɔː'treɪ] *vt (in a play, film)* representar; *(describe, represent)* retratar, descrever.
Portugal ['pɔːtʃʊgl] *n* Portugal *s*.
Portuguese [ˌpɔːtʃʊ'giːz] *adj* português(-esa) ♦ *n (person)* português *m* (-esa *f*); *(language)* português *m* ♦ *npl*: **the ~** os portugueses.
pose [pəʊz] *vt (problem, threat)* constituir ♦ *vi (for photo)* posar.
posh [pɒʃ] *adj (inf)* fino(-na), chique.
position [pə'zɪʃn] *n* posição *f*; **"~ closed"** "encerrado".
positive [pɒzətɪv] *adj* positivo(-va); *(certain, sure)* seguro(-ra); **I'm absolutely ~** tenho a certeza absoluta.
possess [pə'zes] *vt* possuir.
possession [pə'zeʃn] *n (thing owned)* bem *m*.
possessive [pə'zesɪv] *adj* possessivo(-va).
possibility [ˌpɒsə'bɪlətɪ] *n* possibilidade *f*.
possible ['pɒsəbl] *adj* possível; **it's ~ that we may be late** é possível que cheguemos atrasados; **would it be ~ ...?** seria possível ...?; **as much as ~** o máximo possível; **if ~** se for possível.
possibly ['pɒsəblɪ] *adv (perhaps)* provavelmente.
post [pəʊst] *n* correio *m*; *(pole)* poste *m*; *(fml: job)* lugar *m* ♦ *vt (letter)* pôr no correio; *(parcel)* enviar; **by ~** pelo correio.
postage ['pəʊstɪdʒ] *n* franquia *f*; **~ and packing** custos *mpl* de envio; **~ paid** porte *m* pago.
postage stamp *n (fml)* selo *m* (postal).
postal ['pəʊstl] *adj* postal.
postal order *n* vale *m* postal.
postbox ['pəʊstbɒks] *n (Brit)* caixa *f* de coleta *(Br)*, caixa *f* do correio *(Port)*.

postcard ['pəʊstkɑːd] *n* (cartão) postal *m*.
postcode ['pəʊstkəʊd] *n (Brit)* código *m* postal.
poster ['pəʊstəʳ] *n* poster *m*.
poste restante [ˌpəʊstres'tɑːnt] *n (Brit)* posta-restante *f*.
posterior [pɒ'stɪərɪəʳ] *n (inf)* traseiro *m*.
post-free *adv* com porte pago.
postgraduate [ˌpəʊst'grædʒʊət] *n* pós-graduado *m* (-da *f*).
posthumous ['pɒstjʊməs] *adj* póstumo(-ma).
postman ['pəʊstmən] *(pl -men* [-mən]) *n* carteiro *m*.
postmark ['pəʊstmɑːk] *n* carimbo *m* (postal).
postmaster ['pəʊstˌmɑːstəʳ] *n* chefe *m* dos correios.
postmortem [ˌpəʊst'mɔːtəm] *n (autopsy)* autópsia *f*.
post office *n (building)* estação *f* de correios; **the Post Office** ≃ a Empresa Nacional dos Correios e Telégrafos *(Br)*, ≃ os CTT *(Port)*.
postpone [ˌpəʊst'pəʊn] *vt* adiar.
postscript ['pəʊskrɪpt] *n (to letter)* pós-escrito *m*.
posture ['pɒstʃəʳ] *n* postura *f*.
postwoman ['pəʊstˌwʊmən] *(pl -women* [-ˌwɪmɪn]) *n* carteira *f (Br)*, mulher-carteiro *f (Port)*.
pot [pɒt] *n (for cooking)* panela *f*; *(for jam, paint)* frasco *m*; *(for coffee, tea)* bule *m*; *(inf: cannabis)* maconha *f (Br)*, erva *f (Port)*; **a ~ of tea** um bule de chá.
potato [pə'teɪtəʊ] *(pl -es) n* batata *f*.
potato salad *n* salada *f* de batata.
potent ['pəʊtənt] *adj (argument, drink)* forte.
potential [pə'tenʃl] *adj* potencial ♦ *n* potencial *m*.
potentially [pə'tenʃəlɪ] *adv* potencialmente.
pothole ['pɒthəʊl] *n (in road)* buraco *m*.
potholing ['pɒtˌhəʊlɪŋ] *n (Brit)* espeleologia *f*; **to go ~** praticar espeleologia.
potion ['pəʊʃn] *n* poção *f*.
pot plant *n* planta *f* de interior.
pot scrubber [-'skrʌbəʳ] *n* esfregão *m*.
potshot ['pɒtʃɒt] *n*: **to take a ~ (at sth)** disparar (contra algo), atirar (contra algo).

potted ['pɒtɪd] *adj (meat, fish)* de conserva; *(plant)* de vaso, de interior.

potter ['pɒtər] *n* oleiro *m* (-ra *f*).

❏ **potter around** *vi (Brit)* ocupar-se de tarefas agradáveis mas sem nenhuma importância.

pottery ['pɒtərɪ] *n (clay objects)* cerâmica *f*; *(craft)* cerâmica, olaria *f*.

potty ['pɒtɪ] *n* penico *m* *(para crianças)*.

pouch [paʊtʃ] *n (for money, tobacco)* bolsa *f*.

poultry ['pəʊltrɪ] *n (meat)* carne *f* de aves (domésticas) ◆ *npl (animals)* aves *fpl* domésticas.

pound [paʊnd] *n (unit of money)* libra *f*; *(unit of weight)* = 453,6 gr, libra ◆ *vi (heart)* palpitar; *(head)* latejar.

pour [pɔːr] *vt (liquid etc)* jogar; *(drink)* servir ◆ *vi (flow)* correr; **it's ~ing (with rain)** está chovendo canivetes *(Br)*, está a chover a cântaros *(Port)*.

❏ **pour out** *vt sep (drink)* servir.

pouring ['pɔːrɪŋ] *adj (rain)* torrencial.

pout [paʊt] *vi* fazer beicinho.

poverty ['pɒvətɪ] *n* pobreza *f*.

poverty-stricken *adj* empobrecido(-da).

powder ['paʊdər] *n* pó *m*.

powdered ['paʊdəd] *adj (milk, sugar)* em pó.

powder room *n* banheiro *m* para senhoras *(Br)*, casa *f* de banho para senhoras *(Port)*.

power ['paʊər] *n (control, authority)* poder *m*; *(ability)* capacidade *f*; *(strength, force)* força *f*; *(energy)* energia *f*; *(electricity)* eletricidade *f* ◆ *vt* alimentar, accionar; **to be in ~** estar no poder.

powerboat ['paʊəbəʊt] *n* barco *m* a motor.

power cut *n* corte *m* de energia.

power failure *n* falha *f* de energia.

powerful ['paʊəful] *adj* forte; *(having control)* poderoso(-osa); *(machine)* potente.

powerless ['paʊəlɪs] *adj* impotente; **to be ~ to do sthg** não ter poderes para fazer algo, não poder fazer algo.

power point *n (Brit)* tomada *f* elétrica.

power station *n* central *f* elétrica.

power steering *n* direção *f* assistida.

practical ['præktɪkl] *adj* prático(-ca).

practicality [,præktɪ'kælətɪ] *n* aspecto *m* prático.

practical joke *n* partida *f*.

practically ['præktɪklɪ] *adv (almost)* praticamente.

practice ['præktɪs] *n (training, regular activity, custom)* prática *f*; *(training session)* sessão *f* de treino; *(MUS)* ensaio *m*; *(of doctor)* consultório *m*; *(of lawyer)* escritório *m* ◆ *vt (Am)* = **practise**; **out of ~** destreinado(-da).

practise ['præktɪs] *vt (sport, music, technique)* praticar ◆ *vi (train)* praticar; *(doctor, lawyer)* exercer ◆ *n (Am)* = **practice**.

Prague [prɑːg] *n* Praga *s*.

prairie ['preərɪ] *n* pradaria *f*.

praise [preɪz] *n* elogio *m* ◆ *vt* elogiar.

praiseworthy ['preɪz,wɜːðɪ] *adj* digno(-gna) de louvor.

pram [præm] *n (Brit)* carrinho *m* de bebê.

prance [prɑːns] *vi (person)* pavonear-se; *(horse)* dar pinotes.

prank [præŋk] *n* peça *f (Br)*, partida *f (Port)*.

prawn [prɔːn] *n* camarão *m*.

prawn cocktail *n* cocktail *m* de camarão, *entrada à base de camarão e maionese com ketchup dispostos sobre uma camada de folhas de alface*.

prawn cracker *n* bolacha *f* de camarão, *tira-gosto frito chinês de farinha de arroz e camarão, fino e crocante*.

pray [preɪ] *vi* rezar; **to ~ for** *(fig)* rezar por; **to ~ for rain** rezar para que chova.

prayer [preər] *n* oração *f*.

precarious [prɪ'keərɪəs] *adj* precário (-ria).

precaution [prɪ'kɔːʃn] *n* precaução *f*.

precede [prɪ'siːd] *vt (fml)* preceder.

precedence ['presɪdəns] *n*: **to take ~ over sthg** ter prioridade em relação a OR sobre algo.

precedent ['presɪdənt] *n* precedente *m*.

preceding [prɪ'siːdɪŋ] *adj* precedente.

precinct ['priːsɪŋkt] *n (Brit: for shopping)* zona *f* comercial (pedestre); *(Am: area of town)* circunscrição *f*.

precious ['preʃəs] *adj* precioso(-osa); *(memories, possession)* querido(-da).

precious stone *n* pedra *f* preciosa.

precipice ['presɪpɪs] *n* precipício *m*.

precise [prɪ'saɪs] *adj* preciso(-sa).

precisely [prɪ'saɪslɪ] *adv* precisamente.

precision [prɪ'sɪʒn] *n* precisão *f.*

precocious [prɪ'kəʊʃəs] *adj* precoce.

predator ['predətər] *n (animal)* predador *m; (bird)* ave *f* de rapina.

predecessor ['pri:dɪsesər] *n* antecessor *m* (-ra *f*).

predicament [prɪ'dɪkəmənt] *n* situação *f* difícil.

predict [prɪ'dɪkt] *vt* prever.

predictable [prɪ'dɪktəbl] *adj* previsível.

prediction [prɪ'dɪkʃn] *n* previsão *f.*

predominant [prɪ'dɒmɪnənt] *adj* predominante.

predominantly [prɪ'dɒmɪnəntlɪ] *adv* predominantemente.

preempt [,pri:'empt] *vt* adiantar-se a, anticipar-se a.

prefab ['pri:fæb] *n (inf)* pré-fabricado *m.*

preface ['prefɪs] *n* prefácio *m.*

prefect ['pri:fekt] *n (Brit: at school)* prefeito *m* (monitora *f*).

prefer [prɪ'fɜːr] *vt:* **to ~ sthg (to)** preferir algo (a); **to ~ to do sthg** preferir fazer algo.

preferable ['prefrəbl] *adj* preferível.

preferably ['prefrəblɪ] *adv* preferivelmente, de preferência.

preference ['prefərəns] *n* preferência *f.*

prefix ['pri:fɪks] *n* prefixo *m.*

pregnancy ['pregnənsɪ] *n* gravidez *f.*

pregnant ['pregnənt] *adj* grávida.

prehistoric [,pri:hɪ'stɒrɪk] *adj* pré-histórico(-ca).

prejudice ['predʒʊdɪs] *n* preconceito *m.*

prejudiced ['predʒʊdɪst] *adj* preconceituoso(-osa).

preliminary [prɪ'lɪmɪnərɪ] *adj* preliminar.

prelude ['prelju:d] *n (event):* **~ (to sthg)** prelúdio *m* (de algo).

premarital [,pri:'mærɪtl] *adj* pré-matrimonial.

premature ['premə,tjʊər] *adj* prematuro(-ra).

premeditated [,pri:'medɪteɪtɪd] *adj* premeditado(-da).

premenstrual **syndrome** [,pri:'menstruəl-] *n* síndrome *f* prémenstrual.

premenstrual tension = **premenstrual syndrome**.

premier ['premjər] *adj* melhor ◆ *n* primeiro-ministro *m* (primeira-ministra *f*).

premiere ['premɪeər] *n* estréia *f.*

premises ['premɪsɪz] *npl* instalações *fpl*, local *m;* **on the ~** no estabelecimento.

premium ['pri:mjəm] *n (for insurance)* prêmio *m.*

premium-quality *adj* de primeira (qualidade).

premonition [,premə'nɪʃn] *n* premunição *f.*

preoccupied [,pri:'ɒkjʊpaɪd] *adj* preocupado(-da).

prepacked [,pri:'pækt] *adj* pré-embalado(-da).

prepaid ['pri:peɪd] *adj (envelope)* com porte pago, que não necessita de selo.

preparation [,prepə'reɪʃn] *n (preparing)* preparação *f.*

❑ **preparations** *npl (arrangements)* preparações *fpl.*

preparatory [prɪ'pærətrɪ] *adj* preparatório(-ria).

preparatory school *n (in UK)* escola particular, de preparação para o ensino secundário, para alunos dos sete aos doze anos; *(in US)* escola secundária particular destinada à preparação para o ensino superior.

prepare [prɪ'peər] *vt* preparar ◆ *vi* preparar-se.

prepared [prɪ'peəd] *adj (ready)* preparado(-da); **to be ~ to do sthg** estar preparado para fazer algo.

preposition [,prepə'zɪʃn] *n* preposição *f.*

preposterous [prɪ'pɒstərəs] *adj* absurdo(-da).

prep school [prep-] = **preparatory school**.

prerequisite [,pri:'rekwɪzɪt] *n* pré-requisito *m;* **to be a ~ of** OR **for sthg** ser um pré-requisito para algo.

preschool [,pri:'sku:l] *adj* pré-escolar ◆ *n (Am)* pré-primário *m.*

prescribe [prɪ'skraɪb] *vt* receitar.

prescription [prɪ'skrɪpʃn] *n* receita *f* (médica).

presence ['prezns] *n* presença *f;* **in sb's ~** na presença de alguém.

present [*adj & n* 'preznt, *vb* prɪ'zent] *adj (in attendance)* presente; *(current)* atual ♦ *n (gift)* presente *m* ♦ *vt (give)* presentear; *(problem, challenge)* representar; *(portray, play, on radio or TV)* apresentar; **the ~** o presente; **the ~ (tense)** *(GRAMM)* o presente; **at ~** de momento; **to ~ sb to sb** apresentar alguém a alguém.

presentable [prɪ'zentəbl] *adj* apresentável.

presentation [prezn'teɪʃn] *n* apresentação *f*.

presenter [prɪ'zentər] *n (of TV, radio programme)* apresentador *m* (-ra *f*).

presently ['prezəntlɪ] *adv (soon)* daqui a pouco; *(soon after)* daí a pouco; *(now)* atualmente, neste momento.

preservation [prezə'veɪʃn] *n (of wildlife, building, food)* conservação *f*; *(of order, peace)* manutenção *f*.

preservative [prɪ'zɜːvətɪv] *n* conservante *m*.

preserve [prɪ'zɜːv] *n (jam)* compota *f* ♦ *vt* conservar; *(order, peace)* manter.

preset [ˌpriː'set] *(pt & pp* **preset**) *vt* programar.

president ['prezɪdənt] *n* presidente *mf*.

presidential [ˌprezɪ'denʃl] *adj* presidencial.

press [pres] *vt (push firmly)* pressionar; *(button, switch)* apertar; *(iron)* passar (a ferro) ♦ *n*: **the ~** a imprensa; **to ~ sb to do sthg** insistir com alguém para que faça algo.

press conference *n* entrevista *f* coletiva *(Br)*, conferência *f* de imprensa *(Port)*.

pressed [prest] *adj*: **to be ~ for time/money** estar com falta de tempo/dinheiro, não ter tempo/dinheiro.

pressing ['presɪŋ] *adj (problem, business, need)* urgente, premente; *(appointment)* inadiável.

press-stud *n* botão *m* de pressão *(Br)*, mola *f (Port)*.

press-ups *npl* flexões *fpl*.

pressure ['preʃər] *n* pressão *f*.

pressure cooker *n* panela *f* de pressão.

pressure gauge *n* manômetro *m*.

pressure group *n* grupo *m* de pressão.

pressurize ['preʃəraɪz] *vt (Brit: force)*: **to ~ sb to do** OR **into doing sthg** pressionar alguém a fazer algo.

prestige [pre'stiːʒ] *n* prestígio *m*.

prestigious [pre'stɪdʒəs] *adj* prestigioso(-osa).

presumably [prɪ'zjuːməblɪ] *adv* presumivelmente.

presume [prɪ'zjuːm] *vt* presumir.

presumptuous [prɪ'zʌmptʃʊəs] *adj* presunçoso(-osa).

pretence [prɪ'tens] *n* fingimento *m*; **to make a ~ of doing sthg** fingir fazer algo.

pretend [prɪ'tend] *vt*: **to ~ to do sthg** fingir fazer algo; **she ~ed she was crying** ela fez de conta que estava chorando.

pretense [prɪ'tens] *(Am)* = **pretence**.

pretension [prɪ'tenʃn] *n* pretensão *f*.

pretentious [prɪ'tenʃəs] *adj* pretencioso(-osa).

pretext ['priːtekst] *n* pretexto *m*; **on** OR **under the ~ of doing sthg** sob o pretexto de fazer algo; **on** OR **under the ~ that** sob o pretexto de que.

pretty ['prɪtɪ] *adj* bonito(-ta) ♦ *adv (inf) (quite)* bastante; *(very)* muito.

prevailing [prɪ'veɪlɪŋ] *adj (belief, opinion, fashion)* dominante, corrente; *(wind)* constante.

prevalent ['prevələnt] *adj* dominante, corrente.

prevent [prɪ'vent] *vt* evitar; **to ~ sb/sthg from doing sthg** impedir alguém/algo de fazer algo.

prevention [prɪ'venʃn] *n* prevenção *f*.

preventive [prɪ'ventɪv] *adj* preventivo(-va).

preview ['priːvjuː] *n (of film)* pré-estréia *f (Br)*, anteestreia *f (Port)*; *(short description)* resumo *m*.

previous [priːvjəs] *adj* anterior.

previously ['priːvjəslɪ] *adv* anteriormente.

prey [preɪ] *n* presa *f*.

price [praɪs] *n* preço *m* ♦ *vt* fixar o preço de; **to be ~d at** custar.

priceless ['praɪslɪs] *adj (expensive)* de valor incalculável; *(valuable)* valiosíssimo(-ma).

price list *n* lista *f* de preços.

price tag *n* etiqueta *f*, preço *m*.

pricey ['praɪsɪ] *adj (inf)* caro(-ra).

prick [prɪk] *vt* picar.

prickly ['prɪklɪ] *adj (plant, bush)* espinhoso(-osa).

prickly heat *n* brotoeja *f (provocada pelo calor)*.

pride [praɪd] *n* orgulho *m* ♦ *vt*: **to ~ o.s. on sthg** orgulhar-se de algo.

priest [priːst] *n* padre *m*.

priestess [priːstɪs] *n* sacerdotisa *f*.

priesthood [ˈpriːsthʊd] *n*: **the ~** *(position, office)* o sacerdócio; *(priests)* o clero.

prim [prɪm] *adj (proper)* ceremonioso (-osa).

primarily [ˈpraɪmərɪlɪ] *adv* principalmente.

primary [ˈpraɪmərɪ] *adj* primário (-ria).

❏ **primaries** *npl (Am: POL)* (eleições) primárias *fpl*.

primary school *n* escola *f* primária.

prime [praɪm] *adj (chief)* principal; *(quality, beef, cut)* de primeira.

prime minister *n* primeiro-ministro *m* (primeira-ministra *f*). ·

primer [ˈpraɪmər] *n (paint)* (tinta de) base *f*; *(textbook)* cartilha *f*.

primitive [ˈprɪmɪtɪv] *adj* primitivo (-va).

primrose [ˈprɪmrəʊz] *n* primavera *f*.

prince [prɪns] *n* príncipe *m*.

Prince of Wales *n* Príncipe *m* de Gales.

princess [prɪnˈses] *n* princesa *f*.

principal [ˈprɪnsəpl] *adj* principal ♦ *n (of school)* diretor *m* (-ra *f*); *(of university)* reitor *m* (-ra *f*).

principle [ˈprɪnsəpl] *n* princípio *m*; **in ~** em princípio.

print [prɪnt] *n (words)* letra *f (impressa)*; *(photo)* fotografia *f*; *(of painting)* reprodução *f*; *(mark)* impressão *f* ♦ *vt (book, newspaper)* imprimir; *(publish)* publicar; *(write)* escrever em letra de imprensa; *(photo)* revelar; **out of ~** esgotado.

❏ **print out** *vt sep* imprimir.

printed matter [ˈprɪntɪd-] *n* impressos *mpl*.

printer [ˈprɪntər] *n (machine)* impressora *f*; *(person)* impressor *m* (-ra *f*).

printout [ˈprɪntaʊt] *n* cópia *f* impressa, impressão *f*.

prior [ˈpraɪər] *adj (previous)* prévio (-via); **~ to** *(fml)* antes de.

priority [praɪˈɒrɪtɪ] *n* prioridade *f*; **to have ~ over** ter prioridade sobre.

prison [ˈprɪzn] *n* prisão *f*.

prisoner [ˈprɪznər] *n* prisioneiro *m* (-ra *f*).

prisoner of war *n* prisioneiro *m* (-ra *f*) de guerra.

prison officer *n* guarda *mf* de prisão.

privacy [ˈprɪvəsɪ] *n* privacidade *f*.

private [ˈpraɪvɪt] *adj* privado(-da); *(class, lesson)* particular; *(quiet)* retirado(-da) ♦ *n (MIL)* soldado *m* raso; **in ~** em particular.

private health care *n* assistência *f* médica privada.

privately [ˈpraɪvɪtlɪ] *adv (meet, speak)* em particular; *(think, believe)* no íntimo; **~ owned** *(company)* pertencente ao setor privado.

private property *n* propriedade *f* privada.

private school *n* escola *f* particular.

privatize [ˈpraɪvɪtaɪz] *vt* privatizar.

privet [ˈprɪvɪt] *n* alfena *f*, alfenheiro *m*, ligustro *m*.

privilege [ˈprɪvɪlɪdʒ] *n* privilégio *m*; **it's a ~!** é uma honra!

prize [praɪz] *n* prêmio *m*.

prize-giving [-ˌgɪvɪŋ] *n* entrega *f* de prêmios.

prizewinner [ˈpraɪzwɪnər] *n* premiado *m* (-da *f*), vencedor *m* (-ra *f*) (do prêmio).

pro [prəʊ] *(pl* **-s)** *n (inf: professional)* profissional *mf*.

❏ **pros** *npl*: **~s and cons** os prós e os contras.

probability [ˌprɒbəˈbɪlətɪ] *n* probabilidade *f*.

probable [ˈprɒbəbl] *adj* provável.

probably [ˈprɒbəblɪ] *adv* provavelmente.

probation [prəˈbeɪʃn] *n (of prisoner)* liberdade *f* condicional; *(trial period)* período *m* em experiência; **to be on ~** *(employee)* estar em experiência.

probation officer *n* assistente *mf* social *(responsável por um preso em liberdade condicional)*.

probe [prəʊb] *n (MED: for exploration)* sonda *f* ♦ *vt* sondar.

problem [ˈprɒbləm] *n* problema *m*; **no ~!** *(inf)* não há problema!

procedure [prəˈsiːdʒər] *n* procedimento *m*.

proceed [prəˈsiːd] *vi (fml) (continue)* prosseguir; *(act)* proceder; *(advance)* avançar; **"~ with caution"** "avançar com precaução".

proceeds ['prəʊsiːdz] *npl* receita *f*, dinheiro *m* apurado

process ['prəʊses] *n* processo *m*; **to be in the ~ of doing sthg** estar fazendo algo.

processed cheese ['prəʊsest-] *n* (*for spreading*) queijo *m* fundido; (*in slices*) queijo fundido em fatias.

procession [prə'seʃn] *n* procissão *f*.

proclaim [prə'kleɪm] *vt* proclamar.

procrastinate [prə'kræstɪneɪt] *vi* procrastinar, adiar.

procure [prə'kjʊər] *vt* arranjar, conseguir.

prod [prɒd] *vt* (*poke*) empurrar.

prodigal ['prɒdɪgl] *adj* pródigo(-ga).

prodigy ['prɒdɪdʒɪ] *n* prodígio *m*.

produce [*vb* prə'djuːs, *n* 'prɒdjuːs] *vt* produzir; (*cause*) provocar; (*show*) mostrar ♦ *n* produtos *mpl* agrícolas.

producer [prə'djuːsər] *n* produtor *m* (-ra *f*).

product ['prɒdʌkt] *n* produto *m*.

production [prə'dʌkʃn] *n* produção *f*.

production line *n* linha *f* de produção.

productive [prə'dʌktɪv] *adj* produtivo(-va).

productivity [,prɒdʌk'tɪvətɪ] *n* produtividade *f*.

profession [prə'feʃn] *n* profissão *f*.

professional [prə'feʃənl] *adj* profissional ♦ *n* profissional *mf*.

professor [prə'fesər] *n* (*in UK*) professor *m* catedrático (professora *f* catedrática); (*in US*) professor *m* universitário (professora *f* universitária).

profile ['prəʊfaɪl] *n* perfil *m*.

profit ['prɒfɪt] *n* (*financial*) lucro *m* ♦ *vi*: **to ~ (from)** tirar proveito (de), lucrar (com).

profitability [,prɒfɪtə'bɪlɪtɪ] *n* rentabilidade *f*.

profitable ['prɒfɪtəbl] *adj* (*financially*) lucrativo(-va), rentável.

profiteroles [prə'fɪtərəʊlz] *npl* profiteroles *mpl*, *bolinhos de massa leve recheados com creme e cobertos de chocolate.*

profound [prə'faʊnd] *adj* profundo (-da).

profusely [prə'fjuːslɪ] *adv* (*sweat, bleed*) imenso; **to apologize ~** desfazer-se em desculpas.

program ['prəʊgræm] *n* (COMPUT) pro-

grama *m*; (*Am*) = **programme** ♦ *vt* (COMPUT) programar.

programme ['prəʊgræm] *n* (*Brit*) programa *m*.

programming ['prəʊgræmɪŋ] *n* (COMPUT) programação *f*.

progress [*n* 'prəʊgres, *vb* prə'gres] *n* progresso *m* ♦ *vi* (*work, talks, student*) progredir; (*day, meeting*) avançar; **to make ~** (*improve*) progredir, melhorar; (*in journey*) avançar; **in ~** em curso.

progressive [prə'gresɪv] *adj* (*forward-looking*) progressivo(-va).

prohibit [prə'hɪbɪt] *vt* proibir; **"smoking strictly ~ed"** "é proibido fumar".

project ['prɒdʒekt] *n* (*plan*) projeto *m*; (*at school*) trabalho *m*.

projectile [prə'dʒektaɪl] *n* projétil *m*.

projection [prə'dʒekʃn] *n* (*estimate*) previsão *f*, estimativa *f*; (*protrusion*) saliência *f*.

projector [prə'dʒektər] *n* projetor *m*.

prolific [prə'lɪfɪk] *adj* prolífico(-ca).

prolog ['prəʊlɒg] (*Am*) = **prologue**.

prologue ['prəʊlɒg] *n* prólogo *m*.

prolong [prə'lɒŋ] *vt* prolongar.

prom [prɒm] *n* (*Am: dance*) = baile *m* de finalistas.

promenade [,prɒmə'nɑːd] *n* (*Brit: by the sea*) passeio *m* (à beira da praia), calçadão *m* (*Br*).

prominent ['prɒmɪnənt] *adj* proeminente.

promiscuous [prɒ'mɪskjʊəs] *adj* promíscuo(-cua).

promise ['prɒmɪs] *n* promessa *f* ♦ *vt* & *vi* prometer; **to show ~** ser prometedor; **to ~ sb sthg** prometer algo a alguém; **to ~ to do sthg** prometer fazer algo; **I ~ (that) I'll come** prometo que vou, prometo ir.

promising ['prɒmɪsɪŋ] *adj* prometedor(-ra).

promote [prə'məʊt] *vt* promover.

promotion [prə'məʊʃn] *n* promoção *f*.

prompt [prɒmpt] *adj* (*quick*) imediato(-ta) ♦ *adv*: **at six o'clock ~** às seis em ponto.

promptly ['prɒmptlɪ] *adv* (*reply, react, pay*) imediatamente; (*arrive, leave*) pontualmente.

prone [prəʊn] *adj*: **to be ~ to sthg** ser propenso(-sa) a algo; **to be ~ to do sthg** ter tendência para fazer algo.

prong [prɒŋ] *n* (*of fork*) dente *m*.

pronoun ['prəʊnaʊn] *n* pronome *m*.

pronounce [prə'naʊns] *vt (word)* pronunciar.

pronunciation [prə,nʌnsɪ'eɪʃn] *n* pronúncia *f*.

proof [pruːf] *n (evidence)* prova *f*; **it's 12% ~** *(alcohol)* tem 12 graus.

prop [prɒp] : **prop up** *vt sep (support)* suster.

propaganda [,prɒpə'gændə] *n* propaganda *f*.

propeller [prə'pelər] *n* hélice *f*.

propelling pencil [prə'pelɪŋ-] *n (Brit)* lapiseira *f (Br)*, porta-minas *m inv (Port)*.

proper ['prɒpər] *adj (suitable)* adequado(-da); *(correct, socially acceptable)* correto(-ta).

properly ['prɒpəlɪ] *adv* corretamente.

proper noun *n* substantivo *m* próprio.

property ['prɒpətɪ] *n* propriedade *f*; *(fml: building)* imóvel *m*, prédio *m*.

prophecy ['prɒfɪsɪ] *n* profecia *f*.

prophesy ['prɒfɪsaɪ] *vt* profetizar.

prophet ['prɒfɪt] *n* profeta *m* (-tisa *f*).

proportion [prə'pɔːʃn] *n (part, amount)* porção *f*, parte *f*; *(ratio, in art)* proporção *f*.

proportional [prə'pɔːʃnl] *adj* proporcional; **to be ~ to sthg** ser proporcional a algo.

proportional representation [-,reprɪzen'teɪʃn] *n* representação *f* proporcional.

proportionate [prə'pɔːʃnət] *adj*: **~ (to)** proporcional (a).

proposal [prə'pəʊzl] *n (suggestion)* proposta *f*.

propose [prə'pəʊz] *vt (suggest)* propor ◆ *vi*: **to ~ to sb** pedir alguém em casamento.

proposition [,prɒpə'zɪʃn] *n (offer)* proposta *f*.

proprietor [prə'praɪətər] *n (fml)* proprietário *m* (-ria *f*).

prose [prəʊz] *n (not poetry)* prosa *f*; *(SCH)* retroversão *f*.

prosecute ['prɒsɪkjuːt] *vt (JUR)* processar, mover uma ação judicial contra ◆ *vi (bring a charge)* instaurar um processo judicial; *(represent in court)* representar o demandante.

prosecutor ['prɒsɪkjuːtər] *n* Promotor *m* Público (Promotora *f* Pública) *(Br)*, Delegado *m* (-da *f*) do Ministério Público *(Port)*.

prospect ['prɒspekt] *n (possibility)* possibilidade *f*, perspectiva *f*; **I don't relish the ~** não me agrada a perspectiva.

❑ **prospects** *npl (for the future)* perspectivas *fpl*.

prospective [prə'spektɪv] *adj* potencial.

prospectus [prə'spektəs] *(pl -es) n* prospecto *m*.

prosper ['prɒspər] *vi* prosperar.

prosperity [prɒ'sperətɪ] *n* prosperidade *f*.

prosperous ['prɒspərəs] *adj* próspero(-ra).

prostitute ['prɒstɪtjuːt] *n* prostituta *f*.

protagonist [prə'tægənɪst] *n* protagonista *mf*.

protect [prə'tekt] *vt* proteger; **to ~ sb/sthg against** proteger alguém/algo contra; **to ~ sb/sthg from** proteger alguém/algo de.

protection [prə'tekʃn] *n* proteção *f*.

protection factor *n* factor *m* de proteção.

protective [prə'tektɪv] *adj* protetor (-ra).

protein ['prəʊtiːn] *n* proteína *f*.

protest [*n* 'prəʊtest, *vb* prə'test] *n (complaint)* protesto *m*; *(demonstration)* passeata *f (Br)*, protesto, manifestação *f (Port)* ◆ *vt (Am: protest against)* protestar contra ◆ *vi*: **to ~ (against)** protestar (contra).

Protestant ['prɒtɪstənt] *n* protestante *mf*.

protester [prə'testər] *n* manifestante *mf*.

prototype ['prəʊtətaɪp] *n* protótipo *m*.

protractor [prə'træktər] *n* transferidor *m*.

protrude [prə'truːd] *vi* sair.

proud [praʊd] *adj* orgulhoso(-osa); **to be ~ of** ter orgulho em.

prove [pruːv] *(pp* **-d** OR **proven** [pruːvn]) *vt (show to be true)* provar; *(turn out to be)* revelar-se.

proverb ['prɒvɜːb] *n* provérbio *m*.

provide [prə'vaɪd] *vt (supply)* fornecer; **to ~ sb with sthg** fornecer algo a alguém.

❑ **provide for** *vt fus (person)* manter.

provided (that) [prə'vaɪdɪd-] *conj* desde que.

providing (that) [prə'vaɪdɪŋ-] = **provided (that)**.

province ['prɒvɪns] n província f.

provision [prə'vɪʒn] n (of food, resources) fornecimento m; (in agreement, law) disposição f, cláusula f; (arrangement) precauções fpl; **to make ~ for** (future, eventuality) tomar precauções para.

❏ **provisions** npl (supplies) provisões fpl, mantimentos mpl.

provisional [prə'vɪʒənl] adj provisório(-ria).

provocative [prə'vɒkətɪv] adj provocador(-ra).

provoke [prə'vəʊk] vt provocar.

prow [praʊ] n proa f.

prowess ['praʊɪs] n proeza f.

prowl [praʊl] vi rondar.

proxy ['prɒksɪ] n: **by ~** por OR com procuração.

prudent ['pruːdnt] adj prudente.

prudish ['pruːdɪʃ] adj pudico(-ca).

prune [pruːn] n ameixa f seca ♦ vt (tree, bush) podar.

pry [praɪ] vi: **to ~ (into sthg)** intrometer-se (em algo).

PS (abbr of postscript) PS.

psalm [sɑːm] n salmo m.

pseudonym ['sjuːdənɪm] n pseudónimo m.

psychiatric [ˌsaɪkɪ'ætrɪk] adj psiquiátrico(-ca).

psychiatrist [saɪ'kaɪətrɪst] n psiquiatra mf.

psychiatry [saɪ'kaɪətrɪ] n psiquiatria f.

psychic ['saɪkɪk] adj (person) mediúnico(-ca), espírita.

psychoanalysis [ˌsaɪkəʊə'næləsɪs] n psicanálise f.

psychoanalyst [ˌsaɪkəʊ'ænəlɪst] n psicanalista mf.

psychological [ˌsaɪkə'lɒdʒɪkl] adj psicológico(-ca).

psychologist [saɪ'kɒlədʒɪst] n psicólogo m (-ga f).

psychology [saɪ'kɒlədʒɪ] n psicologia f.

psychopath ['saɪkəpæθ] n psicopata mf.

psychotherapist [ˌsaɪkəʊ'θerəpɪst] n psicoterapeuta mf.

psychotic [saɪ'kɒtɪk] adj psicopático(-ca).

pt abbr = pint.

PTO (abbr of please turn over) v.s.f.f.

pub [pʌb] n = bar m.

puberty ['pjuːbətɪ] n puberdade f.

public ['pʌblɪk] adj público(-ca) ♦ n: **the ~** o público; **in ~** em público.

public-address system n sistema m de difusão pública OR (de reforço) de som.

publican ['pʌblɪkən] n (Brit) pessoa que gere um "pub".

publication [ˌpʌblɪ'keɪʃn] n publicação f.

public bar n (Brit) parte mais simples e menos confortável de um "pub".

public convenience n (Brit) banheiro m público (Br), casa f de banho pública (Port).

public footpath n (Brit) caminho m público.

public holiday n feriado m (nacional).

public house n (Brit: fml) = bar m.

publicity [pʌb'lɪsɪtɪ] n publicidade f.

publicize [pʌblɪ'saɪz] vt divulgar, dar a conhecer ao público.

public opinion n opinião f pública.

public relations npl relações fpl públicas. **public school** n (in UK) escola f particular; (in US) escola pública.

public telephone n telefone m público.

public transport n transporte m público OR coletivo.

publish ['pʌblɪʃ] vt publicar.

publisher ['pʌblɪʃəʳ] n (person) editor m (-ra f); (company) editora f.

publishing ['pʌblɪʃɪŋ] n (industry) indústria f editorial.

pub lunch n almoço servido num "pub".

pudding ['pʊdɪŋ] n (sweet dish) pudim m; (Brit: course) sobremesa f.

puddle ['pʌdl] n poça f.

puff [pʌf] vi (breathe heavily) ofegar ♦ n (of air) lufada f, (smoke) baforada f; **to ~ at** tirar baforadas de.

puffin ['pʌfɪn] n papagaio-do-mar m.

puff pastry n massa f folhada.

pull [pʊl] vt & vi puxar ♦ n: **to give sthg a ~** dar um puxão em algo, puxar algo; **to ~ a face** fazer uma careta; **to ~ a muscle** distender um músculo; **"pull"** (on door) "puxe".

❏ **pull apart** vt sep (machine) desmontar; *(book)* desfazer.

❏ **pull down** *vt sep (lower)* baixar; *(demolish)* jogar abaixo, demolir.

❏ **pull in** *vi (train)* dar entrada *(em estação)*; *(car)* estacionar.

❏ **pull out** *vt sep (cork, plug)* tirar; *(tooth)* arrancar ◆ *vi (train)* partir; *(car)* sair; *(withdraw)* retirar-se.

❏ **pull over** *vi (car)* encostar.

❏ **pull up** *vt sep (trousers, sleeve)* arregaçar; *(socks)* puxar ◆ *vi (stop)* parar.

pulley ['pʊlɪ] *(pl -s)* *n* roldana *f*.

pull-out *n (Am: beside road)* área *f* de descanso.

pullover ['pʊl,əʊvəʳ] *n* pulôver *m*.

pulp [pʌlp] *n* polpa *f*; *(of wood)* pasta *f* de papel ◆ *adj*: ~ **fiction** literatura *f* de cordel.

pulpit ['pʊlpɪt] *n* púlpito *m*.

pulse [pʌls] *n (MED)* pulso *m*.

puma ['pjuːmə] *(pl inv OR -s)* *n* puma *m*.

pump [pʌmp] *n* bomba *f*.

❏ **pumps** *npl (sports shoes)* sapatilhas *fpl*, ténis *mpl (Port)*.

❏ **pump up** *vt sep* encher.

pumpkin ['pʌmpkɪn] *n* abóbora *f*.

pun [pʌn] *n* trocadilho *m*.

punch [pʌntʃ] *n (blow)* murro *m*, soco *m*; *(drink)* ponche *m* ◆ *vt (hit)* esmurrar, dar um murro OR soco em; *(ticket)* picar, obliterar.

Punch and Judy show [-'dʒuːdɪ-] *n* = show *m* de marionetes OR fantoches.

punch line *n* final *m (de uma anedota ou piada)*.

punch-up *n (Brit: inf)* briga *f*, pancadaria *f*.

punctual ['pʌŋktʃʊəl] *adj* pontual.

punctuation [,pʌŋktʃʊ'eɪʃn] *n* pontuação *f*.

punctuation mark *n* sinal *m* de pontuação.

puncture ['pʌŋktʃəʳ] *n* furo *m* ◆ *vt* furar.

pungent ['pʌndʒənt] *adj (smell)* intenso(-sa), penetrante.

punish ['pʌnɪʃ] *vt*: **to** ~ **sb (for sthg)** castigar alguém (por algo), pôr alguém de castigo (por algo).

punishing ['pʌnɪʃɪŋ] *adj* penoso (-osa).

punishment ['pʌnɪʃmənt] *n* castigo *m*.

punk [pʌŋk] *n (person)* punk *mf*; *(music)* música *f* punk.

punnet ['pʌnɪt] *n (Brit)* cestinho *m*, caixa *f*.

puny ['pjuːnɪ] *adj (person, limbs)* magricela; *(effort, attempt)* patético (-ca).

pup [pʌp] *n (young dog)* cachorrinho *m (Br)*, cachorro *m (Port)*.

pupil ['pjuːpl] *n (student)* aluno *m* (-na *f*); *(of eye)* pupila *f*.

puppet ['pʌpɪt] *n* fantoche *m*, marionete *f*.

puppy ['pʌpɪ] *n* cachorrinho *m (Br)*, cachorro *m (Port)*.

purchase ['pɜːtʃəs] *vt (fml)* comprar ◆ *n (fml)* compra *f*.

purchaser ['pɜːtʃəsəʳ] *n* comprador *m* (-ra *f*).

pure [pjʊəʳ] *adj* puro(-ra).

puree ['pjʊəreɪ] *n* purê *m*.

purely ['pjʊəlɪ] *adv (only)* meramente.

purify ['pjʊərɪfaɪ] *vt* purificar.

purity ['pjʊərətɪ] *n* pureza *f*.

purple ['pɜːpl] *adj* roxo(-xa).

purpose ['pɜːpəs] *n (reason)* motivo *m*; *(use)* uso *m*; **on** ~ de propósito.

purr [pɜːʳ] *vi (cat)* ronronar.

purse [pɜːs] *n* carteira *f*.

purser ['pɜːsəʳ] *n* comissário *m* de bordo.

pursue [pə'sjuː] *vt (follow)* perseguir; *(study, inquiry, matter)* continuar com.

pursuer [pə'sjuːəʳ] *n* perseguidor *m* (-ra *f*).

pursuit [pə'sjuːt] *n (of animal, criminal)* perseguição *f*; *(of happiness, goals)* busca *f*; *(occupation, activity)* atividade *f*; **leisure ~s** passatempos *mpl*.

pus [pʌs] *n* pus *m*.

push [pʊʃ] *vt (shove)* empurrar; *(button, doorbell)* apertar; *(product)* promover ◆ *vi (shove)* empurrar ◆ *n*: **to give sb/sthg a** ~ empurrar alguém/algo, dar um empurrão em alguém/algo; **to** ~ **sb into doing sthg** levar alguém a fazer algo; **"push"** *(on door)* "empurre".

❏ **push in** *vi (in queue)* meter-se na frente.

❏ **push off** *vi (inf: go away)* pirar-se.

push-button telephone *n* telefone *m* de teclas.

pushchair ['pʊʃtʃeəʳ] *n (Brit)* carrinho *m (de bebé)*.

pushed [pʊʃt] *adj (inf)*: **to be** ~ **(for time)** não ter tempo.

pusher ['pʊʃəʳ] *n (drugs seller)* trafi-

cante *mf* OR passador *m* (-ra *f*).
push-ups *npl* flexões *fpl*.
pushy ['puʃɪ] *adj* agressivo(-va), insistente.
puss [pus] = **pussy (cat)**.
pussy (cat) ['pusɪ-] *n* (*inf*) gatito *m*, bichaninho *m*.
put [put] (*pt & pp* **put**) *vt* pôr; (*express*) exprimir; (*write*) escrever; (*a question*) colocar, fazer; **to ~ sthg at** (*estimate*) avaliar algo em; **to ~ a child to bed** pôr uma criança na cama; **to ~ money into sthg** pôr dinheiro OR investir em algo.
❑ **put aside** *vt sep* (*money*) pôr de lado.
❑ **put away** *vt sep* (*tidy up*) arrumar.
❑ **put back** *vt sep* (*replace*) repor; (*postpone*) adiar; (*clock, watch*) atrasar.
❑ **put down** *vt sep* (*on floor, table*) colocar; (*passenger, deposit*) deixar; (*Brit: animal*) matar, abater.
❑ **put forward** *vt sep* (*clock, watch*) adiantar; (*suggest*) sugerir.
❑ **put in** *vt sep* (*insert*) pôr em; (*install*) instalar.
❑ **put off** *vt sep* (*postpone*) adiar; (*distract*) distrair; (*repel*) dar nojo em; (*passenger*) deixar.
❑ **put on** *vt sep* (*clothes, make-up, CD*) pôr; (*television, light, radio*) acender, ligar; (*play, show*) montar; **to ~ on weight** engordar.
❑ **put out** *vt sep* (*cigarette, fire, light*) apagar; (*publish*) publicar; (*hand, arm, leg*) estender; (*inconvenience*) incomodar; **to ~ one's back out** deslocar uma vértebra.
❑ **put together** *vt sep* juntar.
❑ **put up** *vt sep* (*tent*) montar; (*statue*) erigir, erguer; (*building*) construir; (*umbrella*) abrir; (*a notice, sign*) afixar; (*price, rate*) aumentar, subir; (*provide with accommodation*) alojar ◆ *vi* (*Brit: in hotel*) ficar, hospedar-se.
❑ **put up with** *vt fus* agüentar, suportar.
putt [pʌt] *n* putt *m*, pancada *f* leve ◆ *vi* fazer um putt.
putter ['pʌtəʳ] *n* (*club*) putter *m*.
putting green ['pʌtɪŋ-] *n* green *m*, pequeno campo de golfe.
putty ['pʌtɪ] *n* betume *m*, massa *f* para vidros.
puzzle ['pʌzl] *n* (*game*) quebra-cabeças *m inv*; (*jigsaw*) puzzle *m*; (*mystery*) mistério *m* ◆ *vt* confundir.
puzzling ['pʌzlɪŋ] *adj* intrigante.
pyjamas [pə'dʒɑːməz] *npl* (*Brit*) pijama *m*.
pylon ['paɪlən] *n* poste *m* de alta tensão.
pyramid ['pɪrəmɪd] *n* pirâmide *f*.
Pyrenees [,pɪrə'niːz] *npl*: **the ~** os Pirineus.
Pyrex® ['paɪreks] *n* Pirex® *m*.
python ['paɪθn] *n* (*cobra*) piton *f*.

Q

quack [kwæk] *n (noise)* quá-quá *m*; *(inf: doctor)* charlatão *m* (-tona *f*), veterinário *m* (-ria *f*).
quadruple [kwɒ'dru:pl] *vi* quadruplicar ♦ *adj*: **sales are ~ last year's figures** as vendas aumentaram o quádruplo em relação ao ano passado.
quail [kweɪl] *n* codorna *f (Br)*, codorniz *f (Port)*.
quail's eggs *npl* ovos *mpl* de codorna.
quaint [kweɪnt] *adj* pitoresco(-ca).
quake [kweɪk] *n (inf)* terremoto *m* ♦ *vi* tremer.
qualification [ˌkwɒlɪfɪ'keɪʃn] *n* qualificação *f*.
qualified ['kwɒlɪfaɪd] *adj (trained)* qualificado(-da).
qualify ['kwɒlɪfaɪ] *vi (for competition)* qualificar-se; *(pass exam)* formar-se.
quality ['kwɒlətɪ] *n* qualidade *f* ♦ *adj* de qualidade.
quantity ['kwɒntətɪ] *n* quantidade *f*.
quarantine ['kwɒrənti:n] *n* quarentena *f*.
quarrel ['kwɒrəl] *n* discussão *f* ♦ *vi* discutir.
quarrelsome ['kwɒrəlsəm] *adj* conflituoso(-osa); **he's in a ~ mood today** ele está muito irritadiço hoje.
quarry ['kwɒrɪ] *n (for stone)* pedreira *f*; *(for sand)* areeiro *m*.
quart [kwɔ:t] *n (in UK)* = 1,136 l, ≈ litro *m*; *(in US)* = 0,946 l, ≈ litro.
quarter ['kwɔ:tə'] *n (fraction)* quarto *m*; *(Am: coin)* moeda *f* de 25 centavos; *(4 ounces)* = 0,1134 kg, ≈ cem gramas; *(three months)* trimestre *m*; *(part of town)* bairro *m*; **(a) ~ to five** *(Brit)* quinze para as cinco; **(a) ~ of five** *(Am)* quinze para as cinco; **(a) ~ past five** *(Brit)* cinco e quinze; **(a) ~ after five** *(Am)* cinco e quinze; **(a) ~ of an hour** um quarto de hora.

quarterfinal [ˌkwɔ:tə'faɪnl] *n* quarta *f* de final.
quarterly ['kwɔ:təlɪ] *adj* trimestral ♦ *adv* trimestralmente ♦ *n* publicação *f* trimestral.
quarterpounder [ˌkwɔ:tə'paʊndə'] *n* hambúrger *m* grande.
quartet [kwɔ:'tet] *n* quarteto *m*.
quartz [kwɔ:ts] *adj (watch)* de quartzo.
quartz watch *n* relógio *m* de quartzo.
quay [ki:] *n* cais *m inv*.
quayside ['ki:saɪd] *n* cais *m inv*.
queasy ['kwi:zɪ] *adj (inf)* enjoado (-da), indisposto(-osta).
queen [kwi:n] *n* rainha *f*; *(in cards)* dama *f*.
queen mother *n*: **the ~** a rainha-mãe.
queer [kwɪə'] *adj (strange)* esquisito(-ta); *(inf: ill)* indisposto(-osta) ♦ *n (inf: homosexual)* bicha *f (Br)*, maricas *m inv (Port)*.
quench [kwentʃ] *vt*: **to ~ one's thirst** matar a sede.
query ['kwɪərɪ] *n* pergunta *f*.
quest [kwest] *n*: **~ (for)** busca *f* (de).
question ['kwestʃn] *n* pergunta *f*; *(issue)* questão *f* ♦ *vt (person)* interrogar; **it's out of the ~** está fora de questão.
questionable ['kwestʃənəbl] *adj* questionável.
question mark *n* ponto *m* de interrogação.
questionnaire [ˌkwestʃə'neə'] *n* questionário *m*.
queue [kju:] *n (Brit)* fila *f*, bicha *f (Port)* ♦ *vi (Brit)* fazer fila.
❑ **queue up** *vi (Brit)* fazer fila.
quiche [ki:ʃ] *n* quiche *m*.
quick [kwɪk] *adj* rápido(-da) ♦ *adv* rapidamente, depressa.

quicken

quickly ['kwɪklɪ] *adv* rapidamente, depressa.

quicksand ['kwɪksænd] *n* areia *f* movediça.

quick-witted [-'wɪtɪd] *adj* vivo(-va).

quid [kwɪd] *(pl inv) n (Brit: inf)* libra *f*.

quiet ['kwaɪət] *adj* silencioso(-osa); *(calm, peaceful)* calmo(-ma); *(voice)* baixo(-xa) ◆ *n* sossego *m*, calma *f*; **keep ~!** está calado!; **to keep ~** *(not make noise)* estar calado; **please keep ~ about this** por favor não digam nada.

quieten ['kwaɪətn] : **quieten down** *vi* acalmar-se.

quietly ['kwaɪətlɪ] *adv* silenciosamente; *(calmly)* tranqüilamente.

quilt [kwɪlt] *n* edredom *m*.

quince [kwɪns] *n* marmelo *m*.

quirk [kwɜːk] *n* mania *f*.

quit [kwɪt] *(pt & pp quit) vi (resign)* demitir-se; *(give up)* desistir ◆ *vt (Am: school, job)* deixar, abandonar; **to ~ doing sthg** deixar de fazer algo,

desistir de fazer algo.

quite [kwaɪt] *adv* bastante; **it's not ~ big enough** não é suficientemente grande; **it's not ~ ready** ainda não está pronto; **you're ~ right** você tem toda a razão; **~ a lot (of children)** bastantes (crianças); **~ a lot of money** bastante dinheiro.

quits [kwɪts] *adj (inf)*: **we're ~!** estamos quites!; **give me £10 and we'll call it ~!** dê-me 10 libras e assunto resolvido!

quiver ['kwɪvəʳ] *n (for arrows)* aljava *f*, carcás *m* ◆ *vi* tremer.

quiz [kwɪz] *(pl -zes) n* competição *f (que consiste em responder a perguntas de natureza variada)*.

quizzical ['kwɪzɪkl] *adj (look, glance)* inquiridor(-ra); *(smile)* brincalhão (-lhona), zombeteiro(-ra).

quota ['kwəʊtə] *n* cota *f*, quota *f*.

quotation [kwəʊ'teɪʃn] *n (phrase)* citação *f; (estimate)* orçamento *m*.

quotation marks *npl* aspas *fpl*.

quote [kwəʊt] *vt (phrase, writer)* citar; *(price)* indicar ◆ *n (phrase)* citação *f; (estimate)* orçamento *m*.

R

rabbi ['ræbaɪ] *n* rabi *m*, rabino *m*.

rabbit ['ræbɪt] *n* coelho *m*.

rabbit hutch *n* coelheira *f*.

rabies ['reɪbiːz] *n* raiva *f*.

RAC *n* = TCB *(Br)*, = ACP *(Port)*.

race [reɪs] *n (competition)* corrida *f*; *(ethnic group)* raça *f* ◆ *vi (compete)* competir; *(go fast)* correr; *(engine)* acelerar ◆ *vt (compete against)* competir com.

race car *(Am)* = **racing car**.

racecourse ['reɪskɔːs] *n* hipódromo *m*.

racehorse ['reɪshɔːs] *n* cavalo *m* de corrida.

racetrack ['reɪstræk] *n (for horses)* hipódromo *m*.

racial ['reɪʃl] *adj* racial.

racial discrimination *n* discriminação *f* racial.

racing ['reɪsɪŋ] *n*: **(horse)** ~ corridas *fpl* de cavalos.

racing car *n* carro *m* de corrida.

racism ['reɪsɪzm] *n* racismo *m*.

racist ['reɪsɪst] *n* racista *mf*.

rack [ræk] *n (for coats)* cabide *m*; *(for bottles)* garrafeira *f*; *(for plates)* escorredor *m* de louça; **(luggage)** ~ porta-bagagens *m inv*; ~ **of lamb** peito *m* de carneiro.

racket ['rækɪt] *n (for tennis, badminton, squash)* raquete *f*; *(noise)* barulheira *f*.

racquet ['rækɪt] *n* raquete *f*.

radar ['reɪdɑːʳ] *n* radar *m*.

radiant ['reɪdjənt] *adj* radiante.

radiate ['reɪdɪeɪt] *vt* irradiar ◆ *vi (be emitted)* irradiar; *(spread from centre)* ramificar-se.

radiation [,reɪdɪ'eɪʃn] *n* radiação *f*.

radiator ['reɪdɪeɪtəʳ] *n* radiador *m*.

radical ['rædɪkl] *adj* radical.

radically ['rædɪklɪ] *adv* radicalmente.

radii ['reɪdɪaɪ] *pl* → **radius**.

radio ['reɪdɪəʊ] *(pl* -s*) n (device)* rádio *m*; *(system)* rádio *f* ◆ *vt (person)* chamar por rádio; **on the** ~ na rádio.

radioactive [,reɪdɪəʊ'æktɪv] *adj* radioativo(-va).

radio alarm *n* rádio-despertador *m*.

radiology [reɪdɪ'ɒlədʒɪ] *n* radiologia *f*.

radish ['rædɪʃ] *n* rabanete *m*.

radius ['reɪdɪəs] *(pl* radii*) n* raio *m*.

RAF *n (abbr of Royal Air Force)* RAF *f*, força aérea britânica.

raffle ['ræfl] *n* rifa *f*.

raft [rɑːft] *n (of wood)* jangada *f*; *(inflatable)* barco *m* de borracha.

rafter ['rɑːftəʳ] *n* trave *f*, barrote *m*.

rag [ræg] *n (old cloth)* trapo *m*.

rag-and-bone man *n* trapeiro *m*.

rag doll *n* boneca *f* de trapos.

rage [reɪdʒ] *n* raiva *f*, fúria *f*.

ragged ['rægɪd] *adj (person, clothes)* esfarrapado(-da).

raid [reɪd] *n (attack)* ataque *m*; *(by police)* batida *f (Br)*, rusga *f (Port)*; *(robbery)* assalto *m* ◆ *vt (subj: police)* dar uma batida em; *(subj: thieves)* assaltar.

rail [reɪl] *n (bar)* barra *f*; *(for curtain)* trilho *m (Br)*, varão *m (Port)*; *(on stairs)* corrimão *m*; *(for train, tram)* trilho *m (Br)*, carril *m (Port)* ◆ *adj* ferroviário(-ria); **by** ~ de trem *(Br)*, de comboio *(Port)*.

railcard ['reɪlkɑːd] *n (Brit) cartão que permite aos jovens e aposentados obter descontos nas viagens de comboio.*

railings ['reɪlɪŋz] *npl* grades *fpl*.

railroad ['reɪlrəʊd] *(Am)* = **railway**.

railway ['reɪlweɪ] *n (system)* ferrovia *f (Br)*, caminhos-de-ferro *mpl (Port)*; *(track)* estrada *f* de ferro *(Br)*, via-férrea *f (Port)*.

railway line *n (route)* linha *f* de trem *(Br)*, linha *f* dos caminhos-de-ferro *(Port)*; *(track)* estrada *f* de ferro *(Br)*, via-férrea *f (Port)*.

railway station n estação f ferroviária (Br), estação f dos caminhos-de-ferro (Port).

railway track n estrada f de ferro (Br), via-férrea f (Port).

rain [reɪn] n chuva f ♦ v impers chover; **it's ~ing** está chovendo.

rainbow ['reɪnbəʊ] n arco-íris m inv.

raincoat ['reɪnkəʊt] n capa f de chuva (Br), gabardina f (Port).

raindrop ['reɪndrɒp] n gota f OR pingo m de chuva.

rainfall ['reɪnfɔ:l] n precipitação f.

rain forest n floresta f tropical (úmida).

rainy ['reɪnɪ] adj chuvoso(-osa).

raise [reɪz] vt levantar; (increase) aumentar; (money) angariar; (child, animals) criar ♦ n (Am: pay increase) aumento m.

raisin ['reɪzn] n passa f (de uva).

rake [reɪk] n (tool) ancinho m.

rally ['rælɪ] n (public meeting) comício m; (motor race) rali m, rally m; (in tennis, badminton, squash) troca f de bolas, rally.

ram [ræm] n carneiro m ♦ vt (bang into) bater contra.

Ramadan [,ræmə'dæn] n Ramadão m.

ramble ['ræmbl] n passeio m, caminhada f.

rambler ['ræmblər] n caminhante mf.

ramp [ræmp] n (slope) rampa f; (Brit: in road) lombada f; (Am: to freeway) acesso m; **"ramp"** (Brit) "lombada".

rampant ['ræmpənt] adj (inflation) galopante; (growth) desenfreado(-da); **corruption was ~** proliferava a corrupção.

ramparts ['ræmpɑ:ts] npl muralhas fpl.

ramshackle ['ræm,ʃækl] adj em más condições.

ran [ræn] pt → run.

ranch [rɑ:ntʃ] n rancho m.

ranch dressing n (Am) tempero cremoso e picante para saladas.

rancher ['rɑ:ntʃər] n rancheiro m (-ra f).

rancid ['rænsɪd] adj rançoso(-osa).

random ['rændəm] adj ao acaso ♦ n: **at ~** ao acaso.

randy ['rændɪ] adj (inf) excitado(-da).

rang [ræŋ] pt → ring.

range [reɪndʒ] n (of radio, telescope) alcance m; (of aircraft) autonomia f; (of

prices) leque m; (of goods, services) gama f, variedade f; (of hills, mountains) cadeia f, cordilheira f; (for shooting) linha f de tiro; (cooker) fogão m ♦ vi: **to ~ from ... to** oscilar entre ... e; **age ~** faixa f etária.

ranger ['reɪndʒər] n guarda mf florestal.

rank [ræŋk] n (in armed forces, police) patente f ♦ adj (smell) fétido(-da); (taste) horroroso(-osa).

ransack ['rænsæk] vt (plunder) pilhar.

ransom ['rænsəm] n resgate m.

rant [rænt] vi arengar.

rap [ræp] n (music) rap m.

rape [reɪp] n (crime) estupro m ♦ vt estuprar.

rapeseed ['reɪpsi:d] n semente f de colza.

rapid ['ræpɪd] adj rápido(-da).

❏ **rapids** npl rápidos mpl.

rapidly ['ræpɪdlɪ] adv rapidamente.

rapist ['reɪpɪst] n estuprador m.

rapport [ræ'pɔ:r] n relação f; **a ~ with/between** uma relação com/entre.

rapture ['ræptʃər] n excitação f.

rare [reər] adj raro(-ra); (meat) malpassado(-da).

rarely ['reəlɪ] adv raramente.

rarity ['reərətɪ] n raridade f.

rascal ['rɑ:skl] n (dishonest person) patife mf.

rash [ræʃ] n (on skin) erupção f cutânea, brotoeja f ♦ adj precipitado(-da).

rasher ['ræʃər] n fatia f (fina de bacon).

raspberry ['rɑ:zbərɪ] n framboesa f.

rat [ræt] n rato m, ratazana f.

ratatouille [,rætə'tu:ɪ] n ensopado de cebola, alho, tomate, pimentão, abobrinha e beringela.

rate [reɪt] n (level) índice m, taxa f; (charge) tarifa f, preço m; (speed) velocidade f ♦ vt (consider) considerar; (deserve) merecer; **~ of exchange** taxa de câmbio; **at any ~** (at least) pelo menos; (anyway) de qualquer modo; **at this ~** desse jeito, nesse passo.

rather ['rɑ:ðər] adv (quite) bastante; **I'd ~ have a beer** prefiro uma cerveja; **I'd ~ not** é melhor não; **would you ~ ...?** você prefere ...?; **~ than** em vez de; **that's ~ a lot** é um pouco demais.

ratify ['rætɪfaɪ] vt ratificar.

ratio ['reɪʃɪəʊ] (pl -s) n proporção f.

ration ['ræʃn] n porção f.

❏ **rations** npl (food) rações fpl.

rational ['ræʃnl] *adj* racional.

rattle ['rætl] *n (of baby)* chocalho *m* ◆ *vi* chocalhar.

rattlesnake ['rætlsneik] *n* (cobra) cascavel *f*.

rave [reiv] *n (party)* rave *f*.

raven ['reivn] *n* corvo *m*.

ravenous ['rævənəs] *adj (person, animal)* faminto(-ta); *(appetite)* voraz.

ravine [rə'viːn] *n* ravina *f*.

raving ['reiviŋ] *adj (beauty, success)* tremendo(-da); **~ mad** doido varrido (doida varrida).

ravioli [,rævi'əʊli] *n* ravioli *m*.

ravishing ['ræviʃiŋ] *adj (person)* belo(-la).

raw [rɔː] *adj (uncooked)* cru (crua); *(unprocessed)* bruto(-ta).

raw material *n* matéria-prima *f*.

ray [rei] *n* raio *m*.

rayon ['reiɒn] *n* rayon *m*, seda *f* artificial.

razor ['reizər] *n* lâmina *f* de barbear.

razor blade *n* lâmina *f* de barbear.

Rd *abbr* = **Road**.

re [riː] *prep* referente a, com respeito a.

RE *n (abbr of religious education)* = religião *f* e moral.

reach [riːtʃ] *vt* chegar a; *(arrive at)* atingir; *(contact)* contatar ◆ *n*: **out of ~** fora de alcance; **within ~ of the beach** próximo da praia.

❑ **reach out** *vi*: **to ~ out (for)** estender o braço (para).

react [ri'ækt] *vi* reagir.

reaction [ri'ækʃn] *n* reação *f*.

reactor [ri'æktər] *n (for nuclear energy)* reator *m*.

read [riːd] *(pt & pp* **read** [red]) *vt* ler; *(subj: sign, note)* dizer; *(subj: meter, gauge)* marcar ◆ *vi* ler; **I read about it in the paper** fiquei sabendo pelo jornal.

❑ **read out** *vt sep* ler em voz alta.

readable ['riːdəbl] *adj (book)* agradável de ler.

reader ['riːdər] *n (of newspaper, book)* leitor *m* (-ra *f*).

readership ['riːdəʃip] *n* número *m* de leitores.

readily ['redili] *adv (willingly)* de boa vontade; *(easily)* facilmente.

reading ['riːdiŋ] *n* leitura *f*.

reading matter *n* leitura *f*.

readjust [,riːə'dʒʌst] *vt* reajustar ◆ *vi*: **to ~ (to sthg)** adaptar-se (a algo).

readout ['riːdaʊt] *n (COMPUT)* visualização *f*.

ready ['redi] *adj (prepared)* pronto (-ta); **to be ~ for sthg** *(prepared)* estar preparado para algo; **to be ~ to do sthg** *(willing)* estar disposto a fazer algo; *(likely)* estar prestes a fazer algo; **to get ~** preparar-se; **to get sthg ~** preparar algo.

ready cash *n* dinheiro *m* vivo, numerário *m*.

ready-cooked [-kʊkt] *adj* pré-cozido(-da).

ready-made *adj (ready to use)* (já) feito(-ta).

ready-to-wear *adj* de pronto para vestir.

reafforestation ['riː,fɒristeiʃn] *n* reflorestação *f*.

real ['riəl] *adj* verdadeiro(-ra); *(life, world)* real; *(leather)* genuíno(-na) ◆ *adv (Am)* mesmo.

real ale *n (Brit)* cerveja feita e armazenada de modo tradicional.

real estate *n* bens *mpl* imóveis.

realism ['riəlizm] *n* realismo *m*.

realistic [,riə'listik] *adj* realista.

reality [ri'æləti] *n* realidade *f*; **in ~** na realidade.

realization [,riəlai'zeiʃn] *n (awareness, recognition)* consciência *f*; *(of ambition, goal)* realização *f*.

realize ['riəlaiz] *vt (become aware of)* aperceber-se de; *(know)* saber; *(ambition, goal)* realizar.

really ['riəli] *adv (for emphasis)* mesmo, muito; *(in reality)* realmente; **was it good? ~ not** foi bom? – nem por isso; **~?** *(expressing surprise)* a sério?

realtor ['riəltər] *n (Am)* agente *m* imobiliário (agente *f* imobiliária).

reap [riːp] *vt* colher.

reappear [,riːə'piər] *vi* reaparecer.

rear [riər] *adj* traseiro(-ra) ◆ *n (back)* parte *f* de trás, traseira *f*.

rearmost ['riəməʊst] *adj* último (-ma).

rearrange [,riːə'reindʒ] *vt (room, furniture)* mudar; *(meeting)* alterar.

rearview mirror ['riəvjuː-] *n* (espelho) retrovisor *m*.

rear-wheel drive *n* veículo *m* com tração nas rodas traseiras OR de trás.

reason ['ri:zn] *n* razão *f*, motivo *m*; **for some ~** por alguma razão.

reasonable ['ri:znəbl] *adj* razoável.

reasonably ['ri:znəblı] *adv (quite)* razoavelmente.

reasoning ['ri:znıŋ] *n* raciocínio *m*.

reassess [,ri:ə'ses] *vt* reexaminar.

reassurance [,ri:ə'ʃɔːrəns] *n (comfort)* palavras *fpl* tranqüilizadoras OR de conforto; *(promise)* garantia *f*.

reassure [,ri:ə'ʃɔːʳ] *vt* tranqüilizar.

reassuring [,ri:ə'ʃɔːrıŋ] *adj* tranqüilizador(-ra).

rebate ['ri:beıt] *n* devolução *f*, reembolso *m*.

rebel [*n* 'rebl, *vb* rı'bel] *n* rebelde *mf* ◆ *vi* revoltar-se.

rebellion [rı'beljən] *n* rebelião *f*.

rebellious [rı'beljəs] *adj* rebelde.

rebound [rı'baund] *vi (ball)* ressaltar *(Br)*, pinchar *(Port)*.

rebuild [,ri:'bıld] *(pt & pp* **-built)** *vt* reconstruir.

rebuke [rı'bju:k] *vt* repreender.

recall [rı'kɔːl] *vt (remember)* recordar-se de, lembrar-se de.

recap ['ri:kæp] *n (inf)* resumo *m*, recapitulação *f* ◆ *vt & vi (inf: summarize)* recapitular.

recede [rı'si:d] *vi (person, car)* recuar; *(hopes, danger)* desvanecer-se.

receding [rı'si:dıŋ] *adj:* **~ hairline** entradas *fpl*.

receipt [rı'si:t] *n (for goods, money)* recibo *m*; **on ~ of** ao receber, mediante a recepção de.

receive [rı'si:v] *vt* receber.

receiver [rı'si:vəʳ] *n (of phone)* fone *m (Br)*, auscultador *m (Port)*.

recent ['ri:snt] *adj* recente.

recently ['ri:sntlı] *adv* recentemente.

receptacle [rı'septəkl] *n (fml)* recipiente *m*.

reception [rı'sepʃn] *n* recepção *f*.

reception desk *n* recepção *f*.

receptionist [rı'sepʃənıst] *n* recepcionista *mf*.

recess ['ri:ses] *n (in wall)* nicho *m*, vão *m*; *(Am: SCH)* recreio *m*, intervalo *m*.

recession [rı'seʃn] *n* recessão *f*.

recharge [,ri:'tʃɑːdʒ] *vt* recarregar.

recipe ['resıpı] *n* receita *f*.

recipient [rı'sıpıənt] *n (of letter, cheque)* destinatário *m* (-ria *f*).

reciprocal [rı'sıprəkl] *adj* recíproco(-ca).

recite [rı'saıt] *vt (poem)* recitar; *(list)* enumerar.

reckless ['reklıs] *adj* irresponsável.

reckon ['rekn] *vt (inf: think):* **to ~ (that)** achar que.

❑ **reckon on** *vt fus* contar, esperar.

❑ **reckon with** *vt fus (expect)* contar com.

reclaim [rı'kleım] *vt (baggage)* recuperar.

reclining seat [rı'klaınıŋ-] *n* assento *m* reclinável.

recluse [rı'klu:s] *n* solitário *m* (-ria *f*).

recognition [,rekəg'nıʃn] *n* reconhecimento *m*.

recognizable ['rekəgnaızəbl] *adj* reconhecível.

recognize ['rekəgnaız] *vt* reconhecer.

recollect [,rekə'lekt] *vt* recordar-se de.

recollection [,rekə'lekʃn] *n* lembrança *f*, recordação *f*; **I have no ~ of what happened** não me lembro de nada do que aconteceu.

recommend [,rekə'mend] *vt* recomendar; **to ~ sb to do sthg** recomendar a alguém que faça algo.

recommendation [,rekəmen'deıʃn] *n* recomendação *f*.

reconcile ['rekənsaıl] *vt (beliefs, ideas)* conciliar; *(people)* reconciliar; *(resign):* **to ~ o.s. to sthg** conformar-se com algo; **to ~ sthg with sthg** conciliar algo com algo.

reconnaissance [rı'kɒnısəns] *n* reconhecimento *m*.

reconsider [,ri:kən'sıdəʳ] *vt* reconsiderar.

reconstruct [,ri:kən'strʌkt] *vt* reconstruir.

record [*n* 'rekɔːd, *vb* rı'kɔːd] *n (MUS)* disco *m*; *(best performance, highest level)* recorde *m*; *(account)* registro *m* ◆ *vt (keep account of)* registrar; *(on tape)* gravar.

recorded delivery [rı'kɔːdıd-] *n (Brit)* correio *m* registrado.

recorder [rı'kɔːdəʳ] *n (tape recorder)* gravador *m*; *(instrument)* flauta *f*, pífaro *m*.

record holder *n* detentor *m* (-ra *f*) do recorde, recordista *mf*.

recording [rı'kɔːdıŋ] *n* gravação *f*.

record player *n* toca-discos *m inv*

(Br), gira-discos *m inv (Port)*.

record shop *n* loja *f* de discos.

recover [rɪ'kʌvəʳ] *vt & vi* recuperar.

recovery [rɪ'kʌvərɪ] *n* recuperação *f*.

recovery vehicle *n (Brit)* reboque *m*.

recreation [,rekrɪ'eɪʃn] *n* distração *f*, divertimento *m*.

recreation ground *n* parque *m* OR campo *m* de jogos.

recriminations [rɪ,krɪmɪ'neɪʃnz] *npl* recriminações *fpl*.

recruit [rɪ'kruːt] *n* recruta *mf* ◆ *vt* recrutar.

recruitment [rɪ'kruːtmənt] *n* recrutamento *m*.

rectangle ['rek,tæŋgl] *n* retângulo *m*.

rectangular [rek'tæŋgjʊləʳ] *adj* retangular.

rectify ['rektɪfaɪ] *vt* retificar, corrigir.

recuperate [rɪ'kuːpəreɪt] *vi*: **to ~ (from sth)** recuperar-se (de algo).

recur [rɪ'kɜːʳ] *vi* repetir-se.

recurrence [rɪ'kʌrəns] *n* repetição *f*.

recurrent [rɪ'kʌrənt] *adj* que se repete.

recycle [,riː'saɪkl] *vt* reciclar.

red [red] *adj (in colour)* vermelho(-lha), encarnado(-da); *(hair)* ruivo(-va) ◆ *n (colour)* vermelho *m*, encarnado *m*; **in the ~** com saldo negativo.

red cabbage *n* couve *f* roxa.

Red Cross *n* Cruz *f* Vermelha.

redcurrant ['redkʌrənt] *n* groselha *f*.

redden ['redn] *vt* tingir de vermelho ◆ *vi* ficar vermelho(-lha).

redecorate [,riː'dekəreɪt] *vt* redecorar.

red-faced [-'feɪst] *adj* vermelho (-lha).

red-haired [-'heəd] *adj* ruivo(-va).

red-handed [-'hændɪd] *adj*: **to catch sb ~** apanhar alguém com a boca na botija.

redhead ['redhed] *n* ruivo *m* (-va *f*).

red-hot *adj (metal)* incandescente, rubro(-bra).

redial [,riː'daɪəl] *vi* tornar a discar (o número de telefone).

redid [,riː'dɪd] *pt* → **redo**.

redirect [,riːdɪ'rekt] *vt (letter)* mandar para o novo endereço; *(traffic, plane)* desviar.

rediscover [,riːdɪ'skʌvəʳ] *vt (re-experience)* voltar a descobrir.

red light *n (traffic signal)* sinal *m* vermelho.

redo [,riː'duː] *(pt* **-did**, *pp* **-done)** *vt (do again)* tornar a fazer.

red pepper *n* pimentão *m* vermelho.

red tape *n (fig)* burocracia *f*.

reduce [rɪ'djuːs] *vt (make smaller)* reduzir, diminuir; *(make cheaper)* saldar, reduzir o preço de ◆ *vi (Am: slim)* emagrecer.

reduced price [rɪ'djuːst-] *n* preço *m* reduzido OR de saldo.

reduction [rɪ'dʌkʃn] *n* redução *f*.

redundancy [rɪ'dʌndənsɪ] *n (Brit: job loss)* demissão *f (Br)*, despedimento *m (Port)*.

redundant [rɪ'dʌndənt] *adj (Brit)*: **to be made ~** ser despedido(-da), perder o emprego.

red wine *n* vinho *m* tinto.

reed [riːd] *n* junco *m*.

reef [riːf] *n* recife *m*.

reek [riːk] *vi*: **to ~ (of)** feder (a).

reel [riːl] *n (of thread)* carro *m*; *(on fishing rod)* molinete *m*, carreto *m*.

refectory [rɪ'fektərɪ] *n* refeitório *m*, cantina *f*.

refer [rɪ'fɜːʳ] : **refer to** *vt fus (speak about)* fazer referência a, referir-se a; *(consult)* consultar.

referee [,refə'riː] *n (SPORT)* árbitro *m*.

reference ['refrəns] *n* referência *f* ◆ *adj (book)* de consulta; *(library)* para consultas; **with ~ to** com referência a.

reference book *n* livro *m* de consulta.

reference number *n* número *m* de referência.

referendum [,refə'rendəm] *n* plebiscito *m (Br)*, referendo *m (Port)*.

refill [*n* 'riːfɪl, *vb* ,riː'fɪl] *n (for pen)* recarga *f* ◆ *vt (voltar a)* encher; **would you like a ~?** *(inf: drink)* mais um copo?

refine [rɪ'faɪn] *vt (oil, sugar)* refinar; *(details, speech)* aperfeiçoar.

refined [rɪ'faɪnd] *adj (oil, sugar)* refinado(-da); *(person, manners)* requintado(-da); *(process, equipment)* avançado (-da).

refinement [rɪ'faɪnmənt] *n (improvement)*: **~ (on sth)** aperfeiçoamento *m* (de algo).

refinery [rɪ'faɪnərɪ] *n* refinaria *f*.

reflect [rɪ'flekt] *vt & vi* refletir.

reflection [rɪ'flekʃn] *n (image)* reflexo *m*.

reflector [rɪ'flektər] *n* refletor *m*.

reflex ['riːfleks] *n* reflexo *m*.

reflexive [rɪ'fleksɪv] *adj* reflexo(-xa), reflexivo(-va).

reforestation [riːˌfɒrɪ'steɪʃn] = **reafforestation**.

reform [rɪ'fɔːm] *n* reforma *f* ◆ *vt* reformar.

refrain [rɪ'freɪn] *n* refrão *m* ◆ *vi*: **to ~ from doing sthg** abster-se de fazer algo.

refresh [rɪ'freʃ] *vt* refrescar.

refreshed [rɪ'freʃt] *adj* repousado(-da).

refresher course [rɪ'freʃər-] *n* curso *m* de reciclagem.

refreshing [rɪ'freʃɪŋ] *adj* refrescante.

refreshments [rɪ'freʃmənts] *npl* lanches *mpl*, comes e bebes.

refrigerator [rɪ'frɪdʒəreɪtər] *n* geladeira *f (Br)*, frigorífico *m (Port)*.

refuel [ˌriː'fjuəl] *vt* reabastecer ◆ *vi* reabastecer-se.

refuge ['refjuːdʒ] *n* refúgio *m*; **to seek** OR **take ~** *(hide)* refugiar-se.

refugee [ˌrefjʊ'dʒiː] *n* refugiado *m* (-da *f*).

refund [*n* 'riːfʌnd, *vb* rɪ'fʌnd] *n* reembolso *m* ◆ *vt* reembolsar.

refundable [rɪ'fʌndəbl] *adj* reembolsável.

refurbish [ˌriː'fɜːbɪʃ] *vt (building)* restaurar; *(office, shop)* renovar.

refusal [rɪ'fjuːzl] *n* recusa *f*.

refuse¹ [rɪ'fjuːz] *vt & vi* recusar; **to ~ to do sthg** recusar-se a fazer algo.

refuse² ['refjuːs] *n (fml)* lixo *m*.

refuse collection ['refjuːs-] *n (fml)* coleta *f* do lixo *(Br)*, recolha *f* do lixo *(Port)*.

refute [rɪ'fjuːt] *vt (fml)* refutar.

regain [rɪ'geɪn] *vt (recover)* recuperar.

regard [rɪ'gɑːd] *vt (consider)* considerar ◆ *n*: **with ~ to** a respeito de; **as ~s** no que diz respeito a, quanto a.

❏ **regards** *npl (in greetings)* cumprimentos *mpl*; **give them my ~s** dê-lhes os meus cumprimentos.

regarding [rɪ'gɑːdɪŋ] *prep* a respeito de, no que diz respeito a.

regardless [rɪ'gɑːdlɪs] *adv* apesar de tudo; **~ of** independentemente de.

reggae ['regeɪ] *n* reggae *m*.

regime [reɪ'ʒiːm] *n* regime *m*.

regiment ['redʒɪmənt] *n* regimento *m*.

region ['riːdʒən] *n* região *f*; **in the ~ of** de cerca de, na região de.

regional ['riːdʒənl] *adj* regional.

register ['redʒɪstər] *n* registro *m* ◆ *vt* registrar ◆ *vi (put one's name down)* inscrever-se; *(at hotel)* preencher o registro.

registered ['redʒɪstəd] *adj (letter, parcel)* registrado(-da).

registration [ˌredʒɪ'streɪʃn] *n (for course, at conference)* inscrição *f*.

registration (number) *n* placa *f (Br)*, matrícula *f (Port)*.

registry office ['redʒɪstrɪ-] *n* registro *m* civil.

regret [rɪ'gret] *n* arrependimento *m* ◆ *vt* lamentar, arrepender-se de; **to ~ doing sthg** arrepender-se de ter feito algo; **we ~ any inconvenience caused** lamentamos qualquer inconveniência.

regretfully [rɪ'gretfʊlɪ] *adv* com pesar.

regrettable [rɪ'gretəbl] *adj* lamentável.

regular ['regjʊlər] *adj* regular; *(normal, in size)* normal ◆ *n (customer)* cliente *mf* habitual, habitué *mf*.

regularly ['regjʊləlɪ] *adv* regularmente.

regulate ['regjʊleɪt] *vt* regular.

regulation [regjʊ'leɪʃn] *n (rule)* regra *f*.

rehabilitate [ˌriːə'bɪlɪteɪt] *vt* reabilitar.

rehearsal [rɪ'hɜːsl] *n* ensaio *m*.

rehearse [rɪ'hɜːs] *vt* ensaiar.

reign [reɪn] *n* reino *m* ◆ *vi* reinar.

reimburse [ˌriːɪm'bɜːs] *vt (fml)* reembolsar.

reindeer ['reɪnˌdɪər] *(pl inv)* *n* rena *f*.

reinforce [ˌriːɪn'fɔːs] *vt* reforçar.

reinforcements [ˌriːɪn'fɔːsmənts] *npl* reforços *mpl*.

reins [reɪnz] *npl (for horse)* rédeas *fpl*; *(for child)* andadeira *f*.

reinstate [ˌriːɪn'steɪt] *vt (employee)* readmitir.

reiterate [riː'ɪtəˌreɪt] *vt* reiterar.

reject [rɪ'dʒekt] *vt* rejeitar.

rejection [rɪ'dʒekʃn] *n* rejeição *f*.

rejoice [rɪ'dʒɔɪs] *vi*: **to ~ (at** OR **in sthg)** ficar extremamente contente (com algo).

rejoin [ˌriː'dʒɔɪn] *vt (motorway)* retomar, voltar a entrar em.

rejuvenate [rɪ'dʒuːvəneɪt] vt rejuvenescer.

rekindle [ˌriː'kɪndl] vt avivar.

relapse [rɪ'læps] n recaída f.

relate [rɪ'leɪt] vt (connect) relacionar
♦ vi: **to ~ to** (be connected with) estar relacionado(-da) com; (concern) dizer respeito a.

related [rɪ'leɪtɪd] adj (of same family) da mesma família, aparentado(-da); (connected) relacionado(-da).

relation [rɪ'leɪʃn] n (member of family) parente mf; (connection) relação f, ligação f; **in ~ to** em relação a.
❏ **relations** npl relações fpl.

relationship [rɪ'leɪʃnʃɪp] n (between countries, people) relações fpl; (between lovers) relação f; (connection) ligação f, relação.

relative ['relətɪv] adj relativo(-va) ♦ n parente mf.

relatively ['relətɪvlɪ] adv relativamente.

relax [rɪ'læks] vi (person) descontrair-se, relaxar.

relaxation [ˌriːlæk'seɪʃn] n (of person) descontração f, relaxamento m.

relaxed [rɪ'lækst] adj descontraído (-da), relaxado(-da).

relaxing [rɪ'læksɪŋ] adj relaxante, calmante.

relay ['riːleɪ] n (race) corrida f de revezamento (Br), corrida f de estafetas (Port).

release [rɪ'liːs] vt (set free) libertar, soltar; (let go of) largar, soltar; (record, film) lançar; (brake, catch) soltar ♦ n (record, film) lançamento m.

relegate ['relɪgeɪt] vt: **to be ~d** (SPORT) descer de divisão.

relent [rɪ'lent] vi (person) ceder; (wind, storm) abrandar.

relentless [rɪ'lentlɪs] adj (person) inflexível; (criticism, rain) implacável.

relevant ['reləvənt] adj relevante.

reliable [rɪ'laɪəbl] adj (person, machine) de confiança, confiável.

reliably [rɪ'laɪəblɪ] adv (dependably) sem falhar; **to be ~ informed (that)** ... saber por fontes seguras que ....

reliant [rɪ'laɪənt] adj: **~ on** dependente de.

relic ['relɪk] n (object) relíquia f.

relief [rɪ'liːf] n (gladness) alívio m; (aid) ajuda f.

relief road n itinerário alternativo que

os motoristas podem usar em caso de congestionamento das vias principais.

relieve [rɪ'liːv] vt (pain, headache) aliviar.

relieved [rɪ'liːvd] adj aliviado(-da).

religion [rɪ'lɪdʒn] n religião f.

religious [rɪ'lɪdʒəs] adj religioso (-osa).

relinquish [rɪ'lɪŋkwɪʃ] vt renunciar a.

relish ['relɪʃ] n (sauce) molho m.

reluctance [rɪ'lʌktəns] n relutância f.

reluctant [rɪ'lʌktənt] adj relutante.

reluctantly [rɪ'lʌktəntlɪ] adv relutantemente.

rely [rɪ'laɪ] : **rely on** vt fus (trust) confiar em; (depend on) depender de.

remain [rɪ'meɪn] vi (stay) permanecer; (continue to exist) sobrar, restar.
❏ **remains** npl (of meal, body) restos mpl; (of ancient buildings etc) ruínas fpl.

remainder [rɪ'meɪndər] n resto m, restante m.

remaining [rɪ'meɪnɪŋ] adj restante.

remark [rɪ'mɑːk] n comentário m ♦ vt comentar.

remarkable [rɪ'mɑːkəbl] adj extraordinário(-ria), incrível.

remarry [ˌriː'mærɪ] vi voltar a casar.

remedial [rɪ'miːdjəl] adj (class) de apoio (pedagógico); (pupil) que necessita de apoio (pedagógico); (exercise, therapy) de reabilitação; (action) corretivo(-va).

remedy ['remədɪ] n remédio m.

remember [rɪ'membər] vt lembrar-se de ♦ vi (recall) lembrar-se; **to ~ doing sthg** lembrar-se de ter feito algo; **to ~ to do sthg** lembrar-se de fazer algo.

Remembrance Day [rɪ'mem-brəns-] n Dia m do Armistício, dia em que na Grã-Bretanha se presta homenagem aos soldados mortos nas grandes guerras.

remind [rɪ'maɪnd] vt: **to ~ sb of** (fazer) lembrar a alguém; **to ~ sb to do sthg** lembrar a alguém de que tem de fazer algo.

reminder [rɪ'maɪndər] n (for bill, library book) aviso m.

reminisce [ˌremɪ'nɪs] vi: **to ~ about sthg** relembrar algo.

reminiscent [ˌremɪ'nɪsnt] adj: **~ of** (similar to) evocador(-ra) de.

remittance [rɪ'mɪtns] n (money) = vale m postal.

remnant ['remnənt] n resto m.

remorse [rɪ'mɔːs] n remorsos mpl.

remorseful [rɪˈmɔːsfʊl] *adj* cheio (cheia) de remorsos.

remorseless [rɪˈmɔːslɪs] *adj (cruelty, ambition)* sem piedade; *(advance, progress)* implacável.

remote [rɪˈməʊt] *adj* remoto(-ta).

remote control *n (device)* controle *m* remoto OR à distância.

removable [rɪˈmuːvəbl] *adj* removível.

removal [rɪˈmuːvl] *n* remoção *f; (change of house)* mudança *f.*

removal van *n* caminhão *m* de mudanças.

remove [rɪˈmuːv] *vt* remover.

remuneration [rɪˌmjuːnəˈreɪʃn] *n (fml)* remuneração *f.*

rendezvous [ˈrɒndɪvuː] (*pl inv* [ˈrɒndɪvuːz]) *n (meeting)* encontro *m; (place)* ponto m de encontro.

renegade [ˈrenɪɡeɪd] *n* renegado *m* (-da *f*).

renew [rɪˈnjuː] *vt* renovar.

renewable [rɪˈnjuːəbl] *adj* renovável.

renewal [rɪˈnjuːəl] *n (of activity)* ressurgimento *m; (of contract, licence, membership)* renovação *f.*

renounce [rɪˈnaʊns] *vt* renunciar.

renovate [ˈrenəveɪt] *vt* renovar.

renowned [rɪˈnaʊnd] *adj* célebre.

rent [rent] *n* renda *f,* arrendamento *m* ◆ *vt* arrendar.

rental [ˈrentl] *n* aluguel *m.*

reorganize [ˌriːˈɔːɡənaɪz] *vt* reorganizar.

repaid [ˌriːˈpeɪd] *pt & pp →* repay.

repair [rɪˈpeəʳ] *vt* reparar ◆ *n*: in good ~ em boas condições.

❑ **repairs** *npl* consertos *mpl.*

repair kit *n* estojo *m* de ferramentas.

repay [ˌriːˈpeɪ] (*pt & pp* -paid) *vt (money)* reembolsar; *(favour, kindness)* retribuir.

repayment [riːˈpeɪmənt] *n (money)* reembolso *m.*

repeat [rɪˈpiːt] *vt* repetir ◆ *n (on TV, radio)* reposição *f.*

repeatedly [rɪˈpiːtɪdlɪ] *adv* repetidamente.

repel [rɪˈpel] *vt* repelir.

repellent [rɪˈpelənt] *adj* repelente.

repent [rɪˈpent] *vi*: to ~ (of sthg) arrepender-se (de algo).

repercussions [ˌriːpəˈkʌʃnz] *npl*

repercussões *fpl.*

repertoire [ˈrepətwɑːʳ] *n* repertório *m.*

repetition [ˌrepɪˈtɪʃn] *n* repetição *f.*

repetitious [ˌrepɪˈtɪʃəs] *adj* repetitivo(-va).

repetitive [rɪˈpetɪtɪv] *adj* repetitivo(-va).

replace [rɪˈpleɪs] *vt (substitute)* substituir; *(faulty goods)* trocar; *(put back)* voltar a pôr no lugar.

replacement [rɪˈpleɪsmənt] *n (substitute)* substituto *m* (-ta *f*).

replay [ˈriːpleɪ] *n (rematch)* jogo *m* de desempate; *(on TV)* repetição *f,* replay *m.*

replenish [rɪˈplenɪʃ] *vt*: to ~ sthg (with sthg) reabastecer algo (de algo).

replica [ˈreplɪkə] *n* réplica *f.*

reply [rɪˈplaɪ] *n* resposta *f* ◆ *vt & vi* responder.

report [rɪˈpɔːt] *n (account)* relatório *m; (in newspaper, on TV, radio)* reportagem *f; (Brit: SCH)* boletim *m* (Br), caderneta *f (Port)* (escolar) ◆ *vt (announce)* anunciar; *(theft, disappearance)* participar; *(person)* denunciar ◆ *vi (give account)* informar; *(for newspaper, TV, radio)* fazer uma reportagem; to ~ to sb *(go to)* apresentar-se a alguém; to ~ (to sb) on informar (alguém) sobre.

report card *n* boletim *m (Br),* caderneta *f (Port)* (escolar).

reportedly [rɪˈpɔːtɪdlɪ] *adv* segundo se diz, ao que consta.

reporter [rɪˈpɔːtəʳ] *n* repórter *mf.*

represent [ˌreprɪˈzent] *vt* representar.

representative [ˌreprɪˈzentətɪv] *n* representante *mf.*

repress [rɪˈpres] *vt* reprimir.

repression [rɪˈpreʃn] *n* repressão *f.*

reprieve [rɪˈpriːv] *n (delay)* adiamento *m.*

reprimand [ˈreprɪmɑːnd] *vt* repreender.

reprisal [rɪˈpraɪzl] *n* represália *f.*

reproach [rɪˈprəʊtʃ] *vt* repreender.

reproachful [rɪˈprəʊtʃfʊl] *adj* reprovador(-ra).

reproduce [ˌriːprəˈdjuːs] *vt* reproduzir ◆ *vi* reproduzir-se.

reproduction [ˌriːprəˈdʌkʃn] *n* reprodução *f.*

reptile [ˈreptaɪl] *n* réptil *m.*

republic [rɪˈpʌblɪk] *n* república *f.*

Republican [rɪˈpʌblɪkən] *n (in US)*

republicano *m* (-na *f*) ◆ *adj (in US)* republicano(-na).

repulsive [rɪ'pʌlsɪv] *adj* repulsivo (-va).

reputable ['repjʊtəbl] *adj* de boa reputação.

reputation [repjʊ'teɪʃn] *n* reputação *f*.

repute [rɪ'pju:t] *n (reputation)*: **of good/ill ~** de boa/má reputação.

reputed [rɪ'pju:tɪd] *adj* reputado (-da); **to be ~ to be/do sthg** ter fama de ser/fazer algo.

reputedly [rɪ'pju:tɪdlɪ] *adv* supostamente.

request [rɪ'kwest] *n* pedido *m* ◆ *vt* pedir; **to ~ sb to do sthg** pedir a alguém que faça algo; **available on ~** disponível a pedido do interessado.

request stop *n (Brit)* parada em que o ônibus só pára a pedido dos passageiros.

require [rɪ'kwaɪə*] *vt (subj: person)* necessitar de; *(subj: situation)* requerer, exigir; **passengers are ~d to show their tickets** pede-se aos passageiros que mostrem as passagens.

requirement [rɪ'kwaɪəmənt] *n (condition)* requisito *m*; *(need)* necessidade *f*.

rerun [*n* 'ri:rʌn, *vb* ri:'rʌn] *(pt* -ran, *pp* -run) *n (film, programme)* reposição *f*; *(similar situation)* repetição *f* ◆ *vt (film, programme)* repor; *(tape)* voltar a passar.

resat [ri:'sæt] *pt & pp* → **resit**.

rescue ['reskju:] *vt* salvar.

rescuer ['reskjʊə*] *n* salvador *m* (-ra *f*).

research [rɪ'sɜ:tʃ] *n* pesquisa *f*, investigação *f*.

researcher [rɪ'sɜ:tʃə*] *n* pesquisador *m* (-ra *f*) *(Br)*, investigador *m* (-ra *f*) *(Port)*.

resemblance [rɪ'zembləns] *n* parecença *f*.

resemble [rɪ'zembl] *vt* parecer-se com.

resent [rɪ'zent] *vt* ressentir-se com.

resentful [rɪ'zentfʊl] *adj* ressentido(-da).

resentment [rɪ'zentmənt] *n* ressentimento *m*.

reservation [rezə'veɪʃn] *n* reserva *f*; **to make a ~** fazer uma reserva.

reserve [rɪ'zɜ:v] *n (SPORT)* reserva *mf (Br)*, suplente *mf*; *(for wildlife)*

reserva *f* ◆ *vt* reservar.

reserved [rɪ'zɜ:vd] *adj* reservado (-da).

reservoir ['rezəvwɑ:*] *n* reservatório *m*, represa *f*.

reset [ri:'set] *(pt & pp* **reset)** *vt (watch)* acertar; *(meter, device)* reajustar.

reshuffle [ri:'ʃʌfl] *n (POL)* reorganização *f*, reforma *f*.

reside [rɪ'zaɪd] *vi (fml)* residir.

residence ['rezɪdəns] *n (fml)* residência *f*; **place of ~** *(fml)* (local *m* de) residência.

residence permit *n* autorização *f* de residência.

resident ['rezɪdənt] *n (of country)* habitante *mf*; *(of hotel)* hóspede *mf*; *(of area, house)* morador *m* (-ra *f*); **"~s only"** *(for parking)* "reservado para os moradores".

residential [rezɪ'denʃl] *adj* residencial.

residue ['rezɪdju:] *n* resíduo *m*.

resign [rɪ'zaɪn] *vi* demitir-se ◆ *vt*: **to ~ o.s. to sthg** resignar-se com algo, conformar-se com algo.

resignation [rezɪg'neɪʃn] *n (from job)* demissão *f*.

resigned [rɪ'zaɪnd] *adj*: **to be ~ (to sthg)** estar conformado(-da) (com algo).

resilient [rɪ'zɪlɪənt] *adj* forte.

resin ['rezɪn] *n* resina *f*.

resist [rɪ'zɪst] *vt* resistir a; **I can't ~ cream cakes** não resisto a bolos com creme; **to ~ doing sthg** resistir a fazer algo.

resistance [rɪ'zɪstəns] *n* resistência *f*.

resit [ri:'sɪt] *(pt & pp* -sat) *vt* repetir.

resolute ['rezəlu:t] *adj* resoluto(-ta).

resolution [rezə'lu:ʃn] *n* resolução *f*.

resolve [rɪ'zɒlv] *vt (solve)* resolver.

resort [rɪ'zɔ:t] *n (for holidays)* estância *f* (de férias); **as a last ~** como último recurso.

❏ **resort to** *vt fus* recorrer a; **to ~ to doing sthg** recorrer a fazer algo.

resounding [rɪ'zaʊndɪŋ] *adj (noise, crash)* sonoro(-ra); *(success, victory)* retumbante.

resource [rɪ'sɔ:s] *n* recurso *m*.

resourceful [rɪ'sɔ:sfʊl] *adj* desembaraçado(-da), expedito(-ta).

respect [rɪ'spekt] *n* respeito *m*; *(aspect)* aspecto *m* ◆ *vt* respeitar; **with**

~ to no que respeita a; **in some ~s** em alguns aspectos.

respectable [rɪ'spektəbl] adj *(person, job etc)* respeitável; *(acceptable)* decente.

respectful [rɪ'spektfʊl] adj respeitador(-ra).

respective [rɪ'spektɪv] adj respectivo(-va).

respectively [rɪ'spektɪvlɪ] adv respectivamente.

respite ['respaɪt] n *(pause)* descanso m; *(delay)* prolongamento m (de prazo).

resplendent [rɪ'splendənt] adj resplandecente.

respond [rɪ'spɒnd] vi responder.

response [rɪ'spɒns] n resposta f.

responsibility [rɪ,spɒnsə'bɪlətɪ] n responsabilidade f.

responsible [rɪ'spɒnsəbl] adj responsável; **to be ~ (for)** *(to blame)* ser responsável (por).

responsive [rɪ'spɒnsɪv] adj *(person)* receptivo(-va); **~ to** sthg receptivo a algo.

rest [rest] n *(relaxation)* descanso m; *(for foot, head, back)* apoio m ♦ vi *(relax)* descansar ♦ vt: **to ~ sthg against sthg** encostar algo em algo; **the ~** *(remainder)* o resto; **to have a ~** descansar; **the ladder was ~ing against the wall** a escada estava encostada na parede.

restaurant ['restərɒnt] n restaurante m.

restaurant car n *(Brit)* vagão-restaurante m *(Br)*, carruagem-restaurante f *(Port)*.

restful ['restfʊl] adj tranqüilo(-la).

rest home n *(for old people)* lar m, asilo m; *(for sick people)* casa f de repouso.

restless ['restlɪs] adj *(bored, impatient)* impaciente; *(fidgety)* inquieto(-ta).

restore [rɪ'stɔːʳ] vt *(reintroduce)* restabelecer; *(renovate)* restaurar.

restrain [rɪ'streɪn] vt conter.

restrained [rɪ'streɪnd] adj *(person)* comedido(-da); *(tone)* moderado(-da).

restraint [rɪ'streɪnt] n *(rule, check)* restrição f; *(control)* restrições fpl; *(moderation)* comedimento m.

restrict [rɪ'strɪkt] vt restringir.

restricted [rɪ'strɪktɪd] adj restrito(-ta).

restriction [rɪ'strɪkʃn] n restrição f.

restrictive [rɪ'strɪktɪv] adj severo(-ra).

rest room n *(Am)* banheiro m *(Br)*, casa f de banho *(Port)*.

result [rɪ'zʌlt] n resultado m ♦ vi: **to ~ in** resultar em; **as a ~ of** em consequência de.

❑ **results** npl *(of test, exam)* resultados mpl.

resume [rɪ'zjuːm] vt & vi recomeçar, retomar.

résumé ['rezjuːmeɪ] n *(summary)* resumo m; *(Am: curriculum vitae)* currículo m.

resumption [rɪ'zʌmpʃn] n recomeço m.

resurgence [rɪ'sɜːdʒəns] n ressurgimento m.

resurrection [,rezə'rekʃn] n *(RELIG)*: **the ~** a Ressurreição (de Cristo).

resuscitation [rɪ,sʌsɪ'teɪʃn] n reanimação f.

retail ['riːteɪl] n venda f a varejo *(Br)*, venda f a retalho *(Port)* ♦ vt vender (a varejo) ♦ vi: **to ~ at** vender a.

retailer ['riːteɪləʳ] n varejista mf *(Br)*, retalhista mf *(Port)*.

retail price n preço m de venda ao público.

retain [rɪ'teɪn] vt *(fml)* reter.

retaliate [rɪ'tælɪeɪt] vi retaliar.

retaliation [rɪ,tælɪ'eɪʃn] n retaliação f.

retch [retʃ] vi ter ânsia de vômito *(Br)*, sentir vômitos *(Port)*.

reticent ['retɪsənt] adj reticente.

retina ['retɪnə] (pl **-nas** OR **-nae** [-niː]) n retina f.

retire [rɪ'taɪəʳ] vi *(stop working)* aposentar-se *(Br)*, reformar-se *(Port)*.

retired [rɪ'taɪəd] adj aposentado(-da) *(Br)*, reformado(-da) *(Port)*.

retirement [rɪ'taɪəmənt] n aposentadoria f *(Br)*, reforma f *(Port)*.

retrain [riː'treɪn] vt reciclar.

retreat [rɪ'triːt] vi retirar-se ♦ n *(place)* retiro m.

retrieval [rɪ'triːvl] n recuperação f.

retrieve [rɪ'triːv] vt recuperar.

retrospect ['retrəspekt] n: **in ~** a posteriori.

return [rɪ'tɜːn] n *(arrival back)* regresso m; *(Brit: ticket)* bilhete m de ida e volta ♦ vt devolver ♦ vi voltar, regressar ♦ adj *(Brit: journey)* de volta, de regresso; **by ~ of post** *(Brit)* na volta do correio; **in ~ (for)** em troca (de); **many happy ~s!** que se repita por muitos anos!; **to ~ sthg (to sb)** *(give back)* devolver algo (a alguém).

return flight *n* vôo *m* de volta.

return ticket *n* (*Brit*) bilhete *m* de ida e volta.

reunite [ˌriːjuːˈnaɪt] *vt* reunir.

rev [rev] *n* (*inf: of engine*) rotação *f* ◆ *vt* (*inf*): **to ~ sthg (up)** acelerar algo.

reveal [rɪˈviːl] *vt* revelar.

revel [ˈrevl] *vi*: **to ~ in sthg** deliciar-se OR deleitar-se com algo.

revelation [ˌrevəˈleɪʃn] *n* revelação *f*.

revenge [rɪˈvendʒ] *n* vingança *f*.

revenue [ˈrevənjuː] *n* receita *f*.

Reverend [ˈrevərənd] *n* reverendo *m*.

reversal [rɪˈvɜːsl] *n* (*of trend, policy, decision*) mudança *f*; (*of roles, order, position*) inversão *f*.

reverse [rɪˈvɜːs] *adj* inverso(-sa) ◆ *n* (*AUT*) marcha *f* à ré (*Br*), marcha *f* atrás (*Port*); (*of coin*) reverso *m*; (*of document*) verso *m* ◆ *vt* (*car*) dar marcha à ré com (*Br*), fazer marcha atrás com (*Port*); (*decision*) revogar ◆ *vi* (*car, driver*) dar marcha à ré (*Br*), fazer marcha atrás (*Port*); **in ~ order** na ordem inversa, ao contrário; **the ~** (*opposite*) o contrário; **to ~ the charges** (*Brit*) fazer uma chamada a cobrar no destinatário.

reverse-charge call *n* (*Brit*) chamada *f* a cobrar.

revert [rɪˈvɜːt] *vi*: **to ~ to** voltar a.

review [rɪˈvjuː] *n* (*of book, record, film*) crítica *f*; (*examination*) revisão *f* ◆ *vt* (*Am: for exam*) rever.

reviewer [rɪˈvjuːəʳ] *n* crítico *m* (-ca *f*).

revise [rɪˈvaɪz] *vt* rever ◆ *vi* (*Brit*) rever a matéria.

revision [rɪˈvɪʒn] *n* (*Brit*) revisão *f*.

revitalize [ˌriːˈvaɪtəlaɪz] *vt* revitalizar.

revival [rɪˈvaɪvl] *n* (*of person*) reanimação *f*; (*of economy*) retomada *f*; (*of custom*) recuperação *f*; (*of interest*) renovação *f*.

revive [rɪˈvaɪv] *vt* (*person*) reanimar; (*economy, custom*) recuperar.

revolt [rɪˈvəʊlt] *n* revolta *f*.

revolting [rɪˈvəʊltɪŋ] *adj* repugnante.

revolution [ˌrevəˈluːʃn] *n* revolução *f*.

revolutionary [ˌrevəˈluːʃnərɪ] *adj* revolucionário(-ria).

revolve [rɪˈvɒlv] *vi* (*go round*) girar; **to ~ around** (*be based on*) girar à volta de.

revolver [rɪˈvɒlvəʳ] *n* revólver *m*.

revolving door [rɪˈvɒlvɪŋ-] *n* porta *f* giratória.

revue [rɪˈvjuː] *n* (teatro *m* de) revista *f*.

revulsion [rɪˈvʌlʃn] *n* repugnância *f*.

reward [rɪˈwɔːd] *n* recompensa *f* ◆ *vt* recompensar.

rewarding [rɪˈwɔːdɪŋ] *adj* compensador(-ra), gratificante.

rewind [ˌriːˈwaɪnd] (*pt & pp* **-wound**) *vt* rebobinar.

rewire [ˌriːˈwaɪəʳ] *vt* substituir a instalação elétrica de.

rewound [ˌriːˈwaʊnd] *pt & pp* → **rewind**.

rewrite [ˌriːˈraɪt] (*pt* **-wrote**, *pp* **-written**) *vt* reescrever.

Reykjavik [ˈrekjəvɪk] *n* Reikjavik *s*.

rheumatism [ˈruːmətɪzm] *n* reumatismo *m*.

Rhine [raɪn] *n*: **the ~** o Reno.

rhinoceros [raɪˈnɒsərəs] (*pl inv* OR **-es**) *n* rinoceronte *m*.

rhododendron [ˌrəʊdəˈdendrən] *n* rododendro *m*.

rhubarb [ˈruːbɑːb] *n* ruibarbo *m*.

rhyme [raɪm] *n* (*poem*) rima *f* ◆ *vi* rimar.

rhythm [ˈrɪðm] *n* ritmo *m*.

rib [rɪb] *n* costela *f*.

ribbed [rɪbd] *adj* canelado(-da).

ribbon [ˈrɪbən] *n* fita *f*.

rice [raɪs] *n* arroz *m*.

rice pudding *n* = arroz-doce *m*.

rich [rɪtʃ] *adj* rico(-ca) ◆ *npl*: **the ~** os ricos; **to be ~ in sthg** ser rico em algo.

richness [ˈrɪtʃnɪs] *n* riqueza *f*.

rickety [ˈrɪkətɪ] *adj* pouco firme.

ricotta cheese [rɪˈkɒtə-] *n* ricota *m*, queijo muito semelhante ao requeijão.

rid [rɪd] *vt*: **to get ~ of** ver-se livre de, livrar-se de.

ridden [ˈrɪdn] *pp* → **ride**.

riddle [ˈrɪdl] *n* (*puzzle*) adivinha *f*; (*mystery*) enigma *m*.

riddled [ˈrɪdld] *adj* (*full*): **to be ~ with sthg** estar cheio(-a) OR crivado(-da) de algo.

ride [raɪd] (*pt* **rode**, *pp* **ridden**) *n* (*on horse, bike*) passeio *m*; (*in vehicle*) volta *f* ◆ *vt* (*horse*) andar a; (*bike*) andar de ◆ *vi* (*on horse*) andar OR montar a cavalo; (*on bike*) andar de bicicleta; (*in vehicle*) viajar; **to go for a ~** (*in car*) ir dar uma volta (de carro).

rider ['raɪdə^r] *n (on horse)* cavaleiro *m* (amazona *f*); *(on bike)* ciclista *mf*.

ridge [rɪdʒ] *n (of mountain)* crista *f*; *(raised surface)* rugosidade *f*.

ridicule ['rɪdɪkjuːl] *n* ridículo *m* ♦ *vt* ridicularizar.

ridiculous [rɪ'dɪkjʊləs] *adj* ridículo(-la).

riding ['raɪdɪŋ] *n* equitação *f*.

riding school *n* escola *f* de equitação.

rife [raɪf] *adj (widespread)* generalizado(-da).

rifle ['raɪfl] *n* espingarda *f*.

rift [rɪft] *n (quarrel)* desentendimento *m*; ~ **between/in** desentendimento entre/em.

rig [rɪg] *n (oilrig)* plataforma *f* petrolífera ♦ *vt* falsificar o resultado de.

right [raɪt] *adj* **1.** *(correct)* certo(-ta); **to be ~** *(person)* ter razão; **to be ~ to do sthg** fazer bem em fazer algo; **have you got the ~ time?** você tem a hora certa?; **is this the ~ way?** é este o caminho certo?; **that's ~!** é isso mesmo!, exatamente!

2. *(fair)* certo(-ta); **that's not ~!** isso não está certo!

3. *(on the right)* direito(-ta); **the ~ side of the road** o lado direito da estrada.

♦ *n* **1.** *(side)*: **the ~** a direita.

2. *(entitlement)* direito *m*; **to have the ~ to do sthg** ter o direito de fazer algo.

♦ *adv* **1.** *(towards the right)* à direita; **turn ~ at the post office** vire à direita junto aos correios.

2. *(correctly)* bem; **am I pronouncing it ~?** estou pronunciando isso bem?

3. *(for emphasis)* mesmo; ~ **here** aqui mesmo; **I'll be ~ back** volto já; ~ **away** imediatamente.

right angle *n* ângulo *m* reto.

righteous ['raɪtʃəs] *adj (person)* justo(-ta), honrado(-da); *(anger, indignation)* justificado(-da).

rightful ['raɪtfʊl] *adj (share, owner)* legítimo(-ma); *(place)* devido(-da).

right-hand *adj* direito(-ta).

right-hand drive *n* veículo *m* com volante à direita.

right-handed [-'hændɪd] *adj (person)* destro(-tra); *(implement)* para pessoas destras.

rightly ['raɪtlɪ] *adv (correctly)* corretamente; *(justly)* devidamente.

right of way *n (AUT)* prioridade *f*;

(path) direito *m* de passagem.

right-wing *adj* de direita.

rigid ['rɪdʒɪd] *adj* rígido(-da).

rigorous ['rɪgərəs] *adj* rigoroso(-osa).

rim [rɪm] *n (of cup)* borda *f*; *(of glasses)* armação *f*; *(of bicycle wheel)* aro *m*; *(of car wheel)* aro *m (Br)*, jante *f (Port)*.

rind [raɪnd] *n (of fruit, cheese)* casca *f*; *(of bacon)* couro *m (Br)*, courato *m (Port)*.

ring [rɪŋ] *(pt* **rang**, *pp* **rung)** *n (for finger)* anel *m*; *(circle)* círculo *m*; *(sound)* toque *m (de campainha, telefone)*; *(on electric cooker)* disco *m*; *(on gas cooker)* boca *f (Br)*, bico *m (Port)*; *(for boxing)* ringue *m*; *(in circus)* arena *f* ♦ *vt (Brit)* telefonar para, ligar para; *(bell)* tocar a ♦ *vi (Brit: make phone call)* telefonar; *(doorbell, telephone)* tocar; *(ears)* zumbir; **to give sb a ~** *(phone call)* telefonar para alguém; **to ~ the bell** *(of house, office)* tocar a campainha.

❑ **ring back** *vt sep (Brit: person)* voltar a telefonar a ♦ *vi (Brit)* voltar a telefonar.

❑ **ring off** *vi (Brit)* desligar.

❑ **ring up** *vt sep (Brit)* telefonar para ♦ *vi (Brit)* telefonar.

ring binder *n* capa *f* de argolas, dossier *m*.

ringing ['rɪŋɪŋ] *n (of doorbell, telephone)* toque *m*; *(in ears)* zumbido *m*.

ringing tone ['rɪŋɪŋ-] *n* sinal *m* de chamada.

ringlet ['rɪŋlɪt] *n* anel *m* de cabelo, cacho *m*.

ring road *n* (estrada) perimetral *f (Br)*, circunvalação *f (Port)*.

rink [rɪŋk] *n* rink *m*, pista *f* (de patinagem).

rinse [rɪns] *vt (clothes, hair)* enxaguar, passar uma água *(Br)*; *(hands)* lavar.

❑ **rinse out** *vt sep (clothes)* enxaguar, passar uma água *(Br)*; *(mouth)* bochechar.

riot ['raɪət] *n (violent disturbance)* distúrbio *m*.

rioter ['raɪətə^r] *n* desordeiro *m (-ra f)*, manifestante *mf*.

riot police *npl* polícia *f* de choque, forças *fpl* de intervenção.

rip [rɪp] *n* rasgão *m* ♦ *vt* rasgar ♦ *vi* rasgar-se.

❑ **rip up** *vt sep* rasgar em bocadinhos.

ripe [raɪp] *adj* maduro(-ra).

ripen ['raɪpn] *vi* amadurecer.

rip-off *n (inf)* roubo *m*.

ripple ['rɪpl] *n* onda *f*.

rise [raɪz] *(pt* **rose**, *pp* **risen** ['rɪzn]) *vi (move upwards)* elevar-se; *(sun, moon)* nascer; *(increase)* subir; *(stand up)* levantar-se ◆ *n* subida *f*; *(Brit: pay increase)* aumento *m*.

risk [rɪsk] *n* risco *m* ◆ *vt* arriscar; **to take a** ~ correr um risco; **at your own** ~ por sua conta e risco; **to** ~ **doing sthg** arriscar-se a fazer algo; **to** ~ **it** arriscar-se.

risky ['rɪskɪ] *adj* arriscado(-da).

risotto [rɪ'zɒtəʊ] *(pl -s) n* risoto *m*, *prato à base de arroz com carne, marisco ou legumes*.

risqué ['riːskeɪ] *adj* picante.

rissole ['rɪsəʊl] *n (Brit)* = croquete *m*.

ritual ['rɪtʃʊəl] *n* ritual *m*.

rival ['raɪvl] *adj* rival ◆ *n* rival *mf*.

rivalry ['raɪvlrɪ] *n* rivalidade *f*.

river ['rɪvəʳ] *n* rio *m*.

river bank *n* margem *f* do rio.

riverbed ['rɪvəbed] *n* leito *m* do rio.

riverside ['rɪvəsaɪd] *n* beira-rio *f*.

rivet ['rɪvɪt] *n* rebite *m*.

Riviera [ˌrɪvɪ'eərə] *n*: **the (French)** ~ a Riviera (francesa).

roach [rəʊtʃ] *n (Am: cockroach)* barata *f*.

road [rəʊd] *n* estrada *f*; **by** ~ por estrada.

roadblock ['rəʊdblɒk] *n* controle *m* rodoviário.

road book *n* guia *m* das estradas.

road map *n* mapa *m* das estradas.

road safety *n* segurança *f* rodoviária OR na estrada.

roadside ['rəʊdsaɪd] *n*: **the** ~ a beira (da estrada).

road sign *n* sinal *m* de trânsito.

road tax *n* imposto *m* de circulação.

roadway ['rəʊdweɪ] *n* rodovia *f*.

road works *npl* obras *fpl* na estrada.

roadworthy ['rəʊdˌwɜːðɪ] *adj* em condições de circular.

roam [rəʊm] *vi* vaguear.

roar [rɔːʳ] *n (of crowd)* gritos *mpl*, brados *mpl*; *(of aeroplane)* ronco *m*; *(of lion)* rugido *m* ◆ *vi (crowd)* berrar, bradar; *(lion)* rugir.

roast [rəʊst] *n* assado *m* ◆ *vt* assar ◆ *adj* assado(-da); ~ **beef** rosbife *m*; ~ **chicken** frango *m* assado; ~ **lamb** car-neiro *m* assado; ~ **pork** lombo *m* (de porco assado); ~ **potatoes** batatas *fpl* assadas.

rob [rɒb] *vt* assaltar; **to** ~ **sb of sthg** roubar algo de alguém.

robber ['rɒbəʳ] *n* assaltante *mf*.

robbery ['rɒbərɪ] *n* assalto *m*.

robe [rəʊb] *n (Am: bathrobe)* roupão *m*.

robin ['rɒbɪn] *n* pisco-de-peito-ruivo *m*, pintarroxo *m (Port)*.

robot ['rəʊbɒt] *n* robô *m*.

robust [rəʊ'bʌst] *adj (person, health)* robusto(-ta); *(economy, defence, criticism)* forte.

rock [rɒk] *n* rocha *f*; *(Am: stone)* pedra *f*; *(music)* rock *m*; *(Brit: sweet)* pirulito *m* ◆ *vt (baby)* embalar; *(boat)* balançar; **on the** ~**s** *(drink)* com gelo.

rock and roll *n* rock and roll *m*.

rock climbing *n* escala *f*; **to go** ~ ir escalar.

rocket ['rɒkɪt] *n (missile, space rocket)* foguete *m (Br)*, foguetão *m (Port)*; *(fire-work)* foguete *m*; *(salad plant)* rúcola *f*.

rocking chair ['rɒkɪŋ-] *n* cadeira *f* de balanço.

rocking horse *n* cavalo *m* de balanço.

rock 'n' roll [ˌrɒkən'rəʊl] *n* rock 'n' roll *m*.

rocky ['rɒkɪ] *adj (place)* rochoso(-osa).

rod [rɒd] *n (wooden)* vara *f*; *(metal)* barra *f*; *(for fishing)* vara *f* de pescar *(Br)*, cana *f (Port)*.

rode [rəʊd] *pt* → **ride**.

rodent ['rəʊdənt] *n* roedor *m*.

roe [rəʊ] *n* ovas *fpl* de peixe.

rogue [rəʊg] *n (likable rascal)* maroto *m (-ta f)*; *(dishonest person)* trapaceiro *m (-ra f)*.

role [rəʊl] *n* papel *m*.

roll [rəʊl] *n (of bread)* carcaça *f*, pão-zinho *m*; *(of film, paper)* rolo *m* ◆ *vi (ball, rock)* rolar; *(vehicle)* circular; *(ship)* balançar ◆ *vt (ball, rock)* fazer rolar; *(cigarette)* enrolar; *(dice)* lançar.

❑ **roll over** *vi (person, animal)* virar-se; *(car)* capotar.

❑ **roll up** *vt sep (map, carpet)* enrolar; *(sleeves, trousers)* arregaçar.

roller ['rəʊləʳ] *n (curler)* rolo *m* (de cabelo).

rollerblades ['rəʊləbleɪdz] *npl* patins *mpl* em linha.

rollerblading ['rəʊləˌbleɪdɪŋ] *n*: **to go**

~ ir patinar *(com patins em linha)*.

roller coaster *n* montanha-russa *f*.

roller skates *npl* patins *mpl* de rodas.

roller-skating ['rəʊlə-] *n* patinagem *f* sobre rodas.

rolling pin ['rəʊlɪŋ-] *n* rolo *m* de pastel *(Br)*, rolo *m* da massa *(Port)*.

roll-on *n (deodorant)* roll-on *m*, bastão *m (Br)*.

ROM [rɒm] *(abbr of read only memory) n* ROM *f*.

Roman ['rəʊmən] *adj* romano(-na) ◆ *n* romano *m* (-na *f*).

Roman Catholic *n* católico *m* romano (católica *f* romana).

romance [rəʊ'mæns] *n* romance *m*.

Romania [ruː'meɪnjə] *n* Roménia *f*.

Romanian [ruː'meɪnjən] *adj* romeno(-na) ◆ *n (person)* romeno *m* (-na *f*); *(language)* romeno *m*.

Roman numerals *npl* numeração *f* romana.

romantic [rəʊ'mæntɪk] *adj* romântico(-ca).

Rome [rəʊm] *n* Roma *s*.

romper suit ['rɒmpə-] *n* macacão *m* (de criança).

roof [ruːf] *n (of building, cave)* telhado *m*; *(of car, caravan, tent)* teto *m*.

roof rack *n* bagageiro *m (Br)*, tejadilho *m (Port)*.

rooftop ['ruːftɒp] *n* telhado *m*.

rook [rʊk] *n (bird)* gralha-calva *f*; *(chess piece)* torre *f*.

rookie ['rʊkɪ] *n (Am: inf)* novato *m* (-ta *f*).

room [ruːm, rʊm] *n (bedroom, in hotel)* quarto *m*; *(in building)* divisão *f*, sala *f*; *(space)* espaço *m*.

roommate ['ruːmmeɪt] *n* colega *mf* de quarto.

room number *n* número *m* do quarto.

room service *n* serviço *m* de quartos.

room temperature *n* temperatura *f* ambiente.

roomy ['ruːmɪ] *adj* espaçoso(-osa).

rooster ['ruːstər] *n* galo *m*.

root [ruːt] *n* raiz *f*.

rope [rəʊp] *n* corda *f* ◆ *vt* amarrar.

rosary ['rəʊzərɪ] *n* terço *m*, rosário *m*.

rose [rəʊz] *pt → rise* ◆ *n (flower)* rosa *f*.

rosé ['rəʊzeɪ] *n (vinho)* rosé *m*.

rose bush *n* roseira *f*.

rosemary ['rəʊzmərɪ] *n* alecrim *m*.

rosette [rəʊ'zet] *n (badge)* emblema *m*.

rostrum ['rɒstrəm] *(pl* **-trums** OR **-tra** [-trə]*) n* tribuna *f*.

rosy ['rəʊzɪ] *adj (pink)* rosado(-da); *(promising)* cor-de-rosa *(inv)*.

rot [rɒt] *vi* apodrecer.

rota ['rəʊtə] *n* lista *f* de turnos.

rotate [rəʊ'teɪt] *vi* girar.

rotation [rəʊ'teɪʃn] *n* rotação *f*; **in** ~ rotativamente.

rotten ['rɒtn] *adj (food, wood)* podre; *(inf: not good)* péssimo(-ma); **I feel** ~ *(ill)* sinto-me péssimo.

rouge [ruːʒ] *n* blush *m*.

rough [rʌf] *adj (surface, skin, cloth)* áspero(-ra); *(sea, crossing)* agitado(-da); *(person)* bruto(-ta); *(approximate)* aproximado(-da); *(conditions, wine)* mau (má); *(area, town)* perigoso(-osa) ◆ *n (on golf course)* rough *m*; **a** ~ **guess** um cálculo aproximado; **to have a** ~ **time** passar por um período difícil.

roughen ['rʌfn] *vt* tornar áspero(-ra).

roughly ['rʌflɪ] *adv (approximately)* aproximadamente; *(push, handle)* bruscamente, grosseiramente.

roulade [ruː'lɑːd] *n* rocambole *m (Br)*, torta *f (Port)*.

roulette [ruː'let] *n* roleta *f*.

round [raʊnd] *adj* redondo(-da).

◆ *n* **1.** *(of drinks)* rodada *f*; **it's my** ~ é a minha rodada.

2. *(of sandwiches)* sanduíche *m (Br)*, sandes *f inv (Port)*; *(of toast)* torrada *f*.

3. *(of competition)* volta *f*.

4. *(in golf)* partida *f*; *(in boxing)* assalto *m*.

5. *(of policeman, postman, milkman)* ronda *f*.

◆ *adv* **1.** *(in a circle)*: **to go** ~ andar em volta; **to spin** ~ girar.

2. *(surrounding)* à volta; **it had a fence all (the way)** ~ tinha uma cerca em toda a volta.

3. *(near)*: ~ **about** em volta.

4. *(to one's house)*: **to ask some friends** ~ convidar uns amigos (para casa); **we went** ~ **to her house** fomos até à casa dela.

5. *(continuously)*: **all year** ~ *(durante)* todo o ano.

◆ *prep* **1.** *(surrounding, circling)* à volta de; **they put a blanket** ~ **him** puseram

um cobertor em volta dele; **we walked ~ the lake** caminhamos em volta do lago; **to go ~ the corner** virar a esquina. **2.** *(visiting)*: **to go ~ a museum** visitar um museu; **to show sb ~ sthg** mostrar algo a alguém. **3.** *(approximately)* cerca de; **~ (about) 100** cerca de 100; **~ ten o'clock** cerca das OR por volta das dez horas. **4.** *(near)*: **~ here** aqui perto. **5.** *(in phrases)*: **it's just ~ the corner** *(nearby)* é logo ao virar da esquina; **~ the clock** 24 horas por dia.
❏ **round off** *vt sep (meal, day, visit)* terminar.

roundabout ['raʊndəbaʊt] *n (Brit) (in road)* cruzamento circular, rotunda *f (Port)*; *(in playground)* roda *f* (de parque infantil); *(at fairground)* carrossel *m*.

rounders ['raʊndəz] *n (Brit) jogo de bola parecido com o baseball.*

roundly ['raʊndlɪ] *adv (defeat)* completamente; *(criticize)* sem rodeios; *(deny)* redondamente.

round trip *n* viagem *f* de ida e volta.

roundup ['raʊndʌp] *n (summary)* resumo *m*.

rouse [raʊz] *vt (wake up)* acordar, despertar; *(excite)* instigar; *(give rise to)* despertar.

rousing ['raʊzɪŋ] *adj* entusiasmante.

route [ruːt] *n (way)* caminho *m*; *(of train)* linha *f*; *(of bus)* trajeto *m*; *(of plane)* rota *f* ♦ *vt (change course of)* mudar a rota de.

route map *n* (mapa do) trajeto *m*.

routine [ruːˈtiːn] *n* rotina *f* ♦ *adj* rotineiro(-ra).

row[1] [rəʊ] *n (line)* fila *f* ♦ *vt (boat)* impelir remando ♦ *vi* remar; **three times in a ~** três vezes seguidas.

row[2] [raʊ] *n (argument)* briga *f*; *(inf: noise)* algazarra *f*; **to have a ~** brigar.

rowboat ['rəʊbəʊt] *(Am)* = **rowing boat**.

rowdy ['raʊdɪ] *adj* turbulento(-ta).

rowing ['rəʊɪŋ] *n* remo *m*.

rowing boat *n (Brit)* barco *m* a remos.

royal ['rɔɪəl] *adj* real.

Royal Air Force *n*: **the ~** a força aérea britânica.

royal family *n* família *f* real.

Royal Navy *n*: **the ~** a marinha britânica.

royalty ['rɔɪəltɪ] *n (royal family)* realeza *f*.

RRP *(abbr of recommended retail price)* P.V.P.

rub [rʌb] *vt (back, eyes)* esfregar; *(polish)* polir ♦ *vi (with hand, cloth)* esfregar; *(shoes)* friccionar *(Br)*, roçar *(Port)*.
❏ **rub in** *vt sep (lotion, oil)* esfregar.
❏ **rub out** *vt sep* apagar.

rubber ['rʌbə[r]] *adj* de borracha ♦ *n* borracha *f*; *(Am: inf: condom)* camisinha *f (Br)*, preservativo *m*.

rubber band *n* elástico *m*.

rubber gloves *npl* luvas *fpl* de borracha.

rubber plant *n* borracheira *f*.

rubber ring *n* bóia *f*.

rubber stamp *n* carimbo *m* (de borracha).

rubbish ['rʌbɪʃ] *n (refuse)* lixo *m*; *(inf: worthless thing)* porcaria *f*; *(inf: nonsense)* disparate *m*.

rubbish bin *n (Brit)* lata *f* de lixo *(Br)*, caixote *m* do lixo *(Port)*.

rubbish dump *n (Brit)* depósito *m* de lixo *(Br)*, lixeira *f (Port)*.

rubble ['rʌbl] *n* entulho *m*, escombros *mpl*.

ruby ['ruːbɪ] *n* rubi *m*.

rucksack ['rʌksæk] *n* mochila *f*.

rudder ['rʌdə[r]] *n* leme *m*.

ruddy ['rʌdɪ] *adj (face, complexion)* corado(-da).

rude [ruːd] *adj (person)* maleducado(-da); *(behaviour, joke, picture)* grosseiro(-ra).

rudimentary [ˌruːdɪˈmentərɪ] *adj* rudimentar.

rueful ['ruːfʊl] *adj (person, look)* arrependido(-da); *(smile)* de arrependimento.

ruffian ['rʌfjən] *n* rufião *m* (-fiona *f*).

ruffle ['rʌfl] *vt (hair)* desgrenhar, despentear; *(feathers, fur)* eriçar.

rug [rʌg] *n (for floor)* tapete *m*; *(Brit: blanket)* manta *f* (de viagem).

rugby ['rʌgbɪ] *n* rugby *m*, râguebi *m*.

rugged ['rʌgɪd] *adj (rocky, uneven)* acidentado(-da); *(sturdy)* resistente.

ruin ['ruːɪn] *vt* estragar.
❏ **ruins** *npl* ruínas *fpl*.

ruined ['ruːɪnd] *adj (building)* em ruínas; *(clothes, meal, holiday)* estragado(-da).

rule [ruːl] *n (law)* regra *f* ♦ *vt (country)* governar; **to be the ~** *(normal)* ser a regra; **against the ~s** contra as regras; **as a ~** geralmente.
❑ **rule out** *vt sep* excluir.

ruler ['ruːlə^r] *n (of country)* governante *mf*; *(for measuring)* régua *f*.

rum [rʌm] *n* rum *m*.

rumble ['rʌmbl] *n (of thunder)* ruído *m*; *(of stomach)* ronco *m* ♦ *vi (thunder)* trovejar, ribombar; *(stomach)* roncar.

rummage ['rʌmɪdʒ] *vi*: **to ~ through** sth remexer algo.

rumor ['ruːmər] *(Am)* = **rumour**.

rumour ['ruːmə^r] *n (Brit)* boato *m*.

rump steak [rʌmp-] *n* alcatra *f*.

rumpus ['rʌmpəs] *n (inf)* chinfrim *m*.

run [rʌn] *(pt* ran, *pp* run) *vi* **1**. *(on foot)* correr; **we had to ~ for the bus** tivemos de correr para apanhar o ônibus. **2**. *(train, bus)* circular; **the bus ~s every hour** há um ônibus de hora em hora; **the train is running an hour late** o trem vem com uma hora de atraso; **this service doesn't ~ on Sundays** este serviço não se efetua aos domingos. **3**. *(operate)* funcionar; **to ~ on sth** funcionar a algo; **leave the engine running** deixa o motor a funcionar. **4**. *(tears, liquid, river)* correr; **to leave the tap running** deixar a torneira aberta; **to ~ through** *(river, road)* atravessar; **the path ~s along the coast** o caminho segue ao longo da costa. **5**. *(play)* estar em cartaz OR cena; *(event)* decorrer; **"now running at the Palladium"** "em cartaz OR cena no Palladium". **6**. *(eyes)* chorar; *(nose)* escorrer *(Br)*, pingar *(Port)*. **7**. *(colour, dye, clothes)* desbotar. **8**. *(remain valid)* ser válido; **the offer ~s until July** a oferta é válida até julho.
♦ *vt* **1**. *(on foot)* correr; **to ~ a race** participar de uma corrida. **2**. *(manage, organize)* gerir. **3**. *(car, machine)* manter; **it's cheap to ~** é muito econômico. **4**. *(bus, train)* ter em circulação; **we're running a special bus to the airport** temos em circulação um ônibus especial para o aeroporto. **5**. *(take in car)* levar (de carro); **I'll ~ you home** eu levo você em casa. **6**. *(fill)*: **to ~ a bath** encher a banheira.

♦ *n* **1**. *(on foot)* corrida *f*; **to go for a ~** ir dar uma corrida. **2**. *(in car)* passeio *m* de carro; **to go for a ~** ir dar um passeio de carro. **3**. *(of play, show)*: **it had a two-year ~** esteve dois anos em cartaz. **4**. *(for skiing)* pista *f*. **5**. *(Am: in tights)* fio *m* puxado *(Br)*, foguete *m (Port)*. **6**. *(in phrases)*: **in the long ~** a longo prazo.
❑ **run away** *vi* fugir.
❑ **run down** *vt sep (run over)* atropelar; *(criticize)* criticar ♦ *vi (clock)* parar; *(battery)* descarregar-se, gastar-se.
❑ **run into** *vt fus (meet)* encontrar; *(hit)* chocar com, bater em; *(problem, difficulty)* deparar com.
❑ **run out** *vi (be used up)* esgotar-se.
❑ **run out of** *vt fus* ficar sem.
❑ **run over** *vt sep (hit)* atropelar.

runaway ['rʌnəweɪ] *n* fugitivo *m* (-va *f*).

rundown ['rʌndaʊn] *n (report)* breve resumo *m*.
❑ **run-down** *adj (dilapidated)* delapidado(-da), velho(-lha); *(tired)* cansado(-da).

rung [rʌŋ] *pp* → **ring** ♦ *n (of ladder)* degrau *m*.

runner ['rʌnə^r] *n (person)* corredor *m* (-ra *f*); *(for door, drawer)* calha *f*; *(for sledge)* patim *m*.

runner bean *n* vagem *f (Br)*, feijão *m* verde (longo) *(Port)*.

runner-up *(pl* runners-up*)* *n* segundo *m* classificado (segunda *f* classificada).

running ['rʌnɪŋ] *n (SPORT)* corrida *f*; *(management)* gestão *f* ♦ *adj*: **three days ~** três dias seguidos; **to go ~** ir correr.

running water *n* água *f* corrente.

runny ['rʌnɪ] *adj (sauce)* líquido(-da); *(egg, omelette)* mal-passado(-da); *(nose)* escorrendo *(Br)*, a pingar *(Port)*; *(eye)* lacrimejante.

run-of-the-mill *adj* normal.

runway ['rʌnweɪ] *n* pista *f* (de aterrissagem).

rural ['rʊərəl] *adj* rural.

ruse [ruːz] *n* truque *m*, estratagema *m*.

rush [rʌʃ] *n (hurry)* pressa *f*; *(of crowd)* onda *f* (de gente), afluência *f* ♦ *vi (move quickly)* ir correndo; *(hurry)* apressar-se ♦ *vt (work)* fazer às pressas; *(food)* comer às pressas; *(transport quickly)* levar urgentemente; **to be in a ~** estar com OR ter pressa; **there's no ~!** não há pressa!; **don't ~ me!** não me apresse!

rush hour *n* hora *f* do rush *(Br)*, hora *f* de ponta *(Port)*.

rusk [rʌsk] *n* rosca *f* para bebês.

Russia [ˈrʌʃə] *n* Rússia *f*.

Russian [ˈrʌʃn] *adj* russo(-a) ◆ *n (person)* russo *m* (-a *f*); *(language)* russo *m*.

rust [rʌst] *n (corrosion)* ferrugem *f* ◆ *vi* enferrujar.

rustic [ˈrʌstɪk] *adj* rústico(-ca).

rustle [ˈrʌsl] *vi* fazer ruído.

rustproof [ˈrʌstpruːf] *adj* inoxidável.

rusty [ˈrʌstɪ] *adj (metal)* ferrugento (-ta); *(fig: language, person)* enferrujado(-da).

rut [rʌt] *n (furrow)* rodada *f*, marca *f* do pneu; **to be in a ~** estar preso a uma rotina.

ruthless [ˈruːθlɪs] *adj* implacável, sem piedade.

RV *n (Am: abbr of recreational vehicle)* reboque *m (Br)*, roulotte *f (Port)*.

rye [raɪ] *n* centeio *m*.

rye bread *n* pão *m* de centeio.

S

S *(abbr of south, small)* S.

Sabbath ['sæbəθ] *n*: the ~ *(for Christians)* o domingo; *(for Jews)* o sábado.

sabotage ['sæbətɑːʒ] *n* sabotagem *f* ◆ *vt* sabotar.

saccharin ['sækərɪn] *n* sacarina *f*.

sachet ['sæʃeɪ] *n* pacote *m*.

sack [sæk] *n (bag)* saco *m* ◆ *vt* despedir; **to get the ~** ser despedido.

sacred ['seɪkrɪd] *adj* sagrado(-da).

sacrifice ['sækrɪfaɪs] *n (fig)* sacrifício *m*.

sad [sæd] *adj* triste; *(unfortunate)* lamentável.

sadden ['sædn] *vt* entristecer.

saddle ['sædl] *n (on horse)* sela *f*; *(on bicycle, motorbike)* selim *m*.

saddlebag ['sædlbæg] *n (on bicycle, motorbike)* bolsa *f*; *(on horse)* alforge *m*.

sadistic [sə'dɪstɪk] *adj* sádico(-ca).

sadly ['sædlɪ] *adv* infelizmente.

sadness ['sædnɪs] *n* tristeza *f*.

s.a.e. *n (Brit: abbr of stamped addressed envelope)* envelope selado e sobrescritado.

safari [sə'fɑːrɪ] *n* safari *m*.

safari park *n* reserva *f* (para animais selvagens).

safe [seɪf] *adj* seguro(-ra); *(out of harm)* em segurança ◆ *n* cofre *m*; **a ~ place** um local seguro; **(have a) ~ journey!** (faça) boa viagem!; **~ and sound** são e salvo.

safe-deposit box *n* caixa-forte *f*, cofre *m*.

safeguard ['seɪfgɑːd] *n* salvaguarda *f*, proteção *f* ◆ *vt*: **to ~ sb/sthg (against sthg)** salvaguardar alguém/algo (contra algo), proteger alguém/algo (de algo).

safekeeping [seɪf'kiːpɪŋ] *n*: **she gave it to me for ~** ela deu-me para eu guardar.

safely ['seɪflɪ] *adv* em segurança.

safe sex *n* sexo *m* sem riscos.

safety ['seɪftɪ] *n* segurança *f*.

safety belt *n* cinto *m* de segurança.

safety pin *n* alfinete *m* de segurança.

saffron ['sæfrən] *n* açafrão *m*.

sag [sæg] *vi (hang down)* pender; *(sink)* ir abaixo.

sage [seɪdʒ] *n (herb)* salva *f*.

Sagittarius [ˌsædʒɪ'teərɪəs] *n* Sagitário *m*.

Sahara [sə'hɑːrə] *n*: **the ~ (Desert)** o (deserto do) Saara.

said [sed] *pt & pp* → **say**.

sail [seɪl] *n* vela *f* (de barco) ◆ *vi* velejar, navegar; *(depart)* zarpar ◆ *vt*: **to ~ a boat** velejar um barco; **to set ~** zarpar.

sailboat ['seɪlbəʊt] *(Am)* = **sailing boat**.

sailing ['seɪlɪŋ] *n (activity)* vela *f*; *(departure)* partida *f*; **to go ~** ir praticar vela.

sailing boat *n* barco *m* à vela.

sailing ship *n* veleiro *m*.

sailor ['seɪlər] *n* marinheiro *m* (-ra *f*).

saint [seɪnt] *n* santo *m* (-ta *f*).

sake [seɪk] *n*: **for my/their ~** por mim/eles; **for God's ~!** por amor de Deus!

salad ['sæləd] *n* salada *f*.

salad bar *n (Brit: area in restaurant)* bufê *m* de saladas; *(restaurant)* restaurante especializado em saladas.

salad bowl *n* saladeira *f*.

salad cream *n (Brit)* molho parecido com maionese utilizado para temperar saladas.

salad dressing *n* tempero *m* (para saladas).

salami [sə'lɑːmɪ] *n* salame *m*.

salary ['sælərɪ] n salário m, ordenado m.

sale [seɪl] n (selling) venda f; (at reduced prices) liquidação f (Br), saldo m (Port); **"for ~"** "vende-se"; **on ~** à venda.

☐ **sales** npl (COMM) vendas fpl; **the ~s** (at reduced prices) as liquidações (Br), os saldos (Port).

sales assistant ['seɪlz-] n vendedor m (-ra f).

salesclerk ['seɪlzklɜːrk] (Am) = **sales assistant**.

salesman ['seɪlzmən] (pl -men [-mən]) n (in shop) vendedor m; (rep) representante m de vendas.

sales rep(resentative) n representante mf de vendas.

saleswoman ['seɪlz,wʊmən] (pl -women [-,wɪmɪn]) n vendedora f.

saliva [sə'laɪvə] n saliva f.

salmon ['sæmən] (pl inv) n salmão m.

salmonella [,sælmə'nelə] n salmonela f.

salon ['sælɒn] n (hairdresser's) salão m (de cabeleireiro).

saloon [sə'luːn] n (Brit: car) sedã m (Br), carrinha f (de caixa fechada) (Port); (Am: bar) bar m; **~ (bar)** = pub m, (Brit) bar de hotel ou "pub", decorado de forma mais luxuosa, onde se servem bebidas a preços mais altos que nos outros bares.

salopettes [,sælə'pets] npl macacão m para esquiar.

salt [sɔːlt, sɒlt] n sal m.

saltcellar ['sɔːlt,selər] n (Brit) saleiro m.

salted peanuts ['sɔːltɪd-] npl amendoins mpl salgados.

salt shaker [-,ʃeɪkər] (Am) = **saltcellar**.

saltwater ['sɔːlt,wɔːtər] adj de água salgada.

salty ['sɔːltɪ] adj salgado(-da).

salute [sə'luːt] n continência f ◆ vi fazer continência.

salvage ['sælvɪdʒ] n (property rescued) bens mpl OR objetos mpl salvos ◆ vt (rescue): **to ~ sthg (from)** salvar algo (de).

same [seɪm] adj mesmo(-ma) ◆ pron: **the ~** o mesmo (a mesma); **you've got the ~ book as me** você tem o mesmo livro que eu; **they look the ~** parecem iguais; **I'll have the ~ as her** vou tomar

o mesmo que ela; **it's all the ~ to me** para mim tanto faz.

samosa [sə'məʊsə] n empada picante, de forma triangular, com recheio de carne picada e/ou verduras (especialidade indiana).

sample ['sɑːmpl] n amostra f ◆ vt (food, drink) provar.

sanctions ['sæŋkʃnz] npl (POL) sanções fpl.

sanctuary ['sæŋktʃʊərɪ] n (for birds, animals) reserva f ecológica.

sand [sænd] n areia f ◆ vt (wood) lixar.

☐ **sands** npl (beach) areal m.

sandal ['sændl] n sandália f.

sandbox ['sændbɒks] (Am) = **sandpit**.

sandcastle ['sænd,kɑːsl] n castelo m de areia.

sand dune n duna f.

sandpaper ['sænd,peɪpər] n lixa f.

sandpit ['sændpɪt] n (Brit) caixa de areia para as crianças brincarem.

sandwich ['sænwɪdʒ] n sanduíche m (Br), sandes f inv (Port).

sandwich bar n local onde se vendem sanduíches e refrescos.

sandy ['sændɪ] adj (beach) arenoso(-osa); (hair) ruivo(-va).

sane [seɪn] adj (not mad) são (sã) (de espírito); (sensible) razoável, sensato(-ta).

sang [sæŋ] pt → **sing**.

sanitary ['sænɪtrɪ] adj sanitário(-ria).

sanitary napkin (Am) = **sanitary towel**.

sanitary towel n (Brit) toalha f higiênica (Br), penso m higiénico (Port).

sanity ['sænətɪ] n (saneness) saúde f mental; (good sense) sensatez f.

sank [sæŋk] pt → **sink**.

Santa (Claus) ['sæntə,klɔːz] n Papai m Noel (Br), Pai m Natal (Port).

sap [sæp] n (of plant) seiva f ◆ vt (weaken) absorver, esgotar.

sapling ['sæplɪŋ] n árvore f jovem.

sapphire ['sæfaɪər] n safira f.

sarcastic [sɑː'kæstɪk] adj sarcástico (-ca).

sardine [sɑː'diːn] n sardinha f.

sardonic [sɑː'dɒnɪk] adj sardônico (-ca).

SASE n (Am: abbr of self-addressed stamped envelope) envelope selado e sobrescritado.

sash [sæʃ] *n* faixa *f*.

sat [sæt] *pt & pp* → **sit**.

Sat. *(abbr of Saturday)* sáb.

Satan ['seɪtn] *n* Satanás *m*.

satchel ['sætʃəl] *n* pasta *f* (da escola).

satellite ['sætəlaɪt] *n (in space)* satélite *m*; *(at airport)* sala *f* de embarque auxiliar.

satellite dish *n* antena *f* parabólica.

satellite TV *n* televisão *f* via satélite.

satin ['sætɪn] *n* cetim *m*.

satire ['sætaɪəʳ] *n* sátira *f*.

satisfaction [ˌsætɪs'fækʃn] *n* satisfação *f*.

satisfactory [ˌsætɪs'fæktərɪ] *adj* satisfatório(-ria).

satisfied ['sætɪsfaɪd] *adj* satisfeito (-ta).

satisfy ['sætɪsfaɪ] *vt* satisfazer.

satisfying ['sætɪsfaɪɪŋ] *adj (experience, feeling)* ótimo(-ma).

satsuma [ˌsæt'suːmə] *n (Brit)* satsuma *f (Port)*, espécie de tangerina.

saturate ['sætʃəreɪt] *vt* saturar.

Saturday ['sætədɪ] *n* sábado *m*; **it's** ~ é sábado; ~ **morning** sábado de manhã; **on** ~ no sábado; **on** ~**s** aos sábados; **last** ~ sábado passado; **this** ~ este sábado; **next** ~ o próximo sábado; ~ **week, a week on** ~ de sábado a oito (dias).

sauce [sɔːs] *n* molho *m*.

saucepan ['sɔːspən] *n* panela *f (Br)*, tacho *m (Port)*.

saucer ['sɔːsəʳ] *n* pires *m inv*.

saucy ['sɔːsɪ] *adj (inf)* atrevido(-da).

Saudi Arabia [ˌsaʊdɪə'reɪbjə] *n* Arábia *f* Saudita.

sauna ['sɔːnə] *n* sauna *f*.

saunter ['sɔːntəʳ] *vi* caminhar (despreocupadamente).

sausage ['sɒsɪdʒ] *n* salsicha *f*, lingüiça *f*.

sausage roll *n* = folheado *m* de salsicha *(Br)*, = pastel *m* de carne *(Port)*.

sauté [Brit 'səʊteɪ, Am səʊ'teɪ] *adj* sauté *(Br)*, salteado(-da) *(Port)*.

savage ['sævɪdʒ] *adj* selvagem.

save [seɪv] *vt (rescue)* salvar; *(money, time, space)* poupar; *(reserve)* guardar; *(SPORT)* defender; *(COMPUT)* guardar *(Port)*, salvar *(Br)* ◆ *n* defesa *f*.

❏ **save up** *vi* poupar; **to** ~ **up (for sthg)** poupar (para comprar algo).

saver ['seɪvəʳ] *n (Brit: ticket)* bilhete de trem que apenas permite ao passageiro viajar fora das horas de rush a preço reduzido.

savings ['seɪvɪŋz] *npl* poupanças *fpl*, economias *fpl*.

savings account *n (Am)* conta *f* poupança.

savings and loan association *n (Am)* caixa *f* de crédito imobiliário.

savings bank *n* caixa *f* econômica.

savior ['seɪvjər] *(Am)* = **saviour**.

saviour ['seɪvjəʳ] *n (Brit)* salvador *m* (-ra *f*).

savory ['seɪvərɪ] *(Am)* = **savoury**.

savoury ['seɪvərɪ] *adj (Brit)* salgado(-da).

saw [sɔː] *(Brit pt* -ed, *pp* sawn, *Am pt & pp* -ed) *pt* → **see** ◆ *n (tool)* serra *f* ◆ *vt* serrar.

sawdust ['sɔːdʌst] *n* serragem *f (Br)*, serradura *f (Port)*.

sawed-off shotgun [sɔːd-] *(Am)* = **sawn-off shotgun**.

sawn [sɔːn] *pp* → **saw**.

sawn-off shotgun *n (Brit)* espingarda *f* de cano serrado.

saxophone ['sæksəfəʊn] *n* saxofone *m*.

say [seɪ] *(pt & pp* said) *vt* dizer; *(subj: clock, meter)* marcar ◆ *n*: **I don't have a** ~ **in the matter** não tenho voto na matéria; **could you** ~ **that again?** podia repetir o que disse?; ~ **we met at nine?** que tal encontrarmo-nos às nove?; **what did you** ~? (o que é) que você disse?

saying ['seɪɪŋ] *n* ditado *m*.

scab [skæb] *n* crosta *f*.

scaffold ['skæfəʊld] *n (frame)* andaime *m*; *(for executions)* cadafalso *m*.

scaffolding ['skæfəldɪŋ] *n* andaimes *mpl*.

scald [skɔːld] *vt* escaldar, queimar.

scale [skeɪl] *n* escala *f*; *(of fish, snake)* escama *f*; *(in kettle)* placa *f*, calcário *m*.

❏ **scales** *npl (for weighing)* balança *f*.

scallion ['skæljən] *n (Am)* cebolinha *f*.

scallop ['skɒləp] *n* vieira *f*.

scalp [skælp] *n* couro *m* cabeludo.

scalpel ['skælpəl] *n* bisturi *m*.

scamper ['skæmpəʳ] *vi* correr.

scampi ['skæmpɪ] *n* camarões *mpl* fritos.

scan [skæn] *vt (consult quickly)* percorrer, dar uma vista de olhos em ◆ *n* (*MED*) exame *m*.

scandal ['skændl] *n* escândalo *m*.

scandalize ['skændəlaɪz] *vt* escandalizar.

Scandinavia [,skændɪ'neɪvjə] *n* Escandinávia *f*.

Scandinavian [,skændɪ'neɪvjən] *adj* escandinavo(-va) ◆ *n* (*person*) escandinavo *m* (-va *f*).

scant [skænt] *adj* (*attention*) pouco (-ca).

scanty ['skæntɪ] *adj* (*amount, resources*) escasso(-a); (*information*) pouco(-ca); (*dress*) minúsculo(-la).

scapegoat ['skeɪpgəʊt] *n* bode *m* expiatório.

scar [skɑː^r] *n* cicatriz *f*.

scarce ['skeəs] *adj* escasso(-a).

scarcely ['skeəslɪ] *adv* (*hardly*) mal; ~ **anyone** quase ninguém; ~ **ever** quase nunca.

scare [skeə^r] *vt* assustar.

scarecrow ['skeəkrəʊ] *n* espantalho *m*.

scared ['skeəd] *adj* assustado(-da).

scarf ['skɑːf] (*pl* **scarves**) *n* (*woollen*) cachecol *m*; (*for women*) écharpe *f*.

scarlet ['skɑːlət] *adj* vermelho(-lha), escarlate.

scarves [skɑːvz] *pl* → **scarf**.

scary ['skeərɪ] *adj* (*inf*) assustador (-ra).

scathing ['skeɪðɪŋ] *adj* (*glance, criticism*) severo(-ra); (*reply*) mordaz.

scatter ['skætə^r] *vt* (*seeds, papers*) espalhar; (*birds*) dispersar ◆ *vi* dispersar-se.

scatterbrain ['skætəbreɪn] *n* (*inf*) cabeça *f* de vento (*Br*), cabeça-no-ar *mf* (*Port*).

scenario [sɪ'nɑːrɪəʊ] (*pl* **-s**) *n* (*possible situation*) cenário *m*, panorama *m*; (*of film, play*) enredo *m*, roteiro *m* (*Br*).

scene [siːn] *n* (*in play, film, book*) cena *f*; (*of crime, accident*) local *m*; (*view*) panorama *m*; **the music** ~ o mundo da música; **to make a** ~ armar um escândalo.

scenery ['siːnərɪ] *n* (*countryside*) paisagem *f*; (*in theatre*) cenário *m*.

scenic ['siːnɪk] *adj* pitoresco(-ca).

scent [sent] *n* (*smell*) fragrância *f*; (*of animal*) rasto *m*; (*perfume*) perfume *m*.

sceptic ['skeptɪk] *n* (*Brit*) cético *m* (-ca *f*).

sceptical ['skeptɪkl] *adj* cético(-ca).

schedule [*Brit* 'ʃedjuːl, *Am* 'skedʒʊl] *n* (*of work, things to do*) programa *m*, calendarização *f*; (*timetable*) horário *m*; (*list*) lista *f* ◆ *vt* (*plan*) programar; **according to** ~ de acordo com o previsto; **behind** ~ atrasado; **on** ~ (*plane, train*) na hora (prevista).

scheduled flight [*Brit* 'ʃedjuːld-, *Am* 'skedʒʊld-] *n* vôo *m* regular, vôo *m* de linha.

scheme [skiːm] *n* (*plan*) projeto *m*; (*pej: dishonest plan*) esquema *m*.

scheming ['skiːmɪŋ] *adj* cheio (cheia) de truques.

schizophrenic [,skɪtsə'frenɪk] *adj* esquizofrênico(-ca) ◆ *n* esquizofrênico *m* (-ca *f*).

scholar ['skɒlə^r] *n* erudito *m* (-ta *f*); **Greek** ~ helenista *mf*; **Latin** ~ latinista *mf*.

scholarship ['skɒləʃɪp] *n* (*award*) bolsa *f* de estudo.

school [skuːl] *n* escola *f*; (*university department*) faculdade *f*; (*Am: university*) universidade *f* ◆ *adj* escolar; **at** ~ na escola.

school age *n* idade *f* escolar.

schoolbag ['skuːlbæg] *n* pasta *f* (da escola).

schoolbook ['skuːlbʊk] *n* livro *m* escolar, manual *m* escolar OR didático.

schoolboy ['skuːlbɔɪ] *n* aluno *m*.

school bus *n* ônibus *m* escolar (*Br*), autocarro *m* OR carrinha *f* da escola (*Port*).

schoolchild ['skuːltʃaɪld] (*pl* **-children** [-,tʃɪldrən]) *n* aluno *m* (-na *f*).

schooldays ['skuːldeɪz] *npl* tempos *mpl* de escola.

schoolgirl ['skuːlgɜːl] *n* aluna *f*.

schooling ['skuːlɪŋ] *n* instrução *f*.

school-leaver [-,liːvə^r] *n* (*Brit*) jovem que abandona os estudos após a escolaridade obrigatória.

schoolmaster ['skuːl,mɑːstə^r] *n* (*Brit*) professor *m*.

schoolmistress ['skuːl,mɪstrɪs] *n* (*Brit*) professora *f*.

schoolteacher ['skuːl,tiːtʃə^r] *n* professor *m* (-ra *f*).

school uniform *n* uniforme *m* escolar.

school year *n* ano *m* letivo.

science ['saɪəns] *n* ciência *f*; (*SCH*) ciências *fpl*.

science fiction *n* ficção *f* científica.
scientific [ˌsaɪənˈtɪfɪk] *adj* científico (-ca).
scientist [ˈsaɪəntɪst] *n* cientista *mf*.
scintillating [ˈsɪntɪleɪtɪŋ] *adj* brilhante.
scissors [ˈsɪzəz] *npl* tesoura *f*; **a pair of ~** uma tesoura.
scold [skəʊld] *vt* ralhar com, repreender.
scone [skɒn] *n bolo redondo por vezes com passas e que normalmente se come na hora do chá com manteiga e compota.*
scoop [skuːp] *n (for ice cream, flour)* colher *f* grande; *(of ice cream)* bola *f*; *(in media)* furo *m* jornalístico *(Br)*, exclusivo *m (Port)*.
scooter [ˈskuːtər] *n (motor vehicle)* scooter *f*, lambreta *f*.
scope [skəʊp] *n (possibility)* possibilidade *f*; *(range)* alcance *m*.
scorch [skɔːtʃ] *vt* chamuscar.
scorching [ˈskɔːtʃɪŋ] *adj (inf)* abrasador(-ra).
score [skɔːr] *n (total, final result)* resultado *m*; *(in test)* ponto *m (Br)*, pontuação *f (Port)* ♦ *vt (SPORT)* marcar; *(in test)* obter ♦ *vi (SPORT)* marcar; **what's the ~?** como é que está (o jogo)?
scoreboard [ˈskɔːbɔːd] *n* marcador *m*.
scorer [ˈskɔːrər] *n* marcador *m* (-ra *f*).
scorn [skɔːn] *n* desprezo *m*.
scornful [ˈskɔːnful] *adj* desdenhoso (-osa); **to be ~ of sthg** desdenhar de algo.
Scorpio [ˈskɔːpɪəʊ] *n* Escorpião *m*.
scorpion [ˈskɔːpɪən] *n* escorpião *m*.
Scot [skɒt] *n* escocês *m* (-esa *f*).
scotch [skɒtʃ] *n* uísque *m* escocês.
Scotch broth *n sopa espessa feita com caldo de carne, verduras e cevada.*
Scotch tape® *n (Am)* fita *f* durex® *(Br)*, fita-cola *f (Port)*.
Scotland [ˈskɒtlənd] *n* Escócia *f*.
Scotsman [ˈskɒtsmən] *(pl* **-men** [-mən]) *n* escocês *m*.
Scotswoman [ˈskɒtsˌwʊmən] *(pl* **-women** [-ˌwɪmɪn]) *n* escocesa *f*.
Scottish [ˈskɒtɪʃ] *adj* escocês(-esa).
scoundrel [ˈskaʊndrəl] *n* patife *m*.
scour [ˈskaʊər] *vt (clean)* esfregar, arear; *(search)* percorrer.
scout [skaʊt] *n (boy scout)* escoteiro *m*.
scowl [skaʊl] *vi* franzir a testa.

scramble [ˈskræmbl] *n (rush)* luta *f* ♦ *vi (climb):* **~ up/down a hill** subir/descer um monte (com dificuldade).
scrambled eggs [ˌskræmbld-] *npl* ovos *mpl* mexidos.
scrap [skræp] *n (of paper, cloth)* tira *f*; *(old metal)* ferro *m* velho, sucata *f*.
scrapbook [ˈskræpbʊk] *n* álbum *m* de recortes.
scrape [skreɪp] *vt (rub)* raspar; *(scratch)* arranhar, esfolar.
scraper [ˈskreɪpər] *n* raspadeira *f*.
scrap paper *n (Brit)* papel *m* de rascunho.
scrapyard [ˈskræpjɑːd] *n* (depósito de) ferro-velho *m*.
scratch [skrætʃ] *n (cut)* arranhão *m*; *(mark)* risco *m* ♦ *vt (cut)* arranhar; *(mark)* riscar; *(rub)* coçar, arranhar; **to be up to ~** ter um nível satisfatório; **to start from ~** começar do nada.
scratch paper *(Am)* = **scrap paper**.
scrawl [skrɔːl] *n* rabisco *m* ♦ *vt* rabiscar.
scream [skriːm] *n* grito *m* ♦ *vi* gritar.
scree [skriː] *n depósito de pedras que se desprenderam de uma encosta.*
screech [skriːtʃ] *n (of person, bird)* guincho *m*; *(of tyres, brakes, car)* chio *m*, chiadeira *f* ♦ *vi (person, bird)* guinchar; *(tyres, brakes, car)* chiar.
screen [skriːn] *n* tela *f (Br)*, ecrã *m (Port)*; *(hall in cinema)* sala *f* de cinema; *(panel)* biombo *m* ♦ *vt (film)* exibir; *(programme)* emitir.
screening [ˈskriːnɪŋ] *n (of film)* exibição *f*.
screen wash *n* líquido *m* para o pára-brisas.
screw [skruː] *n* parafuso *m* ♦ *vt (fasten)* aparafusar; *(twist)* enroscar.
screwdriver [ˈskruːˌdraɪvər] *n* chave *f* de parafusos OR fendas.
scribble [ˈskrɪbl] *vi* escrevinhar, rabiscar.
script [skrɪpt] *n (of play, film)* roteiro *m (Br)*, guião *m (Port)*.
scroll [skrəʊl] *n* rolo *m* de papel/pergaminho.
scrounge [skraʊndʒ] *vt (inf):* **to ~ sthg (off sb)** filar algo (de alguém), cravar algo (a alguém).
scrounger [ˈskraʊndʒər] *n (inf)* filão *m* (-ona *f*) *(Br)*, crava *mf (Port)*.
scrub [skrʌb] *vt* esfregar.
scruff [skrʌf] *n:* **by the ~ of the**

neck pelo cangote.

scruffy ['skrʌfɪ] adj desmazelado (-da).

scrum(mage) ['skrʌm(ɪdʒ)] n formação f.

scrumpy ['skrʌmpɪ] n sidra com alto teor alcoólico proveniente do sudoeste da Inglaterra.

scruples ['skru:plz] npl escrúpulos mpl.

scrutinize ['skru:tɪnaɪz] vt examinar (minuciosamente).

scuba diving ['sku:bə-] n mergulho m.

scuff [skʌf] vt (furniture, floor) riscar; (heels) gastar.

scuffle ['skʌfl] n briga f.

sculptor ['skʌlptəʳ] n escultor m (-ra f).

sculpture ['skʌlptʃəʳ] n escultura f.

scum [skʌm] n (froth) espuma f; (inf: pej: worthless people) escumalha f, ralé f.

scurry ['skʌrɪ] vi: **to ~ off/away** escapulir, dar no pé.

scuttle ['skʌtl] ♦ vi (rush): **to ~ off/away** sair correndo, dar no pé.

scythe [saɪð] n segadeira f, gadanha f.

sea [si:] n mar m; **by ~** por mar; **by the ~** à beira-mar.

seabed ['si:bed] n: **the ~** o fundo do mar.

seafood ['si:fu:d] n marisco m.

seafront ['si:frʌnt] n orla f marítima.

seagull ['si:gʌl] n gaivota f.

seal [si:l] n (animal) foca f; (on bottle, container, official mark) selo m ♦ vt (envelope, container) selar.

sea level n nível m do mar.

sea lion n leão-marinho m.

seam [si:m] n (in clothes) costura f.

search [sɜ:tʃ] n procura f, busca f ♦ vt revistar ♦ vi: **to ~ for** procurar.

searchlight ['sɜ:tʃlaɪt] n holofote m.

seashell ['si:ʃel] n concha f.

seashore ['si:ʃɔ:ʳ] n costa f (marítima).

seasick ['si:sɪk] adj enjoado(-da).

seaside ['si:saɪd] n: **the ~** a praia.

seaside resort n estância f balneária.

season ['si:zn] n (division of year) estação f; (period) temporada f ♦ vt (food) temperar; **in ~** (fruit, vegetables) da época; (holiday) em época alta; **out**

of ~ (fruit, vegetables) fora de época; (holiday) em época baixa.

seasonal ['si:zənl] adj sazonal.

seasoning ['si:znɪŋ] n tempero m, condimento m.

season ticket n passe m.

seat [si:t] n assento m; (place) lugar m ♦ vt (subj: building) ter lugar para; (subj: vehicle) levar; **"please wait to be ~ed"** aviso pelo qual se pede aos fregueses que esperem até serem conduzidos a uma mesa vaga.

seat belt n cinto m de segurança.

seating ['si:tɪŋ] n (capacity) lugares mpl (sentados).

seaweed ['si:wi:d] n alga f marinha.

seaworthy ['si:wɜ:ðɪ] adj em condições de navegar.

secluded [sɪ'klu:dɪd] adj isolado(-da).

seclusion [sɪ'klu:ʒn] n isolamento m; **to keep sb in ~** manter alguém isolado.

second ['sekənd] n segundo m ♦ num segundo m (-da f); **~ gear** segunda f (mudança), → **sixth**.

❏ **seconds** npl (goods) artigos mpl de qualidade inferior; (inf: of food): **who wants ~?** quem quer repetir?

secondary school ['sekəndrɪ-] n escola f secundária.

second-class adj de segunda classe; (stamp) de correio normal.

second-hand adj de segunda mão.

secondly ['sekəndlɪ] adv segundo, em segundo lugar.

second-rate adj de segunda (categoria), medíocre.

Second World War n: **the ~** a Segunda Guerra Mundial.

secrecy ['si:krəsɪ] n sigilo m.

secret ['si:krɪt] adj secreto(-ta) ♦ n segredo m.

secretary [Brit 'sekrətrɪ, Am 'sekrə,terɪ] n secretário m (-ria f).

Secretary of State n (Am: foreign minister) Secretário m (-ria f) de Estado, = Ministro m (-tra f) dos Negócios Estrangeiros; (Brit: government minister) ministro m (-tra f).

secretive ['si:krətɪv] adj (person) reservado(-da); (organization) sigiloso (-osa).

secretly ['si:krɪtlɪ] adv (plan, meet) em segredo; (hope, think) no íntimo.

sect [sekt] n seita f.

section ['sekʃn] n seção f.

sector ['sektər] n setor m.

secure [sɪ'kjuər] adj seguro(-ra) ◆ vt
(fix) fixar; (fml: obtain) obter.

security [sɪ'kjuərətɪ] n segurança f.

security guard n segurança m,
guarda m.

sedate [sɪ'deɪt] adj tranqüilo(-la) ◆ vt
sedar.

sedative ['sedətɪv] n sedativo m.

sediment ['sedɪmənt] n sedimento m.

seduce [sɪ'djuːs] vt seduzir.

see [siː] (pt saw, pp seen) vt ver;
(accompany) acompanhar; (consider)
considerar ◆ vi ver; **I ~** (understand)
estou entendendo; **I'll ~ what I can do**
vou ver o que eu posso fazer; **to ~ to**
sthg (deal with) tratar de algo; (repair)
consertar algo; **~ you!** até mais!; **~ you**
later! até logo!; **~ you soon!** até breve!;
~ p 14 ver pág. 14.
❏ **see off** vt sep (say goodbye to)
despedir-se de.

seed [siːd] n semente f.

seedling ['siːdlɪŋ] n planta f jovem (de
sementeira).

seedy ['siːdɪ] adj sórdido(-da).

seeing (as) ['siːɪŋ-] conj visto que.

seek [siːk] (pt & pp sought) vt (fml)
procurar.

seem [siːm] vi parecer ◆ v impers: **it ~s**
(that) ... parece que ....

seemingly ['siːmɪŋlɪ] adv (apparently)
aparentemente.

seen [siːn] pp → **see**.

seep [siːp] vi (water, gas) infiltrar-se.

seesaw ['siːsɔː] n gangorra f (Br),
baloiço m (Port).

see-through adj transparente.

segment ['segmənt] n (of fruit) gomo
m.

seize [siːz] vt (grab) agarrar; (drugs,
arms) confiscar.
❏ **seize up** vi (engine) gripar; **my back**
~d up senti um espasmo nas costas.

seldom ['seldəm] adv raramente.

select [sɪ'lekt] vt selecionar ◆ adj sele-
to(-ta).

selection [sɪ'lekʃn] n seleção f.

selective [sɪ'lektɪv] adj seletivo(-va).

self-assured [,selfə'ʃuəd] adj segu-
ro(-ra) de si.

self-catering [,self'keɪtərɪŋ] adj (flat)
com cozinha; (holiday) em casa alugada.

self-centred [,self'sentəd] adj (per-

son) egocêntrico(-ca).

self-confident [,self-] adj segu-
ro(-ra) de si.

self-conscious [,self-] adj ini-
bido(-da).

self-contained [,selfkən'teɪnd] adj
(flat) independente (com cozinha e banheiro).

self-control [,self-] n autodomínio
m.

self-defence [,self-] n autodefesa f.

self-discipline [,self-] n auto-
disciplina f.

self-employed [,selfɪm'plɔɪd] adj que
trabalha por conta própria, autôno-
mo(-ma).

self-esteem [,self-] n auto-estima f.

self-explanatory [,selfɪk'splænətrɪ]
adj claro(-ra).

self-important [,self-] adj cheio
(cheia) de si.

selfish ['selfɪʃ] adj egoísta.

selfishness ['selfɪʃnɪs] n egoísmo m.

selfless ['selflɪs] adj abnegado(-da),
desinteressado(-da).

self-portrait [,self-] n auto-retrato
m.

self-raising flour [,self'reɪzɪŋ-] n
(Brit) farinha f com fermento.

self-respect [,self-] n dignidade f,
amor-próprio m.

self-restraint [,self-] n autodomínio
m.

self-rising flour [,self'raɪzɪŋ-] (Am) =
self-raising flour.

self-sacrifice [,self-] n abnegação f.

self-satisfied [,self-] adj (person)
satisfeito consigo próprio (satisfeita
consigo própria), ufano(-na).

self-service [,self-] adj self-service
(inv), de auto-serviço.

self-sufficient [,self-] adj: **~ (in**
sthg) auto-suficiente (no que diz respeito a algo).

self-taught [,self-] adj autodidata.

sell [sel] (pt & pp sold) vt & vi vender;
to ~ for vender-se por, ser vendido
por; **to ~ sb sthg** vender algo a
alguém.

sell-by date n data f limite de
venda.

seller ['selər] n vendedor m (-ra f).

Sellotape® ['seləteɪp] n (Brit) fita f
durex® (Br), fita-cola f (Port).

semen ['siːmen] n sêmen m.

semester [sɪ'mestər] n semestre m.

semicircle ['semɪ,sɜːkl] n semicírculo m.

semicolon [,semɪ'kəʊlən] n ponto m e vírgula.

semidetached [,semɪdɪ'tætʃt] adj geminado(-da).

semifinal [,semɪ'faɪnl] n semifinal f.

seminar ['semɪnɑːˈ] n seminário m.

semolina [,semə'liːnə] n semolina f.

senate ['senɪt] n (in US): **the ~** o Senado.

senator ['senətəˈ] n senador m (-ra f).

send [send] (pt & pp **sent**) vt enviar; (person) mandar; **to ~ sthg to sb** enviar algo a alguém.

❑ **send back** vt sep devolver.

❑ **send off** vt sep (letter, parcel) enviar; (SPORT) expulsar ♦ vi: **to ~ off (for sthg)** mandar vir (algo) pelo correio.

sender ['sendəˈ] n remetente mf.

senile ['siːnaɪl] adj senil.

senior ['siːnjəˈ] adj (in rank) superior ♦ n (Brit: SCH) aluno m (-na f) (de escola secundária); (Am: SCH) finalista mf.

senior citizen n idoso m (-osa f), pessoa f de idade.

sensation [sen'seɪʃn] n sensação f.

sensational [sen'seɪʃənl] adj sensacional.

sensationalist [sen'seɪʃnəlɪst] adj sensacionalista.

sense [sens] n sentido m; (common sense) bom-senso m ♦ vt sentir; **there is no ~ in waiting** não vale a pena esperar; **to make ~** fazer sentido; **~ of direction** sentido de orientação; **~ of humour** sentido de humor.

senseless ['senslɪs] adj (stupid) insensato(-ta), sem sentido; (unconscious) inconsciente, sem sentidos.

sensible ['sensəbl] adj (person) sensato(-ta); (clothes, shoes) prático(-ca).

sensitive ['sensɪtɪv] adj sensível; (easily offended) suscetível; (subject, issue) delicado(-da).

sensual ['sensjʊəl] adj sensual.

sensuous ['sensjʊəs] adj sensual.

sent [sent] pt & pp → **send**.

sentence ['sentəns] n (GRAMM) frase f; (for crime) sentença f ♦ vt condenar.

sentimental [,sentɪ'mentl] adj (pej) sentimental.

sentry ['sentrɪ] n sentinela f.

Sep. (abbr of September) set.

separate [adj & n 'seprət, vb 'sepəreɪt] adj (different, individual) diferente, dis-

tinto(-ta); (not together) separado(-da) ♦ vt separar ♦ vi separar-se.

❑ **separates** npl (Brit: clothes) roupa feminina que pode ser usada em conjunto.

separately ['seprətlɪ] adv separadamente.

separation [,sepə'reɪʃn] n separação f.

September [sep'tembəˈ] n setembro m; **at the beginning of ~** no início de setembro; **at the end of ~** no fim de setembro; **during ~** em setembro; **every ~** todos os meses de setembro, todos os anos em setembro; **in ~** em setembro; **last ~** setembro último OR passado; **next ~** no próximo mês de setembro; **this ~** setembro que vem; **2 ~ 1997** (in letters etc) 2 de setembro de 1997.

septic ['septɪk] adj infectado(-da).

septic tank n fossa f sética.

sequel ['siːkwəl] n (to book, film) continuação f.

sequence ['siːkwəns] n (series) série f; (order) ordem f.

sequin ['siːkwɪn] n lantejoula f.

Serb [sɜːb] = **Serbian**.

Serbia ['sɜːbjə] n Sérvia f.

Serbian ['sɜːbjən] adj sérvio(-via) ♦ n (person) sérvio m (-via f).

serene [sɪ'riːn] adj (calm) sereno(-na).

sergeant ['sɑːdʒənt] n (in police force) sargento m (Br), polícia m graduado (polícia f graduada) (Port); (in army) sargento m.

sergeant major n sargento-ajudante m.

serial ['sɪərɪəl] n seriado m (Br), série f (Port).

serial number n número m de série.

series ['sɪəriːz] (pl inv) n série f.

serious ['sɪərɪəs] adj sério(-ria); (accident, illness) grave; **are you ~?** você está falando sério?

seriously ['sɪərɪəslɪ] adv (really) de verdade; (badly) gravemente.

seriousness ['sɪərɪəsnɪs] n (of person, expression, voice) seriedade f; (of illness, situation, loss) gravidade f.

sermon ['sɜːmən] n sermão m.

serrated [sɪ'reɪtɪd] adj dentado(-da); **~ knife** faca f de serrilha.

servant ['sɜːvənt] n criado m (-da f).

serve [sɜːv] vt servir ♦ vi (SPORT) servir; (work) prestar serviço ♦ n (SPORT)

serviço m; **the town is ~d by two airports** a cidade tem dois aeroportos; **to
~ as** *(be used for)* servir de; **"~s two"**
"para duas pessoas"; **it ~s you right!**
bem feito!

service ['sɜːvɪs] n serviço m; *(at
church)* culto m *(Br)*, ofício m *(Port)*; *(of
car)* revisão f ◆ vt *(car)* fazer a revisão
de; **"out of ~"** "fora de serviço"; **"~
included"** "serviço incluído"; **"~ not
included"** "não inclui o serviço"; **can I
be of any ~ to you?** *(fml)* em que posso
servi-lo?

❏ **services** npl *(on motorway)* posto de
gasolina com bares, banheiros etc.; *(of
person)* serviços mpl.

service area n posto de gasolina com
bares, banheiros, etc., área f de serviço
(Port).

service charge n serviço m.

service department n seção f de
atendimento ao consumidor.

service station n posto m de gasolina *(Br)*, estação f de serviço *(Port)*.

serviette [ˌsɜːvɪˈet] n guardanapo m.

serving ['sɜːvɪŋ] n porção f.

serving spoon n colher f para servir.

sesame seeds ['sesəmɪ-] npl semen-
tes fpl de sésamo.

session ['seʃn] n sessão f.

set [set] *(pt & pp set)* adj **1.** *(fixed)*
fixo(-xa); **~ lunch** = almoço m a preço
fixo *(Br)*, ementa f turística *(Port)*.
2. *(text, book)* escolhido(-da).
3. *(situated)* situado(-da).
◆ n **1.** *(of stamps, stickers)* coleção f; *(for
playing chess)* jogo m; *(of crockery)* aparelho m; *(of tools)* conjunto m.
2. *(TV)* aparelho m; **a TV ~** uma televisão, um televisor.
3. *(in tennis)* set m, partida f.
4. *(SCH)* grupo m.
5. *(of play)* cenário m.
6. *(at hairdresser's)*: **I'd like a shampoo
and ~** queria lavar e pentear.
◆ vt **1.** *(put)* pôr.
2. *(cause to be)* pôr; **to ~ a machine
going** pôr uma máquina em funcionamento.
3. *(clock, alarm, controls)* pôr; **~ the
alarm for 7 a.m.** põe o despertador
para despertar às sete.
4. *(fix)* fixar.
5. *(the table)* pôr.
6. *(a record)* estabelecer.

7. *(broken bone)* endireitar.
8. *(homework, essay)* marcar.
9. *(play, film, story)*: **to be ~** passar-se.
◆ vi **1.** *(sun)* pôr-se.
2. *(glue)* secar; *(jelly)* solidificar.
❏ **set down** vt sep *(Brit: passengers)* deixar.
❏ **set off** vt sep *(alarm)* fazer soar ◆ vi
partir.
❏ **set out** vt sep *(arrange)* estabelecer
◆ vi *(on journey)* partir.
❏ **set up** vt sep *(barrier, equipment)*
montar; *(meeting, interview)* marcar;
(committee) criar.

setback ['setbæk] n contratempo m,
revés m.

set meal n menu m, ementa f *(Port)*.

set menu n menu m fixo, ementa f
fixa *(Port)*.

settee [se'tiː] n sofá m.

setting ['setɪŋ] n *(on machine)* posição
f; *(surroundings)* cenário m.

settle ['setl] vt *(argument)* resolver;
(bill) pagar, saldar; *(stomach, nerves)*
acalmar; *(arrange, decide on)* decidir
◆ vi *(start to live)* estabelecer-se; *(bird,
insect)* pousar; *(sediment, dust)* depositar-se.
❏ **settle down** vi *(calm down)* acalmar-
se; *(sit comfortably)* instalar-se.
❏ **settle up** vi saldar as contas.

settlement ['setlmənt] n *(agreement)*
acordo m; *(place)* povoado m, colônia
f.

settler ['setlər] n colono m *(-na f)*.

seven ['sevn] num sete, → **six**.

seventeen [ˌsevn'tiːn] num dezessete
(Br), dezassete *(Port)*, → **six**.

seventeenth [ˌsevn'tiːnθ] num décimo sétimo (décima sétima), → **sixth**.

seventh ['sevnθ] num sétimo(-ma), →
sixth.

seventieth ['sevntjəθ] num septuagé-
simo(-ma), → **sixth**.

seventy ['sevntɪ] num setenta, → **six**.

several ['sevrəl] adj vários(-rias)
◆ pron vários mpl *(-rias fpl)*.

severe [sɪ'vɪər] adj *(damage, illness,
problem)* grave; *(weather conditions)*
rigoroso(-osa); *(criticism, person, punishment)* severo(-ra); *(pain)* intenso(-sa).

severity [sɪ'verətɪ] n *(of damage, illness, problem)* gravidade f; *(of weather
conditions)* rigor m; *(of storm)* violência
f; *(of criticism, person, punishment)* severidade f.

sew [səʊ] (*pp* sewn) *vt & vi* coser, costurar.

sewage ['suːɪdʒ] *n* esgotos *mpl*, águas *fpl* residuais.

sewer [suə^r] *n* (cano de) esgoto *m*.

sewing ['səʊɪŋ] *n* costura *f*.

sewing machine *n* máquina *f* de costura.

sewn [səʊn] *pp* → sew.

sex [seks] *n* sexo *m*; **to have ~ (with)** ter relações sexuais (com).

sexist ['seksɪst] *n* sexista *mf*.

sexual ['sekʃʊəl] *adj* sexual; **~ equality** igualdade *f* dos sexos.

sexual harassment *n* assédio *m* sexual.

sexual intercourse *n* relações *fpl* sexuais.

sexy ['seksɪ] *adj* sexy.

shabby ['ʃæbɪ] *adj* (*clothes, room*) em mau estado; (*person*) esfarrapado(-da).

shack [ʃæk] *n* barraco *m*.

shade [ʃeɪd] *n* (*shadow*) sombra *f*; (*lampshade*) abajur *m*; (*of colour*) tom *m* ◆ *vt* (*protect*) proteger.

❏ **shades** *npl* (*inf: sunglasses*) óculos *mpl* escuros.

shadow ['ʃædəʊ] *n* sombra *f*.

shady ['ʃeɪdɪ] *adj* (*place*) com sombra; (*inf: person, deal*) duvidoso(-osa).

shaft [ʃɑːft] *n* (*of machine*) eixo *m*; (*of lift*) poço *m*.

shaggy ['ʃægɪ] *adj* (*dog*) peludo(-da); (*rug, carpet*) felpudo(-da); (*hair, beard*) hirsuto(-ta).

shake [ʃeɪk] (*pt* shook, *pp* shaken ['ʃeɪkn]) *vt* (*bottle*) agitar; (*tree, person*) abanar; (*rug*) sacudir; (*shock*) abalar ◆ *vi* tremer; **to ~ hands (with sb)** apertar a mão (a alguém), dar um aperto de mão (em alguém); **to ~ one's head** (*saying no*) negar com a cabeça.

shaky ['ʃeɪkɪ] *adj* (*chair, table*) frágil, trôpego(-ga); (*hand, writing, voice*) trêmulo(-la); (*start*) acidentado(-da); (*finances*) instável; (*evidence, argument*) pouco sólido(-da); **I'm still a bit ~** ainda não me recuperei.

shall [weak form ʃəl, strong form ʃæl] *aux vb* **1.** (*expressing future*): **I ~ be ready soon** estarei pronto num instante.

2. (*in questions*): **~ I buy some wine?** quer que eu compre um vinho?; **~ we listen to the radio?** que tal se ouvíssemos rádio?; **where ~ we go?** onde é que vamos?

3. (*fml: expressing order*): **payment ~ be made within a week** o pagamento deverá ser feito no prazo de uma semana.

shallot [ʃəˈlɒt] *n* cebolinha *f*, chalota *f*.

shallow ['ʃæləʊ] *adj* (*pond, water, grave*) raso(-sa).

shallow end *n* (*of swimming pool*) parte *f* rasa.

sham [ʃæm] *n* (*piece of deceit*) farsa *f*.

shambles ['ʃæmblz] *n* confusão *f*.

shame [ʃeɪm] *n* vergonha *f*; **it's a ~** é uma pena; **what a ~!** que pena!

shamefaced [ˌʃeɪmˈfeɪst] *adj* envergonhado(-da).

shameful ['ʃeɪmfʊl] *adj* vergonhoso(-osa).

shameless ['ʃeɪmlɪs] *adj* sem vergonha.

shampoo [ʃæmˈpuː] *n* (*liquid*) xampu *m* (*Br*), champô *m* (*Port*); (*wash*) lavagem *f*.

shandy ['ʃændɪ] *n* cerveja *f* com soda, panaché *m*.

shan't [ʃɑːnt] = shall not.

shape [ʃeɪp] *n* forma *f*; **to be in good/bad ~** estar em boa/má forma.

shapeless ['ʃeɪplɪs] *adj* (*clothes*) sem forma.

shapely ['ʃeɪplɪ] *adj* bem feito(-ta).

share [ʃeə^r] *n* (*part*) parte *f*; (*in company*) ação *f* ◆ *vt* partilhar.

❏ **share out** *vt sep* partilhar.

shareholder ['ʃeəˌhəʊldə^r] *n* acionista *mf*.

shark [ʃɑːk] *n* tubarão *m*.

sharp [ʃɑːp] *adj* (*blade, needle, teeth*) afiado(-da); (*clear*) nítido(-da); (*quick, intelligent*) perspicaz; (*rise, change, bend*) brusco(-ca); (*painful*) agudo(-da); (*food, taste*) ácido(-da) ◆ *adv* (*exactly*) em ponto.

sharpen ['ʃɑːpn] *vt* (*knife*) afiar; (*pencil*) apontar (*Br*), afiar (*Port*).

sharpener ['ʃɑːpnə^r] *n* (*for pencil*) apontador *m* (*Br*), apara-lápis *m inv* (*Port*); (*for knife*) amolador *m*.

sharp-eyed [-ˈaɪd] *adj* perspicaz.

sharply ['ʃɑːplɪ] *adv* (*stand out, differ*) claramente; (*change, stop, criticize*) bruscamente.

shatter ['ʃætə^r] *vt* (*break*) estilhaçar ◆ *vi* estilhaçar-se.

shattered ['ʃætəd] *adj (Brit: inf: tired)* estourado(-da).

shave [ʃeɪv] *vt (beard, legs)* raspar; *(face)* barbear ♦ *vi* barbear-se ♦ *n*: **to have a ~** barbear-se, fazer a barba.

shaver ['ʃeɪvə'] *n* barbeador *m*, máquina *f* de barbear.

shaver point *n* tomada *f (para máquina de barbear)*.

shaving brush ['ʃeɪvɪŋ-] *n* pincel *m* para a barba.

shaving cream ['ʃeɪvɪŋ-] *n* creme *m* para a barba.

shaving foam ['ʃeɪvɪŋ-] *n* espuma *f* para a barba.

shavings ['ʃeɪvɪŋz] *npl* aparas *fpl*.

shawl [ʃɔːl] *n* xale *m*.

she [ʃiː] *pron* ela; **~'s tall** ela é alta.

sheaf [ʃiːf] *(pl sheaves)* *n (of paper, notes)* maço *m*.

shear [ʃɪə'] *(pt -ed, pp -ed OR shorn)* *vt (sheep)* tosquiar.
❏ **shears** *npl (for gardening)* tesoura *f* de podar OR de jardim.

sheath [ʃiːθ] *n (for knife)* bainha *f*.

sheaves [ʃiːvz] *pl → sheaf*.

shed [ʃed] *(pt & pp shed)* *n* galpão *m*, casinha de madeira em fundo de quintal para guardar ferramentas de jardinagem, etc. ♦ *vt (tears, blood)* derramar.

she'd *[weak form ʃɪd, strong form ʃiːd]* = she had, she would.

sheen [ʃiːn] *n* brilho *m*.

sheep [ʃiːp] *(pl inv)* *n* ovelha *f*, carneiro *m*.

sheepdog ['ʃiːpdɒg] *n* cão *m* pastor.

sheepish ['ʃiːpɪʃ] *adj* embaraçado(-da), envergonhado(-da).

sheepskin ['ʃiːpskɪn] *adj* de pele de carneiro OR ovelha.

sheer [ʃɪə'] *adj (pure, utter)* puro(-ra); *(cliff)* escarpado(-da); *(stockings)* fino (-na).

sheet [ʃiːt] *n (for bed)* lençol *m*; *(of paper, metal, wood)* folha *f*; **a ~ of glass** um vidro, uma vidraça.

sheik(h) [ʃeɪk] *n* xeque *m*.

shelf [ʃelf] *(pl shelves)* *n* prateleira *f*.

shell [ʃel] *n (of egg, nut)* casca *f*; *(of oyster, clam, snail)* concha *f*; *(of turtle, crab)* carapaça *f*; *(bomb)* projétil *m*.

she'll [ʃiːl] = she will, she shall.

shellfish ['ʃelfɪʃ] *n (food)* marisco *m*.

shell suit *n (Brit)* roupa *f* de jogging *(de nylon brilhante)*.

shelter ['ʃeltə'] *n* abrigo *m* ♦ *vt (protect)* abrigar ♦ *vi* abrigar-se; **to take ~** abrigar-se.

sheltered ['ʃeltəd] *adj (place)* abrigado(-da).

shelve [ʃelv] *vt (plan, project)* arquivar.

shelves [ʃelvz] *pl → shelf*.

shepherd ['ʃepəd] *n* pastor *m*.

shepherd's pie ['ʃepədz-] *n* empadão de carne de vaca picada, cebola e especiarias.

sheriff ['ʃerɪf] *n (in US)* xerife *m*.

sherry ['ʃerɪ] *n* xerez *m*.

she's [ʃiːz] = she is, she has.

Shetland Islands ['ʃetlənd-] *npl*: **the ~** as Ilhas Shetland.

shield [ʃiːld] *n (of soldier, policeman)* escudo *m* ♦ *vt* proteger.

shift [ʃɪft] *n (change)* mudança *f*; *(period of work)* turno *m* ♦ *vt (move)* mover ♦ *vi (move)* mover-se; *(change)* mudar.

shilling ['ʃɪlɪŋ] *n (Brit)* xelim *m*.

shimmer ['ʃɪmə'] *vi* tremeluzir, brilhar com luz trêmula.

shin [ʃɪn] *n* canela *f*.

shinbone ['ʃɪnbəun] *n* tíbia *f*.

shine [ʃaɪn] *(pt & pp shone)* *vi* brilhar ♦ *vt (shoes)* lustrar *(Br)*, puxar o lustro a *(Port)*; *(torch)* apontar.

shingle ['ʃɪŋgl] *n (on beach)* seixos *mpl*, cascalho *m*.
❏ **shingles** *n (MED)* zona *f*.

shiny ['ʃaɪnɪ] *adj* brilhante.

ship [ʃɪp] *n* navio *m*; **by ~** de navio.

shipbuilding ['ʃɪp,bɪldɪŋ] *n* construção *f* naval.

shipment ['ʃɪpmənt] *n* carregamento *m*.

shipping ['ʃɪpɪŋ] *n (ships)* navios *mpl*.

shipwreck ['ʃɪprek] *n (accident)* naufrágio *m*; *(wrecked ship)* navio *m* naufragado.

shipyard ['ʃɪpjɑːd] *n* estaleiro *m*.

shirk [ʃɜːk] *vt* fugir de.

shirt [ʃɜːt] *n* camisa *f*.

shirtsleeves ['ʃɜːtsliːvz] *npl*: **to be in (one's) ~** estar em mangas de camisa.

shiver ['ʃɪvə'] *vi* tremer.

shoal [ʃəul] *n* cardume *m*.

shock [ʃɒk] *n (surprise)* choque *m*; *(force)* impacto *m* ♦ *vt* chocar; **to be in ~** *(MED)* estar em estado de choque.

shock absorber [-əb,zɔːbə'] *n* amortecedor *m*.

shocking [ˈʃɒkɪŋ] *adj (very bad)* chocante.

shoddy [ˈʃɒdɪ] *adj (work, goods)* de segunda.

shoe [ʃuː] *n* sapato *m*.

shoebrush [ˈʃuːbrʌʃ] *n* escova *f* para sapatos.

shoehorn [ˈʃuːhɔːn] *n* calçadeira *f*.

shoelace [ˈʃuːleɪs] *n* cardaço *m (Br)*, atacador *m (Port)*.

shoe polish *n* graxa *f*.

shoe repairer's [-rɪˌpeərəz] *n* sapateiro *m*.

shoe shop *n* sapataria *f*.

shone [ʃɒn] *pt & pp* → **shine**.

shook [ʃʊk] *pt* → **shake**.

shoot [ʃuːt] *(pt & pp* **shot**) *vt (kill, injure)* dar um tiro em; *(gun)* disparar; *(arrow)* atirar; *(film)* filmar ◆ *vi (with gun)* atirar; *(move quickly)* passar disparado(-da); *(SPORT)* rematar ◆ *n (of plant)* broto *m (Br)*, rebento *m (Port)*.

shooting [ˈʃuːtɪŋ] *n (killing)* assassinato *m*, morte *f* (a tiro); *(hunting)* caça da *f*.

shop [ʃɒp] *n* loja *f* ◆ *vi* fazer compras.

shop assistant *n (Brit)* empregado *m* (-da *f*) (de balcão), vendedor *m* (-ra *f*).

shopkeeper [ˈʃɒpˌkiːpər] *n* comerciante *mf*.

shoplifter [ˈʃɒpˌlɪftər] *n* ladrão *m* (ladra *f*) de lojas.

shoplifting [ˈʃɒpˌlɪftɪŋ] *n* roubo *m* em loja.

shopper [ˈʃɒpər] *n* comprador *m* (-ra *f*), freguês *m* (-esa *f*).

shopping [ˈʃɒpɪŋ] *n* compras *fpl*; **to do the** ~ fazer as compras; **to go** ~ ir às compras.

shopping bag *n* saco *m* de compras.

shopping basket *n* cesto *m* de compras.

shopping centre *n* centro *m* comercial, shopping *m*.

shopping list *n* lista *f* de compras.

shopping mall *n* centro *m* comercial.

shopsoiled [ˈʃɒpsɔɪld] *adj (Brit)* danificado(-da).

shop steward *n* delegado *m* (-da *f*) sindical.

shop window *n* vitrine *f*, montra *f (Port)*.

shopworn [ˈʃɒpwɔːn] *(Am)* = **shopsoiled**.

shore [ʃɔːr] *n (of river, lake)* margem *f*; *(of sea)* costa *f*; **on** ~ em terra.

shorn [ʃɔːn] *pp* → **shear**.

short [ʃɔːt] *adj (not tall)* baixo(-xa); *(in length, time)* curto(-ta) ◆ *adv (cut hair)* curto ◆ *n (Brit: drink)* bebida *f* forte; *(film)* curta-metragem *f*; **to be** ~ **of** sthg *(time, money)* ter falta de algo; **I'm** ~ **of breath** estou sem fôlego; **to be** ~ **for** sthg *(be abbreviation of)* ser o diminutivo de algo; **in** ~ em resumo.

□ **shorts** *npl (short trousers)* calções *mpl*; *(Am: underpants)* cuecas *fpl*.

shortage [ˈʃɔːtɪdʒ] *n* falta *f*, escassez *f*.

shortbread [ˈʃɔːtbred] *n* biscoito *m* de manteiga.

short-change *vt (in shop, restaurant)* dar troco a menos a, roubar no troco de; *(fig: treat unfairly)* enganar, roubar.

short-circuit *vi* ter um curto-circuito.

shortcomings [ˈʃɔːtˌkʌmɪŋz] *npl* defeitos *mpl*.

shortcrust pastry [ˈʃɔːtkrʌst-] *n* massa *f* areada OR brisée.

short cut *n* atalho *m*.

shorten [ˈʃɔːtn] *vt* encurtar.

shortfall [ˈʃɔːtfɔːl] *n*: **a** ~ **in/of** um déficit em/de.

shorthand [ˈʃɔːthænd] *n* estenografia *f*.

shorthand typist *n (Brit)* estenodatilógrafo *m* (-fa *f*).

short list *n (Brit: for job, prize)* lista *f* de candidatos selecionados.

shortly [ˈʃɔːtlɪ] *adv (soon)* daqui a pouco, em breve; **he arrived** ~ **before me** ele chegou (um) pouco antes de mim.

shortsighted [ˌʃɔːtˈsaɪtɪd] *adj (with poor eyesight)* míope, curto(-ta) da vista.

short-sleeved [-ˌsliːvd] *adj* de manga curta.

short-staffed [-ˈstɑːft] *adj*: **to be** ~ estar com falta de pessoal, ter pessoal a menos.

short-stay car park *n* parque *m* de estacionamento de curta duração.

short story *n* conto *m*.

short-tempered [-ˈtempəd] *adj* irritável, com mau gênio.

short-term *adj* a curto prazo.

short wave *n* onda *f* curta.

shot [ʃɒt] *pt & pp* → **shoot** ◆ *n (of gun)*

tiro *m*; *(in football)* remate *m*; *(in tennis, golf etc)* jogada *f*; *(photo)* foto *f*; *(in film)* plano *m*; *(inf: attempt)* tentativa *f*; *(drink)* trago *m*.

shotgun [ˈʃɒtgʌn] *n* espingarda *f*, caçadeira *f*.

should [ʃʊd] *aux vb* **1.** *(expressing desirability)* dever; **we ~ leave now** devíamos ir embora agora. **2.** *(asking for advice)*: **~ I go too?** você acha que também devo ir? **3.** *(expressing probability)* dever; **she ~ be home soon** ela deve estar chegando a casa. **4.** *(ought to)* dever; **they ~ have won the match** eles é que deviam ter ganho o jogo. **5.** *(fml: in conditionals)*: **~ you need anything, call reception** se precisar de algo, ligue para a recepção. **6.** *(fml: expressing wish)*: **I ~ like to come with you** gostaria de ir contigo.

shoulder [ˈʃəʊldəʳ] *n* *(of person)* ombro *m*; *(of meat)* pá *f*; *(Am: of road)* acostamento *m* (Br), zona *f* de paragem de urgência (Port).

shoulder blade *n* omoplata *f*.

shoulder pad *n* chumaço *m*.

shoulder strap *n* alça *f*.

shouldn't [ˈʃʊdnt] = **should not**.

should've [ˈʃʊdəv] = **should have**.

shout [ʃaʊt] *n* grito *m* ♦ *vt & vi* gritar.
❑ **shout out** *vt sep* gritar.

shouting [ˈʃaʊtɪŋ] *n* gritos *mpl*.

shove [ʃʌv] *vt* *(push)* empurrar; *(put carelessly)* atirar com.

shovel [ˈʃʌvl] *n* pá *f*.

show [ʃəʊ] *(pp* -ed OR shown) *n* *(at theatre, on TV, radio)* espetáculo *m*; *(exhibition)* exibição *f*; *(of dogs)* concurso *m* ♦ *vt* mostrar; *(prove, demonstrate)* revelar; *(accompany)* acompanhar; *(film, TV programme)* passar ♦ *vi* *(be visible)* ver-se; *(film)* passar; **to ~ sthg to sb** mostrar algo a alguém; **to ~ sb how to do sthg** mostrar a alguém como fazer algo.
❑ **show off** *vi* exibir-se.
❑ **show up** *vi* *(come along)* aparecer; *(be visible)* ver-se.

show business *n* mundo *m* do espetáculo, show business *m*.

showdown [ˈʃəʊdaʊn] *n*: **to have a ~ with sb** resolver cara a cara as diferenças com alguém.

shower [ˈʃaʊəʳ] *n* *(for washing)* chuveiro *m*; *(of rain)* aguaceiro *m* ♦ *vi* tomar banho (de chuveiro); **to have a ~** tomar banho (de chuveiro).

shower cap *n* touca *f* de banho.

shower gel *n* gel *m* de banho.

shower unit *n* chuveiro *m* *(compartimento)*.

showing [ˈʃəʊɪŋ] *n* *(of film)* sessão *f*.

show jumping *n* competição *f* hípica de salto.

shown [ʃəʊn] *pp* → **show**.

show-off *n* *(inf)* exibicionista *mf*.

showroom [ˈʃəʊrʊm] *n* salão *m* de exposições.

shrank [ʃræŋk] *pt* → **shrink**.

shrapnel [ˈʃræpnl] *n* estilhaços *mpl*, metralha *f*.

shred [ʃred] *n* *(small piece)* tira *f* ♦ *vt* *(CULIN)* cortar em tiras muito finas; *(paper)* cortar em tiras.

shrewd [ʃruːd] *adj* *(person)* astuto (-ta); *(action, judgment, move)* inteligente.

shriek [ʃriːk] *n* grito *m* ♦ *vi* gritar; **a ~ of laughter** uma gargalhada; **to ~ with laughter** rir às gargalhadas.

shrill [ʃrɪl] *adj* estridente.

shrimp [ʃrɪmp] *n* camarão *m*.

shrine [ʃraɪn] *n* santuário *m*.

shrink [ʃrɪŋk] *(pt* shrank, *pp* shrunk) *n* *(inf: psychoanalyst)* psicanalista *mf* ♦ *vi* *(become smaller)* encolher; *(diminish)* diminuir.

shrivel [ˈʃrɪvl] *vi*: **to ~ (up)** secar, enrugar.

Shrove Tuesday [ʃrəʊv-] *n* Terça-feira *f* de Carnaval, Dia *m* de Entrudo (Port).

shrub [ʃrʌb] *n* arbusto *m*.

shrug [ʃrʌg] *vi* encolher os ombros ♦ *n*: **she gave a ~** ela encolheu os ombros.

shrunk [ʃrʌŋk] *pp* → **shrink**.

shudder [ˈʃʌdəʳ] *vi* *(person)*: **to ~ (with)** estremecer (de).

shuffle [ˈʃʌfl] *vt* *(cards)* embaralhar ♦ *vi* *(walk)* andar arrastando os pés.

shut [ʃʌt] *(pt & pp* shut) *adj* fechado(-da) ♦ *vt & vi* fechar.
❑ **shut down** *vt sep* fechar.
❑ **shut up** *vi* *(inf: stop talking)* calar-se.

shutter [ˈʃʌtəʳ] *n* *(on window)* persiana *f*; *(on camera)* obturador *m*.

shuttle [ˈʃʌtl] *n* *(plane)* avião *m* *(que faz vôos curtos regulares)*; *(bus)* serviço *m* regular.

shuttlecock [ˈʃʌtlkɒk] *n* peteca *f (Br)*, volante *m (Port)*.

shy [ʃaɪ] *adj* tímido(-da).

sibling [ˈsɪblɪŋ] *n* irmão *m* (-mã *f*).

sick [sɪk] *adj (ill)* doente; *(nauseous)* mal disposto(-osta); **to be ~** *(vomit)* vomitar; **to feel ~** sentir-se mal disposto; **to be ~ of** *(fed up with)* estar farto de.

sick bag *n* saco posto à disposição dos passageiros em aviões, barcos e ônibus para casos de enjôo.

sickbay [ˈsɪkbeɪ] *n (on ship)* enfermaria *f*; *(in school)* gabinete *m* médico.

sickening [ˈsɪknɪŋ] *adj (disgusting)* nauseabundo(-da).

sick leave *n* licença *f* por doença *(Br)*, baixa *f* (médica) *(Port)*.

sickly [ˈsɪklɪ] *adj (unhealthy)* adoentado(-da); *(nauseating)* enjoativo(-va).

sickness [ˈsɪknɪs] *n (illness)* doença *f*.

sick pay *n* auxílio-doença *m (Br)*, subsídio *m* de doença *(Port)*.

side [saɪd] *n* lado *m*; *(of road, river, pitch)* beira *f*; *(of coin)* cara *f*; *(Brit: TV channel)* canal *m*; *(page of writing)* página *f* ◆ *adj (door, pocket)* lateral; **at the ~ of** ao lado de; **on the other ~** no outro lado; **on this ~** neste lado; **~ by ~** lado a lado.

sideboard [ˈsaɪdbɔːd] *n* aparador *m*.

sideboards [ˈsaɪdbɔːdz] *npl (Brit)* suíças *fpl*, patilhas *fpl (Port)*.

sideburns [ˈsaɪdbɜːnz] *npl* suíças *fpl*, patilhas *fpl (Port)*.

sidecar [ˈsaɪdkɑːʳ] *n* side-car *m*.

side dish *n* acompanhamento *m*, guarnição *f*.

side effect *n* efeito *m* secundário, efeito *m* colateral.

sidelight [ˈsaɪdlaɪt] *n (Brit)* luz *f* lateral, farolim *m (Port)*.

sideline [ˈsaɪdlaɪn] *n (SPORT)* linha *f* lateral.

side order *n* acompanhamento *m*, guarnição *f*.

side salad *n* salada *f (de acompanhamento)*.

sideshow [ˈsaɪdʃəʊ] *n* barraca *f (de feira popular ou circo)*.

side street *n* travessa *f*.

sidewalk [ˈsaɪdwɔːk] *n (Am)* passeio *m*.

sideways [ˈsaɪdweɪz] *adv* de lado.

siege [siːdʒ] *n* cerco *m*.

sieve [sɪv] *n* coador *m*; *(for flour)* peneira *f* ◆ *vt* coar; *(flour)* peneirar.

sift [sɪft] *vt (sieve)* peneirar; *(fig: examine carefully)* estudar ◆ *vi*: **to ~ through sthg** *(evidence, applications)* estudar algo.

sigh [saɪ] *n* suspiro *m* ◆ *vi* suspirar.

sight [saɪt] *n* vista *f*; **at first ~** à primeira vista; **to catch ~ of** ver, avistar; **in ~** à vista; **to lose ~ of** perder de vista; **to be out of ~** *(hidden)* não estar visível; *(far away)* estar longe da vista.

❑ **sights** *npl (of country)* vistas *fpl*; *(of city)* locais *mpl* de interesse.

sightseeing [ˈsaɪtˌsiːɪŋ] *n*: **to go ~** fazer turismo.

sightseer [ˈsaɪtˌsiːəʳ] *n* excursionista *mf*, turista *mf*.

sign [saɪn] *n* sinal *m* ◆ *vt & vi* assinar; **there's no ~ of her** dela, nem sinal.

❑ **sign in** *vi (at hotel, club)* assinar o registro *(ao chegar)*.

signal [ˈsɪgnl] *n* sinal *m* ◆ *vi* fazer sinal.

signature [ˈsɪgnətʃəʳ] *n* assinatura *f*.

significance [sɪgˈnɪfɪkəns] *n* significado *m*.

significant [sɪgˈnɪfɪkənt] *adj* significante.

sign language *n* linguagem *f* gestual.

signpost [ˈsaɪnpəʊst] *n* tabuleta *f*, sinal *m*.

sikh [siːk] *n* sikh *mf*, sique *mf*.

silence [ˈsaɪləns] *n* silêncio *m*.

silencer [ˈsaɪlənsəʳ] *n (Brit: AUT)* silencioso *m*.

silent [ˈsaɪlənt] *adj* silencioso(-osa).

silhouette [ˌsɪluːˈet] *n* silhueta *f*.

silicon chip *n* chip *m* de silício.

silk [sɪlk] *n* seda *f*.

silky [ˈsɪlkɪ] *adj* acetinado(-da).

sill [sɪl] *n* bordo *m*.

silly [ˈsɪlɪ] *adj* bobo(-ba), tonto(-ta) *(Port)*.

silver [ˈsɪlvəʳ] *n* prata *f*; *(coins)* moedas *fpl* ◆ *adj* de prata.

silver foil *n* folha *f* OR papel *m* de alumínio.

silver-plated [-ˈpleɪtɪd] *adj* banhado(-da) a prata.

silverware [ˈsɪlvəweəʳ] *n (objects made of silver)* prata *f*; *(Am: cutlery)* talheres *mpl*, faqueiro *m*.

similar [ˈsɪmɪləʳ] *adj* semelhante; **to be ~ to** ser semelhante a.

similarity [sɪmɪˈlærətɪ] n semelhança f.

similarly ['sɪmɪləlɪ] adv igualmente.

simmer ['sɪmər] vi cozinhar em fogo brando.

simple ['sɪmpl] adj simples (inv).

simple-minded adj simplório(-ria).

simplify ['sɪmplɪfaɪ] vt simplificar.

simply ['sɪmplɪ] adv simplesmente; (easily) facilmente.

simulate ['sɪmjʊleɪt] vt simular.

simultaneous [Brit sɪməl'teɪnjəs, Am ˌsaɪməl'teɪnjəs] adj simultâneo(-nea).

simultaneously [Brit sɪməl'teɪnjəslɪ, Am ˌsaɪməl'teɪnjəslɪ] adv simultaneamente.

sin [sɪn] n pecado m ♦ vi pecar.

since [sɪns] adv desde então ♦ prep desde ♦ conj (in time) desde que; (as) visto que; **ever ~** prep desde ♦ conj desde que.

sincere [sɪn'sɪər] adj sincero(-ra).

sincerely [sɪn'sɪəlɪ] adv sinceramente; **Yours ~** = Com os melhores cumprimentos.

sincerity [sɪn'serətɪ] n sinceridade f.

sing [sɪŋ] (pt **sang**, pp **sung**) vt & vi cantar.

singe [sɪndʒ] vt chamuscar.

singer ['sɪŋər] n cantor m (-ra f).

singing ['sɪŋɪŋ] n canto m.

single ['sɪŋgl] adj (just one) único(-ca); (not married) solteiro(-ra) ♦ n (Brit: ticket) bilhete m de ida; (record) single m; **every ~** cada um (uma) de; **every ~ day** todos os dias.

❑ **singles** n (in tennis, badminton, pool) simples f inv (Br), individuais mpl (Port) ♦ adj (bar, club) para solteiros.

single bed n cama f de solteiro.

single cream n (Brit) creme m magro fresco (Br), natas fpl frescas líquidas (Port).

single file n: **in ~** em fila indiana.

single-handed [-'hændɪd] adv sozinho(-nha), sem ajuda.

single parent n (mother) mãe f solteira; (father) pai m solteiro.

single room n quarto m de solteiro.

single track road n estrada f de uma só faixa OR via.

singular ['sɪŋgjʊlər] n singular; **in the ~** no singular.

sinister ['sɪnɪstər] adj sinistro(-tra).

sink [sɪŋk] (pt **sank**, pp **sunk**) n (in kitchen) pia f, lava-louça m (Port); (washbasin) pia f ♦ vi (in water, value) afundar-se; (in mud) enterrar-se.

sink unit n pia f (Br), lava-louça m (Port).

sinner ['sɪnər] n pecador m (-ra f).

sinuses ['saɪnəsɪz] npl seios mpl nasais.

sip [sɪp] n gole m ♦ vt sorver.

siphon ['saɪfn] n sifão m ♦ vt tirar com sifão.

sir [sɜːr] n Senhor; **Dear Sir** Caro Senhor, Exmo. Sr.; **Sir Richard Blair** Sir Richard Blair.

siren ['saɪərən] n sirene f.

sirloin steak [ˌsɜːlɔɪn-] n bife m de lombo de vaca.

sister ['sɪstər] n (relative) irmã f; (Brit: nurse) enfermeira f chefe.

sister-in-law n cunhada f.

sit [sɪt] (pt & pp **sat**) vi sentar-se; (be situated) ficar ♦ vt (to place) sentar, colocar; (Brit: exam) fazer; **to be sitting** estar sentado.

❑ **sit down** vi sentar-se; **to be sitting down** estar sentado.

❑ **sit up** vi (after lying down) sentar-se; (stay up late) ficar acordado.

sitcom ['sɪtkɒm] n (inf) comédia f de situação.

site [saɪt] n (place) local m; (building site) obra f.

sitting ['sɪtɪŋ] n (serving of meal) turno m; (session) sessão f.

sitting room ['sɪtɪŋ-] n sala f de estar.

situated ['sɪtjʊeɪtɪd] adj: **to be ~** estar OR ficar situado(-da).

situation [ˌsɪtjʊ'eɪʃn] n situação f; **"~s vacant"** "ofertas de emprego".

six [sɪks] num adj seis (inv) ♦ num n seis m inv; **to be ~ (years old)** ter seis anos (de idade); **it's ~ (o'clock)** são seis horas; **a hundred and ~** cento e seis; **~ Hill St** Hill St, nº 6; **it's minus ~ (degrees)** estão seis graus negativos OR abaixo de zero; **~ out of ten** seis em dez.

sixteen [sɪks'tiːn] num dezesseis (Br), dezasseis (Port), → **six**.

sixteenth [sɪks'tiːnθ] num décimo sexto (décima sexta), → **sixth**.

sixth [sɪksθ] num adj sexto(-ta) ♦ num pron sexto m (-ta f) ♦ num n (fraction) sexto m ♦ num adv (in race, competition) em sexto (lugar); **the ~ (of September)** o dia seis (de setembro).

sixth form n (Brit) curso secundário de preparação para os "A levels", exames de acesso ao ensino superior.

sixth-form college n (Brit) escola secundária normal ou técnica.

sixtieth ['sɪkstɪəθ] num sexagésimo (-ma), → sixth.

sixty ['sɪkstɪ] num sessenta, → six.

size [saɪz] n (of room, bed, building, country) tamanho m; (of clothes, shoes, hats) número m; **what ~ do you take?** (of clothes) que tamanho OR número você veste?; (of shoes) que número você calça?; **what ~ is this?** que tamanho OR número é?

sizeable ['saɪzəbl] adj considerável.

sizzle ['sɪzl] vi chiar.

skate [skeɪt] n (ice skate, roller skate) patim m; (fish: pl inv) raia f ♦ vi (ice-skate) patinar; (roller-skate) andar de patins.

skateboard ['skeɪtbɔːd] n skate m.

skater ['skeɪtər] n patinador m (-ra f).

skating ['skeɪtɪŋ] n: **to go ~** (ice-skating) ir patinar; (roller-skating) ir andar de patins.

skating rink n rink m OR rinque m de patinagem.

skeleton ['skelɪtn] n (of body) esqueleto m.

skeptic ['skeptɪk] (Am) = sceptic.

sketch [sketʃ] n (drawing) esboço m; (humorous) sketch m ♦ vt (draw) esboçar.

sketchbook ['sketʃbʊk] n caderno m de desenho.

sketchpad ['sketʃpæd] n bloco m de desenho.

skewer ['skjʊər] n espeto m (para churrasco).

ski [skiː] (pt & pp skied, cont skiing) n esqui m, ski m (Port) ♦ vi esquiar.

ski boots npl botas fpl de esquiar.

skid [skɪd] n derrapagem f ♦ vi derrapar.

skier ['skiːər] n esquiador m (-ra f).

skiing ['skiːɪŋ] n esqui m, ski m (Port); **to go ~** ir fazer esqui, ir esquiar; **a ~ holiday** umas férias fazendo esqui.

ski jump n (slope) pista f para saltos de OR com esquis; (event) salto m de OR com esquis.

skilful ['skɪlfʊl] adj (Brit) experiente, hábil.

ski lift n teleférico m, telesqui m.

skill [skɪl] n (ability) habilidade f; (tech-

nique) técnica f.

skilled [skɪld] adj (worker, job) especializado(-da); (driver, chef) experiente, bom (boa).

skillful ['skɪlfʊl] (Am) = skilful.

skimmed milk ['skɪmd-] n leite m desnatado (Br), leite m magro.

skimp [skɪmp] vi: **to ~ on sthg** (on food, material) economizar em algo.

skimpy ['skɪmpɪ] adj (meal) parco(-ca); (skirt, dress) minúsculo(-la); (facts) insuficiente.

skin [skɪn] n pele f; (on milk) nata f.

skin diving n mergulho m (sem macacão ou escafandro, apenas com tubo respiratório).

skin freshener [-ˌfreʃnər] n tônico m (para a pele).

skinny ['skɪnɪ] adj magricela.

skin-tight adj muito justo(-ta).

skip [skɪp] vi (with rope) pular corda (Br), saltar à corda (Port); (jump) saltar ♦ vt (omit) passar na frente ♦ n (container) container m (grande para desperdícios).

ski pants npl calça f de esquiar.

ski pass n passe m (para esquiar).

ski pole n vara f de esqui.

skipper ['skɪpər] n capitão m (-tã f).

skipping rope ['skɪpɪŋ-] n corda f de pular.

skirmish ['skɜːmɪʃ] n escaramuça f.

skirt [skɜːt] n saia f.

ski slope n pista f de esqui.

ski tow n teleski m.

skittles ['skɪtlz] n (game) boliche m (Br), bowling m (Port).

skive [skaɪv] vi (Brit: inf): **to ~ (off)** faltar.

skull [skʌl] n crânio m.

skunk [skʌŋk] n gambá m (Br), doninha f fedorenta (Port).

sky [skaɪ] n céu m.

skylight ['skaɪlaɪt] n clarabóia f.

skyscraper ['skaɪˌskreɪpər] n arranha-céu m.

slab [slæb] n (of stone, concrete) laje f.

slack [slæk] adj (rope) frouxo(-xa); (careless) negligente; (not busy) calmo (-ma), parado(-da).

slacken ['slækn] vt & vi afrouxar.

slacks [slæks] npl calça f (Br), calças fpl (Port).

slam [slæm] vt bater com ♦ vi bater.

slander ['slɑːndər] n calúnia f.

slang [slæŋ] n gíria f.
slant [slɑːnt] n (slope) inclinação f ♦ vi inclinar-se.
slanting ['slɑːntɪŋ] adj inclinado(-da).
slap [slæp] n (on face) bofetada f; (on back) palmada f ♦ vt (person, face) esbofetear, dar uma bofetada em; (back) dar uma palmada em.
slapstick ['slæpstɪk] n palhaçada f.
slap-up adj (Brit: inf): **a ~ meal** um banquete.
slash [slæʃ] vt (cut) cortar; (fig: prices) cortar em ♦ n (written symbol) barra f (oblíqua).
slate [sleɪt] n (rock) ardósia f; (on roof) telha f (de ardósia).
slaughter ['slɔːtər] vt chacinar, massacrar.
slaughterhouse ['slɔːtəhaʊs, pl -haʊzɪz] n matadouro m.
slave [sleɪv] n escravo m (-va f).
slavery ['sleɪvərɪ] n escravatura f.
sleazy ['sliːzɪ] adj de má reputação.
sled [sled] = **sledge**.
sledge [sledʒ] n trenó m.
sledgehammer ['sledʒˌhæmər] n marreta f.
sleep [sliːp] (pt & pp **slept**) n (nap) sono m ♦ vi dormir ♦ vt: **the house ~s six** a casa tem lugar para seis pessoas dormirem; **try to get some ~** vê se você dorme; **I couldn't get to ~** não conseguia adormecer; **to go to ~** adormecer; **did you ~ well?** você dormiu bem?; **to ~ with sb** dormir com alguém.
sleeper ['sliːpər] n (train) trem m nocturno (com couchettes ou camas); (sleeping car) vagão-cama m (Br), carruagem-cama f (Port); (Brit: on railway track) dormente m (Br), travessa f (Port); (Brit: earring) argola f.
sleeping bag ['sliːpɪŋ-] n saco m de dormir (Br), saco-cama m (Port).
sleeping car ['sliːpɪŋ-] n vagão-cama m (Br), carruagem-cama f (Port).
sleeping pill ['sliːpɪŋ-] n comprimido m para dormir.
sleeping policeman ['sliːpɪŋ-] n (Brit) rampa f.
sleepless ['sliːplɪs] adj sem dormir.
sleepwalk ['sliːpwɔːk] vi (be a sleepwalker) ser sonâmbulo(-la); (walk in one's sleep) andar durante o sono.
sleepy ['sliːpɪ] adj (person) sonolento(-ta); **I'm ~** estou com sono.

sleet [sliːt] n chuva f com neve ♦ v impers: **it's ~ing** está chovendo neve.
sleeve [sliːv] n (of garment) manga f; (of record) capa f.
sleeveless ['sliːvlɪs] adj sem mangas.
sleigh [sleɪ] n trenó m.
slender ['slendər] adj (person, waist) esbelto(-ta); (fingers, neck) fino(-na); (resources, means) escasso(-a); (hope, chance) pequeno(-na).
slept [slept] pt & pp → **sleep**.
slice [slaɪs] n fatia f ♦ vt cortar.
sliced bread [slaɪst-] n pão m em fatias.
slick [slɪk] adj (performance, operation) bem conseguido(-da); (pej: salesman) com muita lábia ♦ n mancha f negra (Br), maré f negra (Port).
slide [slaɪd] (pt & pp **slid** [slɪd]) n (in playground) escorrega m; (of photograph) slide m, diapositivo m; (Brit: hair slide) travessão m, grampo m (Br), gancho m (Port) ♦ vi (slip) escorregar.
sliding door [slaɪdɪŋ-] n porta f deslizante OR corrediça.
slight [slaɪt] adj (minor) pequeno(-na); **the ~est** o menor (a menor), o mínimo (a mínima); **not in the ~est** absolutamente nada.
slightly ['slaɪtlɪ] adv ligeiramente.
slim [slɪm] adj (person, waist) delgado(-da); (book) fino(-na) ♦ vi emagrecer.
slime [slaɪm] n (in pond etc) lodo m; (of snail, slug) baba f.
slimming ['slɪmɪŋ] n emagrecimento m.
sling [slɪŋ] (pt & pp **slung**) vt (inf: throw) atirar ♦ n: **to have one's arm in a ~** estar com o braço na tipóia (Br), trazer o braço ao peito (Port).
slip [slɪp] vi (slide) escorregar ♦ n (mistake) deslize m; (of paper) pedaço m; (half-petticoat) anágua f (Br), saiote m (Port); (full-length petticoat) combinação f.
  ❏ **slip up** vi (make a mistake) cometer um deslize.
slipped disc [slɪpt-] n hérnia f discal.
slipper ['slɪpər] n chinelo m (de quarto); (winterweight) pantufa f.
slippery ['slɪpərɪ] adj escorregadio(-dia).
slip road n (Brit) (for joining motorway) acesso m; (for leaving motorway) saída f.

slip-up n (inf) deslize m.

slit [slɪt] n racha f.

slob [slɒb] n (inf) (dirty) porco m (porca f); (lazy) lambão m (-bona f).

slogan ['sləʊgən] n slogan m.

slope [sləʊp] n (incline) inclinação f; (hill) encosta f; (for skiing) pista f ♦ vi (path, hill) descer; (floor, roof, shelf) ser inclinado(-da).

sloping ['sləʊpɪŋ] adj inclinado(-da).

sloppy ['slɒpɪ] adj (careless) descuidado(-da).

slot [slɒt] n ranhura f.

slot machine n (vending machine) distribuidora f automática; (for gambling) slot machine f.

Slovakia [slə'vækɪə] n Eslováquia f.

slow [sləʊ] adj lento(-ta); (clock, watch) atrasado(-da) ♦ adv lentamente; "slow" (sign on road) = "reduza a velocidade"; a ~ train = um trem regional.

❏ **slow down** vt sep & vi abrandar, afrouxar.

slowly ['sləʊlɪ] adv lentamente.

slug [slʌg] n (animal) lesma f.

sluggish ['slʌgɪʃ] adj (person) molengão(-gona); (reaction, business) lento(-ta).

sluice [slu:s] n comporta f.

slum [slʌm] n (building) barraco m, barracão m.

❏ **slums** npl (district) favela f (Br), bairro m de lata (Port).

slumber ['slʌmbər] n sono m.

slung [slʌŋ] pt & pp → sling.

slush [slʌʃ] n neve f meio derretida.

sly [slaɪ] adj manhoso(-osa).

smack [smæk] n (slap) palmada f ♦ vt dar uma palmada em.

small [smɔ:l] adj pequeno(-na).

small ads npl (Brit) classificados mpl.

small change n troco m, dinheiro m miúdo OR trocado.

small hours npl madrugada f; in the ~ de madrugada.

smallpox ['smɔ:lpɒks] n varíola f.

small talk n conversa f banal.

smarmy ['smɑ:mɪ] adj bajulador(-ra).

smart [smɑ:t] adj (elegant, posh) elegante; (clever) esperto(-ta).

smart card n smart card m, cartão com memória electrónica.

smarten ['smɑ:tn] : **smarten up** vt sep (appearance) melhorar; (room) arrumar; to ~ o.s up vestir-se melhor.

smash [smæʃ] n (SPORT) smash m; (inf: car crash) desastre m, acidente m ♦ vt (plate, window) partir ♦ vi (plate, vase etc) partir-se.

smashing ['smæʃɪŋ] adj (Brit: inf) chocante (Br), bestial (Port).

smattering ['smætərɪŋ] n: I have a ~ of Portuguese só sei umas palavras em português.

smear [smɪər] n (slander) calúnia f ♦ vt (smudge) borrar; (spread): to ~ sthg onto sthg espalhar algo em algo; he ~ed his chest with oil ele espalhou óleo no peito.

smear test n preventivo m (Br), esfregaço m (Port).

smell [smel] (pt & pp -ed OR smelt) n cheiro m ♦ vt cheirar ♦ vi (have odour) cheirar; (have bad odour) cheirar mal; to ~ of sthg cheirar a algo.

smelly ['smelɪ] adj mal cheiroso(-osa).

smelt [smelt] pt & pp → smell.

smile [smaɪl] n sorriso m ♦ vi sorrir.

smirk [smɜ:k] n sorriso m falso.

smock [smɒk] n bata f.

smog [smɒg] n smog m, poluição f.

smoke [sməʊk] n (from fire, cigarette) fumaça f (Br), fumo m (Port) ♦ vt & vi fumar; to have a ~ fumar um cigarro.

smoked [sməʊkt] adj (meat, fish) defumado(-da); (cheese) curado(-da).

smoked salmon n salmão m defumado.

smoker ['sməʊkər] n (person) fumante mf (Br), fumador m (-ra f) (Port).

smoking ['sməʊkɪŋ] n: "no ~" "proibido fumar".

smoking area n área f para fumantes.

smoking compartment n compartimento m para fumantes.

smoky ['sməʊkɪ] adj (room) enfumaçado(-da).

smolder ['sməʊldər] (Am) = smoulder.

smooth [smu:ð] adj (surface, road) plano(-na); (skin) macio(-cia); (takeoff, landing, wine) suave; (journey, flight) sem incidentes; (life) tranqüilo(-la); (mixture, liquid) homogêneo(-nea), cremoso(-osa); (pej: suave) meloso (-osa).

❏ **smooth down** vt sep alisar.

smother ['smʌðər] vt (cover) cobrir.

smoulder ['sməʊldər] vi (Brit) (fire) arder lentamente (sem chama).

smudge [smʌdʒ] *n* mancha *f*.

smug [smʌg] *adj* satisfeito consigo próprio (satisfeita consigo própria).

smuggle ['smʌgl] *vt* contrabandear; **to ~ in** *(sneak in)* introduzir clandestinamente.

smuggler ['smʌglə] *n* contrabandista *mf*.

snack [snæk] *n* lanche *m*.

snack bar *n* lanchonete *f (Br)*, snack-bar *m (Port)*.

snag [snæg] *n (small problem)* pequeno problema *m*, inconveniente *m* ◆ *vi*: **to ~ (on sthg)** prender-se (em algo).

snail [sneɪl] *n* caracol *m*.

snake [sneɪk] *n* cobra *f*.

snap [snæp] *vt & vi (break)* partir ◆ *n (inf: photo)* foto *f; (Brit: card game)* = guerra *f*.

snapshot ['snæpʃɒt] *n* fotografia *f*, foto *f*.

snare [sneə] *n* armadilha *f*.

snarl [snɑːl] *n* rosnadela *f* ◆ *vi (animal)* rosnar.

snatch [snætʃ] *vt (grab)* arrancar à força; *(steal)* roubar.

sneak [sniːk] *(Brit pt & pp -ed, Am pt & pp -ed* OR **snuck)** *n (Brit: inf)* queixinhas *mf inv* ◆ *vi*: **to ~ in/out** entrar/sair às escondidas OR sorrateiramente; **to ~ up on sb** surpreender OR assustar alguém.

sneakers ['sniːkəz] *npl (Am)* tênis *mpl*, sapatilhas *fpl*.

sneer [snɪə] *n* riso *m* sarcástico OR de escarninho ◆ *vi (smile unpleasantly)* sorrir desdenhosamente.

sneeze [sniːz] *n* espirro *m* ◆ *vi* espirrar.

sniff [snɪf] *vi (from cold, crying)* fungar ◆ *vt* cheirar.

snigger ['snɪgə] *n* risinho *m (dissimulado)* ◆ *vi* rir furtivamente.

snip [snɪp] *vt* cortar (com tesoura), dar tesouradas em.

sniper ['snaɪpə] *n* franco-atirador *m* (-ra *f*).

snippet ['snɪpɪt] *n*: **I only heard ~s of their conversation** só ouvi trechos da conversa deles.

snivel ['snɪvl] *vi* choramingar.

snob [snɒb] *n* snobe *mf*.

snobbish ['snɒbɪʃ] *adj* snobe, pretencioso(-osa).

snobby ['snɒbɪ] = **snobbish**.

snog [snɒg] *vi (Brit: inf)* beijar-se.

snooker ['snuːkə] *n* sinuca *f (Br)*, snooker *m (Port)*.

snooze [snuːz] *n* soneca *f*.

snore [snɔː] *vi* roncar, ressonar.

snorkel ['snɔːkl] *n* respirador *m*, tubo *m* respiratório.

snort [snɔːt] *vi* fungar.

snout [snaʊt] *n* focinho *m*.

snow [snəʊ] *n* neve *f* ◆ *v impers*: **it's ~ing** está nevando.

snowball ['snəʊbɔːl] *n* bola *f* de neve.

snowboarding ['snəʊˌbɔːdɪŋ] *n*: **to go ~** fazer snowboarding.

snowbound ['snəʊbaʊnd] *adj* bloqueado(-da) pela neve.

snowdrift ['snəʊdrɪft] *n* monte *m* de neve *(formado pelo vento)*.

snowdrop ['snəʊdrɒp] *n* campainha-branca *f*.

snowfall ['snəʊfɔːl] *n (fall of snow)* nevada *f (Br)*, nevão *m (Port); (amount)* queda *f* de neve.

snowflake ['snəʊfleɪk] *n* floco *m* de neve.

snowman ['snəʊmæn] *(pl* **-men** [-men]) *n* boneco-de-neve *m*.

snowplough ['snəʊplaʊ] *n* máquina *f* para remoção de neve.

snowshoe ['snəʊʃuː] *n* raquete *f* de neve.

snowstorm ['snəʊstɔːm] *n* tempestade *f* de neve.

snub [snʌb] *n* desfeita *f* ◆ *vt* ignorar.

snuck [snʌk] *pp* → **sneak**.

snug [snʌg] *adj (person)* aconchegado(-da); *(place)* aconchegante.

so [səʊ] *adv* **1.** *(emphasizing degree)* tão; **don't be ~ stupid!** não seja tão idiota!; **it's ~ difficult (that ...)** é tão difícil (que ...); **~ much** tanto(-ta); **~ many** tantos(-tas).

2. *(referring back)*: **I don't think ~** acho que não; **I'm afraid ~** receio que sim; **~ you knew already** então você já sabia; **if ~** nesse caso.

3. *(also)* também; **~ do I** eu também.

4. *(in this way)* deste modo, assim.

5. *(expressing agreement)*: **~ there is** pois há, é verdade.

6. *(in phrases)*: **or ~** mais ou menos; **~ as** para; **~ that** para.

◆ *conj* **1.** *(therefore)* por isso; **I'm away next week ~ I won't be there** não vou estar aqui na semana que vem, por isso não estarei presente.

2. *(summarizing)* então; **~ what have**

you been up to? então, o que é que você tem feito?

3. *(in phrases):* ~ **what?** *(inf)* e depois?; ~ **there!** *(inf)* pronto!, nada a fazer!

soak [səʊk] *vt (leave in water)* pôr de molho; *(make very wet)* ensopar, empapar ◆ *vi:* **to ~ through sthg** ensopar algo.

❏ **soak up** *vt sep* absorver.

soaked [səʊkt] *adj* encharcado(-da), ensopado(-da).

soaking ['səʊkɪŋ] *adj* encharcado (-da), ensopado(-da).

soap [səʊp] *n* sabonete *m*; *(for clothes)* sabão *m*.

soap opera *n* novela *f (Br)*, telenovela *f*.

soap powder *n* sabão *m* em pó *(Br)*, detergente *m* para a roupa *(Port)*.

soar [sɔːʳ] *vi (bird)* pairar, planar; *(balloon, kite)* elevar-se no ar; *(price)* aumentar (repentinamente); *(temperature)* elevar-se (repentinamente); *(unemployment)* crescer a um ritmo acelerado.

sob [sɒb] *n* soluço *m* ◆ *vi* soluçar.

sober ['səʊbəʳ] *adj* sóbrio(-bria).

so-called [-kɔːld] *adj (misleadingly named)* pseudo (pseuda), suposto (-posta); *(widely known as)* assim chamado(-da).

soccer ['sɒkəʳ] *n* futebol *m*.

sociable ['səʊʃəbl] *adj* sociável.

social ['səʊʃl] *adj* social.

social club *n* clube *m*.

socialism ['səʊʃəlɪzm] *n* socialismo *m*.

socialist ['səʊʃəlɪst] *adj* socialista ◆ *n* socialista *mf*.

socialize ['səʊʃəlaɪz] *vi:* **to ~ (with sb)** confraternizar (com alguém).

social life *n* vida *f* social.

social security *n* previdência *f* social *(Br)*, segurança *f* social *(Port)*.

social services *npl* previdência *f* social *(Br)*, segurança *f* social *(Port)*.

social worker *n* assistente *mf* social.

society [sə'saɪətɪ] *n* sociedade *f*.

sociology [ˌsəʊsɪ'ɒlədʒɪ] *n* sociologia *f*.

sock [sɒk] *n* meia *f*, peúga *f (Port)*.

socket ['sɒkɪt] *n (for plug)* tomada *f*, ficha *f (Port)*; *(for light bulb)* casquilho *m*.

soda ['səʊdə] *n (soda water)* água *f* gaseificada OR com gás; *(Am: fizzy drink)* refrigerante *m*.

soda water *n* água *f* gaseificada OR com gás.

sofa ['səʊfə] *n* sofá *m*.

sofa bed *n* sofá-cama *m*.

Sofia ['səʊfjə] *n* Sôfia *s*.

soft [sɒft] *adj (bed, food)* mole; *(skin, fur, fabric)* macio(-cia), suave; *(breeze, sound, tap)* ligeiro(-ra); *(voice)* doce; *(footsteps)* leve.

soft cheese *n* queijo *m* cremoso.

soft drink *n* refrigerante *m*.

soften ['sɒfn] *vt (skin, fabric)* amaciar; *(butter)* amolecer; *(blow, impact, effect)* amortecer ◆ *vi (skin, fabric)* ficar mais macio(-cia); *(butter)* amolecer; *(attitude)* tornar-se mais brando(-da).

softly ['sɒftlɪ] *adv (touch)* delicadamente; *(move)* sem fazer barulho; *(speak, sing)* em voz baixa.

soft-spoken *adj:* **she's very ~** ela tem uma voz muito doce.

software ['sɒftweəʳ] *n* software *m*.

soggy ['sɒgɪ] *adj* mole, empapado (-da).

soil [sɔɪl] *n* terra *f*.

soiled [sɔɪld] *adj* sujo(-ja).

solarium [sə'leərɪəm] *n* solário *m*, solarium *m*.

solar panel ['səʊlə-] *n* painel *m* solar.

sold [səʊld] *pt & pp* → **sell**.

solder ['səʊldəʳ] *n* solda *f* ◆ *vt* soldar.

soldier ['səʊldʒəʳ] *n* soldado *m*.

sold out *adj* esgotado(-da).

sole [səʊl] *adj (only)* único(-ca) ◆ *n (of shoe)* sola *f*; *(of foot)* planta *f*; *(fish: pl inv)* linguado *m*.

solemn ['sɒləm] *adj* solene.

solicitor [sə'lɪsɪtəʳ] *n (Brit)* solicitador *m* (-ra *f*), advogado *que apenas pode atuar nos tribunais de primeira instância*.

solid ['sɒlɪd] *adj* sólido(-da); *(chair, wall)* resistente; *(rock, gold, oak)* maciço(-ça).

solidarity [ˌsɒlɪ'dærətɪ] *n* solidariedade *f*.

solitary ['sɒlɪtrɪ] *adj* solitário(-ria).

solitude ['sɒlɪtjuːd] *n* solidão *f*.

solo ['səʊləʊ] *(pl -s)* *n* solo *m*; **"~ m/cs"** *(traffic sign)* sinal indicando que no local apenas podem estacionar veículos de duas rodas.

soloist ['səʊləʊɪst] *n* solista *mf*.

soluble ['sɒljʊbl] *adj* solúvel.

solution [sə'luːʃn] *n* solução *f*.

solve [sɒlv] vt resolver.
solvent ['sɒlvənt] adj (FIN) dissolvente ♦ n (substance) dissolvente m.
some [sʌm] adj **1.** (certain, large amount of) algum (alguma); ~ **meat** alguma carne; ~ **money** algum dinheiro; **I had ~ difficulty getting here** tive algumas dificuldades para chegar aqui.
2. (certain, large number of) alguns (algumas); ~ **sweets** alguns doces; ~ **people** algumas pessoas; **I've known him for ~ years** já o conheço há alguns anos.
3. (not all) alguns (algumas); ~ **jobs are better paid than others** alguns empregos são mais bem pagos que outros.
4. (in imprecise statements) um (uma) ... qualquer; ~ **woman phoned** telefonou uma mulher qualquer.
♦ pron **1.** (certain amount) algum m (alguma f), parte f; **can I have ~?** posso ficar com algum OR parte?; ~ **of the money** algum dinheiro, parte do dinheiro.
2. (certain number) alguns mpl (algumas fpl); **can I have ~?** posso ficar com alguns?; ~ **(of them) left early** alguns (deles) foram-se embora cedo.
♦ adv (approximately) aproximadamente; **there were ~ 7,000 people there** havia umas 7000 pessoas.
somebody ['sʌmbədɪ] = **someone**.
someday ['sʌmdeɪ] adv algum dia.
somehow ['sʌmhaʊ] adv (some way or other) de uma maneira ou de outra; (for some reason) por alguma razão; ~ **I don't think he'll come** tenho a impressão de que ele não virá.
someone ['sʌmwʌn] pron alguém.
someplace ['sʌmpleɪs] (Am) = **somewhere**.
somersault ['sʌməsɔːlt] n cambalhota f.
something ['sʌmθɪŋ] pron algo, alguma coisa; **it's really ~** é demais; **or ~** (inf) ou (qualquer) coisa parecida; ~ **like** (approximately) uns (umas), qualquer coisa como.
sometime ['sʌmtaɪm] adv: ~ **in June** em julho.
sometimes ['sʌmtaɪmz] adv às OR por vezes.
someway ['sʌmweɪ] (Am) = **somehow**.
somewhat ['sʌmwɒt] adv um pouco.

somewhere ['sʌmweəʳ] adv (in unspecified place) em algum lugar, em alguma parte; (to specified place) a alguma parte; (approximately) aproximadamente.
son [sʌn] n filho m.
song [sɒŋ] n canção f.
son-in-law n genro m.
sonnet ['sɒnɪt] n soneto m.
soon [suːn] adv (in a short time) em breve; (early) cedo; **how ~ can you do it?** para quando é que estará pronto?; **as ~ as** assim que; **as ~ as possible** o mais cedo possível, assim que for possível; ~ **after** pouco depois; ~**er or later** mais cedo ou mais tarde.
soot [sʊt] n fuligem f.
soothe [suːð] vt acalmar.
sophisticated [səˈfɪstɪkeɪtɪd] adj sofisticado(-da).
soporific [ˌsɒpəˈrɪfɪk] adj soporífero(-ra).
sopping ['sɒpɪŋ] adj: ~ **(wet)** encharcado(-da), ensopado(-da).
soppy ['sɒpɪ] adj (inf) (book, film) sentimental; (person) piegas (inv).
soprano [səˈprɑːnəʊ] (pl **-nos** OR **-ni** [-niː]) n soprano mf.
sorbet ['sɔːbeɪ] n sorvete m de frutas.
sorcerer ['sɔːsərəʳ] n feiticeiro m.
sordid ['sɔːdɪd] adj sórdido(-da).
sore [sɔːʳ] adj (painful) dolorido(-da); (Am: inf: angry) zangado(-da) ♦ n ferida f; **to have a ~ throat** estar com dor de garganta.
sorrow ['sɒrəʊ] n tristeza f.
sorry ['sɒrɪ] adj: **he isn't even ~** nem sequer está arrependido; **I'm ~!** desculpe!; **I'm ~ I'm late** desculpem o atraso; **I'm ~ about the mess** desculpe a confusão; **I'm ~ you didn't get the job** sinto muito que você não tenha conseguido o emprego; ~**?** (asking for repetition) perdão?; **to feel ~ for sb** sentir pena de alguém.
sort [sɔːt] n tipo m ♦ vt organizar; ~ **of** (more or less) mais ou menos.
❏ **sort out** vt sep (classify) organizar; (resolve) resolver.
so-so adj (inf) mais ou menos ♦ adv (inf) assim assim.
soufflé ['suːfleɪ] n suflê m (Br), soufflé m (Port).
sought [sɔːt] pt & pp → **seek**.
soul [səʊl] n (spirit) alma f; (soul music) música f soul.

sound [saʊnd] *n* som *m* ♦ *vt (horn, bell)* (fazer) soar ♦ *vi (make a noise)* soar; *(seem to be)* parecer ♦ *adj (in good condition)* sólido(-da); *(health)* sadio(-a); *(heart, mind)* são (sã), bom (boa); **to ~ like** *(make a noise like)* soar como; *(seem to be)* parecer ser.

sound effects *npl* efeitos *mpl* sonoros.

soundly ['saʊndlɪ] *adv (beat)* completamente; *(sleep)* profundamente.

soundproof ['saʊndpruːf] *adj* à prova de som.

soundtrack ['saʊndtræk] *n* trilha *f* sonora *(Br)*, banda *f* sonora *(Port)*.

soup [suːp] *n* sopa *f*.

soup spoon *n* colher *f* de sopa.

sour ['saʊəʳ] *adj (taste)* ácido(-da); *(milk)* azedo(-da); **to go ~** azedar.

source [sɔːs] *n (supply, origin)* fonte *f*; *(cause)* origem *f*; *(of river)* nascente *f*.

sour cream *n* creme *m* azedo *(Br)*, natas *fpl* azedas *(Port)*.

south [saʊθ] *n* sul *m* ♦ *adj (wind)* sul ♦ *adv (be situated)* ao sul; *(fly, walk)* para o sul; **in the ~ of England** no sul da Inglaterra.

South Africa *n* África *f* do Sul.

South America *n* América *f* do Sul.

southbound ['saʊθbaʊnd] *adj* em direção ao sul.

southeast [ˌsaʊθiːst] *n* sudeste *m*.

southerly ['sʌðəlɪ] *adj (wind)* do sul; **in a ~ direction** em direção ao sul, para o sul; **the most ~ point** o ponto mais ao sul.

southern ['sʌðən] *adj* do sul.

South Korea *n* Coréia *f* do Sul.

South Pole *n*: **the ~** o Pólo Sul.

southward ['saʊθwəd] *adj* em direção ao sul, para o sul.

southwards ['saʊθwədz] *adv* em direção ao sul, para o sul.

southwest [ˌsaʊθwest] *n* sudoeste *m*.

souvenir [ˌsuːvəˈnɪəʳ] *n* lembrança *f*, recordação *f*.

sovereign ['sɒvrɪn] *n (ruler)* soberano *m* (-na *f*).

Soviet Union [ˌsəʊvɪət-] *n*: **the ~** a União Soviética.

sow¹ [səʊ] *(pp* sown*)* *vt (seeds)* semear.

sow² [saʊ] *n (pig)* porca *f*.

sown [səʊn] *pp* → **sow¹**.

soya ['sɔɪə] *n* soja *f*.

soya bean *n* semente *f* de soja.

soy sauce [ˌsɔɪ-] *n* molho *m* de soja.

spa [spaː] *n* estância *f* hidromineral *(Br)*, termas *fpl* (Port).

space [speɪs] *n* espaço *m* ♦ *vt* espaçar.

spacecraft ['speɪskrɑːft] *n* nave *f* espacial.

spaceman ['speɪsmæn] *(pl* **-men** [-men]*)* *n (inf)* astronauta *mf*.

spaceship ['speɪsʃɪp] *n* nave *f* espacial.

space shuttle *n* ônibus *m* espacial *(Br)*, vaivém *m* espacial *(Port)*.

spacesuit ['speɪssuːt] *n* macacão *m* espacial *(Br)*, fato *m* espacial *(Port)*.

spacious ['speɪʃəs] *adj* espaçoso (-osa).

spade [speɪd] *n (tool)* pá *f*.
❑ **spades** *npl (in cards)* espadas *fpl*.

spaghetti [spəˈgetɪ] *n* espaguete *m*.

Spain [speɪn] *n* Espanha *f*.

span [spæn] *pt* → **spin** ♦ *n (length)* distância *f*, palmo *m*; *(of time)* espaço *m* de tempo.

Spaniard ['spænjəd] *n* espanhol *m* (-la *f*).

spaniel ['spænjəl] *n* spaniel *m*, cão *m* de água *(Port)*.

Spanish ['spænɪʃ] *adj* espanhol(-la) ♦ *n (language)* espanhol *m*.

spank [spæŋk] *vt* dar uma palmada em.

spanner ['spænəʳ] *n* chave-inglesa *f*.

spare [speəʳ] *adj (kept in reserve)* a mais; *(not in use)* disponível ♦ *n (spare part)* peça *f* sobressalente; *(spare wheel)* pneu *m* sobressalente ♦ *vt*: **to ~ sb sthg** *(money)* dispensar algo a alguém; **I can't ~ the time** não tenho tempo; **with ten minutes to ~** com dez minutos de antecedência.

spare part *n* peça *f* sobressalente.

spare ribs *npl* costeleta *f* de porco *(Br)*, entrecosto *m* (Port).

spare room *n* quarto *m* de hóspedes.

spare time *n* tempo *m* livre.

spare wheel *n* pneu *m* sobressalente.

sparing ['speərɪŋ] *adj*: **to be ~ with** OR **of sthg** gastar menos de algo.

sparingly ['speərɪŋlɪ] *adv* com moderação.

spark [spɑːk] *n (from fire)* fagulha *f*; *(electric)* faísca *f*.

sparkle ['spɑːkl] *vi (jewel, stars, eyes)* cintilar, brilhar.

sparkling ['spɑːklɪŋ] *adj (mineral water, soft drink)* gaseificado(-da), com gás.

sparkling wine *n* espumante *m*.

spark plug *n* vela *f*.

sparrow ['spærəʊ] *n* pardal *m*.

sparse [spɑːs] *adj* escasso(-a).

spasm ['spæzm] *n (of muscle)* espasmo *m; (of coughing, anger)* ataque *m*.

spastic ['spæstɪk] *n (MED)* deficiente *mf* motor.

spat [spæt] *pt & pp* → **spit**.

spawn [spɔːn] *n* ovas *fpl*.

speak [spiːk] *(pt* **spoke**, *pp* **spoken)** *vt (language)* falar; *(say)* dizer ♦ *vi* falar; **who's ~ing?** *(on phone)* quem fala?; **can I ~ to Charlotte? – ~ing!** posso falar com a Charlotte? – é a própria!; **to ~ to sb about sthg** falar com alguém sobre algo.
❏ **speak up** *vi (more loudly)* falar mais alto.

speaker ['spiːkəʳ] *n (person)* orador *m* (-ra *f); (loudspeaker)* altofalante *m; (of stereo)* altofalante *m* (Br), coluna *f* (Port); **a Portuguese ~** um lusófono, uma pessoa que fala português.

spear [spɪəʳ] *n* lança *f*.

spec [spek] *n (Brit: inf):* **on ~** à sorte.

special ['speʃl] *adj* especial ♦ *n (dish)* prato *m* do dia; **"today's ~"** "prato do dia".

special effects *npl* efeitos *mpl* especiais.

specialist ['speʃəlɪst] *n* especialista *mf*.

speciality [,speʃɪˈælətɪ] *n* especialidade *f*.

specialize ['speʃəlaɪz] *vi:* **to ~ (in)** especializar-se (em).

specially ['speʃəlɪ] *adv* especialmente.

special offer *n* promoção *f*.

special school *n (Brit)* escola *f* especial *(para alunos com deficiências físicas ou problemas de aprendizagem).*

specialty ['speʃltɪ] *(Am)* = **speciality**.

species ['spiːʃiːz] *n* espécie *f*.

specific [spəˈsɪfɪk] *adj* específico(-ca).

specifically [spəˈsɪfɪklɪ] *adv* especificamente.

specifications [,spesɪfɪˈkeɪʃnz] *npl (of machine, car)* ficha *f* técnica.

specify ['spesɪfaɪ] *vt* especificar.

specimen ['spesɪmən] *n* espécime *m*, espécimen *m*.

speck [spek] *n (of dust, soot)* cisco *m; (of blood)* pinta *f*.

specs [speks] *npl (inf)* óculos *mpl*.

spectacle ['spektəkl] *n* espetáculo *m*.

spectacles ['spektəklz] *npl* óculos *mpl*.

spectacular [spekˈtækjʊləʳ] *adj* espetacular.

spectator [spekˈteɪtəʳ] *n* espectador *m* (-ra *f*).

spectrum ['spektrəm] *n (in physics)* espectro *m; (range)* leque *m*.

speculation [,spekjʊˈleɪʃn] *n* especulação *f*.

sped [sped] *pt & pp* → **speed**.

speech [spiːtʃ] *n (ability to speak)* fala *f; (manner of speaking)* maneira *f* de falar; *(talk)* discurso *m*.

speech impediment [-ɪmˌpedɪmənt] *n* defeito *m* na fala.

speechless ['spiːtʃlɪs] *adj:* **to be ~ (with)** ficar mudo(-da) (de).

speed [spiːd] *(pt & pp* **-ed** OR **sped)** *n* velocidade *f; (bicycle gear)* mudança *f* ♦ *vi (move quickly)* ir a grande velocidade; *(drive too fast)* dirigir com excesso de velocidade; **"reduce ~ now"** "reduza a velocidade".
❏ **speed up** *vi* acelerar.

speedboat ['spiːdbəʊt] *n* lancha *f*.

speed camera *n* radar *m (para o controle do excesso de velocidade nas estradas).*

speeding ['spiːdɪŋ] *n* excesso *m* de velocidade.

speed limit *n* limite *m* de velocidade.

speedometer [spɪˈdɒmɪtəʳ] *n* velocímetro *m*, conta-quilômetros *m inv.*

speedway ['spiːdweɪ] *n (SPORT)* motociclismo *m*, corridas *fpl* de motos; *(Am: road)* auto-estrada *f*.

speedy ['spiːdɪ] *adj* rápido(-da).

spell [spel] *(Brit pt & pp* **-ed** OR **spelt**, *Am pt & pp* **-ed)** *vt (word, name)* soletrar; *(subj: letters)* dar, formar a palavra ♦ *n (period)* período *m; (magic)* feitiço *m*.

spelling ['spelɪŋ] *n* ortografia *f*.

spelt [spelt] *pt & pp (Brit)* → **spell**.

spend [spend] *(pt & pp* **spent)** *vt (money)* gastar; *(time)* passar.

spendthrift ['spendθrɪft] *n* esbanjador *m* (-ra *f*), gastador *m* (-ra *f*).

spent [spent] *pt & pp* → **spend** ♦ *adj (fuel, force, patience)* gasto(-ta).

sperm [spɜ:m] (*pl inv* OR **-s**) *n* (*cell*) espermatozóide *m*; (*semen*) esperma *m*.

spew [spju:] *vi* (*flow, spread*): **to ~ (out) from sthg** sair de algo.

sphere [sfɪə^r] *n* esfera *f*.

spice [spaɪs] *n* especiaria *f* ◆ *vt* condimentar.

spicy ['spaɪsɪ] *adj* picante.

spider ['spaɪdə^r] *n* aranha *f*.

spider's web *n* teia *f* de aranha.

spike [spaɪk] *n* espigão *m*.

spill [spɪl] (*Brit pt & pp* **-ed** OR **spilt** [spɪlt], *Am pt & pp* **-ed**) *vt* entornar ◆ *vi* entornar-se.

spin [spɪn] (*pt* **span** OR **spun**, *pp* **spun**) *vt* (*wheel, coin, chair*) rodar; (*washing*) centrifugar ◆ *n* (*on ball*) efeito *m*; **to go for a ~** (*inf*) ir dar uma volta.

spinach ['spɪnɪtʃ] *n* espinafre *m*.

spinal column ['spaɪnl-] *n* coluna *f* vertebral.

spinal cord ['spaɪnl-] *n* medula *f* espin(h)al.

spin-dryer *n* (*Brit*) centrifugadora *f*.

spine [spaɪn] *n* (*of back*) espinha *f* (*dorsal*), coluna *f* (*vertebral*); (*of book*) lombada *f*.

spiral ['spaɪərəl] *n* espiral *f*.

spiral staircase *n* escada *f* em caracol.

spire ['spaɪə^r] *n* pináculo *m*.

spirit ['spɪrɪt] *n* (*soul*) espírito *m*; (*energy*) vigor *m*, energia *f*; (*courage*) coragem *f*; (*mood*) humor *m*.
❑ **spirits** *npl* (*Brit: alcohol*) bebidas *fpl* com teor alcoólico bem alto (*Br*), bebidas *fpl* espirituosas (*Port*).

spirited ['spɪrɪtɪd] *adj* (*debate*) animado(-da); (*action, defence*) energético (-ca); (*performance*) com brio.

spirit level *n* nível *m* de bolha de ar.

spiritual ['spɪrɪtʃʊəl] *adj* espiritual.

spit [spɪt] (*Brit pt & pp* **spat**, *Am pt & pp* **spit**) *vi* (*person*) cuspir; (*fire*) crepitar; (*food*) espirrar ◆ *n* (*saliva*) cuspe *m*; (*for cooking*) espeto *m* ◆ *v impers*: **it's spitting** está chuviscando.

spite [spaɪt] : **in spite of** *prep* apesar de.

spiteful ['spaɪtfʊl] *adj* maldoso(-osa).

spittle ['spɪtl] *n* cuspo *m*, saliva *f*.

splash [splæʃ] *n* (*sound*) chape *m* ◆ *vt* salpicar.

splendid ['splendɪd] *adj* esplêndido(-da).

splint [splɪnt] *n* tala *f*.

splinter ['splɪntə^r] *n* falha *f*, lasca *f*.

split [splɪt] (*pt & pp* **split**) *n* (*tear*) rasgão *m*; (*crack, in skirt*) racha *f* ◆ *vt* (*wood, stone*) rachar; (*tear*) rasgar; (*bill, profits, work*) dividir ◆ *vi* (*wood, stone*) partir-se; (*tear*) rasgar-se.
❑ **split up** *vi* (*group, couple*) separar-se.

splutter ['splʌtə^r] *vi* (*person*) balbuciar, gaguejar; (*engine*) engasgar-se.

spoil [spɔɪl] (*pt & pp* **-ed** OR **spoilt**) *vt* (*ruin*) estragar; (*child*) mimar.

spoilsport ['spɔɪlspɔ:t] *n* desmancha-prazeres *mf inv*.

spoilt [spɔɪlt] *pt & pp* → **spoil** ◆ *adj* (*food, dinner*) estragado(-da); (*child*) mimado(-da).

spoke [spəʊk] *pt* → **speak** ◆ *n* raio *m*.

spoken ['spəʊkn] *pp* → **speak**.

spokesman ['spəʊksmən] (*pl* **-men** [-mən]) *n* porta-voz *m*.

spokeswoman ['spəʊks,wʊmən] (*pl* **-women** [-,wɪmɪn]) *n* porta-voz *f*.

sponge [spʌndʒ] *n* (*for cleaning, washing*) esponja *f*.

sponge bag *n* (*Brit*) estojo *m* de toalete.

sponge cake *n* = pão-de-ló *m*.

sponsor ['spɒnsə^r] *n* (*of event, TV programme*) patrocinador *m* (-a *f*).

sponsored walk [,spɒnsəd-] *n* caminhada patrocinada com fins benificentes.

sponsorship ['spɒnsəʃɪp] *n* patrocínio *m*.

spontaneous [spɒn'teɪnjəs] *adj* espontâneo(-nea).

spooky ['spu:kɪ] *adj* (*inf*) assustador (-ra).

spool [spu:l] *n* rolo *m*.

spoon [spu:n] *n* colher *f*.

spoonful ['spu:nfʊl] *n* colherada *f*, colher *f*.

sporadic [spə'rædɪk] *adj* esporádico(-ca).

sport [spɔ:t] *n* esporte *m* (*Br*), desporto *m* (*Port*).

sporting ['spɔ:tɪŋ] *adj* esportivo(-va) (*Br*), desportivo(-va) (*Port*); **to have a ~ chance of doing sthg** ter uma boa chance de fazer algo.

sports car [spɔ:ts-] *n* carro *m* esporte (*Br*), carro *m* desportivo (*Port*).

sports centre [spɔ:ts-] *n* centro *m* esportivo (*Br*), pavilhão *m* de desportos (*Port*).

sports jacket [spɔːts-] *n* jaqueta *f* de esporte *(Br)*, casaco *m* de desporto OR desportivo *(Port)*.

sportsman [ˈspɔːtsmən] *(pl* -men [-mən]*) n* esportista *m (Br)*, desportista *m (Port)*.

sportsmanship [ˈspɔːtsmənʃip] *n* espírito *m* esportivo *(Br)*, desportivismo *m (Port)*.

sports shop [spɔːts-] *n* loja *f* de artigos de esporte *(Br)*, loja *f* de artigos de desporto *(Port)*.

sportswear [ˈspɔːtsweəʳ] *n* roupa *f* de esporte *(Br)*, roupa *f* desportiva *(Port)*.

sportswoman [ˈspɔːtsˌwʊmən] *(pl* -women [-ˌwɪmɪn]*) n* esportista *f (Br)*, desportista *f (Port)*.

sporty [ˈspɔːtɪ] *adj (inf: person)* esportivo(-va) *(Br)*, desportivo(-va) *(Port)*.

spot [spɒt] *n (of paint, rain, blood)* gota *f*, pingo *m*; *(on dog, leopard)* mancha *f*; *(on skin)* borbulha *f*; *(place)* lugar *m*, sítio *m (Port)* ◆ *vt* notar, reparar em; **on the ~** *(at once)* imediatamente; *(at the scene)* no local.

spotless [ˈspɒtlɪs] *adj* impecável, imaculado(-da).

spotlight [ˈspɒtlaɪt] *n* projetor *m*.

spotted [ˈspɒtɪd] *adj (material)* de bolas.

spotty [ˈspɒtɪ] *adj* com borbulhas.

spouse [spaʊs] *n (fml)* esposo *m* (-sa *f*).

spout [spaʊt] *n* bico *m*.

sprain [spreɪn] *vt* torcer.

sprang [spræŋ] *pt* → **spring**.

spray [spreɪ] *n (of aerosol, perfume)* spray *m*; *(droplets)* gotas *fpl*; *(of sea)* espuma *f* ◆ *vt (car)* pintar com pistola; *(crops)* pulverizar; *(paint, water etc)* esguichar.

spread [spred] *(pt & pp* **spread***) vt (butter, jam)* barrar; *(glue, disease, news)* espalhar; *(map, tablecloth, blanket)* estender; *(legs, fingers, arms)* abrir ◆ *vi (disease, fire, news)* espalhar-se; *(stain)* alastrar ◆ *n (food)*: **chocolate ~** pasta *f* de chocolate, Tulicreme® *m*.
❑ **spread out** *vi (disperse)* espalhar-se.

spree [spriː] *n*: **to go on a spending/drinking ~** gastar/beber à valer.

spring [sprɪŋ] *(pt* **sprang***, pp* **sprung***) n (season)* primavera *f*; *(coil)* mola *f*; *(in ground)* nascente *f* ◆ *vi (leap)* saltar; **in (the) ~** na primavera.

springboard [ˈsprɪŋbɔːd] *n* prancha *f* (de saltos).

spring-cleaning [-ˈkliːnɪŋ] *n* limpezas *fpl* de primavera.

spring onion *n* cebolinha *f*.

spring roll *n* crepe *m* chinês.

springtime [ˈsprɪŋtaɪm] *n*: **in (the) ~** na primavera.

springy [ˈsprɪŋɪ] *adj (carpet, ground)* mole; *(rubber)* elástico(-ca); *(mattress)* de molas.

sprinkle [ˈsprɪŋkl] *vt*: **to ~ sthg with sugar/flour** polvilhar algo com açúcar/farinha; **to ~ water on sthg** salpicar algo com água.

sprinkler [ˈsprɪŋkləʳ] *n (for fire)* extintor *m* (automático de incêndios); *(for grass)* regador *m* (automático), aspersor *m*.

sprint [sprɪnt] *n (race)* corrida *f* de velocidade ◆ *vi (run fast)* dar uma corrida.

Sprinter® [ˈsprɪntəʳ] *n (Brit: train)* trem *m* interurbano, *trem que serve pequenas distâncias*.

sprout [spraʊt] *n (vegetable)* couve-de-Bruxelas *f*.

spruce [spruːs] *n* espruce *m*.

sprung [sprʌŋ] *pp* → **spring** ◆ *adj (mattress)* de molas.

spud [spʌd] *n (inf)* batata *f*.

spun [spʌn] *pt & pp* → **spin**.

spur [spɜːʳ] *n (for horse rider)* espora *f*; **on the ~ of the moment** sem pensar duas vezes.

spurt [spɜːt] *vi* jorrar.

spy [spaɪ] *n* espião *m* (-pia *f*).

spying [ˈspaɪɪŋ] *n* espionagem *f*.

squabble [ˈskwɒbl] *n* briga *f* ◆ *vi*: **to ~ (about** OR **over sthg)** brigar (por algo).

squad [skwɒd] *n (of police)* brigada *f*; *(group of players)* equipe *f*.

squadron [ˈskwɒdrən] *n (of planes)* esquadrilha *f*; *(of warships)* esquadra *f*; *(of soldiers)* esquadrão *m*.

squall [skwɔːl] *n* tempestade *f*, borrasca *f*.

squalor [ˈskwɒləʳ] *n* sordidez *f*.

squander [ˈskwɒndəʳ] *vt* desperdiçar.

square [skweəʳ] *adj (in shape)* quadrado(-da) ◆ *n (shape)* quadrado *m*; *(in town)* praça *f*; *(of chocolate)* pedaço *m*; *(on chessboard)* casa *f*; **2 ~ metres** 2 metros quadrados; **it's 2 metres ~** tem 2 metros de lado; **we're (all) ~ now**

(not owing money) agora estamos quites.

squarely ['skweəlɪ] *adv (directly)* exatamente; *(honestly)* francamente.

squash [skwɒʃ] *n (game)* squash *m*; *(Brit: drink)* bebida à base de suco de fruto concentrado e água; *(Am: vegetable)* abóbora *f* ♦ *vt* esmagar.

squat [skwɒt] *adj* atarracado(-da) ♦ *n (building)* edifício abandonado e ocupado clandestinamente ♦ *vi (crouch)* agachar-se.

squatter ['skwɒtəʳ] *n (Brit)* ocupante *mf* ilegal, squatter *mf*.

squawk [skwɔːk] *vi (bird)* gritar.

squeak [skwiːk] *vi* chiar.

squeal [skwiːl] *vi* chiar.

squeamish ['skwiːmɪʃ] *adj*: **I'm ~ about the sight of blood** não posso ver sangue.

squeeze [skwiːz] *vt* espremer.
❏ **squeeze in** *vi* arranjar lugar.

squid [skwɪd] *n* lula *f*.

squint [skwɪnt] *n* estrabismo *m* ♦ *vi* semicerrar os olhos; **to ~ at** olhar com os olhos semi-cerrados para.

squirrel [*Brit* 'skwɪrəl, *Am* 'skwɜːrəl] *n* esquilo *m*.

squirt [skwɜːt] *vi* esguichar.

Sri Lanka [ˌsriː'læŋkə] *n* Sri Lanca *m*.

St *(abbr of Street)* R.; *(abbr of Saint)* S. *mf*, Sta. *f*.

stab [stæb] *vt (with knife)* apunhalar, esfaquear.

stable ['steɪbl] *adj* estável ♦ *n* estábulo *m*.

stack [stæk] *n (pile)* pilha *f*; **~s of** *(inf: lots)* pilhas de.

stadium ['steɪdɪəm] *n* estádio *m*.

staff [stɑːf] *n (workers)* pessoal *m*.

stag [stæg] *(pl inv OR -s)* *n* veado *m* (macho).

stage [steɪdʒ] *n (phase)* fase *f*; *(in theatre)* palco *m*.

stagecoach ['steɪdʒkəʊtʃ] *n* diligência *f*.

stage fright *n* medo *m* do palco.

stagger ['stægəʳ] *vt (arrange in stages)* escalonar ♦ *vi* cambalear.

stagnant ['stægnənt] *adj* estagnado (-da).

stagnate [stæg'neɪt] *vi* estagnar.

staid [steɪd] *adj* conservador(-ra), antiquado(-da).

stain [steɪn] *n* nódoa *f*, mancha *f* ♦ *vt* manchar.

stained glass window [steɪnd-] *n* vitral *m*.

stainless steel ['steɪnlɪs-] *n* aço *m* inoxidável.

stair [steəʳ] *n* degrau *m*.
❏ **stairs** *npl* escadas *fpl*.

staircase ['steəkeɪs] *n* escadaria *f*.

stairway ['steəweɪ] *n* escadaria *f*.

stairwell ['steəwel] *n* vão *m* das escadas.

stake [steɪk] *n (share)* parte *f*; *(in gambling)* aposta *f*; *(post)* estaca *f*; **at ~** em jogo.

stale [steɪl] *adj (bread)* duro(-ra); *(crisps, biscuits)* mole.

stalemate ['steɪlmeɪt] *n (deadlock)* beco *m* sem saída, impasse *m*; *(in chess)* empate *m*.

stalk [stɔːk] *n (of flower, plant)* pé *m*, caule *m*; *(of fruit)* galho *m* (Br), píncaro *m* (Port); *(of leaf)* galho (Br), pecíolo *m* (Port).

stall [stɔːl] *n (at exhibition)* stand *m*; *(in market, at fair)* barraca *f* ♦ *vi (car, plane, engine)* morrer (Br), ir abaixo (Port).
❏ **stalls** *npl (Brit: in theatre)* platéia *f*.

stallion ['stæljən] *n* garanhão *m*.

stamina ['stæmɪnə] *n* resistência *f*.

stammer ['stæməʳ] *vi* gaguejar.

stamp [stæmp] *n (for letter)* selo *m*; *(in passport, on document)* carimbo *m* ♦ *vt (passport, document)* carimbar ♦ *vi*: **to ~ on sthg** esmagar algo com o pé; **to ~ one's foot** bater com o pé no chão.

stamp album *n* álbum *m* de selos.

stamp-collecting [-kə,lektɪŋ] *n* filatelia *f*.

stampede [stæm'piːd] *n* debandada *f*.

stamp machine *n* distribuidor *m* automático de selos.

stance [stæns] *n (posture)* postura *f*; **~ (on sthg)** *(attitude)* posição *f* (em relação a algo).

stand [stænd] *(pt & pp* **stood)** *vi (be on feet)* estar de OR em pé; *(be situated)* ficar; *(get to one's feet)* levantar-se ♦ *vt (place)* pôr, colocar; *(bear, withstand)* agüentar, suportar ♦ *n (in market, at fair)* barraca *f*; *(at exhibition)* stand *m*; *(for newspapers)* banca *f* de jornais (Br), quiosque *m* (Port); *(for umbrellas)* bengaleiro *m*; *(for coats)* cabide *m*; *(for bike, motorbike)* descanso *m*; *(at sports stadium)* arquibancada *f* (Br), bancada *f* (Port); **to ~ sb a drink** pagar uma bebida para alguém; **to be ~ing** estar de OR em pé; **"no ~ing"** *(Am: AUT)* "zona de estacionamento e parada proibida".

❏ **stand back** *vi* afastar-se.

❏ **stand for** *vt fus (mean)* representar; *(tolerate)* tolerar.

❏ **stand in** *vi*: **to ~ in for sb** substituir alguém.

❏ **stand out** *vi (be conspicuous)* dar nas vistas; *(be superior)* destacar-se.

❏ **stand up** *vi (be on feet)* estar de OR em pé; *(get to one's feet)* levantar-se ♦ *vt sep (inf: boyfriend, girlfriend)* deixar plantado(-da).

❏ **stand up for** *vt fus* defender.

standard ['stændəd] *adj (normal)* normal, padrão *(inv)* ♦ *n (level)* nível *m*; *(point of comparison)* média *f*; *(for product)* norma *f*; **to be up to ~** estar à altura.

❏ **standards** *npl (principles)* princípios *mpl*.

standard-class *adj (Brit: on train)* de segunda classe.

standard lamp *n (Brit)* abajur *m* de pé *(Br)*, candeeiro *m* de pé *(Port)*.

standard of living *n* padrão *m* de vida *(Br)*, nível *m* de vida.

standby ['stændbaɪ] *adj (ticket)* sem reserva, de última hora.

stand-in *n (replacement)* substituto *m* (-ta *f*); *(stunt person)* dublê *mf (Br)*, duplo *m* (-pla *f*) *(Port)*.

standing order ['stændɪŋ-] *n* transferência *f* bancária.

standing room ['stændɪŋ-] *n (at sports ground, theatre)* lugares *mpl* em pé.

standpoint ['stændpɔɪnt] *n* ponto *m* de vista.

standstill ['stændstɪl] *n*: **to be at a ~** *(traffic)* estar parado(-da), estar imobilizado(-da); **to come to a ~** *(car, train)* parar, imobilizar-se; *(negotiations, work)* cessar.

stank [stæŋk] *pt* → **stink**.

staple ['steɪpl] *n (for paper)* grampo *m (Br)*, agrafo *m (Port)*.

stapler ['steɪplər] *n* grampeador *m (Br)*, agrafador *m (Port)*.

star [stɑːr] *n* estrela *f* ♦ *vt (subj: film, play etc)*: "**starring ...**" "com ...".

❏ **stars** *npl (horoscope)* horóscopo *m*.

starboard ['stɑːbəd] *adj* de estibordo.

starch [stɑːtʃ] *n (for clothes)* goma *f*; *(in food)* amido *m*.

stare [steər] *vi*: **to ~ at** fitar, olhar fixamente (para).

starfish ['stɑːfɪʃ] *(pl inv)* *n* estrela-do-mar *f*.

starling ['stɑːlɪŋ] *n* estorninho *m*.

starry ['stɑːrɪ] *adj* estrelado(-da).

Stars and Stripes *n*: **the ~** a bandeira dos Estados Unidos.

start [stɑːt] *n (beginning)* início *m*, começo *m*; *(starting place)* ponto *m* de partida ♦ *vt (begin)* começar; *(car, engine)* ligar; *(business, club)* montar ♦ *vi (begin)* começar; *(car, engine)* pegar; *(begin journey)* sair, partir; **prices ~ at** OR **from £5** preços a partir de 5 libras; **to ~ doing sthg** OR **to do sthg** começar a fazer algo; **to ~ with ...** para começar ....

❏ **start out** *vi (on journey)* partir; *(be originally)* começar.

❏ **start up** *vt sep (car, engine)* ligar; *(business, shop)* montar.

starter ['stɑːtər] *n (Brit: of meal)* entrada *f*; *(of car)* motor *m* de arranque; **for ~s** *(in meal)* como entrada.

starter motor *n* motor *m* de arranque.

starting point ['stɑːtɪŋ-] *n* ponto *m* de partida.

startle ['stɑːtl] *vt* assustar.

startling ['stɑːtlɪŋ] *adj* surpreendente.

starvation [stɑːˈveɪʃn] *n* fome *f*.

starve [stɑːv] *vi (have no food)* passar fome; **I'm starving!** estou esfomeado OR morto de fome!

state [steɪt] *n* estado *m* ♦ *vt (declare)* declarar; *(specify)* especificar, indicar; **the State** o Estado; **the States** os Estados Unidos.

statement ['steɪtmənt] *n (declaration)* declaração *f*; *(from bank)* extrato *m* de conta.

state school *n* escola *f* pública.

statesman ['steɪtsmən] *(pl* **-men** [-mən]*)* *n* homem *m* de estado, estadista *m*.

static ['stætɪk] *n (on radio, TV)* interferências *fpl*.

station ['steɪʃn] *n* estação *f*.

stationary ['steɪʃnərɪ] *adj* estacionário(-ria).

stationer's ['steɪʃnəz] *n (shop)* papelaria *f*.

stationery ['steɪʃnərɪ] *n* artigos *mpl* de papelaria.

stationmaster ['steɪʃn,mɑːstəʳ] *n* chefe *mf* de estação.

station wagon *n (Am)* perua *f (Br)*, carrinha *f (Port)*.

statistics [stə'tɪstɪks] *npl (figures)* estatísticas *fpl*.

statue ['stætʃuː] *n* estátua *f*.

Statue of Liberty *n*: **the ~** a Estátua da Liberdade.

stature ['stætʃəʳ] *n* estatura *f*.

status ['steɪtəs] *n (legal position)* estado *m*; *(social position)* status *m (Br)*, estatuto *m (Port)*; *(prestige)* prestígio *m*, status *m*.

statutory ['stætjʊtrɪ] *adj* legal.

staunch [stɔːntʃ] *adj* leal ♦ *vt* estancar.

stave [steɪv] *(pt & pp* -d OR stove) *n (MUS)* pauta *f*.

❏ **stave off** *vt sep (disaster, defeat)* adiar, protelar; *(hunger)* saciar, aplacar.

stay [steɪ] *n (time spent)* estadia *f* ♦ *vi (remain)* ficar; *(as guest)* ficar (hospedado); *(Scot: reside)* morar, viver; **where are you ~ing?** onde você está hospedado?; **to ~ the night** passar a noite.

❏ **stay away** *vi (not attend)* não ir; *(not go near)* ficar longe.

❏ **stay in** *vi* ficar em casa.

❏ **stay out** *vi (from home)* ficar fora.

❏ **stay up** *vi* ficar acordado.

STD code *n* indicativo *m*.

stead [sted] *n*: **to stand sb in good ~** ser muito útil para alguém.

steadfast ['stedfɑːst] *adj (supporter)* leal, fiel; *(resolve)* inabalável; *(gaze)* fixo(-xa).

steadily ['stedɪlɪ] *adv (gradually)* gradualmente; *(regularly)* regularmente; *(calmly)* calmamente.

steady ['stedɪ] *adj (not shaking, firm)* firme; *(gradual)* gradual; *(stable)* estável; *(job)* fixo(-xa) ♦ *vt (table, ladder)* firmar.

steak [steɪk] *n* bife *m*.

steak and kidney pie *n empada de carne de vaca e rins.*

steakhouse ['steɪkhaʊs, pl -haʊzɪz] *n restaurante especializado em bifes.*

steal [stiːl] *(pt stole, pp stolen)* *vt* roubar; **to ~ sthg from sb** roubar algo de alguém.

stealthy ['stelθɪ] *adj* furtivo(-va).

steam [stiːm] *n* vapor *m* ♦ *vt (food)* cozer no vapor.

steam boat ['stiːmbəʊt] *n* barco *m* a vapor.

steam engine *n* máquina *f* a vapor.

steamer ['stiːməʳ] *n (ship)* navio *m* a vapor.

steam iron *n* ferro *m* a vapor.

steamroller ['stiːm,rəʊləʳ] *n* cilindro *m*.

steel [stiːl] *n* aço *m* ♦ *adj* de aço.

steep [stiːp] *adj (hill, path)* íngreme; *(increase, drop)* considerável.

steeple ['stiːpl] *n* torre *f* da igreja, campanário *m*.

steeplechase ['stiːpltʃeɪs] *n* corrida *f* de obstáculos.

steer ['stɪəʳ] *vt (car)* dirigir *(Br)*, conduzir *(Port)*; *(boat, plane)* pilotar.

steering ['stɪərɪŋ] *n* direção *f*.

steering wheel *n* volante *m*.

stem [stem] *n (of plant)* talo *m*, caule *m*; *(of glass)* pé *m*.

stench [stentʃ] *n* fedor *m*.

stencil ['stensl] *n* stencil *m*.

step [step] *n (stair, rung)* degrau *m*; *(pace, measure, stage)* passo *m* ♦ *vi*: **to ~ on sthg** pisar em algo; **"mind the ~"** "cuidado com o degrau".

❏ **steps** *npl (stairs)* escadas *fpl*.

❏ **step aside** *vi (move aside)* desviar-se, afastar-se.

❏ **step back** *vi (move back)* recuar, afastar-se.

step aerobics *n* step *m*.

stepbrother ['step,brʌðəʳ] *n* meio-irmão *m*.

stepdaughter ['step,dɔːtəʳ] *n* enteada *f*.

stepfather ['step,fɑːðəʳ] *n* padrasto *m*.

stepladder ['step,lædəʳ] *n* escada *f* portátil, escadote *m (Port)*.

stepmother ['step,mʌðəʳ] *n* madrasta *f*.

stepping-stone ['stepɪŋ-] *n (in river)* pedra *f*; *(fig: way to success)* trampolim *m*.

stepsister ['step,sɪstəʳ] *n* meia-irmã *f*.

stepson ['stepsʌn] *n* enteado *m*.

stereo ['sterɪəʊ] *(pl* -s) *adj* estereofônico(-ca) ♦ *n (hi-fi)* aparelhagem *f*; *(stereo sound)* estereofonia *f*, estéreo *m*.

stereotype ['sterɪətaɪp] *n* estereótipo *m*.

sterile ['steraɪl] *adj (germ-free)* esterilizado(-da).

sterilize ['sterəlaız] vt esterilizar.
sterling ['stɜːlɪŋ] adj (pound) esterlino(-na) ◆ n libra f esterlina.
sterling silver n prata f de lei.
stern [stɜːn] adj severo(-ra) ◆ n popa f.
steroid ['stɪərɔɪd] n esteróide m.
stethoscope ['steθəskəʊp] n estetoscópio m.
stew [stjuː] n ensopado m, guisado m.
steward ['stjʊəd] n (on plane, ship) comissário m de bordo; (at public event) organizador m.
stewardess ['stjʊədɪs] n aeromoça f (Br), hospedeira f de bordo (Port).
stewed [stjuːd] adj (fruit) cozido(-da).
stick [stɪk] (pt & pp stuck) n (of wood) pau m; (for sport) stick m; (of celery) tira f (Br), troço m (Port); (walking stick) bengala f ◆ vt (glue) colar; (push, insert) meter, pôr; (inf: put) meter, pôr ◆ vi (become attached) grudar-se (Br), pegar-se (Port); (jam) encravar.
❏ **stick out** vi sobressair.
❏ **stick to** vt fus (decision, principles, promise) manter-se fiel a.
❏ **stick up** vt sep (poster, notice) afixar ◆ vi: your hair is ~ing up! você está com o cabelo todo arrepiado!
❏ **stick up for** vt fus defender.
sticker ['stɪkəʳ] n adesivo m (Br), autocolante m (Port).
sticking plaster ['stɪkɪŋ-] n esparadrapo m (Br), penso m (rápido) (Port).
stick shift n (Am: car) veículo m com mudanças manuais.
stick-up n (inf) assalto m à mão armada.
sticky ['stɪkɪ] adj (substance, hands, sweets) pegajoso(-osa); (label, tape) adesivo(-va), autocolante (Port); (weather) úmido(-da).
stiff [stɪf] adj (firm) rijo(-ja); (sheet) teso(-sa); (neck) duro(-ra); (back, person) dolorido(-da); (door, latch, mechanism) emperrado(-da) ◆ adv: to be bored ~ (inf) estar morrendo de tédio.
stiffen ['stɪfn] vi (muscles, person) ficar rígido(-da); (hinge, handle) emperrar; (competition, resolve) endurecer.
stifle ['staɪfl] vt (suffocate) sufocar; (suppress) abafar.
stifling ['staɪflɪŋ] adj (heat) sufocante.
stigma ['stɪgmə] n (disgrace) estigma m.
stile [staɪl] n conjunto de degraus que facilita a passagem das pessoas por cima de uma vedação ou vala no campo.
stiletto heels [stɪ'letəʊ-] npl (shoes) sapatos mpl com saltos finos.
still [stɪl] adv ainda ◆ adj (motionless) imóvel; (quiet, calm) calmo(-ma); (not fizzy) sem gás; we've ~ got 10 minutes ainda temos 10 minutos; ~ more ainda mais; to stand ~ estar quieto.
stillborn ['stɪlbɔːn] adj nati-morto (nati-morta).
still life (pl -s) n natureza-morta f.
stilted ['stɪltɪd] adj forçado(-da).
Stilton ['stɪltn] n queijo m Stilton, queijo azul inglês com sabor forte e amargo, comido tradicionalmente acompanhado de vinho do Porto.
stilts [stɪlts] npl pernas fpl de pau (Br), andas fpl (Port).
stimulate ['stɪmjʊleɪt] vt estimular.
stimulating ['stɪmjʊleɪtɪŋ] adj (physically) revigorante; (mentally) estimulante.
stimulus ['stɪmjʊləs] (pl -li [-laɪ]) n estímulo m.
sting [stɪŋ] (pt & pp stung) vt picar ◆ vi (skin, eyes) arder.
stingy ['stɪndʒɪ] adj (inf) pão-duro(-ra) (Br), forreta (Port).
stink [stɪŋk] (pt stank OR stunk, pp stunk) vi cheirar mal.
stinking ['stɪŋkɪŋ] adj (inf: headache, cold) horroroso(-osa).
stint [stɪnt] n (period of time) período m ◆ vi: to ~ on sthg poupar em algo.
stipulate ['stɪpjʊleɪt] vt estipular.
stir [stɜːʳ] vt (move around, mix) mexer.
stir-fry n prato chinês em que pedaços de legumes e carnes são fritos rapidamente em óleo bem quente ◆ vt fritar rapidamente.
stirrup ['stɪrəp] n estribo m.
stitch [stɪtʃ] n (in sewing, knitting) ponto m; to have a ~ sentir uma pontada do lado.
❏ **stitches** npl (for wound) pontos mpl.
stoat [stəʊt] n arminho m.
stock [stɒk] n (of shop) estoque m; (FIN) títulos mpl, acções fpl; (CULIN) caldo m ◆ vt (have in stock) ter em estoque; in ~ em estoque, armazenado; out of ~ esgotado.
stockbroker ['stɒk,brəʊkəʳ] n corretor m (-ra f) da bolsa.
stock cube n cubo m de caldo.

Stock Exchange *n* bolsa *f* de valores.

stockholder ['stɒk,həʊldə^r] *n (Am)* acionista *mf*.

Stockholm ['stɒkhəʊm] *n* Estocolmo s.

stocking ['stɒkɪŋ] *n* meia *f*.

stock market *n* bolsa *f*, mercado *m* de valores.

stocktaking ['stɒk,teɪkɪŋ] *n* inventário *m*.

stocky ['stɒkɪ] *adj* atarracado(-da).

stodgy ['stɒdʒɪ] *adj (food)* pesado(-da).

stole [stəʊl] *pt* → **steal**.

stolen ['stəʊln] *pp* → **steal**.

stomach ['stʌmək] *n (organ)* estômago *m; (belly)* barriga *f*.

stomachache ['stʌməkeɪk] *n* dor *f* de estômago.

stomach upset [-'ʌpset] *n* indisposição *f* estomacal.

stone [stəʊn] *n (substance)* n pedra *f; (in fruit)* caroço *m; (measurement: pl inv)* = 6,35 kg; *(gem)* pedra preciosa ◆ *adj* de pedra.

stonewashed ['stəʊnwɒʃt] *adj* prélavado(-da) com pedras.

stood [stʊd] *pt & pp* → **stand**.

stool [stuːl] *n (for sitting on)* banco *m*, mocho *m (Port)*.

stoop [stuːp] *vi (bend over)* abaixar-se; *(hunch shoulders)* corcovar-se.

stop [stɒp] *n* parada *f (Br)*, paragem *f (Port)* ◆ *vt* parar ◆ *vi* parar; *(stay)* ficar; **to ~ sb/sthg from doing sthg** impedir alguém/algo de fazer algo; **to ~ doing sthg** parar de fazer algo; **to put a ~ to sthg** pôr termo OR fim a algo; **"stop"** *(road sign)* "stop"; **"stopping at ..."** *(train, bus)* "com paradas em ...".

❏ **stop off** *vi* parar.

stopover ['stɒp,əʊvə^r] *n* parada *f (Br)*, paragem *f (Port); (on plane journey)* escala *f*.

stoppage ['stɒpɪdʒ] *n (strike)* greve *f*, paralisação *f; (in sports match)* interrupção *f*.

stopper ['stɒpə^r] *n* tampa *f*.

stopwatch ['stɒpwɒtʃ] *n* cronômetro *m*.

storage ['stɔːrɪdʒ] *n* armazenamento *m*, armazenagem *f*.

storage heater *n (Brit)* termoacumulador *m*, *aquecedor que acumula calor durante a noite para o emitir durante o dia.*

store [stɔː^r] *n (shop)* loja *f; (supply)* estoque *m* ◆ *vt* armazenar.

storehouse ['stɔːhaʊs, *pl* -haʊzɪz] *n* armazém *m*.

storekeeper ['stɔː,kiːpə^r] *n (Am)* comerciante *mf*, dono *m (-na f)* de loja.

storeroom ['stɔːrʊm] *n (in shop)* armazém *m; (in house)* dispensa *f*.

storey ['stɔːrɪ] *(pl* -s) *n (Brit)* andar *m*.

stork [stɔːk] *n* cegonha *f*.

storm [stɔːm] *n (bad weather)* tempestade *f*.

stormy ['stɔːmɪ] *adj (weather)* tempestuoso(-osa).

story ['stɔːrɪ] *n (account, tale)* história *f; (news item)* artigo *m; (Am)* = **storey**.

stout [staʊt] *adj (fat)* corpulento(-ta), forte ◆ *n (drink)* cerveja *f* preta.

stove [stəʊv] *pt & pp* → **stave** ◆ *n (for cooking)* fogão *m; (for heating)* estufa *f*.

stow [stəʊ] *vt*: **to ~ sthg (away)** *(luggage)* arrumar algo; *(files)* arquivar algo; *(treasure)* esconder algo.

stowaway ['stəʊəweɪ] *n* passageiro *m* clandestino (passageira *f* clandestina).

straddle ['strædl] *vt (subj: person)* escarranchar-se em.

straggler ['stræglə^r] *n* atrasado *m (-da f)*.

straight [streɪt] *adj (not curved)* direito(-ta); *(road, line)* reto(-ta); *(hair)* liso(-sa); *(consecutive)* consecutivo(-va); *(drink)* puro(-ra) ◆ *adv (in a straight line)* reto(-ta); *(upright)* direito; *(directly)* diretamente; *(without delay)* imediatamente; **~ ahead** sempre em frente; **~ away** imediatamente, já; **~ in front** mesmo em frente.

straighten ['streɪtn] *vt* endireitar; *(room, desk)* arrumar.

❏ **straighten out** *vt sep (misunderstanding)* esclarecer.

straight face *n*: **to keep a ~** manter-se sério(-ria), conter o riso.

straightforward [,streɪt'fɔːwəd] *adj (easy)* simples *(inv)*.

strain [streɪn] *n (force)* força *f; (nervous stress)* stress *m; (tension)* tensão *f; (injury)* distenção *f* ◆ *vt (muscle, eyes)* forçar; *(food, tea)* coar.

strained [streɪnd] *adj (forced)* forçado(-da); *(tense)* tenso(-sa); *(ankle, shoulder)* deslocado(-da); *(muscle)* distendido(-da).

strainer ['streɪnə^r] *n* passador *m*, coador *m*.

strait [streɪt] *n* estreito *m*.
straitjacket [ˈstreɪtˌdʒækɪt] *n* camisa-de-força *f*.
straitlaced [ˌstreɪtˈleɪst] *adj* puritano(-na).
strand [strænd] *n (of cotton, wool)* linha *f*, fio *m*; **a ~ of hair** um cabelo.
stranded [ˈstrændɪd] *adj (person, car)* preso(-sa); *(boat)* encalhado(-da).
strange [streɪndʒ] *adj* estranho(-nha).
stranger [ˈstreɪndʒəʳ] *n (unfamiliar person)* estranho *m* (-nha *f*), desconhecido *m* (-da *f*); *(person from different place)* forasteiro *m* (-ra *f*).
strangle [ˈstræŋgl] *vt* estrangular.
strap [stræp] *n (of bag)* alça *f*; *(of camera, shoe)* correia *f*; *(of watch)* pulseira *f*.
strapless [ˈstræplɪs] *adj* sem alças.
strapping [ˈstræpɪŋ] *adj* bem constituído(-da).
Strasbourg [ˈstræzbɜːg] *n* Estrasburgo *s*.
strategic [strəˈtiːdʒɪk] *adj* estratégico(-ca).
strategy [ˈstrætɪdʒɪ] *n* estratégia *f*.
Stratford-upon-Avon [ˌstrætfədəpɒnˈeɪvn] *n* Stratford-Upon-Avon *s*.
straw [strɔː] *n* palha *f*; *(for drinking)* canudo *m* (*Br*), palhinha *f* (*Port*).
strawberry [ˈstrɔːbərɪ] *n* morango *m*.
stray [streɪ] *adj (animal)* abandonado(-da) ◆ *vi* vaguear.
streak [striːk] *n (stripe, mark)* listra *f*, risca *f*; *(period)* período *m*.
stream [striːm] *n (river)* riacho *m*; *(of traffic, people)* torrente *f*; *(of water, air)* corrente *f*.
streamlined [ˈstriːmlaɪnd] *adj (aerodynamic)* com um perfil aerodinâmico; *(efficient)* eficiente.
street [striːt] *n* rua *f*.
streetcar [ˈstriːtkɑːʳ] *n* (*Am*) bonde *m* (*Br*), eléctrico *m* (*Port*).
street light *n* poste *m* de iluminação, candeeiro *m* de rua (*Port*).
street plan *n* mapa *m* (das ruas).
streetwise [ˈstriːtwaɪz] *adj* esperto(-ta).
strength [streŋθ] *n* força *f*; *(of structure)* solidez *f*; *(strong point)* ponto *m* forte; *(of feeling, wind, smell)* intensidade *f*; *(of drink)* teor *m* alcoólico; *(of drug)* dosagem *f*.
strengthen [ˈstreŋθn] *vt* reforçar.
strenuous [ˈstrenjuəs] *adj (exercise, activity)* esgotante; *(effort)* vigoroso

(-osa), tremendo(-da).
stress [stres] *n (tension)* stress *m*; *(on word, syllable)* acento *m* tônico ◆ *vt (emphasize)* pôr a tônica em; *(word, syllable)* acentuar.
stressful [ˈstresful] *adj* desgastante.
stretch [stretʃ] *n (of land, water)* extensão *f*; *(of time)* período *m* ◆ *vt* esticar ◆ *vi (land, sea)* estender-se; *(person, animal)* estirar-se, espreguiçar-se; **to ~ one's legs** *(fig)* esticar as pernas.
❏ **stretch out** *vt sep (hand)* estender ◆ *vi (lie down)* estender-se ao comprido, deitar-se.
stretcher [ˈstretʃəʳ] *n* maca *f*.
strict [strɪkt] *adj* rigoroso(-osa).
strictly [ˈstrɪktlɪ] *adv (absolutely)* estritamente; *(exclusively)* exclusivamente; **~ speaking** a bem dizer.
stride [straɪd] *n* passada *f*.
strident [ˈstraɪdnt] *adj (voice, sound)* estridente.
strife [straɪf] *n* rixas *fpl*, conflitos *mpl*.
strike [straɪk] (*pt & pp* **struck**) *n (of employees)* greve *f* ◆ *vt (fml: hit)* agredir; *(fml: collide with)* colidir OR chocar com; *(a match)* acender ◆ *vi (refuse to work)* fazer greve; *(happen suddenly)* ocorrer; **the clock struck eight** o relógio bateu oito horas.
striker [ˈstraɪkəʳ] *n (person on strike)* grevista *mf*; *(in football)* ponta-de-lança *mf*.
striking [ˈstraɪkɪŋ] *adj (noticeable)* impressionante; *(attractive)* atraente.
string [strɪŋ] *n* cordel *m*, fio *m*; *(of pearls, beads)* colar *m*; *(of musical instrument, tennis racket)* corda *f*; *(series)* série *f*; **a piece of ~** um cordel, um fio.
string bean *n* feijão *m* verde, vagem *f*.
stringed instrument [strɪŋd-] *n* instrumento *m* de cordas.
stringent [ˈstrɪndʒənt] *adj* severo(-ra), austero(-ra).
strip [strɪp] *n (of paper, cloth etc)* tira *f*; *(of land, water)* faixa *f* ◆ *vt (paint)* raspar; *(wallpaper)* arrancar ◆ *vi (undress)* despir-se.
stripe [straɪp] *n* risca *f*, listra *f*.
striped [straɪpt] *adj* de listras.
strip-search *vt* revistar *(mandando tirar a roupa a alguém).*
strip show *n* espetáculo *m* de striptease.
striptease [ˈstriptiːz] *n* striptease *m*.

strive [straɪv] (*pt* **strove**, *pp* **striven** ['strɪvn]) *vi*: **to ~ for sthg** lutar por algo; **to ~ to do sthg** esforçar-se por fazer algo.

stroke [strəʊk] *n* (MED) trombose *f*; (*in tennis*) batida *f*; (*in golf*) tacada *f*; (*swimming style*) estilo *m* ♦ *vt* fazer festas em; **a ~ of luck** um golpe de sorte.

stroll [strəʊl] *n* passeio *m*.

stroller ['strəʊlər] *n* (Am: pushchair) carrinho *m* de bebê.

strong [strɒŋ] *adj* forte; (*structure, bridge, chair*) sólido(-da); (*accent*) forte, acentuado(-da).

strongbox ['strɒŋbɒks] *n* caixa-forte *f*.

stronghold ['strɒŋhəʊld] *n* (fig: bastion) bastião *m*.

strongly ['strɒŋlɪ] *adv* (*built*) solidamente; (*advise*) vivamente; (*taste, smell*) intensamente; (*support*) plenamente; **to ~ oppose sthg** opor-se completamente a algo.

strove [strəʊv] *pt* → **strive**.

struck [strʌk] *pt & pp* → **strike**.

structure ['strʌktʃər] *n* (*arrangement, organization*) estrutura *f*; (*building*) construção *f*.

struggle ['strʌgl] *n* (great effort) luta *f* ♦ *vi* (fight) lutar; (*in order to get free*) debater-se; **to ~ to do sthg** esforçar-se por fazer algo.

stub [stʌb] *n* (of cigarette) ponta *f*; (of cheque, ticket) talão *m*.

stubble ['stʌbl] *n* (on face) barba *f* por fazer.

stubborn ['stʌbən] *adj* (person) teimoso(-osa).

stuck [stʌk] *pt & pp* → **stick** ♦ *adj* preso(-sa).

stuck-up *adj* (inf) presunçoso(-osa), pedante.

stud [stʌd] *n* (on boots) pitão *m*, piton *m*; (fastener) botão *m* de pressão (Br), mola *f* (Port); (earring) brinco *m*.

student ['stju:dnt] *n* estudante *mf*.

student card *n* carteira *f* de estudante.

students' union [ˌstju:dnts-] *n* (place) associação *f* de estudantes.

studio ['stju:dɪəʊ] (*pl* -**s**) *n* (for filming, broadcasting) estúdio *m*; (of artist) atelier *m*.

studio apartment (Am) = **studio flat**.

studio flat *n* (Brit) conjugado *m* (Br), estúdio *m* (Port).

studious ['stju:djəs] *adj* estudioso (-osa), aplicado(-da).

studiously ['stju:djəslɪ] *adv* cuidadosamente.

study ['stʌdɪ] *n* estudo *m*; (room) escritório *m* ♦ *vt* (learn about) estudar; (examine) examinar ♦ *vi* estudar.

stuff [stʌf] *n* (inf) (substance) coisa *f*; (things, possessions) coisas *fpl*, tralha *f* ♦ *vt* (put roughly) enfiar; (fill) rechear.

stuffed [stʌft] *adj* (food) recheado(-da); (inf: full up) cheio (cheia); (dead animal) embalsamado(-da).

stuffing ['stʌfɪŋ] *n* recheio *m*.

stuffy ['stʌfɪ] *adj* (room, atmosphere) abafado(-da).

stumble ['stʌmbl] *vi* (when walking) tropeçar.

stumbling block ['stʌmblɪŋ-] *n* entrave *m*, obstáculo *m*.

stump [stʌmp] *n* (of tree) toco *m*.

stun [stʌn] *vt* (shock) chocar.

stung [stʌŋ] *pt & pp* → **sting**.

stunk [stʌŋk] *pt & pp* → **stink**.

stunning ['stʌnɪŋ] *adj* espantoso(-osa).

stunt [stʌnt] *n* (for publicity) golpe *m* OR truque *m* publicitário; (in film) cena *f* arriscada.

stunt man *n* dublê *mf* (Br), duplo *m* (Port).

stupendous [stju:'pendəs] *adj* (inf: wonderful) estupendo(-da).

stupid ['stju:pɪd] *adj* estúpido(-da).

stupidity [stju:'pɪdətɪ] *n* estupidez *f*.

sturdy ['stɜ:dɪ] *adj* robusto(-ta).

stutter ['stʌtər] *vi* gaguejar.

stye [staɪ] *n* terçol *m*, terçolho *m* (Port).

style [staɪl] *n* (in esilo *m*; (design) modelo *m* ♦ *vt* (hair) pentear.

stylish ['staɪlɪʃ] *adj* elegante.

stylist ['staɪlɪst] *n* (hairdresser) cabeleireiro *m* (-ra *f*).

stylus ['staɪləs] (*pl* -**es**) *n* (on record player) agulha *f*.

suave [swɑ:v] *adj* polido(-da).

sub [sʌb] *n* (inf) (substitute) substituto *m* (-ta *f*); (Brit: subscription) assinatura *f*; (Am: filled baguette) sanduíche *m*.

subconscious [ˌsʌb'kɒnʃəs] *adj* subconsciente ♦ *n*: **the ~** o subconsciente.

subdued [səb'dju:d] *adj* (person) abatido(-da); (lighting, colour) tênue.

subject [*n* 'sʌbdʒekt, *vb* səb'dʒekt] *n* (topic) tema *m*; (at school) disciplina *f*; (at university) cadeira *f*; (GRAMM) sujeito *m*; (fml: of country) cidadão *m* (-dã *f*)

♦ *vt*: **to ~ sb to sthg** submeter alguém a algo; **~ to availability** dentro do limite do estoque disponível; **they are ~ to an additional charge** estão sujeitos a um suplemento.

subjective [sǝb'dʒɛktɪv] *adj* subjetivo(-va).

subjunctive [sǝb'dʒʌŋktɪv] *n* subjuntivo *m (Br)*, conjuntivo *m (Port)*.

sublet [ˌsʌb'lɛt] (*pt & pp* **sublet**) *vt* subalugar, subarrendar.

sublime [sǝ'blaɪm] *adj* sublime.

submarine [ˌsʌbmǝ'riːn] *n* submarino *m*.

submerge [sǝb'mɜːdʒ] *vt* submergir.

submit [sǝb'mɪt] *vt* apresentar ♦ *vi* submeter-se.

subordinate [sǝ'bɔːdɪnǝt] *adj* (*GRAMM*) subordinado(-da).

subscribe [sǝb'skraɪb] *vi* (*to magazine, newspaper*) assinar.

subscriber [sǝb'skraɪbǝr] *n* assinante *mf*.

subscription [sǝb'skrɪpʃn] *n* assinatura *f*.

subsequent [ˈsʌbsɪkwǝnt] *adj* subseqüente.

subsequently [ˈsʌbsɪkwǝntlɪ] *adv* subseqüentemente, posteriormente.

subside [sǝb'saɪd] *vi* (*ground*) abater, aluir; (*feeling*) desaparecer, dissipar-se; (*noise*) diminuir.

subsidence [sǝb'saɪdns] *n* (*of building*) desmoronamento *m*; (*of ground*) abaixamento *m*.

subsidiary [sǝb'sɪdjǝrɪ] *adj* secundário(-ria) ♦ *n*: **~ (company)** subsidiária *f*, filial *f*.

subsidize [ˈsʌbsɪdaɪz] *vt* subsidiar.

subsidy [ˈsʌbsɪdɪ] *n* subsídio *m*.

substance [ˈsʌbstǝns] *n* substância *f*.

substantial [sǝb'stænʃl] *adj* substancial.

substantially [sǝb'stænʃǝlɪ] *adv* substancialmente, consideravelmente; (*true*) em grande parte; (*complete*) praticamente.

substitute [ˈsʌbstɪtjuːt] *n* (*replacement*) substituto *m* (-ta *f*); (*SPORT*) suplente *mf*.

subtitles [ˈsʌbˌtaɪtlz] *npl* legendas *fpl*.

subtle [ˈsʌtl] *adj* subtil.

subtlety [ˈsʌtltɪ] *n* subtileza *f*.

subtract [sǝb'trækt] *vt* subtrair.

subtraction [sǝb'trækʃn] *n* subtração *f*.

suburb [ˈsʌbɜːb] *n* subúrbio *m*; **the ~s** os subúrbios.

subway [ˈsʌbweɪ] *n* (*Brit: for pedestrians*) passagem *f* subterrânea; (*Am: underground railway*) metrô *m*.

succeed [sǝk'siːd] *vi* (*be successful*) ter êxito OR sucesso ♦ *vt* (*fml: follow*) seguir; **to ~ in doing sthg** conseguir fazer algo.

success [sǝk'ses] *n* êxito *m*, sucesso *m*.

successful [sǝk'sesfʊl] *adj* (*plan, person*) bem sucedido(-da); (*film, book, TV programme*) de sucesso.

successive [sǝk'sesɪv] *adj* sucessivo (-va); **four ~ days** quatro dias seguidos OR consecutivos.

succinct [sǝk'sɪŋkt] *adj* sucinto(-ta).

succulent [ˈsʌkjʊlǝnt] *adj* suculento(-ta).

succumb [sǝ'kʌm] *vi*: **to ~ (to sthg)** sucumbir (a algo).

such [sʌtʃ] *adj* (*of stated kind*) tal, semelhante; (*so great*) tamanho(-nha), tal ♦ *adv*: **~ a lot** tanto; **~ a lot of books** tantos livros; **it's ~ a lovely day** está um dia tão bonito; **she has ~ good luck** ela tem tanta sorte; **~ a thing should never have happened** uma coisa assim nunca deveria ter acontecido; **~ as** tal como.

suck [sʌk] *vt* (*sweet*) chupar; (*thumb*) chupar; (*nipple*) mamar em.

sudden [ˈsʌdn] *adj* repentino(-na); **all of a ~** de repente.

suddenly [ˈsʌdnlɪ] *adv* de repente.

suds [sʌdz] *npl* espuma *f* (de sabão).

sue [suː] *vt* processar.

suede [sweɪd] *n* camurça *f*.

suet [ˈsʊɪt] *n* sebo *m*.

suffer [ˈsʌfǝr] *vt & vi* sofrer; **to ~ from** (*illness*) sofrer de.

sufferer [ˈsʌfrǝr] *n* doente *mf*.

suffering [ˈsʌfrɪŋ] *n* sofrimento *m*.

sufficient [sǝ'fɪʃnt] *adj* (*fml*) suficiente.

sufficiently [sǝ'fɪʃntlɪ] *adv* (*fml*) bastante, suficientemente.

suffix [ˈsʌfɪks] *n* sufixo *m*.

suffocate [ˈsʌfǝkeɪt] *vi* sufocar.

sugar [ˈʃʊgǝr] *n* açúcar *m*.

sugar beet *n* beterraba *f*.

sugarcane [ˈʃʊgǝkeɪn] *n* cana-de-açúcar *f*.

sugary [ˈʃʊgǝrɪ] *adj* (*food, drink*) açucarado(-da).

suggest [sǝ'dʒest] *vt* sugerir; **to ~**

doing sthg sugerir fazer algo.
suggestion [sə'dʒestʃn] n sugestão f.
suggestive [sə'dʒestɪv] adj (remark, behaviour) sugestivo(-va); **~ of sthg** (reminiscent) que sugere algo.
suicide ['soɪsaɪd] n suicídio m; **to commit ~** suicidar-se.
suit [su:t] n (man's clothes) terno m (Br), fato m (Port); (woman's clothes) conjunto m; (in cards) naipe m; (JUR) processo m ♦ vt (subj: clothes, colour, shoes) ficar bem em; (be convenient for) convir a; (be appropriate for) ser apropriado(-da) para.
suitable ['su:təbl] adj apropriado (-da), conveniente; **to be ~ for** ser apropriado OR conveniente para.
suitcase ['su:tkeɪs] n mala f.
suite [swi:t] n (set of rooms) suíte f; (furniture) conjunto m de mobília.
suited ['su:tɪd] adj: **to be ~ to sthg** (suitable) servir para algo; **I'm not ~ to this humid weather** não me dou bem com este tempo úmido; **they are very well ~** estão bem um para o outro.
sulk [sʌlk] vi amuar.
sulky ['sʌlkɪ] adj amuado(-da).
sullen ['sʌlən] adj taciturno(-na), carrancudo(-da).
sultana [səl'tɑ:nə] n (Brit) sultana f.
sultry ['sʌltrɪ] adj (weather, climate) abafado(-da).
sum [sʌm] n soma f.
❏ **sum up** vt sep (summarize) resumir, sumariar.
summarize ['sʌməraɪz] vt resumir.
summary ['sʌmərɪ] n resumo m, sumário m.
summer ['sʌmər] n verão m; **in (the) ~** no verão; **~ holidays** férias fpl de verão.
summer school n cursos mpl de verão.
summertime ['sʌmətaɪm] n verão m.
summit ['sʌmɪt] n (of mountain) topo m, cume m; (meeting) conferência f de cúpula (Br), cimeira f (Port).
summon ['sʌmən] vt (send for) convocar; (JUR) intimar.
sumptuous ['sʌmptʃʊəs] adj suntuoso(-osa).
sun [sʌn] n sol m ♦ vt: **to ~ o.s.** apanhar sol; **to catch the ~** bronzear-se; **to sit in the ~** sentar-se no sol; **out of the ~** na sombra.
Sun. (abbr of Sunday) dom.

sunbathe ['sʌnbeɪð] vi apanhar OR tomar banho de sol.
sunbed ['sʌnbed] n aparelho m de raios ultravioletas.
sun block n protetor m solar (com fator de proteção total).
sunburn ['sʌnbɜ:n] n queimadura f solar.
sunburnt ['sʌnbɜ:nt] adj queimado(-da) (de sol).
sundae ['sʌndeɪ] n sundae m, sorvete regado com molho de fruta ou chocolate, polvilhado com frutos secos (nozes, avelãs, etc) e servido com creme batido.
Sunday ['sʌndɪ] n domingo m, → **Saturday.**
Sunday school n catequese f.
sundial ['sʌndaɪəl] n relógio m de sol.
sundown ['sʌndaʊn] n pôr m do sol.
sundress ['sʌndres] n vestido m de alças.
sundries ['sʌndrɪz] npl (on bill) artigos mpl diversos.
sunflower ['sʌn,flaʊər] n girassol m.
sunflower oil n óleo m de girassol.
sung [sʌŋ] pt → **sing.**
sunglasses ['sʌn,glɑ:sɪz] npl óculos mpl de sol, óculos escuros.
sunhat ['sʌnhæt] n chapéu-de-sol m.
sunk [sʌŋk] pp → **sink.**
sunlight ['sʌnlaɪt] n luz f do sol.
sun lounger [-,laʊndʒər] n espreguiçadeira f.
sunny ['sʌnɪ] adj (day, weather) de sol, ensolarado(-da); (room, place) ensolarado(-da).
sunrise ['sʌnraɪz] n nascer m do sol.
sunroof ['sʌnru:f] n teto m solar.
sunset ['sʌnset] n pôr-do-sol m.
sunshade ['sʌnʃeɪd] n sombrinha f.
sunshine ['sʌnʃaɪn] n luz f do sol; **in the ~** ao sol.
sunstroke ['sʌnstrəʊk] n insolação f.
suntan ['sʌntæn] n bronzeado m.
suntan cream n creme m bronzeador, bronzeador m.
suntan lotion n loção f bronzeadora, bronzeador m.
super ['su:pər] adj (wonderful) chocante (Br), formidável ♦ n (petrol) gasolina f super.
superb [su:'pɜ:b] adj magnífico(-ca), soberbo(-ba).
superficial [,su:pə'fɪʃl] adj superficial.

superfluous [suːˈpɜːfluəs] *adj* supér-
fluo(-flua).
Superglue® [ˈsuːpəgluː] *n* cola *f* ultra-
rápida.
superhuman [ˌsuːpəˈhjuːmən] *adj*
sobre-humano(-na).
superimpose [ˌsuːpərɪmˈpəuz] *vt*: **to
~ sthg on sthg** sobrepor algo a algo.
superintendent [ˌsuːpərɪnˈtendənt] *n*
(Brit: of police) = subchefe *m* (-fa *f*).
superior [suːˈpɪərɪəʳ] *adj* superior ◆ *n*
superior *mf*.
superlative [suːˈpɜːlətɪv] *adj* superla-
tivo(-va) ◆ *n* superlativo *m*.
supermarket [ˈsuːpəˌmaːkɪt] *n*
supermercado *m*.
supernatural [ˌsuːpəˈnætʃrəl] *adj*
sobrenatural.
superpower [ˈsuːpəˌpauəʳ] *n* super-
potência *f*.
Super Saver® *n* *(Brit)* bilhete de trem
com preço reduzido, sob certas condições.
supersede [ˌsuːpəˈsiːd] *vt* suplantar.
supersonic [ˌsuːpəˈsɒnɪk] *adj*
supersônico(-ca).
superstitious [ˌsuːpəˈstɪʃəs] *adj*
supersticioso(-osa).
superstore [ˈsuːpəstɔːʳ] *n* hipermercado *m*.
supervise [ˈsuːpəvaɪz] *vt* supervisionar.
supervisor [ˈsuːpəvaɪzəʳ] *n* *(of workers)* supervisor *m* (-ra *f*), encarregado
m (-da *f*).
supper [ˈsʌpəʳ] *n* *(main meal)* jantar *m*,
ceia *f*; **to have ~** jantar, cear.
supple [ˈsʌpl] *adj* flexível.
supplement [*n* ˈsʌplɪmənt, *vb*
ˈsʌplɪment] *n* suplemento *m* ◆ *vt* completar, complementar.
supplementary [ˌsʌplɪˈmentərɪ] *adj*
suplementar.
supplier [səˈplaɪəʳ] *n* fornecedor *m*
(-ra *f*), abastecedor *m* (-ra *f*).
supply [səˈplaɪ] *n* *(store)* reserva *f*;
(providing) fornecimento *m* ◆ *vt* fornecer; **to ~ sb with sthg** fornecer algo a
alguém.
❏ **supplies** *npl* provisões *fpl*.
support [səˈpɔːt] *n* *(backing, encouragement)* apoio *m*; *(supporting object)*
suporte *m* ◆ *vt* *(cause, campaign, person)*
apoiar; *(SPORT)* torcer por *(Br)*, ser
adepto de *(Port)*; *(hold up)* suportar; *(a
family)* sustentar.
supporter [səˈpɔːtəʳ] *n* *(SPORT)* torce-

dor *m* (-ra *f*) *(Br)*, adepto *m* (-ta *f*)
(Port); *(of cause, political party)* partidário *m* (-ria *f*).
suppose [səˈpəuz] *vt*: **to ~ (that)**
supor que ◆ *conj* = **supposing**; **I ~ so**
suponho que sim.
supposed [səˈpəuzd] *adj* *(alleged)*
suposto(-osta); **it's ~ to be quite good**
é supostamente bastante bom; **you
were ~ to be here at nine** você era
para estar aqui às nove.
supposedly [səˈpəuzɪdlɪ] *adv* supostamente.
supposing [səˈpəuzɪŋ] *conj* supondo
que.
suppress [səˈpres] *vt* *(uprising, revolt,
emotions)* reprimir; *(information, report)*
ocultar.
supreme [suˈpriːm] *adj* supremo(-ma).
surcharge [ˈsɜːtʃaːdʒ] *n* sobretaxa *f*.
sure [ʃuəʳ] *adj* *(certain to happen)*
certo(-ta); *(with no doubts)* seguro(-ra)
◆ *adv* *(inf: yes)* claro; **are you ~?** você
tem certeza?; **to be ~ of o.s.** ser
seguro de si; **to make ~ (that) ...**
assegurar-se de que ...; **for ~** com certeza.
surely [ˈʃuəlɪ] *adv* com OR de certeza.
surf [sɜːf] *n* surf *m* ◆ *vi* fazer surfe.
surface [ˈsɜːfɪs] *n* superfície *f*; **"temporary road ~"** "asfaltamento temporário" *(Br)*, "traçado temporário" *(Port)*.
surface area *n* área *f* de superfície.
surface mail *n* correio *m* por via
terreste.
surfboard [ˈsɜːfbɔːd] *n* prancha *f* de
surfe.
surfing [ˈsɜːfɪŋ] *n* surf *m*; **to go ~** ir
fazer surfe.
surge [sɜːdʒ] *n* *(of electricity)* sobre-
tensão *f*; *(of interest, support)* onda *f*; *(of
sales, applications)* aumento *m* (repentino) ◆ *vi* *(people, vehicles)*: **~ forward**
avançar em massa.
surgeon [ˈsɜːdʒən] *n* cirurgião *m* (-giã
f).
surgery [ˈsɜːdʒərɪ] *n* *(treatment)* cirurgia *f*; *(Brit: building)* consultório *m*;
(Brit: period) horário *m* de atendimento, horas *fpl* de consulta.
surgical [ˈsɜːdʒɪkl] *adj* *(instrument,
gown)* cirúrgico(-ca).
surgical spirit *n* *(Brit)* álcool *m* etílico.
surly [ˈsɜːlɪ] *adj* mal-humorado(-da).
surmount [sɜːˈmaunt] *vt* vencer,
superar.

surname ['sɜːneɪm] *n* sobrenome *m*
(Br), apelido *m (Port).*

surpass [sə'pɑːs] *vt* ultrapassar, exceder.

surplus ['sɜːpləs] *n* excedente *m.*

surprise [sə'praɪz] *n* surpresa *f* ◆ *vt*
(astonish) surpreender.

surprised [sə'praɪzd] *adj* surpreso(-sa).

surprising [sə'praɪzɪŋ] *adj* surpreendente.

surprisingly [sə'praɪzɪŋlɪ] *adv*: **it was
~ good** foi melhor do que esperávamos; **not ~** como seria de esperar.

surrender [sə'rendəʳ] *vi* render-se
◆ *vt (fml: hand over)* entregar.

surreptitious [ˌsʌrəp'tɪʃəs] *adj*
subreptício(-cia).

surround [sə'raʊnd] *vt* rodear.

surrounding [sə'raʊndɪŋ] *adj* circundante, à volta.

❏ **surroundings** *npl* arredores *mpl.*

surveillance [sɜː'veɪləns] *n* vigilância
f.

survey ['sɜːveɪ] *(pl* **-s***) n (investigation)*
inquérito *m; (poll)* sondagem *f; (of
land)* levantamento *m* topográfico;
(Brit: of house) inspeção *f,* vistoria *f.*

surveyor [sə'veɪəʳ] *n (Brit: of houses)*
inspetor *m* (-ra *f),* perito *m* (-ta *f); (of
land)* agrimensor *m* (-ra *f).*

survival [sə'vaɪvl] *n* sobrevivência *f.*

survive [sə'vaɪv] *vi* sobreviver ◆ *vt*
sobreviver a.

survivor [sə'vaɪvəʳ] *n* sobrevivente
mf.

susceptible [sə'septəbl] *adj* suscetível; **to be ~ to sthg** ser suscetível a
algo.

suspect [*vb* sə'spekt, *n & adj* 'sʌspekt]
vt (mistrust) suspeitar de ◆ *n* suspeito *m*
(-ta *f)* ◆ *adj* suspeito(-ta); **to ~ sb of
sthg** suspeitar que alguém tenha feito
algo; **to ~ (that)** suspeitar que.

suspend [sə'spend] *vt* suspender.

suspender belt [sə'spendə-] *n* cintaliga *f (Br),* cinto *m* de ligas *(Port).*

suspenders [sə'spendəz] *npl (Brit: for
stockings)* cinto *m* de ligas; *(Am: for
trousers)* suspensórios *mpl.*

suspense [sə'spens] *n* suspense *m.*

suspension [sə'spenʃn] *n* suspensão *f.*

suspension bridge *n* ponte *m* pênsil.

suspicion [sə'spɪʃn] *n (mistrust, idea)*
suspeita *f; (trace)* vestígio *m.*

suspicious [sə'spɪʃəs] *adj (behaviour,*

situation) suspeito(-ta); **to be ~ of** *(distrustful)* desconfiar OR suspeitar de.

sustain [sə'steɪn] *vt (maintain, prolong)*
manter; *(feed)* sustentar; *(suffer)* sofrer;
(withstand) agüentar, suportar.

SW *abbr* = **short wave.**

swallow ['swɒləʊ] *n (bird)* andorinha *f*
◆ *vt & vi* engolir.

swam [swæm] *pt → swim.*

swamp [swɒmp] *n* pântano *m.*

swan [swɒn] *n* cisne *m.*

swap [swɒp] *vt (possessions, places)*
trocar de; *(ideas, stories)* trocar; **to ~
sthg for sthg** trocar algo por algo.

swarm [swɔːm] *n (of bees)* enxame *m.*

swarthy ['swɔːðɪ] *adj* moreno(-na).

swastika ['swɒstɪkə] *n* suástica *f,* cruz
f gamada.

swat [swɒt] *vt* esmagar, matar.

sway [sweɪ] *vt (influence)* influenciar
◆ *vi (swing)* balançar, oscilar.

swear [sweəʳ] *(pt* **swore***, pp* **sworn***) vi
(use rude language)* praguejar; *(promise)*
jurar ◆ *vt*: **to ~ to do sthg** jurar fazer
algo.

swearword ['sweəwɜːd] *n* palavrão
m, asneira *f.*

sweat [swet] *n* suor *m* ◆ *vi* suar.

sweater ['swetəʳ] *n* suéter *m (Br),*
camisola *f (Port).*

sweatshirt ['swetʃɜːt] *n* sweatshirt *f,*
suéter *m* de algodão *(Br),* camisola *f* de
algodão *(Port).*

sweaty ['swetɪ] *adj (skin, clothes)*
suado(-da).

swede [swiːd] *n (Brit)* nabo *m.*

Swede [swiːd] *n* sueco *m* (-ca *f).*

Sweden ['swiːdn] *n* Suécia *f.*

Swedish ['swiːdɪʃ] *adj* sueco(-ca) ◆ *n
(language)* sueco *m* ◆ *npl*: **the ~** os suecos.

sweep [swiːp] *(pt & pp* **swept***) vt (with
brush, broom)* varrer.

sweet [swiːt] *adj* doce; *(smell)* agradável ◆ *n (Brit) (candy)* bala *f (Br),* rebuçado *m (Port); (dessert)* doce *m;* **how ~ of
you!** que gentileza a sua!

sweet-and-sour *adj* agridoce.

sweet corn *n* milho *m.*

sweeten ['swiːtn] *vt* adoçar.

sweetener ['swiːtnəʳ] *n (for drink)*
adoçante *m.*

sweetheart ['swiːthɑːt] *n (term of
endearment)* querido *m* (-da *f); (boyfriend or girlfriend)* namorado *m* (-da *f).*

sweetness ['swiːtnɪs] *n* doçura *f; (of*

smell) fragrância *f*.
sweet pea *n* ervilha-de-cheiro *f*.
sweet potato *n* batata-doce *f*.
sweet shop *n (Brit)* confeitaria *f*.
swell [swel] *(pp* **swollen)** *vi (ankle, arm etc)* inchar.
swelling ['sweliŋ] *n* inchaço *m*.
sweltering ['sweltəriŋ] *adj (weather)* abrasador(-ra); *(person)* encalorado(-da).
swept [swept] *pt & pp* → **sweep**.
swerve [swɜːv] *vi (vehicle)* dar uma guinada.
swift [swift] *adj* rápido(-da) ♦ *n (bird)* andorinhão *m*.
swig [swig] *n (inf)* gole *m*, trago *m*.
swim [swim] *(pt* swam, *pp* swum) *vi (in water)* nadar ♦ *n*: **to go for a ~** ir dar um mergulho.
swimmer ['swimə'] *n* nadador *m* (-ra *f*).
swimming ['swimiŋ] *n* natação *f*; **to go ~** ir nadar.
swimming baths *npl (Brit)* piscina *f* municipal.
swimming cap *n* touca *f* de banho.
swimming costume *n (Brit)* traje *m* de banho *(Br)*, fato *m* de banho *(Port)*.
swimming pool *n* piscina *f*.
swimming trunks *npl* calções *mpl* de banho.
swimsuit ['swimsuːt] *n* traje *m* de banho *(Br)*, fato *m* de banho *(Port)*.
swindle ['swindl] *n* fraude *f*.
swine [swain] *(pl inv* OR **-s)** *n (inf: person)* canalha *mf*.
swing [swiŋ] *(pt & pp* swung) *n (for children)* balanço *m* ♦ *vt (move from side to side)* balançar ♦ *vi (move from side to side)* balançar-se.
swipe [swaip] *vt (credit card etc)* passar pela ranhura.
Swiss [swis] *adj* suíço(-ça) ♦ *n (person)* suíço *m* (-ça *f*) ♦ *npl*: **the ~** os suíços.
Swiss cheese *n* queijo *m* suíço.
swiss roll *n* rocambole *m (doce) (Br)*, torta *f (doce) (Port)*.
switch [switʃ] *n (for light, power)* interruptor *m*; *(for TV, radio)* botão *m* ♦ *vt (change)* mudar de; *(exchange)* trocar ♦ *vi* mudar.
❑ **switch off** *vt sep (light, radio)* apagar, desligar; *(engine)* desligar.
❑ **switch on** *vt sep (light, radio)* acender, ligar; *(engine)* ligar.
switchboard ['switʃbɔːd] *n* PBX *m*.

Switzerland ['switsələnd] *n* Suíça *f*.
swivel ['swivl] *vi* girar.
swollen ['swəʊln] *pp* → **swell** ♦ *adj (ankle, arm etc)* inchado(-da).
swoop [swuːp] *vi (fly downwards)* descer em vôo picado; *(pounce)* atacar de surpresa.
swop [swɒp] = **swap**.
sword [sɔːd] *n* espada *f*.
swordfish ['sɔːdfiʃ] *(pl inv)* *n* peixe-espada *m (Br)*, agulhão *m (Port)*.
swore [swɔː'] *pt* → **swear**.
sworn [swɔːn] *pp* → **swear**.
swot [swɒt] *n (Brit: inf: person)* caxias *mf (Br)*, marrão *m* (-ona *f*) *(Port)* ♦ *vi (Brit: inf)*: **to ~ for (sthg)** queimar as pestanas (em algo), marrar (para algo) *(Port)*.
swum [swʌm] *pp* → **swim**.
swung [swʌŋ] *pt & pp* → **swing**.
sycamore ['sikəmɔː'] *n* bordo *m*, plátano-bastardo *m*.
syllable ['siləbl] *n* sílaba *f*.
syllabus ['siləbəs] *n* programa *m* (de estudos).
symbol ['simbl] *n* símbolo *m*.
symbolize ['simbəlaiz] *vt* simbolizar.
symmetry ['simitri] *n* simetria *f*.
sympathetic [,simpə'θetik] *adj (understanding)* compreensivo(-va).
sympathize ['simpəθaiz] *vi*: **to ~ (with)** *(feel sorry)* compadecer-se (de); *(understand)* compreender.
sympathizer ['simpəθaizə'] *n* simpatizante *mf*.
sympathy ['simpəθi] *n (understanding)* compreensão *f*.
symphony ['simfəni] *n* sinfonia *f*.
symptom ['simptəm] *n* sintoma *m*.
synagogue ['sinəgɒg] *n* sinagoga *f*.
syndrome ['sindrəʊm] *n* síndrome *f*.
synonym ['sinənim] *n* sinônimo *m*; **to be a ~ for** OR **of sthg** ser sinônimo de algo.
syntax ['sintæks] *n* sintaxe *f*.
synthesizer ['sinθəsaizə'] *n* sintetizador *m*.
synthetic [sin'θetik] *adj* sintético (-ca).
syphon ['saifn] = **siphon**.
syringe [si'rindʒ] *n* seringa *f*.
syrup ['sirəp] *n (for fruit etc)* calda *f*.
system ['sistəm] *n* sistema *m*; *(for gas, heating etc)* instalação *f*.
systematic [,sistə'mætik] *adj* sistemático(-ca).

T

ta [tɑː] *excl (Brit: inf)* obrigado!

tab [tæb] *n (of cloth, paper etc)* etiqueta *f*; *(bill)* conta *f*; **put it on my ~** ponha na minha conta.

table ['teɪbl] *n (piece of furniture)* mesa *f*; *(of figures etc)* quadro *m*.

tablecloth ['teɪblklɒθ] *n* toalha *f* de mesa.

table lamp *n* abajur *m* (de mesa) *(Br)*, candeeiro *m* (de mesa) *(Port)*.

tablemat ['teɪblmæt] *n* descanso *m* para pratos *(Br)*, individual *m* *(Port)*.

tablespoon ['teɪblspuːn] *n* colher *f* de sopa.

tablet ['tæblɪt] *n (pill)* comprimido *m*; *(of soap)* barra *f*; *(of chocolate)* tablete *f*.

table tennis *n* pingue-pongue *m*, tênis *m* de mesa.

table wine *n* vinho *m* de mesa.

tabloid ['tæblɔɪd] *n* jornal *m* sensacionalista, tablóide *m*.

tacit ['tæsɪt] *adj* tácito(-ta).

taciturn ['tæsɪtɜːn] *adj* taciturno (-na).

tack [tæk] *n (nail)* tacha *f*.

tackle ['tækl] *n (in football, hockey)* ataque *m*; *(in rugby, American football)* placagem *f*; *(for fishing)* apetrechos *mpl* ♦ *vt (in football, hockey)* carregar; *(in rugby, American football)* placar; *(deal with)* enfrentar.

tacky ['tækɪ] *adj (inf: jewellery, design etc)* cafona *(Br)*, piroso(-sa) *(Port)*.

taco ['tækəʊ] *(pl -s) n* taco *m*, espécie de crepe de farinha de milho frito recheado normalmente com carne picada e feijão *(especialidade mexicana)*.

tact [tækt] *n* tato *m*.

tactful ['tæktful] *adj* com muito tato, diplomático(-ca).

tactical ['tæktɪkl] *adj* tático(-ca).

tactics ['tæktɪks] *npl* tática *f*, estratégia *f*.

tactless ['tæktlɪs] *adj* pouco diplomático(-ca).

tadpole ['tædpəʊl] *n* girino *m*.

tag [tæg] *n (label)* etiqueta *f*.

tagliatelle [ˌtæɡljəˈtelɪ] *n* talharins *mpl*.

tail [teɪl] *n* cauda *f*.
❏ **tails** *n (of coin)* coroas *fpl* ♦ *npl (formal dress)* fraque *m*.

tailback ['teɪlbæk] *n (Brit)* fila *f* de carros.

tailcoat [ˌteɪlˈkəʊt] *n* fraque *m*.

tailgate ['teɪlɡeɪt] *n (of car)* porta *f* do porta-malas.

tailor ['teɪlər] *n* alfaiate *m*.

tailor-made *adj* feito(-ta) sob medida.

tailwind ['teɪlwɪnd] *n* vento *m* de popa.

tainted ['teɪntɪd] *adj (reputation)* manchado(-da); *(profits, money)* sujo(-ja); *(Am: food)* estragado(-da).

Taiwan [ˌtaɪˈwɑːn] *n* Taiwan *s*, Formosa *f*.

take [teɪk] *(pt took, pp taken) vt* 1. *(carry, drive, contain)* levar.

2. *(hold, grasp)* segurar.

3. *(do, make)*: **to ~ a bath/shower** tomar um banho/uma ducha; **to ~ an exam** fazer um exame; **to ~ a photo** tirar uma foto.

4. *(require)* requerer; **how long will it ~?** quanto tempo é que vai demorar?

5. *(steal)* tirar.

6. *(train, taxi, plane, bus)* apanhar.

7. *(route, path, road)* seguir por.

8. *(medicine)* tomar.

9. *(size in clothes)* vestir; *(size in shoes)* calçar; **what size do you ~?** *(in clothes)* que tamanho você veste?; *(in shoes)* que número você calça?

10. *(subtract)* tirar, subtrair.

11. *(accept)* aceitar; **do you ~ travel-**

ler's cheques? vocês aceitam cheques de viagem?; **to ~ sb's advice** seguir os conselhos de alguém.

12. *(react to)* reagir a; **to ~ sthg the wrong way** levar algo a mal.

13. *(control, power, attitude)* assumir; **to ~ charge of** assumir a responsabilidade de; **to ~ an interest in sthg** interessar-se por algo.

14. *(tolerate)* agüentar.

15. *(assume)*: **I ~ it that ...** presumo que ....

16. *(pulse)* medir; *(temperature)* tirar.

17. *(rent)* alugar.

❑ **take apart** *vt sep* desmontar.

❑ **take away** *vt sep (remove)* levar; *(subtract)* tirar, subtrair.

❑ **take back** *vt sep (thing borrowed)* devolver; *(person)* levar (de volta); *(accept)* aceitar de volta; *(statement)* retirar.

❑ **take down** *vt sep (picture, decorations, curtains)* remover.

❑ **take in** *vt sep (include)* incluir; *(understand)* perceber; *(deceive)* enganar; *(clothes)* apertar.

❑ **take off** *vi (plane)* levantar vôo, decolar ◆ *vt sep (remove)* tirar; **to ~ a day/week off** *(as holiday)* tirar um dia/uma semana de folga.

❑ **take out** *vt sep (from container, pocket)* tirar; *(library book)* pegar *(Br)*, requisitar *(Port)*; *(insurance policy)* fazer; *(loan)* pedir; **to ~ sb out for dinner** convidar alguém para jantar fora.

❑ **take over** *vi* assumir o controle.

❑ **take up** *vt sep (begin)* dedicar-se a; *(use up)* ocupar; *(trousers, skirt, dress)* subir a bainha de.

takeaway ['teikəwei] *n (Brit) (shop)* loja que vende comida para viagem; *(food)* comida *f* para viagem.

taken ['teikn] *pp* → **take**.

takeoff ['teikɒf] *n (of plane)* decolagem *f*.

takeout ['teikaut] *(Am)* = **takeaway**.

takeover ['teik,əuvər] *n (of company)* aquisição *f*.

takings ['teikiŋz] *npl* receita *f*.

talc [tælk] = **talcum powder**.

talcum powder ['tælkəm-] *n* (pó de) talco *m*.

tale [teil] *n (story)* conto *m*; *(account)* história *f*.

talent ['tælənt] *n* talento *m*.

talented ['tæləntid] *adj* talentoso

(-osa); **she's very ~** ela tem muito talento.

talk [tɔːk] *n (conversation)* conversa *f*; *(speech)* conferência *f* ◆ *vi* falar; **to ~ to sb (about sthg)** falar com alguém (sobre algo); **to ~ with sb** falar com alguém.

❑ **talks** *npl* negociações *fpl*.

talkative ['tɔːkətiv] *adj* tagarela.

talk show *n* talk-show *m*, programa *m* de entrevistas.

tall [tɔːl] *adj* alto(-ta); **how ~ are you?** qual é a sua altura?; **I'm six feet ~** meço 1.80 m.

tally ['tæli] *n* registro *m* ◆ *vi* bater certo.

talon ['tælən] *n* garra *f*.

tambourine [,tæmbə'riːn] *n* pandeireta *f*.

tame [teim] *adj (animal)* domesticado(-da).

tamper ['tæmpər] : **tamper with** *vt fus (machine)* mexer em; *(records, file)* alterar, falsificar; *(lock)* tentar forçar.

tampon ['tæmpɒn] *n* tampão *m*.

tan [tæn] *n (suntan)* bronzeado *m* ◆ *vi* bronzear ◆ *adj (colour)* cor-de-mel *(inv)*.

tangent ['tændʒənt] *n (in geometry)* tangente *f*; **to go off at a ~** divagar.

tangerine [,tændʒə'riːn] *n* tangerina *f*.

tangible ['tændʒəbl] *adj* tangível.

tangle ['tæŋgl] *n (mass)* emaranhado *m*.

tank [tæŋk] *n* tanque *m*.

tanker ['tæŋkər] *n (truck)* caminhão-cisterna *m*.

tanned [tænd] *adj (suntanned)* bronzeado(-da).

Tannoy® ['tænɔi] *n* (sistema *m* de) altofalantes *mpl*.

tantalizing ['tæntəlaiziŋ] *adj* tentador(-ra).

tantrum ['tæntrəm] *n*: **to have OR throw a ~** fazer birra.

tap [tæp] *n (for water)* torneira *f* ◆ *vt (hit)* bater (ligeiramente) com.

tap dance *n* sapateado *m*.

tape [teip] *n (cassette, video)* fita *f (Br)*, cassete *f*; *(in cassette, strip of material)* fita *f*; *(adhesive material)* fita-cola *f* ◆ *vt (record)* gravar; *(stick)* colar com fita-cola.

tape measure *n* fita *f* métrica.

taper ['teipər] *vi (corridor)* tornar-se mais estreito(-ta); *(trousers)* afunilar.

tape recorder n gravador m.

tapestry ['tæpɪstrɪ] n tapeçaria f.

tap water n água f da torneira.

tar [tɑːʳ] n alcatrão m.

target ['tɑːgɪt] n alvo m.

tariff ['tærɪf] n (price list) lista f de preços; (Brit: menu) menu m; (at customs) tarifa f.

tarmac ['tɑːmæk] n (at airport) pista f. ❏ **Tarmac**® n (on road) asfalto m, macadame m betuminoso.

tarnish ['tɑːnɪʃ] vt (make dull) embaciar; (fig: damage) manchar.

tarpaulin [tɑːˈpɔːlɪn] n lona f alcatroada, oleado m.

tart [tɑːt] n (sweet) tarte f.

tartan ['tɑːtn] n tartã m, tecido de lã com os xadrezes tipicamente escoseses.

tartare sauce [tɑːtə-] n molho m tártaro, molho usado para acompanhar peixe, feito com maionese, ervas aromáticas, alcaparras e pepino de conserva picado.

task [tɑːsk] n tarefa f.

tassel ['tæsl] n borla f.

taste [teɪst] n (flavour) sabor m, gosto m; (discernment, sense) gosto ◆ vt (sample) provar; (detect) detectar o sabor de ◆ vi: **to ~ of sthg** ter gosto de algo; **it ~s bad/good** tem um gosto ruim/bom; **to have a ~ of sthg** (food, drink) provar algo; (fig: experience) experimentar algo; **bad/good ~** mau/bom gosto.

tasteful ['teɪstfʊl] adj com bom gosto.

tasteless ['teɪstlɪs] adj (food) insípido(-da); (comment, decoration) de mau gosto.

tasty ['teɪstɪ] adj saboroso(-osa).

tatters ['tætəz] npl: **in ~** (clothes) em farrapos; (confidence, reputation) destruído(-da).

tattoo [tə'tuː] (pl -s) n (on skin) tatuagem f; (military display) desfile m militar.

tatty ['tætɪ] adj (Brit) (inf) (flat) caindo aos pedaços; (clothes) surrado(-da); (area) degradado(-da).

taught [tɔːt] pt & pp → **teach**.

taunt [tɔːnt] vt gozar de, troçar de ◆ n piada f, boca f (Port).

Taurus ['tɔːrəs] n Touro m.

taut [tɔːt] adj (rope, string) esticado(-da); (muscles) tenso(-sa).

tax [tæks] n imposto m, taxa f ◆ vt (goods) lançar imposto sobre; (person)

cobrar impostos a.

taxable ['tæksəbl] adj tributável, sujeito(-ta) a impostos.

tax allowance n rendimento m mínimo não tributável.

taxation [tæk'seɪʃn] n impostos mpl.

tax collector n cobrador m (-ra f) de impostos.

tax disc n (Brit) plaqueta f (Br), selo m automóvel (Port).

tax-free adj isento(-ta) de imposto, tax-free (inv).

taxi ['tæksɪ] n táxi m ◆ vi (plane) andar (pela pista).

taxi driver n taxista mf, motorista mf de táxi.

tax inspector n fiscal mf.

taxi rank n (Brit) ponto m de táxi (Br), praça f de táxis (Port).

taxi stand (Am) = **taxi rank**.

taxpayer ['tæks,peɪəʳ] n contribuinte mf.

tax relief n benefício m fiscal.

TB abbr = **tuberculosis**.

T-bone steak n bife m com osso (em forma de T).

tea [tiː] n chá m; (afternoon meal) lanche m; (evening meal) jantar m.

tea bag n saquinho m de chá.

tea break n (Brit) pausa f para o chá (durante as horas de trabalho).

teacake ['tiːkeɪk] n pãozinho doce com passas.

teach [tiːtʃ] (pt & pp taught) vt & vi ensinar; **to ~ sb sthg, to ~ sthg to sb** ensinar algo a alguém; **to ~ sb (how) to do sthg** ensinar alguém a OR como fazer algo.

teacher ['tiːtʃəʳ] n professor m (-ra f).

teaching ['tiːtʃɪŋ] n ensino m.

tea cloth n pano m de prato.

tea cosy n (Brit) abafador m (para o bule do chá).

tea cozy (Am) = **tea cosy**.

teacup ['tiːkʌp] n xícara f de chá.

team [tiːm] n (SPORT) time m (Br), equipa f (Port); (group) equipe f.

teammate ['tiːmmeɪt] n colega mf de equipe.

teamwork ['tiːmwɜːk] n trabalho m de equipe.

teapot ['tiːpɒt] n bule m.

tear¹ [teəʳ] (pt tore, pp torn) vt (rip) rasgar ◆ vi (rip) rasgar-se; (move quickly) precipitar-se ◆ n (rip) rasgão m.

❏ **tear up** *vt sep* rasgar.

tear² [tɪəʳ] *n* lágrima *f*.

teardrop ['tɪədrɒp] *n* lágrima *f*.

tearful ['tɪəful] *adj (person)* em lágrimas, choroso(-osa).

tearoom ['tiːrum] *n* salão *m* de chá.

tease [tiːz] *vt (make fun of)* gozar de.

tea set *n* serviço *m* de chá.

teaspoon ['tiːspuːn] *n* colher *f* de chá.

teaspoonful ['tiːspuːnful] *n* colher *f* de chá.

teat [tiːt] *n (of animal)* teta *f; (Brit: of bottle)* bico *m (Br)*, tetina *f (Port)*.

teatime ['tiːtaɪm] *n* hora *f* do lanche.

tea towel *n* pano *m* de prato.

technical ['teknɪkl] *adj* técnico(-ca).

technical drawing *n* desenho *m* técnico.

technicality [,teknɪ'kælətɪ] *n (detail)* pormenor *m* técnico.

technically ['teknɪklɪ] *adv* tecnicamente.

technician [tek'nɪʃn] *n* técnico *m* (-ca *f*).

technique [tek'niːk] *n* técnica *f*.

technological [,teknə'lɒdʒɪkl] *adj* tecnológico(-ca).

technology [tek'nɒlədʒɪ] *n* tecnologia *f*.

teddy (bear) ['tedɪ-] *n* ursinho *m* (de pelúcia).

tedious ['tiːdjəs] *adj* tedioso(-osa).

tee [tiː] *n* tee *m*.

teenager ['tiːn,eɪdʒəʳ] *n* adolescente *mf*.

teens [tiːnz] *npl* adolescência *f*.

teeth [tiːθ] *pl* → **tooth**.

teethe [tiːð] *vi*: **he's teething** os dentes dele estão começando a nascer.

teetotal [tiː'təutl] *adj* abstêmio (-mia).

teetotaler [tiː'təutlər] *(Am)* = **teetotaller**.

teetotaller [tiː'təutləʳ] *n (Brit)* abstêmio *m* (-mia *f*).

TEFL ['tefl] *(abbr of Teaching (of) English as a Foreign Language)* n ensino do inglês como língua estrangeira.

telecommunications [,telɪkə-mjuːnɪ'keɪʃnz] *npl* telecomunicações *fpl*.

telegram ['telɪgræm] *n* telegrama *m*.

telegraph ['telɪgrɑːf] *n* telégrafo *m* ◆ *vt* telegrafar.

telegraph pole *n* poste *m* telegráfico.

telephone ['telɪfəun] *n* telefone *m* ◆ *vt* telefonar para ◆ *vi* telefonar; **to be on the ~** *(talking)* estar no telefone; *(connected)* ter telefone.

telephone book *n* catálogo *m (Br)*, lista *f* telefônica.

telephone booth *n* cabine *f* telefônica.

telephone box *n* cabine *f* telefônica.

telephone call *n* chamada *f* telefônica, telefonema *m*.

telephone directory *n* catálogo *m (Br)*, lista *f* telefônica.

telephone number *n* número *m* de telefone.

telephonist [tɪ'lefənɪst] *n (Brit)* telefonista *mf*.

telephoto lens [telɪ'fəutəu-] *n* teleobjetiva *f*.

telescope ['telɪskəup] *n* telescópio *m*.

teletext ['telɪtekst] *n* teletexto *m*.

televise ['telɪvaɪz] *vt* transmitir pela televisão.

television ['telɪ,vɪʒn] *n* televisão *f*; **what's on (the) ~ tonight?** o que é que tem na televisão hoje à noite?

television set *n* aparelho *m* de televisão, televisor *m*.

telex ['teleks] *n* telex *m*.

tell [tel] *(pt & pp* told) *vt (inform)* dizer; *(story, joke)* contar; *(truth, lie)* dizer, contar; *(distinguish)* distinguir ◆ *vi*: **can you ~?** dá para notar?; **can you ~ me the time?** podia dizer-me as horas?; **to ~ sb sthg** dizer algo a alguém; **to ~ sb about sthg** contar algo a alguém; **to ~ sb how to do sthg** dizer a alguém como fazer algo; **to ~ sb to do sthg** dizer a alguém para fazer algo; **to ~ the difference** ver a diferença.

❏ **tell off** *vt sep* ralhar com, repreender.

teller ['teləʳ] *n (in bank)* caixa *mf*.

telltale ['telteɪl] *n* fofoqueiro *m* (-ra *f*) *(Br)*, queixinhas *mf inv (Port)*.

telly ['telɪ] *n (Brit: inf)* televisão *f*.

temp [temp] *n* empregado *m* temporário (empregada *f* temporária); ◆ *vi* trabalhar como empregado temporário.

temper ['tempəʳ] *n*: **to be in a ~** estar de mau humor, estar irritado(-da); **to**

lose one's ~ perder a paciência, irritar-se.

temperament ['tempramant] *n* temperamento *m*.

temperamental [,tempra'mentl] *adj* temperamental.

temperate ['temprat] *adj* temperado(-da).

temperature ['temprətʃəʳ] *n* temperatura *f*; **to have a ~** ter febre.

tempestuous [tem'pestjuəs] *adj* tempestuoso(-osa).

temple ['templ] *n* (*building*) templo *m*; (*of forehead*) têmpora *f*.

temporarily [*Brit* 'tempraralı, *Am* ,tempa'rerəlı] *adv* temporariamente.

temporary ['tempərəri] *adj* temporário(-ria).

tempt [tempt] *vt* tentar; **to be ~ed to do sthg** estar OR sentir-se tentado a fazer algo.

temptation [temp'teɪʃn] *n* tentação *f*.

tempting ['temptɪŋ] *adj* tentador(-ra).

ten [ten] *num* dez, → **six**.

tenacious [tɪ'neɪʃəs] *adj* tenaz.

tenant ['tenənt] *n* inquilino *m* (-na *f*).

tend [tend] *vi*: **to ~ to do sthg** ter tendência para fazer algo.

tendency ['tendənsı] *n* tendência *f*.

tender ['tendəʳ] *adj* (*affectionate*) meigo(-ga); (*sore*) dolorido(-da); (*meat*) tenro(-ra) ♦ *vt* (*fml: pay*) pagar.

tendon ['tendən] *n* tendão *m*.

tenement ['tenəmənt] *n* cortiço *m* (*Br*), prédio *m* OR bloco *m* de apartamentos (*Port*) (*normalmente em zonas degradadas e pobres de uma cidade*).

tennis ['tenɪs] *n* tênis *m*.

tennis ball *n* bola *f* de tênis.

tennis court *n* quadra *f* de tênis (*Br*), campo *m* de tênis (*Port*).

tennis racket *n* raquete *f* de tênis.

tenor ['tenəʳ] *n* (*singer*) tenor *m*.

tenpin bowling ['tenpin-] *n* (*Brit*) boliche *m* (*Br*), bowling *m*.

tenpins ['tenpɪnz] (*Am*) = **tenpin bowling**.

tense [tens] *adj* tenso(-sa) ♦ *n* tempo *m*; **the present ~** o presente.

tension ['tenʃn] *n* tensão *f*.

tent [tent] *n* barraca *f*, tenda *f*.

tentacle ['tentəkl] *n* tentáculo *m*.

tentative ['tentətɪv] *adj* (*unconfident,*

hesitant) hesitante; (*temporary, not final*) provisório(-ria).

tenth [tenθ] *num* décimo(-ma), → **sixth**.

tent peg *n* estaca *f*.

tent pole *n* poste *m* de barraca.

tenuous ['tenjuəs] *adj* tênue.

tepid ['tepɪd] *adj* tépido(-da), morno (morna).

tequila [tɪ'kiːlə] *n* tequilha *f*.

term [tɜːm] *n* (*word, expression*) termo *m*; (*at school*) período *m*; (*at university*) = semestre *m*; **in the long ~** a longo prazo; **in the short ~** a curto prazo; **in ~s of** no que diz respeito a; **in business ~s** do ponto de vista comercial.

❑ **terms** *npl* (*of contract*) termos *mpl*; (*price*) preço *m*.

terminal ['tɜːmɪnl] *adj* (*illness*) incurável ♦ *n* terminal *m*.

terminate ['tɜːmɪneɪt] *vi* (*train, bus*) terminar a viagem OR o trajeto.

terminus ['tɜːmɪnəs] *n* estação *f* terminal, terminal *m*.

terrace ['terəs] *n* (*patio*) terraço *m*; **the ~s** (*at football ground*) a arquibancada (*Br*), a geral (*Port*).

terraced house ['terəst-] *n* (*Brit*) casa que faz parte de uma fileira de casas do mesmo estilo e pegadas.

terrain [te'reɪn] *n* terreno *m*.

terrible ['terəbl] *adj* terrível; **to feel ~** sentir-se péssimo(-ma) OR muito mal.

terribly ['terəblı] *adv* (*extremely*) extremamente, terrivelmente; (*very badly*) imensamente, terrivelmente; **I'm ~ sorry!** sinto muito!

terrier ['terɪəʳ] *n* terrier *m*.

terrific [tə'rɪfɪk] *adj* (*inf*) incrível.

terrified ['terɪfaɪd] *adj* aterrorizado(-da).

terrifying ['terɪfaɪɪŋ] *adj* aterrorizador(-ra).

territory ['terətrı] *n* território *m*.

terror ['terəʳ] *n* terror *m*.

terrorism ['terərɪzm] *n* terrorismo *m*.

terrorist ['terərɪst] *n* terrorista *mf*.

terrorize ['terəraɪz] *vt* aterrorizar.

terse [tɜːs] *adj* seco(-ca).

test [test] *n* teste *m*; (*of blood*) análise *f* ♦ *vt* (*check*) testar; (*give exam to*) avaliar; (*dish, drink*) provar; **driving ~** exame *m* de motorista (*Br*), exame *m* de condução (*Port*).

testicles ['testɪklz] *npl* testículos *mpl*.

testify ['testɪfaɪ] *vi* (*JUR*) testemunhar,

depor; **to ~ to sthg** (be proof) testemunhar algo.

testimony [Brit 'testɪmənɪ, Am 'testə,məʊnɪ] n (JUR) testemunho m.

testing ['testɪŋ] adj difícil.

test match n (Brit) partida f internacional.

test tube n tubo m de ensaio.

test-tube baby n bebê m de proveta.

tetanus ['tetənəs] n tétano m.

text [tekst] n (written material) texto m; (textbook) manual m.

textbook ['tekstbʊk] n manual m.

textile ['tekstaɪl] n têxtil m.

texture ['tekstʃər] n textura f.

Thai [taɪ] adj tailandês(-esa).

Thailand ['taɪlænd] n Tailândia f.

Thames [temz] n: **the ~** o Tâmisa.

than [weak form ðən, strong form ðæn] conj que ♦ prep: **you're better ~ me** você é melhor (do) que eu; **I'd rather stay in ~ go out** prefiro ficar em casa do que sair; **more ~ ten** mais de dez.

thank [θæŋk] vt: **to ~ sb (for sthg)** agradecer a alguém (por) algo.

❏ **thanks** npl agradecimentos mpl ♦ excl obrigado!, obrigada!; **~s to** graças a; **many ~s** muito obrigado OR obrigada.

thankful ['θæŋkfʊl] adj agradecido (-da); **to be ~ for sthg** estar agradecido por algo.

thankless ['θæŋklɪs] adj ingrato(-ta).

Thanksgiving ['θæŋks,gɪvɪŋ] n Dia m de Ação de Graças.

thank you excl obrigado!, obrigada!; **~ very much!** muito obrigado!; **no ~!** não, obrigado!

that [ðæt, weak form of pron and conj ðət] (pl **those**) adj **1.** (referring to thing, person mentioned) esse (essa); **I prefer ~ book** prefiro esse livro.

2. (referring to thing, person further away) aquele m (aquela f); **~ book at the back** aquele livro lá atrás; **I'll have ~ one** quero aquele (ali) OR esse.

♦ pron **1.** (referring to thing, person mentioned) esse m (essa f); (indefinite) isso; **what's ~?** o que é isso?; **who's ~?** (on the phone) quem fala?; (pointing) e esse, quem é?; **~'s interesting** que interessante.

2. (referring to thing, person further away) aquele m (aquela f); (indefinite) aquilo; **is ~ Lucy?** (pointing) aquela é a

Lucy?; **I want those at the back** quero aqueles lá atrás; **what's ~ on the roof?** o que é aquilo no telhado?

3. (introducing relative clause) que; **a shop ~ sells antiques** uma loja que vende antiguidades; **the film ~ I saw** o filme que eu vi; **the room ~ I slept in** o quarto onde OR em que dormi.

♦ adv assim tão; **it wasn't ~ bad/good** não foi assim tão mau/bom; **it didn't cost ~ much** não custou tanto assim.

♦ conj que; **tell him ~ I'm going to be late** diga-lhe que vou chegar atrasado.

thatched [θætʃt] adj (building) com telhado de colmo.

that's [ðæts] = **that is**.

thaw [θɔː] vi (snow, ice) derreter ♦ vt (frozen food) descongelar.

the [weak form ðə, before vowel ðɪ, strong form ðiː] definite article **1.** (gen) o (a), os (as) (pl); **~ book** o livro; **~ apple** a maçã; **~ girls** as meninas; **~ Wilsons** os Wilson; **to play ~ piano** tocar piano.

2. (with an adjective to form a noun) o (a), os (as) (pl); **~ British** os britânicos; **~ young** os jovens; **~ impossible** o impossível.

3. (in dates): **~ twelfth** o dia doze; **~ forties** os anos quarenta.

4. (in titles): **Elizabeth ~ Second** Elizabeth Segunda.

theater ['θɪətər] n (Am) (for plays, drama) = **theatre**; (for films) cinema m.

theatre ['θɪətər] n (Brit) teatro m.

theatregoer ['θɪətəgəʊər] n freqüentador m (-ra f) de teatro.

theatrical [θɪ'ætrɪkl] adj teatral.

theft [θeft] n roubo m.

their [ðeər] adj seu (sua), deles (delas); **~ house** a casa deles, a sua casa.

theirs [ðeəz] pron o seu (a sua), o/a deles (o/a delas); **a friend of ~** um amigo deles OR seu; **these books are ~** estes livros são (os) deles OR seus; **these are ours – where are ~?** estes são os nossos – onde estão os deles?

them [weak form ðəm, strong form ðem] pron (direct object) os mpl (as fpl); (indirect object) lhes; (after prep) eles mpl (elas fpl); **I know ~** eu os conheço; **it's ~** são eles; **send this to ~** manda-lhes isto; **tell ~** diga-lhes; **he's worse than ~** ele é pior do que eles; **Charlotte and Ricky brought it with ~** a Charlotte e o Ricky trouxeram-no com eles.

theme [θi:m] *n* tema *m*.

theme park *n parque de diversões baseado num tema específico*.

theme tune *n* tema *m* musical.

themselves [ðəm'selvz] *pron (reflexive)* se; *(after prep)* eles *mpl* próprios (elas *fpl* próprias), si *mpl* próprios (si *fpl* próprias); **they did it ~** fizeram-no eles mesmos OR próprios; **they blame ~** eles culpam-se a si próprios; **they hurt ~** eles machucaram-se.

then [ðen] *adv (at time in past)* então, naquela altura; *(at time in future)* nessa altura; *(next, afterwards)* depois; *(in that case)* então; **from ~ on** daí em diante; **until ~** até aí.

theoretical [θɪə'retɪkl] *adj* teórico (-ca), teorético(-ca).

theorize [θɪəraɪz] *vi (develop theory)*: **to ~ (about sthg)** teorizar (sobre algo).

theory [θɪərɪ] *n* teoria *f*; **in ~** em teoria.

therapist [θerəpɪst] *n* terapeuta *mf*.

therapy [θerəpɪ] *n* terapia *f*.

there [ðeər] *adv (available, existing, present)* lá, ali; *(at, in, to that place)* lá ◆ *pron:* **~ is/are** há; **is Bob ~, please?** *(on phone)* o Bob está?; **I'm going ~ next week** vou lá para a semana; **it's right ~ by the phone** está aí mesmo ao lado do telefone; **over ~** ali; **~'s someone at the door** tem alguém na porta; **~ are several people waiting** várias pessoas estão à espera; **~ you are** *(when giving)* aqui tem.

thereabouts [ˌðeərə'baʊts] *adv:* **or ~** aproximadamente.

thereafter [ˌðeər'ɑ:ftər] *adv (fml)* daí em diante, conseqüentemente.

thereby [ˌðeər'baɪ] *adv (fml)* assim, conseqüentemente.

therefore [ðeəfɔ:r] *adv* portanto, por isso.

there's [ðeəz] = **there is**.

thermal underwear [θɜ:ml-] *n* roupa *f* de baixo térmica.

thermometer [θə'mɒmɪtər] *n* termômetro *m*.

Thermos (flask)® [θɜ:məs-] *n* garrafa *f* térmica.

thermostat [θɜ:məstæt] *n* termostato *m*.

thesaurus [θɪ'sɔ:rəs] *(pl -es)* *n* dicionário *m* de sinônimos.

these [ði:z] *pl* → **this**.

thesis [θi:sɪs] *(pl theses* [θi:si:z]*)* *n* tese *f*.

they [ðeɪ] *pron* eles *mpl* (elas *fpl*).

they'd [ðeɪd] = **they had**, **they would**.

they'll [ðeɪl] = **they shall**, **they will**.

they're [ðeər] = **they are**.

they've [ðeɪv] = **they have**.

thick [θɪk] *adj (in size)* grosso (grossa); *(fog)* cerrado(-da); *(forest, vegetation)* denso(-sa); *(hair)* abundante; *(liquid, sauce, smoke)* espesso(-a); *(inf: stupid)* estúpido(-da); **it's 1 metre ~** tem 1 metro de espessura.

thicken [θɪkn] *vt (sauce, soup)* engrossar ◆ *vi (mist, fog)* tornar-se mais cerrado, aumentar.

thicket [θɪkɪt] *n* matagal *m*.

thickness [θɪknɪs] *n (of wood, wall, line)* espessura *f*; *(of forest, vegetation)* densidade *f*; *(of hair)* grossura *f*.

thickset [θɪk'set] *adj* atarracado(-da).

thick-skinned [-'skɪnd] *adj* insensível.

thief [θi:f] *(pl thieves)* *n* ladrão *m* (ladra *f*).

thieve [θi:v] *vt & vi* furtar.

thieves [θi:vz] *pl* → **thief**.

thigh [θaɪ] *n* coxa *f*.

thimble [θɪmbl] *n* dedal *m*.

thin [θɪn] *adj (in size)* fino(-na); *(not fat)* magro(-gra); *(soup, sauce)* pouco espesso(-a), líquido(-da).

thing [θɪŋ] *n* coisa *f*; **the ~ is** o que se passa é que, acontece que.

❑ **things** *npl (clothes, possessions)* coisas *fpl*; **how are ~s?** *(inf)* como (é que) vão as coisas?

thingummyjig [θɪŋəmɪdʒɪg] *n (inf)* coisa *f*.

think [θɪŋk] *(pt & pp thought)* *vt (believe)* achar, pensar; *(have in mind, expect)* pensar ◆ *vi* pensar; **to ~ (that)** achar OR pensar que; **to ~ about** pensar em; **to ~ of** pensar em; *(remember)* lembrar-se de; **to ~ of doing sthg** pensar fazer algo; **I ~ so** acho que sim; **I don't ~ so** acho que não; **do you ~ you could …?** você acha que podia …?; **to ~ highly of sb** ter muito boa opinião de alguém.

❑ **think over** *vt sep* refletir sobre.

❑ **think up** *vt sep* imaginar.

third [θɜ:d] *num* terceiro(-ra), → **sixth**.

thirdly [θɜ:dlɪ] *adv* terceiro, em terceiro lugar.

third party insurance *n* seguro *m* contra terceiros.

third-rate *adj* de terceira.

Third World *n*: **the ~ o** Terceiro Mundo.

thirst [θɜːst] *n* sede *f*.

thirsty [ˈθɜːstɪ] *adj*: **to be ~** ter sede.

thirteen [ˌθɜːˈtiːn] *num* treze, → **six**.

thirteenth [ˌθɜːˈtiːnθ] *num* décimo *m* terceiro (décima *f* terceira), → **sixth**.

thirtieth [ˈθɜːtɪəθ] *num* trigésimo (-ma), → **sixth**.

thirty [ˈθɜːtɪ] *num* trinta, → **six**.

this [ðɪs] (*pl* **these**) *adj* **1**. (*referring to thing, person*) este (esta); **these choco-lates are delicious** estes chocolates são deliciosos; **~ morning/week** esta manhã/semana; **I prefer ~ book** prefiro este livro; **I'll have ~ one** quero este.
2. (*inf: used when telling a story*): **there was ~ man …** havia um homem ….
♦ *pron* (*referring to thing, person*) este *m* (esta *f*); (*indefinite*) isto; **~ is for you** isto é para ti; **what are these?** o que é isto?, o que é que são estas coisas?; **~ is David Gregory** (*introducing someone*) este é o David Gregory; (*on telephone*) aqui fala David Gregory.
♦ *adv*: **it was ~ big** era deste tamanho; **I don't remember it being ~ tiring** não me lembro de ser tão cansativo assim.

thistle [ˈθɪsl] *n* cardo *m*.

thorn [θɔːn] *n* espinho *m*.

thorny [ˈθɔːnɪ] *adj* espinhoso(-osa).

thorough [ˈθʌrə] *adj* minucioso (-osa).

thoroughbred [ˈθʌrəbred] *n* puro-sangue *m inv*.

thoroughfare [ˈθʌrəfeər] *n* (*fml*) rua *f* principal.

thoroughly [ˈθʌrəlɪ] *adv* (*completely*) completamente.

those [ðəʊz] *pl* → **that**.

though [ðəʊ] *conj* se bem que ♦ *adv* no entanto; **even ~ it was raining** apesar de estar chovendo.

thought [θɔːt] *pt & pp* → **think** ♦ *n* (*idea*) ideia *f*; (*thinking*) pensamento *m*; (*careful consideration*) reflexão *f*.
❏ **thoughts** *npl* (*opinion*) opinião *f*.

thoughtful [ˈθɔːtfʊl] *adj* (*quiet and serious*) pensativo(-va); (*considerate*) atencioso(-osa).

thoughtless [ˈθɔːtlɪs] *adj* indelicado(-da).

thousand [ˈθaʊznd] *num* mil; **a** OR **one ~** mil; **~s of** milhares de, → **six**.

thousandth [ˈθaʊzntθ] *num* milésimo(-ma), → **sixth**.

thrash [θræʃ] *vt* (*inf: defeat heavily*) derrotar.

thread [θred] *n* (*of cotton etc*) linha *f* ♦ *vt* (*needle*) enfiar (uma linha em).

threadbare [ˈθredbeər] *adj* surrado (-da), puído(-da).

threat [θret] *n* ameaça *f*.

threaten [ˈθretn] *vt* ameaçar; **to ~ to do sthg** ameaçar fazer algo.

threatening [ˈθretnɪŋ] *adj* ameaçador(-ra).

three [θriː] *num* três, → **six**.

three-D *n*: **in ~** em três dimensões.

three-dimensional [-dɪˈmenʃənl] *adj* (*picture, film, image*) em três dimensões; (*object*) tridimensional.

threefold [ˈθriːfəʊld] *adj* triplo(-pla) ♦ *adv*: **to increase ~** triplicar.

three-piece suite *n* conjunto *m* de um sofá e duas poltronas.

three-ply *adj* (*wool, rope*) com três fios; (*wood*) com três espessuras.

three-quarters [ˈkwɔːtəz] *n* três quartos *mpl*; **~ of an hour** três quartos de hora.

threshold [ˈθreʃhəʊld] *n* (*fml: of door*) limiar *m*, soleira *f*.

threw [θruː] *pt* → **throw**.

thrifty [ˈθrɪftɪ] *adj* poupado(-da).

thrill [θrɪl] *n* (*sudden feeling*) sensação *f*, arrepio *m*; (*exciting experience*) experiência *f* incrível ♦ *vt* emocionar, fazer vibrar de excitação.

thrilled [θrɪld] *adj* encantado(-da).

thriller [ˈθrɪlər] *n* filme *m* de suspense.

thrilling [ˈθrɪlɪŋ] *adj* emocionante, excitante.

thrive [θraɪv] *vi* (*plant, animal, person*) desenvolver-se; (*business, tourism, place*) prosperar.

thriving [ˈθraɪvɪŋ] *adj* (*person, community, business*) próspero(-ra); (*plant*) com um bom crescimento.

throat [θrəʊt] *n* garganta *f*.

throb [θrɒb] *vi* (*head*) latejar; (*noise, engine*) vibrar.

throne [θrəʊn] *n* trono *m*.

throng [θrɒŋ] *n* multidão *f*.

throttle [ˈθrɒtl] *n* (*of motorbike*) válvula *f* reguladora.

through [θruː] *prep* (*to other side of, by*

means of) através de; (because of) graças a; (from beginning to end of) durante; (throughout) por todo(-da) ♦ adv (from beginning to end) até o fim ♦ adj: **I'm ~ (with it)** (finished) já acabei; **you're ~** (on phone) já tem ligação; **~ traffic** trânsito de passagem; **a ~ train** um trem direto; **"no ~ road"** (Brit) "rua sem saída"; **Monday ~ Thursday** (Am) de segunda a quinta-feira; **to let sb ~** deixar alguém passar; **to go ~ sthg** atravessar algo.

throughout [θruː'aʊt] prep (day, morning, year) ao longo de todo(-da); (place, country, building) por todo(-da) ♦ adv (all the time) sempre, o tempo todo; (everywhere) por todo o lado.

throw [θrəʊ] (pt threw, pp thrown [θrəʊn]) vt atirar; (javelin, dice) lançar; (a switch) ligar; **to ~ sthg in the bin** jogar algo no lixo (Br), deitar algo para o lixo (Port).

❑ **throw away** vt sep (get rid of) jogar fora.

❑ **throw out** vt sep (get rid of) jogar fora; (person) pôr na rua.

❑ **throw up** vi (inf: vomit) vomitar.

throwaway [θrəʊə,weɪ] adj (product) descartável; (bottle) sem depósito.

throw-in n (Brit: in football) lançamento m da linha lateral.

thrown [θrəʊn] pp → throw.

thru [θruː] (Am) = through.

thrush [θrʌʃ] n (bird) tordo m.

thrust [θrʌst] (pt & pp thrust) n (of sword) estocada f; (of knife) facada f; (of troops) investida f ♦ vt: **to ~ sthg into sthg** enfiar algo em algo.

thud [θʌd] n barulho m seco.

thug [θʌg] n marginal mf.

thumb [θʌm] n polegar m ♦ vt: **to ~ a lift** pedir carona (Br), pedir boleia (Port).

thumbtack [θʌmtæk] n (Am) percevejo m (Br), pionés m (Port).

thump [θʌmp] n (punch) soco m; (sound) barulho m seco ♦ vt dar um soco em; **he ~ed him** ele deu-lhe um soco.

thunder [θʌndər] n trovões mpl, trovoada f.

thunderbolt [θʌndəbəʊlt] n raio m.

thunderclap [θʌndəklæp] n trovão m.

thunderstorm [θʌndəstɔːm] n tem-

pestade f (acompanhada de trovoada), temporal m.

thundery [θʌndərɪ] adj de trovoada.

Thurs. (abbr of Thursday) 5ª, quin.

Thursday [θɜːzdɪ] n quinta-feira f, → Saturday.

thus [ðʌs] adv (fml) (as a consequence) conseqüentemente, por conseguinte; (in this way) assim.

thwart [θwɔːt] vt gorar.

thyme [taɪm] n tomilho m.

thyroid [θaɪrɔɪd] n tiróide f.

tiara [tɪ'ɑːrə] n diadema m.

Tibet [tɪ'bet] n Tibete m.

tic [tɪk] n tique m.

tick [tɪk] n (written mark) sinal m de visto; (insect) carrapato m (Br), carraça f (Port) ♦ vt marcar OR assinalar (com sinal de visto) ♦ vi (clock, watch) fazer tiquetaque.

❑ **tick off** vt sep (mark off) marcar OR assinalar (com sinal de visto).

ticket [tɪkɪt] n (for travel, cinema, match) bilhete m; (label) etiqueta f; (for traffic offence) multa f.

ticket collector n revisor m (-ra f).

ticket inspector n revisor m (-ra f).

ticket machine n distribuidor m automático de bilhetes.

ticket office n bilheteira f.

tickle [tɪkl] vt fazer cócegas a ♦ vi fazer cócegas.

ticklish [tɪklɪʃ] adj: **to be ~** ter cócegas.

tick-tack-toe n (Am) jogo-da-velha m (Br), jogo m de galo (Port).

tidal [taɪdl] adj (river) com marés; (barrier) contra a maré.

tidbit [tɪdbɪt] (Am) = titbit.

tiddlywinks [tɪdlɪwɪŋks] n (game) jogo m de fichas (Br), jogo m da pulga (Port).

tide [taɪd] n (of sea) maré f.

tidy [taɪdɪ] adj (room, desk, person) arrumado(-da); (hair, clothes) cuidado(-da).

❑ **tidy up** vt sep arrumar.

tie [taɪ] (pt & pp tied, cont tying) n (around neck) gravata f; (draw) empate m; (Am: on railway track) dormente m (Br), chulipa f (Port) ♦ vt atar; (knot) fazer, dar ♦ vi (draw) empatar.

❑ **tie up** vt sep atar; (delay) atrasar.

tiebreak(er) [taɪbreɪk(ər)] n (in tennis) tie-break m; (extra question) per-

gunta f de desempate.
tiepin ['taɪpɪn] n alfinete m de gravata.
tier [tɪəʳ] n (of seats) fila f, fileira f.
tiff [tɪf] n desentendimento m.
tiger ['taɪgəʳ] n tigre m.
tight [taɪt] adj apertado(-da); (drawer,
tap) preso(-sa); (rope, material) estica-
do(-da); (inf: drunk) bêbado(-da) ♦ adv
(hold) com força, bem; **my chest feels
~** estou um pouco congestionado (dos
brônquios).
tighten ['taɪtn] vt apertar.
tightfisted [ˌtaɪt'fɪstɪd] adj (inf) sovina.
tightly ['taɪtlɪ] adj (hold, fasten) com
força.
tightrope ['taɪtrəup] n corda f
bamba.
tights [taɪts] npl meia-calça f (Br),
collants mpl (Port); **a pair of ~** um par
de meias-calças, umas meias-calças.
tile ['taɪl] n (for roof) telha f; (for floor)
ladrilho m; (for wall) azulejo m.
tiled [taɪld] adj (roof) de telha; (floor)
de ladrilhos; (wall) de azulejos.
till [tɪl] n caixa f registradora ♦ prep &
conj até; **I'll wait ~ he arrives** esperarei
até ele chegar OR até que ele chegue.
tiller ['tɪləʳ] n barra f do leme.
tilt [tɪlt] vt inclinar ♦ vi inclinar-se.
timber ['tɪmbəʳ] n (wood) madeira f;
(of roof) trave f.
time [taɪm] n tempo m; (measured by
clock) horas fpl; (moment) altura f; (occasion) vez f ♦ vt (measure) cronometrar;
(arrange) prever; **I haven't got (the) ~**
não tenho tempo; **it's ~ to go** está na
hora de irmos embora; **what's the ~?**
que horas são?; **do you have the ~,
please?** você tem horas, por favor?;
two ~s two dois vezes dois; **five ~s as
much** cinco vezes mais; **in a month's ~**
daqui a um mês; **to have a good ~**
divertir-se; **all the ~** sempre, o tempo
todo; **every ~** sempre; **from ~ to ~** de
vez em quando, de tempos em tem-
pos; **for the ~ being** por enquanto; **in
~** (arrive) a tempo; **in good ~** com
tempo; **last ~** a última vez; **most of
the ~** a maior parte do tempo; **on ~** na
hora; **some of the ~** parte do tempo;
this ~ desta vez; **two at a ~** dois de
cada vez.
time difference n diferença f horá-
ria.

time lag n intervalo m.
timeless ['taɪmlɪs] adj eterno(-na).
time limit n prazo m, limite m de
tempo.
timely ['taɪmlɪ] adj oportuno(-na).
time off n tempo m livre; **to take ~**
tirar férias.
time-out n (SPORT) tempo m morto.
timer ['taɪməʳ] n cronômetro m, relógio m.
time scale n período m.
time share n propriedade adquirida
por várias pessoas com o direito de
utilizá-la por um determinado período a
cada ano durante as suas férias.
timetable ['taɪmˌteɪbl] n horário m;
(of events) programa m.
time zone n fuso m horário.
timid ['tɪmɪd] adj tímido(-da).
timing ['taɪmɪŋ] n: **the ~ of the
remark was unfortunate** o comentário
foi feito num momento extremamente inoportuno; **the ~ of the election is
crucial** a data das eleições é fundamental.
tin [tɪn] n (metal) estanho m; (container) lata f ♦ adj de estanho, de lata.
tin can n lata f.
tinfoil ['tɪnfɔɪl] n papel m OR folha f
de alumínio.
tinge [tɪndʒ] n ponta f.
tingle ['tɪŋgl] vi: **my feet are tingling**
meus pés estão formigando.
tinker ['tɪŋkəʳ] vi: **to ~ with sthg**
mexer em algo.
tinkle ['tɪŋkl] n (Brit: inf: phone call):
to give sb a ~ dar uma ligada para
alguém.
tinned food [tɪnd-] n (Brit) comida f
enlatada, conservas fpl.
tin opener [-ˌəupnəʳ] n (Brit) abridor
m de latas (Br), abre-latas m inv (Port).
tinsel ['tɪnsl] n fios mpl de ouropel
(usados para decorar a árvore de Natal).
tint [tɪnt] n (for hair) tinta f (para o
cabelo).
tinted glass [ˌtɪntɪd-] n vidro m colorido OR fumê.
tiny ['taɪnɪ] adj pequenininho(-nha),
minúsculo(-la).
tip [tɪp] n (point, end) ponta f; (to waiter, taxi driver etc) gorjeta f; (piece of
advice) dica f; (rubbish dump) depósito
m de lixo (Br), lixeira f (Port) ♦ vt (waiter, taxi driver etc) dar uma gorjeta a;
(tilt) inclinar; (pour) despejar.

❏ **tip over** *vt sep* entornar ◆ *vi* entornar-se.

tipped [tɪpt] *adj (cigarette)* com filtro.

tipsy [ˈtɪpsɪ] *adj (inf)* alegre.

tiptoe [ˈtɪptəʊ] *vi* andar na ponta dos pés ◆ *n*: **on ~** na ponta dos pés.

tire [ˈtaɪəʳ] *vi* cansar-se ◆ *n (Am)* = **tyre**.

tired [ˈtaɪəd] *adj* cansado(-da); **to be ~ of** *(fed up with)* estar farto(-ta) de.

tired out *adj* exausto(-ta), esgotado(-da).

tireless [ˈtaɪəlɪs] *adj* incansável.

tiresome [ˈtaɪəsəm] *adj* cansativo(-va), entediante.

tiring [ˈtaɪərɪŋ] *adj* cansativo(-va).

tissue [ˈtɪʃuː] *n (handkerchief)* lenço *m* de papel.

tissue paper *n* papel *m* de seda.

tit [tɪt] *n (vulg: breast)* mama *f*.

titbit [ˈtɪtbɪt] *n (Brit: of food)* guloseima *f*.

titillate [ˈtɪtɪleɪt] *vt* excitar, titilar.

title [ˈtaɪtl] *n* título *m*.

titter [ˈtɪtəʳ] *vi* rir-se baixinho.

T-junction *n* cruzamento *m (em forma de T)*.

to [*unstressed before consonant* tə, *unstressed before vowel* tʊ, *stressed* tuː] *prep*
1. *(indicating direction)* para; **to go ~ Brazil** ir ao Brasil; **to go ~ school** ir para a escola.
2. *(indicating position)* a; **~ the left/right** à esquerda/direita.
3. *(expressing indirect object)* a; **to give sthg ~ sb** dar algo a alguém; **give it ~ me** dê-me isso; **to listen ~ the radio** ouvir rádio.
4. *(indicating reaction, effect)*: **~ my surprise** para surpresa minha; **it's ~ your advantage** é em seu benefício.
5. *(until)* até; **to count ~ ten** contar até dez; **we work from nine ~ five** trabalhamos das nove (até) às cinco.
6. *(in stating opinion)* para; **~ me, he's lying** para mim, ele está mentindo.
7. *(indicating change of state)*: **to turn ~ sthg** transformar-se em algo; **it could lead ~ trouble** pode vir a dar problemas.
8. *(Brit: in expressions of time)* para; **it's ten ~ three** são dez para as três; **at quarter ~ seven** às quinze para as sete.
9. *(in ratios, rates)*: **40 miles ~ the gallon** = 7 litros por cada 100 quilômetros.

10. *(of, for)*: **the answer ~ the question** a resposta à pergunta; **the key ~ the car** a chave do carro; **a letter ~ my daughter** uma carta para a minha filha.
11. *(indicating attitude)* (para) com; **to be rude ~ sb** ser grosseiro (para) com alguém.
◆ *with infinitive* **1.** *(forming simple infinitive)*: **~ walk** andar; **~ laugh** rir.
2. *(following another verb)*: **to begin ~ do sthg** começar a fazer algo; **to try ~ do sthg** tentar fazer algo.
3. *(following an adjective)*: **difficult ~ do** difícil de fazer; **pleased ~ meet you** prazer em conhecê-lo; **ready ~ go** pronto para partir.
4. *(indicating purpose)* para; **we came here ~ look at the castle** viemos para ver o castelo.

toad [təʊd] *n* sapo *m*.

toadstool [ˈtəʊdstuːl] *n* cogumelo *m* venenoso.

toast [təʊst] *n (bread)* torradas *fpl*; *(when drinking)* brinde *m* ◆ *vt (bread)* torrar; **a piece** OR **slice of ~** uma torrada.

toasted sandwich [ˈtəʊstɪd-] *n* sanduíche *m* quente (Br), tosta *f* (Port).

toaster [ˈtəʊstəʳ] *n* torradeira *f*.

toastie [ˈtəʊstɪ] = **toasted sandwich**.

tobacco [təˈbækəʊ] *n* tabaco *m*.

tobacconist's [təˈbækənɪsts] *n* tabacaria *f*.

toboggan [təˈbɒgən] *n* tobogã *m*.

today [təˈdeɪ] *n* hoje *m* ◆ *adv (on current day)* hoje; *(these days)* hoje em dia.

toddler [ˈtɒdləʳ] *n* criança *f (que começa a dar os primeiros passos)*.

toddy [ˈtɒdɪ] *n* = ponche *m* quente.

to-do *(pl -s) n (inf)* confusão *f*, rebuliço *m*.

toe [təʊ] *n (of person)* dedo *m* do pé.

toe clip *n* estribo *m* do pedal.

toenail [ˈtəʊneɪl] *n* unha *f* do pé.

toffee [ˈtɒfɪ] *n* puxa-puxa *m* (Br), caramelo *m* (Port).

toga [ˈtəʊgə] *n* toga *f*.

together [təˈgeðəʳ] *adv* juntos(-tas); **~ with** juntamente OR junto com.

toil [tɔɪl] *n (fml)* labuta *f* ◆ *vi (fml)* trabalhar sem descanso, labutar.

toilet [ˈtɔɪlɪt] *n (room)* banheiro *m* (Br), casa *f* de banho (Port); *(bowl)* vaso *m* sanitário *(Br)*, sanita *f (Port)*; **to go to the ~** ir ao banheiro; **where's the ~?** onde é o banheiro?

toilet bag *n* estojo *m* de toilette.

toilet paper *n* papel *m* higiênico.

toiletries ['tɔɪlɪtrɪz] *npl* artigos *mpl* de toalete.

toilet roll *n* rolo *m* de papel higiênico.

toilet water *n* água-de-colônia *f*.

token ['təʊkn] *n (metal disc)* ficha *f*.

told [təʊld] *pt & pp* → **tell**.

tolerable ['tɒlərəbl] *adj* tolerável.

tolerance ['tɒlərəns] *n* tolerância *f*.

tolerant ['tɒlərənt] *adj* tolerante.

tolerate ['tɒlərɪt] *vt* tolerar.

toll [təʊl] *n (for road, bridge)* pedágio *m (Br)*, portagem *f (Port)*.

tollbooth ['təʊlbuːθ] *n* pedágio *m (Br)*, portagem *f (Port)*.

toll-free *adj (Am)* gratuito(-ta).

tomato [*Brit* təˈmɑːtəʊ, *Am* təˈmeɪtəʊ] *(pl* **-es)** *n* tomate *m*.

tomato juice *n* suco *m* de tomate.

tomato ketchup *n* ketchup *m*.

tomato puree *n* concentrado *m* de tomate.

tomato sauce *n* molho *m* de tomate.

tomb [tuːm] *n* túmulo *m*.

tomboy ['tɒmbɔɪ] *n* menina *f* moleque *(Br)*, maria-rapaz *f (Port)*.

tombstone ['tuːmstəʊn] *n* lápide *f*, pedra *f* tumular.

tomcat ['tɒmkæt] *n* gato *m* (macho).

tomorrow [təˈmɒrəʊ] *n* amanhã *m* ◆ *adv* amanhã; **the day after ~** depois de amanhã; **~ afternoon** amanhã à tarde; **~ morning** amanhã de manhã; **~ night** amanhã à noite.

ton [tʌn] *n (in Britain)* = 1016 kg; *(in U.S.)* = 907 kg; *(metric tonne)* tonelada *f*; **~s of** *(inf)* toneladas de.

tone [təʊn] *n (of voice, colour)* tom *m*; *(on phone)* sinal *m*.

tongs [tɒŋz] *npl (for hair)* ferro *m* (para enrolar o cabelo); *(for sugar)* pinça *f*.

tongue [tʌŋ] *n* língua *f*.

tongue-in-cheek *adj* irônico(-ca).

tongue-tied *adj* incapaz de falar *(por timidez ou nervos)*.

tongue-twister *n* trava-língua *m*, expressão *f* difícil de dizer.

tonic ['tɒnɪk] *n (tonic water)* água *f*

tônica; *(medicine)* tônico *m*.

tonic water *n* água *f* tônica.

tonight [təˈnaɪt] *n* esta noite *f* ◆ *adv* hoje à noite.

tonne [tʌn] *n* tonelada *f*.

tonsil ['tɒnsl] *n* amígdala *f*.

tonsillitis [ˌtɒnsɪˈlaɪtɪs] *n* amigdalite *f*.

too [tuː] *adv (excessively)* demais, demasiado; *(also)* também; **it's not ~ good** não é lá muito bom; **it's ~ late to go out** é tarde demais OR é demasiado tarde para sair; **~ many** demasiados(-das); **~ much** demasiado(-da).

took [tʊk] *pt* → **take**.

tool [tuːl] *n* ferramenta *f*.

tool box *n* caixa *f* da ferramenta.

tool kit *n* jogo *m* de ferramentas.

tooth [tuːθ] *(pl* **teeth)** *n* dente *m*.

toothache ['tuːθeɪk] *n* dor *f* de dentes.

toothbrush ['tuːθbrʌʃ] *n* escova *f* de dentes.

toothpaste ['tuːθpeɪst] *n* pasta *f* de dentes.

toothpick ['tuːθpɪk] *n* palito *m* (para os dentes).

top [tɒp] *adj (highest)* de cima; *(best, most important)* melhor ◆ *n (highest part)* topo *m*, alto *m*; *(of table, bed)* cabeçeira *f*; *(best point)* primeiro *m* (-ra *f*); *(lid, cap)* tampa *f*; *(garment)* blusa *f (Br)*, camisola *f (Port)*; *(of street, road)* final *m (Br)*, cimo *m (Port)*; **at the ~ (of)** *(in highest part)* no topo (de); **on ~ of** *(on highest part of)* em cima de; *(of mountain)* no topo de; *(in addition to)* além de; **at ~ speed** a toda velocidade; **~ gear** = quinta *f*.
❏ **top up** *vt sep (glass, drink)* voltar a encher ◆ *vi (with petrol)* completar *(Br)*, atestar *(Port)*.

top floor *n* último andar *m*.

top hat *n* cartola *f*.

topic ['tɒpɪk] *n* tópico *m*.

topical ['tɒpɪkl] *adj* atual.

topless ['tɒplɪs] *adj*: **to go ~** fazer topless.

topmost ['tɒpməʊst] *adj* mais alto(-ta).

topped [tɒpt] *adj*: **~ with sthg** *(food)* com algo (por cima).

topping ['tɒpɪŋ] *n*: **with a chocolate ~** coberto(-ta) com chocolate; **the ~ of your choice** *(on pizza)* com os ingredientes que desejar.

topple ['tɒpl] *vt* derrubar ◆ *vi* cair.

top-secret *adj* altamente secreto (-ta).

topspin ['tɒpspɪn] *n* topspin *m*, efeito *m* por cima.

topsy-turvy ['tɒpsɪ'tɜːvɪ] *adj* de pernas para o ar.

torch [tɔːtʃ] *n* (*Brit: electric light*) lanterna *f*.

tore [tɔːʳ] *pt* → tear¹.

torment [tɔːˈment] *vt* (*annoy*) atormentar.

torn [tɔːn] *pp* → tear¹ ◆ *adj* (*ripped*) rasgado(-da).

tornado [tɔːˈneɪdəʊ] (*pl* -es OR -s) *n* tornado *m*.

torpedo [tɔːˈpiːdəʊ] (*pl* -es) *n* torpedo *m*.

torrent ['tɒrənt] *n* torrente *f*.

torrential [tɒˈrenʃəl] *adj* torrencial.

torrid ['tɒrɪd] *adj* (*hot*) tórrido(-da); (*passionate*) abrasador(-ra).

tortoise ['tɔːtəs] *n* tartaruga *f*.

tortoiseshell ['tɔːtəʃel] *n* tartaruga *f* (*material*).

torture ['tɔːtʃəʳ] *n* tortura *f* ◆ *vt* torturar.

Tory ['tɔːrɪ] *n* conservador *m* (-ra *f*), membro *do partido conservador britânico*.

toss [tɒs] *vt* (*throw*) atirar; (*coin*) atirar ao ar; (*salad, vegetables*) misturar, mexer.

tot [tɒt] *n* (*inf: small child*) pequeno *m* (-na *f*), pequerrucho *m* (-cha *f*) (*Port*); (*of drink*) trago *m*.

total ['təʊtl] *adj* total ◆ *n* total *m*; **in ~** no total.

totalitarian [ˌtəʊtælɪˈteərɪən] *adj* totalitário(-ria).

totally ['təʊtəlɪ] *adv* (*entirely*) totalmente, completamente; **I ~ agree** concordo plenamente.

totter ['tɒtəʳ] *vi* cambalear.

touch [tʌtʃ] *n* (*sense*) tato *m*; (*small amount*) pitada *f*; (*detail*) toque *m*, retoque *m* ◆ *vt* tocar em; (*move emotionally*) tocar ◆ *vi* tocar-se; **to get in ~ (with sb)** entrar em contato (com alguém); **to keep in ~ (with sb)** manter o contato (com alguém).

❑ **touch down** *vi* (*plane*) aterrissar (*Br*), aterrar (*Port*).

touchdown ['tʌtʃdaʊn] *n* (*of plane*) aterrissagem *f* (*Br*), aterragem *f* (*Port*); (*in American football*) ensaio *m*.

touched [tʌtʃt] *adj* (*grateful*) comovido(-da).

touching ['tʌtʃɪŋ] *adj* (*moving*) comovente.

touchline ['tʌtʃlaɪn] *n* linha *f* de fundo.

touchy ['tʌtʃɪ] *adj* (*person*) suscetível; (*subject, question*) melindroso(-osa).

tough [tʌf] *adj* (*resilient*) forte; (*hard, strong*) resistente; (*meat, terms, policies*) duro(-ra); (*difficult*) difícil.

toughen ['tʌfn] *vt* endurecer.

toupee ['tuːpeɪ] *n* chinó *m*.

tour [tʊəʳ] *n* (*journey*) volta *f*; (*of city, castle etc*) visita *f*; (*of pop group, theatre company*) turnê *f*, digressão *f* ◆ *vt* visitar, viajar por; **on ~** em turnê OR digressão.

tourism ['tʊərɪzm] *n* turismo *m*.

tourist ['tʊərɪst] *n* turista *mf*.

tourist class *n* classe *f* turística.

tourist information office *n* centro *m* de turismo.

tournament ['tɔːnəmənt] *n* torneio *m*.

tour operator *n* agência *f* OR operador *m* de viagens.

tout [taʊt] *n* cambista *mf* (*Br*), revendedor *m* (-ra *f*) de bilhetes (*a um preço mais alto*) (*Port*).

tow [təʊ] *vt* rebocar.

toward [təˈwɔːd] (*Am*) = **towards**.

towards [təˈwɔːdz] *prep* (*Brit*) (*in the direction of*) em direção a; (*facing, to help pay for*) para; (*with regard to*) para com; (*near, around*) perto de.

towaway zone ['təʊəweɪ-] *n* (*Am*) *zona de estacionamento proibido sob pena de reboque.*

towel ['taʊəl] *n* toalha *f*.

toweling ['taʊəlɪŋ] (*Am*) = **towelling**.

towelling ['taʊəlɪŋ] *n* (*Brit*) tecido *m* para toalhas, (*pano*) turco *m* (*Port*).

towel rail *n* toalheiro *m*.

tower ['taʊəʳ] *n* torre *f*.

tower block *n* (*Brit*) arranha-céu *m*, espigão *m*.

Tower Bridge *n* Tower Bridge *f*, *famosa ponte levadiça londrina*.

towering ['taʊərɪŋ] *adj* muito alto(-ta).

Tower of London *n*: **the ~** a torre de Londres.

town [taʊn] *n* (*small*) vila *f*; (*larger*) cidade *f*; (*town centre*) centro *m* (*da cidade*).

town centre *n* centro *m* da cidade.

town council *n* = câmara *f* municipal.

town hall *n* prefeitura *f (Br)*, câmara *f* municipal *(Port)*.

town planning *n (study)* urbanismo *m*.

towpath ['təʊpɑːθ] *n* caminho *m* de sirga.

towrope ['təʊrəʊp] *n* cabo *m* de reboque.

tow truck *n (Am)* reboque *m*.

toxic ['tɒksɪk] *adj* tóxico(-ca).

toy [tɔɪ] *n* brinquedo *m*.

toy shop *n* loja *f* de brinquedos.

trace [treɪs] *n* indício *m*, vestígio *m* ♦ *vt (find)* localizar.

tracing paper ['treɪsɪŋ-] *n* papel *m* vegetal OR de decalque.

track [træk] *n (path)* caminho *m; (of railway)* via *f; (SPORT)* pista *f; (song)* música *f*.

❏ **track down** *vt sep* localizar.

tracksuit ['træksuːt] *n* roupa *f* de treino OR jogging *(Br)*, fato *m* de treino *(Port)*.

traction ['trækʃn] *n (MED)*: **in ~** sob tração.

tractor ['træktər] *n* trator *m*.

trade [treɪd] *n (COMM)* comércio *m; (job)* ofício *m* ♦ *vt* trocar ♦ *vi* comercializar, negociar.

trade fair *n* feira *f* industrial.

trade-in *n* troca *f, sistema que consiste em dar um artigo velho como entrada para comprar um novo.*

trademark ['treɪdmɑːk] *n* marca *f* (registrada).

trader ['treɪdər] *n* comerciante *mf*.

tradesman ['treɪdzmən] *(pl* **-men** [-mən]*) n (deliveryman)* entregador *m; (shopkeeper)* comerciante *m*.

trade union *n* sindicato *m*.

trading ['treɪdɪŋ] *n* comércio *m*.

tradition [trə'dɪʃn] *n* tradição *f*.

traditional [trə'dɪʃənl] *adj* tradicional.

traffic ['træfɪk] *(pt & pp* **-ked***, cont* **-king)** *n (cars etc)* trânsito *m* ♦ *vi*: **to ~ in** traficar.

traffic circle *n (Am)* rotunda *f*.

traffic island *n* placa *f* (de refúgio para pedestres).

traffic jam *n* engarrafamento *m*.

trafficker ['træfɪkər] *n* traficante *mf*.

traffic lights *npl* sinais *mpl* de trânsito, semáforos *mpl*.

traffic warden *n (Brit)* guarda *mf*

de trânsito *(Br)*, polícia *mf* de trânsito *(Port)*.

tragedy ['trædʒədɪ] *n* tragédia *f*.

tragic ['trædʒɪk] *adj* trágico(-ca).

trail [treɪl] *n (path)* caminho *m; (marks)* rasto *m* ♦ *vi (be losing)* estar perdendo.

trailer ['treɪlər] *n (for boat, luggage)* atrelado *m*, reboque *m; (Am: caravan)* trailer *m (Br)*, caravana *f (Port); (for film, programme)* trailer *m*, excertos *mpl*.

train [treɪn] *n (on railway)* trem *m (Br)*, comboio *m (Port)* ♦ *vt & vi* treinar; **by ~** de trem.

train driver *n* maquinista *mf*.

trained [treɪnd] *adj* qualificado(-da).

trainee [treɪ'niː] *n* estagiário *m* (-ria *f*).

trainer ['treɪnər] *n (of athlete etc)* treinador *m* (-ra *f*).

❏ **trainers** *npl (Brit: shoes)* tênis *m inv (Br)*, sapatilhas *fpl (Port)*.

training ['treɪnɪŋ] *n (instruction)* estágio *m; (exercises)* treino *m*.

training shoes *npl (Brit)* tênis *m inv (Br)*, sapatilhas *fpl (Port)*.

trait [treɪt] *n* traço *m*.

traitor ['treɪtər] *n* traidor *m* (-ra *f*).

trajectory [trə'dʒektərɪ] *n* trajetória *f*.

tram [træm] *n (Brit)* bonde *m (Br)*, eléctrico *m (Port)*.

tramp [træmp] *n* vagabundo *m* (-da *f*), mendigo *m* (-ga *f*).

trample ['træmpl] *vt* espezinhar.

trampoline ['træmpəliːn] *n* trampolim *m*.

trance [trɑːns] *n* transe *m*.

tranquil ['træŋkwɪl] *adj* tranqüilo (-la), sereno(-na).

tranquilizer ['træŋkwɪlaɪzər] *(Am)* = **tranquillizer**.

tranquillizer ['træŋkwɪlaɪzər] *n (Brit)* calmante *m*.

transaction [træn'zækʃn] *n* transação *f*.

transatlantic [trænzət'læntɪk] *adj* transatlântico(-ca).

transcend [træn'send] *vt* transcender.

transcript ['trænskrɪpt] *n* transcrição *f*.

transfer [*n* 'trænsfɜːr, *vb* træns'fɜːr] *n* transferência *f; (picture)* decalcomania *f; (Am: ticket)* bilhete *que permite fazer transferências durante a viagem* ♦ *vt* transferir ♦ *vi (change bus, plane etc)* efetuar transferências; "**~s**" *(in airport)* "transferências" *(Br)*, "transbordos" *(Port).*

transfer desk *n* balcão *m* de informação para passageiros em trânsito.

transform [trænsˈfɔːm] *vt* transformar.

transfusion [trænsˈfjuːʒn] *n* transfusão *f.*

transient [ˈtrænzɪənt] *adj* passageiro (-ra).

transistor radio [trænˈzɪstər-] *n* transistor *m.*

transit [ˈtrænsɪt] : **in transit** *adv* durante a viagem.

transitive [ˈtrænzɪtɪv] *adj* transitivo (-va).

transit lounge *n* sala *f* de espera *(para onde vão os passageiros em trânsito).*

transitory [ˈtrænzɪtrɪ] *adj* transitório(-ria).

translate [trænsˈleɪt] *vt* traduzir.

translation [trænsˈleɪʃn] *n* tradução *f.*

translator [trænsˈleɪtər] *n* tradutor *m* (-ra *f*).

transmission [trænzˈmɪʃn] *n* transmissão *f.*

transmit [trænzˈmɪt] *vt* transmitir.

transmitter [trænzˈmɪtər] *n* transmissor *m.*

transparency [trænsˈpærənsɪ] *n (for overhead projector)* transparência *f*, diapositivo *m (Br)*, acetato *m (Port).*

transparent [trænsˈpærənt] *adj* transparente.

transplant [ˈtrænsplɑːnt] *n* transplante *m.*

transport [*n* ˈtrænspɔːt, *vb* trænˈspɔːt] *n* transporte *m* ♦ *vt* transportar.

transportation [ˌtrænspɔːˈteɪʃn] *n (Am)* transporte *m.*

transpose [trænsˈpəʊz] *vt* inverter a ordem de.

trap [træp] *n* armadilha *f* ♦ *vt*: **to be trapped** *(stuck)* estar preso(-sa).

trapdoor [ˌtræpˈdɔːr] *n* alçapão *m.*

trapeze [trəˈpiːz] *n* trapézio *m.*

trash [træʃ] *n (Am)* lixo *m.*

trashcan [ˈtræʃkæn] *n (Am)* lata *f* de lixo *(Br)*, contentor *m* de lixo *(Port).*

trauma [ˈtrɔːmə] *n* trauma *m.*

traumatic [trɔːˈmætɪk] *adj* traumático(-ca).

travel [ˈtrævl] *n* viagem *f* ♦ *vt (distance)* percorrer ♦ *vi* viajar.

travel agency *n* agência *f* de viagens.

travel agent *n* agente *mf* de viagens; **~'s** *(shop)* agência *f* de viagens.

Travelcard [ˈtrævlkɑːd] *n bilhete normalmente válido por um dia para viajar nos transportes públicos de Londres.*

travel centre *n (in railway, bus station)* balcão *m* de informações e venda de bilhetes.

traveler [ˈtrævlər] *(Am)* = **traveller**.

travel insurance *n* seguro *m* de viagem.

traveller [ˈtrævlər] *n (Brit)* viajante *mf.*

traveller's cheque *n* traveller's cheque *m*, cheque *m* de viagem.

travelsick [ˈtrævəlsɪk] *adj* enjoado(-da) *(durante uma viagem).*

travesty [ˈtrævəstɪ] *n* paródia *f.*

trawler [ˈtrɔːlər] *n* traineira *f.*

tray [treɪ] *n* bandeja *f*, tabuleiro *m.*

treacherous [ˈtretʃərəs] *adj (person)* traiçoeiro(-ra); *(roads, conditions)* perigoso(-osa).

treachery [ˈtretʃərɪ] *n* traição *f.*

treacle [ˈtriːkl] *n (Brit)* melaço *m.*

tread [tred] *(pt* trod, *pp* trodden*) n (of tyre)* piso *m*, zona *f* de rolagem ♦ *vi*: **to ~ on sthg** pisar em algo.

treason [ˈtriːzn] *n* traição *f.*

treasure [ˈtreʒər] *n* tesouro *m.*

treasurer [ˈtreʒərər] *n* tesoureiro *m* (-ra *f*).

treat [triːt] *vt* tratar ♦ *n (special thing)* presente *m*; **to ~ sb to sthg** oferecer algo a alguém.

treatise [ˈtriːtɪs] *n*: **~ (on sthg)** tratado *m* (sobre algo).

treatment [ˈtriːtmənt] *n* tratamento *m.*

treaty [ˈtriːtɪ] *n* tratado *m.*

treble [ˈtrebl] *adj* triplo(-pla).

tree [triː] *n* árvore *f.*

treetop [ˈtriːtɒp] *n* copa *f* (de árvore).

tree-trunk *n* tronco *m* de árvore.

trek [trek] *n* caminhada *f.*

trellis [ˈtrelɪs] *n* grade *f* de ripas cruzadas.

tremble [ˈtrembl] *vi* tremer.

tremendous [trɪˈmendəs] *adj (very large)* tremendo(-da); *(inf: very good)* espetacular.

tremor ['tremər] *n (small earthquake)* sismo *m*, tremor *m* de terra.

trench [trentʃ] *n (ditch)* vala *f*; *(MIL)* trincheira *f*.

trend [trend] *n* tendência *f*.

trendy ['trendi] *adj (inf) (person)* que segue a moda; *(place)* muito na moda.

trespass ['trespəs] *vi* trespassar; **"no ~ing"** "entrada proibida".

trespasser ['trespəsə'] *n* intruso *m* (-sa *f*); **"~s will be prosecuted"** "é proibido passar, sob pena de multa".

trestle table *n* mesa *f* de cavalete.

trial ['traɪəl] *n (JUR)* julgamento *m*; *(test)* prova *f*; **a ~ period** um período de experiência.

triangle ['traɪæŋɡl] *n* triângulo *m*.

triangular [traɪˈæŋɡjʊləʳ] *adj* triangular.

tribe [traɪb] *n* tribo *f*.

tribunal [traɪˈbjuːnl] *n* tribunal *m*.

tributary ['trɪbjʊtrɪ] *n* afluente *m*.

tribute ['trɪbjuːt] *n*: **to be a ~ to** *(be due to)* dever-se a; **to pay ~ to** render homenagem a.

trick [trɪk] *n* truque *m* ♦ *vt* enganar; **to play a ~ on sb** pregar uma peça em alguém.

trickery ['trɪkərɪ] *n* artifícios *mpl*.

trickle ['trɪkl] *vi (liquid)* pingar.

tricky ['trɪkɪ] *adj* difícil.

tricycle ['traɪsɪkl] *n* triciclo *m*.

trifle ['traɪfl] *n (dessert)* sobremesa que consiste em bolo ensopado em xerez coberto com fruta, creme de leite, amêndoas e creme batido.

trigger ['trɪɡəʳ] *n* gatilho *m*.

trim [trɪm] *n (haircut)* corte *m* (de cabelo) ♦ *vt (hair)* cortar (as pontas de); *(beard, hedge)* aparar.

trimmings ['trɪmɪŋz] *npl (on clothing)* enfeites *mpl*; *(CULIN)* acompanhamentos *mpl*.

trinket ['trɪŋkɪt] *n* bugiganga *f*.

trio ['triːəʊ] *(pl -s)* *n* trio *m*.

trip [trɪp] *n (journey)* viagem *f*; *(outing)* excursão *f* ♦ *vi* tropeçar.
❑ **trip up** *vi* tropeçar.

tripe [traɪp] *n (CULIN)* dobrada *f*, tripas *fpl*.

triple ['trɪpl] *adj* triplo(-pla).

triple jump *n*: **the ~** o triplo salto.

triplets ['trɪplɪts] *npl* trigêmeos *mpl* (-meas *fpl*).

tripod ['traɪpɒd] *n* tripé *m*.

trite [traɪt] *adj* batido(-da).

triumph ['traɪəmf] *n* triunfo *m*.

trivia ['trɪvɪə] *n* trivialidades *fpl*.

trivial ['trɪvɪəl] *adj (pej)* trivial.

trod [trɒd] *pt* → **tread**.

trodden ['trɒdn] *pp* → **tread**.

trolley ['trɒlɪ] *(pl -s)* *n (Brit: in supermarket, at airport, for food)* carrinho *m*; *(Am: tram)* bonde *m* *(Br)*, trólei *m* *(Port)*.

trombone [trɒmˈbəʊn] *n* trombone *m*.

troops [truːps] *npl* tropas *fpl*.

trophy ['trəʊfɪ] *n* troféu *m*.

tropical ['trɒpɪkl] *adj* tropical.

tropics ['trɒpɪks] *npl*: **the ~** os trópicos.

trot [trɒt] *vi (horse)* andar a trote, trotar ♦ *n*: **on the ~** *(inf)* de seguida; **three on the ~** três seguidos.

trouble ['trʌbl] *n* problemas *mpl* ♦ *vt (worry)* preocupar; *(bother)* incomodar; **to be in ~** ter problemas; **to get into ~** meter-se em problemas; **to take the ~ to do sthg** dar-se ao trabalho de fazer algo; **it's no ~** não custa nada, não é problema nenhum.

troubled ['trʌbld] *adj (worried, upset)* preocupado(-da); *(life, time)* difícil; *(place)* agitado(-da).

troublemaker ['trʌblmeɪkəʳ] *n* desordeiro *m* (-ra *f*).

troublesome ['trʌblsəm] *adj (knee, cold)* problemático(-ca); *(person, car, job)* que só causa problemas.

trough [trɒf] *n (for animals)* cocho *m*.

troupe [truːp] *n* companhia *f*.

trouser press ['traʊzəʳ-] *n* dispositivo para engomar calças.

trousers ['traʊzəz] *npl* calças *fpl*; **a pair of ~** uma calça *(Br)*, um par de calças *(Port)*.

trout [traʊt] *(pl inv)* *n* truta *f*.

trowel ['traʊəl] *n (for gardening)* colher *f* de jardineiro.

truant ['truːənt] *n*: **to play ~** matar aula *(Br)*, fazer gazeta *(Port)*.

truce [truːs] *n* trégua *f*.

truck [trʌk] *n* caminhão *m* *(Br)*, camião *m* *(Port)*.

truck driver *n* camionheiro m (-ra *f*) *(Br)*, camionista *mf* *(Port)*.

trucker ['trʌkəʳ] *n (Am)* camionheiro m (-ra *f*) *(Br)*, camionista *mf* *(Port)*.

truck farm *n (Am)* viveiro *m* agrícola.

trudge [trʌdʒ] *vi* arrastar-se, caminhar com dificuldade.

true [truː] *adj* verdadeiro(-ra); **it's ~** é verdade.

truffle ['trʌfl] *n (sweet)* brigadeiro *m*, trufa *f*; *(fungus)* trufa *f*.

truly ['truːlɪ] *adv*: **yours ~** = com os melhores cumprimentos, cordialmente.

trumpet ['trʌmpɪt] *n* trompete *m*.

trumps [trʌmps] *npl* trunfo *m*.

truncheon ['trʌntʃən] *n* cassetete *m*, cacete *m*.

trunk [trʌŋk] *n (of tree)* tronco *m*; *(Am: of car)* mala *f* (do carro), portabagagens *m (Port)*; *(case, box)* baú *m*; *(of elephant)* tromba *f*.

trunk call *n (Brit)* chamada *f* (telefónica) interurbana.

trunk road *n (Brit)* = estrada *f* nacional.

trunks [trʌŋks] *npl (for swimming)* sunga *f (Br)*, calções *fpl* (de banho) *(Port)*.

trust [trʌst] *n (confidence)* confiança *f* ◆ *vt (believe, have confidence in)* confiar em; *(fml: hope)*: **to ~ (that)** esperar que.

trusted ['trʌstɪd] *adj* de confiança.

trusting ['trʌstɪŋ] *adj* confiante.

trustworthy ['trʌst,wɜːðɪ] *adj* de confiança.

truth [truːθ] *n (true facts)* verdade *f*; *(quality of being true)* veracidade *f*.

truthful ['truːθfʊl] *adj (statement, account)* verídico(-ca); *(person)* honesto(-ta).

try [traɪ] *n (attempt)* tentativa *f* ◆ *vt (attempt)* tentar; *(experiment with, test, seek help from)* experimentar; *(food)* provar; *(JUR)* processar ◆ *vi* tentar; **to ~ to do sthg** tentar fazer algo.

❑ **try on** *vt sep (clothes)* experimentar.

❑ **try out** *vt sep (plan, idea)* pôr à prova; *(car, machine)* testar.

trying ['traɪɪŋ] *adj* difícil.

T-shirt *n* camiseta *f (Br)*, T-shirt *f (Port)*.

tub [tʌb] *n (of margarine etc)* pacote *m*, caixa *f*; *(inf: bath)* banheira *f*.

tubby ['tʌbɪ] *adj (inf)* gorducho(-cha).

tube [tjuːb] *n* tubo *m*; *(Brit: inf: underground)* metrô *m*; **by ~** em metrô.

tuberculosis [tjuːbɜːkjʊ'ləʊsɪs] *n* tuberculose *f*.

tube station *n (Brit: inf)* estação *f* do metrô.

tubing ['tjuːbɪŋ] *n* tubo *m*.

tubular ['tjuːbjʊləʳ] *adj* tubular.

tuck [tʌk] : **tuck in** *vt sep (shirt)* enfiar (dentro das calças); *(child, person)* aconchegar ◆ *vi (inf)*: **~ in!** pode comer!

tuck shop *n (Brit)* lojinha *f* de balas (da escola) *(Br)*, bar *m* (da escola) *(Port)*.

Tudor ['tjuːdəʳ] *adj* Tudor *(inv)* (século XVI).

Tues. *(abbr of Tuesday)* 3ª, ter.

Tuesday ['tjuːzdɪ] *n* terça-feira *f*, → **Saturday**.

tuft [tʌft] *n* tufo *m*.

tug [tʌg] *vt* puxar (com força).

tug-of-war *n* cabo-de-guerra *m (Br)*, jogo *m* da corda *(Port)*, jogo em que cada uma das equipes puxa o seu lado da corda para ver quem tem mais força.

tuition [tjuːˈɪʃn] *n* aulas *mpl*; **private ~** aulas *fpl* particulares.

tulip ['tjuːlɪp] *n* tulipa *f*.

tumble ['tʌmbl] *vi* cair.

tumbledown ['tʌmbldaʊn] *adj* caindo aos pedaços.

tumble-dryer ['tʌmbldraɪəʳ] *n* máquina *f* de secar roupa.

tumbler ['tʌmbləʳ] *n (glass)* copo *m* de uísque.

tummy ['tʌmɪ] *n (inf)* barriga *f*.

tummy upset *n (inf)* dor *f* de barriga.

tumor ['tuːmər] *(Am)* = **tumour**.

tumour ['tjuːməʳ] *n (Brit)* tumor *m*.

tuna (fish) [Brit 'tjuːnə, Am 'tuːnə] *n* atum *m*.

tuna melt *n (Am)* torrada com atum e queijo suíço fundido.

tune [tjuːn] *n* melodia *f* ◆ *vt (radio, TV)* sintonizar; *(engine, instrument)* afinar; **in ~** afinado; **out of ~** desafinado.

tuneful ['tjuːnfʊl] *adj* melodioso (-osa).

tuner ['tjuːnəʳ] *n (for radio, TV)* sintonizador *m*.

tunic ['tjuːnɪk] *n* túnica *f*.

Tunisia [tjuːˈnɪzɪə] *n* Tunísia *f*.

tunnel ['tʌnl] *n* túnel *m*.

turban ['tɜːbən] *n* turbante *m*.

turbine ['tɜːbaɪn] *n* turbina *f*.

turbo ['tɜːbəʊ] *(pl* **-s***) n (car)* turbo *m*.

turbulence ['tɜːbjʊləns] *n* turbulência *f*.

turbulent ['tɜːbjʊlənt] *adj* agitado (-da).

tureen [təˈriːn] *n* terrina *f*.

turf [tɜːf] *n (grass)* gramado *m (Br)*, relva *f (Port)*.

Turk [tɜːk] *n* turco *m* (-ca *f*).

turkey ['tɜːkɪ] *(pl -s) n* peru *m*.

Turkey *n* Turquia *f*.

Turkish ['tɜːkɪʃ] *adj* turco(-ca) ◆ *n (language)* turco *m* ◆ *npl:* **the ~** os turcos.

Turkish delight *n doce gelatinoso coberto de açúcar em pó.*

turmoil ['tɜːmɔɪl] *n* turbilhão *m*.

turn [tɜːn] *n (in road)* cortada *f; (of knob, key, switch)* volta *f; (go, chance)* vez *f* ◆ *vt virar; (become)* tornar-se, ficar; *(cause to become)* pôr, deixar ◆ *vi (person)* virar-se; *(car)* virar; *(rotate)* girar; *(milk)* azedar; **it's your ~** é a sua vez; **at the ~ of the century** na virada do século; **to take it in ~s to do sthg** fazer algo revezando; **to ~ into sthg** *(become)* transformar-se em algo; **to ~ left/right** virar à esquerda/direita; **to ~ sthg into sthg** transformar algo em algo; **to ~ sthg inside out** virar algo pelo avesso.

❏ **turn back** *vt sep (person)* mandar voltar ◆ *vi* voltar.

❏ **turn down** *vt sep (radio, volume, heating)* baixar; *(offer, request)* recusar.

❏ **turn off** *vt sep (light, TV, engine)* desligar; *(water, gas, tap)* fechar ◆ *vi (leave road)* virar.

❏ **turn on** *vt sep (light, TV, engine)* ligar; *(water, gas, tap)* abrir.

❏ **turn out** *vt sep (light, fire)* apagar ◆ *vi (be in the end)* acabar; *(come, attend)* aparecer; **to ~ out to be sthg** acabar por ser algo.

❏ **turn over** *vi (in bed)* virar-se; *(Brit: change channels)* mudar de canal ◆ *vt sep (page, card, omelette)* virar.

❏ **turn round** *vt sep (car, table etc)* virar ◆ *vi (person)* virar-se.

❏ **turn up** *vt sep (radio, volume, heating)* aumentar ◆ *vi (come, attend)* aparecer.

turning ['tɜːnɪŋ] *n* cortada *f*.

turnip ['tɜːnɪp] *n* nabo *m*.

turnpike ['tɜːnpaɪk] *n (Am)* rodovia *f* com pedágio *(Br)*, auto-estrada *f* com portagem *(Port)*.

turnstile ['tɜːnstaɪl] *n* borboleta *f (Br)*, torniquete *m (Port)*.

turntable ['tɜːnˌteɪbl] *n (on record player)* prato *m*.

turn-up *n (Brit: on trousers)* dobra *f*.

turpentine ['tɜːpəntaɪn] *n* terebintina *f*, aguarrás *f*.

turps [tɜːps] *n (Brit: inf)* terebintina *f*, aguarrás *f*.

turquoise ['tɜːkwɔɪz] *adj* turquesa *(inv)*.

turret ['tʌrɪt] *n (on castle)* torinha *f (Br)*, torreão *m (Port)*.

turtle ['tɜːtl] *n* tartaruga *f*.

turtleneck ['tɜːtlnek] *n* camisola *f* de meia gola.

tusk [tʌsk] *n* defesa *f*.

tussle ['tʌsl] *n* luta *f*.

tutor ['tjuːtə*r*] *n (private teacher)* professor *m* (-ra *f*) particular, explicador *m* (-ra *f*).

tutorial [tjuːˈtɔːrɪəl] *n* = seminário *m*.

tuxedo [tʌkˈsiːdəʊ] *(pl -s) n (Am)* smoking *m*.

TV *n* televisão *f*; **on ~** na televisão.

tweed [twiːd] *n* tweed *m*.

tweezers ['twiːzəz] *npl* pinça *f*.

twelfth [twelfθ] *num* décimo segundo (décima segunda), → **sixth**.

twelve [twelv] *num* doze, → **six**.

twentieth ['twentɪəθ] *num* vigésimo (-ma); **the ~ century** o século vinte, → **sixth**.

twenty ['twentɪ] *num* vinte, → **six**.

twice [twaɪs] *adv* duas vezes; **it's ~ as good** é duas vezes melhor; **~ as much** o dobro.

twiddle ['twɪdl] *vt* dar voltas em, brincar com ◆ *vi:* **to ~ with sthg** brincar com algo.

twig [twɪg] *n* galho *m*.

twilight ['twaɪlaɪt] *n* crepúsculo *m*, lusco-fusco *m*.

twin [twɪn] *n* gêmeo *m* (-mea *f*).

twin beds *npl* camas *fpl* separadas.

twine [twaɪn] *n* barbante *m (Br)*, cordel *m (Port)*.

twinge [twɪndʒ] *n* pontinha *f*.

twinkle ['twɪŋkl] *vi (star, light)* cintilar; *(eyes)* brilhar.

twin room *n* quarto *m* duplo.

twin town *n* cidade *f* irmanada.

twirl [twɜːl] *vt & vi* girar, rodar.

twist [twɪst] *vt* torcer; *(bottle top, lid, knob)* girar.

twisting ['twɪstɪŋ] *adj* cheio (cheia) de curvas.

twit [twɪt] *n (Brit: inf)* idiota *mf*.

twitch [twɪtʃ] *n* tique *m* ♦ *vi (muscle)* contrair-se; *(eye)* palpitar.

two [tuː] *num* dois (duas), → **six**.

two-door *adj* de duas portas.

twofaced [tuːˈfeɪst] *adj* falso(-sa), hipócrita.

twofold [ˈtuːfəʊld] *adj* duplo(-pla) ♦ *adv*: to increase ~ duplicar.

two-piece *adj* de duas peças.

twosome [ˈtuːsəm] *n (inf)* dupla *f*.

tycoon [taɪˈkuːn] *n* magnata *m*.

tying [ˈtaɪɪŋ] *cont* → **tie**.

type [taɪp] *n (kind)* tipo *m* ♦ *vt & vi*

bater à máquina *(Br)*, escrever à máquina *(Port)*.

typewriter [ˈtaɪpˌraɪtər] *n* máquina *f* de escrever.

typhoid [ˈtaɪfɔɪd] *n* febre *f* tifóide.

typhoon [taɪˈfuːn] *n* tufão *m*.

typical [ˈtɪpɪkl] *adj* típico(-ca).

typing [ˈtaɪpɪŋ] *n* datilografia *f*.

typist [ˈtaɪpɪst] *n* datilógrafo *m* (-fa *f*).

tyranny [ˈtɪrənɪ] *n* tirania *f*.

tyrant [ˈtaɪrənt] *n* tirano *m* (-na *f*).

tyre [ˈtaɪər] *n (Brit)* pneu *m*.

U

U adj (Brit: film) para todos.
U-bend n sifão m.
udder ['ʌdə^r] n tetas fpl, úbere m.
UFO n (abbr of unidentified flying object) OVNI m.
ugly ['ʌglɪ] adj feio (feia).
UHF n (abbr of ultra-high frequency) UHF f.
UHT adj (abbr of ultra heat treated) UHT.
UK n: the ~ o Reino Unido.
Ukraine [juːˈkreɪn] n: the ~ a Ucrânia.
ulcer ['ʌlsə^r] n úlcera f.
Ulster ['ʌlstə^r] n Úlster m.
ulterior [ʌlˈtɪərɪə^r] adj: ~ motives segundas intenções fpl.
ultimate ['ʌltɪmət] adj (final) final; (best, greatest) máximo(-ma).
ultimately ['ʌltɪmətlɪ] adv no final das contas.
ultimatum [ʌltɪˈmeɪtəm] (pl -tums OR -ta [-tə]) n ultimato m.
ultrasound ['ʌltrəsaʊnd] n ultra-sons mpl; (scan) ecografia f.
ultraviolet [ʌltrəˈvaɪələt] adj ultravioleta.
umbilical cord [ʌmˈbɪlɪkl-] n cordão m umbilical.
umbrella [ʌmˈbrelə] n guarda-chuva m, chapéu-de-chuva m (Port).
umpire ['ʌmpaɪə^r] n árbitro m.
umpteen [ʌmpˈtiːn] num adj (inf): ~ times não sei quantas vezes, "n" vezes.
umpteenth [ʌmpˈtiːnθ] num adj (inf): for the ~ time pela enésima OR milésima vez.
UN n (abbr of United Nations): the ~ a ONU.
unable [ʌnˈeɪbl] adj: to be ~ to do sthg não ser capaz de fazer algo; I'm afraid I'm ~ to attend sinto muito

mas não poderei estar presente.
unacceptable [ʌnəkˈseptəbl] adj inaceitável.
unaccompanied [ʌnəˈkʌmpənɪd] adj (child, luggage) desacompanhado(-da), sozinho(-nha).
unaccustomed [ʌnəˈkʌstəmd] adj: to be ~ to sthg não estar acostumado(-da) a algo.
unadulterated [ʌnəˈdʌltəreɪtɪd] adj (unspoiled) não adulterado(-da).
unanimous [juːˈnænɪməs] adj unânime.
unanimously [juːˈnænɪməslɪ] adv unanimemente.
unappetizing [ʌnˈæpɪtaɪzɪŋ] adj pouco apetitoso(-osa).
unassuming [ʌnəˈsjuːmɪŋ] adj despretensioso(-osa).
unattended [ʌnəˈtendɪd] adj sem vigilância, abandonado(-da).
unattractive [ʌnəˈtræktɪv] adj pouco atraente.
unauthorized [ʌnˈɔːθəraɪzd] adj não autorizado(-da).
unavailable [ʌnəˈveɪləbl] adj não disponível.
unavoidable [ʌnəˈvɔɪdəbl] adj inevitável.
unaware [ʌnəˈweə^r] adj: to be ~ (that) ignorar que; to be ~ of sthg não ter conhecimento de algo.
unbearable [ʌnˈbeərəbl] adj insuportável.
unbeatable [ʌnˈbiːtəbl] adj imbatível.
unbelievable [ʌnbɪˈliːvəbl] adj inacreditável.
unbias(s)ed [ʌnˈbaɪəst] adj imparcial.
unbutton [ʌnˈbʌtn] vt desabotoar.
uncalled-for [ʌnˈkɔːld-] adj (remark) injusto(-ta); (criticism) injustificado(-da).

uncanny [ʌn'kænɪ] *adj* estranho(-nha), inquietante.

uncertain [ʌn'sɜ:tn] *adj (not definite)* incerto(-ta); *(not sure)* indeciso(-sa).

uncertainty [ʌn'sɜ:tntɪ] *n* incerteza *f*.

unchanged [ʌn'tʃeɪndʒd] *adj* na mesma.

unchecked [ʌn'tʃekt] *adj (growth, expansion)* livre, desenfreado(-da) ◆ *adv (grow, spread)* livremente, desenfreadamente.

uncivilized [ʌn'sɪvɪlaɪzd] *adj* não civilizado(-da), primitivo(-va).

uncle ['ʌŋkl] *n* tio *m*.

unclean [ʌn'kli:n] *adj* sujo(-ja).

unclear [ʌn'klɪəʳ] *adj* pouco claro (-ra); *(not sure)* pouco seguro(-ra).

uncomfortable [ʌn'kʌmftəbl] *adj* incômodo(-da); **to feel ~** *(awkward)* sentir-se pouco à vontade.

uncommon [ʌn'kɒmən] *adj (rare)* invulgar.

unconcerned [ʌnkən'sɜ:nd] *adj* **~ (about)** *(not anxious)* indiferente (a).

unconscious [ʌn'kɒnʃəs] *adj (after accident)* inconsciente; **to be ~ of** não ter consciência de.

unconventional [ʌnkən'venʃənl] *adj* pouco convencional.

unconvinced [ʌnkən'vɪnst] *adj* cético(-ca); **to remain ~** continuar a não acreditar.

unconvincing [ʌnkən'vɪnsɪŋ] *adj* pouco convincente.

uncooperative [ʌnkəʊ'ɒpərətɪv] *adj* pouco cooperativo(-va).

uncork [ʌn'kɔ:k] *vt* tirar a rolha de.

uncouth [ʌn'ku:θ] *adj* rude.

uncover [ʌn'kʌvəʳ] *vt* descobrir.

undecided [ʌndɪ'saɪdɪd] *adj (person)* indeciso(-sa); *(issue)* por resolver.

undeniable [ʌndɪ'naɪəbl] *adj* inegável.

under ['ʌndəʳ] *prep (beneath)* embaixo de *(Br)*, debaixo de *(Port)*; *(less than)* menos de; *(according to)* segundo; *(in classification)* em; **children ~ ten** crianças com menos de dez anos; **~ the circumstances** nas OR dadas as circunstâncias; **to be ~ pressure** estar sob pressão.

underage [ʌndər'eɪdʒ] *adj* menor de idade.

undercarriage ['ʌndə,kærɪdʒ] *n* trem *m* de aterrissagem.

undercharge [ʌndə'tʃɑ:dʒ] *vt*: **they ~d me by about £2** me cobraram umas duas libras a menos.

underdeveloped [ʌndədɪ'veləpt] *adj* subdesenvolvido(-da).

underdog ['ʌndədɒg] *n*: **the ~** o mais fraco.

underdone [ʌndə'dʌn] *adj* mal cozido(-da), cru (crua).

underestimate [ʌndər'estɪmeɪt] *vt* subestimar.

underexposed [ʌndərɪk'spəʊzd] *adj (photograph)* com exposição insuficiente.

underfoot [ʌndə'fʊt] *adv* debaixo dos pés.

undergo [ʌndə'gəʊ] *(pt* **-went**, *pp* **-gone)** *vt (change, difficulties)* sofrer; *(operation)* submeter-se a.

undergraduate [ʌndə'grædjʊət] *n* estudante *m* universitário (não licenciado) (estudante *f* universitária (não licenciada)).

underground ['ʌndəgraʊnd] *adj (below earth's surface)* subterrâneo (-nea); *(secret)* clandestino(-na) ◆ *n (Brit: railway)* metrô *m (Br)*, metropolitano *m (Port)*.

undergrowth ['ʌndəgrəʊθ] *n* vegetação *f* rasteira, mato *m*.

underhand [ʌndə'hænd] *adj* escuso (-sa), dúbio(-bia).

underline [ʌndə'laɪn] *vt* sublinhar.

undermine [ʌndə'maɪn] *vt (weaken)* enfraquecer.

underneath [ʌndə'ni:θ] *prep* embaixo de *(Br)*, debaixo de *(Port)* ◆ *adv* debaixo, embaixo, por baixo ◆ *n* parte *f* inferior OR de baixo.

underpaid ['ʌndəpeɪd] *adj* mal pago(-ga).

underpants ['ʌndəpænts] *npl* cueca *f* (de homem).

underpass ['ʌndəpɑ:s] *n* passagem *f* subterrânea.

underrated [ʌndə'reɪtɪd] *adj (person)* subestimado(-da); **I think it's a much ~ film/book** não acho que tenha sido dado o devido valor ao filme/livro.

undershirt ['ʌndəʃɜ:t] *n (Am)* camiseta *f (Br)*, camisola *f* interior *(Port)*.

underskirt ['ʌndəskɜ:t] *n* anágua *f (Br)*, saiote *m (Port)*.

understand [ʌndə'stænd] *(pt & pp* **-stood)** *vt* entender; *(believe)* crer ◆ *vi* entender; **I don't ~** não entendo; **to**

make o.s. understood fazer-se entender.

understandable [ˌʌndə'stændəbl] *adj* compreensível.

understanding [ˌʌndə'stændɪŋ] *adj* compreensivo(-va) ◆ *n (agreement)* acordo *m*; *(knowledge)* conhecimento *m*; *(interpretation)* interpretação *f*; *(sympathy)* compreensão *f*.

understatement [ˌʌndə'steɪtmənt] *n*: **that's an ~** isso é um eufemismo.

understood [ˌʌndə'stʊd] *pt & pp* → **understand**.

understudy ['ʌndəˌstʌdɪ] *n* (ator) substituto *m* ((atriz) substituta *f*).

undertake [ˌʌndə'teɪk] (*pt* -**took**, *pp* -**taken**) *vt* empreender; **to ~ to do sthg** comprometer-se a fazer algo.

undertaker ['ʌndəˌteɪkəʳ] *n* agente *m* funerário (agente *f* funerária).

undertaking [ˌʌndə'teɪkɪŋ] *n* (*promise*) promessa *f*; *(task)* tarefa *f*.

undertook [ˌʌndə'tʊk] *pt* → **undertake.**

underwater [ˌʌndə'wɔːtəʳ] *adj* subaquático(-ca) ◆ *adv* debaixo da água.

underwear ['ʌndəweəʳ] *n* roupa *f* de baixo *(Br)*, roupa *f* interior *(Port).*

underwent [ˌʌndə'went] *pt* → **undergo.**

undesirable [ˌʌndɪ'zaɪərəbl] *adj* indesejável.

undid [ˌʌn'dɪd] *pt* → **undo.**

undies ['ʌndɪz] *npl (inf)* roupa *f* de baixo *(Br)*, roupa *f* interior *(Port).*

undisputed [ˌʌndɪ'spjuːtɪd] *adj* indiscutível.

undo [ˌʌn'duː] (*pt* -**did**, *pp* -**done**) *vt (coat, shirt)* desabotoar; *(shoelaces, tie)* desamarrar, desapertar; *(parcel)* abrir.

undone [ˌʌn'dʌn] *adj (coat, shirt)* desabotoado(-da); *(shoelaces, tie)* desamarrado(-da), desapertado(-da).

undoubtedly [ʌn'daʊtɪdlɪ] *adv* sem dúvida (alguma).

undress [ˌʌn'dres] *vi* despir-se ◆ *vt* despir.

undressed [ˌʌn'drest] *adj* despido(-da); **to get ~** despir-se.

undue [ˌʌn'djuː] *adj* excessivo(-va).

unearth [ˌʌn'ɜːθ] *vt* desenterrar.

unease [ʌn'iːz] *n* mal-estar *m*.

uneasy [ʌn'iːzɪ] *adj* inquieto(-ta).

uneducated [ˌʌn'edjʊkeɪtɪd] *adj* inculto(-ta).

unemployed [ˌʌnɪm'plɔɪd] *adj* desem-

pregado(-da) ◆ *npl*: **the ~** os desempregados.

unemployment [ˌʌnɪm'plɔɪmənt] *n* desemprego *m*.

unemployment benefit *n* auxílio-desemprego *m (Br)*, subsídio *m* de desemprego *(Port)*.

unequal [ˌʌn'iːkwəl] *adj* desigual.

unerring [ˌʌn'ɜːrɪŋ] *adj* infalível.

uneven [ˌʌn'iːvn] *adj (surface, speed, beat)* irregular; *(share, distribution, competition)* desigual.

uneventful [ˌʌnɪ'ventfʊl] *adj* sem incidentes, tranqüilo(-la).

unexpected [ˌʌnɪk'spektɪd] *adj* inesperado(-da).

unexpectedly [ˌʌnɪk'spektɪdlɪ] *adv* inesperadamente.

unfailing [ʌn'feɪlɪŋ] *adj* constante, inabalável.

unfair [ˌʌn'feəʳ] *adj* injusto(-ta).

unfairly [ˌʌn'feəlɪ] *adv* injustamente.

unfaithful [ˌʌn'feɪθfʊl] *adj* infiel.

unfamiliar [ˌʌnfə'mɪljəʳ] *adj* desconhecido(-da); **to be ~ with** não estar familiarizado(-da) com.

unfashionable [ˌʌn'fæʃnəbl] *adj* fora de moda.

unfasten [ˌʌn'fɑːsn] *vt (button)* desabotoar; *(belt, strap)* desapertar; *(knot)* desfazer.

unfavourable [ˌʌn'feɪvrəbl] *adj* desfavorável.

unfinished [ˌʌn'fɪnɪʃt] *adj* inacabado(-da).

unfit [ˌʌn'fɪt] *adj*: **to be ~** *(not healthy)* não estar em forma; **to be ~ for sthg** *(not suitable)* não ser adequado(-da) para algo.

unfold [ʌn'fəʊld] *vt (map, sheet)* desdobrar.

unforeseen [ˌʌnfɔː'siːn] *adj* imprevisto(-ta).

unforgettable [ˌʌnfə'getəbl] *adj* inesquecível.

unforgivable [ˌʌnfə'gɪvəbl] *adj* imperdoável.

unfortunate [ʌn'fɔːtʃnət] *adj (unlucky)* infeliz; *(regrettable)* lamentável.

unfortunately [ʌn'fɔːtʃnətlɪ] *adv* infelizmente.

unfounded [ˌʌn'faʊndɪd] *adj* infundado(-da).

unfriendly [ˌʌn'frendlɪ] *adj* hostil.

unfurnished [ʌnˈfɜːnɪʃt] *adj* sem mobília.

ungainly [ʌnˈgeɪnlɪ] *adj* desajeitado(-da).

ungrateful [ʌnˈgreɪtful] *adj* ingrato(-ta).

unhappy [ʌnˈhæpɪ] *adj (sad)* infeliz; *(not pleased)* descontente; **to be ~ about sthg** não estar feliz OR contente com algo.

unharmed [ʌnˈhɑːmd] *adj* ileso(-sa).

unhealthy [ʌnˈhelθɪ] *adj (person)* doente, pouco saudável; *(food, smoking)* prejudicial para a saúde; *(place)* pouco saudável.

unheard-of [ʌnˈhɜːd-] *adj (unknown, completely absent)* inexistente; *(unprecedented)* sem precedente, inaudito(-ta).

unhelpful [ʌnˈhelpful] *adj (person)* imprestável; *(advice, information)* inútil.

unhurt [ʌnˈhɜːt] *adj* ileso(-sa).

unhygienic [ˌʌnhaɪˈdʒiːnɪk] *adj* pouco higiênico(-ca).

unification [ˌjuːnɪfɪˈkeɪʃn] *n* unificação *f*.

uniform [ˈjuːnɪfɔːm] *n* uniforme *m*.

unify [ˈjuːnɪfaɪ] *vt* unificar.

unilateral [ˌjuːnɪˈlætərəl] *adj* unilateral.

unimportant [ˌʌnɪmˈpɔːtənt] *adj* sem importância, pouco importante.

uninhabited [ˌʌnɪnˈhæbɪtɪd] *adj* desabitado(-da).

uninjured [ʌnˈɪndʒəd] *adj* ileso(-sa).

unintelligent [ˌʌnɪnˈtelɪdʒənt] *adj* pouco inteligente.

unintentional [ˌʌnɪnˈtenʃənl] *adj* involuntário(-ria).

uninterested [ʌnˈɪntrəstɪd] *adj* desinteressado(-da), pouco interessado(-da).

uninteresting [ʌnˈɪntrestɪŋ] *adj* sem interesse, pouco interessante.

union [ˈjuːnjən] *n (of workers)* sindicato *m*.

Union Jack *n*: **the ~** a bandeira do Reino Unido.

unique [juːˈniːk] *adj* único(-ca); **to be ~ to** ser típico(-ca) de.

unisex [ˈjuːnɪseks] *adj* unisex *inv (Br)*, unissexo *(inv) (Port)*.

unison [ˈjuːnɪzn] *n* uníssono *m*; **in ~** em uníssono.

unit [ˈjuːnɪt] *n* unidade *f*; *(group)* equipe *f*.

unite [juːˈnaɪt] *vt (people)* unir;

(country, party) unificar ◆ *vi* unir-se.

united [juːˈnaɪtɪd] *adj* unido(-da).

United Kingdom *n*: **the ~** o Reino Unido.

United Nations *npl*: **the ~** as Nações Unidas.

United States (of America) *npl*: **the ~** os Estados Unidos (da América).

unity [ˈjuːnətɪ] *n* unidade *f*.

universal [ˌjuːnɪˈvɜːsl] *adj* universal.

universe [ˈjuːnɪvɜːs] *n* universo *m*.

university [ˌjuːnɪˈvɜːsətɪ] *n* universidade *f*.

unjust [ʌnˈdʒʌst] *adj* injusto(-ta).

unkempt [ʌnˈkempt] *adj (person)* desalinhado(-da); *(hair)* despenteado (-da).

unkind [ʌnˈkaɪnd] *adj* cruel.

unknown [ʌnˈnəʊn] *adj* desconhecido(-da).

unlawful [ʌnˈlɔːful] *adj (activity)* ilegal; *(behaviour)* que atenta contra a lei; *(killing)* não justificado(-da).

unleaded (petrol) [ʌnˈledɪd-] *n* gasolina *f* sem chumbo.

unleash [ʌnˈliːʃ] *vt (fury, violence)* desencadear.

unless [ənˈles] *conj* a não ser que.

unlike [ʌnˈlaɪk] *prep (different to)* diferente de; *(in contrast to)* ao contrário de; **it's ~ her to be late** ela não é de chegar atrasada.

unlikely [ʌnˈlaɪklɪ] *adj (not probable)* pouco provável; **she's ~ to agree** é pouco provável que ela concorde.

unlimited [ʌnˈlɪmɪtɪd] *adj* ilimitado(-da); **~ mileage** = quilometragem ilimitada.

unlisted [ʌnˈlɪstɪd] *adj (Am: phone number)* que não consta da lista telefônica.

unload [ʌnˈləʊd] *vt* descarregar.

unlock [ʌnˈlɒk] *vt* abrir (com chave), destrancar.

unlucky [ʌnˈlʌkɪ] *adj (unfortunate)* infeliz; *(bringing bad luck)* que traz má sorte.

unmarried [ʌnˈmærɪd] *adj* solteiro (-ra).

unmistakable [ˌʌnmɪˈsteɪkəbl] *adj* inconfundível.

unnatural [ʌnˈnætʃrəl] *adj (unusual)* invulgar; *(behaviour, person)* pouco natural.

unnecessary [ʌnˈnesəsərɪ] *adj* desnecessário(-ria).

unnerving [ʌn'nɜːvɪŋ] *adj* desconcertante.

unnoticed [ʌn'nəʊtɪst] *adj* despercebido(-da).

unobtainable [ʌnəb'teɪnəbl] *adj* inacessível.

unobtrusive [ʌnəb'truːsɪv] *adj* discreto(-ta).

unoccupied [ʌn'ɒkjʊpaɪd] *adj (place, seat)* desocupado(-da).

unofficial [ʌnə'fɪʃl] *adj* não oficial.

unorthodox [ʌn'ɔːθədɒks] *adj* pouco ortodoxo(-xa).

unpack [ʌn'pæk] *vt* desfazer ◆ *vi* desfazer as malas.

unpleasant [ʌn'pleznt] *adj* desagradável.

unplug [ʌn'plʌg] *vt* desligar (na tomada).

unpopular [ʌn'pɒpjʊlər] *adj* impopular, pouco popular.

unprecedented [ʌn'presɪdəntɪd] *adj* sem precedente.

unpredictable [ʌnprɪ'dɪktəbl] *adj* imprevisível.

unprepared [ʌnprɪ'peəd] *adj* mal preparado(-da).

unprotected [ʌnprə'tektɪd] *adj* desprotegido(-da).

unqualified [ʌn'kwɒlɪfaɪd] *adj (person)* sem qualificação.

unravel [ʌn'rævl] *vt (knitting, threads)* desmanchar; *(mystery, puzzle)* resolver.

unreal [ʌn'rɪəl] *adj* irreal.

unrealistic [ʌnrɪə'lɪstɪk] *adj* pouco realista, irrealista.

unreasonable [ʌn'riːznəbl] *adj* absurdo(-da), irracional.

unrecognizable [ʌnrekəg'naɪzəbl] *adj* irreconhecível.

unrelated [ʌnrɪ'leɪtɪd] *adj:* **to be ~ (to sthg)** não estar relacionado(-da) (com algo).

unrelenting [ʌnrɪ'lentɪŋ] *adj* inexorável, constante.

unreliable [ʌnrɪ'laɪəbl] *adj* pouco confiável, de pouca confiança.

unrequited [ʌnrɪ'kwaɪtɪd] *adj* não correspondido(-da).

unresolved [ʌnrɪ'zɒlvd] *adj* por resolver.

unrest [ʌn'rest] *n* agitação *f*.

unroll [ʌn'rəʊl] *vt* desenrolar.

unruly [ʌn'ruːlɪ] *adj* rebelde.

unsafe [ʌn'seɪf] *adj (dangerous)* perigoso(-osa); *(in danger)* inseguro (-ra).

unsatisfactory [ʌnsætɪs'fæktərɪ] *adj* insatisfatório(-ria).

unscathed [ʌn'skeɪðd] *adj* ileso(-sa).

unscrew [ʌn'skruː] *vt (lid, top)* desenroscar.

unseemly [ʌn'siːmlɪ] *adj* impróprio(-pria).

unselfish [ʌn'selfɪʃ] *adj* altruísta, desinteressado(-da).

unsettled [ʌn'setld] *adj (person)* perturbado(-da); *(weather, region)* instável; *(argument)* por resolver; *(account, bill)* por pagar.

unshaven [ʌn'ʃeɪvn] *adj (face, chin)* por barbear; *(person)* com a barba por fazer.

unsightly [ʌn'saɪtlɪ] *adj* feio (feia).

unskilled [ʌn'skɪld] *adj (worker)* sem qualificação.

unsociable [ʌn'səʊʃəbl] *adj* insociável.

unsound [ʌn'saʊnd] *adj (building, structure)* inseguro(-ra); *(argument, method)* errôneo(-nea).

unspoiled [ʌn'spɔɪlt] *adj* intacto(-ta), não destruído(-da).

unstable [ʌn'steɪbl] *adj* instável.

unsteady [ʌn'stedɪ] *adj* instável; *(hand)* trêmulo(-la).

unstuck [ʌn'stʌk] *adj:* **to come ~** *(label, poster etc)* descolar-se.

unsuccessful [ʌnsək'sesfʊl] *adj* mal sucedido(-da).

unsuitable [ʌn'suːtəbl] *adj* inadequado(-da).

unsure [ʌn'ʃɔːr] *adj:* **to be ~ (about)** não ter certeza (de).

unsuspecting [ʌnsə'spektɪŋ] *adj* desprevenido(-da).

unsweetened [ʌn'swiːtnd] *adj* sem açúcar.

untangle [ʌn'tæŋgl] *vt* desemaranhar.

untidy [ʌn'taɪdɪ] *adj* desarrumado (-da).

untie [ʌn'taɪ] *(cont* **untying)** *vt (knot)* desatar; *(person)* desprender.

until [ən'tɪl] *prep & conj* até; **wait ~ he arrives** espera até ele chegar OR até que ele chegue.

untimely [ʌn'taɪmlɪ] *adj (premature)* prematuro(-ra); *(inopportune)* inoportuno(-na).

untold [ʌn'təʊld] *adj (incalculable,*

vast) incalculável.

untoward [ˌʌntə'wɔːd] *adj (event)* fora do normal; *(behaviour)* impróprio (-pria).

untrue [ˌʌn'truː] *adj* falso(-sa).

untrustworthy [ˌʌn'trʌstwɜːðɪ] *adj* indigno(-gna) de confiança.

untying [ˌʌn'taɪɪŋ] *cont* → **untie.**

unusual [ʌn'juːʒl] *adj (not common)* invulgar; *(distinctive)* fora do vulgar.

unusually [ʌn'juːʒəlɪ] *adv (more than usual)* excepcionalmente.

unwelcome [ʌn'welkəm] *adj* indesejado(-da).

unwell [ˌʌn'wel] *adj* mal disposto (-osta); **to feel ~** sentir-se mal.

unwieldy [ʌn'wiːldɪ] *adj (object, tool)* difícil de manejar; *(system, method)* pouco eficiente; *(bureaucracy)* pesado(-da).

unwilling [ʌn'wɪlɪŋ] *adj*: **to be ~ to do sthg** não estar disposto(-osta) a fazer algo.

unwind [ʌn'waɪnd] *(pt & pp* **unwound)** *vt* desenrolar ♦ *vi (relax)* relaxar.

unwise [ˌʌn'waɪz] *adj* imprudente.

unworthy [ʌn'wɜːðɪ] *adj (undeserving)*: **to be ~ of** não merecer.

unwound [ˌʌn'waʊnd] *pt & pp* → **unwind.**

unwrap [ˌʌn'ræp] *vt* desembrulhar.

unzip [ˌʌn'zɪp] *vt* abrir o fecho ecler de.

up [ʌp] *adv* **1.** *(towards higher position, level)* para cima; **to go ~** subir; **prices are going ~** os preços estão subindo; **we walked ~ to the top** subimos até o cume; **to pick sthg ~** apanhar algo.
2. *(in higher position)*: **she's ~ in her bedroom** está lá em cima no seu quarto; **~ there** alí OR lá em cima; **put your hands ~, please!** levantem as mãos, por favor!
3. *(into upright position)*: **to stand ~** pôr-se em OR de pé; **to sit ~** *(from lying position)* sentar-se; *(sit straight)* sentar-se direito.
4. *(northwards)*: **~ in Scotland** na Escócia.
5. *(in phrases)*: **to walk ~ and down** andar de um lado para o outro; **to jump ~ and down** dar pulos; **~ to six weeks** até seis semanas; **~ to ten people** até dez pessoas; **are you ~ to**

travelling? você está em condições de viajar?; **what are you ~ to?** o que você está tramando?; **it's ~ to you** depende de você; **~ until ten o'clock** até às dez horas.
♦ *prep* **1.** *(towards higher position)*: **to walk ~ a hill** subir um monte; **I went ~ the stairs** subi as escadas.
2. *(in higher position)* no topo de; **~ a hill** no topo de um monte; **~ a ladder** no topo de uma escada.
3. *(at end of)*: **they live ~ the road from us** eles vivem no final da nossa rua.
♦ *adj* **1.** *(out of bed)* levantado(-da); **I was ~ at six today** levantei-me às seis hoje.
2. *(at an end)*: **time's ~** acabou-se o tempo.
3. *(rising)*: **the ~ escalator** a escada rolante ascendente.
♦ *n*: **~s and downs** altos e baixos *mpl.*

upbringing [ʌp,brɪŋɪŋ] *n* educação *f.*

update [ʌp'deɪt] *vt* atualizar.

upheaval [ʌp'hiːvl] *n* reviravolta *f.*

upheld [ʌp'held] *pt & pp* → **uphold.**

uphill [ʌp'hɪl] *adv*: **to go ~** subir.

uphold [ʌp'həʊld] *(pt & pp* **-held)** *vt* defender.

upholstery [ʌp'həʊlstərɪ] *n (material)* estofo *m.*

upkeep ['ʌpkiːp] *n* manutenção *f.*

uplifting [ʌp'lɪftɪŋ] *adj* animador(-ra), entusiasmante.

up-market *adj* de alta categoria.

upon [ə'pɒn] *prep (fml: on)* em, sobre; **~ hearing the news ...** ao ouvir a notícia ....

upper ['ʌpəʳ] *adj* superior ♦ *n (of shoe)* gáspeas *fpl.*

upper class *n*: **the ~** a alta sociedade.

uppermost ['ʌpəməʊst] *adj (highest)* mais alto(-ta).

upper sixth *n (Brit: SCH)* segundo e último ano do curso opcional que prepara os alunos de 18 anos para os exames "A level".

upright ['ʌpraɪt] *adj* direito(-ta) ♦ *adv* direito.

uprising ['ʌp,raɪzɪŋ] *n* revolta *f,* insurreição *f.*

uproar ['ʌprɔːʳ] *n (commotion)* tumulto *m;* *(protest)* indignação *f.*

uproot [ʌp'ruːt] *vt* desenraizar.

upset [ʌpˈset] (*pt & pp* **upset**) *adj (distressed)* transtornado(-da) ◆ *vt* transtornar; *(knock over)* derrubar; **to have an ~ stomach** estar indisposto (-osta).

upshot [ˈʌpʃɒt] *n* resultado *m*.

upside down [ʌpsaɪd-] *adj* invertido(-da), ao contrário ◆ *adv* de pernas para o ar.

upstairs [ʌpˈsteəz] *adj* de cima ◆ *adv (on a higher floor)* lá em cima; **to go ~** ir lá para cima.

upstart [ˈʌpstɑːt] *n pessoa que consegue um cargo de alto nível nem sempre por mérito e que se mostra extremamente arrogante.*

upstream [ʌpˈstriːm] *adv (sail)* rio acima; *(swim)* contra a corrente ◆ *adj*: **to be ~ (from sthg)** ficar a montante (de algo).

upsurge [ˈʌpsɜːdʒ] *n*: **~ of/in sthg** aumento *m* de/em algo.

uptight [ʌpˈtaɪt] *adj (inf: person)* nervoso(-osa); **to get ~ about sthg** enervar-se com algo.

up-to-date *adj (modern)* moderno (-na); *(well-informed)* atualizado(-da).

upturn [ˈʌptɜːn] *n*: **~ (in sthg)** melhoria *f* (em algo).

upward [ˈʌpwəd] *adj (movement)* para cima; *(trend)* ascendente.

upwards [ˈʌpwədz] *adv* para cima; **~ of 100 people** mais de 100 pessoas.

urban [ˈɜːbən] *adj* urbano(-na).

urban clearway [-ˈklɪəweɪ] *n (Brit) rua onde não é permitido parar nem estacionar.*

Urdu [ˈʊəduː] *n* urdu *m*.

urge [ɜːdʒ] *vt*: **to ~ sb to do sthg** incitar alguém a fazer algo.

urgency [ˈɜːdʒənsɪ] *n* urgência *f*.

urgent [ˈɜːdʒənt] *adj* urgente.

urgently [ˈɜːdʒəntlɪ] *adv (immediately)* urgentemente.

urinal [jʊəˈraɪnl] *n (fml)* urinol *m*.

urinate [ˈjʊərɪneɪt] *vi (fml)* urinar.

urine [ˈjʊərɪn] *n* urina *f*.

urn [ɜːn] *n (for ashes)* urna *f*; *(for tea, coffee)* lata *f*.

us [ʌs] *pron (direct)* nos; *(indirect, after prep)* nós; **they know ~** conhecem-nos; **it's ~** somos nós; **send it to ~** envia-nos isso; **tell ~** diga-nos; **they're worse than ~** são piores que nós; **we brought it with ~** trouxemo-lo connosco.

US *n (abbr of United States)*: **the ~** os E.U.A.

USA *n (abbr of United States of America)*: **the ~** os E.U.A.

usable [ˈjuːzəbl] *adj* utilizável.

use [*n* juːs, *vb* juːz] *n* uso *m* ◆ *vt* usar; *(run on)* levar; **to be of ~** ser útil; **to have the ~ of sthg** poder utilizar algo; **to make ~ of sthg** aproveitar algo; **"out of ~"** "fora de serviço"; **to be in ~** estar em funcionamento; **it's no ~** não vale a pena; **what's the ~?** de que vale?; **to ~ sthg as sthg** usar algo como algo; **"~ before ..."** "consumir de preferência antes de ...".

❏ **use up** *vt sep* gastar.

used [*adj* juːzd, *aux vb* juːst] *adj* usado(-da) ◆ *aux vb*: **I ~ to live near here** costumava viver perto daqui; **I ~ to go there every day** costumava ir lá todos os dias; **to be ~ to sthg** estar acostumado a algo; **to get ~ to sthg** acostumar-se a algo.

useful [ˈjuːsfʊl] *adj* útil.

useless [ˈjuːslɪs] *adj* inútil; *(inf: very bad)* péssimo(-ma).

user [ˈjuːzər] *n (of product, machine)* utilizador *m* (-ra *f*), usuário *m* (-ria *f*) *(Br)*; *(of public service)* usuário *m* (-ria *f*) *(Br)*, utente *mf (Port)*.

user-friendly *adj* fácil de usar.

usher [ˈʌʃər] *n (at cinema, theatre)* lanterninha *m (Br)*, arrumador *m (Port)*.

usherette [ʌʃəˈret] *n* lanterninha *f (Br)*, arrumadora *f (Port)*.

USSR *n*: **the (former) ~** a (antiga) U.R.S.S.

usual [ˈjuːʒəl] *adj* habitual; **as ~** *(in the normal way)* como de costume; *(as often happens)* como sempre.

usually [ˈjuːʒəlɪ] *adv* normalmente.

usurp [juːˈzɜːp] *vt* usurpar.

utensil [juːˈtensl] *n* utensílio *m*.

uterus [ˈjuːtərəs] *(pl* **-ri** [-raɪ], **-ruses**) *n* útero *m*.

utilize [ˈjuːtəlaɪz] *vt (fml)* utilizar.

utmost [ˈʌtməʊst] *adj* extremo(-ma) ◆ *n*: **to do one's ~** fazer o possível e o impossível.

utter [ˈʌtər] *adj* total ◆ *vt* proferir.

utterly [ˈʌtəlɪ] *adv* totalmente.

U-turn *n (in vehicle)* meia-volta *f*, reviravolta *f*.

V

vacancy ['veɪkənsɪ] n vaga f; **"vacancies" "vagas"; "no vacancies"** "completo".

vacant ['veɪkənt] adj (room, seat) vago(-ga); **"vacant" "livre".**

vacate [vəˈkeɪt] vt (fml: room, house) vagar, desocupar.

vacation [vəˈkeɪʃn] n (Am) férias fpl ◆ vi (Am) passar férias; **to go on ~** ir de férias.

vacationer [vəˈkeɪʃənər] n (Am) (throughout the year) pessoa f de férias; (in summer) veranista mf (Br), veraneante mf (Port).

vaccinate ['væksɪneɪt] vt vacinar.

vaccination [ˌvæksɪˈneɪʃn] n vacinação f.

vaccine [Brit 'væksi:n, Am væk'si:n] n vacina f.

vacuum ['vækjʊəm] vt aspirar.

vacuum cleaner n aspirador m de pó.

vagina [vəˈdʒaɪnə] (pl -nas OR -nae [-ni:]) n vagina f.

vagrant ['veɪgrənt] n vagabundo m (-da f).

vague [veɪg] adj vago(-ga).

vaguely ['veɪglɪ] adv vagamente.

vain [veɪn] adj (pej: conceited) vaidoso(-osa); **in ~** em vão.

Valentine card ['væləntaɪn-] n cartão m do Dia de São Valentim.

Valentine's Day ['væləntaɪnz-] n Dia m dos Namorados OR de São Valentim.

valet ['væleɪ, 'vælɪt] n (in hotel) empregado m de hotel (encarregado do serviço de lavandaria).

valet service n (in hotel) serviço m de lavandaria; (for car) serviço de lavagem de automóveis.

valiant ['væljənt] adj valente.

valid ['vælɪd] adj (ticket, passport) válido(-da).

validate ['vælɪdeɪt] vt (ticket) validar.

Valium® ['vælɪəm] n Valium® m.

valley ['vælɪ] (pl -s) n vale m.

valuable ['væljʊəbl] adj valioso(-osa).
❏ **valuables** npl objetos mpl de valor.

valuation [ˌvæljʊˈeɪʃn] n avaliação f.

value ['vælju:] n (financial) valor m; (usefulness) sentido m; **a ~ pack** um pacote de tamanho econômico; **to be good ~ (for money)** ter um preço módico, estar em conta.
❏ **values** npl (principles) valores mpl.

valued ['vælju:d] adj precioso(-osa).

valve [vælv] n válvula f.

van [væn] n caminhonete f (Br), carrinha f (Port).

vandal ['vændl] n vândalo m (-la f).

vandalism ['vændəlɪzm] n vandalismo m.

vandalize ['vændəlaɪz] vt destruir, destroçar.

vanilla [vəˈnɪlə] n baunilha f.

vanish ['vænɪʃ] vi desaparecer.

vanity ['vænɪtɪ] n vaidade f.

vantagepoint ['vɑːntɪdʒpɔɪnt] n (for view) posição f estratégica.

vapor ['veɪpər] (Am) = vapour.

vapour ['veɪpəʳ] n (Brit) vapor m.

variable ['veərɪəbl] adj variável.

variation [ˌveərɪˈeɪʃn] n variação f.

varicose veins ['værɪkəʊs-] npl varizes fpl.

varied ['veərɪd] adj variado(-da).

variety [vəˈraɪətɪ] n variedade f.

variety show n espetáculo m de variedades.

various ['veərɪəs] adj vários(-rias).

varnish ['vɑːnɪʃ] n (for wood) verniz m ◆ vt (wood) envernizar.

vary ['veərɪ] vt & vi variar; **to ~ from sthg to sthg** variar entre algo e algo; **"prices ~"** "os preços variam".

vase [Brit vɑːz, Am veɪz] n jarra f.
Vaseline® ['væsəliːn] n vaselina f.
vast [vɑːst] adj vasto(-ta).
vat [væt] n tina f (Br), bidon m (Port).
VAT [væt, viːeɪtiː] n (abbr of value added tax) ICM/S (Br), I.V.A m (Port).
vault [vɔːlt] n (in bank) caixa-forte f; (ceiling) abóbada f; (in church) cripta f.
VCR n (abbr of video cassette recorder) vídeo m.
VDU n (abbr of visual display unit) monitor m.
veal [viːl] n vitela f.
veer [vɪəʳ] vi (vehicle, road) virar.
veg [vedʒ] abbr = **vegetable**.
vegan ['viːgən] adj vegetalista♦ n vegetalista mf, pessoa vegetariana que não consome carne, peixe ou derivados animais, tais como ovos ou leite.
vegetable ['vedʒtəbl] n vegetal m, legume m.
vegetable oil n óleo m vegetal.
vegetarian [ˌvedʒɪˈteərɪən] adj vegetariano(-na) ♦ n vegetariano m (-na f).
vegetation [ˌvedʒɪˈteɪʃn] n vegetação f.
vehement ['viːɪmənt] adj veemente.
vehicle ['viːəkl] n veículo m.
veil [veɪl] n véu m.
vein [veɪn] n veia f.
Velcro® ['velkrəʊ] n Velcro® m.
velocity [vɪˈlɒsətɪ] n velocidade f.
velvet ['velvɪt] n veludo m.
vendetta [venˈdetə] n vendeta f.
vending machine ['vendɪŋ-] n máquina f de venda automática.
vendor ['vendɔːʳ] n vendedor m (-ra f).
veneer [vəˈnɪəʳ] n (of wood) folheado m.
venetian blind [vɪˌniːʃn-] n persiana f (Br), estore m laminado (Port).
vengeance ['vendʒəns] n vingança f; with a ~ para valer.
venison ['venɪzn] n carne f de veado.
venom ['venəm] n veneno m.
vent [vent] n (for air, smoke etc) saída f de ar, ventilador m.
ventilation [ˌventɪˈleɪʃn] n ventilação f.
ventilator ['ventɪleɪtəʳ] n ventilador m.
venture ['ventʃəʳ] n aventura f ♦ vi (go) aventurar-se.
venue ['venjuː] n local m (de determi-

nado acontecimento esportivo ou cultural).
veranda [vəˈrændə] n terraço m coberto, alpendre m.
verb [vɜːb] n verbo m.
verbal ['vɜːbl] adj verbal.
verdict ['vɜːdɪkt] n (JUR) veredicto m; (opinion) parecer m.
verge [vɜːdʒ] n (of road) acostamento m (Br), berma f (Port); (of lawn, path) beira f; **"soft ~s"** "acostamento mole" (Br), "bermas baixas" (Port).
verify ['verɪfaɪ] vt verificar.
vermin ['vɜːmɪn] n bichos mpl (nocivos ou parasitários).
vermouth ['vɜːməθ] n vermute m.
versa → **vice versa**.
versatile ['vɜːsətaɪl] adj versátil.
verse [vɜːs] n (of song, poem) verso m; (poetry) versos mpl.
versed [vɜːst] adj: **to be well ~ in** sthg ser versado(-da) em algo.
version ['vɜːʃn] n versão f.
versus ['vɜːsəs] prep versus, contra.
vertebra ['vɜːtɪbrə] (pl **-bras** OR **-brae** [-briː]) n vértebra f.
vertical ['vɜːtɪkl] adj vertical.
vertigo ['vɜːtɪgəʊ] n vertigens fpl.
very ['verɪ] adv muito ♦ adj: **that's the ~ thing I need** é disso mesmo que eu preciso; **you're the ~ person I wanted to see** era mesmo com você que eu queria falar; **~ much** muito; **not ~** não muito; **my ~ own room** o meu próprio quarto.
vessel ['vesl] n (fml: ship) embarcação f.
vest [vest] n (Brit: underwear) camiseta f (Br), camisola f interior (Port); (Am: waistcoat) colete m.
vet [vet] n (Brit) veterinário m (-ria f).
veteran ['vetrən] n veterano m (-na f).
veterinarian [ˌvetərɪˈneərɪən] (Am) = **vet**.
veterinary surgeon ['vetərɪnrɪ-] (Brit: fml) = **vet**.
veto ['viːtəʊ] (pl **-es**) n veto m ♦ vt vetar.
VHF n (abbr of very high frequency) VHF f.
VHS n (abbr of video home system) VHS m.
via ['vaɪə] prep via.
viable ['vaɪəbl] adj viável.
viaduct ['vaɪədʌkt] n viaduto m.

vibrate [vaɪˈbreɪt] *vi* vibrar.
vibration [vaɪˈbreɪʃn] *n* vibração *f*.
vicar [ˈvɪkər] *n* vigário *m*, pároco *m*.
vicarage [ˈvɪkərɪdʒ] *n* casa *f* paroquial.
vice [vaɪs] *n (moral fault)* vício *m*; *(crime)* crime *m*; *(Brit: tool)* torno *m*.
vice-president *n* vice-presidente *m* (-ta *f*).
vice versa [ˌvaɪsɪˈvɜːsə] *adv* vice-versa.
vicinity [vɪˈsɪnətɪ] *n*: **in the ~** nas proximidades.
vicious [ˈvɪʃəs] *adj (attack, animal)* violento(-ta); *(comment)* cruel.
vicious circle *n* círculo *m* vicioso.
victim [ˈvɪktɪm] *n* vítima *f*.
victimize [ˈvɪktɪmaɪz] *vt* tratar injustamente.
Victorian [vɪkˈtɔːrɪən] *adj* vitoriano(-na) *(segunda metade do séc. XIX)*.
victorious [vɪkˈtɔːrɪəs] *adj* vitorioso(-osa).
victory [ˈvɪktərɪ] *n* vitória *f*.
video [ˈvɪdɪəʊ] *(pl* **-s**) *n* vídeo *m*; *(videotape)* cassete *f* vídeo, videocassete *f* ♦ *vt (using video recorder)* gravar; *(using camera)* filmar; **on ~** em vídeo.
video camera *n* câmara *f* de vídeo.
video cassette *n* videocassete *f*, cassete *f* de vídeo.
video game *n* jogo *m* de vídeo.
video recorder *n* videogravador *m*.
video shop *n* locadora *f* de vídeo *(Br)*, clube *m* de vídeo *(Port)*.
videotape [ˈvɪdɪəʊteɪp] *n* cassete *f* vídeo, videocassete *f*.
vie [vaɪ] *(pt & pp* **vied**, *cont* **vying**) *vi*: **to ~ with sb (for sthg)** competir com alguém (por algo).
Vienna [vɪˈenə] *n* Viena *s*.
Vietnam [*Brit* ˌvjetˈnæm, *Am* ˌvjetˈnɑːm] *n* Vietnam *m*.
view [vjuː] *n (scene, field of vision)* vista *f*; *(opinion)* opinião *f*; *(attitude)* visão *f* ♦ *vt (look at)* ver; **in my ~** na minha opinião; **in ~ of** *(considering)* tendo em consideração; **to come into ~** aparecer.
viewer [ˈvjuːər] *n (of TV)* telespectador *m* (-ra *f*).
viewfinder [ˈvjuːˌfaɪndər] *n* visor *m*.
viewpoint [ˈvjuːpɔɪnt] *n (opinion)* ponto *m* de vista; *(place)* miradouro *m*.

vigilant [ˈvɪdʒɪlənt] *adj (fml)* atento(-ta).
vigorous [ˈvɪɡərəs] *adj* vigoroso(-osa).
vile [vaɪl] *adj* horrível, horroroso (-osa).
villa [ˈvɪlə] *n* casa *f*, vivenda *f (Port)*.
village [ˈvɪlɪdʒ] *n* lugarejo *m*, aldeia *f*.
villager [ˈvɪlɪdʒər] *n* habitante *mf* da aldeia.
villain [ˈvɪlən] *n (of book, film)* vilão *m* (-lã *f*) da fita; *(criminal)* criminoso *m* (-osa *f*).
vinaigrette [ˌvɪnɪˈɡret] *n* vinagrete *m*, molho para saladas feito com azeite, vinagre, sal, pimenta e ervas aromáticas.
vindicate [ˈvɪndɪkeɪt] *vt* justificar.
vindictive [vɪnˈdɪktɪv] *adj* vingativo(-va).
vine [vaɪn] *n (grapevine)* videira *f*; *(climbing plant)* trepadeira *f*.
vinegar [ˈvɪnɪɡər] *n* vinagre *m*.
vineyard [ˈvɪnjəd] *n* vinha *f*, vinhedo *m*.
vintage [ˈvɪntɪdʒ] *adj (wine)* vintage *(inv)* ♦ *n (year)* colheita *f*, ano *m*.
vinyl [ˈvaɪnɪl] *n* vinil *m*.
viola [vɪˈəʊlə] *n (MUS)* rabeca *f*.
violate [ˈvaɪəleɪt] *vt (law, human rights)* violar.
violence [ˈvaɪələns] *n* violência *f*.
violent [ˈvaɪələnt] *adj* violento(-ta).
violet [ˈvaɪələt] *adj* roxo(-xa), violeta *(inv)* ♦ *n (flower)* violeta *f*.
violin [ˌvaɪəˈlɪn] *n* violino *m*.
violinist [ˌvaɪəˈlɪnɪst] *n* violinista *mf*.
VIP *n (abbr of very important person)* VIP *mf*.
viper [ˈvaɪpər] *n* víbora *f*.
virgin [ˈvɜːdʒɪn] *n* virgem *mf*.
Virgo [ˈvɜːɡəʊ] *(pl* **-s**) *n* Virgem *f*.
virile [ˈvɪraɪl] *adj* viril.
virtually [ˈvɜːtʃʊəlɪ] *adv* praticamente.
virtual reality [ˈvɜːtʃʊəl-] *n* realidade *f* virtual.
virtue [ˈvɜːtjuː] *n* virtude *f*; **by ~ of** em virtude de, pelo fato de.
virtuous [ˈvɜːtʃʊəs] *adj* virtuoso(-osa).
virus [ˈvaɪrəs] *n* vírus *m inv*.
visa [ˈviːzə] *n* visto *m*.
viscose [ˈvɪskəʊs] *n* viscose *f*.
visibility [ˌvɪzɪˈbɪlətɪ] *n* visibilidade *f*.

visible ['vɪzəbl] *adj* visível.

visit ['vɪzɪt] *vt* visitar ◆ *n* visita *f*.

visiting hours ['vɪzɪtɪŋ-] *npl* horas *fpl* de visita.

visitor ['vɪzɪtəʳ] *n (to person)* visita *f*; *(to place)* visitante *mf*.

visitor centre *n (Brit)* estabelecimento que inclui um centro de informação, lojas, cafeteria, etc e que se encontra em locais de interesse turístico.

visitors' book *n* livro *m* de visitantes.

visitor's passport *n (Brit)* passaporte *m* provisório.

visor ['vaɪzəʳ] *n (helmet)* viseira *f*; *(of hat)* pala *f*.

visual ['vɪʒʊəl] *adj* visual.

vital ['vaɪtl] *adj* vital.

vitamin [*Brit* 'vɪtəmɪn, *Am* 'vaɪtəmɪn] *n* vitamina *f*.

vivacious [vɪ'veɪʃəs] *adj* vivaz, animado(-da).

vivid ['vɪvɪd] *adj* vivo(-va).

VLF *(abbr of very low frequency)* freqüência extremamente baixa.

V-neck *n (design)* decote *m* em bico OR em V.

vocabulary [və'kæbjʊlərɪ] *n* vocabulário *m*.

vocal cords *npl* cordas *fpl* vocais.

vocation [vəʊ'keɪʃn] *n* vocação *f*.

vocational [vəʊ'keɪʃənl] *adj* profissional.

vociferous [və'sɪfərəs] *adj* vociferante.

vodka ['vɒdkə] *n* vodca *f*.

voice [vɔɪs] *n* voz *f*.

voice mail *n* correio *m* de voz.

void [vɔɪd] *adj (invalid)* nulo(-la).

volcano [vɒl'keɪnəʊ] *(pl* -es OR-s*)* *n* vulcão *m*.

volley ['vɒlɪ] *(pl* -s*)* *n (in tennis)* vôlei *m* ◆ *vt* bater em *(antes que haja ressalto)*.

volleyball ['vɒlɪbɔːl] *n* voleibol *m*.

volt [vəʊlt] *n* volt *m*.

voltage ['vəʊltɪdʒ] *n* voltagem *f*.

volume ['vɒljuːm] *n* volume *m*.

voluntarily [*Brit* 'vɒləntrɪlɪ, *Am* ,vɒlən'terəlɪ] *adv* voluntariamente.

voluntary ['vɒləntrɪ] *adj* voluntário (-ria).

volunteer [,vɒlən'tɪəʳ] *n* voluntário *m* (-ria *f*) ◆ *vt*: **to ~ to do sthg** oferecer-se para fazer algo.

vomit ['vɒmɪt] *n* vômito *m* ◆ *vi* vomitar.

vote [vəʊt] *n (choice)* voto *m*; *(process, number of votes)* votação *f* ◆ *vi*: **to ~ (for)** votar (em).

voter ['vəʊtəʳ] *n* eleitor *m* (-ra *f*).

voting ['vəʊtɪŋ] *n* votação *f*.

vouch [vaʊtʃ] : **vouch for** *vt fus (person, child)* responder por; **I can ~ for its accuracy** posso lhe garantir que está correto.

voucher ['vaʊtʃəʳ] *n* vale *m*.

vow [vaʊ] *n* voto *m*, juramento *m* ◆ *vt*: **to ~ (that)** jurar que; **to ~ to do sthg** jurar fazer algo.

vowel ['vaʊəl] *n* vogal *f*.

voyage ['vɔɪɪdʒ] *n* viagem *f*.

vulgar ['vʌlgəʳ] *adj* ordinário(-ria), vulgar.

vulnerable ['vʌlnərəbl] *adj* vulnerável; **~ to sthg** *(to being hurt)* vulnerável a algo; *(to criticism, influence)* sujeito(-ta) a algo.

vulture ['vʌltʃəʳ] *n* abutre *m*.

vying ['vaɪɪŋ] *cont → **vie.

W

W *(abbr of west)* O.

wad [wɒd] *n (of paper, banknotes)* maço *m*; *(of cotton)* bola *f*, novelo *m*.

waddle ['wɒdl] *vi* bambolear-se.

wade [weɪd] *vi* caminhar *(com dificuldade pela água)*.

wading pool ['weɪdɪŋ-] *n (Am)* piscina *f* infantil.

wafer ['weɪfə^r] *n* bolacha *f (muito fina e leve)*.

waffle ['wɒfl] *n (pancake)* = waffle *m (Br)*, talassa *f (Port)* ♦ *vi (inf)* dizer palha.

wag [wæg] *vt* abanar.

wage [weɪdʒ] *n* ordenado *m*.

❑ **wages** *npl* ordenado *m*.

wage packet *n (pay)* ordenado *m*.

wager ['weɪdʒə^r] *n* aposta *f*.

wagon ['wægən] *n (vehicle)* carroça *f*; *(Brit: of train)* vagão *m*.

wail [weɪl] *n* lamento *m*, gemido *m* ♦ *vi (person, baby)* chorar.

waist [weɪst] *n* cintura *f*.

waistcoat ['weɪskəʊt] *n* colete *m*.

waistline ['weɪstlaɪn] *n* cintura *f*, cinta *f*.

wait [weɪt] *n* espera *f* ♦ *vi* esperar; **to ~ for sb to do sthg** esperar que alguém faça algo; **I can't ~!** mal posso esperar!

❑ **wait for** *vt fus* esperar por; **I'm ~ing for someone** estou à espera de alguém.

waiter ['weɪtə^r] *n* garçon *m*, empregado *m (de mesa) (Port)*.

waiting list ['weɪtɪŋ-] *n* lista *f* de espera.

waiting room ['weɪtɪŋ-] *n* sala *f* de espera.

waitress ['weɪtrɪs] *n* garçonete *f (Br)*, empregada *f (de mesa) (Port)*.

waive [weɪv] *vt (rule)* não aplicar; *(right)* prescindir de.

wake [weɪk] *(pt* woke, *pp* woken) *vt & vi* acordar.

❑ **wake up** *vt sep & vi* acordar.

Waldorf salad ['wɔːldɔːf-] *n* salada *f* Waldorf, *salada de maçã, nozes e aipo com maionese*.

Wales [weɪlz] *n* País *m* de Gales.

walk [wɔːk] *n (hike)* caminhada *f*; *(stroll)* passeio *m*; *(path)* trilho *m*, caminho *m* ♦ *vi* andar; *(as hobby)* caminhar ♦ *vt (distance)* andar; *(dog)* passear; **to go for a ~** dar um passeio; **it's a short ~** não é muito longe (a pé), fica a dois passos; **to take the dog for a ~** levar o cachorro a passear, passear o cachorro; **"walk"** *(Am)* sinal luminoso *que indica aos pedestres que podem atravessar*; **"don't ~"** *(Am)* sinal luminoso *que indica aos pedestres que não podem atravessar*.

❑ **walk away** *vi* ir-se embora.

❑ **walk in** *vi* entrar.

❑ **walk out** *vi (leave angrily)* ir-se embora.

walker ['wɔːkə^r] *n* caminhante *mf*.

walkie-talkie [ˌwɔːkɪ'tɔːkɪ] *n* walkie-talkie *m*.

walking ['wɔːkɪŋ] *n*: **to go ~** fazer caminhadas.

walking boots ['wɔːkɪŋ-] *npl* botas *fpl* de montanha.

walking stick ['wɔːkɪŋ-] *n* bengala *f*.

Walkman® ['wɔːkmən] *n* walkman® *m*.

wall [wɔːl] *n (of building, room)* parede *f*; *(in garden, countryside, street)* muro *m*.

wallchart ['wɔːltʃɑːt] *n* mapa *m*.

wallet ['wɒlɪt] *n* carteira *f (de documentos)*.

wallpaper ['wɔːlpeɪpə^r] *n* papel *m* de parede.

wally ['wɒlɪ] *n (Brit: inf)* palerma *mf*.

walnut ['wɔːlnʌt] *n (nut)* noz *f*.

walrus ['wɔ:lrəs] (*pl inv* OR **-es**) *n* morsa *f*.

waltz [wɔ:ls] *n* valsa *f*.

wand [wɒnd] *n* varinha *f* de condão.

wander ['wɒndər] *vi* vagar, perambular.

want [wɒnt] *vt (desire)* querer; *(need)* precisar de; **to ~ to do sthg** querer fazer algo; **to ~ sb to do sthg** querer que alguém faça algo.

wanted ['wɒntɪd] *adj*: **to be ~ (by the police)** ser procurado(-da) (pela polícia).

war [wɔ:r] *n* guerra *f*.

ward [wɔ:d] *n (in hospital)* enfermaria *f*.

warden ['wɔ:dn] *n (of park)* guarda *mf*; *(of youth hostel)* encarregado *m* (-da *f*).

warder ['wɔ:dər] *n* guarda *mf* (prisional).

wardrobe ['wɔ:drəub] *n* guarda-roupa *m*, armário *m*.

warehouse ['weəhaus, *pl* -hauzɪz] *n* armazém *m*.

warfare ['wɔ:feər] *n* guerra *f*.

warhead ['wɔ:hed] *n* ogiva *f*.

warm [wɔ:m] *adj* quente; *(friendly)* caloroso(-osa) ◆ *vt* aquecer.

❏ **warm up** *vt sep* aquecer ◆ *vi* aquecer; *(do exercises)* fazer exercícios de aquecimento.

war memorial *n* monumento *m* aos mortos na guerra.

warm-hearted [-'hɑ:tɪd] *adj* bondoso(-osa).

warmly ['wɔ:mlɪ] *adv (in a friendly way)* calorosamente; **to dress ~** agasalhar-se.

warmth [wɔ:mθ] *n* calor *m*.

warn [wɔ:n] *vt* avisar; **to ~ sb about sthg** avisar alguém de algo; **to ~ sb not to do sthg** avisar alguém para não fazer algo.

warning ['wɔ:nɪŋ] *n* aviso *m*.

warp [wɔ:p] *vt & vi (wood)* empenar.

warrant ['wɒrənt] *n (JUR)* mandato *m* ◆ *vt (fml: justify)* justificar.

warranty ['wɒrəntɪ] *n (fml)* garantia *f*.

warrior ['wɒrɪər] *n* guerreiro *m* (-ra *f*).

Warsaw ['wɔ:sɔ:] *n* Varsóvia *s*.

warship ['wɔ:ʃɪp] *n* navio *m* de guerra.

wart [wɔ:t] *n* verruga *f (Br)*, cravo *m (Port)*.

wartime ['wɔ:taɪm] *n* tempo *m* de guerra.

wary ['weərɪ] *adj* receoso(-osa); **to be ~ of sthg/of doing sthg** recear algo/fazer algo.

was [wɒz] *pt* → **be**.

wash [wɒʃ] *vt* lavar ◆ *vi* lavar-se ◆ *n*: **to give sthg a ~** dar uma lavada em algo; **to have a ~** lavar-se; **to ~ one's hands** lavar as mãos.

❏ **wash up** *vi (Brit: do washing-up)* lavar a louça; *(Am: clean o.s.)* lavar-se.

washable ['wɒʃəbl] *adj* lavável.

washbasin ['wɒʃ,beɪsn] *n* pia *f*, lavatório *m (Port)*.

washbowl ['wɒʃbəul] *n (Am)* pia *f*, lavatório *m (Port)*.

washer ['wɒʃər] *n (ring)* bucha *f*, anilha *f*.

washing ['wɒʃɪŋ] *n (activity)* lavagem *f*; *(clothes)* roupa *f* suja.

washing line *n* corda *f* de estender a roupa, varal *m (Br)*, estendal *m (Port)*.

washing machine *n* máquina *f* de lavar roupa.

washing powder *n* sabão *m* em pó *(Br)*, detergente *m* para a roupa *(Port)*.

washing-up *n (Brit)*: **to do the ~** lavar a louça.

washing-up bowl *n (Brit)* bacia *f* de lavar louça, lava-louças *m inv (Port)*.

washing-up liquid *n (Brit)* detergente *m* para a louça.

washroom ['wɒʃrum] *n (Am)* banheiro *m (Br)*, casa *f* de banho *(Port)*.

wasn't [wɒznt] = **was not**.

wasp [wɒsp] *n* vespa *f*.

waste [weɪst] *n (rubbish)* lixo *m* ◆ *vt (money, energy, opportunity)* desperdiçar; *(time)* perder; **a ~ of money** um desperdício de dinheiro; **a ~ of time** um desperdício OR uma perda de tempo.

wastebin ['weɪstbɪn] *n* lata *f* de lixo *(Br)*, caixote *m* do lixo *(Port)*.

wasteful ['weɪstful] *adj (person)* esbanjador(-ra); *(activity)* pouco econômico(-ca).

waste ground *n* terreno *m* abandonado, descampado *m*.

wastepaper basket [,weɪst'peɪpər-] *n* cesta *f* de lixo *(Br)*, cesto *m* dos papéis *(Port)*.

watch [wɒtʃ] *n (wristwatch)* relógio *m* (de pulso) ◆ *vt (observe)* ver; *(spy on)* espiar, vigiar; *(be careful with)* ter cuidado com.

❏ **watch out** *vi (be careful)* ter cuidado;

to ~ out for *(look for)* estar atento a.
watchdog ['wɒtʃdɒg] *n (dog)* cão *m* de guarda; **a consumer ~** *uma organização de defesa do consumidor.*
watchmaker ['wɒtʃˌmeɪkəʳ] *n* relojoeiro *m* (-ra *f*).
watchman ['wɒtʃmən] *(pl* -men [-mən]) *n* vigia *m*.
watchstrap ['wɒtʃstræp] *n* pulseira *f* de relógio.
water ['wɔːtəʳ] *n* água *f ♦ vt (plants, garden)* regar *♦ vi (eyes)* lacrimejar; **to make one's mouth ~** dar água na boca.
water bottle *n* cantil *m*.
watercolour ['wɔːtəˌkʌləʳ] *n* aquarela *f*.
watercress ['wɔːtəkres] *n* agrião *m*.
waterfall ['wɔːtəfɔːl] *n* queda *f* d'água, catarata *f*.
water heater *n* aquecedor *m* (de água) *(Br)*, esquentador *m (Port)*.
watering can ['wɔːtərɪŋ-] *n* regador *m*.
water level *n* nível *m* de água.
water lily *n* nenúfar *m*.
waterlogged ['wɔːtəlɒgd] *adj (land)* alagado(-da), alagadiço(-ça).
water main *n* conduta *f* (principal) da água.
watermark ['wɔːtəmɑːk] *n (in paper)* marca *f* de água; *(showing water level)* marca do nível de água.
watermelon ['wɔːtəˌmelən] *n* melancia *f*.
waterproof ['wɔːtəpruːf] *adj* à prova de água.
water purification tablets [-pjʊərɪfɪˈkeɪʃn-] *npl* comprimidos *mpl* para purificar a água.
water skiing *n* esqui *m* aquático.
watersports ['wɔːtəspɔːts] *npl* esportes *mpl* aquáticos.
water tank *n* tanque *m* de água.
watertight ['wɔːtətaɪt] *adj* à prova d'água.
watery ['wɔːtərɪ] *adj (food, drink)* aguado(-da).
watt [wɒt] *n* watt *m*, vátio *m*; **a 60-~ bulb** uma lâmpada de 60 watts.
wave [weɪv] *n* onda *f ♦ vt (hand)* acenar com; *(flag)* agitar *♦ vi (move hand)* acenar, dizer adeus.
wavelength ['weɪvleŋθ] *n* comprimento *m* de onda.
waver ['weɪvəʳ] *vi (person, resolve, con-*

fidence) vacilar; *(voice)* hesitar; *(flame, light)* oscilar.
wavy ['weɪvɪ] *adj* ondulado(-da).
wax [wæks] *n* cera *f*.
waxworks ['wækswɜːks] *(pl inv)* *n* museu *m* de cera.
way [weɪ] *n (manner, means)* maneira *f*, forma *f*; *(route, distance travelled)* caminho *m*; *(direction)* direção *f*; **which ~ is the station?** para que lado é a estação?; **the town is out of our ~** a cidade não fica no nosso caminho; **to be in the ~** estar à frente; **to be on the** OR **one's ~** *(coming)* estar a caminho; **to get out of the ~** sair da frente; **to get under ~** começar; **it's a long ~ to the station** a estação fica muito longe; **to be a long ~ away** ficar muito longe; **to lose one's ~** perder-se, perder o caminho; **on the ~ back** na volta; **on the ~ there** no caminho; **that ~** *(like that)* daquela maneira, assim; *(in that direction)* por ali; **this ~** *(like this)* assim; *(in this direction)* por aqui; **"give ~"** "dê preferência"; **"~ in"** "entrada"; **"~ out"** "saída"; **no ~!** *(inf)* nem pensar!
waylay [ˌweɪˈleɪ] *(pt & pp* -laid) *vt* abordar.
wayward ['weɪwəd] *adj* rebelde.
WC *n (abbr of water closet)* WC *m*.
we [wiː] *pron* nós; **~'re young** (nós) somos jovens.
weak [wiːk] *adj* fraco(-ca); *(not solid)* frágil.
weaken ['wiːkn] *vt* enfraquecer.
weakling ['wiːklɪŋ] *n* fracote *m* (-ta *f*).
weakness ['wiːknɪs] *n (weak point)* fraqueza *f*; *(fondness)* fraco *m*.
wealth [welθ] *n* riqueza *f*.
wealthy ['welθɪ] *adj* rico(-ca).
wean [wiːn] *vt (baby, kitten)* desmamar.
weapon ['wepən] *n* arma *f*.
weaponry ['wepənrɪ] *n* armamento *m*.
wear [weəʳ] *(pt* wore, *pp* worn) *vt (clothes, shoes, jewellery)* usar *♦ n (clothes)* roupa *f*; **~ and tear** uso *m*.
❏ **wear off** *vi* desaparecer.
❏ **wear out** *vi* gastar-se.
weary ['wɪərɪ] *adj* cansado(-da).
weasel ['wiːzl] *n* doninha *f*.
weather ['weðəʳ] *n* tempo *m*; **what's the ~ like?** como está o tempo?; **to be under the ~** *(inf)* estar um pouco adoentado.

weathercock ['weðəkɒk] *n* cata-vento *m*.

weather forecast *n* previsão *f* do tempo.

weather forecaster [-ˌfɔːkɑːstəʳ] *n* meteorologista *mf*.

weather report *n* boletim *m* meteorológico.

weather vane [-veɪn] *n* cata-vento *m*.

weave [wiːv] (*pt* **wove**, *pp* **woven**) *vt* tecer.

weaver ['wiːvəʳ] *n* tecelão *m* (tecedeira *f*).

web [web] *n* (*of spider*) teia *f*.

Web site *n* (*COMPUT*) site *m*.

Wed. (*abbr of Wednesday*) 4ª, quar.

we'd [wiːd] = **we had**, **we would**.

wedding ['wedɪŋ] *n* casamento *m*.

wedding anniversary *n* aniversário *m* de casamento.

wedding cake *n* bolo *m* de noiva.

wedding dress *n* vestido *m* de noiva.

wedding ring *n* aliança *f*.

wedge [wedʒ] *n* (*of cake*) fatia *f*; (*of wood etc*) cunha *f*, calço *m*.

Wednesday ['wenzdɪ] *n* quarta-feira *f*, → **Saturday**.

wee [wiː] *adj* (*Scot*) pequeno(-na) ◆ *n* (*inf*) chichi *m*.

weed [wiːd] *n* erva *f* daninha.

weedkiller ['wiːdˌkɪləʳ] *n* herbicida *m*.

weedy ['wiːdɪ] *adj* (*Brit: inf: feeble*) fracote(-ta).

week [wiːk] *n* semana *f*; **a ~ today** daqui a uma semana OR oito dias; **in a ~'s time** daqui a uma semana OR oito dias.

weekday ['wiːkdeɪ] *n* dia *m* útil.

weekend [ˌwiːk'end] *n* fim-de-semana *m*.

weekly ['wiːklɪ] *adj* semanal ◆ *adv* semanalmente ◆ *n* semanário *m*.

weep [wiːp] (*pt & pp* **wept**) *vi* chorar.

weigh [weɪ] *vt* pesar; **how much does it ~?** quanto é que (isso) pesa?

weight [weɪt] *n* peso *m*; **to lose ~** emagrecer; **to put on ~** engordar.

❑ **weights** *npl* (*for weight training*) pesos *mpl*.

weightlifting ['weɪtˌlɪftɪŋ] *n* halterofilia *f*.

weight training *n* musculação *f*.

weighty ['weɪtɪ] *adj* de peso.

weir [wɪəʳ] *n* represa *f*.

weird [wɪəd] *adj* esquisito(-ta), estranho(-nha).

welcome ['welkəm] *adj* bem-vindo(-da) ◆ *n* boas-vindas *fpl* ◆ *vt* (*greet*) dar as boas-vindas a; (*be grateful for*) agradecer ◆ *excl* bem-vindo!; **you're ~ to use our car** você pode usar o nosso carro à vontade; **to make sb feel ~** fazer alguém sentir-se bem-vindo; **you're ~!** de nada!

weld [weld] *vt* soldar.

welfare ['welfeəʳ] *n* (*happiness, comfort*) bem-estar *m*; (*Am: money*) subsídio *m* da segurança social.

welfare state *n*: **the ~** o estado-previdência.

well [wel] (*compar* **better**, *superl* **best**) *adj* bom (boa) ◆ *adv* bem ◆ *n* poço *m*; **to get ~** melhorar; **to go ~** correr bem; **~ done!** muito bem!; **it may ~ happen** pode muito bem acontecer; **it's ~ worth it** vale bem a pena; **as ~** (*in addition*) também; **as ~ as** (*in addition to*) assim como.

we'll [wiːl] = **we shall**, **we will**.

well-advised *adj*: **you would be ~ to ask her first** seria prudente perguntar-lhe primeiro.

well-behaved [-bɪ'heɪvd] *adj* bem comportado(-da).

wellbeing [ˌwel'biːɪŋ] *n* bem-estar *m*.

well-built *adj* bem constituído(-da), robusto(-ta).

well-done *adj* (*meat*) bem passado(-da).

well-dressed [-'drest] *adj* bem vestido(-da).

wellington (boot) ['welɪŋtən-] *n* bota *f* de borracha, galocha *f*.

well-kept *adj* (*garden*) bem cuidado(-da); (*secret*) bem guardado(-da).

well-known *adj* conhecido(-da).

well-meaning *adj* bem-intencionado(-da).

well-nigh *adv* praticamente.

well-off *adj* (*rich*) rico(-ca).

well-paid *adj* bem pago(-ga), bem remunerado(-da).

well-read [-red] *adj* culto(-ta).

well-timed [-'taɪmd] *adj* oportuno(-na).

well-to-do *adj* rico(-ca), abastado(-da).

well-wisher [-wɪʃəʳ] *n* simpatizante *mf*.

welly ['welɪ] *n* (*Brit: inf*) bota *f* de

borracha, galocha *f*.
Welsh [welʃ] *adj* galês(-esa) ♦ *n (language)* galês *m* ♦ *npl*: **the ~** os galeses.
Welshman ['welʃmən] *(pl* **-men** [-mən]) *n* galês *m*.
Welsh rarebit [-'reəbɪt] *n* torrada com queijo derretido.
Welshwoman ['welʃ,wumən] *(pl* **-women** [-,wɪmɪn]) *n* galesa *f*.
went [went] *pt* → **go**.
wept [wept] *pt & pp* → **weep**.
were [wɜːʳ] *pt* → **be**.
we're [wɪəʳ] = **we are**.
weren't [wɜːnt] = **were not**.
west [west] *n* oeste *m* ♦ *adj* ocidental, oeste ♦ *adv (be situated)* a oeste; *(fly, walk)* em direção ao oeste, para o oeste; **in the ~ of England** no oeste da Inglaterra.
westbound ['westbaund] *adj* em direção ao oeste.
West Country *n*: **the ~** o sudoeste da Inglaterra, especialmente os condados de Somerset, Devon e a Cornualha.
West End *n*: **the ~** *(of London)* o West End, famosa área londrina onde se encontram as grandes lojas, cinemas e teatros.
westerly ['westəlɪ] *adj (wind)* de oeste; **in a ~ direction** em direção ao oeste; **the most ~ point** o ponto mais a oeste.
western ['westən] *adj* ocidental ♦ *n* western *m*, filme *m* de cow-boys.
West Indian *adj* antilhano(-na) ♦ *n (person)* antilhano *m* (-na *f*).
West Indies [-'ɪndiːz] *npl* Antilhas *fpl*.
Westminster ['westmɪnstəʳ] *n* Westminster, *bairro do centro de Londres*.
Westminster Abbey *n* abadia *f* de Westminster.
westward ['westwəd] *adj*: **in a ~ direction** em direção ao oeste.
westwards ['westwədz] *adv* em direção ao oeste, para o oeste.
wet [wet] *(pt & pp* **wet** OR **-ted)** *adj (soaked, damp)* molhado(-da); *(rainy)* chuvoso(-osa) ♦ *vt* molhar; **to get ~** molhar-se; **"~ paint"** "tinta fresca".
wet suit *n* traje *m* de mergulho *(Br)*, fato *m* de mergulho *(Port)*.
we've [wiːv] = **we have**.
whack [wæk] *n (inf)* pancada *f* ♦ *vt (inf)* dar uma pancada em.
whale [weɪl] *n* baleia *f*.

wharf [wɔːf] *(pl* **-s** OR **wharves** [wɔːvz]) *n* cais *m inv*.
what [wɒt] *adj* **1.** *(in questions)* que; **~ colour is it?** de que cor é?; **he asked me ~ colour it was** ele perguntou-me de que cor era.
2. *(in exclamations)* que; **~ a surprise!** mas que surpresa!; **~ a beautiful day!** mas que dia lindo!
♦ *pron* **1.** *(in questions)* o que; **~ is going on?** o que é que está acontecendo?; **~ is that?** o que é isso?; **~ is that thing called?** como é que se chama aquilo?; **~ is the problem?** qual é o problema?; **she asked me ~ had happened** ela perguntou-me o que é que tinha acontecido; **she asked me ~ I had seen** ela perguntou-me o que é que eu tinha visto.
2. *(in questions: after prep)* que; **~ are they talking about?** de que é que eles estão falando?; **~ is it for?** para que é isso?; **she asked me ~ I was thinking about** ela perguntou-me em que é que eu estava pensando.
3. *(introducing relative clause)* o que; **I didn't see ~ happened** não vi o que aconteceu; **you can't have ~ you want** você não pode ter o que quer.
4. *(in phrases)*: **~ for?** para quê?; **~ about going out for a meal?** que tal irmos comer fora?
♦ *excl* o quê!
whatever [wɒt'evəʳ] *pron*: **take ~ you want** leve o que quiser; **~ I do, I'll lose** faça o que fizer, perco sempre; **~ that may be** seja lá o que for.
whatsoever [,wɒtsəu'evəʳ] *adj*: **nothing ~** nada; **none ~** nenhum(-ma); **to have no interest ~ in sthg** não ter interesse nenhum em algo.
wheat [wiːt] *n* trigo *m*.
wheel [wiːl] *n (of car, bicycle etc)* roda *f*; *(steering wheel)* volante *m*.
wheelbarrow ['wiːl,bærəu] *n* carrinho *m* de mão.
wheelchair ['wiːl,tʃeəʳ] *n* cadeira *f* de rodas.
wheelclamp ['wiːl,klæmp] *n* garra *f*, imobilizador *m*.
wheezy ['wiːzɪ] *adj*: **to be ~** respirar com dificuldade.
whelk [welk] *n* búzio *m*.
when [wen] *adv & conj* quando.
whenever [wen'evəʳ] *conj* sempre que; **~ you like** quando você quiser.

where [weəʳ] *adv & conj* onde; **that's ~ you're wrong** aí é que você se engana.

whereabouts [ˈweərəbauts] *adv* onde ◆ *npl* paradeiro *m*.

whereas [weəˈræz] *conj* enquanto que.

whereby [weəˈbaɪ] *conj (fml)* pelo (pela) qual.

wherever [weərˈevəʳ] *conj* onde quer que; **~ that may be** onde quer que isso seja; **~ you like** onde você quiser.

whet [wet] *vt:* **to ~ sb's appetite (for sthg)** abrir o apetite de alguém (para algo).

whether [ˈweðəʳ] *conj (indicating choice, doubt)* se; **~ you like it or not** queira ou não queira.

which [wɪtʃ] *adj (in questions)* qual, que; **~ room do you want?** qual é o quarto que você quer?, que quarto você quer?; **~ one?** qual (deles)?; **she asked me ~ room I wanted** ela perguntou-me qual OR que quarto eu queria.
◆ *pron* **1.** *(in questions)* qual; **~ is the cheapest?** qual é o mais barato?; **~ do you prefer?** qual (é o que) você prefere?; **he asked me ~ was the best** ele perguntou-me qual era o melhor; **he asked me ~ I preferred** ele perguntou-me qual é que eu preferia; **he asked me ~ I was talking about** ele perguntou-me de qual (é que) eu estava falando.
2. *(introducing relative clause: subject)*: **take the one ~ is nearer to you** leva o que está mais perto de você; **I can't remember ~ was better** não me lembro de qual era o melhor; **the house ~ is on the corner** a casa da esquina.
3. *(introducing relative clause: object, after prep)* que; **the television ~ I bought** a televisão que eu comprei; **the settee on ~ I'm sitting** o sofá em que estou sentado.
4. *(referring back)* o que; **he's late, ~ annoys me** ele está atrasado, o que me aborrece; **he's always late, ~ I don't like** ele está sempre atrasado, o que eu odeio.

whichever [wɪtʃˈevəʳ] *pron* o que (a que) ◆ *adj:* **~ place you like** o lugar que você preferir; **~ way you do it** faça como fizer.

whiff [wɪf] *n (smell)* cheirinho *m*.

while [waɪl] *conj (during the time that)* enquanto; *(although)* se bem que; *(whereas)* enquanto que ◆ *n:* **a ~** um pouco; **a ~ ago** há algum tempo; **it's been quite a ~ since I last saw him** há muito que não o vejo; **for a ~** durante algum tempo; **in a ~** daqui a pouco.

whilst [waɪlst] *conj* = **while**.

whim [wɪm] *n* capricho *m*.

whimper [ˈwɪmpəʳ] *vi (dog)* gamir; *(child)* choramingar.

whine [waɪn] *vi (make noise)* gemer; *(complain)* queixar-se; *(dog)* ganir.

whinge [wɪndʒ] *vi (Brit):* **to ~ (about)** queixar-se (de).

whip [wɪp] *n* chicote *m* ◆ *vt* chicotear.

whipped cream [wɪpt-] *n* creme *m* batido *(Br)*, natas *fpl* batidas *(Port)*, chantilly *m*.

whip-round *n (Brit: inf):* **to have a ~** fazer uma coleta.

whirlpool [ˈwɜːlpuːl] *n (Jacuzzi)* Jacuzzi® *m*.

whirlwind [ˈwɜːlwɪnd] *n* remoinho *m* (de vento), furacão *m*.

whirr [wɜːʳ] *vi* zumbir.

whisk [wɪsk] *n (utensil)* vara *f* de arames, batedor *m* de ovos manual ◆ *vt (eggs, cream)* bater.

whiskers [ˈwɪskəz] *npl (of person)* suíças *fpl*, patilhas *fpl (Port)*; *(of animal)* bigodes *mpl*.

whiskey [ˈwɪskɪ] *(pl* **-s)** *n* uísque *m (irlandês ou americano)*.

whisky [ˈwɪskɪ] *n* uísque *m (escocês)*.

whisper [ˈwɪspəʳ] *vt & vi* murmurar.

whistle [ˈwɪsl] *n (instrument)* apito *m*; *(sound)* assobio *m* ◆ *vi* assobiar.

white [waɪt] *adj* branco(-ca); *(coffee, tea)* com leite ◆ *n (colour)* branco *m*; *(of egg)* clara *f*; *(person)* branco *m* (-ca *f*).

white bread *n* pão *m* (branco).

white-hot *adj* incandescente.

White House *n:* **the ~** a Casa Branca.

white lie *n* mentirinha *f*.

whiteness [ˈwaɪtnɪs] *n* brancura *f*.

white sauce *n* molho *m* branco.

white spirit *n* aguarrás *f*, essência *f* de petróleo.

whitewash [ˈwaɪtwɒʃ] *vt* caiar.

white wine *n* vinho *m* branco.

whiting [ˈwaɪtɪŋ] *(pl inv)* *n* faneca *f*.

Whitsun [ˈwɪtsn] *n* Pentecostes *m*.

whizz [wɪz] *n (inf):* **to be a ~ at sthg**

ser um gênio em algo ♦ *vi* passar a
grande velocidade.

whizz kid *n* (*inf*) menino-prodígio
m (menina-prodígio *f*).

who [hu:] *pron* (*in questions*) quem; (*in
relative clauses*) que.

who'd [hu:d] = **who had, who would.**

whoever [hu:'evəʳ] *pron* quem; ~ **it is**
quem quer que seja, seja quem for.

whole [həʊl] *adj* inteiro(-ra) ♦ *n*: **the**
~ **of the journey** a viagem inteira, toda
a viagem; **on the** ~ em geral.

wholefoods ['həʊlfu:dz] *npl* produtos *mpl* dietéticos.

whole-hearted *adj* total.

wholemeal bread ['həʊlmi:l-] *n*
(*Brit*) pão *m* integral.

wholesale ['həʊlseɪl] *adv* (*COMM*) por
atacado.

wholesome ['həʊlsəm] *adj* saudável.

wholewheat bread ['həʊl,wi:t-]
(*Am*) = **wholemeal bread.**

who'll [hu:l] = **who will.**

wholly ['həʊlɪ] *adv* totalmente.

whom [hu:m] *pron* (*fml: in questions*)
quem; (*in relative clauses: after prep*)
que; **to** ~ a quem.

whooping cough ['hu:pɪŋ-] *n*
coqueluche *f* (*Br*), tosse *f* convulsa
(*Port*).

whopping ['wɒpɪŋ] *adj* (*inf*) tre-
mendo(-da).

whore [hɔ:ʳ] *n* puta *f*.

who're [hu:əʳ] = **who are.**

whose [hu:z] *adj* (*in questions*) de
quem; (*in relative clauses*) cujo(-ja)
♦ *pron* de quem; ~ **book is this?** de
quem é este livro?

why [waɪ] *adv & conj* porque; ~ **not?**
porque não?; **tell me** ~ (diz-me) porquê; **I know** ~ **James isn't here** eu sei
porque é que o James não está.

wick [wɪk] *n* (*of candle, lighter*) mecha
f, pavio *m*.

wicked ['wɪkɪd] *adj* (*evil*) mau (má);
(*mischievous*) travesso(-a).

wicker ['wɪkəʳ] *adj* de vime.

wickerwork ['wɪkəwɜ:k] *n* trabalho
m em verga OR vime.

wide [waɪd] *adj* largo(-ga); (*range,
variety, gap*) grande ♦ *adv*: **to open
sthg** ~ abrir bem algo; **how** ~ **is the
road?** qual é a largura da estrada?; **it's
12 metres** ~ tem 12 metros de largura; ~ **open** escancarado, aberto de par
em par.

wide-angle lens *n* (objectiva) grande angular *f*.

wide-awake *adj* completamente
acordado(-da).

widely ['waɪdlɪ] *adv* muito.

widen ['waɪdn] *vt* (*make broader*) alargar ♦ *vi* (*gap, difference*) aumentar.

wide-ranging [-'reɪndʒɪŋ] *adj* vasto
(-ta).

widespread ['waɪdspred] *adj* genera-
lizado(-da).

widow ['wɪdəʊ] *n* viúva *f*.

widower ['wɪdəʊəʳ] *n* viúvo *m*.

width [wɪdθ] *n* largura *f*.

wield [wi:ld] *vt* (*weapon*) brandir;
(*power*) exercer.

wife [waɪf] (*pl* **wives**) *n* esposa *f*, mulher *f*.

wig [wɪg] *n* peruca *f*.

wiggle ['wɪgl] *vt* (*inf*) mexer; (*tooth*)
balançar.

wild [waɪld] *adj* (*animal, land, area*)
selvagem; (*plant*) silvestre; (*uncontrolled*) descontrolado(-da); (*crazy*)
louco(-ca); **to be** ~ **about** (*inf*) ser
louco por.

wilderness ['wɪldənɪs] *n* (*barren land*)
deserto *m*; (*overgrown land*) selva *f*.

wild flower *n* flor *f* silvestre.

wildlife ['waɪldlaɪf] *n* a fauna e a
flora.

wildly ['waɪldlɪ] *adv* (*applaud, shout*)
como um louco (uma louca); (*guess,
suggest*) ao acaso; (*shoot*) indiscrimina-
damente, em todos os sentidos;
(*funny, different*) extremamente.

will[1] [wɪl] *aux vb* **1.** (*expressing future
tense*): **it** ~ **be difficult to repair** vai ser
difícil de arranjar; ~ **you be here next
Friday?** você vai estar aqui na próxima
sexta?; **I** ~ **see you next week** vejo-lhe
para a semana; **yes I** ~ sim; **no I won't**
não.
2. (*expressing willingness*): **I won't do it**
recuso-me a fazê-lo.
3. (*expressing polite question*): ~ **you
have some more tea?** você quer mais
um chá?
4. (*in commands, requests*): ~ **you please
be quiet!** pode ficar calado, por favor!;
close that window, ~ **you?** feche a
janela, faz favor.

will[2] [wɪl] *n* (*document*) testamento *m*;
against my ~ contra a minha vontade.

willing ['wɪlɪŋ] *adj*: **to be** ~ **to do sthg**
estar disposto(-osta) a fazer algo.

willingly ['wɪlɪŋlɪ] *adv* de boa vontade.

willow ['wɪləʊ] *n* salgueiro *m*.

willpower ['wɪlˌpaʊəʳ] *n* força *f* de vontade.

wilt [wɪlt] *vi (plant)* murchar.

wily ['waɪlɪ] *adj* astuto(-ta), matreiro (-ra).

wimp [wɪmp] *n (inf)* banana *f (Br)*, medricas *mf inv (Port)*.

win [wɪn] *(pt & pp* **won**) *n* vitória *f* ♦ *vt* ganhar; *(support, approval)* obter ♦ *vi* ganhar.

wince [wɪns] *vi (pull face)* fazer uma careta; **to ~ at sthg** *(memory, thought)* estremecer com algo; **to ~ with sthg** *(pain, embarrassment)* encolher-se com algo.

winch [wɪntʃ] *n* guincho *m*.

wind[1] [wɪnd] *n (air current)* vento *m*; *(in stomach)* gases *mpl*.

wind[2] [waɪnd] *(pt & pp* **wound**) *vi (road, river)* serpentear ♦ *vt*: **to ~ sthg round sthg** enrolar algo à volta de algo.

❑ **wind up** *vt sep (Brit: inf: annoy)* gozar; *(car window)* subir; *(clock, watch)* dar corda em.

windbreak ['wɪndbreɪk] *n* guarda-vento *m*.

windfall ['wɪndfɔːl] *n (unexpected gift)* presente *m* caído do céu.

winding ['waɪndɪŋ] *adj* sinuoso(-osa).

wind instrument [wɪnd-] *n* instrumento *m* de sopro.

windmill ['wɪndmɪl] *n* moinho *m* de vento.

window ['wɪndəʊ] *n* janela *f*; *(of shop)* vitrine *f*.

window box *n* floreira *f* de janela.

window cleaner *n* limpador *m* (-ra *f*) de janelas.

window ledge *n* peitoril *m* da janela.

windowpane ['wɪndəʊˌpeɪn] *n* vidro *m*, vidraça *f*.

window seat *n (on plane)* lugar *m* ao lado da janela.

window-shopping *n*: **to go ~** ir ver vitrines.

windowsill ['wɪndəʊsɪl] *n* peitoril *m* da janela.

windpipe ['wɪndpaɪp] *n* traquéia *f*.

windscreen ['wɪndskriːn] *n (Brit)* pára-brisas *m inv*.

windscreen wipers *npl (Brit)* lavador *m* de pára-brisas *(Br)*, limpa-pára-brisas *m inv (Port)*.

windshield ['wɪndʃiːld] *n (Am)* pára-brisas *m inv*.

Windsor Castle ['wɪnzə-] *n* o Castelo de Windsor.

windsurfing ['wɪndˌsɜːfɪŋ] *n* windsurfe *m*; **to go ~** fazer windsurfe.

windy ['wɪndɪ] *adj* ventoso(-osa), com muito vento; **it's ~** está ventando muito.

wine [waɪn] *n* vinho *m*.

wine bar *n (Brit)* bar de certa categoria especializado em vinhos, que serve também refeições ligeiras.

wine cellar *n* adega *f*.

wineglass ['waɪnglɑːs] *n* copo *m* de vinho.

wine list *n* lista *f* dos vinhos.

wine tasting [-ˌteɪstɪŋ] *n* prova *f* de vinhos.

wine waiter *n* garçon *m* que serve o vinho.

wing [wɪŋ] *n* asa *f*; *(Brit: of car)* pára-lamas *m inv*, guarda-lamas *m inv (Port)*; *(of building)* ala *f*.

❑ **wings** *npl*: **the ~s** *(in theatre)* os bastidores.

winger ['wɪŋəʳ] *n (SPORT)* ponta *m*, extremo *m*.

wink [wɪŋk] *vi* piscar o olho.

winner ['wɪnəʳ] *n* vencedor *m* (-ra *f*).

winning ['wɪnɪŋ] *adj (person, team)* vencedor(-ra); *(ticket, number)* premiado(-da).

winter ['wɪntəʳ] *n* inverno *m*; **in (the) ~** no inverno.

winter sports *npl* esportes *mpl* de inverno.

wintertime ['wɪntətaɪm] *n* inverno *m*.

wint(e)ry ['wɪntrɪ] *adj* de inverno, invernal.

wipe [waɪp] *vt* limpar; **to ~ one's hands/feet** limpar as mãos/os pés.

❑ **wipe up** *vt sep & vi* limpar.

wiper ['waɪpəʳ] *n (windscreen wiper)* lavador *m* de pára-brisas *(Br)*, limpa-pára-brisas *m inv (Port)*.

wire ['waɪəʳ] *n* arame *m*; *(electrical wire)* fio *m* (elétrico) ♦ *vt (plug)* montar.

wireless ['waɪəlɪs] *n* rádio *m*.

wiring ['waɪərɪŋ] *n* instalação *f* elétrica.

wisdom ['wɪzdəm] *n (of person)* sabedoria *f*.

wisdom tooth n dente m do siso.

wise [waɪz] adj (person) sábio(-bia); (decision, idea) sensato(-ta).

wisecrack [ˈwaɪzkræk] n piada f.

wish [wɪʃ] n (desire) desejo m ♦ vt: **I ~ I was younger** quem me dera ser mais novo; **I ~ you'd told me earlier** que pena você não me disse isso antes; **to ~ for sthg** desejar algo; **to ~ to do sthg** (fml) desejar fazer algo; **to ~ sb happy birthday** dar os parabéns a alguém; **to ~ sb luck** desejar boa sorte a alguém; **if you ~** (fml) se assim o desejar; **best ~es** cumprimentos.

wit [wɪt] n (humour) espírito m; (intelligence): **to have the ~ to do sthg** ter a inteligência suficiente para fazer algo. ❑ **wits** npl (intelligence, mind): **to have** OR **keep one's ~s about one** estar alerta OR atento(-ta).

witch [wɪtʃ] n bruxa f.

with [wɪð] prep 1. (in company of) com; **come ~ me/us** vem comigo/conosco; **can I go ~ you?** posso ir com você?; **we stayed ~ friends** ficamos em casa de amigos. 2. (in descriptions) com; **a man ~ a beard** um homem de barba; **a room ~ a bathroom** um quarto com banheiro. 3. (indicating means, manner) com; **I washed it ~ detergent** lavei-o com detergente; **they won ~ ease** ganharam com facilidade. 4. (indicating emotion) de; **to tremble ~ fear** tremer de medo. 5. (regarding) com; **be careful ~ that!** tenha cuidado com isso! 6. (indicating opposition) com; **to argue ~ sb** discutir com alguém. 7. (indicating covering, contents): **to fill sthg ~ sthg** encher algo com OR de algo; **packed ~ people** cheio de gente; **topped ~ cream** coberto com creme.

withdraw [wɪðˈdrɔː] (pt **-drew**, pp **-drawn**) vt (take out) retirar; (money) levantar ♦ vi (from race, contest) desistir.

withdrawal [wɪðˈdrɔːəl] n (from bank account) levantamento m.

withdrawal symptoms npl síndrome f da abstinência.

withdrawn [wɪðˈdrɔːn] pp → **withdraw**.

withdrew [wɪðˈdruː] pt → **withdraw**.

wither [ˈwɪðəʳ] vi murchar.

withhold [wɪðˈhəʊld] (pt & pp **-held**)

vt (salary) reter; (information) ocultar.

within [wɪˈðɪn] prep (inside) dentro de; (certain distance) a; (certain time) em ♦ adv dentro; **~ 10 miles of ...** a 10 milhas de ...; **it arrived ~ a week** chegou em menos de uma semana; **~ the next week** durante a próxima semana.

without [wɪˈðaʊt] prep sem; **~ doing sthg** sem fazer algo.

withstand [wɪðˈstænd] (pt & pp **-stood**) vt resistir a, agüentar.

witness [ˈwɪtnɪs] n testemunha f ♦ vt (see) testemunhar.

witticism [ˈwɪtɪsɪzm] n dito m espirituoso.

witty [ˈwɪtɪ] adj espirituoso(-osa).

wives [waɪvz] pl → **wife**.

wizard [ˈwɪzəd] n feiticeiro m, mago m.

wobble [ˈwɒbl] vi (chair, table) balançar; (legs, hands) tremer.

wobbly [ˈwɒblɪ] adj (table, chair) pouco firme.

woe [wəʊ] n mágoa f.

wok [wɒk] n wok f, frigideira chinesa grande e com fundo redondo, usada especialmente para cozinhar em fogo alto.

woke [wəʊk] pt → **wake**.

woken [ˈwəʊkn] pp → **wake**.

wolf [wʊlf] (pl **wolves** [wʊlvz]) n lobo m.

woman [ˈwʊmən] (pl **women**) n mulher f.

womanly [ˈwʊmənlɪ] adj feminino (-na).

womb [wuːm] n útero m.

women [ˈwɪmɪn] pl → **woman**.

won [wʌn] pt & pp → **win**.

wonder [ˈwʌndəʳ] vi (ask o.s.) perguntar a si mesmo(-ma) ♦ n (amazement) maravilha f; **to ~ if** perguntar a si mesmo se; **I ~ if I could ask you a favour?** podia fazer-me um favor?; **I ~ if they'll come** será que eles vêm?

wonderful [ˈwʌndəfʊl] adj maravilhoso(-osa).

wonderfully [ˈwʌndəfʊlɪ] adv (very well) maravilhosamente; (for emphasis) extremamente.

won't [wəʊnt] = **will not**.

woo [wuː] vt cortejar.

wood [wʊd] n (substance) madeira f; (small forest) bosque m; (golf club) taco m de madeira.

wooden [ˈwʊdn] adj de madeira.

woodland [ˈwʊdlənd] n floresta f.

woodpecker ['wʊd,pekəʳ] *n* pica-pau *m*.

woodwind ['wʊdwɪnd] *n*: **the ~** os instrumentos de sopro de madeira.

woodwork ['wʊdwɜːk] *n (SCH)* carpintaria *f*.

woodworm ['wʊdwɜːm] *n* carcoma *m*, caruncho *m*.

wool [wʊl] *n* lã *f*.

woolen ['wʊlən] *(Am)* = **woollen**.

woollen ['wʊlən] *adj (Brit)* de lã.

woolly ['wʊlɪ] *adj (Brit)* de lã.

wooly ['wʊlɪ] *(Am)* = **woolly**.

Worcester sauce ['wʊstəʳ-] *n* molho *m* inglês.

word [wɜːd] *n* palavra *f*; **in other ~s** em outras palavras; **to have a ~ with sb** falar com alguém.

wording ['wɜːdɪŋ] *n* texto *m*.

word processing [-'prəʊsesɪŋ] *n* processamento *m* de texto.

word processor [-'prəʊsesəʳ] *n* processador *m* de texto.

wore [wɔːʳ] *pt* → **wear**.

work [wɜːk] *n* trabalho *m*; *(painting, novel etc)* obra *f* ◆ *vi* trabalhar; *(operate, have desired effect)* funcionar; *(take effect)* ter efeito ◆ *vt (machine, controls)* operar; **out of ~** desempregado, sem trabalho; **to be at ~** estar trabalhando; **to be off ~** *(on holiday)* estar de folga; **the ~s** *(inf: everything)* tudo; **how does it ~?** como é que funciona?; **it's not ~ing** não está funcionando.

❏ **work out** *vt sep (price, total)* calcular; *(solution, reason, plan)* descobrir; *(understand)* perceber ◆ *vi (result, be successful)* resultar; *(do exercise)* fazer exercício; **it ~s out at £20 each** *(bill, total)* sai a 20 libras cada.

workable ['wɜːkəbl] *adj (plan, idea)* viável; *(system)* passível de funcionar.

workaholic [,wɜːkə'hɒlɪk] *n* viciado *m* (-da *f*) no trabalho.

workday ['wɜːkdeɪ] *n (not weekend)* dia *m* de semana, dia útil.

worked up [,wɜːkt-] *adj* exaltado (-da).

worker ['wɜːkəʳ] *n* trabalhador *m* (-ra *f*).

workforce ['wɜːkfɔːs] *n* mão-de-obra *f*.

working ['wɜːkɪŋ] *adj (in operation)* em funcionamento; *(having employment)* que trabalha; *(day, conditions)* de trabalho.

❏ **workings** *npl (of system, machine)* mecanismo *m*.

working class *n*: **the ~** a classe trabalhadora.

working hours *npl* horário *m* de trabalho.

working order *n*: **to be in good ~** estar funcionando bem.

workload ['wɜːkləʊd] *n* carga *f* OR quantidade *f* de trabalho.

workman ['wɜːkmən] *(pl* **-men** [-mən]*)* *n* trabalhador *m* (manual), operário *m*.

workmanship ['wɜːkmənʃɪp] *n (of person)* arte *f*; *(of object)* trabalho *m*.

workmate ['wɜːkmeɪt] *n* colega *mf* de trabalho.

work of art *n* obra *f* de arte.

workout ['wɜːkaʊt] *n* sessão *f* de exercícios.

work permit *n* autorização *f* de trabalho.

workplace ['wɜːkpleɪs] *n* local *m* de trabalho.

workshop ['wɜːkʃɒp] *n (for repairs)* oficina *f*.

work surface *n* bancada *f*.

worktop ['wɜːktɒp] *n (Brit)* bancada *f*, aparador *m*.

world [wɜːld] *n* mundo *m* ◆ *adj* mundial; **the best in the ~** o melhor do mundo.

world-class *adj* de primeira categoria.

world-famous *adj* mundialmente famoso(-osa).

worldwide [,wɜːld'waɪd] *adv* no mundo inteiro.

worm [wɜːm] *n* minhoca *f*.

worn [wɔːn] *pp* → **wear** ◆ *adj (clothes, carpet)* gasto(-ta).

worn-out *adj (clothes, shoes etc)* gasto(-ta); *(tired)* exausto(-ta).

worried ['wʌrɪd] *adj* preocupado (-da).

worry ['wʌrɪ] *n* preocupação *f* ◆ *vt* preocupar ◆ *vi*: **to ~ (about)** preocupar-se (com).

worrying ['wʌrɪɪŋ] *adj* preocupante.

worse [wɜːs] *adj & adv* pior; **to get ~** piorar; **~ off** em pior situação.

worsen ['wɜːsn] *vi* piorar.

worship ['wɜːʃɪp] *n (church service)* culto *m* ◆ *vt* adorar.

worst [wɜːst] *adj & adv* pior ◆ *n*: **the ~** o pior (a pior).

worth [wɜ:θ] *prep*: **how much is it ~?** quanto é que vale?; **it's ~ £50** vale 50 libras; **it's ~ seeing** vale a pena ver; **it's not ~ it** não vale a pena; **fifty pounds' ~ of traveller's cheques** cheques de viagem no valor de 50 libras.

worthless ['wɜ:θlɪs] *adj (jewellery, possessions)* sem valor; *(person, undertaking)* inútil.

worthwhile [,wɜ:θ'waɪl] *adj* que vale a pena.

worthy ['wɜ:ðɪ] *adj* merecedor(-ra); **to be ~ of sthg** merecer algo.

would [wʊd] *aux vb* **1.** *(in reported speech)*: **she said she ~ come** ela disse que vinha.
2. *(indicating condition)*: **what ~ you do?** o que é que você faria?; **what ~ you have done?** o que é que você teria feito?; **I ~ be most grateful** ficaria muito agradecido.
3. *(indicating willingness)*: **she ~n't go** ela não queria ir embora; **he ~ do anything for her** ele faria qualquer coisa por ela.
4. *(in polite questions)*: **~ you like a drink?** você quer beber alguma coisa?; **~ you mind closing the window?** importa-se de fechar a janela?
5. *(indicating inevitability)*: **he ~ say that** não me surpreende que ele tenha dito isso.
6. *(giving advice)*: **I ~ report him if I were you** eu, no seu lugar, denunciava-o.
7. *(expressing opinions)*: **I ~ prefer** eu preferia; **I ~ have thought (that)** ... eu pensava que ....

wouldn't ['wʊdnt] = **would not.**

would've ['wʊdəv] = **would have.**

wound¹ [wu:nd] *n* ferida *f* ◆ *vt* ferir.

wound² [waʊnd] *pt & pp* → **wind².**

wove [wəʊv] *pt* → **weave.**

woven ['wəʊvn] *pp* → **weave.**

wrangle ['ræŋgl] *n* disputa *f* ◆ *vi* discutir; **to ~ with sb (over sthg)** discutir com alguém (sobre algo).

wrap [ræp] *vt (package)* embrulhar; **to ~ sthg round sthg** enrolar algo em volta de algo.
❑ **wrap up** *vt sep (package)* embrulhar ◆ *vi (dress warmly)* agasalhar-se.

wrapper ['ræpə^r] *n (for sweet)* papel *m*.

wrapping ['ræpɪŋ] *n* invólucro *m*, embrulho *m*.

wrapping paper *n* papel *m* de embrulho.

wrath [rɒθ] *n* ira *f*.

wreak [ri:k] *vt*: **to ~ havoc** causar estragos.

wreath [ri:θ] *n* coroa *f* de flores, grinalda *f*.

wreck [rek] *n (of plane, car)* destroços *mpl*; *(of ship)* restos *mpl* ◆ *vt (destroy)* destruir; *(spoil)* estragar; **to be ~ed** *(ship)* naufragar.

wreckage ['rekɪdʒ] *n (of plane, car)* destroços *mpl*; *(of building)* escombros *mpl*.

wren [ren] *n* carriça *f*.

wrench [rentʃ] *n (tool)* chave *f* inglesa.

wrestle ['resl] *vi* lutar; **to ~ with sb** lutar com alguém.

wrestler ['reslə^r] *n* lutador *m* (-ra *f*) de luta livre.

wrestling ['reslɪŋ] *n* luta *f* livre.

wretch [retʃ] *n* desgraçado *m* (-da *f*).

wretched ['retʃɪd] *adj (miserable)* desgraçado(-da); *(very bad)* péssimo (-ma).

wriggle ['rɪgl] *vi* mexer-se, contorcer-se; **I ~d free** consegui escapar contorcendo-me.

wring [rɪŋ] *(pt & pp* **wrung)** *vt* torcer.

wringing ['rɪŋɪŋ] *adj*: **to be ~ wet** estar encharcado(-da) OR ensopado (-da).

wrinkle ['rɪŋkl] *n* ruga *f*.

wrist [rɪst] *n* pulso *m*.

wristwatch ['rɪstwɒtʃ] *n* relógio *m* de pulso.

writ [rɪt] *n* mandato *m* judicial.

write [raɪt] *(pt* **wrote,** *pp* **written)** *vt* escrever; *(cheque, prescription)* passar; *(Am: send letter to)* escrever a ◆ *vi* escrever; **to ~ (to sb)** *(Brit)* escrever (para alguém).
❑ **write back** *vi* responder.
❑ **write down** *vt sep* anotar.
❑ **write off** *vt sep (Brit: inf: car)* destruir ◆ *vi*: **to ~ off for sthg** escrever pedindo algo.
❑ **write out** *vt sep (essay)* escrever; *(list)* fazer; *(cheque, receipt)* passar.

write-off *n*: **the car was a ~** o carro ficou completamente destruído.

writer ['raɪtə^r] *n (author)* escritor *m* (-ra *f*).

writhe [raɪð] *vi* contorcer-se, torcer-se.

writing [ˈraɪtɪŋ] *n (handwriting)* letra *f*; *(written words)* texto *m*; *(activity)* escrita *f*; **in ~** por escrito.

writing desk *n* escrivaninha *f*.

writing pad *n* bloco *m* de notas.

writing paper *n* papel *m* de carta.

written [ˈrɪtn] *pp* → **write** ◆ *adj* escrito(-ta).

wrong [rɒŋ] *adj* errado(-da) ◆ *adv* mal; **what's ~?** o que é que está acontecendo?; **something's ~ with the car** o carro está com algum problema; **to be in the ~** estar errado; **to get sthg ~** enganar-se em algo; **to go ~** *(machine)* avariar; **"~ way"** *(Am)* sinal de sentido proibido.

wrongful [ˈrɒŋfʊl] *adj* injusto(-ta), injustificado(-da).

wrongly [ˈrɒŋlɪ] *adv* mal.

wrong number *n* número *m* errado; **sorry, you've got the ~** desculpe, é engano.

wrote [rəʊt] *pt* → **write**.

wrought iron [rɔːt] *n* ferro *m* forjado.

wrung [rʌŋ] *pt & pp* → **wring**.

wry [raɪ] *adj (amused)* irônico(-ca); *(displeased)* descontente.

X

xenophobia [ˌzenəˈfəʊbjə] *n* xenofobia *f*.
xing *(Am: abbr of crossing)*: **"ped ~"** "travessia para pedestres" *(Br)*, "passagem de peões" *(Port)*.
XL *(abbr of extra-large)* XL.

Xmas [ˈeksməs] *n (inf)* Natal *m*.
X-ray *n (picture)* raio-X *m* ◆ *vt* fazer uma radiografia a; **to have an ~** fazer uma radiografia.
xylophone [ˈzaɪləfəʊn] *n* xilofone *m*.

Y

yacht [jɒt] *n* iate *m*.
yachting [ˈjɒtɪŋ] *n* navegação *f* com iate; **to go ~** ir andar de iate.
yachtsman [ˈjɒtsmən] *(pl* **-men** [-mən]) *n* dono ou piloto de um iate.
Yank [jæŋk] *n (Brit: inf)* ianque *mf*.
Yankee [ˈjæŋkɪ] *n (Brit: inf)* ianque *mf*.
yap [jæp] *vi (dog)* ladrar, latir.
yard [jɑːd] *n (unit of measurement)* = 91,44 cm, jarda *f*; *(enclosed area)* pátio *m*; *(Am: behind house)* jardim *m*.
yard sale *n (Am)* venda de objectos usados organizada pelo dono no jardim da casa.
yardstick [ˈjɑːdstɪk] *n* critério *m*.
yarn [jɑːn] *n (thread)* linha *f*.
yawn [jɔːn] *vi* bocejar.
yd *abbr* = **yard**.
yeah [jeə] *adv (inf)* sim.
year [jɪə[r]] *n* ano *m*; **next ~** o ano que vem; **this ~** este ano; **I'm 15 ~s old**

tenho 15 anos; **I haven't seen her for ~s** *(inf)* há anos que não a vejo.
yearly [ˈjɪəlɪ] *adj* anualmente.
yearn [jɜːn] *vi*: **to ~ for sthg/to do sthg** ansiar por algo/por fazer algo.
yeast [jiːst] *n* fermento *m*.
yell [jel] *vi* gritar.
yellow [ˈjeləʊ] *adj* amarelo(-la) ◆ *n* amarelo *m*.
yellow lines *npl* linhas *fpl* amarelas.
Yellow Pages® *n*: **the ~** as Páginas Amarelas.
yelp [jelp] *n (dog)* latir; *(person)* gritar.
yeoman of the guard [ˈjəʊmən-] *(pl* **yeomen of the guard** [ˈjəʊmən-]*)* *n* alabardeiro *m* da guarda real (britânica).
yes [jes] *adv* sim; **to say ~** dizer que sim.
yesterday [ˈjestədɪ] *n* ontem *m* ◆ *adv* ontem; **the day before ~** anteontem; **~ afternoon** ontem à tarde; **~ mor-**

ning ontem de manhã.

yet [jet] *adv* ainda ◆ *conj* contudo; **have they arrived ~?** já chegaram?; **the best one ~** o melhor até agora; **not ~** ainda não; **I've ~ to do it** ainda não o fiz; **~ again** mais uma vez; **~ another delay** mais um atraso.

yew [ju:] *n* teixo *m*.

yield [ji:ld] *vt* (*profit*) render; (*interest*) ganhar ◆ *vi* (*break, give way*) ceder; **"yield"** (*Am: AUT*) sinal de perda de prioridade.

YMCA *n* = ACM, *associação internacional de jovens cristãos que oferece alojamento a um preço acessível.*

yob [jɒb] *n* (*Brit: inf*) arruaceiro *m*.

yoga [ˈjəʊgə] *n* ioga *m* ou *f*.

yoghurt [ˈjɒgət] *n* iogurte *m*.

yolk [jəʊk] *n* gema *f*.

York Minster [jɔːkˈmɪnstəʳ] *n* a catedral de York.

Yorkshire pudding [ˈjɔːkʃə-] *n* pudim *m* de York, *espécie de pudim feito com uma massa semelhante à dos crepes cozido no forno e servido tradicionalmente com rosbife.*

you [ju:] *pron* **1.** (*subject: singular*) você, tu; (*subject: singular polite form*) o senhor (a senhora), você (*Port*); (*subject: plural*) vocês; (*subject: plural polite form*) os senhores (as senhoras); **do ~ speak Portuguese?** (*singular*) você fala português?; (*polite form*) (o senhor) fala português?; **~ Brazilians** vocês brasileiros. **2.** (*direct object: singular*) o (a), te; (*direct object: singular polite form*) o senhor (a senhora); (*direct object: plural*) os (as), vos; (*direct object: plural polite form*) os (as), os senhores (as senhoras); **I saw ~** (*singular*) eu o vi; **can I help ~?** (*polite form: singular*) em que posso ajudá-lo?; (*polite form: plural*) em que posso ajudá-los?; **I'll see ~ later** (*plural*) vejo-os mais tarde. **3.** (*indirect object: singular*) lhe, te; (*indirect object: singular polite form*) lhe; (*indirect object: plural*) lhes, vos; **I would like to ask ~ something** (*polite form: singular*) gostaria de perguntar algo a você; **didn't I tell ~ what happened?** (*polite form: plural*) não lhes contei o que aconteceu? **4.** (*after prep: singular*) você, ti; (*after prep: singular polite form*) o senhor (a senhora), si; (*after prep: plural*) vocês;

(*after prep: plural polite form*) os senhores (as senhoras), vós; **this is for ~** isto é para você/o senhor, etc; **with ~** (*singular*) com você, contigo; (*singular: polite form*) com o senhor (a senhora); (*plural*) com vocês, convosco; (*plural: polite form*) com os senhores (as senhoras). **5.** (*indefinite use: subject*): **the coffee ~ get in Brazil is very strong** o café que se bebe no Brasil é muito forte; **~ never know** nunca se sabe. **6.** (*indefinite use: object*): **exercise is good for ~** exercício faz bem (para a saúde).

you'd [ju:d] = **you had, you would**.

you'll [ju:l] = **you will**.

young [jʌŋ] *adj* novo (nova) ◆ *npl*: **the ~** os jovens.

younger [ˈjʌŋgəʳ] *adj* (*brother, sister*) mais novo (nova).

youngest [ˈjʌŋgəst] *adj* (*brother, sister*) mais novo (nova).

youngster [ˈjʌŋstəʳ] *n* jovem *mf*.

your [jɔːʳ] *adj* **1.** (*singular subject*) o seu (a sua), o teu (a tua); (*singular subject: polite form*) o/a do senhor (da senhora); (*plural subject*) o vosso (a vossa); (*plural subject: polite form*) o/a dos senhores (das senhoras); **~ dog** o seu/teu/vosso cão, o cão do senhor (da senhora), o cão dos senhores (das senhoras); **~ house** a sua/tua/vossa casa, etc; **~ children** os seus/teus/vossos filhos, etc. **2.** (*indefinite subject*): **it's good for ~ health** é bom para a saúde.

you're [jɔːʳ] = **you are**.

yours [jɔːz] *pron* (*singular subject*) o seu (a sua), o teu (a tua); (*singular subject: polite form*) o/a do senhor (da senhora); (*plural subject*) o vosso (a vossa); (*plural subject: polite form*) o/a dos senhores (das senhoras), **a friend of ~** un amigo seu/teu/vosso/do senhor/da senhora/dos senhores/das senhoras; **these shoes are ~** estes sapatos são (os) seus/teus/vossos, etc; **these are mine – where are yours?** estes são os meus – onde estão os seus/teus/vossos, etc?

yourself [jɔːˈself] *pron* **1.** (*reflexive: singular*) se, te; (*reflexive: plural*) se; **did you hurt ~?** (*singular*) você se machucou? **2.** (*after prep: singular*) você mesmo

(-ma), tu mesmo(-ma); *(after prep: plural)* vocês mesmos(-mas); *(after prep: singular polite form)* vós mesmo(-ma); *(after prep: plural polite form)* os senhores mesmos (as senhoras mesmas), vós mesmos(-mas), ; **did you do it ~?** *(singular)* você fez isso sozinho?; *(polite form)* foi o senhor mesmo que o fez?; **did you do it yourselves?** vocês fizeram isso sozinhos?; *(polite form)* foram os senhores mesmos que o fizeram?

youth [ju:θ] *n* juventude *f; (young man)* jovem *m.*

youth club *n* clube *m* de jovens.

youthful ['ju:θfʊl] *adj* juvenil.

youth hostel *n* albergue *m* da juventude *(Br)*, pousada *f* da juventude *(Port).*

you've [ju:v] = **you have**.

Yugoslav ['ju:gəʊ‚slɑ:v] = **Yugoslavian**.

Yugoslavia [‚ju:gəˈslɑ:vɪə] *n* Iugoslávia *f (Br)*, Jugoslávia *f (Port).*

Yugoslavian [‚ju:gəʊˈslɑ:vɪən] *adj* iugoslavo(-va) *(Br)*, jugoslavo(-va) *(Port)* ♦ *n* iugoslavo *m* (-va *f*) *(Br)*, jugoslavo *m* (-va *f*) *(Port).*

yuppie ['jʌpɪ] *n* yuppie *mf.*

yuppy = **yuppie**.

YWCA *n* = ACM *f, associação internacional de jovens cristãs que oferece alojamento a um preço acessível.*

Z

zany ['zeɪnɪ] *adj (inf)* disparatado (-da).

zap [zæp] *vi (rush)*: **she's always zapping off to new places** ela passa a vida viajando para lugares diferentes.

zeal [ziːl] *n* zelo *m*, fervor *m*.

zealous ['zeləs] *adj* zeloso(-osa), fervoroso(-osa).

zebra [*Brit* 'zebrə, *Am* 'ziːbrə] *n* zebra *f*.

zebra crossing *n (Brit)* faixa *f* (para pedestres) *(Br)*, passadeira *f* (para peões) *(Port)*.

zenith [*Brit* 'zenɪθ, *Am* 'ziːnəθ] *n (fig: highest point)* zênite *m*, auge *m*.

zero ['zɪərəʊ] *n* zero *m*; **five degrees below ~** cinco graus abaixo de zero.

zest [zest] *n (of lemon, orange)* raspa *f*, zesto *m*.

zigzag ['zɪgzæg] *vi* ziguezaguear.

zinc [zɪŋk] *n* zinco *m*.

zip [zɪp] *n (Brit)* fecho ecler *m* ◆ *vt* fechar o fecho ecler de.

❑ **zip up** *vt sep* fechar o fecho ecler de.

zip code *n (Am)* código *m* postal.

zip fastener *n (Brit)* = **zip**.

zipper ['zɪpər] *n (Am)* fecho ecler *m*.

zit [zɪt] *n (inf)* borbulha *f*.

zodiac ['zəʊdɪæk] *n* zodíaco *m*.

zone [zəʊn] *n* zona *f*.

zoo [zuː] *(pl -s) n* zôo *m*.

zoology [zəʊˈɒlədʒɪ] *n* zoologia *f*.

zoom [zuːm] *vi (inf: move quickly)*: **to ~ past** passar voando; **to ~ off** sair voando.

zoom lens *n* zoom *m*.

zucchini [zuːˈkiːnɪ] *(pl inv) n (Am)* abobrinha *f (Br)*, courgette *f (Port)*.